파고다
토익
종한서

KB074463

파고다 토익 LC 종합서

초판 1쇄 인쇄 2022년 6월 15일
초판 1쇄 발행 2022년 6월 22일

지 은 이 | 파고다교육그룹 언어교육연구소
펴 낸 이 | 박경실
펴 낸 곳 | Wit&Wisdom 도서출판 위트앤위즈덤
임프린트 | **PAGODA Books**
출판등록 | 2005년 5월 27일 제 300-2005-90호
주   소 | 06614 서울특별시 서초구 강남대로 419, 19층(서초동, 파고다타워)
전   화 | (02) 6940-4070
팩   스 | (02) 536-0660
홈페이지 | www.pagodabook.com

저작권자 | ⓒ 2022 파고다아카데미

ISBN 978-89-6281-885-7 (13740)

도서출판 위트앤위즈덤	www.pagodabook.com
파고다 어학원	www.pagoda21.com
파고다 인강	www.pagodastar.com
테스트 클리닉	www.testclinic.com

파고다 토익 종합서 LC

종합서

PAGODA Books

파고다 토익 프로그램

독학자를 위한 다양하고 풍부한 학습 자료

세상 간편한 등업 신청으로 각종 학습 자료가 쏟아지는

파고다 토익 공식 온라인 카페
http://cafe.naver.com/pagodatoeicbooks

교재 Q&A
교재 학습 자료
나의 학습 코칭
정기 토익 분석 자료
기출 분석 자료
예상 적중 특강
논란 종결 총평

온라인 모의고사 2회분
받아쓰기 훈련 자료
단어 암기장
단어 시험지
MP3 기본 버전
MP3 추가 버전(1.2배속 등)
추가 연습 문제 등 각종 추가 자료

매회 업데이트! 토익 학습 센터

시험 전 적중 문제, 특강 제공
시험 직후 실시간 정답, 총평 특강, 분석 자료집 제공

토익에 풀! 빠져 풀TV

파고다 대표 강사진과 전문 연구원들의 다양한 무료 강의를 들으실 수 있습니다.

파고다 토익 기본 완성 LC

토익 리스닝 기초 입문서
토익 초보 학습자들이 단기간에 쉽게 접근할 수 있도록 토익의 필수 개념을 집약한 입문서

600+

파고다 토익 실력 완성 LC

토익 개념&실전 종합서
토익의 기본 개념을 확실히 다질 수 있는 풍부한 문제 유형과 실전형 연습 문제를 담은 훈련서

700+

파고다 토익 고득점 완성 LC

최상위권 토익 만점 전략서
기본기를 충분히 다진 토익 중상위권들의 고득점 완성을 위해 핵심 스킬만을 뽑아낸 토익 전략서

800+

파고다 토익 입문서 LC

기초와 최신 경향 문제 완벽 적응 입문서
개념-핵심 스킬-집중 훈련의 반복을 통해 기초와 실전에서 유용한 전략을 동시에 익히는 입문서

파고다 토익 종합서 LC

중상위권이 고득점으로 가는 도움 닫기 종합서
고득점 도약을 향한 한 끗 차이의 간격을 좁히는 종합서

이제는 인강도 밀착 관리!

체계적인 학습 관리와 목표 달성까지 가능한

파고다 토익 인생 점수반
www.pagodastar.com

성적 달성만 해도 100% 환급
인생 점수 달성하면 최대 300% 환급

최단 기간 목표 달성 보장
X10배속 토익

현강으로 직접 듣는 1타 강사의 노하우

파고다 토익 점수 보장반
www.pagoda21.com

1개월 만에 2명 중 1명은 900점 달성!
파고다는 오직 결과로 증명합니다.

파고다 토익 적중 실전 LC

최신 경향 실전 모의고사 10회분
끊임없이 변화하는 토익 트렌드에 대처하기 위해
적중률 높은 문제만을 엄선한 토익 실전서

900+

파고다 토익 실전 1000제 LC+RC

LC+RC 실전 모의고사 5회분(1000제)
문제 구성, 난이도, 시험지 사이즈까지 동일한 최신
경향 모의고사와 200% 이해력 상승시키는 해설서
구성의 실전서

VOCA+

파고다 토익 VOCA

LC, RC 목표 점수별 필수 어휘 30일 완성
600+, 700+, 800+, 900+ 목표 점수별,
우선 순위별 필수 어휘 1500

목차

이 책의 구성과 특징

PART 1 사진의 유형을 이해하고 유형별 사진 공략법과 시제와 태 표현을 정확하게 구분한다.

PART 2 의문사 의문문, 비의문사 의문문에 따른 다양한 응답 표현 및 빈출 오답 유형을 익힌다.

PART 3 빠르게 전개되는 지문을 정확하게 파악하는 직청·직해 능력과 더불어 문맥 파악 및 논리력 판단을 길러야 한다.

PART 4 출제되는 지문 유형을 익히고 해당 지문에 자주 나오는 빈출 어휘 및 표현을 학습한다.

OVERVIEW

학습을 시작하기 전에 각 PART의 이해도를 높이기 위해 낱낱이 파헤쳐 본다.

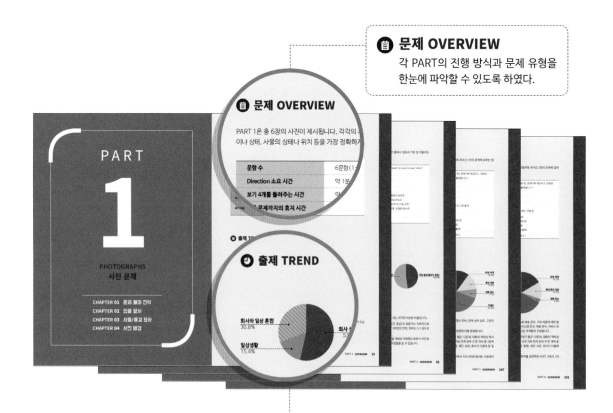

📋 문제 OVERVIEW
각 PART의 진행 방식과 문제 유형을
한눈에 파악할 수 있도록 하였다.

🕐 출제 TREND
문제 유형을 세분화하여 출제 비율을 도식화
하고 출제 경향 분석 결과를 담았다.

🔖 시험 PREVIEW

실제 시험에서 보여지는 문제와 들리는 문제,
보기 및 지문을 눈으로 살펴보도록 하였다.

📖 문제 풀이 FLOW

시간을 효율적으로 활용하여 정답 적중률을
높이기 위한 문제 풀이 전략을 담았다.

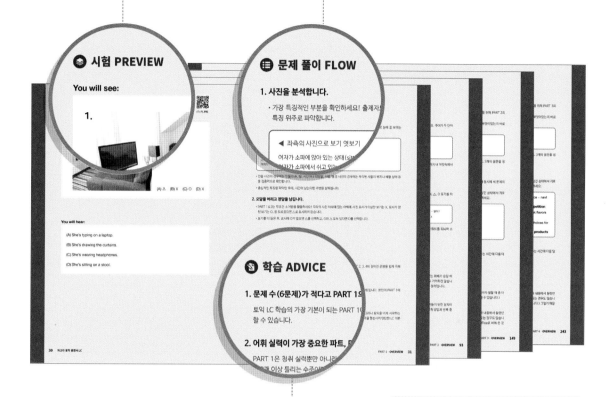

🔧 학습 ADVICE

각 PART 학습을 위해 꼭 알아두어야
하는 사항을 정리하였다.

CASE 한 줄 point

각 PART에서 꼭 알아 두어야 할 CASE를 핵심이
되는 한 줄로 정리하였고, CASE의 한 줄 point는
정답 적중률을 높이기 위한 문제 풀이 전략 및 기출
문제/정답 경향을 제시한다.

이 책의 구성과 특징

PART별 실제 문제에서 유용하게 사용될 핵심 스킬을 담았다. 문제 풀이를 단계별로 나누어, 학습자가 바로 적용할 수 있는 전략적인 풀이 방법을 소개하였다.

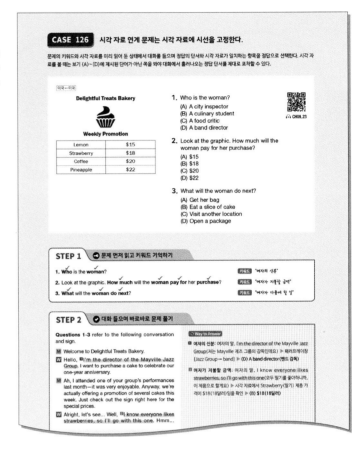

한 줄 point와 핵심 스킬까지 제대로 이해했는지 문제를 통해 확인한다. 같은 유형의 문제를 통해 실전 감각을 익히는 데 돕고자 하였다.

PART 1: 2문제   **PART 2:** 3문제
PART 3: 3문제   **PART 4:** 3문제

CASE 실전훈련

각 CHAPTER의 총체적인 내용을 아우르는 다양한 유형의 문제를 풀어보면서 듣기 실력을 확인한다.

PART 1: 6문제   **PART 2:** 25문제
PART 3: 18문제   **PART 4:** 18문제

ACTUAL TEST

토익 시험 전 실전 감각을 최종 점검하는 시간을 가질 수 있도록 실제 정기 토익 시험과 가장 유사한 형태의 실전 모의고사 3회분을 제공하였다.

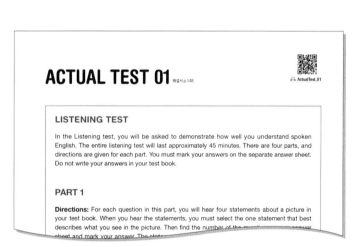

해설서

교재에 수록된 모든 문제의 스크립트와 해석은 물론, 정답 및 오답의 근거를 자세히 설명하였다. 또한 문제 풀이에 필요한 어휘와 출제 가능성이 높은 또 다른 정답 예시를 함께 수록하여 정답 적중률을 한층 더 높이도록 구성하였다.

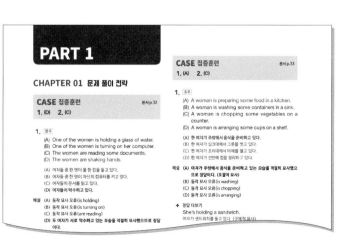

토익이란?

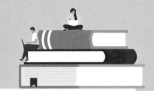

TOEIC(Test Of English for International Communication)은 영어가 모국어가 아닌 사람들을 대상으로 일상생활 또는 국제 업무 등에 필요한 실용 영어 능력을 평가하는 시험입니다.

상대방과 '의사 소통할 수 있는 능력(Communication ability)'을 평가하는 데 중점을 두고 있으므로 영어에 대한 '지식'이 아니라 영어의 실용적이고 기능적인 '사용법'을 묻는 문항들이 출제됩니다.

TOEIC은 1979년 미국 ETS(Educational Testing Service)에 의해 개발된 이래 전 세계 160개 이상의 국가 14,000여 개의 기관에서 승진 또는 해외 파견 인원 선발 등의 목적으로 널리 활용하고 있으며 우리나라에는 1982년 도입되었습니다. 해마다 전 세계적으로 약 700만 명 이상이 응시하고 있습니다.

▶ 토익 시험의 구성

	파트	시험 형태		문항 수	시간	배점
듣기 (LC)	1	사진 묘사		6	45분	495점
	2	질의응답		25		
	3	짧은 대화		39		
	4	짧은 담화		30		
읽기 (RC)	5	문장 빈칸 채우기		30	75분	495점
	6	지문 빈칸 채우기		16		
	7	독해	단일 지문	29		
			이중 지문	10		
			삼중 지문	15		
계				200	120분	990점

1979	첫 토익
2006	NEW 토익
2016	신토익
Present	

토익 시험 접수와 성적 확인

토익 시험은 TOEIC 위원회 웹사이트(www.toeic.co.kr)에서 접수할 수 있습니다. 본인이 원하는 날짜와 장소를 지정하고 필수 기재 항목을 기재한 후 본인 사진을 업로드하면 간단하게 끝납니다.

보통은 두 달 후에 있는 시험일까지 접수 가능합니다. 각 시험일의 정기 접수는 시험일로부터 2주 전까지 마감되지만, 시험일의 3일 전까지 추가 접수할 수 있는 특별 접수 기간이 있습니다. 그러나 특별 추가 접수 기간에는 응시료가 4,400원 더 비싸며, 희망하는 시험장을 선택할 수 없는 경우도 발생할 수 있습니다.

성적은 시험일로부터 12~15일 후에 인터넷이나 ARS(060-800-0515)를 통해 확인할 수 있습니다.

성적표는 우편이나 온라인으로 발급 받을 수 있습니다. 우편으로 발급 받을 경우는 성적 발표 후 대략 일주일이 소요되며, 온라인 발급을 선택하면 유효 기간 내에 홈페이지에서 본인이 직접 1회에 한해 무료 출력할 수 있습니다. 토익 성적은 시험일로부터 2년간 유효합니다.

시험 당일 준비물

시험 당일 준비물은 규정 신분증, 연필, 지우개입니다. 허용되는 규정 신분증은 토익 공식 웹사이트에서 확인하기 바랍니다. 필기구는 연필이나 샤프펜만 가능하고 볼펜이나 컴퓨터용 사인펜은 사용할 수 없습니다. 수험표는 출력해 가지 않아도 됩니다.

시험 진행 안내

시험 진행 일정은 시험 당일 고사장 사정에 따라 약간씩 다를 수 있지만 대부분 아래와 같이 진행됩니다.

▶ 시험 시간이 오전일 경우

AM 9:30~9:45	AM 9:45~9:50	AM 9:50~10:05	AM 10:05~10:10	AM 10:10~10:55	AM 10:55~12:10
15분	5분	15분	5분	45분	75분
답안지 작성에 관한 Orientation	수험자 휴식 시간	신분증 확인 (감독교사)	문제지 배부, 파본 확인	듣기 평가(LC)	읽기 평가(RC) 2차 신분증 확인

* 주의: 오전 9시 50분 입실 통제

▶ 시험 시간이 오후일 경우

PM 2:30~2:45	PM 2:45~2:50	PM 2:50~3:05	PM 3:05~3:10	PM 3:10~3:55	PM 3:55~5:10
15분	5분	15분	5분	45분	75분
답안지 작성에 관한 Orientation	수험자 휴식 시간	신분증 확인 (감독교사)	문제지 배부, 파본 확인	듣기 평가(LC)	읽기 평가(RC) 2차 신분증 확인

* 주의: 오후 2시 50분 입실 통제

파트별 토익 소개

PART 1

PHOTOGRAPHS
사진 문제

PART 1은 제시한 사진을 올바르게 묘사한 문장을 찾는 문제로, 방송으로 사진에 대한 4개의 짧은 설명문을 한번 들려준다. 4개의 설명문은 문제지에 인쇄되어 있지 않으며 4개의 설명문을 잘 듣고 그 중에서 사진을 가장 정확하게 묘사하고 있는 문장을 답으로 선택한다.

문항 수	6문항 (1번 ~ 6번)
Direction 소요 시간	약 1분 30초(LC 전체 Direction 약 25초 포함)
문제를 들려주는 시간	약 20초
다음 문제까지의 여유 시간	약 5초
문제 유형	1. 1인 중심 사진 2. 2인 이상 사진 3. 사물/풍경 사진

▶ 시험지에 인쇄되어 있는 모양

1.

▶ 스피커에서 들리는 음성

Number 1. Look at the picture marked number 1 in your test book.

(A) They're writing on a board.

(B) They're taking a file from a shelf.

(C) They're working at a desk.

(D) They're listening to a presentation.

정답 **1.** (C)

PART 2

QUESTION-RESPONSE
질의응답 문제

PART 2는 질문에 대한 올바른 답을 찾는 문제로, 방송을 통해 질문과 질문에 대한 3개의 응답문을 각 한 번씩 들려준다. 질문과 응답문은 문제지에 인쇄가 되어 있지 않으며 질문에 대한 가장 어울리는 응답문을 답으로 선택한다.

문항 수	25문항 (7번 ~ 31번)
Direction 소요 시간	약 25초
문제를 들려주는 시간	약 15초
다음 문제까지의 여유 시간	약 5초
문제 유형	1. 의문사 의문문 – Who/When/Where – What/Which – How/Why 2. 비의문사 의문문 – Be/Do/Have – 부정/부가/간접/선택 – 제안문·요청문/평서문

▶ 시험지에 인쇄되어 있는 모양

7. Mark your answer on your answer sheet.

▶ 스피커에서 들리는 음성

Number 7. How was the English test you took today?

(A) I took the bus home.

(B) I thought it was too difficult.

(C) I have two classes today.

정답 7. (B)

PART 3

SHORT CONVERSATIONS
짧은 대화 문제

PART 3은 짧은 대화문을 듣고 이에 대한 문제를 푸는 형식으로, 먼저 방송을 통해 짧은 대화를 들려준 뒤 이에 해당하는 질문을 들려 준다. 문제지에는 질문과 4개의 보기가 인쇄되어 있으며 문제를 들은 뒤 제시된 보기 중 가장 적절한 것을 답으로 선택한다.

문항 수	13개 대화문, 39문항 (32번 ~ 70번)
Direction 소요 시간	약 30초
문제를 들려주는 시간	약 30~40초
다음 문제까지의 여유 시간	약 8초
지문 유형	- 회사 생활, 일상생활, 회사와 일상의 혼합 - 총 13개 대화문 중 '2인 대화문 11개, 3인 대화문 2개'로 고정 출제 - 주고받는 대화 수: 3~10번
질문 유형	- 일반 정보 문제: 주제·목적, 화자의 신분, 대화 장소 - 세부 정보 문제: 키워드, 제안·요청, 다음에 할 일/일어날 일 - 화자가 그렇게 말한 의도를 묻는 문제(2문제 고정 출제) - 시각 자료 연계 문제(62~70번 사이에서 3문제 고정 출제)

▶ 시험지에 인쇄되어 있는 모양

32. What is the conversation mainly about?
    (A) Changes in business policies
    (B) Sales of a company's products
    (C) Expanding into a new market
    (D) Recruiting temporary employees

33. Why does the woman say, "There you go"?
    (A) She is happy to attend a meeting.
    (B) She is frustrated with a coworker.
    (C) She is offering encouragement.
    (D) She is handing over something.

34. What do the men imply about the company?
    (A) It has launched new merchandise.
    (B) It is planning to relocate soon.
    (C) It has clients in several countries.
    (D) It is having financial difficulties.

▶ 스피커에서 들리는 음성

Questions 32-34 refer to the following conversation with three speakers.

A: How have you two been doing with your sales lately?

B: Um, not too bad. My clients have been ordering about the same amount of promotional merchandise as before.

C: I haven't been doing so well. But I do have a meeting with a potential new client tomorrow.

B: There you go. I'm sure things will turn around for you.

A: Yeah, I hope it works out.

B: It's probably just temporary due to the recession.

C: Maybe, but I heard that the company may downsize to try to save money.

A: Actually, I heard that, too.

정답 **32.** (B) **33.** (C) **34.** (D)

PART 4

SHORT TALKS
짧은 담화 문제

Part 4는 짧은 담화문을 듣고 이에 대한 문제를 푸는 형식으로, 먼저 방송을 통해 짧은 담화를 들려준 뒤 이에 해당하는 질문을 들려 준다. 문제지에는 질문과 4개의 보기가 인쇄되어 있으며 문제를 들은 뒤 제시된 보기 중 가장 적절한 것을 답으로 선택한다.

문항 수	10개 담화문, 30문항 (71번 ~ 100번)
Direction 소요 시간	약 30초
문제를 들려주는 시간	약 30~40초
다음 문제까지의 여유 시간	약 8초
지문 유형	- 전화 메시지, 회의 발췌록, 안내 방송, 광고 방송, 뉴스 보도, 연설 등
질문 유형	- 일반 정보 문제: 주제·목적, 화자/청자의 신분, 담화 장소 - 세부 정보 문제: 키워드, 제안·요청, 다음에 할 일/일어날 일 - 화자가 그렇게 말한 의도를 묻는 문제 (3문제 고정 출제) - 시각 자료 연계 문제 (95~100번 사이에서 2문제 고정 출제)

▶ 시험지에 인쇄되어 있는 모양

71. Where most likely is the speaker?
    (A) At a trade fair
    (B) At a corporate banquet
    (C) At a business seminar
    (D) At an anniversary celebration

72. What are the listeners asked to do?
    (A) Pick up programs for employees
    (B) Arrive early for a presentation
    (C) Turn off their mobile phones
    (D) Carry their personal belongings

73. Why does the schedule have to be changed?
    (A) A speaker has to leave early.
    (B) A piece of equipment is not working.
    (C) Lunch is not ready.
    (D) Some speakers have not yet arrived.

▶ 스피커에서 들리는 음성

Questions 71-73 refer to the following talk.

I'd like to welcome all of you to today's employee training and development seminar for business owners. I'll briefly go over a few details before we get started. There will be a 15 minute break for coffee and snacks halfway through the program. This will be a good opportunity for you to mingle. If you need to leave the room during a talk, make sure to keep your wallet, phone, and ...ah... any other valuable personal items with you. Also, please note that there will be a change in the order of the program. Um... Mr. Roland has to leave earlier than originally scheduled, so the last two speakers will be switched.

정답 71. (C) 72. (D) 73. (A)

학습 플랜

4주 플랜

DAY 1	DAY 2	DAY 3	DAY 4	DAY 5
CHAPTER 01 문제 풀이 전략	CHAPTER 02 인물 묘사	CHAPTER 03 사물/풍경 묘사	CHAPTER 04 사진 배경	PART 1 전체 다시 보기 - 틀린 문제 다시 보기 - 중요 어휘 체크해서 암기 　하기

DAY 6	DAY 7	DAY 8	DAY 9	DAY 10
CHAPTER 05 문제 풀이 전략	CHAPTER 06 의문사 의문문	CHAPTER 07 일반 의문문	CHAPTER 08 특수 의문문	PART 2 전체 다시 보기 - 틀린 문제 다시 보기 - 중요 어휘 체크해서 암기 　하기

DAY 11	DAY 12	DAY 13	DAY 14	DAY 15
CHAPTER 09 문제 풀이 전략	CHAPTER 10 문제 유형	CHAPTER 11 대화 유형	PART 3 전체 다시 보기 - 틀린 문제 다시 보기 - 중요 어휘 체크해서 암기 　하기	CHAPTER 12 문제 풀이 전략

DAY 16	DAY 17	DAY 18	DAY 19	DAY 20
CHAPTER 13 문제 유형	CHAPTER 14 담화 유형	PART 4 전체 다시 보기 - 틀린 문제 다시 보기 - 중요 어휘 체크해서 암기 　하기	ACTUAL TEST 01~02	ACTUAL TEST 03 ACTUAL TEST 전체 다시 보기 - 틀린 문제 다시 보기 - 중요 어휘 체크해서 암기 　하기

8주 플랜

DAY 1	DAY 2	DAY 3	DAY 4	DAY 5
CHAPTER 01 문제 풀이 전략	CHAPTER 01 다시 보기 - 예시 문제, 집중 훈련 및 실전 훈련 다시 풀어 보기 - 중요 어휘 체크해서 암기하기	CHAPTER 02 인물 묘사	CHAPTER 02 다시 보기 - 예시 문제, 집중 훈련 및 실전 훈련 다시 풀어 보기 - 중요 어휘 체크해서 암기하기	CHAPTER 03 사물/풍경 묘사
DAY 6	**DAY 7**	**DAY 8**	**DAY 9**	**DAY 10**
CHAPTER 03 다시 보기 - 예시 문제, 집중 훈련 및 실전 훈련 다시 풀어 보기 - 중요 어휘 체크해서 암기하기	CHAPTER 04 사진 배경	CHAPTER 04 다시 보기 - 예시 문제, 집중 훈련 및 실전 훈련 다시 풀어 보기 - 중요 어휘 체크해서 암기하기	PART 1 전체 다시 보기 - 틀린 문제 다시 보기 - 중요 어휘 체크해서 암기하기	CHAPTER 05 문제 풀이 전략
DAY 11	**DAY 12**	**DAY 13**	**DAY 14**	**DAY 15**
CHAPTER 05 다시 보기 - 예시 문제, 집중 훈련 및 실전 훈련 다시 풀어 보기 - 중요 어휘 체크해서 암기하기	CHAPTER 06 의문사 의문문	CHAPTER 06 다시 보기 - 예시 문제, 집중 훈련 및 실전 훈련 다시 풀어 보기 - 중요 어휘 체크해서 암기하기	CHAPTER 07 일반 의문문	CHAPTER 07 다시 보기 - 예시 문제, 집중 훈련 및 실전 훈련 다시 풀어 보기 - 중요 어휘 체크해서 암기하기
DAY 16	**DAY 17**	**DAY 18**	**DAY 19**	**DAY 20**
CHAPTER 08 특수 의문문	CHAPTER 08 다시 보기 - 예시 문제, 집중 훈련 및 실전 훈련 다시 풀어 보기 - 중요 어휘 체크해서 암기하기	PART 2 전체 다시 보기 - 틀린 문제 다시 보기 - 중요 어휘 체크해서 암기하기	CHAPTER 09 문제 풀이 전략	CHAPTER 09 다시 보기 - 예시 문제, 집중 훈련 및 실전 훈련 다시 풀어 보기 - 중요 어휘 체크해서 암기하기
DAY 21	**DAY 22**	**DAY 23**	**DAY 24**	**DAY 25**
CHAPTER 10 문제 유형	CHAPTER 10 다시 보기 - 예시 문제, 집중 훈련 및 실전 훈련 다시 풀어 보기 - 중요 어휘 체크해서 암기하기	CHAPTER 11 대화 유형	CHAPTER 11 다시 보기 - 예시 문제, 집중 훈련 및 실전 훈련 다시 풀어 보기 - 중요 어휘 체크해서 암기하기	PART 3 전체 다시 보기 - 틀린 문제 다시 보기 - 중요 어휘 체크해서 암기하기
DAY 26	**DAY 27**	**DAY 28**	**DAY 29**	**DAY 30**
CHAPTER 12 문제 풀이 전략	CHAPTER 12 다시 보기 - 예시 문제, 집중 훈련 및 실전 훈련 다시 풀어 보기 - 중요 어휘 체크해서 암기하기	CHAPTER 13 문제 유형	CHAPTER 13 다시 보기 - 예시 문제, 집중 훈련 및 실전 훈련 다시 풀어 보기 - 중요 어휘 체크해서 암기하기	CHAPTER 14 담화 유형
DAY 31	**DAY 32**	**DAY 33**	**DAY 34**	**DAY 35**
CHAPTER 14 다시 보기 - 예시 문제, 집중 훈련 및 실전 훈련 다시 풀어 보기 - 중요 어휘 체크해서 암기하기	PART 4 전체 다시 보기 - 틀린 문제 다시 보기 - 중요 어휘 체크해서 암기하기	PART 1 전체 다시 보기 - 틀린 문제 다시 보기 - 중요 어휘 체크해서 암기하기	PART 2 전체 다시 보기 - 틀린 문제 다시 보기 - 중요 어휘 체크해서 암기하기	PART 3 전체 다시 보기 - 틀린 문제 다시 보기 - 중요 어휘 체크해서 암기하기
DAY 36	**DAY 37**	**DAY 38**	**DAY 39**	**DAY 40**
PART 4 전체 다시 보기 - 틀린 문제 다시 보기 - 중요 어휘 체크해서 암기하기	ACTUAL TEST 01	ACTUAL TEST 02	ACTUAL TEST 03	ACTUAL TEST 다시 보기 - 틀린 문제 다시 보기 - 중요 어휘 체크해서 암기하기

리스닝
기초 다지기

🇺🇸 미국식 발음 vs 영국식 발음 🇬🇧

🎧 미국 vs 영국

토익 리스닝 시험에서는 미국식 발음뿐만 아니라, 영국, 호주, 뉴질랜드, 캐나다 등 미국 외의 다른 영어권 나라의 발음으로 문제가 출제되기도 한다. 한국의 토익 학습자들에게는 미국식 발음이 익숙하겠지만, 그 외 나라의 발음도 숙지해 두어야 발음 때문에 문제를 풀지 못하는 당황스런 상황을 피할 수 있다.

캐나다 발음은 미국식 발음과, 호주와 뉴질랜드 발음은 영국식 발음과 유사하므로 이 책에서는 크게 미국식 발음과 영국식 발음으로 나누어 학습하도록 한다.

자음의 대표적인 차이

1. /r/ 발음의 차이

> 🇺🇸 **미국:** 항상 발음하며 부드럽게 굴려 발음한다.
> 🇬🇧 **영국:** 단어 첫소리에 나오는 경우만 발음하고 끝에 나오거나 다른 자음 앞에 나오면 발음하지 않는다.

▶ 단어 끝에 나오는 /r/

	🇺🇸 미국식 발음	🇬🇧 영국식 발음		🇺🇸 미국식 발음	🇬🇧 영국식 발음
car	[카r]	[카-]	wear	[웨어r]	[웨에-]
her	[허r]	[허-]	where	[웨어r]	[웨에-]
door	[도r]	[도-]	there	[데어r]	[데에-]
pour	[포우어r]	[포우어-]	here	[히어r]	[히어-]
mayor	[메이어r]	[메에-]	year	[이여r]	[이여-]
sure	[슈어r]	[슈어-]	repair	[뤼페어r]	[뤼페에-]
later	[레이러r]	[레이터-]	chair	[췌어r]	[췌에-]
author	[어떠r]	[오떠-]	fair	[f페어r]	[f페에-]
cashier	[캐쉬어r]	[캐쉬어]	hair	[헤어r]	[헤에-]

▶ 자음 앞에 나오는 /r+자음/

	🇺🇸 미국식 발음	🇬🇧 영국식 발음		🇺🇸 미국식 발음	🇬🇧 영국식 발음
airport	[에어r포r트]	[에-포-트]	short	[쇼r트]	[쇼-트]
award	[어워r드]	[어워드]	turn	[터r언]	[터-언]
board	[보r드]	[보-드]	alert	[얼러r트]	[얼러트]
cart	[카r트]	[카-트]	first	[퍼r스트]	[퍼스트]
circle	[써r클]	[써-클]	order	[오r더r]	[오-더]
concert	[컨써r트]	[컨써트]	purse	[퍼r스]	[퍼-스]

2. /t/ 발음의 차이

🇺🇸 **미국:** 모음 사이의 /t/를 부드럽게 굴려 [d]와 [r]의 중간으로 발음한다.
🇬🇧 **영국:** 모음 사이의 /t/를 철자 그대로 발음한다.

	🇺🇸 미국식 발음	🇬🇧 영국식 발음		🇺🇸 미국식 발음	🇬🇧 영국식 발음
bottom	[바름]	[버틈]	computer	[컴퓨러r]	[컴퓨터]
better	[베러r]	[베터]	item	[아이럼]	[아이틈]
chatting	[최링]	[최팅]	later	[레이러r]	[레이터]
getting	[게링]	[게팅]	meeting	[미링]	[미팅]
letter	[레러r]	[레터]	notice	[노리스]	[노티스]
little	[리를]	[리틀]	patio	[패리오]	[패티오]
matter	[매러r]	[매터]	water	[워러r]	[워타]
potted	[파리드]	[파티드]	waiter	[웨이러r]	[웨이터]
setting	[쎄링]	[쎄팅]	cater	[케이러r]	[케이터]
sitting	[씨링]	[씨팅]	competitor	[컴패리러r]	[컴패티터]
putting	[푸링]	[푸팅]	data	[데이러]	[데이터], [다터]

3. 모음 사이의 /nt/ 발음의 차이

🇺🇸 **미국:** /t/를 발음하지 않는다.
🇬🇧 **영국:** /t/를 철자 그대로 발음한다.

	🇺🇸 미국식 발음	🇬🇧 영국식 발음		🇺🇸 미국식 발음	🇬🇧 영국식 발음
Internet	[이너r넷]	[인터넷]	twenty	[트웨니]	[트웬티]
interview	[이너r뷰]	[인터뷰]	advantage	[어드배니쥐]	[어드반티쥐]
entertainment	[에너r테인먼트]	[엔터테인먼트]	identification	[아이데니피케이션]	[아이덴티피케이션]
international	[이너r내셔널]	[인터내셔널]	representative	[레프레제네리브]	[레프리젠터티브]

4. /tn/ 발음의 차이

🇺🇸 **미국:** /t/로 발음하지 않고 한번 숨을 참았다가 /n/의 끝소리를 [응] 또는 [은]으로 콧소리를 내며 발음한다.
🇬🇧 **영국:** /t/를 그대로 살려 강하게 발음한다.

	🇺🇸 미국식 발음	🇬🇧 영국식 발음		🇺🇸 미국식 발음	🇬🇧 영국식 발음
button	[번 · 은]	[버튼]	mountain	[마운 · 은]	[마운튼]
carton	[카 · 은]	[카튼]	written	[륀 · 은]	[뤼튼]
important	[임포r · 은트]	[임포턴트]	certainly	[써r · 은리]	[써튼리]

5. /rt/ 발음의 차이

🇺🇸 **미국:** /t/ 발음을 생략한다.
🇬🇧 **영국:** /r/ 발음을 생략하고 /t/ 발음은 그대로 살려서 발음한다.

	🇺🇸 미국식 발음	🇬🇧 영국식 발음		🇺🇸 미국식 발음	🇬🇧 영국식 발음
party	[파리]	[파-티]	reporter	[뤼포러r]	[뤼포-터]
quarter	[쿼러r]	[쿼-터]	property	[프라퍼리]	[프로퍼-티]

모음의 대표적인 차이

1. /a/ 발음의 차이

🇺🇸 **미국:** [애]로 발음한다.
🇬🇧 **영국:** [아]로 발음한다.

	🇺🇸 미국식 발음	🇬🇧 영국식 발음		🇺🇸 미국식 발음	🇬🇧 영국식 발음
can't	[캔트]	[칸트]	pass	[패쓰]	[파스]
grant	[그랜트]	[그란트]	path	[패쓰]	[파스]
plant	[플랜트]	[플란트]	vase	[베이스]	[바스]
chance	[챈스]	[찬스]	draft	[드래프트]	[드라프트]
advance	[어드밴쓰]	[어드반쓰]	after	[애프터]	[아프터]
answer	[앤써r]	[안써]	ask	[애스크]	[아스크]
sample	[쌤쁠]	[쌈플]	task	[태스크]	[타스크]
class	[클래스]	[클라스]	behalf	[비해프]	[비하프]
grass	[그래스]	[그라스]	rather	[래더r]	[라더]
glass	[글래스]	[글라스]	man	[맨]	[만]

2. /o/ 발음의 차이

🇺🇸 **미국:** [아]로 발음한다.
🇬🇧 **영국:** [오]로 발음한다.

	🇺🇸 미국식 발음	🇬🇧 영국식 발음		🇺🇸 미국식 발음	🇬🇧 영국식 발음
stop	[스탑]	[스톱]	bottle	[바를]	[보틀]
stock	[스탁]	[스톡]	model	[마를]	[모들]
shop	[샵]	[숍]	dollar	[달러r]	[돌라]
got	[갇]	[곧]	copy	[카피]	[코피]
hot	[핱]	[홑]	possible	[파써블]	[포쓰블]
not	[낫]	[놋]	shovel	[셔블]	[쇼블]
parking lot	[파r킹 랏]	[파킹 롣]	topic	[타픽]	[토픽]
knob	[납]	[놉]	doctor	[닥터]	[독타]
job	[잡]	[좁]	borrow	[바로우]	[보로우]
box	[박스]	[복스]	document	[다큐먼트]	[도큐먼트]

3. /i/ 발음의 차이

/i/가 영국식 발음에서 [아이]로 발음되는 경우가 있다.

	🇺🇸 미국식 발음	🇬🇧 영국식 발음		🇺🇸 미국식 발음	🇬🇧 영국식 발음
direct	[디렉트]	[다이렉트]	mobile	[모블]	[모바일]
either	[이더r]	[아이더]	organization	[오r거니제이션]	[오거나이제이션]

4. /ary/, /ory/ 발음의 차이

/ary/, /ory/ 가 영국식 발음에서 /a/, /o/를 빼고 [ry]만 발음되는 경우가 있다.

	🇺🇸 미국식 발음	🇬🇧 영국식 발음		🇺🇸 미국식 발음	🇬🇧 영국식 발음
laboratory	[래보러토리]	[러보러트리]	secretary	[쎄크러테뤼]	[쎄크러트리]

기타 발음의 차이

	🇺🇸 미국식 발음	🇬🇧 영국식 발음		🇺🇸 미국식 발음	🇬🇧 영국식 발음
advertisement	[애드버r타이즈먼트]	[어드버티스먼트]	garage	[거라쥐]	[개라쥐]
fragile	[프래졀]	[프리쟈일]	often	[어픈]	[오프튼]
however	[하우에버r]	[하우에바]	schedule	[스케쥴]	[쉐쥴]

연음의 차이

	🇺🇸 미국식 발음	🇬🇧 영국식 발음		🇺🇸 미국식 발음	🇬🇧 영국식 발음
a lot of	[얼라럽]	[얼로톱]	not at all	[나래롤]	[나태톨]
get in	[게린]	[게틴]	out of stock	[아우롭스탁]	[아우톱스톡]
in front of	[인프러넙]	[인프론톱]	pick it up	[피끼럽]	[피키텁]
it is	[이리즈]	[잍티즈]	put on	[푸론]	[푸톤]
look it up	[루끼럽]	[룩키텁]	talk about it	[터꺼바우릿]	[토커바우팉]

발음 듣기 훈련

다음 문장을 듣고 빈칸을 채우세요. 음성은 미국식, 영국식으로 두 번 들려줍니다.

1. The _____ will be held next week. 취업 박람회가 다음 주에 개최됩니다.
2. She's the _____ a best-selling book. 그녀는 베스트셀러 도서의 작가입니다.
3. The _____. 시장님은 출장 중입니다.
4. _____ network technicians? 네트워크 기술자들을 더 고용하면 안 될까요?
5. We need to advertise _____.
   스포츠 신발 신제품 라인의 광고를 해야 합니다.
6. She is _____ into glasses. 그녀는 잔에 물을 붓고 있다.
7. You _____ last fall.
   작년 가을에 귀하의 업체가 저희 회사 야유회에 음식을 공급했습니다.
8. _____ for me. 여섯 시 이후가 저에겐 편합니다.
9. Some _____ have been placed in a waiting area. 대기실에 몇 개의 화분이 놓여 있다.
10. _____ are the same. 많은 물건들이 똑같다.
11. Please sign on the _____. 마지막 페이지 하단에 서명해 주시기 바랍니다.
12. Do you know of a _____ in this area? 이 지역의 좋은 의사를 아시나요?
13. _____. 전혀요.
14. _____ posted on the Web site.
    웹사이트에 게시된 구인 광고를 봤습니다.
15. Why don't you _____ and speak to him? 의사에게 전화해서 말해 보세요.
16. What's _____ to the bank? 은행까지 가장 빠른 길은 무엇입니까?
17. _____ if she's available. 그녀가 시간이 괜찮은지 물어보겠습니다.
18. I'm so happy to see that _____ are here today.
    모든 무용수 여러분이 오늘 여기에 온 것을 보니 매우 기쁩니다.
19. _____ holds some flowers. 유리로 된 화병에 꽃이 있다.
20. _____ travel in the morning or in the evening?
    오전, 오후 중 언제 이동하겠습니까?
21. The shipment is _____. 배송이 지연되고 있습니다.
22. _____ is fine with me. 둘 중 아무거나 상관없습니다.
23. _____. 저도 해본 적이 없습니다.
24. Why wasn't _____ printed in the magazine?
    왜 우리 광고가 잡지에 인쇄되지 않았나요?
25. Can you get me _____? 실험실 가는 길을 좀 알려주세요.

정답

1. job fair   2. author of   3. mayor is out of town   4. Can't we hire more   5. our new line of sports footwear
6. pouring water   7. catered our company outing   8. After six is better   9. potted plants   10. A lot of the items
11. bottom of the last page   12. good doctor   13. Not at all   14. I saw your job ad   15. call your doctor
16. the fastest way   17. I'll ask her   18. all you dancers   19. A glass vase   20. Would you rather
21. behind schedule   22. Either one   23. Neither have I   24. our advertisement   25. directions to the laboratory

PART

1

PHOTOGRAPHS
사진 문제

📋 문제 OVERVIEW

PART 1은 총 6장의 사진이 제시됩니다. 각각의 사진을 살펴보는 동시에, 들려주는 4개의 보기 중에서 사진 속 인물의 동작이나 상태, 사물의 상태나 위치 등을 가장 정확하게 묘사한 문장을 답으로 선택합니다.

문항 수	6문항(1~6번에 해당하며, 총 6장의 사진이 제시됩니다.)
Direction 소요 시간	약 1분 30초(LC 전체 Direction 약 25초를 포함한 시간입니다.)
보기 4개를 들려주는 시간	약 20초
다음 문제까지의 휴지 시간	약 5초
사진 유형	1. 1인 중심 사진 2. 2인 이상 사진 3. 사물/풍경 사진
보기 형태	짧은 문장
보기 구성	1. 보기 4개 모두 인물 묘사 2. 보기 2개는 인물, 나머지 2개는 사물/풍경 묘사 3. 보기 4개 모두 사물/풍경 묘사

🕐 출제 TREND

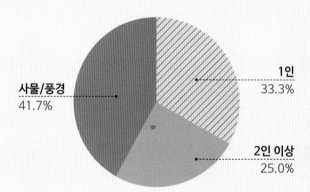

- 1인 중심 묘사(He, She, The man, The woman, …)는 매회 0~4문제(평균 2문제)가 출제됩니다.
- 2인 이상 묘사(They, One of the men, …)는 매회 0~3문제(평균 1.5문제)가 출제됩니다.
- 사물/풍경 묘사는 매회 2~4문제(평균 2.5문제)가 출제됩니다.
- 이전에 비해 1인 중심 묘사의 비중은 조금 줄어든 반면, 2인 이상 묘사에서 여러 명 중 한 명의 특징을 묘사한 문제가 조금 증가했습니다. 묘사하는 문장의 길이는 좀 더 길어지고, 쓰이는 단어도 다양해지는 추세입니다.

시험 PREVIEW

You will see:

1.

(A) △   (B) X   (C) ○   (D) X

You will hear:

(A) She's typing on a laptop.

(B) She's drawing the curtains.

(C) She's wearing headphones.

(D) She's sitting on a stool.

📋 문제 풀이 FLOW

1. 사진을 분석합니다.

- 가장 특징적인 부분을 확인하세요! 출제자도 사진 귀퉁이에 잘 보이지도 않는 것을 묘사하진 않으므로 눈에 잘 보이는 특징 위주로 파악합니다.

> ◀ 좌측의 사진으로 보기 엿보기
>
> 여자가 소파에 앉아 있는 상태(sitting on a sofa)
> 여자가 소파에서 쉬고 있는 상태(resting on a sofa)
> 여자가 머그잔으로 뭔가를 마시고 있는 동작(drinking/sipping from a mug)
> 여자가 헤드폰을 쓰고 있는 상태(wearing headphones)

- 인물 사진의 경우에는 인물의 손, 발, 시선이나 외양을, 사물/풍경 사진의 경우에는 부각된 사물의 위치나 배열 상태 등을 집중적으로 확인합니다.
- 중심적인 특징을 파악한 후에, 시간이 남는다면 주변을 살펴봅니다.

2. 오답을 버리고 정답을 남깁니다.

- PART 1&2는 무조건 소거법을 활용하세요! 각각의 사진 아래에 있는 여백에 사진 묘사가 이상한 보기는 X, 묘사가 잘된 보기는 O, 잘 모르겠으면 △로 표시하며 듣습니다.
- 보기를 다 들은 후, 표시에 O가 없으면 △를 선택하고, O와 △ 모두 있다면 O를 선택합니다.

✍ 학습 ADVICE

1. 문제 수(6문제)가 적다고 PART 1의 학습을 건너뛰는 것은 금물!

토익 LC 학습의 가장 기본이 되는 PART 1에서 짧은 단문 듣기 훈련을 마쳐야 PART 2, 3, 4의 길어진 문장을 쉽게 극복할 수 있습니다.

2. 어휘 실력이 가장 중요한 파트, PART 1!

PART 1은 청취 실력뿐만 아니라 아는 어휘가 늘어날수록 정답률이 정직하게 높아지는 파트입니다. 본인이 PART 1에서 2개 이상 틀리는 수준이라면 청취력이 아직은 불안한 상태이니 꼭 실력을 다지세요!

3. 900점 이상의 토익 고수가 되고자 한다면?

고득점자는 문제와 문제 사이의 pause 동안 PART 5 문제를 풀고 오는 여유가 있습니다. 그러나 토익을 이제 시작하는 단계라면? 비교적 짧은 문장 위주인 PART 1에 시간을 꼭 할애해서 청취력을 키우고 어휘력을 향상시켜 탄탄한 LC 기본기를 마련하세요!

CASE 1   사진에서 가장 눈에 띄는 부분에 주목한다.

미국

🎧 CH01_01

(A)   (B)   (C)   (D)

STEP 1   📷 사진 분석하기

장소 실내 – 공사장   **인물** ○ [2인 이상]

바로 묘사

✓ 남녀가 설계도를 보고 있다.
  (People are looking at a blueprint.)

✓ 여자가 설계도를 가리키고 있다.
  (One of the people is pointing at a blueprint.)

✓ 안전모가 작업대 위에 놓여 있다.
  (A safety helmet has been placed on a worktable.)

STEP 2   ❌ 오답 소거하고 정답 남기기

(A) They're wearing safety hats. 사람들이 안전모를 쓰고 있다. ❌
  ➝ 사람들이 무언가를 착용한 상태인 것은 맞지만 착용한 대상이 안전모(safety hats)가 아니므로 동작의 대상이 틀린 오답이다.

(B) They're examining a blueprint. 사람들이 설계도를 살펴보고 있다. ⭕
  ➝ 사진을 첫눈에 봤을 때 가장 눈에 띄는 부분은 중심에 있는 사람들이다. 사람들의 동작/상태를 먼저 파악하고 주변의 사물과 풍경을 눈여겨보도록 하자. 사진 속의 사람들이 설계도를 살펴보고 있는 모습을 적절히 묘사했으므로 정답이다.

(C) They're putting files in a drawer. 사람들이 서랍 안에 서류철들을 넣고 있다. ❌
  ➝ 서랍(drawer)은 사진에 보이지 않으므로 오답이다.

(D) They're seated at workstations. 사람들이 작업 공간에 앉아 있다. ❌
  ➝ 사람들은 앉아 있지 않고 서 있는 상태이므로 상태 묘사가 틀린 오답이다.

정답 더보기   A woman is pointing at a drawing. 한 여자가 도안을 가리키고 있다.

CASE 집중훈련   해설서 p.2

🎧 CH01_02

1.

(A)   (B)   (C)   (D)

2.

(A)   (B)   (C)   (D)

CASE 2 포괄적으로 묘사하는 보기가 정답이다.

호주

🎧 CH01_03

(A)　　　(B)　　　(C)　　　(D)

STEP 1 📷 사진 분석하기

장소 야외 – 공사장　　인물 O [1인 중심]

바로 묘사

✓ 남자가 삽을 사용하고 있다.
 (He's using a shovel.)

✓ 남자가 안전모를 쓰고 있다.
 (He's wearing a hard hat.)

✓ 바닥에 흙이 쌓여 있다.
 (Some dirt has been piled up on the ground.)

STEP 2 ❌ 오답 소거하고 정답 남기기

(A) The man is raking leaves into a pile. 남자가 나뭇잎들을 갈퀴로 긁어모아 쌓아 올리고 있다. ❌
 ⋯ 나뭇잎들(leaves)은 사진에 보이지 않으므로 오답이다.

(B) The man is using a shovel at a construction site. 남자가 공사장에서 삽을 사용하고 있다. ◎
 ⋯ 공사장에서 남자가 삽을 사용하고 있는(is using a shovel) 모습을 포괄적인 묘사로 적절히 말했으므로 정답이다. 구체적으로 묘사한다면 '흙을 삽으로 옮기고 있다(is shoveling some dirt)'라고 말할 수 있다.

(C) The man is operating a forklift in a factory. 남자가 공장에서 지게차를 작동하고 있다. ❌
 ⋯ 지게차(forklift)는 사진에 보이지 않으므로 오답이다.

(D) The man is taking measurements of a structure. 남자가 구조물의 크기를 측정하고 있다. ❌
 ⋯ 남자의 행동이 무언가를 측정하고 있는 동작이 아니므로 동작 묘사가 틀린 오답이다.

정답 더보기 A construction worker is wearing a helmet. 한 공사장 인부가 헬멧을 착용하고 있다.

CASE 집중훈련　해설서 p.2

🎧 CH01_04

1.

(A)　　　(B)　　　(C)　　　(D)

2.

(A)　　　(B)　　　(C)　　　(D)

CASE 3 | 오답 보기는 대개 사진 속 인물/사물을 이용한다.

미국

(A)　　　(B)　　　(C)　　　(D)

🎧 CH01_05

STEP 1 | 📷 사진 분석하기

장소 실내 – 사무실　　**인물** O [1인 중심]

바로 묘사

✓ 여자가 책상에서 일하고 있다.
  (She is working at a desk.)

✓ 책상 위에 머그잔이 놓여 있다.
  (There is a mug on the desk.)

✓ 선반에 책이 놓여 있다.
  (Some books have been placed on the shelf.)

STEP 2 | ❌ 오답 소거하고 정답 남기기

(A) A woman is working on a laptop. 한 여자가 노트북으로 일하고 있다. ◎
  ⋯→ 여자가 노트북으로 일을 하는 모습을 적절히 묘사했으므로 정답이다.

(B) A woman is putting items on a shelf. 한 여자가 물건들을 선반 위에 놓고 있다. ❌
  ⋯→ 사진 속에 선반(shelf)과 물건들(items)이 보이지만, 여자의 행동이 선반에 물건을 놓는 동작이 아니므로 동작 묘사가 틀린 오답이다.

(C) A woman is drinking from a mug. 한 여자가 머그잔으로 마시고 있다. ❌
  ⋯→ 사진 속에 머그잔(mug)이 보이지만, 여자의 행동이 마시는 동작이 아니므로 동작 묘사가 틀린 오답이다.

(D) A woman is adjusting a chair. 한 여자가 의자를 조정하고 있다. ❌
  ⋯→ 사진 속에 여자가 앉은 의자(chair)가 보이지만, 여자의 행동이 의자를 조정하는 동작이 아니므로 동작 묘사가 틀린 오답이다.

정답 더보기 She's typing on a keyboard. 여자가 키보드로 타자를 치고 있다.

CASE 집중훈련

해설서 p.2

🎧 CH01_06

1.

(A)　　　(B)　　　(C)　　　(D)

2.

(A)　　　(B)　　　(C)　　　(D)

CASE 4 사진에 보이지 않는 단어가 등장한 보기는 오답이다.

영국

 CH01_07

(A)　　(B)　　(C)　　(D)

STEP 1 📷 사진 분석하기

장소 실내 – 상점　　**인물** ○ [2인 이상]

바로 묘사

✓ 여자가 카운터 뒤에 서 있다.
(A woman is standing behind the counter.)

✓ 여자가 물건을 들고 있다.
(A woman is holding an item.)

✓ 계산대 점원이 물건을 스캔하고 있다.
(A cashier is scanning an item.)

STEP 2 ❌ 오답 소거하고 정답 남기기

(A) A cashier is scanning a product. 한 계산대 점원이 상품을 스캔하고 있다. ◎
⋯➡ 계산대 점원이 상품을 스캔하고 있는 모습을 적절히 묘사했으므로 정답이다.

(B) A cashier is taking a **card** from a customer. 한 계산대 점원이 고객에게서 카드를 받고 있다. ❌
⋯➡ 카드(card)는 사진에 보이지 않으므로 오답이다. 사진 속에 등장하지 않는 인물이나 사물이 들리면 바로 오답 처리한다.

(C) A customer is **placing** some items on the counter. 한 고객이 계산대 위에 물건들을 놓고 있다. ❌
⋯➡ 남자 고객의 행동이 무언가를 놓고 있는 동작이 아니므로 동작 묘사가 틀린 오답이다.

(D) A customer is emptying a **basket**. 한 고객이 바구니를 비우고 있다. ❌
⋯➡ 사진에서 남자 고객 주변에 바구니(basket)는 보이지 않으므로 오답이다.

정답 더보기 A woman is holding a product. 한 여자가 상품을 들고 있다.

CASE 집중훈련
해설서 p.3

 CH01_08

1.

(A)　　(B)　　(C)　　(D)

2.

(A)　　(B)　　(C)　　(D)

미국

🎧 CH01_09

(A) (B) (C) (D)

STEP 1 📷 사진 분석하기

장소 실내 – 사무실 **인물** O [1인 중심]

바로 묘사

✓ 여자가 프린터 앞에 서 있다.
   (A woman is standing in front of a printer.)

✓ 여자가 프린터 트레이를 보고 있다.
   (A woman is looking at a printer tray.)

✓ 여자가 종이를 잡고 있다.
   (A woman is holding some paper.)

STEP 2 ❌ 오답 소거하고 정답 남기기

(A) A woman is handing out some documents. 한 여자가 문서를 나눠 주고 있다. ❌
    ⋯→ 여자의 행동이 나눠 주는 동작이 아니므로 동작 묘사가 틀린 오답이다.

(B) A woman is organizing some files in a drawer. 한 여자가 서랍에 있는 파일을 정리하고 있다. ❌
    ⋯→ 여자의 행동이 정리하는 동작이 아닐 뿐만 아니라 서랍(drawer)은 사진에 보이지 않으므로 오답이다.

(C) A woman is putting some paper into a tray. 한 여자가 트레이에 종이를 넣고 있다. ◎
    ⋯→ 여자가 트레이에 종이를 넣는 동작을 적절히 묘사했으므로 정답이다.

(D) A woman is closing the window blinds. 한 여자가 창문 블라인드를 닫고 있다. ❌
    ⋯→ 여자의 행동이 닫는 동작이 아니므로 동작 묘사가 틀린 오답이다.

정답 더보기 She's standing next to a copy machine. 여자가 복사기 옆에 서 있다.

CASE 집중훈련
해설서 p.3

🎧 CH01_10

1.

(A) (B) (C) (D)

2.

(A) (B) (C) (D)

CASE 6 인물/사물의 상태를 잘못 나타내는 동사를 사용한다. (상태 묘사 오류)

🎧 CH01_11

(A)　　(B)　　(C)　　(D)

STEP 1 　📷 사진 분석하기

장소 실내 – 집　　　인물 X [사물/풍경]

바로 묘사

✓ 방 안에 악기가 놓여 있다.
(A musical instrument has been located in a room.)

✓ 바닥에 카펫이 깔려 있다.
(A carpet has been laid on the floor.)

✓ 소파에 쿠션이 있다.
(There are some cushions on the sofa.)

STEP 2 　❌ 오답 소거하고 정답 남기기

(A) A flower vase has been set on top of a piano. 꽃병 하나가 피아노 위에 놓여 있다. ❌
⤷ 꽃병(flower vase)은 사진에 보이지 않으므로 오답이다.

(B) A cushion has been left on an armchair. 쿠션 하나가 안락의자 위에 놓여 있다. ⭕
⤷ 쿠션이 안락의자 위에 놓여 있는 상태를 적절히 묘사했으므로 정답이다.

(C) Some carpets have been rolled up against the wall. 일부 카펫들이 벽에 기대어 말려 있다. ❌
⤷ 사진 속에 카펫들(carpets)이 보이지만, 말린 상태가 아니므로 상태 묘사가 틀린 오답이다. 이처럼 사진 속 인물/사물의 상태를 틀리게 묘사한 보기는 대표적인 오답 유형이다.

(D) Some curtains have been drawn shut. 일부 커튼들이 닫혀 있다. ❌
⤷ 사진 속에 커튼들(curtains)이 보이지만, 완전히 닫힌 상태가 아니므로 상태 묘사가 틀린 오답이다.

정답 더보기 A room is unoccupied. 방이 비어 있다(방에 사람이 없다).

CASE 집중훈련 　해설서 p.4

🎧 CH01_12

1.

(A)　　(B)　　(C)　　(D)

2.

(A)　　(B)　　(C)　　(D)

CASE 7 인물/사물이 있는 장소를 잘못 묘사한다. (장소 묘사 오류)

영국

(A)　　　(B)　　　(C)　　　(D)

CH01_13

STEP 1　📷 사진 분석하기

장소 야외　　　　　인물 O [2인 이상]

바로 묘사

✓ 사람들이 계단을 내려가고 있다.
(They're going down the stairs.)

✓ 사람들이 나란히 걷고 있다.
(They're walking side by side.)

✓ 두 사람이 마주보고 있다.
(Some people are facing each other.)

STEP 2　❌ 오답 소거하고 정답 남기기

(A) A woman is sipping from a cup. 한 여자가 컵으로 조금씩 마시고 있다. ❌
⟶ 두 여자 중 누구도 마시는 동작을 하고 있지 않으므로 동작 묘사가 틀린 오답이다.

(B) Some people are walking down the steps. 몇몇 사람들이 계단을 내려가고 있다. ⊙
⟶ 사람들이 계단을 내려가는 모습을 적절히 묘사했으므로 정답이다.

(C) A man is holding a pile of books. 한 남자가 책 더미를 들고 있다. ❌
⟶ 남자가 무언가를 들고 있는 상태인 것은 맞지만 들고 있는 대상이 책 더미(a pile of books)가 아니므로 동작의 대상이 틀린 오답이다.

(D) Some people are descending on an escalator. 몇몇 사람들이 에스컬레이터를 타고 내려오고 있다. ❌
⟶ 사람들이 내려오는 동작을 하는 것은 맞지만 장소가 에스컬레이터가 아니라 계단이므로 장소 묘사가 틀린 오답이다. 이처럼 동작/상태 묘사
는 맞으나 장소/위치를 틀리게 말하는 오답이 등장하므로 장소/위치 표현이 나오는 문장 뒤까지 놓치지 말고 들어야 한다.

정답 더보기 Some people are holding some files. 몇몇 사람들이 파일을 들고 있다.

CASE 집중훈련 　해설서 p.4

CH01_14

1.

(A)　　　(B)　　　(C)　　　(D)

2.

(A)　　　(B)　　　(C)　　　(D)

CASE 8 사물의 위치를 잘못 묘사한다. (위치 묘사 오류)

미국

(A)   (B)   (C)   (D)

CH01_15

STEP 1 📷 사진 분석하기

장소 실내 – 사무실　　인물 O [1인 중심]

바로 묘사

✓ 램프가 켜져 있다.
(The lamp has been turned on.)

✓ 남자가 노트북으로 일하고 있다.
(The man is working on the laptop.)

✓ 전선이 책상 위에 놓여 있다.
(Some cords are laid on the desk.)

STEP 2 ❌ 오답 소거하고 정답 남기기

(A) A man is plugging in a laptop computer. 한 남자가 노트북 컴퓨터의 플러그를 꽂고 있다. ❌
⤳ 남자의 행동이 플러그를 꽂는 동작이 아니므로 동작 묘사가 틀린 오답이다.

(B) A man is turning on a desk lamp. 한 남자가 탁상용 램프를 켜고 있다. ❌
⤳ 램프는 이미 켜져 있는 상태이고 남자의 행동이 켜는 동작이 아니므로 동작 묘사가 틀린 오답이다.

(C) There is a notebook on a chair. 의자 위에 노트북이 한 대 있다. ❌
⤳ There is/are를 들은 즉시 사물의 유무와 위치에 주목하자. 사진 속에 노트북(notebook)이 보이지만, 놓인 곳이 의자 위가 아니라 책상 위 이므로 위치 묘사가 틀린 오답이다. 사물의 위치는 주로 「There is/are + 사물 주어 + 전치사구」나 「사물 주어 + is/are + 형용사/전치사구」 구문으로 묘사한다.

(D) Some cords are lying on a table. 몇몇 전선들이 테이블 위에 놓여 있다. ⭕
⤳ 사진 속에 보이는 전선들이 테이블 위에 놓여 있는 모습을 적절히 묘사했으므로 정답이다.

정답 더보기 He's typing on a laptop. 남자가 노트북으로 타자를 치고 있다.

CASE 집중훈련
해설서 p.5

CH01_16

1.

(A)   (B)   (C)   (D)

2.

(A)   (B)   (C)   (D)

CASE 9 주어가 틀린 보기가 나온다. (주어 불일치 오류)

미국

(A)　　(B)　　(C)　　(D)

🎧 CH01_17

STEP 1 📷 사진 분석하기

장소 실내 – 사무실　　**인물** X [사물/풍경]

바로 묘사

✓ 테이블 위에 물건들이 여기저기 놓여 있다.
(Some items are scattered on a table.)

✓ 컴퓨터 모니터가 꺼져 있다.
(The computer monitor has been turned off.)

✓ 의자가 테이블 안으로 들어가 있다.
(A chair has been put into a table.)

STEP 2 ❌ 오답 소거하고 정답 남기기

(A) Some notebooks are stacked on shelves. 몇몇 노트들이 선반 위에 쌓여 있다. ❌
　⋯ 선반들(shelves)은 사진에 보이지 않으므로 오답이다.

(B) Some office furniture is being arranged. 몇몇 사무용 가구가 정리되고 있다. ❌
　⋯ 사무용 가구를 정리하는 사람이 보이지 않으므로 동작 묘사가 틀린 오답이다.

(C) Some stationery is near a printer. 몇몇 문구류가 프린터 옆에 있다. ⭕
　⋯ 몇몇 문구류가 프린터 옆에 있는 모습을 적절히 묘사했으므로 정답이다.

(D) Some pens are scattered on the desk. 몇몇 펜들이 책상 위에 흩어져 있다. ❌
　⋯ 책상 위에 흩어져 있는 것은 펜(pens) 여러 개가 아니라 문구류이므로 주어가 틀린 오답이다. 주어를 놓치고 뒤에 이어지는 문장만 들었다면
　정답으로 쉽게 오인할 수 있는 오답 보기이다.

정답 더보기 A chair is unoccupied. 의자 하나가 비어 있다.

CASE 집중훈련　해설서 p.5

🎧 CH01_18

1.

(A)　　(B)　　(C)　　(D)

2.

(A)　　(B)　　(C)　　(D)

동작의 대상이 틀린 보기가 나온다. (동작의 대상 오류)

호주

(A)　(B)　(C)　(D)

🎧 CH01_19

STEP 1 　📷 사진 분석하기

장소 야외　　**인물** ○ [2인 이상]

바로 묘사

✓ 두 여자가 쓰레기통 뚜껑을 잡고 있다.
(They're holding a lid of the bin.)

✓ 두 여자가 바구니를 들고 있다.
(They're carrying some baskets.)

✓ 쓰레기통이 쓰레기로 가득 차 있다.
(A bin has been filled with trash.)

STEP 2 　❌ 오답 소거하고 정답 남기기

(A) One of the women is opening a door. 여자들 중 한 명이 문을 열고 있다. ❌
　⋯ 여자들 중 한 명이 여는 동작을 하는 것은 맞지만 여는 대상이 문(door)이 아니므로 동작의 대상이 틀린 오답이다. 쓰레기통의 뚜껑(lid)을 문(door)으로 혼동하지 않도록 하자.

(B) One of the women is putting down a box. 여자들 중 한 명이 상자를 내려놓고 있다. ❌
　⋯ 여자들 중 누구의 행동도 내려놓는 동작이 아니므로 동작 묘사가 틀린 오답이다.

(C) They're standing next to a bin. 사람들이 쓰레기통 옆에 서 있다. ◎
　⋯ 두 여자가 쓰레기통 양옆에 서 있는 모습을 적절히 묘사했으므로 정답이다.

(D) They're filling a basket with products. 사람들이 바구니를 제품들로 채우고 있다. ❌
　⋯ 두 여자가 채우는 동작을 하는 것은 맞지만 채우는 대상이 바구니(basket)도 제품들(products)도 아니므로 동작의 대상이 틀린 오답이다.

정답 더보기 A bin is overflowing. 쓰레기통 하나가 넘치고 있다.

CASE 집중훈련　해설서 p.6

🎧 CH01_20

1.

(A)　(B)　(C)　(D)

2.

(A)　(B)　(C)　(D)

1.

(A)   (B)   (C)   (D)

2.

(A)   (B)   (C)   (D)

3.

(A)   (B)   (C)   (D)

4.

(A)   (B)   (C)   (D)

5.

(A)   (B)   (C)   (D)

6.

(A)   (B)   (C)   (D)

CASE 11 1인 중심 사진: 인물의 동작을 묻는다.

영국

 CH02_01

(A)　　(B)　　(C)　　(D)

STEP 1 📷 사진 분석하기

장소 야외 – 공원　　　인물 O [1인 중심]

바로 묘사

✓ 남자가 벤치에 앉아 있다.
  (He's sitting on a bench.)

✓ 남자가 컵으로 마시고 있다.
  (He's drinking from a cup.)

✓ 남자가 신문을 들고/읽고 있다.
  (He's holding/reading a newspaper.)

STEP 2 ❌ 오답 소거하고 정답 남기기

(A) A man is holding a newspaper. 한 남자가 신문을 들고 있다. ⭕
⋯› 남자가 신문을 들고 있는 상태를 적절히 묘사했으므로 정답이다. '안경을 쓴 남자가 벤치에 앉아 다리를 꼰 상태로 한 손에는 신문을 들어 읽고 있고 다른 한 손에는 컵을 들어 마시고 있다.'로 남자의 동작/상태를 묘사할 수 있다.

(B) A man is pouring coffee into a cup. 한 남자가 컵에 커피를 따르고 있다. ❌
⋯› 남자의 행동이 무언가를 따르는 동작이 아니므로 동작 묘사가 틀린 오답이다.

(C) A man is relaxing by a stream. 한 남자가 시냇가에서 쉬고 있다. ❌
⋯› 남자가 쉬고 있는 상태인 것은 맞지만 시내(stream)가 사진에 보이지 않으므로 오답이다.

(D) A man is placing his feet on a bench. 한 남자가 벤치 위에 발을 올려놓고 있다. ❌
⋯› 남자가 발을 올려놓은 곳은 벤치 위가 아니므로 위치 묘사가 틀린 오답이다.

정답 더보기 He has his legs crossed. 남자가 다리를 꼬고 있다.

CASE 집중훈련 해설서 p.7

 CH02_02

1.

(A)　　(B)　　(C)　　(D)

2.

(A)　　(B)　　(C)　　(D)

CASE 12 1인 중심 사진: 보고, 입고, 서 있고, 앉아 있는 상태를 묻는다.

미국

 CH02_03

(A)　　　(B)　　　(C)　　　(D)

STEP 1 📷 사진 분석하기

장소 실내 – 공장　　　인물 O [1인 중심]

바로 묘사

✓ 여자가 보안경을 끼고 있다.
(She's wearing safety goggles.)

✓ 여자가 장비를 조정하고 있다.
(The woman is adjusting some equipment.)

✓ 여자가 기계 장치를 사용하고 있다.
(She's using some machinery.)

STEP 2 ❌ 오답 소거하고 정답 남기기

(A) A woman is putting away some tools. 한 여자가 몇몇 도구들을 치우고 있다. ❌
⋯⋯▸ 여자의 행동이 치우는 동작이 아니므로 동작 묘사가 틀린 오답이다.

(B) A woman is wearing safety goggles. 한 여자가 보안경을 착용하고 있다. ⊙
⋯⋯▸ 여자가 보안경을 착용한 상태를 적절히 묘사했으므로 정답이다. 인물의 착용 상태를 be wearing으로 묘사하는 보기는 시험에 자주 등장한다.

(C) A woman is repairing some electrical wires. 한 여자가 전선을 수리하고 있다. ❌
⋯⋯▸ 여자가 수리하는 동작을 하는 것은 맞지만 수리하는 대상이 전선들(electrical wires)이 아니므로 동작의 대상이 틀린 오답이다.

(D) A woman is carrying metal plates. 한 여자가 금속판을 들고 있다. ❌
⋯⋯▸ 여자의 행동이 들고 있는 동작이 아니므로 동작 묘사가 틀린 오답이다.

정답 더보기 She's operating some machinery. 여자가 기계를 조작하고 있다.

CASE 집중훈련　해설서 p.8

CH02_04

1.

(A)　　　(B)　　　(C)　　　(D)

2.

(A)　　　(B)　　　(C)　　　(D)

PART 1 CHAPTER 02

CASE 13 · 1인 중심 사진: '인물의 시선'을 나타내는 동사는 read가, '도구의 사용'을 나타내는 동사는 use가 가장 많이 나온다.

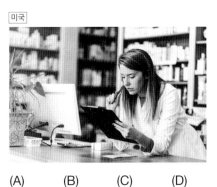

미국

CH02_05

(A)　　(B)　　(C)　　(D)

STEP 1 — 🔊 사진 분석하기

장소 실내 – 상점　　**인물** O [1인 중심]

바로 묘사

✓ 여자가 클립보드를 들고 있다.
(She's holding a clipboard.)

✓ 여자가 클립보드를 보고/읽고 있다.
(She's reading from a clipboard.)

✓ 여자가 팔꿈치를 탁자에 대고 있다.
(She's resting her elbows on the table.)

STEP 2 — ❌ 오답 소거하고 정답 남기기

(A) A woman is reading from a clipboard. 한 여자가 클립보드를 읽고 있다. ⭕
⋯▸ 여자가 클립보드에서 무언가를 읽는 모습을 적절히 묘사했으므로 정답이다. 인물의 시선이 사물을 향하고 있다면, 대개 눈/시선과 관련된 동작/상태 표현이 자주 나온다. *p.54 〈'눈/시선' 묘사 빈출 동사〉 참고

(B) A woman is using a musical instrument. 한 여자가 악기를 사용하고 있다. ❌
⋯▸ 악기(musical instrument)는 사진에 보이지 않으므로 오답이다.

(C) A woman is taking some medication. 한 여자가 약을 복용하고 있다. ❌
⋯▸ 여자의 행동이 약을 복용하는 동작이 아니므로 동작 묘사가 틀린 오답이다.

(D) A woman is examining a patient. 한 여자가 환자를 진료하고 있다. ❌
⋯▸ 여자의 행동이 진료하는 동작이 아닐 뿐만 아니라 환자(patient)는 사진에 보이지 않으므로 오답이다.

정답 더보기 A pharmacist is wearing a lab coat. 한 약사가 가운을 입고 있다.

CASE 집중훈련　해설서 p.8

CH02_06

1.

(A)　　(B)　　(C)　　(D)

2.

(A)　　(B)　　(C)　　(D)

1인 중심 사진: be putting on, be trying on은 착용 중인 '동작'이고, be wearing은 착용한 '상태'이다.

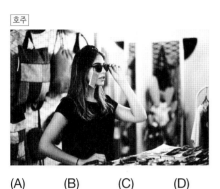

호주

(A)　　　(B)　　　(C)　　　(D)

CH02_07

STEP 1　📷 사진 분석하기

장소 실내 – 상점　　　인물 O [1인 중심]

바로 묘사

✓ 여자가 선글라스를 써 보고 있다.
  (She's trying on sunglasses.)

✓ 여자가 선글라스를 고쳐 쓰고 있다.
  (She's adjusting her sunglasses.)

✓ 가방이 벽에 걸려 있다.
  (Some bags are hanging on a wall.)

STEP 2　❌ 오답 소거하고 정답 남기기

(A) She's reaching for a bag. 여자가 가방에 손을 뻗고 있다. ❌
  ⋯ 여자의 행동이 손을 뻗는 동작이 아니므로 동작 묘사가 틀린 오답이다.

(B) She's putting a price tag on a product. 여자가 상품에 가격표를 붙이는 중이다. ❌
  ⋯ 여자의 행동이 붙이는 동작이 아니므로 동작 묘사가 틀린 오답이다.

(C) She's paying for a purchase. 여자가 물건값을 지불하고 있다. ❌
  ⋯ 여자의 행동이 값을 지불하는 동작이 아니므로 동작 묘사가 틀린 오답이다.

(D) She's trying on a pair of sunglasses. 여자가 선글라스를 써 보는 중이다. ◎
  ⋯ 여자가 선글라스를 써 보는 중인 동작을 적절히 묘사했으므로 정답이다. 만약 여자가 선글라스를 착용한 상태로 다른 동작을 하고 있다면, is wearing으로 표현해야 옳다. *p.51 〈상태 동사 vs. 동작 동사〉 참고

정답 더보기 Some merchandise has been displayed. 몇몇 상품이 진열되어 있다.

PART 1　CHAPTER 02

CASE 집중훈련　해설서 p.8

CH02_08

1.

(A)　　　(B)　　　(C)　　　(D)

2.

(A)　　　(B)　　　(C)　　　(D)

미국

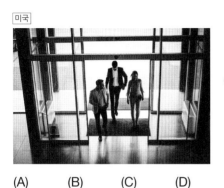

CH02_09

(A)　　　(B)　　　(C)　　　(D)

STEP 1 📷 사진 분석하기

장소 실내 – 회사　　　인물 ○ [2인 이상]

바로 묘사

✓ 사람들이 건물 안으로 들어오고 있다.
(They're entering a building.)

✓ 사람들이 출입구를 지나가고 있다.
(They're walking through an entrance.)

✓ 문이 열려 있다.
(The door has been left open.)

STEP 2 ❌ 오답 소거하고 정답 남기기

(A) Some people are cleaning some glass doors. 몇몇 사람들이 유리문을 닦고 있다. ❌
··· 사진 속에 두 사람 이상 등장하고 주어가 Some people, People, They라면 인물들의 공통된 동작/상태에 주목한다. 사진 속 사람들 중 어느 누구도 닦는 동작을 하고 있지 않으므로 동작 묘사가 틀린 오답이다.

(B) Some people are exiting a conference hall. 몇몇 사람들이 회의장에서 나가고 있다. ❌
··· 사진 속 사람들 모두가 나가는 것이 아니라 들어오는(are entering) 동작을 하고 있으므로 동작 묘사가 틀린 오답이다.

(C) Some people are fixing some heaters. 몇몇 사람들이 난방기를 수리하고 있다. ❌
··· 사진 속 사람들 중 어느 누구도 수리하는 동작을 하고 있지 않으므로 동작 묘사가 틀린 오답이다.

(D) Some people are walking through an entrance. 몇몇 사람들이 출입구를 지나가고 있다. ◎
··· 사진 속 사람들 모두가 출입구를 지나가고 있는 모습을 적절히 묘사했으므로 정답이다.

정답 더보기 They are stepping into a building. 사람들이 건물로 들어서고 있다.

CASE 집중훈련

해설서 p.9

CH02_10

1.

(A)　　　(B)　　　(C)　　　(D)

2.

(A)　　　(B)　　　(C)　　　(D)

CASE 16   2인 이상 사진: 인물의 개별 동작/상태를 묻는다.

영국

(A)   (B)   (C)   (D)

CH02_11

STEP 1   📷 사진 분석하기

장소 야외 - 트레킹   **인물** O [2인 이상]

바로 묘사

✓ 두 사람이 무언가를 보고 있다.
(They're looking at something.)

✓ 남자가 지도를 가리키고 있다.
(A man is pointing at a map.)

✓ 배낭이 바위 위에 놓여 있다.
(A backpack has been put on a rock.)

✓ 등산 스틱이 바위에 기대어져 있다.
(A hiking stick has been propped against a rock.)

STEP 2   ❌ 오답 소거하고 정답 남기기

(A) A woman is opening up her backpack. 한 여자가 자신의 배낭을 열고 있다. ❌
⋯▸ 두 사람 중 여자의 행동이 여는 동작이 아니므로 동작 묘사가 틀린 오답이다. 두 사람이 등장한 사진이지만 이처럼 한 사람의 행동을 묘사하는 보기가 자주 나오므로 인물의 개별 동작도 파악해야 한다. 가끔 주어와 동작이 일치하는지 여부를 묻기도 한다.

(B) A man is pointing at a map. 한 남자가 지도를 가리키고 있다. ◎
⋯▸ 두 사람 중 남자가 지도를 가리키는 모습을 적절히 묘사했으므로 정답이다.

(C) They're leaning against a tree. 사람들이 나무에 기대고 있다. ❌
⋯▸ 두 사람 모두 어딘가에 기대어 있는 상태인 것은 맞지만 기대어 있는 대상이 나무(tree)가 아니라 바위(rock)이므로 동작의 대상이 틀린 오답이다.

(D) They're walking on a mountain path. 사람들이 산길을 걷고 있다. ❌
⋯▸ 두 사람 모두 걷는 동작을 하고 있지 않으므로 동작 묘사가 틀린 오답이다.

정답 더보기 The people are seated side by side. 사람들이 나란히 앉아 있다.

CASE 집중훈련   해설서 p.9

CH02_12

1.

(A)   (B)   (C)   (D)

2.

(A)   (B)   (C)   (D)

[미국]

(A)　　　(B)　　　(C)　　　(D)

🎧 CH02_13

STEP 1　📷 사진 분석하기

장소 실내 – 상점　　**인물** O [2인 이상]

바로 묘사

✓ 손님이 진열장 안을 보고 있다.
　(A customer is looking into a display case.)

✓ 손님이 물건을 고르고 있다.
　(A customer is choosing an item.)

✓ 점원이 카운터 뒤에 서 있다.
　(A clerk is standing behind a counter.)

STEP 2　❌ 오답 소거하고 정답 남기기

(A) Loaves of bread are being sliced. 빵 여러 덩어리가 잘리고 있다. ❌
⋯⋯▸ 두 사람 중 누구도 빵을 자르는 동작을 하고 있지 않으므로 동작 묘사가 틀린 오답이다.

(B) One of the women is paying a cashier. 여자들 중 한 명이 계산대 점원에게 돈을 지불하고 있다. ❌
⋯⋯▸ 두 사람 중 누구도 돈을 지불하는 동작을 하고 있지 않으므로 동작 묘사가 틀린 오답이다.

(C) Dishes are stacked on the table. 접시들이 테이블 위에 쌓여 있다. ❌
⋯⋯▸ 테이블(table)은 사진에 보이지 않으므로 오답이다.

(D) A salesperson is standing behind a display case. 한 판매원이 진열장 뒤에 서 있다. ⭕
⋯⋯▸ 진열장 뒤에 서 있는 점원의 위치를 적절히 묘사했으므로 정답이다. 상점에서 점원과 손님(들)이 중심인 사진이라면, 인물들 간의 위치 관계
　를 일치시키는 보기가 자주 나온다. 만약 위의 사진에서 손님(A customer)이 주어라면, behind 대신 in front of가 쓰여야 옳다.

정답 더보기 Foods are displayed in rows. 음식들이 여러 줄로 진열되어 있다.

CASE 집중훈련　해설서 p.10

🎧 CH02_14

1.

(A)　　　(B)　　　(C)　　　(D)

2.

(A)　　　(B)　　　(C)　　　(D)

PART 1 상태 동사 vs. 동작 동사 확인하기

상태 동사	동작 동사
입다 **be wearing** 착용하고 있는 상태 He's **wearing** shoes. 남자가 신발을 신고 있다.	**be putting on** **be trying on** 착용 중인 동작 He's **putting on** some shoes. 남자가 신발을 신는 중이다. He's **trying on** some shoes. 남자가 신발을 신어 보고 있다.
들다 **be holding** 들고 있는 상태 She's **holding** a box. 여자가 상자를 들고 있다.	**be lifting** 들어 올리는 동작 She's **lifting** some boxes. 여자가 상자를 들어 올리고 있다.
타다 **be riding** 타고 있는 상태 He's **riding** a bicycle. 남자가 자전거를 타고 있다.	**be boarding** 탑승하고 있는 동작 **be entering** 들어가고 있는 동작 He's **boarding** a train. 남자가 기차에 탑승하고 있다.

be sitting[seated] 앉아 있는 상태	The man **is seated** by a tree. 남자가 나무 옆에 앉아 있다.
be getting on[in] 타고 있는 동작	A man **is getting on** the subway. 한 남자가 지하철을 타고 있다.
be getting off[out] 내리고 있는 동작	A driver **is getting out** of a vehicle. 한 운전자가 차량 밖으로 나오고 있다.
be embarking (배·비행기에) 타는 동작	Some people **are embarking** on a cruise. 몇몇 사람들이 유람선에 타고 있다.
be disembarking (배·비행기에서) 내리는 동작	Passengers **are disembarking** from an airplane. 승객들이 비행기에서 내리고 있다.
be grasping[grabbing] 잡고 있는 상태	The woman **is grasping** a door handle. 여자가 문손잡이를 잡고 있다.
be picking up 집어 드는 동작	A man **is picking up** a cutting board. 한 남자가 도마를 집어 들고 있다.
be removing[taking off] 벗고 있는 동작	One of the people **is taking off** his glasses. 사람들 중 한 명이 안경을 벗고 있다.

1.

(A)   (B)   (C)   (D)

2.

(A)   (B)   (C)   (D)

3.

(A)   (B)   (C)   (D)

4.

(A)   (B)   (C)   (D)

5.

(A)   (B)   (C)   (D)

6.

(A)   (B)   (C)   (D)

▶ '눈/시선' 묘사 빈출 동사

be looking at
~을 보고 있다

They**'re looking at** a map.
사람들이 지도를 보고 있다.

be looking into
~안을 들여다보고 있다

The man **is looking into** a display case.
남자가 진열장 안을 들여다보고 있다.

be reading
~을 읽고[보고] 있다
be reviewing
~을 검토하고 있다

The woman **is reading[reviewing]** some documents.
여자가 서류를 보고[검토하고] 있다.

be examining
~을 살펴보고 있다

She**'s examining** some merchandise.
여자가 상품을 살펴보고 있다.

be inspecting
~을 점검하고 있다

They**'re inspecting** the machinery.
사람들이 기계를 점검하고 있다.

be browsing
~을 둘러보고 있다

A shopper **is browsing** in a clothing shop.
한 쇼핑객이 옷 가게에서 둘러보고 있다.

be gazing[staring] 응시하고 있다	Some people **are gazing** at the ocean. 몇몇 사람들이 바다를 응시하고 있다.
be glancing 힐끗 보고 있다	She**'s glancing** out the window. 여자가 창밖을 힐끗 보고 있다.
be viewing ~을 바라보고 있다	A man **is viewing** a town from a distance. 한 남자가 멀리서 마을을 바라보고 있다.
be checking ~을 확인하고 있다	A flight attendant **is checking** tickets. 한 승무원이 표를 확인하고 있다.
be studying ~을 살펴보고 있다	The woman **is studying** a menu. 여자가 메뉴를 살펴보고 있다.
be facing each other 서로 마주 보고 있다 **be facing away from each other** 서로 다른 방향을 보고 있다	A couple **are facing each other**. 커플이 서로 마주 보고 있다. They **are facing away from each other**. 사람들이 서로 다른 방향을 보고 있다.

▶ '손/팔' 묘사 빈출 동사

be writing
(~을) 쓰고 있다

She**'s writing** on a document. 여자가 서류에 쓰고 있다.

be adjusting
~을 조정하고 있다

The man **is adjusting** a device. 남자가 기기를 조정하고 있다.

be holding
~을 잡고[들고] 있다

A man **is holding** a box. 한 남자가 박스를 들고 있다.

be carrying
~을 나르고 있다, (이동 중에) 들고 있다

A woman **is carrying** a basket. 한 여자가 바구니를 나르고 있다.

be pointing at
~을 가리키고 있다

One of the men **is pointing at** a computer monitor.
남자들 중 한 명이 컴퓨터 모니터를 가리키고 있다.

be reaching for
~을 잡으려고 손을 뻗고 있다

A woman **is reaching for** an item.
한 여자가 물건을 잡으려고 손을 뻗고 있다.

be holding onto[grasping] ~을 꼭 잡고 있다	A woman **is holding onto** a railing. 한 여자가 난간을 꼭 잡고 있다.
be loading 짐을 싣고 있다	A man **is loading** a box into a vehicle. 한 남자가 상자를 차량에 싣고 있다.
be unloading 짐을 내리고 있다	A man **is unloading** a van. 한 남자가 승합차에서 짐을 내리고 있다.
be pushing ~을 밀고 있다	He **is pushing** a cart stacked with boxes. 남자가 상자들이 쌓여 있는 수레를 밀고 있다.
be pulling ~을 당기고 있다	He **is pulling** his luggage in the lobby. 남자가 로비에서 자신의 수하물을 끌고 있다.
be handing over[passing] ~을 건네주고 있다	She **is handing over** paper. 여자가 종이를 건네주고 있다.
be handing out[distributing] ~을 나눠 주고 있다	He **is handing out** materials to students. 남자가 학생들에게 자료를 나눠 주고 있다.
be putting away ~을 치우고 있다	Some musicians **are putting away** their instruments. 몇몇 음악가들이 자신들의 악기를 치우고 있다.
be shaking hands 악수하고 있다	The men **are shaking hands**. 남자들이 악수하고 있다.
be greeting each other 서로 인사를 나누고 있다	Some people **are greeting each other**. 몇몇 사람들이 서로 인사를 나누고 있다.

▶ '발/다리' 묘사 빈출 동사

be walking
걷고 있다

Some people **are walking** through a warehouse.
몇몇 사람들이 창고를 걸어가고 있다.

be crossing
~을 건너고 있다

Some people **are crossing** a street.
몇몇 사람들이 길을 건너고 있다.

be entering
~에 들어가고 있다

Some people **are entering** a meeting room.
몇몇 사람들이 회의실에 들어가고 있다.

be exiting
~을 나가고 있다

The man **is exiting** an office building.
남자가 사무실 건물을 나가고 있다.

be ascending
~을 올라가고 있다

A man **is ascending** a staircase.
한 남자가 계단을 올라가고 있다.

be descending
~을 내려가고 있다

Some people **are descending** some steps.
몇몇 사람들이 계단을 내려가고 있다.

be walking[going] up ~을 올라가고 있다	Some people **are walking up** a staircase. 몇몇 사람들이 계단을 올라가고 있다.
be walking[going] down ~을 내려가고 있다	Some people **are walking down** the stairs. 몇몇 사람들이 계단을 내려가고 있다.
be strolling 거닐고 있다	He **is strolling** past the bench. 남자가 벤치를 지나 거닐고 있다.
be heading 가고 있다	Some people **are heading** towards an exit. 몇몇 사람들이 출구 쪽으로 가고 있다.
be approaching ~에 다가가고 있다	People **are approaching** an archway. 사람들이 아치 길로 다가가고 있다.
be passing 지나가고 있다	Some people **are passing** through the woods. 몇몇 사람들이 숲을 지나가고 있다.
be waiting in line 줄 서서 기다리고 있다	Some people **are waiting in line**. 몇몇 사람들이 줄 서서 기다리고 있다.

▶ '자세' 묘사 빈출 동사

be standing
서 있다

A woman **is standing** behind a counter.
한 여자가 카운터 뒤에 서 있다.

be sitting[seated]
앉아 있다

They**'re sitting[seated]** at an outdoor table.
사람들이 야외 테이블에 앉아 있다.

be leaning against
~에 기대고 있다

A man **is leaning against** a wall.
한 남자가 벽에 기대고 있다.

be posing for
~을 위해 포즈를 취하고 있다

A woman **is posing for** a picture.
한 여자가 사진 촬영을 위해 포즈를 취하고 있다.

be bending
몸을 숙이고 있다

A woman **is bending** over a box.
한 여자가 상자 위로 몸을 숙이고 있다.

be kneeling
무릎을 꿇고 있다

The man **is kneeling** on the grass.
남자가 풀밭에서 무릎을 꿇고 있다.

be squatting 쪼그려 앉아 있다	They **are squatting** with some exercise equipment. 사람들이 운동 기구를 들고 쪼그려 앉아 있다.

▶ '사람'을 나타내는 빈출 명사

customer 고객	A **customer** is paying for some products. 한 고객이 제품의 물건값을 치르고 있다.
worker 인부, 근로자	The **workers** are wearing safety helmets. 인부들이 안전모를 쓰고 있다.
pedestrian 보행자	Some **pedestrians** are waiting at a traffic light. 몇몇 보행자들이 신호등에서 대기하고 있다.
passenger 승객	Some **passengers** are exiting a train. 몇몇 승객들이 기차에서 나오고 있다.
audience 청중	Some people are entertaining an **audience**. 몇몇 사람들이 청중을 즐겁게 해 주고 있다.
presenter 발표자	Some people are facing the **presenter**. 몇몇 사람들이 발표자를 바라보고 있다.
cyclist 자전거 타는 사람, 사이클리스트	Some **cyclists** are removing their helmets. 몇몇 자전거 타는 사람들이 헬멧을 벗고 있다.
performer 연주자, 공연하는 사람	Some of the **performers** are wearing hats. 공연하는 사람들 중 일부가 모자를 쓰고 있다.
clerk 점원	A **clerk** is handing a customer a receipt. 한 점원이 고객에게 영수증을 건네고 있다.
crowd 군중, 사람들	A **crowd** has gathered to watch a performance. 군중이 공연을 보기 위해 모여 있다.
participant 참석자	Some materials are being handed out to the **participants**. 자료들이 참석자들에게 배포되고 있다.

사물/풍경 묘사

CASE 18 사물의 위치를 나타내는 마지막 전치사구까지 들어야 한다.

호주

🎧 CH03_01

(A)   (B)   (C)   (D)

STEP 1 📷 사진 분석하기

장소 실내 - 집   **인물** X [사물/풍경]

바로 묘사

✓ 사다리가 벽에 기대어 있다.
(A ladder is leaning against the wall.)

✓ 빗자루가 상자에 기대어 있다.
(A broom is propped against some boxes.)

✓ 상자들이 바닥 위에 쌓여 있다.
(Some boxes have been stacked on the floor.)

STEP 2 ❌ 오답 소거하고 정답 남기기

(A) Potted plants are being loaded onto a cart. 화분들이 카트에 실리고 있다. ❌
⋯ 화분을 싣는 사람이 보이지 않으므로 동작 묘사가 틀렸을 뿐만 아니라 카트(cart)는 사진에 보이지 않으므로 오답이다.

(B) Some pillows have been stacked on the floor. 몇몇 베개들이 바닥에 쌓여 있다. ❌
⋯ 베개가 쌓여 있는 곳은 바닥 위가 아니라 박스 위이므로 위치 묘사가 틀린 오답이다. 마지막에 나오는 위치 전치사구 on the floor까지 들어야 오답으로 소거할 수 있는 보기이다.

(C) A wall is being painted. 벽이 페인트칠 되고 있다. ❌
⋯ 벽에 페인트칠을 하고 있는 사람이 보이지 않으므로 동작 묘사가 틀린 오답이다.

(D) A broom has been placed against some boxes. 빗자루 하나가 상자들에 기대어 놓여 있다. ◎
⋯ 빗자루가 상자에 기대어 놓여 있는 모습을 적절히 묘사했으므로 정답이다.

정답 더보기 Some boxes have been piled on top of each other. 몇몇 상자들이 차곡차곡 쌓여 있다.

CASE 집중훈련   해설서 p.11

🎧 CH03_02

1.

(A)   (B)   (C)   (D)

2.

(A)   (B)   (C)   (D)

CASE 19 가장 부각되는 사물의 상태를 묻는다.

미국

CH03_03

(A) (B) (C) (D)

STEP 1 📷 사진 분석하기

장소 실내 – 상점   인물 X [사물/풍경]

바로 묘사

✓ 옷이 걸려 있다.
(Some clothes are hanging on racks.)

✓ 옷이 진열되어 있다.
(Some merchandise has been displayed.)

✓ 전등 몇 개가 켜져 있다.
(Some lights are turned on.)

STEP 2 ❌ 오답 소거하고 정답 남기기

(A) Some boxes have been stacked against a wall. 몇몇 상자들이 벽에 기대어 쌓여 있다. ❌
⋯➔ 박스들(boxes)은 사진에 보이지 않으므로 오답이다.

(B) Some clothes are being hung on racks. 몇몇 옷들이 옷걸이에 걸리고 있다. ❌
⋯➔ 사진 속에 옷들(clothes)이 보이지만 옷을 거는 사람은 보이지 않으므로 동작 묘사가 틀린 오답이다.

(C) Some merchandise has been arranged for display. 몇몇 상품이 진열을 위해 정리되어 있다. ◎
⋯➔ 사진에서 가장 눈에 띄는 사물인 옷들(clothes)을 상품(merchandise)으로 일반화하여, 옷들이 정리되어 있는 상태를 적절히 묘사했으므로 정답이다. 사물 중심 사진에서는 여러 사물이 등장하고, 각 사물의 상태를 주로 현재 수동태 「is/are p.p.」나 현재 완료 수동태 「has/have been p.p.」를 사용하여 묘사한다.

(D) Some shelves are being assembled in a store. 몇몇 선반들이 상점 안에서 조립되고 있다. ❌
⋯➔ 사진 속에 선반들(shelves)이 보이지만 선반을 조립하는 사람은 보이지 않으므로 동작 묘사가 틀린 오답이다.

정답 더보기 There are some clothes on display. 진열되어 있는 옷들이 있다.

CASE 집중훈련

해설서 p.12

CH03_04

1.

(A) (B) (C) (D)

2.

(A) (B) (C) (D)

CASE 20 주변에 있는 사물의 상태를 묻는다.

영국

🎧 CH03_05

(A)   (B)   (C)   (D)

STEP 1 📷 사진 분석하기

장소 야외 – 공원   인물 ○ [사물/풍경]

바로 묘사

✓ 여자가 공원에서 걷고 있다.
(A woman is walking in a park.)

✓ 여자가 숲 쪽으로 걸어가고 있다.
(A woman is walking toward some woods.)

✓ 공원에 나무가 우거진 곳이 있다.
(There is a wooded area in a park.)

STEP 2 ❌ 오답 소거하고 정답 남기기

(A) A railing separates a walkway from the pond. 난간 하나가 산책로와 연못을 나누고 있다. ⭕
⟶ 산책로와 연못 사이에 난간이 있는 모습을 적절히 묘사했으므로 정답이다. 사진에서 중심이 되는 사람이나 사물 주변에 위치한 사물의 상태, 위치를 눈여겨보아야 한다.

(B) Some leaves have been gathered into a pile. 몇몇 나뭇잎들이 무더기로 쌓여 있다. ❌
⟶ 사진 속에 나뭇잎들(leaves)이 보이지만 무더기로 쌓여 있는 상태는 아니므로 상태 묘사가 틀린 오답이다.

(C) A woman is exercising on the grass. 한 여자가 잔디 위에서 운동을 하고 있다. ❌
⟶ 여자의 행동이 운동을 하는 동작도 아닐 뿐만 아니라 잔디 위에 있지 않으므로 동작과 위치 모두 틀린 오답이다.

(D) There's a sitting area in front of some trees. 몇몇 나무들 앞에 앉을 수 있는 구역이 있다. ❌
⟶ 앉을 수 있는 구역(sitting area)은 사진에 보이지 않으므로 오답이다.

정답 더보기 A woman is taking a stroll in a park. 한 여자가 공원에서 산책을 하고 있다.

CASE 집중훈련 해설서 p.12

🎧 CH03_06

1.

(A)   (B)   (C)   (D)

2.

(A)   (B)   (C)   (D)

CASE 21 사물 간 위치를 묻는다.

미국

♪ CH03_07

(A)   (B)   (C)   (D)

STEP 1 🎧 사진 분석하기

장소 야외 – 호수   인물 X [사물/풍경]

바로 묘사

✓ 나무가 호수 옆에 있다.
   (A tree has been placed by a lake.)

✓ 벤치에 아무도 없다.
   (The bench is unoccupied.)

✓ 경관이 물에 비치고 있다.
   (Some scenery has been reflected on the water.)

STEP 2 ❌ 오답 소거하고 정답 남기기

(A) A tree has been cut down. 나무 한 그루가 베어 넘어져 있다. ❌
⋯➤ 나무가 베어 넘어져 있는 상태가 아니므로 상태 묘사가 틀린 오답이다.

(B) A picnic table is located by a lake. 피크닉 테이블 하나가 호수 옆에 위치해 있다. ⭕
⋯➤ 피크닉 테이블이 호수 옆에 위치한 모습을 적절히 묘사했으므로 정답이다. 사진 속에 여러 사물이 보이면 가장 눈에 띄는 사물을 파악하고,
사물 주어가 들리는 즉시 그 주변을 살펴서 주변 사물과의 위치 관계를 따져 보아야 한다.

(C) People are strolling down a pathway. 사람들이 오솔길을 따라 걷고 있다. ❌
⋯➤ 사람들(People)은 사진에 보이지 않으므로 오답이다. 사물 중심 사진에서 사람이 언급되면 바로 오답으로 소거한다.

(D) A swing is hanging from a tree. 그네 하나가 나무에 매달려 있다. ❌
⋯➤ 그네(swing)는 사진에 보이지 않으므로 오답이다.

정답 더보기 A tree overlooks a body of water. 나무 한 그루가 수역을 내려다보고 있다.

CASE 집중훈련

해설서 p.13

♪ CH03_08

1.

(A)   (B)   (C)   (D)

2.

(A)   (B)   (C)   (D)

사물의 배열 상태를 묻는다.

미국

CH03_09

(A)　　　　(B)　　　　(C)　　　　(D)

STEP 1　🖼 사진 분석하기

장소　실내 – 창고　　　　인물　X [사물/풍경]

바로 묘사

✓ 물건들이 선반 위에 놓여 있다.
　(Some items are placed on shelves.)

✓ 상자들이 차곡차곡 쌓여 있다.
　(Boxes are stacked on top of one another.)

✓ 천장 조명들이 켜져 있다.
　(Ceiling lights have been turned on.)

STEP 2　❌ 오답 소거하고 정답 남기기

(A) Some items are being put into plastic bags. 몇몇 물품들이 비닐봉지에 넣어지고 있다. ❌
　⋯➡ 물품을 넣고 있는 사람이 보이지 않으므로 동작 묘사가 틀린 오답이다.

(B) Boxes have been stacked in a warehouse. 상자들이 창고에 쌓여 있다. ◎
　⋯➡ 상자들이 창고에 쌓여 있는 상태를 적절히 묘사했으므로 정답이다. 상점, 도서관, 창고 등의 장소에 있는 사물은 놓여 있거나(be placed),
　쌓여 있거나(be stacked), 펼쳐져 있거나(be spread), 정리되어 있는(be arranged) 배열 상태로 자주 묘사된다. 사물 주어의 문장 구조
　는 보통 수동태 「is/are p.p.」로 쓰이는 것을 잊지 말자.

(C) Some workers are organizing products on shelves. 몇몇 작업자들이 선반에 제품을 정리하고 있다. ❌
　⋯➡ 작업자들(workers)은 사진에 보이지 않으므로 오답이다.

(D) Shopping carts have been parked in rows. 쇼핑 카트들이 여러 줄로 서 있다. ❌
　⋯➡ 쇼핑 카트들(Shopping carts)은 사진에 보이지 않으므로 오답이다.

정답 더보기　Some shelves are stocked with packages. 몇몇 선반들이 상자들로 채워져 있다.

CASE 집중훈련
해설서 p.13

CH03_10

1.

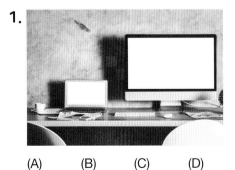

(A)　　　　(B)　　　　(C)　　　　(D)

2.

(A)　　　　(B)　　　　(C)　　　　(D)

CASE 23 사람이 없는 사진에서 「is/are being p.p.」가 들리면 오답이다.

영국

 CH03_11

(A)　　　(B)　　　(C)　　　(D)

STEP 1 📷 사진 분석하기

장소 야외 – 상점　　**인물** X [사물/풍경]

바로 묘사

✓ 바구니가 과일로 가득 차 있다.
(Baskets are full of fruits.)

✓ 과일이 판매용으로 진열되어 있다.
(Fruit is displayed for sale.)

✓ 몇몇 농산물에 가격표가 붙어 있다.
(There are price tags on some produce.)

STEP 2 ❌ 오답 소거하고 정답 남기기

(A) Some signs are being installed. 몇몇 표지판들이 설치되고 있다. ❌
┈▶ 설치하고 있는 사람이 보이지 않으므로 동작 묘사가 틀린 오답이다. 현재 진행 수동태 「is/are being p.p.」의 주어가 사물 주어이지만 주로 사람의 동작을 나타낸다. 사진 속에 사람이 보이지 않는데 현재 진행 수동태 동사 표현이 들린다면 오답일 확률이 높다. 예외적인 상황을 제외하고 바로 오답으로 소거하자. *p.66 〈현재 진행 수동태 「is/are being p.p.」의 예외적인 경우〉 참고

(B) Some produce is being removed from a display stand. 몇몇 농산물이 좌판에서 치워지고 있다. ❌
┈▶ 치우고 있는 사람이 보이지 않으므로 동작 묘사가 틀린 오답이다.

(C) Some fruit has been displayed in containers. 몇몇 과일이 용기들 안에 진열되어 있다. ⭕
┈▶ 과일이 용기 안에 진열된 상태를 적절히 묘사했으므로 정답이다.

(D) Some leaves have been gathered into a pile. 몇몇 나뭇잎들이 한 더미로 모여 있다. ❌
┈▶ 더미로 모여 있는 것은 나뭇잎들(leaves)이 아니라 농산물이므로 주어가 틀린 오답이다.

정답 더보기 Cartons have been placed in a row. 통들이 일렬로 놓여 있다.

CASE 집중훈련 해설서 p.14

 CH03_12

1.

(A)　　　(B)　　　(C)　　　(D)

2.

(A)　　　(B)　　　(C)　　　(D)

1.

(A)　　　(B)　　　(C)　　　(D)

2.

(A)　　　(B)　　　(C)　　　(D)

3.

(A)　　　(B)　　　(C)　　　(D)

4.

(A)   (B)   (C)   (D)

5.

(A)   (B)   (C)   (D)

6.

(A)   (B)   (C)   (D)

▶ 현재 진행 수동태 「is/are being p.p.」의 예외적인 경우

be being displayed
진열되어 있다

Some merchandise **is being displayed** for sale.
몇몇 상품이 판매를 위해 진열되어 있다.

be being grown
자라고 있다

Some flowers **are being grown** in pots.
몇몇 꽃들이 화분에서 자라고 있다.

be being cast
드리워져 있다

Shadows **are being cast** on the water.
그림자가 물에 드리워져 있다.

▶ '놓여 있는' 상태를 나타내는 빈출 동사

be placed 놓여 있다	A potted plant **has been placed** on a desk. 화분 하나가 책상 위에 놓여 있다.
be put 놓여 있다	A lamp **has been put** on a cabinet. 램프 하나가 수납장 위에 놓여 있다.
be set 놓여 있다	Some kitchen utensils **have been set** on a counter. 몇몇 주방 기구들이 카운터 위에 놓여 있다.
be positioned 놓여 있다	Some chairs **have been positioned** around a table. 몇몇 의자들이 테이블 주위에 놓여 있다.
be situated 놓여 있다	A table **has been situated** between the sofas. 테이블 하나가 소파 사이에 놓여 있다.
be laid 놓여 있다	Some papers **are laid** on the floor. 몇몇 서류들이 바닥에 놓여 있다.
be left 놓여 있다	A hose **has been left** on the ground. 호스 하나가 땅에 놓여 있다.
be lying 놓여 있다	There are some suitcases **lying** on the platform. 승강장에 여행용 가방들이 놓여 있다.

▶ '정리되어 있는' 상태를 나타내는 빈출 동사

be arranged 배열되어 있다	Some chairs **have been arranged** in a row. 몇몇 의자들이 일렬로 배열되어 있다.
be organized 정리되어 있다	Racks of clothes **have been organized**. 옷걸이에 있는 옷들이 정리되어 있다.
be displayed 진열되어 있다	Merchandise **has been displayed** on shelves. 상품이 선반에 진열되어 있다.
be on display 진열되어 있다	A variety of fruits **are on display**. 다양한 종류의 과일들이 진열되어 있다.

▶ '채워져 있는' 상태를 나타내는 빈출 동사

be filled with ~으로 채워져 있다	A cart **has been filled with** items. 카트 하나가 물건들로 채워져 있다.
be stocked with ~으로 채워져 있다	There are shelves **stocked with** supplies. 물품들로 채워져 있는 선반들이 있다.

be packed with ~으로 가득 차 있다	A road **is packed with** vehicles. 한 도로가 차량들로 가득 차 있다.
be occupied 채워져 있다	Some seats **are occupied**. 몇몇 자리들이 채워져 있다.

▶ '쌓여 있는' 상태를 나타내는 빈출 동사

be piled 쌓여 있다	Some cushions **have been piled** on the floor. 몇몇 쿠션들이 바닥에 쌓여 있다.
be stacked 쌓여 있다	Some boxes **are stacked** on the shelf. 몇몇 상자들이 선반 위에 쌓여 있다.

▶ '이어져 있는' 상태를 나타내는 빈출 동사

lead to ~로 이어져 있다	A bridge **leads to** a platform. 다리 하나가 승강장까지 이어져 있다.
extend (길·도로 등이) 나 있다	A bridge **extends** over a highway. 다리 하나가 고속도로 위로 나 있다.
span 가로지르다	A bridge **spans** the water. 다리 하나가 물을 가로질러 있다.
run 이어지다	A fence **runs** along the road. 울타리 하나가 도로를 따라 이어져 있다.

▶ '위치나 방향'을 나타내는 빈출 전치사

on, over, above ~ 위에	There is a shelf **above** a desk. 책상 위에 선반이 하나 있다.
under, below, beneath ~ 아래에	There is a door **beneath** the staircase. 계단 아래에 문이 하나 있다.
in front of ~ 앞에	A rug has been placed **in front of** an entrance. 깔개 하나가 출입구 앞에 놓여 있다.
behind ~ 뒤에	The drawers **behind** the desk are closed. 책상 뒤에 있는 서랍들이 닫혀 있다.
by, beside, next to, near, against ~ 옆에[가까이에]	Some plants have been placed **beside** a door. 몇몇 식물들이 문 옆에 놓여 있다.
between ~ 사이에	A potted plant has been placed **between** some office equipment. 화분 하나가 사무기기 사이에 놓여 있다.
across ~을 가로질러	A bridge is being built **across** the river. 다리 하나가 강을 가로질러 건설되고 있다.
into ~ 안으로	An item is being put **into** a shopping bag. 물건 하나가 쇼핑백 안에 넣어지고 있다.
along ~을 따라서	There are potted plants **along** a wall. 화분들이 벽을 따라 놓여 있다.

▶ '배열' 상태를 나타내는 빈출 전치사구

on top of ~ 위에	Some chairs have been stacked **on top of** one another. 몇몇 의자들이 차곡차곡 쌓여 있다.
on both sides of, on either side of ~의 양쪽에	Vehicles are parked **on both sides of** the street. 차량들이 길 양쪽에 주차되어 있다.
along the edge of ~의 가장자리를 따라	A fence runs **along the edge of** the field. 울타리 하나가 들판의 가장자리를 따라 이어져 있다.
in the back of ~의 뒤편에	Some boxes are loaded **in the back of** a vehicle. 몇몇 상자들이 차량 뒤에 실려 있다.
next to each other, side by side 나란히	Some watering cans are hanging **next to each other**. 몇몇 물뿌리개들이 나란히 매달려 있다.
in the same direction 같은 방향으로	Cars are parked **in the same direction**. 차들이 같은 방향으로 주차되어 있다.
in opposite directions 반대 방향으로	Cars are traveling **in opposite directions**. 차들이 반대 방향으로 이동하고 있다.
in a row, in a line 한 줄로	Some racks are lined up **in a row**. 몇몇 옷걸이들이 일렬로 세워져 있다.
in rows, in lines 여러 줄로	Some chairs have been placed **in rows**. 몇몇 의자들이 여러 줄로 놓여 있다.

CASE 24 PART 1의 최다 빈출 동사는 hold, stand, carry이다.

미국

🎧 CH04_01

(A)   (B)   (C)   (D)

STEP 1 📷 사진 분석하기

장소 야외 – 주차장   **인물** O [2인 이상]

바로 묘사

✓ 남자가 비닐봉지를 트렁크 안에 넣고 있다.
   (A man is putting a plastic bag into the trunk.)

✓ 여자가 카트 손잡이를 꽉 잡고 있다.
   (A woman is holding onto a cart handle.)

✓ 차 트렁크가 열려 있다.
   (The trunk of a car has been left open.)

STEP 2 ❌ 오답 소거하고 정답 남기기

(A) One of the people is unlocking the door. 사람들 중 한 명이 문을 열고 있다. ❌
   ⋯ 두 사람 중 누구도 문을 여는 동작을 하고 있지 않으므로 동작 묘사가 틀린 오답이다.

(B) Cartons are piled into a shopping cart. 상자들이 쇼핑용 카트에 쌓여 있다. ❌
   ⋯ 상자들(Cartons)은 사진에 보이지 않으므로 오답이다.

(C) They're lifting some boxes over a fence. 사람들이 상자들을 들어 담장 위로 넘기고 있다. ❌
   ⋯ 남자가 들어 올리는 동작을 하는 것은 맞지만 들어 올리는 대상이 상자들(boxes)이 아니므로 동작의 대상이 틀렸고, 또한 담장(fence)은
   사진에 보이지 않으므로 오답이다.

(D) One of the people is holding a cart handle. 사람들 중 한 명이 카트 손잡이를 붙잡고 있다. ⭕
   ⋯ 두 사람 중 여자가 카트 손잡이를 붙잡고 있는 모습을 적절히 묘사했으므로 정답이다. 인물 중심 사진에서 사람의 손과 관련된 동작 표현은
   hold, carry가 자주 쓰인다. *p.55 〈'손/팔' 묘사 빈출 동사〉 참고

정답 더보기 The man is loading some items into the trunk. 남자가 트렁크 안으로 물품들을 싣고 있다.

CASE 집중훈련   해설서 p.15

🎧 CH04_02

1.

(A)   (B)   (C)   (D)

2.

(A)   (B)   (C)   (D)

CASE 25 '업무' 사진의 최다 빈출 동사는 work, write, type이다.

미국

 CH04_03

(A)　　　(B)　　　(C)　　　(D)

STEP 1　🔊 사진 분석하기

장소 실내 – 사무실　　**인물** O [1인 중심]

바로 묘사

✓ 여자가 팔을 책상 위에 두고 있다.
(A woman is resting her arms on the desk.)

✓ 여자가 모니터를 보고 있다.
(A woman is looking at a monitor.)

✓ 여자가 키보드로 타자를 치고 있다.
(A woman is typing on a keyboard.)

STEP 2　❌ 오답 소거하고 정답 남기기

(A) She's working on a laptop computer. 여자가 노트북 컴퓨터로 작업하고 있다. ⭕
⟶ 여자가 노트북 컴퓨터로 작업하는 모습을 적절히 묘사했으므로 정답이다. 컴퓨터로 작업하는 사진을 묘사한 정답 보기로는 be working on, be typing on, be looking at이 대표적이다.

(B) She's writing down a prescription. 여자가 처방전을 적고 있다. ❌
⟶ 여자의 행동이 적는 동작이 아니므로 동작 묘사가 틀린 오답이다.

(C) She's speaking with a patient. 여자가 환자와 이야기를 하고 있다. ❌
⟶ 여자 혼자 있는 사진으로서, 환자(patient)는 사진에 보이지 않을 뿐만 아니라 여자의 행동이 말하는 모습이 아니므로 동작 묘사가 틀린 오답이다.

(D) She's taking some medicine. 여자가 약을 먹고 있다. ❌
⟶ 여자의 행동이 약을 먹는 동작이 아니므로 동작 묘사가 틀린 오답이다.

정답 더보기 A woman is wearing a white coat. 한 여자가 흰색 겉옷을 입고 있다.

CASE 집중훈련　해설서 p.16

 CH04_04

1.

(A)　　　(B)　　　(C)　　　(D)

2.

(A)　　　(B)　　　(C)　　　(D)

CASE 26 '요리/식사' 사진의 최다 빈출 동사는 prepare, cook, enjoy이다.

영국

🎧 CH04_05

(A)　　　(B)　　　(C)　　　(D)

STEP 1 　📷 사진 분석하기

장소 실내 – 주방　　　**인물** O [1인 중심]

바로 묘사

✓ 여자가 조리대에 서 있다.
(The woman is standing at a counter.)

✓ 여자가 조리 기구를 사용하고 있다.
(She's using some cooking utensils.)

✓ 요리 도구들이 조리대 위에 놓여 있다.
(Some cookware has been put on the counter.)

STEP 2 　❌ 오답 소거하고 정답 남기기

(A) She's preparing a meal. 여자가 식사를 준비하고 있다. 🔘
⋯▶ 여자가 식사를 준비하는 모습을 적절히 묘사했으므로 정답이다. 요리 사진은 be preparing처럼 포괄적으로 묘사하거나 be cooking, be chopping처럼 구체적으로 묘사할 수 있다. *p.86 〈집(정원, 집안일) 사진 빈출 어휘〉 참고

(B) She's stacking dishes on the countertop. 여자가 조리대 위에 그릇들을 쌓고 있다. ❌
⋯▶ 사진 속에 그릇들(dishes)이 보이지만 여자의 행동이 쌓는 동작이 아니므로 동작 묘사가 틀린 오답이다.

(C) She's looking at a menu. 여자가 메뉴를 보고 있다. ❌
⋯▶ 메뉴(menu)는 사진에 보이지 않으므로 오답이다.

(D) She's sipping from a glass. 여자가 유리잔으로 조금씩 마시고 있다. ❌
⋯▶ 여자의 행동이 마시는 동작이 아니므로 동작 묘사가 틀린 오답이다.

정답 더보기 She's holding a knife in her hand. 여자가 손에 칼을 쥐고 있다.

CASE 집중훈련　해설서 p.16

🎧 CH04_06

1.

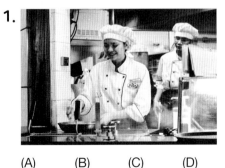

(A)　　　(B)　　　(C)　　　(D)

2.

(A)　　　(B)　　　(C)　　　(D)

CASE 27 '청소' 사진의 최다 빈출 동사는 clean, sweep, wipe이다.

호주

🎧 CH04_07

(A)　　　(B)　　　(C)　　　(D)

STEP 1 📷 사진 분석하기

장소 실내 – 집　　　**인물** O [1인 중심]

바로 묘사

✓ 여자가 진공청소기로 카펫을 청소하고 있다.
(She is vacuuming the carpet.)

✓ 여자가 청소 기구를 사용하고 있다.
(She is using some cleaning equipment.)

✓ 문이 닫혀 있다.
(The door has been closed.)

STEP 2 ❌ 오답 소거하고 정답 남기기

(A) The woman is cleaning a rug. 여자가 깔개를 청소하고 있다. ⭕
　⋯ 여자가 깔개를 청소하는 모습을 적절히 묘사했으므로 정답이다. 청소하는 사진은 도구에 상관없이 be cleaning으로 많이 묘사되며, 구체적인 묘사인 경우에는 be vacuuming, be sweeping, be wiping, be mopping 등 도구에 따라 동사가 다르게 쓰인다.
　*p.86 〈집(정원, 집안일) 사진 빈출 어휘〉 참고

(B) The woman is turning on a lamp. 여자가 등을 켜고 있다. ❌
　⋯ 여자의 행동이 등을 켜는 동작이 아니므로 동작 묘사가 틀린 오답이다.

(C) The woman is rearranging some furniture. 여자가 가구를 재배치하고 있다. ❌
　⋯ 여자의 행동이 재배치하는 동작이 아니므로 동작 묘사가 틀린 오답이다.

(D) The woman is mopping the floor. 여자가 바닥을 대걸레로 닦고 있다. ❌
　⋯ 여자의 행동이 대걸레로 닦는 동작이 아니므로 동작 묘사가 틀린 오답이다.

정답 더보기 The rug is being vacuumed. 깔개가 진공청소기로 청소되고 있다.

CASE 집중훈련

해설서 p.17

🎧 CH04_08

1.

(A)　　　(B)　　　(C)　　　(D)

2.

(A)　　　(B)　　　(C)　　　(D)

'정원' 사진의 최다 빈출 동사는 use, water, plant이다.

미국

🎧 CH04_09

(A)　　(B)　　(C)　　(D)

STEP 1 📷 사진 분석하기

장소 야외 – 정원　　　　인물 O [1인 중심]

바로 묘사

✓ 여자가 앞치마를 두르고 있다.
(She's wearing an apron.)

✓ 여자가 식물을 다듬고 있다.
(She's trimming some plants.)

✓ 여자가 정원에서 쪼그려 앉아 있다.
(She's crouching in a garden.)

STEP 2 ❌ 오답 소거하고 정답 남기기

(A) A woman is watering some flowers. 한 여자가 꽃에 물을 주고 있다. ❌
⋯ 여자의 행동이 물을 주는 동작이 아니므로 동작 묘사가 틀린 오답이다.

(B) A woman is using a gardening tool. 한 여자가 원예 도구를 사용하고 있다. ⭕
⋯ 여자가 원예 도구를 사용하는 모습을 적절히 묘사했으므로 정답이다. 인물 중심의 정원 사진이라면 도구를 이용한 묘사가 대부분이다. 사람이 도구를 이용하는 모습을 주의 깊게 살피고 보기가 올바른 동작을 묘사하는지 확인해야 한다. *p.86 〈집(정원, 집안일) 사진 빈출 어휘〉 참고

(C) A woman is loading a wheelbarrow. 한 여자가 외바퀴 손수레에 짐을 싣고 있다. ❌
⋯ 여자의 행동이 짐을 싣는 동작이 아니므로 동작 묘사가 틀린 오답이다.

(D) A woman is sweeping the floor. 한 여자가 바닥을 쓸고 있다. ❌
⋯ 여자의 행동이 빗자루로 쓰는 동작이 아니므로 동작 묘사가 틀린 오답이다.

정답 더보기 She's working in a garden. 여자가 정원에서 일하고 있다.

CASE 집중훈련 　해설서 p.17

🎧 CH04_10

1.

(A)　　(B)　　(C)　　(D)

2.

(A)　　(B)　　(C)　　(D)

CASE 29 '쇼핑' 사진의 최다 빈출 동사는 inspect, examine, be on display이다.

영국

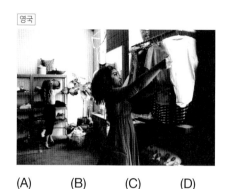

(A)　　(B)　　(C)　　(D)

 CH04_11

STEP 1　　🖥 사진 분석하기

장소 실내 – 상점　　**인물** O [2인 이상]

바로 묘사

✓ 여자들 중 한 명이 물건을 쇼핑하고 있다.
(One of the women is shopping for some items.)

✓ 옷이 옷걸이에 걸려 있다.
(Some clothing has been hung on racks.)

✓ 몇몇 상품이 선반에 진열되어 있다.
(Some merchandise has been displayed on shelves.)

STEP 2　　❌ 오답 소거하고 정답 남기기

(A) One of the women is examining a piece of clothing. 여자들 중 한 명이 옷 한 벌을 살펴보고 있다. ⭕
┈➙ 여자들 중 한 명이 옷을 살펴보고 있는 모습을 적절히 묘사했으므로 정답이다. 쇼핑하는 사진에서 사람이 물건을 살펴보는 모습은 be inspecting, be examining, be browsing으로, 물건이 진열된 모습은 be on display, have been placed, have been stocked로 묘사한 보기가 자주 등장한다. *p.87 〈상점(쇼핑, 식사) 사진 빈출 어휘〉 참고

(B) Some merchandise is being gift wrapped. 몇몇 상품이 선물 포장되고 있다. ❌
┈➙ 선물 포장하는 사람이 보이지 않으므로 동작 묘사가 틀린 오답이다.

(C) They're stocking shelves with items. 사람들이 선반에 물품들을 채우고 있다. ❌
┈➙ 두 사람 모두 물품을 채우고 동작을 하고 있지 않으므로 동작 묘사가 틀린 오답이다.

(D) They're trying on some bags. 사람들이 가방을 걸쳐 보고 있다. ❌
┈➙ 두 사람 모두 착용해 보는 동작을 하고 있지 않으므로 동작 묘사가 틀린 오답이다.

정답 더보기 Some clothes are hanging on a rack. 몇몇 옷들이 옷걸이에 걸려 있다.

CASE 집중훈련　해설서 p.17

 CH04_12

1.

(A)　　(B)　　(C)　　(D)

2.

(A)　　(B)　　(C)　　(D)

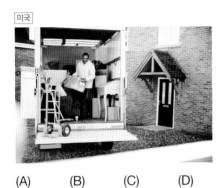

미국

(A)　　　(B)　　　(C)　　　(D)

🎧 CH04_13

STEP 1 📷 사진 분석하기

장소 야외 – 차량　　　인물 ○ [1인 중심]

바로 묘사

✓ 남자가 상자를 옮기고 있다.
 (The man is carrying a box.)

✓ 남자가 물건을 내리고 있다.
 (The man is unloading an item.)

✓ 한 차량이 집 입구 근처에 주차되어 있다.
 (A vehicle has been parked near the entrance of a house.)

STEP 2 ❌ 오답 소거하고 정답 남기기

(A) He is driving a van. 남자가 밴을 운전하고 있다. ❌
 ⋯ 남자의 행동이 운전하는 동작이 아니므로 동작 묘사가 틀린 오답이다.

(B) He is arranging some furniture. 남자가 몇몇 가구를 배열하고 있다. ❌
 ⋯ 남자의 행동이 가구를 배열하는 동작이 아니므로 동작 묘사가 틀린 오답이다.

(C) He is moving a plastic container. 남자가 플라스틱 용기를 옮기고 있다. ◎
 ⋯ 남자가 플라스틱 용기를 옮기고 있는 모습을 적절히 묘사했으므로 정답이다. 보통 차량 배경의 인물 중심 사진은 짐을 운반하는 동작을 많이 묘사한다. be loading, be unloading, be carrying, be moving, be lifting, be passing 등과 같은 운반 관련 동작 표현을 꼭 알아 두자.

(D) He is repairing an engine. 남자가 엔진을 수리하고 있다. ❌
 ⋯ 남자의 행동이 수리하는 동작이 아닐 뿐만 아니라 엔진(engine)은 사진에 보이지 않으므로 오답이다.

정답 더보기 Some items have been stacked in a truck. 몇몇 물건들이 트럭 안에 쌓여 있다.

CASE 집중훈련 해설서 p.18

🎧 CH04_14

1.

(A)　　　(B)　　　(C)　　　(D)

2.

(A)　　　(B)　　　(C)　　　(D)

CASE 31 '공사/정비' 사진의 최다 빈출 동사는 repave, press, pour이다.

호주

CH04_15

(A)　　(B)　　(C)　　(D)

STEP 1 📷 사진 분석하기

장소 야외 – 보도　　**인물** ○ [1인 중심]

바로 묘사

✓ 남자가 보도를 쓸고 있다.
(The man is sweeping a walkway.)

✓ 보도가 공사 중이다.
(A walkway is under construction.)

✓ 남자가 안전모를 쓰고 있다.
(The man is wearing a safety helmet.)

STEP 2 ❌ 오답 소거하고 정답 남기기

(A) He's removing his boots. 남자가 부츠를 벗고 있다. ❌
⟶ 남자의 행동이 부츠를 벗는 동작이 아니므로 동작 묘사가 틀린 오답이다.

(B) A walkway is being repaved. 한 보도가 다시 포장되고 있다. ⭕
⟶ 남자에 의해 보도가 다시 포장되고 있는 모습을 적절히 묘사했으므로 정답이다. 보도/도로에 사람이 행하는 동작은 능동태로 혹은 수동태로 모두 표현이 가능하다. 자주 묘사되는 동작인 be paving [surfacing], be repaving [resurfacing], be pressing, be pouring (cement)을 능동태와 수동태로 모두 익혀 두도록 하자. *p.88 〈공사장(공사, 정비) 사진 빈출 어휘〉 참고

(C) He's loading some tools onto a truck. 남자가 트럭에 연장들을 싣고 있다. ❌
⟶ 남자의 행동이 싣는 동작이 아닐 뿐만 아니라 트럭(truck)은 사진에 보이지 않으므로 오답이다.

(D) He's polishing a wooden floor. 남자가 나무로 된 바닥을 윤이 나도록 닦고 있다. ❌
⟶ 남자의 행동이 윤이 나도록 닦는 동작이 아닐 뿐만 아니라 나무로 된 바닥(wooden floor)은 사진에 보이지 않으므로 오답이다.

정답 더보기 A worker is holding a broomstick. 한 인부가 빗자루를 잡고 있다.

CASE 집중훈련

해설서 p.18

CH04_16

1.

(A)　　(B)　　(C)　　(D)

2.

(A)　　(B)　　(C)　　(D)

PART 1
CHAPTER 04

CASE 32 | '야외 활동' 사진의 최다 빈출 동사는 walk, hold, perform이다.

미국

🎧 CH04_17

STEP 1 | 📷 사진 분석하기

장소 야외 – 거리   인물 O [2인 이상]

바로 묘사

✓ 몇몇 사람들이 길을 걷고 있다.
(Some pedestrians are walking on the street.)

✓ 신문 가판대가 기둥 옆에 놓여 있다.
(A newsstand has been placed by the post.)

✓ 남자가 청소 도구를 들고 있다.
(He's holding some cleaning supplies.)

(A)   (B)   (C)   (D)

STEP 2 | ❌ 오답 소거하고 정답 남기기

(A) Some people are using their broomsticks. 몇몇 사람들이 자신들의 빗자루를 사용하고 있다. ❌
⋯⋯ 사람들 중 어느 누구도 무언가를 사용하는 동작을 하고 있지 않으므로 동작 묘사가 틀린 오답이다. 사진 속에 빗자루를 들고 있는 사람은 남자 한 명이고, 빗자루를 들고 있다고 해서 사용하는 것으로 오인하지 말자.

(B) A man is walking past a newsstand. 한 남자가 신문 가판대를 지나가고 있다. ⭕
⋯⋯ 남자 한 명이 신문 가판대를 지나가고 있는 모습을 적절히 묘사했으므로 정답이다. 야외 활동과 관련된 보기는 사진 속 인물이 걷거나 뛰거나 앉아 있는 모습뿐만 아니라 장소에 따른 활동 관련 표현(be riding, be rowing, be performing 등)도 자주 쓰이므로 빈출 표현을 함께 알아 두자. *p.89 〈야외(야외 활동, 공원, 물가) 사진 빈출 어휘〉 참고

(C) Some people are clearing the path. 몇몇 사람들이 길을 청소하고 있다. ❌
⋯⋯ 사람들 중 어느 누구도 청소하는 동작을 하고 있지 않으므로 동작 묘사가 틀린 오답이다.

(D) A man is taking off his jacket. 한 남자가 자신의 재킷을 벗고 있다. ❌
⋯⋯ 사람들 중 어느 누구도 벗는 동작을 하고 있지 않으므로 동작 묘사가 틀린 오답이다.

정답 더보기 A man is carrying some tools in both hands. 한 남자가 양손에 어떤 도구들을 들고 가고 있다.

CASE 집중훈련   해설서 p.19

🎧 CH04_18

1.

(A)   (B)   (C)   (D)

2.

(A)   (B)   (C)   (D)

CASE 33 두 사람이 등장하는 사진의 최다 빈출 동사는 hand over, shake hands, greet 이다.

미국

(A)   (B)   (C)   (D)

 CH04_19

STEP 1 · 📷 사진 분석하기

장소 실내 – 상점   **인물** ○ [2인 이상]

바로 묘사

✓ 점원이 손님에게 미소 짓고 있다.
(A sales clerk is smiling at a customer.)

✓ 여자가 손님에게 컵을 건네고 있다.
(A woman is handing a cup to the customer.)

✓ 여자가 앞치마를 두르고 있다.
(A woman is wearing an apron.)

STEP 2 · ❌ 오답 소거하고 정답 남기기

(A) The women are arranging cups in a café. 여자들이 카페에서 컵을 정리하고 있다. ❌
  ⤷ 여자들의 행동이 정리하는 동작이 아니므로 동작 묘사가 틀린 오답이다.

(B) The women are filling a cup with some coffee. 여자들이 컵에 커피를 채우고 있다. ❌
  ⤷ 여자들의 행동이 채우는 동작이 아니므로 동작 묘사가 틀린 오답이다.

(C) One of the women is reaching for a glass. 여자들 중 한 명이 유리잔을 잡으려고 손을 뻗고 있다. ❌
  ⤷ 여자들 모두 이미 컵을 잡고 있는 상태이지 잡으려고 손을 뻗는 동작을 하는 것은 아니므로 동작 묘사가 틀린 오답이다.

(D) One of the women is handing over a beverage. 여자들 중 한 명이 음료를 건네고 있다. ⭕
  ⤷ 여자들 중 한 명인 점원이 손님에게 음료를 건네는 모습을 적절히 묘사했으므로 정답이다. 두 사람이 서로 마주 보고 있는 사진이라면, be handing over, be passing, be shaking hands, be greeting과 같은 동작을 묘사하는 보기가 나올 확률이 높다.

정답 더보기 They are holding a paper cup. 사람들이 종이컵을 잡고 있다.

CASE 집중훈련 · 해설서 p.19

 CH04_20

1.

(A)   (B)   (C)   (D)

2.

(A)   (B)   (C)   (D)

'진열' 사진의 최다 빈출 동사는 display, arrange, place이다.

호주

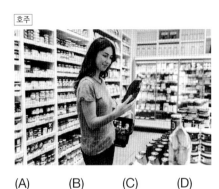

(A)　　　　(B)　　　　(C)　　　　(D)

CH04_21

STEP 1　🔊 사진 분석하기

장소 실내 – 상점　　**인물** O [1인 중심]

바로 묘사

✓ 여자가 물건을 살펴보고 있다.
  (A woman is inspecting an item.)

✓ 여자가 바구니를 들고 있다.
  (A woman is holding a basket.)

✓ 선반 위에 많은 물건들이 여러 열로 배열되어 있다.
  (Many items are arranged in rows.)

STEP 2　❌ 오답 소거하고 정답 남기기

(A) Store items are being reorganized. 매장 물품들이 다시 정리되고 있다. ❌
  ⋯▸ 여자의 행동이 물품을 다시 정리하는 동작이 아니므로 동작 묘사가 틀린 오답이다. 사물 주어이지만 「is/are being p.p.」가 쓰였다면 사람이 사물에 행하는 동작을 나타내므로 사람의 동작에 주의를 기울이자.

(B) Shopping baskets have been stacked on a counter. 장바구니들이 계산대에 쌓여 있다. ❌
  ⋯▸ 사진 속에 장바구니(basket)가 보이지만 여러 개가 쌓여 있는 상태는 아니므로 상태 묘사가 틀린 오답이다.

(C) Products have been displayed on shelves. 제품들이 선반에 진열되어 있다. ⭕
  ⋯▸ 제품들이 선반에 진열된 상태를 적절히 묘사했으므로 정답이다. 특히, 상점 배경 사진에서 사물의 상태는 「has/have been displayed [arranged/organized/placed] + 위치 전치사구」로 자주 묘사된다. 동사 display의 경우, 사물의 진열 상태를 강조하기 위해 현재 진행 수동태 「is/are being p.p.」로도 쓰이니 함께 알아 두자. *p.87 <상점(쇼핑, 식사) 사진 빈출 어휘> 참고

(D) Refrigerator doors are being installed. 냉장고 문들이 설치되고 있다. ❌
  ⋯▸ 여자의 행동이 설치하는 동작이 아니므로 동작 묘사가 틀린 오답이다.

정답 더보기 A shopper is examining some merchandise. 한 쇼핑객이 제품을 살펴보고 있다.

CASE 집중훈련
해설서 p.20

CH04_22

1.

(A)　　　　(B)　　　　(C)　　　　(D)

2.

(A)　　　　(B)　　　　(C)　　　　(D)

CASE 35 '물'이 등장한 사진의 최다 빈출 동사는 dock, overlook, flow이다.

미국

CH04_23

(A)　　　(B)　　　(C)　　　(D)

STEP 1 　🔊 사진 분석하기

장소 야외 – 부두　　　**인물** X [사물/풍경]

바로 묘사

✓ 보트가 부두에 정박해 있다.
(Some boats are parked at a dock.)

✓ 보트가 부두에 묶여 있다.
(Some boats are tied up at a dock.)

✓ 건물이 물가를 내려다보고 있다.
(Some buildings overlook the water.)

STEP 2 　❌ 오답 소거하고 정답 남기기

(A) Some boats are docked at a pier. 몇몇 보트들이 부두에 정박해 있다. ⭕
⤷ 보트들이 부두에 정박해 있는 모습을 적절히 묘사했으므로 정답이다. 물가에 배가 있는 사진은 대부분 배가 정박해 있거나(be docked), 묶여 있거나(be tied up), 떠 있거나(be floating), 이동하고 있는(be traveling) 상태로 묘사된다.
  *p.89 〈야외(야외 활동, 공원, 물가) 사진 빈출 어휘〉 참고

(B) Some people are fishing on a boat. 몇몇 사람들이 보트에서 낚시하고 있다. ❌
⤷ 사람들(people)은 사진에 보이지 않으므로 오답이다.

(C) Some boats are passing under a bridge. 몇몇 보트들이 다리 아래를 지나가고 있다. ❌
⤷ 다리(bridge)는 사진에 보이지 않으므로 오답이다.

(D) There are some tourists boarding a ferry. 여객선에 탑승하는 몇몇 관광객들이 있다. ❌
⤷ 관광객들(tourists)은 사진에 보이지 않으므로 오답이다.

정답 더보기 A dock has been built in a port. 한 선착장이 항구에 지어져 있다.

CASE 집중훈련　해설서 p.20

CH04_24

1.

(A)　　　(B)　　　(C)　　　(D)

2.

(A)　　　(B)　　　(C)　　　(D)

영국

CH04_25

(A)　　　(B)　　　(C)　　　(D)

STEP 1 🔊 사진 분석하기

장소 실내 – 사무실　　인물 ○ [1인 중심]

바로 묘사

✓ 여자가 전화 통화를 하고 있다.
(She's talking on the phone.)

✓ 여자가 종이에 무언가를 적고 있다.
(She's taking some notes.)

✓ 서류들이 책상 위에 흩어져 있다.
(Some documents have been scattered on the desk.)

STEP 2 ❌ 오답 소거하고 정답 남기기

(A) A woman is posting a notice on a board. 한 여자가 게시판에 공지를 올리고 있다. ❌
⋯⋯ 여자의 행동이 공지를 올리는 동작이 아니므로 동작 묘사가 틀린 오답이다.

(B) A woman is organizing some folders. 한 여자가 폴더를 정리하고 있다. ❌
⋯⋯ 여자의 행동이 정리하는 동작이 아니므로 동작 묘사가 틀린 오답이다.

(C) A potted plant has been placed on a desk. 화분 하나가 책상 위에 놓여 있다. ⭕
⋯⋯ 화분이 책상 위에 놓인 상태를 적절히 묘사했으므로 정답이다. 인물과 사물이 함께 등장하는 사진에서는 인물의 동작/상태뿐만 아니라 사물의 위치 및 배열 상태에 주목하자. '~에 놓여 있다'라는 뜻으로 「has/have been placed[set/positioned] + 위치 전치사구」가 많이 출제된다. *p.66~67 <'놓여 있는' 상태를 나타내는 빈출 동사>, <'배열' 상태를 나타내는 빈출 전치사구> 참고

(D) A bicycle has been propped up against a curb. 자전거 한 대가 연석에 기대어 세워져 있다. ❌
⋯⋯ 사진 속에 자전거(bicycle)가 보이지만 연석에 기대어 있는 것은 아니므로 위치 묘사가 틀린 오답이다.

정답 더보기 She's writing on a piece of paper. 여자가 종이에 적고 있다.

CASE 집중훈련 해설서 p.20

CH04_26

1.

(A)　　　(B)　　　(C)　　　(D)

2.

(A)　　　(B)　　　(C)　　　(D)

CASE 37 · '위치'를 나타내는 최다 빈출 전치사는 by, beside, behind이다.

미국

(A)　　　(B)　　　(C)　　　(D)

 CH04_27

STEP 1 · 🎧 사진 분석하기

장소 실내 – 로비　　　**인물** O [2인 이상]

바로 묘사

✓ 여자가 카운터 뒤에 서 있다.
(The woman is standing behind the counter.)

✓ 남자가 무언가를 적고 있다.
(The man is writing something down.)

✓ 남자 옆에 여행 가방이 있다.
(There is a suitcase beside the man.)

STEP 2 · ❌ 오답 소거하고 정답 남기기

(A) A backpack has been placed on the counter. 배낭 하나가 카운터 위에 놓여 있다. ❌
⟶ 배낭(backpack)은 사진에 보이지 않으므로 오답이다.

(B) A suitcase has been left by the reception desk. 여행 가방 하나가 접수처 옆에 놓여 있다. ⭕
⟶ 접수처 옆에 여행 가방이 놓여 있는 상태를 적절히 묘사했으므로 정답이다. 인물들 간의, 사물들 간의, 또는 인물과 사물 간의 위치 관계를 나타내는 보기는 사진 속 가장 주목되는 인물/사물과 그 주변과의 위치를 묘사한다. 보기를 들을 때 주어를 놓치지 말고 그 주변의 위치 관계를 잘 묘사한 보기를 고르도록 하자. *p.67 〈'위치나 방향'을 나타내는 빈출 전치사〉 참고

(C) The woman is looking at a computer monitor. 여자가 컴퓨터 모니터를 보고 있다. ❌
⟶ 여자가 무언가를 보는 상태인 것은 맞지만 보는 대상이 컴퓨터 모니터(computer monitor)가 아니므로 동작의 대상이 틀린 오답이다.

(D) The woman is handing a credit card to the man. 여자가 남자에게 신용카드를 건네고 있다. ❌
⟶ 여자의 행동이 건네는 동작이 아니므로 동작 묘사가 틀린 오답이다.

정답 더보기 The receptionist is standing behind the front desk. 접수 담당자가 안내 데스크 뒤편에 서 있다.

CASE 집중훈련
해설서 p.21

 CH04_28

1.

(A)　　　(B)　　　(C)　　　(D)

2.

(A)　　　(B)　　　(C)　　　(D)

PART 1 · CHAPTER 04 사진 배경　**81**

사물이 열린 채로 있는 상태는 have been left open, 기대어 있는 상태는 be leaning against, 앞으로 숙이고 있는 상태는 be leaning over로 표현한다.

영국

🎧 CH04_29

(A)　　　(B)　　　(C)　　　(D)

STEP 1　📷 사진 분석하기

장소 실내 – 작업실　　인물 O [1인 중심]

바로 묘사

✓ 남자가 공구함을 잡으려고 손을 뻗고 있다.
(He's reaching for a toolbox.)

✓ 남자가 작업대 위로 몸을 구부리고 있다.
(He's leaning over a worktable.)

✓ 작업대 위로 코드들이 걸려 있다.
(Some cords are hanging over a worktable.)

STEP 2　❌ 오답 소거하고 정답 남기기

(A) A toolbox has been left open on the desk. 공구함 하나가 책상 위에 열린 채로 있다. ⭕
⋯▶ 공구함이 열린 채로 있는 모습을 적절히 묘사했으므로 정답이다. 공구함(toolbox), 책(book), 문(door) 등이 열려 있거나 닫혀 있는 상태를 have been left open으로 묘사하여 정답 또는 오답이 된다.

(B) Curtains are covering the windows. 커튼들이 창문을 가리고 있다. ❌
⋯▶ 커튼들(Curtains)은 사진에 보이지 않으므로 오답이다.

(C) The man is leaning against the wall. 남자가 벽에 기대고 있다. ❌
⋯▶ 남자가 벽에 기대어 있는 상태가 아니므로 상태 묘사가 틀린 오답이다. 남자가 어딘가에 몸을 기대어 의지하고 있는 상태는 be leaning against로 표현하고, 숙이고 있는 상태는 be leaning over로 표현한다.

(D) Some lamps are hanging from the ceiling. 몇몇 전등들이 천장에 매달려 있다. ❌
⋯▶ 전등들(lamps)은 사진에 보이지 않으므로 오답이다.

정답 더보기　A man is looking into a box. 한 남자가 상자 안을 들여다보고 있다.

CASE 집중훈련　해설서 p.21

🎧 CH04_30

1.

(A)　　　(B)　　　(C)　　　(D)

2.

(A)　　　(B)　　　(C)　　　(D)

NO TEST MATERIAL ON THIS PAGE

1.

(A)   (B)   (C)   (D)

2.

(A)   (B)   (C)   (D)

3.

(A)   (B)   (C)   (D)

4.

(A) (B) (C) (D)

5.

(A) (B) (C) (D)

6.

(A) (B) (C) (D)

PART 1 사진 배경별 빈출 어휘 확인하기

1. 사무실(실내 업무) 사진 빈출 어휘

▶ 인물 묘사

The man **is writing** on a document. 남자가 서류에 적고 있다.

A man **is pointing at** a screen. 한 남자가 화면을 가리키고 있다.

The man **is exiting** an office building. 남자가 사무실 건물에서 나가고 있다.

The woman **is photocopying** a document. 여자가 서류를 복사하고 있다.

Some people **are heading towards** an exit. 몇몇 사람들이 출구 쪽으로 가고 있다.

The woman **is wearing** laboratory gloves. 여자가 실험실용 장갑을 끼고 있다.

A woman **is reaching for** the top shelf. 한 여자가 맨 위 선반으로 손을 뻗고 있다.

The man **is talking on a phone**. 남자가 전화 통화를 하고 있다.

Some people **are sitting** on the floor. 몇몇 사람들이 바닥에 앉아 있다.

A man **is placing** a chart in the corner. 한 남자가 차트를 구석에 두고 있다.

The man **is taking** some papers out of a briefcase. 남자가 서류 가방에서 서류들을 꺼내고 있다.

The woman **is filing** some folders. 여자가 폴더를 철하고 있다.

A woman **is typing** on a laptop computer. 한 여자가 노트북 컴퓨터로 타자를 치고 있다.

Some people **are attending** a meeting. 몇몇 사람들이 회의에 참석하고 있다.

A man **is distributing** documents. 한 남자가 문서를 나눠 주고 있다.

Some people **have gathered** around a desk. 몇몇 사람들이 책상 주위에 모여 있다.

Some people **are paying attention to** a lecturer. 몇몇 사람들이 강연자의 말에 귀 기울이고 있다.

Some people **are raising** their hands. 몇몇 사람들이 손을 들고 있다.

▶ 사물/풍경 묘사

A work area **is divided** by partitions. 한 업무 공간이 파티션으로 나뉘어 있다.

The chairs at the table **are occupied**. 테이블 의자들이 사용 중이다.

All of the workstations **are taken**. 모든 업무 자리들이 사용 중이다.

Some chairs **are positioned** in a circle. 몇몇 의자들이 원형으로 놓여 있다.

Some papers **are scattered** on a desk's surface. 몇몇 서류들이 책상 표면에 흩어져 있다.

Various objects **are spread across** desks. 다양한 물건들이 책상 전체에 흩어져 있다.

Computer monitors **are set up** next to one another. 컴퓨터 모니터들이 나란히 설치되어 있다.

Some cabinets **have been left open**. 몇몇 캐비닛들이 열려 있다.

The walls **have been covered with** curtains. 벽들이 커튼으로 가려져 있다.

2. 집(정원, 집안일) 사진 빈출 어휘

▶ 인물 묘사

A woman **is using** a cutting board. 한 여자가 도마를 사용하고 있다.

A woman **is taking off** an apron. 한 여자가 앞치마를 벗고 있다.

A woman **is chopping** vegetables. 한 여자가 채소를 썰고 있다.

A man **is cutting up** some ingredients. 한 남자가 재료를 썰고 있다.

A man **is stirring** liquid in a container. 한 남자가 용기 안에 있는 액체를 젓고 있다.

A man **is washing** the windows. 한 남자가 창문을 닦고 있다.

A woman **is mopping** the floor. 한 여자가 바닥을 대걸레로 닦고 있다.

A woman **is cleaning** a countertop. 한 여자가 조리대를 청소하고 있다.

The man **is plugging** a cable into a port. 남자가 포트에 전선을 꽂고 있다.

A man **is pushing** a wheelbarrow. 한 남자가 손수레를 밀고 있다.

A man **is holding** a potted plant. 한 남자가 화분을 들고 있다.

A man **is trimming** branches. 한 남자가 나뭇가지를 다듬고 있다.

A man **is planting** a tree. 한 남자가 나무를 심고 있다.

They **are watering** flowers in the garden. 사람들이 정원에서 꽃에 물을 주고 있다.

The man **is shoveling** some snow. 남자가 눈을 삽으로 퍼내고 있다.

Some people **are carrying** boxes. 몇몇 사람들이 박스를 옮기고 있다.

The man **is facing** a bookshelf. 남자가 책꽂이를 향해 있다.

A man **is adjusting** a shelf. 한 남자가 선반을 조정하고 있다.

A man **is lifting** a trash can. 한 남자가 쓰레기통을 들어 올리고 있다.

A woman **is folding** a towel. 한 여자가 수건을 개키고 있다.

The man **is drawing** the curtains. 남자가 커튼을 치고 있다.

▶ 사물/풍경 묘사

A vase full of flowers **has been set** on a table. 꽃으로 가득한 화병 하나가 테이블 위에 놓여져 있다.

Some chairs **have been pushed** under a table. 몇몇 의자들이 탁자 아래로 들어가 있다.

A lamp **is standing** next to a bookcase. 램프 하나가 책장 옆에 서 있다.

Some artwork **is displayed** on a wall. 몇몇 미술품이 벽에 진열되어 있다.

Some artwork **has been hung** on a wall. 몇몇 미술품이 벽에 걸려 있다.

A picture frame **has been mounted** on a wall. 액자 하나가 벽에 고정되어 있다.

A picture frame **is propped against** the counter. 액자 하나가 카운터에 기대어져 있다.

Potted plants **have been loaded** onto a truck. 화분들이 트럭에 실려 있다.

A fence **borders** one side of a sidewalk. 울타리 하나가 인도의 한 면에 접해 있다.

Water **is flowing** from a faucet. 물이 수도꼭지에서 흐르고 있다.

3. 상점(쇼핑, 식사) 사진 빈출 어휘

▶ 인물 묘사

A woman **is approaching** a counter. 한 여자가 계산대로 다가가고 있다.

A woman **is clearing** drinking glasses from a table. 한 여자가 테이블에 있는 유리잔들을 치우고 있다.

A woman **is looking at** a mirror. 한 여자가 거울을 보고 있다.

A man **is examining** some items. 한 남자가 물건들을 살펴보고 있다.

The woman **is looking into** a display case. 여자가 진열장 안을 들여다보고 있다.

The man **is paying for** an item. 남자가 물건값을 치르고 있다.

The man **is choosing** some groceries. 남자가 식료품을 고르고 있다.

The man **is having** a snack. 남자가 간식을 먹고 있다.

Customers **are standing** at a counter. 손님들이 카운터에 서 있다.

A customer **is purchasing** some goods. 한 손님이 상품을 구매하고 있다.

A vendor **is organizing** items on a counter. 한 상인이 판매대 물품들을 정리하고 있다.

Some diners **are studying** menus. 몇몇 손님들이 메뉴를 유심히 보고 있다.

A woman **is setting down** a plate. 한 여자가 접시를 내려놓고 있다.

A customer **is sipping** from a glass. 한 고객이 유리잔으로 조금씩 마시고 있다.

A woman **is pouring** a beverage. 한 여자가 음료를 따르고 있다.

A man **is preparing** a meal. 한 남자가 식사를 준비하고 있다.

The woman **is weighing** some food. 여자가 음식의 무게를 재고 있다.

The woman **is drinking** from a water bottle. 여자가 물병으로 마시고 있다.

The man **is sampling** some dessert. 남자가 디저트를 시식하고 있다.

Some people **are setting up** a tent in a market. 몇몇 사람들이 시장에서 텐트를 치고 있다.

▶ 사물/풍경 묘사

Some tables **have been arranged** in a row. 몇몇 테이블들이 일렬로 배열되어 있다.

Some stools **are lined up** on the floor. 몇몇 의자들이 바닥에 일렬로 늘어서 있다.

A light fixture **is hanging** from the ceiling. 조명 기구 하나가 천장에 매달려 있다.

Some produce **is on display**. 몇몇 농산물이 진열되어 있다.

Racks **have been stocked with** merchandise. 선반들이 상품으로 채워져 있다.

Some tables **are being set up** outside a restaurant. 몇몇 테이블들이 식당 밖에 설치되고 있다.

The room **is illuminated** by lamps. 방이 전등으로 환히 밝혀져 있다.

4. 교통수단(교통, 거리) 사진 빈출 어휘

▶ 인물 묘사

They **are crossing** the street. 사람들이 길을 건너고 있다.

A woman **is directing** traffic. 한 여자가 교통정리를 하고 있다.

People **are boarding** an airplane. 사람들이 비행기에 탑승하고 있다.

A man **is getting into** a vehicle. 한 남자가 차량에 타고 있다.

The woman **is stepping onto** a train. 여자가 기차에 오르고 있다.

People **are waiting** to board a train. 사람들이 기차에 타려고 기다리고 있다.

People **are disembarking** from a boat. 사람들이 보트에서 내리고 있다.

A man **is loading** a van. 한 남자가 밴에 짐을 싣고 있다.

A man **is inspecting** an engine. 한 남자가 엔진을 점검하고 있다.

Some people **are securing** a car for towing. 몇몇 사람들이 견인을 위해 차를 고정하고 있다.

A worker **is inflating** a tire. 한 작업자가 타이어에 공기를 주입하고 있다.

Passengers **are putting** bags in overhead compartments. 승객들이 머리 위 짐칸에 가방을 넣고 있다.

▶ 사물/풍경 묘사

Some cars **are parked** side by side. 몇몇 차들이 나란히 주차되어 있다.

Some vehicles **are facing** in the same direction. 몇몇 차량들이 같은 방향으로 향해 있다.

Some cars **are being towed** in a road. 몇몇 차량들이 도로에서 견인되고 있다.

A train **is stopped** at a station. 기차 한 대가 역에 멈춰 서 있다.

The platform **is crowded with** passengers. 플랫폼이 승객들로 가득 차 있다.

Trolley tracks **run** along a street. 전차 선로들이 길을 따라 나 있다.

A vehicle **is transporting** some logs. 차량 한 대가 통나무를 실어 나르고 있다.

A truck **is entering** a parking garage. 트럭 한 대가 차고로 들어가고 있다.

A motorcycle **is being repaired**. 오토바이 한 대가 수리되고 있다.

5. 공사장(공사, 정비) 사진 빈출 어휘

▶ 인물 묘사

People **are working** at a construction site. 사람들이 공사 현장에서 일하고 있다.

They **are working** on a roof. 사람들이 지붕 위에서 작업하고 있다.

A man **is operating** a forklift. 한 남자가 지게차를 작동하고 있다.

A man **is putting** a tool in a bag. 한 남자가 공구를 가방에 넣고 있다.

A man **is laying out** bricks on the ground. 한 남자가 땅에 벽돌을 깔고 있다.

Workers **are sweeping** a sidewalk. 인부들이 보도를 쓸고 있다.

Workers **are repaving** the road. 인부들이 도로를 재포장하고 있다.

Workers **are painting** lines on the street. 인부들이 거리 위에 선을 칠하고 있다.

A man **is emptying** a bucket. 한 남자가 양동이를 비우고 있다.

A man **is coiling** some cables together. 한 남자가 전선을 한데 감고 있다.

A worker **is taking the measurement of** a wooden board. 한 인부가 목판의 치수를 재고 있다.

A man **is hammering** a nail. 한 남자가 망치로 못을 박고 있다.

A man **is wheeling** a machine on a ramp. 한 남자가 경사로에서 기계를 끌고 있다.

The man **is maneuvering** a machine. 남자가 기계를 조정하고 있다.

One of the people **is extending** his arm. 사람들 중 한 명이 팔을 뻗고 있다.

▶ 사물/풍경 묘사

Some buildings **are under construction**. 몇몇 건물들이 공사 중이다.

A patio **is being constructed**. 테라스 하나가 지어지고 있다.

Some columns **are being erected**. 몇몇 기둥들이 세워지고 있다.

Some wooden boards **are leaning against** a wall. 몇몇 나무판자들이 벽에 기대어 있다.

A power cord **is being plugged into** a wall outlet. 전선 하나가 벽 콘센트에 꽂히고 있다.

6. 야외(야외 활동, 공원, 물가) 사진 빈출 어휘

▶ 인물 묘사

People **are strolling** in a park. 사람들이 공원에서 거닐고 있다.

Some people **are walking down** the stairs. 몇몇 사람들이 계단을 내려오고 있다.

A sailor **is waving** from a boat. 한 선원이 보트에서 손을 흔들고 있다.

Cyclists **are riding** along a path. 자전거 타는 사람들이 길을 따라 자전거를 타고 있다.

A man **is kneeling** on the grass. 한 남자가 풀밭에 무릎을 꿇고 있다.

A woman **is drawing** a picture. 한 여자가 그림을 그리고 있다.

Some people **are raking** leaves on the street. 몇몇 사람들이 길에서 나뭇잎을 긁어모으고 있다.

People **are playing** sports in a group. 사람들이 무리 지어 운동을 하고 있다.

A performer **is entertaining** an audience. 한 연주자가 관중을 즐겁게 해 주고 있다.

Some people **are performing** outdoors. 몇몇 사람들이 야외에서 공연하고 있다.

People **are seated** in a circle. 사람들이 둥글게 앉아 있다.

The man **is posing** for a picture. 남자가 사진 촬영을 위해 자세를 취하고 있다.

Some people **are rowing** a boat. 몇몇 사람들이 배를 젓고 있다.

They **are relaxing** under an umbrella. 사람들이 파라솔 아래에서 쉬고 있다.

▶ 사물/풍경 묘사

Benches **line** a walkway. 벤치들이 보도에 늘어서 있다.

Trees **are planted** on both sides of the path. 나무들이 길 양쪽으로 심어져 있다.

Some sculptures **are standing** near arched openings. 몇몇 조각상들이 아치형 입구 근처에 세워져 있다.

Some furniture **is being assembled** outside. 몇몇 가구가 밖에서 조립되고 있다.

Some tables **are shaded** by umbrellas. 몇몇 테이블들이 파라솔로 그늘져 있다.

Houses **are surrounded** by mountains. 집들이 산으로 둘러싸여 있다.

Some bushes **have been placed** in front of a fence. 몇몇 관목들이 울타리 앞에 놓여 있다.

Some umbrellas **have been set up** on a beach. 몇몇 파라솔이 해변에 세워져 있다.

A tree **is growing** against the building. 나무 한 그루가 건물 가까이에서 자라고 있다.

Some boats **are floating** under a bridge. 몇몇 보트들이 다리 밑으로 흘러가고 있다.

Fountains **are casting** a shadow. 분수들이 그림자를 드리우고 있다.

Some boats **are docked** at a pier. 몇몇 배들이 부두에 정박해 있다.

A bridge **is suspended** over a rocky area. 다리 하나가 바위가 많은 지역 위에 걸려 있다.

PART

2

QUESTION-RESPONSE
질의응답 문제

📋 문제 OVERVIEW

PART 2는 총 25개의 질문과 응답이 오갑니다. 질문을 듣고, 이어서 들려주는 3개의 보기 중에서 질문과 가장 잘 어울리는 응답을 답으로 선택합니다.

문항 수	25문항(7~31번에 해당하며, 문제마다 'Mark your answer on your answer sheet.' 문구만 주어집니다.)
Direction 소요 시간	약 25초
문제와 보기를 들려주는 시간	약 15초
다음 문제까지의 휴지 시간	약 5초
문제 유형	1. 의문사 의문문 – Who/When/Where – What/Which – How/Why 2. 비의문사 의문문 – Be/Do/Have – 부정/부가/간접/선택 – 제안문·요청문/평서문
보기 형태	짧은 어구나 문장의 응답
보기 구성	3개의 보기(짧은 어구와 문장이 섞여 나옵니다.)

🕐 출제 TREND

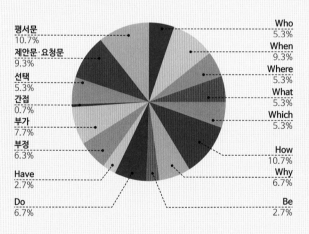

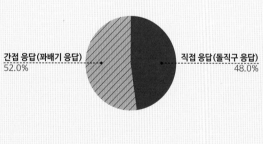

- 의문사 의문문은 매회 평균 12문제, 비의문사 의문문은 매회 평균 13문제가 출제되며, 이는 과거와 비슷한 비율입니다.

- 응답 방식은 크게 두 가지로 나뉘는데, 질문에 속 시원하게 대답한 직접 응답(= 돌직구 응답)과 되묻거나 우회적으로 대답한 간접 응답(= 꽈배기 응답)입니다. 과거에는 직접 응답과 간접 응답의 비중이 7:3이었던 반면, 현재는 5:5 정도로 비등하게 출제되고 있습니다.

- 질문의 키워드만 포착하면 쉽게 답을 고를 수 있었던 과거에 비해, 지금은 질문의 내용을 제대로 이해했는지에 더 주안점을 둡니다. 이러한 출제 방식으로 변했다는 점에서 PART 2의 난이도가 전반적으로 높아졌음을 알 수 있습니다.

 시험 PREVIEW

 P2_PRE

You will see:

7. Mark your answer on your answer sheet.   (A) X   (B) X   (C) O
8. Mark your answer on your answer sheet.   (A) O   (B) X   (C) X
9. Mark your answer on your answer sheet.   (A) △   (B) X   (C) O

.

.

.

29. Mark your answer on your answer sheet.   (A) X   (B) O   (C) X
30. Mark your answer on your answer sheet.   (A) X   (B) O   (C) △
31. Mark your answer on your answer sheet.   (A) △   (B) X   (C) X

You will hear:

7. Where is the new employee orientation taking place?

(A) Send in the application form.

(B) In seminar room C.

(C) Less than three hours.

📋 문제 풀이 FLOW

1. 머릿속에 질문의 키워드를 붙잡아 둡니다.

- 질문의 핵심 정보, 즉 키워드를 파악합니다.
- 예를 들어, 의문사 의문문이 들린다면 반드시 의문사를 포착하고, 주어와 동사를 덧붙여 기억해 두세요. 주어가 두 단어 이상이라면 마지막 단어 위주로 기억합니다.

> ◀ 좌측 문제로 질문 키워드 알아보기
>
> | **Where** | – | **orientation** | – | **taking place?** |
> |---|---|---|---|---|
> | 어디서 | – | 오리엔테이션 | – | 열려? |

- 포착한 질문 키워드를 3개의 보기를 들으면서 계속 대입해야 하기 때문에, 3개의 보기가 다 나올 때까지 내 머릿속에서 떠나게 해서는 안 돼요.

2. 오답을 버리고 정답을 남깁니다.

- 각각의 보기를 들으면서 내가 기억하고 있는 질문 키워드를 계속 되뇝니다.
- 이때도 PART 1과 마찬가지로, 각 문제의 'Mark your answer on your answer sheet.' 아래에 X, △, O 표기를 하며 듣습니다.

> 어디서 – 오리엔테이션 – 열려?　　어디서 – 오리엔테이션 – 열려?　　어디서 – 오리엔테이션 – 열려?
> 　(A) 신청서 보내. X　▶　(B) 세미나룸 C에서. O　▶　(C) 3시간 미만. X

- 여러분의 기억력을 과신해서는 안 됩니다. 토익 만점자라고 해도 청취가 완벽하지 않다면, 질문의 키워드를 되뇌며 소거법을 활용하는 것이 가장 효과적인 문제 풀이 방식입니다.

✍️ 학습 ADVICE

1. 대다수의 고득점자들이 LC 만점을 받지 못하는 이유, PART 2!

25문제를 계속 집중해서 듣기란 어려운 일입니다. 더군다나 질문을 제대로 이해해야 답을 고를 수 있는 꽈배기 응답 비중이 늘어났기 때문에, 청취력의 중요성이 더욱 강조되고 있습니다. 사실 원어민이라 해도 질문을 모두 기억하진 않습니다. 질문을 듣고 핵심 정보를 파악할 뿐입니다. 그러므로 질문을 들을 때 키워드를 잡는 건 요령이 아닌 정석입니다.

2. 문제 풀이 Flow를 활용하여 반복 훈련은 필수!

이 책을 포함하여 여러 교재에서 다루고 있는 유사 발음 함정, 연상 어휘 함정 등은 출제자가 오답을 만들기 위한 장치이지, 문제를 푸는 입장에서는 실제 문제 풀이에 적용하는 데 큰 도움이 되진 않아요. 즉, 개념보다는 청취 방법과 반복 훈련이 훨씬 더 중요하다는 것을 기억하세요.

문제 풀이 전략

CASE 39 질문에 나온 단어와 유사한 발음의 단어가 등장한 보기는 오답이다. (유사 발음 함정)

미국↔영국

Mark your answer.

(A)   (B)   (C)   CH05_01

STEP 1 🔑 질문의 키워드 잡기

Would you rather **postpone** our **meeting**?
차라리 회의를 연기하시겠어요?

키워드 "회의 연기할래?"

STEP 2 ❌ 오답 소거하고 정답 남기기

(A) It's **posted** on our Web site. 우리 웹 사이트에 올라와 있어요. ❌
⟶ 질문에 쓰인 postpone과 발음이 유사한 posted를 사용하여 오답을 유도하고 있다. *p.100 〈유사 발음 어휘 빈출 예시〉 참고

(B) Some water would be nice. 물이 좋을 것 같아요. ❌
⟶ 질문의 Would you를 듣고 연상할 수 있는 would be nice를 사용하여 오답을 유도하고 있다.

(C) OK. How does 5 sound? 그래요. 5시는 어떠세요? ⭕
⟶ 'OK'로 대답하고, 5시는 어떠냐며 적절히 덧붙여 말했으므로 정답이다.

정답 더보기 No, that won't be necessary. 아니요. 그럴 필요는 없어요.

CASE 40 질문에 쓰인 단어를 듣고 연상되는 단어가 등장한 보기는 오답이다. (연상 어휘 함정)

미국↔미국

Mark your answer.

(A)   (B)   (C)   CH05_02

STEP 1 🔑 질문의 키워드 잡기

Who's responsible for **training** the new **employees**?
신입 직원들 교육은 누가 담당하나요?

키워드 "직원 교육 누가 담당해?"

STEP 2 ❌ 오답 소거하고 정답 남기기

(A) Where can I find the **manager**? 매니저는 어디서 볼 수 있나요? ❌
⟶ 질문의 responsible을 듣고 연상할 수 있는 manager를 사용하여 오답을 유도하고 있다. *p.100 〈연상 어휘 빈출 예시〉 참고

(B) Mr. Daniel is in charge of that. Daniel 씨가 그 일을 담당하고 있어요. ⭕
⟶ Daniel 씨가 담당하고 있다며 담당자 이름으로 대답했으므로 정답이다.

(C) The plant is expected to **employ** 500 workers. 그 공장은 500명의 근로자를 고용할 것으로 예상돼요. ❌
⟶ 질문에 쓰인 employees와 발음이 유사한 employ를 사용하여 오답을 유도하고 있다.

정답 더보기 It hasn't been decided yet. 그건 아직 결정되지 않았어요.

CASE 집중훈련 해설서 p.23

 CH05_03

1. Mark your answer.   (A)   (B)   (C)

2. Mark your answer.   (A)   (B)   (C)

3. Mark your answer.   (A)   (B)   (C)

CASE 41 질문에 나온 단어를 그대로 사용한 보기는 오답일 확률이 높다. (동어 반복 함정)

Tip 단, 둘 중 하나를 선택하는 선택 의문문은 질문에 나온 단어를 그대로 사용하는 보기가 답이 될 수 있으니 주의하자.

영국 ↔ 호주

Mark your answer.

(A)   (B)   (C)

 CH05_04

STEP 1 ☞ 질문의 키워드 잡기

✓ ✓
I'll email you the **report** right **now**.
제가 지금 바로 보고서를 이메일로 보내 드릴게요.

키워드 "보고서 이메일로 보낼게"

STEP 2 ✖ 오답 소거하고 정답 남기기

(A) OK. I'd appreciate that. 네, 그렇게 해 주시면 고맙겠습니다. ◎
⋯➔ 'OK'로 대답하고, 그렇게 해 주면 고맙겠다며 적절히 덧붙여 말했으므로 정답이다.

(B) You should turn left instead. 대신 좌회전하셔야 해요. ✖
⋯➔ 질문의 right를 듣고 연상할 수 있는 left를 사용하여 오답을 유도하고 있다.

(C) For quite a while now. 이제 꽤 오래되었죠. ✖
⋯➔ 질문에 쓰인 now를 반복하여 오답을 유도하고 있다. 이처럼 질문 속 단어가 보기에서 같은 의미로 혹은 다른 의미로 반복되는 경우가 많은데, 특히 다른 의미로 쓰였다면 무조건 오답이다.

정답 더보기 I already received it from Nate. 저는 이미 Nate에게서 받았어요.

CASE 42 의문사를 절대 놓치지 마라.

미국 ↔ 호주

Mark your answer.

(A)   (B)   (C)

 CH05_05

STEP 1 ☞ 질문의 키워드 잡기

✓ ✓
When are you **signing** the lease agreement for the apartment on Elm Street?
Elm가에 있는 아파트의 임대 계약서에 언제 서명하실 건가요?

키워드 "서명 언제 해?"

STEP 2 ✖ 오답 소거하고 정답 남기기

(A) The commercial property downtown. 시내 상업 지구요. ✖
⋯➔ 질문의 lease agreement를 듣고 연상할 수 있는 property를 사용하여 오답을 유도하고 있다.

(B) On the fifth floor. 5층에서요. ✖
⋯➔ Where 의문문에 어울리는 응답이다.

(C) Wednesday morning. 수요일 오전이요. ◎
⋯➔ 수요일 오전이라고 시점으로 대답했으므로 정답이다. 질문의 시작인 의문사 when만 잘 들었다면, 의문사 뒤에 이어지는 내용과는 상관없이 시점으로 대답하는 보기를 정답으로 쉽게 고를 수 있는 문제이다.

정답 더보기 I'm still waiting for my realtor. 저는 아직 부동산 중개인을 기다리고 있어요.

CASE 집중훈련

해설서 p.24

 CH05_06

1. Mark your answer.   (A)   (B)   (C)

2. Mark your answer.   (A)   (B)   (C)

3. Mark your answer.   (A)   (B)   (C)

CASE 43   의문사 의문문은 'Yes/No'로 응답할 수 없다.

미국 ↔ 영국

Mark your answer.

(A)   (B)   (C)

🎧 CH05_07

STEP 1   🔑 질문의 키워드 잡기

✓ ✓ ✓
Where would I be able to **see Mr. Hubbard** this morning?
오늘 아침에 Hubbard 씨를 어디에서 만날 수 있을까요?

키워드 "Hubbard 씨 어디서 만날 수 있어?"

STEP 2   ❌ 오답 소거하고 정답 남기기

(A) He should be in the seminar room. 그분은 아마 세미나실에 계실 거예요. ⭕
⟶ 그가 세미나실에 있을 거라며 위치로 대답했으므로 정답이다.

(B) Yes, probably around 11 A.M. 네, 아마 오전 11시쯤요. ❌
⟶ 의문사 의문문은 Yes/No로 응답할 수 없다. 의문사 의문문에 Yes/No뿐만 아니라 Sure/OK/Thanks 등으로 응답한 보기는 오답으로 소거하자.

(C) I'd like to book the room. 방을 예약하고 싶어요. ❌
⟶ 질문의 Where를 듣고 연상할 수 있는 room을 사용하여 오답을 유도하고 있다.

정답 더보기 Isn't he at his desk? 그분 자리에 계시지 않나요?

CASE 44   다른 의문사에 어울리는 응답이 오답으로 등장한다.

미국 ↔ 미국

Mark your answer.

(A)   (B)   (C)

🎧 CH05_08

STEP 1   🔑 질문의 키워드 잡기

✓ ✓ ✓
How can we **increase** our **production numbers**?
우리가 생산량을 어떻게 늘릴 수 있을까요?

키워드 "생산량 어떻게 늘려?"

STEP 2   ❌ 오답 소거하고 정답 남기기

(A) In the company directory. 회사 안내 책자에서요. ❌
⟶ Where 의문문에 어울리는 응답이다.

(B) She works nine hours a day. 그녀는 하루에 9시간 일해요. ❌
⟶ 질문의 numbers를 듣고 연상할 수 있는 nine을 사용하여 오답을 유도하고 있다.

(C) By hiring more employees. 직원을 더 고용해서요. ⭕
⟶ 직원을 더 고용해서라며 방법으로 대답했으므로 정답이다.

정답 더보기 We'll need to analyze some more data. 우리는 좀 더 많은 자료를 분석해야 할 거예요.

CASE 집중훈련   해설서 p.24

🎧 CH05_09

1. Mark your answer.   (A)   (B)   (C)

2. Mark your answer.   (A)   (B)   (C)

3. Mark your answer.   (A)   (B)   (C)

CASE 45   '모르겠습니다', '물어보겠습니다', '확인해 보겠습니다'라고 응답하면 정답이다.

호주 ↔ 영국

Mark your answer.

(A)   (B)   (C)

 ∩ CH05_10

STEP 1   ⟵ 질문의 키워드 잡기

✓   ✓   ✓

Should we **email** a **questionnaire** to our clients?
고객들에게 설문지를 이메일로 보내야 할까요?

키워드 "설문지 이메일로 보내야 해?"

STEP 2   ✖ 오답 소거하고 정답 남기기

(A) I'd have to speak to Ms. Young about it first. 먼저 Young 씨와 그것에 대해 이야기 나눠 봐야 할 것 같아요. ◉
⋯ Young 씨와 먼저 이야기해 봐야 할 것 같다며 '확인해 보겠습니다'류의 응답으로 질문에 맞게 적절히 대답했으므로 정답이다.
    *p.100 <'모르겠습니다', '확인해 보겠습니다'류의 응답 예시> 참고

(B) Here's your confirmation e-mail. 여기 귀하의 확인 이메일입니다. ✖
⋯ 질문에 쓰인 email을 반복하여 오답을 유도하고 있다.

(C) I checked my inbox already. 제가 이미 받은 편지함을 확인했어요. ✖
⋯ 질문의 email을 듣고 연상할 수 있는 inbox를 사용하여 오답을 유도하고 있다.

정답 더보기   Some feedback would be useful. 피드백이 있으면 도움이 될 거예요.

CASE 46   'Actually, Well'로 시작하거나 되묻는 응답의 정답 확률이 높다.

미국 ↔ 호주

Mark your answer.

(A)   (B)   (C)

 ∩ CH05_11

STEP 1   ⟵ 질문의 키워드 잡기

✓   ✓

Which social media marketing **agency** do you **recommend**? 어느 소셜 미디어 마케팅 대행사를 추천하시나요?

키워드 "어느 대행사를 추천해?"

STEP 2   ✖ 오답 소거하고 정답 남기기

(A) On Web sites and apps. 웹 사이트와 앱에서요. ✖
⋯ 질문의 social media를 듣고 연상할 수 있는 Web sites, apps를 사용하여 오답을 유도하고 있다.

(B) Actually, our firm's looking for one as well. 사실은, 저희 회사도 업체를 찾는 중이에요. ◉
⋯ 자신의 회사도 찾는 중이라며 추천할 만한 업체가 없음을 우회적으로 적절히 말했으므로 정답이다.

(C) Thanks for the suggestion. 제안에 감사드려요. ✖
⋯ 질문의 recommend를 듣고 연상할 수 있는 suggestion을 사용하여 오답을 유도하고 있다.

정답 더보기   Why don't you ask Joshua? Joshua에게 물어보는 게 어때요?

CASE 집중훈련   해설서 p.25

 ∩ CH05_12

1. Mark your answer.   (A)   (B)   (C)

2. Mark your answer.   (A)   (B)   (C)

3. Mark your answer.   (A)   (B)   (C)

CASE 47 질문의 주어와 일치하지 않는 주어가 쓰인 보기는 대부분 오답이다. (주어 불일치 함정)

영국↔호주

Mark your answer.

(A)　　　(B)　　　(C)

 🎧 CH05_13

STEP 1　➡️ 질문의 키워드 잡기

Is **the screen large enough** for the presentation?
화면이 발표용으로 쓰일 만큼 충분히 큰가요?

키워드 "화면이 충분히 커?"

STEP 2　❌ 오답 소거하고 정답 남기기

(A) **She**'s an experienced speaker. 그녀는 연설 경험이 많아요. ❌
⟶ 질문의 주어(the screen)와 응답의 주어(She)가 일치하지 않을 뿐만 아니라 내용상 질문과 무관한 응답이다.

(B) Your **presence** is greatly appreciated. 참석해 주셔서 정말 감사드립니다. ❌
⟶ 질문에 쓰인 presentation과 발음이 유사한 presence를 사용하여 오답을 유도하고 있다.

(C) **Yes, it looks fine to me.** 네, 제가 보기에는 괜찮은데요. ⭕
⟶ 'Yes'로 대답하고, 자신이 보기엔 괜찮다며 적절히 덧붙여 말했으므로 정답이다. 질문의 주어(the screen)와 응답의 주어(it)가 일치하고 질문과 상응하는 내용의 보기이다.

정답 더보기 We only have a small group. 우리는 인원이 얼마 안 돼요.

CASE 48 질문의 시제와 일치하지 않는 시제가 쓰인 보기는 대부분 오답이다. (시제 불일치 함정)

Tip 시제 불일치 함정은 100% 오답은 아니므로 부연 설명이 질문의 내용과 상응하는지 꼭 확인하도록 하자.

미국↔미국

Mark your answer.

(A)　　　(B)　　　(C)

 🎧 CH05_14

STEP 1　➡️ 질문의 키워드 잡기

Is our **assembly line working** again?
저희 조립 라인이 다시 작동하고 있나요?

키워드 "조립 라인 다시 작동해?"

STEP 2　❌ 오답 소거하고 정답 남기기

(A) **Not yet, but it should be soon.** 아직이요, 하지만 곧 할 거예요. ⭕
⟶ 아직은 안 했지만 곧 할 것이라며 질문에 맞게 적절히 대답했으므로 정답이다.

(B) Yes, it **was**. 네, 그랬어요. ❌
⟶ 질문의 시제(is working)와 응답의 시제(was)가 일치하지 않는다. 다만, Yes/No로 응답하고 덧붙이는 말의 시제는 자유롭게 쓰일 수 있다.

(C) It's a tight **deadline**. 빠듯한 마감 일정이네요. ❌
⟶ 질문에 쓰인 line과 발음이 유사한 deadline을 사용하여 오답을 유도하고 있다. 보기가 It's로 시작하여 자칫 질문과 같은 주어이자 같은 시제를 사용한 정답처럼 들리지만, 내용상 질문과 무관한 응답이다.

정답 더보기 Yes, it just got fixed. 네, 이제 막 수리됐어요.

CASE 집중훈련　해설서 p.25

 🎧 CH05_15

1. Mark your answer.　　　(A)　　(B)　　(C)

2. Mark your answer.　　　(A)　　(B)　　(C)

3. Mark your answer.　　　(A)　　(B)　　(C)

1. Mark your answer.　　　(A)　　(B)　　(C)

2. Mark your answer.　　　(A)　　(B)　　(C)

3. Mark your answer.　　　(A)　　(B)　　(C)

4. Mark your answer.　　　(A)　　(B)　　(C)

5. Mark your answer.　　　(A)　　(B)　　(C)

6. Mark your answer.　　　(A)　　(B)　　(C)

7. Mark your answer.　　　(A)　　(B)　　(C)

8. Mark your answer.　　　(A)　　(B)　　(C)

9. Mark your answer.　　　(A)　　(B)　　(C)

10. Mark your answer.　　　(A)　　(B)　　(C)

11. Mark your answer.　　　(A)　　(B)　　(C)

12. Mark your answer.　　　(A)　　(B)　　(C)

13. Mark your answer.　　　(A)　　(B)　　(C)

14. Mark your answer.　　　(A)　　(B)　　(C)

15. Mark your answer.　　　(A)　　(B)　　(C)

16. Mark your answer.　　　(A)　　(B)　　(C)

17. Mark your answer.　　　(A)　　(B)　　(C)

18. Mark your answer.　　　(A)　　(B)　　(C)

19. Mark your answer.　　　(A)　　(B)　　(C)

20. Mark your answer.　　　(A)　　(B)　　(C)

21. Mark your answer.　　　(A)　　(B)　　(C)

22. Mark your answer.　　　(A)　　(B)　　(C)

23. Mark your answer.　　　(A)　　(B)　　(C)

24. Mark your answer.　　　(A)　　(B)　　(C)

25. Mark your answer.　　　(A)　　(B)　　(C)

PART 2 오답 함정 어휘 및 우회적 응답 예시 확인하기

▶ 유사 발음 어휘 빈출 예시

updated 업데이트된 – upstairs 위층에	proposal 제안서 – usual 평소	improved 개선된 – approved 승인된
projections 예상, 추정 – projector 프로젝터	train 기차 – training 교육	coffee 커피 – copy 사본
earnings 수익 – learning 학습	forest 숲 – forecast 예보	profile 프로필 – file 파일
post 우편 – poster 포스터	laptop 노트북 컴퓨터 – left 왼쪽	sweet 달콤한 – seat 좌석
waitstaff 종업원들 – waiting 대기	conference 학회 – experience 경험	password 비밀번호 – passed 통과된
store 상점 – stored 보관된	contract 계약서 – contact 연락	contract 계약서 – act 행동하다
post 우편 – posting 게시물	repair 수리하다 – a pair 짝	directory 안내서 – director 책임자
baseball 야구 – base 토대	hire 고용하다 – higher 더 높이	exchange 교환하다 – change 변경하다
week 주 – weekday 평일	submit 제출하다 – submission 제출물	attendee 참석자 – attend 참석하다
carpet 카펫 – car 승용차	term 계약 조건 – terminal 터미널	letterhead 레터헤드(편지지 위쪽의 인쇄 문구) – letter 편지

▶ 연상 어휘 빈출 예시

waiting list 대기자 명단 – sold out 다 팔린	paper 신문 – article 기사, copy 사본	instructions 사용 설명서 – booklet 소책자
competition 대회 – sports stadium 경기장	maximum 최대 – minimum 최소	suitcase 여행 가방 – airport 공항, trip 여행
town 타운, 소도시 – community 지역 사회	road 도로 – across the street 길 건너	discount 할인 – 20 percent 20퍼센트
hotel 호텔 – stay 머무름, 방문	hire 고용하다 – applicant 지원자	submit 제출하다 – send 보내다
university 대학 – major in ~을 전공하다	presentation 발표 – attendance 참석	art exhibition 미술 전시회 – painting 그림
snack 간식 – grocery store 식료품점	parking 주차 – driver's license 운전면허증	client 고객 – customer service 고객 서비스
charity 자선 – fundraiser 기금 모금자, 모금 행사	refrigerator 냉장고 – beverage 음료	landscaping 조경 – flowerbed 화단
monthly report 월간 보고서 – annual budget 연간 예산		video clip 짧은 동영상 – ten minutes long 10분 길이
printer cartridge 프린터 카트리지 – black and white 흑백		vacation 휴가 – visit my family 가족을 방문하다
shut down (공장·가게 등의) 문을 닫다 – closed 폐쇄된, 문을 닫은		appointment 예약 – annual checkup 연례 건강 검진
leave of absence 휴가 – go on holiday[vacation] 휴가 가다		grocery store 식료품점 – fruits and vegetables 과채
install the software 소프트웨어를 설치하다 – technical support 기술 지원팀		
camera 카메라 – photography 사진술, photo shoot 사진 촬영, exhibit 전시회		
lunch break 점심시간 – restaurant 식당, tuna sandwich 참치 샌드위치, meal 식사		
trade show 무역 박람회 – set up the booth 부스를 설치하다, exhibition room 전시실		

▶ '모르겠습니다', '확인해 보겠습니다'류의 응답 예시

모르겠어요.

Q. What's the maximum occupancy of this seminar hall? 이 세미나 홀의 최대 수용 인원은 어떻게 되나요?

일반적 응답: Around 50 people. 50명 정도요.

모르겠어요: I'm not too sure. 잘 모르겠어요.

아직 결정되지 않았어요.

Q. Who's leading the McAllister project? McAllister 프로젝트는 누가 이끌고 있죠?

일반적 응답: Madison is in charge. Madison이 담당합니다.

아직 결정되지 않았어요: It hasn't been decided yet. 아직 결정되지 않았어요.

상황에 따라 달라요.

Q. How much does it cost to repair the keyboard on a laptop? 노트북의 키보드를 수리하는 데 비용이 얼마나 드나요?

일반적 응답: Around 75 dollars. 75달러 정도요.

상황에 따라 달라요: It depends on the model. 모델에 따라 다릅니다.

아직 못 들었어요.

Q. Is Mr. Anderson being assigned to the Sales Department? Anderson 씨가 영업부로 배정되나요?

일반적 응답: Yes, his transfer was accepted. 네, 그의 이동이 받아들여졌어요.

아직 못 들었어요: I haven't heard anything. 전 아무 말도 못 들었어요.

기억이 나지 않아요.

Q. What was the name of the restaurant we went to last week? 지난주에 우리가 갔던 레스토랑 이름이 뭐였죠?

일반적 응답: It was called "The White Rose." 'The White Rose'라고 했어요.

기억이 나지 않아요: I don't remember, actually. 사실, 기억이 안 나요.

확인해 볼게요.

Q. How long will the server be down while the cables are repaired? 케이블이 수리되는 동안 서버가 얼마나 오래 다운되나요?

일반적 응답: That will take overnight. 하룻밤은 걸릴 거예요.

확인해 볼게요: I'll call the Internet company. 제가 인터넷 회사에 전화할게요.

확인해 보세요.

Q. How do I ask for a leave of absence? 휴가는 어떻게 신청하나요?

일반적 응답: Speak with your supervisor. 상사에게 말씀하세요.

확인해 보세요: You should check the employee manual. 직원 매뉴얼을 확인해 보세요.

확인해 봅시다.

Q. Did the manufacturing plant start using a different recipe for the sauce?
제조 공장에서 소스를 만들기 위해 다른 조리법을 사용하기 시작했나요?

일반적 응답: It does taste spicier. 맛이 더 매워졌어요.

확인해 봅시다: Let's check the ingredient list. 성분 목록을 확인해 봅시다.

물어볼게요.

Q. When should I return for my next physical exam? 제가 다음 신체검사를 받으러 언제 와야 하나요?

일반적 응답: In two years. 2년 후에요.

물어볼게요: Let me ask Dr. Shin. Shin 의사 선생님께 여쭤볼게요.

▶ 되묻는 응답 예시

Q. The train has been delayed for three hours. 기차가 세 시간 동안 연착됐어요.

일반적 응답: Let me reschedule our appointment. 예약 일정을 다시 잡아 드릴게요.

되묻는 응답: Couldn't you book a flight instead? 대신 항공편을 예약할 순 없었어요?

Q. I can email you the catalog of our logo designs. 저희 로고 도안 카탈로그를 이메일로 보내 드릴 수 있어요.

일반적 응답: I would appreciate that. 그렇게 해 주시면 감사하죠.

되묻는 응답: Can you send it to Nichol as well? Nichol한테도 보내 줄래요?

Q. When should we shut down the Web site for server maintenance? 저희가 서버 점검을 위해선 웹 사이트를 언제 닫아야 하나요?

일반적 응답: Ms. Sanchez will let us know. Sanchez 씨께서 알려 주실 거예요.

되묻는 응답: How does August 17th sound? 8월 17일 어떠세요?

Q. Who's presenting during the client meeting? 고객과의 회의 때 누가 발표해요?

일반적 응답: Hugo is in charge. Hugo가 맡았어요.

되묻는 응답: Wasn't that rescheduled? 일정이 변경되지 않았어요?

의문사 의문문

CASE 49 Who 의문문: '사람 이름'으로 답한다.

미국↔영국

Mark your answer.

(A)   (B)   (C)

 CH06_01

STEP 1 🔑 질문의 키워드 잡기

✓**Who** can I **call** for some **legal advice**?
법률 자문을 위해서는 누구에게 전화하면 좋을까요?

키워드 "자문은 누구에게 전화해?"

STEP 2 ❌ 오답 소거하고 정답 남기기

(A) At the **lawyer's** office. 변호사 사무실이에요. ❌
⤷ 질문의 legal을 듣고 연상할 수 있는 lawyer를 사용하여 오답을 유도하고 있다.

(B) I **can** print it out for you. 제가 인쇄해 드릴 수 있어요. ❌
⤷ 질문에 쓰인 can을 반복하여 오답을 유도하고 있다.

(C) **Anna can help with that.** 그건 Anna가 도와드릴 수 있어요. ⭕
⤷ Anna가 도울 수 있다며 사람 이름으로 대답했으므로 정답이다.

정답 더보기 Here's a number you could call. 여기 연락해 볼 수 있는 전화번호예요.

CASE 50 Who 의문문: 사람 이름이 들린다고 무조건 정답으로 체크하면 안 된다.

미국↔호주

Mark your answer.

(A)   (B)   (C)

 CH06_02

STEP 1 🔑 질문의 키워드 잡기

✓**Who** do I **talk to** for inquiries **regarding** ✓**ticketing**?
발권과 관련한 문의에 대해선 누구와 얘기하면 되나요?

키워드 "발권은 누구와 얘기해?"

STEP 2 ❌ 오답 소거하고 정답 남기기

(A) **Soo-young** wanted to. Soo-young이 하기를 원했어요. ❌
⤷ 사람 이름으로 대답했지만 질문의 시제(do)와 응답의 시제(wanted)가 일치하지 않아 오답이다.

(B) **I'll transfer you now.** 제가 지금 연결해 드릴게요. ⭕
⤷ 담당자를 연결해 주겠다며 질문에 맞게 적절히 대답했으므로 정답이다.

(C) The Wednesday night **showing**. 수요일 밤 공연이요. ❌
⤷ 질문의 ticketing을 듣고 연상할 수 있는 showing을 사용하여 오답을 유도하고 있다.

정답 더보기 I can help you with that. 그거 제가 도와 드릴 수 있어요.

CASE 집중훈련 해설서 p.31

🎧 CH06_03

1. Mark your answer.   (A)   (B)   (C)

2. Mark your answer.   (A)   (B)   (C)

3. Mark your answer.   (A)   (B)   (C)

CASE 51 Who 의문문: '직위'나 '부서'로 답한다.

영국↔호주

Mark your answer.

(A) (B) (C)

 CH06_04

STEP 1 🔘 질문의 키워드 잡기

Who has to **approve** of this budget **report**?
누가 이 예산 보고서를 승인해야 하나요?

키워드 "누가 보고서 승인해?"

STEP 2 ❌ 오답 소거하고 정답 남기기

(A) The director of accounting. 회계 책임자요. ⭕
⤷ 회계 책임자라며 직위로 대답했으므로 정답이다. *p.121 <직위·부서명 관련 어휘> 참고

(B) It's quite an **improvement**. 꽤 좋아졌어요. ❌
⤷ 질문에 쓰인 approve와 발음이 유사한 improvement를 사용하여 오답을 유도하고 있다.

(C) By tomorrow morning. 내일 아침까지요. ❌
⤷ When 의문문에 어울리는 응답이다.

정답 더보기 It should say in the e-mail. 이메일에 쓰여 있을 거예요.

CASE 52 Who 의문문: 'I, We, You'로 답한다.

미국↔미국

Mark your answer.

(A) (B) (C)

 CH06_05

STEP 1 🔘 질문의 키워드 잡기

Who's **heading** the fundraising **committee**?
누가 기금 모금 위원회를 이끄나요?

키워드 "누가 위원회를 이끌어?"

STEP 2 ❌ 오답 소거하고 정답 남기기

(A) It should be on the 20th floor. 그건 20층에 있을 거예요. ❌
⤷ Where 의문문에 어울리는 응답이다.

(B) I'm not a part of the committee this time. 저는 이번에 그 위원회의 일원이 아니에요. ⭕
⤷ 자신은 그곳의 일원이 아니라며 잘 모르겠음을 우회적으로 적절히 말했으므로 정답이다. I, We, You 등의 인칭대명사나 Someone, Everyone, No one 등의 부정대명사 주어를 사용한 보기가 정답으로 자주 등장한다.

(C) Of course. I'll definitely be there. 물론이죠. 꼭 가도록 할게요. ❌
⤷ 의문사 의문문은 Of course로 응답할 수 없다.

정답 더보기 I believe Adam is. Adam이 하는 걸로 알고 있어요.

CASE 집중훈련 해설서 p.31

 CH06_06

1. Mark your answer. (A) (B) (C)

2. Mark your answer. (A) (B) (C)

3. Mark your answer. (A) (B) (C)

CASE 53   Who 의문문: 'He, She, They'로 답하는 보기는 대부분 오답이다.

호주 ↔ 미국

Mark your answer.

(A)   (B)   (C)

 🎧 CH06_07

STEP 1   🔈 질문의 키워드 잡기

Who's scheduled for the **closing shift** on Saturday?
토요일 마감 근무로 누가 예정되어 있나요?

키워드 "마감 조 누구야?"

STEP 2   ❌ 오답 소거하고 정답 남기기

(A) **They** can't do it. 그들은 그걸 할 수 없어요. ❌
   ⟶ They가 누구인지 의문을 일으키는 오답 응답이다. He, She, They로 답하는 보기는 인칭대명사 주어이기에 자칫 정답으로 오인할 수 있으나, 주어에 대한 부가 설명이 없다면 정확히 지칭하는 사람이 누구인지 알 수 없으므로 오답으로 소거하자.

(B) **Yes.** Monday and Wednesday. 네. 월요일과 수요일이요. ❌
   ⟶ 의문사 의문문은 Yes/No로 응답할 수 없다.

(C) **That would be me.** 저일 거예요. ⭕
   ⟶ 자신이라며 인칭대명사로 대답했으므로 정답이다.

정답 더보기 Did you check the work calendar? 근무 일정표 확인하셨어요?

CASE 54   Who 의문문: Who 의문문의 우회적 응답을 익혀라.

미국 ↔ 호주

Mark your answer.

(A)   (B)   (C)

 🎧 CH06_08

STEP 1   🔈 질문의 키워드 잡기

Who knows how to repair a broken air conditioner?
고장 난 에어컨을 수리하실 수 있는 분이 계신가요?

키워드 "누가 수리할 수 있어?"

STEP 2   ❌ 오답 소거하고 정답 남기기

(A) **The company just bought a new one.** 회사에서 얼마 전에 새로 하나 샀어요. ⭕
   ⟶ 새로 하나 샀다며 수리할 사람이 없어도 된다는 것을 우회적으로 적절히 말했으므로 정답이다. '모르겠습니다'나 '확인해 보겠습니다'류의 응답, 되묻는 응답 외에도 우회적인 응답들은 다양하니 빈출 예시를 통해 익혀 두도록 하자. *p.118 〈Who 의문문의 일반적(돌직구) 응답 vs. 우회적(꽈배기) 응답〉 참고

(B) It **appears** that way. 그래 보이네요. ❌
   ⟶ 질문에 쓰인 repair와 발음이 유사한 appears를 사용하여 오답을 유도하고 있다.

(C) Adjust it to **24 degrees Celsius**. 그걸 섭씨 24도로 조정하세요. ❌
   ⟶ 질문의 air conditioner를 듣고 연상할 수 있는 24 degrees Celsius를 사용하여 오답을 유도하고 있다.

정답 더보기 You should ask the maintenance team. 관리팀에 물어보셔야 해요.

CASE 집중훈련   해설서 p.32

 🎧 CH06_09

1. Mark your answer.   (A)   (B)   (C)

2. Mark your answer.   (A)   (B)   (C)

3. Mark your answer.   (A)   (B)   (C)

CASE 55   When 의문문: '시점'으로 답한다.

Mark your answer.

(A)   (B)   (C)

 CH06_10

STEP 1   🔊 질문의 키워드 잡기

When will the revised **sample** be **ready** for presentation? 발표용 수정 샘플은 언제 준비될까요?

키워드 "샘플 언제 준비돼?"

STEP 2   ❌ 오답 소거하고 정답 남기기

(A) No, I like the original better. 아니요, 저는 원래의 것이 더 좋아요. ❌
　→ 의문사 의문문은 Yes/No로 응답할 수 없다.

(B) **Early next week.** 다음 주 초예요. ⭕
　→ 다음 주 초라며 시점으로 대답했으므로 정답이다.

(C) That's a great **example**. 그건 정말 좋은 예예요. ❌
　→ 질문에 쓰인 sample과 발음이 유사한 example을 사용하여 오답을 유도하고 있다.

정답 더보기 We're still waiting for the manager's approval. 저희는 아직 관리자 승인을 기다리고 있어요.

CASE 56   When 의문문: '기간'으로 답하면 오답이다.

Mark your answer.

(A)   (B)   (C)

 CH06_11

STEP 1   🔊 질문의 키워드 잡기

When did the **air conditioners** get **installed**? 에어컨이 언제 설치됐어요?

키워드 "에어컨 언제 설치됐어?"

STEP 2   ❌ 오답 소거하고 정답 남기기

(A) **The records are in the filing cabinet.** 기록이 문서 보관함에 있어요. ⭕
　→ 기록이 보관함에 있다며 직접 확인해 보라는 의미를 담아 우회적으로 적절히 대답했으므로 정답이다.

(B) No, it's in very bad condition. 아니요, 상태가 아주 안 좋아요. ❌
　→ 의문사 의문문은 Yes/No로 응답할 수 없다.

(C) **During certain times of the day.** 하루 중 정해진 시간 동안이요. ❌
　→ 기간 표현으로 응답한 보기는 '시점'을 묻는 When 의문문의 응답으로 적절하지 않다. 오히려 How long 의문문에 어울리는 응답이다.

정답 더보기 It was last year. 작년에요.

CASE 집중훈련   해설서 p.32

 CH06_12

1. Mark your answer.   (A)   (B)   (C)

2. Mark your answer.   (A)   (B)   (C)

3. Mark your answer.   (A)   (B)   (C)

CASE 57 When 의문문: '장소'나 '출처'로 답할 수 있다.

미국↔미국

Mark your answer.

(A)   (B)   (C)

 CH06_13

STEP 1 🔑 질문의 키워드 잡기

✓   ✓   ✓
When does the **museum open**?
박물관은 언제 문을 여나요?

키워드 "박물관 언제 문 열어?"

STEP 2 ❌ 오답 소거하고 정답 남기기

(A) The new **exhibit** is on the second floor. 새 전시품은 2층에 있습니다. ❌
⟶ 질문의 museum을 듣고 연상할 수 있는 exhibit를 사용하여 오답을 유도하고 있다.

(B) You should check on their Web site. 그곳 웹 사이트를 확인해 보세요. ⭕
⟶ 웹 사이트를 확인해 보라며 출처로 적절히 대답했으므로 정답이다. When 의문문의 답변으로 '~에서 확인해 보세요'라는 뜻의 장소, 출처 (ex. Web site, manual, calendar 등)로 응답한 보기가 등장하기도 한다.

(C) A few **museum** curators. 박물관 큐레이터들 몇 명이요. ❌
⟶ 질문에 쓰인 museum을 반복하여 오답을 유도하고 있다.

정답 더보기 At 9 A.M. on weekdays. 평일 오전 9시에요.

CASE 58 When 의문문: When 의문문의 우회적 응답을 익혀라.

호주↔영국

Mark your answer.

(A)   (B)   (C)

 CH06_14

STEP 1 🔑 질문의 키워드 잡기

✓   ✓   ✓   ✓
When will the **company recruit someone** for the
open position? 회사는 언제 공석에 사람을 채용할 건가요?

키워드 "사람 언제 채용해?"

STEP 2 ❌ 오답 소거하고 정답 남기기

(A) There are two more interviews left. 면접이 두 번 더 남아 있어요. ⭕
⟶ 면접이 더 남았다며 기다려 보면 알 수 있음을 우회적으로 적절히 말했으므로 정답이다.
*p.118 〈When 의문문의 일반적(동직구) 응답 vs. 우회적(와배기) 응답〉 참고

(B) Did you attend the **job fair**? 취업 박람회에 참석했나요? ❌
⟶ 질문의 recruit, open position을 듣고 연상할 수 있는 job fair를 사용하여 오답을 유도하고 있다.

(C) I think I left the windows **open**. 제가 창문을 열어 뒀던 것 같아요. ❌
⟶ 질문에 쓰인 open을 반복하여 오답을 유도하고 있다.

정답 더보기 By the end of the month. 이달 말까지요.

CASE 집중훈련 해설서 p.33

 CH06_15

1. Mark your answer.   (A)   (B)   (C)

2. Mark your answer.   (A)   (B)   (C)

3. Mark your answer.   (A)   (B)   (C)

CASE 59 · Where 의문문: '장소'나 '위치', '방향'으로 답한다.

미국↔호주

Mark your answer.

(A)　　　(B)　　　(C)

 CH06_16

STEP 1 🔍 질문의 키워드 잡기

Where is the **best place for** some **light snacks**?
가벼운 간식을 먹기에 가장 좋은 곳은 어디인가요?

키워드 "간식 먹기에 최고의 장소는 어디야?"

STEP 2 ❌ 오답 소거하고 정답 남기기

(A) Around five dollars. 5달러 정도예요. ❌
⋯⋯ How much 의문문에 어울리는 응답이다.

(B) Yes, the room is too bright. 네, 방이 너무 밝아요. ❌
⋯⋯ 의문사 의문문은 Yes/No로 응답할 수 없으며, 질문에 쓰인 light와 발음이 유사한 bright를 사용하여 오답을 유도하고 있다.

(C) The café across the street. 길 건너편에 있는 카페요. ⊙
⋯⋯ 길 건너편 카페라며 '장소(The café) + 방향(across the street)'으로 대답했으므로 정답이다.

정답 더보기 You should ask Laurie. Laurie에게 물어보세요.

CASE 60 · Where 의문문: 「Try + 장소 (~로 가 보세요)」 표현이 정답으로 선호된다.

영국↔미국

Mark your answer.

(A)　　　(B)　　　(C)

 CH06_17

STEP 1 🔍 질문의 키워드 잡기

Where can I **get another monitor** around the conference hall?
회의장 주변에서 모니터를 더 구할 수 있는 곳이 어디인가요?

키워드 "모니터 어디서 더 구해?"

STEP 2 ❌ 오답 소거하고 정답 남기기

(A) Because there's no room in our budget. 저희 예산에 여유가 없기 때문이에요. ❌
⋯⋯ Why 의문문에 어울리는 응답이다.

(B) Please monitor your belongings. 본인의 소지품을 관리해 주세요. ❌
⋯⋯ 질문에 쓰인 monitor를 반복하여 오답을 유도하고 있다.

(C) Try the store next to the entrance. 입구 옆에 있는 상점에 가 보세요. ⊙
⋯⋯ 상점에 가 보라며 「Try + 장소」 표현으로 적절히 대답했으므로 정답이다. 장소를 간접적으로 알려 주는 답변에 자주 등장하는 표현이다.

정답 더보기 You should check the storage closet. 수납장을 확인해 보세요.

CASE 집중훈련
해설서 p.34

1. Mark your answer.　　(A)　　(B)　　(C)
2. Mark your answer.　　(A)　　(B)　　(C)
3. Mark your answer.　　(A)　　(B)　　(C)

 CH06_18

CASE 61   Where 의문문: Where와 When의 발음을 혼동해서는 안 된다.

호주 ↔ 미국

Mark your answer.

(A)   (B)   (C)   🎧 CH06_19

STEP 1   🔑 질문의 키워드 잡기

Where should we **hang** the new **clock**?
새 시계를 어디에 걸어야 할까요?

키워드 "시계 어디에 걸까?"

STEP 2   ❌ 오답 소거하고 정답 남기기

(A) **You should talk to Vince first.** 우선 Vince와 이야기하시는 게 좋을 거예요. ⭕
⋯→ Vince와 이야기해 보라며 자신은 잘 모르겠다는 것을 우회적으로 적절히 말했으므로 정답이다.

(B) **In 10 minutes.** 10분 후에요. ❌
⋯→ 만약 질문의 Where를 When으로 잘못 들었다면 정답으로 오인하기에 딱 좋은 보기이다. 뿐만 아니라, 질문의 clock을 듣고 연상할 수 있는 10 minutes를 사용하여 오답을 유도하고 있다.

(C) Around twice a day. 하루에 약 두 번이요. ❌
⋯→ 질문과 무관한 응답이다.

정답 더보기   Right above the printer. 프린터 바로 위에요.

CASE 62   Where 의문문: Where 의문문의 우회적 응답을 익혀라.

호주 ↔ 미국

Mark your answer.

(A)   (B)   (C)   🎧 CH06_20

STEP 1   🔑 질문의 키워드 잡기

Where should we **go for** our end-of-the-year office **party**? 연말 회사 파티를 위해 어디로 가야 할까요?

키워드 "파티 어디서 해?"

STEP 2   ❌ 오답 소거하고 정답 남기기

(A) **We have a large group.** 우리는 인원수가 많아요. ⭕
⋯→ 인원수가 많다며 넓은 장소에서 하자는 의미를 담아 우회적으로 적절히 대답했으므로 정답이다.
*p.119 〈Where 의문문의 일반적(통직구) 응답 vs. 우회적(꽈배기) 응답〉 참고

(B) An increase in sales. 매출 증가요. ❌
⋯→ 질문과 무관한 응답이다.

(C) To celebrate our success. 성공을 축하하기 위해서요. ❌
⋯→ 질문의 party를 듣고 연상할 수 있는 celebrate를 사용하여 오답을 유도하고 있다.

정답 더보기   How many people will be coming? 몇 명이 올 건가요?

CASE 집중훈련   해설서 p.34

🎧 CH06_21

1. Mark your answer.   (A)   (B)   (C)

2. Mark your answer.   (A)   (B)   (C)

3. Mark your answer.   (A)   (B)   (C)

CASE 63   What 의문문: 「What + be동사 ~?」는 뒤에 오는 명사가 답을 결정한다.

미국 ↔ 호주

Mark your answer.

(A)   (B)   (C)

 CH06_22

STEP 1   🔄 질문의 키워드 잡기

✓   ✓
What's the new driver's **name**?
새로 온 운전기사의 이름이 뭔가요?

키워드 "새 운전기사의 이름이 뭐야?"

STEP 2   ❌ 오답 소거하고 정답 남기기

(A) Outside the van. 승합차 밖에요. ❌
⟶ 질문의 driver를 듣고 연상할 수 있는 van을 사용하여 오답을 유도하고 있다.

(B) At 2 P.M. 오후 2시에요. ❌
⟶ When 의문문에 어울리는 응답이다.

(C) She's Cindy. 그녀는 Cindy에요. ⭕
⟶ Cindy라며 사람 이름으로 대답했으므로 정답이다. 질문의 키워드 What과 name을 잘 포착했다면 '이름'을 직접적으로 알려 주는 응답 혹은 우회적인 응답이 등장할 것이라는 것을 어느 정도 예상할 수 있다. 보통 name(이름), problem(문제), way(방법), fee(요금) 등을 묻는다.

정답 더보기 Actually, I don't work here. 사실, 전 여기서 근무 안 해요.

CASE 64   What 의문문: 「What + do/have동사 ~?」는 뒤에 오는 문장의 본동사가 답을 결정한다.

미국 ↔ 영국

Mark your answer.

(A)   (B)   (C)

 CH06_23

STEP 1   🔄 질문의 키워드 잡기

✓   ✓   ✓
What did the **board members think** about the
budget **proposal**?
이사진은 예산안에 대해 어떻게 생각하셨어요?

키워드 "이사진은 예산안이 어떻다고 해?"

STEP 2   ❌ 오답 소거하고 정답 남기기

(A) The assistant directors are here. 조감독님들이 여기 계세요. ❌
⟶ 질문의 board members를 듣고 연상할 수 있는 directors를 사용하여 오답을 유도하고 있다.

(B) They'd like us to revise it. 저희가 수정하길 바라세요. ⭕
⟶ 수정하길 바란다며 질문에 맞게 적절히 대답했으므로 정답이다. 질문의 본동사의 의미를 잘 파악하여 질문과 상응하는 응답을 답으로 고른다.

(C) Yes, the budget looks great. 네, 예산이 괜찮아 보이네요. ❌
⟶ 질문에 쓰인 budget을 반복하여 오답을 유도하고 있다.

정답 더보기 They're still in a meeting about it. 그것과 관련해서 아직 회의 중이세요.

CASE 집중훈련   해설서 p.35

 CH06_24

1. Mark your answer.   (A)   (B)   (C)

2. Mark your answer.   (A)   (B)   (C)

3. Mark your answer.   (A)   (B)   (C)

PART 2   CHAPTER 06

CASE 65 | What 의문문: 「What + 명사 ~?」는 What 뒤에 오는 명사와 문장의 본동사가 답을 결정한다.

영국 ↔ 미국

Mark your answer.

(A)　　　(B)　　　(C)

🎧 CH06_25

STEP 1　☞ 질문의 키워드 잡기

What vendors will **be at** the automobile **show**?
어떤 판매업체들이 자동차 박람회에 오나요?

키워드 "어느 판매업체가 박람회에 와?"

STEP 2　✗ 오답 소거하고 정답 남기기

(A) I couldn't find a parking space. 저는 주차 공간을 찾지 못했어요. ✗
⇢ 질문의 automobile을 듣고 연상할 수 있는 parking을 사용하여 오답을 유도하고 있다.

(B) The list isn't available yet. 아직 명단을 얻을 수 없어요. ◉
⇢ 아직 (어떤 업체가 오는지에 대한) 명단을 얻을 수 없다며 자신도 모른다는 것을 우회적으로 적절히 말했으므로 정답이다. What 뒤의 명사와 문장의 본동사에 따라 신분, 시간/날짜, 장소, 세부 정보 등을 묻는 질문이 되고 응답도 그에 따라 다양한 방식으로 가능하다.

(C) Yes, for the commuters. 네, 통근자들을 위해서요. ✗
⇢ 의문사 의문문은 Yes/No로 응답할 수 없다.

정답 더보기 Mr. Thompson has the list. Thompson 씨가 명단을 갖고 있어요.

CASE 66 | What 의문문: What 의문문의 우회적 응답을 익혀라.

미국 ↔ 미국

Mark your answer.

(A)　　　(B)　　　(C)

🎧 CH06_26

STEP 1　☞ 질문의 키워드 잡기

What did you **think of the session** on mobile technology? 모바일 기술 교육 시간 어떠셨어요?

키워드 "교육 시간 어땠어?"

STEP 2　✗ 오답 소거하고 정답 남기기

(A) It's in conference room A. 그건 A 회의실에서 해요. ✗
⇢ 질문의 session을 듣고 연상할 수 있는 conference를 사용하여 오답을 유도하고 있다.

(B) You can use my phone. 제 휴대 전화를 쓰셔도 돼요. ✗
⇢ 질문의 mobile을 듣고 연상할 수 있는 phone을 사용하여 오답을 유도하고 있다.

(C) I attended a different seminar. 저는 다른 세미나에 참석했어요. ◉
⇢ 다른 세미나에 참석했다며 그 교육 시간에 대해서는 잘 모른다는 것을 우회적으로 적절히 말했으므로 정답이다.
*p.119 〈What 의문문의 일반적(돌직구) 응답 vs. 우회적(꽈배기) 응답〉 참고

정답 더보기 The speaker was very engaging. 연설자가 아주 호감이 가더군요.

CASE 집중훈련　해설서 p.35

🎧 CH06_27

1. Mark your answer.　　　(A)　　　(B)　　　(C)

2. Mark your answer.　　　(A)　　　(B)　　　(C)

3. Mark your answer.　　　(A)　　　(B)　　　(C)

CASE 67 Which 의문문: 「Which + 명사 ~?」는 Which 뒤에 오는 명사와 문장의 본동사가 답을 결정한다.

영국 ↔ 호주

Mark your answer.

(A) (B) (C)

 CH06_28

STEP 1 ➡️ 질문의 키워드 잡기

Which cover design should we **choose** for our latest magazine issue?
잡지 최신 호에 어떤 표지 디자인을 선택해야 할까요?

키워드 "어떤 표지 디자인을 선택해?"

STEP 2 ❌ 오답 소거하고 정답 남기기

(A) That's a great **choice**. 그건 정말 좋은 선택이에요. ❌
⋯ 질문의 choose를 듣고 연상할 수 있는 choice를 사용하여 오답을 유도하고 있다.

(B) The one from the beach. 바닷가에서 한 걸로요. ⭕
⋯ 바닷가에서 한 것이라며 선택 사항을 「The one + 수식어」 표현으로 적절히 대답했으므로 정답이다. 「What + 명사 ~?」 형태의 의문문과 마찬가지로 의문사 Which 뒤에 오는 명사와 문장의 본동사가 핵심 키워드이다.

(C) I'll be **covering** her shift. 제가 그녀의 근무를 대신할 거예요. ❌
⋯ 질문에 쓰인 cover를 다른 의미, 다른 형태인 covering으로 반복 사용하여 오답을 유도하고 있다.

정답 더보기 Louisa's photograph looks nice. Louisa의 사진이 좋아 보이네요.

CASE 68 Which 의문문: 「The one + 수식어」 표현으로 답한다.

미국 ↔ 영국

Mark your answer.

(A) (B) (C)

 CH06_29

STEP 1 ➡️ 질문의 키워드 잡기

Which magazine reporter did you **speak with**?
어느 잡지 기자와 얘기 나누셨어요?

키워드 "어느 기자와 얘기했어?"

STEP 2 ❌ 오답 소거하고 정답 남기기

(A) The one next to the window. 창문 옆에 계신 분이요. ⭕
⋯ 창문 옆에 있는 사람이라며 선택 사항을 「The one + 수식어」 표현으로 적절히 대답했으므로 정답이다. '~한 것, ~인 사람'이라는 뜻을 가진 표현으로서 자주 등장하는 정답 보기이다.

(B) I received your **report**. 당신의 보고서를 받았어요. ❌
⋯ 질문에 쓰인 reporter와 발음이 유사한 report를 사용하여 오답을 유도하고 있다.

(C) It has more than five thousand **subscribers**. 그곳은 5천 명이 넘는 구독자를 보유하고 있어요. ❌
⋯ 질문의 magazine을 듣고 연상할 수 있는 subscribers를 사용하여 오답을 유도하고 있다.

정답 더보기 The one from *HK Magazine*. 〈HK 매거진〉에서 나오신 분이요.

CASE 집중훈련 해설서 p.36

 CH06_30

1. Mark your answer. (A) (B) (C)

2. Mark your answer. (A) (B) (C)

3. Mark your answer. (A) (B) (C)

PART 2 CHAPTER 06

CASE 69 · Which 의문문: '당신이 저보다 더 잘 알 거예요'류의 응답이 자주 출제된다.

미국↔호주

Mark your answer.

(A)　　　(B)　　　(C)

 CH06_31

STEP 1 　➲ 질문의 키워드 잡기

Which color wallpaper should I **use** for the clinic's waiting room?
병원 대기실에 어떤 색 벽지를 사용할까요?

키워드 "어떤 색 벽지 사용해?"

STEP 2 　✖ 오답 소거하고 정답 남기기

(A) The doctor will be here in 10 minutes. 의사 선생님이 10분 후에 오실 거예요. ✖
　⟶ 질문의 clinic을 듣고 연상할 수 있는 doctor를, waiting을 듣고 연상할 수 있는 10 minutes를 사용하여 오답을 유도하고 있다.

(B) For the annual physical checkup. 연례 신체검사를 위해서요. ✖
　⟶ 질문의 clinic을 듣고 연상할 수 있는 physical checkup을 사용하여 오답을 유도하고 있다.

(C) You're the interior designer. 당신이 인테리어 디자이너잖아요. ◎
　⟶ 당신이 인테리어 디자이너이지 않냐며 인테리어 디자이너 당사자가 더 잘 알 거라는 의미를 담아 질문에 맞게 적절히 대답했으므로 정답이다. 보통 '당신이 저보다 더 잘 알 거예요'류의 응답은 질문 사항과 관련된 직업을 직접 말한다.

정답 더보기 Ivory would look nice, wouldn't it? 상아색이 좋을 것 같네요, 그렇지 않나요?

CASE 70 · Which 의문문: Which 의문문의 우회적 응답을 익혀라.

미국↔미국

Mark your answer.

(A)　　　(B)　　　(C)

 CH06_32

STEP 1 　➲ 질문의 키워드 잡기

Which coffee shop did **Mr. Myers make the order** from? Myers 씨가 어느 커피숍에서 주문했어요?

키워드 "Myers 씨가 주문한 커피숍이 어디야?"

STEP 2 　✖ 오답 소거하고 정답 남기기

(A) Will you send me a copy as well? 저한테도 한 부 보내 줄래요? ✖
　⟶ 질문에 쓰인 coffee와 발음이 유사한 copy를 사용하여 오답을 유도하고 있다.

(B) He didn't bring me any coffee. 그가 저한테는 커피 안 줬어요. ◎
　⟶ 자신에게는 커피를 주지 않았다며 커피를 받지 못해 자신은 모른다는 것을 우회적으로 적절히 말했으므로 정답이다.
　*p.119 〈Which 의문문의 일반적(돌직구) 응답 vs. 우회적(와빠기) 응답〉 참고

(C) My coffee isn't hot enough. 제 커피는 그다지 뜨겁지 않아요. ✖
　⟶ 질문에 쓰인 coffee를 반복 사용하여 오답을 유도하고 있다.

정답 더보기 The one right downstairs. 바로 아래층에 있는 곳이요.

CASE 집중훈련　해설서 p.37

 CH06_33

1. Mark your answer.　　(A)　　(B)　　(C)

2. Mark your answer.　　(A)　　(B)　　(C)

3. Mark your answer.　　(A)　　(B)　　(C)

CASE 71　How 의문문: '방법'이나 '수단'으로 답한다.

미국↔영국

Mark your answer.

(A)　　　(B)　　　(C)

🎧 CH06_34

STEP 1　🏃 질문의 키워드 잡기

How can we **promote** our **products** to a wider audience? 어떻게 우리 제품을 더 많은 시청자에게 홍보할 수 있을까요?

키워드 "어떻게 제품 홍보해?"

STEP 2　❌ 오답 소거하고 정답 남기기

(A) **No**, they couldn't find it. 아니요, 그들은 그것을 찾을 수 없었어요. ❌
　⟶ 의문사 의문문은 Yes/No로 응답할 수 없다.

(B) **Yes**, we had a productive meeting. 네, 우린 생산적인 회의를 했어요. ❌
　⟶ 의문사 의문문은 Yes/No로 응답할 수 없다.

(C) **Through online advertisements.** 온라인 광고를 통해서요. ◎
　⟶ 온라인 광고를 통해서라며 방법으로 대답했으므로 정답이다. 「How + 조동사 + 주어 + 동사 ~?」 형태의 의문문은 대부분 방법이나 수단을 물으며, 전치사 through, by를 사용한 응답이 주를 이룬다.

정답 더보기 We should hire an advertising agency. 광고 대행사를 고용해야 해요.

CASE 72　How 의문문: '상태'나 '의견'으로 답한다.

미국↔호주

Mark your answer.

(A)　　　(B)　　　(C)

🎧 CH06_35

STEP 1　🏃 질문의 키워드 잡기

How did the **career fair go** last Wednesday? 지난주 수요일 취업 박람회는 어떻게 진행되었나요?

키워드 "취업 박람회 어떻게 됐어?"

STEP 2　❌ 오답 소거하고 정답 남기기

(A) **It went very smoothly.** 아주 순조롭게 진행되었어요. ◎
　⟶ 순조롭게 진행되었다며 의견을 나타내는 표현으로 적절히 대답했으므로 정답이다. 「How + be동사 + ~? (~은 어때요?)」 또는 「How did ~ go? (~은 어땠나요?)」 형태의 의문문은 상태나 의견을 물으며, 그에 상응하는 응답이 정답이다.

(B) To hire more employees. 직원을 더 채용하려고요. ❌
　⟶ 질문의 career fair를 듣고 연상할 수 있는 hire, employees를 사용하여 오답을 유도하고 있다.

(C) Can I go with you? 제가 같이 가도 될까요? ❌
　⟶ 질문에 쓰인 go를 반복하여 오답을 유도하고 있다.

정답 더보기 I couldn't make it. 저는 가지 못했어요.

CASE 집중훈련　해설서 p.37

🎧 CH06_36

1. Mark your answer.　　(A)　　(B)　　(C)

2. Mark your answer.　　(A)　　(B)　　(C)

3. Mark your answer.　　(A)　　(B)　　(C)

CASE 73   How 의문문: '숫자'나 '수를 나타내는 표현'으로 답한다.

영국 ↔ 호주

Mark your answer.

(A)   (B)   (C)   CH06_37

STEP 1   🔑 질문의 키워드 잡기

How many people responded to the e-mail?
몇 명이 그 이메일에 답장했나요?

키워드 "몇 명이 답장했어?"

STEP 2   ❌ 오답 소거하고 정답 남기기

(A) **No,** I won't read it. 아니요, 저는 안 읽을래요. ❌
⤷ 의문사 의문문은 Yes/No로 응답할 수 없다.

(B) **Everyone except Tanaka.** Tanaka를 제외한 모두요. ⭕
⤷ 한 명을 제외한 모두라며 수를 나타내는 표현으로 대답했으므로 정답이다.

(C) **By filling out** a form. 서식을 작성해서요. ❌
⤷ 질문의 How를 듣고 연상할 수 있는 By filling out을 사용하여 오답을 유도하고 있다.

정답 더보기 I haven't checked it out. 확인해 보지 않았어요.

CASE 74   How 의문문: How 의문문의 우회적 응답을 익혀라.

호주 ↔ 영국

Mark your answer.

(A)   (B)   (C)   CH06_38

STEP 1   🔑 질문의 키워드 잡기

How often should we **clean** the common area?
공용 구역을 얼마나 자주 청소해야 하나요?

키워드 "얼마나 자주 청소해?"

STEP 2   ❌ 오답 소거하고 정답 남기기

(A) **The instructions are on the bulletin board.** 게시판에 안내 사항이 있어요. ⭕
⤷ 게시판에 안내 사항이 있다며 그곳에서 확인하면 알 수 있음을 우회적으로 적절히 말했으므로 정답이다.
    *p.120 〈How 의문문의 일반적(통직구) 응답 vs. 우회적(와배기) 응답〉 참고

(B) The **cleaning supplies** are over there. 청소용품이 저기 있어요. ❌
⤷ 질문의 clean을 듣고 연상할 수 있는 cleaning supplies를 사용하여 오답을 유도하고 있다.

(C) **Yes,** come on in. 네, 들어오세요. ❌
⤷ 의문사 의문문은 Yes/No로 응답할 수 없다.

정답 더보기 At least once a week. 적어도 일주일에 한 번이요.

CASE 집중훈련   해설서 p.38

CH06_39

1. Mark your answer.   (A)   (B)   (C)

2. Mark your answer.   (A)   (B)   (C)

3. Mark your answer.   (A)   (B)   (C)

CASE 75 · Why 의문문: Because를 포함한 '이유' 문장 또는 '부정적인 내용'이 담긴 문장으로 답한다.

Tip Why 의문문의 기본 답변은 Because를 포함한 '이유' 문장이지만, 간혹 Because 뒤의 내용이 질문과 일치하지 않는 응답도 오답 보기로 출제되고 있으므로 Because가 들렸더라도 뒤의 내용이 질문의 내용과 상응하는지 반드시 확인해야 한다.

미국↔미국

Mark your answer.

(A)   (B)   (C)

🎧 CH06_40

STEP 1   🔊 질문의 키워드 잡기

Why aren't the **lab technicians** wearing **protective equipment**?
연구소 기술자들이 왜 보호 장비를 착용하지 않고 있나요?

키워드 "왜 보호 장비를 입지 않았어?"

STEP 2   ❌ 오답 소거하고 정답 남기기

(A) I repaired the machines yesterday. 저는 어제 기계를 수리했어요. ❌
⟶ 질문의 technicians를 듣고 연상할 수 있는 repaired를 사용하여 오답을 유도하고 있다.

(B) Because their experiment is over. 실험이 끝났기 때문이에요. ⭕
⟶ 실험이 끝나서라고 이유로 대답했으므로 정답이다. 이유를 나타내는 because, since, because of, due to 또는 목적을 나타내는 so that, for, to부정사를 사용한 응답이 Why 의문문의 기본 답변 방식이다.

(C) Some gloves and goggles. 장갑들과 고글이요. ❌
⟶ 질문의 protective equipment를 듣고 연상할 수 있는 gloves and goggles를 사용하여 오답을 유도하고 있다.

정답 더보기 I'll tell them to put theirs on now. 제가 그들에게 지금 착용하라고 말할게요.

CASE 76   Why 의문문: 이유를 대신 말해 줄 다른 사람을 언급한다.

미국↔호주

Mark your answer.

(A)   (B)   (C)

🎧 CH06_41

STEP 1   🔊 질문의 키워드 잡기

Why did our **profits drop** this quarter?
이번 분기에 우리 수익이 왜 감소한 거죠?

키워드 "수익 왜 감소했어?"

STEP 2   ❌ 오답 소거하고 정답 남기기

(A) This shirt fits quite nicely. 이 셔츠가 꽤 잘 맞는군요. ❌
⟶ 질문에 쓰인 profits와 발음이 유사한 fits를 사용하여 오답을 유도하고 있다.

(B) At a quarter past ten. 10시 15분예요. ❌
⟶ 질문에 쓰인 quarter를 다른 의미로 반복 사용하여 오답을 유도하고 있다.

(C) Tina will let us know. Tina가 알려 줄 거예요. ⭕
⟶ Tina가 그 이유를 알려 줄 거라며 다른 사람 이름을 들어 답변하는 보기는 자주 나오는 의문문의 우회적 응답 중의 하나이다.

정답 더보기 Let's discuss that in the meeting next week. 그건 다음 주 회의에서 의논해 봅시다.

CASE 집중훈련   해설서 p.38

🎧 CH06_42

1. Mark your answer.   (A)   (B)   (C)

2. Mark your answer.   (A)   (B)   (C)

3. Mark your answer.   (A)   (B)   (C)

CASE 77

Why 의문문: 「Why don't you[we] ~?(~하는 게 어때요?)」는 권유·제안을 나타내는 질문이다.

영국 ↔ 호주

Mark your answer.

(A)　　　(B)　　　(C)

🎧 CH06_43

STEP 1　➡ 질문의 키워드 잡기

Why don't we have dinner at that restaurant this Friday?
이번 주 금요일에 그 식당에서 같이 저녁 식사 하는 게 어때요?

키워드 "같이 저녁 먹는 게 어때?"

STEP 2　❌ 오답 소거하고 정답 남기기

(A) Let's sit at this table. 이 테이블에 앉읍시다. ❌
⋯→ 질문의 restaurant를 듣고 연상할 수 있는 table을 사용하여 오답을 유도하고 있다.

(B) The servers will take our order. 웨이터가 우리 주문을 받을 거예요. ❌
⋯→ 질문의 restaurant를 듣고 연상할 수 있는 servers를 사용하여 오답을 유도하고 있다.

(C) I would like that. 좋아요. ⊙
⋯→ 좋다며 제안에 대한 수락 표현으로 질문에 맞게 적절히 대답했으므로 정답이다. *p.144 〈제안·요청문의 수락/거절 응답〉 참고

정답 더보기 Sorry, I already have plans. 죄송해요, 저는 이미 약속이 있어요.

CASE 78

Why 의문문: Why 의문문의 우회적 응답을 익혀라.

미국 ↔ 미국

Mark your answer.

(A)　　　(B)　　　(C)

🎧 CH06_44

STEP 1　➡ 질문의 키워드 잡기

Why was the five-kilometer **run rescheduled**?
5킬로미터 달리기 일정이 왜 변경되었나요?

키워드 "달리기 일정 왜 바뀌었어?"

STEP 2　❌ 오답 소거하고 정답 남기기

(A) Have you looked at the weather outside? 밖의 날씨 보셨어요? ⊙
⋯→ 밖의 날씨를 봤냐며 날씨가 안 좋아서 바뀌었다는 의미를 담은 되묻는 응답으로 질문에 맞게 적절히 대답했으므로 정답이다.
*p.120 〈Why 의문문의 일반적(돌직구) 응답 vs. 우회적(돌려까기) 응답〉 참고

(B) Yes, I'm behind schedule. 네, 저는 예정보다 늦어지고 있어요. ❌
⋯→ 의문사 의문문은 Yes/No로 응답할 수 없다.

(C) But we're running out of time. 하지만 시간이 다 됐어요. ❌
⋯→ 질문에 쓰인 run을 다른 의미, 다른 형태인 running으로 반복 사용하여 오답을 유도하고 있다.

정답 더보기 Because of the upcoming snowstorm. 다가오는 눈보라 때문에요.

CASE 집중훈련

해설서 p.39

🎧 CH06_45

1. Mark your answer.　　　(A)　　　(B)　　　(C)

2. Mark your answer.　　　(A)　　　(B)　　　(C)

3. Mark your answer.　　　(A)　　　(B)　　　(C)

1. Mark your answer.　　　(A)　　(B)　　(C)

2. Mark your answer.　　　(A)　　(B)　　(C)

3. Mark your answer.　　　(A)　　(B)　　(C)

4. Mark your answer.　　　(A)　　(B)　　(C)

5. Mark your answer.　　　(A)　　(B)　　(C)

6. Mark your answer.　　　(A)　　(B)　　(C)

7. Mark your answer.　　　(A)　　(B)　　(C)

8. Mark your answer.　　　(A)　　(B)　　(C)

9. Mark your answer.　　　(A)　　(B)　　(C)

10. Mark your answer.　　　(A)　　(B)　　(C)

11. Mark your answer.　　　(A)　　(B)　　(C)

12. Mark your answer.　　　(A)　　(B)　　(C)

13. Mark your answer.　　　(A)　　(B)　　(C)

14. Mark your answer.　　　(A)　　(B)　　(C)

15. Mark your answer.　　　(A)　　(B)　　(C)

16. Mark your answer.　　　(A)　　(B)　　(C)

17. Mark your answer.　　　(A)　　(B)　　(C)

18. Mark your answer.　　　(A)　　(B)　　(C)

19. Mark your answer.　　　(A)　　(B)　　(C)

20. Mark your answer.　　　(A)　　(B)　　(C)

21. Mark your answer.　　　(A)　　(B)　　(C)

22. Mark your answer.　　　(A)　　(B)　　(C)

23. Mark your answer.　　　(A)　　(B)　　(C)

24. Mark your answer.　　　(A)　　(B)　　(C)

25. Mark your answer.　　　(A)　　(B)　　(C)

PART 2

CHAPTER 06

PART 2 의문사 의문문의 우회적 응답 예시 확인하기

▶ Who 의문문의 일반적(돌직구) 응답 vs. 우회적(꽈배기) 응답

Q. Who is authorized to enter the security room? 누가 보안실에 들어갈 수 있어요?

일반적 응답: Mr. Louey is the only one. Louey 씨밖에 없어요.

우회적 응답: Whoever has the passcode. 비밀번호가 있는 사람들은 누구나요.

Q. Who is in charge of repairing the air conditioner? 누가 에어컨 수리 담당인가요?

일반적 응답: I believe Cecilia is. Cecilia일 거예요.

우회적 응답: Weren't you going to be responsible for that? 당신이 그거 맡으려고 하지 않았어요?

Q. Who ordered the snacks for our seminar? 세미나용 간식은 누가 주문했어요?

일반적 응답: The secretary did. 비서가 했어요.

우회적 응답: I asked Deborah to do it. 제가 Deborah에게 그것 좀 해 달라고 부탁했어요.

Q. Who can help me fix the plumbing in the bathroom? 누가 화장실 배관 수리를 도와주실 수 있나요?

일반적 응답: I'll take a look at it this afternoon. 제가 오늘 오후에 살펴볼게요.

우회적 응답: I always ask Olivia my maintenance questions. 전 정비 문제를 항상 Olivia에게 물어봐요.

▶ When 의문문의 일반적(돌직구) 응답 vs. 우회적(꽈배기) 응답

Q. When do you plan to hire the new head of finance? 새로운 재무부 부장은 언제 채용할 계획이세요?

일반적 응답: In the next month. 다음 달 안에요.

우회적 응답: We already hired one. 이미 채용했어요.

Q. When would you like to have lunch with Mr. Edwards? Edwards 씨와 언제 점심 드시겠어요?

일반적 응답: At 11:30 on Thursday. 목요일 11시 30분에요.

우회적 응답: He didn't get back to me yet. 그분에게서 아직 연락 안 왔어요.

Q. When will the company relocation be finalized? 회사 이전은 언제 마무리되나요?

일반적 응답: We'll be moving next month. 저희는 다음 달에 이사할 예정이에요.

우회적 응답: When the board is in agreement. 이사회에서 합의했을 때요.

Q. Excuse me. When will my pizza get delivered? 실례합니다. 제 피자는 언제 배달될까요?

일반적 응답: It'll be there in less than 30 minutes. 30분 안에 도착할 거예요.

우회적 응답: The traffic is very congested. 교통이 아주 혼잡해요.

▶ **Where 의문문의 일반적(돌직구) 응답 vs. 우회적(꽈배기) 응답**

Q. Where is the closest grocery store? 가장 가까운 식료품점이 어딘가요?

일반적 응답: It's right across the street. 길 바로 건너편에 있어요.

우회적 응답: Sorry, I'm new to the neighborhood. 죄송하지만, 제가 이 동네는 처음이에요.

Q. Where did you get your suitcase? 여행 가방 어디서 샀어요?

일반적 응답: At the shopping mall. 쇼핑몰에서요.

우회적 응답: I borrowed it from Dean. Dean한테서 빌렸어요.

Q. Where will the trade show take place? 무역 박람회는 어디서 열리나요?

일반적 응답: At the Eriksen Convention Center. Eriksen 컨벤션 센터에서요.

우회적 응답: The same venue as last time. 지난번과 같은 장소예요.

Q. Where is this bus going? 이 버스는 어디로 가요?

일반적 응답: To many tourist attractions. 여러 관광지로요.

우회적 응답: Why don't you ask the driver? 운전기사에게 물어보는 게 어때요?

▶ **What 의문문의 일반적(돌직구) 응답 vs. 우회적(꽈배기) 응답**

Q. What time do the evening shifts start? 저녁 근무는 몇 시에 시작해요?

일반적 응답: 8 o'clock, I think. 8시일 거예요.

우회적 응답: We need to update the schedule. 일정을 업데이트해야 해요.

Q. What should we prepare for next week's employee orientation? 저희가 다음 주 직원 오리엔테이션에 대비해 무엇을 준비해야 하나요?

일반적 응답: The information packet. 자료집이요.

우회적 응답: Ross is taking care of that. Ross가 그걸 맡고 있어요.

Q. What floor is your team on? 당신 부서는 몇 층에 있어요?

일반적 응답: On the 21st floor. 21층에요.

우회적 응답: I'm heading over there now. 제가 지금 거기로 가고 있어요.

Q. What time is the keynote speaker arriving for the convention? 기조연설자께선 회의에 몇 시에 도착하세요?

일반적 응답: I think she got here at noon. 정오에 오셨을 거예요.

우회적 응답: Let me check her itinerary. 그분 일정표를 확인해 볼게요.

▶ **Which 의문문의 일반적(돌직구) 응답 vs. 우회적(꽈배기) 응답**

Q. Which flight are you taking? 어떤 비행기 타세요?

일반적 응답: The 5 o'clock to Boston. Boston행 5시 꺼요.

우회적 응답: I haven't booked it yet. 아직 예약 안 했어요.

Q. Which room will the newcomer orientation take place in? 신입 사원 오리엔테이션은 몇 호에서 열리나요?

일반적 응답: It'll be in Room 322. 322호에서 있을 거예요.

우회적 응답: Could you ask Erin? Erin에게 물어보시겠어요?

Q. Which logo should we use for our company's new Web site? 회사의 새로운 웹 사이트에 어떤 로고를 사용할까요?

일반적 응답: The one Donna sent us. Donna가 보내 준 거요.

우회적 응답: Didn't Henry make a good design? Henry가 만든 디자인이 좋지 않았어요?

▶ How 의문문의 일반적(돌직구) 응답 vs. 우회적(꽈배기) 응답

Q. How do I sign up for the employee seminar? 직원 세미나에 어떻게 등록하나요?

일반적 응답: By replying to Phoebe's e-mail. Phoebe가 보낸 이메일에 답장해서요.

우회적 응답: I took care of that for you. 제가 당신 것을 처리해 드렸어요.

Q. How is the hot chocolate selling? 핫 초콜릿 판매 상황은 어때요?

일반적 응답: Quite well this winter. 올겨울엔 꽤 괜찮은 편이에요.

우회적 응답: It's our most popular drink. 저희 최고 인기 음료예요.

Q. How much does this smartphone cost? 이 스마트폰은 가격이 얼마죠?

일반적 응답: It's $1,000. 1,000달러예요.

우회적 응답: Is the price tag missing? 가격표가 없나요?

Q. How often does the soccer club meet? 축구부는 얼마나 자주 모이나요?

일반적 응답: Once a week. 일주일에 한 번이요.

우회적 응답: I'm not a member. 전 회원이 아니에요.

▶ Why 의문문의 일반적(돌직구) 응답 vs. 우회적(꽈배기) 응답

Q. Why is the company picnic postponed? 회사 야유회가 왜 연기된 거예요?

일반적 응답: Because it's raining. 비가 와서요.

우회적 응답: Didn't you get the memo? 메모 못 받았어요?

Q. Why didn't you buy the table you liked? 마음에 들었던 테이블 왜 안 샀어요?

일반적 응답: It was too expensive. 너무 비쌌어요.

우회적 응답: The big sale begins this weekend. 이번 주말에 대규모 세일이 시작해요.

Q. Why is our production line moving so slowly today? 오늘 생산 라인이 왜 저렇게 느리게 움직이는 거죠?

일반적 응답: Because one of our machines malfunctioned. 저희 기계 한 대가 고장 나서 그래요.

우회적 응답: The machines will be inspected soon. 조만간 기계를 점검할 거예요.

▶ 직위·부서명 관련 어휘

직위 및 직책

CEO (Chief Executive Officer) 최고 경영자

vice president 부회장

executive 경영진, 경영 간부

board member 이사회 임원

manager 관리자, 책임자

senior manager 상급 관리자

secretary 비서

receptionist 접수 직원

guest speaker 초청 연설자

accountant 회계 담당자

security guard 경비원

engineer 기사, 엔지니어

mechanic 정비공

designer 디자이너

president 회장

chairman (회사·위원회의) 회장

director 이사

department head 부서장

supervisor 상급자

sales representative 영업 직원

assistant 보조

adviser 고문, 조언자

consultant 컨설턴트, 상담가

architect 건축가

lawyer 변호사

technician 기술자

plumber 배관공

부서명

Human Resources (HR) Department 인사부

Marketing Department 마케팅부

Finance Department 재무부

Sales Department 영업부

Maintenance Department 관리부, 유지 보수부

Security Department 보안부

Research & Development(R&D) Department 연구 개발부

Personnel Department 인사부

Public Relations Division 홍보부

Accounting Department 회계부

Purchase Department 구매부

IT Department IT부

Customer Support Department 고객 지원부

CASE 79 Be/조동사 의문문: 사실 여부는 'Is/Are'로 묻는다.

미국↔영국

Mark your answer.

(A)   (B)   (C)

 CH07_01

STEP 1 🎯 질문의 키워드 잡기

Are your budget **reports due tomorrow**?
당신의 예산 보고서 기한이 내일인가요?

키워드 "보고서 내일까지야?"

STEP 2 ❌ 오답 소거하고 정답 남기기

(A) The price was very high, actually. 사실, 가격이 매우 높았어요. ❌
⟶ 질문의 budget을 듣고 연상할 수 있는 price를 사용하여 오답을 유도하고 있다.

(B) No, today. 아니요, 오늘이요. ⭕
⟶ 'No'로 대답하고, 오늘이라며 적절히 덧붙여 말했으므로 정답이다.

(C) A new financial advisor. 신임 재정 고문이요. ❌
⟶ 질문의 budget을 듣고 연상할 수 있는 financial을 사용하여 오답을 유도하고 있다.

정답 더보기 It has been postponed to next week. 그거 다음 주로 연기됐어요.

CASE 80 Be/조동사 의문문: 현재의 일은 'Do/Does'로, 과거의 일은 'Did'로, 미래의 일은 'Will' 또는 '현재 진행 시제「is/are + V-ing」'로 묻는다.

호주↔미국

Mark your answer.

(A)   (B)   (C)

 CH07_02

STEP 1 🎯 질문의 키워드 잡기

Did you **remind Eric to contact** the personnel team?
Eric에게 인사팀에 연락하라고 다시 한번 말씀하셨나요?

키워드 "Eric에게 연락하라고 상기시켰어?"

STEP 2 ❌ 오답 소거하고 정답 남기기

(A) To review the employee contract. 직원 계약서 검토를 위해서요. ❌
⟶ 질문에 쓰인 contact와 발음이 유사한 contract를 사용하여 오답을 유도하고 있다.

(B) I haven't had the chance to. 그럴 기회가 없었어요. ⭕
⟶ 그럴 기회가 없었다며 연락하지 않았다는 의미를 담아 적절히 대답했으므로 정답이다.

(C) Oh, no, I don't mind. 오, 아니요, 괜찮아요. ❌
⟶ 질문에 쓰인 remind와 발음이 유사한 mind를 사용하여 오답을 유도하고 있다.

정답 더보기 He sent them an e-mail this morning. 그가 오늘 아침에 그들에게 이메일을 보냈어요.

CASE 집중훈련 해설서 p.44

1. Mark your answer.   (A)   (B)   (C)

 CH07_03

2. Mark your answer.   (A)   (B)   (C)

3. Mark your answer.   (A)   (B)   (C)

CASE 81   Be/조동사 의문문: 경험이나 완료 여부는 'Have/Has'로 묻는다.

미국 ↔ 미국

Mark your answer.

(A)   (B)   (C)

 🎧 CH07_04

STEP 1   ① 질문의 키워드 잡기

Have you **seen** a good **dentist** yet?
좋은 치과 의사를 만나 보셨나요?

키워드 "의사 만났어?"

STEP 2   ❌ 오답 소거하고 정답 남기기

(A) **Here.** Let me give you a hand. 여기요. 제가 도와 드릴게요. ❌
⋯→ 질문의 seen을 듣고 연상할 수 있는 Here를 사용하여 오답을 유도하고 있다.

(B) **Yes, I met him this Monday.** 네, 이번 주 월요일에 내원했어요. ⭕
⋯→ 'Yes'로 대답하고, 월요일에 만났다며 적절히 덧붙여 말했으므로 정답이다.

(C) I also agree with you. 저도 당신에게 동의합니다. ❌
⋯→ 질문과 무관한 응답이다.

정답 더보기   I still haven't found one. 아직 못 찾았어요.

CASE 82   Be/조동사 의문문: 조언을 구할 때는 'Should'로 묻는다.

미국 ↔ 미국

Mark your answer.

(A)   (B)   (C)

 🎧 CH07_05

STEP 1   ① 질문의 키워드 잡기

Should we **post** the **open position** on the job boards? 저희가 채용 게시판에 모집 직무를 올려야 할까요?

키워드 "공석 올려야 해?"

STEP 2   ❌ 오답 소거하고 정답 남기기

(A) The post office is closed today. 오늘은 우체국이 쉬는 날이에요. ❌
⋯→ 질문에 쓰인 post를 다른 의미로 반복 사용하였을 뿐만 아니라, 질문의 open을 듣고 연상할 수 있는 closed를 사용하여 오답을 유도하고 있다.

(B) A list of part-time jobs. 파트타임 직무 목록이요. ❌
⋯→ 질문에 쓰인 job을 jobs로 반복 사용하였을 뿐만 아니라, 질문의 position을 듣고 연상할 수 있는 part-time을 사용하여 오답을 유도하고 있다.

(C) **That sounds good.** 그게 좋겠어요. ⭕
⋯→ 그게 좋겠다며 질문에 호응하는 답변으로 적절히 대답했으므로 정답이다.

정답 더보기   We already hired someone. 이미 사람을 채용했어요.

CASE 집중훈련   해설서 p.45

 🎧 CH07_06

1. Mark your answer.   (A)   (B)   (C)

2. Mark your answer.   (A)   (B)   (C)

3. Mark your answer.   (A)   (B)   (C)

CASE 83 　 Be/조동사 의문문: 'Yes/No'로 답한다.

미국↔영국

Mark your answer.

(A)　　　(B)　　　(C)

 CH07_07

STEP 1 　 🔑 질문의 키워드 잡기

I̲s̲ the **ne̲w̲est model** of our smartphone
re̲a̲dy for demonstration?
우리 스마트폰의 최신 모델을 시연할 준비가 되었나요?

키워드 "시연 준비됐어?"

STEP 2 　 ❌ 오답 소거하고 정답 남기기

(A) The product launch was successful. 제품 출시는 성공적이었어요. ❌
⋯ 질문의 newest model을 듣고 연상할 수 있는 product launch를 사용하여 오답을 유도하고 있다.

(B) Sure. Let's do that some other time. 그래요. 그건 다른 시간에 하도록 합시다. ❌
⋯ 질문과 무관한 응답이다.

(C) No, I'm afraid it's not ready yet. 아니요, 유감스럽게도 아직 준비되지 않았어요. ◎
⋯ 'No'로 대답하고, 아직 준비되지 않았다며 적절히 덧붙여 말했으므로 정답이다. Be동사와 조동사 의문문(Do, Have, Will, Should 등)에 대한 응답은 Yes/No로 답하는 것이 기본 답변 방식이다.

정답 더보기 Irene's in charge of that. Irene이 담당이에요.

CASE 84 　 Be/조동사 의문문: 'Yes/No' 없이 답한다.

호주↔미국

Mark your answer.

(A)　　　(B)　　　(C)

 CH07_08

STEP 1 　 🔑 질문의 키워드 잡기

Is̲ t̲here a place in this office where **I̲ c̲an get** a
cup of **c̲o̲ffee**? 이 사무실에 커피 마실 수 있는 곳이 있나요?

키워드 "커피 마실 곳 있어?"

STEP 2 　 ❌ 오답 소거하고 정답 남기기

(A) He will be here soon. 그가 곧 여기에 올 거예요. ❌
⋯ 질문의 there를 듣고 연상할 수 있는 here를 사용하여 오답을 유도하고 있다.

(B) I'm going there now. 제가 지금 거기로 가고 있어요. ◎
⋯ 지금 거기로 가고 있다며 그런 곳이 있다는 의미를 담아 적절히 대답했으므로 정답이다. 'Yes'를 생략한 답변으로서, Be동사와 조동사 의문문의 응답이 항상 Yes/No로 시작하지 않는다는 것에 주의하자.

(C) Thanks, I'll get it next time. 고마워요, 제가 다음번에 살게요. ❌
⋯ 질문에 쓰인 get을 반복하여 오답을 유도하고 있다.

정답 더보기 Right down the hall. 복도 끝에요.

CASE 집중훈련　 해설서 p.45

 CH07_09

1. Mark your answer. 　　(A)　　(B)　　(C)

2. Mark your answer. 　　(A)　　(B)　　(C)

3. Mark your answer. 　　(A)　　(B)　　(C)

CASE 85 Be/조동사 의문문: 'Yes/No' 뒤에 덧붙인 말의 일치 여부를 확인하라.

미국 ↔ 영국

Mark your answer.

(A)　　　(B)　　　(C)

🎧 CH07_10

STEP 1　🔘 질문의 키워드 잡기

　　　✓　　　　　　　　　✓　　　　　✓
Do you think our local soccer team will **win** the championship? 저희 지역 축구팀이 우승할 것 같나요?

키워드 "우리 팀이 우승할 것 같아?"

STEP 2　❌ 오답 소거하고 정답 남기기

(A) No, **I like playing basketball**. 아니요, 저는 농구하는 걸 좋아해요. ❌
⋯ Do동사 의문문에 대한 응답이 No로 시작하지만, 뒤에 덧붙인 말이 질문과 상충되는 내용이어서 오답이다. 보기는 끝까지 들어야 하며, 특히 Yes/No 뒤에 오는 말의 내용을 꼭 확인하도록 하자.

(B) They haven't lost a single game. 그들은 단 한 경기도 지지 않았어요. ◎
⋯ 단 한 경기도 지지 않았다며 우승할 것 같다는 자신의 생각을 우회적으로 적절히 말했으므로 정답이다. 또한 'Yes'가 생략된 응답으로 봐도 무방하다.

(C) The tournament begins at 10 A.M. 경기는 오전 10시에 시작해요. ❌
⋯ 질문의 championship을 듣고 연상할 수 있는 tournament를 사용하여 오답을 유도하고 있다.

정답 더보기 I sure hope so. 정말 그러길 바라요.

CASE 86 Be/조동사 의문문: Be/조동사 의문문의 우회적 응답을 익혀라.

호주 ↔ 영국

Mark your answer.

(A)　　　(B)　　　(C)

🎧 CH07_11

STEP 1　🔘 질문의 키워드 잡기

　✓　　　　✓　　　　　　　✓
Is the **cleaning staff** going to **replace** the air conditioner **filters** this week?
청소 직원들이 이번 주에 에어컨 필터를 교체할 예정인가요?

키워드 "이번 주에 필터 교체해?"

STEP 2　❌ 오답 소거하고 정답 남기기

(A) Yes. It's at Lyndon Place. 네. 그것은 Lyndon Place에 있습니다. ❌
⋯ 질문에 쓰인 replace와 발음이 유사한 Place를 사용하여 오답을 유도하고 있다.

(B) They only do that once a year. 그들은 그걸 일 년에 한 번만 해요. ◎
⋯ 일 년에 한 번만 한다며 이번 주 필터 교체 계획이 없음을 우회적으로 적절히 말했으므로 정답이다. 또한 'No'가 생략된 응답으로 봐도 무방하다.
*p.130 〈be/조동사 의문문의 일반적(동직구) 응답 vs. 우회적(꽈배기) 응답〉 참고

(C) I'm planning to **go this weekend**. 이번 주말에 갈 계획이에요. ❌
⋯ 질문에 쓰인 going을 다른 의미, 다른 형태인 go로 반복 사용하고, this week과 발음이 유사한 this weekend를 사용하여 오답을 유도하고 있다.

정답 더보기 They already did two days ago. 그들이 이미 이틀 전에 했어요.

CASE 집중훈련　해설서 p.46

1. Mark your answer.　　　(A)　　　(B)　　　(C)

2. Mark your answer.　　　(A)　　　(B)　　　(C)

3. Mark your answer.　　　(A)　　　(B)　　　(C)

🎧 CH07_12

CASE 87 부정 의문문: 'Not'을 뺀 긍정 의문문처럼 듣고 답하라.

영국↔호주

Mark your answer.

(A)　　　(B)　　　(C)

🎧 CH07_13

STEP 1 🔑 질문의 키워드 잡기

✓　　　　　　✓　　　　　　　　　✓
Don't[→ Do] you sell these **pants in a larger size?**
이 바지는 더 큰 사이즈로 안 파시나요[→ 파시나요]?

키워드 "이 바지 더 큰 거 팔아?"

STEP 2 ❌ 오답 소거하고 정답 남기기

(A) I thought it was too small. 저는 그것이 너무 작다고 생각했어요. ❌
⤷ 질문의 larger size를 듣고 연상할 수 있는 too small을 사용하여 오답을 유도하고 있다.

(B) The gray one goes well with your pants. 회색 옷이 당신 바지와 잘 어울리네요. ❌
⤷ 질문에 쓰인 pants를 반복하여 오답을 유도하고 있다.

(C) A new shipment will arrive later this week. 새 배송품이 이번 주 말에 도착할 겁니다. ⭕
⤷ 새 배송품이 도착할 것이라며 더 큰 사이즈의 바지를 판매하고 있음을 우회적으로 적절히 말했으므로 정답이다. 부정 의문문에서 Not을 뺀 채 해석하여 질문에 알맞은 보기를 정답으로 고른다.

정답 더보기 Yes, which color would you prefer? 네(= 팔아요). 어떤 색을 좋아하세요?

CASE 88 부정 의문문: 부정 의문문의 우회적 응답을 익혀라.

영국↔미국

Mark your answer.

(A)　　　(B)　　　(C)

🎧 CH07_14

STEP 1 🔑 질문의 키워드 잡기

✓　　　　　　　　　　　　　　　✓
Isn't this year's company anniversary **celebration**
going to be **held on a weekday?**
올해 회사 창립 기념행사가 주중에 열리지 않나요?

키워드 "행사 주중에 열려?"

STEP 2 ❌ 오답 소거하고 정답 남기기

(A) Let me put you on hold. 잠시만 기다려 주세요. ❌
⤷ 질문에 쓰인 held를 다른 의미, 다른 형태인 hold로 반복 사용하여 오답을 유도하고 있다.

(B) None of the previous events were. 이전 행사들은 그렇지 않았어요. ⭕
⤷ 이전 행사들은 그렇지 않았다며 주중에 열리지 않을 것임을 우회적으로 적절히 말했으므로 정답이다.
*p.130 <부정 의문문의 일반적(동직구) 응답 vs. 우회적(와빼기) 응답> 참고

(C) More tables and chairs. 더 많은 테이블과 의자요. ❌
⤷ 질문의 anniversary celebration을 듣고 연상할 수 있는 tables and chairs를 사용하여 오답을 유도하고 있다.

정답 더보기 Phoebe's in charge of that. Phoebe가 담당이에요.

CASE 집중훈련 해설서 p.46

🎧 CH07_15

1. Mark your answer.　　　(A)　　　(B)　　　(C)

2. Mark your answer.　　　(A)　　　(B)　　　(C)

3. Mark your answer.　　　(A)　　　(B)　　　(C)

CASE 89 부가 의문문: 확인을 위한 '꼬리말'은 무시하고, 평서문처럼 듣고 답하라.

미국 ↔ 호주

Mark your answer.

(A)   (B)   (C)

🎧 CH07_16

STEP 1 🔑 질문의 키워드 잡기

✓   ✓   ✓
That store has nice clothes, (doesn't it?)
저 가게는 옷이 멋져요, 그렇지 않나요?

키워드 "저 가게 옷 괜찮지?"

STEP 2 ❌ 오답 소거하고 정답 남기기

(A) All the items are so expensive. 모든 물건이 너무 비싸요. ⊙
⤷ 모든 물건이 비싸다며 부정적인 의견을 드러낸 응답으로 질문에 맞게 적절히 대답했으므로 정답이다. 평서문 뒤에 붙은 부가 의문문은 무시하고 평서문 내용에 집중하여 알맞은 보기를 고르도록 하자.

(B) We offer a full refund within 30 days. 저희는 30일 이내에 전액 환불을 해 드려요. ❌
⤷ 질문의 store를 듣고 연상할 수 있는 refund를 사용하여 오답을 유도하고 있다.

(C) I'd like these pants in medium, please. 이 바지 중간 사이즈로 주세요. ❌
⤷ 질문의 clothes를 듣고 연상할 수 있는 pants를 사용하여 오답을 유도하고 있다.

정답 더보기 Yes, and everything there is fairly cheap. 네, 그리고 그곳에는 모든 것이 꽤 싸요.

CASE 90 부가 의문문: 'Yes/No, + 부연 설명'식의 응답이 정답으로 가장 자주 등장한다.

호주 ↔ 미국

Mark your answer.

(A)   (B)   (C)

🎧 CH07_17

STEP 1 🔑 질문의 키워드 잡기

✓   ✓   ✓
This tablet computer is the latest model, isn't it?
이 태블릿 컴퓨터는 최신 모델이죠, 그렇지 않나요?

키워드 "이 태블릿 컴퓨터 최신이지?"

STEP 2 ❌ 오답 소거하고 정답 남기기

(A) Thanks for letting me borrow it. 빌려줘서 고마워요. ❌
⤷ 질문과 무관한 응답이다.

(B) I need to replace the battery. 배터리를 교체해야 해요. ❌
⤷ 질문의 tablet computer를 듣고 연상할 수 있는 battery를 사용하여 오답을 유도하고 있다.

(C) Yes, with state-of-the-art features. 네, 최첨단 기능을 갖췄어요. ⊙
⤷ 'Yes'로 대답하고, 최첨단 기능을 갖췄다며 적절히 덧붙여 말했으므로 정답이다. Be/조동사 의문문의 기본 답변 방식처럼, 부가 의문문에 대한 응답을 Yes/No로 하고 그 뒤에 질문의 내용과 부합하는 부연 설명이 뒤따르는 형태의 답이 자주 등장한다.

정답 더보기 That one came out last year. 그 제품은 작년에 출시됐어요.

CASE 집중훈련
해설서 p.47

🎧 CH07_18

1. Mark your answer.   (A)   (B)   (C)

2. Mark your answer.   (A)   (B)   (C)

3. Mark your answer.   (A)   (B)   (C)

CASE 91 부가 의문문: 'Sure, Absolutely, Definitely = Yes', 'Actually, I'm afraid = No'로 간주하라.

미국↔미국

Mark your answer.

(A)　　　(B)　　　(C)

🎧 CH07_19

STEP 1 ➡️ 질문의 키워드 잡기

The **package will be delivered today**, **right?**
소포가 오늘 배달되죠, 그렇죠?

[키워드] "소포가 오늘 배달되지?"

STEP 2 ❌ 오답 소거하고 정답 남기기

(A) No, the one on the left side. 아니요. 왼쪽에 있는 거요. ❌
⋯→ 질문의 right를 듣고 연상할 수 있는 left를 사용하여 오답을 유도하고 있다.

(B) I didn't **pack** enough clothes. 저는 옷을 충분히 싸지 않았어요. ❌
⋯→ 질문에 쓰인 package와 발음이 유사한 pack을 사용하여 오답을 유도하고 있다.

(C) Absolutely, it will get there by noon. 물론이죠. 정오까지는 도착할 거예요. ⭕
⋯→ 'Absolutely'로 대답하고, 정오까지 도착할 거라며 적절히 덧붙여 말했으므로 정답이다. Yes 또는 No와 동일한 의미를 갖는 표현을 각각 미리 알아 두어 뒤에 오는 내용이 긍정적일지 부정적일지 쉽게 파악하도록 하자.

[정답 더보기] I haven't sent it out yet. 아직 안 보냈어요.

CASE 92 부가 의문문: 부가 의문문의 우회적 응답을 익혀라.

영국↔미국

Mark your answer.

(A)　　　(B)　　　(C)

🎧 CH07_20

STEP 1 ➡️ 질문의 키워드 잡기

None of the board members were present
at the meeting on Monday, **right?** 월요일에 있었던
회의에 임원진들이 한 분도 참석하지 않으셨죠, 그렇죠?

[키워드] "회의에 임원진이 다 불참했지?"

STEP 2 ❌ 오답 소거하고 정답 남기기

(A) Sure, you should be there, too. 그럼요. 당신도 참석해야 해요. ❌
⋯→ 질문의 present를 듣고 연상할 수 있는 be there를, right를 듣고 연상할 수 있는 Sure를 사용하여 오답을 유도하고 있다.

(B) I was out of town. 저는 휴가 중이었어요. ⭕
⋯→ 휴가 중이었다며 자신도 잘 모르겠다는 것을 우회적으로 적절히 말했으므로 정답이다.
*p.131 〈부가 의문문의 일반적(동직구) 응답 vs. 우회적(와빼기) 응답〉 참고

(C) It lasted for two hours. 그건 2시간 동안 진행되었어요. ❌
⋯→ How long 의문문에 어울리는 응답이다.

[정답 더보기] Only Ms. Appleton could make it. Appleton 씨만 참석할 수 있었어요.

CASE 집중훈련 해설서 p.48

🎧 CH07_21

1. Mark your answer.　　(A)　　(B)　　(C)

2. Mark your answer.　　(A)　　(B)　　(C)

3. Mark your answer.　　(A)　　(B)　　(C)

CH07_22_AT

1.	Mark your answer.	(A)	(B)	(C)
2.	Mark your answer.	(A)	(B)	(C)
3.	Mark your answer.	(A)	(B)	(C)
4.	Mark your answer.	(A)	(B)	(C)
5.	Mark your answer.	(A)	(B)	(C)
6.	Mark your answer.	(A)	(B)	(C)
7.	Mark your answer.	(A)	(B)	(C)
8.	Mark your answer.	(A)	(B)	(C)
9.	Mark your answer.	(A)	(B)	(C)
10.	Mark your answer.	(A)	(B)	(C)
11.	Mark your answer.	(A)	(B)	(C)
12.	Mark your answer.	(A)	(B)	(C)
13.	Mark your answer.	(A)	(B)	(C)
14.	Mark your answer.	(A)	(B)	(C)
15.	Mark your answer.	(A)	(B)	(C)
16.	Mark your answer.	(A)	(B)	(C)
17.	Mark your answer.	(A)	(B)	(C)
18.	Mark your answer.	(A)	(B)	(C)
19.	Mark your answer.	(A)	(B)	(C)
20.	Mark your answer.	(A)	(B)	(C)
21.	Mark your answer.	(A)	(B)	(C)
22.	Mark your answer.	(A)	(B)	(C)
23.	Mark your answer.	(A)	(B)	(C)
24.	Mark your answer.	(A)	(B)	(C)
25.	Mark your answer.	(A)	(B)	(C)

PART 2 · CHAPTER 07

PART 2 일반 의문문의 우회적 응답 예시 확인하기

▶ Be/조동사 의문문의 일반적(돌직구) 응답 vs. 우회적(꽈배기) 응답

Q. Are you advertising on social media? 소셜 미디어에 광고하고 계세요?

일반적 응답: Yes, it's been very effective. 네, 아주 효과적이에요.

우회적 응답: It's over our budget. 그건 저희 예산 밖이에요.

Q. Does the hotel have a 24-hour business room? 호텔에 24시간 운영하는 업무 공간이 있나요?

일반적 응답: No, it's only available until 10. 아니요, 10시까지만 이용 가능합니다.

우회적 응답: It's closed for renovations. 보수 공사로 닫혀 있어요. (있지만, 현재는 이용할 수 없다.)

Q. Did they hold the opening ceremony for the new courtyard garden? 그들은 새로운 안마당 정원 개장식을 열었나요?

일반적 응답: Yes, a week ago. 네, 일주일 전에요.

우회적 응답: It snowed heavily that day. 그날 폭설이 내렸어요.

Q. Have you met the new CEO? 새로 오신 CEO 만났어요?

일반적 응답: No, we haven't been introduced. 아니요, 아직 소개 못 받았어요.

우회적 응답: She was at the meeting yesterday. 그분은 어제 회의에 계셨어요.

Q. Will we be dropping by the Osaka branch while we're in Japan? 우리가 일본에 있는 동안 Osaka 지사에 들를 예정인가요?

일반적 응답: No, we won't have enough time. 아니요, 시간이 충분하지 않을 거예요.

우회적 응답: We'll be busy in Tokyo. Tokyo에서 바쁠 거예요.

▶ 부정 의문문의 일반적(돌직구) 응답 vs. 우회적(꽈배기) 응답

Q. Don't all waitstaff have to wear uniforms? 종업원 전원이 유니폼을 입어야 하지 않나요?

일반적 응답: Yes, white shirts are required. 네, 흰색 셔츠를 입어야 해요.

우회적 응답: Not that I know of. 제가 알기로는 아니에요.

Q. Haven't we processed this order? 이 주문 건을 우리가 처리하지 않았나요?

일반적 응답: Norman took care of it yesterday. Norman이 어제 처리했어요.

우회적 응답: The client didn't pay yet. 고객이 아직 결제를 안 했어요.

Q. Wouldn't it be more efficient to revise the workflow for the production document?
제작 문서에서 작업 순서를 수정하는 게 더 효율적이지 않을까요?

일반적 응답: Let me update the workflow then. 그럼 제가 작업 순서를 업데이트할게요.

우회적 응답: I'm following Ms. Clarke's instructions. Clarke 씨께서 설명해 주신 대로 하고 있어요.

Q. Don't you have a copy of the demonstration video? 시연 영상 사본은 안 가지고 계시죠?

일반적 응답: I have it saved in my memory stick. 제 메모리 스틱에 저장해 놨어요.

우회적 응답: Annie is making some final edits. Annie가 최종 편집을 하고 있어요.

▶ 부가 의문문의 일반적(돌직구) 응답 vs. 우회적(꽈배기) 응답

Q. You contacted Florence Chen about our presentation, didn't you?
저희 프레젠테이션 관련해서 Florence Chen에게 연락했죠, 그렇지 않나요?

일반적 응답: She's out of the office this week. 그분은 이번 주에 사무실에 없어요.

우회적 응답: The seminar is not until next month. 세미나는 다음 달은 되어야 해요.

Q. Your monitor needs to be repaired, doesn't it? 모니터 수리해야 하죠, 그렇지 않나요?

일반적 응답: It's working OK. 잘 작동해요.

우회적 응답: I'm planning to buy a new one. 새로 하나 살 계획이에요.

Q. Next year's projections have improved, right? 내년도 전망이 좋아졌죠, 그렇죠?

일반적 응답: Unfortunately, no. 안타깝게도, 아니에요.

우회적 응답: I haven't had the chance to see them yet. 아직 볼 기회가 없었어요.

Q. You usually go to the gym on Kurland Road, right? 보통 Kurland로에 있는 체육관 다니시죠, 그렇죠?

일반적 응답: Every other weekday. 평일에 이틀에 한 번씩 가요.

우회적 응답: There's one closer to the office. 사무실에 좀 더 가까운 곳이 있어요.

PART 2 CHAPTER 07

CASE 93 간접 의문문: 간접 의문문은 중간에 들어간 의문사가 정답을 결정한다.

미국 ↔ 영국

Mark your answer.

(A)　　　(B)　　　(C)

🎧 CH08_01

STEP 1 🔑 질문의 키워드 잡기

Do you know **why Sarah's not at the office** yet?
왜 Sarah가 아직 사무실에 오지 않았는지 아세요?

키워드 "사무실에 Sarah 왜 안 왔어?"

STEP 2 ❌ 오답 소거하고 정답 남기기

(A) **She has a dental appointment.** 치과 예약이 있어요. ⭕
⋯ Sarah가 치과 예약이 있다며 이유로 대답했으므로 정답이다. 간접 의문문의 의문사가 why이므로 이유를 들어 응답한 보기가 답이 된다.

(B) Let her do it. 그녀가 하도록 두세요. ❌
⋯ 질문과 무관한 응답이다.

(C) New **office** supplies. 새 사무용품이요. ❌
⋯ 질문에 쓰인 office를 반복하여 오답을 유도하고 있다.

정답 더보기 I'm about to call her now. 지금 그녀에게 전화하려던 참이에요.

CASE 94 간접 의문문: 간접 의문문의 키워드는 의문사이지만 Yes/No로 응답할 수 있다.

영국 ↔ 미국

Mark your answer.

(A)　　　(B)　　　(C)

🎧 CH08_02

STEP 1 🔑 질문의 키워드 잡기

Do you know who's leading the product
demonstration today?
오늘 누가 제품 설명회를 진행하는지 아세요?

키워드 "설명회 누가 진행하는지 알아?"

STEP 2 ❌ 오답 소거하고 정답 남기기

(A) The extended deadline. 연장된 마감일이요. ❌
⋯ 질문과 무관한 응답이다.

(B) **Yes, Iris Wade is.** 네, Iris Wade가 할 거예요. ⭕
⋯ 'Yes'로 대답하고, 누가 진행할 건지 적절히 덧붙여 말했으므로 정답이다. Do you know ~ ? 로 묻기 때문에 Yes/No로 응답할 수 있다.

(C) No, by train. 아니요, 기차로요. ❌
⋯ 질문의 leading, demonstration을 듣고 연상할 수 있는 train을 사용하여 오답을 유도하고 있다.

정답 더보기 Let me ask Ms. Bowen. Bowen 씨에게 물어볼게요.

CASE 집중훈련　해설서 p.53

🎧 CH08_03

1. Mark your answer.　　(A)　　(B)　　(C)

2. Mark your answer.　　(A)　　(B)　　(C)

3. Mark your answer.　　(A)　　(B)　　(C)

CASE 95　선택 의문문: 동어 반복 함정이 적용되지 않는다.

영국 ↔ 호주

Mark your answer.

(A)　　　(B)　　　(C)

 CH08_04

STEP 1　😀 질문의 키워드 잡기

Are there enough leaflets for the discussion, **or** should I print some **more**? 토론을 위한 인쇄물이 충분한가요, 아니면 몇 장 더 인쇄해야 하나요?

키워드　"인쇄물 충분해, 더 인쇄해?"

STEP 2　❌ 오답 소거하고 정답 남기기

(A) A 10 dollar discount. 10달러 할인이요. ❌
　⋯ 질문에 쓰인 discussion과 발음이 유사한 discount를 사용하여 오답을 유도하고 있다.

(B) Yes, the talk was informative. 네, 강연은 유익했습니다. ❌
　⋯ 질문의 discussion을 듣고 연상할 수 있는 talk, informative를 사용하여 오답을 유도하고 있다.

(C) Print 10 more. 10장 더 인쇄하세요. ⭕
　⋯ 더 인쇄하라며 후자를 선택했으므로 정답이다. 질문의 print를 그대로 반복 사용한 보기가 답이 되어 동어 반복 함정이 적용되지 않았다. 이처럼 선택 의문문의 경우 두 가지 선택지 중 하나를 그대로 사용하거나 다른 말로 바꾸어 응답하는 보기가 답이 된다.

정답 더보기　Carla is in charge of them. Carla가 그걸 담당하고 있습니다.

CASE 96　선택 의문문: '전자' 혹은 '후자'를 패러프레이징하거나 그대로 써서 답한다.

미국 ↔ 미국

Mark your answer.

(A)　　　(B)　　　(C)

 CH08_05

STEP 1　😀 질문의 키워드 잡기

Should I **rent** a car **for one day or two**? 제가 차를 하루 대여하면 될까요, 아니면 이틀을 대여해야 할까요?

키워드　"렌트를 하루 해, 이틀 해?"

STEP 2　❌ 오답 소거하고 정답 남기기

(A) My rent has gone up. 저희 집세가 올랐어요. ❌
　⋯ 질문에 쓰인 rent를 반복하여 오답을 유도하고 있다.

(B) Our trip is very short. 우리 여행은 아주 짧아요. ⭕
　⋯ 우리 여행은 아주 짧다며 하루면 충분할 것이라는 의미를 담아 전자를 우회적으로 선택하여 말했으므로 정답이다. 이처럼 선택지를 그대로 반복하지 않고 패러프레이징 또는 우회적으로 표현한 보기가 답이 된다.

(C) Yes, I have both of them. 네, 저는 그것을 둘 다 있어요. ❌
　⋯ 질문과 무관한 응답이다.

정답 더보기　How about taking a bus? 버스를 타는 건 어떨까요?

CASE 집중훈련　해설서 p.54

 CH08_06

1. Mark your answer.　　(A)　　(B)　　(C)

2. Mark your answer.　　(A)　　(B)　　(C)

3. Mark your answer.　　(A)　　(B)　　(C)

CASE 97 선택 의문문: 비교 표현을 써서 답한다.

영국↔미국

Mark your answer.

(A)　　　(B)　　　(C)

 CH08_07

STEP 1　🔑 질문의 키워드 잡기

Should I **print** the **handouts in color or in black and white**? 유인물을 컬러로 인쇄해야 하나요, 아니면 흑백으로 인쇄해야 하나요?

키워드 "유인물 인쇄를 컬러로 해, 흑백으로 해?"

STEP 2　❌ 오답 소거하고 정답 남기기

(A) Yes, that's correct. 네, 맞아요. ❌
⋯ 질문과 무관한 응답이다.

(B) **Color would be better.** 컬러가 더 나을 것 같아요. ⭕
⋯ 컬러가 더 나을 것이라며 전자를 선택했으므로 정답이다. 비교급 표현을 이용하여 두 선택지를 비교한 보기가 등장한다.

(C) When was it **distributed**? 그건 언제 배포되었나요? ❌
⋯ 질문의 handouts를 듣고 연상할 수 있는 distributed를 사용하여 오답을 유도하고 있다.

정답 더보기 The meeting has been rescheduled. 회의 일정이 변경되었어요.

CASE 98 선택 의문문: 'Actually'를 쓰거나 되물으면서 선택지 A, B가 아닌 C로 답한다.

영국↔미국

Mark your answer.

(A)　　　(B)　　　(C)

 CH08_08

STEP 1　🔑 질문의 키워드 잡기

Is the finance **workshop this Wednesday or the next**? 금융 워크숍이 이번 주 수요일이에요, 아니면 다음 주예요?

키워드 "워크숍이 수요일이야, 다음 주야?"

STEP 2　❌ 오답 소거하고 정답 남기기

(A) **Actually, it's today in an hour.** 실은, 오늘 한 시간 후에 있습니다. ⭕
⋯ 오늘 한 시간 후에 있다며, 질문에서 제시한 두 선택지가 아닌 선택지 C를 말하여 질문에 맞게 적절히 대답했으므로 정답이다. 선택지 A, B가 아닌 C를 'Actually'를 사용하여 제공하거나 또는 되묻는 응답으로 확인하는 보기가 답이 된다.

(B) The **conference center** is on 3rd Avenue. 콘퍼런스 센터는 3번가에 있습니다. ❌
⋯ 질문의 workshop을 듣고 연상할 수 있는 conference center를, Wednesday를 듣고 연상할 수 있는 3rd를 사용하여 오답을 유도하고 있다.

(C) I'll submit it by next **Tuesday**. 다음 주 화요일까지 제출하겠습니다. ❌
⋯ 질문의 Wednesday를 듣고 연상할 수 있는 Tuesday를 사용하여 오답을 유도하고 있다.

정답 더보기 This Wednesday, I believe. 이번 주 수요일일 거예요.

CASE 집중훈련　해설서 p.54

 CH08_09

1. Mark your answer.　　　(A)　　　(B)　　　(C)

2. Mark your answer.　　　(A)　　　(B)　　　(C)

3. Mark your answer.　　　(A)　　　(B)　　　(C)

CASE 99 선택 의문문: 선택을 보류하는 표현을 사용하거나 '아직 결정되지 않았다'는 식으로 답한다.

미국↔미국

Mark your answer.

(A)　　　(B)　　　(C)

 CH08_10

STEP 1 　 ➜ 질문의 키워드 잡기

Are you **purchasing** a **house with a larger kitchen or with a bigger backyard**? 부엌이 더 큰 집을 구매하시나요, 아니면 뒤뜰이 더 큰 집을 구매하시나요?

키워드 "집 살 때 부엌이 더 커야 해, 뒤뜰이 더 커야 해?"

STEP 2 　 ✖ 오답 소거하고 정답 남기기

(A) Yes, I enjoy cooking. 네, 저는 요리하는 걸 즐겨요. ✖
⋯ 질문의 kitchen을 듣고 연상할 수 있는 cooking을 사용하여 오답을 유도하고 있다.

(B) I'll need to compare the prices. 가격을 비교해 봐야 해요. ◎
⋯ 가격을 비교해 봐야 한다며 선택지 둘 중 어느 한쪽도 선택하지 않고 선택을 보류한 응답으로 질문에 맞게 적절히 대답했으므로 정답이다.

(C) When will you be back? 언제 돌아오세요? ✖
⋯ 질문에 쓰인 backyard와 발음이 유사한 back을 사용하여 오답을 유도하고 있다.

정답 더보기 I'm not sure yet. 아직 잘 모르겠어요.

CASE 100 선택 의문문: 선택 의문문의 우회적 응답을 익혀라.

호주↔미국

Mark your answer.

(A)　　　(B)　　　(C)

 CH08_11

STEP 1 　 ➜ 질문의 키워드 잡기

Should we **spend** the rest of our **budget on desks or on monitors**?
나머지 예산을 책상에 써야 할까요, 아니면 모니터에 써야 할까요?

키워드 "예산을 책상에 써, 모니터에 써?"

STEP 2 　 ✖ 오답 소거하고 정답 남기기

(A) **We've been using the same monitors for three years now.** 우리는 지금 같은 모니터를 3년째 사용하고 있어요. ◎
⋯ 같은 모니터를 3년째 사용 중이라며 예산을 모니터에 써야 한다는 의미를 담아 후자를 우회적으로 선택하여 말했으므로 정답이다. 질문에 제시된 선택지 A나 B를 그대로 말하지 않는 우회적 응답에 익숙해져야 한다. *p.144 〈선택 의문문의 일반적(똑직구) 응답 vs. 우회적(돌빼기) 응답〉 참고

(B) The registration desk is downstairs. 등록처는 아래층에 있습니다. ✖
⋯ 질문에 쓰인 desks를 다른 의미로 반복 사용하여 오답을 유도하고 있다.

(C) A message is being displayed on the screen. 화면에 메시지가 표시되고 있어요. ✖
⋯ 질문의 monitors를 듣고 연상할 수 있는 screen을 사용하여 오답을 유도하고 있다.

정답 더보기 Didn't we replace our desks last year? 작년에 우리가 책상을 교체하지 않았나요?

CASE 집중훈련
해설서 p.55

 CH08_12

1. Mark your answer.　　　(A)　　　(B)　　　(C)

2. Mark your answer.　　　(A)　　　(B)　　　(C)

3. Mark your answer.　　　(A)　　　(B)　　　(C)

CASE 101 — 제안문: Let's ~. ~합시다. / How about ~? ~하는 게 어때요? / Why don't you[we/I] ~? ~하는 게 어때요?

미국↔미국

Mark your answer.

(A)　　　　(B)　　　　(C)

🎧 CH08_13

STEP 1 👉 질문의 키워드 잡기

How about reserving a **hotel ballroom** for the company anniversary party?
회사 기념 파티를 위해 호텔 연회장을 예약하는 게 어때요?

키워드 "호텔 연회장 예약하는 게 어때?"

STEP 2 ❌ 오답 소거하고 정답 남기기

(A) We don't have enough in our budget. 우리 예산이 충분치 않아요. 🎯
⋯ 예산이 충분치 않다며 연회장 예약이 힘들 것이라는 의미의 거절을 우회적으로 적절히 말했으므로 정답이다.

(B) I'd love to work with your company. 저는 귀사에서 일하고 싶습니다. ❌
⋯ 질문의 How about을 듣고 연상할 수 있는 I'd love to를 사용하여 오답을 유도하고 있다.

(C) The check-in is at 2 P.M. 체크인 시간은 오후 2시입니다. ❌
⋯ 질문의 hotel을 듣고 연상할 수 있는 check-in을 사용하여 오답을 유도하고 있다.

정답 더보기 How many people should we expect to attend? 몇 분이 참석할 거라고 예상해야 할까요?

CASE 102 — 제안문: You should ~. ~해 보세요.

미국↔영국

Mark your answer.

(A)　　　　(B)　　　　(C)

🎧 CH08_14

STEP 1 👉 질문의 키워드 잡기

You should take salsa **dance lessons** with us after work. 퇴근 후 우리와 함께 살사 댄스 수업을 들어 보세요.

키워드 "댄스 수업 들어 봐라"

STEP 2 ❌ 오답 소거하고 정답 남기기

(A) Oh, I've always wanted to learn it. 오, 저는 늘 배워 보고 싶었어요. 🎯
⋯ 자신도 배워 보고 싶었다며 제안에 대한 수락의 표현으로 적절히 대답했으므로 정답이다. 제안에 대한 정형화된 수락 표현을 알아 두면 쉽게 정답을 포착할 수 있다. *p.144 〈제안·요청문의 수락/거절 응답〉 참고

(B) Sarah teaches piano lessons. Sarah는 피아노 수업을 가르쳐요. ❌
⋯ 질문에 쓰인 lessons를 반복하여 오답을 유도하고 있다.

(C) The performance was enjoyable. 공연이 재미있었어요. ❌
⋯ 질문의 dance를 듣고 연상할 수 있는 performance를 사용하여 오답을 유도하고 있다.

정답 더보기 Sorry, I'm not interested. 미안하지만, 저는 관심이 없어요.

CASE 집중훈련

해설서 p.55

🎧 CH08_15

1. Mark your answer.　　　(A)　　　(B)　　　(C)

2. Mark your answer.　　　(A)　　　(B)　　　(C)

3. Mark your answer.　　　(A)　　　(B)　　　(C)

CASE 103 제안문: Would you like to ~? ~하시겠어요?

영국↔미국

Mark your answer.

(A)　　　(B)　　　(C)

 CH08_16

STEP 1　😀 질문의 키워드 잡기

Would you like to visit the new **exhibition** at the art museum? 미술관의 새 전시회에 방문하시겠어요?

키워드 "전시회 방문할래?"

STEP 2　❌ 오답 소거하고 정답 남기기

(A) I'll buy that one. Thank you. 그걸로 살게요. 고맙습니다. ❌
⋯→ 질문의 Would you like를 듣고 연상할 수 있는 Thank you를 사용하여 오답을 유도하고 있다.

(B) OK. When should we go? 좋아요. 우리 언제 갈까요? ⭕
⋯→ 'OK'로 수락하고, 언제 갈지 되묻는 응답으로 질문에 맞게 적절히 대답했으므로 정답이다.

(C) Three photographers. 세 명의 사진작가요. ❌
⋯→ 질문의 exhibition을 듣고 연상할 수 있는 photographers를 사용하여 오답을 유도하고 있다.

정답 더보기 I'm busy this week. 저는 이번 주에 바빠요.

CASE 104 제안문: Would you like me to ~?[Do you want me to ~?] 제가 ~할까요?

호주↔영국

Mark your answer.

(A)　　　(B)　　　(C)

 CH08_17

STEP 1　😀 질문의 키워드 잡기

Would you like me to come in to work this Saturday? 제가 이번 주 토요일에 출근할까요?

키워드 "내가 토요일에 출근할까?"

STEP 2　❌ 오답 소거하고 정답 남기기

(A) I don't know when that would be. 그게 언제일지는 잘 모르겠어요. ❌
⋯→ 질문의 Saturday를 듣고 연상할 수 있는 when을 사용하여 오답을 유도하고 있다.

(B) I would appreciate that. 그렇게 해 주시면 감사하겠습니다. ⭕
⋯→ 그렇게 해 주면 고맙겠다며 제안에 대한 수락의 표현으로 적절히 대답했으므로 정답이다.

(C) For the annual leave. 연차 휴가에 대해서요. ❌
⋯→ 질문의 come in to work를 듣고 연상할 수 있는 annual leave를 사용하여 오답을 유도하고 있다.

정답 더보기 No, that won't be necessary. 아니요, 그럴 필요 없어요.

CASE 집중훈련　해설서 p.56

 CH08_18

1. Mark your answer.　　(A)　　(B)　　(C)

2. Mark your answer.　　(A)　　(B)　　(C)

3. Mark your answer.　　(A)　　(B)　　(C)

CASE 105 요청문: Please ~. ~해 주세요. / Can you[Could you/Would you mind] ~? ~해 주시겠어요?

미국↔영국

Mark your answer.

(A)　　　(B)　　　(C)

 CH08_19

STEP 1　🔑 질문의 키워드 잡기

Please shut down your **computer when you leave** the office. 사무실을 나가실 때는 컴퓨터를 꺼 주세요.

키워드 "나갈 때 컴퓨터 꺼"

STEP 2　❌ 오답 소거하고 정답 남기기

(A) We recently purchased more computers. 저희는 최근에 컴퓨터를 더 구입했어요. ❌
　⋯ 질문에 쓰인 computer를 computers로 반복하여 오답을 유도하고 있다.

(B) In the company manual. 회사 매뉴얼예요. ❌
　⋯ 질문의 shut down ~ computer를 듣고 연상할 수 있는 company manual을 사용하여 오답을 유도하고 있다.

(C) **Emie already told me.** Emie가 이미 말해 줬어요. ⭕
　⋯ Emie가 이미 말해 줬다며 질문에 맞게 적절히 대답했으므로 정답이다. 요청문에 대해 수락이나 거절과 같은 정형화된 응답이 대부분이지만, 다양한 비정형화된 응답에 익숙해질수록 정답률이 높아진다.

정답 더보기 I understood. 알겠어요.

CASE 106 요청문: Can[Could/May] I ~? 제가 ~해도 될까요?

미국↔호주

Mark your answer.

(A)　　　(B)　　　(C)

 CH08_20

STEP 1　🔑 질문의 키워드 잡기

Could I visit you at your office tomorrow **to conduct an interview**?
인터뷰 진행을 위해 내일 당신의 사무실에 방문해도 될까요?

키워드 "인터뷰하러 방문해도 돼?"

STEP 2　❌ 오답 소거하고 정답 남기기

(A) For a monthly business magazine. 월간 비즈니스 잡지예요. ❌
　⋯ 질문의 interview를 듣고 연상할 수 있는 magazine을 사용하여 오답을 유도하고 있다.

(B) No less than an hour. 적어도 1시간이요. ❌
　⋯ How long 의문문에 어울리는 응답이다.

(C) **I have a meeting at 3 P.M.** 저는 오후 3시에 회의가 있어요. ⭕
　⋯ 회의가 있다며 방문이 어려울 거라는 의미의 거절을 우회적으로 적절히 말했으므로 정답이다. 보기 (A)와 (B)가 확실한 오답이라서 우회적 응답인 (C)를 바로 이해하지 못해도 답으로 고를 수 있어야 한다.

정답 더보기 Sure. When would be best for you? 그럼요. 언제가 가장 좋으세요?

CASE 집중훈련　해설서 p.57

🎧 CH08_21

1. Mark your answer.　　(A)　　(B)　　(C)

2. Mark your answer.　　(A)　　(B)　　(C)

3. Mark your answer.　　(A)　　(B)　　(C)

CASE 107 　제안·요청문: '수락' 표현을 익혀라.

영국↔호주

Mark your answer.

(A)　　　(B)　　　(C)　　　 CH08_22

STEP 1 　🔑 질문의 키워드 잡기

Could I use your **phone**?
당신 전화를 사용해도 될까요?

키워드 "전화기 써도 돼?"

STEP 2 　❌ 오답 소거하고 정답 남기기

(A) **Here you go.** 여기 있어요. ⭕
　⟶ 여기 있다며 써도 좋다는 수락의 표현으로 질문에 맞게 적절히 대답했으므로 정답이다. *p.144 〈제안·요청문의 수락/거절 응답〉 참고

(B) Yes, I've seen him before. 네, 전에 그를 본 적이 있어요. ❌
　⟶ 질문과 무관한 응답이다.

(C) This is my **number**. 여기 제 번호예요. ❌
　⟶ 질문의 phone을 듣고 연상할 수 있는 number를 사용하여 오답을 유도하고 있다.

정답 더보기 I don't have it with me today. 오늘 안 가져왔어요.

CASE 108 　제안·요청문: '거절'은 완곡하게 표현한다.

미국↔영국

Mark your answer.

(A)　　　(B)　　　(C)　　　 CH08_23

STEP 1 　🔑 질문의 키워드 잡기

Can I make an appointment with Ms. Levine?
Levine 씨와 약속을 잡을 수 있을까요?

키워드 "Levine 씨와 약속 잡을 수 있어?"

STEP 2 　❌ 오답 소거하고 정답 남기기

(A) Sorry, that's only for our lunch service. 죄송합니다만, 그건 저희 점심 서비스에만 해당돼요. ❌
　⟶ 질문의 Can I를 듣고 연상할 수 있는 Sorry를 사용하여 오답을 유도하고 있다.

(B) The **clinic** on Redwood Avenue. Redwood가에 있는 병원이에요. ❌
　⟶ 질문의 appointment를 듣고 연상할 수 있는 clinic을 사용하여 오답을 유도하고 있다.

(C) **She is busy for the rest of the week.** 그분은 이번 주 내내 바쁘세요. ⭕
　⟶ 그녀는 이번 주 내내 바쁘다며 약속을 잡을 수 없다는 의미의 거절을 완곡하게 적절히 말했으므로 정답이다.

정답 더보기 OK, she should be available this afternoon. 네, 오늘 오후에 시간 괜찮으세요.

CASE 집중훈련　해설서 p.57

 CH08_24

1. Mark your answer.　　　(A)　　　(B)　　　(C)

2. Mark your answer.　　　(A)　　　(B)　　　(C)

3. Mark your answer.　　　(A)　　　(B)　　　(C)

CASE 109 · 제안·요청문: 'already'를 쓴 보기가 정답일 확률이 높다.

미국↔영국

Mark your answer.

(A)　　　(B)　　　(C)

 CH08_25

STEP 1 · 질문의 키워드 잡기

Would you like to learn more about our **graduate program**? 저희 대학원 과정에 대해 더 알고 싶으세요?

키워드 "대학원 과정에 대해 알고 싶어?"

STEP 2 · 오답 소거하고 정답 남기기

(A) A university diploma. 대학 학위요. ✕
⋯⋯ 질문의 graduate를 듣고 연상할 수 있는 university diploma를 사용하여 오답을 유도하고 있다.

(B) I'll download the program. 제가 프로그램을 다운로드할게요. ✕
⋯⋯ 질문에 쓰인 program을 반복하여 오답을 유도하고 있다.

(C) I'm already a student here. 저는 이미 이곳 학생이에요. ◉
⋯⋯ 자신은 이미 이곳 학생이라며 그럴 필요가 없다는 의미의 거절을 우회적으로 적절히 말했으므로 정답이다. 제안에 대한 응답으로 '이미 ~하고 있다', '이미 ~했다'라는 뜻의 'already'를 쓰며 거절을 표하기도 한다.

정답 더보기 Sure, I would appreciate it. 그럼요. 감사합니다.

CASE 110 · 제안·요청문: 제안·요청문의 우회적 응답을 익혀라.

미국↔호주

Mark your answer.

(A)　　　(B)　　　(C)

 CH08_26

STEP 1 · 질문의 키워드 잡기

Could you order some **computer monitors** for our new employees? 신입 사원용 컴퓨터 모니터 좀 주문해 주실래요?

키워드 "모니터 좀 주문해 줄래?"

STEP 2 · 오답 소거하고 정답 남기기

(A) Yes, please monitor the situation. 네, 상황을 주시해 주세요. ✕
⋯⋯ 질문에 쓰인 monitors를 다른 의미의 monitor로 반복하여 오답을 유도하고 있다.

(B) **Just give me the model number.** 모델 번호만 알려 주세요. ◉
⋯⋯ 모델 번호만 알려 달라며 알려 주면 주문하겠다는 의미의 수락을 우회적으로 적절히 말했으므로 정답이다.
*p.145 〈제안·요청문의 일반적(돌직구) 응답 vs. 우회적(꽈배기) 응답〉 참고

(C) From the store down in Elm Street. Elm가에 있는 상점에서요. ✕
⋯⋯ 질문의 order를 듣고 연상할 수 있는 From the store를 사용하여 오답을 유도하고 있다.

정답 더보기 You should check the storage closet first. 먼저 수납장을 확인해 보세요.

CASE 집중훈련 · 해설서 p.58

 CH08_27

1. Mark your answer.　　　(A)　　　(B)　　　(C)

2. Mark your answer.　　　(A)　　　(B)　　　(C)

3. Mark your answer.　　　(A)　　　(B)　　　(C)

CASE 111 평서문: 질문에 맞장구치는 등 호응하는 응답이 가장 흔하다.

미국 ↔ 미국

Mark your answer.

(A)　　　(B)　　　(C)

 CH08_28

STEP 1 　🔑 질문의 키워드 잡기

Sorry to bother you, but **I've booked this room** for a 3 o'clock interview. 방해해서 죄송합니다만, 제가 3시 인터뷰를 위해 이 방을 예약해 두었어요.

키워드 "내가 이 방을 예약해 두었어"

STEP 2 　❌ 오답 소거하고 정답 남기기

(A) For a local **newspaper**. 지역 신문에 실으려고요. ❌
⋯▶ 질문의 interview를 듣고 연상할 수 있는 newspaper를 사용하여 오답을 유도하고 있다.

(B) On the third floor. 3층에서요. ❌
⋯▶ Where 의문문에 어울리는 응답이다.

(C) Oh, I'll be out in a second. 오, 금방 나갈게요. ◎
⋯▶ 금방 나갈 거라며 질문에 맞게 적절히 대답했으므로 정답이다. 평서문은 질문의 내용을 키워드 중심으로 잘 파악해야 그에 어울리게 호응하는 응답을 찾을 수 있다.

정답 더보기 I thought this would be available to use till 4. 전 이곳을 4시까지 이용할 수 있는지 알았어요.

CASE 112 평서문: 감정/의견을 나타내거나 대안을 제시하는 응답이 출제된다.

호주 ↔ 영국

Mark your answer.

(A)　　　(B)　　　(C)

 CH08_29

STEP 1 　🔑 질문의 키워드 잡기

We're hoping to shorten our weekly **meetings**. 우리는 주간 회의를 단축하기를 바라고 있어요.

키워드 "회의 단축을 바라"

STEP 2 　❌ 오답 소거하고 정답 남기기

(A) I've been with the company for a **long** time. 저는 회사에 오래 다녔어요. ❌
⋯▶ 질문의 shorten을 듣고 연상할 수 있는 long을 사용하여 오답을 유도하고 있다.

(B) **Annual** budget **planning**. 연간 예산 기획이요. ❌
⋯▶ 질문의 weekly를 듣고 연상할 수 있는 Annual을, meetings를 듣고 연상할 수 있는 planning을 사용하여 오답을 유도하고 있다.

(C) Our team would be pleased with that. 저희 팀이 기뻐할 거예요. ◎
⋯▶ 팀이 기뻐할 것이라며 감정을 나타낸 응답으로 질문에 맞게 적절히 대답했으므로 정답이다. 평서문의 기본 답변 방식 중 하나는 감정이나 의견을 나타내는 응답이다.

정답 더보기 Would 30 minutes be OK? 30분이면 괜찮을까요?

CASE 집중훈련 　해설서 p.58

1. Mark your answer.　　　(A)　　(B)　　(C)

2. Mark your answer.　　　(A)　　(B)　　(C)

3. Mark your answer.　　　(A)　　(B)　　(C)

 CH08_30

CASE 113 — 평서문: 되물으며 추가 정보를 요구하는 응답이 출제된다.

미국 ↔ 영국

Mark your answer.

(A)　　　(B)　　　(C)　　　🎧 CH08_31

STEP 1　🎯 질문의 키워드 잡기

I want to ship these boxes to Kentucky.
이 상자들을 Kentucky로 발송하고 싶습니다.

[키워드] "이 상자들을 보내고 싶어"

STEP 2　❌ 오답 소거하고 정답 남기기

(A) Before the end of the day. 오늘 중으로요. ❌
　⋯ When 의문문에 어울리는 응답이다.

(B) **When should these get there by?** 이것들이 언제까지 그곳에 도착해야 하나요? ◎
　⋯ 언제까지 그곳에 도착해야 하냐며 추가 정보를 요구하는 되묻는 응답으로 질문에 맞게 적절히 대답했으므로 정답이다. 추가 정보를 요구하거나 제공하는 되묻는 응답은 자주 등장하는 정답 보기이다.

(C) Here are today's specials. 오늘의 특별 요리입니다. ❌
　⋯ 질문과 무관한 응답이다.

[정답 더보기] Do you want standard or express mail? 일반 우편을 원하세요, 아니면 빠른 우편을 원하세요?

CASE 114 — 평서문: 평서문의 우회적 응답을 익혀라.

영국 ↔ 호주

Mark your answer.

(A)　　　(B)　　　(C)　　　🎧 CH08_32

STEP 1　🎯 질문의 키워드 잡기

I'm disappointed we **won't** be **receiving a bonus** this year. 올해 보너스를 받지 못하게 되어 실망했어요.

[키워드] "보너스 못 받아서 실망했어"

STEP 2　❌ 오답 소거하고 정답 남기기

(A) I already attended last year. 전 작년에 이미 참석했어요. ❌
　⋯ 질문의 this year를 듣고 연상할 수 있는 last year를 사용하여 오답을 유도하고 있다.

(B) **Didn't you see the notice on the company Web site?** 회사 웹 사이트에 있는 공지 못 보셨어요? ◎
　⋯ 공지 못 봤냐며 그 정보를 반박하는 공지가 있다는 의미의 되묻는 응답으로 질문에 맞게 적절히 대답했으므로 정답이다.
　*p.144 〈평서문의 일반적(동직구) 응답 vs. 우회적(와빼기) 응답〉 참고

(C) The deadline has been extended. 마감 기한이 연장되었어요. ❌
　⋯ 질문과 무관한 응답이다.

[정답 더보기] Yes, it is quite disappointing. 네, 상당히 실망스러워요.

CASE 집중훈련

해설서 p.59

🎧 CH08_33

1. Mark your answer.　　(A)　　(B)　　(C)

2. Mark your answer.　　(A)　　(B)　　(C)

3. Mark your answer.　　(A)　　(B)　　(C)

1.	Mark your answer.	(A)	(B)	(C)
2.	Mark your answer.	(A)	(B)	(C)
3.	Mark your answer.	(A)	(B)	(C)
4.	Mark your answer.	(A)	(B)	(C)
5.	Mark your answer.	(A)	(B)	(C)
6.	Mark your answer.	(A)	(B)	(C)
7.	Mark your answer.	(A)	(B)	(C)
8.	Mark your answer.	(A)	(B)	(C)
9.	Mark your answer.	(A)	(B)	(C)
10.	Mark your answer.	(A)	(B)	(C)
11.	Mark your answer.	(A)	(B)	(C)
12.	Mark your answer.	(A)	(B)	(C)
13.	Mark your answer.	(A)	(B)	(C)
14.	Mark your answer.	(A)	(B)	(C)
15.	Mark your answer.	(A)	(B)	(C)
16.	Mark your answer.	(A)	(B)	(C)
17.	Mark your answer.	(A)	(B)	(C)
18.	Mark your answer.	(A)	(B)	(C)
19.	Mark your answer.	(A)	(B)	(C)
20.	Mark your answer.	(A)	(B)	(C)
21.	Mark your answer.	(A)	(B)	(C)
22.	Mark your answer.	(A)	(B)	(C)
23.	Mark your answer.	(A)	(B)	(C)
24.	Mark your answer.	(A)	(B)	(C)
25.	Mark your answer.	(A)	(B)	(C)

PART 2 · CHAPTER 08

▶ 제안·요청문의 수락/거절 응답

제안문		
Let's ~. ~합시다.	You should ~. ~해 보세요.	Would you like to ~? ~하시겠어요?
Would you like me to ~? 제가 ~할까요?	Do you want me to ~? 제가 ~할까요?	Why don't you ~? ~하는 게 어때요?
Why don't we ~? 우리 ~하는 게 어때요?	How about ~? ~하는 게 어때요?	

수락 응답	거절 응답
That sounds great. 그거 좋겠네요.	Sorry, I have other plans. 죄송해요, 제가 다른 약속이 있어서요.
Sounds good to me. 전 좋아요.	Actually, I won't be attending. 사실, 저는 참석하지 않을 거예요.
That's a good idea. 좋은 생각이에요.	Thanks, but ~. 감사하지만, ~.
That would be nice. 그거 좋겠네요.	
I would love to. 그렇게 하고 싶어요.	
I've always wanted to. 늘 그렇게 하고 싶었어요.	
Yes, please. 네, 그렇게 해 주세요.	

요청문		
Please ~. ~해 주세요.	Can[Could] you ~? ~해 주시겠어요?	Would you mind ~? ~해 주시겠어요?
May I ~? 제가 ~해도 될까요?	Can[Could] I ~? 제가 ~해도 될까요?	Do you mind if I ~? ~해도 될까요?
I'd like to ~. ~하고 싶어요.		

수락 응답	거절 응답
Sure (thing). / Of course. / Certainly. 물론이죠.	I'm afraid ~. / Unfortunately, ~. 유감이지만, ~예요.
No problem. 문제없어요.	I'm sorry, (but) ~. 죄송합니다만, ~예요.
I'd be happy[glad] to ~. 기꺼이 ~해 드릴게요.	But, ~. 하지만, ~예요.
Here you go. 여기 있어요.	

▶ 간접 의문문의 일반적(돌직구) 응답 vs. 우회적(꽈배기) 응답

Q. Do you know where the Arundel Hotel is? Arundel 호텔이 어디에 있는지 아세요?

일반적 응답: I'm familiar with the area. 전 그 지역 잘 알아요.

우회적 응답: I had a meeting there last week. 지난주에 거기서 회의했어요.

Q. Does anyone know when the feature article is due? 그 특집 기사가 언제 마감인지 아시는 분 계신가요?

일반적 응답: Early next week. 다음 주 초요.

우회적 응답: It's on the calendar. 일정표에 있어요.

Q. Can you tell me how to get to the grocery store? 식료품점에 어떻게 가는지 알려 주시겠어요?

일반적 응답: I'm heading there now. Follow me. 제가 지금 그곳으로 가는 중이에요. 따라오세요.

우회적 응답: I'm new here, sorry. 제가 이곳에 온 지 얼마 안 돼서요. 죄송해요.

▶ 선택 의문문의 일반적(돌직구) 응답 vs. 우회적(꽈배기) 응답

Q. Did you take the bus or the subway? 버스 탔어요, 아니면 지하철 탔어요?

일반적 응답: The subway since it was more convenient. 더 편해서 지하철이요.

우회적 응답: Oh, I walked here. 아, 여기까지 걸어왔어요.

Q. Would you like to keep your current monitor or upgrade to a larger model?
현재 모니터를 계속 쓰실래요, 아니면 더 큰 모델로 업그레이드하실래요?

일반적 응답: I'd like to get an upgrade. 업그레이드하고 싶어요.

우회적 응답: I have no complaints. 전 불만 없어요.

Q. Would you like the front or the rear seat? 앞 좌석으로 하시겠어요, 아니면 뒷좌석으로 하시겠어요?

일반적 응답: Either one is fine with me. 어느 쪽이든 괜찮아요.

우회적 응답: I'd rather sit next to the driver. 운전석 옆에 앉을게요.

Q. Would you like the ticket for the 2 P.M. matinée or the 7 P.M. showing?
오후 2시 마티네 표로 하실래요, 아니면 오후 7시 상영으로 하실래요?

일반적 응답: The later one, please. 나중 걸로 주세요.

우회적 응답: I already have plans in the afternoon. 제가 오후에는 이미 약속이 있어요.

▶ **제안·요청문의 일반적(돌직구) 응답 vs. 우회적(꽈배기) 응답**

Q. Can you turn the lights off? 불 좀 꺼 줄래요?

일반적 응답: Sure, wait a second. 네, 잠시만요.

우회적 응답: This is as dim as it goes. 이게 가장 어두운 거예요.

Q. I can take your jacket for you. 재킷 저한테 주세요.

일반적 응답: Oh, thank you so much. 아, 정말 감사해요.

우회적 응답: It's a bit cold in here. 여기 안이 좀 쌀쌀하네요.

Q. I'd like to see the dinner menu. 저녁 메뉴를 보고 싶습니다.

일반적 응답: Sure. I'll be right back. 네, 금방 가져다 드릴게요.

우회적 응답: We closed ten minutes ago. 저희는 10분 전에 문을 닫았어요.

Q. Would you like to announce the winners of the competition? 대회 우승자를 발표해 주시겠어요?

일반적 응답: Yes, that would be great. 네, 그럼 좋죠.

우회적 응답: I thought Ms. Bower was going to do that. 그거 Bower 씨가 하는 줄 알았어요.

▶ **평서문의 일반적(돌직구) 응답 vs. 우회적(꽈배기) 응답**

Q. Let me submit an online maintenance request. 제가 온라인 보수 신청서를 제출할게요.

일반적 응답: It needs to be fixed right away. 바로 수리되어야 해요.

우회적 응답: I already did that this morning. 제가 이미 오늘 아침에 했어요.

Q. I don't know where to find the new ink cartridge. 새 잉크 카트리지를 어디서 찾아야 하는지 모르겠어요.

일반적 응답: We need to order new ones. 새것을 주문해야 해요.

우회적 응답: We have all the printouts. 우린 출력물은 다 있어요.

Q. The rent on this commercial property is quite high. 이 상업 용지는 임대료가 꽤 높네요.

일반적 응답: The utilities are included. 공공요금이 포함돼 있어요.

우회적 응답: It's located in the center of the city. 시내 중심부에 있잖아요.

Q. We're looking for new contractors to work with. 저희는 함께 일할 새로운 도급업자를 찾는 중이에요.

일반적 응답: How about hiring Walt and Sons? Walt and Sons를 고용하는 건 어때요?

우회적 응답: Where can I find the request for proposal? 제안 요청서는 어디서 찾을 수 있나요?

PART

3

SHORT CONVERSATIONS
짧은 대화 문제

📋 문제 OVERVIEW

PART 3은 총 13개의 대화문과 이에 속한 39문항이 출제됩니다. 대화를 들으며, 문제지에 주어진 3개의 문제에 답하는 형식입니다.

문항 수	13개 대화문, 39문항(32~70번에 해당하며, 문제와 보기는 문제지에 제공되고, 대화문은 방송으로 나옵니다. 하나의 대화문에 세 개의 문제가 출제됩니다.)
Direction 소요 시간	약 30초
문제 3개를 읽어주는 시간	약 30~40초
다음 문제까지의 휴지 시간	약 8초
지문 유형	- 회사 생활, 일상생활, 회사와 일상의 혼합 - 총 13개 대화문 중 '2인 대화문 11개, 3인 대화문 2개'로 고정 출제 - 주고받는 대화 수: 3~10번
문제 유형	- 일반 정보 문제: 주제·목적, 화자의 신분, 대화 장소 - 세부 정보 문제: 키워드, 제안·요청, 다음에 할 일/일어날 일 - 화자가 그렇게 말한 의도를 묻는 문제(2문제 고정 출제) - 시각 자료 연계 문제(62~70번 사이에서 3문제 고정 출제)
보기 구성	4개의 보기(모두 어구이거나 모두 짧은 문장으로 나옵니다.)

🕐 출제 TREND

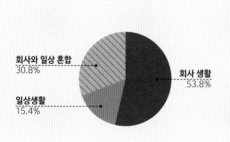

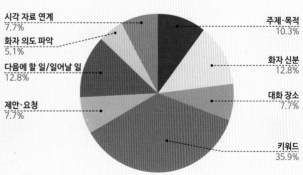

- PART 3은 대부분 회사 생활과 관련된 대화가 주를 이루고, 대화의 주제는 업무 요청, 행사 준비, 판매 실적 공유, 고장이나 배송 문의 등 사회생활 속 보편적인 일을 가장 많이 다룹니다.

- 지문의 난이도는 대개 지문의 언어적 구조나 발화 속도보다는 주제의 친숙도와 어휘 보유량에 의해 결정됩니다.

- 문제 유형은 주제·목적, 화자의 신분, 대화 장소 등 대화의 전체 내용과 관련된 문제가 평균 12문제, 대화의 맥락상 화자가 주어진 말을 한 의도를 묻는 문제가 2문제, 마지막 3개의 지문(62~70번) 내 시각 자료 연계 문제 각 한 개씩 총 3문제가 매회 고정적으로 출제됩니다. 나머지 약 22문제는 문제점이나 구체적인 이유, 방법, 제안·요청, 화자가 다음에 할 일등 대화의 세부적인 내용을 묻는 문제로 구성됩니다.

- PART 3의 난이도는 거의 변함없이 안정적입니다. 약간의 편차는 존재하지만 PART 2에서 3개 내외로 틀리는 수험생이라면 PART 3에서 만점을 기대할 수 있어요!

시험 PREVIEW

You will read:

32. What service does the woman provide?

(A) Furniture delivery
(B) Internet installation
(C) Lawn maintenance
(D) House painting

33. Why does the man apologize?

(A) He forgot to make spare keys.
(B) He must depart for the office.
(C) He did not clean an area.
(D) He gave an expired credit card number.

34. What will the woman do tonight?

(A) Send a product catalog
(B) Pick up some supplies
(C) Revise a contract
(D) Email a billing statement

You will hear:

Questions 32-34 refer to the following conversation.

[W]   Hello, I'm Laila from Turko Painting Co. My team and I are here to paint the walls in your home.

[M]   Ah yes, thank you for coming. I moved all of my furniture away from the walls. But I'm sorry—I need to head to the office now. I'm not sure if I'll be back before you finish, so can I pay you now?

[W]   Actually, you can just submit your payment later. I'll forward the bill to your e-mail address tonight. Just make sure to pay it by this Friday.

(3초 pause)

32. What service does the woman provide? (8초 pause)

33. Why does the man apologize? (8초 pause)

34. What will the woman do tonight? (8초 pause)

📋 문제 풀이 FLOW

1. PART 3 디렉션이 나올 때 첫 3문제를 봅니다.

- 문제지에 적힌 PART 3 디렉션을 읽어주는데, 이 시간이 약 30초 정도 됩니다. 효율적인 시간 활용을 위해 PART 2의 마지막 문제에 마킹을 끝내는 대로 PART 3의 첫 번째 지문, 즉 32~34번의 문제를 보세요.

- 질문의 키워드, 즉 핵심 내용을 파악하고 키워드에 표시해 둡니다. 대화를 들으면서 질문의 요지가 무엇이었는지 바로 파악할 수 있도록 하기 위함이에요.

> **32. What service** does the **woman provide**? 여자가 제공하는 서비스
> **33. Why** does the **man apologize**? 남자가 사과하는 이유
> **34. What** will the **woman do tonight**? 여자가 오늘 밤에 할 일

- 토익이 아직 낯설거나 버겁다면 질문만 제대로 파악하고, 시간의 여유가 있다면 보기도 함께 보세요. 3개의 질문을 정확히 머릿속에 꽉 붙들어 놓은 상태에서 대화를 들을 준비를 합니다.

2. 대화를 들으면서 정답을 고릅니다.

- PART 1, 2에서는 소거법을 활용하여 오답을 걸러서 정답을 찾았다면, PART 3은 대화문을 들으면서 동시에 세 문제의 정답을 선택합니다.

- 문제의 순서와 대화문에 담긴 정답 단서의 순서는 거의 일치해요. 머릿속에 세 문제의 핵심 내용이 담긴 상태에서 귀로 대화를 듣고 눈으로는 문제지에 인쇄된 질문과 보기를 보며 순서대로 정답에 마킹하겠다는 자세로 임하세요.

> **32번의 정답 단서:** My team and I are here to paint the walls in your home.
> 당신의 집에 페인트칠하러 왔어요. → **(D) House painting**
> **33번의 정답 단서:** But I'm sorry—I need to head to the office now.
> 미안해요. 지금 사무실로 가야 해요. → **(B) He must depart for the office.**
> **34번의 정답 단서:** I'll forward the bill to your e-mail address tonight.
> 오늘 밤에 청구서를 이메일로 보낼게요. → **(D) Email a billing statement**

3. 문제를 읽어줄 때 다음 3문제를 봅니다.

- 대화를 들으면서 문제를 바로 풀어야 하는 이유가 바로 여기에 있습니다. 방송으로 세 문제를 읽어주는 시간에 다음 대화문의 3문제를 미리 읽음으로써 정답률을 높일 수 있어요.

📝 학습 ADVICE

1. PART 3의 문제 풀이 Flow 외 추가적인 공략법 1

질문에 언급된 화자(the woman, the man)의 말에서 정답이 나올 확률이 높습니다. 그러므로 해당 화자가 말할 때 좀 더 귀를 기울이세요. (왼쪽 32번 문제에서 언급된 화자인 the woman의 말에서 정답 단서가 나오는 것을 볼 수 있습니다.)

2. PART 3의 문제 풀이 Flow 외 추가적인 공략법 2

패러프레이징(paraphrasing, 같은 의미의 다른 말로 바꿔 쓰는 것) 된 정답에 익숙해져야 해요. 대화 내용에서 들렸던 표현이 보기에 그대로 나와 정답이 되는 경우도 많지만, 대화 속 표현이 패러프레이징 되어 답으로 나오는 경우도 많습니다. (왼쪽 문제에서 sorry는 apologize로, need to head to the office는 must depart for the office로 바꿔 쓴 것을 볼 수 있습니다.) 그렇기 때문에 단어 공부를 열심히 하면서 다양한 문제를 많이 풀어봐야 합니다.

문제 풀이 전략

CASE 115 대화를 듣기 전, 반드시 문제를 먼저 읽어라.

PART 3의 첫 번째 지문에 해당하는 세 문제는 디렉션 시간에, 그다음 지문들의 세 문제는 각각 그 전 문제를 푼 직후에 읽고 키워드를 기억한 상태에서 대화를 들어야 바로바로 문제를 풀 수 있다.

🎧 CH09_01

호주↔영국

1. Where does the man work?

(A) At a technical support center
(B) At a supermarket
(C) At a clothing store
(D) At a restaurant

2. What is the woman concerned about?

(A) A change of location
(B) An error on a receipt
(C) The cost of a service
(D) The business hours

3. What will the man do next?

(A) Check on an item
(B) Complete a registration
(C) Confirm a phone number
(D) Send an e-mail

STEP 1 ⭕ 문제 먼저 읽고 키워드 기억하기

1. **Where** does the **man work**? 　　　　　키워드 "남자가 일하는 곳"
2. **What** is the **woman concerned** about? 　키워드 "여자가 걱정하는 것"
3. **What** will the **man do next**? 　　　　　키워드 "남자가 다음에 할 일"

STEP 2 ✔ 대화 들으며 바로바로 문제 풀기

Questions 1-3 refer to the following conversation.

M ❶Meyer's Supermarket, may I help you?

W Yes, I read about your online ordering service, and I have a question.

M What would you like to know?

W ❷I want to try it out, but I'm concerned about the price.

M Well, actually, there's no extra fee.

W Really? Then I'll sign up later. Oh, and ❸could you

🔊 **Way to Answer**

❶ 남자가 일하는 곳: 남자의 말, Meyer's Supermarket, may I help you?(Meyer's 슈퍼마켓입니다, 무엇을 도와드릴까요?) ▶ (B) At a supermarket(슈퍼마켓에서)

❷ 여자가 걱정하는 것: 여자의 말, I want to try it out, but I'm concerned about the price.(시험 삼아 이용해 보고 싶은데, 가격이 걱정되네요.) ▶ 패러프레이징 [price → cost] ▶ (C) The cost of a service(서비스 비용)

check on an item I requested? A few days ago, the salad dressing I wanted was out of stock.

M ❸I can check that for you. What was the name of the product?

❸ 남자가 다음에 할 일: 여자의 말, could you check on an item I requested(제가 신청한 상품 좀 확인해 주실 수 있으세요) ▶ 남자의 말, I can check that for you.(확인해 드릴게요.) ▶ (A) Check on an item(상품을 확인할 것이다)

1-3번은 다음 대화에 관한 문제입니다.

남 ❶Meyer's 슈퍼마켓입니다, 무엇을 도와드릴까요?

여 네, 제가 온라인 주문 서비스에 관해 읽었는데, 질문이 있어서요.

남 어떤 게 궁금하신가요?

여 ❷시험 삼아 이용해 보고 싶은데, 가격이 걱정되네요.

남 음, 사실, 추가 요금이 없습니다.

여 그런가요? 그럼 나중에 신청할게요. 아, 그리고 ❸제가 신청한 상품 좀 확인해 주실 수 있으세요? 며칠 전에, 사고 싶던 샐러드드레싱이 품절이었어요.

남 ❸확인해 드릴게요. 상품명이 무엇이었나요?

1. 남자는 어디에서 일하는가?
(A) 기술 지원 센터에서　　(B) 슈퍼마켓에서
(C) 의류 매장에서　　　　(D) 식당에서

2. 여자는 무엇에 관해 걱정하는가?
(A) 위치 변경　　　　　　(B) 영수증 오류
(C) 서비스 비용　　　　　(D) 영업시간

3. 남자는 다음에 무엇을 할 것인가?
(A) 상품을 확인할 것이다　　(B) 등록을 완료할 것이다
(C) 전화번호를 확인할 것이다　(D) 이메일을 보낼 것이다

어휘 try out ~을 시험적으로 사용해 보다 | concerned 걱정하는 | extra 추가적인 | fee 요금 | sign up 신청하다 | check on ~을 확인하다 | out of stock 품절된 | technical support 기술 지원 | complete 완료하다, 끝마치다 | registration 등록 | confirm 확인하다

CASE 집중훈련

해설서 p.65

🎧 CH09_02

1. What kind of event is mainly being discussed?
   (A) A community race
   (B) A theater opening
   (C) A sports festival
   (D) A management conference

2. Why is the woman unavailable at 4 P.M.?
   (A) She will be inspecting a facility.
   (B) She will be performing in a concert.
   (C) She will be meeting some customers.
   (D) She will be departing for a business trip.

3. What does the man offer to do for the woman?
   (A) Extend a deadline
   (B) Send a recording
   (C) Recruit a worker
   (D) Place an order

CASE 116 대화를 들으며 바로바로 문제를 풀어라.

청취에 자신 있다면 대화를 다 듣고 정답을 골라도 별 어려움 없이 다음 대화의 문제까지 미리 읽어 둘 수 있지만, 그렇지 않으면 자신이 무엇을 들었는지조차 기억하기 쉽지 않기 때문에 대화를 들으면서 바로바로 문제를 풀어야 성우가 질문을 읽어 줄 때 다음 대화 지문의 세 문제를 읽을 시간을 확보할 수 있다.

미국↔미국

1. Why does the woman approach the man?

(A) To return some merchandise
(B) To ask for a refund
(C) To inquire about a product
(D) To find out the price of a product

🎧 CH09_03

2. Where does the man most likely work?

(A) At a grocery store
(B) At a furniture shop
(C) At an office supplies shop
(D) At a home appliance store

3. Why is the woman pleased about a change?

(A) Customer wait time will be reduced.
(B) Business hours have been extended.
(C) A wider range of products are available.
(D) Free delivery will be available.

STEP 1 ➡ 문제 먼저 읽고 키워드 기억하기

1. **Why** does the **woman approach** the **man**? 〔키워드〕 "여자가 남자에게 다가가는 이유"
2. **Where** does the **man** most likely **work**? 〔키워드〕 "남자가 일하는 곳"
3. **Why** is the **woman pleased** about a **change**? 〔키워드〕 "여자가 변화에 기뻐하는 이유"

STEP 2 ✔ 대화 들으며 바로바로 문제 풀기

Questions 1-3 refer to the following conversation.

W ❶Excuse me. Can you help me find some jam? It used to be in this aisle, but the store seems to have gone through a renovation.

M Let me help you. ❷Yes, we recently renovated, and a lot of our merchandise has been moved around. Jams are in Aisle 3.

W Alright. Thank you for your help. Were there any other changes?

M Yes, express checkout lanes were added, so customers with fewer items can pay for their items faster than before.

▶ **Way to Answer**

❶ 여자가 남자에게 다가가는 이유: 여자의 말, Excuse me. Can you help me find some jam?(실례합니다. 잼 찾는 것 좀 도와주시겠어요?) ▶ 패러프레이징 [some jam → a product] ▶ (C) To inquire about a product(제품에 대해 문의하려고)

❷ 남자가 일하는 곳: 남자의 말, Yes, we recently renovated, and a lot of our merchandise has been moved around. Jams are in Aisle 3.(네, 최근에 수리를 해서, 많은 상품이 다른 데로 옮겨졌어요. 잼은 3번 통로에 있습니다.) ▶ (A) At a grocery store(식료품점에서)

W That's good to know. ❸Glad to hear I will no longer have to wait in long lines at the cash register.

❸ 여자가 변화에 기뻐하는 이유: 여자의 말, Glad to hear I will no longer have to wait in long lines at the cash register. (더 이상 계산대에서 긴 줄을 서서 기다릴 필요가 없게 되어 기뻐요.)
▶ (A) Customer wait time will be reduced. (고객 대기 시간이 단축될 것이다.)

1-3번은 다음 대화에 관한 문제입니다.

여 ❶실례합니다. 잼 찾는 것 좀 도와주시겠어요? 전에는 이 통로에 있었는데, 가게를 수리하신 것 같네요.

남 제가 도와 드리겠습니다. ❷네, 최근에 수리를 해서, 많은 상품이 다른 데로 옮겨졌어요. 잼은 3번 통로에 있습니다.

여 알겠습니다. 도와주셔서 감사합니다. 그 밖에 다른 변화는 없었나요?

남 네, 빠른 계산대 줄이 추가되어서, 물건을 적게 사는 고객들은 전보다 더 빨리 결제할 수 있습니다.

여 그거 참 다행이네요. ❸더 이상 계산대에서 긴 줄을 서서 기다릴 필요가 없게 되어 기뻐요.

1. 여자는 왜 남자에게 다가가는가?
(A) 상품을 반품하려고
(B) 환불을 요청하려고
(C) 제품에 대해 문의하려고
(D) 제품 가격을 알아보려고

2. 남자는 어디서 일하겠는가?
(A) 식료품점에서
(B) 가구점에서
(C) 사무용품점에서
(D) 가전제품 매장에서

3. 여자는 왜 변화에 대해 기뻐하는가?
(A) 고객 대기 시간이 단축될 것이다.
(B) 영업시간이 연장됐다.
(C) 더 다양한 제품을 이용할 수 있다.
(D) 무료 배송이 가능해질 것이다.

어휘 used to do (예전에는) ~였다, ~하곤 했다 | aisle 통로 | go through ~을 겪다, 거치다 | renovation 수리, 개조 | merchandise 상품 | express 급행의, 신속한 | lane 길, 통로, 차선 | wait in line 줄 서서 기다리다 | cash register 계산대 | approach 다가가다 | return 반품하다, 돌려주다 | inquire 문의하다 | find out ~을 알아내다 | pleased 기뻐하는 | extend 연장하다, 늘이다 | available 이용할 수 있는

CASE 집중훈련
해설서 p.65

CH09_04

1. Where do the speakers work?
(A) At an electronics store
(B) At a supermarket
(C) At a sports stadium
(D) At an Internet café

2. What will the man be responsible for?
(A) Creating an advertising campaign
(B) Launching a new product line
(C) Conducting quality control checks
(D) Setting up a recreational area

3. What does the man ask the woman to do?
(A) Provide some feedback
(B) Verify some calculations
(C) Tour a facility
(D) Respond to an e-mail

문제와 정답 단서의 순서는 대부분 일치한다.

남녀의 대화를 종합해서 풀어야 하는 경우는 많아도, 제시된 문제의 순서와 정답 단서가 등장하는 순서는 대부분 일치한다. 대화를 들으며 문제를 순서대로 풀면 되니, 순서가 바뀔까 하는 괜한 걱정은 하지 말자.

영국↔미국

🎧 CH09_05

1. What task is mainly being discussed?

(A) Designing some award plaques
(B) Making a cake
(C) Revising a restaurant menu
(D) Creating some clothes

2. What will the man do tomorrow morning?

(A) Hand in a sales report
(B) Conduct a job interview
(C) Attend a training session
(D) Hold a staff meeting

3. What does the woman ask about?

(A) Directions to an office
(B) A guest list
(C) The cost of a project
(D) A legal document

STEP 1 ➡ 문제 먼저 읽고 키워드 기억하기

1. **What task** is mainly being **discussed**?   키워드 "논의되고 있는 업무"

2. **What** will the **man do tomorrow morning**?   키워드 "남자가 내일 아침에 할 일"

3. **What** does the **woman ask** about?   키워드 "여자가 물어보는 것"

STEP 2 ✔ 대화 들으며 바로바로 문제 풀기

Questions 1-3 refer to the following conversation.

🇼 Hello, Doug. ❶Gary told me you're in charge of the large cake we're creating for LP Clothing's 20th anniversary celebration.

🇲 Yeah. They want one that can serve up to 200 guests. So I'm thinking of going with a four-tier cake.

🇼 Oh, that's going to take a lot of work!

🇲 Yeah, but I've got a rough idea of what to do. ❷I'll be meeting with my team tomorrow morning to discuss the design in detail. I'm really looking forward to this!

🔊 Way to Answer

❶ 논의되고 있는 업무: 여자의 말, Gary told me you're in charge of the large cake we're creating for LP Clothing's 20th anniversary celebration. (우리가 제작하는 LP 의류 20주년 기념 축하 행사의 대형 케이크를 담당하신다고 Gary가 말해 줬어요.) ▶ 패러프레이징 [creating → Making] ▶ **(B) Making a cake** (케이크 제작하기)

❷ 남자가 내일 아침에 할 일: 남자의 말, I'll be meeting with my team tomorrow morning (내일 아침에 저희 팀과 만나서) ▶ 패러프레이징 [team → staff] ▶ **(D) Hold a staff meeting**(직원 회의를 열 것이다)

W I see. So ❸how much are we going to charge the client for the cake?

M Well, once the design is done, I'll meet with their representative to finalize everything.

❸ 여자가 물어보는 것: 여자의 말, how much are we going to charge the client for the cake(고객에게 케이크 금액을 얼마나 청구할 건가요) ▶ 패러프레이징 [how much ~ charge → cost], [cake(= the large cake we're creating) → project]

▶ (C) The cost of a project(프로젝트 비용)

1-3번은 다음 대화에 관한 문제입니다.

여 안녕하세요, Doug. ❶우리가 제작하는 LP 의류 20주년 기념 축하 행사의 대형 케이크를 담당하신다고 Gary가 말해 줬어요.

남 네, 최대 200명의 하객에게 제공할 수 있는 걸 원하시더라고요. 그래서 4단 케이크를 만드는 걸 생각 중이에요.

여 오, 정말 많은 일을 필요로 하겠는데요!

남 네, 그래도 무얼 해야 할지는 대충 알고 있어요. ❷내일 아침에 저희 팀과 만나서 디자인을 자세히 논의할 예정이에요. 이거 정말 기대 돼요!

여 그렇군요. 그러면 ❸고객에게 케이크 금액을 얼마나 청구할 건가요?

남 음, 디자인이 다 마무리된 후, 그쪽 대리인과 만나서 모든 사항을 확정 지을 거예요.

1. 어떤 업무가 주로 논의되고 있는가?
(A) 상패 디자인하기　　　　(B) 케이크 제작하기
(C) 식당 메뉴 수정하기　　　(D) 의류 제작하기

2. 남자는 내일 아침에 무엇을 할 것인가?
(A) 매출 보고서를 제출할 것이다
(B) 취업 면접을 진행할 것이다
(C) 교육에 참석할 것이다
(D) **직원회의를 열 것이다**

3. 여자는 무엇에 대해 문의하는가?
(A) 사무실로 가는 길 안내　　(B) 하객 명단
(C) **프로젝트 비용**　　　　　(D) 법률 서류

어휘 in charge of ~을 담당하는 | create 제작하다 | anniversary 기념일 | celebration 기념[축하] 행사 | serve 제공하다 | tier 단, 층 | rough 대충의, 대략적인 | discuss 논의하다 | in detail 자세히, 상세히 | look forward to ~을 기대하다 | charge 청구하다 | representative 대리인 | finalize 확정하다, 마무리 짓다 | plaque 명판 | revise 수정하다 | hand in ~을 제출하다 | conduct 수행하다 | directions 길 안내 | cost 비용 | legal 법률과 관련된

PART 3　CHAPTER 09

CASE 집중훈련

해설서 p.66

🎧 CH09_06

1. Who is Sachiko?
(A) A real estate agent
(B) A bank clerk
(C) An advertising director
(D) A construction manager

2. What does Sachiko say she did?
(A) She sent some sketches.
(B) She revised a price estimate.
(C) She contacted a colleague.
(D) She requested an extension.

3. What does the man want to confirm?
(A) A budget
(B) A campaign
(C) A completion date
(D) A hiring decision

CASE 118 질문에 제시된 화자의 말에서 정답의 단서가 제공된다.

세부 정보 문제들(키워드, 제안·요청, 다음에 할 일/일어날 일)은 대개 대화에 등장하는 특정 화자의 행동을 묻는 문제로 출제되고, 질문에 제시된 화자가 본인의 정보를 제공하는 것이 가장 일반적이다.

호주 ↔ 미국

1. What is being discussed?

(A) A computer program
(B) A potential market
(C) A consumer survey
(D) An electronic device

CH09_07

2. What did the woman recently do?

(A) She expanded a factory.
(B) She organized a special training session.
(C) She gave her staff some feedback.
(D) She purchased some machines.

3. What does the man say is available?

(A) Same-day delivery
(B) An extended warranty
(C) A complimentary training program
(D) Online installation service

STEP 1 🗣 문제 먼저 읽고 키워드 기억하기

1. What is being discussed? 키워드 "논의되고 있는 것"

2. What did the woman recently do? 키워드 "여자가 최근에 한 일"

3. What does the man say is available? 키워드 "남자가 이용 가능하다고 말하는 것"

STEP 2 ✅ 대화 들으며 바로바로 문제 풀기

Questions 1-3 refer to the following conversation.

Ⓜ Hi, there. I hope you're enjoying the trade show. ❶My company makes devices that help track manufacturing processes electronically.

Ⓦ ❷Oh, actually, I just expanded my factory, and I need something to help keep better track of our work.

Ⓜ Well, it's good to hear you're expanding! And here's a diagram showing how our product can be used at your business.

Ⓦ This looks interesting. But I'm not sure my staff would be able to take proper advantage of it.

Way to Answer

❶ 논의되고 있는 것: 남자의 말, My company makes devices that help track manufacturing processes electronically. (저희 회사에서는 제조 공정을 컴퓨터로 추적하는 기기를 만듭니다.) ▶ (D) An electronic device (전자 기기)

❷ 여자가 최근에 한 일: 여자의 말, Oh, actually, I just expanded my factory (오, 실은, 얼마 전에 저희 공장을 확장했거든요) ▶ (A) She expanded a factory. (공장을 확장했다.)

M Don't worry. ❸We offer detailed training for new users, free of charge. Our customers have found that these sessions make it really easy for them to get started.

❸ 남자가 이용 가능하다고 말하는 것: 남자의 말, We offer detailed training for new users, free of charge. (저희는 신규 사용자들께 무료로 자세하게 교육해 드립니다.) ▶ 패러프레이징 [free of charge → complimentary] ▶ (C) A complimentary training program (무료 교육 프로그램)

1-3번은 다음 대화에 관한 문제입니다.

남 안녕하세요. 무역 박람회를 즐기고 계시길 바랍니다. ❶저희 회사에서는 제조 공정을 컴퓨터로 추적하는 기기를 만듭니다.

여 ❷오, 실은, 얼마 전에 저희 공장을 확장했거든요. 그래서 저희 작업을 더 잘 파악하는 데 도움이 될 만한 게 필요합니다.

남 음, 확장되었다니 잘됐네요! 그럼 여기 저희 제품이 귀사에서 어떻게 활용될 수 있는지를 보여 주는 도표가 있습니다.

여 흥미롭네요. 그런데 저희 직원들이 그걸 제대로 활용할 수 있을지 모르겠어요.

남 걱정 마세요. ❸저희는 신규 사용자분들께 무료로 자세하게 교육해 드립니다. 저희 고객들은 이 교육으로 시작하는 게 아주 수월하다고 느끼셨어요.

1. 무엇이 논의되고 있는가?
(A) 컴퓨터 프로그램　　　(B) 잠재 시장
(C) 소비자 조사　　　　　(D) 전자 기기

2. 여자는 최근에 무엇을 했는가?
(A) 공장을 확장했다.　　　(B) 특별 교육을 준비했다.
(C) 직원들에게 피드백을 해 줬다.　(D) 기계를 구입했다.

3. 남자는 무엇을 이용할 수 있다고 말하는가?
(A) 당일 배송　　　　　　(B) 연장된 보증 기간
(C) 무료 교육 프로그램　　(D) 온라인 설치 서비스

어휘 trade show 무역 박람회 | device 기기, 장치 | track 추적하다 | manufacturing 제조 | process 공정, 절차 | electronically 컴퓨터로, 전자적으로 | expand 확장하다[되다] | factory 공장 | keep track of ~을 계속 파악하고 있다 | diagram 도표 | business 사업체 | take advantage of ~을 활용하다 | proper 제대로 된, 적절한 | detailed 자세한 | free of charge 무료로 | potential 잠재적인 | organize 준비하다, 조직하다 | extended 연장된, 늘어난 | warranty 보증 | complimentary 무료의

CASE 집중훈련

해설서 p.67

🎧 CH09_08

1. What is the main topic of the conversation?

(A) A university course
(B) A staff orientation
(C) A technology conference
(D) A board meeting

2. What does the man recommend doing?

(A) Revising a presentation
(B) Emailing some suppliers
(C) Increasing a budget
(D) Setting up online sessions

3. What does the woman say she will do?

(A) Update a system
(B) Make travel arrangements
(C) Talk to a supervisor
(D) Organize an office area

CASE 119　상대 화자가 정답 단서를 제공하고 질문에 제시된 화자가 이에 호응하는 식으로 출제된다.

질문에 '여자'가 제시되었다고 해서 여자의 말만 기다리고 있다가는 정답 단서를 놓치기 십상이다. 때때로 상대 화자가 결정적 단서를 언급하고 질문에 제시된 화자는 단순히 이에 동조하거나 추가 정보를 제공하는 경우도 빈번하므로 주의가 필요하다.

[호주↔영국]

🎧 CH09_09

1. What does the woman want to purchase?

(A) Computer accessories
(B) Vehicle parts
(C) Kitchen appliances
(D) Gardening equipment

2. What problem does the man mention?

(A) An employee is too busy.
(B) A product is unavailable.
(C) A credit card could not be processed.
(D) A voucher is not valid.

3. What will the woman probably do later?

(A) Visit a store
(B) Review a list
(C) Mail a package
(D) Sign an agreement

STEP 1　● 문제 먼저 읽고 키워드 기억하기

1. **What** does the **woman** want to **purchase**?　[키워드] "여자가 구매하고 싶은 것"
2. **What problem** does the **man mention**?　[키워드] "남자가 언급하는 문제점"
3. **What** will the **woman** probably **do later**?　[키워드] "여자가 이후에 할 일"

STEP 2　✔ 대화 들으며 바로바로 문제 풀기

Questions 1-3 refer to the following conversation.

Ⓜ You've reached Cheapo Depot. What can I assist you with?

Ⓦ Hi, ❶I'm in the market for some commercial lawn mowers for my business. I was wondering if you carried the latest S-Cutter Pro model. It was developed by Wexcorp.

Ⓜ Ah, ❷unfortunately, we ran out of that model and won't be getting a new shipment for a while. However, we do sell other high-quality machines like the S-Cutter. ❸I can email you a list of them if you want.

⚙ Way to Answer

❶ 여자가 구매하고 싶은 것: 여자의 말, I'm in the market for some commercial lawn mowers for my business(제 업체에서 사용할 영업용 잔디 깎는 기계 구매에 관심이 있어요) ▶ 패러프레이징 [lawn mowers → Gardening equipment] ▶ (D) Gardening equipment(원예 장비)

❷ 남자가 언급하는 문제점: 남자의 말, unfortunately, we ran out of that model(유감스럽게도, 그 모델은 이미 다 떨어졌어요) ▶ 패러프레이징 [ran out of → unavailable], [model → product] ▶ (B) A product is unavailable.(제품을 구입할 수 없다.)

W That would be great, thanks. **③** I should have time to look over it carefully later in the morning.

③ 여자가 이후에 할 일: 남자의 말, I can email you a list of them if you want. (원하신다면 이메일로 그 목록을 보내 드릴 수 있어요.) ▶ 여자의 말, I should have time to look over it carefully later in the morning. (오전 늦게 신중히 검토해 볼 시간이 있을 거예요.) ▶ 패러프레이징 [look over → Review], 여자의 말에서 it은 남자가 말한 a list를 의미함 ▶ **(B) Review a list(목록을 검토할 것이다)**

1-3번은 다음 대화에 관한 문제입니다.

남 Cheapo Depot입니다. 무엇을 도와 드릴까요?

여 안녕하세요. **①** 제 업체에서 사용할 영업용 잔디 깎는 기계 구매에 관심이 있어요. 최신 S-Cutter Pro 모델을 취급하시는지 궁금해요. Wexcorp가 개발한 거예요.

남 아, **②** 유감스럽게도, 그 모델은 이미 다 떨어졌어요. 그리고 한동안 새로 출하되지 못할 거예요. 하지만, 우리는 S-Cutter와 비슷한 다른 고급 기계를 판매해요. **③** 원하신다면 이메일로 그 목록을 보내 드릴 수 있어요.

여 그래 주시면 좋겠어요, 감사해요. **③** 오전 늦게 신중히 검토해 볼 시간이 있을 거예요.

1. 여자는 무엇을 구매하고자 하는가?
(A) 컴퓨터 주변 기기 (B) 차량 부품
(C) 주방용품 **(D) 원예 장비**

2. 남자는 어떤 문제점을 언급하는가?
(A) 직원이 너무 바쁘다. **(B) 제품을 구입할 수 없다.**
(C) 신용카드가 처리될 수 없다. (D) 상품권이 유효하지 않다.

3. 여자는 이후에 무엇을 할 것 같은가?
(A) 상점에 방문할 것이다 **(B) 목록을 검토할 것이다**
(C) 우편물을 발송할 것이다 (D) 계약서에 서명할 것이다

어휘 in the market for ~의 구매에 관심이 있는 | commercial 영업용인, 상업적인 | lawn mower 잔디 깎는 기계 | carry 취급하다 | develop 개발하다 | unfortunately 유감스럽게도 | run out of ~이 다 떨어지다, ~을 다 써버리다 | shipment 선적물 | high-quality 고급의 | look over ~을 검토하다 | carefully 신중히 | unavailable 구할[사용할] 수 없는 | voucher 상품권, 할인권 | valid 유효한

CASE 집중훈련
해설서 p.68

🎧 CH09_10

1. What does the woman want to talk about?

(A) A procedure for receiving reimbursements
(B) A method to motivate workers
(C) An update to a company Web site
(D) A timeline for an upcoming assignment

2. Why does the man say, "our budget is smaller this year"?

(A) To request a larger budget
(B) To find cheaper venues
(C) To recommend reducing food expenses
(D) To show concern about a system

3. What will the woman do after lunch?

(A) Order some tickets
(B) Meet with the CEO
(C) Prepare a proposal
(D) Interview a candidate

CASE 120 한 화자가 두 문제의 정답 단서를 동시에 제공한다.

특히 대화 주제, 전화 건 목적, 대화 장소, 화자의 신분 등 일반 정보를 묻는 첫 번째 문제와 세부 정보를 묻는 두 번째 문제의 경우 한 화자가 두 문제의 정답 단서를 이어서 제공할 때가 있으니 첫 번째 문제를 풀었다고 잠깐이라도 방심해서는 안 된다.

미국 ↔ 미국

1. What kind of business do the speakers work for?

(A) A farm
(B) A café
(C) A supermarket
(D) A factory

🎧 CH09_11

2. What opportunity does the man offer the woman?

(A) Training some employees
(B) Extending her contract
(C) Applying for a promotion
(D) Working an extra shift

3. What does the woman ask about?

(A) A parking spot
(B) A corporate insurance policy
(C) An hourly pay rate
(D) A user guide

STEP 1 ▶️ 문제 먼저 읽고 키워드 기억하기

1. What kind of business do the **speakers work** for? 키워드 "화자들이 일하는 업종"

2. What opportunity does the **man offer** the woman? 키워드 "남자가 제안하는 기회"

3. What does the **woman ask** about? 키워드 "여자가 물어보는 것"

STEP 2 ✅ 대화 들으며 바로바로 문제 풀기

Questions 1-3 refer to the following conversation.

Ⓜ Hey, Jamie. ❶I'd like to discuss your current schedule at the café. ❷Would you be open to working an extra shift?

Ⓦ I definitely would.

Ⓜ Wonderful! We need a staff member to work the evenings on Saturdays this month. It's the peak season for tourists, so we've been getting a lot of customers over the weekend. If you accept, you'd work from 4 P.M. to midnight.

Ⓦ Hmm... that's pretty late. ❸Would I make a higher wage than I do for my morning shifts?

🔊 Way to Answer

❶ 화자들이 일하는 업종: 남자의 말, I'd like to discuss your current schedule at the café.(카페에서의 당신의 현재 일정을 논의하고 싶은데요.) ▶ (B) A café(카페)

❷ 남자가 제안하는 기회: 남자의 말, Would you be open to working an extra shift?(추가 근무를 하실 생각이 있으신가요?) ▶ (D) Working an extra shift(추가 근무를 하는 것)

❸ 여자가 물어보는 것: 여자의 말, Would I make a higher wage than I do for my morning shifts?(제가 일하는 아침 근무보다 더 높은 급여를 받게 되나요?) ▶ 남자의 말, you'll be getting

---

M Yes, **③**you'll be getting an additional four dollars per hour.

W Alright. I'll do it then.

an additional four dollars per hour(시간당 4달러를 추가로 더 받게 되실 거예요) ▶ 패러프레이징 [wage → pay rate], [per hour → hourly] ▶ (C) An hourly pay rate(시급)

1-3번은 다음 대화에 관한 문제입니다.

남 저기요, Jamie. **①**카페에서의 당신의 현재 일정을 논의하고 싶은데요. **②**추가 근무를 하실 생각이 있으신가요?

여 물론이죠.

남 좋아요! 이번 달 토요일 저녁에 근무할 직원이 필요해요. 관광객들에게 성수기라, 주말에 많은 고객을 받고 있어요. 만약 수락하신다면, 오후 4시부터 자정까지 근무하시게 될 거예요.

여 음... 그건 꽤 늦네요. **③**제가 일하는 아침 근무보다 더 높은 급여를 받게 되나요?

남 네, **③**시간당 4달러를 추가로 더 받게 되실 거예요.

여 좋아요. 그럼 제가 하도록 할게요.

1. 화자들은 어떤 종류의 업체에서 근무하는가?
   (A) 농장 (B) **카페**
   (C) 슈퍼마켓 (D) 공장

2. 남자는 여자에게 어떤 기회를 제안하는가?
   (A) 직원들을 교육하는 것 (B) 계약을 연장하는 것
   (C) 승진을 신청하는 것 (D) **추가 근무를 하는 것**

3. 여자는 무엇에 관해 질문하는가?
   (A) 주차 공간 (B) 회사 보험 정책
   (C) **시급** (D) 사용 설명서

어휘 current 현재의 | schedule 일정 | extra 추가의 | shift 교대 근무 시간 | peak season 성수기 | accept 수락하다, 받아들이다 | wage 급여, 임금 | additional 추가의 | extend 연장하다 | contract 계약 | hourly pay rate 시급

CASE 집중훈련
해설서 p.69

🎧 CH09_12

1. What does the company produce?

(A) Jewelry
(B) Bags
(C) Footwear
(D) Clothing

2. What are the speakers mainly talking about?

(A) Job applications
(B) Marketing techniques
(C) Product features
(D) Sales numbers

3. What is the man instructed to do for next week's meeting?

(A) Clean a space
(B) Purchase an item
(C) Create a venue list
(D) Email a file

CASE 121 정답은 정답 단서를 그대로 쓰거나 패러프레이징하여 제시된다.

'postpone'이라 듣고, 'reschedule'이라 읽는다! 정답 단서를 그대로 정답에 사용하는 경우도 있지만, 비슷한 의미의 다른 단어로 패러프레이징하여 제시할 때가 더 많기 때문에 대화에서 들은 단어가 아니더라도 비슷한 뜻으로 이해할 수 있는 능력을 길러야 한다.

미국 ↔ 영국 ↔ 호주

1. What are the speakers mainly discussing?

(A) A retirement banquet
(B) A company gathering
(C) An award ceremony
(D) A professional conference

🎧 CH09_13

2. What are the women concerned about?

(A) An event schedule
(B) A keynote speech
(C) A venue's capacity
(D) A limited budget

3. What will the man do next?

(A) Contact a manager
(B) Look for some decorations
(C) Delay a deadline
(D) Send out some invitations

STEP 1 💬 문제 먼저 읽고 키워드 기억하기

1. What are the **speakers** mainly **discussing**?   키워드 "화자들이 논의하는 것"

2. What are the **women concerned** about?   키워드 "여자들이 걱정하는 것"

3. What will the **man do next**?   키워드 "남자가 다음에 할 일"

STEP 2 ✅ 대화 들으며 바로바로 문제 풀기

Questions 1-3 refer to the following conversation with three speakers.

W1 Hi, Dominic. **①**Melanie and I wanted to speak with you about the upcoming **company dinner**. We checked the announcement and saw that you have reserved a banquet hall at the Bauhinia Hotel. But we actually don't think the event should be held there.

W2 Yeah, **②**the banquet hall only holds 1,000 people, but we're expecting employees from our overseas branches as well.

M Thank you for bringing this to my attention. I believe the hotel has another venue available—

🔄 **Way to Answer**

① 화자들이 논의하는 것: 여자1의 말, Melanie and I wanted to speak with you about the upcoming company dinner. (Melanie와 저는 곧 있을 저녁 회식에 대해 당신과 이야기하고 싶었어요.) ▶ 패러프레이징 [company dinner → company gathering] ▶ **(B) A company gathering (회사 모임)**

② 여자들이 걱정하는 것: 여자2의 말, the banquet hall only holds 1,000 people, but we're expecting employees from our overseas branches as well(그 연회장은 1,000명밖에 수용할 수 없는데, 저희 해외 지사 직원들도 올 걸로 예상하고 있어요) ▶ **(C) A venue's capacity (장소의 수용력)**

the Grand Ballroom. ❸I'll **contact the manager** there right now and see if I can change the reservation.

❸ 남자가 다음에 할 일: 남자의 말, I'll contact the manager there right now and see if I can change the reservation.(지금 바로 그곳 매니저에게 연락해서 예약을 변경할 수 있는지 알아볼게요.) ▶ (A) Contact a manager(매니저에게 연락할 것이다)

1-3번은 다음 세 화자의 대화에 관한 문제입니다.

여1 안녕하세요, Dominic. ❶Melanie와 저는 곧 있을 저녁 회식에 대해 당신과 이야기하고 싶었어요. 저희가 안내문을 확인해 보니 Bauhinia 호텔의 연회장을 예약하셨더라고요. 하지만 사실 저희는 그곳에서 행사가 열리면 안 될 거라고 생각해요.

여2 네, ❷그 연회장은 1,000명밖에 수용할 수 없는데, 저희 해외 지사 직원들도 올 걸로 예상하고 있어서요.

남 알려 주셔서 감사해요. 그 호텔에는 Grand Ballroom이라는 장소도 이용할 수 있는 걸로 알고 있어요. ❸지금 바로 그곳 매니저에게 연락해서 예약을 변경할 수 있는지 알아볼게요.

1. 화자들은 주로 무엇에 관해 논의하고 있는가?
   (A) 은퇴 연회   **(B) 회사 모임**
   (C) 시상식   (D) 전문가 회의

2. 여자들은 무엇에 관하여 걱정하는가?
   (A) 행사 일정   (B) 기조연설
   (C) 장소의 수용력   (D) 제한된 예산

3. 남자는 다음에 무엇을 할 것인가?
   (A) 매니저에게 연락할 것이다   (B) 어떤 장식물을 찾을 것이다
   (C) 기한을 늦출 것이다   (D) 초대장을 보낼 것이다

어휘 upcoming 곧 있을, 다가오는 | reserve 예약하다 | banquet hall 연회장 | hold 수용하다 | overseas 해외의 | branch 지사 | as well ~도, 또한, 역시 | bring A to one's attention ~에게 A를 주목하게 하다 | venue (모이는) 장소 | available 이용할 수 있는 | see if ~인지 알아보다, 확인하다 | retirement 은퇴 | concerned 걱정하는 | capacity 수용력 | limited 제한된 | budget 예산 | delay 늦추다, 연기하다 | deadline 기한 | send out ~을 보내다

CASE 집중훈련

해설서 p.70

🎧 CH09_14

1. Why does Bianca Lim want a loan?
(A) To start a company
(B) To purchase a vehicle
(C) To find better housing
(D) To travel abroad

2. Why does the man request assistance?
(A) He will leave work soon.
(B) He has to help another client.
(C) He needs to attend a training session.
(D) He is not familiar with a process.

3. What loan requirement is mentioned?
(A) Home ownership
(B) A savings account
(C) A high income
(D) A good credit score

CASE 122 대화의 첫 번째 문제는 주로 첫 화자의 말에서 정답 단서가 제공된다.

대화의 첫 번째 문제는 대화의 핵심 정보에 해당하는 대화의 주제, 전화 건 목적, 대화 장소, 화자의 신분 등 일반적인 내용을 물으며, 대개 대화 초반부 내용을 듣고 유추해서 푸는 문제로 출제된다.

🎧 CH09_15

호주↔미국↔미국

1. Where most likely are the speakers?

(A) At a university
(B) At a hospital
(C) At a bank
(D) At a gym

2. What does Jordan inquire about?

(A) A membership card
(B) An installment plan
(C) An online service
(D) A test result

3. What will the woman do next?

(A) Print a form
(B) Take a photo
(C) Email a customer
(D) Give a demonstration

STEP 1 　🔍 문제 먼저 읽고 키워드 기억하기

1. Where most likely are the **speakers**?　　　**키워드** "화자들이 있는 곳"

2. What does **Jordan inquire** about?　　　**키워드** "Jordan이 문의하는 것"

3. What will the **woman do next**?　　　**키워드** "여자가 다음에 할 일"

STEP 2 　✅ 대화 들으며 바로바로 문제 풀기

Questions 1-3 refer to the following conversation with three speakers.

M1 Jordan, I enjoyed our consultation today, and **❶I'm happy that you decided to sign up for our six-month personal fitness program.** My colleague, Christie, will now process your registration payment.

M2 Thank you, Harry. Hello, Christie.

W Nice to meet you, Jordan. That'll be $600. How would you like to pay?

M2 Here's my credit card. Also, **❷do you offer a monthly installment plan?**

⚙ Way to Answer

❶ 화자들이 있는 곳: 남자1의 말, I'm happy that you decided to sign up for our six-month personal fitness program(저희의 6개월짜리 개인 피트니스 프로그램에 등록하기로 하셔서 기뻐요) ▶ 패러프레이징 [fitness → gym] ▶ (D) At a gym(체육관에)

❷ Jordan이 문의하는 것: 남자2의 말, do you offer a monthly installment plan(월별 분할 납부를 제공하시나요) ▶ (B) An installment plan(분할 납부)

W	Yes, I can set it up so that you are charged $100 per month.

M2 I'll do that—thank you.

W	Alright, it's set up. Now, ③let me print out a disclosure form that we'll need you to sign.

③ 여자가 다음에 할 일: 여자의 말, let me print out a disclosure form(개인 정보 공개 양식을 출력할게요) ▶ (A) Print a form(양식을 출력할 것이다)

1-3번은 다음 세 화자의 대화에 관한 문제입니다.

남1 Jordan, 오늘 상담 즐거웠습니다. 그리고 ①저희의 6개월짜리 개인 피트니스 프로그램에 등록하기로 하셔서 기뻐요. 제 동료 Christie가 등록비 납부를 처리할 거예요.

남2 감사해요, Harry. 안녕하세요, Christie.

여 만나서 반가워요, Jordan. 600달러입니다. 어떻게 납부하기를 원하세요?

남2 여기 제 신용 카드예요. 그리고, ②월별 분할 납부를 제공하시나요?

여 네, 한 달에 100달러씩 청구되도록 설정해 드릴 수 있어요.

남2 그렇게 할게요—감사해요.

여 좋아요, 설정되었어요. 이제, 서명해 주셔야 하는 ③개인 정보 공개 양식을 출력할게요.

어휘 consultation 상담 | decide 결정하다 | sign up for ~에 등록하다 | personal 개인의 | process 처리하다 | registration 등록 | installment 분할 납부, 할부 | set up ~을 설정하다 | charge 청구하다 | disclosure 정보 공개 | inquire 문의하다 | demonstration 시연, 시범 설명

1. 화자들은 어디에 있겠는가?

(A) 대학교에   (B) 병원에
(C) 은행에   **(D) 체육관에**

2. Jordan은 무엇에 대해 문의하는가?

(A) 회원 카드   **(B) 분할 납부**
(C) 온라인 서비스   (D) 시험 결과

3. 여자는 다음에 무엇을 할 것인가?

(A) 양식을 출력할 것이다   (B) 사진을 촬영할 것이다
(C) 고객에게 이메일을 보낼 것이다   (D) 시연할 것이다

CASE 집중훈련

해설서 p.71

🎧 CH09_16

1. Who most likely is the woman?

(A) A bookstore owner
(B) A sales representative
(C) A tour guide
(D) A computer programmer

2. What does the man say has created a problem?

(A) An error in an advertisement
(B) A loss of customer data
(C) An increase in client numbers
(D) A power outage

3. What does the woman say she will do on Monday morning?

(A) Give a demonstration
(B) Submit a cost estimate
(C) Recommend a product
(D) Present some findings

CASE 123 대화의 두 번째 문제는 질문의 키워드가 정답을 찾는 열쇠다.

문제점, 화자가 말하는 것, 화자의 특정 행동 등 세부 정보를 묻는 문제는 질문에 제시되는 키워드를 머릿속에 새겨 놓은 상태에서 대화를 듣다가 키워드가 들리는 부분에서 정답 단서를 포착한다.

영국↔미국

CH09_17

1. What event is being discussed?

(A) A recycling workshop
(B) An art fair
(C) A cooking contest
(D) A corporate celebration

2. What does the man say has changed about the event?

(A) An admission policy
(B) Parking prices
(C) The venue
(D) Some sponsors

3. What are event visitors advised to do?

(A) Look at a Web site
(B) Wear warm clothing
(C) Talk to the guest center manager
(D) Complete a survey

STEP 1 ➡ 문제 먼저 읽고 키워드 기억하기

1. **What event** is being **discussed**?　　　　　　　　　**키워드** "논의되고 있는 행사"

2. **What** does the **man say** has **changed** about the event?　**키워드** "남자가 변경되었다고 말하는 것"

3. **What** are **event visitors advised** to do?　　　　　　**키워드** "행사 방문객들이 권고받는 것"

STEP 2 ✔ 대화 들으며 바로바로 문제 풀기

Questions 1-3 refer to the following conversation.

W You're tuning into Channel 8's local news at 8. ❶I'm here with James Wood to discuss the yearly art festival. Mr. Wood, what can we expect?

M Well, it'll take place during the last weekend of December, and there will be many different kinds of exhibitions.

W Good!

M ❷One big **change** to note is that we'll now only be providing digital admission passes. Passes must be ordered online and then presented through a smart device. Those without one should visit our guest center.

🔊 Way to Answer

❶ 논의되고 있는 행사: 여자의 말, I'm here with James Wood to discuss the yearly art festival. (저는 이 자리에서 James Wood와 함께 연례 예술 축제에 대해 논의하고자 합니다.) ▶ 패러프레이징 [festival → fair] ▶ **(B) An art fair** (예술 박람회)

❷ 남자가 변경되었다고 말하는 것: 남자의 말, One big change to note is that we'll now only be providing digital admission passes. (주목해야 할 한 가지 큰 변화는 이제 디지털 입장권만 제공한다는 겁니다.) ▶ 패러프레이징 [providing digital admission passes → admission policy] ▶ **(A) An admission policy** (입장 정책)

W That'll definitely reduce waste. ❸Do you have any tips for the festival attendees?

M Yes. The event will be held outdoors at Winnes Park, so ❸make sure to wear a thick coat or sweater. Temperatures can drop a lot by late December.

❸ 행사 방문객들이 권고받는 것: 여자의 말, Do you have any tips for the festival attendees? (축제 참가자들에게 전할 조언이 있으신가요?) ▶ 남자의 말, make sure to wear a thick coat or sweater(꼭 두꺼운 코트나 스웨터를 입으세요) ▶ 패러프레이징 [festival attendees → event visitors], [a thick coat or sweater → warm clothing] ▶ (B) Wear warm clothing(따뜻한 옷을 입으라고)

1-3번은 다음 대화에 관한 문제입니다.

여 채널 8번의 8시 지역 뉴스를 청취하고 계십니다. ❶저는 이 자리에서 James Wood와 함께 연례 예술 축제에 대해 논의하고자 합니다. Wood 씨, 어떤 것들을 기대할 수 있을까요?

남 음, 그것은 12월 마지막 주 주말에 개최되며, 굉장히 다양한 종류의 전시가 있을 겁니다.

여 좋네요!

남 ❷주목해야 할 한 가지 큰 변화는 이제 디지털 입장권만 제공한다는 겁니다. 입장권을 온라인으로 주문해야 하고 스마트 기기를 사용해 제시해야 합니다. 만약 없으신 분들은 고객 센터를 방문해 주세요.

여 그럼 확실히 낭비를 줄일 수 있겠네요. ❸축제 참가자들에게 전할 조언이 있으신가요?

남 네. 행사가 야외인 Winnes 공원에서 진행되니, ❸꼭 두꺼운 코트나 스웨터를 입으세요. 12월 말쯤에는 온도가 많이 떨어질 수도 있습니다.

1. 어떤 행사가 논의되고 있는가?
(A) 재활용 워크숍 **(B) 예술 박람회**
(C) 요리 경연 대회 (D) 기업 기념행사

2. 남자는 행사의 무엇이 변경되었다고 말하는가?
(A) 입장 정책 (B) 주차 금액
(C) 장소 (D) 후원 업체

3. 행사 방문객들은 무엇을 하라고 권고받는가?
(A) 웹 사이트를 보라고
(B) 따뜻한 옷을 입으라고
(C) 고객 센터 매니저에게 이야기하라고
(D) 설문지를 작성하라고

어휘 tune into ~로 채널을 맞추다 | discuss 논의하다 | yearly 연례의, 1년에 한 번씩 있는 | art festival 예술 축제 | expect 기대하다 | take place 개최되다 | exhibition 전시 | admission pass 입장권 | present 제시하다, 제출하다 | device 기기 | guest center 고객 센터 | definitely 확실히 | reduce 줄이다 | waste 낭비 | attendee 참가자 | outdoors 야외에서 | thick 두꺼운 | venue 장소 | complete 작성하다, 끝마치다

CASE 집중훈련

해설서 p.71

🎧 CH09_18

1. What problem does the man mention?
(A) Some machine is unaccounted for.
(B) Some equipment is broken.
(C) A purchase has not been processed.
(D) A storage room is full.

2. According to the woman, what will happen at the end of the year?
(A) An annual sale will begin.
(B) A product will be discontinued.
(C) A company will expand.
(D) A team will relocate.

3. What does the woman ask the man to do?
(A) Approve a request
(B) Make a payment
(C) Write an e-mail
(D) Read a manual

대화의 세 번째 문제는 주로 제안·제공·요청이나 다음에 할 일, 미래의 계획을 물으며, 마지막 화자가 정답 단서를 제공할 때가 많다. 제안·요청 사항이 등장하는 시그널 표현 또는 미래 시제나 시점을 키워드로 삼아 문제를 푼다.

미국 ↔ 호주

CH09_19

1. What did the man do yesterday?

(A) He won an award.
(B) He set a new sales record.
(C) He received a promotion.
(D) He presented at a convention.

2. What does the woman ask the man about?

(A) A business strategy
(B) A model number
(C) Some business cards
(D) Some itemized bills

3. What does the man suggest?

(A) Offering a discount
(B) Updating an inventory
(C) Providing complimentary service
(D) Visiting potential clients

STEP 1   문제 먼저 읽고 키워드 기억하기

1. What did the **man do yesterday**?   키워드 "남자가 어제 한 일"

2. What does the **woman ask** the **man** about?   키워드 "여자가 남자에게 문의하는 것"

3. What does the **man suggest**?   키워드 "남자가 제안하는 것"

STEP 2   대화 들으며 바로바로 문제 풀기

Questions 1-3 refer to the following conversation.

W ❶Cory, you did a wonderful job at the gardening expo yesterday. Your product demonstration of our latest lawnmower model was impressive.

M Thank you. That's good to know. By the way, a few landscaping companies came by afterwards to speak with me. They were very interested in using our equipment.

W Wow! ❷Did you get their business cards?

M Yes, I made sure to do that.

W That means we should get in touch with them as soon as possible.

Way to Answer

❶ 남자가 어제 한 일: 여자의 말, Cory, you did a wonderful job at the gardening expo yesterday. Your product demonstration of our latest lawnmower model was impressive. (Cory, 어제 정원 관리 박람회에서 훌륭한 일을 해내셨어요. 우리의 최신 예초기 모델에 대한 당신의 제품 시연회가 인상 깊었습니다.) ▶ (D) He presented at a convention. (대회에서 발표했다.)

❷ 여자가 남자에게 문의하는 것: 여자의 말, Did you get their business cards? (그 사람들 명함은 받았어요?) ▶ (C) Some business cards (명함)

M You're right. ❸And I think it would be a good idea to give special rates to entice them.

❸ 남자가 제안하는 것: 남자의 말, And I think it would be a good idea to give special rates to entice them. (그리고 제 생각엔 그들을 유인하려면 특별 할인 요금을 제공해 주는 것도 좋을 것 같아요.) ▶ 패러프레이징 [give special rates → Offering a discount] ▶ (A) Offering a discount (할인을 제공하는 것)

1-3번은 다음 대화에 관한 문제입니다.

여 ❶Cory, 어제 정원 관리 박람회에서 훌륭한 일을 해내셨어요. 우리의 최신 예초기 모델에 대한 당신의 제품 시연회가 인상 깊었습니다.

남 감사합니다. 다행이네요. 그런데, 그 뒤 조경 회사 몇 군데가 저와 얘기하러 왔어요. 그들은 우리 장비를 사용하는 것에 관심이 많았습니다.

여 우와! ❷그 사람들 명함은 받았어요?

남 네, 당연히 그렇게 했죠.

여 그러면 우리가 되도록 빨리 그들에게 연락을 취해야겠네요.

남 그렇습니다. ❸그리고 제 생각엔 그들을 유인하려면 특별 할인 요금을 제공해 주는 것도 좋을 것 같아요.

1. 남자는 어제 무엇을 했는가?
(A) 상을 탔다.
(B) 새로운 판매 기록을 세웠다.
(C) 승진했다.
(D) 대회에서 발표했다.

2. 여자는 남자에게 무엇에 관하여 문의하는가?
(A) 비즈니스 전략 　　　(B) 모델 번호
(C) 명함 　　　(D) 항목별 청구서

3. 남자는 무엇을 제안하는가?
(A) 할인을 제공하는 것 　　(B) 재고를 업데이트하는 것
(C) 무료 서비스를 제공하는 것 　(D) 잠재 고객을 방문하는 것

어휘 do a wonderful job 훌륭한 일을 해내다 | gardening 정원 관리 | expo 박람회 | demonstration 시연(회) | latest 최신의 | lawnmower 예초기, 잔디 깎는 기계 | impressive 인상적인 | That's good to know. 다행이네요. | landscaping company 조경 회사 | afterwards 그 뒤에, 나중에 | business card 명함 | get in touch with ~에게 연락을 취하다 | special rate 특별 할인 요금 | entice 유인하다, 꾀다 | present 발표하다, 제시하다 | convention 대회 | itemized 항목별로 구분한 | inventory 재고 | complimentary 무료의 | potential 잠재적인

CASE 집중훈련

해설서 p.72

🎧 CH09_20

1. What does the man ask the woman to do?
(A) Check some inventory
(B) Choose some products
(C) Call a supplier
(D) Review an order

2. What will the woman send to the man?
(A) A picture of some merchandise
(B) A link to a Web site
(C) An updated document
(D) A description of a merger

3. What does the man plan to do tomorrow?
(A) Meet a client
(B) Take time off work
(C) Attend a conference
(D) Participate in training

화자 의도 파악 문제의 정답 단서는 인용문 바로 앞/뒤 문장에 있다.

대화 지문의 일부를 인용하며 화자가 그렇게 말한 의도/이유를 묻는 화자 의도 파악 문제는 바로 전 화자의 말에서나 인용문 바로 뒤에 이어지는 말에서 정답 단서가 언급될 것을 예상하면서 대화의 전체 흐름을 놓치지 않도록 주의한다.

영국↔호주

1. What type of work does the woman do?

   (A) Construction
   (B) Manufacturing
   (C) Real estate
   (D) Hotel management

🎧 CH09_21

2. What does the woman say has arrived?

   (A) A shipment
   (B) An invoice
   (C) Some blueprints
   (D) Some office supplies

3. Why does the man say, "You have the basement keys, don't you"?

   (A) He wants a room to be cleaned up.
   (B) He wants to make sure a door is locked.
   (C) He wants the woman to purchase more equipment.
   (D) He wants the woman to put some materials away.

STEP 1 ➡ 문제 먼저 읽고 키워드 기억하기

1. What type of work does the **woman do**?   키워드 "여자의 업종"

2. What does the **woman say** has **arrived**?   키워드 "여자가 도착했다고 말하는 것"

3. Why does the man say, "**You have the basement keys, don't you**"?   키워드 "남자가 '당신이 지하실 열쇠를 가지고 있죠, 그렇지 않나요'라고 말한 이유"

STEP 2 ✔ 대화 들으며 바로바로 문제 풀기

Questions 1-3 refer to the following conversation.

🔊 **Way to Answer**

W Hello, Mr. Nakamura. **❶We have already completed** replacing the roof of your house. If we can keep up at this pace, we should be able to finish the renovations a week ahead of schedule.

M That's great, Clara. Your team is doing some excellent work. **❷And, one thing—have we received the shipment of paint for the exterior of the house?**

W **❷Yes, the paint just arrived.** It's stacked outside the back door.

M That's good. **❸But it needs to be kept out of the sunlight.** You have the basement keys, don't you?

❶ 여자의 업종: 여자의 말, We have already completed replacing the roof of your house. If we can keep up at this pace, we should be able to finish the renovations a week ahead of schedule. (저희가 당신 집의 지붕 교체를 벌써 완료했습니다. 이 속도를 유지할 수 있다면, 예정보다 일주일 앞당겨 개조 작업을 끝낼 수 있을 거예요.) ▶ (A) Construction (건설)

❷ 여자가 도착했다고 말하는 것: 남자의 말, And, one thing—have we received the shipment of paint for the exterior of the house? (그리고, 한 가지 더요—집 외관에 쓸 페인트는 배송받았나요?) ▶ 여자의 말, Yes, the paint just arrived. It's stacked outside the back door. (네, 페인트가 방금 도착했어요. 뒷문 밖에 쌓여 있어요.) ▶ (A) A shipment (배송품)

1-3번은 다음 대화에 관한 문제입니다.

여 안녕하세요, Nakamura 씨. ❶저희가 당신 집의 지붕 교체를 벌써 완료했습니다. 이 속도를 유지할 수 있다면, 예정보다 일주일 앞당겨 개조 작업을 끝낼 수 있을 거예요.

남 잘됐네요, Clara. 당신 팀이 일을 정말 잘해주고 있어요. ❷그리고, 한 가지 더요—집 외관에 쓸 페인트는 배송받았나요?

여 ❷네, 페인트가 방금 도착했어요. 뒷문 밖에 쌓여 있어요.

남 잘됐네요. ❸그런데 그건 햇빛에 노출되지 않도록 해야 해요. 당신이 지하실 열쇠를 가지고 있죠, 그렇지 않나요?

1. 여자는 어떤 종류의 일을 하는가?

(A) 건설   (B) 제조
(C) 부동산   (D) 호텔 경영

2. 여자는 무엇이 도착했다고 말하는가?

(A) 배송품   (B) 송장
(C) 설계도   (D) 사무용품

3. 남자는 왜 "당신이 지하실 열쇠를 가지고 있죠, 그렇지 않나요"라고 말하는가?

(A) 방이 치워지길 원한다.
(B) 문이 잠겼는지 확인하길 원한다.
(C) 여자가 장비를 더 구입하길 원한다.
(D) 여자가 어떤 재료를 넣어 두길 원한다.

어휘 complete 완료하다, 끝마치다 | replace 교체하다 | roof 지붕 | keep up 유지하다, 계속하다 | pace 속도 | renovation 개조 | ahead of schedule 예정보다 앞당겨 | exterior 외관, 외부 | stack 쌓다 | keep out of ~에 영향 받지 않게 하다, ~을 피하다 | basement 지하실 | construction 건설, 공사 | real estate 부동산 | invoice 송장 | blueprint 설계도 | make sure ~을 확인하다 | purchase 구입하다, 사다 | put away ~을 넣다, 치우다

CASE 집중훈련

해설서 p.73

CH09_22

1. Where do the speakers probably work?

(A) At an accounting firm
(B) At a shoe manufacturer
(C) At a catering company
(D) At an advertising agency

2. What does the man mean when he says, "you've indicated that the meeting will only last 30 minutes"?

(A) The woman should come early.
(B) The meeting should be brief.
(C) The meeting should run longer.
(D) The woman should give a presentation.

3. What would the woman like to do in the afternoon?

(A) Look over job documents
(B) Visit a client's office
(C) Attend a training seminar
(D) Revise some budget figures

CASE 126 시각 자료 연계 문제는 시각 자료에 시선을 고정한다.

문제의 키워드와 시각 자료를 미리 읽어 둔 상태에서 대화를 들으며 정답의 단서와 시각 자료가 일치하는 항목을 정답으로 선택한다. 시각 자료를 볼 때는 보기 (A)~(D)에 제시된 단어가 아닌 쪽을 봐야 대화에서 흘러나오는 정답 단서를 제대로 포착할 수 있다.

미국 ↔ 미국

Delightful Treats Bakery

Weekly Promotion

Lemon	$15
Strawberry	$18
Coffee	$20
Pineapple	$22

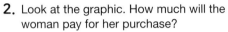

1. Who is the woman?

(A) A city inspector
(B) A culinary student
(C) A food critic
(D) A band director

🎧 CH09_23

2. Look at the graphic. How much will the woman pay for her purchase?

(A) $15
(B) $18
(C) $20
(D) $22

3. What will the woman do next?

(A) Get her bag
(B) Eat a slice of cake
(C) Visit another location
(D) Open a package

STEP 1 🔵 문제 먼저 읽고 키워드 기억하기

1. **Who** is the **woman**? ▸ 키워드 "여자의 신분"

2. Look at the graphic. **How much** will the **woman pay for** her **purchase**? ▸ 키워드 "여자가 지불할 금액"

3. **What** will the **woman do next**? ▸ 키워드 "여자가 다음에 할 일"

STEP 2 ⚫ 대화 들으며 바로바로 문제 풀기

Questions 1-3 refer to the following conversation and sign.

M Welcome to Delightful Treats Bakery.

W Hello, **1**I'm the director of the Mayville Jazz Group. I want to purchase a cake to celebrate our one-year anniversary.

M Ah, I attended one of your group's performances last month—it was very enjoyable. Anyway, we're actually offering a promotion of several cakes this week. Just check out the sign right here for the special prices.

W Alright, let's see... Well, **2**I know everyone likes strawberries, so I'll go with this one. Hmm...

💬 Way to Answer

1 여자의 신분: 여자의 말, I'm the director of the Mayville Jazz Group(저는 Mayville 재즈 그룹의 감독인데요) ▸ 패러프레이징 [Jazz Group → band] ▸ (D) A band director(밴드 감독)

2 여자가 지불할 금액: 여자의 말, I know everyone likes strawberries, so I'll go with this one(모두 딸기를 좋아하니까, 이 제품으로 할게요) ▸ 시각 자료에서 Strawberry(딸기) 제품 가격이 $18(18달러)임을 확인 ▸ (B) $18(18달러)

③I left my bag in my car... Excuse me for just a moment.

M Of course. We'll package the cake for you in the meantime.

③ 여자가 다음에 할 일: 여자의 말, I left my bag in my car... Excuse me for just a moment.(차에 가방을 놓고 왔네요... 잠시 다녀올게요.) ▶ (A) Get her bag(자신의 가방을 가져올 것이다)

Delightful Treats 제과점

주간 프로모션

레몬	15달러
②딸기	18달러
커피	20달러
파인애플	22달러

1-3번은 다음 대화와 안내판에 관한 문제입니다.

남 Delightful Treats 제과점에 오신 것을 환영합니다.

여 안녕하세요. ①저는 Mayville 재즈 그룹의 감독인데요. 1주년을 축하하는 케이크를 구입하려고요.

남 아, 저는 지난달에 당신 그룹의 공연을 봤어요—정말 즐거웠어요. 그런데, 저희가 사실 이번 주에 케이크 몇 가지에 프로모션을 제공하고 있거든요. 여기 있는 안내판에서 특별 가격을 확인해 보세요.

여 알았어요, 어디 볼게요... 음, ②모두 딸기를 좋아하니까, 이 제품으로 할게요. 흠... ③차에 가방을 놓고 왔네요... 잠시 다녀올게요.

남 물론이죠. 그동안 저희가 케이크를 포장해 놓을게요.

어휘 director 감독 | purchase 구입하다 | attend 참석하다 | performance 공연 | enjoyable 즐거운 | offer 제공하다 | promotion 프로모션, 판촉 활동 | package 포장하다; 소포 | inspector 감독관, 조사관 | culinary 요리의 | critic 비평가

1. 여자는 누구인가?
(A) 시 감독관 (B) 요리 학교 학생
(C) 음식 비평가 **(D) 밴드 감독**

2. 시각 자료를 보시오. 여자는 구입품에 대해 얼마를 지불할 것인가?
(A) 15달러 **(B) 18달러**
(C) 20달러 (D) 22달러

3. 여자는 다음에 무엇을 할 것인가?
(A) 자신의 가방을 가져올 것이다
(B) 케이크 한 조각을 먹을 것이다
(C) 다른 지점을 방문할 것이다
(D) 소포를 열어볼 것이다

PART 3
CHAPTER 09

CASE 집중훈련
해설서 p.74

CH09_24

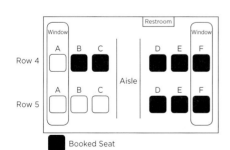

Booked Seat

1. Why is the man going on a trip?
(A) To visit his family
(B) To help with a factory opening
(C) To participate in a trade show
(D) To meet some investors

2. What does the man agree to do?
(A) Postpone a meeting
(B) Switch a presentation time
(C) Book a hotel room
(D) Depart on a different date

3. Look at the graphic. Which seat does the man ask for?
(A) 4A
(B) 4C
(C) 5A
(D) 5C

1. What department does Joan work in?

(A) Accounting
(B) Purchasing
(C) Human Resources
(D) Product Development

2. What does the man say he will do?

(A) Place an order
(B) Bake a dessert
(C) Check a Web site
(D) Book a venue

3. According to the woman, why should the man visit an office?

(A) To confirm some information
(B) To pick up a check
(C) To write on a card
(D) To obtain an approval

4. What product is being discussed?

(A) Eyeglasses
(B) Furniture
(C) Food processors
(D) Office supplies

5. What problem does the woman mention?

(A) A budget request was not approved.
(B) A manager has changed departments.
(C) Customers' orders are too complicated.
(D) A facility is not conveniently located.

6. What does the woman propose?

(A) Hiring a local expert
(B) Updating an instruction manual
(C) Moving a company's headquarters
(D) Asking for a deadline extension

7. What is the problem with the fitness center?

(A) It is too crowded.
(B) Its machines are outdated.
(C) Its equipment is not working.
(D) It is being remodeled.

8. What does Tanya offer to do?

(A) Assist with parking
(B) Carry some baggage
(C) Confirm a room number
(D) Provide a tour

9. What does the man hope to do this Friday?

(A) Apply for a position
(B) Find some candidates
(C) Purchase some tickets
(D) Visit some historic sites

10. What is the main topic of the conversation?

(A) The responses to a questionnaire
(B) The effects of some renovation work
(C) The venue for an upcoming event
(D) The payment schedule for some interns

11. What does the woman mean when she says, "Two interns recently joined our department"?

(A) She needs new employee IDs.
(B) She will hold a training session soon.
(C) She wants to designate some mentors.
(D) She does not think there is enough room.

12. What does the woman offer to do?

(A) Check some paperwork
(B) Attend a conference
(C) Fix some equipment
(D) Contact a manager

File Name	Size
Houston.tiff	45MB
Chapman.tiff	65MB
Morgan.tiff	50MB
Barton.tiff	55MB

13. What industry do the speakers work in?

(A) Entertainment
(B) Design
(C) Medicine
(D) Agriculture

14. Look at the graphic. Which file did the man attempt to send?

(A) Houston.tiff
(B) Chapman.tiff
(C) Morgan.tiff
(D) Barton.tiff

15. What does the woman recommend doing?

(A) Calling a supervisor for authorization
(B) Closing a program and restarting it
(C) Waiting until a manager returns
(D) Reducing the size of a file

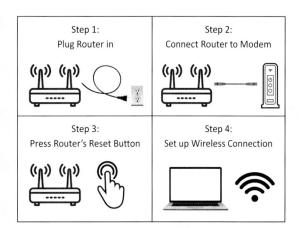

16. What most likely is the man's profession?

(A) Instructor
(B) Electrician
(C) Sales representative
(D) Computer technician

17. Look at the graphic. Which step will the man assist with?

(A) Step 1
(B) Step 2
(C) Step 3
(D) Step 4

18. What will the man do by the end of the week?

(A) Meet some investors
(B) Participate in a workshop
(C) Upload some information
(D) Deposit a check

CASE 127 What is the main topic of the conversation?

대화의 주제는 대개 첫 화자가 언급하며 첫 화자의 말을 듣고 대화가 어떤 내용으로 전개될지 유추해야 한다. 만약 첫 화자의 말을 토대로 답을 고르지 못했다고 해서 계속 첫 번째 문제에 매달리는 건 금물! 두 번째와 세 번째 문제를 다 푼 후에 전체의 대화 내용을 종합해서 맨 마지막에 답을 고르도록 하자.

미국↔미국

1. What is the main topic of the conversation?

    (A) When a library can be used
    (B) How to contact a librarian
    (C) Where food can be eaten
    (D) Who can visit a facility

🎧 CH10_01

2. Why does the man apologize?

    (A) Some incorrect information was posted.
    (B) Some construction has taken too long.
    (C) Some floors are unavailable.
    (D) Some furniture has been damaged.

3. What does the woman request?

    (A) A document   (B) A device
    (C) Directions   (D) Transportation

STEP 1   🔊 문제 먼저 읽고 키워드 기억하기

1. What is the main topic of the conversation?   키워드 "대화의 주제"

2. Why does the man apologize?   키워드 "남자가 사과하는 이유"

3. What does the woman request?   키워드 "여자가 요청하는 것"

STEP 2   ✅ 대화 들으며 바로바로 문제 풀기

Questions 1-3 refer to the following conversation.

Ⓜ Pardon me, ma'am. **1**I'm afraid you're not supposed to be eating in this area. We have a separate dining area for library guests now.

Ⓦ Really? **2**The sign in the lobby says that the dining area is still under construction.

Ⓜ **2**Oh, I'm sorry. That information is no longer correct. The dining area is ready to use.

Ⓦ **3**Alright, could you tell me how to get there from here?

🔄 Way to Answer

1 대화의 주제: 남자의 말, I'm afraid you're not supposed to be eating in this area. We have a separate dining area for library guests now. (죄송하지만 이 구역에서는 음식을 드실 수 없으세요. 지금은 도서관 방문객들을 위한 별도의 식사 공간이 있습니다.) ▶ (C) Where food can be eaten (음식을 어디서 먹을 수 있는지)

2 남자가 사과하는 이유: 여자의 말, The sign in the lobby says that the dining area is still under construction. (로비에 있는 표지판에는 식사 공간이 아직 공사 중이라고 쓰여 있어요.) ▶ 남자

M The dining room is one floor down from here, on the right. Just take the main staircase.

의 말, Oh, I'm sorry. That information is no longer correct. (아, 죄송합니다. 그 정보는 이제 더 이상 맞지 않아요.) ▶ 패러프레이징 [The sign in the lobby says → posted], [no longer correct → incorrect] ▶ (A) Some incorrect information was posted. (일부 잘못된 정보가 게시되었다.)

③ 여자가 요청하는 것: 여자의 말, Alright, could you tell me how to get there from here? (알았어요, 여기서 거기까지 어떻게 가는지 알려 주실 수 있나요?) ▶ 패러프레이징 [how to get there → Directions] ▶ (C) Directions (길 안내)

1-3번은 다음 대화에 관한 문제입니다.

남 실례합니다, 손님. **❶죄송하지만 이 구역에서는 음식을 드실 수 없으세요.** 지금은 도서관 방문객들을 위한 별도의 식사 공간이 있습니다.

여 그런가요? **❷로비에 있는 표지판에는 식사 공간이 아직 공사 중이라고 쓰여 있어요.**

남 **❷아, 죄송합니다. 그 정보는 이제 더 이상 맞지 않아요.** 식사 공간은 이용할 준비가 되어 있습니다.

여 **❸알았어요, 여기서 거기까지 어떻게 가는지 알려 주실 수 있나요?**

남 식당은 여기서 한 층 아래, 오른편에 있어요. 중앙 계단을 이용하시면 됩니다.

1. 대화의 주된 주제는 무엇인가?
   (A) 도서관을 언제 이용할 수 있는지
   (B) 사서에게 어떻게 연락할 수 있는지
   (C) 음식을 어디서 먹을 수 있는지
   (D) 시설에 누가 방문할 수 있는지

2. 남자는 왜 사과하는가?
   (A) 일부 잘못된 정보가 게시되었다.
   (B) 일부 공사가 너무 오래 걸렸다.
   (C) 일부 층을 사용할 수 없다.
   (D) 일부 가구가 파손되었다.

3. 여자는 무엇을 요청하는가?
   (A) 서류   (B) 장비
   (C) 길 안내   (D) 교통

어휘 not be supposed to do ~해서는 안 된다 | separate 별도의, 별개의, 분리된 | sign 표지판 | under construction 공사 중인 | correct 정확한 | staircase 계단 | librarian 사서 | apologize 사과하다 | incorrect 잘못된 | post 게시하다 | unavailable 이용할 수 없는 | directions 길 안내 | transportation 교통

CASE 집중훈련

해설서 p.80

🎧 CH10_02

1. What are the speakers mainly talking about?
   (A) A retirement party
   (B) An open position
   (C) A marketing campaign
   (D) A new client

2. When will the woman mention a topic?
   (A) During a sales presentation
   (B) During a company celebration
   (C) During a conference call
   (D) During a performance review

3. Why does the woman say, "Actually, Martin Cook has been the head of PR for years"?
   (A) To make a suggestion
   (B) To express concern about a decision
   (C) To recommend a pay raise
   (D) To explain a coworker's retirement

CASE 128 What kind of building is being discussed?

'What is being discussed?'와 같이 대화의 전체적인 주제를 묻기도 하지만, 'What + 명사 + is being discussed?'처럼 논의되는 대상을 지정해 주기도 한다. 이때는 제품이나 행사 등의 이름이 대화에 직접적으로 언급되며, 이를 일반화한 명사를 답으로 고른다.

영국 ↔ 미국

Helmet Color By Crew	
Carpentry Team	Silver
Plumbing Team	Orange
Electrical Team	Purple
Masonry Team	White

1. What kind of building is being discussed?
   (A) A shopping center
   (B) A community center
   (C) A medical facility
   (D) A public library

⌂ CH10_03

2. Look at the graphic. Which crew will start work in three weeks?
   (A) The Carpentry Team   (B) The Plumbing Team
   (C) The Electrical Team   (D) The Masonry Team

3. What will the woman do next?
   (A) Place an advertisement
   (B) Interview some candidates
   (C) Call a supervisor
   (D) Order more supplies

STEP 1   ➔ 문제 먼저 읽고 키워드 기억하기

1. What kind of building is being **discussed**?   키워드 *"논의되고 있는 건물"*

2. Look at the graphic. **Which crew** will **start work in three weeks**?   키워드 *"3주 후에 업무를 시작할 팀"*

3. What will the **woman do next**?   키워드 *"여자가 다음에 할 일"*

STEP 2   ✔ 대화 들으며 바로바로 문제 풀기

Questions 1-3 refer to the following conversation and table.

🅦 Hello, Adrian. ❶I'm checking to see if we've got enough safety equipment for the upcoming renovation of the **shopping complex.**

🅜 The mall on Ocean Avenue?

🅦 Yeah, that one. The project supervisor would like to distinguish the construction workers by having their crews use different-colored helmets. But ❷there aren't enough orange helmets for the crew that will wear them.

🅜 That's fine. ❷It'll be another three weeks until those workers arrive at the site. ❸We'll be able to get more orange helmets by then.

🅦 True. ❸Let me go ahead and place an order for those now.

◔ Way to Answer

❶ 논의되고 있는 건물: 여자의 말, I'm checking to see if we've got enough safety equipment for the upcoming renovation of the shopping complex.(저는 곧 있을 쇼핑 단지 개조 공사용 안전 장비를 충분히 갖추고 있는지 확인하는 중입니다.) ▶ 패러프레이징 [shopping complex → shopping center] ▶ (A) A shopping center(쇼핑센터)

❷ 3주 후에 업무를 시작할 팀: 여자의 말, there aren't enough orange helmets for the crew that will wear them(주황색 헬멧을 착용할 팀에 헬멧이 충분하지 않아요) ▶ 남자의 말, It'll be another three weeks until those workers arrive at the site. (그 작업자들이 현장에 도착하려면 3주는 더 걸릴 거예요.) ▶ 시각 자료에서 Orange(주황색) 헬멧을 착용하는 팀이 Plumbing Team(배관팀)임을 확인 ▶ (B) The Plumbing Team(배관팀)

3 여자가 다음에 할 일: 남자의 말, We'll be able to get more orange helmets by then. (그때까지 주황색 헬멧을 더 구할 수 있을 거예요.) ▶ 여자의 말, Let me go ahead and place an order for those now. (제가 지금 주문을 넣을게요.) ▶ 패러프레이징 [place an order → Order], [orange helmets(= those) → supplies] ▶ (D) Order more supplies(물품을 더 주문할 것이다)

팀별 헬멧 색상	
목공팀	은색
배관팀	**❷주황색**
전기팀	보라색
석공팀	흰색

1-3번은 다음 대화와 표에 관한 문제입니다.

여 안녕하세요, Adrian. **❶**저는 곧 있을 쇼핑 단지 개조 공사용 안전 장비를 충분히 갖추고 있는지 확인하는 중입니다.

남 Ocean가에 있는 쇼핑몰이요?

여 네, 그거요. 프로젝트 감독관이 팀별로 서로 다른 색상의 헬멧을 쓰게 해서 건설 작업자들을 구별하고 싶어 해요. 그런데 **❷**주황색 헬멧을 착용할 팀에 헬멧이 충분하지 않아요.

남 괜찮아요. **❷**그 작업자들이 현장에 도착하려면 3주는 더 걸릴 거예요. **❸**그때까지 주황색 헬멧을 더 구할 수 있을 거예요.

여 그렇겠네요. **❸**제가 지금 주문을 넣을게요.

어휘 safety equipment 안전 장비 I renovation 개조, 보수, 수리 I supervisor 감독관 I distinguish 구별 짓다 I construction 건설 I crew (함께 일하는) 팀 I wear 입다, 쓰다 I place an order 주문하다 I carpentry 목공 I plumbing 배관 I electrical 전기의 I masonry 석공직 I place an advertisement 광고를 내다 I candidate 지원자, 후보자 I interview 면접을 보다 I supplies 물품, 공급품

1. 어떤 건물이 논의되고 있는가?

(A) 쇼핑센터   (B) 지역 문화 센터
(C) 의료 시설   (D) 공공 도서관

2. 시각 자료를 보시오. 어떤 팀이 3주 후에 업무를 시작하는가?

(A) 목공팀   **(B) 배관팀**
(C) 전기팀   (D) 석공팀

3. 여자는 다음에 무엇을 할 것인가?

(A) 광고를 낼 것이다
(B) 지원자들의 면접을 볼 것이다
(C) 감독관에게 전화할 것이다
(D) 물품을 더 주문할 것이다

CASE 집중훈련 해설서 p.81

🎧 CH10_04

1. What product are the speakers discussing?

(A) Laptops
(B) Televisions
(C) Monitors
(D) Tablets

2. What does the man say he is happy about?

(A) A product was well-received.
(B) A team will be hiring new employees.
(C) A project came in under budget.
(D) A bonus was paid out early.

3. What will the speakers do tomorrow?

(A) Revise a plan
(B) Interview an executive
(C) Conduct a survey
(D) Attend a meeting

CASE 129 Why is the woman calling?

전화 건 이유/목적을 묻는 문제는 첫 번째 혹은 두 번째 화자의 말에서 정답 단서를 포착한다. 정답 단서의 대표적인 시그널 표현은 'I'm calling to ~' 또는 'but, however'이다.

미국↔미국

1. Why is the woman calling?

   (A) To review some expenses
   (B) To arrange an appointment
   (C) To explain a registration process
   (D) To discuss some test results

⌒ CH10_05

2. What is the man's area of expertise?

   (A) Software design
   (B) Human resources
   (C) Financial consulting
   (D) Web advertising

3. What does the woman request that the man do?

   (A) Print out a map
   (B) Review some flight options
   (C) Apply for a permit
   (D) Bring some certificates

STEP 1 ⊙ 문제 먼저 읽고 키워드 기억하기

1. **Why** is the **woman calling**?　　　키워드 "여자가 전화 건 이유"

2. **What** is the **man's area of expertise**?　　키워드 "남자의 전문 분야"

3. **What** does the **woman request** that the **man** do?　키워드 "여자가 남자에게 요청하는 것"

STEP 2 ⊙ 대화 들으며 바로바로 문제 풀기

Questions 1-3 refer to the following conversation.

W Good morning, Mr. Kensen. It's Martine from Somset Co., and **①I'm calling to see if you are available for an interview.**

M Thanks for the call. And yes, I am!

W Great. **②It looks like you're interested in joining our software development team.**

M **②That's correct.** When would you like me to come in?

W How does this Thursday at 3 P.M. sound?

M That'll work!

🔄 Way to Answer

① 여자가 전화 건 이유: 여자의 말, I'm calling to see if you are available for an interview(면접을 볼 시간이 되시는지 확인하고자 전화드립니다) ▶ (B) To arrange an appointment(약속을 잡기 위해)

② 남자의 전문 분야: 여자의 말, It looks like you're interested in joining our software development team.(소프트웨어 개발팀에 합류하는 데에 관심이 있으시다고요.) ▶ 남자의 말, That's correct.(맞습니다.) ▶ 패러프레이징 [development → design] ▶ (A) Software design(소프트웨어 설계)

W Alright. Also, we'll need to verify your academic background, so please ③bring your high school and university diplomas with you on Thursday.

M Sure thing.

③ 여자가 남자에게 요청하는 것: 여자의 말, bring your high school and university diplomas with you on Thursday(목요일에 고등학교와 대학교 졸업장을 지참해 주세요) ▶ 패러프레이징 [diplomas → certificates] ▶ (D) Bring some certificates(증명서를 가져오라고)

1-3번은 다음 대화에 관한 문제입니다.

여 안녕하세요, Kensen 씨. Somset사의 Martine인데요. ❶면접을 볼 시간이 되시는지 확인하고자 전화드립니다.

남 전화해 주셔서 감사해요. 그리고 네, 시간 됩니다!

여 좋아요. ❷소프트웨어 개발팀에 합류하는 데에 관심이 있으시다고요.

남 ❷맞습니다. 언제 방문할까요?

여 이번 주 목요일 오후 3시는 어떠세요?

남 좋습니다!

여 그래요. 그리고, 학력을 확인해야 하니, ❸목요일에 고등학교와 대학교 졸업장을 지참해 주세요.

남 그렇게 할게요.

1. 여자는 왜 전화하고 있는가?
   (A) 비용을 검토하기 위해
   (B) 약속을 잡기 위해
   (C) 등록 절차를 설명하기 위해
   (D) 시험 결과를 논의하기 위해

2. 남자의 전문 분야는 무엇인가?
   (A) 소프트웨어 설계 (B) 인사
   (C) 재무 컨설팅 (D) 웹 광고

3. 여자는 남자에게 무엇을 하라고 요청하는가?
   (A) 지도를 출력하라고
   (B) 선택할 수 있는 항공편을 살펴보라고
   (C) 허가증을 신청하라고
   (D) 증명서를 가져오라고

어휘 available 시간이 되는 | interview 면접 | interested in ~에 관심이 있는 | development 개발 | verify 확인하다 | academic background 학력 | diploma 졸업장 | review 검토하다, 살펴보다 | expense 비용 | arrange 마련하다 | appointment 약속 | registration 등록 | expertise 전문 분야[지식] | human resources 인사, 인적 자원 | financial 재무의 | apply for ~을 신청하다 | permit 허가(증) | certificate 증명서

CASE 집중훈련

해설서 p.81

🎧 CH10_06

1. Why is the man calling?
   (A) To report a defective product
   (B) To inquire about a delivery
   (C) To request a refund
   (D) To select menu items for an event

2. What event does the man mention?
   (A) An outdoor picnic
   (B) A special luncheon
   (C) A grand opening
   (D) A product launch

3. What does the woman say she will do?
   (A) Provide complimentary items
   (B) Issue a discount voucher
   (C) Contact a colleague
   (D) Send the order by express delivery

CASE 130 — Who most likely is the woman?

화자의 신분을 묻는 문제는 대화의 초반부에서 화자가 직접 본인의 신분을 밝히거나 대화 중 언급된 직업 관련 명사들을 듣고 유추하는 문제로 출제된다.

미국 ↔ 호주

1. Who most likely is the woman?

(A) A librarian
(B) A baker
(C) A mechanic
(D) A patron

🎧 CH10_07

2. What does the woman say about a product?

(A) It is cheaper than advertised.
(B) It is only available in one store.
(C) It is a seasonal item.
(D) It is in high demand.

3. What does the woman say she will do?

(A) Give a discount
(B) Email other locations
(C) Look for a product
(D) Ask a manager

STEP 1 ➡ 문제 먼저 읽고 키워드 기억하기

1. **Who** most likely is the **woman**?　　　　　키워드 "여자의 신분"

2. **What** does the **woman say** about **a product**?　키워드 "제품에 대해 여자가 말하는 것"

3. **What** does the **woman say she will do**?　키워드 "여자가 할 거라고 말하는 것"

STEP 2 ✔ 대화 들으며 바로바로 문제 풀기

Questions 1-3 refer to the following conversation.

W ❶Hello, sir. Is there anything I can help you with?

M Well, ❶I heard you carry the latest book in *The Night Owl* series, but I can't find it on the shelf.

W I see. ❷Is that the book with a golden owl on the cover? It's high in demand. Everyone's been asking for it.

M That's the one. Are all the copies reserved?

W Could be, ❸but I can check the returns shelf to see if we have any there. If not, I can add you to the waiting list.

🔊 **Way to Answer**

❶ 여자의 신분: 여자의 말, Hello, sir. Is there anything I can help you with?(안녕하세요, 손님. 도움이 필요하신가요?) ▶ 남자의 말, I heard you carry the latest book in *The Night Owl* series, but I can't find it on the shelf(음, 여기에 〈밤 부엉이〉 시리즈 신간이 있다고 들었는데, 선반에서 못 찾겠네요) ▶ (A) A librarian(사서)

❷ 제품에 대해 여자가 말하는 것: 여자의 말, Is that the book with a golden owl on the cover? It's high in demand.(표지에 황금 부엉이가 그려진 책인가요? 수요가 많거든요.) ▶ (D) It is in high demand. (수요가 많다.)

1-3번은 다음 대화에 관한 문제입니다.

여 ❶안녕하세요, 손님. 도움이 필요하신가요?

남 음. ❶여기에 〈밤 부엉이〉 시리즈 신간이 있다고 들었는데, 선반에서 못 찾겠네요.

여 그러시군요. ❷표지에 황금 부엉이가 그려진 책인가요? 수요가 많거든요. 모두들 그걸 찾으세요.

남 맞아요. 책이 전부 예약되어 있나요?

여 그럴 거예요. ❸근데 제가 혹시 반납대에 있는지 확인해 드릴 수 있어요. 없으면, 대기자 명단에 올려 드릴게요.

1. 여자는 누구이겠는가?
   (A) 사서　　　　　　(B) 제빵사
   (C) 정비사　　　　　(D) 후원자

2. 여자는 제품에 대해 무엇을 말하는가?
   (A) 광고된 것보다 저렴하다.
   (B) 한 매장에서만 구매할 수 있다.
   (C) 계절상품이다.
   (D) 수요가 많다.

3. 여자는 무엇을 할 것이라고 말하는가?
   (A) 할인해 줄 것이라고
   (B) 다른 지점에 이메일을 보낼 것이라고
   (C) 제품을 찾아볼 것이라고
   (D) 매니저에게 물어볼 것이라고

어휘 carry 취급하다 | latest 최신의, 최근의 | owl 부엉이 | shelf 선반 | golden 황금빛의 | cover 표지 | demand 수요 | ask for ~을 찾다, 청하다 | copy (책, 신문 등의) 한 부 | reserve 예약하다 | check 확인하다 | return 반납, 반품 | add 더하다, 추가하다 | waiting list 대기자 명단 | librarian 사서 | mechanic 정비사 | patron 후원자 | seasonal 계절의, 계절에 따라 다른 | discount 할인

CASE 집중훈련　해설서 p.82

CH10_08

Manager	Specialty
Todd	Terminology
Alaina	Translation Software
Nathan	Desktop Publishing
Chris	Quality Assurance

1. Who most likely is the man?
   (A) A training specialist
   (B) A corporate translator
   (C) A computer engineer
   (D) A maintenance officer

2. Look at the graphic. What will the woman learn today?
   (A) Terminology
   (B) Translation Software
   (C) Desktop Publishing
   (D) Quality Assurance

3. Where will the speakers go next?
   (A) To the Security Division
   (B) To a meeting room
   (C) To the Human Resources Department
   (D) To an employee cafeteria

CASE 131 Where do the speakers work?

화자의 직업이나 화자들이 일하는 곳을 묻는 문제는 대화의 초반부에서 화자가 언급하는 업무 관련 명사들을 듣고 유추하는 문제로 출제된다.

미국↔영국

⌒ CH10_09

1. Where do the speakers work?
   (A) At a public library
   (B) At a retail store
   (C) At a manufacturing plant
   (D) At a community center

2. What will happen next Monday?
   (A) A sales event will take place.
   (B) A facility will be renovated.
   (C) Some prizes will be distributed.
   (D) Some devices will arrive.

3. What does the woman say she has been having prepared?
   (A) Identification cards
   (B) Payment stubs
   (C) A survey form
   (D) A client list

STEP 1 ➡ 문제 먼저 읽고 키워드 기억하기

1. **Where** do the **speakers work**?　　　키워드 "화자들이 일하는 곳"
2. **What** will **happen** next **Monday**?　　키워드 "다음 주 월요일에 일어날 일"
3. **What** does the **woman say** she has been having **prepared**?　　키워드 "여자가 준비 중이라고 말하는 것"

STEP 2 ✅ 대화 들으며 바로바로 문제 풀기

Questions 1-3 refer to the following conversation.

M Liza, ❶we've been getting a lot more people at our stationery shop. Our mechanical pencils and colored pens have been especially popular with customers.

W Yeah. And ❷once the new scanners come in next Monday, we should be able to speed up the inventory checking process.

M Right. Oh, by the way, ❸staff members are wondering when the new ID cards will be issued.

W ❸I'm still in the process of getting them made. They should be done by the end of the week.

🔘 Way to Answer

❶ 화자들이 일하는 곳: 남자의 말, we've been getting a lot more people at our stationery shop. Our mechanical pencils and colored pens have been especially popular with customers. (우리 문구점에 오는 사람들이 훨씬 더 많아지고 있어요. 샤프와 컬러 펜이 특히 고객들에게 인기를 얻고 있죠.) ▶ 패러프레이징 [stationery shop → retail store] ▶ (B) At a retail store (소매점에서)

❷ 다음 주 월요일에 일어날 일: 여자의 말, once the new scanners come in next Monday (새로운 스캐너가 다음 주 월요일에 들어오면) ▶ 패러프레이징 [scanners → devices], [come in → arrive] ▶ (D) Some devices will arrive. (기기가 도착할 것이다.)

❸ 여자가 준비 중이라고 말하는 것: 남자의 말, staff members are wondering when the new ID cards will be issued(직원들이 새 신분증이 언제 발급되는지 궁금해하고 있어요) ▶ 여자의 말, I'm still in the process of getting them made.(제가 아직 제작하는 중이에요.) ▶ 패러프레이징 [ID cards → Identification cards] ▶ (A) Identification cards(신분증)

1-3번은 다음 대화에 관한 문제입니다.

남 Liza, **❶**우리 문구점에 오는 사람들이 훨씬 더 많아지고 있어요. 샤프와 컬러 펜이 특히 고객들에게 인기를 얻고 있죠.

여 그래요. 그리고 **❷**새로운 스캐너가 다음 주 월요일에 들어오면, 우리는 재고 확인 과정에 속도를 낼 수 있을 거예요.

남 맞아요. 오, 그런데. **❸**직원들이 새 신분증이 언제 발급되는지 궁금해하고 있어요.

여 **❸**제가 아직 제작하는 중이에요. 이번 주 말까지는 마무리될 거예요.

1. 화자들은 어디서 일하는가?
(A) 공공 도서관에서   **(B) 소매점에서**
(C) 제조 공장에서   (D) 지역 문화 센터에서

2. 다음 주 월요일에 무슨 일이 있을 것인가?
(A) 할인 행사가 열릴 것이다.   (B) 시설이 개조될 것이다.
(C) 경품이 지급될 것이다.   **(D) 기기가 도착할 것이다.**

3. 여자는 무엇이 준비되고 있다고 말하는가?
(A) 신분증   (B) 납부증
(C) 설문 양식   (D) 고객 명단

어휘 stationery 문구류 ¦ mechanical pencil 샤프 ¦ speed up ~의 속도를 높이다 ¦ inventory 재고 ¦ wonder 궁금해하다 ¦ issue 발급하다 ¦ in the process of ~하는 중에, ~의 과정 중에 ¦ retail store 소매점 ¦ plant 공장 ¦ take place 열리다, 개최되다 ¦ renovate 개조하다, 수리하다 ¦ prize 경품, 상품 ¦ distribute 배부하다, 나누어 주다 ¦ prepare 준비하다 ¦ identification card (ID card) 신분증 ¦ stub (표 등의) 부분, 남은 한쪽

CASE 집중훈련

해설서 p.83

🎧 CH10_10

1. Where do the speakers most likely work?
(A) At a logistics company
(B) At an accounting firm
(C) At a publishing company
(D) At a film studio

2. What does the woman mean when she says, "it seems a bit too technical"?
(A) A report is difficult to understand.
(B) Some details are missing.
(C) She will modify the report later.
(D) She has not received a report.

3. What will the company celebrate in March?
(A) An opening
(B) A retirement
(C) A new product
(D) A birthday

CASE 132 · Where most likely are the speakers?

대화 장소를 묻는 문제는 대화의 초반부에 화자가 언급하는 특정 장소와 관련된 명사를 정답 단서로 포착하여 풀기도 하지만, most likely 문제는 대화 초반부의 흐름을 통해 화자들이 대화를 나누는 장소를 유추해서 풀어야 하는 경우도 많다.

호주 ↔ 영국 ↔ 미국

🎧 CH10_11

1. Where most likely are the speakers?

(A) At an airport
(B) At a ship terminal
(C) At a bus stop
(D) At a train station

2. Why does the woman apologize?

(A) A payment could not be processed.
(B) A departure time has been delayed.
(C) A package was damaged.
(D) A device is not working.

3. What will Remy do next?

(A) Revise a presentation
(B) Order a meal
(C) Check a schedule
(D) Contact a colleague

STEP 1 ➡ 문제 먼저 읽고 키워드 기억하기

1. ✓Where most likely are the ✓speakers?　　키워드 "화자들이 있는 곳"

2. ✓Why does the ✓woman ✓apologize?　　키워드 "여자가 사과하는 이유"

3. ✓What will ✓Remy do ✓next?　　키워드 "Remy가 다음에 할 일"

STEP 2 ✔ 대화 들으며 바로바로 문제 풀기

Questions 1-3 refer to the following conversation with three speakers.

M1 Good morning. ❶We can't seem to find information on the 2 P.M. ferry to Fukuoka. It's not listed on any of your display boards.

W Ah. ❷I'm sorry, but that ferry will be leaving two hours later than its originally scheduled time.

M1 Hmm... That means we can't make it to the dinner with our colleague in Japan.

M2 ❸We should let our colleague know right away. Please send her a text message, Remy.

M1 ❸Alright. We'll just have to see her during the presentation tomorrow.

🔊 Way to Answer

❶ 화자들이 있는 곳: 남자1의 말, We can't seem to find information on the 2 P.M. ferry to Fukuoka. (저희는 Fukuoka행 오후 2시 페리에 대한 정보를 못 찾는 것 같아요.) ▶ 패러프레이징 [ferry → ship] ▶ (B) At a ship terminal (여객선 터미널에)

❷ 여자가 사과하는 이유: 여자의 말, I'm sorry, but that ferry will be leaving two hours later than its originally scheduled time. (죄송합니다만, 그 페리는 원래 예정 시간보다 2시간 늦게 출발할 거예요.) ▶ 패러프레이징 [I'm sorry → apologize], [leaving two hours later → A departure time has been delayed] ▶ (B) A departure time has been delayed. (출발 시간이 지연되었다.)

■ Remy가 다음에 할 일: 남자2의 말, We should let our colleague know right away. Please send her a text message, Remy. (동료한테 바로 알려 줘야 해요. 그녀에게 문자 메시지를 보내 주세요, Remy.) ▶ 남자1의 말, Alright. (알았어요.) ▶ 패러프레이징 [send her a text message → Contact a colleague] ▶ (D) Contact a colleague(동료에게 연락할 것이다)

1-3번은 다음 세 화자의 대화에 관한 문제입니다.

남1 안녕하세요. ■저희는 Fukuoka행 오후 2시 페리에 대한 정보를 못 찾는 것 같아요. 게시판 어디에도 나와 있지 않습니다.

여 아. ■죄송합니다만, 그 페리는 원래 예정 시간보다 2시간 늦게 출발할 거예요.

남1 흠... 그러면 저희가 일본에 있는 동료와의 저녁 식사 시간에 맞출 수 없다는 거네요.

남2 ■동료한테 바로 알려 줘야 해요. 그녀에게 문자 메시지를 보내 주세요, Remy.

남1 ■알았어요. 우리는 그럼 내일 프레젠테이션에서 그녀를 만나야 할 거예요.

1. 화자들은 어디에 있겠는가?
(A) 공항에
(B) 여객선 터미널에
(C) 버스 정류장에
(D) 기차역에

2. 여자는 왜 사과하는가?
(A) 결제가 처리될 수 없다.
(B) 출발 시간이 지연되었다.
(C) 소포가 파손되었다.
(D) 기기가 작동하지 않는다.

3. Remy는 다음에 무엇을 할 것인가?
(A) 프레젠테이션을 수정할 것이다
(B) 식사를 주문할 것이다
(C) 일정을 확인할 것이다
(D) 동료에게 연락할 것이다

어휘 ferry 페리, 연락선 ⏐ list 목록에 언급하다[포함시키다] ⏐ display board 게시판 ⏐ originally 원래 ⏐ scheduled 예정된 ⏐ make it to ~에 시간 맞춰 가다 ⏐ colleague 동료 ⏐ payment 결제, 지불 ⏐ process 처리하다 ⏐ departure time 출발 시간 ⏐ delay 지연시키다 ⏐ damage 손상을 입히다 ⏐ revise 수정하다 ⏐ order 주문하다 ⏐ contact 연락하다

CASE 집중훈련

해설서 p.84

🎧 CH10_12

1. Where most likely is the conversation taking place?

(A) At a car rental company
(B) At a bus terminal
(C) At an apartment complex
(D) At a travel agency

2. What does the man say he will give the woman?

(A) A training schedule
(B) A customer list
(C) Some parking information
(D) Some product prices

3. Why does the man say, "We have plenty of people who want to work extra hours"?

(A) To reject an invitation
(B) To suggest an alternate option
(C) To warn of a possible conflict
(D) To authorize a request

CASE 133 · What problem does the woman mention?

화자가 말하는 문제점 또는 화자의 걱정거리를 묻는 문제는 주로 첫 번째나 두 번째 문제로 출제되며, 'but, however, unfortunately, well' 등이 정답의 단서를 얘기해 주겠다는 대표적인 시그널 표현이다.

미국↔호주

1. What problem does the woman mention?

(A) She does not know where the trade show is happening.
(B) She cannot locate some promotional materials.
(C) She is late for a meeting with a client.
(D) She is unable to access her phone.

🎧 CH10_13

2. What did the man do yesterday?

(A) He attended a trade show.
(B) He updated a calendar.
(C) He designed a Web site.
(D) He uploaded some documents.

3. What does the man say he will do?

(A) Order some products
(B) Retouch a photo
(C) Write a review
(D) Send a sample

STEP 1 · 🔵 문제 먼저 읽고 키워드 기억하기

1. What problem does the **woman mention**? ・ 키워드 "여자가 언급하는 문제점"

2. What did the **man do yesterday**? ・ 키워드 "남자가 어제 한 일"

3. What does the **man say** he **will do**? ・ 키워드 "남자가 할 거라고 말하는 것"

STEP 2 · ✅ 대화 들으며 바로바로 문제 풀기

Questions 1-3 refer to the following conversation.

Ⓦ Hi, George. ❶I'm on my way to the trade show right now, but I can't find our brochures anywhere. Do you happen to have them back at the office?

Ⓜ I'm looking at them right now. Not to worry, though. ❷I uploaded the brochures to our Web site yesterday. You should be able to go to a store and print some copies.

Ⓦ Oh, great. That reminds me. ❸We have another show to do next weekend. We'll have to order more product samples.

🟢 **Way to Answer**

❶ 여자가 언급하는 문제점: 여자의 말, I'm on my way to the trade show right now, but I can't find our brochures anywhere. (제가 지금 무역 박람회에 가는 중인데요, 어디에서도 저희 안내 책자를 못 찾겠어요.) ▶ 패러프레이징 [brochures → promotional materials] ▶ (B) She cannot locate some promotional materials. (홍보용 자료를 찾지 못한다.)

❷ 남자가 어제 한 일: 남자의 말, I uploaded the brochures to our Web site yesterday. (제가 어제 웹 사이트에 안내 책자를 업로드 했어요.) ▶ 패러프레이징 [brochures → documents] ▶ (D) He uploaded some documents. (문서를 업로드했다.)

M No problem. **③**I'll get in touch with our supplier right now.

③ 남자가 할 거라고 말하는 것: 여자의 말, We have another show to do next weekend. We'll have to order more product samples. (다음 주말에 참석해야 하는 박람회가 하나 더 있어요. 저희가 제품 샘플을 더 주문해야 할 거예요.) ▶ 남자의 말, I'll get in touch with our supplier right now. (제가 지금 바로 공급처에 연락할게요.)는 제품 샘플을 더 주문하기 위해 공급처에 연락하겠다는 의미 ▶ (A) Order some products (제품을 주문할 것이라고)

1-3번은 다음 대화에 관한 문제입니다.

여 안녕하세요, George. **①**제가 지금 무역 박람회에 가는 중인데요, 어디에서도 저희 안내 책자를 못 찾겠어요. 혹시 사무실에 가지고 계신가요?

남 제가 지금 보고 있어요. 근데 걱정 안 하셔도 돼요. **②**제가 어제 웹 사이트에 안내 책자를 업로드했어요. 매장에 가서서 몇 부 출력하실 수 있을 거예요.

여 아, 잘됐네요. 마침 생각났는데요. **③**다음 주말에 참석해야 하는 박람회가 하나 더 있어요. 저희가 제품 샘플을 더 주문해야 할 거예요.

남 알았어요. **③**제가 지금 바로 공급처에 연락할게요.

1. 여자는 어떤 문제점을 언급하는가?
(A) 무역 박람회가 어디서 열리는지 모른다.
(B) 홍보용 자료를 찾지 못한다.
(C) 고객과의 미팅에 늦는다.
(D) 휴대전화를 이용할 수 없다.

2. 남자는 어제 무엇을 했는가?
(A) 무역 박람회에 참석했다.　(B) 일정표를 업데이트했다.
(C) 웹 사이트를 설계했다.　**(D) 문서를 업로드했다.**

3. 남자는 무엇을 할 것이라고 말하는가?
(A) 제품을 주문할 것이라고　(B) 사진을 수정할 것이라고
(C) 후기를 쓸 것이라고　(D) 샘플을 발송할 것이라고

어휘 on one's way to ~로 가는 도중에 ｜ trade show 무역 박람회 ｜ locate ~의 위치를 찾아내다 ｜ anywhere 어디에서도 ｜ happen to do 혹시 ~하다 ｜ worry 걱정하다 ｜ copy (책 등의) 한 부, 복사본 ｜ remind 생각나게 하다 ｜ order 주문하다 ｜ product 제품, 상품 ｜ sample 샘플, 견본품 ｜ get in touch with ~와 연락하다 ｜ supplier 공급자, 공급 업체 ｜ promotional 홍보의 ｜ material 자료 ｜ retouch 수정하다

CASE 집중훈련　해설서 p.85

🎧 CH10_14

1. Where most likely are the speakers?
(A) At a movie theater
(B) At a broadcasting station
(C) At a production set
(D) At a design studio

2. What problem does the woman mention?
(A) An item has been misplaced.
(B) An employee is unavailable.
(C) Some equipment is out of order.
(D) Some furniture needs to be set up.

3. What suggestion does the man make?
(A) Reviewing a manual
(B) Hiring additional help
(C) Speaking with a supervisor
(D) Rescheduling a session

CASE 134   What has the man recently done?

화자 또는 제삼자가 최근에 한 일을 묻는 문제는 주로 첫 번째나 두 번째 문제로 출제되며, 질문에 쓴 'recently'를 대화 중에 반복한 부분 또는 'just, last Monday' 등이 정답의 단서를 얘기해 주겠다는 대표적인 시그널 표현이다.

미국↔영국↔미국

1. Where do the women most likely work?

  (A) At a community center
  (B) At a television station
  (C) At a music store
  (D) At an art museum

🎧 CH10_15

2. What has the man recently done?

  (A) He started a new job.
  (B) He released a publication.
  (C) He received an award.
  (D) He attended a convention.

3. What will the man do next?

  (A) Tour some offices
  (B) Have a meal
  (C) Provide more information
  (D) Play a song

STEP 1   ➡ 문제 먼저 읽고 키워드 기억하기

1. Where do the **women** most likely **work**?   키워드 "여자들이 일하는 곳"
2. What has the **man recently done**?   키워드 "남자가 최근에 한 일"
3. What will the **man do next**?   키워드 "남자가 다음에 할 일"

STEP 2   ✅ 대화 들으며 바로바로 문제 풀기

Questions 1-3 refer to the following conversation with three speakers.

W1 Good afternoon. ①This is Channel Five's weekly program, *Music World*. My name is Loretta, and to my left is my cohost, Maya.

W2 Hello.

W1 ②With us today is retired singer Jordan Trost, who **recently** began teaching music classes at the local college. Thank you for joining us, Mr. Trost.

M It's my pleasure.

W2 What made you want to start teaching?

M Well, after retiring, I wanted to give back to the community. And I thought the best way for me

🔵 **Way to Answer**

① 여자들이 일하는 곳: 여자1의 말, This is Channel Five's weekly program, *Music World*. My name is Loretta, and to my left is my cohost, Maya. (5번 채널의 주간 프로그램, 〈Music World〉입니다. 제 이름은 Loretta이며, 제 왼쪽에는 공동 사회자인 Maya입니다.) ▶ **(B) At a television station** (방송국에서)

② 남자가 최근에 한 일: 여자1의 말, With us today is retired singer Jordan Trost, who recently began teaching music classes at the local college. (오늘 우리와 함께해 주실 분은 최근 지역 대학에서 음악 수업 강의를 시작하신 은퇴 가수 Jordan Trost입니다.) ▶ 패러프레이징 [began teaching music classes → started a new job] ▶ **(A) He started a new job.** (새로운 일을 시작했다.)

to do so was to offer my knowledge to people interested in music.

W2 That's great. ⁸Do you mind talking more about what kind of classes you currently teach?

M ⁸Not at all.

❸ 남자가 다음에 할 일: 여자2의 말, Do you mind talking more about what kind of classes you currently teach? (현재 어떤 강의를 가르치시는지 좀 더 말씀해 주실 수 있나요?) ▶ 남자의 말, Not at all.(그럼요.) ▶ 패러프레이징 [talking more → Provide more information] ▶ (C) Provide more information(더 많은 정보를 제공할 것이다)

1-3번은 다음 세 화자의 대화에 관한 문제입니다.

여1 안녕하세요. ❶5번 채널의 주간 프로그램, 〈Music World〉입니다. 제 이름은 Loretta이며, 제 왼쪽에는 공동 사회자인 Maya입니다.

여2 안녕하세요.

여1 ❷오늘 우리와 함께해 주실 분은 최근 지역 대학에서 음악 수업 강의를 시작하신 은퇴 가수 Jordan Trost입니다. 함께해 주셔서 감사합니다, Trost 씨.

남 천만의 말씀입니다.

여2 무엇이 강의를 시작하고 싶으시게 만들었나요?

남 음, 은퇴 후, 지역 사회에 보답하고 싶었어요. 그리고 제가 그렇게 할 수 있는 가장 좋은 방법은 제가 가진 지식을 음악에 관심 있는 분들께 알려 드리는 것이라고 생각했죠.

여2 멋지네요. ❸현재 어떤 강의를 가르치시는지 좀 더 말씀해 주실 수 있나요?

남 ❸그럼요.

1. 여자들은 어디에서 근무하겠는가?
(A) 지역 문화 센터에서 **(B) 방송국에서**
(C) 음반 가게에서 (D) 미술관에서

2. 남자는 최근에 무엇을 했는가?
(A) 새로운 일을 시작했다. (B) 출판물을 발간했다.
(C) 상을 받았다. (D) 학회에 참석했다.

3. 남자는 다음에 무엇을 할 것인가?
(A) 사무실들을 둘러볼 것이다 (B) 식사를 할 것이다
(C) 더 많은 정보를 제공할 것이다 (D) 노래를 연주할 것이다

어휘 cohost 공동 사회자 | retire 은퇴하다 | It's my pleasure. 천만에요. | give back ~을 보답하다, 돌려주다 | offer 주다, 제공하다 | knowledge 지식 | Do you mind doing ~? ~해 주시겠어요? | currently 현재, 지금 | Not at all. 그럼요., 전혀 그렇지 않다. | music store 음반 가게 | release 발표하다, 발간하다 | publication 출판물 | attend 참석하다 | tour 둘러보다, 순회하다 | provide 제공하다

CASE 집중훈련

해설서 p.86

CH10_16

1. According to the man, what did the city recently do?

(A) It increased public transit fees.
(B) It constructed a bicycle lane.
(C) It replaced old buses.
(D) It held a local election.

2. Why is the man pleased about a change?

(A) He pays less for utilities.
(B) His neighborhood is quieter.
(C) His traveling time has been reduced.
(D) He has more recycling options.

3. What does the woman recommend the man do?

(A) Attend a community meeting
(B) Enroll in a class
(C) Register for a competition
(D) Purchase a permit

화자가 상대 화자에게 요청하는 것을 묻는 문제는 대개 질문에 언급된 화자가 정답의 단서를 직접 얘기하며, 'Can[Could] you ~?, Do you mind ~?, I'd like you to ~, I was wondering if you ~, Please (make sure) ~' 등의 요청 표현이 정답의 단서를 얘기해 주겠다는 대표적인 시그널 표현이다.

호주↔영국

🎧 CH10_17

1. What did the man do yesterday?

    (A) He evaluated some employees.
    (B) He watched a television program.
    (C) He attended a management conference.
    (D) He toured some facilities.

2. What does the woman ask the man to do?

    (A) Email a customer
    (B) Download a file
    (C) Create a document
    (D) Call a supplier

3. What would the man like to do first?

    (A) Inspect some equipment
    (B) Request additional funds
    (C) Distribute a form
    (D) Book a meeting room

STEP 1   ➡ 문제 먼저 읽고 키워드 기억하기

1. **What** did the **man do yesterday**?   키워드 "남자가 어제 한 일"
2. **What** does the **woman ask** the **man** to do?   키워드 "여자가 남자에게 요청하는 것"
3. **What** would the **man like to do first**?   키워드 "남자가 맨 먼저 하고 싶은 것"

STEP 2   ✔ 대화 들으며 바로바로 문제 풀기

Questions 1-3 refer to the following conversation.

Ⓜ Loretta, during our management meeting last week, you mentioned that we need to develop better relationships with our employees. Well, ❶yesterday, I watched an interesting show on TV that discussed some team building activities. Can we talk about this for a moment?

Ⓦ I'm just heading out to visit Maxor Industries. ❷Do you mind preparing a brief report so that I can review it later this week?

🔖 Way to Answer

❶ 남자가 어제 한 일: 남자의 말, yesterday, I watched an interesting show on TV(어제, 제가 흥미로운 TV쇼를 봤는데요) ▶ 패러프레이징 [show on TV → television program] ▶ (B) He watched a television program. (TV 프로그램을 시청했다.)

❷ 여자가 남자에게 요청하는 것: 여자의 말, Do you mind preparing a brief report(간략한 보고서를 준비해 주시겠어요) ▶ 패러프레이징 [prepare → Create], [report → document] ▶ (C) Create a document(문서를 만들라고)

M Actually, **3** I was thinking the first thing I should do is have all of the team leaders fill out a questionnaire to see what they think of the activities. **W** That works, too. Please give me an update once you've had a look at the results.	**3** 남자가 맨 먼저 하고 싶은 것: 남자의 말, I was thinking the first thing I should do is have all of the team leaders fill out a questionnaire to see what they think of the activities(우선 모든 팀장들에게 설문지를 작성하게 하여 그 활동에 관해 어떻게 생각하는지 알아보려고 했어요) ▶ 패러프레이징 [questionnaire → form] ▶ **(C) Distribute a form**(서식을 나누어 주고 싶어 한다)

1-3번은 다음 대화에 관한 문제입니다.

남 Loretta, 지난주 경영 회의에서, 우리 직원들과의 관계를 더욱 발전시켜야 한다고 말씀하셨죠. 음, **1**어제, 제가 흥미로운 TV쇼를 봤는데요, 조직 강화 활동에 관해 다루는 거였어요. 잠시 이에 관해 이야기를 좀 나눌 수 있으세요?

여 Maxor 산업에 방문하러 막 나가던 참이었어요. 이번 주 후반에 제가 검토할 수 있도록 **2**간략한 보고서를 준비해 주시겠어요?

남 사실은, **3**우선 모든 팀장들에게 설문지를 작성하게 하여 그 활동에 관해 어떻게 생각하는지 알아보려고 했어요.

여 그렇게 해도 되죠. 결과를 확인한 후 제게도 알려 주세요.

1. 남자는 어제 무엇을 했는가?
(A) 직원들을 평가했다.　　　　　**(B) TV 프로그램을 시청했다.**
(C) 경영 학회에 참석했다.　　　　(D) 시설들을 방문했다.

2. 여자는 남자에게 무엇을 하라고 요청하는가?
(A) 고객에게 이메일을 보내라고　　(B) 파일을 다운로드하라고
(C) 문서를 만들라고　　　　　　(D) 공급사에 전화하라고

3. 남자는 맨 먼저 무엇을 하고 싶어 하는가?
(A) 장비를 점검하고 싶어 한다
(B) 추가 자금을 요청하고 싶어 한다
(C) 서식을 나누어 주고 싶어 한다
(D) 회의실을 예약하고 싶어 한다

어휘 management 경영 | mention 언급하다 | develop 발전하다 | discuss 다루다 | team building 조직 강화 | head out 나가다 | brief 간략한 | review 검토하다 | questionnaire 설문지 | result 결과 | evaluate 평가하다 | supplier 공급자, 공급 업체 | inspect 점검하다 | additional 추가적인 | fund 자금 | distribute 나누어 주다, 분배하다 | form 서식, 양식 | book 예약하다

CASE 집중훈련

해설서 p.86

CH10_18

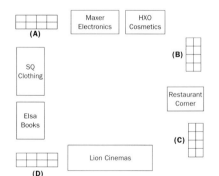

1. Who most likely is the woman?
(A) A maintenance supervisor
(B) A department store customer
(C) A customer service agent
(D) A security officer

2. What does the woman ask the maintenance office to do?
(A) Inspect some pipes
(B) Unlock some doors
(C) Replace an entrance sign
(D) Issue an access card

3. Look at the graphic. Which stairway is the woman referring to?
(A) Stairway A
(B) Stairway B
(C) Stairway C
(D) Stairway D

화자가 상대 화자에게 제안하는 것을 묻는 문제는 대개 질문에 언급된 화자가 단서를 직접 얘기하며, 'You[We] should ~, Why don't you[we] ~?, We can ~, It would be better ~' 등의 제안 표현이나 명령문이 정답의 단서를 얘기해 주겠다는 대표적인 시그널 표현이다.

미국↔미국

1. What are the speakers mainly talking about?

(A) A potential candidate
(B) A delivery fee
(C) A training session
(D) A product feature

CH10_19

2. What does the woman imply when she says, "Our team has until March to finish it"?

(A) More employees may be hired.
(B) A deadline can still be met.
(C) A contract will be finished.
(D) New equipment will be installed.

3. What does the woman recommend doing?

(A) Signing up for a course
(B) Revising a presentation
(C) Conducting another test
(D) Talking with a coworker

STEP 1 ➡ 문제 먼저 읽고 키워드 기억하기

1. **What** are the **speakers** mainly **talking** about? 　키워드 "화자들이 얘기하는 것"

2. What does the **woman imply when she says,** 　키워드 "여자가 '우리 팀은 3월까지 완성하면 돼요'라고 말한 의도"
   "**Our team has until March to finish it**"?

3. **What** does the **woman recommend** doing? 　키워드 "여자가 권하는 것"

STEP 2 ✔ 대화 들으며 바로바로 문제 풀기

Questions 1-3 refer to the following conversation.

Ⓜ Hi, Lin. ❶I'd like to discuss one of the features of our new RZ smartphone. Our phone is supposed to withstand being submerged in one meter of water for half an hour, but after several tests, we found that it did not last that long. ❷I'm worried that this will cause a delay in our project schedule.

Ⓦ ❷Our team has until March to finish it. We might have to look into a different coating.

Ⓜ That might affect our budget, though.

🔄 **Way to Answer**

❶ 화자들이 얘기하는 것: 남자의 말, I'd like to discuss one of the features of our new RZ smartphone. (우리 새 RZ 스마트폰이 가진 기능 중 하나에 관해 논의하고 싶어요.) ▶ 패러프레이징 [RZ smartphone → A product] ▶ (D) A product feature(제품 기능)

❷ 여자가 '우리 팀은 3월까지 완성하면 돼요'라고 말한 의도: 남자의 말, I'm worried that this will cause a delay in our project schedule. (이것이 우리 프로젝트 일정에 지연을 초래할까 걱정이에요.) ▶ 여자의 말, Our team has until March to finish it. (우

W That's true. **❸We should consult Sally about requesting more funds.** She's not here today, but she should be in tomorrow morning.

리 팀은 3월까지 완성하면 돼요.)은 기한이 3월까지이므로 프로젝트 일정에 지장은 없으며 기한을 맞출 수 있다는 의미 ▶ (B) A deadline can still be met.(그래도 기한을 맞출 수 있다.)

❸ 여자가 권하는 것: 여자의 말, We should consult Sally about requesting more funds.(Sally에게 추가 자금을 요청하는 것에 관해 상의해 봐야겠어요.) ▶ 패러프레이징 [consult → Talking with], [Sally → a coworker] ▶ (D) Talking with a coworker(동료와 대화하는 것)

1-3번은 다음 대화에 관한 문제입니다.

남 안녕하세요, Lin. **❶우리 새 RZ 스마트폰이 가진 기능 중 하나에 관해 논의하고 싶어요.** 우리 스마트폰은 1m 깊이의 물속에서 30분 동안 견뎌낼 수 있어야 하는데요, 몇 차례 실험 뒤, 그렇게까지 길게 견디지 못한다는 걸 발견했어요. **❷이것이 우리 프로젝트 일정에 지연을 초래할까 걱정이에요.**

여 **❷우리 팀은 3월까지 완성하면 돼요.** 다른 코팅을 알아봐야 할 수도 있겠네요.

남 하지만 우리 예산에 영향을 미칠 수도 있어요.

여 그렇긴 하죠. **❸Sally에게 추가 자금을 요청하는 것에 관해 상의해 봐야겠어요.** 오늘 자리에 없지만, 내일 아침에는 있을 거예요.

1. 화자들은 주로 무엇에 관해 이야기하는가?
   (A) 가능성 있는 후보자 (B) 배송료
   (C) 교육 **(D) 제품 기능**

2. 여자가 "우리 팀은 3월까지 완성하면 돼요"라고 말할 때, 그녀가 내비친 것은?
   (A) 추가 직원들이 채용될 수도 있다.
   (B) 그래도 기한을 맞출 수 있다.
   (C) 계약이 만료될 것이다.
   (D) 새로운 장비가 설치될 것이다.

3. 여자는 무엇을 하는 것을 권하는가?
   (A) 강의에 신청하는 것 (B) 발표를 수정하는 것
   (C) 다른 실험을 수행하는 것 **(D) 동료와 대화하는 것**

어휘 feature 기능 ㅣ be supposed to do ~해야 한다 ㅣ withstand 견뎌내다 ㅣ submerge 물속에 잠기다 ㅣ last 견디다 ㅣ affect ~에 영향을 미치다 ㅣ budget 예산 ㅣ consult 상의하다 ㅣ request 요청하다 ㅣ fund 자금 ㅣ potential 가능성 있는 ㅣ candidate 후보자 ㅣ deadline 기한 ㅣ install 설치하다 ㅣ sign up for ~을 신청하다 ㅣ revise 수정하다 ㅣ conduct 수행하다 ㅣ coworker 동료

CASE 집중훈련

해설서 p.87

🎧 CH10_20

1. What does the woman ask about?
   (A) Using a machine
   (B) Reserving a room
   (C) Calling a taxi
   (D) Parking a bicycle

2. What problem does the woman mention?
   (A) She lost her employee ID card.
   (B) A road has too much traffic.
   (C) She cannot make a project deadline.
   (D) A subway station is inaccessible.

3. What does the man recommend the woman do?
   (A) Speak with a coworker
   (B) Check a Web site
   (C) Refer to a manual
   (D) Install a program

CASE 137 · What does the woman offer to do?

화자가 상대 화자에게 '내가 하겠다'고 제안하는 것을 묻는 문제는 대개 질문에 언급된 화자가 정답 단서를 직접 얘기하며, 'Let me ~, I'll ~, I can ~, I'd like to ~' 등의 제안 표현이나 명령문이 정답의 단서를 얘기해 주겠다는 대표적인 시그널 표현이다.

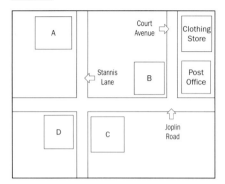

영국 ↔ 미국

1. Where do the speakers probably work?

(A) At a university
(B) At an electronics company
(C) At a landscaping firm
(D) At a museum

🎧 CH10_21

2. Look at the graphic. Which complex will the speakers visit on Friday?

(A) Complex A　　　　(B) Complex B
(C) Complex C　　　　(D) Complex D

3. What does the woman offer to do?

(A) Adjust an appointment time
(B) Participate in a survey
(C) Revise a contract
(D) Write up a report

STEP 1 　 📖 문제 먼저 읽고 키워드 기억하기

1. Where do the **speakers** probably **work**?　　**키워드** "화자들이 일하는 곳"

2. Look at the graphic. **Which complex** will the **speakers visit on Friday**?　　**키워드** "화자들이 금요일에 방문할 복합 건물"

3. What does the **woman offer** to do?　　**키워드** "여자가 제안하는 것"

STEP 2 　 ✅ 대화 들으며 바로바로 문제 풀기

Questions 1-3 refer to the following conversation and map.

W Hello, David. This is Sally calling about our newest client, Estes Electronics. ❶They'd like to go over plans for the landscaping work we're doing on their campus.

M Ah, right. If I recall, they wanted to talk about the garden areas...

W Yeah. ❷They asked if we could come by their office this Friday. So I tentatively arranged for us to meet at 10 A.M. ❷They are located in the complex right across from the post office on Court Avenue.

M Ah, that building. Hold on... I just realized I have to visit another client at 11 A.M. that day. I don't think I'll have enough time to make it there after

🔄 Way to Answer

❶ 화자들이 일하는 곳: 여자의 말, They'd like to go over plans for the landscaping work we're doing on their campus. (그 회사 내에서 우리가 진행할 조경 작업에 관한 계획을 검토하고자 하신 대요.) ▶ (C) At a landscaping firm (조경 회사에서)

❷ 화자들이 금요일에 방문할 복합 건물: 여자의 말, They asked if we could come by their office this Friday. (이번 주 금요일에 우리가 그쪽 사무실에 방문할 수 있을지 물어보셨어요.) + They are located in the complex right across from the post office on Court Avenue. (그 사무실은 Court가에 있는 우체국 바로 건너편에 있는 복합 건물에 위치해 있어요.) ▶ 시각 자료에서 Court Avenue (Court가)에 있는 Post Office (우체국) 건너편 복합 건물인 Complex B (복합 건물 B)를 확인 ▶ (B) Complex B (복합 건물 B) the discussion with Estes Electronics.

W Alright. **③**I'll postpone the Estes meeting to the afternoon then. You should be OK then.

③ 여자가 제안하는 것: 여자의 말, I'll postpone the Estes meeting to the afternoon then. (그렇다면 Estes사와의 회의를 오후로 미루도록 할게요.) ▶ 패러프레이징 [postpone the Estes meeting to the afternoon → Adjust an appointment time] ▶ (A) Adjust an appointment time(약속 시간을 조정하겠다고)

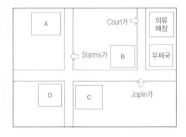

1-3번은 다음 대화와 지도에 관한 문제입니다.

여 안녕하세요, David. Sally인데요, 가장 최근 고객인 Estes 전자에 관해 전화드립니다. **①**그 회사 내에서 우리가 진행할 조경 작업에 관한 계획을 검토하고자 하신대요.

남 아, 맞아요. 제 기억이 맞다면, 정원 구역에 관해 논의하고 싶어 하셨죠...

여 네. **②**이번 주 금요일에 우리가 그쪽 사무실에 방문할 수 있을지 물어보셨어요. 그래서 잠정적으로 오전 10시에 만나기로 해 두었습니다. **②**그 사무실은 Court가에 있는 우체국 바로 건너편에 있는 복합 건물에 위치해 있어요.

남 아, 그 건물이요. 잠시만요... 그날 오전 11시에 또 다른 고객을 방문해야 한다는 걸 방금 깨달았어요. Estes 전자와 논의한 후에 그곳에 시간에 맞춰 갈 수는 없을 것 같아요.

여 좋아요. **③**그렇다면 Estes사와의 회의를 오후로 미루도록 할게요. 그럼 괜찮으실 거예요.

1. 화자들은 어디에서 근무하겠는가?
(A) 대학교에서   (B) 전자 기기 회사에서
(C) 조경 회사에서   (D) 박물관에서

2. 시각 자료를 보시오. 화자들은 금요일에 어떤 복합 건물에 방문할 것인가?
(A) 복합 건물 A   **(B) 복합 건물 B**
(C) 복합 건물 C   (D) 복합 건물 D

3. 여자는 무엇을 하겠다고 제안하는가?
(A) 약속 시간을 조정하겠다고
(B) 설문 조사에 참여하겠다고
(C) 계약서를 수정하겠다고
(D) 보고서를 작성하겠다고

어휘 electronics 전자 기기 | go over ~을 검토하다 | landscaping 조경 | campus (기업의) 구내 | recall 기억해 내다 | tentatively 잠정적으로 | arrange (미리) 정하다, 마련하다 | located in ~에 위치한 | post office 우체국 | avenue ~가, 도로 | realize 깨닫다 | make it 시간 맞춰 가다 | adjust 조정하다 | participate in ~에 참여하다 | revise 수정하다 | contract 계약서 | write up ~을 작성하다

CASE 집중훈련

해설서 p.88

🎧 CH10_22

1. Why are the women meeting with the man?
(A) To request a payment
(B) To discuss a partnership
(C) To inspect some documents
(D) To tour some land for rent

2. What does Tina say will happen this year?
(A) More employees will be hired.
(B) More merchandise will be offered.
(C) A head office will be relocated.
(D) A factory will be renovated.

3. What does the man offer to do?
(A) Show the women another property
(B) Give the women a discount
(C) Book a flight for the women
(D) Send an e-mail to the women

CASE 138   What will the woman probably do next?

화자가 다음에 할 일 혹은 다음에 일어날 일을 묻는 문제는 주로 세 문제 중 마지막 문제로 출제되며, 마지막 화자의 'I'll ~, I'm going to ~, I plan to ~, I should[have to/need to] ~' 등이 정답의 단서를 제공하는 대표적인 시그널 표현이다.

호주↔미국

1. What most likely is the man's profession?

(A) Personnel supervisor   (B) Building maintenance worker
(C) Customer service associate   (D) Book editor

🎧 CH10_23

2. What does the woman mean when she says, "It's been two weeks since I purchased it"?

(A) She would like to receive a discount.
(B) A product should still work properly.
(C) An order has not arrived yet.
(D) She thinks a billing statement is wrong.

3. What will the woman probably do next?

(A) Submit a payment   (B) Download a program
(C) Print an instruction manual   (D) Contact a manager

STEP 1   🔑 문제 먼저 읽고 키워드 기억하기

1. **What** most likely is the **man's profession**?   키워드 "남자의 직업"

2. **What** does the **woman mean** when she says,   키워드 "여자가 '그걸 구매한 지는 2주 됐어요'라고 말한 의도"
"**It's been two weeks since I purchased it**"?

3. **What** will the **woman** probably **do next**?   키워드 "여자가 다음에 할 일"

STEP 2   ✔ 대화 들으며 바로바로 문제 풀기

Questions 1-3 refer to the following conversation.

M ❶You've reached Lenway Tech. How may I help you?

W Hello, ❶❷I recently bought a laser printer from your shop. I'm a freelance editor, so I have to constantly print documents. However, ❷I've noticed that the printer's connection to my computer keeps dropping. I'm pretty frustrated. It's been two weeks since I purchased it.

M I apologize for the inconvenience. If you don't mind me asking, did you try turning the printer on and off?

W Yes, I tried that, but I'm still experiencing the same problem.

M Alright. Hmm... ❸Did you download the latest version of the printer's software?

W Hold on while I'll check. Ah, ❸no I didn't... I'll give you a call back if that doesn't resolve it.

Way to Answer

❶ 남자의 직업: 남자의 말, You've reached Lenway Tech. How may I help you?(Lenway 기술에 전화 주셨습니다. 어떻게 도와 드릴까요?) ▶ 여자의 말, I recently bought a laser printer from your shop(제가 최근에 귀하의 매장에서 레이저 프린터를 구매했는데요) ▶ (C) Customer service associate(고객 서비스 직원)

❷ 여자가 '그걸 구매한 지는 2주 됐어요'라고 말한 의도: 여자의 말, I recently bought a laser printer from your shop(제가 최근에 귀하의 매장에서 레이저 프린터를 구매했는데요) + I've noticed that the printer's connection to my computer keeps dropping. I'm pretty frustrated.(프린터와 제 컴퓨터 연결이 자꾸 끊어지는 걸 발견했어요. 꽤 불만스러워요.) + It's been two weeks since I purchased it.(그걸 구매한 지는 2주 됐어요.) ▶ 패러프레이징 [a laser printer → A product] ▶ (B) A product should still work properly.(제품이 아직 제대로 작동해야 한다.)

■ 여자가 다음에 할 일: 남자의 말, Did you download the latest version of the printer's software?(프린터 소프트웨어의 최신 버전을 다운로드하셨나요?) ▶ 여자의 말, no I didn't... I'll give you a call back if that doesn't resolve it.(아니요, 그러지 않았네요... 만약 이걸로 문제가 해결되지 않는다면 다시 전화드릴게요.) ▶ 패러프레이징 [software → program] ▶ (B) Download a program(프로그램을 다운로드할 것이다)

1-3번은 다음 대화에 관한 문제입니다.

남 ❶Lenway 기술에 전화 주셨습니다. 어떻게 도와 드릴까요?

여 안녕하세요. ❶❷제가 최근에 귀하의 매장에서 레이저 프린터를 구매했는데요. 저는 프리랜서 편집자라서, 계속 문서를 출력해야 해요. 그런데, ❷프린터와 제 컴퓨터 연결이 자꾸 끊어지는 걸 발견했어요. 꽤 불만스러워요. 그걸 구매한 지는 2주 됐어요.

남 불편을 끼쳐 죄송합니다. 만약 제가 여쭤봐도 괜찮으시다면, 프린터를 켰다 껐다 해 보셨나요?

여 네, 그렇게 했는데, 그래도 계속 같은 문제가 발생해요.

남 그렇군요. 음... ❸프린터 소프트웨어의 최신 버전을 다운로드하셨나요?

여 제가 확인해 볼 테니 잠시만 기다려 주세요. 아, ❸아니요, 그러지 않았네요... 만약 이걸로 문제가 해결되지 않는다면 다시 전화드릴게요.

1. 남자의 직업은 무엇이겠는가?
(A) 인사 감독관
(B) 건물 유지 보수 종사자
(C) 고객 서비스 직원
(D) 도서 편집자

2. 여자가 "그걸 구매한 지는 2주 됐어요"라고 말할 때, 그녀가 의미한 것은?
(A) 할인을 받고자 한다.
(B) 제품이 아직 제대로 작동해야 한다.
(C) 주문품이 아직 도착하지 않았다.
(D) 대금 청구서에 오류가 있다고 생각한다.

3. 여자는 다음에 무엇을 하겠는가?
(A) 납입금을 제출할 것이다
(B) 프로그램을 다운로드할 것이다
(C) 사용 설명서를 출력할 것이다
(D) 매니저에게 연락할 것이다

어휘 tech 기술 | recently 최근에 | editor 편집자 | constantly 끊임없이 | notice 알다 | frustrated 불만스러워하는 | purchase 구매하다 | apologize 사과하다 | inconvenience 불편 | latest 최신의 | resolve 해결하다 | profession 직업 | personnel 인사(과) | associate 직원 | properly 제대로, 적절히 | billing statement 대금 청구서 | submit 제출하다 | instruction manual 사용 설명서

CASE 집중훈련

해설서 p.89

🎧 CH10_24

1. Where does the woman probably work?

(A) At an art center
(B) At a manufacturing plant
(C) At a health facility
(D) At a recruitment company

2. What updated policy does the woman inform the man about?

(A) He has to present a valid photo ID.
(B) He does not have to pay a registration fee.
(C) He should use a certain insurance provider.
(D) He is not required to make an appointment.

3. What does the man say he will do?

(A) Review some testimonials
(B) Visit during his lunchtime
(C) Make a recommendation to a friend
(D) Check out another location

CASE 139 · Why is a business relocating?

이유, 방법, 시점, 장소 등 세부 정보를 요구하는 키워드 문제는 질문에 언급된 의문사와 동사/명사를 키워드로 삼아 대화 중에 해당 키워드가 언급된 부분에서 정답 단서를 포착한다.

미국 ↔ 영국

Lyton Tower Office Directory

Business Name	Office Number
Bayram Party Planning	405
Ben's Financial Consulting	303
Berman's Dentistry	516
Boumaza Engineering	858

🎧 CH10_25

1. Look at the graphic. Which office number will be changed?

(A) 405　　(B) 303
(C) 516　　(D) 858

2. Why is a business relocating?

(A) To have a better view
(B) To be on a lower floor
(C) To make more room
(D) To save money on utilities

3. What will the woman most likely do next?

(A) Examine an office space
(B) Contact a cleaning service
(C) Print out a rental agreement
(D) Order some furniture

STEP 1 ➊ 문제 먼저 읽고 키워드 기억하기

1. Look at the graphic. **Which office number** will be **changed**?　키워드 "변경될 사무실 번호"

2. **Why** is a **business relocating**?　키워드 "업체가 이전하는 이유"

3. **What** will the **woman** most likely **do next**?　키워드 "여자가 다음에 할 일"

STEP 2 ➋ 대화 들으며 바로바로 문제 풀기

Questions 1-3 refer to the following conversation and building directory.

Ⓜ ❶Maryam, we're going to have to revise the office directory. The dental clinic is moving to a different spot.

Ⓦ OK, I'll take care of that. But I'm surprised that they are moving. They've been in that office for years.

Ⓜ ❷Dr. Berman said that since he's been having a lot more patients these days, he will hire an associate to work with him. He's **moving** to office 237 since it's about double the size.

Ⓦ I see. So is 237 ready for them to move in?

Ⓜ Not yet. We still need to have it cleaned. Could you arrange that for me?

⚙ Way to Answer

❶ 변경될 사무실 번호: 남자의 말, Maryam, we're going to have to revise the office directory. The dental clinic is moving to a different spot.(Maryam, 사무실 전화번호부를 수정해야 할 거 같아요. 치과가 다른 장소로 이사한대요.) ▶ 시각 자료에서 Dentistry(치과)의 Office Number(사무실 번호)가 516임을 확인 ▶ 패러프레이징 [revise → change], [directory → number] ▶ (C) 516(516)

❷ 업체가 이전하는 이유: 남자의 말, Dr. Berman said that since he's been having a lot more patients these days, he will hire an associate to work with him. He's moving to office 237 since it's about double the size.(Berman 의사 선생님 말씀으로는 요즘 환자가 훨씬 더 많아져서, 선생님과 함께 일할 동료를 고용할 거라고 했어요. 237호 사무실로 이사한대요, 거기가 크기가

W Sure. ③I'll message our cleaning service right now.

두 배 정도이거든요.) ▶ 패러프레이징 [moving → relocating] ▶ (C) To make more room(공간을 더 확보하기 위해)

③ **여자가 다음에 할 일:** 여자의 말, I'll message our cleaning service right now.(지금 바로 청소 서비스에 메시지를 보낼게요.) ▶ 패러프레이징 [message → Contact] ▶ (B) Contact a cleaning service(청소 서비스에 연락할 것이다)

Lyton Tower 사무실 전화번호부

업체명	사무실 번호
Bayram 파티 기획	405
Ben 금융 컨설팅	303
③Berman 치과	516
Boumaza 토목 공사	858

1-3번은 다음 대화와 건물 전화번호부에 관한 문제입니다.

남 ①Maryam, 사무실 전화번호부를 수정해야 할 거 같아요. 치과가 다른 장소로 이사한대요.

여 네, 제가 처리할게요. 하지만 그곳이 이사한다니 놀랍네요. 몇 년 동안 그 사무실에서 있었잖아요.

남 ②Berman 의사 선생님 말씀으로는 요즘 환자가 훨씬 더 많아져서, 선생님과 함께 일할 동료를 고용할 거라고 했어요. 237호 사무실로 이사한대요, 거기가 크기가 두 배 정도이거든요.

여 그렇군요. 그래서 237호는 입주 준비가 되었나요?

남 아직이요. 여전히 청소해야 해요. 이것을 처리해 주실 수 있나요?

여 그럼요. ③지금 바로 청소 서비스에 메시지를 보낼게요.

1. 시각 자료를 보시오. 어느 사무실 번호가 바뀔 것인가?
(A) 405　　　　　　　(B) 303
(C) 516　　　　　　　(D) 858

2. 회사는 왜 이전하는가?
(A) 더 좋은 전망을 갖기 위해　(B) 더 낮은 층에 있기 위해
(C) 공간을 더 확보하기 위해　(D) 시설비를 절약하기 위해

3. 여자는 다음에 무엇을 하겠는가?
(A) 사무실 공간을 조사할 것이다
(B) 청소 서비스에 연락할 것이다
(C) 임대 계약서를 출력할 것이다
(D) 가구를 주문할 것이다

어휘 revise 수정하다 | directory 전화번호부 | dental clinic 치과 | move 이사하다 | different 다른 | spot 장소 | take care of ~을 처리하다 | patient 환자 | hire 고용하다 | associate 동료 | double 두 배의 | arrange 처리하다 | financial 금융의 | dentistry 치과, 치과 의술 | engineering 토목 공사, 공학 기술 | relocate 이전하다 | lower 더 낮은 | utility 시설, 설비 | examine 조사하다 | contact 연락하다 | rental agreement 임대 계약(서)

CASE 집중훈련
해설서 p.90

🎧 CH10_26

1. Why does the man say, "Just an hour to go"?
(A) To express disappointment
(B) To end a conversation
(C) To show admiration
(D) To encourage the woman

2. What is the woman going to do after work?
(A) Attend a dinner party
(B) Go to a museum
(C) View a sculpture collection
(D) Participate in a seminar

3. Why does the man refuse the woman's invitation?
(A) He has to stay late at the office.
(B) He is having an appliance installed.
(C) He plans to meet some friends.
(D) He has a doctor's appointment.

1. Where does the man most likely work?

(A) At an airport
(B) At a design company
(C) At an event planner
(D) At a restaurant

2. Who will the woman meet on Saturday?

(A) Some colleagues
(B) Some board members
(C) Some investors
(D) Some auditors

3. What does the man ask the woman to provide?

(A) An e-mail address
(B) A deposit
(C) A city map
(D) A phone number

4. What are the speakers mainly talking about?

(A) A time tracking program
(B) A recruitment procedure
(C) A building construction project
(D) A performance evaluation

5. What will staff receive this Friday?

(A) A product brochure
(B) A parking permit
(C) An electronic card
(D) A company directory

6. What does the woman say is an advantage of the XE50?

(A) It is user-friendly.
(B) It is affordable.
(C) It includes a lifetime warranty.
(D) It includes some upgrades.

7. What is the purpose of the man's visit?

(A) To collaborate on a product
(B) To interview for a position
(C) To conduct an inspection
(D) To pick up a sample

8. What industry do the women work in?

(A) Construction
(B) Market research
(C) Accounting
(D) Car manufacturing

9. What will the man most likely do next?

(A) Examine a document
(B) Sign a contract
(C) Observe a meeting
(D) Go to lunch

10. Who most likely is the woman?

(A) A software designer
(B) A shipping firm executive
(C) A head chef
(D) A TV program host

11. According to the woman, why has the man been busy?

(A) He has just finished writing a book.
(B) He has participated in a conference.
(C) He has been seeking more clients.
(D) He has hired additional employees.

12. Why does the man say, "my staff members are very talented and hardworking"?

(A) To promote the merger of two companies
(B) To suggest raising the salaries of some employees
(C) To explain why an error was made
(D) To acknowledge the efforts of others

Friday Morning Schedule

08:00-09:00 A.M.	Visit dentist
09:00-10:00 A.M.	Meet factory supervisor
10:00-11:00 A.M.	Attend client conference
11:00-11:30 A.M.	Conduct employee review

13. What is the woman planning?

(A) A retirement party
(B) A trade show
(C) An award ceremony
(D) A quality inspection

14. What does the woman ask the man to do?

(A) Order some food
(B) Take a business trip
(C) Work at a front desk
(D) Contact a client

15. Look at the graphic. Which engagement will the man cancel?

(A) Visiting a dentist
(B) Meeting a factory supervisor
(C) Attending a client conference
(D) Conducting an employee review

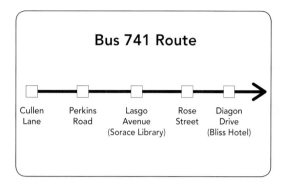

16. What event are the speakers going to?

(A) A museum opening
(B) A training seminar
(C) A cooking competition
(D) An electronics convention

17. Look at the graphic. Which bus stop will the speakers get off at?

(A) Perkins Road
(B) Lasgo Avenue
(C) Rose Street
(D) Diagon Drive

18. What does the woman recommend doing tomorrow?

(A) Visiting a museum
(B) Taking the train
(C) Buying a souvenir
(D) Joining a tour

PART 3 문제 유형 및 시그널 표현 확인하기

CASE 129 Why is the woman calling? (전화 건 이유/목적)

문제 유형 Why is the woman calling? 여자는 왜 전화를 하고 있는가?
Why is the man calling? 남자는 왜 전화를 하고 있는가?

시그널 표현 I'm calling to ~ / I would like to ~ / I need to ~ / but, however 등으로 시작하는 문장

Ex 1

Why is the woman calling?
(A) To correct a billing mistake (B) To inquire about a property
(C) To sell some items (D) To make a job offer

여자는 왜 전화를 하고 있는가?
(A) 청구서상의 실수를 바로잡기 위해 (B) 어떤 건물에 관해 문의하기 위해
(C) 어떤 물건을 판매하기 위해 (D) 고용 제안을 하기 위해

W Hi, Eric. This is Emma calling from Highhills Travels. I would like to offer you an assistant manager position at our company.

여 안녕하세요, Eric. Highhills 여행에서 전화드리는 Emma입니다. 귀하께 저희 회사의 부 매니저 자리를 제안하고자 합니다.

Ex 2

Why is the man calling?
(A) He is having Internet connection issues.
(B) He is no longer interested in a course.
(C) He cannot take a course on a Web Site.
(D) He is failing to print some course material.

남자는 왜 전화를 하고 있는가?
(A) 인터넷 연결 문제가 있다. (B) 어떤 강좌에 더 이상 관심이 없다.
(C) 웹 사이트에서 강의를 들을 수 없다. (D) 일부 강좌 자료를 출력할 수 없다.

W Good morning. How can I assist you today?

M Hello, I paid for a course on the e-learning portal, but I can't access any classes. It's asking me for a unique pass code, but I was never given any code when I signed up and paid for the class.

여 안녕하세요. 오늘 무엇을 도와드릴까요?

남 안녕하세요, 제가 이러닝 포털에 있는 강의 하나를 들으려고 비용을 지불했는데, 어떤 수업에도 접속할 수가 없네요. 고유 접속 코드 입력을 요구하는데, 제가 강의에 등록하고 수업료를 냈을 때 아무런 코드도 받지 못했거든요.

CASE 130 Who most likely is the woman? (화자의 신분)

문제 유형 Who is the woman? 여자는 누구인가?
Who most likely is the man? 남자는 누구이겠는가?

시그널 표현 특정 직업과 관련된 명사

Ex 1

Who is the woman?
(A) A parking attendant (B) A taxi driver
(C) A transportation official (D) A construction worker

여자는 누구인가?
(A) 주차 관리원 (B) 택시 기사
(C) 교통 공무원 (D) 공사장 인부

W Hi, David. I'm the transportation director of Bay City in Rhode Island.

여 안녕하세요, David. 저는 Rhode Island에 있는 Bay 시의 교통 관리국장입니다.

Ex 2

Who most likely is the man?
(A) A personal trainer (B) A salesperson
(C) A newspaper reporter (D) A graphic designer

남자는 누구이겠는가?
(A) 개인 트레이너 (B) 영업사원
(C) 신문기자 (D) 그래픽 디자이너

W Hello, Bob. I saw the posters you created for my friend's hair salon. I really like the artwork. I knew you'd be the right choice for this job.

여 안녕하세요, Bob. 제 친구 미용실을 위해 당신이 제작한 포스터를 봤어요. 그 작품이 정말 마음에 드네요. 이 일에 당신이 올바른 선택일 거라는 걸 알았어요.

Where do the speakers work? (화자가 일하는 장소)

문제 유형   Where do the speakers work? 화자들은 어디서 일하는가?
　　　　　　 What industry do the speakers most likely work in? 화자들은 어느 업종에서 일하겠는가?
　　　　　　 What department does the man work in? 남자는 어느 부서에서 일하는가?

시그널 표현   화자가 언급하는 업무와 관련된 명사

Ex 1

Where do the speakers work?
(A) At an Internet café
(B) At a grocery store
(C) At an office supply store
(D) At an advertising agency

화자들은 어디서 일하는가?
(A) 인터넷 카페에서 　　　　　(B) 식료품점에서
(C) 사무용품점에서 　　　　　(D) 광고 대행사에서

M Hi, Samuel and Julie. Thank you for joining the conference call. Could you tell me why our company's Web page is currently not loading as fast as it should? The biggest yearly sale for our office equipment starts tomorrow morning.

남 안녕하세요, Samuel, Julie. 전화 회의에 함께해 주셔서 감사합니다. 왜 현재 우리 회사 웹 페이지가 전만큼 빨리 로딩되고 있지 않은지 얘기해 주시겠어요? 우리 사무용 기기의 가장 큰 연례 판매 행사가 내일 오전에 시작되는데요.

Ex 2

What industry do the speakers most likely work in?
(A) Medicine　　　　　(B) Education
(C) Accounting　　　　(D) Transportation

화자들은 어느 업종에서 일하겠는가?
(A) 의료　　　　　(B) 교육
(C) 회계　　　　　(D) 교통

W Hey, Peter. I know we arranged to get together tonight to review applications for the junior teacher position, but I'm just so busy.

여 안녕하세요, Peter. 오늘 밤에 하급 교사직 지원서 검토를 위해 우리가 만나기로 한 것으로 아는데, 제가 지금 너무 바쁘네요.

CASE 132   **Where most likely are the speakers? (대화 장소)**

문제 유형   Where most likely are the speakers? 화자들은 어디에 있겠는가?
　　　　　　 Where is the conversation most likely taking place? 대화는 어디에서 이루어지고 있겠는가?

시그널 표현   특정 장소와 관련된 명사

Ex 1

Where most likely are the speakers?
(A) In a clothing store
(B) In an apartment building
(C) In a lost and found center
(D) In a hotel

화자들은 어디에 있겠는가?
(A) 옷 가게에 　　　　　(B) 아파트 건물에
(C) 분실물 센터에 　　　　(D) 호텔에

W Good morning, Guest Services.
M Hello. I'm calling from Suite 2B.

여 안녕하세요. 게스트 서비스입니다.
남 안녕하세요. 스위트룸 2B호실에서 연락드렸어요.

Ex 2

Where is the conversation most likely taking place?
(A) At a supermarket　　(B) At a hardware store
(C) At a pet store　　　(D) At a bakery

대화는 어디에서 이루어지고 있겠는가?
(A) 슈퍼마켓에서　　　(B) 철물점에서
(C) 애완동물 가게에서　(D) 제과점에서

M Hello, I think I lost my bag while I was shopping here this morning. The last time I remember seeing it was in the vegetable section.

남 안녕하세요, 오늘 아침에 제가 여기서 쇼핑하는 동안 제 가방을 잃어버린 것 같아요. 제 기억에 마지막으로 본 게 채소 코너에서였어요.

CASE 133   What problem does the woman mention? (문제점/걱정거리)

문제 유형   What problem do the speakers mention? 화자들은 어떤 문제점을 언급하는가?
What does the woman warn the man about? 여자는 남자에게 무엇에 대해 주의를 주는가?
What is the man concerned about? 남자는 무엇에 대해 걱정하는가?

시그널 표현   but, however, unfortunately, well, hmm 등으로 시작하는 부정적 내용이 담긴 문장 또는 I hope로 시작하는 바람이 담긴 문장

Ex 1

What problem do the speakers mention?
(A) A sales invoice contains errors.
(B) Merchandise has not been shipped.
(C) Employees have not shown up to work.
(D) A Web site is not loading quickly.

화자들은 어떤 문제점을 언급하는가?
(A) 매출 송장에 오류가 있다.
(B) 상품이 배송되지 않았다.
(C) 직원들이 일하러 나오지 않았다.
(D) 웹 사이트가 빨리 로딩되지 않는다.

M Well, the Web page's slow response could be caused by a large number of customers trying to place orders at once.

W That could be true. Our web page probably can't handle that much traffic at the same time.

남 음, 웹 페이지가 반응이 느린 것은 한꺼번에 주문하려는 고객들이 많아서 벌어진 일인 것 같습니다.

여 그럴 수 있어요. 우리 웹 페이지가 동시에 그렇게 많은 트래픽을 감당할 수는 없을 거예요.

Ex 2

What does the woman warn the man about?
(A) An early business closing
(B) A popular time of the month
(C) The entry fee for an event
(D) A missing reservation

여자는 남자에게 무엇에 대해 주의를 주는가?
(A) 조기 영업 마감   (B) 한 달 중 인기 많은 시기
(C) 행사 입장 요금   (D) 누락된 예약

W Okay, we have a few rooms that small groups can reserve. What days does your group meet?

M The last Sunday of each month.

W Hmm, that's a really busy time. You'll have to reserve the room several days in advance.

여 그러시군요. 소규모 단체가 예약할 수 있는 방이 몇 개 있어요. 언제 모임이 있나요?

남 매월 마지막 주 일요일이에요.

여 어, 그때는 정말 바쁜 시기예요. 며칠 전에 미리 예약하셔야 할 겁니다.

Ex 3

What is the man concerned about?
(A) The cost   (B) The shipping time
(C) The warranty   (D) The installation

남자는 무엇에 대해 걱정하는가?
(A) 비용   (B) 배송 시간
(C) 보증서   (D) 설치

W Here's a list of our inventory. We have just what you're looking for.

M Okay, is it complicated to set up? I hope it's not too difficult.

여 물품 목록이 여기 있습니다. 고객님이 찾고 계신 게 딱 있네요.

남 잘됐네요, 설치하는 게 복잡한가요? 너무 어렵지 않았으면 좋겠어요.

CASE 135   What does the woman ask the man to do? (요청)

문제 유형   What does the man ask the woman to do? 남자는 여자에게 무엇을 하라고 요청하는가?
What does the man ask the woman to send? 남자는 여자에게 무엇을 보내라고 요청하는가?

시그널 표현   Can [Could] you ~? / Do [Would] you mind ~? / I want you to ~, I'd like you to ~ / Please (make sure)로 시작하는 문장 또는 조건문(If you ~)을 사용하여 요청 사항을 간접적으로 전달

Ex 1

What does the man ask the woman to do?
(A) Use a different entrance
(B) Submit a design
(C) Sign a contract
(D) Review a list

W I agree, so how about the Majestic Lion? It would fill that area.

M Definitely, I love that idea. And on another note, I finished the reservations list. Would you mind checking over it?

남자는 여자에게 무엇을 하라고 요청하는가?

(A) 다른 입구를 이용하라고
(B) 디자인을 제출하라고
(D) 계약서에 서명하라고
(D) 목록을 검토하라고

여 동의해요, 그럼 Majestic Lion은 어때요? 그게 그 공간을 채울 수 있을 거 같은데요.

남 바로 그거예요, 그 아이디어가 정말 마음에 들어요. 그리고, 다른 한 가지 말씀 드릴 것은, 제가 예약 목록 작업을 완료했습니다. 그것을 좀 점검해 주시겠어요?

Ex 2

What does the man ask the woman to send?

(A) A discount coupon   (B) Some drawings
(C) Feedback from a client   (D) A store catalog

남자는 여자에게 무엇을 보내라고 요청하는가?

(A) 할인 쿠폰
(B) 스케치들
(C) 고객으로부터의 피드백
(D) 매장 카탈로그

M Well, I was the one who chose that color. If you email me the client's comments, I can make the changes.

남 음, 그 색상을 선택한 것이 저였잖아요. 고객 의견을 저에게 이메일로 보내 주시면, 제가 변경할 수 있어요.

CASE 136   What does the woman recommend doing? (제안)

문제 유형   What does the man suggest doing? 남자는 무엇을 하자고 제안하는가?
What does the woman suggest doing in the morning? 여자는 아침에 무엇을 하자고 제안하는가?
What does the woman recommend doing? 여자는 무엇을 하는 것을 권하는가?

시그널 표현   Why don't you[we] ~?, How about ~? / You can[could] ~, You should ~, I suggest ~, I recommend ~, Let's ~로 시작하는 문장

Ex 1

What does the man suggest doing?

(A) Checking out the outside of the property
(B) Calling a different department
(C) Decorating an office
(D) Cooperating with other companies

남자는 무엇을 하자고 제안하는가?

(A) 건물 바깥쪽을 확인해 보자고
(B) 다른 부서에 전화해 보자고
(C) 사무실을 꾸미자고
(D) 다른 회사들과 협력하자고

M Actually, there's a whole separate parking area at the back entrance. Let's walk around there and look at it.

남 실은, 뒷문 쪽에 별도의 온전한 주차 공간이 있습니다. 그 주변을 걸어보고 확인해 보시죠.

Ex 2

What does the woman suggest doing in the morning?

(A) Going to some properties
(B) Amending a contract
(C) Looking at some maps
(D) Offering an additional session

여자는 아침에 무엇을 하자고 제안하는가?

(A) 건물로 가자고
(B) 계약서를 수정하자고
(C) 지도를 보자고
(D) 추가 시간을 제공하자고

M Yes. We would like a space in the boutique district where a lot of street traffic would see our display windows.

W Alright. I know of a couple of available storefronts in that neighborhood. How about we go sometime in the morning to look at them?

남 네. 저희는 거리의 많은 차량이 저희 진열창을 볼 수 있는 부티크 지구에 있는 공간을 원해요.

여 알겠습니다. 제가 그 동네에 가게 앞에 공간이 딸려 있는 구매 가능한 점포 몇 개를 알고 있습니다. 아침에 아무 때나 가서 그곳들을 보는 건 어떠세요?

Ex 3

What does the woman recommend doing?

(A) Preparing for an inspection
(B) Hiring more efficient employees
(C) Buying another device
(D) Checking the brochure

M I have a concern then. How will I be able to connect multiple USB devices if they are needed?

W Well, you could purchase a USB hub that will give you additional 4 ports, and then you can connect it to a laptop when you need to.

여자는 무엇을 하는 것을 권하는가?

(A) 점검에 대비하는 것   (B) 더 유능한 직원들을 고용하는 것

(C) 다른 기기를 구입하는 것   (D) 안내 책자를 확인하는 것

> 남   그럼 고민되는 게 하나 있는데요. 여러 USB 장치들이 필요할 경우에 어떻게 연결할 수 있죠?
>
> 여   음, 4개의 포트를 추가로 제공하는 USB 허브를 구입하실 수 있고, 그렇게 하시면 필요할 때 그걸 노트북 컴퓨터에 연결할 수 있습니다.

CASE 137   What does the woman offer to do? (제공/제안)

문제 유형   What does the man offer to do? 남자는 무엇을 하겠다고 제안하는가?
What does the woman offer to do? 여자는 무엇을 하겠다고 제안하는가?

시그널 표현   Let me ~, I'll ~, I can ~, I'd be happy to ~ / Do you want me to ~?, Would you like me to ~? 로 시작하는 문장

Ex 1

What does the man offer to do?

(A) Schedule a package pickup   (B) Post a written notice

(C) Go to a nearby store   (D) Raise some prices

남자는 무엇을 하겠다고 제안하는가?

(A) 물품을 가져오는 일정을 잡겠다고   (B) 서면 공지를 게시하겠다고

(C) 근처의 매장에 가겠다고   (D) 몇몇 가격을 인상하겠다고

> M   Hmm… There's a grocery store just a few blocks down the road. I'll go buy the olive oil there.
>
> 남   흠… 길을 따라 몇 블록만 가면 식료품점이 하나 있어요. 제가 그곳에 가서 올리브 오일을 구입할게요.

Ex 2

What does the woman offer to do?

(A) Arrange for transportation

(B) Order a clothing item

(C) Print out a receipt

(D) Work extra hours

여자는 무엇을 하겠다고 제안하는가?

(A) 교통편을 마련하겠다고

(B) 의류 제품을 주문하겠다고

(C) 영수증을 출력하겠다고

(D) 초과 근무를 하겠다고

> M   Is there a store close by where I could purchase one?
>
> W   Turlington Menswear is the closest, but it's several blocks away.
>
> M   Okay. Thank you.
>
> W   I'd be happy to call a taxi for you. It would probably be here in about ten minutes.
>
> 남   근처에 하나 구입할 수 있는 매장이 있나요?
>
> 여   Turlington Menswear가 가장 가까이에 있지만, 몇 블록 떨어져 있습니다.
>
> 남   네. 감사합니다.
>
> 여   고객님을 위해 기꺼이 택시를 불러 드리겠습니다. 아마도 약 10분 후에 이곳에 올 것입니다.

CASE 138   What will the woman probably do next? (다음에 할 일)

문제 유형   What does the woman say she will do? 여자는 무엇을 할 것이라고 말하는가?
What will the man most likely do next? 남자는 다음에 무엇을 하겠는가?

시그널 표현   대화 후반부에서 상대 화자의 제안/요청에 수락 또는 거절을 하며 화자의 다음 할 일을 말하거나, 상대 화자의 제안으로 대화문이 끝나며, 상대 화자의 제안이 곧 화자의 다음 할 일이 된다. 화자가 직접 다음 할 일을 말할 때는 I'll ~, I'm going to ~, Let me ~, I plan to ~, I have to ~, I should ~, I need to ~ 등으로 시작하는 문장이 정답 단서이다.

Ex 1

What does the woman say she will do?

(A) Delay a sales event

(B) Hire some temporary employees

(C) Arrange for some personnel training

(D) Speak to a coworker

여자는 무엇을 할 것이라고 말하는가?

(A) 판매 행사를 늦출 것이라고   (B) 임시 직원들을 고용할 것이라고

(C) 직원 교육을 마련할 것이라고   (D) 동료와 얘기할 것이라고

> W   Well, Jack oversees the network. I'll call him and ask if we can do anything to make the servers run faster.
>
> 여   음, Jack이 네트워크를 감독해요. 제가 그에게 전화해서 서버가 빨리 작동하도록 우리가 할 수 있는 일이 있는지 물어볼게요.

What will the man most likely do next?
(A) Change a password
(B) Participate in a conference call
(C) Attend a company employee meeting
(D) Watch a visual aid

남자는 다음에 무엇을 하겠는가?
(A) 비밀번호를 바꿀 것이다　　(B) 전화 회의에 참가할 것이다
(C) 회사 직원 회의에 참석할 것이다　(D) 시각 자료를 시청할 것이다

Ⓜ Now, since this is your first day, you will be very busy this morning. Why don't we begin by getting you started on your computer to watch a training video? It should take about 45 minutes to watch.

남 자, 오늘이 당신의 첫날이라서, 오늘 아침은 무척 바쁠 거예요. 당신의 컴퓨터를 켜서 교육 동영상을 시청하는 걸로 시작하는 게 어때요? 시청하는 데 45분 정도 걸릴 거예요.

CASE 139 Why is a business relocating? (키워드)

문제 유형 According to the man, what did a client request? 남자에 따르면, 고객은 무엇을 요청했는가?
What information does the woman give the man? 여자는 남자에게 어떤 정보를 제공하는가?
What does the woman say she will do this afternoon? 여자는 오늘 오후에 무엇을 할 것이라고 말하는가?

시그널 표현 질문에서 키워드를 확인하고, 대화 중 키워드가 언급된 부분에서 단서를 포착한다.

Ex 1

According to the man, what did a client request?
(A) A new seating arrangement　(B) Audio equipment
(C) Valet parking　　　　　　　(D) A later start time

남자에 따르면, 고객은 무엇을 요청했는가?
(A) 새 좌석 배정　　　　　　　(B) 음향 기기
(C) 발레 파킹　　　　　　　　(D) 시작 시간 연장

Ⓜ Well, Kenneth got a new tech request. First, they just asked for a projector and pull-down screen, but now they'd also like a microphone and speaker.

남 음, Kenneth가 기술적인 요청을 새로 받았네요. 처음에는, 그들이 프로젝터와 접이식 스크린만 요청했는데, 지금은 마이크와 스피커도 원하고 있어요.

Ex 2

What information does the woman give the man?
(A) The name of a supplier
(B) The price of an item
(C) The location of some merchandise
(D) The size of a product

여자는 남자에게 어떤 정보를 제공하는가?
(A) 공급사의 이름　　　　　　(B) 물건의 가격
(C) 상품의 위치　　　　　　　(D) 제품의 크기

Ⓜ I'm so relieved. Oh, how much are these gallons of milk? I forgot to get one when I was here earlier.

Ⓦ They're four dollars.

남 정말 다행이네요. 아, 이 갤런짜리 우유는 얼마예요? 아침에 여기 왔을 때 하나 사는 걸 깜빡했어요.

여 그건 4달러예요.

Ex 3

What does the woman say she will do this afternoon?
(A) Choose a photograph　(B) Offer some samples
(C) Return a phone call　　(D) Lower a price

여자는 오늘 오후에 무엇을 할 것이라고 말하는가?
(A) 사진을 고를 것이라고　　　(B) 샘플을 제공할 것이라고
(C) 전화에 회신할 것이라고　　(D) 가격을 낮출 것이라고

Ⓦ Oh, and let me tell you what else I'll do. If you come by the shop this afternoon, I'll let you taste some samples of the different flavors. That may give you some ideas.

여 아, 그리고 제가 할 게 더 있으면 말씀드릴게요. 오늘 오후에 가게에 들르시면, 다양한 맛의 샘플 몇 개를 맛보게 해드릴게요. 그게 당신께 아이디어를 드릴 수도 있을 거예요.

대화 유형

CASE 140 사내 업무

회사 내에서 일어나는 다양한 업무 관련 대화로 자료 분석, 보고서 작성, 상품 개발/마케팅, 업무 절차, 근무 시간, 발표/행사 준비 등이 주를 이룬다. *p.232 <'사내 업무' 관련 빈출 어휘> 참고

호주↔미국

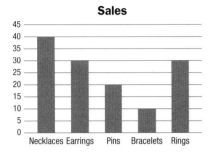

Sales

1. What did the speakers do last year?
   (A) They secured some funding.
   (B) They expanded a product line.
   (C) They relocated their store.
   (D) They participated in a class.

CH11_01

2. Look at the graphic. Which item will be sold at a reduced price next month?
   (A) Necklaces   (B) Earrings
   (C) Bracelets   (D) Rings

3. Why does the woman think more visitors will attend the fair?
   (A) Some positive reviews were posted on the Internet.
   (B) The fair will provide free parking to the public.
   (C) A more spacious venue will be used.
   (D) The fair will include performances by celebrities.

STEP 1 🔑 문제 먼저 읽고 키워드 기억하기

1. What did the speakers do last year?

키워드 "화자들이 작년에 한 일"

2. Look at the graphic. Which item will be sold at a reduced price next month?

키워드 "다음 달에 할인가로 팔릴 품목"

3. Why does the woman think more visitors will attend the fair?

키워드 "여자가 전시회에 더 많은 방문객들이 참석할 거라고 생각하는 이유"

STEP 2 ✔ 대화 들으며 바로바로 문제 풀기

Questions 1-3 refer to the following conversation and graph.

M Hey, Madeline. This is the sales report about how we did at last month's arts and crafts fair. Our necklaces sold really well, so I'm pretty happy.

W I think ❶the design course we took last year helped us develop a better eye for crafting more attractive jewelry. But according to the graph, ❷only 10 of these were sold.

M Yeah. ❷I think we should reduce the cost of this item for the next fair.

W Sounds good. Also, ❸did you read all the online

⚙ Way to Answer

❶ 화자들이 작년에 한 일: 여자의 말, the design course we took last year (우리가 작년에 수강했던 디자인 강의) ▶ 패러프레이징 [course → class], [took → participated in] ▶ (D) They participated in a class. (수업에 참여했다.)

❷ 다음 달에 할인가로 팔릴 품목: 여자의 말, only 10 of these were sold (이건 10개밖에 안 팔렸어요) ▶ 남자의 말, I think we should reduce the cost of this item for the next fair. (다음 전시회에서는 이 제품의 가격을 낮춰야 할 것 같아요.) ▶ 시각 자료에서 10개가 팔린 제품이 Bracelets(팔찌)임을 확인 ▶ (C) Bracelets(팔찌)

reviews speaking highly of the recent arts and crafts fair? Those will probably draw more visitors next time.

3 여자가 전시회에 더 많은 방문객들이 참석할 거라고 생각하는 이유: 여자의 말, did you read all the online reviews speaking highly of the recent arts and crafts fair? (최근 공예품 전시회를 극찬하는 인터넷 후기를 보셨나요?) + Those will probably draw more visitors next time. (그 후기들이 다음에 더 많은 방문객들을 끌어모을 거예요.) ▶ (A) Some positive reviews were posted on the Internet. (인터넷에 긍정적인 후기들이 게시되었다.)

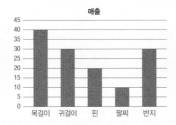

1-3번은 다음 대화와 그래프에 관한 문제입니다.

남 저기, Madeline. 여기 지난달 공예품 전시회에서의 우리 성과에 관한 매출 보고서예요. 우리 목걸이가 잘 팔려서, 꽤 만족스러워요.

여 **1** 우리가 작년에 수강했던 디자인 강의가 더 매력적인 장신구를 만들 때 필요한 안목을 개발하는 데 도움이 된 것 같아요. 하지만 그래프에 따르면, **2** 이건 10개밖에 안 팔렸어요.

남 네. **2** 다음 전시회에서는 이 제품의 가격을 낮춰야 할 것 같아요.

여 좋아요. 그리고, **3** 최근 공예품 전시회를 극찬하는 인터넷 후기를 보셨나요? 그 후기들이 다음에 더 많은 방문객들을 끌어모을 거예요.

1. 화자들은 작년에 무엇을 했는가?
(A) 자금을 확보했다.　　　　(B) 제품군을 확장했다.
(C) 매장을 이전했다.　　　　**(D) 수업에 참여했다.**

2. 시각 자료를 보시오. 어떤 제품이 다음 달에 할인된 금액으로 판매될 것인가?
(A) 목걸이　　　　　　　　(B) 귀걸이
(C) 팔찌　　　　　　　　(D) 반지

3. 여자는 왜 전시회에 더 많은 방문객들이 참석할 것이라고 생각하는가?
(A) 인터넷에 긍정적인 후기들이 게시되었다.
(B) 전시회가 대중들에게 무료 주차를 제공할 것이다.
(C) 더 넓은 장소가 사용될 것이다.
(D) 전시회에 연예인 공연이 포함될 것이다.

어휘 arts and crafts 공예 | good eye 안목 | craft 만들다 | attractive 매력적인 | reduce 낮추다 | review 후기 | speak highly of ~에 관해 극찬하다 | draw 끌어모으다 | bracelet 팔찌 | secure 확보하다, 얻어 내다 | funding 자금 | expand 확장하다 | relocate 이전하다 | positive 긍정적인 | post 게시하다 | spacious 넓은

CASE 집중훈련   해설서 p.96

🎧 CH11_02

1. What are the speakers talking about?
(A) A marketing promotion
(B) A grand opening
(C) Incentives for employees
(D) Preparations for an inspection

2. What does the woman imply when she says, "you're the one who sees them every day"?
(A) The man should visit clients more often.
(B) The man has to read some documents.
(C) The man should have received an award.
(D) The man is the best person to decide.

3. What does the woman advise the man to do next?
(A) Schedule a meeting
(B) Download some instructions
(C) Contact a coworker
(D) Hire some employees

업체 방문

회사 밖에서 일어나는 다양한 업무 관련 대화로 출장이나 생산 시설 방문, 학회/세미나/워크숍 참석, 방송 인터뷰, 외부 업체 방문 등이 주를 이룬다. *p.233 〈'업체 방문' 관련 빈출 어휘〉 참고

미국 ↔ 영국

Areas Requiring Safety Gear				
	Gloves	Masks	Goggles	Foot Protection
Receiving Area	X			
Sorting Area		X		
Storage Room				X
Shipping Dock			X	

1. Why is the man visiting the woman's department?

(A) To sample some merchandise
(B) To conduct a job interview
(C) To get some production advice
(D) To introduce a new employee

🎧 CH11_03

2. What reason does the woman give for her results?

(A) Using high-quality ingredients
(B) Completing a process quickly
(C) Maintaining the right temperature
(D) Adding the correct amount of water

3. Look at the graphic. What protective gear will the man need next?

(A) Gloves   (B) A mask
(C) Goggles   (D) Foot protection

STEP 1 ➡ 문제 먼저 읽고 키워드 기억하기

1. Why is the **man visiting** the **woman's department**? 　키워드 "남자가 여자의 부서를 방문하고 있는 이유"

2. What reason does the **woman give** for her **results**? 　키워드 "결과에 대한 여자의 이유"

3. Look at the graphic. **What protective gear** will the **man need next**? 　키워드 "남자가 다음으로 필요로 할 보호 장비"

STEP 2 ✔ 대화 들으며 바로바로 문제 풀기

Questions 1-3 refer to the following conversation and chart.

Ⓜ Hi, Nicole. Thanks again for letting me stop by your department. All of our coworkers have said I needed to come and see how you run your production area. ❶So what advice would you give to a fellow production manager at Bevomolto Juice Company?

Ⓦ My pleasure. To your question, producing good juice isn't just about buying the best fruit, like many people think. ❷The real key is never to let the ingredients get too hot or too cold.

Ⓜ Oh, I wouldn't have guessed that!

Ⓦ Yes, it's really surprising how much it affects the taste of our products. ❸Let's go to the receiving

🔄 **Way to Answer**

❶ 남자가 여자의 부서를 방문하고 있는 이유: 남자의 말, So what advice would you give to a fellow production manager at Bevomolto Juice Company? (그러면 Bevomolto 주스 회사의 동료 생산 관리자에게 어떤 조언을 해 주시겠어요?) ▶ (C) To get some production advice(생산 조언을 구하려고)

❷ 결과에 대한 여자의 이유: 여자의 말, The real key is never to let the ingredients get too hot or too cold. (진짜 중요한 것은 재료를 너무 뜨겁거나 혹은 너무 차갑게 하면 절대 안 된다는 거예요.) ▶ 패러프레이징 [never to let the ingredients get too hot or too cold → Maintaining the right temperature] ▶ (C) Maintaining the right temperature(적당한 온도를 유지하는 것)

area, and I'll explain in more detail. And make sure you've got the correct protective gear. Here's a chart explaining what you'll need.

3 남자가 다음으로 필요로 할 보호 장비: 여자의 말, Let's go to the receiving area, and I'll explain in more detail. (함께 수령 구역으로 이동하셔서, 더 자세히 설명해 드릴게요.) ▶ 시각 자료에서 Receiving Area(수령 구역)에서 필요한 장비가 Gloves(장갑)임을 확인 ▶ (A) Gloves(장갑)

안전 장비 필수 구역				
	장갑	마스크	보안경	발 보호 장비
3수령 구역	X			
분류 구역		X		
보관 구역				X
발송 구역			X	

1-3번은 다음 대화와 도표에 관한 문제입니다.

남 안녕하세요, Nicole. 당신 부서에 들르게 해 줘서 다시 한번 고마워요. 제 동료들 모두 제가 당신이 생산 구역을 어떻게 운영하는지 보고 와야 한다고 했거든요. **1**그러면 Bevomolto 주스 회사의 동료 생산 관리자에게 어떤 조언을 해 주시겠어요?

여 도와 드릴 수 있어 저도 기쁘네요. 당신의 질문에 대해 말씀드리면, 좋은 주스를 생산하는 건, 많은 사람들이 생각하는 것처럼 단지 질 좋은 과일을 구입하는 것에 그치지 않습니다. **2**진짜 중요한 것은 재료를 너무 뜨겁거나 혹은 너무 차갑게 하면 절대 안 된다는 거예요.

남 아, 저는 상상도 못 했을 거예요!

여 네, 그게 저희 상품의 맛에 얼마나 많은 영향을 미치는지 정말 놀랍습니다. **3**함께 수령 구역으로 이동하셔서, 더 자세히 설명해 드릴게요. 그리고 적절한 보호 장비를 착용했는지 확인해 주세요. 여기 당신이 필요로 하는 걸 알려 주는 도표가 있어요.

1. 남자는 왜 여자의 부서를 방문하고 있는가?
(A) 상품을 시음하려고
(B) 직무 면접을 보려고
(C) 생산 조언을 구하려고
(D) 신입 사원을 소개하려고

2. 여자는 자신의 결과에 대해 어떤 이유를 대는가?
(A) 고품질 재료를 사용하는 것
(B) 절차를 빠르게 완료하는 것
(C) 적당한 온도를 유지하는 것
(D) 정확한 양의 물을 추가하는 것

3. 시각 자료를 보시오. 남자는 다음으로 어떤 보호 장비를 필요로 하겠는가?
(A) 장갑
(B) 마스크
(C) 보안경
(D) 발 보호 장비

어휘 stop by ~에 들르다 | coworker 동료 | production 생산 | fellow 동료 | ingredient 재료 | affect ~에 영향을 미치다 | taste 맛 | receiving area 수령 구역 | protective gear 보호 장비 | safety gear 안전 장비 | sorting 분류 | storage 창고 | shipping dock 발송 구역 | sample 시식[시음]하다 | conduct 수행하다 | high-quality 고품질의 | complete 완료하다, 끝마치다 | maintain 유지하다 | temperature 온도 | correct 제대로 된, 정확한

CASE 집중훈련
해설서 p.97

🎧 CH11_04

1. Where does the woman work?
(A) At a catering firm
(B) At a hotel chain
(C) At a fitness center
(D) At a cleaning business

2. What does the man mean when he says, "This has changed our needs"?
(A) He plans to modify a current booking.
(B) He will require extra assistance.
(C) He wants to change some contract terms.
(D) He needs to postpone an event.

3. What does the woman offer to do?
(A) Lower a price
(B) Find a larger venue
(C) Arrange a visit
(D) Send a map

CASE 142 일정

업무 관련 각종 일정과 관련된 대화로 회의 일정, 인터뷰 일정, 항공편, 제품 출시 일정, 서류 제출 기한 등이 주를 이룬다.
*p.234 <'일정' 관련 빈출 어휘> 참고

미국↔미국

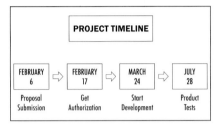

PROJECT TIMELINE

FEBRUARY 6	FEBRUARY 17	MARCH 24	JULY 28
Proposal Submission	Get Authorization	Start Development	Product Tests

1. What product are the speakers talking about?

(A) A television
(B) A computer
(C) A phone
(D) A watch

🎧 CH11_05

2. Look at the graphic. Which date has changed?

(A) February 6
(B) February 17
(C) March 24
(D) July 28

3. Who is Mr. Zhang?

(A) A recruiter   (B) A customer
(C) An executive   (D) An intern

STEP 1   ☞ 문제 먼저 읽고 키워드 기억하기

1. **What product** are the **speakers talking** about?   키워드 "논의 중인 제품"
2. Look at the graphic. **Which date has changed**?   키워드 "변경된 날짜"
3. **Who** is **Mr. Zhang**?   키워드 "Zhang 씨의 신분"

STEP 2   ✔ 대화 들으며 바로바로 문제 풀기

Questions 1-3 refer to the following conversation and timeline.

W Hey, Edward. **①**I wanted to let you know that the executive board authorized the proposal we submitted for the development of the new sports watch.

M That's wonderful news! **②**Let's gather the team sometime this week to go over the development stage of this project.

W Alright, but just so you're aware... **②**The board would like us to begin that stage next week instead of the following month.

M Ah, I see. Well, that'll be a difficult task, so we might have to request some assistance.

⚙ Way to Answer

① 논의 중인 제품: 여자의 말, I wanted to let you know that the executive board authorized the proposal we submitted for the development of the new sports watch. (우리가 새 스포츠 손목시계 개발에 대해 제출했던 제안서를 이사회가 승인해 주셨다는 걸 알려 드리고 싶었어요.) ▶ **(D) A watch**(손목시계)

② 변경된 날짜: 남자의 말, Let's gather the team sometime this week to go over the development stage of this project. (이번 주 중에 팀을 모아 프로젝트 개발 단계를 검토하도록 하죠.) ▶ 여자의 말, The board would like us to begin that stage next week instead of the following month. (이사회가 그 단계를 다음 달이 아니라 다음 주에 시작했으면 하시더라고요.) ▶ 시각 자료에서 Start Development(개발 시작) 시점이 March 24(3월 24일)임을 확인 ▶ **(C) March 24**(3월 24일)

W Actually, **③**I was told that we could use Ken Zhang for that project. He has a six-month internship at our company and can assist us for a few months.

❸ Zhang 씨의 신분: 여자의 말, I was told that we could use Ken Zhang for that project(이 프로젝트에 Ken Zhang을 활용해도 된다고 들었어요) + He has a six-month internship at our company(우리 회사에서 6개월 동안 인턴사원으로 근무하고 있고)

▶ (D) An intern(인턴)

프로젝트 일정표

2월 6일	⇨	2월 17일	⇨	3월 24일	⇨	7월 28일
제안서 제출		승인 받기		**❷** 개발 시작		제품 테스트

1-3번은 다음 대화와 일정표에 관한 문제입니다.

여 안녕하세요, Edward. **❶**우리가 새 스포츠 손목시계 개발에 대해 제출했던 제안서를 이사회가 승인해 주셨다는 걸 알려 드리고 싶었어요.

남 신나는 소식이네요! **❷**이번 주 중에 팀을 모아 프로젝트 개발 단계를 검토하도록 하죠.

여 그래요, 그런데 참고로… **❷**이사회가 그 단계를 다음 달이 아니라 다음 주에 시작했으면 하시더라고요.

남 아, 그렇군요. 음, 어려운 작업일 테니, 도움을 요청해야 할 수도 있겠네요.

여 사실, **❸**이 프로젝트에 Ken Zhang을 활용해도 된다고 들었어요. 우리 회사에서 6개월 동안 인턴사원으로 근무하고 있고 몇 달간 우리에게 도움을 줄 수 있어요.

1. 화자들은 어떤 제품에 대해 이야기하고 있는가?
(A) 텔레비전
(B) 컴퓨터
(C) 전화기
(D) 손목시계

2. 시각 자료를 보시오. 어떤 날짜가 변경되었는가?
(A) 2월 6일
(B) 2월 17일
(C) 3월 24일
(D) 7월 28일

3. Zhang 씨는 누구인가?
(A) 모집자
(B) 고객
(C) 임원
(D) 인턴

어휘 timeline 일정표 | executive board 이사회 | authorize 승인하다 | proposal 제안서 | submit 제출하다 | development 개발 | gather 모으다 | go over ~을 검토하다 | stage 단계 | aware 알고 있는 | following 그다음의 | task 업무 | request 요청하다 | assistance 도움 | assist 돕다 | submission 제출 | authorization 승인 | recruiter 모집자 | executive (기업의) 임원, 경영진

CASE 집중훈련 해설서 p.98

🎧 CH11_06

First Day Schedule

10:00 A.M.	Office Tour
11:00 A.M.	Team Introduction
12:30 P.M.	Team Lunch
1:30 P.M.	Orientation

1. What field do the speakers work in?
(A) Advertising
(B) Logistics
(C) Law
(D) Engineering

2. Look at the graphic. When will a Human Resources employee join the speakers?
(A) At 10:00 A.M.
(B) At 11:00 A.M.
(C) At 12:30 P.M.
(D) At 1:30 P.M.

3. Where will the speakers most likely go next?
(A) To the meeting room
(B) To the lobby
(C) To the cafeteria
(D) To the restroom

회사의 인사 업무와 관련된 대화로 면접, 공석, 직원 고용 계획, 각종 교육, 승진, 전근, 퇴직, 급여 등이 주를 이룬다. *p.235 <'인사' 관련 빈출 어휘> 참고

미국↔미국

1. Where does the conversation most likely take place?

(A) At a local university
(B) At a marketing firm
(C) At a service center
(D) At a recruiting company

🎧 CH11_07

2. How did the woman find out about the company?

(A) By reading a magazine article
(B) By attending a career fair
(C) By browsing a job search Web site
(D) By watching a news report

3. What did the woman win an award for?

(A) Designing a campaign
(B) Publishing a thesis
(C) Leading a fundraiser
(D) Creating a system

STEP 1　🔑 문제 먼저 읽고 키워드 기억하기

1. **Where** does the **conversation** most likely **take place**?　　키워드　"대화 장소"

2. **How** did the **woman find out** about **the company**?　　키워드　"여자가 회사에 대해 알게 된 방법"

3. **What** did the **woman win an award** for?　　키워드　"여자가 받은 상"

STEP 2　✅ 대화 들으며 바로바로 문제 풀기

Questions 1-3 refer to the following conversation.

Ⓜ Welcome to our office, and ❶thank you for joining me today for your interview at Toin Advertising. How did you learn about our company?

Ⓦ I first heard about your company when one of your campaigns went viral on social media. ❷I watched a segment about it on the local news channel.

Ⓜ Yes, that's our specialty.

Ⓦ That's what I'd like to do. My goal is to create effective advertisements that reach out to potential customers all over the world.

Ⓜ That sounds very ambitious. ❸According to your résumé, you won an award from your university.

▶ Way to Answer

❶ 대화 장소: 남자의 말, thank you for joining me today for your interview at Toin Advertising(오늘 Toin 광고의 면접에 참석해 주셔서 감사합니다) ▶ (B) At a marketing firm(마케팅 회사에서)

❷ 여자가 회사에 대해 알게 된 방법: 여자의 말, I watched a segment about it on the local news channel.(지역 뉴스 채널에서 그와 관련된 일부 내용을 봤습니다.) ▶ (D) By watching a news report(뉴스 보도를 보면서)

❸ 여자가 받은 상: 남자의 말, According to your résumé, you won an award from your university.(이력서를 보니까, 대학에서 상을 타셨군요.) ▶ 여자의 말, I designed a successful advertising campaign for my school. As a result, the

W I sure did. **③**I designed a successful advertising campaign for my school. As a result, the number of applicants doubled, and we even received a lot of donations.

M That's impressive.

number of applicants doubled, and we even received a lot of donations.(저희 학교를 위해 성공적인 광고 캠페인을 기획했습니다. 그 결과, 지원자 수가 두 배로 늘었고, 기부금도 많이 받았습니다.) ▶ (A) Designing a campaign(캠페인을 기획한 일로)

1-3번은 다음 대화에 관한 문제입니다.

남 저희 사무실에 오신 것을 환영하며, **①**오늘 Toin 광고의 면접에 참석해 주셔서 감사합니다. 저희 회사에 대해 어떻게 알게 되셨나요?

여 저는 귀사의 캠페인 중 하나가 소셜 미디어에서 입소문이 났을 때 처음 귀사에 대해 들었습니다. **②**지역 뉴스 채널에서 그와 관련된 일부 내용을 봤습니다.

남 네, 그게 저희 전문입니다.

여 그것이 제가 하고 싶은 일입니다. 제 목표는 전 세계의 잠재 고객들에게 다가갈 수 있는 효과적인 광고를 만드는 것입니다.

남 아주 야심 차게 들리네요. **③**이력서를 보니까, 대학에서 상을 타셨군요.

여 그렇습니다. **③**저희 학교를 위해 성공적인 광고 캠페인을 기획했습니다. 그 결과, 지원자 수가 두 배로 늘었고, 기부금도 많이 받았습니다.

남 굉장하군요.

1. 대화는 어디에서 이루어지겠는가?
(A) 지역 대학에서　　　　(B) 마케팅 회사에서
(C) 서비스 센터에서　　　(D) 채용 회사에서

2. 여자는 회사에 대해 어떻게 알게 되었는가?
(A) 잡지 기사를 읽어서　　　(B) 취업 박람회에 참석해서
(C) 구직 웹 사이트를 둘러보면서　(D) 뉴스 보도를 보면서

3. 여자는 무엇으로 상을 받았는가?
(A) 캠페인을 기획한 일로　(B) 논문을 발표한 일로
(C) 모금 행사를 이끈 일로　(D) 시스템을 만든 일로

어휘 go viral 입소문이 나다 | segment 일부분 | specialty 전문 (분야) | goal 목표 | reach out to ~에게 접근하다 | potential customer 잠재 고객 | ambitious 야심 찬 | applicant 지원자 | double 두 배가 되다 | donation 기부금 | recruiting 채용 | find out ~을 알게 되다 | attend 참석하다 | career fair 취업 박람회 | browse 둘러보다, 검색하다 | publish 발표하다, 출판하다 | thesis 논문 | fundraiser 모금 행사

CASE 집중훈련

해설서 p.98

🎧 CH11_08

1. Where most likely are the speakers?
(A) At a café
(B) At an airport
(C) At a park
(D) At an office

2. What are the speakers preparing for?
(A) A client meeting
(B) An announcement
(C) Performance reviews
(D) Job interviews

3. What will the speakers most likely do next?
(A) Compile a list
(B) Pay a bill
(C) Confirm a schedule
(D) Move locations

CASE 144 상점

제품 구매, 할인가 제공, 배송 문의/지연, 할인 행사, 회원 혜택, 상품 결함/교환/수리, 주문 오류, 상점 위치 문의 등에 관한 대화가 주를 이룬다.

*p.236 <'상점' 관련 빈출 어휘> 참고

호주↔영국

Invoice		
Product Code	**Flavor**	**Quantity**
ER216	Salted Caramel	20
MW728	Strawberry Cheesecake	25
DW121	Chocolate Praline	30
HS127	Butter Pecan	15

🎧 CH11.09

1. According to the man, why will the shop be busy?
   (A) The weather is hot.
   (B) The summer vacation season has arrived.
   (C) A community event is taking place.
   (D) A tour group will be making a visit.

2. Look at the graphic. Which product was sent by mistake?
   (A) ER216　　　　(B) MW728
   (C) DW121　　　　(D) HS127

3. What does the woman say she intends to do?
   (A) Make another order
   (B) Inquire about a lease
   (C) Check the inventory
   (D) Call a supplier

STEP 1　🔑 문제 먼저 읽고 키워드 기억하기

1. According to the **man**, **why** will the **shop** be **busy**?　키워드 "상점이 바빠질 이유"

2. Look at the graphic. **Which product was sent by mistake**?　키워드 "실수로 발송된 제품"

3. **What** does the **woman** say she **intends to do**?　키워드 "여자가 할 거라고 말하는 것"

STEP 2　✅ 대화 들으며 바로바로 문제 풀기

Questions 1-3 refer to the following conversation and invoice.

M Ms. Ferrara, the shipment of ice cream just got here. Do you want me to start moving them to the freezer? ❶The shop will probably be packed again today because of the county fair.

W Before you do that, I'll check the invoice to make sure our order has been delivered correctly. Wait a minute. Where are the tubs of peppermint stick I ordered?

M Oh, no. That's our best seller during the summer months. Here are some tubs of chocolate praline. Do we even sell this flavor?

💬 Way to Answer

❶ 상점이 바빠질 이유: 남자의 말, The shop will probably be packed again today because of the county fair. (지역 박람회 때문에 아마 오늘 다시 가게가 꽉 찰 거예요.) ▶ 패러프레이징 [county fair → A community event] ▶ (C) A community event is taking place. (지역 행사가 열릴 예정이다.)

❷ 실수로 발송된 제품: 여자의 말, I think they've sent us chocolate praline instead of the peppermint stick. (페퍼민트 스틱 대신 초콜릿 프랄린을 보낸 것 같아요.) ▶ 시각 자료에서 잘못 배송된 Chocolate Praline(초콜릿 프랄린)의 Product Code(제품 코드)가 DW121임을 확인 ▶ (C) DW121(DW121)

W We don't. **②**I think they've sent us chocolate praline instead of the peppermint stick. **③**Let me get on the line with the supplier. Perhaps they could send us another delivery later this morning.

③ 여자가 할 거라고 말하는 것: 여자의 말, Let me get on the line with the supplier.(납품 업체와 통화해 볼게요.) ▶ 패러프레이징 [get on the line with the supplier → Call a supplier] ▶ (D) Call a supplier(납품 업체에 전화할 거라고)

송장		
제품 코드	맛	수량
ER216	솔티드 캐러멜	20
MW728	스트로베리 치즈케이크	25
DW121	**②초콜릿 프랄린**	30
HS127	버터 피칸	15

1-3번은 다음 대화와 송장에 관한 문제입니다.

남 Ferrara 씨, 아이스크림 배송품이 방금 도착했어요. 냉동고로 옮길까요? **①**지역 박람회 때문에 아마 오늘 다시 가게가 꽉 찰 거예요.

여 그걸 하기 전에, 제가 송장을 확인해서 우리가 주문한 것이 제대로 배달되었는지 확인할게요. 잠깐만요. 제가 주문한 페퍼민트 스틱 통은 어디에 있죠?

남 오, 이런. 그게 우리 여름철 베스트셀러인데요. 여기 초콜릿 프랄린 통들이 있네요. 우리가 이 맛도 판매하나요?

여 아니요. **②**페퍼민트 스틱 대신 초콜릿 프랄린을 보낸 것 같아요. **③**납품 업체와 통화해 볼게요. 아마 오늘 오전 늦게 배송을 또 해줄 수도 있을 것 같아요.

어휘 shipment 배송(품) | freezer 냉동고 | pack (사람, 물건으로) 가득 채우다 | county fair 지역 박람회 | invoice 송장 | tub (음식을 담는) 통 | flavor 맛 | get on the line with ~와 통화하다 | make a visit 방문하다 | by mistake 실수로 | intend ~하려고 생각하다 | make an order 주문하다 | lease 임대차 계약 | inventory 재고 | supplier 납품 업체, 공급자

1. 남자에 따르면, 가게는 왜 바쁠 예정인가?

(A) 날씨가 덥다.
(B) 여름 휴가철이 도래했다.
(C) 지역 행사가 열릴 예정이다.
(D) 관광단이 방문할 예정이다.

2. 시각 자료를 보시오. 어떤 제품이 실수로 발송되었는가?

(A) ER216   (B) MW728
(C) DW121   (D) HS127

3. 여자는 무엇을 할 생각이라고 말하는가?

(A) 주문을 또 할 거라고
(B) 임대차 계약에 관해 문의할 거라고
(C) 재고를 확인할 거라고
(D) 납품 업체에 전화할 거라고

CASE 집중훈련 해설서 p.99

🎧 CH11_10

Spectrum Complex Directory	
109	Alexus Kim
202	Mia Garcia
307	Kimmy Jones
405	Fei Wong

1. What type of business does the man most likely work for?

(A) A fashion magazine
(B) A fabric producer
(C) A tailor shop
(D) A shoe store

2. Why does the man apologize?

(A) An invoice was wrong.
(B) A damaged product was delivered.
(C) A task was started late.
(D) A part was missing.

3. Look at the graphic. What is the woman's name?

(A) Alexus Kim
(B) Mia Garcia
(C) Kimmy Jones
(D) Fei Wong

PART 3 CHAPTER 11

CASE 145 음식

식당 예약, 식당 운영 시간 문의, 음식 주문 등에 관한 대화가 주를 이룬다. *p.237 <'음식' 관련 빈출 어휘> 참고

미국↔영국

1. What event is the man organizing?

(A) A client dinner
(B) A company anniversary
(C) A graduation party
(D) A retirement celebration

🎧 CH11_11

2. What does the woman inquire about?

(A) Directions to a building
(B) Some budget figures
(C) Some food preferences
(D) The number of guests

3. What does the woman say can be done on a Web site?

(A) A reservation can be made.
(B) Some testimonials can be read.
(C) Some business policies can be reviewed.
(D) A map can be accessed.

STEP 1 ➡ 문제 먼저 읽고 키워드 기억하기

1. **What event** is the **man organizing**? 　　　키워드 "남자가 준비하고 있는 행사"

2. **What** does the **woman inquire** about? 　　　키워드 "여자가 문의하는 것"

3. **What** does the **woman say can be done** on a **Web site**? 　키워드 "여자가 웹 사이트에서 할 수 있다고 말하는 것"

STEP 2 ✅ 대화 들으며 바로바로 문제 풀기

Questions 1-3 refer to the following conversation.

M Hello, I'm calling because I want to reserve a private room at your restaurant on November 12. ¹I'm organizing a party for some retiring employees.

W OK. We have a few rooms open that day. ²How many guests do you anticipate will be joining?

M Umm... About 20 people.

W Alright, then the Ocean Room should suit your needs.

M Great. By the way, is it possible to set up a projector and screen in the room? I want to show some slides during the meal.

W Yes, ³be sure to visit our Web site first to read our rules on bringing outside equipment. You'll

🔵 Way to Answer

① 남자가 준비하고 있는 행사: 남자의 말, I'm organizing a party for some retiring employees. (퇴직하는 직원들을 위한 파티를 준비 중이거든요.) ▶ 패러프레이징 [party → celebration] ▶ (D) A retirement celebration (퇴직 기념행사)

② 여자가 문의하는 것: 여자의 말, How many guests do you anticipate will be joining? (손님 몇 분이 함께해 주실 거라 예상하시나요?) ▶ (D) The number of guests (손님 수)

③ 여자가 웹 사이트에서 할 수 있다고 말하는 것: 여자의 말, be sure to visit our Web site first to read our rules on bringing outside equipment (우선 저희 웹 사이트에 방문하셔서 외부 기기 반입에 대한 정책을 반드시 읽어 주세요) ▶ 패러프레이징 [read → review], [rules on bringing outside equipment →

also have to complete a form later on if you decide to bring them.

business policies] ▶ (C) Some business policies can be reviewed. (영업 정책을 검토할 수 있다.)

1-3번은 다음 대화에 관한 문제입니다.

남 안녕하세요. 11월 12일에 레스토랑의 개인실을 예약하고자 전화했습니다. **①퇴직하는 직원들을 위한 파티를 준비 중이거든요.**

여 네. 그날 빈방이 몇 군데 있어요. **②손님 몇 분이 함께해 주실 거라 예상하시나요?**

남 음... 대략 20명이요.

여 그래요. 그러면 Ocean실이 필요에 맞으시겠어요.

남 좋아요. 그나저나, 방 안에 프로젝터와 스크린 설치가 가능한가요? 식사 중에 슬라이드를 보여주고 싶어요.

여 네. **③우선 저희 웹 사이트에 방문하셔서 외부 기기 반입에 대한 정책을 반드시 읽어 주세요.** 만약 가져오기로 정하시면 이후에 서류도 작성해 주셔야 할 거예요.

1. 남자는 어떤 행사를 준비하고 있는가?
   (A) 고객과의 저녁 식사   (B) 회사 창립 기념일
   (C) 졸업 파티   **(D) 퇴직 기념행사**

2. 여자는 무엇에 관해 문의하는가?
   (A) 건물로 가는 길 안내   (B) 예산 수치
   (C) 음식 선호도   **(D) 손님 수**

3. 여자는 웹 사이트에서 무엇을 할 수 있다고 말하는가?
   (A) 예약을 할 수 있다.   (B) 후기를 읽을 수 있다.
   (C) 영업 정책을 검토할 수 있다.   (D) 지도를 이용할 수 있다.

어휘 reserve 예약하다 ǀ private room 개인실 ǀ organize 준비하다 ǀ retire 퇴직하다 ǀ anticipate 예상하다 ǀ suit one's needs ~의 필요에 맞다 ǀ set up ~을 설치하다 ǀ be sure to do 반드시 ~을 하다 ǀ complete 작성하다 ǀ form 서류 ǀ decide 결정하다 ǀ directions 길 안내 ǀ budget 예산 ǀ figure 수치, 숫자 ǀ preference 선호(도) ǀ testimonial 후기, 추천의 글 ǀ business policy 영업 정책 ǀ review 검토하다 ǀ access 이용하다, 접근하다

CASE 집중훈련 해설서 p.100

🎧 CH11_12

Catering Menu	
Item	**Price Per Person**
Pork Sandwiches	$5.00
Chicken Burgers	$7.00
Beef Bowls	$9.00
Shrimp Pasta	$11.00

1. What are the speakers preparing for?
   (A) An anniversary luncheon
   (B) A training seminar
   (C) A career workshop
   (D) An investor visit

2. Look at the graphic. How much will the speakers probably spend per person?
   (A) $5.00
   (B) $7.00
   (C) $9.00
   (D) $11.00

3. What does the man say he will do next?
   (A) Visit a local eatery
   (B) Arrange a transportation service
   (C) Submit a budget proposal
   (D) Revise a schedule

CASE 146 편의 시설

부동산 임대/매매, 이사에 관한 대화 또는 은행, 병원, 약국, 도서관, 버스, 기차, 주차장 등에서 이루어지는 대화가 주를 이룬다.

*p.237 <'편의 시설' 관련 빈출 어휘> 참고

미국 ↔ 미국

NO	PARKING

MONDAY (7-9 A.M.)

TUESDAY (6-8 A.M.)

WEDNESDAY (3-5 P.M.)

FRIDAY (12-2 P.M.)

1. Why does the woman want to find street parking?

(A) She thinks a parking area is too far away.
(B) It has bigger parking spaces.
(C) It is less expensive than a parking lot.
(D) She forgot her parking permit at home.

🎧 CH11_13

2. Look at the graphic. Which day is it?

(A) Monday
(B) Tuesday
(C) Wednesday
(D) Friday

3. According to the woman, what do the speakers still have to do?

(A) Download an application
(B) Read a guide
(C) Fill up a gas tank
(D) Pay for entrance passes

STEP 1 ➡️ 문제 먼저 읽고 키워드 기억하기

1. Why does the woman want to find street parking? 　키워드 "여자가 노상 주차 공간을 찾는 이유"

2. Look at the graphic. Which day is it? 　키워드 "오늘의 요일"

3. According to the woman, what do the speakers still have to do? 　키워드 "화자들이 해야 하는 것"

STEP 2 ✅ 대화 들으며 바로바로 문제 풀기

Questions 1-3 refer to the following conversation and sign.

W ①I think we should look for street parking right over there near the museum. It's cheaper than getting a space in the parking lot.

M Um... It looks like we're not permitted to park on that street right now. ②According to the sign, you can't park there between 12 and 2. Let's just go to the lot.

W Ah, OK. I guess we should hurry. ③We still have to get our passes for the new exhibit, and I don't want to stand in line.

Way to Answer

① 여자가 노상 주차 공간을 찾는 이유: 여자의 말, I think we should look for street parking right over there near the museum. It's cheaper than getting a space in the parking lot. (저기 박물관 근처에 노상 주차 공간을 찾아봐야 할 것 같아요. 그게 주차장에서 자리를 구하는 것보다 더 저렴해요.) ▶ 패러프레이징 [look for → find], [cheaper → less expensive] ▶ (C) It is less expensive than a parking lot. (그곳이 주차장보다 덜 비싸다.)

② 오늘의 요일: 남자의 말, According to the sign, you can't park there between 12 and 2. (표지판을 보면, 12시에서 2시 사이에 저 곳에 주차할 수 없대요.) ▶ 시각 자료에서 12시에서 2시 사이에 주차할 수 없는 날이 FRIDAY(금요일)임을 확인 ▶ (D) Friday (금요일)

❸ 화자들이 해야 하는 것: 여자의 말, We still have to get our passes for the new exhibit(우린 아직 새 전시회 입장권을 구매해야 하고) ▶ 패러프레이징 [get → Pay for] ▶ (D) Pay for entrance passes(입장권을 결제해야 한다)

NO	주차 금지
월요일	(오전 7시-9시)
화요일	(오전 6시-8시)
수요일	(오후 3시-5시)
금요일	(❷오후 12시-2시)

1-3번은 다음 대화와 표지판에 관한 문제입니다.

[여] ❶저기 박물관 근처에 노상 주차 공간을 찾아봐야 할 것 같아요. 그게 주차장에서 자리를 구하는 것보다 더 저렴해요.

[남] 음... 지금은 저 도로에 주차가 허용되지 않는 것 같아요. ❷표지판을 보면, 12시에서 2시 사이에 저곳에 주차할 수 없대요. 그냥 주차장으로 가도록 해요.

[여] 아, 그래요. 우리 좀 서둘러야겠어요. ❸우린 아직 새 전시회 입장권을 구매해야 하고, 저는 줄 서고 싶지 않아요.

[어휘] street parking 노상 주차 공간 | museum 박물관 | parking lot 주차장 | permit 허용하다; 허가증 | according to ~에 따르면 | sign 표지판 | pass 입장권 | exhibit 전시회 | far away 멀리 떨어진 | expensive 비싼 | guide 안내 책자 | fill up ~을 가득 채우다 | gas tank 연료[가스] 탱크 | pay for ~을 결제하다, ~의 값을 지불하다

1. 여자는 왜 노상 주차 공간을 찾고 싶어 하는가?

(A) 주차장이 너무 멀다고 생각한다.
(B) 그곳의 주차 공간이 더 크다.
(C) 그곳이 주차장보다 덜 비싸다.
(D) 주차증을 집에 두고 왔다.

2. 시각 자료를 보시오. 오늘은 무슨 요일인가?

(A) 월요일   (B) 화요일
(C) 수요일   **(D) 금요일**

3. 여자에 따르면, 화자들은 아직 무엇을 해야 하는가?

(A) 애플리케이션을 다운로드해야 한다
(B) 안내 책자를 읽어야 한다
(C) 연료 탱크를 채워야 한다
(D) 입장권을 결제해야 한다

CASE 집중훈련

해설서 p.101

🎧 CH11_14

1. Who most likely is the woman?

(A) An architect
(B) A realtor
(C) A tour guide
(D) A car salesperson

2. What does Mr. Allen say is important?

(A) The cost of some items
(B) The length of a task
(C) Quick responses to inquiries
(D) Proximity to public transit

3. What will the woman do next?

(A) Inspect some machinery
(B) Call a branch
(C) Present some images
(D) Consult a colleague

CASE 147 고장·수리

기기의 고장/수리/설치/구매/주문/이용 시간 문의, 건물의 수리/리모델링 등에 관한 대화가 주를 이룬다. *p.238 <'고장·수리' 관련 빈출 어휘> 참고

미국↔영국

1. Where most likely are the speakers?

(A) At a university campus
(B) At a housing complex
(C) At an office tower
(D) At a shopping center

🎧 CH11.15

2. What was the man unable to do last night?

(A) Park his car
(B) Retrieve a document
(C) Enter a room
(D) Make a payment

3. Why does the man approve of the woman's idea?

(A) It will save him money.
(B) It will take less time.
(C) It makes a task unnecessary.
(D) It matches his schedule.

STEP 1 ➡️ 문제 먼저 읽고 키워드 기억하기

1. Where most likely are the **speakers**? 〔키워드〕 "화자들이 있는 곳"

2. What was the **man unable to do last night**? 〔키워드〕 "남자가 어젯밤 할 수 없었던 것"

3. Why does the **man approve of the woman's idea**? 〔키워드〕 "남자가 여자의 아이디어에 찬성하는 이유"

STEP 2 ✅ 대화 들으며 바로바로 문제 풀기

Questions 1-3 refer to the following conversation.

Ⓜ ①②Hello, I just moved into unit 327. I was hoping to use the apartment complex's laundry room last night around 10, but I couldn't get in.

Ⓦ I'm afraid the laundry room is closed at that time. You can use it between 6:00 A.M. and 9:00 P.M.

Ⓜ Oh. The thing is, I work long hours, so I need to do my laundry late at night.

Ⓦ In that case, you could always use the coin laundry facility next door. It's open until 2:00 A.M., and the prices are the same.

Ⓜ Perfect. ③That will give me plenty of time to do my laundry after work.

🔄 **Way to Answer**

① 화자들이 있는 곳: 남자의 말, Hello, I just moved into unit 327. I was hoping to use the apartment complex's laundry room last night around 10, but I couldn't get in. (안녕하세요, 제가 얼마 전에 327호실로 이사 왔는데요. 어젯밤 10시경 아파트 단지 내 세탁실을 이용하고 싶었는데, 들어갈 수 없었어요.) ▶ 패러프레이징 [apartment → housing] ▶ **(B) At a housing complex**(주거 단지에)

② 남자가 어젯밤 할 수 없었던 것: 남자의 말, Hello, I just moved into unit 327. I was hoping to use the apartment complex's laundry room last night around 10, but I couldn't get in. (안녕하세요, 제가 얼마 전에 327호실로 이사 왔는데요. 어젯밤 10시경 아파트 단지 내 세탁실을 이용하고 싶었

데, 들어갈 수 없었어요.) ▶ 패러프레이징 [get in → Enter] ▶
(C) Enter a room (어떤 방에 들어갈 수 없었다)

❸ 남자가 여자의 아이디어에 찬성하는 이유: 남자의 말, That will give me plenty of time to do my laundry after work. (퇴근 후 세탁할 시간은 충분하겠어요.) ▶ (D) It matches his schedule. (자신의 일정과 맞는다.)

1-3번은 다음 대화에 관한 문제입니다.

남 ❶❷안녕하세요, 제가 얼마 전에 327호실로 이사 왔는데요. 어젯밤 10시경 아파트 단지 내 세탁실을 이용하고 싶었는데, 들어갈 수 없었어요.

여 안타깝게도, 그 시간에는 세탁실이 문을 닫습니다. 오전 6시에서 오후 9시 사이에 이용하실 수 있어요.

남 아. 그게, 제 근무 시간이 길어서요, 빨래를 밤늦게 해야 해요.

여 그러시면, 옆 건물에 있는 코인 세탁실은 항상 이용하실 수 있어요. 새벽 2시까지 열고, 가격은 동일해요.

남 좋아요. ❸퇴근 후 세탁할 시간은 충분하겠어요.

1. 화자들은 어디에 있겠는가?
   (A) 대학 캠퍼스에   **(B) 주거 단지에**
   (C) 사무실 건물에   (D) 쇼핑센터에

2. 남자는 어젯밤에 무엇을 할 수 없었는가?
   (A) 자신의 차를 주차할 수 없었다
   (B) 어떤 문서를 찾을 수 없었다
   (C) 어떤 방에 들어갈 수 없었다
   (D) 결제를 할 수 없었다

3. 남자는 여자의 아이디어에 왜 찬성하는가?
   (A) 돈을 절약할 것이다.   (B) 시간이 덜 걸릴 것이다.
   (C) 업무를 불필요하게 만든다.   **(D) 자신의 일정과 맞는다.**

어휘 laundry room 세탁실 | coin 동전 | facility 시설 | next door 옆 건물에 | plenty of 충분한, 많은 | housing complex 주거 단지 | office tower 사무실 건물 | unable to do ~할 수 없는 | retrieve 찾다, 되찾다 | make a payment 결제하다 | approve of ~에 찬성하다 | save 절약하다, 아끼다 | unnecessary 불필요한 | match ~와 맞다, 일치하다

CASE 집중훈련
해설서 p.102

🎧 CH11_16

1. What does the man want to do?
   (A) Build a house
   (B) Fix a wall
   (C) Replace some furniture
   (D) Carpet a floor

2. Why does the woman suggest using LaCatola's products?
   (A) They are reasonably priced.
   (B) They are made from recycled materials.
   (C) They come in various dimensions.
   (D) They look natural.

3. What does the woman offer to do?
   (A) Share some product samples
   (B) Introduce a service technician
   (C) Print some user instructions
   (D) Confirm a delivery date

CASE 148 여가

전시회/박물관 관람, 공연/영화 관람, 표 예매 및 문의, 시내 관광, 축제, 기념 파티 등에 관한 대화가 주를 이룬다. *p.239 <'여가' 관련 빈출 어휘> 참고

영국 ↔ 호주

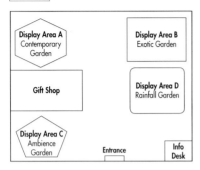

1. What is the man's concern?
   (A) A room is unavailable.
   (B) A facility will close soon.
   (C) He lost his credit card.
   (D) He cannot find his group.

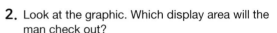 CH11.17

2. Look at the graphic. Which display area will the man check out?
   (A) Display Area A   (B) Display Area B
   (C) Display Area C   (D) Display Area D

3. Why does the woman say it is a good day to come to the center?
   (A) Food is being sold at a discount.
   (B) There is no admission fee.
   (C) A new garden is available.
   (D) Some business hours have been extended.

STEP 1 ➡ 문제 먼저 읽고 키워드 기억하기

1. **What** is the **man's concern**? | 키워드 "남자의 걱정"

2. Look at the graphic. **Which display area** will the **man check out**? | 키워드 "남자가 구경할 전시 공간"

3. **Why** does the **woman say it is a good day to come to the center**? | 키워드 "여자가 오늘이 센터에 오기 좋은 날이라고 말한 이유"

STEP 2 ✓ 대화 들으며 바로바로 문제 풀기

Questions 1-3 refer to the following conversation and map.

W Welcome to Valerian City Gardens. How may I assist you today?

M Hello, **❶**I'm concerned because I arrived here just now and found out that the center will close in 45 minutes. Is there a garden display I can check out in a short period of time?

W Hmm… **❷**The guided tour of the Ambience Garden will begin in a few minutes and lasts a little over half an hour. Take this map and go through that entrance. The tour guide should be in front of the Ambience Garden.

M **❷**Perfect! Where do I pay for admission?

W Actually, **❸**you picked a good day to visit because we don't charge for entry on Wednesdays.

🔎 Way to Answer

❶ 남자의 걱정: 남자의 말, I'm concerned because I arrived here just now and found out that the center will close in 45 minutes. (제가 이곳에 지금 막 도착했는데 센터가 45분 후에 문을 닫는다는 걸 알게 되어서 걱정이에요.) ▶ 패러프레이징 [center → facility], [in 45 minutes → soon] ▶ (B) A facility will close soon. (시설이 곧 문을 닫는다.)

❷ 남자가 구경할 전시 공간: 여자의 말, The guided tour of the Ambience Garden will begin in a few minutes and lasts a little over half an hour. (안내원과 함께하는 Ambience 정원 관람이 몇 분 후에 시작할 거고 30분 조금 넘게 진행됩니다.) ▶ 남자의 말, Perfect! (좋아요!) ▶ 시각 자료에서 Ambience Garden(Ambience 정원)은 Display Area C(전시 공간 C)임을 확인 ▶ (C) Display Area C(전시 공간 C)

3 여자가 오늘이 센터에 오기 좋은 날이라고 말한 이유: 여자의 말, you picked a good day to visit because we don't charge for entry on Wednesdays(방문하기 좋은 날을 선택하셨네요, 저희가 수요일에는 입장료를 청구하지 않거든요) ▶ 패러프레이징 [don't charge for entry → no admission fee] ▶ (B) There is no admission fee.(입장료가 없다.)

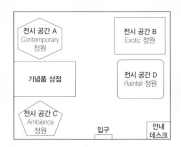

남 **2**좋아요! 입장료는 어디에서 내면 되죠?

여 실은, **3**방문하기 좋은 날을 선택하셨네요, 저희가 수요일에는 입장료를 청구하지 않거든요.

1. 남자의 걱정은 무엇인가?

   (A) 방을 사용할 수 없다.
   (B) 시설이 곧 문을 닫는다.
   (C) 신용카드를 잃어버렸다.
   (D) 자신의 일행을 찾을 수 없다.

2. 시각 자료를 보시오. 남자는 어떤 전시 공간을 구경할 것인가?

   (A) 전시 공간 A   (B) 전시 공간 B
   (C) 전시 공간 C   (D) 전시 공간 D

3. 여자는 왜 오늘이 센터에 오기 좋은 날이라고 말하는가?

   (A) 음식이 할인가에 판매되고 있다.   **(B) 입장료가 없다.**
   (C) 새로운 정원을 이용할 수 있다.   (D) 영업시간이 연장되었다.

1-3번은 다음 대화와 지도에 관한 문제입니다.

여 Valerian 도시 정원에 오신 걸 환영합니다. 어떻게 도와 드릴까요?

남 안녕하세요. **1**제가 이곳에 지금 막 도착했는데 센터가 45분 후에 문을 닫는다는 걸 알게 되어서 걱정이에요. 제가 짧은 시간에 구경할 수 있는 정원 전시가 있을까요?

여 음... **2**안내원과 함께하는 Ambience 정원 관람이 몇 분 후에 시작할 거고 30분 조금 넘게 진행됩니다. 이 지도를 가지고 저쪽 입구로 지나가세요. 관람 안내원이 Ambience 정원 앞에 있을 거예요.

어휘 garden 정원 ㅣ assist 돕다 ㅣ concerned 걱정하는 ㅣ find out ~을 알게 되다 ㅣ display 전시 ㅣ period 시간 ㅣ guided tour 안내원과 함께하는 견학 [관광] ㅣ last 계속되다 ㅣ entrance 입구 ㅣ admission 입장 ㅣ charge 청구하다 ㅣ entry 입장 ㅣ unavailable 사용할 수 없는 ㅣ check out ~을 살펴보다, 확인하다 ㅣ at a discount 할인가에 ㅣ business hours 영업시간 ㅣ extend 연장하다

CASE 집중훈련

해설서 p.103

🎧 CH11_18

1. What does the woman like about Salcedo's Upholstery?

   (A) Its speedy service
   (B) Its reasonable prices
   (C) Its eco-friendly fabrics
   (D) Its polite staff

2. What does the woman imply when she says, "the waiting area's usually full of patients"?

   (A) She needs to expedite a delivery.
   (B) She wants to renovate a room.
   (C) She would like a durable material.
   (D) She will relocate her business.

3. What will the man do next?

   (A) Take some measurements
   (B) Get some product samples
   (C) Contact another branch
   (D) Print a billing statement

CASE 149 여행·숙박

비행기 예약/지연/변경/취소, 호텔 예약/숙박/고객 서비스, 자동차 렌트 등에 관한 대화가 주를 이룬다. *p.239 〈'여행·숙박' 관련 빈출 어휘〉참고

미국 ↔ 미국

Travel Class	Ticket Price
First	$10,000
Business	$7,500
Premium Economy	$2,000
Economy	$1,500

1. Look at the graphic. How much did the man pay for the plane ticket?
(A) $10,000   (B) $7,500
(C) $2,000   (D) $1,500

🎧 CH11_19

2. Why is the man traveling to Kuala Lumpur?
(A) To attend a branch opening
(B) To give a speech
(C) To lead a workshop
(D) To conduct an inspection

3. What does the woman suggest that the man do?
(A) Enter customer information
(B) Apply for membership
(C) Read an online review
(D) Post customer feedback

STEP 1 ➡ 문제 먼저 읽고 키워드 기억하기

1. Look at the graphic. **How much** did the **man pay for** the **plane ticket**? **키워드** "남자가 비행기 표에 지불한 금액"

2. Why is the **man traveling** to **Kuala Lumpur**? **키워드** "남자가 Kuala Lumpur로 여행 가는 이유"

3. What does the **woman suggest** that the **man** do? **키워드** "여자가 남자에게 제안하는 것"

STEP 2 ✔ 대화 들으며 바로바로 문제 풀기

Questions 1-3 refer to the following conversation and price list.

Ⓜ My name is Shawn Morris. Here's my passport.

Ⓦ Hello, Mr. Morris. Let me check your reservation. **❶You purchased a single premium economy ticket.**

Ⓜ That's correct. **❷I'm heading to Kuala Lumpur to give a keynote speech at a conference.**

Ⓦ I see. And because you're one of our frequent flyers, we're providing you with a complimentary upgrade to business class. But for extra 500 dollars, we can upgrade you further to first class, if you'd like.

Ⓜ That won't be necessary. Business is good, too. Thank you for your service.

🔘 **Way to Answer**

❶ 남자가 비행기 표에 지불한 금액: 여자의 말, You purchased a single premium economy ticket. (프리미엄 이코노미석 표 한 장을 구입하셨네요.) ▶ 시각 자료에서 Premium Economy(프리미엄 이코노미석)의 탑승권 요금이 $2,000(2,000달러)임을 확인 ▶ (C) $2,000(2,000달러)

❷ 남자가 Kuala Lumpur로 여행 가는 이유: 남자의 말, I'm heading to Kuala Lumpur to give a keynote speech at a conference. (학회 기조연설을 하기 위해 Kuala Lumpur로 가고 있어요.) ▶ (B) To give a speech(연설을 하려고)

❸ 여자가 남자에게 제안하는 것: 여자의 말, If you don't mind, we'd be grateful if you could leave customer feedback on our airline's Web site after your flight. (괜찮으시다면, 비행 후

| W | We're glad to serve you. **3**If you don't mind, we'd be grateful if you could leave customer feedback on our airline's Web site after your flight. |

저희 항공사의 웹 사이트에 고객 피드백을 남겨 주시면 감사하겠습니다.) ▶ (D) Post customer feedback(고객 피드백을 게시하라고)

좌석 등급	탑승권 요금
일등석	10,000달러
비즈니스석	7,500달러
1프리미엄 이코노미석	2,000달러
이코노미석	1,500달러

1-3번은 다음 대화와 가격표에 관한 문제입니다.

남 제 이름은 Shawn Morris입니다. 여기 제 여권이 있습니다.

여 안녕하세요, Morris 씨. 고객님의 예약을 확인하겠습니다. **1**프리미엄 이코노미석 표 한 장을 구입하셨네요.

남 그렇습니다. **2**학회 기조연설을 하기 위해 Kuala Lumpur로 가고 있어요.

여 그러시군요. 그리고 고객님께서는 저희의 단골 고객 중 한 분이셔서 저희가 비즈니스석으로 무료 업그레이드를 해 드리고 있습니다. 하지만 500달러를 더 내시면, 한층 더 나아가 일등석으로도 업그레이드해 드릴 수 있습니다. 고객님께서 원하시면요.

남 안 그러셔도 괜찮아요. 비즈니스석도 좋습니다. 서비스에 감사드려요.

여 고객님을 모시게 되어 기쁩니다. **3**괜찮으시다면, 비행 후 저희 항공사의 웹 사이트에 고객 피드백을 남겨 주시면 감사하겠습니다.

1. 시각 자료를 보시오. 남자는 비행기 표에 얼마를 지불했는가?

(A) 10,000달러
(B) 7,500달러
(C) 2,000달러
(D) 1,500달러

2. 남자는 왜 Kuala Lumpur로 여행을 가는가?

(A) 지점 개점식에 참석하려고
(B) 연설을 하려고
(C) 워크숍을 이끌려고
(D) 검사를 실시하려고

3. 여자는 남자에게 무엇을 하라고 제안하는가?

(A) 고객 정보를 입력하라고
(B) 회원 신청을 하라고
(C) 온라인 후기를 읽으라고
(D) 고객 피드백을 게시하라고

어휘 passport 여권 | reservation 예약 | head to ~로 가다, 향하다 | keynote speech 기조연설 | frequent 단골의 | flyer 비행기 승객 | complimentary 무료의 | extra 추가의 | further 한층 더 나아가 | grateful 감사하는, 고마워하는 | conduct 실시하다 | inspection 검사, 조사 | enter 입력하다, 기입하다, 들어가다 | apply for ~을 신청하다 | post 게시하다

CASE 집중훈련   해설서 p.104

🎧 CH11_20

Reviews of Accommodations (in Besmo City)	
Business Name	Rating (Out of 5)
Calico Inn	2
Arsenio Hotel	5
Glaze Hotel	3
Berkinshire Inn	4

1. What did the man review for the woman?

(A) A company brochure
(B) A request form
(C) A marketing presentation
(D) An expense report

2. Why is the woman anxious?

(A) She has never traveled abroad before.
(B) She will be speaking to many investors.
(C) She does not know about a topic.
(D) She may go over a budget.

3. Look at the graphic. Which business does the man recommend?

(A) Calico Inn
(B) Arsenio Hotel
(C) Glaze Hotel
(D) Berkinshire Inn

1. What are the speakers getting ready for?

   (A) A school reunion
   (B) An industry conference
   (C) An anniversary celebration
   (D) A product launch

2. Why hasn't the man completed a task?

   (A) Room rates are high.
   (B) There was a problem with a Web site.
   (C) He has not received approval.
   (D) He is unable to attend an event.

3. What will the man do next?

   (A) Cancel a reservation
   (B) Update a Web site
   (C) Make a phone call
   (D) Write a report

4. What is the reason for the man's business trip?

   (A) To negotiate an agreement
   (B) To tour a commercial space
   (C) To speak at a convention
   (D) To inspect some equipment

5. What does the woman recommend the man visit?

   (A) Shopping areas
   (B) Historic structures
   (C) Theme parks
   (D) Hiking trails

6. What does the man say he will do after work?

   (A) Mail a package
   (B) Submit a report
   (C) Purchase a guidebook
   (D) Call an airline

7. What is the problem?

   (A) Some attendants are too busy.
   (B) A flight has been overbooked.
   (C) An airplane landed late.
   (D) Some bags are missing.

8. Why does the woman contact Sherman?

   (A) To inquire about a boarding process
   (B) To resolve a mechanical problem
   (C) To issue a new ticket
   (D) To transport a passenger

9. What information does Sherman request?

   (A) When a task must be finished
   (B) Where a worker should go
   (C) What supplies are required
   (D) Who is in charge of a project

10. Where is the conversation taking place?

    (A) At a café
    (B) At a publishing firm
    (C) At a library
    (D) At a conference center

11. What does the woman imply when she says, "I should be finished in a few days"?

    (A) She wants the man to extend a deadline.
    (B) She will complete a project early.
    (C) She is willing to loan an item to the man.
    (D) She can postpone an appointment.

12. What does the woman urge the man to do?

    (A) Visit a Web site
    (B) Call a business
    (C) Attend an event
    (D) Buy some merchandise

	Ground Shipping	Air Shipping
1-15 packages	$30	$50
16-25 packages	$60	$300
26-35 packages	$120	$500

13. What recently happened to Halway Electronics?

(A) It was featured in a magazine.
(B) It appointed a new operations manager.
(C) It expanded its business.
(D) It recruited temporary employees.

14. Look at the graphic. How much will the service most likely cost?

(A) $50
(B) $60
(C) $120
(D) $500

15. What will the man probably do next?

(A) Give some contact information
(B) Unload some packages
(C) Review an invoice
(D) Contact an executive

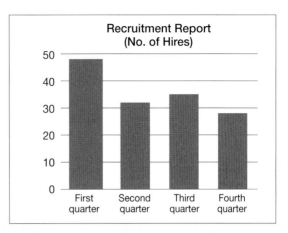

Recruitment Report
(No. of Hires)

16. What is the man getting ready for?

(A) A holiday vacation
(B) An orientation session
(C) A client meeting
(D) A building inspection

17. Look at the graphic. In which quarter did the woman start working at the company?

(A) The first quarter
(B) The second quarter
(C) The third quarter
(D) The fourth quarter

18. What task does the man need help with?

(A) Mailing a package
(B) Setting up some furniture
(C) Revising a timetable
(D) Purchasing business cards

PART 3 대화 유형별 빈출 어휘 확인하기

1. 회사 생활

(1) 사내 업무

▶ 보고서 작성

account 계정, 계좌, 단골고객	add 더하다, 덧붙이다	addition 추가, 부가물
clarify 명확하게 하다	description 기술, 서술	detailed 상세한, 세부적인
document 서류, 문서; 상세히 기록하다	edit 편집하다	encourage 권장하다, 장려하다
fax 팩스로 보내다	fill out ~을 작성하다	form 양식
go through ~을 살펴보다	go well 잘 되어 가다	list 명단, 목록; 명단을 작성하다
look over ~을 훑어보다, 살펴보다	manual 설명서, 매뉴얼	print out ~을 출력하다
proofread 교정을 보다	proposal 제안, 제안서	questionnaire 설문지
read over ~을 끝까지 읽다	report 보고, 보고서; 보고하다	respond 응답하다
response 반응, 응답	revise 변경하다, 개정하다	revision 변경, 수정
send out ~을 발송하다	submit 제출하다	summary 요약, 개요
survey 설문 조사		

▶ 자료 분석

access 이용하다, 접속하다	accounting report 회계 보고서	analyst 분석가
analyze 분석하다	available 이용 가능한	brief 짧은, 간단한
budget 예산	change 바꾸다, 변경하다	comment 언급, 지적
concern 우려, 걱정	consumer 소비자	data 자료, 정보
details 세부 사항, 정보	environmental 환경의	expense report 비용 보고서
figure 수치, 숫자, 인물	financial report 재무 보고서	focus on ~에 집중하다
from now on 지금부터	funding 자금, 재정 지원	go over ~을 검토하다
go up 오르다	growth 성장	impact 영향
in the long run 장기적으로	interest 관심	invest 투자하다
location 지점, 장소	look into ~을 조사하다	look like ~처럼 보이다
maintain 유지하다	move 바꾸다, 옮기다	notice 안내문; 알아차리다, 주목하다
positive 긍정적인	preference 선호(도)	professional 전문직 종사자
proposal 제안, 계획	quarter 사분기(1년의 1/4)	quarterly 분기별의
reach 이르다, 닿다	recyclable 재활용할 수 있는	request 요청하다
research 연구, 조사; 조사하다	result 결과	review 검토, 논평, 후기; 검토하다, 논평하다
sale 판매	save 절약하다	secure 획득하다, 고정시키다; 안전한
selling point (상품이 지닌) 장점	social media 소셜 미디어	status report 현황 보고서
take a look at ~을 보다	turn out 밝혀지다	valid 타당한, 근거 있는
worried 걱정하는		

▶ 업무 요청

accept 수용하다, 받아들이다	assign 맡기다, 배정하다	assistance 지원, 도움
available 이용할 수 있는, 시간이 있는	be willing to do 기꺼이 ~하다	bring up (화제를) 꺼내다

colleague 동료
confirm 확인해 주다, 확정하다
convenient 편리한
get in touch with ~와 연락을 취하다
input 조언, 입력
look over ~을 훑어보다
matter 사안, 문제; 중요하다
secretary 비서
task 일, 과제

comprehensive 포괄적인, 종합적인
contact 연락; 연락하다
file-sharing 파일 공유
go over ~을 검토하다, 살펴보다
issue 문제, 쟁점
make a request 요청하다
procedure 절차
share 공유하다

conduct 수행하다
contact information 연락처
free 한가한
hand out ~을 나누어 주다, 배포하다
leave for the day 퇴근하다
make an adjustment 조정하다
provide 제공하다
shift 교대, 교대조, 교대 근무 시간

(2) 업체 방문

▶ 업체 방문

appointment 약속, 예약
client 고객
design 설계하다
draw up ~을 작성하다
firm 회사
industry-wide 산업 전반의
invitation 초대, 초대장
manufacture 제조하다
phone directory 전화번호부
representative 대표, 대표자, 담당
specialize in ~을 전문으로 하다
standard 기준, 표준
travel 여행하다, 이동하다
venue 장소

be supposed to do ~하기로 되어 있다
contract 계약(서)
detection 탐지
extension number 내선번호
get off the phone 전화를 끊다, 통화를 끝내다
institute 기관, 협회
itinerary 여행 일정표
manufacturer 제조업체
provider 제공 업체
security 보안
specific 특정한
supplier 공급 업체
tricky 까다로운
visit 방문하다; 방문

business 업체, 사업
describe 설명하다
dial 전화를 걸다
financial service 금융 서비스
industry 산업, 업계
intrusion 침입
make a call 전화를 걸다
overseas 해외의
reception 환영회
setting 환경, 설정
spot 장소
training 교육
upcoming 다가오는, 곧 있을
workshop 워크숍, 연수회

▶ 영업·마케팅

advertising 광고
boost 끌어올리다, 신장시키다
contact 연락하다
dealership 대리점
exceed 초과하다
feasible 실현 가능한
investment 투자
line 제품의 종류
portion 부분
promote 홍보하다
retail outlet 소매점
sales representative 영업 사원
sponsorship 후원
wholesaler 도매업체

aggressively 공격적으로
buyer 구매자, 바이어
content 내용
decide on ~로 정하다
expand 확대하다, 확장하다
for free 무료로
investor 투자자
merchandise 상품; 판매하다
potential 잠재적인
promotion 홍보(활동)
retailer 소매업체
sell 판매하다, 매도하다
vendor 판매 회사, 행상

apparel 의류
commercial 광고
coordinate 조정하다
direct-to-consumer 소비자에게 직접 홍보하는
extremely 엄청, 극도로
free 무료의
launch 출시, 시작
photo shoot 사진 촬영
profit 수익, 이윤
promotional 홍보의
sales (figures) 매출액, 판매량
special deal 특가 상품
wholesale 도매의

(3) 일정

▶ 회의 준비

accept 받아들이다	acquire 인수하다, 획득하다	acquisition 인수, 획득
agenda 안건	allow 허용하다, 허락하다	approval 승인
approve 승인하다	arrange 마련하다, 준비하다	attend 참석하다
be responsible for ~을 책임지다	call a meeting 회의를 소집하다	client 고객
come up with (아이디어를) 떠올리다	conduct research on ~에 대한 연구를 하다	conference call 전화 회의
conference 회의, 학회	confirm 확인하다	contract 계약, 계약서
detail 세부 사항	direct 안내하다, 총괄하다	discuss 토론하다
draft 초안을 작성하다	finalize 마무리 짓다, 완결하다	head 이끌다, 책임지다, ~로 향하다
in person 직접	interrupt 방해하다	legal 법률의
manage to do 용케 ~을 해내다	merge 합병하다	merger 합병
negotiation 협상	plan to do ~할 계획이다	popularity 인기
postpone 미루다, 연기하다	preparation 준비, 대비	prepare 준비하다
present 제시하다, 발표하다	presentation 발표, 프레젠테이션	register 등록하다
report 보고	reschedule 일정을 변경하다	schedule conflict 겹치는 일정
set up ~을 준비하다, 설립하다, 설치하다	show up 나타나다	status 상황
suggestion 제안	terms and conditions (계약 등의) 조건	turn down ~을 거절하다
urgent 긴급한	videoconference 영상 회의	work on ~을 작업하다
work out (일이) 잘 풀리다		

▶ 행사 준비

activity 활동	anniversary 기념일	award ceremony 시상식
banquet 연회	be all set 모두 준비되다	book 예약하다
budget 예산	cater 음식을 공급하다	caterer 음식 공급 업체
catering 음식 공급, 케이터링	celebration 기념행사	charity 자선, 자선 단체
company retreat 회사 야유회	competition 대회	contest 경연, 시합
currently 현재	delay 미루다, 연기하다	demonstration 시연, 설명
gather 모이다	gathering 모임	handle 다루다, 처리하다
happen to do 우연히 ~하다	hold 열다, 개최하다	markdown 가격 인하
normally 보통	opening 개장, 개관	outing 야유회
participate in ~에 참가하다	reservation 예약	review 살펴보다, 검토하다
schedule 일정표	short notice 촉박한 통보	take care of ~을 처리하다
take place 열리다, 개최되다	tight 빡빡한	turnout 참가자 수
venue 장소	write up ~을 작성하다	

▶ 제품 개발

adjustment 수정	behind schedule 일정보다 늦게	calculate 계산하다
capability 능력, 성능	compare 비교하다	confidential 비밀의, 기밀의
data 자료, 데이터	design 설계하다	develop 개발하다
development 개발	device 기구, 장치	devise 고안하다
difference 차이	download 다운로드하다, (데이터를) 내려받다	durability 내구성

figure out ~을 알아내다, ~을 계산하다	focus group 포커스 그룹	go with ~을 선택하다
improve 개선하다, 향상시키다	inspection 점검, 검사	inspire 영감을 주다
install 설치하다	investigate 조사하다	issue 문제
laboratory 실험실	make up one's mind 결심하다	manufacturer 제조업체
officially 공식적으로	on schedule 정각에, 제시간에, 예정대로	opportunity 기회
planning 기획, 계획 세우기	plant 공장	positive 긍정적인
prioritize 우선적으로 처리하다	process 절차, 공정; 처리하다	production 생산
productivity 생산성	progress 진행	prototype 시제품
quality 품질; 고급의	quantity 수량	reschedule 일정을 변경하다
tend to do ~하는 경향이 있다	try on ~을 시험 삼아 해 보다	wireless device 무선 기기

▶ 제품 발표

affordable 가격이 알맞은	agenda 안건, 의제	agreement 계약서, 합의
announce 발표하다	announcement 발표	article 기사
briefing 상황 설명회	contract 계약(서)	copy 사본; 복사하다
deadline 기한	demonstrate 시연하다	demonstration 시연
distribute 배포하다	edit 편집하다, 수정하다	explain 설명하다
give a lecture 강연하다	guide 안내서, 가이드	high-quality 고품질의, 고급의
introduce 도입하다, 소개하다	introduction 소개	latest 최신의
launch 출시하다	look over ~을 살펴보다	make sure 반드시 ~하다
market 시장; (시장에 상품을) 내놓다	market share 시장 점유율	material 자료
perform 수행하다	prepare a presentation 발표 준비를 하다	press conference 기자 회견
propose 제안하다	publish 발표하다, 출판하다	quarterly report 분기별 보고서
release 공개하다, 발표하다	reveal 드러내다	sales figures 판매 수치, 매출액
sales report 판매 보고서	section 부문, 구역	showcase (제품 등을) 소개하다
summary 요약, 개요	test 시험하다	the public 일반 대중
try out ~을 한번 해 보다	update 업데이트하다, 최신 정보를 제공하다	

(4) 인사

▶ 채용 면접

applicant 지원자	application 지원서	apply 지원하다
duties 직무	employ 고용하다	employment 고용
executive 경영 간부	experience 경험; 겪다, 경험하다	highly qualified 충분한 자격을 갖춘
hire 고용하다	human resources 인사팀	impressed 깊은 인상을 받은
interested 관심이 있는	interview 면접; 면접을 보다	interviewee 면접자
interviewer 면접관	job advertisement 취업 광고	observe 관찰하다
opening 공석	overtime work 잔업, 시간 외 근무	part-timer 시간제 직원
personnel 인사팀	position 자리, 직책	potential 잠재력; 가능성이 있는
prospect 가능성	prospective 장래의, 유망한	qualified 자격이 있는
recruit 모집하다	recruiting 채용 활동	reference 추천서, 추천인
requirement 요건	responsibility 책무, 맡은 일	résumé 이력서
role 역할	schedule an interview 면접 일정을 잡다	shorthanded 직원이 부족한

submit 제출하다
understaffed 직원이 부족한

suitable for ~에 적합한

temporary worker 임시 직원

▶ 승진·전근·퇴직

abroad 해외로	accomplishment 업적	appoint 임명하다
appraise 평가하다	assistant 보조자	be able to do ~을 할 수 있다
benefit 혜택, 수당	board of directors 이사회	branch 지사, 지점
candidate (일자리) 후보자	competitor 경쟁사	cover 다루다, 포함시키다, 대신하다
dismiss 해고하다	expertise 전문 지식, 전문 기술	farewell party 송별회
fill in for ~ 대신 업무를 봐주다	impression 인상	job description 직무 기술서
management 경영, 경영진	negotiate 협상하다	negotiation 협상
nominate 추천하다, 지명하다	performance evaluation 성과 평가, 인사 고과	praise 칭찬하다
promote 승진시키다, 홍보하다	recognition 인정	relocate 이전하다
relocation 이전	replace 대신하다, 교체하다	replacement 후임자
resign 사직하다	retire 은퇴하다	retirement 은퇴
salary 급여	staff cutbacks 직원 감축	take on ~을 떠맡다
tenure 재임 기간	transfer 이동하다, 전근 가다	welcome 환영하다, 맞이하다

▶ 직원 교육

catch up on ~을 따라가다, ~을 보충하다	course 과정, 강좌	coworker 동료
encourage 격려하다, 권장하다	enroll 등록하다	enrollment 등록
handbook 안내서	head office 본사	internship 인턴직, 인턴 근무
lesson plan 학습 계획안	manage 관리하다, 감당하다	manager 관리자
orientation 오리엔테이션, 예비 교육	oversee 감독하다	paystub 급여 명세서
previous 이전의	public speaking 공개 연설	register 등록하다, 신고하다
seminar 세미나	shift 교대 근무	sign 서명하다
signature 서명	supervisor 관리자, 감독관	training session 교육
tuition 수업료	turn out 밝혀지다	workshop 워크숍, 연수회

2. 일상생활

(1) 상점

▶ 주문·배송

add 더하다	affordable 가격이 알맞은	appliance store 가전제품 판매점
auction 경매	bill 계산서, 청구서	brochure 안내 책자
cancel 취소하다	carry (물품을) 취급하다	come in 나오다
contact information 연락처	convenient 편리한	cost 비용; 비용이 들다
coupon 쿠폰	custom 주문 제작한	customer 고객
delivery 배달	drop off ~을 가져다 놓다, ~을 전달하다	efficient 효율적인
expect 기대하다, 예상하다	expedited shipping 빠른 배송	express delivery 빠른 배송, 속달
facility 시설	favorite 가장 좋아하는	feature 특징

grocery store 식료품점

inventory 재고, 물품 목록

miss 빠트리다, 놓치다

pay for ~의 대금을 지불하다

process 과정

recommend 추천하다

run low 떨어져 가다, 고갈되다

shape 모양

so far 지금까지

supplies 물품, 용품

various 다양한

in bulk 대량으로

invoice 송장, 청구서

order 주문, 주문품; 주문하다

payment 지급, 납부

purchase 구매, 구매품; 구매하다

reserve 예약하다

sales clerk 점원

ship 배송하다

spend 돈을 쓰다

transport 수송하다, 실어 나르다

voucher 상품권

in stock 재고가 있는

late fee 연체료

package (포장용) 상자, 소포; 포장하다

place an order 주문하다

put aside ~을 따로 챙겨 두다

restock 재고를 다시 채우다

set up ~을 설치하다

shipment 배송, 배송품

stock 재고, 재고품

transportation 수송

▶ 교환·환불·할인

ask for ~을 요청하다

carry (물품을) 취급하다

check 수표

copy (책, 신문 등의) 한 부

discount 할인; 할인하다

gift certificate 상품권

receipt 영수증

reserve 예약하다

shelf 선반

up to 최대 ~까지

waive 철회하다, 면제하다

at least 적어도, 최소한

cash 현금

complain 불평하다

credit card 신용카드

ensure 보장하다

latest 최신의, 최근의

redeemable 교환할 수 있는

return 반품; 돌려주다, 반품하다

sold out 다 팔린

value 가치

waive the fee 요금을 면제하다

be of service 도움이 되다

charge 청구하다; 요금

complaint 불평, 불만

demand 수요

exchange 교환; 교환하다

pay the bill 계산하다

refund 환불; 환불하다

return policy 반품 규정

unlimited 무제한의

waiting list 대기자 명단

warranty 품질 보증서

(2) 음식

appetizer 애피타이저, 전채 요리

bistro 작은 식당

choose 선택하다

drink 음료

option 선택권

restaurant 음식점

supplement 보충제

try 시식하다

appropriate 적당한

cafeteria 구내식당

container 용기

flavor 맛

paste 반죽

sample 맛보다, 시식[시음]하다

takeout 포장 음식, 테이크아웃

waitstaff 종업원

beverage 음료

catering service 출장 뷔페 서비스

dining 식사

leftover 남은 음식

refreshments 다과

serve (음식을) 제공하다

taste 맛보다

(3) 편의 시설

appointment 예약

be familiar with ~에 익숙하다, 잘 알다

complete 완료하다, 작성하다

contact 연락하다

dental clinic 치과

area 지역

block off ~을 막다, 차단하다

completion 완료, 완성

contractor 도급업자

deposit 보증금

bank account 은행 계좌

buyer 구매자

construction 공사, 건설

decorate 꾸미다, 장식하다

estimate 견적서; 추정하다

experience 겪다, 경험하다

floor plan 평면도

interest rate 금리

landscaping 조경

lease 임대하다, 임차하다

lost and found 분실물 취급소

medication 약

owner 주인, 소유주

potential 잠재적인

progress 진행, 진척; 진행하다

put up ~을 게시하다, 올리다

remodeling 개조, 보수, 리모델링

repairs 수리 작업

sell 팔다

technician 기술자

unit 세대, 한 가구

extend apologies 사과하다

groundbreaking ceremony 기공식

interior design 실내 장식, 인테리어 디자인

lane 차선

listing 목록, 명단

medical check-up 건강 검진

move in 이사하다

particular 특정한

power cut 정전

property 부동산, 건물

real estate agency 부동산 중개소

renovate 수리하다

resident 주민, 거주자

showing 공개, 상영

transfer money 송금하다

withdraw money 돈을 인출하다

facility 시설

have ~ in mind ~을 염두에 두다

invoice 청구서, 송장

lease agreement 임대차 계약서

location 위치

medical history 진료 기록

open house (주택) 공개일

patient 환자

prescription 처방전

push back ~을 미루다

receptionist 접수원

renovation 수리

schedule 일정을 잡다

take out a loan 대출받다

undergo 겪다

within walking distance 걸어갈 수 있는 거리 안에

(4) 고장·수리

apologize 사과하다

auto repair shop 자동차 정비소

broken 고장 난

connect 연결하다

cracked 금이 간, 갈라진

defective 결함이 있는

fix 고치다, 수리하다

gear 장비

hardwood 원목

leak 새다

maintenance 유지 보수

out of order 고장 난

pipe 파이프

repair 수리하다; 수리

stop by ~에 들르다

warehouse 창고

appliance (가정용) 기기

badly 심하게

cause 야기하다

corrode 부식시키다

damage 피해, 손상

equipment 장비

floor 바닥

get started on ~을 시작하다

install 설치하다

lock 잠그다

malfunction 고장; 제대로 작동하지 않다

part 부품

post a notice 공지를 게시하다

replace 교체하다

storage room 보관 창고

warranty period 보증 기간

assemble 조립하다

basics 기초, 기본

complimentary 무료의

cost estimate 견적

damaged 손상된, 피해를 입은

file folder 서류 폴더

form 양식, 서식

grab 붙잡다, 움켜쥐다

last minute 막바지에

machinery 기계

office equipment 사무용품

pick up ~을 찾아오다

projector 프로젝터

sign 간판

technical support 기술 지원

wear out 닳다, 마모되다; 마모

(5) 여가

abroad 해외에

accommodations 숙박 시설

art gallery 미술관

by any chance 혹시라도

cancel 취소하다

dental clinic 치과

department store 백화점

discover 발견하다

environmentally conscious 환경을 의식하는

exercise 운동, 훈련; 운동하다

expect 예상하다

favorable (날씨가) 좋은

fitness center 피트니스 센터, 헬스클럽

fee 요금, 수수료

gear 장비, 복장

graduation 졸업

guest 손님, 투숙객

gym 체육관, 헬스클럽

hand 건네주다; 도움

ingredient (요리의) 재료

lose 잃어버리다

lounge 휴게실, 라운지

move 옮기다, 이동하다

movie theater 영화관

on vacation 휴가 중인

outing 야유회

passion 열정

perform 공연하다, 수행하다

performance 공연, 성과

pharmacy 약국

picnic 소풍

postpone 미루다

practice 연습하다

proper 적절한

public service 공익사업

ready 준비가 된

recycle 재활용하다

relative 친척

remind 상기시키다

serve (음식을) 제공하다, 기여하다

sports stadium 경기장

suggest 제안하다

theater 극장

tournament 토너먼트, 시합

training 훈련

view 전망

volunteer 자원봉사자; 자원봉사를 하다

(6) 여행·숙박

accommodations 숙박 시설

aisle seat 통로 쪽 좌석

arrive 도착하다

attention 주의, 관심

baggage claim area 짐 찾는 곳

be familiar with ~을 잘 알다, ~에 익숙하다

boarding pass 탑승권

book a flight 항공편을 예약하다

business trip 출장

carousel (공항) 수하물 컨베이어 벨트

certainly 분명히, 틀림없이

close 가까운; 가까이

confirm 확인하다

connecting flight 연결 항공편

convenient 편리한

definitely 분명히, 확실히

depart 떠나다, 출발하다

destination 목적지

direction 방향

downtown 시내에, 도심에

express 나타내다, 표현하다

fare 요금

flight 비행, 항공편

front desk 프런트, 안내 데스크

guided tour 가이드가 딸린 여행

instantly 즉시

itinerary 여행 일정표

kiosk 키오스크, 매점

land 착륙하다

locate ~의 정확한 위치를 찾아내다

location 장소, 위치, 지점

luggage 짐, 수하물

parking 주차

parking space 주차 공간

passport 여권

prefer 선호하다, 더 좋아하다

public transportation 대중교통

pull over 길 한쪽에 차를 대다

ride 차량 탑승

right away 즉시, 곧바로

shuttle bus 셔틀버스

station (기차)역

stay 머무르다

stop 정류장, 정거장

train map 기차 노선도

window seat 창가 쪽 좌석

worry 걱정하다

wrong 틀린, 잘못된

PART

4

SHORT TALKS
짧은 담화 문제

📋 문제 OVERVIEW

PART 4는 총 10개의 담화문과 이에 속한 30문항이 출제됩니다. 짧은 담화를 들으며, 문제지에 주어진 3개의 문제에 답하는 형식입니다.

문항 수	10개 담화문, 30문항(71~100번에 해당하며, 문제와 보기는 문제지에 제공되고, 담화문은 방송으로 나옵니다. 하나의 담화문에 세 개의 문제가 출제됩니다.)
Direction 소요 시간	약 30초
문제 3개를 들려주는 시간	약 30~40초
다음 문제까지의 휴지 시간	약 8초
지문 유형	- 전화 메시지, 회의 발췌록, 안내 방송, 광고 방송, 뉴스 보도, 연설 등
문제 유형	- 일반 정보 문제: 주제·목적, 화자/청자의 신분, 담화 장소 - 세부 정보 문제: 키워드, 제안·요청, 다음에 할 일/일어날 일 - 화자가 그렇게 말한 의도를 묻는 문제(3문제 고정 출제) - 시각 자료 연계 문제(95~100번 사이에서 2문제 고정 출제)
보기 구성	4개의 보기(모두 어구이거나 모두 짧은 문장으로 나옵니다.)

🕐 출제 TREND

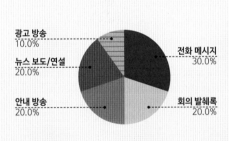

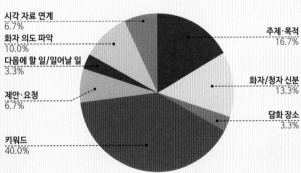

- PART 4 담화문 중 전화 메시지와 회의 발췌록이 절반을 차지합니다. 전화 메시지는 주로 배송 문의, 구매 제품에 대한 불만, 일정 변경, 업무 요청 등이며, 회의 발췌록은 사내 공사 일정, 사내 행사, 신규 정책/시스템 안내, 매출 분석, 서비스 점검 일정 등이 주를 이룹니다. PART 3과 마찬가지로 일상생활에서 가장 빈번하게 일어나는 주제들로 구성됩니다.

- 문제 유형은 주제·목적, 화자/청자의 신분, 담화 장소 등 담화의 전체 내용과 관련된 문제가 평균 10문제, 담화의 맥락상 화자가 주어진 말을 한 의도를 묻는 문제가 3문제, 마지막 2개의 지문(95~100번) 내 시각 자료 연계 문제 각 한 개씩 총 2문제가 매회 고정적으로 출제됩니다. 나머지 약 15문제는 문제점이나 구체적인 이유, 방법, 제안·요청, 화자가 다음에 할 일 등 담화의 세부적인 내용을 묻는 문제로 구성됩니다.

- PART 4 역시 난이도는 거의 변함없이 안정적입니다. PART 3과 마찬가지로 약간의 편차를 감안하면 PART 2에서 3개 내외로 틀리는 수험생이라면 만점을 기대할 수 있어요!

🅢 시험 PREVIEW

You will read:

71. What kind of event is the speaker discussing?

    (A) A trade show
    (B) An athletic competition
    (C) A fitness seminar
    (D) An anniversary party

72. What does the company most likely make?

    (A) Clothing
    (B) Stationery
    (C) Vehicles
    (D) Beverages

73. What does the speaker instruct Ali to do?

    (A) Revise a schedule
    (B) Design a questionnaire
    (C) Choose some products
    (D) Contact some vendors

You will hear:

Questions 71-73 refer to the following excerpt from a meeting.

[W]   Good morning. We're going to have a quick meeting before we start work. I want to review our preparations for the Annual City Bicycle Race that's being held next week. We're going to be running a beverage stand for the participants and spectators. This is a really big event, so it's an excellent chance to market some of our latest sports drink flavors—you know, like extreme mango and passion fruit. Ali, I'd like you to be in charge of making the final sports drink choices for the race.

(3초 pause)

71. What kind of event is the speaker discussing? (8초 pause)

72. What does the company most likely make? (8초 pause)

73. What does the speaker instruct Ali to do? (8초 pause)

📑 문제 풀이 FLOW

1. PART 4 디렉션이 나올 때 첫 3문제를 봅니다.

• 문제지에 적힌 PART 4 디렉션을 읽어주는데, 이 시간이 약 30초 정도 됩니다. 효율적인 시간 활용을 위해 PART 3의 마지막 문제에 마킹을 끝내는 대로 PART 4의 첫 번째 지문, 즉 71~73번의 문제를 보세요.

• 질문의 키워드, 즉 핵심 내용을 파악하고 키워드에 표시해 둡니다. 담화를 들으면서 질문의 요지가 무엇이었는지 바로 파악할 수 있도록 하기 위함이에요.

> **71.** **What** kind of **event** is the speaker **discussing**? 화자가 논의 중인 행사
> **72.** **What** does the **company** most likely **make**? 회사가 제조하는 것
> **73.** **What** does the **speaker instruct Ali to do**? 화자가 Ali에게 지시하는 일

• 토익이 아직 낯설거나 버겁다면 질문만 제대로 파악하고, 시간의 여유가 있다면 보기도 함께 보세요. 3개의 질문을 정확히 머릿속에 꽉 붙들어 놓은 상태에서 담화를 들을 준비를 합니다.

2. 담화를 들으면서 정답을 고릅니다.

• PART 3과 마찬가지로, 담화문을 들으면서 동시에 세 문제의 정답을 선택합니다.

• 문제의 순서와 담화문에 담긴 정답 단서의 순서는 거의 일치해요. 머릿속에 세 문제의 핵심 내용이 담긴 상태에서 귀로 담화를 듣고 눈으로는 문제지에 인쇄된 질문과 보기를 보며 순서대로 정답에 마킹하겠다는 자세로 임하세요.

> **71번의 정답 단서:** I want to review our preparations for the Annual City Bicycle Race ~ next week.
> 다음 주에 열릴 연례 시 자전거 경주 준비를 검토하고 싶어요. → **(B) An athletic competition**
>
> **72번의 정답 단서:** it's an excellent chance to market some of our latest sports drink flavors
> 그것은 회사의 최신 스포츠 음료를 홍보하는 정말 좋은 기회예요 → **(D) Beverages**
>
> **73번의 정답 단서:** Ali, I'd like you to be in charge of making the final sports drink choices for the race.
> Ali, 경주에서의 스포츠 음료 최종 선정을 담당해 주면 좋겠어요. → **(C) Choose some products**

3. 문제를 읽어줄 때 다음 3문제를 봅니다.

• 담화를 들으면서 문제를 바로 풀어야 하는 이유가 바로 여기에 있습니다. 방송으로 세 문제를 읽어주는 시간에 다음 담화문의 3문제를 미리 읽음으로써 정답률을 높일 수 있어요.

🖊 학습 ADVICE

• PART 4의 문제 풀이 Flow 외 추가적인 공략법

패러프레이징(paraphrasing, 같은 의미의 다른 말로 바꿔 쓰는 것) 된 정답에 익숙해져야 해요. 담화 내용에서 들렸던 표현이 보기에 그대로 나와 정답이 되는 경우도 많지만, 담화 속 표현이 패러프레이징 되어 답으로 나오는 경우도 많습니다. (왼쪽 문제에서 race는 athletic competition으로, drink는 beverage로 바꿔 쓴 것을 볼 수 있습니다.) 그렇기 때문에 단어 공부를 열심히 하면서 다양한 문제를 많이 풀어봐야 합니다.

문제 풀이 전략

CASE 150 담화를 듣기 전, 반드시 문제를 먼저 읽어라.

PART 4의 첫 번째 지문에 해당하는 세 문제는 디렉션 시간에, 그다음 지문들의 세 문제는 각각 그 전 문제를 푼 직후에 읽고 키워드를 기억한 상태에서 담화를 들어야 바로바로 문제를 풀 수 있다.

미국

1. What kind of event is being held?

   (A) A gallery tour   (B) A product launch
   (C) A career fair   (D) A training session

🎧 CH12.01

2. What are listeners urged to do?

   (A) Speak with senior employees
   (B) Update their contact information
   (C) Organize their workstations
   (D) Participate in a survey

3. What does Calmex Kitchen offer?

   (A) Cooking classes   (B) Priority parking
   (C) Complimentary drinks   (D) Quick delivery

STEP 1 ➡ 문제 먼저 읽고 키워드 기억하기

1. **What kind of event** is being **held**? | **키워드** "개최되고 있는 행사"

2. **What** are **listeners urged** to do? | **키워드** "청자들이 권고받는 것"

3. **What** does **Calmex Kitchen offer**? | **키워드** "Calmex 식당이 제공하는 것"

STEP 2 ✔ 담화 들으며 바로바로 문제 풀기

Questions 1-3 refer to the following talk.

W ❶I hope everyone is enjoying today's training workshop. ❷The four agents who took you around today each have over 15 years of recruiting experience at our employment placement firm. They'll be attending the luncheon, so you should use that time to bring up any questions or concerns you might have about the field. At noon, we'll be heading to the corporate dining lounge for lunch. And speaking of food, ❸there's a great place across the street called Calmex Kitchen. They offer our workers a free beverage with every meal.

⚙ Way to Answer

❶ 개최되고 있는 행사: I hope everyone is enjoying today's training workshop. (모두가 오늘의 교육 워크숍을 즐기고 계시길 바랍니다.) ▶ 패러프레이징 [workshop → session] ▶ (D) A training session (교육 과정)

❷ 청자들이 권고받는 것: The four agents ~ have over 15 years of recruiting experience at our employment placement firm. (~ 네 분의 관리자들은 우리 인력 알선 회사에서 각 15년 이상의 직원 채용 경력을 갖고 계십니다.) ▶ They'll be attending the luncheon, so you should use that time to bring up any questions or concerns you might have about the field. (그분들께서 오찬에 참석하실 테니, 그 시간을 활용하여 업계에 관한 질문이나 우려 사항에 대해 대화를 나눠 보세요.) ▶ 패러프레이

징 [you should → listeners urged to do], [four agents ~ have ~ experience → senior employees], [use that time ~ concerns → Speak with them] ▶ (A) Speak with senior employees(상급 직원들과 대화하라고)

❸ **Calmex 식당이 제공하는 것**: there's a great place across the street called Calmex Kitchen. They offer our workers a free beverage with every meal.(길 건너에 Calmex 식당이라는 괜찮은 곳이 있습니다. 우리 직원들이 식사할 때마다 무료 음료를 제공해 줍니다.) ▶ 패러프레이징 [free → Complimentary], [beverage → drink] ▶ (C) Complimentary drinks(무료 음료)

1-3번은 다음 담화에 관한 문제입니다.

❸ ❶모두가 오늘의 교육 워크숍을 즐기고 계시길 바랍니다. ❷오늘 여러분과 함께 다녔던 네 분의 관리자들은 우리 인력 알선 회사에서 각 15년 이상의 직원 채용 경력을 갖고 계십니다. 그분들께서 오찬에 참석하실 테니, 그 시간을 활용하여 업계에 관한 질문이나 우려 사항에 대해 대화를 나눠 보세요. 정오에, 점심 식사를 위해 사내 식당으로 이동하겠습니다. 그리고 음식 이야기가 나와서 말인데요. ❸길 건너에 Calmex 식당이라는 괜찮은 곳이 있습니다. 우리 직원들이 식사할 때마다 무료 음료를 제공해 줍니다.

1. 어떤 행사가 개최되고 있는가?
   (A) 미술관 견학
   (B) 제품 출시회
   (C) 취업 박람회
   (D) **교육 과정**

2. 청자들은 무엇을 하라고 권고받는가?
   (A) **상급 직원들과 대화하라고**
   (B) 최신 연락처 정보를 알려 주라고
   (C) 작업 공간을 정리하라고
   (D) 설문에 참여하라고

3. Calmex 식당은 무엇을 제공하는가?
   (A) 요리 수업
   (B) 우선 주차
   (C) **무료 음료**
   (D) 빠른 배달

어휘 training workshop 교육 워크숍 | agent 관리자 | recruit 모집하다 | employment placement firm 인력 알선 회사, 헤드헌팅 업체 | luncheon 오찬 | bring up (화제를) 꺼내다 | concern 우려, 걱정 | field 업계 | corporate 회사의 | dining lounge 식당 | speaking of ~ 얘기가 나와서 말인데, ~에 대해 말하자면 | beverage 음료 | launch 출시, 개시 | career fair 취업 박람회 | urge 권고하다 | senior 상급의, 고위의 | organize 정리하다, 준비하다 | priority 우선(권) | complimentary 무료의

CASE 집중훈련
해설서 p.110

🎧 CH12_02

1. Who is the speaker?
   (A) A professional athlete
   (B) A movie director
   (C) A school teacher
   (D) A television host

2. What inspired the speaker to choose her profession?
   (A) Attending university
   (B) Watching an interview
   (C) Completing an internship
   (D) Consulting friends

3. What will the speaker do next?
   (A) Give a traffic report
   (B) Demonstrate a product
   (C) Announce a winner
   (D) Share a video

CASE 151 담화를 들으며 바로바로 문제를 풀어라.

청취에 자신 있다면 담화를 다 듣고 정답을 골라도 별 어려움 없이 다음 문제를 읽어 둘 시간이 충분하겠지만, 그렇지 않으면 자신이 무엇을 들었는지조차 기억하기 쉽지 않기 때문에 담화를 들으면서 바로바로 문제를 풀어야 성우가 질문을 읽어 줄 때 다음 담화 지문의 세 문제를 읽을 시간을 확보할 수 있다.

미국

🎧 CH12_03

1. What problem is mentioned?

(A) Orders are being delivered late.
(B) Some clients terminated their contracts.
(C) A workshop was canceled.
(D) A team does not have enough employees.

2. What is the company planning to do?

(A) Discontinue a product line (B) Replace some machines
(C) Expand a facility (D) Reduce business expenses

3. What has been prepared for the workers?

(A) A catered meal (B) A video demonstration
(C) New identification cards (D) Some complimentary gifts

STEP 1 ➡ 문제 먼저 읽고 키워드 기억하기

1. **What problem** is **mentioned**? 키워드 "언급되는 문제점"

2. **What** is the **company planning** to do? 키워드 "회사가 계획하는 것"

3. **What** has been **prepared for** the **workers**? 키워드 "직원들을 위해 준비된 것"

STEP 2 ✅ 담화 들으며 바로바로 문제 풀기

Questions 1-3 refer to the following excerpt from a meeting.

M Good morning. ❶I'm sure most of you are aware that many clients have been complaining that they are not getting their shipments on time. After some investigation, ❷we've found that the reason we haven't been fulfilling orders on time is because our assembly machines are too slow. We're planning to resolve this situation immediately. Our vendor has recommended a few new models that can assemble items much faster than our current ones. As you all are responsible for working on the assembly line, I wanted to get your feedback on these models. So now, ❸I've prepared a video that shows demonstrations of each machine. Please watch it carefully and give us your opinion afterward.

⚙ Way to Answer

❶ 언급되는 문제점: I'm sure most of you are aware that many clients have been complaining that they are not getting their shipments on time. (많은 고객들이 물품을 제때 받지 못하고 있다고 불평해 오는 걸 여러분 대부분이 알고 계실 거라고 생각합니다.) ▶ 패러프레이징 [shipments → Orders], [not getting ~ on time → delivered late] ▶ (A) Orders are being delivered late. (주문품의 배송이 늦어지고 있다.)

❷ 회사가 계획하는 것: we've found that the reason we haven't been fulfilling orders on time is because our assembly machines are too slow. We're planning to resolve this situation immediately. Our vendor has recommended a few new models that can assemble items much faster than our current ones. (저희가 제때 주문을 처리하지 못한 이유는 저희 조립 기계가 너무 느리기 때문이라는 걸 알아냈습니다. 저희는 이 상황을 즉시 해결할 계획입니다. 판매업자는 현재 기계

보다 훨씬 더 빨리 물품을 조립하는 신형 모델 몇 가지를 추천해 줬습니다.) ▶ 패러프레이징 [our assembly machines are too slow. We're planning to resolve this situation → Replace], [models → machines] ▶ **(B) Replace some machines**(기계를 교체할 것이다)

③ 직원들을 위해 준비된 것: I've prepared a video that shows demonstrations of each machine(저는 각 기계의 작동법을 보여 주는 비디오를 준비했습니다) ▶ **(B) A video demonstration** (비디오 시연)

1-3번은 다음 회의 발췌록에 관한 문제입니다.

남 안녕하세요. **①**많은 고객들이 물품을 제때 받지 못하고 있다고 불평해 오는 걸 여러분 대부분이 알고 계실 거라고 생각합니다. 조사 결과, **②**저희가 제때 주문을 처리하지 못한 이유는 저희 조립 기계가 너무 느리기 때문이라는 걸 알아냈습니다. 저희는 이 상황을 즉시 해결할 계획입니다. 판매업자는 현재 기계보다 훨씬 더 빨리 물품을 조립하는 신형 모델 몇 가지를 추천해 줬습니다. 여러분 모두 조립 라인에서 근무하시니, 저는 이 모델들에 대한 여러분의 의견을 듣고 싶었습니다. 따라서 지금, **③**저는 각 기계의 작동법을 보여 주는 비디오를 준비했습니다. 주의 깊게 시청해 주시고, 그 후에 의견을 알려 주세요.

1. 어떤 문제점이 언급되는가?
   (A) 주문품의 배송이 늦어지고 있다.
   (B) 일부 고객이 계약을 해지했다.
   (C) 워크숍이 취소되었다.
   (D) 팀에 직원이 충분하지 않다.

2. 회사는 무엇을 할 계획인가?
   (A) 상품 라인을 중단할 것이다 **(B) 기계를 교체할 것이다**
   (C) 시설을 확장할 것이다 (D) 사업 비용을 줄일 것이다

3. 직원들을 위해 무엇이 준비되었는가?
   (A) 출장 식사 **(B) 비디오 시연**
   (C) 새로운 신분증 (D) 무료 선물

어휘 client 고객 | complain 불평하다, 항의하다 | shipment 수송(품) | on time 제때에, 시간을 어기지 않고 | investigation 조사 | fulfill 처리하다, 이행하다 | assembly machine 조립 기계 | resolve 해결하다 | vendor 판매업자, 판매사 | assemble 조립하다 | current 현재의 | responsible for ~을 책임지고 있는 | prepare 준비하다 | demonstration (사용법에 대한 시범) 설명, 시연 | afterward 그 후에, 나중에 | terminate 끝내다 | discontinue 중단하다 | replace 교체하다 | expand 확장하다 | facility 시설 | expense 비용 | complimentary 무료의

CASE 집중훈련

해설서 p.110

CH12_04

1. What product is being discussed?

(A) Sauce
(B) Juice
(C) Oil
(D) Syrup

2. What did Bock's Grocery Store recently do?

(A) Open a new location
(B) Improved a product
(C) Merged with a competitor
(D) Increase an order

3. What does the speaker mean when she says, "I want to get your opinion"?

(A) More meetings will be scheduled.
(B) Some advice is needed to finalize a decision.
(C) Workers have not completed a survey.
(D) Machinery has been malfunctioning.

CASE 152   문제와 정답 단서의 순서는 대부분 일치한다.

제시된 문제의 순서와 정답 단서가 등장하는 순서는 대부분 일치한다. 첫 번째 문제부터 제시된 순서대로 문제를 풀면 되니, 순서가 바뀔까 하는 괜한 걱정은 하지 말자.

미국

1. Where is the broadcast taking place?

(A) At a development site
(B) At a news studio
(C) At a convention center
(D) At an outdoor auditorium

🎧 CH12_05

2. According to the speaker, why are some people concerned?

(A) A historic building is being demolished.
(B) A parking structure will disturb the neighboring surroundings.
(C) A city's annual budget is being cut.
(D) A safety rating for a children's park is inadequate.

3. What will the listeners hear next?

(A) Some comments from residents
(B) Some advertisements
(C) A weather update
(D) A speech from a city official

STEP 1   ☞ 문제 먼저 읽고 키워드 기억하기

1. Where is the **broadcast taking place**?   키워드 "방송이 이루어지는 곳"

2. According to the speaker, **why** are **some people concerned**?   키워드 "몇몇 사람들이 걱정하는 이유"

3. **What** will the **listeners hear next**?   키워드 "청자들이 다음에 들을 것"

STEP 2   ✔ 담화 들으며 바로바로 문제 풀기

Questions 1-3 refer to the following broadcast.

M This is Ken Murray here, reporting for SBC News. ❶I'm on location in East Hillside at the development site for the city's new parking garage. While the proposal for this building was approved weeks ago, residents continue to protest the project. ❷They are most concerned with how the building will affect Raymond Meadows, the children's park across the street from the entrance of the garage. ❸Now, let's hear from some members of the community and their thoughts on the structure.

🔆 Way to Answer

❶ 방송이 이루어지는 곳: I'm on location in East Hillside at the development site for the city's new parking garage. (저는 East Hillside의 새로운 도심 주차장 개발 현장에서 야외 촬영을 하고 있습니다.) ▶ (A) At a development site (개발 현장에서)

❷ 몇몇 사람들이 걱정하는 이유: They are most concerned with how the building will affect Raymond Meadows, the children's park across the street from the entrance of the garage. (그들은 이 주차장 입구 길 건너편에 있는 어린이 공원 Raymond Meadows에 미칠 영향에 대해 크게 염려하고 있습니다.) ▶ (B) A parking structure will disturb the neighboring surroundings. (주차 건물이 주변 환경을 방해할 것이다.)

1-3번은 다음 방송에 관한 문제입니다.

남 SBC 뉴스의 Ken Murray가 보도합니다. ❶저는 East Hillside의 새로운 도심 주차장 개발 현장에서 야외 촬영을 하고 있습니다. 이 건물에 대한 기획안이 몇 주 전에 승인되었지만, 주민들은 이 계획에 계속 항의하고 있습니다. ❷그들은 이 주차장 입구 길 건너편에 있는 어린이 공원 Raymond Meadows에 미칠 영향에 대해 크게 염려하고 있습니다. ❸이제, 그 건축물에 관한 주민 몇 분의 생각을 들어 보겠습니다.

1. 방송은 어디에서 이루어지고 있는가?
   (A) 개발 현장에서   (B) 뉴스 스튜디오에서
   (C) 컨벤션 센터에서   (D) 야외 관람석에서

2. 화자에 따르면, 몇몇 사람들은 왜 걱정하는가?
   (A) 역사적인 건물이 철거되고 있다.
   (B) 주차 건물이 주변 환경을 방해할 것이다.
   (C) 시의 연간 예산이 삭감되고 있다.
   (D) 어린이 공원의 안전 등급이 부적합하다.

3. 청자들은 다음에 무엇을 들을 것인가?
   (A) 주민 의견   (B) 광고
   (C) 일기 예보   (D) 시 공무원의 연설

어휘 report 보도하다 | be on location 야외 촬영 중이다 | development site 개발 현장 | parking garage 주차장 | proposal 안건, 제안 | approve 승인하다 | resident 주민 | protest 항의하다, 반대하다 | concerned 염려하는, 걱정하는 | affect 영향을 미치다 | entrance 입구 | thought 생각 | structure 건축물, 구조물 | auditorium 관람석, 강당 | historic 역사적인 | demolish 철거하다 | disturb 방해하다 | neighboring 주변의, 인근의 | surroundings 환경 | annual budget 연간 예산 | rating 등급 | inadequate 부적합한, 불충분한 | comment 의견, 논평 | speech 연설

CASE 집중훈련
해설서 p.111

CH12_06

1. What are the listeners most likely experts in?
   (A) Electronics
   (B) Healthcare
   (C) Advertising
   (D) Tourism

2. What does the speaker suggest doing?
   (A) Targeting a specific audience
   (B) Demonstrating an application
   (C) Assigning more employees
   (D) Offering discounted prices

3. What will happen on Wednesday?
   (A) An interview will be held.
   (B) A program will be downloadable.
   (C) A research group will visit.
   (D) A brainstorming session will begin.

CASE 153 담화 도입부를 놓치는 것은 담화 전체를 놓치는 것과 마찬가지다.

대개 담화 초반에는 담화의 목적, 화자의 신분, 담화 장소 등 담화 전체의 분위기를 이해할 수 있는 핵심 정보가 담기기 때문에 담화 도입부를 놓치면 담화 전체를 이해하기가 쉽지 않다.

영국

1. Where does the speaker work?

(A) At a convention center
(B) At an event planning company
(C) At a flower shop
(D) At an art supplies store

🎧 CH12_07

2. What does the speaker imply when she says, "we've had particularly many orders this weekend"?

(A) A request cannot be fulfilled.
(B) More employees will be hired.
(C) Some merchandise is out of stock.
(D) A new item has become popular.

3. According to the speaker, why did the business move to a new location?

(A) To have a bigger facility
(B) To reduce rental expenses
(C) To avoid new competition
(D) To be closer to the city center

STEP 1 　🔄 문제 먼저 읽고 키워드 기억하기

1. **Where** does the **speaker work**?
　　키워드 "화자가 일하는 곳"

2. What does the **speaker imply when she says**, **"we've had particularly many orders this weekend"?**
　　키워드 "화자가 '저희가 이번 주말에 유난히 주문을 많이 받고 있어요'라고 말한 의도"

3. According to the speaker, **why** did the **business move to a new location?**
　　키워드 "업체가 새로운 장소로 이전한 이유"

STEP 2 　✔ 담화 들으며 바로바로 문제 풀기

Questions 1-3 refer to the following telephone message.

🇼 Hello, Mr. Jennings. **❶**It's Wanda from Happy Petals Florist. **❷**We just received your request for 30 custom flower baskets for the anniversary party you're throwing this Saturday. Well, we've had particularly many orders this weekend. We can offer you a different kind of arrangement, as we always have various bouquets ready for sale at our store. **❸**Also, I want to inform you that we've moved to a more central location for your

🔊 Way to Answer

❶ 화자가 일하는 곳: It's Wanda from Happy Petals Florist. (Happy Petals 꽃 가게의 Wanda입니다.) ▶ 패러프레이징 [Florist → flower shop] ▶ **(C) At a flower shop**(꽃 가게에서)

❷ 화자가 '저희가 이번 주말에 유난히 주문을 많이 받고 있어요'라고 말한 의도: We just received your request for 30 custom flower baskets for the anniversary party you're throwing this Saturday. (이번 주 토요일에 여시는 기념 파티용 주문 제작 꽃바구니 30개 요청해 주신 것을 저희가 방금 받았습니다.) + Well, we've had particularly many orders this weekend. (음, 저

convenience. You can now find us next to the park at Olive Road and Alton Way.

희가 이번 주말에 유난히 주문을 많이 받고 있어요.)는 주문이 많아 주문 제작 꽃바구니 요청을 받아들이기가 힘들다는 의미 ▶ (A) A request cannot be fulfilled. (요청을 이행할 수 없다.)

■ 업체가 새로운 장소로 이전한 이유: Also, I want to inform you that we've moved to a more central location for your convenience. (그리고, 고객님이 편리하게 이용하실 수 있도록 저희가 좀 더 중심 지역으로 이전했음을 알려 드립니다.) ▶ 패러프레이징 [central location → city center] ▶ (D) To be closer to the city center (도심에 더 가까워지려고)

1-3번은 다음 전화 메시지에 관한 문제입니다.

🇨 안녕하세요, Jennings 씨. **❶Happy Petals 꽃 가게의 Wanda입니다.** **❷이번 주 토요일에 여시는 기념 파티용 주문 제작 꽃바구니 30개 요청해 주신 것을 저희가 방금 받았습니다.** 음, 저희가 이번 주말에 유난히 주문을 많이 받고 있어요. 저희는 항상 매장에 판매용으로 다양한 꽃다발을 준비해 놔서요, 저희가 다른 종류의 배합으로 제공해 드릴 수 있습니다. **❸그리고, 고객님이 편리하게 이용하실 수 있도록 저희가 좀 더 중심 지역으로 이전했음을 알려 드립니다.** 이제 저희는 Olive로와 Alton길에 있는 공원 옆에 있습니다.

1. 화자는 어디서 일하는가?
(A) 컨벤션 센터에서   (B) 이벤트 기획사에서
(C) 꽃 가게에서   (D) 미술 용품점에서

2. 화자가 "저희가 이번 주말에 유난히 주문을 많이 받고 있어요"라고 말할 때, 그녀가 내비친 것은?
(A) 요청을 이행할 수 없다.
(B) 더 많은 직원이 고용될 것이다.
(C) 일부 제품이 재고가 없다.
(D) 새로운 제품이 인기를 얻게 되었다.

3. 화자에 따르면, 업체는 왜 새로운 장소로 이전했는가?
(A) 더 큰 시설을 보유하려고   (B) 임대료를 줄이려고
(C) 새로운 경쟁을 피하려고   **(D) 도심에 더 가까워지려고**

어휘   florist 꽃집 (주인) | request 요청 | custom 주문 제작한 | throw a party 파티를 열다 | particularly 유난히, 특히 | order 주문; 주문하다 | arrangement 배합, 배열, 정리 | various 다양한 | bouquet 꽃다발, 부케 | inform 알리다, 통지하다 | convenience 편리, 편의 | art supplies 미술용품 | fulfill 이행하다, 수행하다 | hire 고용하다 | out of stock 재고가 없는 | rental expense 임대료 | avoid 피하다 | competition 경쟁, 경쟁자

CASE 집중훈련

해설서 p.112

🎧 CH12_08

1. What is the speaker calling about?
(A) A travel plan
(B) A proposal
(C) A company directory
(D) A guidebook

2. What does the speaker imply when she says, "It's already 11:00"?
(A) A deadline has passed.
(B) A request is urgent.
(C) She has missed her flight.
(D) She wants to reschedule an appointment.

3. According to the speaker, what is the purpose of a meeting?
(A) To select a new board member
(B) To finalize a business deal
(C) To introduce a new product
(D) To outline a work process

CASE 154 정답은 정답 단서를 그대로 쓰거나 패러프레이징하여 제시된다.

정답 단서를 그대로 정답에 사용하는 경우도 있지만, 비슷한 의미의 다른 단어로 패러프레이징하여 제시할 때도 많기 때문에 담화에서 들은 단어가 아니더라도 비슷한 뜻으로 이해할 수 있는 청해력은 확보되어야 한다.

🎧 CH12_09

호주

1. What does the speaker say amazes him the most about the sequoia trees?

   (A) Their color
   (B) Their size
   (C) Their age
   (D) Their sturdiness

2. According to the speaker, what keeps the park rangers busy?

   (A) Building protective fences
   (B) Assisting visitors
   (C) Patrolling park grounds
   (D) Repairing facilities

3. Why does the speaker suggest making a stop?

   (A) To enjoy some refreshments
   (B) To take some pictures
   (C) To purchase some merchandise
   (D) To review a trail map

STEP 1 　💬 문제 먼저 읽고 키워드 기억하기

1. **What** does the **speaker say amazes him** the **most** about the **sequoia trees**?
   　키워드　"세쿼이아 나무에 관해 화자가 가장 놀랍다고 말하는 것"

2. According to the speaker, **what keeps** the **park rangers busy**?
   　키워드　"공원 관리인들을 계속 바쁘게 하는 것"

3. **Why** does the **speaker suggest making a stop**?
   　키워드　"화자가 멈추자고 제안하는 이유"

STEP 2 　✅ 담화 들으며 바로바로 문제 풀기

Questions 1-3 refer to the following tour information.

M We are now approaching the entrance to the grove of giant sequoia trees. ❶What amazes me the most about these trees is that many of them have been around for over 3,000 years. They're truly a remarkable species, and our park rangers have done an excellent job of preserving them. ❷For the last five years, they've been busy putting up protective fences around the grove to keep guests from damaging the trees. At the end of this trail, we'll arrive at one of the world's tallest waterfalls. ❸How about we stop there and capture the scenery?

🔵 Way to Answer

❶ 세쿼이아 나무에 관해 화자가 가장 놀랍다고 말하는 것: What amazes me the most about these trees is that many of them have been around for over 3,000 years. (이들 나무에 관해 가장 놀라운 것은 대부분이 3천년 이상 됐다는 거예요.) ▶ 패러프레이징 [3,000 years → age] ▶ (C) Its age(나이)

❷ 공원 관리인들을 계속 바쁘게 하는 것: For the last five years, they've been busy putting up protective fences(5년째 분주히 숲 주변에 보호 울타리를 설치해 오고 계십니다) ▶ 패러프레이징 [putting up → Building] ▶ (A) Building protective fences(보호 울타리를 설치하는 것)

③ 화자가 멈추자고 제안하는 이유: How about we stop there and capture the scenery?(거기서 잠시 멈춰서 경치를 담아 보는 건 어떠세요?) ▶ 패러프레이징 [How about → suggest], [capture → take], [scenery → picture] ▶ **(B) To take some pictures**(사진을 찍기 위해)

1-3번은 다음 여행 정보에 관한 문제입니다.

남 저희는 이제 거대한 세쿼이아 나무숲 입구로 향하고 있습니다. ①**이들 나무에 관해 가장 놀라운 것은 대부분이 3천 년 이상 됐다는 거예요.** 정말 놀라운 종이고, 저희 공원 관리인들이 아주 훌륭하게 보존 작업을 해 주셨습니다. 방문객들이 나무에 해를 입히지 않도록 ②**5년째 분주히 숲 주변에 보호 울타리를 설치해 오고 계십니다.** 이 산책로를 끝까지 가시면, 세계에서 가장 높은 폭포 중의 한 곳에 도착합니다. ③**거기서 잠시 멈춰서 경치를 담아 보는 건 어떠세요?**

1. 화자는 세쿼이아 나무에 관해 무엇이 가장 놀랍다고 말하는가?
   (A) 색상　　　　　　　　(B) 크기
   (C) 나이　　　　　　　(D) 견고함

2. 화자에 따르면, 무엇이 공원 관리인들을 계속 바쁘게 하는가?
   (A) 보호 울타리를 설치하는 것　(B) 방문객을 돕는 것
   (C) 공원 부지를 순찰하는 것　　　(D) 시설을 수리하는 것

3. 화자는 왜 멈추자고 제안하는가?
   (A) 다과를 즐기기 위해
   (B) 사진을 찍기 위해
   (C) 상품을 구입하기 위해
   (D) 산책로 지도를 살펴보기 위해

어휘　approach 향하다, 다가가다 ǀ entrance 출입구 ǀ grove 작은 숲 ǀ giant 거대한 ǀ sequoia 세쿼이아 ǀ amaze 깜짝 놀라게 하다 ǀ truly 정말로 ǀ remarkable 놀라운 ǀ species 종 ǀ park ranger 공원 관리인 ǀ preserve 보존하다 ǀ put up ~을 설치하다, 세우다 ǀ protective 보호하는 ǀ fence 담장, 펜스 ǀ damage 피해를 입히다 ǀ trail 산책로 ǀ waterfall 폭포 ǀ capture 담아내다, 포착하다 ǀ scenery 경치, 풍경 ǀ sturdiness 견고함 ǀ assist 돕다 ǀ patrol 순찰하다 ǀ repair 수리하다 ǀ refreshments 다과 ǀ review 살펴보다

PART 4 CHAPTER 12

CASE 집중훈련　해설서 p.113

CH12_10

1. Where are Ms. Brock's signs displayed?
   (A) On urban buildings
   (B) In grocery stores
   (C) On billboards
   (D) At airports

2. Why was money donated to a cause?
   (A) To create fine art
   (B) To fund a plan
   (C) To stop graffiti
   (D) To initiate a conference

3. What will be presented to the public on Thursday?
   (A) A redesigned logo
   (B) A fundraising event
   (C) A city plan
   (D) A new proposal

CASE 155 · 화자는 'I/We'로, 청자는 'You'로 언급한다.

화자인 speaker와 청자인 listener에 관한 문제가 출제되므로 담화 속에서 화자와 청자를 구별할 수 있어야 한다. 화자는 'I/We'로, 청자는 'You'로 언급한다.

미국

ᐤ CH12_11

1. What does the speaker say will happen on Friday?

(A) A product launch
(B) A construction project
(C) A safety workshop
(D) A facility tour

2. What does the speaker imply when he says, "my schedule's pretty open tomorrow"?

(A) He can take over an assignment.
(B) He would like to take the day off tomorrow.
(C) He will visit some clients.
(D) He wants to reschedule a meeting.

3. What does the speaker ask the listener to do?

(A) Check his desk
(B) Revise a timetable
(C) Book a room
(D) Return his call

STEP 1 🔊 문제 먼저 읽고 키워드 기억하기

1. What does the **speaker say** will **happen** on **Friday**?

[키워드] "화자가 금요일에 일어날 거라고 말하는 것"

2. What does the **speaker imply when** he **says**, "**my schedule's pretty open tomorrow**"?

[키워드] "화자가 '내일 제 일정이 상당히 비어 있어요'라고 말한 의도"

3. What does the **speaker ask** the **listener** to do?

[키워드] "화자가 청자에게 요청하는 것"

STEP 2 ✔ 담화 들으며 바로바로 문제 풀기

Questions 1-3 refer to the following telephone message.

M Hi, Michael. This is Ernesto. **❶**I'm really sorry to call **you** after hours, but I just noticed we're missing some content for the workshop we're holding this Friday regarding the new safety procedures. **❷**Raya was going to put together the case study materials, but she had a family emergency, so she couldn't get it done. I realize that **you**'re very busy, but **my** schedule's pretty open tomorrow. However, **I** would like to talk to **you** before **I** get started, just to make sure it's done correctly. **❸**Please call me back when **you** have a moment. Thanks!

Way to Answer

❶ 화자가 금요일에 일어날 거라고 말하는 것: I'm really sorry to call you after hours, but I just noticed we're missing some content for the workshop we're holding this Friday regarding the new safety procedures. (근무 시간 후에 전화를 드려서 정말 죄송합니다만, 이번 주 금요일에 우리가 개최하기로 한 새로운 안전 절차 관련 워크숍에 대한 일부 내용이 누락되었다는 걸 막 발견했습니다.) ▶ (C) A safety workshop(안전 워크숍)

❷ 화자가 '내일 제 일정이 상당히 비어 있어요'라고 말한 의도: Raya was going to put together the case study materials, but she had a family emergency, so she couldn't get it done. I realize that you're very busy, but(Raya가 사례 연구 자료를 준비하려고 했는데, 급한 집안일이 생겨서 그걸 끝내지 못했습니다. 당신이 매우 바쁘신 건 알고 있지만,) + my schedule's pretty open tomorrow(내일 제 일정이 상당히 비어 있어요)는 자신의 일정이 비어 Raya의 일을 할 수 있다는 의미 ▶ (A) He can take over an assignment. (임무를 인계받을 수 있다.)

❸ 화자가 청자에게 요청하는 것: Please call me back when you have a moment. (시간 있으실 때 다시 전화해 주세요.) ▶ 패러프레이징 [call ~ back → Return ~ call] ▶ (D) Return his call (회신해 달라고)

1-3번은 다음 전화 메시지에 관한 문제입니다.

🧑 안녕하세요, Michael, Ernesto입니다. ❶근무 시간 후에 전화를 드려서 정말 죄송합니다만, 이번 주 금요일에 우리가 개최하기로 한 새로운 안전 절차 관련 워크숍에 대한 일부 내용이 누락되었다는 걸 막 발견했습니다. ❷Raya가 사례 연구 자료를 준비하려고 했는데, 급한 집안일이 생겨서 그걸 끝내지 못했습니다. 당신이 매우 바쁘신 건 알고 있지만, 내일 제 일정이 상당히 비어 있어요. 하지만 시작하기 전에, 제가 그걸 제대로 할 수 있도록 확인차 당신과 이야기하고 싶습니다. ❸시간 있으실 때 다시 전화해 주세요. 감사합니다!

1. 화자는 금요일에 무슨 일이 일어날 것이라고 말하는가?
   (A) 상품 출시 　　　　　　　(B) 공사 프로젝트
   (C) 안전 워크숍 　　　　　　(D) 시설 견학

2. 화자가 "내일 제 일정이 상당히 비어 있어요"라고 말할 때, 그가 내비친 것은?
   (A) 임무를 인계받을 수 있다.
   (B) 내일 휴가를 내고 싶어 한다.
   (C) 어떤 고객들을 만날 것이다.
   (D) 회의 일정을 변경하길 원한다.

3. 화자는 청자에게 무엇을 해 달라고 요청하는가?
   (A) 자신의 책상을 확인해 달라고　　(B) 일정표를 수정해 달라고
   (C) 방을 예약해 달라고　　　　　　(D) 회신해 달라고

어휘 notice 알아차리다 | miss 놓치다, 지나치다 | content 내용 | hold 개최하다, 열다 | regarding ~에 관하여 | procedure 절차 | put together ~을 준비하다, 모으다 | case 사례 | material 자료 | emergency 위급, 비상 (사태) | realize 인식하다, 깨닫다 | correctly 제대로, 정확하게 | moment 순간, 잠깐, 기회 | launch 출시 | construction 공사 | take over ~을 인계받다 | take a day off 휴가를 내다 | reschedule 일정을 변경하다 | revise 수정하다 | timetable 일정표, 시간표

CASE 집중훈련
해설서 p.114

CH12_12

1. What type of business created the tutorial?
   (A) A freight company
   (B) An energy company
   (C) A vocational school
   (D) A software manufacturer

2. According to the speaker, what should the listeners print out?
   (A) Repair instructions
   (B) A receipt
   (C) A shipping label
   (D) A user's guide

3. What does the speaker offer to the listeners?
   (A) A discount coupon
   (B) A product guarantee
   (C) Overnight delivery
   (D) Upgraded parts

CASE 156 지문은 '과거에서 미래 시간순'으로 전개된다.

담화는 일반적으로 과거나 현재 일어난 상황을 설명하고, 제안·요청 사항이나 앞으로의 계획을 언급하는 순으로 전개된다. 따라서 'recently'가 들어간 질문 등 과거와 관련된 문제는 첫 번째나 두 번째 문제로, 다음에 일어날 일 또는 다음에 할 일 등 미래 관련 문제는 세 번째 문제로 출제된다.

미국

🎧 CH12_13

1. What does Ms. Franklin's company make?

(A) Metals
(B) Vehicles
(C) Textiles
(D) Electronics

2. What did Ms. Franklin's company recently do?

(A) It expanded its product line.
(B) It opened some new manufacturing plants.
(C) It switched to a different source of energy.
(D) It received a national prize.

3. What will the listeners probably hear next?

(A) An environmental report
(B) Some commercials
(C) A financial lecture
(D) Some sports news

STEP 1　😄 문제 먼저 읽고 키워드 기억하기

1. What does **Ms. Franklin's company make**?　　키워드 "Franklin 씨의 회사가 만드는 것"

2. What did **Ms. Franklin's company recently do**?　키워드 "Franklin 씨의 회사가 최근에 한 일"

3. What will the **listeners** probably **hear next**?　키워드 "청자들이 다음에 들을 것"

STEP 2　✅ 담화 들으며 바로바로 문제 풀기

Questions 1-3 refer to the following broadcast.

🔲 Thanks for tuning into *The National News*. ❶Here with us today is the President of Gelson Technologies, Coraline Franklin. Gelson Technologies is one of the country's leading producers of computers and laptops. During a press conference **last week**, ❷her company announced that all of their plants now run completely on energy generated from wind turbines. They did this by setting up wind farms near their manufacturing plants. But before Ms. Franklin talks about these wind-powered plants, ❸we'll first discuss global warming along with a

📋 Way to Answer

❶ Franklin 씨의 회사가 만드는 것: Here with us today is the President of Gelson Technologies, Coraline Franklin. Gelson Technologies is one of the country's leading producers of computers and laptops.(오늘 Gelson 기술의 회장이신 Coraline Franklin께서 우리와 함께해 주시겠습니다. Gelson 기술은 국내 일류의 컴퓨터 및 노트북 컴퓨터 제조업체 중 한 곳입니다.) ▶ 패러프레이징 [computers and laptops → Electronics] ▶ (D) Electronics(전자 기기)

❷ Franklin 씨의 회사가 최근에 한 일: her company announced that all of their plants now run completely on energy generated from wind turbines(그녀의 회사는 그들의 모든 공

brief report on the environment.

장이 풍력 발전용 터빈에서 발생한 에너지만으로 가동된다고 발표했습니다) ▶ 패러프레이징 [energy generated from wind turbines → a different source of energy] ▶ (C) It switched to a different source of energy. (다른 에너지원으로 전환했다.)

❸ 청자들이 다음에 들을 것: we'll first discuss global warming along with a brief report on the environment(먼저 환경에 대한 짧은 보도와 함께 지구 온난화에 관해 논의하겠습니다) ▶ (A) An environmental report(환경 보도)

1-3번은 다음 방송에 관한 문제입니다.

CH 〈국내 뉴스〉를 시청해 주셔서 감사합니다. ❶오늘 Gelson 기술의 회장이신 Coraline Franklin께서 우리와 함께해 주시겠습니다. Gelson 기술은 국내 일류의 컴퓨터 및 노트북 컴퓨터 제조업체 중 한 곳입니다. 지난주 기자 회견에서, ❷그녀의 회사는 그들의 모든 공장이 풍력 발전용 터빈에서 발생한 에너지만으로 가동된다고 발표했습니다. 제조 공장 인근에 풍력 발전 지역을 건립하여 이를 가능케 하였습니다. 그럼 Franklin 씨께서 풍력으로 가동되는 공장에 관해 말씀하시기 전에, ❸먼저 환경에 대한 짧은 보도와 함께 지구 온난화에 관해 논의하겠습니다.

1. Franklin 씨의 회사는 무엇을 제작하는가?
(A) 금속
(B) 차량
(C) 직물
(D) 전자 기기

2. Franklin 씨의 회사는 최근에 무엇을 했는가?
(A) 제품군을 확장했다.
(B) 새 제조 공장을 개장했다.
(C) 다른 에너지원으로 전환했다.
(D) 국가로부터 상을 받았다.

3. 청자들은 다음에 무엇을 듣겠는가?
(A) 환경 보도
(B) 광고
(C) 재무 강연
(D) 스포츠 뉴스

어휘 tune into ~을 시청[청취]하다, ~에 채널을 맞추다 I technology 기술 I leading 일류의 I producer 제조[생산] 회사, 생산자 I press conference 기자 회견 I announce 발표하다 I plant 공장 I run 가동되다, 작동하다 I generate 발생하다 I wind turbine 풍력 발전용 터빈 I set up ~을 건립하다, 세우다 I wind farm 풍력 발전 지역 I manufacturing 제조 I global warming 지구 온난화 I brief 짧은 I textile 직물 I expand 확장하다 I switch 전환하다, 바꾸다 I environmental 환경의 I commercial 광고 (방송)

CASE 집중훈련

해설서 p.114

CH12_14

1. What did the speaker recently do?
(A) She traveled abroad.
(B) She donated some money.
(C) She sold her company.
(D) She published a book.

2. What does the speaker imply when she says, "I founded a clothing store that is now a major chain"?
(A) She would like to clarify a step.
(B) Her information is reliable.
(C) She wants to acquire a competitor.
(D) Her business is currently hiring.

3. What can listeners receive by going to a Web site?
(A) Schedule updates
(B) Store directions
(C) Discount coupons
(D) Complimentary gifts

담화에서 질문에 주어진 키워드가 들릴 때 정답의 단서가 등장하므로 담화를 듣기 전 질문의 키워드를 머릿속에 움켜쥐고 있어야 한다.

호주

🎧 CH12_15

1. Who is Jackson Ramos?

   (A) A travel agent
   (B) A city official
   (C) A chef
   (D) An architect

2. According to the speaker, what will happen in February?

   (A) A business will be expanded.
   (B) A facility will be constructed.
   (C) A film will be released.
   (D) A book will be published.

3. What will the speaker probably do next?

   (A) Explain a guideline
   (B) Conduct an interview
   (C) Give a tour
   (D) Demonstrate a product

STEP 1 　➡ 문제 먼저 읽고 키워드 기억하기

1. **Who** is **Jackson Ramos**?　　　　　키워드 "Jackson Ramos의 신분"

2. According to the speaker, **what** will **happen** in **February**?　　키워드 "2월에 일어날 일"

3. **What** will the **speaker** probably **do next**?　　키워드 "화자가 다음에 할 일"

STEP 2 　✔ 담화 들으며 바로바로 문제 풀기

Questions 1-3 refer to the following broadcast.

🔎 Way to Answer

M Thank you for tuning in to CKFM *Radio Sydney*. We have a special guest in our studio today, ❶world-renowned chef **Jackson Ramos** who recently opened up his newest restaurant. Mr. Ramos spent the early part of his career traveling to various countries learning which ingredients pair well with each other and mastering traditional cooking techniques. If you're interested in learning how to make some of his food, ❷he's also releasing a new cookbook **in February**. It will contain recipes for some of his signature dishes. ❸Coming up, Jackson and I will talk about his life inside and outside the kitchen right after a word from our sponsors.

❶ Jackson Ramos의 신분: world-renowned chef Jackson Ramos(세계적으로 유명한 요리사 Jackson Ramos) ▶ (C) A chef(요리사)

❷ 2월에 일어날 일: he's also releasing a new cookbook in February(그분은 2월에 새 요리책도 출간하실 계획입니다) ▶ 패러프레이징 [release → publish] ▶ (D) A book will be published.(책이 출간될 것이다.)

❸ 화자가 다음에 할 일: Coming up, Jackson and I will talk about his life inside and outside the kitchen right after a word from our sponsors. (이어서, 광고 후에 제가 Jackson과 함께 그의 주방 안과 밖에서의 삶에 관해 이야기를 나누도록 하겠습니다.) ▶ (B) Conduct an interview(인터뷰를 할 것이다)

1-3번은 다음 방송에 관한 문제입니다.

남 CKFM 〈Radio Sydney〉를 청취해 주셔서 감사합니다. 오늘 스튜디오에 특별 손님을 모셨습니다. 바로 **❶세계적으로 유명한 요리사 Jackson Ramos**인데요, 최근 새 레스토랑을 개점하셨다고 합니다. Ramos 씨는 경력 초반에 여러 국가를 여행하며 어떤 재료가 서로 잘 어울리는지 배우고 전통 요리 기법들에 통달하셨습니다. 만약 여러분이 그분의 요리를 어떻게 만들어야 할지 배우고 싶으시면, **❷그분은 2월에 새 요리책도 출간하실 계획입니다.** 그분의 유명한 요리 중 몇 가지에 대한 조리법이 들어 있습니다. **❸이어서, 광고 후에 제가 Jackson과 함께 그의 주방 안과 밖에서의 삶에 관해 이야기를 나누도록 하겠습니다.**

1. Jackson Ramos는 누구인가?
   (A) 여행사 직원
   (B) 시 공무원
   (C) 요리사
   (D) 건축가

2. 화자에 따르면, 2월에 무슨 일이 있을 것인가?
   (A) 사업체가 확장될 것이다.
   (B) 시설이 건축될 것이다.
   (C) 영화가 개봉될 것이다.
   (D) 책이 출간될 것이다.

3. 화자는 다음에 무엇을 하겠는가?
   (A) 지침을 설명할 것이다
   (B) 인터뷰를 할 것이다
   (C) 견학시켜 줄 것이다
   (D) 제품을 시연할 것이다

어휘 tune in to ~을 청취하다, ~에 채널을 맞추다 | world-renowned 세계적으로 유명한 | recently 최근에 | open up ~을 개업[시작]하다 | various 다양한 | ingredient 재료 | pair well with ~와 잘 어울리다 | master 통달하다, 완전히 익히다 | traditional 전통적인 | technique 기법, 기술 | release 출시하다, 발매하다 | contain ~이 들어 있다 | signature dish 요리사의 가장 유명한 요리 | city official 시 공무원 | expand 확장하다 | construct 건축하다 | guideline 지침 | conduct (활동을) 하다 | demonstrate 시연하다, 설명하다

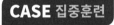 **CASE 집중훈련** 해설서 p.115

🎧 CH12_16

1. What event is being organized?

(A) An industry convention
(B) A music festival
(C) A city parade
(D) An anniversary party

2. What does the speaker say the volunteers will be doing for an event?

(A) Directing vehicles
(B) Setting up a room
(C) Serving food
(D) Handing out flyers

3. What does the speaker ask the listeners for?

(A) Suggestions for a performer
(B) Their meal preferences
(C) Recommendations for a venue
(D) Their work schedules

CASE 158 | 담화 첫 한두 문장에서는 담화의 주제·목적을 말하며, 마지막 한두 문장에서는 제안·요청 사항, 다음에 할 일을 말한다.

담화 도입부에서는 담화의 주제, 전화 건 목적, 화자/청자의 신분, 담화 장소 등 담화 전체의 분위기를 읽을 수 있는 핵심 정보를 얘기하기 마련이며, 담화를 마무리할 때는 제안·요청 사항이나 다음에 할 일을 언급할 때가 많다. 따라서 해당 문제들의 정답 단서가 나올 길목에서 미리 기다렸다가 재빨리 낚아채는 연습을 하면 단서를 놓칠 위험이 적다.

호주

🎧 CH12_17

1. What is the speaker calling about?

(A) An additional charge
(B) Some new merchandise
(C) A refund policy
(D) Some vehicle renovations

2. What problem is mentioned?

(A) A manager is not available.
(B) A supplier could not be contacted.
(C) A warranty period has expired.
(D) A product is not sold anymore.

3. What does the speaker ask the listener to do?

(A) Visit a facility
(B) Sign a document
(C) Check a Web site
(D) Contact a manufacturer

STEP 1 　⊙ 문제 먼저 읽고 키워드 기억하기

1. What is the **speaker calling about**? 　【키워드】 "화자가 전화하는 사항"

2. What problem is **mentioned**? 　【키워드】 "언급되는 문제점"

3. What does the **speaker ask** the **listener** to do? 　【키워드】 "화자가 청자에게 요청하는 것"

STEP 2 　✅ 담화 들으며 바로바로 문제 풀기

Questions 1-3 refer to the following telephone message.

M Hi, Ms. Kamberis? ❶This is Jim from Cleary Auto Body calling about the car you dropped off here. The entire exterior will need to be repainted. ❷I called the maker to order some of the exact same paint used on the original model, but they no longer produce it for your car's color. That color was only offered for about two years. Now, I have found one other brand that is nearly the same color, but I want you to have a look and make sure it's acceptable before we go ahead. ❸Can you come by our center sometime today?

💬 Way to Answer

❶ 화자가 전화하는 사항: This is Jim from Cleary Auto Body calling about the car you dropped off here. The entire exterior will need to be repainted. (Cleary 자동차 정비소의 Jim인데요, 이곳에 맡겨두신 차에 관해 전화드려요. 외부 전체를 다시 페인트칠해야 하는데요.) ▶ 패러프레이징 [car → vehicle], [to be repainted → renovations] ▶ **(D) Some vehicle renovations**(자동차 개조)

❷ 언급되는 문제점: I called the maker to order some of the exact same paint used on the original model, but they no longer produce it for your car's color. (제조업체에 전화해서 기존 모델에 사용되었던 페인트와 정확하게 일치하는 것을 주문하

려고 했지만, 고객님 차 색상을 더 이상 생산하지 않는다고 합니다.)
▶ 패러프레이징 [paint → A product], [no longer produce → is not sold anymore] ▶ (D) A product is not sold anymore. (제품이 더 이상 판매되지 않는다.)

❸ 화자가 청자에게 요청하는 것: Can you come by our center sometime today? (오늘 중으로 저희 정비소에 방문해 주실 수 있을까요?) ▶ 패러프레이징 [come by → Visit], [center → facility] ▶ (A) Visit a facility (시설에 방문하라고)

1-3번은 다음 전화 메시지에 관한 문제입니다.

남 안녕하세요, Kamberis 씨? ❶Cleary 자동차 정비소의 Jim인데요, 이곳에 맡겨두신 차에 관해 전화드려요. 외부 전체를 다시 페인트칠해야 하는데요. ❷제조업체에 전화해서 기존 모델에 사용되었던 페인트와 정확하게 일치하는 것을 주문하려고 했지만, 고객님 차 색상을 더 이상 생산하지 않는다고 합니다. 그 색상은 2년 정도만 제공되었어요. 자, 제가 거의 비슷한 색상의 다른 브랜드 하나를 찾았는데, 이걸로 진행하기 전에 고객님께서 한번 살펴보시고 괜찮은지 확인해 주시면 좋겠습니다. ❸오늘 중으로 저희 정비소에 방문해 주실 수 있을까요?

1. 화자는 무엇에 관해 전화하는가?
   (A) 추가 비용　　　　　(B) 새로운 물품
   (C) 환불 정책　　　　　**(D) 자동차 개조**

2. 어떤 문제점이 언급되는가?
   (A) 매니저가 자리에 없다.
   (B) 공급사가 연락되지 않는다.
   (C) 품질 보증 기간이 만료되었다.
   (D) 제품이 더 이상 판매되지 않는다.

3. 화자는 청자에게 무엇을 하라고 요청하는가?
   (A) 시설에 방문하라고　　　(B) 문서에 서명하라고
   (C) 웹 사이트를 확인하라고　　(D) 제조사에 연락하라고

어휘 auto body 자동차 정비소 ㅣ drop off ~을 맡기다 ㅣ entire 전체의 ㅣ exterior 외부 ㅣ maker ~을 만드는 회사 ㅣ exact 정확한 ㅣ no longer 더 이상 ~이 아닌 ㅣ produce 생산하다 ㅣ have a look 한번 보다 ㅣ acceptable 그런대로 괜찮은, 받아들일 수 있는 ㅣ come by ~에 (잠깐) 방문하다 ㅣ additional 추가적인 ㅣ charge 비용, 요금 ㅣ refund 환불 ㅣ renovation 개조, 수리 ㅣ warranty 품질 보증(서) ㅣ expire 만료되다

CASE 집중훈련

해설서 p.116

🎧 CH12_18

1. Where is the talk being held?
   (A) At a store opening
   (B) At a professional seminar
   (C) At a recruiting event
   (D) At an anniversary party

2. Why does the speaker say, "Your staff members can be reliable product testers"?
   (A) To emphasize a product feature
   (B) To recommend a different method
   (C) To congratulate a staff member
   (D) To reschedule an event

3. What will the speaker distribute?
   (A) Some photos
   (B) Some hats
   (C) Some forms
   (D) Some bags

CASE 159 'but, however' 뒤에 정답의 단서가 나온다.

화자가 전하고자 하는 이야기의 핵심은 주로 화제를 전환하는 표현 뒤에 나온다. 따라서 역접이나 새로운 정보를 전달할 때 사용되는 'but, however, unfortunately, actually, in fact, as you know, well' 등의 표현 뒤에 정답의 단서가 제시될 가능성이 높다.

영국

4th Floor

Office 401	Office 402	Office 403
Kitchen	Office 405	Office 404

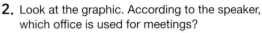

1. Where do the listeners work?
   (A) At a construction company
   (B) At an interior design firm
   (C) At an accounting agency
   (D) At a marketing studio

   🎧 CH12_19

2. Look at the graphic. According to the speaker, which office is used for meetings?
   (A) Office 402   (B) Office 403
   (C) Office 404   (D) Office 405

3. What is scheduled to take place at 1 P.M.?
   (A) A lunch gathering
   (B) A safety training
   (C) A building inspection
   (D) A question-and-answer session

STEP 1 ➤ 문제 먼저 읽고 키워드 기억하기

1. **Where** do the **listeners work**?   키워드 "청자들이 일하는 곳"

2. Look at the graphic. According to the speaker, **which office** is **used for meetings**?   키워드 "회의용으로 사용되는 사무실"

3. **What** is scheduled to **take place** at **1 P.M.**?   키워드 "오후 1시에 일어날 일"

STEP 2 ✔ 담화 들으며 바로바로 문제 풀기

Questions 1-3 refer to the following instructions and floor plan.

W We have now finished the employee orientation, and I'll be taking you to your offices. ❶The accountants' offices are located on the fifth floor, but as incoming employees, you'll be located on the fourth. Currently, we have five empty spaces, and I'll let you decide among yourselves as to who takes which room. ❷The office next to the kitchen area, **however**, is off limits. That's reserved for meetings. Go ahead and make yourselves comfortable, ❸but remember to be at the lobby by 1, so we can head over to the welcoming lunch. You'll then be able to meet your

◉ Way to Answer

❶ 청자들이 일하는 곳: The accountants' offices are located on the fifth floor, but as incoming employees, you'll be located on the fourth. (회계사 사무실은 5층에 있지만, 신입 사원인 여러분들은 4층으로 배정받게 될 것입니다.) ▶ (C) At an accounting agency (회계 사무소에서)

❷ 회의용으로 사용되는 사무실: The office next to the kitchen area, however, is off limits. That's reserved for meetings. (그런데 주방 구역 옆 사무실은 사용 금지예요. 그곳은 회의용으로 지정되어 있습니다.) ▶ 시각 자료에서 Kitchen(주방) 옆 사무실은 Office 405(405호)임을 확인 ▶ (D) Office 405(405호)

❸ 오후 1시에 일어날 일: but remember to be at the lobby by 1,

new colleagues here at the accounting agency.

so we can head over to the welcoming lunch (그러나 1시까지 로비로 오는 걸 잊지 말아 주세요, 저희가 환영 오찬 자리에 갈 수 있게요) ▶ (A) A lunch gathering (점심 모임)

4층

401호	402호	403호
❷주방	405호	404호

1-3번은 다음 안내와 평면도에 관한 문제입니다.

여 이제 직원 오리엔테이션이 끝났으니, 여러분을 각자의 사무실로 안내해 드리겠습니다. **❶회계사 사무실은 5층에 있지만, 신입 사원인 여러분들은 4층으로 배정받게 될 것입니다.** 현재, 빈자리가 5개 있는데, 누가 어느 공간을 쓸지는 여러분께서 결정할 수 있게 해 드리겠습니다. **❷그런데 주방 구역 옆 사무실은 사용 금지예요. 그곳은 회의용으로 지정되어 있습니다.** 그럼 편히 계세요. **❸그러나 1시까지 로비로 오는 걸 잊지 말아 주세요, 저희가 환영 오찬 자리에 갈수 있게요.** 그 자리에서 여기 회계 사무소의 새로운 동료들을 만나보실 거예요.

어휘 accountant 회계사 | locate 위치시키다 | incoming 신입의, 곧 있을 | currently 현재 | empty 비어 있는 | off limits 출입[사용] 금지의 | reserve 지정하다, 따로 남겨 두다 | make oneself comfortable 편히 있다 | head over (~로) 가다, 향하다 | colleague 동료 | accounting agency 회계 사무소 | construction 건설 | be scheduled to do ~할 예정이다 | safety 안전 | inspection 점검, 조사 | question-and-answer session 질의응답 시간

1. 청자들은 어디서 근무하는가?
   (A) 건설 회사에서
   (B) 인테리어 디자인 회사에서
   (C) 회계 사무소에서
   (D) 마케팅 스튜디오에서

2. 시각 자료를 보시오. 화자에 따르면, 어느 사무실이 회의용으로 사용되는가?
   (A) 402호
   (B) 403호
   (C) 404호
   (D) 405호

3. 오후 1시에 무슨 일이 있을 예정인가?
   (A) 점심 모임
   (B) 안전 교육
   (C) 건물 점검
   (D) 질의응답 시간

CASE 집중훈련

해설서 p.117

🎧 CH12_20

1. What most likely is the speaker's job?

(A) Architect
(B) Delivery driver
(C) Florist
(D) Factory manager

2. What event is the speaker getting ready for?

(A) An awards ceremony
(B) A graduation party
(C) A corporate retreat
(D) A fashion show

3. Why does the speaker instruct the listener to visit his office?

(A) To organize some files
(B) To obtain a request form
(C) To drop off some supplies
(D) To inspect a machine

1. Why is the speaker calling?

(A) To request a change in schedule
(B) To arrange a date for an interview
(C) To confirm a phone number
(D) To describe a new trend

2. What does the speaker say about a job candidate?

(A) She is currently employed.
(B) She works in upper management.
(C) She has traveled overseas for work.
(D) She has already met the speaker.

3. What will the speaker send in an e-mail?

(A) A job description
(B) A candidate list
(C) A schedule
(D) A résumé

4. What most likely is the speaker's profession?

(A) Travel agent
(B) Construction manager
(C) Government official
(D) News reporter

5. What did Mr. Lee do five years ago?

(A) He relocated to Springton.
(B) He participated in a contest.
(C) He launched a business.
(D) He earned a graduate degree.

6. According to the speaker, what is Mr. Lee an expert in?

(A) The regional landscape
(B) Local tax regulations
(C) Interior design
(D) Fundraising techniques

7. According to the speaker, why is the dinosaur exhibit popular?

(A) It does not require a fee.
(B) It is the largest exhibit.
(C) It changes regularly.
(D) It is located outdoors.

8. What does the speaker imply when she says, "I just started on Monday"?

(A) She is not allowed to access some areas.
(B) She may be unable to answer some questions.
(C) She is unfamiliar with the town.
(D) She will ask another guide to lead the tour.

9. What does the speaker remind the listeners about?

(A) A museum rule
(B) An admission fee
(C) A locker location
(D) A guide's name

10. Who most likely are the listeners?

(A) University professors
(B) Band musicians
(C) Government workers
(D) Workplace managers

11. Why does the speaker say, "so you see how prevalent this idea is"?

(A) To suggest a new idea
(B) To place emphasis on a point
(C) To express frustration at a group
(D) To correct a mistake

12. What will be discussed next?

(A) Employment contracts
(B) Firsthand accounts
(C) Employee studies
(D) Workplace grievances

Tour Schedule	
1:00 P.M.	Market Visit
2:00 P.M.	Ferry Ride
3:00 P.M.	Museum Tour
4:00 P.M.	Nature Walk

13. Look at the graphic. At what time is the information most likely being given?

(A) 1:00 P.M.
(B) 2:00 P.M.
(C) 3:00 P.M.
(D) 4:00 P.M.

14. According to the speaker, what is included in a bag?

(A) A visitor's badge
(B) Some clothing items
(C) Some snacks and beverages
(D) An informational booklet

15. What does the speaker advise the listeners to do?

(A) Wear some protective garments
(B) Turn off some electronic devices
(C) Use some skin care products
(D) Avoid touching some objects

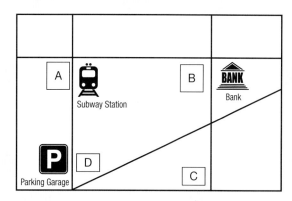

16. What type of business is the speaker discussing?

(A) An auto dealership
(B) A frozen dessert shop
(C) An interior design firm
(D) A landscaping company

17. Look at the graphic. Which location does the speaker recommend?

(A) Building A
(B) Building B
(C) Building C
(D) Building D

18. What does the speaker say he will distribute?

(A) A catalogue
(B) A contract
(C) Some samples
(D) Some pictures

문제 유형

CH13.01

CASE 160   What is the speaker mainly discussing?

주제·목적을 묻는 문제는 매회 2~3문항 출제되며, 화자의 소개나 인사말이 끝난 직후에 정답 단서가 제공된다. 정답 단서의 대표적인 시그널 표현은 'I'm calling to ~, I'd like to ~, Welcome to ~, I want to inform you ~' 등이다.

호주

1. What is the speaker mainly discussing?

  (A) A management change   (B) A factory tour
  (C) A revised policy   (D) A training session

2. Why does the speaker say, "these consultants are not easy to book"?

  (A) To justify a decision
  (B) To suggest an alternative option
  (C) To congratulate a team member
  (D) To recall a previous discussion

3. Why should some listeners go to see Dean?

  (A) To receive a parking permit
  (B) To sign up for an event
  (C) To inform of some restrictions
  (D) To request an update

STEP 1   🔑 문제 먼저 읽고 키워드 기억하기

1. What is the **speaker** mainly **discussing**?   키워드 "화자가 주로 논의하는 것"

2. Why does the **speaker say,**   키워드 "화자가 '이 컨설턴트분들은 모시는 게 쉽지 않습니다'라고 말한 이유"
  "**these consultants are not easy to book**"?

3. Why should some **listeners go to see Dean**?   키워드 "일부 청자들이 Dean을 보러 가야 하는 이유"

STEP 2   ✅ 담화 들으며 바로바로 문제 풀기

Questions 1-3 refer to the following excerpt from a meeting.

M ¹**I want to talk about** next week's training session. Donlop Partners will be sending three consultants to train us on how to better operate our manufacturing line. We'll be splitting up into groups of eight, and each group will be led by one of the consultants. ²I understand that training is not everybody's ideal way to spend our weekend. However, these consultants are not easy to book. Anyway, I think it'd be good

🔊 Way to Answer

❶ 화자가 주로 논의하는 것: I want to talk about next week's training session. Donlop Partners will be sending three consultants to train us on how to better operate our manufacturing line.(다음 주에 있을 교육에 대해 말씀드리고자 합니다. Donlop Partners에서 컨설턴트 3명을 보내 저희에게 제조 라인을 더 잘 가동하는 방법에 대해 교육해 줄 예정입니다.) ▶
(D) A training session(교육)

❷ 화자가 '이 컨설턴트분들은 모시는 게 쉽지 않습니다'라고 말한 이유: I understand that training is not everybody's ideal way if we pre-ordered lunch for the weekend. **③**I understand some of you have dietary restrictions. Dean will be organizing the lunches, so please go see him before you leave and let him know.

to spend our weekend. (교육으로 주말을 보내는 것이 모두에게 이상적인 방식이 아니라는 것을 잘 알고 있습니다.) + However, these consultants are not easy to book. (하지만, 이 컨설턴트 분들은 모시는 게 쉽지 않습니다.)은 컨설턴트와 약속 잡는 것이 힘들기 때문에 이상적이진 않지만 주말에라도 교육을 진행하기로 결정하였다는 의미 ▶ (A) To justify a decision (결정을 정당화하려고)

③ 일부 청자들이 Dean을 보러 가야 하는 이유: I understand some of you have dietary restrictions. Dean will be organizing the lunches, so please go see him before you leave and let him know. (여러분 중 몇 분은 식단 제한이 있으신 걸로 압니다. Dean이 점심을 준비할 예정이니, 가시기 전에 그에게 가서 알려 주시기 바랍니다.) ▶ (C) To inform of some restrictions (제한 사항에 대해 알려 주기 위해)

1-3번은 다음 회의 발췌록에 관한 문제입니다.

남 ①다음 주에 있을 교육에 대해 말씀드리고자 합니다. Donlop Partners에서 컨설턴트 3명을 보내 저희에게 제조 라인을 더 잘 가동하는 방법에 대해 교육해 줄 예정입니다. 8명씩 한 그룹으로 나눠, 컨설턴트 한 명이 각 그룹을 맡아 진행할 겁니다. **②**교육으로 주말을 보내는 것이 모두에게 이상적인 방식은 아니라는 것을 잘 알고 있습니다. 하지만, 이 컨설턴트분들은 모시는 게 쉽지 않습니다. 어쨌든, 제 생각엔 주말용 점심을 미리 주문해 두면 좋을 것 같습니다. **③**여러분 중 몇 분은 식단 제한이 있으신 걸로 압니다. Dean이 점심을 준비할 예정이니, 가시기 전에 그에게 가서 알려 주시기 바랍니다.

1. 화자는 주로 무엇에 관해 논의하고 있는가?
   (A) 경영진 변경
   (B) 공장 견학
   (C) 개정된 정책
   (D) **교육**

2. 화자는 왜 "이 컨설턴트분들은 모시는 게 쉽지 않습니다"라고 말하는가?
   (A) **결정을 정당화하려고**
   (B) 대안을 제시하려고
   (C) 팀원을 축하하려고
   (D) 이전 논의를 상기시키려고

3. 일부 청자들은 왜 Dean을 보러 가야 하는가?
   (A) 주차증을 받기 위해
   (B) 행사에 등록하기 위해
   (C) **제한 사항에 대해 알려 주기 위해**
   (D) 업데이트를 요청하기 위해

어휘 consultant 컨설턴트, 상담가 | train 교육하다 | operate 가동하다 | manufacturing line 제조 라인 | split up into ~로 나누다 | lead 지휘하다, 이끌다 | ideal 이상적인 | book 예약하다 | pre-order 미리 주문하다 | dietary restriction 식사 제한 | organize 준비하다 | revise 개정하다, 변경하다 | justify 정당화하다 | alternative 대안; 대체 가능한 | recall 상기시키다 | permit 허가(증) | sign up for ~에 등록하다

CASE 집중훈련

해설서 p.122

CH13_02

1. What is the broadcast mainly about?

(A) A retiring teacher
(B) A construction project
(C) Tourist attractions
(D) Voting results

2. According to the speaker, what field does David Lee have experience in?

(A) Business
(B) Healthcare
(C) Law
(D) Technology

3. What does the speaker invite the listeners to do?

(A) Subscribe to a newsletter
(B) Join a contest
(C) Call with inquiries
(D) Provide some feedback

CASE 161 Who most likely are the listeners?

화자나 청자의 신분을 묻는 문제는 매회 2~3문항 출제되며, 담화 초반에 화자가 직접 본인 또는 청자의 신분을 노출하거나 담화 중 언급된 직업 관련 명사들을 듣고 유추하는 문제로 출제된다.

미국

CH13.03

1. Who most likely are the listeners?

(A) Council members
(B) Graphic designers
(C) TV writers
(D) Restaurant staff

2. What is the speaker mainly discussing?

(A) Delivery partners
(B) Seating charts
(C) Kitchen equipment
(D) Seasonal ingredients

3. Why does the speaker think a product will be popular?

(A) It will have an affordable price.
(B) It will have attractive packaging.
(C) It will be easy to prepare.
(D) It will be advertised heavily.

STEP 1 　📌 문제 먼저 읽고 키워드 기억하기

1. **Who** most likely are the **listeners**?　　　키워드 "청자들의 신분"

2. **What** is the **speaker mainly discussing**?　　키워드 "화자가 주로 논의하는 것"

3. **Why** does the **speaker think a product will be popular**?　키워드 "화자가 제품이 인기 있을 거라고 생각하는 이유"

STEP 2 　✔ 담화 들으며 바로바로 문제 풀기

Questions 1-3 refer to the following excerpt from a meeting.

W Hi, everyone. ❶Let's discuss **new menu ideas** in today's meeting. ❷We just received a list of in-season fruits and vegetables from our local growers that we can use in our recipes. To take advantage of this season's produce, I'd like every menu item, even our drinks, to incorporate at least one ingredient. The zucchinis are particularly tasty this year, so let's select those as our star ingredient. We should also have a promotional event for our custom meal boxes that customers can prepare at home. ❸Meal boxes that can be cooked in 20 minutes or less would definitely be popular for busy individuals.

🔧 Way to Answer

❶ 청자들의 신분: 화자의 말, Let's discuss new menu ideas in today's meeting. (오늘 회의에서는 신규 메뉴 아이디어에 대해 이야기를 나눠 봅시다.) ▶ (D) Restaurant staff(레스토랑 직원)

❷ 화자가 주로 논의하는 것: 화자의 말, We just received a list of in-season fruits and vegetables from our local growers that we can use in our recipes. (방금 현지 재배업자에게서 우리가 요리에 쓸 수 있는 제철 과일과 야채 목록을 받았습니다.) ▶ 패러프레이징 [in-season fruits and vegetables → Seasonal ingredients] ▶ (D) Seasonal ingredients(제철 재료)

❸ 화자가 제품이 인기 있을 거라고 생각하는 이유: 화자의 말, Meal boxes that can be cooked in 20 minutes or less would definitely be popular for busy individuals. (20분 미만으로 조

> 리될 수 있는 밀 박스는 바쁜 사람들에게 분명 인기 있을 거예요.)
>
> ▶ (C) It will be easy to prepare. (준비하기 수월할 것이다.)

1-3번은 다음 회의 발췌록에 관한 문제입니다.

여 여러분, 안녕하세요. **❶**오늘 회의에서는 신규 메뉴 아이디어에 대해 이야기를 나눠 봅시다. **❷**방금 현지 재배업자에게서 우리가 요리에 쓸 수 있는 제철 과일과 야채 목록을 받았습니다. 이번 시즌 농산물을 활용하도록 모든 메뉴 항목에, 음료에라도 최소한 재료 하나씩은 포함하고 싶습니다. 올해 애호박이 특히 맛이 좋으니, 우리의 주재료로 선정합시다. 그리고 고객들이 집에서 준비할 수 있는 주문 제작형 밀 박스에 대해 홍보 행사도 해야 합니다. **❸**20분 미만으로 조리될 수 있는 밀 박스는 바쁜 사람들에게 분명 인기 있을 거예요.

1. 청자들은 누구이겠는가?
   (A) 위원회 위원
   (B) 그래픽 디자이너
   (C) TV 작가
   (D) 레스토랑 직원

2. 화자는 주로 무엇에 관해 논의하고 있는가?
   (A) 배송 협력사
   (B) 좌석표
   (C) 주방 기구
   (D) 제철 재료

3. 화자는 왜 제품이 인기 있을 거라고 생각하는가?
   (A) 가격이 적당할 것이다.
   (B) 포장이 매력적일 것이다.
   (C) 준비하기 수월할 것이다.
   (D) 대대적으로 광고될 것이다.

어휘 receive 받다 | in-season 제철의 | grower 재배업자 | recipe 조리법 | take advantage of ~을 이용하다 | produce 농산물 | incorporate 포함하다 | at least 적어도 | ingredient 재료 | zucchini 애호박 | particularly 특히 | tasty 맛있는 | select 선택하다 | star 주역의 | promotional 홍보의 | custom 주문 제작한 | meal 식사 | prepare 준비하다 | cook 요리하다 | definitely 분명 | popular 인기 있는 | individual 개인 | seasonal 계절적인, 계절에 따라 다른 | affordable (가격이) 적당한 | attractive 매력적인 | packaging 포장 | heavily 대량으로, 심하게

CASE 집중훈련

해설서 p.123

🎧 CH13_04

1. Who most likely is the speaker?

(A) A business entrepreneur
(B) A newspaper editor
(C) A medical researcher
(D) A city official

2. What does the speaker say is interesting about Chloe Lee?

(A) Her political aspirations
(B) Her recent promotion
(C) Her business portfolio
(D) Her philanthropic donations

3. What does the speaker need a volunteer to do?

(A) Schedule a meeting
(B) Tour a facility
(C) Take photographs
(D) Organize a charity event

Where most likely are the listeners?

담화 장소 또는 화자/청자의 직업이나 근무지를 묻는 문제는 매회 4~5문항 출제되며, 담화 초반부에서 장소 또는 직업과 관련된 표현이 직접 언급되거나 몇 가지 단서들로 유추해서 풀어야 하는 문제로 출제된다.

미국

🎧 CH13_05

1. Where most likely are the listeners?

(A) At a park
(B) At a museum
(C) On a train
(D) On a ship

2. According to the speaker, what will the listeners be able to view?

(A) Popular paintings
(B) Market stalls
(C) Rare plants
(D) Historic buildings

3. What does the speaker imply when she says, "we'll be returning in the opposite direction on our way back"?

(A) The listeners can download a map.
(B) The listeners should visit a gift shop.
(C) The listeners can take some photos.
(D) The listeners should store their belongings.

STEP 1 　🔑 문제 먼저 읽고 키워드 기억하기

1. Where most likely are the **listeners**? 　키워드 "청자들이 있는 곳"

2. According to the speaker, **what** will the **listeners be able to view**? 　키워드 "청자들이 볼 수 있는 것"

3. What does the **speaker imply when she says**,
"**we'll be returning in the opposite direction on our way back**"? 　키워드 "화자가 '돌아오는 길에는 반대 방향으로 올 겁니다'라고 말한 의도"

STEP 2 　✅ 담화 들으며 바로바로 문제 풀기

Questions 1-3 refer to the following tour information.

W ❶Welcome **aboard**, and I hope you enjoy the **lake tour** today. Today's weather is perfect for sightseeing. During this excursion, you'll get an idea of how people lived on Lenore Island centuries ago. Also, ❷you'll get to check out historic houses. By viewing these structures, you will see how different it was living in those times. Now, I know you all have cameras. ❸When we first go by the island, there will be a lot of sun, so it'll be hard to take pictures. But don't worry, we'll

💬 **Way to Answer**

❶ 청자들이 있는 곳: Welcome aboard, and I hope you enjoy the lake tour today. (승선을 환영하며, 오늘 호수 관광을 즐기시기를 바랍니다.) ▶ 패러프레이징 [aboard ~ lake tour → On a ship] ▶ (D) On a ship (배에)

❷ 청자들이 볼 수 있는 것: you'll get to check out historic houses (여러분은 역사적인 주택들을 보시게 될 겁니다) ▶ 패러프레이징 [check out → view], [houses → buildings] ▶ (D) Historic buildings (역사적 건물)

be returning in the opposite direction on our way back. OK, let's get started!

③ 화자가 '돌아오는 길에는 반대 방향으로 올 겁니다'라고 말한 의도: When we first go by the island, there will be a lot of sun, so it'll be hard to take pictures. But don't worry(우리가 처음 섬을 지나갈 때, 햇빛이 강해서 사진 촬영이 어려우실 거예요. 하지만 걱정하지 마세요) + we'll be returning in the opposite direction on our way back(돌아오는 길에는 반대 방향으로 올 겁니다)은 처음 섬을 지나갈 때는 강한 햇빛으로 인해 사진 촬영이 어렵지만, 돌아오는 길에는 반대 방향으로 올 거라서 사진 촬영을 할 수 있다는 의미 ▶ (C) The listeners can take some photos. (청자들은 사진을 찍을 수 있다.)

1-3번은 다음 관광 정보에 관한 문제입니다.

囝 **①승선을 환영하며, 오늘 호수 관광을 즐기시기를 바랍니다.** 오늘은 관광하기에 딱 좋은 날씨네요. 이 여행 동안, 여러분은 수 세기 전 사람들이 Lenore 섬에서 어떻게 살았는지 알게 되실 거예요. 또한, **②여러분은 역사적인 주택들을 보시게 될 겁니다.** 이러한 건물들을 살펴보며, 그 시대에는 얼마나 다르게 살았는지 알 수 있을 거예요. 자, 여러분 모두 카메라를 가지고 계시죠. **③우리가 처음 섬을 지나갈 때, 햇빛이 강해서 사진 촬영이 어려우실 거예요. 하지만 걱정하지 마세요, 돌아오는 길에는 반대 방향으로 올 겁니다.** 좋아요, 시작합시다!

1. 청자들은 어디에 있겠는가?
   (A) 공원에 (B) 박물관에
   (C) 기차에 **(D) 배에**

2. 화자에 따르면, 청자들은 무엇을 볼 수 있을 것인가?
   (A) 인기 있는 그림 (B) 시장 가판대
   (C) 희귀 식물 **(D) 역사적 건물**

3. 화자가 "돌아오는 길에는 반대 방향으로 올 겁니다"라고 말할 때, 그녀가 내비친 것은?
   (A) 청자들은 지도를 다운로드할 수 있다.
   (B) 청자들은 기념품 상점을 방문해야 한다.
   (C) 청자들은 사진을 찍을 수 있다.
   (D) 청자들은 소지품을 보관해야 한다.

어휘 aboard 탑승한, 승선한 | lake 호수 | sightseeing 관광 | excursion 여행 | get an idea of ~을 알게 되다 | historic 역사적인 | structure 구조물 | opposite 반대의 | direction 방향 | stall 가판대 | rare 희귀한, 드문 | belongings 소지품

CASE 집중훈련

해설서 p.124

🎧 CH13_06

1. Where do the listeners most likely work?
   (A) At an architecture firm
   (B) At an online retail store
   (C) At a talent agency
   (D) At a shopping mall

2. What does the speaker say he is confident about?
   (A) The success of an advertisement
   (B) The relationship with a client
   (C) A project's profitability
   (D) An employee's work experience

3. What does the speaker invite the listeners to do?
   (A) Meet a new employee
   (B) Prepare a document
   (C) Contact a client
   (D) Exit the building

CASE 163 · What problem does the speaker mention?

문제점 또는 걱정거리를 묻는 문제는 매회 1~2문항 출제되며, 담화의 초/중반부에 정답 단서가 제공된다. 정답 단서의 대표적인 시그널 표현으로는 'but, however, unfortunately, I'm sorry to ~' 등 문제점을 제기하는 다양한 부정적 표현이 등장한다.

영국

1. What problem does the speaker mention?

(A) The lack of bus drivers
(B) Expensive bus fares
(C) Crowding on buses
(D) Pollution caused by buses

🎧 CH13_07

2. What recently happened in the city of South Bend?

(A) Some environmental laws were passed.
(B) A new mayor was elected.
(C) Some subway lines were opened.
(D) A community festival was held.

3. What will the speaker review with the listeners?

(A) A local map
(B) An event schedule
(C) Some expenses
(D) Some applications

STEP 1 ➡ 문제 먼저 읽고 키워드 기억하기

1. What **problem** does the **speaker mention**?　키워드 "화자가 언급하는 문제점"

2. What **recently happened** in the **city of South Bend**?　키워드 "South Bend 시에 최근에 일어난 일"

3. What will the **speaker review** with the **listeners**?　키워드 "화자가 청자들과 검토할 것"

STEP 2 ✔ 담화 들으며 바로바로 문제 풀기

Questions 1-3 refer to the following excerpt from a meeting.

W ❶There have been more people using public buses over the past few months. And **this has led to an increase in complaints.** We need to find a way to reduce the number of riders on a single vehicle. ❷One nearby city, South Bend, has recently reduced overcrowding on buses by creating two new subway lines. With more options to take the subway, the number of commuters on the bus began to decrease rapidly. OK, ❸here's the town map on the screen. I've marked some potential areas for new train stations. Let's review it now.

🔍 **Way to Answer**

❶ **화자가 언급하는 문제점:** There have been more people using public buses over the past few months. And this has led to an increase in complaints. We need to find a way to reduce the number of riders on a single vehicle. (지난 몇 달간 대중 버스 이용객들이 더 많아졌습니다. 그리고 이는 불만의 증가로 이어졌습니다. 한 차량당 탑승객 수를 줄이는 방법을 찾아야 합니다.) ▶ 패러프레이징 [more people → Crowding] ▶ (C) Crowding on buses (만원 버스)

❷ **South Bend 시에 최근에 일어난 일:** One nearby city, South Bend, has recently reduced overcrowding on buses by creating two new subway lines. (인근 도시인 South Bend에서는 최근 지하철 노선 두 개를 만들며 버스의 과잉 수용을 줄였습니다.)

▶ 패러프레이징 [create → open] ▶ (C) Some subway lines were opened. (일부 지하철 노선이 개통되었다.)

❸ **화자가 청자들과 검토할 것:** here's the town map on the screen. I've marked some potential areas for new train stations. **Let's review it now.** (여기 화면에 도시 지도가 있습니다. 새로운 기차역을 설립할 가능성이 있는 지역을 표시해 두었습니다. 지금 함께 검토해 보죠.) ▶ 패러프레이징 [town → local] ▶ (A) A local map(지역 지도)

1-3번은 다음 회의 발췌록에 관한 문제입니다.

여 ❶지난 몇 달간 대중 버스 이용객들이 더 많아졌습니다. 그리고 이는 불만의 증가로 이어졌습니다. 한 차량당 탑승객 수를 줄이는 방법을 찾아야 합니다. ❷인근 도시인 South Bend에서는 최근 지하철 노선 두 개를 만들며 버스의 과잉 수용을 줄였습니다. 지하철을 탈 수 있는 선택권이 더 생기면서, 버스를 이용하는 통근자 수가 빠르게 줄었습니다. 자, ❸여기 화면에 도시 지도가 있습니다. 새로운 기차역을 설립할 가능성이 있는 지역을 표시해 두었습니다. 지금 함께 검토해 보죠.

1. 화자는 어떤 문제점을 언급하는가?
   (A) 버스 운전기사의 부족 (B) 비싼 버스 요금
   (C) 만원 버스 (D) 버스로 인한 공해

2. South Bend 시에는 최근 무슨 일이 일어났는가?
   (A) 환경 법안이 가결되었다.
   (B) 새로운 시장이 선출되었다.
   (C) 일부 지하철 노선이 개통되었다.
   (D) 지역 축제가 열렸다.

3. 화자는 청자들과 무엇을 검토할 것인가?
   (A) 지역 지도 (B) 행사 일정
   (C) 비용 (D) 애플리케이션

어휘 public bus 대중 버스 | increase 증가 | complaint 불만 | reduce 줄이다 | rider 타는 사람 | single 각각의, 단일의 | vehicle 차량 | nearby 인근의 | overcrowding 과잉 수용 | commuter 통근자 | decrease 줄다 | rapidly 빠르게 | mark 표시하다 | potential 가능성이 있는 | review 검토하다 | lack 부족 | fare 요금 | pollution 공해, 오염 | pass (법안 등을) 가결하다, 통과시키다 | mayor 시장 | elect 선출하다 | expense 비용

CASE 집중훈련
해설서 p.125

CH13_08

1. Who mostly likely is the speaker?
   (A) A financial planner
   (B) An interior designer
   (C) A property manager
   (D) A business lawyer

2. According to the speaker, what is the problem?
   (A) A completion date is approaching.
   (B) Some employees are on leave.
   (C) Some materials are sold out.
   (D) An estimate is more than expected.

3. What solution does the speaker suggest?
   (A) Paying in installments
   (B) Buying secondhand goods
   (C) Searching for another real estate
   (D) Postponing a project end date

CASE 164 — According to the speaker, why is a skill useful?

이유를 묻는 문제는 매회 1~2문항 출제되며, 담화의 중/후반부에 정답 단서가 제공된다. 이유를 드러내는 문장의 특성상 이유 부사절을 이끄는 because, since 또는 to부정사 등이 이유의 단서를 보여 주겠다는 대표적인 시그널 표현이다.

⌒ CH13_09

미국

1. What is the subject of the workshop?

(A) Public speaking
(B) Interior decorating
(C) Overseas travel
(D) Business development

2. According to the speaker, why is a skill useful?

(A) It can boost motivation.
(B) It can help find a job.
(C) It can save money.
(D) It can help make friends.

3. What does the speaker ask the listeners to do?

(A) Store their belongings
(B) Provide a self-introduction
(C) Download a program
(D) Sign their names

STEP 1 ▸ 문제 먼저 읽고 키워드 기억하기

1. What is the subject of the workshop? 　　키워드 "워크숍의 주제"

2. According to the speaker, why is a skill useful? 　　키워드 "기술이 유용한 이유"

3. What does the speaker ask the listeners to do? 　　키워드 "화자가 청자들에게 요청하는 것"

STEP 2 ▸ 담화 들으며 바로바로 문제 풀기

Questions 1-3 refer to the following excerpt from a workshop.

M　My name's George Trivoli, and I'm going to be running this workshop. ■All of you have joined today's session to learn how to decorate the interiors of your homes. ■Knowing how to creatively design the inside of your home is a useful skill **since** it can be costly to hire an expert. Companies who offer this kind of service usually charge a hefty rate. Alright, now, ■let's begin by having every one of you give a quick self-introduction. Tell everybody your name and the reason you wanted to take this session.

◁ Way to Answer

■ 워크숍의 주제: All of you have joined today's session to learn how to decorate the interiors of your homes. (여러분 모두 집 실내 장식하는 법을 배우기 위해 오늘 수업에 참여하셨습니다.) ▶ (B) Interior decorating (실내 장식)

■ 기술이 유용한 이유: Knowing how to creatively design the inside of your home is a useful skill since it can be costly to hire an expert. (전문가를 고용하는 것은 비용이 많이 들 수도 있기에, 집 내부를 창의적으로 디자인하는 법을 아는 것은 유용한 기술입니다.) ▶ (C) It can save money. (돈을 절약할 수 있다.)

■ 화자가 청자들에게 요청하는 것: let's begin by having every one of you give a quick self-introduction (여러분 모두 간략히

1-3번은 다음 워크숍 발췌록에 관한 문제입니다.

📗 저는 George Trivoli이고, 이 워크숍을 진행할 예정입니다. ❶여러분 모두 집 실내 장식하는 법을 배우기 위해 오늘 수업에 참여하셨습니다. ❷전문가를 고용하는 것은 비용이 많이 들 수도 있기에, 집 내부를 창의적으로 디자인하는 법을 아는 것은 유용한 기술입니다. 이러한 종류의 서비스를 제공하는 회사들은 보통 많은 요금을 청구합니다. 자, 그러면 이제, ❸여러분 모두 간략히 자기소개를 하면서 시작해 보도록 합시다. 모두에게 이름과 이 수업을 듣고 싶었던 이유를 알려 주세요.

1. 워크숍의 주제는 무엇인가?
   (A) 대중 연설
   (B) **실내 장식**
   (C) 해외여행
   (D) 사업 개발

2. 화자에 따르면, 기술이 왜 유용한가?
   (A) 동기를 북돋아줄 수 있다.
   (B) 일자리를 찾는 데 도움이 될 수 있다.
   (C) **돈을 절약할 수 있다.**
   (D) 친구를 사귀는 데 도움이 될 수 있다.

3. 화자는 청자들에게 무엇을 하라고 요청하는가?
   (A) 소지품을 보관하라고
   (B) **자기소개를 하라고**
   (C) 프로그램을 다운로드하라고
   (D) 서명을 하라고

어휘 run 운영하다 ǀ creatively 창의적으로 ǀ useful 유용한 ǀ costly 비용이 많이 드는, 값비싼 ǀ hire 고용하다 ǀ expert 전문가 ǀ charge 청구하다 ǀ hefty (액수가) 많은 ǀ rate 요금 ǀ self-introduction 자기소개 ǀ public speaking 대중 연설 ǀ overseas 해외의 ǀ development 개발 ǀ boost 북돋우다 ǀ motivation 동기 (부여) ǀ store 보관하다 ǀ belongings 소지품 ǀ sign 서명하다

CASE 집중훈련
해설서 p.126

🎧 CH13_10

1. What is the speaker mainly talking about?
   (A) A company vehicle
   (B) A temperature sensor
   (C) A coffee machine
   (D) A massage chair

2. According to the speaker, what should listeners do if they experience a problem?
   (A) Refer to an instruction manual
   (B) Contact a manufacturer
   (C) Reset a device
   (D) Inform the maintenance team

3. Why does the speaker ask the listeners to send him an e-mail?
   (A) To participate in a gathering
   (B) To use some equipment
   (C) To report overtime hours
   (D) To submit a vacation request

CASE 165　How does the speaker plan to solve a problem?

방법을 묻는 문제는 매회 0~1문항 출제되며, 담화의 중/후반부에 정답 단서가 제공된다. 정보를 얻을 수 있는 방법, 할인 등의 혜택을 받을 수 있는 방법, 문제 해결 방법, 연락 방법 등을 묻는 문제가 주로 출제된다.

미국

CH13_11

1. Where does the speaker work?

(A) At a clothing store
(B) At a delivery company
(C) At a supermarket
(D) At a software firm

2. How does the speaker plan to solve a problem?

(A) By organizing a demonstration training
(B) By establishing a dedicated support line
(C) By hiring experienced employees
(D) By offering express shipping

3. Why does the speaker say, "I'll be meeting with them on Tuesday morning"?

(A) To clarify some confusion
(B) To acknowledge a change
(C) To revise a schedule
(D) To indicate a due date

STEP 1　　🔊 문제 먼저 읽고 키워드 기억하기

1. **Where** does the **speaker work**?　　키워드 "화자가 일하는 곳"

2. **How** does the **speaker plan to solve a problem**?　　키워드 "화자의 문제 해결 방법"

3. **Why** does the **speaker say**,　　키워드 "화자가 '저는 그들과 화요일 아침에 만날 예정입니다'라고
　"**I'll be meeting with them on Tuesday morning**"?　　말한 이유"

STEP 2　　✅ 담화 들으며 바로바로 문제 풀기

Questions 1-3 refer to the following excerpt from a meeting.

Ⓦ ❶We've been using the new delivery tracking program for a month here at our supermarket. And it's taking longer than expected for us to get used to all the features. ❷So I've been in contact with the software developers to create a demonstration training designed exclusively for our staff members. We should concentrate on the features that we're having the most trouble with, and I'd like to get your input on which ones those are. ❸If you could send me an e-mail with the problems you've been having with the software,

💬 Way to Answer

❶ 화자가 일하는 곳: We've been using the new delivery tracking program for a month here at our supermarket. (저희 슈퍼마켓에서는 한 달 동안 새 배송 추적 시스템을 사용해 왔습니다.) ▶ (C) At a supermarket(슈퍼마켓에서)

❷ 화자의 문제 해결 방법: So I've been in contact with the software developers to create a demonstration training designed exclusively for our staff members. (그래서 저는 오직 저희 직원들만을 위해 구상된 실습 교육을 만들기 위해 소프트웨어 개발자들과 연락해 오고 있었습니다.) ▶ 패러프레이징 [create → organize] ▶ (A) By organizing a demonstration training(실습 교육을 준비해서)

I'll compile everyone's issues and relay them to the trainers. I'll be meeting with them on Tuesday morning.

3 화자가 '저는 그들과 화요일 아침에 만날 예정입니다'라고 말한 이유: If you could send me an e-mail with the problems you've been having with the software, I'll compile everyone's issues and relay them to the trainers. (여러분이 소프트웨어와 관련하여 겪어 온 문제들을 저에게 이메일로 보내 주시면, 여러분 모두의 문제들을 종합해서 지도 강사들에게 전달하겠습니다.) + I'll be meeting with them on Tuesday morning. (저는 그들과 화요일 아침에 만날 예정입니다.)은 지도 강사들을 화요일 아침에 만날 예정이니 그전까지 겪고 있는 문제들을 이메일로 보내라는 의미 ▶ (D) To indicate a due date (마감 날짜를 내비치기 위해)

1-3번은 다음 회의 발췌록에 관한 문제입니다.

C1 **1**저희 슈퍼마켓에서는 한 달 동안 새 배송 추적 시스템을 사용해 왔습니다. 그리고 저희가 모든 기능에 익숙해지는 데에 예상보다 더 오랜 시간이 걸리고 있습니다. **2**그래서 저는 오직 저희 직원들만을 위해 구상된 실습 교육을 만들기 위해 소프트웨어 개발자들과 연락해 오고 있었습니다. 저희가 가장 어려움을 겪는 기능들에 중점을 둬야 해서, 저는 그러한 기능들이 어떤 것들인지 여러분의 의견을 듣고 싶습니다. **3**여러분이 소프트웨어와 관련하여 겪어 온 문제들을 저에게 이메일로 보내 주시면, 여러분 모두의 문제들을 종합해서 지도 강사들에게 전달하겠습니다. 저는 그들과 화요일 아침에 만날 예정입니다.

1. 화자는 어디서 일하는가?
   (A) 옷 가게에서 (B) 배송 회사에서
   (C) 슈퍼마켓에서 (D) 소프트웨어 회사에서

2. 화자는 문제를 어떻게 해결할 계획인가?
   (A) 실습 교육을 준비해서 (B) 전용 지원 체계를 구축해서
   (C) 경력 직원을 고용해서 (D) 속달 배송을 제공해서

3. 화자는 왜 "저는 그들과 화요일 아침에 만날 예정입니다"라고 말하는가?
   (A) 혼란을 명확히 하기 위해 (B) 변화를 인지하기 위해
   (C) 일정을 수정하기 위해 **(D) 마감 날짜를 내비치기 위해**

어휘 track 추적하다 | get used to ~에 익숙해지다 | feature 기능 | demonstration 실습, 시범 설명 | design 구상하다, 설계하다 | exclusively 오직 ~만 | concentrate on ~에 중점을 두다 | trouble 어려움, 곤란 | input 의견, 조언, 입력 | compile 하나로 종합하다, 편집하다 | relay 전달하다 | organize 준비하다 | establish 구축하다, 설립하다 | dedicated 전용의, 전념하는 | clarify 명확히 하다 | acknowledge 인지하다, 승인하다 | indicate 내비치다, 나타내다 | due date 마감 날짜

CASE 집중훈련
해설서 p.126

🎧 CH13_12

1. What field does the speaker work in?
   (A) Marketing
   (B) Education
   (C) Hospitality
   (D) Journalism

2. What does the speaker say is important?
   (A) Networking events
   (B) Earning a certification
   (C) Public speaking
   (D) Frequent communication

3. How can the listeners benefit from following the speaker's advice?
   (A) They can earn a higher salary.
   (B) They can lower their expenses.
   (C) They can connect with other retailers.
   (D) They can gain more customers.

CASE 166　What is mentioned about a customer survey?

질문의 about 뒤에 나오는 특정 명사에 대한 정보를 묻는 키워드 문제는 매회 4~5문항 출제되며, 담화에 키워드가 그대로 언급되고, 정답 단서는 키워드 주변에서 제공되는 경우가 일반적이다.

호주

1. Who is being introduced?

(A) An award panel member
(B) A company executive
(C) A university professor
(D) A government official

CH13_13

2. What is mentioned about a customer survey?

(A) It is conducted around the world.
(B) It will be redesigned next year.
(C) It takes a while to complete.
(D) It will be sold to another company.

3. What is suggested about Juliana Somday?

(A) She has an advanced degree.
(B) She recently started a family.
(C) She is humorous.
(D) She is dedicated.

STEP 1 　● 문제 먼저 읽고 키워드 기억하기

1. Who is being **introduced**?　　　　　키워드 "소개되고 있는 사람"

2. What is **mentioned** about a **customer survey**?　　키워드 "고객 설문에 관해 언급되는 것"

3. What is **suggested** about **Juliana Somday**?　　키워드 "Juliana Somday에 관해 제시되는 것"

STEP 2 　✔ 담화 들으며 바로바로 문제 풀기

Questions 1-3 refer to the following introduction.

M　Welcome, everybody. ❶Today, I am pleased to announce that Juliana Somday, our Vice President of Marketing, has been named this year's Most Valuable Employee. As well as supervising over 30 people in her department, ❷Juliana designed an innovative **customer survey** that is conducted by our representatives worldwide. ❸She is certainly smart, but it's her dedication that stands out most of all. Despite raising a family and studying three nights a week at the local college, she hasn't missed a day of work in over 10 years. Juliana, you certainly deserve this award. Congratulations!

Way to Answer

❶ 소개되고 있는 사람: Today, I am pleased to announce that Juliana Somday, our Vice President of Marketing, has been named this year's Most Valuable Employee.(오늘, 우리 마케팅 부사장님이신 Juliana Somday께서 올해의 최우수 직원으로 지명되셨다는 걸 발표하게 되어 기쁩니다.) ▶ 패러프레이징 [Vice President of Marketing → company executive] ▶ (B) A company executive(회사 임원)

❷ 고객 설문에 관해 언급되는 것: Juliana designed an innovative customer survey that is conducted by our representatives worldwide(Juliana는 혁신적인 고객 설문을 설계하셨고 이를 전 세계의 우리 직원들이 시행합니다) ▶ 패러프레이징 [worldwide

→ around the world] ▶ (A) It is conducted around the world.(전 세계에서 시행된다.)

❸ Juliana Somday에 관해 제시되는 것: She is certainly smart, but it's her dedication that stands out most of all. (그녀는 물론 현명하지만, 그녀의 헌신이 가장 두드러집니다.) ▶ (D) She is dedicated. (헌신적이다.)

1-3번은 다음 소개에 관한 문제입니다.

녑 환영합니다, 여러분. ❶오늘, 우리 마케팅 부사장님이신 Juliana Somday께서 올해의 최우수 직원으로 지명되셨다는 걸 발표하게 되어 기쁩니다. 부서 내의 30명 이상의 인원을 감독하실 뿐만 아니라, ❷Juliana는 혁신적인 고객 설문을 설계하셨고 이를 전 세계의 우리 직원들이 시행합니다. ❸그녀는 물론 현명하지만, 그녀의 헌신이 가장 두드러집니다. 가족을 부양하며 지역 대학에서 주 3회 공부하고 계심에도 불구하고, 10년 넘게 회사에 안 나오신 날이 없습니다. Juliana, 당신은 이 상을 받으실 자격이 충분합니다. 축하합니다!

1. 누가 소개되고 있는가?
(A) 심사 위원   **(B) 회사 임원**
(C) 대학 교수   (D) 국가 공무원

2. 고객 설문에 관해 무엇이 언급되는가?
(A) 전 세계에서 시행된다.
(B) 내년에 다시 설계될 것이다.
(C) 완성하는 데 오랜 시간이 걸린다.
(D) 다른 회사에 매각될 것이다.

3. Juliana Somday에 관해 무엇이 제시되는가?
(A) 상위 학위가 있다.   (B) 최근에 가정을 이루었다.
(C) 유머 감각이 있다.   **(D) 헌신적이다.**

어휘 announce 발표하다 | vice president 부사장 | name 지명하다 | valuable 중요한 | supervise 감독하다 | innovative 혁신적인 | survey 설문 | conduct 시행하다, 실시하다 | dedication 헌신 | stand out 두드러지다 | despite ~에도 불구하고 | raise 부양하다, 기르다 | certainly 분명히 | deserve ~을 받을 자격이 있다 | panel 심사단 | executive 임원 | complete 완성하다, 끝내다 | humorous 유머 감각이 있는

CASE 집중훈련

해설서 p.127

🎧 CH13_14

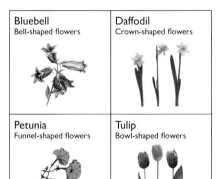

Bluebell	Daffodil
Bell-shaped flowers	Crown-shaped flowers
Petunia	Tulip
Funnel-shaped flowers	Bowl-shaped flowers

1. Who most likely is the speaker?
(A) A park ranger
(B) A news reporter
(C) A teacher
(D) A scientist

2. What does the speaker say about Sandy Ross?
(A) She named the park after herself.
(B) She contributed to the park.
(C) She planted flowers in the park.
(D) She manages the park.

3. Look at the graphic. Which flower does the speaker point out?
(A) Bluebell
(B) Daffodil
(C) Petunia
(D) Tulip

CASE 167 What are listeners asked to volunteer to do?

제안·요청 사항을 묻는 문제는 매회 3~4문항 출제되며, 담화의 중/후반부에 정답 단서가 제공된다. 'Please ~, Make sure to ~, Remember to ~, You should ~, You need to ~' 등 다양한 제안·요청 표현이 단서를 제공하는 대표적인 시그널 표현이다.

영국

CH13_15

1. Why are some coworkers visiting the firm?

   (A) To join some training sessions
   (B) To perform a building inspection
   (C) To honor retiring employees
   (D) To attend a product launch

2. What are listeners asked to volunteer to do?

   (A) Set up some furniture
   (B) Provide rides to some games
   (C) Book some accommodations
   (D) Make some meals

3. What are volunteers asked to include in an e-mail?

   (A) Their bank information   (B) Their manager's name
   (C) Their age   (D) Their availability

STEP 1 🔑 문제 먼저 읽고 키워드 기억하기

1. **Why** are some **coworkers visiting** the **firm**?　　키워드 "동료들이 회사에 방문하는 이유"

2. **What** are **listeners asked to volunteer** to do?　　키워드 "청자들이 자원하라고 요청받는 것"

3. **What** are **volunteers asked to include** in an **e-mail**?　　키워드 "자원자들이 이메일에 포함하라고 요청받는 것"

STEP 2 ✅ 담화 들으며 바로바로 문제 풀기

Questions 1-3 refer to the following excerpt from a meeting.

W Now, I'd like to discuss next week's visit to our firm by coworkers from our office in Karachi. **①**They'll be here to train with us on the new client database system we'll be using. They'll be attending every training workshop with this office's staff. **②**During their visit, they are interested in going to see some baseball games. **We need volunteers to** drive them there on Saturday and Sunday. **③**If you can help out, email me by tomorrow morning. **Make sure to** include what day you are available to drive as well.

Way to Answer

① 동료들이 회사에 방문하는 이유: They'll be here to train with us on the new client database system we'll be using. They'll be attending every training workshop with this office's staff. (그들은 우리가 사용할 예정인 새로운 고객 데이터베이스 시스템에 대해 우리와 함께 교육을 받으러 올 겁니다. 그들은 우리 사무실 직원들과 함께 모든 교육 워크숍에 참석할 예정입니다.) ▶ 패러프레이징 [workshop → session] ▶ (A) To join some training sessions (교육 과정에 참여하기 위해)

② 청자들이 자원하라고 요청받는 것: During their visit, they are interested in going to see some baseball games. We need volunteers to drive them there on Saturday and Sunday. (방문 기간에, 그들은 야구 경기를 보러 가고자 합니다. 우리는 토요일과 일요일에 그들을 차로 거기에 데려다 줄 자원봉사자들이 필요합니다.) ▶ 패러프레이징 [drive → Provide rides] ▶ (B)

Provide rides to some games(경기까지 차로 태워다 주라고)

❸ 자원자들이 이메일에 포함하라고 요청받는 것: If you can help out, email me by tomorrow morning. Make sure to include what day you are available to drive as well.(도와줄 수 있다면, 내일 아침까지 제게 이메일을 보내 주세요. 어느 요일에 운전해 줄 수 있는지 또한 꼭 포함해 주세요.) ▶ 패러프레이징 [what day you are available → availability] ▶ (D) Their availability(시간 있음 여부)

1-3번은 다음 회의 발췌록에 관한 문제입니다.

C 이제, 다음 주에 Karachi 지사 동료들이 우리 회사에 방문하는 것에 관해 이야기 나누고 싶습니다. **❶그들은 우리가 사용할 예정인 새로운 고객 데이터베이스 시스템에 대해 우리와 함께 교육을 받으러 올 겁니다.** 그들은 우리 사무실 직원들과 함께 모든 교육 워크숍에 참석할 예정입니다. **❷방문 기간에, 그들은 야구 경기를 보러 가고자 합니다. 우리는 토요일과 일요일에 그들을 차로 거기에 데려다 줄 자원봉사자들이 필요합니다. ❸도와줄 수 있다면, 내일 아침까지 제게 이메일을 보내 주세요. 어느 요일에 운전해 줄 수 있는지 또한 꼭 포함해 주세요.**

1. 동료들은 왜 회사에 방문할 것인가?
   (A) 교육 과정에 참여하기 위해
   (B) 건물 점검을 실시하기 위해
   (C) 퇴직자들을 예우하기 위해
   (D) 제품 출시에 참석하기 위해

2. 청자들은 무엇을 자원하라고 요청받는가?
   (A) 가구를 설치하라고
   (B) 경기까지 차로 태워다 주라고
   (C) 숙소를 예약하라고
   (D) 식사를 만들라고

3. 자원자들은 이메일에 무엇을 포함하라고 요청받는가?
   (A) 은행 정보   (B) 관리자 이름
   (C) 나이   **(D) 시간 있음 여부**

어휘 coworker 동료 | train 교육을 받다, 교육시키다 | attend 참석하다 | volunteer 자원봉사자; 자원하다 | make sure 꼭[반드시] ~하다 | available 시간이 있는, 이용 가능한 | inspection 점검, 조사 | honor 예우하다, 존중하다 | retire 은퇴하다, 퇴직하다 | launch 출시, 개시 | set up ~을 설치하다 | ride 태워 주기 | accommodation 숙소 | availability 시간 있음 여부, 이용 가능성

CASE 집중훈련
해설서 p.128

 CH13_16

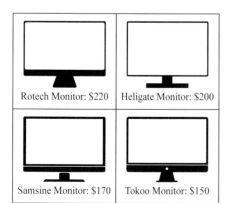

Rotech Monitor: $220   Heligate Monitor: $200

Samsine Monitor: $170   Tokoo Monitor: $150

1. Who is the message intended for?
   (A) A salesperson
   (B) A customer
   (C) A manager
   (D) A CEO

2. Look at the graphic. How much will the speaker's monitor cost?
   (A) $220
   (B) $200
   (C) $170
   (D) $150

3. What does the speaker ask the listener to send?
   (A) A chart of product features
   (B) An authorization form
   (C) A bank statement
   (D) A list of candidates

What will the listeners most likely do next?

화자/청자가 다음에 할 일, 다음에 예정된 일정, 다음에 듣게 될 방송 등 다음 행동을 묻는 문제는 매회 2~3문항 출제되며, 담화의 후반부에 정답 단서가 제공된다. 대표적인 시그널 표현은 'Now, I'm going to ~, We will ~, I want to ~, I'd like you to ~, Why don't you ~?, Would you ~?, Please ~' 등이다.

미국

Schedule of Meetings

March	Interview customers
April	Summarize findings
May	Identify key problems
June	Develop action plans

1. Look at the graphic. When is the team meeting being held?

(A) In March   (B) In April
(C) In May   (D) In June

🎧 CH13_17

2. What issue does the speaker mention?

(A) Some items are defective.
(B) A delivery service is expensive.
(C) An ordering procedure is complex.
(D) Some employees are not polite.

3. What will the listeners most likely do next?

(A) Contact some customers
(B) Test some products
(C) Split into separate groups
(D) Conduct some online research

STEP 1   ➡ 문제 먼저 읽고 키워드 기억하기

1. Look at the graphic. **When** is the **team meeting** being **held**?   **키워드** "팀 회의가 열리는 시점"

2. **What issue** does the **speaker mention**?   **키워드** "화자가 언급하는 문제점"

3. **What** will the **listeners** most likely **do next**?   **키워드** "청자들이 다음에 할 일"

STEP 2   ✅ 담화 들으며 바로바로 문제 풀기

Questions 1-3 refer to the following excerpt from a meeting and schedule.

M Thank you for attending our monthly department meeting. As you'll remember, we've interviewed over 100 customers of our shopping site. Based on the summaries of those interviews, we've been able to identify the most important areas for improvement. **❶So now, we need to make specific plans to boost our sales.** We found out that customers have good things to say about our items, **❷but the issue is that our check-out process is confusing.** So we need to re-design it as quickly as possible. **❸Once we're done here, I want each of you to** review other stores' Web

Way to Answer

❶ 팀 회의가 열리는 시점: So now, we need to make specific plans to boost our sales. (자 이제, 매출을 신장시키기 위한 구체적인 계획을 세워야 합니다.) ▶ 시각 자료에서 Develop action plans(상세 사업 계획 개발)가 June(6월)임을 확인 ▶ 패러프레이징 [make → Develop], [specific plans → action plans] ▶ (D) In June(6월에)

❷ 화자가 언급하는 문제점: but the issue is that our check-out process is confusing(하지만 문제는 우리 체크아웃 과정이 혼란스럽다는 겁니다) ▶ 패러프레이징 [process → procedure], [confusing → complex] ▶ (C) An ordering procedure is complex. (주문 절차가 복잡하다.)

sites and see how their check-out processes work.

❸ 청자들이 다음에 할 일: Once we're done here, I want each of you to review other stores' Web sites and see how their check-out processes work. (회의를 마치면, 여러분 각자 다른 쇼핑몰 웹 사이트를 검토해 보시고 그곳의 체크아웃 과정이 어떻게 진행되는지 살펴보시면 좋겠습니다.) ▶ (D) Conduct some online research (온라인 조사를 실시할 것이다)

회의 일정표

3월	고객 인터뷰
4월	조사 결과 요약
5월	주요 문제 파악
6월	**❶상세 사업 계획 개발**

1-3번은 다음 회의 발췌록과 일정표에 관한 문제입니다.

남 월간 부서 회의에 참석해 주셔서 감사합니다. 기억하시겠지만, 우리 온라인 쇼핑몰에서 100명 이상의 고객들을 인터뷰했습니다. 그 인터뷰 요약 내용을 근거로, 가장 중요한 개선이 필요한 부분을 파악할 수 있었습니다. **❶자 이제, 매출을 신장시키기 위한 구체적인 계획을 세워야 합니다.** 우리가 알게 된 것은, 고객들은 우리 제품에 대해 호평을 하지만, **❷문제는 우리 체크아웃 과정이 혼란스럽다는 겁니다.** 그래서 우리는 가능한 한 빠른 시일 내로 다시 디자인해야 합니다. **❸회의를 마치면, 여러분 각자 다른 쇼핑몰 웹 사이트를 검토해 보시고 그곳의 체크아웃 과정이 어떻게 진행되는지 살펴보시면 좋겠습니다.**

1. 시각 자료를 보시오. 팀 회의는 언제 진행되고 있는가?
(A) 3월에   (B) 4월에
(C) 5월에   **(D) 6월에**

2. 화자는 어떤 문제점을 언급하는가?
(A) 일부 물품에 하자가 있다.
(B) 배송 서비스가 비싸다.
(C) 주문 절차가 복잡하다.
(D) 일부 직원들이 친절하지 않다.

3. 청자들은 다음에 무엇을 하겠는가?
(A) 고객들에게 연락할 것이다
(B) 제품을 검사할 것이다
(C) 개별 조를 나눌 것이다
(D) 온라인 조사를 실시할 것이다

어휘 monthly 매월의 | department 부서 | based on ~에 근거하여 | summary 요약 | identify 파악하다 | improvement 개선 | specific 구체적인 | boost 신장시키다 | sales 매출 | issue 문제점 | process 과정 | confusing 혼란스러운 | summarize 요약하다 | findings 조사 결과 | key 주요한 | develop 개발하다 | action plan 상세 사업 계획 | defective 하자[결함]이 있는 | procedure 절차 | complex 복잡한 | split into ~로 나누다 | separate 개별적인, 분리된 | conduct (활동을) 하다

CASE 집중훈련 해설서 p.129

🎧 CH13_18

Upcoming Lectures	
Date	**Lecturer**
15 April	Maya Roby
11 May	Mickey Weddle
19 June	Chuck Gann
8 July	Tamiko Villasenor

1. Who most likely are the listeners?
(A) Accountants
(B) Athletes
(C) Waitstaff
(D) Scientists

2. Look at the graphic. Whose lecture is the speaker emphasizing?
(A) Ms. Roby
(B) Mr. Weddle
(C) Mr. Gann
(D) Ms. Villasenor

3. What will the listeners most likely do next?
(A) Pass around some paper
(B) Attend a seminar
(C) Write a suggestion
(D) Vote on a decision

PART 4

CHAPTER 13

CASE 169 — Why does the speaker say, "assistance from residents is greatly appreciated"?

화자가 말한 특정 문장의 숨은 의미나 의도를 묻는 문제로, 매회 3문항이 고정적으로 출제된다. 문장의 표면적 의미가 아닌, 문맥상 화자가 그렇게 말한 의도를 파악해야 하기 때문에 담화의 맥락을 잘 따라가며 이해하는 것이 중요하다.

영국

CH13_19

1. Where does the speaker work?

(A) At a technical college (B) At a public library
(C) At a sports stadium (D) At an arts center

2. What does the speaker say is different about this year's program?

(A) It will offer weekend classes.
(B) It will be provided at no charge.
(C) It will take place in a larger venue.
(D) It will be shorter than last year's program.

3. Why does the speaker say, "assistance from residents is greatly appreciated"?

(A) To emphasize an upcoming deadline
(B) To urge the listeners to contribute money
(C) To request that the listeners take a survey
(D) To congratulate certain volunteers

STEP 1 　●ᐧ 문제 먼저 읽고 키워드 기억하기

1. **Where** does the **speaker work**? 　키워드 "화자가 일하는 장소"

2. **What** does the **speaker say** is **different** about **this year's program**? 　키워드 "올해의 프로그램에 관해 화자가 다르다고 말하는 것"

3. **Why** does the **speaker say**, "**assistance from residents is greatly appreciated**"? 　키워드 "화자가 '주민 여러분의 도움에 대단히 감사드리는 바입니다' 라고 말한 이유"

STEP 2 　●ᐧ 담화 들으며 바로바로 문제 풀기

Questions 1-3 refer to the following talk.

W I'd like to welcome everyone to this morning's orientation for volunteers. It's great to know that so many residents care about assisting the elderly. As you're all aware, every fall, **1**our arts center offers a two-month program on weekdays where senior citizens can take different kinds of music lessons. And **2**this year, classes will be held on Saturdays and Sundays as well. Due to the increase, we're struggling to pay for all of the necessary equipment. For that reason, **3**assistance from residents is greatly appreciated. There is a donation box at the back of the room, so please drop by once the session

☼ Way to Answer

1 화자가 일하는 장소: our arts center offers a two-month program on weekdays(저희 아트 센터에서는 2개월짜리 프로그램을 주중에 제공합니다) ▶ (D) At an arts center(아트 센터에서)

2 올해의 프로그램에 관해 화자가 다르다고 말하는 것: this year, classes will be held on Saturdays and Sundays as well(올해는 토요일과 일요일에도 수업이 열릴 것입니다) ▶ 패러프레이징 [Saturdays and Sundays → weekend] ▶ (A) It will offer weekend classes.(주말 수업을 제공할 것이다.)

3 화자가 '주민 여러분의 도움에 대단히 감사드리는 바입니다'라고 말한 이유: assistance from residents is greatly appreciated(주민 여러분의 도움에 대단히 감사드리는 바입니다) + There is a concludes. No amount is too small!

donation box at the back of the room, so please drop by once the session concludes. No amount is too small! (방 뒤편에 기부금 상자가 있으니, 이 교육이 끝나면 들러 주세요. 너무 작은 금액이란 없습니다!)은 기부금 상자에 돈을 기부하는 것이 돕는 방법이고 작은 금액도 상관없다며 모금 기부를 독려하는 의미 ▶
(B) To urge the listeners to contribute money(청자들에게 돈을 기부하도록 촉구하기 위해)

1-3번은 다음 담화에 관한 문제입니다.

여 오늘 아침 자원봉사자 오리엔테이션에 와 주신 여러분 모두를 환영하고 싶습니다. 이렇게 많은 주민들이 노인을 돕는 것에 관심을 갖고 있다는 것을 알게 되어 정말 기쁩니다. 모두 알고 계시겠지만, 매년 가을 **①저희 아트 센터에서는** 노인들이 다양한 종류의 음악 수업을 들을 수 있는 2개월짜리 프로그램을 주중에 제공합니다. 그리고 **②올해는 토요일과 일요일에도 수업이 열릴 것입니다.** 증가로 인해, 저희는 모든 필수 장비에 대한 비용 지불에 어려움을 겪고 있습니다. 그런 이유로, **③주민 여러분의 도움에 대단히 감사드리는 바입니다.** 방 뒤편에 기부금 상자가 있으니, 이 교육이 끝나면 들러 주세요. 너무 작은 금액이란 없습니다!

1. 화자는 어디서 일하는가?
   (A) 기술 대학에서
   (B) 공공 도서관에서
   (C) 경기장에서
   (D) 아트 센터에서

2. 화자는 올해 프로그램에 관해 무엇이 다르다고 말하는가?
   (A) 주말 수업을 제공할 것이다.
   (B) 무료로 제공될 것이다.
   (C) 더 큰 장소에서 열릴 것이다.
   (D) 작년 프로그램보다 더 짧아질 것이다.

3. 화자는 왜 "주민 여러분의 도움에 대단히 감사드리는 바입니다"라고 말하는가?
   (A) 다가오는 마감일을 강조하기 위해
   (B) 청자들에게 돈을 기부하도록 촉구하기 위해
   (C) 청자들에게 설문 참여를 요청하기 위해
   (D) 어떤 자원봉사자들을 축하하기 위해

어휘 orientation 오리엔테이션, 예비 교육 | volunteer 자원봉사자 | resident 주민, 거주자 | care about ~에 관심을 가지다, 마음을 쓰다 | assist 돕다 | the elderly 노인 | aware 알고 있는 | senior citizen 노인, 고령자 | due to ~ 때문에 | struggle 어려움을 겪다, 애쓰다 | pay for ~의 값을 지불하다 | equipment 장비 | assistance 도움, 지원 | donation 기부(금), 기증 | drop by 들르다 | conclude 끝나다 | amount 양, 액수 | at no charge 무료로 | venue 장소 | emphasize 강조하다 | deadline 마감일 | urge 촉구하다, 설득하다 | contribute 기부하다 | survey 설문

CASE 집중훈련 해설서 p.130

CH13_20

1. What are the listeners training to work as?
   (A) Software developers
   (B) Costume designers
   (C) Human resources officers
   (D) Department store workers

2. What does the speaker imply when she says, "I'm sure everyone understands what this means"?
   (A) The listeners should never share the information.
   (B) The listeners must ask for help when they are unsure.
   (C) The software may not function properly at times.
   (D) The data cannot be accessed at this time.

3. What will happen after lunch?
   (A) Trainees will move to another building.
   (B) Some work will be reviewed.
   (C) Salaries will be discussed.
   (D) A vacation will be planned.

CASE 170 — Look at the graphic. Which trail will the listeners hike?

리스트, 지도, 차트, 쿠폰, 영수증 등 다양한 시각 자료가 등장하는 문제로, 매회 2문항이 고정적으로 출제된다. 시각 자료는 담화를 들으면서 정답 단서를 파악할 수 있을 정도의 짧은 문구들로 구성되기 때문에 시각 자료를 파악하는 데 큰 어려움은 없지만, 담화의 내용과 시각 자료를 모두 고려해서 답을 골라야 하고, 정답은 단서를 패러프레이징하여 출제되기도 하므로 흐름을 놓치지 않는 것이 무엇보다 중요하다.

미국

1. Look at the graphic. Which trail will the listeners hike?

   (A) Milky Trail
   (B) Farris Trail
   (C) Hope Trail
   (D) Stumont Trail

🎧 CH13_21

2. According to the speaker, why is the trail special?

   (A) It can only be accessed by a vehicle.
   (B) It is only available to experienced hikers.
   (C) It lets visitors check out unusual plants.
   (D) It goes to the highest mountain peak in the park.

3. What are listeners invited to do?

   (A) Visit a Web site   (B) Go fishing
   (C) Purchase some gifts   (D) Take a survey

STEP 1 ➡ 문제 먼저 읽고 키워드 기억하기

1. Look at the graphic. **Which trail** will the **listeners hike**? 키워드 "청자들이 하이킹할 산길"
2. According to the speaker, **why** is the **trail special**? 키워드 "산길이 특별한 이유"
3. **What** are **listeners invited** to do? 키워드 "청자들이 권유받는 것"

STEP 2 ✅ 담화 들으며 바로바로 문제 풀기

Questions 1-3 refer to the following tour information and map.

W Thank you for joining today's tour of Easton National Park. ❶We'll soon be departing the main office and making our way to Merist Lake. ❷The special thing about this trail is that you will be able to see an assortment of exotic flowers along the path. Of course, we'll give everyone a chance to take some pictures of the plant life. After we get to the lake, we'll take a break and have some lunch. For those of you who brought gear, ❸you're welcome to fish in the lake. OK, let's get ready to go!

🔊 Way to Answer

❶ 청자들이 하이킹할 산길: We'll soon be departing the main office and making our way to Merist Lake. (곧 중앙 사무소를 출발해서 Merist 호수를 향해 가도록 하겠습니다.) ▶ 시각 자료에서 Main Office(중앙 사무소)를 출발해 Merist Lake(Merist 호수)를 갈 수 있는 산길이 Hope Trail(Hope 산길)임을 확인 ▶ (C) Hope Trail(Hope 산길)

❷ 산길이 특별한 이유: The special thing about this trail is that you will be able to see an assortment of exotic flowers along the path. (이 산길의 특별한 점은 길을 따라 여러 종류의 이국적인 꽃을 보실 수 있다는 것입니다.) ▶ 패러프레이징 [exotic → unusual], [flowers → plants] ▶ (C) It lets visitors check out unusual plants. (방문객들이 특이한 식물을 구경할 수 있도록 한다.)

③ 청자들이 권유받는 것: you're welcome to fish in the lake(호수
에서 자유롭게 낚시를 하셔도 됩니다) ▶ 패러프레이징 [welcome
→ invite] ▶ (B) Go fishing(낚시하라고)

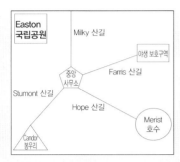

1. 시각 자료를 보시오. 청자들은 어떤 산길을 등산하겠는가?

(A) Milky 산길
(B) Farris 산길
(C) Hope 산길
(D) Stumont 산길

2. 화자에 따르면, 이 산길은 왜 특별한가?

(A) 차량으로만 진입할 수 있다.
(B) 숙련된 등산인만 출입할 수 있다.
(C) 방문객들이 특이한 식물을 구경할 수 있도록 해 준다.
(D) 공원 내에 가장 높은 산봉우리로 향해 있다.

3. 청자들은 무엇을 하라고 권유받는가?

(A) 웹 사이트에 방문하라고
(B) 낚시하라고
(C) 기념품을 구매하라고
(D) 설문에 참여하라고

1-3번은 다음 여행 정보와 지도에 관한 문제입니다.

여 오늘 Easton 국립공원 관광에 함께해 주셔서 감사합니다. **①**곧 중
앙 사무소를 출발해서 Merist 호수를 향해 가도록 하겠습니다. **②**이
산길의 특별한 점은 길을 따라 여러 종류의 이국적인 꽃을 보실 수
있다는 것입니다. 물론, 여러분 모두에게 식물 사진을 촬영하실 기
회를 드릴 겁니다. 호수에 도착한 후, 휴식 시간을 갖고 점심을 먹도
록 하겠습니다. 장비를 가져오신 분들께서는. **③**호수에서 자유롭게
낚시를 하셔도 됩니다. 자, 이제 출발할 준비를 해 주세요!

어휘 national park 국립공원 | depart 출발하다 | main office 본사 | make one's way 가다 | trail 산길 | an assortment of 여러 가지의 | exotic
이국적인 | plant life 식물 | take a break 휴식을 취하다 | gear 장비 | welcome to do 자유로이 ~할 수 있는 | fish 낚시하다 | sanctuary 보호구역 |
peak 산봉우리 | access 들어가다, 접근하다 | unusual 특이한, 드문 | invite 권하다, 요청하다

CASE 집중훈련 해설서 p.131

🎧 CH13_22

REVISED MANUFACTURING TIMELINE

FEBRUARY
Produce First Prototype
APRIL
Refine Design
JUNE
Produce Second Prototype
AUGUST
Begin Mass Production

1. What product is the speaker discussing?

(A) A microwave
(B) A hairdryer
(C) A toaster oven
(D) A handwarmer

2. What problem with the product does the speaker mention?

(A) It is expensive to produce.
(B) It is difficult to use.
(C) It is too hot at times.
(D) It is too heavy.

3. Look at the graphic. According to the speaker, which
month on the timeline was changed?

(A) February
(B) April
(C) June
(D) August

PART 4 CHAPTER 13

1. What does the speaker's company sell?

(A) Language books
(B) Organic produce
(C) Restaurant equipment
(D) Construction supplies

2. According to the speaker, what will happen next Thursday?

(A) A flight will be booked.
(B) A machine will be replaced.
(C) A potential customer will be visiting.
(D) A new vice president will be hired.

3. What does the speaker request that the listener do?

(A) Recruit a translator
(B) Test a product
(C) Contact a manager
(D) Mail a package

4. Who most likely are the listeners?

(A) Bank employees
(B) Library workers
(C) Personal trainers
(D) Delivery drivers

5. What will change at the business?

(A) Its owner
(B) Its service fees
(C) Its business hours
(D) Its location

6. What are some listeners asked to do?

(A) Attend training sessions
(B) Update their passwords
(C) Indicate their availability
(D) Revise some forms

7. What is the workshop about?

(A) Recording product inventory
(B) Learning sales techniques
(C) Handling an online complaint
(D) Searching a system

8. According to the speaker, what do the listeners need to access a computer?

(A) A credit card
(B) An employee ID
(C) A product barcode
(D) A membership card

9. Why does the speaker say, "my office is right down the hall"?

(A) To offer support
(B) To suggest a change
(C) To correct an error
(D) To decline a request

10. What industry do the listeners work in?

(A) Restaurant management
(B) Computer engineering
(C) Automobile manufacturing
(D) Corporate finance

11. What does the speaker mean when he says, "over 700 attendees signed up"?

(A) An event was more successful than expected.
(B) A larger space will be necessary.
(C) He will increase his order.
(D) He apologizes in advance for some noise.

12. According to the speaker, what has Garret Niles recently done?

(A) He started a company.
(B) He moved to a new city.
(C) He led a workshop series.
(D) He released a book.

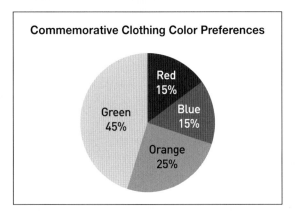

Commemorative Clothing Color Preferences

Red 15%
Blue 15%
Orange 25%
Green 45%

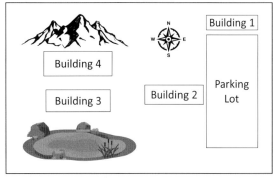

Building 1
Building 4
Building 3
Building 2
Parking Lot

13. What department do the listeners most likely work in?

(A) Sales Management
(B) Human Resources
(C) Product Development
(D) Financial Planning

14. Which aspect of a new item will the listeners discuss with partners?

(A) Its price
(B) Its fabric
(C) Its logo
(D) Its packaging

15. Look at the graphic. What will be the color of the new item?

(A) Green
(B) Orange
(C) Red
(D) Blue

16. Why did the employees dislike a proposal?

(A) It would be time consuming.
(B) It would cause a distraction.
(C) It would decrease productivity.
(D) It would be a waste of company funds.

17. Look at the graphic. Which building will have a new wing added?

(A) Building 1
(B) Building 2
(C) Building 3
(D) Building 4

18. What will the speaker discuss next?

(A) A production process
(B) A construction schedule
(C) An awards ceremony
(D) A financial plan

PART 4 문제 유형 및 시그널 표현 확인하기

CASE 160 What is the speaker mainly discussing? (주제/목적)

문제 유형 What is the message mainly about? 메시지는 주로 무엇에 관한 것인가?
What is being advertised? 무엇이 광고되고 있는가?
What is the speaker discussing? 화자는 무엇에 관해 논의하고 있는가?

시그널 표현 I'm calling to ~, I'm calling about ~, I'd like to ~, Welcome to ~, I want to inform you ~ 등 담화 초반 다양한 형태로 제공된다.

Ex 1

What event is the speaker calling about?
(A) A grand opening   (B) A client meeting
(C) A trade show   (D) A company lunch

화자는 어떤 행사에 관해 전화하고 있는가?
(A) 개점   (B) 고객 회의
(C) 무역 박람회   (D) 회사 점심 식사

[telephone message]

M Hi, Kara. I'm calling about the client meeting later today.

남 안녕하세요, Kara. 오늘 이따가 열릴 고객과의 회의에 관련하여 전화 드려요.

Ex 2

What is being advertised?
(A) Office space   (B) A conference hall
(C) Meeting rooms   (D) A shopping center

무엇이 광고되고 있는가?
(A) 사무 공간   (B) 콘퍼런스 홀
(C) 회의실   (D) 쇼핑센터

[advertisement]

W Looking for the perfect space to start your own company? Give office sharing a go by signing up for a space at Massey View.

여 사업을 시작할 완벽한 공간을 찾고 계신가요? Massey View에 있는 공간을 신청하셔서 공유 오피스를 경험해 보세요.

Ex 3

What is the speaker discussing?
(A) Developing a new product
(B) Opening a branch overseas
(C) Researching a portfolio
(D) Accepting an investment

화자는 무엇을 논의하고 있는가?
(A) 신상품 개발   (B) 해외 지점 개장
(C) 포트폴리오 조사   (D) 투자 수락

[excerpt from a meeting]

W Thank you all for attending today's meeting. As you may have heard, there are a few foreign firms interested in acquiring a stake in our company.

여 오늘 회의에 참석해 주셔서 감사합니다. 들으셨겠지만, 우리 회사 지분 매입에 관심을 보이는 외국계 회사가 몇 곳 있습니다.

CASE 162 Where most likely are the listeners? (담화 장소 OR 화자/청자의 근무지)

문제 유형 What department does the speaker most likely work for? 화자는 어느 부서에서 일하겠는가?
Where do the listeners most likely work? 청자들은 어디에서 일하겠는가?
Where is the tour taking place? 견학은 어디서 이루어지고 있는가?

시그널 표현 특정 장소나 직업과 관련된 명사를 직접 말하거나 유추한다.

Ex 1

Where do the listeners most likely work?
(A) At a supermarket   (B) At a bakery
(C) At a warehouse   (D) At an airport

청자들은 어디에서 일하겠는가?
(A) 슈퍼마켓에서   (B) 제과점에서
(C) 창고에서   (D) 공항에서

[excerpt from a meeting]

W Thank you everyone here—the cashiers, the inventory managers, and the deli section workers—for being here today.

여 오늘 이 자리에 오신 모든 분들, 계산원, 재고 관리자, 델리 부서 직원 여러분 모두에게 감사합니다.

Ex 2

What industry do the listeners most likely work in?
(A) Human resources   (B) Product design
(C) Customer service   (D) Market research

청자들은 어느 업종에서 일하겠는가?
(A) 인사   (B) 제품 디자인
(C) 고객 서비스   (D) 시장 조사

[talk]

Ⓜ Welcome, everybody, to today's workshop. I'll be going over some different ways of analyzing the data you collect from your surveys.

님 여러분, 오늘 워크숍에 오신 것을 환영합니다. 설문 조사를 통해 수집한 데이터를 분석하는 몇 가지 다른 방법을 알아보겠습니다.

Ex 3

Where is the tour taking place?
(A) At a recycling facility   (B) At a soda factory
(C) At a condiments store   (D) At a logistics warehouse

견학은 어디서 이루어지고 있는가?
(A) 재활용 시설에서   (B) 탄산음료 공장에서
(C) 조미료 가게에서   (D) 물류 창고에서

[tour information]

Ⓜ Now I'll walk you through our bottling facility. This is where we bottle our soft drinks, which are then shipped to the supermarkets.

님 이제 병입 시설로 안내해 드리겠습니다. 여기가 바로 자사의 청량음료를 병에 담는 곳이고, 그리고 나서 슈퍼마켓들로 배송됩니다.

CASE 163 What problem does the speaker mention? (문제점/걱정거리)

문제 유형 What problem does the speaker mention? 화자는 어떤 문제점을 언급하는가?
What problem is mentioned? 어떤 문제점이 언급되는가?
What is the speaker concerned about? 화자는 무엇에 대해 걱정하는가?

시그널 표현 but, however, unfortunately, I'm sorry to ~등 문제점을 제기하는 다양한 부정적 표현

Ex 1

What problem does the speaker mention?
(A) Some passengers will be arriving late.
(B) Inclement weather is expected.
(C) There is not enough space for more bags.
(D) Some machinery is being inspected.

화자는 어떤 문제점을 언급하는가?
(A) 일부 승객들이 늦게 도착할 것이다.
(B) 궂은 날씨가 예상된다.
(C) 가방을 더 보관할 공간이 충분하지 않다.
(D) 기계가 점검을 받고 있다.

[announcement]

Ⓦ Good evening, and thank you for joining us on this evening's flight to Seoul. As we are completely booked today, we unfortunately don't have any more room in our overhead compartments for additional luggage.

여 안녕하십니까? 오늘 저녁 Seoul행 항공편에 탑승해 주셔서 고맙습니다. 오늘은 전 좌석이 예약되었기 때문에, 죄송하지만 머리 위 짐칸에 추가 수하물을 실을 공간이 더 이상 없습니다.

Ex 2

What is the speaker concerned about?
(A) A Web site needs to be updated.
(B) Some employees have the wrong information.
(C) Some items are getting damaged.
(D) A rival has launched a similar product.

화자는 무엇에 대해 걱정하는가?
(A) 웹 사이트가 업데이트되어야 한다.
(B) 일부 직원들이 잘못된 정보를 갖고 있다.
(C) 일부 상품이 훼손되었다.
(D) 경쟁사가 비슷한 제품을 출시했다.

[talk]

Ⓦ Now, this next part really worries me. Some customers have complained that their shirts have had small tears. This issue needs to be fixed immediately.

여 자, 그리고 이다음 부분이 매우 걱정되는데요. 몇몇 고객들이 셔츠에 작은 구멍이 나 있다고 불만을 제기했어요. 이 문제는 즉시 해결되어야 합니다.

CASE 164   According to the speaker, why is a skill useful? (이유)

문제 유형 Why does the speaker want an update to be completed quickly? 화자는 왜 업데이트가 빨리 완료되기를 원하는가?
Why did the company make a change? 회사는 왜 변화를 주었는가?

시그널 표현 because, since, to부정사 등 이유를 나타내는 표현

Ex 1

Why does the speaker want an update to be completed quickly?
(A) Because the client has requested it
(B) Because construction has already started
(C) Because they are behind schedule
(D) Because a holiday is coming up

화자는 왜 업데이트가 빨리 완료되기를 원하는가?
(A) 고객이 요청해서   (B) 공사가 이미 시작되어서
(C) 예정보다 늦어져서   (D) 휴일이 다가와서

[telephone message]

W Please make the updates as soon as possible. Since we are already falling behind due to delays, I would like to have as few hiccups as possible from here on out.

여 가능한 한 빨리 업데이트해 주세요. 우리가 이미 지연 때문에 늦어지고 있어서, 앞으로는 가급적 지연 없이 진행하고 싶습니다.

Ex 2

Why did the company make a change?
(A) The company needed higher profits.
(B) The company had undercharged last month.
(C) Goods were no longer available.
(D) Resource costs increased.

회사는 왜 변화를 주었는가?
(A) 회사에 더 높은 이윤이 필요했다.
(B) 회사가 지난달 대금을 덜 받았다.
(C) 상품을 더 이상 구할 수 없다.
(D) 자원 비용이 증가했다.

[telephone message]

M Hi, Amber. This is Ross from ZipCrates. We received your inquiry regarding the increase in costs. It was not a mistake in the invoice, I'm afraid. We have recently had to increase our cost of shipping due to the sharp increases in fuel prices.

남 안녕하세요, Amber. 저는 ZipCrates의 Ross입니다. 비용 인상에 관해 문의하신 내용은 잘 받았습니다. 죄송합니다만, 청구서상의 착오가 아니었습니다. 연료비의 급격한 상승으로 인해 저희가 최근 운송비를 인상해야 했습니다.

CASE 167   What are listeners asked to volunteer to do? (제안/요청)

문제 유형 What does the speaker suggest the listener do? 화자는 청자에게 무엇을 하라고 제안하는가?
What does the speaker propose doing? 화자는 무엇을 하라고 제안하는가?
What does the speaker ask the listeners to do? 화자는 청자들에게 무엇을 하라고 요청하는가?
What are the listeners instructed to do? 청자들은 무엇을 하라고 안내 받는가?

시그널 표현 Please ~, Make sure ~, Remember ~, You should ~, You need to ~, I'd like you to ~ / Can[Could] you ~? 등으로 시작하는 문장

Ex 1

What does the speaker propose doing?
(A) Investigating an issue
(B) Revising an advertisement
(C) Launching a new product
(D) Redesigning a logo

화자는 무엇을 하라고 제안하는가?
(A) 문제를 조사하라고   (B) 광고를 수정하라고
(C) 신제품을 출시하라고   (D) 상표를 다시 디자인하라고

[talk]

M When we looked at the sales figures though, we saw that sales weren't very high. The problem here was the supply. This is something we should look into at once.

남 하지만 저희가 판매 수치를 살펴보니, 매출액은 그리 높지 않았습니다. 여기서 문제는 공급이었습니다. 이건 저희가 바로 살펴봐야 할 사안입니다.

What does the speaker ask the listeners to do?

(A) Look at a graph
(B) Answer a question
(C) Close a program
(D) Discuss an idea

화자는 청자들에게 무엇을 하라고 요청하는가?

(A) 그래프를 보라고
(B) 질문에 답하라고
(C) 프로그램을 닫으라고
(D) 아이디어를 논의하라고

[talk]

W I also want to teach you how to turn your data into visual graphics. So, what do I mean by visual graphics? Have a go at answering this question. When you're ready, type your answer into the chat window.

여 여러분의 데이터를 시각 그래픽으로 전환하는 방법도 알려드리고 싶습니다. 그렇다면, 시각 그래픽이란 무엇일까요? 이 질문에 한번 답해 보세요. 준비가 되었으면, 대화창에 여러분의 답을 쓰세요.

Ex 3

What does the speaker ask the listener to do?

(A) Create a poster
(B) Advertise an event
(C) Contact a team
(D) Attract more guests

화자는 청자에게 무엇을 하라고 요청하는가?

(A) 포스터를 만들라고
(B) 행사를 광고하라고
(C) 팀에 연락하라고
(D) 더 많은 손님을 유치하라고

[telephone message]

W Anyway, since they're bound to attract a lot of attention, can you get in touch with the media team and get them to create new posters?

여 그런데, 많은 관심을 끌 수밖에 없는 상황이기 때문에 언론팀과 연락을 취해서 새로운 포스터를 만들게 할 수 있을까요?

CASE 168 What will the listeners most likely do next? (다음에 할 일)

문제 유형 What will the speaker do next? 화자는 다음에 무엇을 할 것인가?
What will the listeners do next? 청자들은 다음에 무엇을 할 것인가?
What does the speaker say he will do? 화자는 무엇을 할 것이라고 말하는가?

시그널 표현 Now / I'm going to ~, We will ~ / I want to ~, I'd like you to ~ / Why don't you ~?, Would you ~? / Please로 시작하는 문장

Ex 1

What will the speaker do next?

(A) Conduct a demonstration
(B) Pass around a flyer
(C) Show a video
(D) Refer to some data

화자는 다음에 무엇을 할 것인가?

(A) 시연을 할 것이다
(B) 전단을 돌릴 것이다
(C) 영상을 보여 줄 것이다
(D) 어떤 자료를 참조할 것이다

[speech]

M Now, if you will turn your attention to this table here, I want to show you the microwave itself and show off some of the other features.

남 이제, 관심을 여기 이 테이블로 돌리시면, 여러분께 이 전자레인지를 보여 드리면서 그 밖의 다른 기능들을 자랑해 보이겠습니다.

Ex 2

What will the listeners do next?

(A) Look at a document
(B) Edit a contract
(C) Watch a video
(D) Listen to an announcement

청자들은 다음에 무엇을 할 것인가?

(A) 문서를 볼 것이다
(B) 계약서를 편집할 것이다
(C) 비디오를 시청할 것이다
(D) 안내 방송을 청취할 것이다

[talk]

W With many employees now working from home, it is up to the employers to provide a safe workplace for their staff. Take a look at the sample contracts I have printed out. I've marked the changes in red.

여 현재 많은 직원이 재택근무를 하고 있는 상황에서, 직원에게 안전한 일터를 제공하는 것은 고용주의 몫입니다. 제가 출력해 드린 계약서 견본을 살펴봐 주세요. 변경 사항에는 빨간색으로 표시해 놨습니다.

담화 유형

CASE 171 　전화/녹음 메시지

화자가 청자의 자동 응답기에 남기는 전화 메시지 또는 개인이나 회사의 자동 응답기에 녹음된 녹음 메시지 담화는 매회 2~3개가 출제된다. 전화 메시지는 구매한 제품의 배송 문의 또는 불만, 일정 확인 및 변경, 업무 관련 문의가 주를 이루며, 녹음 메시지는 영업시간 안내 및 서비스 이용 안내, 내선 번호 안내, 업체 이전 또는 폐점 안내 등에 관한 내용이다. *p.310 <'전화/녹음 메시지' 관련 빈출 어휘> 참고

[호주]

1. What is the message mainly about?

(A) A new manager　　　(B) A delivery timeline
(C) A policy revision　　(D) An apprenticeship program

2. Why does the speaker say, "once I get an expense report"?

(A) To request additional information
(B) To reject a budget proposal
(C) To increase employee salary
(D) To approve a financing request

3. What does the speaker say he will do?

(A) Create an online job posting
(B) Speak with some colleagues
(C) Finalize a client contract
(D) Check a meeting schedule

🎧 CH14_01

STEP 1 　🔷 문제 먼저 읽고 키워드 기억하기

1. **What** is the **message mainly about**?　　　키워드 "메시지의 주제"

2. **Why** does the **speaker say, "once I get an expense report"**?　　키워드 "화자가 '경비 보고서를 받으면'이라고 말한 이유"

3. **What** does the **speaker say he will do**?　　키워드 "화자가 할 거라고 말하는 것"

STEP 2 　✅ 담화 들으며 바로바로 문제 풀기

Questions 1-3 refer to the following telephone message.

M　Hello, Hye-rim. **①I got a chance to read your outline for hiring some apprentices during the busy season for our zoo.** You mentioned some great benefits, **②but you didn't report the expenses the program would incur. I'll propose the idea to the board once I get an expense report.** Overall, I really like the idea. We've been a bit shorthanded lately, so having apprentices around would really take a load off. **③OK, I'll**

🔷 Way to Answer

① 메시지의 주제: I got a chance to read your outline for hiring some apprentices during the busy season for our zoo. (우리 동물원의 성수기에 수습생들을 고용하는 것에 관해 당신이 쓴 개요를 읽었어요.) ▶ (D) An apprenticeship program (수습 프로그램)

② 화자가 '경비 보고서를 받으면'이라고 말한 이유: but you didn't report the expenses the program would incur (하지만 그 프로그램으로 인해 발생할 비용은 보고하지 않았더라고요) + I'll propose the idea to the board once I get an expense report. (경비 보고서를 받으면 그 아이디어를 이사회에 건의할

contact some of our coworkers to find ways to reach out to potential candidates.

게요.)는 프로그램 경비가 보고되지 않았음을 지적하며 이사회에 건의하기 전에 그 경비 보고서를 추가해 달라는 의미 ▶ (A) To request additional information(추가 정보를 요청하기 위해)

❸ 화자가 하겠다고 말하는 것: OK, I'll contact some of our coworkers to find ways to reach out to potential candidates. (좋아요, 우리 회사 동료들 몇 명에게 연락해서 가능성이 있는 지원자들에게 연락을 취할 방법을 찾아볼게요.) ▶ 패러프레이징 [contact → Speak with], [coworkers → colleagues] ▶ (B) Speak with some colleagues(몇몇 동료들과 대화할 것이라고)

1-3번은 다음 전화 메시지에 관한 문제입니다.

남 안녕하세요, Hye-rim. ❶우리 동물원의 성수기에 수습생들을 고용하는 것에 관해 당신이 쓴 개요를 읽었어요. 당신은 몇몇 좋은 이익들을 언급했지만, ❷그 프로그램으로 인해 발생할 비용은 보고하지 않았더라고요. 경비 보고서를 받으면 그 아이디어를 이사회에 건의할게요. 저는 전반적으로 그 아이디어가 정말 마음에 들어요. 최근에 일손이 다소 부족하니 수습생들이 있으면 짐을 좀 덜 수 있을 거예요. ❸좋아요, 우리 회사 동료들 몇 명에게 연락해서 가능성이 있는 지원자들에게 연락을 취할 방법을 찾아볼게요.

1. 메시지는 주로 무엇에 관한 것인가?
   (A) 새로운 관리자   (B) 배달 시간표
   (C) 정책 개정   **(D) 수습 프로그램**

2. 화자는 왜 "경비 보고서를 받으면"이라고 말하는가?
   (A) 추가 정보를 요청하기 위해 (B) 예산안을 거절하기 위해
   (C) 직원 급여를 인상하기 위해 (D) 금융 요청을 승인하기 위해

3. 화자는 무엇을 할 것이라고 말하는가?
   (A) 온라인 구인 공지를 올릴 것이라고
   (B) 몇몇 동료들과 대화할 것이라고
   (C) 고객 계약을 마무리 지을 것이라고
   (D) 회의 일정을 확인할 것이라고

어휘 outline 개요 | apprentice 수습생 | benefit 이익, 혜택 | incur (비용을) 발생시키다 | propose 건의하다, 제안하다 | overall 전반적으로 | shorthanded 일손이 부족한 | take a load off 짐을 덜다, 편히 하다 | reach out to ~에게 연락을 취하다 | coworker 동료 | potential 가능성이 있는, 잠재적인 | candidate 지원자, 후보 | timeline 시간표 | revision 개정, 수정 | apprenticeship 수습직 | reject 거절하다 | budget 예산 | approve 승인하다 | colleague 동료 | finalize 마무리 짓다 | contract 계약(서)

CASE 집중훈련

해설서 p.136

CH14_02

1. According to the speaker, where can listeners read some tips?
   (A) In a community newsletter
   (B) On a whiteboard
   (C) In a brochure
   (D) On a mobile application

2. What was Wayans Dental Clinic recognized for?
   (A) Operating for a long time
   (B) Contributing to local education programs
   (C) Having high employee retention rates
   (D) Developing an innovative tool

3. What is Wayans Dental Clinic offering this month?
   (A) Discounted tooth care products
   (B) A complimentary service
   (C) Reduced parking rates
   (D) A commemorative T-shirt

회의·사내 공지

회의 발췌록 또는 사내 공지 형태의 담화로 매회 2~3개가 출제되며, 신규 정책 및 시스템의 안내 또는 변경, 사내 행사 안내, 회사 소식, 설문 조사 결과, 매출 분석, 공사·수리 일정 관련 내용이 자주 출제된다. *p.311 〈'회의·사내 공지' 관련 빈출 어휘〉 참고

🎧 CH14_03

미국

1. Who is the speaker?

(A) A real estate agent
(B) A construction worker
(C) A Web designer
(D) An architect

2. Why does the speaker say, "But that's just my opinion"?

(A) To make an adjustment
(B) To express displeasure
(C) To emphasize indifference
(D) To seek confirmation

3. What is mentioned about the back of the house?

(A) It will have a shed.
(B) It will have a pool.
(C) It will have a garden.
(D) It will remain empty.

STEP 1 　🔎 문제 먼저 읽고 키워드 기억하기

1. **Who** is the **speaker**?　　　　　키워드 "화자의 신분"

2. **Why** does the **speaker** say, "**But that's just my opinion**"?　　키워드 "화자가 '하지만 그건 제 의견일 뿐이에요'라고 말한 이유"

3. **What** is **mentioned** about **the back of the house**?　　키워드 "집 뒤편에 관해 언급되는 것"

STEP 2 　✔ 담화 들으며 바로바로 문제 풀기

Questions 1-3 refer to the following excerpt from a meeting.

M ❶So I've almost finished designing the place, but we have some decisions to make before I can finalize the plans. First is the type of flooring you want. Carpet is very in right now, but it's a lot more difficult to maintain. ❷Therefore, my suggestion is with wood. But that's just my opinion. Ultimately, it's your choice. Also, if you look at the back of the house, you can see that the previous plans didn't have anything in mind. I took a look at it and came up with an idea. ❸With an area this wide, I included the installation of a

🔵 Way to Answer

❶ **화자의 신분:** So I've almost finished designing the place, but we have some decisions to make before I can finalize the plans. (이제 장소 설계를 거의 마무리했는데, 제가 도면을 확정 짓기 전에 저희가 결정해야 할 사항이 몇 가지 있어요.) ▶ (D) An architect(건축가)

❷ **화자가 '하지만 그건 제 의견일 뿐이에요'라고 말한 이유:** Therefore, my suggestion is with wood. But that's just my opinion. Ultimately, it's your choice. (그래서 저는 목재로 제안해 드립니다. 하지만 그건 제 의견일 뿐이에요. 최종적으로는, 당신의 선택에 달렸어요.) ▶ (C) To emphasize indifference(무심함을 강조하려고)

storage unit. That way, your house will feel less cluttered.

❸ 집 뒤편에 관해 언급되는 것: With an area this wide, I included the installation of a storage unit. (면적이 이렇게 넓어서, 제가 창고 설치를 포함시켜 봤어요.) ▶ 패러프레이징 [a storage unit → a shed] ▶ (A) It will have a shed. (창고가 생길 것이다.)

1-3번은 다음 회의 발췌록에 관한 문제입니다.

남 ❶이제 장소 설계를 거의 마무리했는데, 제가 도면을 확정 짓기 전에 저희가 결정해야 할 사항이 몇 가지 있어요. 우선, 원하시는 바닥재 종류입니다. 현재는 카펫이 아주 인기가 많지만, 관리하기가 훨씬 더 힘들어요. ❷그래서 저는 목재로 제안해 드립니다. 하지만 그건 제 의견일 뿐이에요. 최종적으로는, 당신의 선택에 달렸어요. 또한, 집 뒤편을 보시면, 예전 도면에서는 아무것도 계획하지 않았다는 걸 아실 수 있어요. 제가 그걸 보고 한 가지 아이디어를 생각해 봤습니다. ❸면적이 이렇게 넓어서, 제가 창고 설치를 포함시켜 봤어요. 그렇게 하면, 집이 덜 어수선하게 느껴질 겁니다.

1. 화자는 누구인가?
(A) 부동산 중개인   (B) 건설 노동자
(C) 웹 디자이너   **(D) 건축가**

2. 화자는 왜 "하지만 그건 제 의견일 뿐이에요"라고 말하는가?
(A) 변경하려고   (B) 불쾌함을 표현하려고
(C) 무심함을 강조하려고   (D) 확인을 구하려고

3. 집 뒤편에 관해 무엇이 언급되는가?
(A) 창고가 생길 것이다.   (B) 수영장이 생길 것이다.
(C) 정원이 생길 것이다.   (D) 비어 있을 것이다.

어휘 ┃ make a decision 결정하다 ┃ finalize 확정[마무리] 짓다 ┃ plan 도면, 설계도 ┃ flooring 바닥재 ┃ in 인기 있는, 유행하는 ┃ maintain 유지하다 ┃ suggestion 제안 ┃ ultimately 최종적으로, 결국 ┃ have A in mind A를 계획하다, 염두에 두다 ┃ come up with ~을 생각해 내다 ┃ installation 설치 ┃ storage 보관, 저장 ┃ unit 시설, 설비, 장치 ┃ cluttered 어수선한 ┃ real estate agent 부동산 중개인 ┃ construction 건설 ┃ make an adjustment 변경[조정]하다 ┃ displeasure 불쾌함 ┃ emphasize 강조하다 ┃ indifference 무심함, 태연, 중립 ┃ confirmation 확인 ┃ shed 창고, 헛간

CASE 집중훈련

해설서 p.137

CH14_04

Task	Time	Leader	Volunteers
Setting	1-3 P.M.	Brenda	
Food	4-5 P.M.	Jeremiah	
Gifts & Prizes	4-6 P.M.	Emily	
Clean up	7-9 P.M.	Don	

1. Where does the speaker work?
(A) At a community theater
(B) At a private business
(C) At a charitable organization
(D) At a community college

2. What is being planned?
(A) An award ceremony
(B) A grand opening
(C) A promotional event
(D) A dinner event

3. Look at the graphic. What time will the speaker be volunteering?
(A) 1-3 P.M.
(B) 4-5 P.M.
(C) 4-6 P.M.
(D) 7-9 P.M.

CASE 173　연설·인물 소개

워크숍, 직원 교육 또는 전시회 등 특정 주제에 관해 이야기하는 연설과 대회 수상자나 우수 사원 또는 방송에 출연한 유명 인사를 소개하는 인물 소개 담화는 매회 0~1개가 출제되며, 담화 장소, 소개되는 인물의 신분, 청자들에게 요구하는 것을 묻는 문제가 가장 많이 나온다.

*p.312 〈'연설·인물 소개' 관련 빈출 어휘〉 참고

[미국]

🎧 CH14_05

1. Where are the listeners?

   (A) At a department store
   (B) At an anniversary party
   (C) At a glass manufacturer
   (D) At an electronics exposition

2. What does the speaker emphasize about a product?

   (A) It is able to withstand harsh conditions.
   (B) It can access the Internet.
   (C) It is very affordable.
   (D) It can be assembled easily.

3. What does the speaker tell the listeners to do?

   (A) Compare some merchandise
   (B) Download an application
   (C) Make a donation
   (D) Submit some contact information

STEP 1　➡️ 문제 먼저 읽고 키워드 기억하기

1. Where are the **listeners?**　[키워드] "청자들이 있는 곳"

2. What does the **speaker emphasize** about **a product?**　[키워드] "제품에 관해 화자가 강조하는 것"

3. What does the **speaker tell** the **listeners** to do?　[키워드] "화자가 청자들에게 하라고 말하는 것"

STEP 2　✅ 담화 들으며 바로바로 문제 풀기

Questions 1-3 refer to the following speech.

🔊 **Way to Answer**

W ❶Welcome to VTR Co.'s booth. I'm sure all of you have seen some pretty innovative items at the electronics trade show today. But we're confident you'll be blown away by our product, VTR Smart Glasses. ❷What's unique about these glasses is that they allow access to the Web with a simple touch of the frames. This can also be done by giving basic voice commands. The smart glasses won't be out until later in the year, but ❸give us your name and e-mail address, and we'll send you regular updates.

❶ 청자들이 있는 곳: Welcome to VTR Co.'s booth. I'm sure all of you have seen some pretty innovative items at the electronics trade show today. (VTR사의 부스에 오신 걸 환영합니다. 여러분들 모두 오늘 전자 기기 무역 박람회에서 꽤 혁신적인 제품을 보셨으리라 생각합니다.) ▶ 패러프레이징 [trade show → exposition] ▶ (D) At an electronics exposition (전자 기기 박람회에)

❷ 제품에 관해 화자가 강조하는 것: What's unique about these glasses is that they allow access to the Web with a simple touch of the frames. (이 안경의 특별한 점은 간단히 안경테를 누르기만 하면 인터넷 접속이 가능하다는 겁니다.) ▶ 패러프레이

징 [allow → can], [the Web → the Internet] ▶ (B) It can access the Internet. (인터넷에 접속할 수 있다.)

❸ 화자가 청자들에게 하라고 말하는 것: give us your name and e-mail address (여러분의 성함과 이메일 주소를 주시면) ▶ 패러프레이징 [name and e-mail address → contact information] ▶ (D) Submit some contact information (연락처 정보를 제출하라고)

1-3번은 다음 연설에 관한 문제입니다.

여 ❶VTR사의 부스에 오신 걸 환영합니다. 여러분들 모두 오늘 전자 기기 무역 박람회에서 꽤 혁신적인 제품을 보셨으리라 생각합니다. 하지만 저희는 저희 제품인 VTR 스마트 안경으로 여러분께 감동을 드릴 수 있다고 자신합니다. ❷이 안경의 특별한 점은 간단히 안경 테를 누르기만 하면 인터넷 접속이 가능하다는 겁니다. 이는 단순한 음성 명령으로도 가능합니다. 스마트 안경은 올해 하반기까지 출시 되지 않겠지만, ❸여러분의 성함과 이메일 주소를 주시면, 정기적으로 최신 뉴스를 보내 드리도록 하겠습니다.

1. 청자들은 어디에 있는가?
   (A) 백화점에
   (B) 기념일 파티에
   (C) 유리 제조사에
   (D) 전자 기기 박람회에

2. 화자는 제품의 무엇을 강조하는가?
   (A) 혹독한 환경을 견뎌낼 수 있다.
   (B) 인터넷에 접속할 수 있다.
   (C) 가격이 매우 저렴하다.
   (D) 손쉽게 조립할 수 있다.

3. 화자는 청자에게 무엇을 하라고 말하는가?
   (A) 제품을 비교하라고
   (B) 애플리케이션을 다운로드하라고
   (C) 기부하라고
   (D) 연락처 정보를 제출하라고

어휘 innovative 혁신적인 | electronics 전자 기기 | trade show 무역 박람회 | confident 자신하는 | blow away ~에게 감동을 주다, 놀라게 하다 | unique 특별한 | access 접속; 접속하다 | frame 안경테 | voice command 음성 명령 | be out 출시되다 | regular 정기적인 | manufacturer 제조사 | exposition 박람회, 전시회 | withstand 견디다 | harsh 혹독한, 힘든 | affordable (가격이) 저렴한, 적당한 | assemble 조립하다 | compare 비교하다 | make a donation 기부하다 | submit 제출하다

CASE 집중훈련

해설서 p.138

🎧 CH14_06

1. What is the focus of the meeting?
   (A) Revising a company's policies
   (B) Improving satisfaction in the workplace
   (C) Becoming more environmentally friendly
   (D) Increasing production levels

2. What will Jim Beesly do?
   (A) Play a video
   (B) Outline a new procedure
   (C) Report some findings
   (D) Describe some activities

3. What are the employees asked to do?
   (A) Take some photographs
   (B) Brainstorm some ideas
   (C) Register for a class
   (D) Distribute a survey

안내 방송

공공장소에서 방송되는 안내 방송 담화는 매회 1~2개가 출제되며, 공항이나 기차역에서의 출발/도착 시간 안내, 연착 안내, 분실물 공지나 상점에서의 영업시간 안내, 할인 홍보 등의 내용이 주를 이룬다. *p.313 〈'안내 방송' 관련 빈출 어휘〉 참고

영국

🎧 CH14_07

1. Where is the announcement probably being made?

    (A) At a ferry terminal
    (B) At an airport
    (C) At a bus stop
    (D) At a railway station

2. What does the speaker say has changed?

    (A) A ticket fare
    (B) A baggage policy
    (C) A seating regulation
    (D) A boarding location

3. What does the speaker recommend that listeners do?

    (A) Check a map
    (B) Apply a coupon
    (C) Visit a store
    (D) Download an app

STEP 1   ➡ 문제 먼저 읽고 키워드 기억하기

1. Where is the **announcement** probably being **made**? 〔키워드〕 "안내 방송이 나오는 곳"

2. What does the **speaker say** has **changed**? 〔키워드〕 "화자가 변경되었다고 말하는 것"

3. What does the **speaker recommend** that **listeners** do? 〔키워드〕 "화자가 청자들에게 권하는 것"

STEP 2   ✔ 담화 들으며 바로바로 문제 풀기

Questions 1-3 refer to the following announcement.

Ⓦ ❶This message is for passengers taking the 3 P.M. train to Frankfurt. ❷Instead of boarding at platform 4, you will now be boarding at platform 10. This detail will be displayed at any one of the information screens inside the facility. In addition, please be aware that there are no snack stands at platform 10. ❸If you wish to purchase refreshments before entering the train, you should check out the convenience store near the main waiting area. Thank you in advance for your understanding and cooperation.

🔅 **Way to Answer**

❶ 안내 방송이 나오는 곳: This message is for passengers taking the 3 P.M. train to Frankfurt.(Frankfurt로 가는 오후 3시 열차 승객 여러분을 위한 안내입니다.) ▶ (D) At a railway station(기차역에서)

❷ 화자가 변경되었다고 말하는 것: Instead of boarding at platform 4, you will now be boarding at platform 10.(4번 승강장에서 탑승하시지 마시고, 10번 승강장에서 탑승해 주십시오.) ▶ (D) A boarding location(승차 장소)

❸ 화자가 청자들에게 권하는 것: If you wish to purchase refreshments before entering the train, you should check out the convenience store near the main waiting area.(열

차에 탑승하시기 전에 다과를 구매하고자 하신다면, 본 대합실 근처에 있는 편의점을 방문하시길 바랍니다.) ▶ 패러프레이징 [check out → Visit] ▶ (C) Visit a store(상점에 방문하라고)

1-3번은 다음 안내 방송에 관한 문제입니다.

[여] ❶Frankfurt로 가는 오후 3시 열차 승객 여러분을 위한 안내입니다. ❷4번 승강장에서 탑승하시지 마시고, 10번 승강장에서 탑승해 주십시오. 이 내용은 시설 내에 있는 모든 정보 화면에 표시될 것입니다. 또한, 10번 승강장에는 간이식당이 없다는 점을 유념해 주십시오. ❸열차에 탑승하시기 전에 다과를 구매하고자 하신다면, 본 대합실 근처에 있는 편의점을 방문하시길 바랍니다. 승객 여러분의 이해와 협조에 미리 감사의 말씀을 전합니다.

1. 안내 방송은 어디에서 이루어지고 있겠는가?
   (A) 여객선 터미널에서   (B) 공항에서
   (C) 버스 정류장에서   (D) 기차역에서

2. 화자는 무엇이 변경되었다고 말하는가?
   (A) 탑승권 요금   (B) 수하물 정책
   (C) 좌석 규정   (D) 승차 장소

3. 화자는 청자들에게 무엇을 하라고 권하는가?
   (A) 지도를 확인하라고   (B) 쿠폰을 적용하라고
   (C) 상점에 방문하라고   (D) 앱을 다운로드하라고

[어휘] passenger 승객 | instead of ~하지 않고 | board 탑승하다 | platform 승강장 | detail 내용, (세부) 사항 | display 표시하다, 보이다 | facility 시설 | be aware of ~을 알다 | snack stand 간이식당 | purchase 구매하다 | refreshments 다과 | check out ~을 확인하다 | convenience store 편의점 | waiting area 대합실 | in advance 미리 | cooperation 협조 | ferry 여객선, 페리 | fare 요금 | baggage 수하물 | regulation 규정 | apply 적용하다

CASE 집중훈련

해설서 p.139

🎧 CH14_08

PLATFORM	DESTINATION	STATUS
A	Bologna	Delayed 40 min.
B	Florence	Delayed 30 min.
C	Turin	On schedule
D	Genoa	Not in Service

1. What does the speaker say is the cause of the delay?
   (A) Inclement weather
   (B) Equipment malfunctions
   (C) Road construction
   (D) Staff shortages

2. Look at the graphic. Which platform should passengers traveling to Genoa use?
   (A) A
   (B) B
   (C) C
   (D) D

3. What does the speaker say will be available next week?
   (A) Express buses
   (B) A mobile app
   (C) Cheaper fares
   (D) A monthly pass

CASE 175 관광·견학

박물관, 공원, 공장 등에서의 관광·견학 가이드 담화는 매회 0~1개가 출제되며, 주로 관광 일정 및 특정 명소에 관한 설명, 주의 사항 안내 등에 관한 내용이다. *p.315 <'관광·견학' 관련 빈출 어휘> 참고

미국

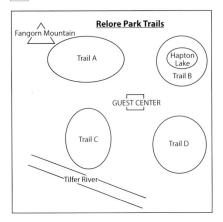

Relore Park Trails

Fangorn Mountain

Trail A

Hapton Lake
Trail B

GUEST CENTER

Trail C

Trail D

Tilfer River

1. Look at the graphic. Which trail does the speaker say is the hardest?
(A) Trail A (B) Trail B
(C) Trail C (D) Trail D

🎧 CH14_09

2. What does the speaker say listeners should bring with them?
(A) Comfortable hats
(B) Hiking sticks
(C) Rain equipment
(D) Additional beverages

3. What will the listeners do next?
(A) View a documentary
(B) Pay a fee
(C) Pick up visitor passes
(D) Sign some paperwork

STEP 1 　➡ 문제 먼저 읽고 키워드 기억하기

1. Look at the graphic. **Which trail** does the **speaker say** is **the hardest**?　키워드 "화자가 가장 힘들다고 말하는 산길"

2. **What** does the **speaker say listeners should bring** with them?　키워드 "청자들이 가져와야 한다고 화자가 말하는 것"

3. **What** will the **listeners do next**?　키워드 "청자들이 다음에 할 일"

STEP 2 　✅ 담화 들으며 바로바로 문제 풀기

Questions 1-3 refer to the following talk and map.

Ⓜ Welcome to Relore Park. Before you depart for your hike, I'd like to go over a few things with all of you. Let's take a look at this map of trails. If you're beginners, you'd want to go with Trail B. It's a pretty smooth course that circles around Hapton Lake. For those looking for a challenge, **➊I recommend the route that passes by the mountain—it's the hardest one.** Also, the weather has been very dry lately, so **➋make sure to take extra water bottles with you.** Alright now, **➌I'm going to pass around some forms, which you will have to sign** to acknowledge that you understand the rules of the park.

🔘 Way to Answer

➊ 화자가 가장 힘들다고 말하는 산길: I recommend the route that passes by the mountain—it's the hardest one. (산을 지나는 경로를 추천해 드립니다—가장 어려운 코스입니다.) ▶ 시각 자료에서 산을 지나는 경로가 Fangorn Mountain(Fangorn 산)을 지나는 Trail A(산길 A)임을 확인 ▶ **(A) Trail A(산길 A)**

➋ 청자들이 가져와야 한다고 화자가 말하는 것: make sure to take extra water bottles with you(반드시 물을 여러 병 더 가져오세요) ▶ 패러프레이징 [take → bring], [extra → Additional], [water → beverage] ▶ **(D) Additional beverages(추가 음료)**

➌ 청자들이 다음에 할 일: I'm going to pass around some forms, which you will have to sign(제가 양식을 돌릴 건데요, 거기에 서

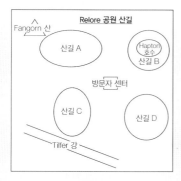

Relore 공원 산길

1. 시각 자료를 보시오. 화자는 어떤 산길이 가장 어렵다고 말하는가?

   (A) 산길 A
   (B) 산길 B
   (C) 산길 C
   (D) 산길 D

2. 화자는 청자들이 무엇을 가져와야 한다고 말하는가?

   (A) 편안한 모자
   (B) 하이킹 스틱
   (C) 우천 시 장비
   (D) 추가 음료

3. 청자들은 다음에 무엇을 할 것인가?

   (A) 다큐멘터리를 시청할 것이다
   (B) 요금을 지불할 것이다
   (C) 방문객 통행증을 수령할 것이다
   (D) 서류에 서명할 것이다

1-3번은 다음 담화와 지도에 관한 문제입니다.

🔊 Relore 공원에 오신 것을 환영합니다. 하이킹을 시작하기 전, 저는 여러분께 몇 가지를 말씀드리고 싶습니다. 이 산길 지도를 봐 주세요. 초급자시라면, 산길 B를 선택하시는 게 좋을 거예요. Hapton 호수를 중심으로 빙 도는 비교적 순조로운 코스입니다. 도전을 하고 싶으신 분들이라면, ❶**산을 지나는 경로를 추천해 드립니다—가장 어려운 코스입니다**. 또한, 최근 날씨가 꽤 건조하니, ❷**반드시 물을 여러 병 더 가져오세요**. 자, 이제 ❸**제가 양식을 돌릴 건데요, 거기에 공원 규칙을 이해했음을 알리는 서명을 해 주셔야 합니다**.

어휘 depart 떠나다, 출발하다 ㅣ trail 산길, 경로 ㅣ go with (계획, 제의 등을) 선택하다, 받아들이다 ㅣ smooth 순조로운, 매끄러운 ㅣ circle around ~를 중심으로 빙 돌다 ㅣ challenge 도전 ㅣ route 경로, 루트 ㅣ pass by ~를 스쳐 지나가다 ㅣ make sure 반드시 ~하다 ㅣ extra 추가의 ㅣ pass around (여러 사람이 보도록) ~를 돌리다 ㅣ sign 서명하다 ㅣ acknowledge 받았음을 알리다, 인정하다 ㅣ comfortable 편안한 ㅣ additional 추가적인 ㅣ pass 통행증, 출입증

CASE 집중훈련

해설서 p.140

🎧 CH14_10

1. Where is the tour taking place?

   (A) At a national library
   (B) At an art gallery
   (C) At a university campus
   (D) At a paper factory

2. Why does the speaker say, "those items can be damaged by human contact"?

   (A) To ask the listeners to wash their hands thoroughly
   (B) To point out some objects that are broken
   (C) To advise the listeners not to take pictures
   (D) To explain why some items cannot be handled

3. How can the listeners find more information?

   (A) By going to another building
   (B) By looking in a directory
   (C) By visiting a Web site
   (D) By purchasing a publication

CASE 176 보도·방송

뉴스 보도와 교통 방송, 일기 예보 담화는 매회 1~2개가 출제된다. 뉴스 보도는 업계 소식, 지역 소식, 회사의 인수/합병/이전, 신간 소식 관련 내용이 주를 이루며, 교통 방송은 사고 소식이나 기상 악화로 인한 교통 정체 상황, 도로 공사로 인한 우회로 안내 등의 내용이 자주 출제된다.

*p.315 〈'보도·방송' 관련 빈출 어휘〉 참고

호주

1. According to the speaker, what is special about the amusement park?

(A) It will be open all night.
(B) It will run on wind power.
(C) It will be the biggest one in the nation.
(D) It will use eco-friendly materials.

🎧 CH14_11

2. What does the speaker say will happen next week?

(A) A training seminar   (B) A store reopening
(C) A product launch   (D) A career expo

3. According to the speaker, how can listeners obtain information about the construction company?

(A) By referring to a pamphlet   (B) By contacting a call center
(C) By checking out a Web site   (D) By visiting an office

STEP 1   🔘 문제 먼저 읽고 키워드 기억하기

1. According to the speaker, **what** is **special** about the **amusement park**?

키워드 "놀이공원의 특별한 점"

2. **What** does the **speaker say** will **happen next week**?

키워드 "화자가 다음 주에 일어날 거라고 말하는 것"

3. According to the speaker, **how** can **listeners obtain information** about the **construction company**?

키워드 "청자들이 건설 회사에 관한 정보를 얻을 수 있는 방법"

STEP 2   ✅ 담화 들으며 바로바로 문제 풀기

Questions 1-3 refer to the following news report.

M Thank you for joining us on *Channel 9 News* at 9. First up tonight, ❶we're excited to announce the construction of a new amusement park in Redlands operated entirely on energy created by windmills. It's the first of its kind in Southern California. For those seeking employment, ❷Nevardo Enterprises, the construction company that is developing the park, will be hosting a job fair next week. Come to the event to learn about the different kinds of work opportunities available at the park. ❸And to find out more about Nevardo Enterprises, visit www.nervardoent.com.

🔘 Way to Answer

❶ 놀이공원의 특별한 점: we're excited to announce the construction of a new amusement park in Redlands operated entirely on energy created by windmills. It's the first of its kind in Southern California. (Redlands의 새로운 놀이공원 설립을 발표하게 되어 기쁜데요, 이 놀이공원은 풍력 발전기에서 발생하는 에너지로만 운행됩니다. 남부 캘리포니아에서 이와 같은 형태로는 처음입니다.) ▶ 패러프레이징 [operate → run], [energy created by windmills → wind power] ▶ (B) It will run on wind power. (풍력으로 운행될 것이다.)

❷ 화자가 다음 주에 일어날 거라고 말하는 것: Nevardo Enterprises, the construction company that is developing the park, will be hosting a job fair next week (공원을 개발하는 건설 회

사 Nevardo Enterprises는 다음 주에 취업 박람회를 주최할 예정입니다) ▶ 패러프레이징 [job fair → career expo] ▶ (D) A career expo(직업 박람회)

❸ 청자들이 건설 회사에 관한 정보를 얻을 수 있는 방법: And to find out more about Nevardo Enterprises, visit www. nervardoent.com. (그리고 Nevardo Enterprises에 대해 더 알고 싶으시다면, www.nevardoent.com에 방문해 주십시오.) ▶ 패러프레이징 [visit → check out], [www.nervardoent.com → Web site] ▶ (C) By checking out a Web site(웹 사이트를 확인함으로써)

1-3번은 다음 뉴스 보도에 관한 문제입니다.

남 9시 〈Channel 9 News〉에 함께해 주셔서 감사합니다. 오늘 밤 첫 뉴스로, ❶Redlands의 새로운 놀이공원 설립을 발표하게 되어 기쁜데요, 이 놀이공원은 풍력 발전기에서 발생하는 에너지로만 운행됩니다. 남부 캘리포니아에서 이와 같은 형태로는 처음입니다. 구직자들을 위해, ❷공원을 개발하는 건설 회사 Nevardo Enterprises는 다음 주에 취업 박람회를 주최할 예정입니다. 행사에 오셔서 공원에서의 다양한 직업 기회에 관해 알아보세요. ❸그리고 Nevardo Enterprises에 대해 더 알고 싶으시다면, www.nevardoent.com에 방문해 주십시오.

1. 화자에 따르면, 놀이공원의 무엇이 특별한가?
(A) 밤새 영업할 것이다.
(B) 풍력으로 운행될 것이다.
(C) 국내에서 가장 큰 놀이공원일 것이다.
(D) 환경친화적인 자재를 사용할 것이다.

2. 화자는 다음 주에 무슨 일이 일어날 것이라고 말하는가?
(A) 교육 세미나   (B) 점포 재개장
(C) 상품 출시   **(D) 직업 박람회**

3. 화자에 따르면, 청자들은 어떻게 건설 회사에 관한 정보를 얻을 수 있는가?
(A) 팸플릿을 참고함으로써   (B) 콜센터에 연락함으로써
(C) 웹 사이트를 확인함으로써   (D) 사무실을 방문함으로써

어휘 first up 우선, 먼저 | amusement park 놀이공원 | operate 운행하다, 가동하다 | entirely 완전히 | windmill 풍력 발전기, 풍차 | seek 구하다, 찾다 | employment 고용, 취업 | develop 개발하다 | host 주최하다 | opportunity 기회 | eco-friendly 환경친화적인 | reopening 재개장 | launch 출시, 개시 | obtain 얻다, 획득하다 | refer to ~을 참고하다 | check out ~을 확인하다

CASE 집중훈련   해설서 p.141

🎧 CH14_12

1. According to the broadcast, why was a city event previously canceled?
(A) Lack of money
(B) Street repairs
(C) Inclement weather
(D) Low attendance numbers

2. Why do town officials say that the festival will be exciting?
(A) Some new activities will be offered for the first time.
(B) Some famous athletes will participate in a competition.
(C) It will provide an opportunity to win prizes.
(D) It will have a wide variety of food and beverages.

3. Who is Sanjiv Singh?
(A) An event organizer
(B) A government worker
(C) A reporter
(D) A comedian

 광고

제품·서비스 광고, 업체 광고, 구인 광고 등의 담화는 매회 0~1개가 출제되며, 광고 대상, 제품·서비스의 특징 및 혜택, 추가 정보를 얻는 방법을 묻는 문제가 주를 이룬다. *p.317 <'광고' 관련 빈출 어휘> 참고

미국

1. What product is being advertised?

(A) A scanning device
(B) A weighing scale
(C) A mixing machine
(D) A cleaning appliance

CH14_13

2. What does the speaker say is the product's most impressive feature?

(A) It is inexpensive.
(B) It is lightweight.
(C) It is durable.
(D) It is easy to assemble.

3. What offer is being provided?

(A) Free art courses
(B) An extended warranty
(C) A clothing item
(D) Expedited delivery

STEP 1 ▶ 문제 먼저 읽고 키워드 기억하기

1. What product is being **advertised**?

키워드 "광고되는 제품"

2. What does the **speaker say** is the
product's most impressive feature?

키워드 "화자가 제품의 가장 인상적인 특징이라고 말하는 것"

3. What offer is being **provided**?

키워드 "제공되는 제안"

STEP 2 ▶ 담화 들으며 바로바로 문제 풀기

Questions 1-3 refer to the following advertisement.

W This is for all the painters out there. Do you love to paint? Do you do a lot of work that requires hard-to-find colors? Well then, ①you need to know about the Spectrum 2050, a paint mixer for professional and aspiring artists everywhere. ②The most impressive thing is its durability. Due to its sturdy materials, it won't break easily. ③And we are certain your Spectrum 2050 will last for a long time that we're willing to offer a five-year extended warranty. If it stops working, we'll send you a replacement at no cost.

Way to Answer

① 광고되는 제품: you need to know about the Spectrum 2050, a paint mixer for professional and aspiring artists everywhere(전문가 및 장차 화가가 되고자 하시는 모든 분을 위한 물감 혼합기인 Spectrum 2050에 대해 들어 보셔야 합니다) ▶ 패러프레이징 [paint mixer → mixing machine] ▶ (C) A mixing machine(혼합 기기)

② 화자가 제품의 가장 인상적인 특징이라고 말하는 것: The most impressive thing is its durability.(가장 인상적인 건 내구성입니다.) ▶ (C) It is durable.(내구성이 좋다.)

③ 제공되는 제안: And we are certain your Spectrum 2050 will

last for a long time that we're willing to offer a five-year extended warranty. (그리고 여러분의 Spectrum 2050이 오랫동안 지속될 거라는 걸 확신하기에, 저희는 기꺼이 5년간 연장되는 품질 보증을 제공합니다.) ▶ (B) An extended warranty (연장된 품질 보증)

1-3번은 다음 광고에 관한 문제입니다.

여 이것은 모든 화가들을 위한 것입니다. 물감으로 그림 그리시는 걸 좋아하시나요? 찾기 힘든 색깔이 필요한 작업을 많이 하시나요? 자 그러시다면, **❶전문가 및 장차 화가가 되고자 하시는 모든 분을 위한 물감 혼합기인 Spectrum 2050에 대해 들어 보셔야 합니다. ❷가장 인상적인 건 내구성입니다.** 견고한 재질로 인하여, 쉽게 고장 나지 않습니다. **❸그리고 여러분의 Spectrum 2050이 오랫동안 지속될 거라는 걸 확신하기에, 저희는 기꺼이 5년간 연장되는 품질 보증을 제공합니다.** 만약 작동이 멈춘다면, 무상으로 교체 제품을 보내 드리겠습니다.

1. 어떤 제품이 광고되고 있는가?
(A) 스캔 기기　　　　(B) 무게 측정 저울
(C) 혼합 기기　　　(D) 청소 제품

2. 화자는 제품의 무엇이 가장 인상적인 특징이라고 말하는가?
(A) 저렴하다.　　　　(B) 가볍다.
(C) 내구성이 좋다.　(D) 조립하기 쉽다.

3. 어떤 제안이 제공되고 있는가?
(A) 무료 미술 강좌　　**(B) 연장된 품질 보증**
(C) 의류　　　　　　　(D) 빠른 배송

어휘 require 필요로 하다, 요구하다 | professional 전문가 | aspiring 장차 ~가 되려는 | impressive 인상적인 | durability 내구성 | sturdy 견고한 | break 고장 나다 | certain 확신하는 | last 지속되다 | be willing to do 기꺼이 ~하다 | extended 연장된 | warranty 품질 보증(서) | replacement 교체품 | at no cost 무료로 | appliance 제품, 기기 | lightweight 가벼운 | assemble 조립하다 | expedite 급송하다

CASE 집중훈련

해설서 p.142

🎧 CH14_14

1. What kind of business is being advertised?

(A) A security systems company
(B) An Internet service provider
(C) A real estate agency
(D) A software development firm

2. According to the speaker, what have some customers been concerned about?

(A) Product quality
(B) Work productivity
(C) The costs of labor
(D) The duration of installation

3. What can customers do with a mobile application?

(A) Keep track of employee schedules
(B) Conduct product inventory
(C) Monitor equipment performance
(D) Analyze some sales data

1. Which department does the speaker work in?

(A) Human Resources
(B) Accounting
(C) Purchasing
(D) Sales

2. What does the listener need to submit?

(A) Some contact information
(B) Some original receipts
(C) A photo identification
(D) An employee number

3. What will the speaker do tomorrow?

(A) Manage a workshop
(B) Go on a business trip
(C) Place an order
(D) Conduct a survey

4. Where does the talk take place?

(A) At a museum
(B) At a café
(C) At a zoo
(D) At a garden

5. According to the speaker, what is a new assignment this spring?

(A) Leading a tour
(B) Serving some food
(C) Creating an advertisement
(D) Selling some souvenirs

6. What can the listeners receive from Larry?

(A) A name tag
(B) An employee directory
(C) A lunch schedule
(D) A list of available jobs

7. What industry does the speaker work in?

(A) Sports
(B) Finance
(C) Medical
(D) Film

8. Why does the speaker say, "check out all the people here"?

(A) To recommend acquiring more seats
(B) To acknowledge that an event is popular
(C) To request more brochures
(D) To congratulate a government official

9. What does the speaker remind listeners to do at 4 P.M.?

(A) Submit some paperwork
(B) Clean up an area
(C) Visit an auditorium
(D) Grab some merchandise

10. Who most likely are the listeners?

(A) Entrepreneurs
(B) Authors
(C) Marketing consultants
(D) Training managers

11. Why does the speaker say, "Jeff was recently named Entrepreneur of the Decade"?

(A) To highlight a speaker's qualifications
(B) To nominate a potential candidate
(C) To praise a mentor at an award ceremony
(D) To revise an error in a publication

12. What will the listeners receive at the end of the day?

(A) A business license
(B) A work schedule
(C) An autographed book
(D) A gift certificate

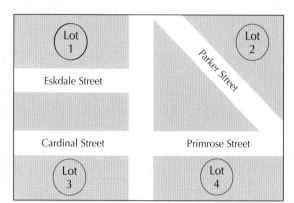

Lot 1

Lot 2

Eskdale Street

Parker Street

Cardinal Street

Primrose Street

Lot 3

Lot 4

Wallace 155
Cold Drip Coffee Maker

Epils-575
Capsule Coffee Machine

Belta 8
French Press Coffee Maker

Ilongi-820
Automatic Coffee Maker

13. What is the speaker calling about?

(A) A doctor's appointment
(B) A job interview
(C) A business meeting
(D) A restaurant reservation

14. Look at the graphic. Which parking lot does the speaker recommend?

(A) Lot 1
(B) Lot 2
(C) Lot 3
(D) Lot 4

15. What does the speaker say she will be doing?

(A) Meeting a relative
(B) Running an errand
(C) Attending a conference
(D) Going on vacation

16. According to the speaker, what are customers pleased about?

(A) Customer service
(B) Affordable pricing
(C) A warranty period
(D) A promotional event

17. Look at the graphic. Which coffee maker is the best-selling model?

(A) Wallace 155
(B) Epils-575
(C) Belta 8
(D) Ilongi-820

18. What will the listeners hear about next?

(A) A product feature
(B) A questionnaire result
(C) An upcoming schedule
(D) A marketing strategy

PART 4 담화 유형별 빈출 어휘 확인하기

1. 전화/녹음 메시지

(1) 일정 조정 문의

appointment 약속, 예약	be bound to do 반드시 ~하다	be supposed to do ~하기로 되어 있다
business hours 영업시간	cancel 취소하다	cancel an appointment 예약을 취소하다
check the status of an order 주문 상태를 확인하다	clearly 분명히	conference 회의, 학회
confirm an appointment 예약을 확인하다	confusing 혼란스러운	deadline 기한, 마감일
engagement 약속, 업무	expedite 신속히 처리하다	extend 연장하다
fall behind 늦어지다	follow up on ~의 후속 조치를 취하다	from here on out 앞으로, 이제부터
get in touch with ~와 연락을 취하다	hiccup (약간의) 지연, 문제	in detail 자세히, 상세하게
limited 제한된, 한정된	organizer 주최자	payment 결제 (방식)
place an order 주문을 하다	quickly 빨리	reach 이르다, 도달하다
reminder 상기시켜주는 것, 메모	reschedule 일정을 변경하다	routine 일상적인 일, 루틴
schedule 일정; 일정을 잡다	scheduling conflict 겹치는 일정	scheduling error 일정상의 착오
show 보여주다; 쇼, 프로그램	switch 바꾸다, 전환하다	tight 빡빡한
verify 확인하다		

(2) 제품/서비스 불만

additional 추가의	ask for ~을 요청하다	availability 이용 가능성
blueprint 설계도	cost 비용	coupon 쿠폰, 할인권
customer service 고객 서비스	customer support 고객 지원	function 기능; 제대로 작동하다
have ~ in mind ~을 염두에 두다	increase 증가; 증가하다	inquire 문의하다
inquiry 문의, 질문	instructions 지시, 설명	invoice 송장, 청구서
kitchen appliance 주방용품	manual 설명서	mistake 실수, 착오
modernize 현대화하다	personal belongings 개인 소지품	property 건물, 부지
quality assurance 품질 보증	recently 최근에	recipe 조리법
regarding ~에 관하여	renew 갱신하다	return a call 회신하다
separate 개별적인	sharp 급격한	shipping 운송, 수송
state 명시하다, 진술하다	try 시도하다, 맛보다	voucher 상품권, 할인권
wide selection of 매우 다양한, 폭넓은		

(3) 일자리 제의

advise 조언하다, 권고하다	application 지원(서)	appreciate 고마워하다, 가치를 인정하다
attention 주의, 관심	available 시간이 있는	be in touch with ~와 연락하다
be pleased with ~에 만족해하다, 기뻐하다	be skilled at ~을 잘하다, ~에 능숙하다	branch 지점
candidate 지원자, 후보자	communication skill 의사소통 능력	creativity 창의성
decline 거절하다, 감소하다	expert 전문가	fluent 유창한
graduate 대학 졸업자; 졸업하다	highly-trained 고도로 훈련된	initiative (새로운) 계획, 결단력, 주도권
innovative 혁신적인	job placement 직업 소개	knowledgeable 많이 아는, 박식한

look to ~을 고려해 보다	opportunity 기회	position 일자리
recommend 추천하다, 권고하다	require 요구하다, 필요로 하다	requirement 필요조건, 요건
résumé 이력서	sociable 사교적인, 어울리기 좋아하는	

2. 회의·사내 공지

(1) 설문 결과·실적 공지

a lack of 부족한, ~의 부족	agenda 안건	ahead of time 미리
analyze 분석하다	assignment 업무	attract customers 고객을 끌다
call a meeting 회의를 소집하다	can't afford (금전적, 시간적) 여유가 안 된다	checking account 당좌 예금
collaborate 협력하다	collect 수집하다	concern 우려, 걱정
contribution 기여, 공헌	cooperation 협력	cost 비용; 비용을 들이다
cover 다루다	decrease 감소하다	distribute 나누어 주다
drop 떨어지다	expand 확장하다	fund 자금
give an update on ~에 대한 최신 소식을 알려주다	go over ~을 검토하다	go through ~을 조사하다, 검토하다
helpful 도움이 되는, 유용한	include 포함하다	increase 증가하다
inventory 재고, 물품 목록	keep ~ in mind ~을 염두에 두다	launch 출시하다
make the most of ~을 최대한 활용하다	overlook 간과하다, 못 보고 넘어가다	policy 정책
quarter 분기	quarterly 분기별의	questionnaire 설문지
register 등록하다	release 출시하다	report a problem 문제점을 알리다
revenue 수익, 수입	sales figures 판매 수치, 매출액	sales report 매출 보고서
satisfaction 만족	savings 보통 예금, 저축	set the agenda 안건을 정하다
share 공유하다	specifics 세부 사항	standard 기준; 일반적인
survey 설문 조사	target 목표, 대상; 목표로 삼다	the highest 가장 높은
the lowest 가장 낮은	the second highest 두 번째로 높은	visual 시각 자료; 시각적인

(2) 교육/규정 공지

agree 동의하다, 찬성하다	approve 승인하다	as part of ~의 일환으로
aspect 면, 측면	attend 참석하다	be dependent on ~에 의존하다
benefit 혜택, 이득	clarify an issue 문제를 명확히 설명하다	cooperation 협조
corporate retreat 회사 수련회	deal with ~을 다루다, 처리하다	designated 지정된
effective 효과적인, 시행되는	employer 고용주	employment 고용
facility 시설	generous 관대한	give an overview 개요를 알려주다
guidance 지도, 안내	hands-on training 실습 교육	have access to ~을 이용하다, ~에 접근하다
implement 시행하다, 실시하다	in general 일반적으로	innovation 혁신
legal 합법적인	mark 표시하다	minimize 최소화하다
minor change 사소한 변경	move on to ~로 넘어가다	normally 보통
objective 목표	observe 준수하다, 관찰하다	partner with ~와 합작하다
permission 허가, 허락	permit 허락하다; 허가증	photo identification 사진이 부착된 신분증
policy ~을 정책, 방침	practice 관행	preference 선호(도)
print out ~을 출력하다	priority 우선 사항, 우선권	push up the deadline 마감일을 당기다
shift 교대 근무, 교대조	sign-up sheet 참가 신청서	society ~회, 협회
specified 명시된	sponsor 후원 업체	stay up to date 계속 업데이트하다, 최신의 상태를 유지하다

strict 엄격한

training session 교육 과정, 연수

vacation policy 휴가 정책

work hours 근무 시간

take effect 시행되다

transition 이행; 이행하다

volunteer 자원하다; 자원봉사자

workplace 직장, 일터

top priority 최우선 과제

upcoming 다가오는, 곧 있을

work from home 재택근무를 하다

(3) 변경 사항 공지

acquire 인수하다

compensate 상환하다

duration 기간

follow up on ~을 더 알아보다, ~의 후속 조치를 취하다

give up ~을 포기하다

immediate 즉각적인, 직속의

inventory management 재고 관리

mandatory 의무적인

no longer 더 이상 ~이 아닌

plan 도면, 설계도

relocate 이전하다

shut down 폐쇄하다, 문을 닫다

take time off 쉬다

transfer 전근 가다

unfortunately 불행하게도, 유감스럽게도

certain 확실한, 틀림없는

conclude 결론을 내리다

fill out ~을 작성하다

forget 잊다, 잊어버리다

have ~ in mind ~을 염두에 두다

incorrect 틀린, 부정확한

maintain 유지하다

merge 합병하다

outdated 구식인

quite 꽤, 상당히

remain competitive 경쟁력을 갖추다

storage 보관, 저장

technical support 기술 지원팀

underway 진행 중인

wide 넓은

change 바꾸다, 변경하다; 변화, 변경

decision 결정

finalize 마무리 짓다

get the word out 말을 퍼뜨리다

honestly 솔직히

inspection 점검

make a decision 결론을 내리다, 결정하다

missing 없어진, 실종된

payroll 급여

reimburse 상환하다

set up ~을 설치하다

surprised 놀란

track 추적하다

unforeseen 뜻밖의, 예기치 못한

3. 연설·인물 소개

(1) 프로그램 소개

anniversary 기념일

banquet 연회

broadcasting station 방송국

ceremony 의식, 행사

congratulate 축하하다

exhibit 전시하다; 전시품

fair 공정한

gain (허가, 승인 등을) 얻다

improve 향상시키다, 개선하다

journalist 기자, 저널리스트

nominee 후보자

opening ceremony 개업식, 개관식

potential 잠재적인

shortly 곧, 이내

text 본문, 글; 문자를 보내다

utilize 활용하다

annual 연례의

booklet 소책자

celebrate 축하하다

circulate 배포하다

demonstrate 시연하다

exhibition 전시, 전시회

fundraiser 모금 행사

grand opening 개장

incorporate 포함하다, 설립하다

loan 대출, 대출금; 대출하다

non-profit organization 비영리 단체

operating cost 운영비

prize 상, 상금

suggest 제안하다

trend 동향, 추세

around the clock 24시간 내내

broadcasting 방송

celebratory 기념하는, 축하하는

commercial break 광고 시간

donation 기부

express service 속달 서비스

fundraising event 모금 행사

health-conscious 건강을 의식하는

information session 설명회

motivate 동기를 부여하다

on behalf of ~을 대표하여

orientation 오리엔테이션

radio station 라디오 방송국

suggestion 제안

usher 맞이하다, 안내하다

(2) 초대 손님 소개

accomplish 성취하다	aspiration 열망, 포부	athletics 운동 경기
author 저자	autobiography 자서전	autograph 사인; 사인해 주다
award 상; ~에게 상을 주다	award winner 수상자	award-winning 상을 받은
be known for ~로 알려져 있다	celebrity 유명 인사	chef 요리사, 주방장
contribute 공헌하다	critic 비평가	critically acclaimed 비평가들의 극찬을 받은
eagerly awaited 간절히 기다려 온	exceptional 뛰어난, 우수한	expert 전문가
fill in for ~ 대신 업무를 봐주다	founder 창립자, 설립자	give a round of applause 박수로 맞이하다
give a warm welcome 따뜻하게 맞이하다	global 세계적인	gratitude 감사
guest speaker 초청 연사	guru 전문가, 권위자	honor 표창하다, 영예를 주다
informative 유익한	insight 통찰력	instructor 강사
invite 초대하다, 요청하다	keynote speaker 기조연설자	lesson 교훈
long-awaited 오래 기다려 온	movie director 영화감독	newly released 새로 출시된
outstanding 뛰어난, 돋보이는	present 주다, 수여하다	presenter 발표자
prestigious 훌륭한	recognition 인정	retirement celebration 은퇴 행사
sculpture 조각가	significantly 상당히, 크게	specialist 전문가
well-known 유명한, 잘 알려진	win an award 상을 받다	winner 수상자

4. 안내 방송

(1) 행사

admission 입장	advanced registration 조기 등록	approach 다가오다, 접근하다
at the moment 지금	be about to do 막 ~하려고 하다	be on sale 할인하다
book 예약하다	booking 예약	competition 대회
contest 대회	contribute 기부하다	disturb 방해하다
donate 기부하다	effective 유효한	entrance fee 입장료
event 행사	event coordinator 행사 기획자	expired 기간이 만료된
fair 박람회	farthest 가장 먼	festival 축제
first row 첫 번째 줄	flyer 전단	free shipping 무료 배송
frequently 자주, 흔히	function 행사	get reimbursed 상환 받다
giveaway 증정품, 경품	hand out ~을 나누어 주다	host (행사를) 주최하다
in advance 미리, 사전에	parking garage 주차장	participant 참가자
postpone 연기하다	proceeds 수익금	put up ~을 설치하다, 세우다
question and answer session 질의응답 시간	rate 가격, 요금	refreshments 다과
reminder 상기시키는 것, 메모	seating chart 좌석 배치도	showcase 전시하다
sign up for ~을 신청하다	slight change 약간의 변경	spectator 관중
stall 가판대, 좌판	take place 열리다, 개최되다	timetable 시간표, 일정표
turnout 참석자 수	valid 유효한	volunteer 자원봉사자; 자원하다
vote for ~에 투표하다	voucher 쿠폰, 상품권	yearly 매년 하는, 연례의

(2) 매장·공공장소

ahead of ~ 앞에

bistro 작은 식당

business hours 영업시간

cashier 출납원, 계산원

collaborate with ~와 협력하다

department store 백화점

enter a raffle 추첨 행사에 참여하다

gift shop 선물 가게

houseware 가정용품

layout (사무실 등의) 배치도

membership 회원권, 멤버십

partner (사업) 파트너, 동업자

produce 농산물

receptionist 접수 담당자

set aside ~을 따로 떼어 두다

special offer 특가

store directory 매장 내 지도

trade show 무역 박람회

wrap 포장하다

as of ~부로

bookstore 서점

cafeteria 구내식당

center 중앙, 한가운데

complimentary 무료의

display counter 진열대

first come, first served 선착순

grocery store 식료품점

information booth 안내소

lost and found 분실물 취급소

office supplies 사무용품

pass 출입증, 탑승권

raffle ticket 경품 응모권

register 계산대

sold out 다 팔린

sporting goods store 스포츠 용품점

supermarket 슈퍼마켓

travel agency 여행사

zone 지역

auditorium 강당

briefly 잠시, 간단히

cash register 금전 등록기

clearance sale 재고 정리 세일

conclude 끝나다, 끝내다

electronics store 전자 제품 매장

floor plan (건물의) 도면, 평면도

home appliance 가전제품

inventory sale 재고 정리 세일

mall 쇼핑몰, 쇼핑센터

parking permit 주차권

patron 고객

receipt 영수증

rental agency 대여점

souvenir 기념품

stationery store 문구점

temporarily 일시적으로, 임시로

window display 진열장

(3) 항공기·열차

aircraft 비행기

airport 공항

arrival 도착

automotive 자동차의

be due to do ~할 예정이다

boarding gate 탑승구

cabin crew 기내 승무원

car rental service 자동차 대여 서비스

check-in 탑승 수속하다

departure 출발

final destination (최종) 목적지

land 착륙하다

overhead compartment 머리 위 짐칸

public transit 대중교통

subway station 지하철역

ticketing 매표, 발권

waiting list 대기자 명단

airfare 항공 요금

aisle seat 통로 쪽 좌석

arrive 도착하다

baggage allowance 수하물 허용량

board 탑승하다

boarding pass 탑승권

captain 기장, 선장

carry-on luggage 기내 휴대 수하물

conductor (기차의) 차장

domestic flight 국내선

inconvenience 불편

leave 출발하다

passenger 승객

put off ~을 미루다, 연기하다

take off 이륙하다

transfer 갈아타다

window seat 창가 쪽 좌석

airline 항공사

apologize 사과하다

attention 알립니다; 주목

baggage claim area 수하물 찾는 곳

boarding 탑승

bound for ~행

car mechanic 자동차 정비공

check the luggage 짐을 부치다

depart 출발하다

fasten your seat belt 안전벨트를 매다

international flight 국제선

overbook 예약을 정원 이상으로 받다

proceed to ~로 가다

railway 철도, 철로

terminal 터미널, 종점

until further notice 추후 공지가 있을 때까지

5. 관광·견학

advance purchase 예매, 사전 구매

departure city 출발지

fee 요금

gate (공항의) 탑승구

interval (공연 등의) 중간 휴식 시간

overbook 예약을 정원 이상으로 받다

play 연극

price list 가격표

seat 좌석

walk A through B A에게 B를 보여 주다

apologize 사과하다

departure time 출발 시간

flight 비행, 항공권

hand out ~을 나눠 주다, 배포하다

landscaping company 조경 회사

performance 공연

popular 인기 있는

retrieve (분실물 등을) 되찾다

seating area 자리

be familiar with ~을 잘 알고 있다, ~에 친숙하다

directory 건물 안내도, 전화번호부

front row 앞줄

intermission (연극, 영화 등의) 중간 휴식 시간

luggage 짐, 수하물

personalized 개인 맞춤형의

preview 시사회

round-trip 왕복 여행

travel agency 여행사

6. 보도·방송

(1) 지역 소식

10% off 10퍼센트 할인

be concerned about ~에 대해 걱정하다

city official 시 공무원

drastically 대폭, 급격하게

expiration date 만료일

funding 재정 지원

good for ~동안 유효한

hire 고용하다

in preparation for ~의 준비로

mayor 시장

offer 할인

retrieve 회수하다, (정보를) 검색하다

spot (특정한) 장소, 자리

tentative 잠정적인

valid 유효한

acquisition 인수

buy one get one free 한 개 사면 한 개 무료(1+1)

community 지역 사회

drawing 추첨

expire 만료되다

give a speech 연설하다

good until ~까지 유효한

hospitality 환대, 접대

increase market share 시장 점유율을 높이다

merge 합병하다

put on the market 출시하다

run 운영하다

take place 개최되다

tourism 관광 산업

voucher 상품권, 할인권, 쿠폰

anticipate 기대하다, 예상하다

city council 시 의회

donation 기부, 기증

drop by ~에 잠깐 들르다

fully 완전히, 충분히

give away ~을 나누어 주다

government 정부

hub 중심지

local news 지역 소식

native ~ 태생인; ~ 태생인 사람

refreshments 다과

sponsor 후원하다; 후원자

tenant 세입자

tourist 관광객

warehouse 창고

(2) 업계 소식

address (문제를) 처리하다

background 사전 정보, 배경

emphasize 강조하다

field 분야, 현장

host 사회자, 진행자

indeed 정말, 참으로

medical insurance 의료 보험

overwhelming 압도적인, 엄청난

production 생산

recall 기억해내다

advanced 진보된

broadcaster 방송인, 진행자

environmentally friendly 환경친화적인

financial support 재정 지원

implement 시행하다

individual 개인의; 개인

newsletter 소식지, 회보

patent 특허권

prototype 시제품

recognize 알아보다, 인정하다

as of now 현재로서는

built-in 내장된

expense 비용

geological 지질학의, 지질학적인

incorporated 주식회사

issue 사안, 문제

organization 조직, 기구

pharmaceutical 제약의

provide 제공하다

reduce 감소하다

refinement 개선, 개량
rumor 소문, 풍문
state-of-the-art 최신 기술의
timeline 일정표
update 업데이트; 갱신하다

reveal 발표하다, 공개하다
solution 해결책
take steps 조치를 취하다
tune in to ~로 채널을 맞추다

revise 수정하다
start on ~에 착수하다
technology 기술
unit (상품) 한 개, 단위

(3) 교통 정보

alternative 대안; 대안이 되는
close 닫다
commute 통근하다
condition 상황, 상태
currently 현재, 지금
driver's license 운전면허증
heavy 심한, 많은
last 지속되다; 마지막의
map 지도, 약도, (지하철) 노선도
overpass 고가 도로, 육교
road 도로
run smoothly 순조롭게 운행되다
take alternate route 다른 노선을 이용하다
traffic congestion 교통 정체
traffic volume 교통량
undergoing maintenance 보수 중인

block 막다, 차단하다
closest 가장 가까운
commuter 통근자
construction 공사
delay 지연; 지연시키다
feedback 피드백
highway 고속도로
listen up 잘 듣다
motorist 운전자
public transportation 대중교통
road work 도로 공사
rush hour 혼잡 시간대
temporarily 일시적으로, 임시로
traffic jam 교통 체증
trip 여행
urge 촉구하다

car accident 교통사고
collision 충돌 (사고)
comply with ~을 따르다, 준수하다
crash 충돌
detour 우회로; 우회하다
have access to ~에 접근하다, ~을 이용하다
intersection 교차로
make a detour 우회하다
move on to ~로 넘어가다
report 보도, 보고
route 길, 노선
safety 안전
traffic 교통, 교통량
traffic report 교통 방송
tune in to ~로 채널을 맞추다
vehicle 차량

(4) 일기 예보

blizzard 눈보라
cloudy 흐린, 구름이 낀
drought 가뭄
freezing 너무나 추운, 결빙의
high pressure 고기압
low pressure 저기압
push back ~을 미루다
scattered 산발적인
snowstorm 눈보라
torrential 급류의, 격한
warm 따뜻한

brisk 상쾌한
come down (눈, 비가) 내리다
flood 홍수
freezing point 빙점
humid 습한
partly 부분적으로
put off ~을 취소하다
scorching 몹시 더운
sunny 화창한
unexpectedly cold weather 갑작스러운 추운 날씨
weather bureau 기상청

chance of rain 비 올 확률
drop (온도가) 내려가다
forecast 예보; 예보하다
heavy rain 폭우
inclement weather 궂은 날씨, 악천후
pour (비가) 쏟아지다
raise (온도가) 올라가다
shower 소나기
temperature 온도, 기온
view 경관, 전망
weather update 최신 기상 정보

7. 광고

(1) 제품 광고

accessories 액세서리, 부대 용품

advertising company 광고 회사

beverage 음료

ceramics 도자기류

commercial break 광고 시간

durable 내구성이 있는, 오래가는

feature 특징, 특집 기사; 특별히 포함하다

laundry detergent 세탁용 세제

musical instrument 악기

reliable 믿을 만한

trial period 체험 기간

advertisement 광고

affordable price 적당한 가격

blender 믹서기, 분쇄기

collection 수집품, 소장품

compact size 작은 크기

expensive 비싼, 돈이 많이 드는

food processor 만능 조리 기구

light fixture 조명 기구

portable 휴대가 쉬운

sporting goods 스포츠 용품

advertising campaign 광고 캠페인

be made of ~로 만들어지다

brand-new 새로운

come with ~가 딸려 오다

customize 주문 제작하다

fabric softener 섬유 유연제

furniture cleaner 가구 세정제

lightweight 가벼운

quality 품질; 품질이 좋은

stain remover 얼룩 제거제

(2) 서비스 광고

accommodate 수용하다

convenient 편리한

get back to ~에 회신하다

look for ~을 찾다

office building 사무용 건물

public relations 홍보

reliable 믿을 수 있는

snack 간식, 간단한 식사

take advantage of ~을 이용하다

toll-free number 수신자 부담 전화

amount 양, 액수

courtesy of ~의 호의로

healthy 건강한, 건강에 좋은

mobile application 모바일 애플리케이션

office sharing 공유 오피스

ready 준비된

serving (음식의) 1인분

space 장소

takeout 가지고 가는 음식, 테이크아웃

virtual 가상의

at no cost 무료로

design 설계하다

initially 처음에

nutritious 영양가가 높은

perfect 완벽한

reasonably priced 적정한 가격의

sign up for ~을 신청하다

subscribe 구독하다, 가입하다

testimonial 추천의 글

wireless Internet 무선 인터넷

(3) 모집 광고

address (문제 등을) 처리하다; 주소

architecture 건축(학), 건축 양식

auditorium 강당

career 경력, 직업

engineer 기사, 엔지니어

healthcare 의료, 건강 관리

job opening 공석

on-site 현장의

professional 전문가; 전문적인

regular 정기적인, 규칙적인

software developer 소프트웨어 개발자

application form 지원서

aspiring 장차 ~가 되려고 하는, 야심 찬

busy 바쁜, 분주한

catchy 기억하기 쉬운

entertainment 오락, 오락물

in person 직접

job vacancy 공석

outside 외부의, 밖의

qualified 자격이 있는

requirement 자격 요건

valuable 가치 있는, 소중한

architect 건축가

attendance 참석, 참석률

candidate 후보자

consult 상담하다, 자문을 구하다

entry 참가, 출전, 출품작

instructor 강사

management experience 관리직 경력

position 자리, 직위

reference 추천서

résumé 이력서

ACTUAL TEST

ACTUAL TEST 01 해설서 p.148

LISTENING TEST

In the Listening test, you will be asked to demonstrate how well you understand spoken English. The entire listening test will last approximately 45 minutes. There are four parts, and directions are given for each part. You must mark your answers on the separate answer sheet. Do not write your answers in your test book.

PART 1

Directions: For each question in this part, you will hear four statements about a picture in your test book. When you hear the statements, you must select the one statement that best describes what you see in the picture. Then find the number of the question on your answer sheet and mark your answer. The statements will not be printed in your test book and will be spoken only one time.

Statement (B), "A man is pointing at a document," is the best description of the picture, so you should select answer (B) and mark it on your answer sheet.

1.

2.

GO ON TO THE NEXT PAGE ➡

3.

4.

5.

6.

GO ON TO THE NEXT PAGE ➤

PART 2

Directions: You will hear a question or statement and three responses spoken in English. They will not be printed in your test book and will be spoken only one time. Select the best response to the question or statement and mark the letter (A), (B), or (C) on your answer sheet.

7. Mark your answer on your answer sheet.

8. Mark your answer on your answer sheet.

9. Mark your answer on your answer sheet.

10. Mark your answer on your answer sheet.

11. Mark your answer on your answer sheet.

12. Mark your answer on your answer sheet.

13. Mark your answer on your answer sheet.

14. Mark your answer on your answer sheet.

15. Mark your answer on your answer sheet.

16. Mark your answer on your answer sheet.

17. Mark your answer on your answer sheet.

18. Mark your answer on your answer sheet.

19. Mark your answer on your answer sheet.

20. Mark your answer on your answer sheet.

21. Mark your answer on your answer sheet.

22. Mark your answer on your answer sheet.

23. Mark your answer on your answer sheet.

24. Mark your answer on your answer sheet.

25. Mark your answer on your answer sheet.

26. Mark your answer on your answer sheet.

27. Mark your answer on your answer sheet.

28. Mark your answer on your answer sheet.

29. Mark your answer on your answer sheet.

30. Mark your answer on your answer sheet.

31. Mark your answer on your answer sheet.

PART 3

Directions: You will hear some conversations between two or more people. You will be asked to answer three questions about what the speakers say in each conversation. Select the best response to each question and mark the letter (A), (B), (C), or (D) on your answer sheet. The conversations will not be printed in your test book and will be spoken only one time.

32. What most likely is the woman's profession?

(A) Painting instructor
(B) Accounting specialist
(C) Museum curator
(D) Event organizer

33. What was the woman planning to do soon?

(A) Attend an exposition
(B) Visit the bank
(C) Buy some supplies
(D) Interview some candidates

34. What does the man offer to do?

(A) Post an advertisement
(B) Schedule a meeting
(C) Revise a report
(D) Pick up a package

35. Where does the woman work?

(A) At an employment agency
(B) At a travel service company
(C) At an event management firm
(D) At a hospitality provider

36. What are the speakers discussing?

(A) A corporate retreat
(B) An opening ceremony
(C) An industry conference
(D) A music festival

37. What feature does the woman point out about a venue?

(A) It has a variety of dining options.
(B) It is located near a park.
(C) It has several meeting rooms.
(D) It is accessible by public transportation.

38. What will start tomorrow?

(A) A writing assignment
(B) A managers meeting
(C) A training program
(D) An interview process

39. What will be sent to the reception desk?

(A) A list of classes
(B) A seating chart
(C) Product samples
(D) Employee schedules

40. What most likely is the man's job?

(A) Personnel manager
(B) Government official
(C) Administrative assistant
(D) Delivery driver

41. What type of business does the woman work for?

(A) A fitness center
(B) A medical facility
(C) A manufacturing plant
(D) A construction company

42. What does the woman offer to call the man about?

(A) An enrollment fee
(B) A promotional event
(C) A new product
(D) An available slot

43. Why does the woman say, "Trasco Subway Station is right across from our complex"?

(A) To point out the reason for loud noises
(B) To provide some directions
(C) To suggest that the man use the subway
(D) To indicate that a subway line is busy

GO ON TO THE NEXT PAGE

44. Where is the conversation taking place?

(A) At a theater
(B) At a museum
(C) At a zoo
(D) At a stadium

45. What does the man want to do?

(A) Register for a membership
(B) Watch a performance
(D) Join a guided tour
(D) Enter a competition

46. What will the woman do next?

(A) Issue a reimbursement
(B) Take a photo
(C) Provide a parking permit
(D) Bring a document

47. Who most likely is the woman?

(A) A professional athlete
(B) A dancer
(C) A movie director
(D) A singer

48. What does the woman remember during the interview?

(A) Her former mentor
(B) Previous work experience
(C) A charity program
(D) A tourist attraction

49. What does the woman suggest the listeners do?

(A) Meet with some fans
(B) Participate in many local events
(C) Upload some materials online
(D) Relocate to an urban area

50. Where does the man want to work?

(A) At a factory
(B) At a hospital
(C) At a post office
(D) At a call center

51. Why did the man leave a prior position?

(A) He wanted a higher paying job.
(B) The company was too far.
(C) He did not like the hours.
(D) The department was eliminated.

52. What does the woman explain to the man?

(A) He should provide some references.
(B) He must take an exam.
(C) He has to qualify for a license.
(D) He needs to complete a course.

53. What is the reason for the woman's visit?

(A) To inspect a store
(B) To sign up for a membership
(C) To watch a demonstration
(D) To return an item

54. What problem does the customer service associate have?

(A) He forgot his employee badge.
(B) He is unfamiliar with a process.
(C) He cannot access a system.
(D) He has to attend an urgent meeting.

55. What does the supervisor ask the woman to do?

(A) Test a product
(B) Sign a form
(C) Present an ID
(D) Input a number

56. What type of company does the man work for?

(A) Auto repair
(B) Financial services
(C) Real estate
(D) Manufacturing

57. According to the woman, what will the man's staff need to do?

(A) Attend a training session
(B) Lock up a building
(C) Put documents in a box
(D) Select a team leader

58. What will happen during the installation?

(A) A key will be provided.
(B) A container will be moved.
(C) A demonstration will be conducted.
(D) An inspection will take place.

59. Where do the speakers probably work?

(A) At a legal office
(B) At an advertising firm
(C) At a clothing retailer
(D) At an accounting company

60. Why does the woman say, "Greenstone Apparel was my first client"?

(A) To ask for a raise
(B) To point out a colleague's error
(C) To show that she understands an issue
(D) To explain that she is not responsible for an account

61. What does the woman suggest doing?

(A) Requesting assistance from a supervisor
(B) Submitting a new proposal
(C) Asking for a larger budget
(D) Holding meetings more frequently

Wallpaper Type	Life Span
Vinyl	15 years
Flock	8 years
Fabric	10 years
Paper	10 years

62. What most likely is the man's profession?

(A) Moving specialist
(B) Building inspector
(C) Maintenance supervisor
(D) Interior designer

63. Look at the graphic. What kind of wallpaper does the woman select?

(A) Vinyl
(B) Flock
(C) Fabric
(D) Paper

64. What does the man say he will do later?

(A) Email some pictures
(B) Repair a machine
(C) Contact a business
(D) Modify an invoice

GO ON TO THE NEXT PAGE

How to Clean Camera Lenses

Step 1: Remove dust with a small brush.

Step 2: Apply a few drops of cleaning solution.

Step 3: Wipe the lens in a circular motion.

Step 4: Allow a few minutes for drying.

65. Why does the man want to speak with the woman?

(A) To review some costs
(B) To go over some photos
(C) To address a complaint
(D) To assign a new project

66. Look at the graphic. Which step in the process does the man mention?

(A) Step 1
(B) Step 2
(C) Step 3
(D) Step 4

67. What does the man say he will do?

(A) Repair a device
(B) Hold a seminar
(C) Email some instructions
(D) Order new equipment

Morning Meeting Agenda

(1) Project deadline
(2) Project Manager
(3) Budget proposal
(4) Temporary staff

68. Where do the speakers work?

(A) At a university
(B) At a publishing company
(C) At a library
(D) At a travel agency

69. Look at the graphic. Which agenda item are the speakers talking about?

(A) Item 1
(B) Item 2
(C) Item 3
(D) Item 4

70. What will the woman do after lunch?

(A) Contact a coworker
(B) Upload a file
(C) Hold a job interview
(D) Attend a management meeting

PART 4

Directions: You will hear some talks given by a single speaker. You will be asked to answer three questions about what the speaker says in each talk. Select the best response to each question and mark the letter (A), (B), (C), or (D) on your answer sheet. The talks will not be printed in your test book and will be spoken only one time.

71. What have the listeners volunteered to do?

    (A) Clean the beach
    (B) Conduct some tours
    (C) Interview the community
    (D) Take some pictures

72. What does the speaker say is important?

    (A) Following an order
    (B) Working in groups
    (C) Wearing some shoes
    (D) Looking for glass

73. What will the speaker give the listeners?

    (A) Protective gear
    (B) Plastic bags
    (C) A beach map
    (D) A guide to recycling

74. Who is Verna Hulbert?

    (A) A curator
    (B) A gardener
    (C) An athlete
    (D) An architect

75. What will the listeners do on a tour?

    (A) Interact with hosts
    (B) Purchase some souvenirs
    (C) Learn about a building
    (D) Examine a document

76. Why does the speaker say, "Some people even visit the complex solely for that purpose"?

    (A) To suggest that tour prices should be increased
    (B) To emphasize the need to visit the garden
    (C) To encourage guests to visit often
    (D) To promote an environmental cause

77. What type of product is being discussed?

    (A) A safety helmet
    (B) A fitness watch
    (C) A mobile phone
    (D) A sun cream

78. What will the listeners start working on?

    (A) Creating a budget proposal
    (B) Organizing a storage facility
    (C) Updating a customer database
    (D) Designing an advertising campaign

79. What does the speaker say she will do throughout the week?

    (A) Visit different branches
    (B) Hold individual meetings
    (C) Install some machines
    (D) Interview temporary workers

80. At what kind of business does the speaker work?

    (A) A café
    (B) A hospital
    (C) A gym
    (D) A resort

81. What does the speaker mean when he says, "I'm in charge of day-to-day operations"?

    (A) He would like a pay raise.
    (B) He is unable to take on a task.
    (C) He admits to her mistake.
    (D) He needs to hire an assistant.

82. What does the speaker ask the listener to do?

    (A) Make a reservation
    (B) Revise a bill
    (C) Call her back
    (D) Sign some paperwork

GO ON TO THE NEXT PAGE

83. What is the main topic of the talk?

(A) Preparing dishes with seafood
(B) Writing reviews of food
(C) Opening a restaurant
(D) Attending a culinary school

84. What does the speaker remind listeners?

(A) Complaints must be addressed immediately.
(B) A budget should not be exceeded.
(C) Some facts on the Internet are not reliable.
(D) A career field is competitive.

85. What does the speaker suggest doing?

(A) Updating a program
(B) Registering for a membership
(C) Watching instructional videos
(D) Browsing various articles

86. Why does the speaker congratulate the listener?

(A) He received a promotion.
(B) He purchased a house.
(C) He gave a speech.
(D) He signed a client.

87. What does the speaker say about a magazine article?

(A) It will be written soon.
(B) It needs to be edited.
(C) It is nominated for an award.
(D) It has improved sales.

88. What does the speaker mean when she says, "everyone wants digital ads that they can share on the Internet"?

(A) Online traffic will most likely increase.
(B) A new employee should be hired.
(C) An alternative sales strategy should be examined.
(D) She will be changing professions in the near future.

89. What service does the company provide?

(A) Office cleaning
(B) Management training
(C) Company staffing
(D) Marketing advice

90. Why is the speaker unavailable?

(A) He is meeting a client.
(B) He is overseeing a new branch.
(C) He is at a conference.
(D) He is taking a vacation.

91. What does the speaker ask listeners to do if they need immediate assistance?

(A) Visit his desk
(B) Contact his colleague
(C) Submit a form
(D) Install a program

92. Where does the speaker work?

(A) At a theater
(B) At a history museum
(C) At an amusement park
(D) At a hotel

93. What does the speaker mean when she says, "nearly all of the seats are taken"?

(A) An event is successful.
(B) A room needs to be expanded.
(C) Some guests need to switch seats.
(D) Extra chairs will be required.

94. What does the speaker instruct the listeners to do?

(A) Stay with the group at all times
(B) Make an online payment
(C) Sign an agreement form
(D) Ensure their electronics are turned off

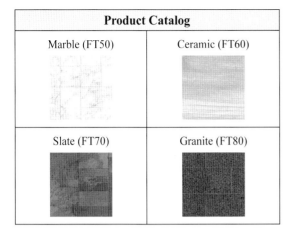

Product Catalog	
Marble (FT50)	Ceramic (FT60)
Slate (FT70)	Granite (FT80)

95. Look at the graphic. Which type of floor tile is the speaker interested in?

   (A) Marble
   (B) Ceramic
   (C) Slate
   (D) Granite

96. What would the speaker like to know?

   (A) When an order will be delivered
   (B) Whether a discount is being offered
   (C) Whether a refund can be provided
   (D) What kinds of designs are available

97. When does the speaker want to be contacted?

   (A) In the morning
   (B) During lunch
   (C) In the evening
   (D) Over the weekend

Metcalf North Plaza (Open Spaces)

①	Buffguy's Total Fitness	②	Juvenile Jewelry
			Hoarder's Bookstore
Dan's Clothing	③	La Vaca Gorda Ice Cream	Emperor Dragon Chinese Food	④

98. What kind of business is the speaker discussing?

   (A) A shoe store
   (B) A sporting goods retailer
   (C) A supermarket
   (D) A bookstore

99. Look at the graphic. Which location is the speaker interested in?

   (A) Location 1
   (B) Location 2
   (C) Location 3
   (D) Location 4

100. What does the speaker ask Tony to do?

   (A) Post an advertisement
   (B) Hire a temporary employee
   (C) Revise an agreement form
   (D) Contact a facility manager

This is the end of the Listening test.

ACTUAL TEST 02 해설서 p.172

LISTENING TEST

In the Listening test, you will be asked to demonstrate how well you understand spoken English. The entire listening test will last approximately 45 minutes. There are four parts, and directions are given for each part. You must mark your answers on the separate answer sheet. Do not write your answers in your test book.

PART 1

Directions: For each question in this part, you will hear four statements about a picture in your test book. When you hear the statements, you must select the one statement that best describes what you see in the picture. Then find the number of the question on your answer sheet and mark your answer. The statements will not be printed in your test book and will be spoken only one time.

Statement (B), "A man is pointing at a document," is the best description of the picture, so you should select answer (B) and mark it on your answer sheet.

1.

2.

GO ON TO THE NEXT PAGE

3.

4.

5.

6.

GO ON TO THE NEXT PAGE →

PART 2

Directions: You will hear a question or statement and three responses spoken in English. They will not be printed in your test book and will be spoken only one time. Select the best response to the question or statement and mark the letter (A), (B), or (C) on your answer sheet.

7. Mark your answer on your answer sheet.

8. Mark your answer on your answer sheet.

9. Mark your answer on your answer sheet.

10. Mark your answer on your answer sheet.

11. Mark your answer on your answer sheet.

12. Mark your answer on your answer sheet.

13. Mark your answer on your answer sheet.

14. Mark your answer on your answer sheet.

15. Mark your answer on your answer sheet.

16. Mark your answer on your answer sheet.

17. Mark your answer on your answer sheet.

18. Mark your answer on your answer sheet.

19. Mark your answer on your answer sheet.

20. Mark your answer on your answer sheet.

21. Mark your answer on your answer sheet.

22. Mark your answer on your answer sheet.

23. Mark your answer on your answer sheet.

24. Mark your answer on your answer sheet.

25. Mark your answer on your answer sheet.

26. Mark your answer on your answer sheet.

27. Mark your answer on your answer sheet.

28. Mark your answer on your answer sheet.

29. Mark your answer on your answer sheet.

30. Mark your answer on your answer sheet.

31. Mark your answer on your answer sheet.

PART 3

Directions: You will hear some conversations between two or more people. You will be asked to answer three questions about what the speakers say in each conversation. Select the best response to each question and mark the letter (A), (B), (C), or (D) on your answer sheet. The conversations will not be printed in your test book and will be spoken only one time.

32. What problem does the man mention?

    (A) He has too many assignments to complete.
    (B) He cannot locate his company badge.
    (C) He forgot to submit a payment.
    (D) He is unable to access a system.

33. Why does the woman congratulate the man?

    (A) He launched a new product.
    (B) He was featured in a magazine.
    (C) He received a promotion.
    (D) He opened his own store.

34. What does the woman offer to do?

    (A) Install some machinery
    (B) Get in touch with a manager
    (C) Reduce the man's workload
    (D) Make a temporary ID for the man

35. What are the speakers preparing for?

    (A) A charity event
    (B) A building renovation
    (C) A business convention
    (D) An advertising campaign

36. What new service will the hotel offer?

    (A) A loyalty discount program
    (B) An airport shuttle
    (C) A specialized phone line
    (D) A complimentary dining option

37. What will the speakers most likely do next?

    (A) Meet with some employees
    (B) Review some revenue figures
    (C) Revise a timetable
    (D) Contact a supplier

38. Why was the woman late for a meeting?

    (A) Her access card did not work.
    (B) Her car broke down.
    (C) She encountered heavy traffic.
    (D) She was unable to locate an office.

39. Why will the store close temporarily?

    (A) To prepare for an official inspection
    (B) To train some employees
    (C) To add a new produce section
    (D) To celebrate an anniversary

40. What will the woman most likely do next?

    (A) Submit a payment
    (B) Fix some equipment
    (C) Check some inventory
    (D) Sign a contract

41. What is the man surprised about?

    (A) The availability of a venue
    (B) The number of participants
    (C) The meeting time for a company outing
    (D) The pricing of some theme park passes

42. What does the woman want permission to do?

    (A) Book seats for a performance
    (B) Rent a larger vehicle
    (C) Use a corporate credit card
    (D) Recruit volunteers for an event

43. What does the man ask the woman to do next?

    (A) Request more funds
    (B) Email some colleagues
    (C) Call a vendor
    (D) Print an invoice

GO ON TO THE NEXT PAGE

44. What is the man worried about?

(A) Low sales figures
(B) Employee productivity
(C) Unhappy customers
(D) High operating expenses

45. What does the woman mention about the courses her company provides?

(A) They are short.
(B) They are being offered at a discount.
(C) They are effective.
(D) They are only available online.

46. What does the woman offer to do?

(A) Show a video
(B) Negotiate a price
(C) Change a date
(D) Visit an office

47. What is the man preparing for?

(A) A press release
(B) A safety inspection
(C) A board meeting
(D) A product demonstration

48. What product are the speakers discussing?

(A) Microprocessors
(B) Industrial fans
(C) Water pipes
(D) Televisions

49. What is the man impressed about?

(A) Overall throughput
(B) Employee satisfaction
(C) New policies
(D) Cost reductions

50. Why does the woman say, "I don't even know where to begin"?

(A) To provide an update
(B) To suggest a change
(C) To request assistance
(D) To express anger

51. What does the woman hope that the potential clients will decide to do?

(A) Share customer information
(B) Enter into a contract
(C) Purchase some office space
(D) Agree to a discount

52. Why does the man suggest contacting Dean?

(A) He is familiar with the process.
(B) He works for the local council.
(C) He is close with the clients.
(D) He often works overtime.

53. What is the main topic of this conversation?

(A) A lost access code
(B) A writing deadline
(C) A computer problem
(D) An incorrect manual

54. What does the woman mean when she says, "Technical Support is going to be in a training session all morning"?

(A) Help cannot be provided right away.
(B) Some new information will be available.
(C) The department has hired new employees.
(D) The man should contact another department.

55. What does the man say he will do this afternoon?

(A) Install some new software
(B) Read some instructions
(C) Take a business trip
(D) Pick up a client

56. What would the man like to do?

(A) Hold a training workshop
(B) Plan a social gathering
(C) Expand an office area
(D) Test a new product

57. What does the woman recommend doing?

(A) Obtaining some tickets
(B) Finding a closer restaurant
(C) Reviewing some articles
(D) Using a cheaper supplier

58. What will the man probably do later?

(A) Revise a presentation
(B) Meet with a client
(C) Go over a budget
(D) Visit a bank

59. What are the speakers planning to do?

(A) Lease a rental vehicle
(B) Host a dance performance
(C) Decorate a venue
(D) Launch a business

60. Why is the man concerned?

(A) A request has been rejected.
(B) A target is difficult to meet.
(C) A permit has expired.
(D) A location is expensive.

61. What does the woman emphasize?

(A) More loan options are available.
(B) Public transportation access is important.
(C) Terms and conditions can be negotiated.
(D) Applications can be resubmitted.

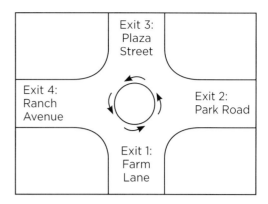

62. What event are the speakers going to attend?

(A) A music festival
(B) A cooking contest
(C) A charity race
(D) A theatrical play

63. Who most likely are the speakers?

(A) Athletes
(B) Food critics
(C) Reporters
(D) Event planners

64. Look at the graphic. Which road will the speakers take next?

(A) Farm Lane
(B) Park Road
(C) Plaza Street
(D) Ranch Avenue

GO ON TO THE NEXT PAGE

Pattern 1: Floral

Pattern 2: Botanical

Pattern 3: Marble

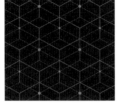
Pattern 4: Geometric

65. What has the woman been hired to do?

(A) Create a Web site
(B) Design a product
(C) Decorate a store
(D) Remodel an apartment

66. Look at the graphic. Which pattern does the man decide to use?

(A) Pattern 1
(B) Pattern 2
(C) Pattern 3
(D) Pattern 4

67. According to the woman, what will happen on Tuesday?

(A) A sample will be available.
(B) A shop will be closed.
(C) A delivery will arrive.
(D) A project will begin.

Kalimera Inn: Scenic view

Helen's BnB: Free meals

Acropolis Hotel: Swimming pool

Konstantin Suites: Pets welcome

68. Who will the speakers meet in Athens?

(A) Government officials
(B) Language instructors
(C) Financial advisors
(D) Sales representatives

69. Look at the graphic. Where will the speakers stay?

(A) Kalimera Inn
(B) Helen's BnB
(C) Acropolis Hotel
(D) Konstantin Suites

70. Why does the woman say they should book rooms today?

(A) A supervisor needs to approve the expense.
(B) A special price is being offered.
(C) The rooms might become unavailable.
(D) The hotel requires advance notice.

PART 4

Directions: You will hear some talks given by a single speaker. You will be asked to answer three questions about what the speaker says in each talk. Select the best response to each question and mark the letter (A), (B), (C), or (D) on your answer sheet. The talks will not be printed in your test book and will be spoken only one time.

71. Where do the listeners work?

    (A) At a newspaper
    (B) At an office
    (C) At a gallery
    (D) At a bank

72. According to the speaker, what is the purpose of an event?

    (A) To compete for a prize
    (B) To advertise an organization
    (C) To test a product
    (D) To raise awareness

73. What will the listeners receive for volunteering?

    (A) A movie ticket
    (B) A vacation day
    (C) A free meal
    (D) A photoshoot

74. Where is the announcement being made?

    (A) At a bus terminal
    (B) At an airport
    (C) At a railway station
    (D) At a cruise ship port

75. According to the speaker, what has been changed?

    (A) A payment procedure
    (B) A platform number
    (C) A departure time
    (D) A baggage rule

76. What does the speaker say listeners must be prepared to present?

    (A) A parking permit
    (B) An original receipt
    (C) A boarding pass
    (D) A valid ID

77. Where most likely are the listeners?

    (A) At a fitness center
    (B) At a financial firm
    (C) At a manufacturing plant
    (D) At a research laboratory

78. What will be distributed during the break?

    (A) Refreshments
    (B) Name tags
    (C) Parking permits
    (D) Questionnaires

79. Why does the speaker say, "You'll see a box by the door"?

    (A) Listeners should place forms in a box.
    (B) Listeners should put trash in a certain box.
    (C) A prize drawing will take place later.
    (D) A door should remain open.

80. What is the main topic of the course?

    (A) Career consulting
    (B) Electrical technique
    (C) General maintenance
    (D) Electronics manufacturing

81. According to the speaker, how is this year's course different from last term's?

    (A) It will be more affordable.
    (B) It will be offered online.
    (C) It will be shorter.
    (D) It will be accepting fewer students.

82. What will the speaker do next?

    (A) Review financial assistance programs
    (B) Pass out a school brochure
    (C) Administer an entrance exam
    (D) Read a list of student names

GO ON TO THE NEXT PAGE

83. Who most likely are the panelists?

(A) University students
(B) Urban engineers
(C) Application developers
(D) Technical writers

84. According to the speaker, what is special about Wolverine's findings?

(A) They use minimal amounts of Internet data.
(B) They allow data to be securely stored.
(C) They can track the location of a phone.
(D) They were featured in the news.

85. Why are the listeners encouraged to visit Room 317?

(A) To receive an academic paper
(B) To discuss a technical issue
(C) To fill out a survey
(D) To apply for an internship

86. What type of business does the speaker work in?

(A) Electronics retailer
(B) Container supplier
(C) Meal delivery
(D) Environmental consulting

87. According to the survey results, what do customers like about the speaker's company?

(A) The helpful customer service agents
(B) Its clever marketing strategies
(C) Its affordable prices
(D) The durability of its products

88. What does the speaker imply when she says, "You've heard of Vanguard Express Delivery, haven't you"?

(A) She wants to acquire a competing company.
(B) She wants the listener to meet with a client.
(C) She wants to increase the listener's responsibilities.
(D) She wants to switch service providers.

89. What kind of activity is the speaker leading?

(A) A garden care course
(B) A management workshop
(C) A financial investment seminar
(D) A factory tour

90. What does the speaker imply when she says, "I'll email you all a link to my Web site"?

(A) Listeners should read some Web site policies.
(B) Listeners will be able to change their e-mail passwords.
(C) Listeners should upgrade their software programs.
(D) Listeners will have access to detailed instructions.

91. What does the speaker say she will do in April?

(A) Inspect some facilities
(B) Organize an event
(C) Interview potential candidates
(D) Go on a vacation

92. What industry does the speaker work in?

(A) Consulting
(B) Accounting
(C) Travel
(D) Entertainment

93. How does the speaker say he stays informed about current trends?

(A) He meets with celebrities.
(B) He talks with industry experts.
(C) He follows social media sites.
(D) He examines customer feedback.

94. What does the speaker recommend changing?

(A) Where to set up a display
(B) What brands to sell
(C) How to reveal a product
(D) When to promote certain items

Sales Skills Seminar

September 6	Defining your market
September 13	Contacting prospects and setting appointments
September 20	Practice sales presentations
September 27	Post-presentation follow up

	Bronze Plan	Silver Plan	Gold Plan	Diamond Plan
Emergency Care	√	√	√	√
Annual Checkup		√	√	√
Regular Medical Care			√	√
Regular Dental Care				√
Price	$30	$50	$80	$100

95. Look at the graphic. On which date is the talk taking place?

(A) September 6
(B) September 13
(C) September 20
(D) September 27

96. What will the listeners do after having lunch?

(A) Move to another room
(B) Call some clients
(C) Fill out a survey
(D) Work in groups

97. What does the speaker remind the listeners about?

(A) Some security guidelines
(B) An attendance sheet
(C) A new schedule
(D) Some ID badges

98. Why does the speaker want to change insurance companies?

(A) The current company is going out of business.
(B) The current company is increasing its prices.
(C) Some staff members made complaints about the current company.
(D) A different company is offering more competitive rates.

99. Look at the graphic. Which plan does the speaker suggest?

(A) Bronze Plan
(B) Silver Plan
(C) Gold Plan
(D) Diamond Plan

100. What does the speaker request the listener to do?

(A) Consult with a client
(B) Submit a written report
(C) Read a pamphlet
(D) Participate in a department meeting

This is the end of the Listening test.

ACTUAL TEST 03 해설서 p.197

LISTENING TEST

In the Listening test, you will be asked to demonstrate how well you understand spoken English. The entire listening test will last approximately 45 minutes. There are four parts, and directions are given for each part. You must mark your answers on the separate answer sheet. Do not write your answers in your test book.

PART 1

Directions: For each question in this part, you will hear four statements about a picture in your test book. When you hear the statements, you must select the one statement that best describes what you see in the picture. Then find the number of the question on your answer sheet and mark your answer. The statements will not be printed in your test book and will be spoken only one time.

Statement (B), "A man is pointing at a document," is the best description of the picture, so you should select answer (B) and mark it on your answer sheet.

1.

2.

GO ON TO THE NEXT PAGE ➤

3.

4.

5.

6.

GO ON TO THE NEXT PAGE ➤

PART 2

Directions: You will hear a question or statement and three responses spoken in English. They will not be printed in your test book and will be spoken only one time. Select the best response to the question or statement and mark the letter (A), (B), or (C) on your answer sheet.

7. Mark your answer on your answer sheet.

8. Mark your answer on your answer sheet.

9. Mark your answer on your answer sheet.

10. Mark your answer on your answer sheet.

11. Mark your answer on your answer sheet.

12. Mark your answer on your answer sheet.

13. Mark your answer on your answer sheet.

14. Mark your answer on your answer sheet.

15. Mark your answer on your answer sheet.

16. Mark your answer on your answer sheet.

17. Mark your answer on your answer sheet.

18. Mark your answer on your answer sheet.

19. Mark your answer on your answer sheet.

20. Mark your answer on your answer sheet.

21. Mark your answer on your answer sheet.

22. Mark your answer on your answer sheet.

23. Mark your answer on your answer sheet.

24. Mark your answer on your answer sheet.

25. Mark your answer on your answer sheet.

26. Mark your answer on your answer sheet.

27. Mark your answer on your answer sheet.

28. Mark your answer on your answer sheet.

29. Mark your answer on your answer sheet.

30. Mark your answer on your answer sheet.

31. Mark your answer on your answer sheet.

PART 3

Directions: You will hear some conversations between two or more people. You will be asked to answer three questions about what the speakers say in each conversation. Select the best response to each question and mark the letter (A), (B), (C), or (D) on your answer sheet. The conversations will not be printed in your test book and will be spoken only one time.

32. Where do the speakers most likely work?

    (A) At a photography studio
    (B) At a mobile telephone carrier
    (C) At an automobile repair shop
    (D) At an electronics store

33. What problem does the woman discuss?

    (A) An invoice is incorrect.
    (B) An item is not selling well.
    (C) Some equipment is not working.
    (D) Some files are missing.

34. What do the speakers decide to do?

    (A) Call a manager
    (B) Purchase some merchandise
    (C) Start a promotion
    (D) Update an inventory

35. Who is the woman having dinner with?

    (A) A family member
    (B) A client
    (C) A coworker
    (D) A former classmate

36. What does the man ask the woman?

    (A) When her friend will arrive
    (B) What she plans to order
    (C) How she will pay the bill
    (D) Where she prefers to sit

37. What will the woman most likely do next?

    (A) Get her wallet
    (B) Move her car
    (C) Choose a meal
    (D) Contact a friend

38. Where does the woman work?

    (A) At a restaurant
    (B) At a library
    (C) At a museum
    (D) At a stadium

39. Why is the woman calling?

    (A) Some tickets are sold out.
    (B) A promotional deal is ending.
    (C) Some payment information is incorrect.
    (D) An event was postponed.

40. What does the woman say she will send to the man?

    (A) A calendar
    (B) A meal voucher
    (C) A reimbursement check
    (D) A map

41. What kind of business does the woman work for?

    (A) A Web design company
    (B) A clothing manufacturer
    (C) A production studio
    (D) A financial consulting firm

42. Why does the man say, "We recently came up with a new restaurant logo"?

    (A) To reassure a customer
    (B) To request that a deadline be extended
    (C) To congratulate a coworker
    (D) To ask that an order be revised

43. What does the man ask the woman to do?

    (A) Revise an agreement
    (B) Provide payment information
    (C) Speak with her manager
    (D) Upgrade an account

GO ON TO THE NEXT PAGE

44. Where are the speakers?

(A) At a medical clinic
(B) At a research laboratory
(C) At a conference
(D) At a factory

45. Where will the speakers go in the afternoon?

(A) To a shipping area
(B) To an equipment room
(C) To a storage space
(D) To a marketing office

46. What does the man ask about?

(A) Where to eat food
(B) What type of safety gear to wear
(C) How to clock into work
(D) When to take a break

47. What type of business is the man opening?

(A) A furniture store
(B) A manufacturing plant
(C) An interior design firm
(D) A construction company

48. Why does the woman say she is proud of Woolwine Materials?

(A) It is the only glass supplier in the area.
(B) It has never failed to deliver materials.
(C) It offers the lowest prices for materials.
(D) It has a very low employee turnover rate.

49. What are the speakers going to do next?

(A) Meet with an employee
(B) Take a tour
(C) Discuss contract details
(D) View some samples

50. What are the speakers mainly talking about?

(A) A building renovation
(B) An anniversary celebration
(C) A board meeting
(D) A vacant position

51. What did the women do yesterday?

(A) They checked out some office spaces.
(B) They met with potential investors.
(C) They looked over a project's plan.
(D) They interviewed job candidates.

52. According to Ms. Park, what information is incorrect?

(A) An event location
(B) The price of some equipment
(C) The size of a room
(D) A delivery address

53. Why is the woman calling?

(A) To apply for a job
(B) To request a business permit
(C) To introduce an investment opportunity
(D) To seek accounting assistance

54. What sort of business is the woman planning to open?

(A) A restaurant
(B) A construction company
(C) An consulting firm
(D) A bookstore

55. Why does the woman ask for an online meeting?

(A) Her car has a mechanical problem.
(B) A worksite must be monitored.
(C) She will be traveling abroad.
(D) She has suffered an injury.

56. Where is the conversation being held?

(A) At a sporting goods store
(B) At a manufacturing plant
(C) At a home appliance retailer
(D) At a fitness center

57. What has the woman come to do?

(A) Clean a room
(B) Fix a heating unit
(C) Install a new filter
(D) Upgrade a computer system

58. What does the man say happened in the morning?

(A) Some classes took place.
(B) Some equipment was moved.
(C) Some city officials visited.
(D) Some walls were painted.

59. What most likely is the woman's profession?

(A) Program coordinator
(B) Teacher
(C) Government official
(D) Reporter

60. According to the man, which kind of items will have a sticker?

(A) Those that meet all safety regulations
(B) Those that are locally produced
(C) Those that are organic
(D) Those that have been discounted

61. What does the man mean when he says, "the initiative began last week"?

(A) He will hire more employees.
(B) He is unable to give an answer.
(C) He thinks a project was successful.
(D) He wants to clarify an error.

Landscaping Expo (Featured Equipment Retailers)	
Zone A	Halcone
Zone B	Marraway
Zone C	Greenex
Zone D	Tespont

62. What is different about this summer's landscape convention?

(A) The entrance fee
(B) The number of guests
(C) The venue
(D) The date

63. Look at the graphic. Which zone will the speakers most likely visit?

(A) Zone A
(B) Zone B
(C) Zone C
(D) Zone D

64. What does the woman remind the man about?

(A) Submitting a receipt
(B) Using a corporate credit card
(C) Updating a Web site
(D) Applying a special code

GO ON TO THE NEXT PAGE

Membership Options

	Basic	Intermediate	Elite	VIP
24/7 gym access	√	√	√	√
Pilates classes			√	√
Sauna access				√
Court access		√	√	

65. How did the woman learn about the fitness center?

(A) From an e-mail
(B) From a Web site
(C) From a family member
(D) From an employer

66. Look at the graphic. Which membership will the woman purchase?

(A) Basic
(B) Intermediate
(C) Elite
(D) VIP

67. What does the fitness center give all members?

(A) A meal plan
(B) A discount
(C) A workout schedule
(D) A subscription

Credit Card Billing Statement

Vendor	Amount	Purchase Date
Herco Supermarket	$89.40	April 1
STB Office Supplies	$30.00	April 5
Galleon Books	$43.75	April 8
Bexto Electronics Store	$67.00	April 10

68. What information is the woman asked to provide?

(A) Her account ID
(B) Her phone number
(C) Her full name
(D) Her home address

69. Look at the graphic. Which amount does the woman say is incorrect?

(A) $89.40
(B) $30.00
(C) $43.75
(D) $67.00

70. What does the man ask the woman to do?

(A) Stop by an office
(B) Contact a vendor
(C) Scan some receipts
(D) Fill out a form

PART 4

Directions: You will hear some talks given by a single speaker. You will be asked to answer three questions about what the speaker says in each talk. Select the best response to each question and mark the letter (A), (B), (C), or (D) on your answer sheet. The talks will not be printed in your test book and will be spoken only one time.

71. What is the program mainly about?

    (A) Sports
    (B) Electronics
    (C) Education
    (D) Food

72. According to the speaker, why does Ms. Waller travel?

    (A) To open businesses
    (B) To join nature tours
    (C) To donate money
    (D) To offer tips

73. What will be available in the fall?

    (A) A flight route
    (B) A tablet PC
    (C) A journal
    (D) A movie

74. What product is the speaker discussing?

    (A) A tablet computer
    (B) A camera drone
    (C) A camcorder
    (D) A smartphone

75. Why does the speaker say a product is unique?

    (A) Its camera zooms further.
    (B) Its battery lasts longer.
    (C) It consumes less energy.
    (D) It comes in different sizes.

76. What does the speaker say the listeners can do?

    (A) Attend a product demonstration
    (B) Join a review program
    (C) Register for a preorder
    (D) Enter a contest

77. Who is Kyle Durham?

    (A) A news reporter
    (B) A city official
    (C) A dancer
    (D) A musician

78. Why does the speaker say, "They provide discounts to those who enroll for the first time"?

    (A) To apologize for a mistake
    (B) To inform listeners to read some policies
    (C) To encourage listeners to attend a school
    (D) To announce a new registration process

79. What will happen in June?

    (A) A business will be launched.
    (B) A construction project will begin.
    (C) A book will be released.
    (D) A community parade will take place.

80. What event is being celebrated?

    (A) An employee's retirement
    (B) A product launch
    (C) A change in leadership
    (D) A successful quarter

81. According to the speaker, what will the company do after the New Year?

    (A) Enter into a partnership
    (B) Take a hiatus
    (C) Merge some teams
    (D) Establish a new office

82. What will happen next?

    (A) Meals will be provided.
    (B) A presentation will begin.
    (C) The room will be cleared.
    (D) Guests will select a preference.

GO ON TO THE NEXT PAGE

83. What does the speaker say is special about this week's issue of *Yes Chef*?

(A) It is available in various languages.
(B) It is complimentary for culinary students.
(C) It is the first online issue.
(D) It is about immigrant entrepreneurs.

84. Who most likely is Sanjiv Singh?

(A) A chef
(B) A farmer
(C) A restaurant owner
(D) A food critic

85. What will the newsletter provide this month to new subscribers?

(A) A shopping bag
(B) A meal voucher
(C) A concert ticket
(D) A clothing item

86. What is the speaker's message about?

(A) Buying home furniture
(B) Holding a private party
(C) Updating customer information
(D) Renting a moving truck

87. What did the speaker recently learn about?

(A) Changes to a project timeline
(B) Details about a promotional event
(C) Increases in some supply costs
(D) Revisions to some city regulations

88. What does the speaker suggest?

(A) Acquiring more funds
(B) Comparing some products
(C) Visiting a business
(D) Reaching a fast decision

89. Who most likely is the speaker?

(A) A civil engineer
(B) A research assistant
(C) A bank clerk
(D) A real estate agent

90. What did the listeners receive at the door?

(A) A survey of the location
(B) A bus timetable
(C) A map of the area
(D) A list of rules

91. What does the speaker mean when he says, "Houses like these are rarely for sale"?

(A) Costs may be difficult to estimate.
(B) There will be more construction.
(C) The neighborhood changes often.
(D) A decision should be made quickly.

92. What is the topic of the seminar?

(A) Sales management
(B) Marketing trends
(C) Instrument design
(D) International customers

93. What type of document are the listeners asked to create?

(A) A client questionnaire
(B) A group presentation
(C) An evaluation form
(D) A manufacturing schedule

94. Why does the speaker say, "The media center is right down the hallway"?

(A) To emphasize a deadline
(B) To express a concern
(C) To ask for a volunteer
(D) To make a suggestion

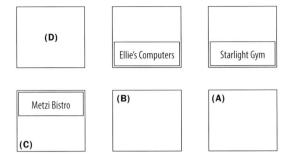

95. What type of business is the speaker planning to open?

(A) A delivery company
(B) A printing shop
(C) A convenience store
(D) A garden center

96. Look at the graphic. Which location is the speaker referring to?

(A) Location A
(B) Location B
(C) Location C
(D) Location D

97. What does the speaker want to confirm?

(A) Some space requirements
(B) Some financing options
(C) A training schedule
(D) An office address

Quick and Tasty Chili

Cooking Time: 30 minutes
Ingredients:
500 grams beef
3 teaspoons salt
1 can of beans

Instructions:
1. Combine all ingredients in a large pan and bring to a boil.
2. Lower the heat and cook for 20 more minutes.

---

98. What type of business does the speaker probably work for?

(A) A café
(B) A factory
(C) A supermarket
(D) A publisher

99. What problem is mentioned?

(A) An employee called in sick.
(B) Some bad feedback was provided.
(C) Some ingredients were not purchased.
(D) A sales target was missed.

100. Look at the graphic. Which detail will most likely be changed?

(A) 30 minutes
(B) 500 grams
(C) 3 teaspoons
(D) 1 can

This is the end of the Listening test.

ANSWER SHEET

파고다 토익 종합서 LC – ACTUAL TEST 01

LISTENING (Part I-IV)

NO.	ANSWER A B C D	NO.	ANSWER A B C D	NO.	ANSWER A B C D	NO.	ANSWER A B C D	NO.	ANSWER A B C D
1	Ⓐ Ⓑ Ⓒ Ⓓ	21	Ⓐ Ⓑ Ⓒ	41	Ⓐ Ⓑ Ⓒ Ⓓ	61	Ⓐ Ⓑ Ⓒ Ⓓ	81	Ⓐ Ⓑ Ⓒ Ⓓ
2	Ⓐ Ⓑ Ⓒ Ⓓ	22	Ⓐ Ⓑ Ⓒ	42	Ⓐ Ⓑ Ⓒ Ⓓ	62	Ⓐ Ⓑ Ⓒ Ⓓ	82	Ⓐ Ⓑ Ⓒ Ⓓ
3	Ⓐ Ⓑ Ⓒ Ⓓ	23	Ⓐ Ⓑ Ⓒ	43	Ⓐ Ⓑ Ⓒ Ⓓ	63	Ⓐ Ⓑ Ⓒ Ⓓ	83	Ⓐ Ⓑ Ⓒ Ⓓ
4	Ⓐ Ⓑ Ⓒ Ⓓ	24	Ⓐ Ⓑ Ⓒ	44	Ⓐ Ⓑ Ⓒ Ⓓ	64	Ⓐ Ⓑ Ⓒ Ⓓ	84	Ⓐ Ⓑ Ⓒ Ⓓ
5	Ⓐ Ⓑ Ⓒ Ⓓ	25	Ⓐ Ⓑ Ⓒ	45	Ⓐ Ⓑ Ⓒ Ⓓ	65	Ⓐ Ⓑ Ⓒ Ⓓ	85	Ⓐ Ⓑ Ⓒ Ⓓ
6	Ⓐ Ⓑ Ⓒ Ⓓ	26	Ⓐ Ⓑ Ⓒ	46	Ⓐ Ⓑ Ⓒ Ⓓ	66	Ⓐ Ⓑ Ⓒ Ⓓ	86	Ⓐ Ⓑ Ⓒ Ⓓ
7	Ⓐ Ⓑ Ⓒ	27	Ⓐ Ⓑ Ⓒ	47	Ⓐ Ⓑ Ⓒ Ⓓ	67	Ⓐ Ⓑ Ⓒ Ⓓ	87	Ⓐ Ⓑ Ⓒ Ⓓ
8	Ⓐ Ⓑ Ⓒ	28	Ⓐ Ⓑ Ⓒ	48	Ⓐ Ⓑ Ⓒ Ⓓ	68	Ⓐ Ⓑ Ⓒ Ⓓ	88	Ⓐ Ⓑ Ⓒ Ⓓ
9	Ⓐ Ⓑ Ⓒ	29	Ⓐ Ⓑ Ⓒ	49	Ⓐ Ⓑ Ⓒ Ⓓ	69	Ⓐ Ⓑ Ⓒ Ⓓ	89	Ⓐ Ⓑ Ⓒ Ⓓ
10	Ⓐ Ⓑ Ⓒ	30	Ⓐ Ⓑ Ⓒ	50	Ⓐ Ⓑ Ⓒ Ⓓ	70	Ⓐ Ⓑ Ⓒ Ⓓ	90	Ⓐ Ⓑ Ⓒ Ⓓ
11	Ⓐ Ⓑ Ⓒ	31	Ⓐ Ⓑ Ⓒ	51	Ⓐ Ⓑ Ⓒ Ⓓ	71	Ⓐ Ⓑ Ⓒ Ⓓ	91	Ⓐ Ⓑ Ⓒ Ⓓ
12	Ⓐ Ⓑ Ⓒ	32	Ⓐ Ⓑ Ⓒ Ⓓ	52	Ⓐ Ⓑ Ⓒ Ⓓ	72	Ⓐ Ⓑ Ⓒ Ⓓ	92	Ⓐ Ⓑ Ⓒ Ⓓ
13	Ⓐ Ⓑ Ⓒ	33	Ⓐ Ⓑ Ⓒ Ⓓ	53	Ⓐ Ⓑ Ⓒ Ⓓ	73	Ⓐ Ⓑ Ⓒ Ⓓ	93	Ⓐ Ⓑ Ⓒ Ⓓ
14	Ⓐ Ⓑ Ⓒ	34	Ⓐ Ⓑ Ⓒ Ⓓ	54	Ⓐ Ⓑ Ⓒ Ⓓ	74	Ⓐ Ⓑ Ⓒ Ⓓ	94	Ⓐ Ⓑ Ⓒ Ⓓ
15	Ⓐ Ⓑ Ⓒ	35	Ⓐ Ⓑ Ⓒ Ⓓ	55	Ⓐ Ⓑ Ⓒ Ⓓ	75	Ⓐ Ⓑ Ⓒ Ⓓ	95	Ⓐ Ⓑ Ⓒ Ⓓ
16	Ⓐ Ⓑ Ⓒ	36	Ⓐ Ⓑ Ⓒ Ⓓ	56	Ⓐ Ⓑ Ⓒ Ⓓ	76	Ⓐ Ⓑ Ⓒ Ⓓ	96	Ⓐ Ⓑ Ⓒ Ⓓ
17	Ⓐ Ⓑ Ⓒ	37	Ⓐ Ⓑ Ⓒ Ⓓ	57	Ⓐ Ⓑ Ⓒ Ⓓ	77	Ⓐ Ⓑ Ⓒ Ⓓ	97	Ⓐ Ⓑ Ⓒ Ⓓ
18	Ⓐ Ⓑ Ⓒ	38	Ⓐ Ⓑ Ⓒ Ⓓ	58	Ⓐ Ⓑ Ⓒ Ⓓ	78	Ⓐ Ⓑ Ⓒ Ⓓ	98	Ⓐ Ⓑ Ⓒ Ⓓ
19	Ⓐ Ⓑ Ⓒ	39	Ⓐ Ⓑ Ⓒ Ⓓ	59	Ⓐ Ⓑ Ⓒ Ⓓ	79	Ⓐ Ⓑ Ⓒ Ⓓ	99	Ⓐ Ⓑ Ⓒ Ⓓ
20	Ⓐ Ⓑ Ⓒ	40	Ⓐ Ⓑ Ⓒ Ⓓ	60	Ⓐ Ⓑ Ⓒ Ⓓ	80	Ⓐ Ⓑ Ⓒ Ⓓ	100	Ⓐ Ⓑ Ⓒ Ⓓ

ANSWER SHEET

ANSWER SHEET

파고다 토익 종합서 LC – ACTUAL TEST 02

LISTENING (Part I-IV)

NO.	ANSWER A B C D	NO.	ANSWER A B C D	NO.	ANSWER A B C D	NO.	ANSWER A B C D	NO.	ANSWER A B C D
1	Ⓐ Ⓑ Ⓒ Ⓓ	21	Ⓐ Ⓑ Ⓒ	41	Ⓐ Ⓑ Ⓒ Ⓓ	61	Ⓐ Ⓑ Ⓒ Ⓓ	81	Ⓐ Ⓑ Ⓒ Ⓓ
2	Ⓐ Ⓑ Ⓒ Ⓓ	22	Ⓐ Ⓑ Ⓒ	42	Ⓐ Ⓑ Ⓒ Ⓓ	62	Ⓐ Ⓑ Ⓒ Ⓓ	82	Ⓐ Ⓑ Ⓒ Ⓓ
3	Ⓐ Ⓑ Ⓒ Ⓓ	23	Ⓐ Ⓑ Ⓒ	43	Ⓐ Ⓑ Ⓒ Ⓓ	63	Ⓐ Ⓑ Ⓒ Ⓓ	83	Ⓐ Ⓑ Ⓒ Ⓓ
4	Ⓐ Ⓑ Ⓒ Ⓓ	24	Ⓐ Ⓑ Ⓒ	44	Ⓐ Ⓑ Ⓒ Ⓓ	64	Ⓐ Ⓑ Ⓒ Ⓓ	84	Ⓐ Ⓑ Ⓒ Ⓓ
5	Ⓐ Ⓑ Ⓒ Ⓓ	25	Ⓐ Ⓑ Ⓒ	45	Ⓐ Ⓑ Ⓒ Ⓓ	65	Ⓐ Ⓑ Ⓒ Ⓓ	85	Ⓐ Ⓑ Ⓒ Ⓓ
6	Ⓐ Ⓑ Ⓒ Ⓓ	26	Ⓐ Ⓑ Ⓒ	46	Ⓐ Ⓑ Ⓒ Ⓓ	66	Ⓐ Ⓑ Ⓒ Ⓓ	86	Ⓐ Ⓑ Ⓒ Ⓓ
7	Ⓐ Ⓑ Ⓒ	27	Ⓐ Ⓑ Ⓒ	47	Ⓐ Ⓑ Ⓒ Ⓓ	67	Ⓐ Ⓑ Ⓒ Ⓓ	87	Ⓐ Ⓑ Ⓒ Ⓓ
8	Ⓐ Ⓑ Ⓒ	28	Ⓐ Ⓑ Ⓒ	48	Ⓐ Ⓑ Ⓒ Ⓓ	68	Ⓐ Ⓑ Ⓒ Ⓓ	88	Ⓐ Ⓑ Ⓒ Ⓓ
9	Ⓐ Ⓑ Ⓒ	29	Ⓐ Ⓑ Ⓒ	49	Ⓐ Ⓑ Ⓒ Ⓓ	69	Ⓐ Ⓑ Ⓒ Ⓓ	89	Ⓐ Ⓑ Ⓒ Ⓓ
10	Ⓐ Ⓑ Ⓒ	30	Ⓐ Ⓑ Ⓒ	50	Ⓐ Ⓑ Ⓒ Ⓓ	70	Ⓐ Ⓑ Ⓒ Ⓓ	90	Ⓐ Ⓑ Ⓒ Ⓓ
11	Ⓐ Ⓑ Ⓒ	31	Ⓐ Ⓑ Ⓒ	51	Ⓐ Ⓑ Ⓒ Ⓓ	71	Ⓐ Ⓑ Ⓒ Ⓓ	91	Ⓐ Ⓑ Ⓒ Ⓓ
12	Ⓐ Ⓑ Ⓒ	32	Ⓐ Ⓑ Ⓒ Ⓓ	52	Ⓐ Ⓑ Ⓒ Ⓓ	72	Ⓐ Ⓑ Ⓒ Ⓓ	92	Ⓐ Ⓑ Ⓒ Ⓓ
13	Ⓐ Ⓑ Ⓒ	33	Ⓐ Ⓑ Ⓒ Ⓓ	53	Ⓐ Ⓑ Ⓒ Ⓓ	73	Ⓐ Ⓑ Ⓒ Ⓓ	93	Ⓐ Ⓑ Ⓒ Ⓓ
14	Ⓐ Ⓑ Ⓒ	34	Ⓐ Ⓑ Ⓒ Ⓓ	54	Ⓐ Ⓑ Ⓒ Ⓓ	74	Ⓐ Ⓑ Ⓒ Ⓓ	94	Ⓐ Ⓑ Ⓒ Ⓓ
15	Ⓐ Ⓑ Ⓒ	35	Ⓐ Ⓑ Ⓒ Ⓓ	55	Ⓐ Ⓑ Ⓒ Ⓓ	75	Ⓐ Ⓑ Ⓒ Ⓓ	95	Ⓐ Ⓑ Ⓒ Ⓓ
16	Ⓐ Ⓑ Ⓒ	36	Ⓐ Ⓑ Ⓒ Ⓓ	56	Ⓐ Ⓑ Ⓒ Ⓓ	76	Ⓐ Ⓑ Ⓒ Ⓓ	96	Ⓐ Ⓑ Ⓒ Ⓓ
17	Ⓐ Ⓑ Ⓒ	37	Ⓐ Ⓑ Ⓒ Ⓓ	57	Ⓐ Ⓑ Ⓒ Ⓓ	77	Ⓐ Ⓑ Ⓒ Ⓓ	97	Ⓐ Ⓑ Ⓒ Ⓓ
18	Ⓐ Ⓑ Ⓒ	38	Ⓐ Ⓑ Ⓒ Ⓓ	58	Ⓐ Ⓑ Ⓒ Ⓓ	78	Ⓐ Ⓑ Ⓒ Ⓓ	98	Ⓐ Ⓑ Ⓒ Ⓓ
19	Ⓐ Ⓑ Ⓒ	39	Ⓐ Ⓑ Ⓒ Ⓓ	59	Ⓐ Ⓑ Ⓒ Ⓓ	79	Ⓐ Ⓑ Ⓒ Ⓓ	99	Ⓐ Ⓑ Ⓒ Ⓓ
20	Ⓐ Ⓑ Ⓒ	40	Ⓐ Ⓑ Ⓒ Ⓓ	60	Ⓐ Ⓑ Ⓒ Ⓓ	80	Ⓐ Ⓑ Ⓒ Ⓓ	100	Ⓐ Ⓑ Ⓒ Ⓓ

ANSWER SHEET

ANSWER SHEET

파고다 토익 종합서 LC – ACTUAL TEST 03

LISTENING (Part I-IV)

NO.	ANSWER A B C D	NO.	ANSWER A B C D	NO.	ANSWER A B C D	NO.	ANSWER A B C D	NO.	ANSWER A B C D
1	Ⓐ Ⓑ Ⓒ Ⓓ	21	Ⓐ Ⓑ Ⓒ	41	Ⓐ Ⓑ Ⓒ Ⓓ	61	Ⓐ Ⓑ Ⓒ Ⓓ	81	Ⓐ Ⓑ Ⓒ Ⓓ
2	Ⓐ Ⓑ Ⓒ Ⓓ	22	Ⓐ Ⓑ Ⓒ	42	Ⓐ Ⓑ Ⓒ Ⓓ	62	Ⓐ Ⓑ Ⓒ Ⓓ	82	Ⓐ Ⓑ Ⓒ Ⓓ
3	Ⓐ Ⓑ Ⓒ Ⓓ	23	Ⓐ Ⓑ Ⓒ	43	Ⓐ Ⓑ Ⓒ Ⓓ	63	Ⓐ Ⓑ Ⓒ Ⓓ	83	Ⓐ Ⓑ Ⓒ Ⓓ
4	Ⓐ Ⓑ Ⓒ Ⓓ	24	Ⓐ Ⓑ Ⓒ	44	Ⓐ Ⓑ Ⓒ Ⓓ	64	Ⓐ Ⓑ Ⓒ Ⓓ	84	Ⓐ Ⓑ Ⓒ Ⓓ
5	Ⓐ Ⓑ Ⓒ Ⓓ	25	Ⓐ Ⓑ Ⓒ	45	Ⓐ Ⓑ Ⓒ Ⓓ	65	Ⓐ Ⓑ Ⓒ Ⓓ	85	Ⓐ Ⓑ Ⓒ Ⓓ
6	Ⓐ Ⓑ Ⓒ Ⓓ	26	Ⓐ Ⓑ Ⓒ	46	Ⓐ Ⓑ Ⓒ Ⓓ	66	Ⓐ Ⓑ Ⓒ Ⓓ	86	Ⓐ Ⓑ Ⓒ Ⓓ
7	Ⓐ Ⓑ Ⓒ	27	Ⓐ Ⓑ Ⓒ	47	Ⓐ Ⓑ Ⓒ Ⓓ	67	Ⓐ Ⓑ Ⓒ Ⓓ	87	Ⓐ Ⓑ Ⓒ Ⓓ
8	Ⓐ Ⓑ Ⓒ	28	Ⓐ Ⓑ Ⓒ	48	Ⓐ Ⓑ Ⓒ Ⓓ	68	Ⓐ Ⓑ Ⓒ Ⓓ	88	Ⓐ Ⓑ Ⓒ Ⓓ
9	Ⓐ Ⓑ Ⓒ	29	Ⓐ Ⓑ Ⓒ	49	Ⓐ Ⓑ Ⓒ Ⓓ	69	Ⓐ Ⓑ Ⓒ Ⓓ	89	Ⓐ Ⓑ Ⓒ Ⓓ
10	Ⓐ Ⓑ Ⓒ	30	Ⓐ Ⓑ Ⓒ	50	Ⓐ Ⓑ Ⓒ Ⓓ	70	Ⓐ Ⓑ Ⓒ Ⓓ	90	Ⓐ Ⓑ Ⓒ Ⓓ
11	Ⓐ Ⓑ Ⓒ	31	Ⓐ Ⓑ Ⓒ	51	Ⓐ Ⓑ Ⓒ Ⓓ	71	Ⓐ Ⓑ Ⓒ Ⓓ	91	Ⓐ Ⓑ Ⓒ Ⓓ
12	Ⓐ Ⓑ Ⓒ	32	Ⓐ Ⓑ Ⓒ Ⓓ	52	Ⓐ Ⓑ Ⓒ Ⓓ	72	Ⓐ Ⓑ Ⓒ Ⓓ	92	Ⓐ Ⓑ Ⓒ Ⓓ
13	Ⓐ Ⓑ Ⓒ	33	Ⓐ Ⓑ Ⓒ Ⓓ	53	Ⓐ Ⓑ Ⓒ Ⓓ	73	Ⓐ Ⓑ Ⓒ Ⓓ	93	Ⓐ Ⓑ Ⓒ Ⓓ
14	Ⓐ Ⓑ Ⓒ	34	Ⓐ Ⓑ Ⓒ Ⓓ	54	Ⓐ Ⓑ Ⓒ Ⓓ	74	Ⓐ Ⓑ Ⓒ Ⓓ	94	Ⓐ Ⓑ Ⓒ Ⓓ
15	Ⓐ Ⓑ Ⓒ	35	Ⓐ Ⓑ Ⓒ Ⓓ	55	Ⓐ Ⓑ Ⓒ Ⓓ	75	Ⓐ Ⓑ Ⓒ Ⓓ	95	Ⓐ Ⓑ Ⓒ Ⓓ
16	Ⓐ Ⓑ Ⓒ	36	Ⓐ Ⓑ Ⓒ Ⓓ	56	Ⓐ Ⓑ Ⓒ Ⓓ	76	Ⓐ Ⓑ Ⓒ Ⓓ	96	Ⓐ Ⓑ Ⓒ Ⓓ
17	Ⓐ Ⓑ Ⓒ	37	Ⓐ Ⓑ Ⓒ Ⓓ	57	Ⓐ Ⓑ Ⓒ Ⓓ	77	Ⓐ Ⓑ Ⓒ Ⓓ	97	Ⓐ Ⓑ Ⓒ Ⓓ
18	Ⓐ Ⓑ Ⓒ	38	Ⓐ Ⓑ Ⓒ Ⓓ	58	Ⓐ Ⓑ Ⓒ Ⓓ	78	Ⓐ Ⓑ Ⓒ Ⓓ	98	Ⓐ Ⓑ Ⓒ Ⓓ
19	Ⓐ Ⓑ Ⓒ	39	Ⓐ Ⓑ Ⓒ Ⓓ	59	Ⓐ Ⓑ Ⓒ Ⓓ	79	Ⓐ Ⓑ Ⓒ Ⓓ	99	Ⓐ Ⓑ Ⓒ Ⓓ
20	Ⓐ Ⓑ Ⓒ	40	Ⓐ Ⓑ Ⓒ Ⓓ	60	Ⓐ Ⓑ Ⓒ Ⓓ	80	Ⓐ Ⓑ Ⓒ Ⓓ	100	Ⓐ Ⓑ Ⓒ Ⓓ

ANSWER SHEET

MEMO

MEMO

파고다 토익 LC

LC

종합서 | 해설서

PAGODA Books

파고다 토익 LC

LC

종합서 | 해설서

PART 1

CHAPTER 01 문제 풀이 전략

CASE 집중훈련
1. (D)   2. (C)
본서 p.32

1. 영국

(A) One of the women is holding a glass of water.
(B) One of the women is turning on her computer.
(C) The women are reading some documents.
(D) The women are shaking hands.

(A) 여자들 중 한 명이 물 한 컵을 들고 있다.
(B) 여자들 중 한 명이 자신의 컴퓨터를 켜고 있다.
(C) 여자들이 문서를 읽고 있다.
(D) 여자들이 악수하고 있다.

해설 (A) 동작 묘사 오류(is holding)
  (B) 동작 묘사 오류(is turning on)
  (C) 동작 묘사 오류(are reading)
  (D) 두 여자가 서로 악수하고 있는 모습을 적절히 묘사했으므로 정답이다.

+ 정답 더보기
The women are seated across from each other.
여자들이 서로 맞은편에 앉아 있다.

어휘 turn on (전기·가스·수도 등을) 켜다 ǀ document 문서, 서류 ǀ shake hands 악수하다 ǀ be seated 앉다 ǀ across from each other 서로 맞은편에, 서로 마주 보고

2. 미국

(A) A woman is opening a window.
(B) A woman is weighing some fruits on a scale.
(C) A woman is making a sandwich.
(D) A woman is taking some bowls out of a cupboard.

(A) 한 여자가 창문을 열고 있다.
(B) 한 여자가 저울에 과일의 무게를 재고 있다.
(C) 한 여자가 샌드위치를 만들고 있다.
(D) 한 여자가 찬장에서 그릇을 꺼내고 있다.

해설 (A) 동작 묘사 오류(is opening)
  (B) 동작 묘사 오류(is weighing)
  (C) 여자가 샌드위치를 만들고 있는 모습을 적절히 묘사했으므로 정답이다.
  (D) 동작 묘사 오류(is taking ~ out)

+ 정답 더보기
She's making some food in a kitchen.
여자가 주방에서 음식을 만들고 있다.

어휘 weigh 무게를 재다 ǀ scale 저울 ǀ bowl 그릇 ǀ cupboard 찬장

CASE 집중훈련
1. (A)   2. (C)
본서 p.33

1. 호주

(A) A woman is preparing some food in a kitchen.
(B) A woman is washing some containers in a sink.
(C) A woman is chopping some vegetables on a counter.
(D) A woman is arranging some cups on a shelf.

(A) 한 여자가 주방에서 음식을 준비하고 있다.
(B) 한 여자가 싱크대에서 그릇을 씻고 있다.
(C) 한 여자가 조리대에서 야채를 썰고 있다.
(D) 한 여자가 선반에 컵을 정리하고 있다.

해설 **(A) 여자가 주방에서 음식을 준비하고 있는 모습을 적절히 묘사했으므로 정답이다. (포괄적 묘사)**
  (B) 동작 묘사 오류(is washing)
  (C) 동작 묘사 오류(is chopping)
  (D) 동작 묘사 오류(is arranging)

+ 정답 더보기
She's holding a sandwich.
여자가 샌드위치를 들고 있다. (구체적 묘사)

어휘 container 그릇, 용기 ǀ sink 싱크대 ǀ chop 썰다, 다지다 ǀ counter 조리대 ǀ arrange 정리하다 ǀ shelf 선반 ǀ hold (손에) 들다, 쥐다

2. 미국

(A) A woman is drawing a chart on a whiteboard.
(B) A woman is handing out some documents.
(C) Some people are attending a meeting.
(D) Some people are raising their hands.

(A) 한 여자가 화이트보드에 표를 그리고 있다.
(B) 한 여자가 문서를 나눠 주고 있다.
(C) 몇몇 사람들이 회의에 참석 중이다.
(D) 몇몇 사람들이 손을 들고 있다.

해설 (A) 동작 묘사 오류(is drawing)
  (B) 동작 묘사 오류(is handing out)
  (C) 사람들이 회의에 참석 중인 모습을 적절히 묘사했으므로 정답이다. (포괄적 묘사)
  (D) 동작 묘사 오류(are raising)

+ 정답 더보기
Some people are seated around a desk.
몇몇 사람들이 책상을 둘러싸고 앉아 있다. (구체적 묘사)

어휘 draw 그리다 ǀ chart 표 ǀ hand out ~을 나눠 주다 ǀ attend 참석하다 ǀ raise 들다, 들어 올리다

CASE 집중훈련
1. (B)   2. (A)
본서 p.34

1. 미국

(A) A woman is washing a window.
(B) A woman is carrying a potted plant outside.

(C) Some wooden boards are being unloaded.
(D) Some chairs are being arranged around a table.

   (A) 한 여자가 창문을 닦고 있다.
   (B) 한 여자가 화분을 밖으로 나르고 있다.
   (C) 몇몇 나무판자들이 내려지고 있다.
   (D) 몇몇 의자들이 테이블 주위로 배치되고 있다.

해설 (A) 사진 속 사물 window를 이용한 오답! 동작 묘사 오류(is washing)
     (B) 여자가 화분을 밖으로 나르고 있는 동작을 적절히 묘사했으므로 정답이다.
     (C) 사진에 등장하지 않는 사물(wooden boards), 동작 묘사 오류 (are being unloaded)
     (D) 사진 속 사물 chairs를 이용한 오답! 동작 묘사 오류(are being arranged)

✚ **정답 더보기**
Some potted plants have been displayed outside.
몇몇 화분들이 밖에 진열되어 있다.

어휘 carry 나르다, 옮기다 ǀ potted plant 화분 ǀ outside 밖에 ǀ wooden board 나무판자, 목판 ǀ unload (짐 등을) 내리다 ǀ arrange 배치하다 ǀ display 진열하다

---

2. 영국
   (A) Some books have been placed on shelves.
   (B) Light fixtures are suspended above the table.
   (C) Window blinds are being closed.
   (D) All the chairs are occupied.

   (A) 몇몇 책들이 책장에 놓여 있다.
   (B) 조명 기구들이 탁자 위쪽에 매달려 있다.
   (C) 창문 블라인드들이 닫히는 중이다.
   (D) 모든 의자들이 사용 중이다.

해설 **(A) 책들이 책장에 놓여 있는 상태를 적절히 묘사했으므로 정답이다.**
     (B) 사진 속 사물 light fixtures를 이용한 오답! 상태 묘사 오류(are suspended)
     (C) 사진 속 사물 window blinds를 이용한 오답! 동작 묘사 오류(are being closed)
     (D) 사진 속 사물 chairs를 이용한 오답! 상태 묘사 오류(are occupied)

✚ **정답 더보기**
Shelves are filled with books. 책장들이 책으로 가득 차 있다.

어휘 place 놓다, 두다 ǀ shelf 책장, 선반 ǀ light fixture 조명 기구 ǀ suspend 매달다 ǀ above ~ 위쪽에 ǀ occupy 사용하다, 차지하다 ǀ be filled with ~로 가득 차 있다

CASE 집중훈련
본서 p.35
1. (D)   **2.** (B)

1. 영국
   (A) A man is paying for a purchase.
   (B) A woman is looking into a display case.
   (C) Some photographs are posted on a wall.
   (D) Some merchandise is lined up on shelves.

   (A) 한 남자가 구매품의 값을 지불하고 있다.
   (B) 한 여자가 진열장을 들여다보고 있다.
   (C) 몇몇 사진들이 벽에 게시되어 있다.
   (D) 몇몇 상품이 선반에 줄이어 있다.

해설 (A) 동작 묘사 오류(is paying)
     (B) 사진에 등장하지 않는 사물(display case)
     (C) 사진에 등장하지 않는 사물(photographs)
     (D) 상품이 선반 위에 줄지어 진열되어 있는 상태를 적절히 묘사했으므로 정답이다.

✚ **정답 더보기**
He's examining some merchandise.
남자가 상품을 살펴보고 있다.

어휘 pay for ~의 값을 지불하다 ǀ purchase 구매품 ǀ look into ~을 들여다보다 ǀ display case 진열장 ǀ photograph 사진 ǀ post 게시하다 ǀ line up ~을 한 줄[일렬]로 세우다 ǀ shelf 선반 ǀ examine 살펴보다, 검토하다 ǀ merchandise 상품

---

2. 호주
   (A) Some buckets have been stacked in a corner.
   (B) Some potted plants are placed outside a building.
   (C) A branch has fallen on the ground.
   (D) A sign has been hung on the wall.

   (A) 몇몇 양동이들이 구석에 쌓여 있다.
   (B) 몇몇 화분들이 건물 밖에 놓여 있다.
   (C) 나뭇가지 하나가 땅에 떨어져 있다.
   (D) 간판 하나가 벽에 걸려 있다.

해설 (A) 사진에 등장하지 않는 사물(buckets)
     (B) 화분들이 건물 밖에 놓여 있는 상태를 적절히 묘사했으므로 정답이다.
     (C) 사진에 등장하지 않는 사물(branch)
     (D) 사진에 등장하지 않는 사물(sign)

✚ **정답 더보기**
A structure is casting a shadow on the ground.
한 건물이 땅에 그림자를 드리우고 있다.

어휘 bucket 양동이 ǀ stack 쌓다 ǀ potted plant 화분 ǀ place 놓다 ǀ branch 나뭇가지 ǀ sign 간판 ǀ hang 걸다, 매달다 (hang-hung-hung) ǀ cast a shadow 그림자를 드리우다

CASE 집중훈련
본서 p.36
1. (A)   **2.** (A)

1. 미국
   (A) Some people are getting on a vehicle.
   (B) Some people are setting up a ramp.
   (C) A woman is sitting on a bench.
   (D) A man is crossing a street.

   (A) 몇몇 사람들이 차량에 탑승하고 있다.
   (B) 몇몇 사람들이 경사판을 놓고 있다.
   (C) 한 여자가 벤치에 앉아 있다.
   (D) 한 남자가 길을 건너고 있다.

해설 **(A) 사람들이 차량에 탑승하고 있는 동작을 적절히 묘사했으므로 정답이다.**
     (B) 동작 묘사 오류(are setting up)
     (C) 주어 불일치 오류(A woman), 동작의 대상 오류(bench)
     (D) 동작 묘사 오류(is crossing)

➕ 정답 더보기
A wheelchair is being pushed up a ramp.
한 휠체어가 경사판 위로 밀어 올려지고 있다.

어휘 get on ~에 타다 | vehicle 차량 | set up ~을 놓다, 설치하다 | ramp 경사판 | cross 건너다

---

2. 미국

(A) One of the people is hammering a nail.
(B) One of the people is putting on earmuffs.
(C) One of the men is lifting a wooden board.
(D) One of the men is arranging items on a shelf.

(A) **사람들 중 한 명이 망치로 못질을 하고 있다.**
(B) 사람들 중 한 명이 귀마개를 끼는 중이다.
(C) 남자들 중 한 명이 나무판자를 들어 올리고 있다.
(D) 남자들 중 한 명이 선반에 물건들을 정리하고 있다.

해설 (A) **남자들 중 한 명이 못질을 하고 있는 동작을 적절히 묘사했으므로 정답이다.**
(B) 동작 묘사 오류(is putting on)
(C) 동작 묘사 오류(is lifting)
(D) 동작 묘사 오류(is arranging)

➕ 정답 더보기
Workers are wearing aprons.
작업자들이 앞치마를 입고 있다.

어휘 hammer 망치로 치다 | nail 못 | put on ~을 착용하다 | earmuff 귀마개 | lift 들어 올리다 | wooden board 나무판자 | arrange 정리하다, 배열하다 | shelf 선반 | worker 작업자 | wear 입다 | apron 앞치마

CASE 집중훈련

본서 p.37

1. (B) **2.** (B)

---

1. 영국

(A) Some people are sitting on chairs on the platform.
(B) Some people are pulling their suitcases.
(C) A man is putting some items into a cart.
(D) A woman is bending over some luggage.

(A) 몇몇 사람들이 승강장 의자에 앉아 있다.
(B) **몇몇 사람들이 자신들의 여행 가방을 끌고 있다.**
(C) 한 남자가 카트에 물품들을 담고 있다.
(D) 한 여자가 수하물 위로 몸을 숙이고 있다.

해설 (A) 상태 묘사 오류(are sitting)
(B) **몇몇 사람들이 여행 가방을 끌고 있는 모습을 적절히 묘사했으므로 정답이다.**
(C) 동작 묘사 오류(is putting ~ into)
(D) 동작 묘사 오류(is bending over)

➕ 정답 더보기
Some people are walking in the same direction.
몇몇 사람들이 같은 방향으로 걷고 있다.

어휘 platform 승강장 | pull 끌다, 당기다 | suitcase 여행 가방 | put A into B A를 B에 담다, 넣다 | bend over ~ 위로 몸을 숙이다 | luggage 수하물, 짐 | direction 방향

---

2. 미국

(A) Bicycles have been parked in a row.
(B) Some shelves have been stocked with various items.
(C) A ladder is being set up against a wall.
(D) Some cabinet drawers have been left open.

(A) 자전거들이 일렬로 주차되어 있다.
(B) **몇몇 선반들이 여러 가지 물건들로 채워져 있다.**
(C) 사다리 하나가 벽에 세워지고 있다.
(D) 몇몇 보관함 서랍들이 열려 있다.

해설 (A) 상태 묘사 오류(have been parked in a row)
(B) **몇몇 선반들이 여러 가지 물건들로 채워져 있는 상태를 적절히 묘사했으므로 정답이다.**
(C) 동작 묘사 오류(is being set up)
(D) 상태 묘사 오류(have been left open)

➕ 정답 더보기
Some containers are stacked on top of each other.
몇몇 용기들이 차곡차곡 쌓여 있다.

어휘 in a row 일렬로 | stock 채우다 | ladder 사다리 | set up ~을 세우다, 놓다 | drawer 서랍 | container 용기 | stack 쌓다 | on top of each other 차곡차곡

CASE 집중훈련

본서 p.38

1. (A) **2.** (D)

---

1. 미국

(A) Some men are playing musical instruments.
(B) Some men are performing indoors.
(C) One of the men is carrying a music stand.
(D) One of the men is laying out a rug on the floor.

(A) **몇몇 남자들이 악기를 연주하고 있다.**
(B) 몇몇 남자들이 실내에서 공연하고 있다.
(C) 남자들 중 한 명이 악보대를 옮기고 있다.
(D) 남자들 중 한 명이 깔개를 바닥에 펴고 있다.

해설 (A) **몇몇 사람들이 악기를 연주하고 있는 모습을 적절히 묘사했으므로 정답이다.**
(B) 장소 묘사 오류(indoors)
(C) 사진에 등장하지 않는 사물(music stand)
(D) 사진에 등장하지 않는 사물(rug)

➕ 정답 더보기
Some men are standing next to each other.
몇몇 남자들이 나란히 서 있다.

어휘 musical instrument 악기 | perform 공연하다, 연주하다 | indoors 실내에서 | carry 옮기다, 나르다 | music stand 악보대 | lay out ~을 펴다, 펼치다 | rug 깔개, 양탄자 | next to each other 나란히

---

2. 호주

(A) Some people are walking into a garage.
(B) Some people are carrying some plates of food.
(C) Some people are loading a vehicle with some bags.
(D) Some people are approaching a car in a parking lot.

(A) 몇몇 사람들이 차고로 걸어 들어가고 있다.
(B) 몇몇 사람들이 음식이 담긴 접시를 나르고 있다.
(C) 몇몇 사람들이 차량에 가방들을 싣고 있다.
(D) 몇몇 사람들이 주차장에 있는 차로 다가가고 있다.

해설 (A) 장소 묘사 오류(into a garage)
(B) 동작의 대상 오류(plates of food)
(C) 동작 묘사 오류(are loading)
(D) 두 남녀가 주차장에 있는 차로 다가가고 있는 모습을 적절히 묘사했으므로 정답이다.

✚ 정답 더보기
They're carrying some groceries.
사람들이 식료품을 들고 가고 있다.

어휘 garage 차고 ǀ carry 나르다, 들고 가다 ǀ load (짐 등을) 싣다, 적재하다 ǀ vehicle 차량 ǀ approach 다가가다, 접근하다 ǀ parking lot 주차장 ǀ grocery 식료품

CASE 집중훈련
본서 p.39
1. (A)   **2.** (B)

1. 호주
(A) A woman is adjusting a device.
(B) A woman is watching a video presentation.
(C) A camera is being placed in a case.
(D) A camera stand is being propped against a wall.

(A) 한 여자가 기기를 조정하고 있다.
(B) 한 여자가 동영상 발표를 보고 있다.
(C) 카메라가 가방 안에 놓여지고 있다.
(D) 카메라용 삼각대가 벽에 받쳐 놓여지고 있다.

해설 **(A) 한 여자가 카메라를 조정하고 있는 모습을 적절히 묘사했으므로 정답이다.**
(B) 동작 묘사 오류(is watching)
(C) 위치 묘사 오류(in a case)
(D) 동작 묘사 오류(is being propped against)

✚ 정답 더보기
Some flowers have been arranged in a vase.
몇몇 꽃들이 꽃병에 꽂혀 있다.

어휘 adjust 조정하다 ǀ device 기기 ǀ camera stand 카메라용 삼각대 ǀ prop A against B A를 B에 받쳐 놓다, 기대어 세우다 ǀ arrange 가지런히 하다, 배열하다

2. 영국
(A) Some kitchen stools are occupied.
(B) Some light fixtures are hanging from a ceiling.
(C) A microwave has been placed on the kitchen counter.
(D) A dish is being put into an oven.

(A) 몇몇 주방 의자들이 사용 중이다.
(B) 몇몇 조명 기구들이 천장에 달려 있다.
(C) 전자레인지가 주방 조리대 위에 놓여 있다.
(D) 요리가 오븐 안에 놓이고 있다.

해설 (A) 상태 묘사 오류(are occupied)
(B) 조명 기구가 천장에 달려 있는 모습을 적절히 묘사했으므로 정답이다.

(C) 위치 묘사 오류(on the kitchen counter)
(D) 동작 묘사 오류(is being put into)

✚ 정답 더보기
A basket of fruit has been placed on a kitchen counter.
과일 바구니 하나가 주방 조리대 위에 놓여 있다.

어휘 stool 의자, 스툴 ǀ occupy 사용하다, 차지하다 ǀ light fixture 조명 기구 ǀ hang 매달리다, 걸다 ǀ ceiling 천장 ǀ microwave 전자레인지 ǀ counter 조리대, 카운터 ǀ dish 요리, 접시 ǀ oven 오븐

CASE 집중훈련
본서 p.40
1. (C)   **2.** (B)

1. 미국
(A) A man is wearing an apron.
(B) A woman is folding a napkin.
(C) A glass is being filled with a beverage.
(D) Some table lamps are being turned on.

(A) 한 남자가 앞치마를 입고 있다.
(B) 한 여자가 냅킨을 접고 있다.
(C) 유리잔 하나가 음료로 채워지고 있다.
(D) 몇몇 테이블 램프들이 켜지고 있다.

해설 (A) 주어 불일치 오류(A man)
(B) 동작 묘사 오류(is folding)
(C) 유리잔이 음료로 채워지고 있는 모습을 적절히 묘사했으므로 정답이다.
(D) 사진에 등장하지 않는 사물(table lamps)

✚ 정답 더보기
Some candles have been lit. 몇몇 양초들이 켜져 있다.

어휘 apron 앞치마 ǀ fold 접다 ǀ be filled with ~로 채워지다 ǀ beverage 음료 ǀ turn on (전기·가스·수도 등을) 켜다 ǀ light 불을 켜다 (light-lit-lit)

2. 영국
(A) Several paintings have been hung on a wall.
(B) An easel has been set up in a room.
(C) A ladder lies on the floor.
(D) Some furniture is occupied.

(A) 몇몇 그림들이 벽에 걸려 있다.
(B) 이젤 하나가 방 안에 설치되어 있다.
(C) 사다리 하나가 바닥에 놓여 있다.
(D) 몇몇 가구가 사용 중이다.

해설 (A) 주어의 수 불일치 오류(Several paintings)
(B) 이젤이 방 안에 설치되어 있는 상태를 적절히 묘사했으므로 정답이다.
(C) 위치 묘사 오류(on the floor)
(D) 상태 묘사 오류(is occupied)

✚ 정답 더보기
A ladder has been situated against a wall.
사다리 하나가 벽에 기대어져 있다.

어휘 hang 걸다, 매달다 ǀ easel 이젤, 칠판대 ǀ set up ~을 설치하다 ǀ ladder 사다리 ǀ lie 놓여 있다 ǀ occupy 사용하다, 차지하다

CASE 집중훈련

1. (C)　　**2.** (A)

1. 미국

(A) A woman is pushing a baby stroller.
(B) A woman is holding onto a railing.
(C) A woman is taking a scooter down some steps.
(D) A woman is carrying some groceries in her arms.

(A) 한 여자가 유모차를 밀고 있다.
(B) 한 여자가 난간을 잡고 있다.
(C) 한 여자가 스쿠터를 들고 계단을 내려가고 있다.
(D) 한 여자가 두 팔로 식료품을 들고 가고 있다.

해설 (A) 동작 묘사 오류(is pushing)
　　　(B) 동작의 대상 오류(railing)
　　　(C) 여자가 스쿠터를 들고 계단을 내려가고 있는 모습을 적절히 묘사
　　　했으므로 정답이다.
　　　(D) 동작의 대상 오류(groceries)

✚ 정답 더보기
They are descending a staircase.
사람들이 계단을 내려가고 있다.

어휘 baby stroller 유모차 | hold onto ~을 (꼭) 잡다 | railing 난간 | scooter 스쿠터 | groceries 식료품(류) | descend 내려가다 | staircase 계단

2. 미국

(A) Some boxes are stacked on top of each other.
(B) There are large plants next to the sofa.
(C) There is a pile of laundry in the corner.
(D) A ladder is leaning against the window.

(A) 몇몇 상자들이 층층이 쌓여 있다.
(B) 소파 옆에 큰 식물들이 있다.
(C) 구석에 세탁물 한 무더기가 쌓여 있다.
(D) 사다리 하나가 창문에 기대어 있다.

해설 **(A) 상자들이 층층이 쌓여 있는 상태를 적절히 묘사했으므로 정답이다.**
　　　(B) 상태 묘사 및 주어의 수 불일치 오류(There are large plants)
　　　(C) 사진에 등장하지 않는 사물(laundry)
　　　(D) 동작의 대상 오류(window)

✚ 정답 더보기
The doors have been left shut. 문들이 닫혀 있다.

어휘 stack 쌓다, 포개다 | on top of each other 층층이, 차곡차곡 | next to ~ 옆에 | pile 무더기, 더미 | ladder 사다리 | lean against ~에 기대다 | shut 닫다

CASE 실전훈련

1. (C)　**2.** (D)　**3.** (A)　**4.** (C)　**5.** (C)　**6.** (D)

1. 미국

(A) A man is replacing a tire.
(B) A man is crossing a street.
(C) A man is riding a bicycle.
(D) A man is fueling a car.

(A) 한 남자가 타이어를 교체하고 있다.
(B) 한 남자가 길을 건너고 있다.
(C) 한 남자가 자전거를 타고 있다.
(D) 한 남자가 주유를 하고 있다.

해설 (A) 동작 묘사 오류(is replacing)
　　　(B) 동작 묘사 오류(is crossing)
　　　(C) 남자가 자전거를 타고 있는 동작을 적절히 묘사했으므로 정답이다.
　　　(D) 동작 묘사 오류(is fueling)

✚ 정답 더보기
A man is wearing a backpack.
한 남자가 배낭을 메고 있다.

어휘 replace 교체하다 | tire 타이어 | cross 건너다 | fuel 주유하다, 연료를 넣다 | backpack 배낭

2. 호주

(A) He's cleaning the floor.
(B) He's paying for some items.
(C) He's organizing some shelves.
(D) He's pushing a shopping cart.

(A) 남자가 바닥을 청소하고 있다.
(B) 남자가 물건값을 지불하고 있다.
(C) 남자가 선반을 정리하고 있다.
(D) 남자가 쇼핑 카트를 밀고 있다.

해설 (A) 동작 묘사 오류(is cleaning)
　　　(B) 동작 묘사 오류(is paying)
　　　(C) 동작 묘사 오류(is organizing)
　　　(D) 남자가 카트를 밀고 있는 동작을 적절히 묘사했으므로 정답이다.

✚ 정답 더보기
Some items have been put in a cart.
몇몇 물건들이 카트에 담겨 있다.

어휘 pay for ~의 값을 지불하다 | organize 정리하다 | shelves 선반(shelf의 복수형)

3. 미국

(A) They're wearing glasses.
(B) They're typing on a keyboard.
(C) They're writing on a notepad.
(D) They're seated side by side.

(A) 사람들이 안경을 쓰고 있다.
(B) 사람들이 키보드로 타자를 치고 있다.
(C) 사람들이 메모장에 글을 쓰고 있다.
(D) 사람들이 나란히 앉아 있다.

해설 **(A) 사람들이 안경을 쓰고 있는 상태를 적절히 묘사했으므로 정답이다.**
　　　(B) 동작 묘사 오류(are typing)
　　　(C) 동작 묘사 오류(are writing)
　　　(D) 상태 묘사 오류(are seated side by side)

✚ 정답 더보기
They are sitting across from each other.
사람들이 서로 마주 보고 앉아 있다.

어휘 wear 입다, 쓰다 | glasses 안경 | type 타자 치다 | notepad 메모장 | be seated 앉아 있다 | side by side 나란히 | across from each other 서로 마주 보고

4. 영국

(A) One of the men is arranging some plants.
(B) One of the men is typing on a laptop computer.
(C) They are examining some paperwork.
(D) They are stapling some documents.

(A) 남자들 중 한 명이 식물을 정돈하고 있다.
(B) 남자들 중 한 명이 노트북 컴퓨터로 타자를 치고 있다.
(C) 사람들이 서류를 살펴보고 있다.
(D) 사람들이 문서를 스테이플러로 고정하고 있다.

해설 (A) 동작 묘사 오류(is arranging)
　　 (B) 동작 묘사 오류(is typing)
　　 (C) 사람들이 서류를 보고 있는 모습을 적절히 묘사했으므로 정답이다.
　　 (D) 동작 묘사 오류(are stapling)

✚ 정답 더보기
One of the men is sitting on a desk.
남자들 중 한 명이 책상 위에 앉아 있다.

어휘 arrange 정돈하다, 배열하다 | plant 식물 | type 타자 치다 | laptop computer 노트북 컴퓨터 | examine 살펴보다 | paperwork 서류 | staple 스테이플러로 고정하다 | document 문서

----

5. 미국

(A) Some building materials are being unloaded.
(B) Some workers are pouring concrete.
(C) Some construction equipment is being used.
(D) Some trucks are driving down the road.

(A) 몇몇 건설 자재들이 내려지고 있다.
(B) 몇몇 인부들이 콘크리트를 붓고 있다.
(C) 몇몇 공사 장비가 사용되고 있다.
(D) 몇몇 트럭들이 도로를 지나가고 있다.

해설 (A) 동작 묘사 오류(are being unloaded)
　　 (B) 동작 묘사 오류(are pouring)
　　 (C) 공사 현장에서 공사 장비(포크레인)가 사용 중인 모습을 적절히 묘사했으므로 정답이다.
　　 (D) 사진에 등장하지 않는 사물(trucks)

✚ 정답 더보기
There are some workers at a construction site.
공사 현장에 몇몇 인부들이 있다.

어휘 material 자재, 재료 | unload (짐 등을) 내리다 | pour 붓다, 따르다 | construction 공사

----

6. 호주

(A) A man is diving into the water.
(B) A man is looking through a backpack.
(C) A fence is being set up at a dock.
(D) A backpack has been set on the ground.

(A) 한 남자가 물속으로 다이빙하고 있다.
(B) 한 남자가 배낭을 살펴보고 있다.
(C) 울타리 하나가 부두에 설치되고 있다.
(D) 배낭 하나가 바닥에 놓여져 있다.

해설 (A) 동작 묘사 오류(is diving)
　　 (B) 동작의 대상 오류(backpack)
　　 (C) 동작 묘사 오류(is being set up)
　　 (D) 배낭이 바닥에 놓여 있는 모습을 적절히 묘사했으므로 정답이다.

✚ 정답 더보기
A man is reading outdoors.
한 남자가 야외에서 독서하고 있다.

어휘 look through ~을 살펴보다 | fence 울타리 | set up ~을 설치하다 | dock 부두 | backpack 배낭 | ground 바닥, 지면 | outdoors 야외에서

CHAPTER 02 인물 묘사

CASE 집중훈련　　　　　본서 p.44
1. (C)　　 **2.** (D)

1. 미국

(A) He's taking a bite from a dessert.
(B) He's using an eating utensil.
(C) He's sipping from a cup.
(D) He's reading a magazine.

(A) 남자가 디저트를 한 입 먹고 있다.
(B) 남자가 식기 도구를 사용하고 있다.
(C) 남자가 컵으로 조금씩 마시고 있다.
(D) 남자가 잡지를 읽고 있다.

해설 (A) 동작 묘사 오류(is taking a bite)
　　 (B) 동작의 대상 오류(eating utensil)
　　 (C) 남자가 컵으로 조금씩 마시고 있는 동작을 적절히 묘사했으므로 정답이다.
　　 (D) 사진에 등장하지 않는 사물(magazine)

✚ 정답 더보기
A man is drinking a beverage. 한 남자가 음료를 마시고 있다.

어휘 bite 한 입 | dessert 디저트 | utensil 기구, 도구 | sip (음료를) 조금씩 마시다 | beverage 음료

----

2. 호주

(A) He's pouring some liquid into a container.
(B) He's setting some tools on a table.
(C) He's reaching for some safety gloves.
(D) He's pressing a button on a machine.

(A) 남자가 용기에 액체를 붓고 있다.
(B) 남자가 탁자에 도구를 놓고 있다.
(C) 남자가 안전 장갑을 잡으려고 손을 뻗고 있다.
(D) 남자가 기계의 버튼을 누르고 있다.

해설 (A) 동작 묘사 오류(is pouring)
　　 (B) 동작 묘사 오류(is setting)
　　 (C) 동작 묘사 오류(is reaching for)
　　 (D) 남자가 기계의 버튼을 누르고 있는 동작을 적절히 묘사했으므로 정답이다.

✚ 정답 더보기
He's operating a machine.
남자가 기계를 작동시키고 있다.

어휘 pour 붓다, 쏟다 | liquid 액체 | container 용기 | set 놓다 | tool 도구 | reach for ~을 잡으려고 손을 뻗다 | safety gloves 안전 장갑 | press 누르다 | operate 작동시키다

CASE 집중훈련
1. (B) **2.** (C)

1. 호주

(A) The woman is working on a tablet computer.
(B) The woman is standing in front of a bookshelf.
(C) A file cabinet is being locked.
(D) A backpack is resting on the floor.

(A) 여자가 태블릿 컴퓨터로 작업하고 있다.
(B) 여자가 서가 앞에서 있다.
(C) 문서 보관함 하나가 잠기고 있다.
(D) 배낭 하나가 바닥에 놓여 있다.

해설 (A) 동작 묘사 오류(is working on)
(B) 여자가 서가 앞에 서 있는 모습을 적절히 묘사했으므로 정답이다.
(C) 동작 묘사 오류(is being locked)
(D) 위치 묘사 오류(on the floor)

✚ **정답 더보기**
Some books have been arranged on shelves.
몇몇 책들이 책꽂이에 정리되어 있다.

어휘 tablet computer 태블릿 컴퓨터 | in front of ~의 앞에 | bookshelf 서가, 책장 | file cabinet 문서 보관함 | lock 잠그다 | backpack 배낭 | rest 위치하다, 존재하다 | arrange 정리하다 | shelf 책꽂이, 선반

2. 영국

(A) A man is unwrapping a cardboard box.
(B) A man is adjusting a ladder.
(C) A woman is looking at a book.
(D) A woman is assembling a shelving unit.

(A) 한 남자가 판지 상자를 뜯고 있다.
(B) 한 남자가 사다리를 조절하고 있다.
(C) 한 여자가 책을 보고 있다.
(D) 한 여자가 선반을 조립하고 있다.

해설 (A) 동작 묘사 오류(is unwrapping)
(B) 동작 묘사 오류(is adjusting)
(C) 여자가 책을 보고 있는 모습을 적절히 묘사했으므로 정답이다.
(D) 동작 묘사 오류(is assembling)

✚ **정답 더보기**
She's standing on a ladder. 여자가 사다리 위에 서 있다.

어휘 unwrap (포장을) 뜯다, 풀다 | cardboard box 판지 상자 | adjust 조절하다 | look at ~을 보다 | assemble 조립하다 | shelving unit 선반

CASE 집중훈련
1. (D) **2.** (B)

1. 미국

(A) A woman is exiting a room.
(B) A woman is reading a sign on a wall.
(C) A woman is handing out some office supplies.
(D) A woman is using a photocopier.

(A) 한 여자가 방을 나가고 있다.
(B) 한 여자가 벽에 있는 간판을 읽고 있다.
(C) 한 여자가 사무용품을 나누어 주고 있다.
(D) 한 여자가 복사기를 사용하고 있다.

해설 (A) 동작 묘사 오류(is exiting)
(B) 사진에 등장하지 않는 사물(sign)
(C) 동작 묘사 오류(is handing out)
(D) 여자가 복사기를 사용하고 있는 모습을 적절히 묘사했으므로 정답이다.

✚ **정답 더보기**
She's holding down a piece of paper.
여자가 종이 한 장을 누르고 있다.

어휘 exit 나가다 | sign 간판 | hand out ~을 나누어 주다 | office supplies 사무용품 | photocopier 복사기 | hold down ~을 누르다

2. 미국

(A) He's turning on a faucet.
(B) He's using a spray bottle.
(C) He's disposing of some rubber gloves.
(D) He's washing some windows.

(A) 남자가 수도꼭지를 틀고 있다.
(B) 남자가 분무기를 사용하고 있다.
(C) 남자가 고무장갑을 버리고 있다.
(D) 남자가 창문을 닦고 있다.

해설 (A) 동작 묘사 오류(is turning on)
(B) 남자가 분무기를 사용하고 있는 모습을 적절히 묘사했으므로 정답이다.
(C) 동작 묘사 오류(is disposing of)
(D) 동작의 대상 오류(windows)

✚ **정답 더보기**
A man is wiping a kitchen counter.
한 남자가 주방 조리대를 닦고 있다.

어휘 turn on (전기·가스·수도 등을) 켜다 | faucet 수도꼭지 | spray bottle 분무기 | dispose of ~을 버리다, 처리하다 | rubber gloves 고무장갑 | wipe 닦다 | counter 조리대

CASE 집중훈련
1. (A) **2.** (C)

1. 미국

(A) He's taking a tray out of an oven.
(B) He's placing a plate in the sink.
(C) He's wiping a countertop.
(D) He's putting on a pair of gloves.

(A) 남자가 오븐에서 쟁반을 꺼내고 있다.
(B) 남자가 싱크대에 접시를 넣고 있다.
(C) 남자가 조리대를 닦고 있다.
(D) 남자가 장갑을 끼는 중이다. (동작)

해설 **(A) 남자가 오븐에서 쟁반을 꺼내고 있는 동작을 적절히 묘사했으므로 정답이다.**
(B) 사진에 등장하지 않는 사물(plate)

(C) 동작 묘사 오류(is wiping)
(D) 동작 묘사 오류(is putting on)

✛ 정답 더보기

He's wearing oven gloves.
남자가 오븐용 장갑을 끼고 있다. (상태)

어휘 take A out of B B에서 A를 꺼내다 I plate 접시, 그릇 I sink 싱크대, 개수대 I wipe 닦다 I countertop 조리대 I put on ~을 입다, 쓰다 I wear 입다, 쓰다 I oven gloves 오븐용 장갑

---

2. 영국

(A) A broom has been propped against a wall.
(B) A cart has been stocked with some towels.
(C) A man is sweeping up some debris.
(D) A man is fastening an apron.

(A) 빗자루 하나가 벽에 기대어 세워져 있다.
(B) 카트 하나가 수건들로 채워져 있다.
(C) 한 남자가 쓰레기를 쓸고 있다.
(D) 한 남자가 앞치마를 단단히 두르고 있다. (동작)

해설 (A) 상태 묘사 오류(has been propped against)
(B) 상태 묘사 오류(has been stocked with some towels)
(C) 남자가 쓰레기를 빗자루로 쓸어 담고 있는 동작을 적절히 묘사했으므로 정답이다.
(D) 동작 묘사 오류(is fastening)

✛ 정답 더보기

He's wearing a mask. 남자가 마스크를 쓰고 있다. (상태)

어휘 broom 빗자루 I be propped against ~에 기대어 세워져 있다 I be stocked with ~으로 채워져 있다 I sweep (빗자루로) 쓸다, 청소하다 I debris 쓰레기, 잔해 I fasten 단단히 매다

CASE 집중훈련
본서 p.48
1. (C) 2. (C)

---

1. 호주

(A) Some people are applying paint to a wall.
(B) Some people are putting on their sunglasses.
(C) Some people are performing outdoors.
(D) Some people are entertaining an audience.

(A) 몇몇 사람들이 벽에 페인트를 칠하고 있다.
(B) 몇몇 사람들이 선글라스를 쓰는 중이다.
(C) 몇몇 사람들이 야외에서 공연을 하고 있다.
(D) 몇몇 사람들이 청중을 즐겁게 해 주고 있다.

해설 (A) 동작 묘사 오류(are applying paint)
(B) 동작 묘사 오류(are putting on)
(C) 사람들이 야외에서 공연을 하고 있는 모습을 적절히 묘사했으므로 정답이다.
(D) 사진에 등장하지 않는 사람(audience)

✛ 정답 더보기

Some people are playing instruments.
몇몇 사람들이 악기를 연주하고 있다.

어휘 apply (페인트 물감 등을) 칠하다, 바르다 I perform 공연하다 I outdoors 야외에서 I entertain 즐겁게 해 주다 I audience 청중

---

2. 미국

(A) Some people are repairing an awning.
(B) Some people are unloading merchandise from a vehicle.
(C) Some people are gathered at a market.
(D) Some people are clearing their stalls.

(A) 몇몇 사람들이 차양을 수리하고 있다.
(B) 몇몇 사람들이 차량에서 물품을 내리고 있다.
(C) 몇몇 사람들이 시장에 모여 있다.
(D) 몇몇 사람들이 자신들의 가판대를 치우고 있다.

해설 (A) 동작 묘사 오류(are repairing)
(B) 동작 묘사 오류(are unloading), 사진에 등장하지 않는 사물 (vehicle)
(C) 사람들이 시장에 모여 있는 상태를 적절히 묘사했으므로 정답이다.
(D) 동작 묘사 오류(are clearing)

✛ 정답 더보기

Some merchandise is being displayed for sale.
몇몇 상품이 판매를 위해 진열되어 있다.

어휘 repair 수리하다 I awning 차양 I unload (짐 등을) 내리다 I merchandise 물품, 상품 I vehicle 차량 I gather 모으다 I clear 치우다 I stall 가판대 I display 진열하다 I for sale 팔려고 내놓은

CASE 집중훈련
본서 p.49
1. (C) 2. (D)

---

1. 영국

(A) They're moving some desks.
(B) They're organizing some documents.
(C) One of the men is holding a cup.
(D) One of the men is pointing at a computer screen.

(A) 사람들이 책상을 옮기고 있다.
(B) 사람들이 서류를 정리하고 있다.
(C) 남자들 중 한 명이 컵을 들고 있다.
(D) 남자들 중 한 명이 컴퓨터 화면을 가리키고 있다.

해설 (A) 동작 묘사 오류(are moving)
(B) 동작 묘사 오류(are organizing)
(C) 남자들 중 한 명이 컵을 들고 있는 모습을 적절히 묘사했으므로 정답이다.
(D) 동작의 대상 오류(computer screen)

✛ 정답 더보기

They're examining a document.
사람들이 문서를 살펴보고 있다.

어휘 organize 정리하다, 조직하다 I hold (손에) 들다, 쥐다 I point at ~을 가리키다 I examine 살펴보다

---

2. 호주

(A) One of the women is writing on a piece of paper.
(B) One of the women is looking at a chart.
(C) One of the women is adjusting a piece of furniture.
(D) One of the women is holding a beverage.

(A) 여자들 중 한 명이 종이에 글을 쓰고 있다.
(B) 여자들 중 한 명이 표를 보고 있다.

(C) 여자들 중 한 명이 가구를 조정하고 있다.
(D) **여자들 중 한 명이 음료를 들고 있다.**

해설 (A) 동작 묘사 오류(is writing)
(B) 동작의 대상 오류(chart)
(C) 동작 묘사 오류(is adjusting)
(D) **여자들 중 한 명이 음료를 들고 있는 모습을 적절히 묘사했으므로 정답이다.**

✚ 정답 더보기
They are standing around a table.
사람들이 탁자 주위에 서 있다.

어휘 chart 표 | adjust 조절[조정]하다 | hold (손에) 들다, 쥐다 | beverage 음료

CASE 집중훈련
본서 p.50
1. (C) 2. (C)

1. 영국
(A) Some people are entering a building.
(B) Some people are putting on their jackets.
(C) Some people are walking outside.
(D) Some people are unloading some luggage.

(A) 몇몇 사람들이 건물에 들어가고 있다.
(B) 몇몇 사람들이 재킷을 입고 있다.
(C) **몇몇 사람들이 밖에서 걷고 있다.**
(D) 몇몇 사람들이 짐을 내리고 있다.

해설 (A) 동작 묘사 오류(are entering)
(B) 동작 묘사 오류(are putting on)
(C) **사람들이 밖에서 걷고 있는 모습을 적절히 묘사했으므로 정답이다.**
(D) 동작 묘사 오류(are unloading)

✚ 정답 더보기
A woman is pulling a suitcase.
한 여자가 여행 가방을 끌고 있다.

어휘 enter 들어가다 | put on ~을 입다, 착용하다 | unload (짐 등을) 내리다 | luggage 짐 | pull 끌다 | suitcase 여행 가방

2. 미국
(A) Some people are lined up to enter a room.
(B) Some people are leaving a lobby.
(C) A woman is facing a group of people.
(D) A woman is going up the staircase.

(A) 몇몇 사람들이 방에 들어가려 한 줄로 줄지어 있다.
(B) 몇몇 사람들이 로비를 나서고 있다.
(C) **한 여자가 한 무리의 사람들을 마주 보고 있다.**
(D) 한 여자가 계단을 오르고 있다.

해설 (A) 상태 묘사 오류(are lined up)
(B) 동작 묘사 오류(are leaving)
(C) **여자가 사람들을 마주 보고 있는 모습을 적절히 묘사했으므로 정답이다.**
(D) 동작 묘사 오류(is going up)

✚ 정답 더보기
A woman is holding a notepad.
한 여자가 메모장을 들고 있다.

어휘 line up ~을 한 줄로 세우다 | enter 들어가다 | leave 떠나다, 나서다 | face 마주 보다, 향하다 | staircase 계단 | hold (손에) 들다, 쥐다 | notepad 메모장

CASE 실전훈련
본서 p.52
1. (D) 2. (C) 3. (D) 4. (C) 5. (A) 6. (A)

1. 미국
(A) He's sorting out some paperwork.
(B) He's pointing at a machine.
(C) He's standing behind a desk.
(D) He's writing on a clipboard.

(A) 남자가 서류를 분류하고 있다.
(B) 남자가 기계를 가리키고 있다.
(C) 남자가 책상 뒤에 서 있다.
(D) **남자가 클립보드에 쓰고 있다.**

해설 (A) 동작 묘사 오류(is sorting out)
(B) 동작 묘사 오류(is pointing at)
(C) 사진에 등장하지 않는 사물(desk)
(D) **남자가 클립보드에 쓰고 있는 모습을 적절히 묘사했으므로 정답이다.**

✚ 정답 더보기
He's wearing protective glasses.
남자가 보호안경을 쓰고 있다.

어휘 sort out ~을 분류하다, 정리하다 | paperwork 서류 (작업) | point at ~을 가리키다 | behind ~ 뒤에 | protective glasses 보호안경

2. 미국
(A) The man is listening to music.
(B) The man is kneeling next to a bench.
(C) The woman is tying her shoelaces.
(D) The woman is wearing a headband.

(A) 남자가 음악을 듣고 있다.
(B) 남자가 벤치 옆에서 무릎을 꿇고 있다.
(C) **여자가 신발끈을 묶고 있다.**
(D) 여자가 머리띠를 두르고 있다.

해설 (A) 동작 묘사 오류(is listening to music)
(B) 동작 묘사 오류(is kneeling)
(C) **여자가 신발끈을 묶고 있는 모습을 적절히 묘사했으므로 정답이다.**
(D) 동작의 대상 오류(headband)

✚ 정답 더보기
He's jogging in a park. 남자가 공원에서 조깅을 하고 있다.

어휘 kneel 무릎을 꿇다 | next to ~ 옆에 | tie 묶다 | shoelace 신발끈 | headband 머리띠 | jog 조깅을 하다

3. 영국
(A) A man is packing a cardboard box.
(B) A man is moving some boxes to a trolley.
(C) A man is holding a door open.
(D) A man is loading a truck with a box.

(A) 한 남자가 판지 상자를 포장하고 있다.
(B) 한 남자가 상자를 카트로 옮기고 있다.

(C) 한 남자가 문을 연 상태로 잡고 있다.
(D) 한 남자가 트럭에 상자를 싣고 있다.

해설 (A) 동작 묘사 오류(is packing)
(B) 위치 묘사 오류(to a trolley)
(C) 동작의 대상 오류(door)
(D) 남자가 트럭에 상자를 싣고 있는 모습을 적절히 묘사했으므로 정답이다.

✚ 정답 더보기
He's stacking a box on top of another.
남자가 상자를 차곡차곡 쌓고 있다.

어휘 pack 포장하다, 싸다 | cardboard 판지 | trolley 카트, 손수레 | hold 잡다 | load (짐 등을) 싣다 | stack 쌓다 | on top of another 차곡차곡, 층층이

---

4. 호주
(A) Some people are stepping onto a platform.
(B) Some people are inspecting railroad tracks.
(C) Some tourists are examining a map.
(D) Some passengers are boarding a train.

(A) 몇몇 사람들이 승강장으로 올라서고 있다.
(B) 몇몇 사람들이 철로를 점검하고 있다.
(C) 몇몇 관광객들이 지도를 살펴보고 있다.
(D) 몇몇 승객들이 기차에 탑승하고 있다.

해설 (A) 동작 묘사 오류(are stepping onto)
(B) 동작의 대상 오류(railroad tracks)
(C) 관광객들이 지도를 살펴보고 있는 모습을 적절히 묘사했으므로 정답이다.
(D) 동작 묘사 오류(are boarding)

✚ 정답 더보기
A train is arriving at a platform.
기차 한 대가 승강장에 도착하고 있다.

어휘 step onto ~로 올라서다, 나아가다 | platform 승강장 | inspect 점검하다 | railroad track 철로 | tourist 관광객 | examine 살펴보다, 검토하다 | passenger 승객 | board 탑승하다

---

5. 영국
(A) Some people are crossing a road.
(B) Some people are waiting in line outside.
(C) Some people are strolling through a park.
(D) Some people are exiting a building.

(A) 몇몇 사람들이 도로를 건너고 있다.
(B) 몇몇 사람들이 밖에서 줄 서서 기다리고 있다.
(C) 몇몇 사람들이 공원을 거닐고 있다.
(D) 몇몇 사람들이 건물 밖으로 나가고 있다.

해설 **(A) 사람들이 도로를 건너고 있는 모습을 적절히 묘사했으므로 정답이다.**
(B) 동작 묘사 오류(are waiting in line)
(C) 장소 묘사 오류(through a park)
(D) 동작 묘사 오류(are exiting)

✚ 정답 더보기
They're walking side by side.
사람들이 나란히 걷고 있다.

어휘 cross (길을) 건너다 | in line 줄 서서 | stroll 거닐다 | exit 나가다, 떠나다 | side by side 나란히

---

6. 미국
(A) Some people are attending to a presentation.
(B) Some people are watching a recording.
(C) A presenter is pointing to a whiteboard.
(D) A presenter is listening to a theater performance.

(A) 몇몇 사람들이 프레젠테이션에 주의를 기울이고 있다.
(B) 몇몇 사람들이 녹화물을 보고 있다.
(C) 한 발표자가 화이트보드를 가리키고 있다.
(D) 한 발표자가 연극 공연을 듣고 있다.

해설 **(A) 사람들이 프레젠테이션에 주의를 기울이고 있는 모습을 적절히 묘사했으므로 정답이다.**
(B) 사진에 등장하지 않는 사물(recording)
(C) 동작 묘사 오류(is pointing to a whiteboard)
(D) 사진에 등장하지 않는 사물(theater performance)

✚ 정답 더보기
One of the women is standing in front of a whiteboard.
여자들 중 한 명이 화이트보드 앞에 서 있다.

어휘 attend to ~에 주의를 기울이다 | presentation 프레젠테이션, 발표 | watch 보다, 주시하다 | recording 녹화(된 것) | point to ~을 가리키다 | whiteboard 화이트보드 | presenter 발표자, 진행자 | theater 연극 | performance 공연 | in front of ~ 앞에

CHAPTER 03 사물/풍경 묘사

CASE 집중훈련
본서 p.58
1. (A)　　**2.** (C)

---

1. 미국
(A) Some clothing items have been put on hangers.
(B) Some clothing items have been draped over a mannequin.
(C) Some clothing items have been hung above frames.
(D) Some clothing items have been labeled with price tags.

(A) 몇몇 의류 제품들이 옷걸이에 걸려 있다.
(B) 몇몇 의류 제품들이 액자 위에 걸려 있다.
(C) 몇몇 의류 제품들이 더미로 분류되어 있다.
(D) 몇몇 의류 제품들에 가격표가 붙어 있다.

해설 **(A) 의류 제품들이 옷걸이에 걸려 있는 상태를 적절히 묘사했으므로 정답이다.**
(B) 주어 불일치 오류(Some clothing items)
(C) 위치 묘사 오류(above frames)
(D) 사진에 등장하지 않는 사물(price tags)

✚ 정답 더보기
Some light fixtures have been installed.
몇몇 조명 기구들이 설치되어 있다.

어휘 hanger 옷걸이 | drape (느슨하게) 걸치다, 씌우다 | mannequin 마네킹 | hang 걸다, 매달다 | frame 액자 | label 라벨[표]을 붙이다 | price tag 가격표 | light fixture 조명 기구 | install 설치하다

2. 호주

(A) A rug has been rolled up against the window.
(B) Some cushions have been stacked on the floor.
(C) A picture frame has been mounted on a wall.
(D) Some potted plants have been placed on a shelf.

(A) 깔개 하나가 창문에 기대어 말려 있다.
(B) 몇몇 쿠션들이 바닥에 포개져 있다.
(C) 액자 하나가 벽에 고정되어 있다.
(D) 몇몇 화분들이 선반 위에 놓여 있다.

해설 (A) 상태 묘사 오류(has been rolled up)
(B) 위치 묘사 오류(on the floor)
(C) 액자가 벽에 고정되어 있는 상태를 적절히 묘사했으므로 정답이다.
(D) 위치 묘사 오류(on a shelf), 사진에 등장하지 않는 사물(shelf)

✚ **정답 더보기**
A lamp has been placed next to a bed.
램프 하나가 침대 옆에 놓여 있다.

어휘 roll up ~을 (둘둘) 말다 l stack 포개다, 쌓다 l picture frame 액자 l mount 고정시키다, 두다 l potted plant 화분 l shelf 선반

CASE 집중훈련
본서 p.59
1. (D) **2.** (D)

1. 영국

(A) Some passengers are waiting in line.
(B) A driver is getting off a vehicle.
(C) There's a traffic light at an intersection.
(D) A bus is stopped at a station.

(A) 몇몇 승객들이 줄 서서 기다리고 있다.
(B) 한 운전자가 차량에서 내리고 있다.
(C) 교차로에 신호등이 하나 있다.
(D) 버스 한 대가 정류장에 멈춰 서 있다.

해설 (A) 사진에 등장하지 않는 사람(passengers)
(B) 사진에 등장하지 않는 사람(driver)
(C) 사진에 등장하지 않는 사물(traffic light, intersection)
(D) 버스가 정류장에 정차해 있는 상태를 적절히 묘사했으므로 정답이다.

✚ **정답 더보기**
An advertising sign has been turned on.
광고판이 켜져 있다.

어휘 passenger 승객 l wait in line 줄 서서 기다리다 l get off ~에서 내리다 l traffic light 신호등 l intersection 교차로 l station 정류장 l advertising sign 광고판 l turn on (전기·가스·수도 등을) 켜다

---

2. 미국

(A) Dishes have been washed in a sink.
(B) A meal is being packaged into containers.
(C) Utensils have been laid out on a counter.
(D) An assortment of food is displayed.

(A) 접시들이 싱크대에 세척되어 있다.
(B) 한 끼의 식사가 용기에 포장되고 있다.
(C) 기구들이 조리대 위에 펼쳐져 있다.

(D) 각종 음식이 진열되어 있다.

해설 (A) 상태 묘사 오류(have been washed), 사진에 등장하지 않는 사물(sink)
(B) 동작 묘사 오류(is being packaged)
(C) 위치 묘사 오류(on a counter)
(D) 각종 음식이 진열되어 있는 상태를 적절히 묘사했으므로 정답이다.

✚ **정답 더보기**
A variety of dishes have been on display.
다양한 요리들이 진열되어 있다.

어휘 package 포장하다 l container 용기, 그릇 l utensil 기구, 도구 l lay out ~을 펼쳐 놓다 l counter 조리대, 계산대 l an assortment of 각종의, 여러 종류의 l display 진열하다 l a variety of 다양한 l on display 진열된

CASE 집중훈련
본서 p.60
1. (B) **2.** (C)

1. 미국

(A) Some chairs have been covered with a cloth.
(B) Some potted plants have been placed on a table.
(C) A bookshelf is being assembled.
(D) A lamp is being turned on.

(A) 몇몇 의자들이 천으로 덮여 있다.
(B) 몇몇 화분들이 테이블 위에 놓여 있다.
(C) 책장 하나가 조립되고 있다.
(D) 램프 하나가 켜지고 있다.

해설 (A) 상태 묘사 오류(have been covered)
(B) 화분들이 테이블 위에 놓여 있는 상태를 적절히 묘사했으므로 정답이다.
(C) 동작 묘사 오류(is being assembled)
(D) 동작 묘사 오류(is being turned on)

✚ **정답 더보기**
Some frames have been hung on a wall.
몇몇 액자들이 벽에 걸려 있다.

어휘 cover 덮다 l potted plant 화분 l place 놓다 l bookshelf 책장 l assemble 조립하다 l turn on (전기·가스·수도 등을) 켜다 l frame 액자, 틀 l hang 걸다, 매달다

---

2. 영국

(A) The trash can is being emptied.
(B) Some chairs are arranged in a circle.
(C) A bulletin board has been attached on the wall.
(D) The furniture is being polished.

(A) 쓰레기통이 비워지고 있다.
(B) 몇몇 의자들이 원형으로 정렬되어 있다.
(C) 게시판 하나가 벽에 부착되어 있다.
(D) 가구에 윤이 내지고 있다.

해설 (A) 동작 묘사 오류(is being emptied)
(B) 상태 묘사 오류(are arranged in a circle)
(C) 게시판이 한쪽 벽에 부착되어 있는 상태를 적절히 묘사했으므로 정답이다.
(D) 동작 묘사 오류(is being polished)

+ 정답 더보기

All chairs have been unoccupied. 의자 모두가 비어 있다.

어휘 trash can 쓰레기통 I empty 비우다 I arrange 정렬하다 I in a circle 원형으로 I bulletin board 게시판 I attach 부착하다, 붙이다 I polish 윤[광]을 내다, (윤이 나도록) 닦다 I unoccupied 비어 있는, 점유되지 않은

CASE 집중훈련
본서 p.61

1. (D) 2. (C)

---

1. 호주

(A) The man is seated next to an entrance.
(B) The woman is eating from a bowl.
(C) Some dishes are being served.
(D) Some plants have been placed in front of a window.

(A) 남자가 입구 옆에 앉아 있다.
(B) 여자가 그릇에서 음식을 먹고 있다.
(C) 몇몇 음식들이 제공되고 있다.
(D) 몇몇 식물들이 창문 앞에 놓여 있다.

해설 (A) 위치 묘사 오류(next to an entrance)
(B) 동작 묘사 오류(is eating)
(C) 동작 묘사 오류(are being served)
(D) 식물들이 창문 앞에 놓여 있는 상태를 적절히 묘사했으므로 정답이다.

+ 정답 더보기

Some people are seated on a sofa.
몇몇 사람들이 소파에 앉아 있다.

어휘 seat 앉히다 I next to ~ 옆에 I entrance 입구 I bowl 그릇 I dish 음식, 요리 I serve 제공하다 I plant 식물 I place 놓다 I in front of ~ 앞에

---

2. 미국

(A) The floor is covered with wooden boards.
(B) Some of the chairs are occupied.
(C) There are open umbrellas over a dining area.
(D) A building overlooks a bridge.

(A) 바닥이 나무판자로 덮여 있다.
(B) 몇몇 의자들이 사용 중이다.
(C) 식사 공간에 파라솔들이 펼쳐져 있다.
(D) 한 건물이 다리를 내려다보고 있다.

해설 (A) 사진에 등장하지 않는 사물(wooden boards)
(B) 상태 묘사 오류(are occupied)
(C) 야외 식당으로 보이는 곳에 파라솔이 펼쳐져 있는 모습을 적절히 묘사했으므로 정답이다.
(D) 사진에 등장하지 않는 사물(bridge)

+ 정답 더보기

There is a stone wall behind the tables.
테이블 뒤에 돌담이 하나 있다.

어휘 be covered with ~로 덮여 있다 I wooden 나무로 된 I occupy 사용하다, 차지하다 I umbrella 파라솔, 우산 I dining 식사 I overlook 내려다보다 I stone wall 돌담 I behind ~ 뒤에

CASE 집중훈련
본서 p.62

1. (D) 2. (D)

---

1. 미국

(A) Some water has been spilled on a table.
(B) A poster has been taped to a wall.
(C) Potted plants have been arranged on a desk.
(D) Two screens have been placed next to each other.

(A) 약간의 물이 탁자 위에 쏟아져 있다.
(B) 포스터 하나가 벽에 테이프로 붙여져 있다.
(C) 화분들이 책상 위에 가지런히 놓여 있다.
(D) 두 개의 화면이 나란히 놓여 있다.

해설 (A) 사진에 등장하지 않는 사물(water), 상태 묘사 오류(has been spilled)
(B) 사진에 등장하지 않는 사물(poster)
(C) 사진에 등장하지 않는 사물(Potted plants)
(D) 두 개의 화면이 나란히 놓여 있는 상태를 적절히 묘사했으므로 정답이다.

+ 정답 더보기

Papers have been left on a table.
서류들이 탁자 위에 놓여 있다.

어휘 spill 쏟다, 흘리다 I poster 포스터, 벽보 I tape 테이프로 붙이다 I potted plant 화분 I arrange 가지런히 하다, 정리하다 I next to each other 나란히

---

2. 호주

(A) A lamp has been mounted on a computer monitor.
(B) A notice is being pinned on a bulletin board.
(C) Some packages have been filled with stationery.
(D) Some folders have been situated on top of filing cabinets.

(A) 램프 하나가 컴퓨터 모니터에 고정되어 있다.
(B) 공지 하나가 게시판에 고정되고 있다.
(C) 몇몇 상자들이 문구류로 가득 차 있다.
(D) 몇몇 서류철들이 문서 보관함 위에 놓여 있다.

해설 (A) 위치 묘사 오류(on a computer monitor)
(B) 동작 묘사 오류(is being pinned)
(C) 상태 묘사 오류(have been filled with stationery)
(D) 서류철들이 문서 보관함 위에 놓여 있는 상태를 적절히 묘사했으므로 정답이다.

+ 정답 더보기

Some drawers have been left open.
몇몇 서랍들이 열려 있다.

어휘 lamp 램프, 등 I mount 고정시키다 I notice 공지 I pin (핀 등으로) 고정시키다 I bulletin board 게시판 I package 상자 I be filled with ~로 가득 차 있다 I stationery 문구류 I folder 서류철 I filing cabinet 문서 보관함 I drawer 서랍

CASE 집중훈련

1. (A)　**2.** (B)

CASE 실전훈련

1. (D)　**2.** (D)　**3.** (A)　**4.** (A)　**5.** (B)　**6.** (A)

---

1. 영국

(A) A bookshelf has been filled with reading materials.
(B) Some cushions are being arranged on the sofa.
(C) Some books have been spread out on the table.
(D) A potted plant has been left on the floor.

(A) 책장 하나가 읽을거리로 가득 차 있다.
(B) 몇몇 쿠션들이 소파 위에 정리되고 있다.
(C) 몇몇 책들이 탁자 위에 펼쳐져 있다.
(D) 화분 하나가 바닥에 놓여 있다.

해설　(A) 책장이 읽을거리로 가득 차 있는 상태를 적절히 묘사했으므로 정답이다.
　　(B) 동작 묘사 오류(are being arranged)
　　(C) 상태 묘사 오류(have been spread out), 사진에 등장하지 않는 사물(table)
　　(D) 사진에 등장하지 않는 사물(potted plant)

✚ 정답 더보기
Some books have been arranged on the shelf.
몇몇 책들이 책장에 정리되어 있다.

어휘　bookshelf 책장 ǀ be filled with ~로 가득 차 있다 ǀ reading material 읽을거리 ǀ arrange 정리하다, 배열하다 ǀ be spread out 펼쳐져 있다 ǀ potted plant 화분

---

2. 미국

(A) Some passengers are stepping over their luggage.
(B) A bicycle is being mounted on a bus.
(C) A bus is waiting at a traffic light.
(D) A train track is blocked by a gate.

(A) 몇몇 승객들이 자신들의 짐을 넘어가고 있다.
(B) 자전거 한 대가 버스에 고정되고 있다.
(C) 버스 한 대가 신호등에서 대기를 하고 있다.
(D) 기차선로 하나가 문으로 막혀 있다.

해설　(A) 사진에 등장하지 않는 사람(passengers), 동작 묘사 오류(are stepping)
　　(B) 남자가 자전거를 버스에 고정하고 있는 동작을 적절히 묘사했으므로 정답이다.
　　(C) 사진에 등장하지 않는 사물(traffic light)
　　(D) 사진에 등장하지 않는 사물(train track, gate)

✚ 정답 더보기
A bus is stopped at a station.
버스 한 대가 정류장에 멈춰 서 있다.

어휘　passenger 승객 ǀ step over ~을 넘어가다 ǀ luggage 짐, 수하물 ǀ mount 고정시키다 ǀ traffic light 신호등 ǀ track (기차) 선로 ǀ block 막다, 차단하다 ǀ gate 문, 출입구 ǀ station 정류장

---

1. 미국

(A) She's turning on a table lamp.
(B) Some books have been stacked on the floor.
(C) She's installing some shelves.
(D) Desks have been placed in rows.

(A) 여자가 탁자 램프를 켜고 있다.
(B) 몇몇 책들이 바닥에 쌓여 있다.
(C) 여자가 선반을 설치하고 있다.
(D) 책상들이 줄지어 배치되어 있다.

해설　(A) 동작 묘사 오류(is turning on)
　　(B) 위치 묘사 오류(on the floor)
　　(C) 동작 묘사 오류(is installing)
　　(D) 책상들이 여러 줄로 줄지어 배치되어 있는 상태를 적절히 묘사했으므로 정답이다.

✚ 정답 더보기
She's reading in a library.
여자가 도서관에서 책을 읽고 있다.

어휘　turn on (전기·가스·수도 등을) 켜다 ǀ stack 쌓다 ǀ install 설치하다 ǀ shelf 선반 ǀ library 도서관

---

2. 영국

(A) A man is staring out the window.
(B) A man is putting a tray into the oven.
(C) A faucet is being turned on.
(D) Some plates are being washed in a sink.

(A) 한 남자가 창밖을 응시하고 있다.
(B) 한 남자가 쟁반을 오븐 안에 넣고 있다.
(C) 수도꼭지 하나가 틀어지고 있다.
(D) 몇몇 접시들이 싱크대에서 세척되고 있다.

해설　(A) 동작 묘사 오류(is staring out)
　　(B) 동작 묘사 오류(is putting ~ into)
　　(C) 동작 묘사 오류(is being turned on)
　　(D) 남자가 싱크대에서 접시를 세척하고 있는 동작을 적절히 묘사했으므로 정답이다.

✚ 정답 더보기
A man is using a kitchen sink.
한 남자가 부엌 싱크대를 이용하고 있다.

어휘　stare out ~밖을 응시하다 ǀ tray 쟁반 ǀ faucet 수도꼭지 ǀ turn on (전기·가스·수도 등을) 켜다 ǀ sink 싱크대, 개수대

---

3. 미국

(A) Some cones have been placed on a highway.
(B) Some workers are shoveling an expressway.
(C) Some traffic signs are being loaded into a truck.
(D) Some cars are stopped at a traffic light.

(A) 몇몇 원뿔형 교통 표지들이 고속도로 위에 놓여 있다.
(B) 몇몇 작업자들이 고속도로를 삽으로 파고 있다.
(C) 몇몇 교통 표지판들이 트럭에 실리고 있다.

(D) 몇몇 차들이 신호등에 멈춰 있다.

해설 (A) 원뿔형 교통 표지들이 고속도로 위에 놓여 있는 상태를 적절히 묘사했으므로 정답이다.
(B) 동작 묘사 오류(are shoveling)
(C) 동작 묘사 오류(are being loaded)
(D) 사진에 등장하지 않는 사물(traffic light)

✚ 정답 더보기
A road repair truck is driving down the road.
도로 보수 트럭 한 대가 도로를 주행하고 있다.

어휘 cone 원뿔형 교통 표지 | place 놓다 | highway 고속도로 | shovel 삽으로 파다 | expressway 고속도로 | traffic sign 교통 표지판 | load (짐 등을) 싣다 | traffic light 신호등 | repair 보수, 수리

---

4. 호주
(A) Some parasols are set up in a marketplace.
(B) Some people are swimming in a body of water.
(C) Some produce has been arranged on a glass display.
(D) Some people are riding on motor vehicles.

(A) 몇몇 파라솔들이 시장에 설치되어 있다.
(B) 몇몇 사람들이 물에서 수영하고 있다.
(C) 몇몇 농산물이 유리 진열장에 배열되어 있다.
(D) 몇몇 사람들이 자동차를 타고 있다.

해설 (A) 파라솔이 시장에 설치되어 있는 상태를 적절히 묘사했으므로 정답이다.
(B) 동작 묘사 오류(are swimming)
(C) 사진에 등장하지 않는 사물(glass display)
(D) 사진에 등장하지 않는 사물(motor vehicles)

✚ 정답 더보기
Some people are seated on boats.
몇몇 사람들이 배 위에 앉아 있다.

어휘 parasol 파라솔 | marketplace 시장 | a body of water 수역 | produce 농산물 | arrange 배열하다, 정리하다 | display 진열장 | ride 타다 | motor vehicle 자동차 | seat 앉히다

---

5. 미국
(A) A jacket has been placed on a chair.
(B) A rug is decorated with a pattern design.
(C) A potted plant is hanging from the wall.
(D) The view out of the window is blocked by the blinds.

(A) 재킷 하나가 의자 위에 놓여 있다.
(B) 깔개 하나가 무늬 디자인으로 장식되어 있다.
(C) 화분 하나가 벽에 매달려 있다.
(D) 창문 밖의 경치가 블라인드로 막혀 있다.

해설 (A) 사진에 등장하지 않는 사물(jacket)
(B) 깔개가 무늬 디자인으로 장식되어 있는 상태를 적절히 묘사했으므로 정답이다.
(C) 상태 묘사 오류(is hanging from the wall)
(D) 상태 묘사 오류(is blocked by the blinds)

✚ 정답 더보기
A floor lamp is standing in front of a window.
키 큰 스탠드 하나가 창문 앞에 서 있다.

어휘 place 놓다 | rug 깔개, 양탄자 | decorate 장식하다 | pattern 무늬 | potted plant 화분 | view 경치, 전망 | block 막다, 차단하다 | blind 블라인드 | floor lamp 키 큰 스탠드 | in front of ~ 앞에

---

6. 영국
(A) Some desks are separated by an aisle.
(B) Some workstations are occupied.
(C) Some bookshelves are facing the reading area.
(D) Some furniture is being assembled in a library.

(A) 몇몇 책상들이 통로로 분리되어 있다.
(B) 몇몇 작업 공간들이 사용 중이다.
(C) 몇몇 책장들이 독서 구역을 향해 있다.
(D) 몇몇 가구가 도서관에서 조립되고 있다.

해설 **(A) 책상들이 통로로 분리되어 있는 상태를 적절히 묘사했으므로 정답이다.**
(B) 상태 묘사 오류(are occupied)
(C) 상태 묘사 오류(are facing the reading area)
(D) 동작 묘사 오류(is being assembled)

✚ 정답 더보기
Some lamps have been installed on tables.
몇몇 램프들이 테이블 위에 설치되어 있다.

어휘 separate 분리하다 | aisle 통로 | workstation 작업 공간 | occupy 사용하다, 차지하다 | bookshelf 책장 | face 향하다, 마주 보다 | assemble 조립하다 | install 설치하다

CHAPTER 04 사진 배경

CASE 집중훈련
본서 p.68
1. (D) 2. (A)

---

1. 영국
(A) A man is plugging a cord into an outlet.
(B) A man is sipping from a coffee cup.
(C) A woman is pointing at a computer screen.
(D) A woman is standing at a workstation.

(A) 한 남자가 코드를 콘센트에 꽂고 있다.
(B) 한 남자가 커피 잔으로 마시고 있다.
(C) 한 여자가 컴퓨터 화면을 가리키고 있다.
(D) 한 여자가 업무 자리에 서 있다.

해설 (A) 사진에 등장하지 않는 사물(outlet)
(B) 동작 묘사 오류(is sipping)
(C) 동작 묘사 오류(is pointing at)
(D) 여자가 업무 자리에 서 있는 모습을 적절히 묘사했으므로 정답이다.

✚ 정답 더보기
Some laptops have been opened on a table.
몇몇 노트북 컴퓨터들이 테이블 위에 열려 있다.

어휘 plug 플러그를 꽂다 | cord 코드 | outlet 콘센트 | sip (조금씩) 마시다 | point at ~을 가리키다 | workstation 업무(용) 자리

2. 호주

(A) He's carrying a plastic container.
(B) He's putting on a chef's hat.
(C) He's removing some sanitary gloves.
(D) He's using a kitchen appliance.

(A) 남자가 플라스틱 용기를 들고 있다.
(B) 남자가 요리사 모자를 쓰고 있다.
(C) 남자가 위생 장갑을 벗고 있다.
(D) 남자가 주방 기기를 사용하고 있다.

해설 (A) **남자가 플라스틱 용기를 들고 있는 모습을 적절히 묘사했으므로 정답이다.**
(B) 동작 묘사 오류(is putting on)
(C) 동작 묘사 오류(is removing)
(D) 동작의 대상 오류(kitchen appliance)

✚ **정답 더보기**
A chef is preparing some food.
한 요리사가 음식을 준비하고 있다.

어휘 carry 들고 있다, 나르다 I container 용기 I put on ~을 입다[쓰다] I chef 요리사, 주방장 I remove (옷 등을) 벗다, 제거하다 I sanitary gloves 위생 장갑 I kitchen appliance 주방 기기 I prepare 준비하다

CASE 집중훈련

본서 p.69

1. (C)   **2.** (A)

1. 호주

(A) A man is adjusting his chair.
(B) A man is typing on a laptop computer.
(C) A man is writing in a notebook.
(D) A man is taking off some headphones.

(A) 한 남자가 자신의 의자를 조절하고 있다.
(B) 한 남자가 노트북 컴퓨터로 타자를 치고 있다.
(C) **한 남자가 노트에 글을 쓰고 있다.**
(D) 한 남자가 헤드폰을 벗고 있다.

해설 (A) 동작 묘사 오류(is adjusting)
(B) 동작 묘사 오류(is typing)
(C) **남자가 글을 쓰고 있는 모습을 적절히 묘사했으므로 정답이다.**
(D) 동작 묘사 오류(is taking off)

✚ **정답 더보기**
A bowl has been placed on a desk.
그릇 하나가 책상 위에 놓여 있다.

어휘 adjust 조절하다 I type 타자 치다 I take off ~을 벗다 I headphone 헤드폰

---

2. 미국

(A) The man is typing on a laptop computer.
(B) The man is handing a book to the woman.
(C) The woman is posting a notice on a board.
(D) The woman is setting up a window display.

(A) **남자가 노트북 컴퓨터로 타자를 치고 있다.**
(B) 남자가 여자에게 책을 건네주고 있다.
(C) 여자가 게시판에 공지를 붙이고 있다.
(D) 여자가 쇼윈도에 상품을 진열하고 있다.

해설 (A) **남자가 노트북 컴퓨터로 타자를 치는 모습을 적절히 묘사했으므로 정답이다.**
(B) 동작 묘사 오류(is handing)
(C) 동작 묘사 오류(is posting)
(D) 동작 묘사 오류(is setting up)

✚ **정답 더보기**
A woman is reaching for a book.
한 여자가 책에 손을 뻗고 있다.

어휘 type 타자 치다 I hand 건네주다 I post 게시하다 I notice 공지 I board 게시판 I set up ~을 설치하다 I window display 쇼윈도의 상품 진열 I reach for ~에 손을 뻗다

CASE 집중훈련

본서 p.70

1. (A)   **2.** (C)

1. 미국

(A) The woman is cooking some food on the stove.
(B) The woman is removing a pot from the oven.
(C) The man is wiping a countertop with a cloth.
(D) The man is washing some plates in a sink.

(A) **여자가 레인지 위에 음식을 요리하고 있다.**
(B) 여자가 오븐에서 냄비를 꺼내고 있다.
(C) 남자가 천으로 조리대를 닦고 있다.
(D) 남자가 싱크대에서 접시를 씻고 있다.

해설 (A) **여자가 레인지 위에 음식을 요리하고 있는 모습을 적절히 묘사했으므로 정답이다.**
(B) 동작 묘사 오류(is removing)
(C) 동작 묘사 오류(is wiping)
(D) 동작 묘사 오류(is washing)

✚ **정답 더보기**
The woman is holding a pan. 여자가 팬을 잡고 있다.

어휘 stove 레인지, 스토브 I remove 옮기다[꺼내다], 없애다 I pot 냄비 I wipe 닦다 I countertop 조리대 I cloth 천, 헝겊 I hold (손에) 들다, 잡다

---

2. 미국

(A) Some people are grilling some meat.
(B) Some people are arranging a picnic table.
(C) Some people are enjoying a meal outside.
(D) Some people are preparing a dish.

(A) 몇몇 사람들이 고기를 석쇠로 굽고 있다.
(B) 몇몇 사람들이 피크닉 테이블을 정돈하고 있다.
(C) **몇몇 사람들이 야외에서 식사를 즐기고 있다.**
(D) 몇몇 사람들이 요리를 준비하고 있다.

해설 (A) 동작 묘사 오류(are grilling)
(B) 동작 묘사 오류(are arranging)
(C) **사람들이 야외에서 식사를 즐기고 있는 모습을 적절히 묘사했으므로 정답이다.**
(D) 동작 묘사 오류(are preparing)

✚ **정답 더보기**
A man is reaching for some food.
한 남자가 음식을 집으려고 손을 뻗고 있다.

어휘 **grill** 석쇠로 굽다 ┃ **arrange** 정돈하다, 배열하다 ┃ **meal** 식사 ┃ **outside** 야외에서 ┃ **prepare** 준비하다 ┃ **dish** 요리 ┃ **reach for** ~을 잡으려고 손을 뻗다

CASE 집중훈련
본서 p.71
1. (B)　　**2.** (B)

1. 영국

(A) He's installing a fence.
(B) He's sweeping a walkway.
(C) He's repaving a street.
(D) He's closing a door.

(A) 남자가 울타리를 설치하고 있다.
(B) 남자가 보도를 쓸고 있다.
(C) 남자가 거리를 다시 포장하고 있다.
(D) 남자가 문을 닫고 있다.

해설 (A) 동작 묘사 오류(is installing), 사진에 등장하지 않는 사물(fence)
(B) 남자가 보도를 쓸고 있는 모습을 적절히 묘사했으므로 정답이다.
(C) 동작 묘사 오류(is repaving)
(D) 동작 묘사 오류(is closing)

＋ 정답 더보기
A man is working outdoors.
한 남자가 야외에서 작업하고 있다.

어휘 **install** 설치하다 ┃ **fence** 울타리 ┃ **sweep** (빗자루로) 쓸다 ┃ **walkway** 보도 ┃ **repave** 다시 포장하다 ┃ **outdoors** 야외에서

2. 미국

(A) He's repairing the door.
(B) He's wiping some windows.
(C) She's removing her rubber gloves.
(D) She's resting on a couch.

(A) 남자가 문을 수리하고 있다.
(B) 남자가 창문을 닦고 있다.
(C) 여자가 자신의 고무장갑을 벗고 있다.
(D) 여자가 소파에서 쉬고 있다.

해설 (A) 동작 묘사 오류(is repairing)
(B) 남자가 창문을 닦고 있는 모습을 적절히 묘사했으므로 정답이다.
(C) 동작 묘사 오류(is removing)
(D) 동작 묘사 오류(is resting)

＋ 정답 더보기
Some windows are being cleaned.
몇몇 창문들이 닦이고 있다.

어휘 **repair** 수리하다 ┃ **wipe** 닦다 ┃ **remove** (옷 등을) 벗다, 제거하다 ┃ **rubber gloves** 고무장갑 ┃ **rest** 쉬다

CASE 집중훈련
본서 p.72
1. (B)　　**2.** (D)

1. 호주

(A) A tree is being planted in a courtyard.
(B) Some plants are being watered.

(C) Some bushes are being trimmed.
(D) A man is leaning against a railing.

(A) 나무 한 그루가 마당에 심어지고 있다.
(B) 몇몇 식물들에 물이 뿌려지고 있다.
(C) 몇몇 관목들이 다듬어지고 있다.
(D) 한 남자가 난간에 기대어 있다.

해설 (A) 동작 묘사 오류(is being planted)
(B) 식물에 물이 뿌려지는 모습을 적절히 묘사했으므로 정답이다.
(C) 동작 묘사 오류(are being trimmed)
(D) 상태 묘사 오류(is leaning against)

＋ 정답 더보기
There are some plants in front of the building.
건물 앞에 몇몇 식물이 있다.

어휘 **plant** 심다; 식물 ┃ **courtyard** (안)마당, 안뜰 ┃ **water** 물을 주다 ┃ **bush** 관목, 덤불 ┃ **trim** 다듬다 ┃ **lean against** ~에 기대다 ┃ **railing** 난간

2. 미국

(A) A vehicle has stopped at an intersection.
(B) A garage door has been left open.
(C) Some trees have fallen across a courtyard.
(D) Some bushes have been planted along a driveway.

(A) 차량 한 대가 교차로에 멈춰 서 있다.
(B) 차고 문 하나가 열려 있다.
(C) 몇몇 나무들이 마당을 가로질러 쓰러져 있다.
(D) 몇몇 관목들이 진입로를 따라 심어져 있다.

해설 (A) 장소 묘사 오류(at an intersection)
(B) 상태 묘사 오류(has been left open)
(C) 상태 묘사 오류(have fallen)
(D) 관목들이 진입로를 따라 심어져 있는 상태를 적절히 묘사했으므로 정답이다.

＋ 정답 더보기
A car has been parked outside a garage.
차 한 대가 차고 밖에 주차되어 있다.

어휘 **vehicle** 차량 ┃ **intersection** 교차로 ┃ **garage** 차고 ┃ **courtyard** (안)마당, 안뜰 ┃ **bush** 관목, 덤불 ┃ **plant** 심다 ┃ **driveway** 진입로, 차도 ┃ **park** 주차하다 ┃ **outside** ~ 밖에

CASE 집중훈련
본서 p.73
1. (A)　　**2.** (D)

1. 호주

(A) Some people are examining a jar of food.
(B) Some people are next to a checkout counter.
(C) A man is restocking some shelves.
(D) A woman is holding a shopping basket.

(A) 몇몇 사람들이 음식이 든 병을 살펴보고 있다.
(B) 몇몇 사람들이 계산대 옆에 있다.
(C) 한 남자가 선반을 다시 채우고 있다.
(D) 한 여자가 쇼핑 바구니를 들고 있다.

해설 (A) 남녀가 음식이 든 병을 함께 살펴보고 있는 모습을 적절히 묘사했으므로 정답이다.

(B) 사진에 등장하지 않는 사물(checkout counter)
(C) 동작 묘사 오류(is restocking)
(D) 주어 불일치 오류(A woman)

✚ 정답 더보기
They're shopping for groceries.
사람들이 식료품을 사고 있다.

어휘 examine 살펴보다, 검사하다 | jar (잼, 꿀 등을 담아 두는) 병 | next to ~ 옆에 | checkout counter 계산대 | restock 다시 채우다, 보충하다 | shelves 선반 (shelf의 복수형) | shop 사다 | groceries 식료품(류)

. . . .

2. 미국

(A) The woman is standing in a lobby.
(B) The woman is carrying some boxes.
(C) Some groceries are being put in the bag.
(D) Some fruits are on display in front of the woman.

(A) 여자가 로비에 서 있다.
(B) 여자가 상자를 나르고 있다.
(C) 몇몇 식료품들이 가방 안에 놓이고 있다.
(D) 몇몇 과일들이 여자 앞에 진열되어 있다.

해설 (A) 장소 묘사 오류(in a lobby)
(B) 동작 묘사 오류(is carrying)
(C) 동작 묘사 오류(are being put)
(D) 과일이 여자 앞에 진열되어 있는 모습을 적절히 묘사했으므로 정답이다.

✚ 정답 더보기
The woman is looking at some merchandise.
여자가 일부 상품을 보고 있다.

어휘 carry 나르다, 들고 있다 | groceries 식료품(류) | put 놓다, 두다 | on display 진열된, 전시된 | in front of ~ 앞에 | look at ~을 보다 | merchandise 상품, 물품

CASE 집중훈련
본서 p.74
1. (D)　2. (C)

1. 미국

(A) A man is carrying a broom.
(B) A man is measuring a shed.
(C) A man is cutting some tree branches in a yard.
(D) A man is loading a wheelbarrow with some wood.

(A) 한 남자가 빗자루를 들고 가고 있다.
(B) 한 남자가 창고의 치수를 재고 있다.
(C) 한 남자가 마당에서 나뭇가지를 자르고 있다.
(D) 한 남자가 손수레에 나무를 싣고 있다.

해설 (A) 사진에 등장하지 않는 사물(broom)
(B) 동작 묘사 오류(is measuring)
(C) 동작 묘사 오류(is cutting)
(D) 남자가 손수레에 나무를 싣는 동작을 적절히 묘사했으므로 정답이다.

✚ 정답 더보기
Firewood has been stacked in a storage unit.
장작이 창고에 쌓여 있다.

어휘 carry 들고 가다, 나르다 | broom 빗자루 | measure 재다, 측정하다 | shed 창고 | branch 나뭇가지 | yard 마당 | load (짐 등을) 싣다 | wheelbarrow 손수레 | firewood 장작 | stack 쌓다 | storage 창고, 저장소

. . . .

2. 미국

(A) The woman is kneeling next to a van.
(B) The woman is taping up some packages.
(C) The man is passing a box to a woman.
(D) The man is carrying some sports equipment.

(A) 여자가 승합차 옆에 무릎을 꿇고 있다.
(B) 여자가 상자들을 테이프로 묶고 있다.
(C) 남자가 여자에게 상자를 건네고 있다.
(D) 남자가 스포츠 장비를 들고 가고 있다.

해설 (A) 동작 묘사 오류(is kneeling)
(B) 동작 묘사 오류(is taping up)
(C) 남자가 여자에게 상자를 건네는 모습을 적절히 묘사했으므로 정답이다.
(D) 동작의 대상 오류(sports equipment)

✚ 정답 더보기
A vehicle door has been left open.
차량 문 하나가 열려 있다.

어휘 kneel 무릎을 꿇다 | next to ~ 옆에 | van 승합차 | tape 테이프로 묶다 | package 상자, 포장물 | pass 건네주다 | carry 들고 가다, 나르다 | sports equipment 스포츠 장비 | vehicle 차량

CASE 집중훈련
본서 p.75
1. (B)　2. (C)

1. 미국

(A) A man is attaching some accessories to a car.
(B) A man is pressing a button on a panel.
(C) A man is pulling on a lever.
(D) A man is adjusting the size of a wheel.

(A) 한 남자가 자동차에 액세서리를 부착하고 있다.
(B) 한 남자가 패널의 버튼을 누르고 있다.
(C) 한 남자가 레버를 잡아당기고 있다.
(D) 한 남자가 바퀴의 크기를 조정하고 있다.

해설 (A) 동작 묘사 오류(is attaching)
(B) 남자가 패널의 버튼을 누르는 모습을 적절히 묘사했으므로 정답이다.
(C) 동작 묘사 오류(is pulling)
(D) 동작 묘사 오류(is adjusting)

✚ 정답 더보기
A mechanic is working in a repair shop.
한 정비사가 정비소에서 일하고 있다.

어휘 attach 부착하다, 붙이다 | accessory 액세서리 | press (버튼 등을) 누르다 | panel 패널, 계기판 | pull on ~을 잡아당기다 | lever 레버 | adjust 조정하다 | wheel 바퀴 | mechanic 정비사, 수리공 | repair shop 정비소

. . . .

2. 영국

(A) He's putting on protective gloves.
(B) He's changing a tire.

(C) He's pouring some liquid into a container.
(D) He's picking up his tools.

(A) 남자가 보호 장갑을 착용하는 중이다.
(B) 남자가 타이어를 교체하고 있다.
(C) 남자가 용기에 액체를 붓고 있다.
(D) 남자가 자신의 공구를 집어 들고 있다.

해설 (A) 동작 묘사 오류(is putting on)
　　 (B) 동작 묘사 오류(is changing), 사진에 등장하지 않는 사물(tire)
　　 (C) 남자가 용기에 액체를 붓고 있는 모습을 적절히 묘사했으므로 정답이다.
　　 (D) 동작 묘사 오류(is picking up), 사진에 등장하지 않는 사물(tools)

✛ 정답 더보기
He's leaning over a machine.
남자가 기계 위로 몸을 구부리고 있다.

어휘 put on ~을 착용하다(동작) | protective gloves 보호 장갑 | pour A into B A를 B에 붓다, 따르다 | liquid 액체 | container 용기, 그릇 | pick up ~을 집어 들다 | lean over ~ 위로 몸을 구부리다

CASE 집중훈련
본서 p.76
1. (C)　 2. (C)

1. 호주
(A) They're reading a book.
(B) They're looking at their phones.
(C) They're holding a map.
(D) They're pulling a suitcase.

(A) 사람들이 책을 읽고 있다.
(B) 사람들이 자신들의 전화기를 보고 있다.
(C) 사람들이 지도를 들고 있다.
(D) 사람들이 여행 가방을 끌고 있다.

해설 (A) 동작의 대상 오류(book)
　　 (B) 동작의 대상 오류(phones)
　　 (C) 두 사람이 지도를 들고 있는 모습을 적절히 묘사했으므로 정답이다.
　　 (D) 동작 묘사 오류(are pulling)

✛ 정답 더보기
A man is wearing a hat. 한 남자가 모자를 쓰고 있다.

어휘 hold (손에) 들다, 잡다 | map 지도 | pull 끌다 | suitcase 여행 가방

2. 영국
(A) A band is marching in a parade.
(B) People are applauding the speaker.
(C) There are performers on a stage.
(D) The musicians are bowing to the audience.

(A) 한 밴드가 퍼레이드에서 행진하고 있다.
(B) 사람들이 연사에게 박수를 치고 있다.
(C) 무대 위에 연주자들이 있다.
(D) 음악가들이 관중들에게 인사하고 있다.

해설 (A) 동작 묘사 오류(is marching), 사진에 등장하지 않는 사람(parade)
　　 (B) 동작 묘사 오류(are applauding), 사진에 등장하지 않는 사람(speaker)

(C) 무대 위에서 공연을 하고 있는 연주자들의 모습을 적절히 묘사했으므로 정답이다.
　　 (D) 동작 묘사 오류(are bowing)

✛ 정답 더보기
Some people are playing instruments.
몇몇 사람들이 악기를 연주하고 있다.

어휘 march 행진하다 | parade 퍼레이드, 가두 행진 | applaud 박수를 치다 | performer 연주자 | stage 무대 | bow 인사하다, 몸을 숙이다 | audience 관중 | instrument 악기, 기구

CASE 집중훈련
본서 p.77
1. (D)　 2. (B)

1. 미국
(A) The people are using some writing instruments.
(B) The people are rearranging a table.
(C) Two men are typing on their laptops.
(D) Two men are shaking hands with each other.

(A) 사람들이 필기도구를 사용하고 있다.
(B) 사람들이 테이블을 재배치하고 있다.
(C) 두 남자가 자신들의 노트북으로 타자를 치고 있다.
(D) 두 남자가 서로 악수를 하고 있다.

해설 (A) 동작 묘사 오류(are using)
　　 (B) 동작 묘사 오류(are rearranging)
　　 (C) 동작 묘사 오류(are typing)
　　 (D) 두 남자가 서로 악수하고 있는 모습을 적절히 묘사했으므로 정답이다.

✛ 정답 더보기
Some people are clapping. 몇몇 사람들이 박수를 치고 있다.

어휘 writing instrument 필기도구 | rearrange 재배치하다 | type 타자 치다 | shake hands 악수하다 | clap 박수를 치다

2. 호주
(A) They are pointing at a computer screen.
(B) They are greeting each other.
(C) The man is packing some items in a suitcase.
(D) The woman is typing on a laptop keyboard.

(A) 사람들이 컴퓨터 화면을 가리키고 있다.
(B) 사람들이 서로 인사하고 있다.
(C) 남자가 여행 가방에 물건을 챙기고 있다.
(D) 여자가 노트북 키보드로 타자를 치고 있다.

해설 (A) 동작 묘사 오류(are pointing at)
　　 (B) 두 남녀가 서로에게 손을 흔들며 인사하는 모습을 적절히 묘사했으므로 정답이다.
　　 (C) 동작 묘사 오류(is packing)
　　 (D) 동작 묘사 오류(is typing)

✛ 정답 더보기
Some people are waving at each other.
몇몇 사람들이 서로에게 손을 흔들고 있다.

어휘 point at ~을 가리키다 | greet 인사하다 | pack (짐을) 챙기다, 싸다 | suitcase 여행 가방 | type 타자 치다, (컴퓨터로) 입력하다 | wave (손을) 흔들다

1. 영국

(A) A man is setting up some office equipment.
(B) A man is filing some papers in a cabinet.
(C) Some binders have been stacked in boxes.
(D) Some books have been arranged on shelves.

(A) 한 남자가 사무기기를 설치하고 있다.
(B) 한 남자가 보관함 안에 서류를 정리 보관하고 있다.
(C) 몇몇 바인더들이 상자 안에 쌓여 있다.
(D) 몇몇 책들이 선반에 가지런히 놓여 있다.

해설 (A) 동작 묘사 오류(is setting up)
(B) 동작 묘사 오류(is filing)
(C) 위치 묘사 오류(in boxes)
(D) 책들이 선반에 가지런히 놓여 있는 상태를 적절히 묘사했으므로 정답이다.

✚ 정답 더보기
A light fixture is hanging from the ceiling.
조명 기구 하나가 천장에 매달려 있다.

어휘 set up ~을 설치하다 | office equipment 사무기기 | file (철하여) 정리 보관하다, 철하다 | cabinet 보관함, 캐비닛 | binder 바인더 | stack 쌓다 | arrange 가지런히 하다, 정리하다 | shelf 선반 | light fixture 조명 기구 | hang 매달다, 걸다 | ceiling 천장

2. 미국

(A) One of the women is turning on a coffee maker.
(B) Some display cases have been placed on top of the counter.
(C) One of the women is taking an order from a customer.
(D) Some light fixtures are being hung on a ceiling.

(A) 여자들 중 한 명이 커피 메이커를 켜고 있다.
(B) 몇몇 진열장들이 카운터 위에 놓여 있다.
(C) 여자들 중 한 명이 고객에게 주문을 받고 있다.
(D) 몇몇 조명 기구들이 천장에 걸리고 있다.

해설 (A) 동작 묘사 오류(is turning on)
(B) 진열장들이 카운터 위에 놓여 있는 모습을 적절히 묘사했으므로 정답이다.
(C) 동작 묘사 오류(is taking an order), 사진에 등장하지 않는 사람 (customer)
(D) 동작 묘사 오류(are being hung)

✚ 정답 더보기
Some plates have been filled with food.
몇몇 접시들이 음식으로 가득 채워져 있다.

어휘 coffee maker 커피 메이커 | display case 진열장 | place 놓다 | on top of ~ 위에 | counter 카운터 | light fixture 조명 기구 | ceiling 천장 | be filled with ~로 가득 차 있다

1. 호주

(A) A bench is facing a pavilion.
(B) Some patio furniture is being assembled.
(C) A deck overlooks a body of water.
(D) Some potted plants are being watered.

(A) 벤치 하나가 정자를 향해 있다.
(B) 몇몇 테라스용 가구가 조립되고 있다.
(C) 덱 하나가 수역을 바라보고 있다.
(D) 몇몇 화분들에 물이 뿌려지고 있다.

해설 (A) 사진에 등장하지 않는 사물(pavilion)
(B) 동작 묘사 오류(is being assembled)
(C) 덱이 수역을 바라보고 있는 모습을 적절히 묘사했으므로 정답이다.
(D) 동작 묘사 오류(are being watered)

✚ 정답 더보기
Some chairs have been placed on a deck.
몇몇 의자들이 덱 위에 놓여 있다.

어휘 face 향하다 | pavilion 정자, 누각, 가설 건물 | patio 테라스 | assemble 조립하다 | deck 덱, 갑판 | overlook 바라보다, 내려다보다 | a body of water 수역 | potted plant 화분 | water 물을 주다

2. 미국

(A) Water is flowing from a faucet.
(B) Some blinds have been pulled up.
(C) A woman is washing some dishes.
(D) A cup is being filled with a beverage.

(A) 물이 수도꼭지에서 흐르고 있다.
(B) 몇몇 블라인드들이 올려져 있다.
(C) 한 여자가 접시를 씻고 있다.
(D) 컵 하나가 음료로 채워지고 있다.

해설 **(A) 물이 수도꼭지에서 흐르고 있는 모습을 적절히 묘사했으므로 정답이다.**
(B) 상태 묘사 오류(have been pulled up)
(C) 사진에 등장하지 않는 사물(dishes)
(D) 사진에 등장하지 않는 사물(beverage)

✚ 정답 더보기
A glass is being filled with water.
유리잔 하나가 물로 채워지고 있다.

어휘 flow 흐르다 | faucet 수도꼭지 | blind 블라인드 | pull up ~을 올리다 | dish 접시, 요리 | fill 채우다 | beverage 음료

1. 미국

(A) Some dining furniture has been set up outdoors.
(B) Some people are seated next to each other.
(C) One of the women is picking up a plate.

(D) One of the women is watering some flowers.

(A) 몇몇 식사용 가구가 야외에 설치되었다.
(B) 몇몇 사람들이 나란히 앉아 있다.
(C) 여자들 중 한 명이 접시를 집어 들고 있다.
(D) 여자들 중 한 명이 꽃에 물을 주고 있다.

해설 (A) **식사용 가구가 야외에 설치된 모습을 적절히 묘사했으므로 정답이다.**
(B) 상태 묘사 오류(are seated)
(C) 동작 묘사 오류(is picking up)
(D) 동작 묘사 오류(is watering)

✚ 정답 더보기
A woman is holding a flower vase.
한 여자가 꽃병을 들고 있다.

어휘 dining 식사 | set up ~을 설치하다, 마련하다 | outdoors 야외에 | be seated 앉아 있다 | next to each other 나란히 | pick up ~을 집어 들다 | water 물을 주다 | hold 들고 있다 | vase 꽃병

---

2. 영국
(A) A man is using a gardening tool.
(B) A man is placing his backpack on a shelf.
(C) A potted plant is positioned in a corner.
(D) A picture frame is hanging from the wall.

(A) 한 남자가 정원 도구를 사용하고 있다.
(B) 한 남자가 선반에 자신의 배낭을 놓고 있다.
(C) **화분 하나가 구석에 놓여 있다.**
(D) 액자 하나가 벽에 걸려 있다.

해설 (A) 동작의 대상 오류(gardening tool)
(B) 동작의 대상 오류(his backpack)
(C) **구석에 화분이 놓여 있는 모습을 적절히 묘사했으므로 정답이다.**
(D) 사진에 등장하지 않는 사물(picture frame)

✚ 정답 더보기
He's speaking on the phone. 남자가 전화 통화를 하고 있다.

어휘 gardening tool 정원 도구 | place 놓다 | backpack 배낭 | shelf 선반 | potted plant 화분 | position 놓다, 배치하다 | in a corner 구석에 | picture frame 액자 | hang 걸리다, 매달리다

CASE 집중훈련
본서 p.81
1. (C) **2.** (D)

1. 영국
(A) There is a screen mounted on a wall.
(B) There are some blinds covering a window.
(C) There is a lamp beside a potted plant.
(D) There are monitors on both ends of a desk.

(A) 벽에 고정되어 있는 화면이 하나 있다.
(B) 창을 가리고 있는 몇몇 블라인드들이 있다.
(C) **화분 옆에 램프가 하나 있다.**
(D) 책상 양쪽 끝에 모니터들이 있다.

해설 (A) 상태 묘사 오류(mounted on a wall)
(B) 사진에 등장하지 않는 사물(blinds)
(C) **화분 옆에 램프가 있는 모습을 적절히 묘사했으므로 정답이다.**

(D) 위치 묘사 오류(on both sides of a desk)

✚ 정답 더보기
There is a cushion on a chair. 의자 위에 쿠션이 하나 있다.

어휘 mount 고정시키다, 끼우다 | blind 블라인드 | cover 가리다 | lamp 램프, 조명 | beside ~ 옆에 | potted plant 화분 | end 끝

---

2. 미국
(A) She's operating a cash register.
(B) She's stacking some items on a desk.
(C) She's repairing a display window.
(D) She's working behind a counter.

(A) 여자가 금전 등록기를 조작하고 있다.
(B) 여자가 책상 위에 물품을 쌓고 있다.
(C) 여자가 진열창을 수리하고 있다.
(D) **여자가 계산대 뒤에서 일하고 있다.**

해설 (A) 동작 묘사 오류(is operating)
(B) 위치 묘사 오류(on a desk)
(C) 동작 묘사 오류(is repairing)
(D) **여자가 계산대 뒤에서 일하는 모습을 적절히 묘사했으므로 정답이다.**

✚ 정답 더보기
A woman is arranging some products.
한 여자가 상품을 배열하고 있다.

어휘 operate 조작하다 | cash register 금전 등록기 | stack 쌓다 | repair 수리하다 | display window (상점의) 진열창 | counter 계산대 | arrange 배열하다, 정리하다 | product 상품

CASE 집중훈련
본서 p.82
1. (C) **2.** (D)

1. 미국
(A) They are working on some windows.
(B) One of the men is painting a fence.
(C) The ladder is propped against the wall.
(D) One of the men is using a power tool.

(A) 사람들이 창 작업을 하고 있다.
(B) 남자들 중 한 명이 울타리에 페인트칠하고 있다.
(C) **사다리가 벽에 기대어 세워져 있다.**
(D) 남자들 중 한 명이 전동 공구를 사용하고 있다.

해설 (A) 사진에 등장하지 않는 사물(windows)
(B) 동작 묘사 오류(is painting), 사진에 등장하지 않는 사물(fence)
(C) **사다리가 벽에 기대어 세워져 있는 모습을 적절히 묘사했으므로 정답이다.**
(D) 동작 묘사 오류(is using), 사진에 등장하지 않는 사물(power tool)

✚ 정답 더보기
They are working indoors. 사람들이 실내에서 작업하고 있다.

어휘 fence 울타리 | ladder 사다리 | be propped against ~에 기대어 세워져 있다 | power tool 전동 공구 | indoors 실내에서

2. 호주

(A) They are gathered around a table.
(B) One of the women is holding a plate of food.
(C) One of the men is sipping from a mug.
(D) One of the men is leaning over some furniture.

(A) 사람들이 테이블 주위에 모여 있다.
(B) 여자들 중 한 명이 음식 접시를 들고 있다.
(C) 남자들 중 한 명이 머그잔으로 마시고 있다.
(D) 남자들 중 한 명이 가구 위로 몸을 구부리고 있다.

해설 (A) 상태 묘사 오류(are gathered around a table)
(B) 동작의 대상 오류(a plate of food)
(C) 동작 묘사 오류(is sipping)
(D) 남자들 중 한 명이 테이블 위로 몸을 구부리고 있는 모습을 적절히 묘사했으므로 정답이다.

✚ 정답 더보기
They are standing in a kitchen area.
사람들이 주방 공간에 서 있다.

어휘 gather 모으다 | hold (손에) 들다, 잡다 | sip (음료를) 조금씩 마시다 | lean over ~ 위로 몸을 구부리다

CASE 실전훈련
본서 p.84

1. (A)   2. (A)   3. (B)   4. (C)   5. (C)   6. (D)

---

1. 영국

(A) She's peering into a cupboard.
(B) She's closing the refrigerator door.
(C) She's placing food in a microwave oven.
(D) She's filling the dishwasher with some plates.

(A) 여자가 찬장 안을 들여다보고 있다.
(B) 여자가 냉장고 문을 닫고 있다.
(C) 여자가 전자레인지에 음식을 넣고 있다.
(D) 여자가 식기세척기를 접시로 채우고 있다.

해설 **(A) 여자가 찬장 안을 들여다보고 있는 모습을 적절히 묘사했으므로 정답이다.**
(B) 사진에 등장하지 않는 사물(refrigerator door)
(C) 동작 묘사 오류(is placing)
(D) 동작 묘사 오류(is filling)

✚ 정답 더보기
A woman is holding a cupboard door open.
한 여자가 찬장 문을 연 상태로 잡고 있다.

어휘 peer into ~을 자세히 들여다보다 | cupboard 찬장, 벽장 | refrigerator 냉장고 | place 놓다 | microwave oven 전자레인지 | fill 채우다 | dishwasher 식기세척기

---

2. 미국

(A) A man is putting some mail into a mailbox.
(B) A man is locking up a bicycle.
(C) A man is removing some envelopes from a mailbag.
(D) A man is ringing a doorbell.

(A) 한 남자가 우편함에 우편물을 넣고 있다.
(B) 한 남자가 자전거를 자물쇠로 채우고 있다.

(C) 한 남자가 우편 가방에서 봉투를 꺼내고 있다.
(D) 한 남자가 초인종을 누르고 있다.

해설 **(A) 남자가 우편함에 우편물을 넣고 있는 모습을 적절히 묘사했으므로 정답이다.**
(B) 동작 묘사 오류(is locking up)
(C) 동작 묘사 오류(is removing ~ from a mailbag)
(D) 사진에 등장하지 않는 사물(doorbell)

✚ 정답 더보기
He's delivering some mail. 남자가 우편물을 배달하고 있다.

어휘 mail 우편물 | mailbox 우편함 | lock up ~을 자물쇠로 잠그다 | remove 옮기다[꺼내다], 없애다 | mailbag 우편 가방 | ring (종을 울리기 위해) 누르다 | doorbell 초인종 | deliver 배달하다

---

3. 호주

(A) One of the people is watering a plant.
(B) One of the people is pointing at an item.
(C) They're entering a store.
(D) They're sitting face to face.

(A) 사람들 중 한 명이 식물에 물을 주고 있다.
(B) 사람들 중 한 명이 물건을 가리키고 있다.
(C) 사람들이 가게에 들어가고 있다.
(D) 사람들이 마주 보며 앉아 있다.

해설 (A) 동작 묘사 오류(is watering)
(B) 한 여자가 손으로 물건을 가리키고 있는 모습을 적절히 묘사했으므로 정답이다.
(C) 동작 묘사 오류(are entering)
(D) 상태 묘사 오류(are sitting)

✚ 정답 더보기
Some potted plants have been loaded in a cart.
몇몇 화분들이 카트에 실려 있다.

어휘 water 물을 주다 | plant 식물 | point at ~을 가리키다 | enter 들어가다 | face to face 마주 보고 | load (짐 등을) 싣다

---

4. 미국

(A) A ladder has been folded up next to a tree.
(B) A ladder has been laid down by a road.
(C) A ladder has been propped against a shed.
(D) A ladder has been stored inside a building.

(A) 사다리 하나가 나무 옆에 접혀 있다.
(B) 사다리 하나가 도로 옆에 놓여 있다.
(C) 사다리 하나가 창고에 기대어 세워져 있다.
(D) 사다리 하나가 건물 안에 보관되어 있다.

해설 (A) 상태 묘사 오류 (has been folded up)
(B) 사진에 등장하지 않는 사물(road)
(C) 사다리가 창고에 기대어 세워져 있는 상태를 적절히 묘사했으므로 정답이다.
(D) 상태 묘사 오류(has been stored)

✚ 정답 더보기
A chair has been left outside. 의자 하나가 바깥에 놓여있다.

어휘 fold up ~을 접다 | next to ~ 옆에 | lay down ~을 내려놓다 | be propped against ~에 기대어 세워져 있다 | shed 창고, 헛간 | store 보관하다 | building 건물

---

5. 미국

(A) The woman is reviewing a pamphlet.
(B) The woman is examining a bulletin board.
(C) The man is touching some pages in a binder.
(D) The man is printing out a document.

(A) 여자가 팸플릿을 검토하고 있다.
(B) 여자가 게시판을 살펴보고 있다.
(C) 남자가 바인더에 있는 몇몇 페이지를 만지고 있다.
(D) 남자가 문서를 출력하고 있다.

해설 (A) 사진에 등장하지 않는 사물(pamphlet)
(B) 동작의 대상 오류(bulletin board)
(C) 남자가 바인더에서 몇몇 페이지를 만지고 있는 모습을 적절히 묘사했으므로 정답이다.
(D) 동작 묘사 오류(is printing out)

✚ 정답 더보기
He's flipping through some pages of a binder.
남자가 바인더의 몇몇 페이지를 획획 넘기고 있다.

어휘 review 검토하다 | pamphlet 팸플릿 | examine 살펴보다, 검토하다 | bulletin board 게시판 | binder 바인더 | print out ~을 출력하다 | document 문서, 서류 | flip through ~을 획획 넘기다

---

6. 영국

(A) A customer is handing a backpack to a woman.
(B) Some goods have been stacked next to a cash register.
(C) A cashier is leaning over a display case.
(D) Some merchandise is on the counter between two people.

(A) 한 고객이 여자에게 배낭을 건네주고 있다.
(B) 몇몇 상품이 계산대 옆에 쌓여 있다.
(C) 한 계산원이 진열장 위로 몸을 구부리고 있다.
(D) 몇몇 상품이 두 사람 사이의 계산대 위에 있다.

해설 (A) 동작의 대상 오류(backpack)
(B) 사진에 등장하지 않는 사물(cash register)
(C) 상태 묘사 오류(is leaning over)
(D) 상품이 두 사람 사이의 계산대 위에 놓여 있는 모습을 적절히 묘사했으므로 정답이다.

✚ 정답 더보기
A man is making a payment. 한 남자가 지불하고 있다.

어휘 customer 고객 | hand 건네주다 | backpack 배낭 | goods 상품 | stack 쌓다 | cash register 계산대 | cashier 계산원 | lean 기대다 | display case 진열장 | merchandise 상품 | counter 계산대 | make a payment 지불하다, 결제하다

PART 2

CHAPTER 05 문제 풀이 전략

CASE 집중훈련　　　　　본서 p.94
1. (B)　**2.** (A)　**3.** (A)

---

1. 미국 ↔ 호주

Will you please alphabetize these files?
(A) She picked out kitchen tiles.
(B) I'll have time this afternoon.
(C) A Greek alphabet.

이 파일들을 알파벳 순으로 정리해 주시겠어요?
(A) 그녀가 주방 타일을 골랐어요.
(B) 제가 오늘 오후에 시간이 있을 거예요.
(C) 그리스어 알파벳이요.

해설 (A) 유사 발음 함정(files – tiles)
(B) 오늘 오후에 시간이 있을 것이라며 요청에 대한 수락 표현으로 질문에 맞게 적절히 대답했으므로 정답이다.
(C) 유사 발음 함정(alphabetize – alphabet)

✚ 정답 더보기
Let me check my schedule first.
제 일정을 먼저 확인해 볼게요.

어휘 alphabetize 알파벳 순으로 정리하다 | pick out ~을 고르다 | check 확인하다 | schedule 일정

---

2. 미국 ↔ 영국

Would you like to come with us for dinner?
(A) I already have plans.
(B) Thanks for your feedback.
(C) The instructions are in the recipe book.

저녁 식사에 우리와 함께 가시겠어요?
(A) 저는 이미 약속이 있어요.
(B) 피드백 감사해요.
(C) 설명서는 요리책에 수록되어 있어요.

해설 **(A) 이미 계획이 있다며 제안에 대한 거절을 우회적으로 적절히 말했으므로 정답이다.**
(B) 연상 어휘 함정(Would you like – Thanks)
(C) 연상 어휘 함정(dinner – recipe book)

✚ 정답 더보기
Sure. Where are we going? 그럼요. 어디로 가나요?

어휘 feedback 피드백 | instructions 설명서 | recipe book 요리책

---

3. 영국 ↔ 미국

Should I buy more toner for the printers?
(A) Did you check the storage cabinet?
(B) I printed the file you requested.
(C) A delivery from the office supply store.

프린터용 토너를 더 구입해야 할까요?
(A) 물품 보관 캐비닛을 확인하셨어요?

(B) 요청하신 파일을 출력했어요.
(C) 사무용품점에서 배달 온 거예요.

해설 **(A)** 물품 보관 캐비닛을 확인했냐며 확인해 보고 결정하라는 의미를 담은 되묻는 응답으로 질문에 맞게 적절히 대답했으므로 정답이다.
(B) 유사 발음 함정 (printers – printed)
(C) 연상 어휘 함정 (toner – office supply store)

✚ 정답 더보기
Sure, we're out of black ink.
물론이죠, 검은색 잉크가 다 떨어졌어요.

어휘 toner (복사기 등의) 토너 | storage cabinet 물품 보관 캐비닛 | print 출력하다 | request 요청하다 | delivery 배달 | office supply store 사무용품점 | be out of ~이 다 떨어지다[써 버리다]

CASE 집중훈련
본서 p.95

1. (B) 2. (B) 3. (C)

1. 호주 ↔ 영국

You work at the shopping center, don't you?
(A) Please center the image on the cover.
(B) No, not anymore.
(C) I go grocery shopping once a week.

쇼핑센터에서 근무하시죠, 그렇지 않나요?
(A) 이미지를 표지 중앙에 위치시켜 주세요.
(B) 아니요, 이젠 안 해요.
(C) 저는 일주일에 한 번 장 보러 가요.

해설 (A) 동어 반복 함정 (center – center)
(B) 'No'로 대답하고, 이젠 안 한다며 적절히 덧붙여 말했으므로 정답이다.
(C) 동어 반복 함정 (shopping – shopping)

✚ 정답 더보기
Yes, I've been working there for three years.
네, 거기서 3년간 일해 왔어요.

어휘 center ~을 중앙에 두다 | cover (책 등의) 표지 | not anymore 이제 더 이상 하지 않다 | go grocery shopping 장 보러 가다

---

2. 미국 ↔ 미국

Who's in charge of analyzing the property market in China?
(A) The Finance Department finalized the budget.
(B) The team manager is heading that project.
(C) Every Monday at 3 o'clock.

중국의 부동산 시장을 분석하는 일을 누가 맡고 있나요?
(A) 재무 부서에서 예산을 확정 지었어요.
(B) 팀장님이 그 프로젝트를 이끌고 있어요.
(C) 매주 월요일 3시예요.

해설 (A) 연상 어휘 함정 (property market – Finance Department, budget)
(B) 팀장님이 그 프로젝트를 이끌고 있다며 직위로 대답했으므로 정답이다.
(C) When 의문문에 어울리는 응답

✚ 정답 더보기
That research project has been pushed back.
그 연구 프로젝트는 미뤄졌어요.

어휘 in charge of ~을 담당하는 | property market 부동산 시장 | Finance Department 재무부 | finalize 확정하다, 마무리 짓다 | budget 예산 | head 이끌다, 책임지다 | research 연구 | push back (시간·날짜 등을 뒤로) 미루다

---

3. 미국 ↔ 호주

Where should I submit the completed application form?
(A) By express mail, thank you.
(B) I bought it at the appliance store.
(C) I can show you to the office.

작성한 지원서는 어디에 제출해야 하나요?
(A) 속달 우편으로요, 감사합니다.
(B) 가전제품 매장에서 샀어요.
(C) 사무실로 제가 안내해 드리겠습니다.

해설 (A) How 의문문에 어울리는 응답
(B) 유사 발음 함정 (application – appliance)
(C) 사무실로 안내해 주겠다며 질문에 맞게 적절히 대답했으므로 정답이다.

✚ 정답 더보기
Here is the address. 여기 주소가 있습니다.

어휘 submit 제출하다 | completed 작성된, 완료된 | application form 지원서 | express mail 속달 우편 | appliance store 가전제품 매장 | address 주소

CASE 집중훈련
본서 p.96

1. (C) 2. (B) 3. (C)

1. 영국 ↔ 호주

Why weren't the purchases processed today?
(A) No, that's for express shipping.
(B) I'd like to try the larger one.
(C) The director wanted us to wait.

오늘 왜 구매가 처리되지 않았죠?
(A) 아니요, 그건 급송용이에요.
(B) 저는 더 큰 것을 먹어보고 싶어요.
(C) 이사님께서 우리가 대기하기를 원하셨어요.

해설 (A) 의문사 의문문은 Yes/No로 응답 불가
(B) 연상 어휘 함정 (purchases – larger one)
(C) 이사님이 대기하기를 원했다며 이유로 대답했으므로 정답이다.

✚ 정답 더보기
Bill is in charge of that. Bill이 그것을 담당하고 있어요.

어휘 purchase 구매(품) | process 처리하다 | express shipping 급송 | director 이사, 임원 | in charge of ~을 담당하는

---

2. 미국 ↔ 미국

What files should I bring to the client meeting?
(A) OK, let me print those out for you.
(B) The ones in the 'Finished' folder.
(C) The last Friday in October.

고객과의 미팅에 어떤 파일을 가져가야 할까요?
(A) 네, 제가 출력해 드릴게요.
(B) '완료' 폴더에 있는 거요.
(C) 10월의 마지막 금요일입니다.

해설 (A) 연상 어휘 함정 (files – print ~ out)
(B) 완료 폴더에 있는 거라며 「The one + 수식어」 표현으로 적절히 대답했으므로 정답이다.
(C) When 의문문에 어울리는 응답

➕ **정답 더보기**
Let me check with Joseph. Joseph에게 확인해 볼게요.

어휘 print out ~을 출력하다 | folder 폴더, 서류철 | check with ~에게 확인하다, 문의하다

----

3. 호주 ↔ 미국

How often do I need to hand in the evaluation form?
(A) I don't usually check the handbook.
(B) Yes, I value your feedback.
(C) You have to do it every quarter.

평가서를 얼마나 자주 제출해야 하나요?
(A) 저는 보통 안내서를 확인하지 않아요.
(B) 네, 당신의 피드백을 소중하게 생각해요.
(C) 그걸 분기마다 하셔야 해요.

해설 (A) 연상 어휘 함정 (evaluation form – handbook)
(B) 의문사 의문문은 Yes/No로 응답 불가
(C) 분기마다 해야 한다며 질문에 맞게 적절히 대답했으므로 정답이다.

➕ **정답 더보기**
You should probably ask the HR team.
아마 인사팀에 문의하셔야 할 거예요.

어휘 hand in ~을 제출하다 | evaluation form 평가서 | handbook 안내서 | value 소중하게 생각하다 | feedback 피드백, 의견 | quarter 분기 (1년의 1/4)

CASE 집중훈련 본서 p.97
1. (B) 2. (A) 3. (B)

1. 호주 ↔ 영국

When will the cameras be installed?
(A) Really, he did?
(B) Let me ask the security office now.
(C) Less than 100 dollars.

카메라는 언제 설치될까요?
(A) 정말, 그가 그랬어요?
(B) 지금 경비실에 물어볼게요.
(C) 100달러 미만이요.

해설 (A) 시제 불일치 함정 (will – did)
(B) 경비실에 물어본다며 '확인해 보겠습니다'류의 응답으로 질문에 맞게 적절히 대답했으므로 정답이다.
(C) How much 의문문에 어울리는 응답

➕ **정답 더보기**
Over the weekend. 주말에요.

어휘 install 설치하다 | security 경비, 보안 | less than ~ 미만

----

2. 미국 ↔ 미국

Are you walking or riding your bike to the library?
(A) Isn't the library quite far?
(B) Ten kilometers every weekend.
(C) Right across the street.

도서관으로 걸어갈 건가요, 아니면 자전거를 탈 건가요?
(A) 도서관이 꽤 멀지 않나요?
(B) 주말마다 10킬로미터씩이요.
(C) 바로 길 건너편에요.

해설 **(A) 도서관이 꽤 멀지 않냐며 자전거를 타는 것이 나을 거라는 의미를 담은 되묻는 응답으로 질문에 맞게 적절히 대답했으므로 정답이다.**
(B) 연상 어휘 함정 (riding ~ bike – Ten kilometers)
(C) 연상 어휘 함정 (walking – Right across the street)

➕ **정답 더보기**
I'll be walking. 걸어갈 거예요.

어휘 ride 타다 | quite 꽤 | far 먼

----

3. 영국 ↔ 미국

Do you want to grab a snack after the meeting?
(A) Some sandwiches.
(B) Well, I had a big breakfast.
(C) About the contract for Austin International.

회의 끝나고 간식 먹으러 갈까요?
(A) 샌드위치요.
(B) 음, 전 아침을 많이 먹었어요.
(C) Austin International의 계약에 대해서요.

해설 (A) 연상 어휘 함정 (snack – sandwiches)
(B) 아침을 많이 먹었다며 제안에 대한 거절을 우회적으로 적절히 말했으므로 정답이다.
(C) 연상 어휘 함정 (meeting – contract)

➕ **정답 더보기**
The meeting has been postponed.
회의가 연기되었습니다.

어휘 grab 먹다, 잡다 | contract 계약(서) | postpone 연기하다

CASE 집중훈련 본서 p.98
1. (C) 2. (C) 3. (A)

1. 호주 ↔ 미국

You saw the notice for the management workshop, didn't you?
(A) It's a new shop.
(B) He was just promoted.
(C) Yes, I already signed up.

경영진 워크숍에 관한 공지 보셨죠, 그렇지 않나요?
(A) 그건 새 가게예요.
(B) 그는 막 승진했어요.
(C) 네, 저는 이미 등록했어요.

해설 (A) 유사 발음 함정 (workshop – shop)
(B) 주어 불일치 함정 (You – He)

(C) 'Yes'로 대답하고, 자신은 이미 등록했다며 적절히 덧붙여 말했으므로 정답이다.

✚ 정답 더보기
No. Where was it posted?
아니요. 어디에 게시되어 있었나요?

어휘 notice 공지(문) | management 경영(진) | promote 승진하다 | sign up ~에 등록하다, 신청하다 | post 게시하다

2. 미국↔미국
How soon can you get started on building design?
(A) She's a new graphic designer.
(B) Try the rear entrance.
(C) I'll begin this afternoon.

건물 설계를 얼마나 빨리 시작해 주실 수 있으세요?
(A) 그녀는 새로 온 그래픽 디자이너입니다.
(B) 뒷문으로 가 보세요.
(C) 오늘 오후에 시작하겠습니다.

해설 (A) 주어 불일치 함정(you – She), 유사 발음 함정(design – designer)
(B) 연상 어휘 함정(building – entrance)
(C) 오늘 오후에 시작하겠다며 질문에 맞게 적절히 대답했으므로 정답이다.

✚ 정답 더보기
Right after lunch. 점심시간 직후에요.

어휘 get started (어떤 일을 하기) 시작하다 | rear 뒤쪽의 | entrance 문, (출)입구

3. 호주↔영국
Will you send this invoice to Ms. Jensen?
(A) I'll do it right away.
(B) A shipping company.
(C) No, it didn't.

이 송장을 Jensen 씨에게 보내 주시겠어요?
(A) 제가 바로 할게요.
(B) 운송 회사요.
(C) 아니요, 그렇지 않았어요.

해설 (A) 바로 하겠다며 질문에 맞게 적절히 대답했으므로 정답이다.
(B) 연상 어휘 함정(send, invoice – shipping)
(C) 시제 불일치 함정(Will – didn't)

✚ 정답 더보기
Should I email it to her? 그녀에게 이메일로 보내야 할까요?

어휘 invoice 송장, 청구서 | right away 곧바로, 즉시 | shipping company 운송 회사

CASE 실전훈련   본서 p.99

1. (B)	2. (C)	3. (A)	4. (C)	5. (B)
6. (B)	7. (B)	8. (A)	9. (C)	10. (B)
11. (C)	12. (C)	13. (B)	14. (A)	15. (C)
16. (B)	17. (C)	18. (B)	19. (C)	20. (C)
21. (B)	22. (C)	23. (A)	24. (A)	25. (A)

1. 호주↔영국
Who was organizing the storage room this morning?
(A) I've been there before.
(B) Marie and Gianna.
(C) Three extra chairs.

오늘 아침에 누가 창고를 정리하고 있었죠?
(A) 전에 그곳에 가 봤어요.
(B) Marie와 Gianna요.
(C) 의자 3개 더요.

해설 (A) 연상 어휘 함정(storage room – I've been there)
(B) Marie와 Gianna라며 사람 이름으로 대답했으므로 정답이다.
(C) 연상 어휘 함정(storage room – extra chairs)

✚ 정답 더보기
Did you check the schedule? 일정 확인했어요?

어휘 organize 정리하다 | storage room 창고 | extra 추가의

2. 미국↔영국
Do you eat breakfast every day?
(A) I'll meet you at 9 A.M.
(B) A local café.
(C) No, I only drink tea.

매일 아침을 드시나요?
(A) 오전 9시에 만나요.
(B) 지역 카페요.
(C) 아니요, 저는 차만 마셔요.

해설 (A) 유사 발음 함정(eat – meet), 연상 어휘 함정(breakfast – 9 A.M.)
(B) 연상 어휘 함정(eat breakfast – café)
(C) 'No'로 대답하고, 차만 마신다며 적절히 덧붙여 말했으므로 정답이다.

✚ 정답 더보기
Yes, it helps me concentrate.
네, 집중하는 데 도움이 돼요.

어휘 local 지역의, 현지의 | drink 마시다 | concentrate 집중하다

3. 미국↔미국
Where can I buy a new desk drawer?
(A) You need written approval first.
(B) They should be in the top drawer.
(C) Let me walk you to your office.

새 책상 서랍을 어디서 살 수 있나요?
(A) 우선 서면 승인이 필요합니다.
(B) 그것들은 맨 위 서랍에 있을 거예요.
(C) 제가 당신 사무실까지 바래다 드릴게요.

해설 (A) 우선 서면 승인이 필요하다며 승인 후에 살 수 있음을 우회적으로 적절히 말했으므로 정답이다.
(B) 동어 반복 함정(drawer – drawer)
(C) 연상 어휘 함정(Where – Let me walk you to)

✚ 정답 더보기
At Vaughn's Furniture Store across town.
마을 건너편에 있는 Vaughn's 가구점에서요.

어휘 drawer 서랍 | written approval 서면 승인

4. 미국↔호주

Why were our shoes so popular last month?
(A) I just bought some shoes.
(B) The top-selling brand.
(C) We still aren't sure.

지난달에 저희 신발이 왜 그렇게 인기가 많았을까요?
(A) 제가 방금 신발을 구입했어요.
(B) 가장 잘 팔리는 브랜드예요.
(C) 저흰 아직도 잘 모르겠어요.

해설 (A) 동어 반복 함정(shoes - shoes)
(B) 연상 어휘 함정(popular - top-selling)
(C) 아직도 잘 모르겠다며 '모르겠습니다'류의 응답으로 질문에 맞게 적절히 대답했으므로 정답이다.

➕ 정답 더보기
Greg should have the answer to that.
Greg가 그것의 답을 알고 있을 거예요.

어휘 popular 인기 있는 | top-selling 가장 잘 팔리는 | sure 확실히 아는, 확신하는 | answer 답

----

5. 미국↔미국

Isn't that electronics brand preparing to export their smartphones?
(A) The business consultation expert.
(B) Yes, I've heard that's in the works.
(C) You should download the phone application.

그 전자 기기 브랜드가 자사 스마트폰을 수출하려고 준비하고 있지 않나요?
(A) 비즈니스 상담 전문가요.
(B) 네, 그 일이 진행 중이라고 들었어요.
(C) 전화기 애플리케이션을 다운로드하셔야 합니다.

해설 (A) 연상 어휘 함정(brand, export - business), 유사 발음 함정(export - expert)
(B) 'Yes'로 대답하고, 진행 중이라고 들었다며 적절히 덧붙여 말했으므로 정답이다.
(C) 연상 어휘 함정(smartphones - phone application)

➕ 정답 더보기
Where did you learn that? 그거 어디서 들으셨어요?

어휘 electronics 전자 기기 | brand 브랜드, 상표 | export 수출하다 | consultation 상담 | expert 전문가 | in the works 진행 중인, 논의 중인 | application 애플리케이션, 응용 프로그램

----

6. 영국↔호주

You're making the itinerary for the Tokyo conference, right?
(A) In late April.
(B) Yes, here's a draft.
(C) For three nights and four days.

당신이 Tokyo 회의 일정을 짜고 있죠, 그렇죠?
(A) 4월 하순에요.
(B) 네, 여기 초안이에요.
(C) 3박 4일 동안이요.

해설 (A) 연상 어휘 함정(itinerary - late April)
(B) 'Yes'로 대답하고, 여기 초안이 있다며 적절히 덧붙여 말했으므로

정답이다.
(C) 연상 어휘 함정(itinerary - three nights and four days)

➕ 정답 더보기
No, Mark is in charge of that. 아니요, Mark가 담당이에요.

어휘 itinerary 여행 일정(표) | conference 회의 | draft 초안 | in charge of ~을 담당하는

----

7. 영국↔미국

How can I get reimbursed for overseas business trips?
(A) I went to Singapore for a week.
(B) Did you fill out a form?
(C) I'm sorry. That sounds very expensive.

제가 해외 출장 경비를 어떻게 환급 받을 수 있나요?
(A) 제가 일주일간 싱가포르에 갔었어요.
(B) 양식을 작성하셨나요?
(C) 죄송해요. 그건 아주 비쌀 것 같아요.

해설 (A) 연상 어휘 함정(overseas business trips - Singapore)
(B) 양식을 작성했냐며 양식을 작성해야 받을 수 있다는 의미를 담은 되묻는 응답으로 질문에 맞게 적절히 대답했으므로 정답이다.
(C) 연상 어휘 함정(overseas business trips - expensive)

➕ 정답 더보기
It should be in the employee manual.
직원 매뉴얼에 있을 거예요.

어휘 reimburse 환급하다, 상환하다 | overseas 해외의 | business trip 출장 | fill out ~을 작성하다 | form 양식 | expensive 비싼 | employee 직원

----

8. 미국↔미국

The boutique seems quite busy today.
(A) They're holding a seasonal sale.
(B) At 8 tomorrow.
(C) On the second floor of the shopping mall.

오늘 부티크가 꽤 붐비는 것 같아요.
(A) 계절 할인 판매를 하고 있거든요.
(B) 내일 8시에요.
(C) 쇼핑몰 2층에서요.

해설 **(A) 계절 할인 판매를 하는 중이라며 질문에 맞게 적절히 대답했으므로 정답이다.**
(B) 연상 어휘 함정(today - tomorrow)
(C) 연상 어휘 함정(boutique - shopping mall)

➕ 정답 더보기
We might break our daily sales record.
우리의 일일 매출 기록을 깰지도 몰라요.

어휘 boutique 부티크, 양품점 | hold 열다, 개최하다 | seasonal 계절적인 | sale 할인 판매, 세일 | break 깨다, 부수다 | daily 매일의 | sales record 매출 기록

----

9. 호주↔미국

Shouldn't the guest lecturer have gotten here by now?
(A) A respected scientist.
(B) I enjoy it a lot.
(C) No, he'll arrive at 2 o'clock.

초청 강사가 지금쯤 이곳에 도착했어야 하는 거 아닌가요?
(A) 존경받는 과학자요.

(B) 저는 그것을 맘껏 즐깁니다.
(C) 아니요, 그분은 2시에 도착할 거예요.

해설 (A) 연상 어휘 함정(guest lecturer – respected scientist)
(B) 질문과 무관한 응답
(C) 'No'로 대답하고, 2시에 도착할 거라며 적절히 덧붙여 말했으므로 정답이다.

✚ **정답 더보기**
Right, I'll call him right away.
맞아요, 지금 당장 그분께 전화해 볼게요.

어휘 guest lecturer 초청 강사 ǀ should have p.p. ~했어야 했다 ǀ by now 지금쯤 ǀ respected 존경받는 ǀ arrive 도착하다 ǀ right away 지금 당장, 즉시

---

10. 미국↔영국

What is your opinion of the new design?
(A) In about a month.
(B) I really prefer the original one.
(C) She's a fashion designer.

새 디자인에 대한 당신 의견은 어떤가요?
(A) 약 한 달 후예요.
(B) 저는 정말로 원래의 것이 더 좋습니다.
(C) 그녀는 패션 디자이너입니다.

해설 (A) When 의문문에 어울리는 응답
(B) 원래의 것이 더 좋다며 자신의 의견을 말했으므로 정답이다.
(C) 유사 발음 함정(design – designer)

✚ **정답 더보기**
It looks very interesting. 아주 흥미로운 것 같아요.

어휘 opinion 의견, 생각 ǀ prefer 더 좋아하다 ǀ original 원래의, 본래의 ǀ interesting 흥미로운, 재미있는

---

11. 호주↔영국

Can you make the lunch reservations?
(A) She stayed at a small hotel.
(B) They serve seafood.
(C) Sure. I don't mind doing that.

점심 식사 예약 좀 해 주시겠어요?
(A) 그녀는 작은 호텔에 머물렀어요.
(B) 그곳은 해산물을 제공합니다.
(C) 그럼요. 기꺼이 해 드리겠습니다.

해설 (A) 주어 불일치 함정(you – She), 연상 어휘 함정(reservations – hotel)
(B) 주어 불일치 함정(you – They), 연상 어휘 함정(lunch – seafood)
(C) 'Sure'로 대답하고, 기꺼이 해 주겠다며 적절히 덧붙여 말했으므로 정답이다.

✚ **정답 더보기**
Yes, just give me a moment. 네, 잠시만 기다려 주세요.

어휘 make a reservation 예약하다 ǀ serve (음식 등을) 제공하다, 내오다 ǀ mind ~하는 것을 꺼리다

---

12. 미국↔미국

Why haven't you started your new job yet?
(A) Please move it more to the left.
(B) Thank you, I'm anxious to get started.

(C) I'm still waiting to receive my contract.

왜 아직 새로운 일을 시작하지 않았나요?
(A) 왼쪽으로 더 옮겨 주세요.
(B) 고마워요, 저는 어서 시작하고 싶어요.
(C) 아직 제 계약서 받기를 기다리고 있어요.

해설 (A) 연상 어휘 함정(new job – move)
(B) 동어 반복 함정(started – started)
(C) 새 계약서 받기를 기다리고 있다며 이유로 대답했으므로 정답이다.

✚ **정답 더보기**
They will let me know this week.
그들이 이번 주에 제게 알려줄 거예요.

어휘 be anxious to do 어서[몹시] ~하고 싶어 하다 ǀ get started 시작하다 ǀ receive 받다 ǀ contract 계약서

---

13. 영국↔미국

Can you tell me your laptop's serial number?
(A) That number has increased recently.
(B) Where can I find it?
(C) No, it's not serious.

갖고 계신 노트북 컴퓨터의 일련번호 좀 말씀해 주시겠어요?
(A) 그 숫자는 최근에 증가했습니다.
(B) 그걸 어디에서 찾을 수 있나요?
(C) 아니요, 심각하지 않습니다.

해설 (A) 동어 반복 함정(number – number)
(B) 어디서 찾을 수 있냐며 추가 정보를 요구하는 되묻는 응답으로 질문에 맞게 적절히 대답했으므로 정답이다.
(C) 유사 발음 함정(serial – serious)

✚ **정답 더보기**
Okay, just give me a minute. 네, 잠시만 기다려 주세요.

어휘 serial number 일련번호 ǀ increase 증가하다, 오르다 ǀ recently 최근에 ǀ serious 심각한

---

14. 호주↔미국

We should find a product manager as soon as possible.
(A) Have you considered Nelly Perkins?
(B) I'm meeting the producers of the movie.
(C) They managed to meet the deadline.

가능한 한 빨리 제품 관리자를 구해야 해요.
(A) Nelly Perkins를 고려해 보셨나요?
(B) 저는 영화 제작자들을 만날 거예요.
(C) 그쪽에서 마감일에 간신히 맞췄어요.

해설 **(A) Nelly Perkins를 고려해 봤냐며 정보를 제공하는 되묻는 응답으로 질문에 맞게 적절히 대답했으므로 정답이다.**
(B) 유사 발음 함정(product – producers)
(C) 연상 어휘 함정(as soon as possible – meet the deadline)

✚ **정답 더보기**
The launch won't be until next year.
내년에나 출시될 거예요.

어휘 as soon as possible 가능한 한 빨리 ǀ consider 고려하다 ǀ producer 제작자 ǀ manage to do 간신히 ~해내다 ǀ meet the deadline 마감일에 맞추다 ǀ launch 출시

---

15. 미국↔호주

Why don't we start interviewing job applicants?
(A) They received training last month.
(B) You're one of the top candidates.
(C) I'll need their résumés first.

취업 지원자들의 면접을 시작하는 것이 어떨까요?
(A) 그들은 지난달에 교육을 받았어요.
(B) 당신은 최고의 지원자들 중 한 명이에요.
(C) 우선 전 그들의 이력서가 필요합니다.

해설 (A) 연상 어휘 함정(job – training)
(B) 연상 어휘 함정(applicants – candidates)
(C) 우선 그들의 이력서가 필요하다며 면접 전에 이력서를 검토해야 함을 우회적으로 적절히 말했으므로 정답이다.

➕ 정답 더보기
Yes, that would be a good idea.
네, 그거 좋은 생각인 것 같아요.

어휘 interview 면접을 보다 | job applicant 취업 지원자 | receive 받다 | training 교육, 훈련 | candidate 지원자, 후보자 | résumé 이력서

16. 영국↔미국

Do we have a meeting next Thursday?
(A) I loved meeting with you.
(B) Yes. I think so.
(C) Inside the office.

우리 다음 주 목요일에 회의가 있나요?
(A) 당신과 만나서 정말 좋았어요.
(B) 네. 그런 것 같아요.
(C) 사무실 안에요.

해설 (A) 동어 반복 함정(meeting – meeting)
(B) 'Yes'로 대답하고, 그런 것 같다며 적절히 덧붙여 말했으므로 정답이다.
(C) 연상 어휘 함정(meeting – office)

➕ 정답 더보기
I haven't heard about it. 전 그것에 관해 듣지 못했어요.

어휘 meeting 회의 | inside ~ 안에

17. 미국↔미국

Why are we delaying the construction proposal?
(A) In three weeks, I believe.
(B) Yes, she'll review it.
(C) Because we're not ready.

우리는 왜 그 건설 공사 제안서를 미루고 있는 건가요?
(A) 3주 후일 거예요.
(B) 네, 그녀가 그것을 검토할 거예요.
(C) 우리가 준비되어 있지 않기 때문이에요.

해설 (A) 연상 어휘 함정(delaying – In three weeks)
(B) 의문사 의문문은 Yes/No로 응답 불가
(C) 준비되어 있지 않기 때문이라고 이유로 대답했으므로 정답이다.

➕ 정답 더보기
There are so many projects going on now.
지금 진행 중인 프로젝트들이 굉장히 많아요.

어휘 delay 미루다, 연기하다 | construction 건설 공사 | proposal 제안(서) | review 검토하다 | go on 진행되다, 일어나다

18. 미국↔영국

Didn't you have a dentist appointment this morning?
(A) This toothbrush is so worth it.
(B) It's on Thursday.
(C) They were disappointed.

오늘 아침에 치과 예약이 있지 않으셨어요?
(A) 이 칫솔은 값어치가 뛰어나요.
(B) 그건 목요일이에요.
(C) 그들은 실망했어요.

해설 (A) 연상 어휘 함정(dentist – toothbrush)
(B) 목요일이라며 치과 예약이 오늘이 아니라는 의미를 담아 우회적으로 적절히 대답했으므로 정답이다.
(C) 주어 불일치 함정(you – They)

➕ 정답 더보기
Yes, but I had to cancel it. 네, 하지만 취소해야 했어요.

어휘 dentist appointment 치과 예약 | worth ~의 가치가 있는 | disappointed 실망한 | cancel 취소하다

19. 영국↔호주

The stairs of this building are steep, aren't they?
(A) Some streets are expected to be closed during the day.
(B) I just saw her in the stairway.
(C) That's why I always take the elevator.

이 건물 계단이 가파르네요, 그렇지 않나요?
(A) 몇몇 거리들이 낮 동안 폐쇄될 것으로 예상됩니다.
(B) 저 방금 계단에서 그녀를 봤어요.
(C) 그래서 제가 항상 엘리베이터를 타는 거예요.

해설 (A) 유사 발음 함정(steep – streets)
(B) 유사 발음 함정(stairs – stairway)
(C) 그래서 항상 엘리베이터를 탄다며 질문에 대해 동의함을 우회적으로 적절히 말했으므로 정답이다.

➕ 정답 더보기
Yes, why don't we take the elevator instead?
네, 그 대신 우리 엘리베이터를 타는 게 어때요?

어휘 steep 가파른 | expect 예상하다, 기대하다 | stairway 계단 | that's why 그래서 ~이다 | instead 그 대신(에)

20. 호주↔미국

Are you reading this newspaper right now or can I borrow it?
(A) As much as you want.
(B) It starts at 10.
(C) Go ahead and take it.

지금 이 신문을 읽고 계신 건가요, 아니면 제가 빌려 가도 될까요?
(A) 원하시는 만큼이요.
(B) 10시에 시작합니다.
(C) 가져가셔도 됩니다.

해설 (A) 연상 어휘 함정(can I borrow – As much as you want)
(B) 연상 어휘 함정(right now – at 10)

(C) 가져가도 된다며 후자의 질문에 대한 수락의 표현으로 적절히 대답했으므로 정답이다.

➕ 정답 더보기
Can you wait until the lunch break?
점심시간까지 기다려 주실래요?

어휘 borrow 빌리다 | as much as ~만큼 많이 | Go ahead and do ~하세요

21. 미국 ↔ 미국

I'd like to live near a bus stop.
(A) My apartment is being renovated.
(B) I thought you just moved.
(C) The bus runs every 30 minutes.

버스 정류장 근처에 살고 싶어요.
(A) 제 아파트는 지금 수리 중이에요.
(B) 전 당신이 얼마 전에 이사한 줄 알았어요.
(C) 그 버스는 30분마다 운행해요.

해설 (A) 연상 어휘 함정(live – apartment)
(B) 이사한 줄 알았다며 질문에 맞게 적절히 대답했으므로 정답이다.
(C) 연상 어휘 함정(bus stop – bus)

➕ 정답 더보기
Don't you drive to work? 차로 출근하지 않으세요?

어휘 near ~ 근처에 | renovate 수리하다, 개조하다 | move 이사하다 | run 운행하다 | drive to work 차로 출근하다

22. 미국 ↔ 영국

Where is Ms. Tsutsumi's room?
(A) The one across the street is closed.
(B) Only on weekday afternoons.
(C) Marketing's on the 2nd floor.

Tsutsumi 씨 방이 어디인가요?
(A) 길 건너편에 있는 곳은 문을 닫았어요.
(B) 평일 오후에만 돼요.
(C) 마케팅팀은 2층에 있습니다.

해설 (A) 연상 어휘 함정(Where – The one across the street)
(B) When 의문문에 어울리는 응답
(C) 마케팅팀은 2층에 있다며 Tsutsumi 씨가 마케팅 소속이라는 추가 정보를 제공하는 동시에 위치로 적절히 대답했으므로 정답이다.

➕ 정답 더보기
She's not working today. 그분은 오늘 안 나오셨어요.

어휘 closed 문을 닫은 | weekday 평일

23. 영국 ↔ 미국

Did you make the order online?
(A) No, I decided to go to the store instead.
(B) The supervisor of the production line.
(C) An assembly machine is out of order.

주문을 온라인으로 하셨어요?
(A) 아니요, 대신 상점에 가기로 했어요.
(B) 생산 라인 관리자요.
(C) 조립 기계가 고장 났어요.

해설 (A) 'No'로 대답하고, 대신 상점에 가기로 했다며 적절히 덧붙여 말했으므로 정답이다.
(B) 유사 발음 함정(online – line)
(C) 동어 반복 함정(order – order)

➕ 정답 더보기
Yes, it should arrive in a week.
네, 그건 일주일 안에 도착할 거예요.

어휘 make an order 주문을 하다 | instead 그 대신(에) | supervisor 관리자, 감독관 | production 생산 | assembly 조립 | out of order 고장 난

24. 미국 ↔ 미국

You asked someone to come replace the old Internet cables, right?
(A) Yes, they'll be coming later today.
(B) The show was on cable TV.
(C) It's a brand-new product line.

와서 낡은 인터넷 케이블을 교체해 줄 사람을 요청하셨죠, 그렇죠?
(A) 네, 그들이 좀 이따 올 거예요.
(B) 그 프로그램은 유선 방송에서 했어요.
(C) 그건 새로 나온 제품 라인이에요.

해설 (A) 'Yes'로 대답하고, 좀 이따 올 거라며 적절히 덧붙여 말했으므로 정답이다.
(B) 동어 반복 함정(cables – cable)
(C) 연상 어휘 함정(replace the old ~ cables – brand-new)

➕ 정답 더보기
Ben was supposed to do that.
Ben이 그걸 하기로 되어 있었어요.

어휘 replace 교체하다 | show (텔레비전, 라디오 방송의) 프로(그램) | cable TV 유선 방송, 케이블 TV | brand-new (아주) 새로운

25. 미국 ↔ 호주

Would you like some coffee or tea with your dessert?
(A) I'm trying to avoid caffeine.
(B) Because I'm thirsty.
(C) No, I didn't like them.

디저트와 함께 커피나 차를 드시겠어요?
(A) 저는 카페인을 멀리하려고 노력 중입니다.
(B) 목이 말라서요.
(C) 아니요, 그것들을 좋아하지 않았어요.

해설 (A) 카페인을 멀리하려고 노력 중이라며 둘 다 선택하지 않을 거라는 의미의 거절을 우회적으로 적절히 말했으므로 정답이다.
(B) 연상 어휘 함정(coffee, tea – thirsty)
(C) 시제 불일치 함정(Would you like – I didn't like)

➕ 정답 더보기
Can I have a cup of tea? 차 한잔 마실 수 있을까요?

어휘 try to do ~하려고 노력하다 | avoid 멀리하다, 피하다 | caffeine 카페인 | thirsty 목이 마른

CHAPTER 06 의문사 의문문

CASE 집중훈련

1. (A) **2.** (C) **3.** (B)

1. 미국↔영국

Who organized the company luncheon last spring?
(A) Louis probably did.
(B) Yes, it's our busiest season.
(C) Here's the lunch special.

누가 지난봄에 회사 오찬을 준비했나요?
(A) 아마 Louis가 했을 거예요.
(B) 네, 저희의 가장 바쁜 시기예요.
(C) 여기 점심 특선 요리입니다.

해설 **(A) Louis가 했다며 사람 이름으로 대답했으므로 정답이다.**
(B) 의문사 의문문은 Yes/No로 응답 불가, 연상 어휘 함정(spring – season)
(C) 유사 발음 함정(luncheon – lunch)

✚ 정답 더보기
I think HR was in charge. 인사부가 담당했던 것 같아요.

어휘 organize 준비하다, 조직하다 | luncheon 오찬 | probably 아마 | special (음식점의) 특선 요리; 특별한

2. 미국↔미국

Who did the CEO appoint as a partner in our law firm?
(A) To meet with some lawyers.
(B) You made a very good point.
(C) Anna Duke from Chicago.

CEO는 누구를 우리 법률 사무소의 파트너로 임명했나요?
(A) 변호사들을 만나기 위해서요.
(B) 아주 좋은 의견을 말씀해 주셨네요.
(C) Chicago의 Anna Duke요.

해설 (A) 연상 어휘 함정(law firm – lawyers)
(B) 유사 발음 함정(appoint – point)
(C) Chicago의 Anna Duke라고 사람 이름으로 대답했으므로 정답이다.

✚ 정답 더보기
She hasn't announced it yet. 아직 발표하지 않으셨어요.

어휘 appoint 임명하다 | law firm 법률 사무소 | make the point 의견[요점]을 말하다 | announce 발표하다

3. 호주↔영국

Who's the guest speaker at this charity dinner?
(A) I'd like to speak with Dr. Louis.
(B) I'll take a look at the program.
(C) The meal is free for guests.

이 자선 만찬의 초청 연사는 누구인가요?
(A) 저는 Louis 박사님과 이야기를 나누고 싶습니다.
(B) 제가 차례표를 한번 볼게요.
(C) 손님들에게는 식사가 무료예요.

해설 (A) 유사 발음 함정(speaker – speak)
(B) 차례표를 한번 확인해 보겠다며 '확인해 보겠습니다'류의 응답으로 질문에 맞게 적절히 대답했으므로 정답이다.
(C) 동어 반복 함정(guest – guests), 연상 어휘 함정(dinner – meal)

✚ 정답 더보기
I believe it's Dr. Watkins.
제가 알기로는 Watkins 박사님이에요.

어휘 guest speaker 초청 연사 | charity dinner 자선 만찬 | take a look at ~을 한번 보다 | program 차례표, 일정

CASE 집중훈련

본서 p.103

1. (B) **2.** (A) **3.** (C)

1. 영국↔미국

Who's in charge of the finances?
(A) Not that great.
(B) The department head.
(C) Six hundred dollars.

누가 자금을 담당하나요?
(A) 그렇게 좋진 않아요.
(B) 부서장이요.
(C) 600달러예요.

해설 (A) 질문과 무관한 응답
(B) 부서장이라며 직위로 대답했으므로 정답이다.
(C) 연상 어휘 함정(finances – Six hundred dollars)

✚ 정답 더보기
I'm not sure. 저는 잘 모르겠어요.

어휘 in charge of ~을 담당하는 | finances (정부·단체 등의) 자금, 재정 | department head 부서장

2. 미국↔호주

Who reserved the restaurant for Jeanette's birthday party?
(A) We're having a picnic instead.
(B) We still need to set up the workspace.
(C) Yes, it'll be at 6 P.M.

Jeanette의 생일 파티를 위해 누가 식당을 예약했나요?
(A) 우리는 대신 소풍을 갈 거예요.
(B) 우리는 여전히 작업 공간을 마련해야 합니다.
(C) 네, 그건 오후 6시에 있을 거예요.

해설 **(A) 대신 소풍을 갈 거라며 식당을 예약할 필요가 없었음을 우회적으로 적절히 말했으므로 정답이다.**
(B) 연상 어휘 함정(reserved – set up)
(C) 의문사 의문문은 Yes/No로 응답 불가

✚ 정답 더보기
Tiffany called. Tiffany가 전화했어요.

어휘 reserve 예약하다 | instead 그 대신 | set up ~을 마련하다, 설치하다 | workspace 작업 공간

PART 2 CHAPTER 06

3. 미국↔미국

Who's assisting you in creating the logo design?
(A) A simple and modern look.
(B) No, you need to redesign it.
(C) I finished it myself.

당신이 로고 디자인을 만드는 데 누가 도움을 주고 있나요?
(A) 단순하고 현대적인 스타일이요.
(B) 아니요, 당신이 그걸 다시 디자인해야 해요.
(C) 제가 혼자 끝냈어요.

해설 (A) 연상 어휘 함정(design – look)
(B) 의문사 의문문은 Yes/No로 응답 불가, 유사 발음 함정(design – redesign)
(C) 자신이 혼자 끝냈다며 도움을 준 사람이 없음을 우회적으로 적절히 말했으므로 정답이다.

✚ 정답 더보기
Nico has been assigned to help me.
Nico가 저를 돕는 걸로 선임됐어요.

어휘 assist 돕다 l create 만들다 l modern 현대적인 l look 스타일, 외관 l redesign 다시 디자인하다 l assign 선임하다, 맡기다

CASE 집중훈련
본서 p.104
1. (B)   2. (C)   3. (C)

1. 호주↔영국

Who's responsible for reserving the venue for the awards ceremony?
(A) Beginning this Friday.
(B) I'm no longer on the event committee.
(C) They really deserve the award.

누가 시상식 장소 예약을 담당하고 있나요?
(A) 이번 주 금요일부터요.
(B) 저는 이제 행사 위원회 소속이 아니에요.
(C) 그들은 상을 탈 자격이 충분해요.

해설 (A) 연상 어휘 함정(awards ceremony – this Friday)
(B) 자신은 이제 행사 위원회 소속이 아니라며 자신도 모르겠음을 우회적으로 적절히 말했으므로 정답이다.
(C) 유사 발음 함정(reserving – deserve), 동어 반복 함정(awards – award)

✚ 정답 더보기
I believe Kara is. Kara인 걸로 알고 있어요.

어휘 responsible for ~을 담당하는, 책임을 맡은 l reserve 예약하다 l venue 장소 l awards ceremony 시상식 l no longer 이제 더 이상 ~않다 l committee 위원회 l deserve ~을 받을 만하다

2. 영국↔미국

Who do you suggest I hire to install my lawn?
(A) I recommend the lamb dish.
(B) You can refer to the software installation guideline.
(C) The company I used wasn't too thorough.

잔디를 깔기 위해 누구를 고용하는 게 좋을까요?
(A) 양고기 요리를 추천해요.

(B) 소프트웨어 설치 가이드라인을 참조하실 수 있어요.
(C) 제가 이용한 회사는 그리 꼼꼼하지 않았어요.

해설 (A) 연상 어휘 함정(suggest – recommend)
(B) 유사 발음 함정(install – installation)
(C) 자신이 이용해 본 회사는 그리 꼼꼼하지 않았다며 그 회사는 고려 대상에서 제외하라는 의미를 담아 우회적으로 적절히 대답했으므로 정답이다.

✚ 정답 더보기
Norton's Gardening Service. Norton's 원예 서비스요.

어휘 suggest 제안하다 l hire 고용하다 l install 설치하다 l lawn 잔디(밭) l recommend 추천하다 l lamb 양(고기) l refer to ~을 참조하다 l installation 설치 l guideline 가이드라인, 지침 l thorough 꼼꼼한, 철저한 l gardening 원예

3. 호주↔미국

Who's going to be speaking at Monday's seminar?
(A) Fifty minutes.
(B) The projector is being installed.
(C) I'll be out of the office then.

월요일 세미나에서 누가 발표할 건가요?
(A) 50분이요.
(B) 프로젝터가 설치되고 있어요.
(C) 저는 그때 사무실에 없을 거예요.

해설 (A) How long 의문문에 어울리는 응답
(B) 연상 어휘 함정(seminar – projector)
(C) 자신은 그때 사무실에 없을 거라며 발표자가 자신은 아님을 우회적으로 적절히 말했으므로 정답이다.

✚ 정답 더보기
I think Ms. Ford is. Ford 씨일 거예요.

어휘 speak 발표하다 l projector 프로젝터, 영사기 l install 설치하다

CASE 집중훈련
본서 p.105
1. (A)   2. (A)   3. (C)

1. 미국↔영국

When are the conference proposals due?
(A) By November 28th.
(B) The history of the automobile.
(C) No, they don't.

학회 제안서는 마감일이 언제인가요?
(A) 11월 28일까지예요.
(B) 자동차의 역사요.
(C) 아니요, 그렇지 않아요.

해설 **(A) 11월 28일까지라며 시점으로 대답했으므로 정답이다.**
(B) 연상 어휘 함정(conference – history of the automobile)
(C) 의문사 의문문은 Yes/No로 응답 불가

✚ 정답 더보기
When you finish it. 당신이 그 일을 끝낼 때요.

어휘 proposal 제안(서) l due ~하기로 되어 있는[예정된] l automobile 자동차

---

2. 영국↔미국

When did you contact the candidate to come in for an interview?
(A) I just called.
(B) Yes, she'll be available then.
(C) The candy shop around the corner.

면접을 보러 오라고 지원자에게 언제 연락했어요?
(A) 방금 전화했어요.
(B) 네, 그녀는 그때 시간이 될 거예요.
(C) 모퉁이를 돌면 있는 사탕 가게요.

해설 **(A) 방금 전화했다며 질문에 맞게 적절히 대답했으므로 정답이다.**
(B) 의문사 의문문은 Yes/No로 응답 불가
(C) 유사 발음 함정(candidate – candy shop)

✛ 정답 더보기
Yesterday afternoon. 어제 오후에요.

어휘 contact 연락하다 | candidate 지원자, 후보자 | available 시간이 있는 | around the corner 길 모퉁이를 돌아

----

3. 호주↔미국

When should we remove the cake from the oven?
(A) For a week.
(B) Decorate it with some chocolate frosting.
(C) It's already chilling in the cooler.

오븐에서 언제 케이크를 꺼내야 하나요?
(A) 일주일 동안이요.
(B) 겉에 초콜릿을 묻혀 장식하세요.
(C) 그거 이미 냉장고에서 식히는 중이에요.

해설 (A) 연상 어휘 함정(When – a week), How long 의문문에 어울리는 응답
(B) 연상 어휘 함정(cake – chocolate frosting)
(C) 이미 냉장고에서 식히고 있다며 일찍이 오븐에서 꺼냈다는 의미를 담아 우회적으로 적절히 대답했으므로 정답이다.

✛ 정답 더보기
I set the kitchen timer. 제가 주방용 타이머 설정해 놨어요.

어휘 remove 꺼내다, 제거하다 | decorate 장식하다 | frosting (케이크에) 설탕으로 겉을 입힘 | chill 차게 식다, 식히다 | cooler 냉장고

CASE 집중훈련
본서 p.106
1. (A) 2. (B) 3. (A)

1. 미국↔미국

When did Aisha ship the packages?
(A) It's on the invoice.
(B) Directly to the hotel.
(C) Did you take the message?

Aisha는 언제 소포를 배송했나요?
(A) 그건 송장에 나와 있어요.
(B) 호텔로 바로요.
(C) 메시지 받으셨나요?

해설 **(A) 송장에 나와 있다며 언제인지 확인할 수 있는 출처로 적절히 대답했으므로 정답이다.**

(B) 연상 어휘 함정(ship – Directly to)
(C) 유사 발음 함정(packages – message)

✛ 정답 더보기
Earlier today. 오늘 아침 일찍이요.

어휘 ship 배송하다, 수송하다 | package 소포 | invoice 송장, 청구서 | directly to 바로 ~로

----

2. 호주↔미국

When will the packages be delivered to the art gallery?
(A) Of course. Let me help you with that.
(B) The driver will be leaving soon.
(C) No, I already sent it out.

소포는 언제 미술관으로 배달될 건가요?
(A) 그럼요. 제가 그걸 도와 드릴게요.
(B) 운전기사님이 곧 출발하실 거예요.
(C) 아니요, 제가 이미 보냈어요.

해설 (A) 연상 어휘 함정(packages, delivered – Let me help you with that)
(B) 운전기사가 곧 출발할 거라며 얼마 후에는 미술관에 배달될 것이라는 의미를 담아 우회적으로 적절히 대답했으므로 정답이다.
(C) 의문사 의문문은 Yes/No로 응답 불가, 연상 어휘 함정(delivered – sent ~ out)

✛ 정답 더보기
Thursday afternoon, I believe.
제가 알기로는, 목요일 오후요.

어휘 package 소포 | art gallery 미술관 | deliver 배달하다 | send out ~을 보내다, 발송하다

----

3. 영국↔호주

When should we arrange the display of our new refrigerators?
(A) The priority today is washing machines.
(B) This beverage isn't cold enough.
(C) Yes, the fridge was quite expensive.

새 냉장고 진열은 언제 준비해야 하죠?
(A) 오늘의 우선 사항은 세탁기예요.
(B) 이 음료는 충분히 차갑지 않네요.
(C) 네, 그 냉장고는 꽤 비쌌어요.

해설 **(A) 오늘의 우선 사항은 세탁기라며 질문에 대한 정확한 답변을 보류하는 응답으로 우회적으로 적절히 대답했으므로 정답이다.**
(B) 연상 어휘 함정(refrigerators – beverage)
(C) 의문사 의문문은 Yes/No로 응답 불가

✛ 정답 더보기
That's the first item on our meeting agenda.
그게 저희 첫 번째 회의 안건이에요.

어휘 arrange 준비하다, 정리하다 | display 진열, 전시 | refrigerator 냉장고 | priority 우선 사항 | washing machine 세탁기 | beverage 음료 | fridge 냉장고 | expensive 비싼 | agenda 안건 (목록)

본서 p.107

1. (A) **2.** (C) **3.** (A)

---

1. 호주 ↔ 영국

Where is the introduction to spreadsheets course being held?
(A) That's in computer lab 4.
(B) I'll introduce you to him.
(C) The spreadsheet will be ready soon.

스프레드시트 입문 수업은 어디서 열리고 있나요?
(A) 컴퓨터실 4호에서요.
(B) 제가 그분을 소개해 드릴게요.
(C) 스프레드시트가 곧 준비될 거예요.

해설 (A) 컴퓨터실 4호라며 장소로 대답했으므로 정답이다.
(B) 연상 어휘 함정(introduction – introduce)
(C) 동어 반복 함정(spreadsheets – spreadsheet)

✚ 정답 더보기
I'm looking for that, too. 저도 찾는 중이에요.

어휘 introduction 입문(서), 도입 | spreadsheet 스프레드시트 | hold 열다, 개최하다 (hold-held-held) | computer lab 컴퓨터실 | introduce 소개하다 | ready 준비가 된

---

2. 영국 ↔ 미국

Where would you like me to put these documents?
(A) At the trade expo.
(B) Next month's training session.
(C) In the file cabinet would be nice.

제가 이 서류들을 어디에 두길 바라세요?
(A) 무역 박람회에서요.
(B) 다음 달 교육 과정이요.
(C) 서류 보관함 안이 좋을 것 같네요.

해설 (A) 연상 어휘 함정(Where – At)
(B) 연상 어휘 함정(documents – training session)
(C) 서류 보관함 안이라며 위치로 대답했으므로 정답이다.

✚ 정답 더보기
Aren't those for Mr. Hubbard?
그거 Hubbard 씨의 것 아닌가요?

어휘 document 서류 | trade expo 무역 박람회 | training session 교육 (과정) | file cabinet 서류 보관함

---

3. 미국 ↔ 미국

Where can I find a coffee maker?
(A) Try aisle 6.
(B) The copy machine on the 3rd floor.
(C) Yes, you can use the filter.

커피 메이커는 어디서 찾을 수 있나요?
(A) 6번 통로로 가 보세요.
(B) 3층에 있는 복사기요.
(C) 네, 필터 쓰셔도 돼요.

해설 (A) 6번 통로로 가 보라며 「Try+장소」 표현으로 적절히 대답했으므로 정답이다.

(B) 유사 발음 함정(coffee – copy), 연상 어휘 함정(Where – on the 3rd floor)
(C) 의문사 의문문은 Yes/No로 응답 불가, 연상 어휘 함정(coffee maker – filter)

✚ 정답 더보기
I'm sorry, we don't sell any.
죄송합니다만, 그건 판매하지 않아요.

어휘 coffee maker 커피 메이커, 커피 끓이는 기구 | aisle 통로 | copy machine 복사기 | filter 필터, 여과 장치

본서 p.108

1. (C) **2.** (B) **3.** (C)

---

1. 미국 ↔ 미국

Where's the banquet hall located?
(A) I was at the luncheon last year.
(B) Friday evening at 8 P.M.
(C) There's a building directory in the lobby.

연회장은 어디에 있나요?
(A) 저는 작년 오찬에 참석했었어요.
(B) 금요일 저녁 8시에요.
(C) 로비에 건물 안내도가 있어요.

해설 (A) 연상 어휘 함정(banquet – luncheon)
(B) When 의문문에 어울리는 응답
(C) 로비에 건물 안내도가 있다며 직접 확인해 보면 알 수 있다는 의미를 담아 우회적으로 적절히 대답했으므로 정답이다.

✚ 정답 더보기
It's on the third floor. 3층에 있어요.

어휘 banquet hall 연회장 | locate 위치시키다 | luncheon 오찬 | directory 안내도, 안내판

---

2. 영국 ↔ 호주

Where is the finish line for the marathon?
(A) I signed up for the 10-kilometer run.
(B) Annie sent us the map.
(C) Our gym members will join us.

마라톤 결승선이 어디인가요?
(A) 저는 10킬로미터 달리기에 등록했어요.
(B) Annie가 저희에게 지도를 보내 줬어요.
(C) 저희 체육관 회원들도 함께할 거예요.

해설 (A) 연상 어휘 함정(marathon – 10-kilometer run)
(B) Annie가 지도를 보내 줬다며 지도를 보면 알 수 있다는 의미를 담아 우회적으로 적절히 대답했으므로 정답이다.
(C) 연상 어휘 함정(marathon – gym)

✚ 정답 더보기
You should ask the organizers. 주최 측에 물어보세요.

어휘 finish line 결승선 | marathon 마라톤 | sign up for ~에 등록[신청]하다 | run 달리기 | map 지도 | gym 체육관 | join 함께하다, 합류하다 | organizer 주최자, 조직자

---

3. 호주 ↔ 미국

Where do you think we should take the clients for lunch?
(A) Have you been to the office?
(B) I thought you were taking the train.
(C) We don't have the budget for that.

점심을 먹으러 고객분들을 어디로 모시고 가야 할까요?
(A) 사무실에 가 본 적이 있나요?
(B) 전 당신이 기차를 타는 줄 알았어요.
(C) 저희에겐 그럴 만한 예산이 없어요.

해설 (A) 연상 어휘 함정(clients – office)
　　 (B) 동어 반복 함정(take – taking)
　　 (C) 그럴 만한 예산이 없다며 점심 식사 자체를 할 수 없음을 우회적으로 적절히 말했으므로 정답이다.

✚ 정답 더보기
Let's go to Paulie's Bistro. Paulie's 식당으로 가도록 하죠.

어휘 take 데리고 가다 | client 고객 | budget 예산 | bistro 식당

CASE 집중훈련
본서 p.109
1. (C)　　**2.** (B)　　**3.** (A)

1. 미국 ↔ 영국

What's the problem with our air conditioner?
(A) About 300 dollars.
(B) Yes, I believe you are correct.
(C) I messaged Maintenance earlier today.

우리 에어컨에 무슨 문제가 있나요?
(A) 약 300달러요.
(B) 네, 당신이 옳다고 생각해요.
(C) 제가 오늘 일찍이 유지 관리부에 메시지를 남겼어요.

해설 (A) 연상 어휘 함정(air conditioner – 300 dollars)
　　 (B) 의문사 의문문은 Yes/No로 응답 불가, 연상 어휘 함정(problem – correct)
　　 (C) 일찍이 유지 관리부에 메시지를 남겼다며 문제가 있어 수리 예정이라는 의미를 담아 우회적으로 적절히 대답했으므로 정답이다.

✚ 정답 더보기
It hasn't been working all morning.
아침 내내 작동하지 않아요.

어휘 correct 옳은; 바로잡다 | message 메시지를 보내다 | maintenance 유지 (관리), 보수

---

2. 미국 ↔ 미국

What's the total amount due for installation?
(A) The office software program.
(B) It's included in the package.
(C) I can pay with my credit card.

설치를 위해 내야 할 총 요금은 얼마인가요?
(A) 사무용 소프트웨어 프로그램이요.
(B) 그것은 패키지에 포함되어 있습니다.
(C) 제 신용카드로 낼 수 있어요.

해설 (A) 연상 어휘 함정(installation – software program)
　　 (B) 설치 요금이 패키지에 포함되어 있다며 그것에 대해 따로 지불하지 않아도 된다는 의미를 담아 우회적으로 적절히 대답했으므로 정답이다.
　　 (C) 연상 어휘 함정(total amount due – pay, credit card)

✚ 정답 더보기
I'll email you the invoice.
제가 청구서를 이메일로 보내 드릴게요.

어휘 total 총, 전체의 | due 내야 할 돈, 요금 | installation 설치 | package 패키지, 일괄 (거래) | invoice 청구서, 송장

---

3. 호주 ↔ 영국

What did you think of the musical performance?
(A) I found it very entertaining.
(B) That's what I think, too.
(C) They're taking piano lessons.

그 음악 연주는 어땠어요?
(A) 아주 재미있었어요.
(B) 저도 그렇게 생각해요.
(C) 그들은 피아노 강습을 받고 있어요.

해설 **(A) 아주 재미있었다며 질문에 맞게 적절히 대답했으므로 정답이다.**
　　 (B) 동어 반복 함정(think – think)
　　 (C) 연상 어휘 함정(musical performance – piano)

✚ 정답 더보기
I couldn't go to the concert. 저는 콘서트에 갈 수 없었어요.

어휘 musical 음악의 | performance 연주, 공연 | entertaining 재미있는, 즐거움을 주는

CASE 집중훈련
본서 p.110
1. (C)　　**2.** (A)　　**3.** (B)

1. 미국 ↔ 미국

What kind of questions did you ask the job candidates?
(A) It lasted for 30 minutes.
(B) The senior project manager.
(C) Just typical interview questions.

입사 지원자들에게 어떤 질문을 하셨나요?
(A) 30분 동안 했어요.
(B) 선임 프로젝트 매니저요.
(C) 그냥 전형적인 면접 질문이요.

해설 (A) 연상 어휘 함정(questions, job candidates – lasted for 30 minutes)
　　 (B) 연상 어휘 함정(job candidates – senior project manager)
　　 (C) 전형적인 면접 질문이라며 질문에 맞게 적절히 대답했으므로 정답이다.

✚ 정답 더보기
I didn't interview them. 저는 그들을 면접 보지 않았어요.

어휘 job candidate 입사 지원자 | last 계속되다 | senior 선임의 | typical 전형적인 | interview 면접; 면접을 보다

2. 호주 ↔ 미국

What street is the post office on?
(A) Svetlana knows.
(B) Some road repair work.
(C) To pick up a package.

우체국은 몇 번가에 있나요?
(A) Svetlana가 알고 있어요.
(B) 일부 도로 보수 공사요.
(C) 소포를 찾아오려고요.

해설 (A) Svetlana가 알고 있다며 그녀에게 물어보라는 의미를 담아 우회적으로 적절히 대답했으므로 정답이다.
(B) 연상 어휘 함정 (street - road)
(C) 연상 어휘 함정 (post office - package)

➕ **정답 더보기**
It's on Walnut Street. Walnut가에 있어요.

어휘 post office 우체국 ‖ road 도로 ‖ repair 보수 ‖ pick up (물건을) 찾아오다 ‖ package 소포

- - - - - - - - - - - - - - - - - - - -

3. 미국 ↔ 영국

What's your most popular sandwich?
(A) That's my favorite one.
(B) We only serve beverages.
(C) No thanks. I had a late lunch.

당신 매장의 가장 인기 있는 샌드위치가 뭔가요?
(A) 저게 제가 가장 좋아하는 거예요.
(B) 저희는 음료만 판매합니다.
(C) 전 괜찮아요. 점심을 늦게 먹었어요.

해설 (A) 연상 어휘 함정 (your most popular - my favorite)
(B) 음료만 판매한다며 샌드위치 자체가 없다는 의미를 담아 우회적으로 적절히 대답했으므로 정답이다.
(C) 연상 어휘 함정 (sandwich - lunch)

➕ **정답 더보기**
The tuna melt is our bestseller. 참치 멜트가 가장 잘 팔려요.

어휘 popular 인기 있는 ‖ favorite 가장 좋아하는 ‖ only 오직 ~만 ‖ serve (식당 등에서) 판매하다, 제공하다 ‖ beverage 음료 ‖ tuna 참치 ‖ bestseller 가장 잘 팔리는 상품, 베스트셀러

CASE 집중훈련
본서 p.111

1. (B)   2. (A)   3. (B)

---

1. 미국 ↔ 미국

Which supplier should we order the raw materials from?
(A) I didn't find them useful.
(B) Smith will handle that.
(C) When did the shipment arrive?

어느 공급 업체에 원자재를 주문해야 하나요?
(A) 그것들은 별로 유용하지 않았어요.
(B) Smith가 처리할 거예요.
(C) 배송이 언제 도착했나요?

해설 (A) 연상 어휘 함정 (raw materials - useful)
(B) Smith가 처리할 거라며 담당자가 따로 있어 자신들은 업체 선정을 하지 않아도 된다는 의미를 담아 우회적으로 적절히 대답했으므로 정답이다.
(C) 연상 어휘 함정 (supplier, order - shipment)

➕ **정답 더보기**
How about GrowChem Industries?
GrowChem 산업은 어떤가요?

어휘 supplier 공급 업체 ‖ order 주문하다 ‖ raw material 원자재 ‖ useful 유용한 ‖ handle 처리하다 ‖ shipment 배송 ‖ industry 산업

- - - - - - - - - - - - - - - - - - - -

2. 영국 ↔ 미국

Which computer belongs to you?
(A) The white one with a blue sticker.
(B) No, I put it on top of the table.
(C) Is the battery charged?

어떤 컴퓨터가 당신 것인가요?
(A) 파란색 스티커가 붙은 하얀 거요.
(B) 아니요, 제가 그거 테이블 위에 뒀어요.
(C) 배터리가 충전되어 있나요?

해설 (A) 파란색 스티커가 붙은 하얀 것이라며 선택 사항을 「The one + 수식어」 표현으로 적절히 대답했으므로 정답이다.
(B) 의문사 의문문은 Yes/No로 응답 불가
(C) 연상 어휘 함정 (computer - battery)

➕ **정답 더보기**
I didn't bring mine. 제 것은 가져오지 않았어요.

어휘 belong to ~의 소유[것]이다 ‖ on top of ~ 위에 ‖ charge 충전하다 ‖ bring 가져오다

- - - - - - - - - - - - - - - - - - - -

3. 호주 ↔ 영국

Which poster do you prefer?
(A) He posted the presentation online.
(B) The one with larger text.
(C) The graphic design software.

어떤 포스터가 더 좋으세요?
(A) 그가 프레젠테이션을 온라인에 올렸어요.
(B) 글이 더 큰 거요.
(C) 그래픽 디자인 소프트웨어요.

해설 (A) 유사 발음 함정 (poster - posted)
(B) 글이 더 큰 게 좋다며 선택 사항을 「The one + 수식어」 표현으로 적절히 대답했으므로 정답이다.
(C) 연상 어휘 함정 (poster - graphic design)

➕ **정답 더보기**
I came up with the idea for the first one.
제가 첫 번째 거로 의견을 냈어요.

어휘 poster 포스터, 벽보 ‖ prefer 더 좋아하다, 선호하다 ‖ post 올리다, 게시하다 ‖ text 글, 본문 ‖ graphic design 그래픽 디자인 ‖ come up with (해답·생각 등을) 찾아내다[내놓다]

CASE 집중훈련
본서 p.112
1. (A)   **2.** (C)   **3.** (C)

1. 미국↔영국

Which art gallery should I take Ms. Becker to?
(A) I've never been to one, actually.
(B) You're right. It's a beautiful painting.
(C) She took the morning flight.

제가 Becker 씨를 어느 미술관에 모시고 가야 할까요?
(A) 실은 제가 가 본 곳이 없어요.
(B) 맞아요. 아름다운 그림이에요.
(C) 그녀는 오전 비행기를 탔어요.

해설 (A) 가 본 미술관이 없다며 자신이 잘 모른다는 것을 우회적으로 적절히 말했으므로 정답이다.
(B) 연상 어휘 함정(art gallery – painting)
(C) 동어 반복 함정(take – took)

➕ 정답 더보기
The one near her hotel. 그녀의 호텔 근처에 있는 거요.

어휘 art gallery 미술관 | painting 그림 | flight 비행기, 항공편

2. 호주↔미국

Which songs should I play for the ceremony?
(A) He's ordered two cakes.
(B) I just listened to them.
(C) It's up to you.

기념식에서 어떤 음악을 틀어야 할까요?
(A) 그가 케이크 두 개를 주문했어요.
(B) 전 방금 그것들을 들었어요.
(C) 당신이 알아서 해 주세요.

해설 (A) 연상 어휘 함정(ceremony – cakes)
(B) 연상 어휘 함정(songs – listened to)
(C) 알아서 해 달라며 당신이 선택하라는 의미를 담아 우회적으로 적절히 대답했으므로 정답이다.

➕ 정답 더보기
Alex can give you some suggestions.
Alex가 당신에게 몇 가지 제안을 해 줄 수 있어요.

어휘 ceremony (기념)식 | order 주문하다 | up to ~에 달려 있는 | suggestion 제안

3. 미국↔미국

Which candidate did Ms. Violet select?
(A) A larger selection than before.
(B) Many years of industry experience.
(C) I understand interviews are still underway.

Violet 씨가 어느 후보자를 선발했나요?
(A) 전보다 선정된 것들이 더 많아요.
(B) 오랜 업계 경력이요.
(C) 면접이 아직 진행 중인 걸로 알고 있어요.

해설 (A) 유사 발음 함정(select – selection)
(B) 연상 어휘 함정(candidate – experience)
(C) 면접이 아직 진행 중이라며 아직 후보자를 선발하지 않았음을 우회적으로 적절히 말했으므로 정답이다.

➕ 정답 더보기
The one with the most experience.
가장 경력이 많은 분이요.

어휘 candidate 후보자 | select 선발하다 | selection 선발[선정], 선발[선정]된 것 | industry 업계, 산업 | experience 경력, 경험 | underway 진행 중인

CASE 집중훈련
본서 p.113
1. (C)   **2.** (C)   **3.** (B)

1. 미국↔호주

How do I reset my computer?
(A) Could you please set the table?
(B) Before the end of the week.
(C) You should read the manual.

제 컴퓨터를 어떻게 초기화하나요?
(A) 식탁 좀 차려 주시겠어요?
(B) 이번 주 말 전에요.
(C) 설명서를 읽어 보시면 돼요.

해설 (A) 유사 발음 함정(reset – set)
(B) When 의문문에 어울리는 응답
(C) 설명서를 읽어 보면 된다며 방법으로 대답했으므로 정답이다.

➕ 정답 더보기
I'll be with you in a second. 잠시 후에 계신 곳으로 갈게요.

어휘 reset (컴퓨터 등을) 초기화하다, 다시 맞추다 | set the table 식탁을 차리다 | manual 설명서 | in a second 잠시 후에, 곧

2. 호주↔영국

How is your apartment renovation going?
(A) Thank you. He's my real estate agent.
(B) Because of the ceramic tiles.
(C) The windows are being fitted.

당신의 아파트 보수는 어떻게 진행되고 있나요?
(A) 고마워요. 그는 제 부동산 중개인이에요.
(B) 도자기 타일 때문에요.
(C) 창문을 다는 중이에요.

해설 (A) 연상 어휘 함정(apartment – real estate agent)
(B) 연상 어휘 함정(renovation – ceramic tiles)
(C) 창문을 다는 중이라며 보수 공정의 한 단계로 설명하며 질문에 맞게 적절히 대답했으므로 정답이다.

➕ 정답 더보기
We've made a lot of progress.
우리는 많은 진전을 이루었어요.

어휘 renovation 보수, 개조 | real estate agent 부동산 중개인 | ceramic tile 도자기 타일 | fit 설치하다, 설비하다 | make progress 진전을 이루다

3. 미국↔미국

How are the sales figures for our tablet computers this month?

(A) She can fix your monitor.
(B) They decreased by two percent.
(C) I couldn't figure it out.

우리 회사의 태블릿 컴퓨터 매출액은 이번 달에 어떤가요?
(A) 그녀가 당신 모니터를 고칠 수 있어요.
(B) 2퍼센트 줄었어요.
(C) 저는 알아낼 수가 없었어요.

해설 (A) 연상 어휘 함정(computers - monitor)
(B) 2퍼센트 줄었다며 상태를 나타내는 표현으로 대답했으므로 정답이다.
(C) 동어 반복 함정(figures - figure)

✚ 정답 더보기
Steve will email them to you.
Steve가 그것들을 이메일로 당신에게 보낼 거예요.

어휘 sales figures 매출액 | fix 고치다 | decrease 줄어들다, 감소하다 | figure out ~을 알아내다

CASE 집중훈련
본서 p.114
1. (C)   2. (A)   3. (A)

1. 영국↔미국

How far is the hotel from the airport?
(A) The price is reasonable.
(B) Additional airplanes.
(C) Five or six kilometers.

그 호텔은 공항에서 얼마나 떨어져 있나요?
(A) 가격은 적당해요.
(B) 추가 비행기요.
(C) 5~6킬로미터요.

해설 (A) 연상 어휘 함정(hotel - price, reasonable)
(B) 연상 어휘 함정(airport - airplanes)
(C) 5~6킬로미터라며 거리 길이로 대답했으므로 정답이다.

✚ 정답 더보기
I have no idea. 모르겠어요.

어휘 reasonable (가격이) 적당한, 합리적인 | additional 추가적인

2. 미국↔미국

How many business deals can we finalize next quarter?
(A) Let's speak with the team.
(B) They made a successful deal.
(C) His business expanded last quarter.

다음 분기에 얼마나 많은 사업 거래를 마무리할 수 있을까요?
(A) 팀원들과 이야기해 봅시다.
(B) 그들이 성공적으로 거래했어요.
(C) 그의 사업은 지난 분기에 확장했어요.

해설 **(A) 팀원들과 이야기해 보자며 자신도 확실히 알지 못한다는 것을 우회적으로 적절히 대답했으므로 정답이다.**
(B) 동어 반복 함정(deals - deal)
(C) 동어 반복 함정(business - business / quarter - quarter)

✚ 정답 더보기
Three, I believe. 제 생각엔 3개요.

어휘 business 사업 | deal 거래, 계약 | finalize 마무리 짓다 | quarter 분기 | successful 성공적인 | expand 확장되다

3. 영국↔호주

How can we cut living expenses?
(A) Well, we use a lot of water for washing.
(B) I thought you had more choices.
(C) It is actually saving energy.

우리가 생활비를 어떻게 줄일 수 있죠?
(A) 음, 우린 세탁하는 데 물을 많이 쓰긴 해요.
(B) 당신이 선택권이 더 많은 줄 알았어요.
(C) 그것이 실제로 에너지를 아끼고 있어요.

해설 **(A) 세탁하는 데 물을 많이 쓴다며 세탁에 쓰는 물을 줄이는 게 방법임을 우회적으로 적절히 말했으므로 정답이다.**
(B) 연상 어휘 함정(How ~ cut ~ expenses - more choices)
(C) 연상 어휘 함정(cut, expenses - saving energy)

✚ 정답 더보기
Let's look for a roommate. 룸메이트를 찾아봅시다.

어휘 living expenses 생활비 | washing 세탁 | save 아끼다, 절약하다

CASE 집중훈련
본서 p.115
1. (A)   2. (A)   3. (A)

1. 호주↔미국

Why weren't any of the applicants hired?
(A) They weren't experienced enough.
(B) From the Human Resources Department.
(C) Probably next week.

왜 지원자들 중 누구도 고용되지 않았죠?
(A) 그들이 충분한 경험이 없었어요.
(B) 인사부에서요.
(C) 아마 다음 주요.

해설 **(A) 경험이 충분치 않았다며 부정적인 내용의 이유로 대답했으므로 정답이다.**
(B) 연상 어휘 함정(hired - Human Resources)
(C) When 의문문에 어울리는 응답

✚ 정답 더보기
The company decided not to fill the position.
회사에서는 그 자리를 채우지 않기로 결정했어요.

어휘 applicant 지원자 | hire 고용하다 | experienced 경험이 풍부한 | Human Resources Department 인사부 | decide not to do ~하지 않기로 결정하다 | fill (일자리에 사람을) 채우다

2. 영국↔미국

Why haven't we received the shipment of supplies yet?
(A) Yuki is contacting them now.
(B) The tracking number.
(C) From the supply chain management team.

왜 공급품 배송을 아직 못 받은 거죠?
(A) Yuki가 지금 연락하는 중이에요.
(B) 추적 번호요.
(C) 공급망 관리팀에서요.

해설 (A) Yuki가 지금 연락하는 중이라며 그녀를 통해 이유를 곧 알 수 있
　　　다는 의미를 담아 우회적으로 적절히 대답했으므로 정답이다.
　　　(B) 연상 어휘 함정 (shipment – tracking number)
　　　(C) 동어 반복 함정 (supplies – supply)

＋ 정답 더보기
It's being unpacked as we speak. 바로 지금 내리고 있어요.

어휘 receive 받다 | shipment 배송, 수송 | supplies 공급품 | contact 연락하다 |
tracking number 추적 번호 | supply chain 공급망 | management 관리 |
unpack (짐을) 풀다, 내용물을 꺼내다 | as we speak 바로 지금

3. [호주↔영국]
Why aren't we attending the finance meeting?
(A) That's restricted to company executives.
(B) Sure, I'll enter your information into the company database.
(C) Because I learned a lot from that meeting.

우리는 왜 재무 회의에 참석하지 않나요?
(A) 그것은 회사 임원진으로 한정되어 있어요.
(B) 그럼요, 제가 당신 정보를 회사 데이터베이스에 입력할게요.
(C) 저는 그 회의에서 많이 배워서요.

해설 (A) 회사 임원진으로 한정되어 있다며 이유로 대답했으므로 정답이다.
　　　(B) 연상 어휘 함정 (finance – information, database)
　　　(C) 동어 반복 함정 (meeting – meeting)

＋ 정답 더보기
It was canceled at the last minute. 막판에 취소됐어요.

어휘 attend 참석하다 | finance 재무 | restrict 제한[한정]하다 | enter 입력하다 |
cancel 취소하다 | at the last minute 마지막 순간에

CASE 집중훈련
본서 p.116
1. (C)　　2. (C)　　3. (C)

1. [호주↔영국]
Why don't we have a meeting at 6 to discuss the project?
(A) Our budget for this year.
(B) The manager couldn't be there.
(C) I'm sorry, but I work from 8 to 5 today.

프로젝트에 대해 논의하기 위해 6시에 회의하는 거 어때요?
(A) 올해 저희 예산이에요.
(B) 매니저는 거기 갈 수 없었어요.
(C) 죄송하지만, 저는 오늘 8시에서 5시까지 근무해요.

해설 (A) 연상 어휘 함정 (project – budget)
　　　(B) 연상 어휘 함정 (meeting – be there)
　　　(C) 'I'm sorry'로 거절하고, 자신은 오늘 8시에서 5시까지 근무한다
　　　며 질문에 맞게 적절히 덧붙여 말했으므로 정답이다.

＋ 정답 더보기
Sure, who else will be joining us?
좋아요, 또 누가 함께하나요?

어휘 discuss 논의하다 | budget 예산 | else 또 다른 | join 함께하다

2. [호주↔미국]
Why don't we get some wrapping paper for these presents before we gift them?
(A) Yes, you can use the microphone in the auditorium.
(B) Hopefully, the projector will work this time.
(C) There should be a stationery store around here.

이 선물들을 주기 전에 선물 포장지를 좀 사는 게 어때요?
(A) 네, 강당에서 마이크를 사용하셔도 돼요.
(B) 이번에는 프로젝터가 작동하길 바라요.
(C) 이 근처에 문구점이 있을 거예요.

해설 (A) 연상 어휘 함정 (presents – microphone)
　　　(B) 연상 어휘 함정 (presents – projector)
　　　(C) 근처에 문구점이 있을 거라며 제안에 대한 수락을 우회적으로 적
　　　절히 말했으므로 정답이다.

＋ 정답 더보기
We don't have enough time. 우린 시간이 얼마 없어요.

어휘 wrapping 포장 | present 선물; 발표하다 | gift (선물로) 주다; 선물 |
microphone 마이크 | auditorium 강당 | hopefully 바라건대 |
stationery store 문구점

3. [미국↔영국]
Why didn't Halley want the bathroom tiles replaced?
(A) It might be in the sink.
(B) The brick-and-mortar shop instead.
(C) Come look at the price quote.

Halley는 왜 화장실 타일 교체를 원하지 않았나요?
(A) 그건 싱크대에 있을지도 몰라요.
(B) 대신 오프라인 상점이요.
(C) 와서 견적서를 보세요.

해설 (A) 연상 어휘 함정 (bathroom – sink)
　　　(B) 연상 어휘 함정 (tiles – brick)
　　　(C) 와서 견적서를 보라며 견적서를 보면 이유를 알 수 있다는 의미를
　　　담아 우회적으로 적절히 대답했으므로 정답이다.

＋ 정답 더보기
They were too expensive. 너무 비쌌어요.

어휘 tile 타일 | replace 교체하다 | sink 싱크대 | brick-and-mortar 오프라인
거래의, 소매의 | price quote 견적서 | expensive 비싼

CASE 실전훈련
본서 p.117

1. (C)	2. (A)	3. (A)	4. (B)	5. (C)
6. (C)	7. (A)	8. (C)	9. (C)	10. (A)
11. (A)	12. (C)	13. (B)	14. (B)	15. (B)
16. (B)	17. (C)	18. (B)	19. (C)	20. (C)
21. (B)	22. (A)	23. (C)	24. (B)	25. (A)

1. 미국↔미국

When will upgrades to the computer lab be completed?
(A) Twenty new monitors.
(B) It's at the end of the hall.
(C) This Wednesday, I believe.

컴퓨터실 업그레이드는 언제 끝나요?
(A) 새 모니터 20개요.
(B) 그건 복도 끝에 있어요.
(C) 이번 주 수요일이라고 생각해요.

해설 (A) 연상 어휘 함정(upgrades – new / computers – monitors)
(B) Where 의문문에 어울리는 응답
(C) 이번 주 수요일이라며 시점으로 대답했으므로 정답이다.

✛ 정답 더보기
You'll have to ask Mike. Mike에게 물어보셔야 할 거예요.

어휘 computer lab 컴퓨터실 | complete 끝마치다, 완료하다

---

2. 영국↔호주

What's the budget for the city music festival?
(A) I'm not too sure.
(B) We bought some equipment.
(C) Yes, it's up to date.

시 음악 축제 예산이 어떻게 돼요?
(A) 잘 모르겠어요.
(B) 저희가 장비를 몇 대 구입했어요.
(C) 네, 최신 정보예요.

해설 **(A) 잘 모르겠다며 '모르겠습니다'류의 응답으로 질문에 맞게 적절히 대답했으므로 정답이다.**
(B) 연상 어휘 함정(budget – bought some equipment)
(C) 의문사 의문문은 Yes/No로 응답 불가

✛ 정답 더보기
Just under 10,000 dollars. 1만 달러 좀 안 돼요.

어휘 budget 예산 | buy 구입하다 | equipment 장비 | up to date 최근[최신]의

---

3. 호주↔영국

Who should I email this user's guide to?
(A) Everyone in the department.
(B) For the projector.
(C) Around 20 pages.

이 사용 설명서를 누구에게 이메일로 보내야 하나요?
(A) 부서 내 모두에게요.
(B) 프로젝터를 위해서요.
(C) 약 20장이요.

해설 **(A) 부서 내 모두에게라며 부정대명사로 대답했으므로 정답이다.**
(B) 연상 어휘 함정(user's guide – projector)
(C) 연상 어휘 함정(user's guide – 20 pages)

✛ 정답 더보기
To Mr. Kitaoka, please. Kitaoka 씨에게로 부탁드려요.

어휘 user's guide 사용 설명서 | department 부서

---

4. 미국↔영국

Why weren't you at the meeting this morning?

(A) At Ms. Chiaki's office.
(B) Because I had an urgent deadline.
(C) Thanks. I really enjoyed it as well.

오늘 아침 회의 때 왜 안 계셨어요?
(A) Chiaki 씨 사무실이요.
(B) 급한 마감 건이 있었어요.
(C) 고마워요. 저도 정말 즐거웠어요.

해설 (A) 연상 어휘 함정(meeting – office)
(B) 급한 마감 건이 있었다며 이유로 대답했으므로 정답이다.
(C) 연상 어휘 함정(meeting – enjoyed)

✛ 정답 더보기
It was for managers only. 그건 관리자들만 해당됐어요.

어휘 urgent 긴급한, 시급한 | deadline 마감일, 기한

---

5. 호주↔미국

How long will the train ride be this evening?
(A) The Kensington Station.
(B) Only light snacks.
(C) Nearly an hour.

오늘 저녁에 기차 여행이 얼마나 오래 걸릴까요?
(A) Kensington 역이요.
(B) 가벼운 간식만요.
(C) 거의 한 시간이요.

해설 (A) 연상 어휘 함정(train – Station)
(B) 유사 발음 함정(ride – light)
(C) 거의 한 시간이라는 숫자 기간으로 대답했으므로 정답이다.

✛ 정답 더보기
I have no idea. 모르겠어요.

어휘 ride 여행[여정], 타기 | light 가벼운 | nearly 거의

---

6. 미국↔미국

Where should I upload the quarterly sales report?
(A) No, I'll be attending the conference.
(B) I also read that report.
(C) You can just email me.

분기별 매출 보고서는 어디에 업로드해야 하나요?
(A) 아니요, 회의에 참석하겠습니다.
(B) 저도 그 보고서를 읽었어요.
(C) 그냥 제게 이메일로 보내 주시면 됩니다.

해설 (A) 의문사 의문문은 Yes/No로 응답 불가
(B) 동어 반복 함정(report – report)
(C) 자신에게 이메일로 보내 주면 된다며 따로 업로드할 필요가 없음을 우회적으로 적절히 말했으므로 정답이다.

✛ 정답 더보기
The 'Work in Progress' folder. '진행 중인 업무' 폴더요.

어휘 upload 업로드하다 | quarterly 분기별의 | sales report 매출 보고서 | attend 참석하다 | in progress 진행 중인

---

7. 미국↔미국

Why is the Turner Brothers Deli closed today?
(A) A storm is coming.

(B) They close in an hour.
(C) I checked the supply closet.

왜 Turner Brothers 식당이 오늘 문을 닫은 거죠?
(A) 폭풍이 오고 있어요.
(B) 그곳은 한 시간 후에 닫아요.
(C) 제가 비품 보관실을 확인해 봤어요.

해설 (A) 폭풍이 오고 있다며 이유로 대답했으므로 정답이다.
(B) 동어 반복 함정(closed – close)
(C) 유사 발음 함정(closed – closet)

✚ **정답 더보기**
I heard it's being renovated.
그곳이 보수 중이라고 들었어요.

어휘 closed 문을 닫은 | supply closet 비품 보관실 | renovate 개조하다, 보수하다

---

8. 미국↔영국

Where can I get some paper clips?
(A) We ran out of clipboards.
(B) A blue pen will do.
(C) Why don't you use mine?

종이 클립은 어디서 구할 수 있을까요?
(A) 클립보드가 다 떨어졌어요.
(B) 파란색 펜이면 돼요.
(C) 제 거 쓰실래요?

해설 (A) 연상 어휘 함정/유사 발음 함정(paper clips – clipboards)
(B) 연상 어휘 함정(paper clips – blue pen)
(C) 자기 것을 쓰라며 위치를 알려주기보다는 제안으로 질문에 맞게 적절히 대답했으므로 정답이다.

✚ **정답 더보기**
You should check the storage cabinet.
물품 보관 캐비닛을 확인해 보세요.

어휘 paper clip 종이 클립 | run out of ~이 다 떨어지다 | clipboard 클립보드 | check 확인하다 | storage 보관, 저장 | cabinet 캐비닛, 보관함

---

9. 미국↔호주

Who will be running the new branch office?
(A) Would you rather run at the gym or at the park?
(B) The tree branches should be trimmed.
(C) I know someone who applied for the job.

신규 지점 사무실은 누가 운영할 예정인가요?
(A) 체육관에서 달릴래요, 아니면 공원에서 달릴래요?
(B) 나뭇가지를 다듬어야 해요.
(C) 그 자리에 지원한 사람을 알아요.

해설 (A) 동어 반복 함정(running – run)
(B) 동어 반복 함정(branch – branches)
(C) 그 자리에 지원한 사람을 안다며 부정대명사로 대답했으므로 정답이다.

✚ **정답 더보기**
Ms. Miller has the most experience.
Miller 씨가 경험이 가장 많아요.

어휘 run 운영하다, 달리다 | branch 지점, 나뭇가지 | trim 다듬다, 잘라내다 | apply for ~에 지원하다 | experience 경험

---

10. 영국↔호주

Where's the closest subway station?
(A) I'm on my way there now.
(B) They live near each other.
(C) She walks to work.

가장 가까운 지하철역이 어딘가요?
(A) 제가 지금 거기로 가는 중이에요.
(B) 그들은 서로 가까이 살아요.
(C) 그녀는 걸어서 출근해요.

해설 (A) 지금 거기로 가는 중이라며 그곳을 알고 있음을 우회적으로 적절히 말했으므로 정답이다.
(B) 연상 어휘 함정(closest – near)
(C) 주어 불일치 함정(subway station – She)

✚ **정답 더보기**
Just two blocks away. 딱 두 블록 떨어져 있어요.

어휘 close 가까운 | on one's way ~으로 가는 중에 | away (시간·공간상으로) 떨어져

---

11. 미국↔미국

Which of these is my laptop?
(A) The one on your left.
(B) In the storage room.
(C) Of course, you can start next week.

이 중에 어떤 게 제 노트북이죠?
(A) 당신 왼쪽에 있는 거요.
(B) 창고에요.
(C) 그럼요, 다음 주에 시작해도 돼요.

해설 (A) 당신 왼쪽에 있는 것이라며 선택 사항을 「The one + 수식어」 표현으로 적절히 대답했으므로 정답이다.
(B) When 의문문에 어울리는 응답
(C) 질문과 무관한 응답

✚ **정답 더보기**
The one that's white. 흰색으로 된 거요.

어휘 laptop 노트북 | left 왼쪽 | storage room 창고

---

12. 영국↔미국

Why will the parking lot be closed next month?
(A) No, that's an apartment complex.
(B) I didn't drive today.
(C) Didn't you check your email?

주차장은 다음 달에 왜 폐쇄되나요?
(A) 아니요, 그건 아파트 단지예요.
(B) 저는 오늘 운전 안 했어요.
(C) 이메일 확인 안 하셨어요?

해설 (A) 의문사 의문문은 Yes/No로 응답 불가, 연상 어휘 함정(parking lot – apartment complex)
(B) 연상 어휘 함정(parking – drive)
(C) 이메일 확인 안 했냐며 이메일을 확인하면 알 수 있다는 의미를 담아 우회적으로 적절히 대답했으므로 정답이다.

✚ **정답 더보기**
For some renovation work. 일부 보수 작업 때문에요.

어휘 parking lot 주차장 | closed 폐쇄된, 문을 닫은 | apartment complex 아파트 단지 | renovation 보수

13. 호주 ↔ 영국

Why hasn't the travel company processed my refund yet?
(A) No, I forgot to complete the document.
(B) I haven't gotten mine, either.
(C) I'll be going to New Zealand in December.

여행사에서 왜 아직 제 환불을 처리하지 않은 거죠?
(A) 아니요, 서류 작성하는 걸 잊어버렸어요.
(B) 저도 제 것을 못 받았어요.
(C) 12월에 뉴질랜드에 갈 예정입니다.

해설 (A) 의문사 의문문은 Yes/No로 응답 불가
(B) 자신의 것도 못 받았다며 동조하는 응답으로 질문에 맞게 적절히 대답했으므로 정답이다.
(C) 연상 어휘 함정(travel – going to New Zealand)

✛ 정답 더보기

Because that takes 10 business days.
그 건은 영업일로 열흘이 걸려서요.

어휘 process 처리하다 | refund 환불(금) | complete 작성하다 | document 서류, 문서 | take (시간이) 걸리다 | business day 영업일, 평일

---

14. 미국 ↔ 미국

Which company won the government bid?
(A) The winners will be joining us for dinner.
(B) The process is ongoing.
(C) You are now the new highest bidder.

어떤 회사가 정부 입찰을 땄나요?
(A) 우승자는 저희와 함께 저녁 식사를 하게 됩니다.
(B) 절차가 진행 중이에요.
(C) 이제 당신이 새로운 최고 입찰자입니다.

해설 (A) 연상 어휘 함정(won – winners)
(B) 절차가 진행 중이라며 아직 어떤 회사인지 모른다는 의미를 담아 우회적으로 적절히 대답했으므로 정답이다.
(C) 연상 어휘 함정(bid – bidder)

✛ 정답 더보기

The results haven't been released yet.
결과가 아직 공개되지 않았어요.

어휘 win 따다, 얻다 | government 정부 | bid 입찰 | winner 우승자 | process 절차, 과정 | ongoing 진행 중인 | bidder 입찰자 | result 결과 | release 공개하다, 발표하다

---

15. 미국 ↔ 미국

How do I enroll in this certification program?
(A) The price is only 65 dollars.
(B) You should call Sam, the organizer.
(C) Sorry, but I don't have time.

이 자격증 프로그램에 어떻게 등록하나요?
(A) 가격이 단 65달러예요.
(B) 주최자인 Sam에게 전화하셔야 해요.
(C) 죄송하지만, 저는 시간이 없어요.

해설 (A) 연상 어휘 함정(enroll – price)
(B) 주최자인 Sam에게 전화해야 한다며 방법으로 대답했으므로 정답이다.
(C) 질문과 무관한 응답

✛ 정답 더보기

You can find more information on the Web site.
웹 사이트에서 더 많은 정보를 찾아보실 수 있어요.

어휘 enroll in ~에 등록하다 | certification 자격증, 증명(서) | organizer 주최자, 조직자

---

16. 미국 ↔ 호주

Where's the band performing today?
(A) The tickets are half-price at the concert hall.
(B) The lead vocalist is sick.
(C) Here. Take my place.

그 밴드는 오늘 어디서 공연해요?
(A) 공연장에서는 입장료가 반값이에요.
(B) 리드 보컬이 아파요.
(C) 여기요. 제 자리에 앉으세요.

해설 (A) 연상 어휘 함정(band – tickets, concert hall)
(B) 리드 보컬이 아프다며 공연 자체가 취소되었다는 의미를 담아 우회적으로 적절히 대답했으므로 정답이다.
(C) 연상 어휘 함정(the band performing – Take my place)

✛ 정답 더보기

You should check their Web site.
그들의 웹 사이트를 확인해 보세요.

어휘 perform 공연하다 | half-price 반값의 | concert hall 공연장, 콘서트홀 | lead vocalist 리드 보컬 | sick 아픈 | place 자리 | check 확인하다

---

17. 미국 ↔ 영국

What should be the theme for this week's episode of our podcast?
(A) One episode lasts about an hour.
(B) Yes, I subscribe to podcasts.
(C) How about musical instruments?

우리 이번 주 팟캐스트 에피소드 주제는 무엇으로 할까요?
(A) 에피소드 하나가 한 시간 정도 해요.
(B) 네, 저는 팟캐스트 들어요.
(C) 악기 어때요?

해설 (A) 동어 반복 함정(episode – episode)
(B) 의문사 의문문은 Yes/No로 응답 불가, 연상 어휘 함정(podcast – subscribe)
(C) 악기 어떠냐며 제안하는 응답으로 질문에 맞게 적절히 대답했으므로 정답이다.

✛ 정답 더보기

Let's ask our director. 감독님께 여쭤봅시다.

어휘 theme 주제 | episode 에피소드, 1회 방송분 | podcast 팟캐스트 | last 계속하다, 지속하다 | subscribe 구독[시청]하다 | musical instrument 악기 | director 감독

---

18. 영국 ↔ 미국

How many new laptop computers came from the manufacturing plant?
(A) I'll show you around the facilities.
(B) We have a problem with the equipment.
(C) Because of the increased production rate.

제조 공장에서 온 새 노트북 컴퓨터가 몇 대죠?
(A) 시설을 안내해 드리겠습니다.
(B) 장비에 문제가 있어요.
(C) 증가한 생산율 때문에요.

해설 (A) 연상 어휘 함정(manufacturing plant – facilities)
(B) 장비에 문제가 있다며 그곳에서 온 새 노트북 컴퓨터의 개수를 확인할 수 없다는 의미를 담아 우회적으로 적절히 대답했으므로 정답이다.
(C) 연상 어휘 함정(manufacturing – production)

✚ 정답 더보기
We couldn't meet our quota today.
오늘 할당량을 못 채웠어요.

어휘 manufacturing plant 제조 공장 | show A around B A에게 B를 구경시켜 주다 | facility 시설 | equipment 장비 | increase 증가하다, 늘어나다 | production rate 생산율 | meet 충족시키다 | quota 할당량

---

19. 호주 ↔ 미국

Who's arranging the company picnic next month?
(A) I'm happy we could arrange that for you.
(B) The picnic area in the country park.
(C) It's posted on the bulletin board.

다음 달 회사 야유회는 누가 준비하나요?
(A) 저희가 준비해 드릴 수 있어서 기쁩니다.
(B) 시골 공원에 있는 피크닉 공간이에요.
(C) 그건 게시판에 올려져 있어요.

해설 (A) 동어 반복 함정(arranging – arrange)
(B) 동어 반복 함정(picnic – picnic)
(C) 게시판에 올려져 있다며 누군지 확인할 수 있는 출처로 적절히 대답했으므로 정답이다.

✚ 정답 더보기
Ms. Bilson is responsible for it, I think.
Bilson 씨가 담당할 거예요.

어휘 arrange 준비하다 | company picnic 회사 야유회 | area 공간, 지역 | country 시골 | bulletin board 게시판 | be responsible for ~을 담당하다, 책임을 맡다

---

20. 영국 ↔ 호주

When will the ATM repair be finished?
(A) The route is closed for repairs.
(B) I need to withdraw some cash.
(C) There's still a lot to do.

ATM 수리는 언제 끝나나요?
(A) 그 노선은 수리로 폐쇄됐어요.
(B) 전 현금을 인출해야 해요.
(C) 아직 할 일이 많아요.

해설 (A) 동어 반복 함정(repair – repairs)
(B) 연상 어휘 함정(ATM – withdraw some cash)
(C) 아직 할 일이 많다며 정확히 언제쯤 끝날지 말해줄 수 없다는 의미를 담아 우회적으로 적절히 대답했으므로 정답이다.

✚ 정답 더보기
We'll be done in an hour or so. 한 시간쯤 후면 끝날 거예요.

어휘 ATM 현금 자동 입출금기 | repair 수리 | finish 끝내다 | route 노선 | closed 폐쇄된 | withdraw 인출하다 | or so ~쯤[가량]

---

21. 미국 ↔ 미국

Who's that sitting in the waiting room?
(A) Right across the hall.
(B) She's here for a job interview.
(C) It's going to be a long wait.

대기실에 앉아 있는 저분은 누구인가요?
(A) 복도 바로 건너편에요.
(B) 그녀는 여기 취업 면접을 보러 왔어요.
(C) 오래 기다려야 할 거예요.

해설 (A) 연상 어휘 함정(waiting room – hall)
(B) 면접 보러 온 여성이라며 질문에 맞게 적절히 대답했으므로 정답이다.
(C) 유사 발음 함정(waiting – wait)

✚ 정답 더보기
Let me ask Susan in Human Resources.
제가 인사팀의 Susan에게 물어볼게요.

어휘 waiting room 대기실 | right across ~ 바로 건너편에 | hall 복도 | job interview 취업 면접 | Human Resources 인사팀

---

22. 미국 ↔ 영국

Where is the finalized list of participating businesses for the trade show?
(A) The registration deadline was extended.
(B) Ten people will be participating.
(C) Several applicants for the booth.

무역 박람회 참가 업체의 최종 명단은 어디에 있어요?
(A) 등록 마감일이 연장됐어요.
(B) 10명이 참여할 거예요.
(C) 부스 지원자 몇 명이요.

해설 **(A) 등록 마감일이 연장됐다며 아직 최종 명단 자체가 나오지 않았다는 의미를 담아 우회적으로 적절히 대답했으므로 정답이다.**
(B) 동어 반복 함정(participating – participating)
(C) 연상 어휘 함정(trade show – booth)

✚ 정답 더보기
Lisa should have it. Lisa가 가지고 있을 거예요.

어휘 finalize 마무리하다 | participate 참여하다 | business 업체 | trade show 무역 박람회 | registration 등록 | deadline 마감일 | extend 연장하다 | applicant 지원자 | booth (칸막이를 한) 부스

---

23. 미국 ↔ 호주

What will the company do with that vacant space?
(A) Actually, the position is no longer vacant.
(B) We're here for the company-wide meeting.
(C) They'll set up an employee lounge.

회사가 그 빈 공간에 무엇을 할 건가요?
(A) 사실, 그 자리는 더 이상 공석이 아닙니다.
(B) 저희는 여기 전사 회의 때문에 왔습니다.
(C) 직원 휴게실을 마련할 거예요.

해설 (A) 동어 반복 함정(vacant – vacant)
(B) 동어 반복 함정(company – company)
(C) 직원 휴게실을 마련할 거라며 질문에 맞게 적절히 대답했으므로 정답이다.

+ 정답 더보기

There's an article about it in this month's newsletter.
이번 달 뉴스레터에 그것에 관한 기사가 있어요.

어휘 vacant 비어 있는 I no longer 더 이상 ~않다 I company-wide meeting
전사 회의 I set up ~을 마련하다, 설치하다 I employee lounge 직원 휴게실 I
article 기사

----

24. 영국 ↔ 미국

How can I help with planning the awards ceremony?
(A) Sure. That would be OK with me.
(B) We already have enough volunteers.
(C) No, I'm not planning on going.

시상식 계획하는 일을 어떻게 도와드릴까요?
(A) 물론이죠. 저는 괜찮아요.
(B) 우리는 이미 자원봉사자들이 충분히 있습니다.
(C) 아니요, 저는 갈 계획이 없어요.

해설 (A) 의문사 의문문은 Sure로 응답 불가
(B) 이미 자원봉사자들이 충분히 있다며 도움 제안에 대한 거절을 우회적으로 적절히 말했으므로 정답이다.
(C) 의문사 의문문은 Yes/No로 응답 불가

+ 정답 더보기

You can take care of the venue.
행사장을 맡아 주셔도 좋습니다.

어휘 help with ~을 돕다 I plan 계획하다 I awards ceremony 시상식 I
volunteer 자원봉사자 I take care of (일·책임 등을) 맡다, 처리하다 I venue
(행사·경기 등의) 장소

----

25. 미국 ↔ 미국

When are you transferring to the new branch?
(A) The schedule hasn't been finalized.
(B) We recently branched out into the overseas market.
(C) The sales revenue was high this week.

새 지사로 언제 전근 가시나요?
(A) 일정이 아직 확정되지 않았어요.
(B) 우리는 최근에 해외 시장으로 진출했어요.
(C) 이번 주에 판매 수입이 높았어요.

해설 **(A) 일정이 아직 확정되지 않았다며 언제 갈지 모른다는 것을 우회적으로 적절히 말했으므로 정답이다.**
(B) 동어 반복 함정(branch – branched)
(C) 연상 어휘 함정(branch – sales revenue)

+ 정답 더보기

Probably by the end of the month.
아마도 다음 달 말쯤일 거예요.

어휘 transfer 전근 가다, 옮기다 I branch 지사 I finalize 확정하다, 마무리 짓다 I
branch out (새로운 곳으로) 진출하다 I overseas 해외의 I sales 판매, 매출액 I
revenue 수입 I probably 아마도

CHAPTER 07 일반 의문문

CASE 집중훈련
본서 p.122
1. (A)　　2. (C)　　3. (C)

----

1. 영국 ↔ 미국

Are these the product catalogs we're bringing to the conference?
(A) No, the updated ones are being printed.
(B) Our booth will be set up first thing tomorrow morning.
(C) We'll bring a longer extension cord, just in case.

이게 우리가 회의에 가져갈 상품 안내 책자인가요?
(A) 아니요, 최신 본은 지금 출력되고 있어요.
(B) 우리 부스가 내일 아침에 가장 먼저 설치될 거예요.
(C) 혹시 몰라서, 더 긴 연결선을 가져갈 거예요.

해설 **(A) 'No'로 대답하고, 최신 본이 출력되고 있다며 적절히 덧붙여 말했으므로 정답이다.**
(B) 연상 어휘 함정(conference – booth)
(C) 동어 반복 함정(bringing – bring)

+ 정답 더보기

Yes, we'll be taking 100 copies.
네, 100부 가져갈 거예요.

어휘 product catalog 상품 안내 책자 I bring 가져가다 I updated 최신의 I booth
(칸막이를 한) 부스 I set up ~을 설치하다 I first thing 맨 먼저 I extension
cord (전자 기기) 연결선 I just in case 혹시 몰라서, 만일을 대비해서 I copy
(책 등의) 한 부

----

2. 호주 ↔ 미국

Do you need a hand with putting up the decorations?
(A) I lead them all the time.
(B) Just some fresh flowers will be fine.
(C) Oh, Kyung-soo is on his way.

장식물을 올리는 데 도움이 필요하세요?
(A) 제가 항상 그들을 이끌어 갑니다.
(B) 싱싱한 꽃 몇 송이면 될 거예요.
(C) 아, Kyung-soo가 오는 중이에요.

해설 (A) 유사 발음 함정(need – lead)
(B) 연상 어휘 함정(decorations – fresh flowers)
(C) Kyung-soo가 오는 중이라며 다른 사람이 있어 도움은 괜찮다는 의미의 거절을 우회적으로 적절히 말했으므로 정답이다.

+ 정답 더보기

Yes, could you help me with these lights?
네, 이 조명들을 드는 걸 좀 도와주시겠어요?

어휘 put up ~을 올리다 I decoration 장식(물) I all the time 항상, 언제나 I on
one's way ~으로 가는[오는] 중에

----

3. 미국 ↔ 호주

Will the coffee shop be closed because of the storm?
(A) An umbrella and some boots.
(B) Stay right here for now.
(C) We usually get a text message about that.

폭풍 때문에 커피숍이 문을 닫을까요?
(A) 우산과 부츠요.
(B) 지금은 여기 계십시오.
(C) 우린 보통 그것에 관해서는 문자 메시지를 받아요.

해설 (A) 연상 어휘 함정(storm - An umbrella and some boots)
(B) 질문과 무관한 응답
(C) 보통 그에 관해서는 문자 메시지로 받는다며 메시지를 받으면 알 수 있다는 의미를 담아 우회적으로 적절히 대답했으므로 정답이다.

➕ **정답 더보기**
I don't think so. 아닐 것 같아요.

어휘 closed 문을 닫은 I storm 폭풍 I stay 그대로 있다 I text message 문자 메시지

CASE 집중훈련
본서 p.123
1. (C) **2.** (C) **3.** (B)

---

1. 영국↔호주

Have any of the company policies changed recently?
(A) The world is changing.
(B) Tomorrow is not good for me.
(C) Yes, the dress code has.

최근에 회사 정책 중에서 바뀐 게 있나요?
(A) 세계가 변하고 있어요.
(B) 전 내일은 곤란해요.
(C) 네, 복장 규정이 바뀌었어요.

해설 (A) 유사 발음 함정(changed - changing)
(B) 질문과 무관한 응답
(C) 'Yes'로 대답하고, 복장 규정이 바뀌었다며 적절히 덧붙여 말했으므로 정답이다.

➕ **정답 더보기**
I'm not sure. 잘 모르겠어요.

어휘 policy 정책, 방침 I dress code 복장 규정

---

2. 미국↔미국

Should we relocate our headquarters to Seoul or Busan?
(A) An international flight.
(B) At 9:30 P.M.
(C) Where would we have more business?

우리 본사를 Seoul로 이전해야 할까요, 아니면 Busan으로 이전해야 할까요?
(A) 국제선이요.
(B) 오후 9시 30분이에요.
(C) 우리가 어디서 영업을 더 많이 할 수 있죠?

해설 (A) 질문과 무관한 응답
(B) When 의문문에 어울리는 응답
(C) 어디서 영업을 더 많이 할 수 있겠냐며 추가 정보를 요구하는 되묻는 응답으로 질문에 맞게 적절히 대답했으므로 정답이다.

➕ **정답 더보기**
I think Seoul would be better.
제 생각엔 Seoul이 더 나을 것 같아요.

어휘 relocate 이전하다 I headquarters 본사 I international 국제의 I business 영업, 장사, 사업

---

3. 미국↔미국

Have you attached the price labels on all the discounted items?
(A) Where did you put the mailing labels?
(B) No, they haven't been tagged yet.
(C) It's a new user account.

모든 할인 상품에 가격표를 붙이셨어요?
(A) 주소 라벨을 어디에 두셨어요?
(B) 아니요, 아직 태그를 붙이지 않았어요.
(C) 그건 새로운 사용자 계정이에요.

해설 (A) 동어 반복 함정(labels - labels)
(B) 'No'로 대답하고, 아직 태그를 붙이지 않았다며 적절히 덧붙여 말했으므로 정답이다.
(C) 유사 발음 함정(discounted - account)

➕ **정답 더보기**
Bella should have done that yesterday.
Bella가 어제 끝냈어야 했어요.

어휘 attach 붙이다, 첨부하다 I price label 가격표 I discounted 할인된 I mailing label 주소 라벨 I tag 태그[꼬리표]를 붙이다 I account 계정, 계좌 I should have p.p. ~했어야 했다

CASE 집중훈련
본서 p.124
1. (A) **2.** (C) **3.** (A)

---

1. 미국↔미국

Do you have the slides from the media team?
(A) Yes, they're right here.
(B) Sure, that will be just fine.
(C) An overhead projector.

미디어팀에서 온 슬라이드를 갖고 계세요?
(A) 네, 바로 여기 있습니다.
(B) 물론이죠, 문제없을 거예요.
(C) 오버헤드 프로젝터요.

해설 **(A) 'Yes'로 대답하고, 여기 있다며 적절히 덧붙여 말했으므로 정답이다.**
(B) 질문과 무관한 응답
(C) 연상 어휘 함정(slides - overhead projector)

➕ **정답 더보기**
Weren't you supposed to have them?
그거 당신이 가지고 있기로 하지 않았나요?

어휘 slide (프로젝터에 사용하는) 슬라이드 I overhead projector 오버헤드 프로젝터 (자료를 스크린에 투사하는 교육 기기) I be supposed to do ~하기로 되어 있다

---

2. 미국↔영국

Did you prepare for the product demonstration all by yourself?
(A) It went very smoothly.
(B) OK, let me check my e-mail.
(C) Liz always helps.

제품 시연 준비를 당신 혼자 다 했나요?
(A) 아주 순조롭게 진행되었습니다.
(B) 알겠습니다, 이메일을 확인해 볼게요.
(C) Liz가 항상 도와줍니다.

해설 (A) 연상 어휘 함정(prepare – went ~ smoothly)
(B) 질문과 무관한 응답
(C) Liz가 항상 도와준다며 Liz와 같이 준비했음을 우회적으로 적절히 말했으므로 정답이다.

✛ 정답 더보기
No one else was available. 아무도 시간이 안 됐어요.

어휘 demonstration 시연, 시범 설명 | by oneself 혼자서 | smoothly 순조롭게 | available 시간이 있는

....

3. 호주↔미국
Do you have the itinerary for our tour of the city?
(A) Mr. Graham is preparing the trip.
(B) Yes, we had a wonderful holiday.
(C) On the cross-country train.

저희의 시내 관광 일정표를 가지고 계신가요?
(A) Graham 씨가 여행을 준비하고 있어요.
(B) 네, 휴가가 정말 좋았어요.
(C) 국토 횡단 기차에서요.

해설 **(A) Graham 씨가 여행을 준비하고 있다며 자신은 일정표를 가지고 있지 않음을 우회적으로 적절히 말했으므로 정답이다.**
(B) 연상 어휘 함정(tour – holiday)
(C) 연상 어휘 함정(tour – train / city – cross-country)

✛ 정답 더보기
Have you checked your e-mail?
이메일 확인하셨어요?

어휘 itinerary 여행 일정표 | prepare 준비하다 | cross-country 국토를 횡단하는

CASE 집중훈련   본서 p.125
1. (C)   **2.** (B)   **3.** (C)

....

1. 미국↔호주
Is the awards ceremony on this floor?
(A) A bestselling author is doing a talk.
(B) Yes, I was impressed, too.
(C) No, take the stairs at the end of the hallway.

시상식이 이 층에서 있나요?
(A) 어떤 베스트셀러 작가가 강연을 한대요.
(B) 네, 저도 감명 받았어요.
(C) 아니요, 복도 끝에서 계단을 이용하세요.

해설 (A) 연상 어휘 함정(awards ceremony – bestselling author)
(B) 연상 어휘 함정(awards ceremony – impressed)
(C) 'No'로 대답하고, 복도 끝에서 계단을 이용하라며 적절히 덧붙여 말했으므로 정답이다.

✛ 정답 더보기
Let me check. 확인해 볼게요.

어휘 awards ceremony 시상식 | bestselling 베스트셀러의 | author 작가, 저자 | impressed 감명 받은 | stairs 계단 | hallway 복도

....

2. 미국↔미국
Would it be OK for you to work this weekend?
(A) The store is open Monday through Friday.
(B) I'll be picking my mom up from the airport.
(C) That worked out pretty well.

이번 주말에 근무해 주실 수 있나요?
(A) 매장은 월요일부터 금요일까지 열어요.
(B) 전 공항에 어머니를 모시러 가야 해요.
(C) 그 일은 꽤 잘 풀렸어요.

해설 (A) 연상 어휘 함정(weekend – Monday through Friday)
(B) 공항에 어머니를 모시러 가야 한다며 제안에 대한 거절을 우회적으로 적절히 말했으므로 정답이다.
(C) 동어 반복 함정(work – worked)

✛ 정답 더보기
Sorry, I'm not available. 죄송해요, 시간이 되질 않아요.

어휘 pick up ~를 데리러 가다 | airport 공항 | work out (일이) 잘 풀리다 | available 시간이 있는

....

3. 영국↔호주
Should I submit my writing sample with the job application?
(A) Please print these in color.
(B) The application was easy to use.
(C) I've read your work before.

입사 지원서와 함께 제 작품 샘플을 제출해야 하나요?
(A) 이거 컬러로 인쇄해 주세요.
(B) 애플리케이션은 사용하기 쉬웠어요.
(C) 전 이미 당신 작품을 읽었어요.

해설 (A) 연상 어휘 함정(writing – print)
(B) 동어 반복 함정(application – application)
(C) 이미 당신 작품을 읽었다며 샘플을 제출할 필요가 없음을 우회적으로 적절히 말했으므로 정답이다.

✛ 정답 더보기
That information is on our Web site.
그 정보는 저희 웹 사이트에 있어요.

어휘 writing 작문, 글쓰기 | application 지원서, 애플리케이션, 응용 프로그램 | easy 쉬운 | work 작품

CASE 집중훈련   본서 p.126
1. (B)   **2.** (A)   **3.** (B)

....

1. 미국↔영국
Didn't[→ Did] you want to get some snacks as well?
(A) Just for a few minutes.
(B) No, I already have some.
(C) The presentation went well.

간식도 좀 가져가지 않으실래요[→ 가져가실래요]?
(A) 몇 분 동안만요.

(B) 아니요, 전 이미 좀 있어요.
(C) 프레젠테이션은 잘 진행되었어요.

해설 (A) 질문과 무관한 응답
   (B) 'No'로 대답하고, 이미 있다며 적절히 덧붙여 말했으므로 정답이다.
   (C) 동어 반복 함정(well - well)

➕ 정답 더보기
Yes, let's get some for the team.
네, 팀원들에게 좀 가져다줍시다.

어휘 as well ~도 | go well 잘 되어가다

----

2. 영국↔호주

Hasn't[→ Has] the repairperson come yet?
(A) That's her car outside.
(B) You can wait at the arrival hall.
(C) That way is probably cheaper.

수리공이 아직 안 왔나요[→ 왔죠]?
(A) 밖에 그녀의 차가 있네요.
(B) 입국장에서 기다리시면 됩니다.
(C) 그 방법이 아마 더 저렴할 거예요.

해설 **(A) 밖에 그녀의 차가 있다며 수리공이 도착했음을 우회적으로 적절히 말했으므로 정답이다.**
   (B) 연상 어휘 함정(come - arrival)
   (C) 질문과 무관한 응답

➕ 정답 더보기
Our appointment got postponed. 우리 약속이 연기됐어요.

어휘 repairperson 수리공 | outside 밖에 | arrival hall 입국장 | cheap 저렴한 | appointment 약속 | postpone 연기하다

----

3. 호주↔미국

Isn't[→ Is] the monitor in the downstairs seminar room damaged?
(A) The study was carefully monitored.
(B) The IT team should have a spare one.
(C) Upstairs next to the printer.

아래층 세미나실에 있는 모니터에 하자가 생기지 않았나요[→ 생겼죠]?
(A) 연구는 신중하게 관찰되었어요.
(B) IT팀에 여분이 한 대 있을 거예요.
(C) 위층 프린터기 옆에요.

해설 (A) 동어 반복 함정(monitor - monitored)
   (B) IT팀에 여분의 모니터가 한 대 있을 거라며 질문에 동의함과 동시에 추가 정보를 제공하여 우회적으로 적절히 대답했으므로 정답이다.
   (C) 연상 어휘 함정(downstairs - Upstairs)

➕ 정답 더보기
We bought a new one last week.
지난주에 새로 하나 구매했어요.

어휘 monitor 모니터; 관찰하다 | downstairs 아래층의 | damaged 하자가 생긴, 손상을 입은 | study 연구 | carefully 신중하게 | spare 여분의 | upstairs 위층에 | next to ~ 옆에

CASE 집중훈련
본서 p.127

1. (B) **2.** (B) **3.** (A)

----

1. 호주↔영국

You sent in the design proposal, (didn't you?)
(A) The new product designers.
(B) Yes, yesterday afternoon.
(C) That's a great idea.

디자인 제안서를 제출하셨죠, (그렇지 않나요?)
(A) 신입 제품 디자이너들이에요.
(B) 네, 어제 오후에요.
(C) 그거 정말 좋은 생각이네요.

해설 (A) 유사 발음 함정(design - designers)
   (B) 'Yes'로 대답하고, 어제 오후에 했다며 적절히 덧붙여 말했으므로 정답이다.
   (C) 연상 어휘 함정(proposal - idea)

➕ 정답 더보기
I'm still working on it. 여전히 작업 중이에요.

어휘 send in ~을 제출하다 | proposal 제안서

----

2. 미국↔호주

You know the supervisor at this production factory, (don't you?)
(A) That was a productive discussion.
(B) No, we haven't been introduced.
(C) The equipment on the main floor.

당신은 이 생산 공장의 감독관을 아시죠, (그렇지 않나요?)
(A) 건설적인 토론이었어요.
(B) 아니요, 저희는 소개받지 못했어요.
(C) 중심 층에 있는 장비요.

해설 (A) 유사 발음 함정(production - productive)
   (B) 'No'로 대답하고, 자신은 소개받지 못했다며 적절히 덧붙여 말했으므로 정답이다.
   (C) 연상 어휘 함정(factory - equipment)

➕ 정답 더보기
Yes, we've worked together in the past.
네, 저희는 예전에 함께 일했어요.

어휘 supervisor 감독관 | production 생산 | productive (논의가) 건설적인, 생산적인 | discussion 토론 | introduce 소개하다 | equipment 장비

----

3. 미국↔미국

You're giving a talk at the marketing conference, (right?)
(A) I don't enjoy public speaking.
(B) Online marketing techniques.
(C) No, thanks. But I'll join you tomorrow.

마케팅 학회에서 강연을 하시죠, (그렇죠?)
(A) 저는 공식 석상에서 말하는 걸 즐기지 않아요.
(B) 온라인 마케팅 기술이요.
(C) 아니요, 괜찮습니다. 하지만 내일은 함께 할게요.

해설 **(A)** 자신은 공식 석상에서 말하는 걸 즐기지 않는다며 강연을 하지 않음을 우회적으로 적절히 말했으므로 정답이다.

(B) 동어 반복 함정(marketing – marketing)

(C) 질문과 무관한 응답

➕ **정답 더보기**

Actually, I'll be leading a discussion.

사실, 저는 토론을 이끌 거예요.

어휘 give a talk 강연하다 | conference 학회, 회의 | public speaking 공석에서 말하기 | technique 기술 | lead 이끌다 | discussion 토론

CASE 집중훈련 본서 p.128

1. (A)　　**2.** (B)　　**3.** (C)

1. 미국 ↔ 미국

I can get a free museum membership, right?

(A) Of course. You can do that right here.

(B) A very impressive exhibit.

(C) The gift shop is on your right.

제가 무료 박물관 회원권을 얻을 수 있죠, 그렇죠?

(A) 물론이죠. 여기서 바로 하실 수 있어요.

(B) 매우 인상적인 전시품이에요.

(C) 선물 가게는 당신 오른편에 있어요.

해설 **(A)** 'Of course'로 대답하고, 여기서 바로 할 수 있다며 적절히 덧붙여 말했으므로 정답이다.

(B) 연상 어휘 함정(museum – exhibit)

(C) 연상 어휘 함정(museum – gift shop)

➕ **정답 더보기**

Yes, on our Web site. 네, 저희 웹 사이트에서요.

어휘 free 무료의 | membership 회원권 | impressive 인상적인 | exhibit 전시품 | gift shop 선물 가게

---

2. 영국 ↔ 미국

Sophia led the writing workshop for the new employees, didn't she?

(A) She's an employee.

(B) It was Joe, actually.

(C) A job application.

Sophia가 신입 사원들을 대상으로 작문 워크숍을 이끌었죠, 그렇지 않나요?

(A) 그녀는 직원이에요.

(B) 사실, 그건 Joe였어요.

(C) 입사 지원서요.

해설 (A) 동어 반복 함정(employees – employee)

(B) 사실 워크숍을 이끈 건 Joe였다며 알고 있는 사실이 잘못되었다는 것을 우회적으로 적절히 말했으므로 정답이다.

(C) 연상 어휘 함정(new employees – job application)

➕ **정답 더보기**

Yes, for an entire month. 네, 한 달 내내요.

어휘 lead 이끌다 | writing 작문 | employee 직원 | job application 입사 지원서 | entire 전체의, 온

---

3. 영국 ↔ 호주

Bernie seems like a great choice for the promotion, doesn't he?

(A) I'd prefer any other day.

(B) The product promotion starts next month.

(C) Would he be willing to relocate?

Bernie가 승진 대상으로 탁월한 선택인 것 같아요, 그렇지 않나요?

(A) 다른 날이 더 좋겠어요.

(B) 상품 홍보가 다음 달에 시작해요.

(C) 그분이 이동하는 걸 꺼리시진 않을까요?

해설 (A) 연상 어휘 함정(great choice – any other)

(B) 동어 반복 함정(promotion – promotion)

(C) 그분이 이동하는 걸 꺼리지 않을 것 같으냐며 질문에 회의적임을 우회적으로 적절히 말했으므로 정답이다.

➕ **정답 더보기**

We should talk to the hiring committee.

고용 위원회에 말해 봐야겠어요.

어휘 choice 선택 | promotion 승진, 홍보 | prefer 더 좋아하다, 선호하다 | be willing to do ~하는 걸 꺼리지 않다, 기꺼이 ~하다 | relocate 이전[이동]하다 | hiring 고용 | committee 위원회

CASE 실전훈련 본서 p.129

1. (C)	**2.** (A)	**3.** (A)	**4.** (A)	**5.** (C)
6. (C)	**7.** (A)	**8.** (A)	**9.** (B)	**10.** (A)
11. (B)	**12.** (B)	**13.** (A)	**14.** (C)	**15.** (B)
16. (C)	**17.** (A)	**18.** (A)	**19.** (B)	**20.** (B)
21. (B)	**22.** (A)	**23.** (B)	**24.** (A)	**25.** (B)

1. 호주 ↔ 영국

Wasn't the board thinking about moving our office?

(A) Yes, you should move to the left lane.

(B) Because we have to tour the facilities.

(C) The rent here is more affordable.

이사회에서 사무실 이전을 생각하고 있지 않았나요?

(A) 네, 왼쪽 차선으로 이동하세요.

(B) 저희가 시설을 둘러봐야 해서요.

(C) 여기 임대료가 더 저렴해요.

해설 (A) 동어 반복 함정(moving – move)

(B) 질문과 무관한 응답

(C) 여기 임대료가 더 저렴하다며 이사회가 그렇게 생각하지 않았을 것임을 우회적으로 적절히 말했으므로 정답이다.

➕ **정답 더보기**

The move will take place next year.

이전은 내년에 있을 거예요.

어휘 board 이사회 | move 이사[이전]하다; 이동, 이사 | lane 차선 | tour 둘러보다 | facility 시설 | rent 임대료 | affordable (가격이) 알맞은 | take place 일어나다

---

2. 미국 ↔ 호주

You bought the bus tickets for Thursday, right?

(A) I got them for Wednesday.

(B) It leaves from Seoul.
(C) I can write you a check.

당신은 목요일 버스표를 구입하셨죠, 그렇죠?
(A) 저는 수요일 걸로 구입했어요.
(B) 그건 Seoul에서 출발해요.
(C) 제가 수표를 써 드릴 수 있어요.

해설 (A) **수요일 걸로 구입했다며 잘못 알고 있는 정보를 바로잡는 응답으로 질문에 맞게 적절히 대답했으므로 정답이다.**
(B) 연상 어휘 함정 (bus – leaves from Seoul)
(C) 유사 발음 함정 (right – write), 연상 어휘 함정 (bought – check)

✚ 정답 더보기
Weren't you going to get them?
당신이 그걸 사려고 하지 않았나요?

어휘 leave 떠나다 | check 수표

────────────────────────────

3. 미국↔미국
Do you think people will like the new flavor of our energy drink?
(A) Yes, it's very tasty.
(B) A mix of both flavors, please.
(C) I work out at the gym every morning.

사람들이 저희 에너지 음료의 새로운 맛을 좋아할 것이라고 생각하세요?
(A) 네, 그거 아주 맛있어요.
(B) 두 가지 맛을 섞어 주세요.
(C) 전 매일 아침 체육관에서 운동해요.

해설 (A) **'Yes'로 대답하고, 아주 맛있다며 적절히 덧붙여 말했으므로 정답이다.**
(B) 동어 반복 함정 (flavor – flavors)
(C) 연상 어휘 함정 (energy drink – work out)

✚ 정답 더보기
I haven't tried it yet. 전 아직 안 먹어 봤어요.

어휘 flavor 맛 | energy drink 에너지 음료 | tasty 맛있는 | mix 혼합물[섞인 것] | work out 운동하다 | gym 체육관

────────────────────────────

4. 영국↔미국
Weren't you supposed to reshelve the books tonight?
(A) No. I switched with Ms. Kim.
(B) In section 4G.
(C) Some finance magazines.

오늘 밤에 책 선반 재정리 작업을 하시기로 되어 있지 않았나요?
(A) 아니요. Kim 씨와 바꿨어요.
(B) 4G 구역에서요.
(C) 몇몇 금융 잡지요.

해설 (A) **'No'로 대답하고, Kim 씨와 바꿨다며 적절히 덧붙여 말했으므로 정답이다.**
(B) 연상 어휘 함정 (reshelve – section 4G)
(C) 연상 어휘 함정 (books – magazines)

✚ 정답 더보기
I finished it yesterday. 어제 끝냈어요.

어휘 be supposed to do ~하기로 되어 있다 | reshelve (책 등을) 선반에 재정리하다 | switch 바꾸다 | section 구역, 부분 | finance 금융, 재정

────────────────────────────

5. 미국↔호주
We still have to receive payment from the travel agency, don't we?
(A) I'll be going on vacation next week.
(B) The real estate agent contacted me.
(C) Yes, before the end of the week.

저희 아직 여행사에서 대금을 받아야 하죠, 그렇지 않나요?
(A) 전 다음 주에 휴가를 갈 거예요.
(B) 부동산 중개인이 제게 연락했어요.
(C) 네, 이번 주 말 전에요.

해설 (A) 연상 어휘 함정 (travel – vacation)
(B) 유사 발음 함정 (agency – agent)
(C) **'Yes'로 대답하고, 이번 주 말 전에 받아야 한다며 적절히 덧붙여 말했으므로 정답이다.**

✚ 정답 더보기
I believe we already did. 이미 받았을 거예요.

어휘 payment 대금, 보수, 지불 | travel agency 여행사 | go on vacation 휴가 가다 | real estate agent 부동산 중개인 | contact 연락하다

────────────────────────────

6. 호주↔영국
Does the grocery store always close this early?
(A) You can check aisle 7.
(B) No, not this Tuesday but the next Tuesday.
(C) Some maintenance work is being done.

식료품점은 항상 이렇게 일찍 문을 닫나요?
(A) 7번 통로를 확인해 보세요.
(B) 아니요, 이번 주 화요일이 아니라 다음 주 화요일이에요.
(C) 유지 보수 작업이 진행 중이에요.

해설 (A) 연상 어휘 함정 (grocery store – aisle 7)
(B) 연상 어휘 함정 (always close this early – not this Tuesday but the next Tuesday)
(C) **유지 보수 작업이 진행 중이라며 문을 일찍 닫은 이유를 들어 항상 그렇지는 않음을 우회적으로 적절히 말했으므로 정답이다.**

✚ 정답 더보기
They're open later on weekends.
그곳은 주말에는 좀 더 늦게까지 열어요.

어휘 grocery store 식료품점 | close 문을 닫다 | check 확인하다 | aisle 통로 | not A but B A가 아니라 B | maintenance 유지 보수, 정비

────────────────────────────

7. 미국↔미국
Didn't you assemble the bookshelf?
(A) I completely forgot about it.
(B) They were closed for construction.
(C) The movie with an ensemble cast.

당신이 책장 조립하지 않았어요?
(A) 그것에 대해 완전히 잊고 있었어요.
(B) 그곳은 공사로 폐쇄됐었어요.
(C) 전체 출연진이 나온 영화요.

해설 (A) **그것에 대해 완전히 잊고 있었다며 조립하지 않았음을 우회적으로 적절히 말했으므로 정답이다.**
(B) 연상 어휘 함정 (assemble – construction)
(C) 유사 발음 함정 (assemble – ensemble)

+ 정답 더보기

Yes, last night. 네, 어젯밤에요.

어휘 assemble 조립하다 | bookshelf 책장 | completely 완전히 | forget 잊다 | closed 폐쇄된, 문을 닫은 | construction 공사 | ensemble 전체[총체], 합주단 | cast 출연자들

---

8. 미국 ↔ 미국

The new director is quite efficient, isn't he?
(A) Well, he does have an MBA.
(B) Some business consultation sessions.
(C) That could be an effective solution.

새로 오신 이사님이 아주 유능하시네요, 그렇지 않나요?
(A) 음, 그분은 경영학 석사 학위가 있으세요.
(B) 몇몇 경영 자문 시간이요.
(C) 그게 효과적인 해결책이 될 수도 있겠네요.

해설 **(A)** 경영학 석사 학위가 있다며 질문에 동의함을 우회적으로 적절히 말했으므로 정답이다.
(B) 연상 어휘 함정 (director - business)
(C) 연상 어휘 함정 (efficient - effective solution)

+ 정답 더보기

I haven't worked with him yet.
전 아직 그분과 같이 일해 보지 않았어요.

어휘 director 이사 | efficient 유능한, 효율적인 | MBA 경영학 석사 (학위) | consultation 자문 | effective 효과적인 | solution 해결책

---

9. 영국 ↔ 미국

Do we need to remove the furniture before painting the wall?
(A) Some desks and chairs.
(B) Let's put them in storage.
(C) I'm getting the painting framed now.

벽을 칠하기 전에 가구를 치워야 할까요?
(A) 책상이랑 의자 몇 개요.
(B) 창고에 넣어 둡시다.
(C) 전 지금 그림을 액자에 넣는 중이에요.

해설 (A) 연상 어휘 함정 (furniture - desks and chairs)
(B) 창고에 넣어 두자며 질문에 동의함과 동시에 제안을 하여 우회적으로 적절히 대답했으므로 정답이다.
(C) 동어 반복 함정 (painting - painting)

+ 정답 더보기

Let's talk to Robin about it first.
Robin에게 먼저 얘기해 보죠.

어휘 remove 치우다 | furniture 가구 | paint 칠하다 | storage 창고 | frame 틀[액자]에 넣다

---

10. 호주 ↔ 미국

The security cameras are being set up this evening, aren't they?
(A) Yes, after our operation hours.
(B) Make sure to leave it on at all times.
(C) It's right across the street.

오늘 저녁에 보안 카메라가 설치될 거죠, 그렇지 않나요?
(A) 네, 영업시간 후에요.

(B) 항상 반드시 그걸 켜 두세요.
(C) 길 바로 건너편에 있어요.

해설 **(A)** 'Yes'로 대답하고, 영업시간 후라며 적절히 덧붙여 말했으므로 정답이다.
(B) 연상 어휘 함정 (security cameras - leave it on at all times)
(C) 연상 어휘 함정 (security cameras - across the street)

+ 정답 더보기

I'm not in charge of that. 전 그걸 담당하고 있지 않아요.

어휘 security 보안 | operation hours 영업시간 | make sure to do 반드시 ~하다 | leave (어떤 상태로) 두다 | at all times 항상 | in charge of ~를 담당하는, 책임지고 있는

---

11. 미국 ↔ 영국

Are there any vacancies at the apartment complex?
(A) Yes, the position is still vacant.
(B) I don't manage the property.
(C) At the parking area.

그 아파트 단지에 빈 방이 있나요?
(A) 네, 그 자리는 아직 공석이에요.
(B) 저는 그 건물을 관리하지 않아요.
(C) 주차장이에요.

해설 (A) 유사 발음 함정 (vacancies - vacant)
(B) 그 건물을 관리하지 않는다며 자신은 잘 모르겠다는 것을 우회적으로 적절히 말했으므로 정답이다.
(C) 연상 어휘 함정 (apartment - parking area)

+ 정답 더보기

You should talk to a realtor. 부동산 중개인과 얘기해 보세요.

어휘 vacancy 빈방, 공석 | apartment complex 아파트 단지 | vacant 비어 있는 | manage 관리하다 | property 건물, 부동산 | parking area 주차장 | realtor 부동산 중개인

---

12. 영국 ↔ 호주

Will you be able to submit the research proposal today?
(A) There was less traffic than usual.
(B) Sure. I have time in the morning.
(C) No, we can meet in the study.

오늘 연구 계획서를 제출하실 수 있으시겠어요?
(A) 평소보다 차가 덜 막혔어요.
(B) 그럼요. 오전에 시간이 있어요.
(C) 아니요, 연구실에서 만날 수 있어요.

해설 (A) 유사 발음 함정 (proposal - usual)
(B) 'Sure'로 대답하고, 오전에 시간이 있다며 적절히 덧붙여 말했으므로 정답이다.
(C) 연상 어휘 함정 (research - study)

+ 정답 더보기

I'll need another day or two. 하루 이틀 정도 더 필요해요.

어휘 submit 제출하다 | research 연구 | proposal 제안서[계획서] | traffic 교통량 | study (개인의) 연구실, 서재

---

13. 미국 ↔ 미국

We should invite Alyson to join us at the jazz concert, shouldn't we?
(A) I did that already.
(B) Thanks for the great seats.
(C) Here's the program.

Alyson한테 재즈 콘서트에 같이 가자고 해야 하죠, 그렇지 않아요?
(A) 제가 이미 했어요.
(B) 좋은 자리 맡아줘서 고마워요.
(C) 여기 그 프로그램이요.

해설 **(A) 자신이 이미 했다며 질문에 맞게 적절히 대답했으므로 정답이다.**
(B) 연상 어휘 함정(concert – seats)
(C) 연상 어휘 함정(concert – program)

✚ 정답 더보기
She'll be out of town that day.
그녀는 그날 시내에 없을 거예요.

어휘 invite 초대하다 | join 함께 하다 | already 이미, 벌써 | seat 자리, 좌석 | program 프로그램, 차례표

---

14. 영국 ↔ 미국

Haven't the new employee uniforms arrived yet?
(A) In the arrival hall.
(B) The blue polo shirts and khaki pants.
(C) I'd better contact the shop.

새로운 직원 유니폼은 아직 도착 안 했나요?
(A) 입국장에서요.
(B) 파란색 폴로셔츠랑 카키색 바지요.
(C) 제가 상점에 연락해 보는 게 낫겠어요.

해설 (A) 유사 발음 함정(arrived – arrival)
(B) 연상 어휘 함정(uniforms – The blue polo shirts and khaki pants)
(C) 상점으로 연락해 보는 게 낫겠다며 도착하지 않았다는 의미를 담아 우회적으로 적절히 대답했으므로 정답이다.

✚ 정답 더보기
They said they'd take two more business days.
영업일 기준으로 이틀 더 걸린다고 했어요.

어휘 employee 직원 | uniform 유니폼 | arrive 도착하다 | arrival hall 입국장 | polo shirt 폴로셔츠, 반소매 셔츠 | contact 연락하다 | business day 영업일

---

15. 미국 ↔ 호주

Does your agency hire advertising executives?
(A) My coworkers work on a higher floor.
(B) All of the positions are filled.
(C) A part of the TV commercial.

당신의 대행사에서는 광고 임원을 고용하시나요?
(A) 제 동료들은 더 높은 층에서 근무해요.
(B) 모든 자리가 찼어요.
(C) TV 광고의 일부예요.

해설 (A) 유사 발음 함정(hire – higher)
(B) 모든 자리가 찼다며 현재 고용하지 않음을 우회적으로 적절히 말했으므로 정답이다.
(C) 연상 어휘 함정(advertising – TV commercial)

✚ 정답 더보기
You should speak with Martin. Martin과 얘기해 보세요.

어휘 agency 대행사, 대리점 | hire 고용하다 | advertising 광고 | executive 임원, 간부 | coworker 동료 | position (일)자리, 직위 | fill 채우다 | commercial 광고

---

16. 미국 ↔ 영국

Wouldn't you rather get a later reservation?
(A) It's at the hotel front desk.
(B) For our entire team.
(C) I have a dentist appointment.

나중으로 예약하는 게 낫지 않겠어요?
(A) 그건 호텔 안내 데스크에 있어요.
(B) 저희 팀 전체를 위해서요.
(C) 치과 예약이 있어요.

해설 (A) 연상 어휘 함정(reservation – hotel front desk)
(B) 연상 어휘 함정(reservation – For our entire team)
(C) 치과 예약이 있다며 나중으로 예약하는 것은 자신에게 좋은 선택지가 아님을 우회적으로 적절히 말했으므로 정답이다.

✚ 정답 더보기
No, 9 A.M. works. 아니요, 오전 9시 괜찮아요.

어휘 would rather ~하는 편이 낫다 | later 나중의 | reservation 예약 | front desk 안내 데스크 | entire 전체의 | dentist appointment 치과 예약

---

17. 미국 ↔ 미국

Aren't we planning to open a new branch in Boston this year?
(A) The budget's been cut.
(B) Are you working at the branch office?
(C) I was actually planning to close early.

저희 올해 Boston에 신규 지점 개설을 계획하고 있지 않나요?
(A) 예산이 삭감됐어요.
(B) 지점에서 근무하세요?
(C) 사실 전 일찍 문을 닫으려던 참이었어요.

해설 **(A) 예산이 삭감됐다며 신규 지점 개설이 힘들다는 의미를 담아 우회적으로 적절히 대답했으므로 정답이다.**
(B) 동어 반복 함정(branch – branch)
(C) 동어 반복 함정(planning – planning)

✚ 정답 더보기
I haven't heard anything about it.
전 그에 대해 들은 바가 전혀 없어요.

어휘 plan 계획하다 | branch 지점 | budget 예산 | cut 삭감하다, 줄이다

---

18. 영국 ↔ 미국

Gillian is visiting our Greendale branch this week, right?
(A) Gillian is in Stonybrook this week.
(B) About 25 degrees.
(C) No, I'd like a window seat, please.

Gillian이 이번 주에 저희 Greendale 지점을 방문하실 거죠, 그렇죠?
(A) Gillian은 이번 주에 Stonybrook에 계세요.
(B) 25도 정도요.
(C) 아니요, 창가 좌석으로 해 주세요.

해설 (A) Gillian은 이번 주에 Stonybrook에 있다며 지점을 방문하지 않을 것이라는 의미를 담아 우회적으로 적절히 대답했으므로 정답이다.
(B) 질문과 무관한 응답
(C) 연상 어휘 함정 (visiting - window seat)

✚ 정답 더보기
Yes, and she'll be coming next week.
네, 그리고 다음 주에 오실 거예요.

어휘 visit 방문하다 | branch 지점 | degree (온도계의) 도 | seat 좌석

---

19. 호주 ↔ 영국

You've already placed an order for the employee uniforms, haven't you?
(A) Sorry, but I left my uniform at home.
(B) Yes, but they won't be here until next week.
(C) Make sure everyone gets the correct size.

직원 유니폼을 이미 주문하셨죠, 그렇지 않으세요?
(A) 죄송하지만, 제가 유니폼을 집에 두고 왔어요.
(B) 네, 그런데 다음 주까지는 안 올 거예요.
(C) 반드시 모두가 맞는 사이즈를 받도록 해 주세요.

해설 (A) 동어 반복 함정 (uniforms - uniform)
(B) 'Yes'로 대답하고, 다음 주까지는 안 올 거라며 적절히 덧붙여 말했으므로 정답이다.
(C) 연상 어휘 함정 (uniforms - size)

✚ 정답 더보기
No, Ben's supposed to take care of it.
아니요, Ben이 그걸 처리하기로 되어 있어요.

어휘 place an order 주문하다 | employee 직원 | uniform 유니폼 | make sure 반드시 ~하다 | correct 맞는, 정확한 | be supposed to do ~하기로 되어 있다 | take care of ~을 처리하다

---

20. 미국 ↔ 미국

Do you need me to work this weekend?
(A) Here's the employee newsletter.
(B) Well, Shirley is out of the office.
(C) I have tickets to the theater.

제가 이번 주말에 근무해야 하나요?
(A) 여기 직원 소식지예요.
(B) 음, Shirley가 사무실에 안 계셔요.
(C) 저한테 연극표가 있어요.

해설 (A) 연상 어휘 함정 (work - employee)
(B) Shirley가 사무실에 없다며 대신 근무해야 할 것 같다는 의미를 담아 우회적으로 적절히 대답했으므로 정답이다.
(C) 질문과 무관한 응답

✚ 정답 더보기
No, that won't be necessary. 아니요, 그럴 필요 없어요.

어휘 employee 직원 | newsletter 소식지, 회보 | theater 연극, 극장 | necessary 필요한

---

21. 미국 ↔ 호주

Is there a promotion code I can use for your online store?
(A) I recently bought a coat for the winter.

(B) Those offers are in store only.
(C) You can purchase gift cards on our Web site.

당신의 온라인 매장에서 사용할 수 있는 할인 코드가 있나요?
(A) 저는 최근에 겨울 코트를 구입했어요.
(B) 그 할인은 매장에서만 적용됩니다.
(C) 저희 웹 사이트에서 상품권을 구입하실 수 있습니다.

해설 (A) 연상 어휘 함정 (store - bought)
(B) 그 할인은 매장에서만 적용된다며 온라인 매장에서 사용할 수 있는 할인 코드는 제공하지 않음을 우회적으로 적절히 말했으므로 정답이다.
(C) 연상 어휘 함정 (online store - purchase, Web site)

✚ 정답 더보기
No, we don't offer any discounts.
아니요, 저희는 할인을 제공하지 않습니다.

어휘 promotion code 할인[판촉] 코드 | recently 최근에 | offer 할인, 제안; 제공하다 | purchase 구입하다 | gift card 상품권, 기프트 카드 | discount 할인

---

22. 미국 ↔ 영국

Will you call me if you need any additional information?
(A) I have your e-mail address.
(B) They're called Walker Inc.
(C) That was very informative.

추가적인 정보가 필요하시면 제게 전화 주시겠어요?
(A) 당신의 이메일 주소를 갖고 있어요.
(B) 그들은 Walker 주식회사라고 불려요.
(C) 그건 매우 유익했습니다.

해설 (A) 이메일 주소를 갖고 있다며 필요하면 이메일로 연락하겠다는 의미를 담아 우회적으로 적절히 대답했으므로 정답이다.
(B) 동어 반복 함정 (call - called)
(C) 유사 발음 함정 (information - informative)

✚ 정답 더보기
Of course. Thank you for your help.
물론이에요. 도와주셔서 감사해요.

어휘 additional 추가적인 | information 정보 | informative 유익한

---

23. 영국 ↔ 미국

Doesn't the train to Chicago leave at 1 o'clock?
(A) The project is not over, is it?
(B) Usually, but today it's been delayed.
(C) Those tickets are 18 dollars.

Chicago행 기차가 1시에 출발하지 않나요?
(A) 그 프로젝트는 끝나지 않았어요, 그렇죠?
(B) 보통은요, 하지만 오늘은 연착되고 있어요.
(C) 그 표 값은 18달러예요.

해설 (A) 질문과 무관한 응답
(B) 'Usually'로 대답하고, 하지만 오늘은 연착되고 있다며 적절히 덧붙여 말했으므로 정답이다.
(C) 연상 어휘 함정 (train - tickets)

✚ 정답 더보기
Yes, it should be here soon. 네, 곧 이곳에 올 거예요.

어휘 leave 출발하다, 떠나다 | over 끝이 난 | delay 연기하다, 미루다

---

24. 미국↔미국

Don't you think we should get some snacks for the team?
(A) I'll ask what everyone wants.
(B) At the teambuilding seminar.
(C) The finance department.

팀을 위해 간식을 좀 사 와야 하지 않을까요?
(A) 제가 모두 무엇을 원하는지 물어보겠습니다.
(B) 팀 빌딩 세미나에서요.
(C) 재무부입니다.

해설 (A) 자신이 모두에게 물어보겠다며 사 오는 게 좋을 것 같다는 의미를 담아 우회적으로 적절히 대답했으므로 정답이다.
(B) 유사 발음 함정(team - teambuilding)
(C) 연상 어휘 함정(team - department)

✚ 정답 더보기
Let me get the company card.
제가 법인 카드를 받아 오겠습니다.

어휘 snack 간식 ǀ teambuilding 팀 빌딩, 단합 ǀ finance 재무, 재정 ǀ department 부서 ǀ company card 법인 카드

25. 영국↔호주

We should have gotten our food by now, right?
(A) Can you get us the menu?
(B) It has been 50 minutes.
(C) Some chicken sandwiches.

지금쯤이면 우리는 음식을 받았어야 했어요, 그렇죠?
(A) 메뉴 좀 가져다주시겠어요?
(B) 50분 지났어요.
(C) 치킨 샌드위치요.

해설 (A) 연상 어휘 함정(food - menu)
(B) 50분 지났다며 질문에 동의함과 동시에 추가 정보를 제공하여 우회적으로 적절히 대답했으므로 정답이다.
(C) 연상 어휘 함정(food - chicken sandwiches)

✚ 정답 더보기
We made the order not long ago.
우리가 주문한 지 얼마 안 됐어요.

어휘 by now 지금쯤 ǀ make an order 주문하다 ǀ not long ago 얼마 전에

CHAPTER 08 특수 의문문

CASE 집중훈련
본서 p.132
1. (B)   **2.** (C)   **3.** (A)

1. 호주↔영국

Can you tell me when our paychecks will be issued?
(A) About three hours.
(B) At the end of the month.
(C) It's 3,000 dollars in total.

저희 급여가 언제 지급되는지 알려 주시겠어요?
(A) 약 세 시간이요.
(B) 이달 말에요.
(C) 총 3,000달러예요.

해설 (A) How long 의문문에 어울리는 응답
(B) 이달 말이라며 시점으로 대답했으므로 정답이다.
(C) 연상 어휘 함정(paychecks - 3,000 dollars)

✚ 정답 더보기
We do direct deposits. 우리는 계좌 이체로 합니다.

어휘 paycheck 급여, 급료 수표 ǀ issue 지급하다, 발행하다 ǀ in total 총, 통틀어 ǀ direct deposit (급료의) 계좌 이체

2. 미국↔미국

Do you know if Accounting hired a replacement?
(A) It's a higher amount.
(B) The building manager can fix that.
(C) Well, I heard they don't need to.

회계팀이 후임자를 고용했는지 아세요?
(A) 그건 더 많은 금액이에요.
(B) 건물 관리자가 그걸 고칠 수 있어요.
(C) 음, 그들이 그럴 필요가 없다고 들었어요.

해설 (A) 유사 발음 함정(hired - higher)
(B) 연상 어휘 함정(replacement - fix)
(C) 그들이 그럴 필요가 없다고 들었다며 고용했는지 여부는 확실치 않다는 의미를 담아 우회적으로 적절히 대답했으므로 정답이다.

✚ 정답 더보기
I heard they're still looking for someone.
그들이 아직 사람을 구하고 있다고 들었어요.

어휘 accounting 회계 ǀ hire 고용하다 ǀ replacement 후임자, 대체 ǀ amount 금액, 양 ǀ fix 고치다, 수리하다 ǀ look for ~을 구하다, 찾다

3. 영국↔미국

Do you know why Ms. May left early?
(A) Yes, she had to catch a flight.
(B) May is my favorite month.
(C) It's on the left.

May 씨가 왜 일찍 떠났는지 아세요?
(A) 네, 그녀는 비행기를 타야 했거든요.
(B) 5월은 제가 가장 좋아하는 달이에요.
(C) 그건 왼쪽에 있어요.

해설 (A) 'Yes'로 대답하고, 그러한 이유를 적절히 덧붙여 말했으므로 정답이다.
(B) 동어 반복 함정(May - May)
(C) 동어 반복 함정(left - left)

✚ 정답 더보기
She didn't tell me she was heading out.
그녀가 떠나겠다는 얘기를 제게 하지 않았어요.

어휘 leave 떠나다, 출발하다 ǀ catch 잡아타다 ǀ flight 비행기 ǀ favorite 매우 좋아하는 ǀ head out 떠나다, 출발하다

CASE 집중훈련

본서 p.133

1. (B) 2. (A) 3. (C)

1. 미국 ↔ 호주

Should I register for the weekday sessions or the weekend ones?
(A) In the evening.
(B) Do the weekday sessions.
(C) Sure, that's not a problem.

제가 평일 수업에 등록해야 할까요, 아니면 주말 수업에 등록해야 할까요?
(A) 저녁에요.
(B) 평일 수업으로 하세요.
(C) 물론이죠, 문제 되지 않아요.

해설 (A) 연상 어휘 함정(weekday, weekend - the evening)
(B) 평일 수업으로 하라고 하며 전자를 선택했으므로 정답이다.
(C) 질문과 무관한 응답

➕ 정답 더보기
Which is more convenient for you?
어떤 것이 더 편하세요?

어휘 register for ~에 등록하다 | session 수업 (시간) | convenient 편리한, 알맞은

....

2. 호주 ↔ 미국

Will the actors finish rehearsing by 6 P.M., or will they need more time?
(A) They'll be done at 8.
(B) It was an impressive show.
(C) She's researching for a part.

배우들은 오후 6시까지 리허설을 끝낼 건가요, 아니면 시간이 더 필요할까요?
(A) 그들은 8시에 끝낼 거예요.
(B) 그건 인상 깊은 공연이었어요.
(C) 그녀는 배역에 관해 연구하고 있어요.

해설 **(A) 8시에 끝낼 거라며 시간이 더 필요할 것이라는 의미를 담아 후자를 우회적으로 선택하여 말했으므로 정답이다.**
(B) 연상 어휘 함정(actors, rehearsing - show)
(C) 유사 발음 함정(rehearsing - researching), 연상 어휘 함정(actors - part)

➕ 정답 더보기
The next show starts at 6. 다음 공연이 6시에 시작해요.

어휘 rehearse 리허설[예행연습]을 하다 | impressive 인상 깊은 | part 배역

....

3. 영국 ↔ 미국

Is it better to park on White Avenue or on 6th Street?
(A) I prefer the black one.
(B) A great place to visit.
(C) 6th Street is best.

White가에 주차하는 게 더 나을까요, 아니면 6번가에 주차하는 게 더 나을까요?
(A) 저는 검은색의 것을 선호합니다.
(B) 방문하기 아주 좋은 곳이에요.
(C) 6번가가 최고예요.

해설 (A) 연상 어휘 함정(better - prefer)
(B) 연상 어휘 함정(park - place)
(C) 6번가가 최고라며 후자를 선택했으므로 정답이다.

➕ 정답 더보기
I know a better place. 제가 더 좋은 곳을 알고 있어요.

어휘 park 주차하다 | prefer 선호하다

CASE 집중훈련

본서 p.134

1. (B) 2. (B) 3. (A)

1. 호주 ↔ 영국

Can I send the contract by e-mail, or would you prefer a hard copy?
(A) I'll check the file later today.
(B) E-mail would be preferable.
(C) No. It's not very hard.

제가 그 계약서를 이메일로 보내 드려도 되나요, 아니면 출력본을 선호하시나요?
(A) 오늘 늦게 그 파일을 확인할게요.
(B) 이메일이 더 좋을 것 같아요.
(C) 아니요. 그렇게 어렵진 않아요.

해설 (A) 연상 어휘 함정(contract - file)
(B) 이메일이 더 나을 것 같다며 비교급 표현을 사용하여 전자를 선택했으므로 정답이다.
(C) 동어 반복 함정(hard - hard)

➕ 정답 더보기
It doesn't matter as long as it's signed.
서명만 되어 있으면 상관없습니다.

어휘 contract 계약(서) | prefer 선호하다 | hard copy (인쇄물로) 출력된 자료 | preferable 더 좋은 | as long as ~하기만 하면, ~하는 한 | sign 서명하다

....

2. 미국 ↔ 호주

Did you knit this scarf yourself, or is it from a store?
(A) On the top shelf.
(B) Actually, it was a birthday present.
(C) The cold weather.

이 목도리를 직접 뜨개질하셨나요, 아니면 상점에서 사셨나요?
(A) 맨 위 선반에요.
(B) 사실은, 그건 생일 선물이었어요.
(C) 추운 날씨요.

해설 (A) 연상 어휘 함정(store - shelf)
(B) 사실은 생일 선물이었다며 질문에서 제시한 두 선택지가 아닌 선택지 C를 말하여 질문에 맞게 적절히 대답했으므로 정답이다.
(C) 연상 어휘 함정(scarf - cold weather)

➕ 정답 더보기
I made it myself. 제가 직접 만들었어요.

어휘 knit 뜨개질하다 | store 상점 | shelf 선반 | actually 사실은

....

3. 영국↔미국

Would you prefer chicken or beef as your entrée?
(A) Do you have any seafood?
(B) I'd like a seat on the patio, please.
(C) It tastes great.

주 요리를 닭고기로 하시겠어요, 아니면 소고기로 하시겠어요?
(A) 해산물 있나요?
(B) 테라스 자리로 주세요.
(C) 아주 맛있어요.

해설 (A) 해산물이 있냐며 선택지 C를 요구하는 되묻는 응답으로 질문에 맞게 적절히 대답했으므로 정답이다.
(B) 연상 어휘 함정(prefer – like)
(C) 연상 어휘 함정(chicken, beef – tastes)

✚ 정답 더보기
The chicken, thanks. 닭고기로 할게요, 감사합니다.

어휘 prefer 택하다, (더) 좋아하다 | entrée 주 요리, 앙트레 | seafood 해산물 | seat 자리 | patio 테라스, 파티오 | taste 맛이 나다

CASE 집중훈련　　　　본서 p.135

1. (A)　　**2.** (A)　　**3.** (A)

1. 미국↔미국

Would you like to set up a meeting on Thursday or Friday?
(A) I forgot to bring my calendar.
(B) No, she didn't really like it.
(C) The new vacation policy.

회의를 목요일로 잡으시겠어요, 아니면 금요일로 잡으시겠어요?
(A) 제 일정표를 가져오는 걸 깜빡했네요.
(B) 아니요, 그녀는 그것을 별로 좋아하지 않았어요.
(C) 새로운 휴가 방침이요.

해설 (A) 일정표를 가져오는 걸 잊었다며 회의를 언제 할지 당장 선택할 수 없다는 것을 우회적으로 적절히 말했으므로 정답이다.
(B) 주어 불일치 함정(you – she), 동어 반복 함정(like – like)
(C) 연상 어휘 함정(meeting – policy)

✚ 정답 더보기
I'll be out of the office on Friday.
전 금요일에는 사무실에 없을 거예요.

어휘 set up a meeting 회의를 잡다 | calendar 일정표, 달력 | vacation 휴가 | policy 정책, 방침

---

2. 미국↔호주

Do you want us to send you the document by e-mail or by fax?
(A) I don't have a fax number.
(B) A detailed invoice, please.
(C) It should be in the mailbox.

저희가 서류를 이메일로 보내 주길 원하세요, 아니면 팩스로 보내 주길 원하세요?
(A) 저는 팩스 번호가 없어요.
(B) 상세한 대금 청구서로 부탁드려요.
(C) 그거 우편함에 있을 거예요.

해설 (A) 팩스 번호가 없다며 이메일로 보내달라는 의미를 담아 전자를 우회적으로 선택하여 말했으므로 정답이다.
(B) 연상 어휘 함정(document – invoice)
(C) 유사 발음 함정(e-mail – mailbox)

✚ 정답 더보기
Whichever is more convenient for you.
어느 것이든 당신에게 더 편한 걸로요.

어휘 document 서류 | detailed 상세한 | invoice 대금 청구서, 송장 | mailbox 우편함 | whichever 어느 ~이든 | convenient 편리한

---

3. 영국↔미국

Is a patio table available, or do we have to sit in the main dining room?
(A) Can you come back in about an hour?
(B) They have a large menu selection.
(C) A reservation for a company dinner.

테라스 테이블을 이용할 수 있나요, 아니면 식당 본관에 앉아야 하나요?
(A) 한 시간 후에 다시 오시겠어요?
(B) 그곳은 메뉴에 선택할 수 있는 요리 수가 많아요.
(C) 회식을 위한 예약이요.

해설 (A) 한 시간에 후에 다시 올 수 있냐며 당장은 두 선택지 모두 불가능함을 우회적으로 적절히 말했으므로 정답이다.
(B) 연상 어휘 함정(dining room – menu)
(C) 연상 어휘 함정(table – reservation)

✚ 정답 더보기
How many of you will be dining with us?
몇 분이 우리 식당에서 식사하시나요?

어휘 patio 테라스, 파티오 | dining room 식당 | menu selection 메뉴 상의 요리 수 | reservation 예약 | dine 식사하다

CASE 집중훈련　　　　본서 p.136

1. (A)　　**2.** (C)　　**3.** (C)

1. 호주↔미국

Why don't I get you a drink while you wait for your interview?
(A) That'd be great, thanks.
(B) I'll call the waiter.
(C) I brought my résumé.

면접을 기다리시는 동안 제가 마실 것 좀 갖다 드릴까요?
(A) 그래 주시면 좋죠, 감사합니다.
(B) 제가 웨이터를 부를게요.
(C) 제 이력서를 가져왔어요.

해설 (A) 그래 주면 좋겠다며 제안에 대한 수락의 표현으로 적절히 대답했으므로 정답이다.
(B) 유사 발음 함정(wait – waiter)
(C) 연상 어휘 함정(interview – résumé)

✚ 정답 더보기
Some water would be nice. Thanks.
물이 좋겠어요. 감사합니다.

어휘 interview 면접 | bring 가져오다, 데려오다 | résumé 이력서

....

2. 호주↔영국

Let's find a cheap supplier, so we can minimize our costs.
(A) We have a lot in stock.
(B) Try maximizing the window on the screen.
(C) The Purchasing Department is looking into it.

비용을 최소화하기 위해 값이 싼 공급 업체를 찾아봅시다.
(A) 저희 재고가 많아요.
(B) 화면의 윈도우 창을 최대한으로 키워 보세요.
(C) 구매부에서 알아보고 있어요.

해설 (A) 연상 어휘 함정 (supplier – in stock)
(B) 연상 어휘 함정 (minimize – maximizing)
(C) 구매부에서 알아보는 중이라며 우리가 찾을 필요는 없다는 의미의 거절을 우회적으로 적절히 말했으므로 정답이다.

➕ 정답 더보기

But we already have a great deal.
하지만 저흰 이미 좋은 거래를 하고 있어요.

어휘 supplier 공급 업체 | minimize 최소화하다 | in stock 재고로 | maximize 최대한으로 하다 | Purchasing Department 구매부 | look into ~을 알아보다 | deal 거래

....

3. 미국↔미국

You should sign up for a membership at the fitness center.
(A) The bottom of the page.
(B) Over 50 athletes.
(C) Maybe I will.

헬스클럽에 회원 등록을 해 보세요.
(A) 페이지 맨 아래요.
(B) 50명 이상의 운동선수들이요.
(C) 어쩌면 제가 그렇게 할 수도요.

해설 (A) 연상 어휘 함정 (sign – The bottom of the page)
(B) 연상 어휘 함정 (fitness center – athletes)
(C) 그렇게 할 수도 있다며 질문에 맞게 적절히 대답했으므로 정답이다.

➕ 정답 더보기

How much does that cost per month?
그건 한 달에 비용이 얼마나 드나요?

어휘 sign up for ~에 등록[가입]하다 | membership 회원 (자격) | fitness center 헬스클럽 | athlete 운동선수 | cost (비용이) 들다

....

CASE 집중훈련
본서 p.137
1. (B) **2.** (B) **3.** (B)

....

1. 미국↔영국

Would you like to sign up for the training session?
(A) Can you print out the sign?
(B) OK, I'll write my name down.
(C) Attendance is mandatory.

교육에 등록하시겠어요?
(A) 그 부호를 출력해 줄 수 있어요?
(B) 네, 제 이름을 적을게요.
(C) 참석은 필수입니다.

해설 (A) 동어 반복 함정 (sign – sign)
(B) 'OK'로 수락하고, 이름을 적겠다며 질문에 맞게 적절히 덧붙여 말했으므로 정답이다.
(C) 연상 어휘 함정 (training session – Attendance)

➕ 정답 더보기

When will it take place? 언제 열리나요?

어휘 sign up for ~에 등록하다 | training session 교육 (과정) | print out (프린터로) 출력하다 | sign 부호, 기호 | write down ~을 적다 | attendance 참석, 출석 | mandatory 필수의, 의무적인 | take place 열리다, 개최되다

....

2. 영국↔호주

Would you like me to help you put away those boxes?
(A) In alphabetical order.
(B) No, thank you. I've already finished.
(C) I purchased them from a supermarket.

제가 저 상자들을 치우는 걸 도와드릴까요?
(A) 알파벳 순서로요.
(B) 아니요, 감사해요. 제가 이미 끝냈어요.
(C) 제가 슈퍼마켓에서 그것들을 구입했어요.

해설 (A) 질문과 무관한 응답
(B) 'No, thank you'로 거절하고, 이미 끝냈다며 질문에 맞게 적절히 덧붙여 말했으므로 정답이다.
(C) 연상 어휘 함정 (boxes – supermarket)

➕ 정답 더보기

Yes, that would be really helpful. 네, 정말 도움이 될 거예요.

어휘 put away ~을 치우다 | alphabetical order 알파벳 순서 | purchase 구입하다 | helpful 도움이 되는

....

3. 미국↔호주

Do you want me to restock the supply cabinet?
(A) I need to write it down.
(B) Sure, we're out of pen and paper.
(C) That stationery store is the closest one.

제가 소모품 보관함을 다시 채워 드릴까요?
(A) 저는 그걸 적어 둬야 해요.
(B) 물론이죠, 펜과 종이가 다 떨어졌어요.
(C) 그 문구점이 가장 가까운 곳이에요.

해설 (A) 연상 어휘 함정 (Do you want me to – I need to)
(B) 'Sure'로 수락하고, 펜과 종이가 다 떨어졌다며 질문에 맞게 적절히 덧붙여 말했으므로 정답이다.
(C) 연상 어휘 함정 (supply cabinet – stationery)

➕ 정답 더보기

I appreciate it. 정말 고마워요.

어휘 restock 다시 채우다 | supply 소모품, 비품 | cabinet 보관함, 캐비닛 | write down ~을 적다 | be out of ~이 다 떨어지다 | stationery 문구류 | close 가까운 | appreciate 고마워하다

....

CASE 집중훈련

본서 p.138

1. (B)　　**2.** (A)　　**3.** (A)

1. 미국 ↔ 영국

Please be on time for your scheduled appointment.
(A) Between 11:30 to 12.
(B) OK. Can I take a bus there?
(C) He made a valid point.

예정된 약속 시간에 늦지 않게 와 주세요.
(A) 11시 30분에서 12시 사이예요.
(B) 알겠습니다. 거기서 버스를 탈 수 있나요?
(C) 그분이 타당한 지적을 해 주셨어요.

해설 (A) 연상 어휘 함정(scheduled appointment - Between 11:30 to 12)
(B) 'OK'로 수락하고, 거기서 버스를 탈 수 있냐는 되묻는 응답으로 적절히 덧붙여 말했으므로 정답이다.
(C) 유사 발음 함정(appointment - point)

✚ **정답 더보기**
Sure, I'll see you tomorrow. 그럼요, 내일 뵐게요.

어휘 on time 시간을 어기지 않고, 제시간에 | scheduled 예정된 | appointment 약속, 예약 | make a point 지적하다 | valid 타당한, 근거 있는

- -

2. 호주 ↔ 미국

Would you mind taking some materials for me to the workshop?
(A) Actually, I wasn't planning on attending.
(B) As soon as you can.
(C) Thanks, but I'll eat here.

저를 위해 워크숍에 자료 몇 가지만 가져다주시겠어요?
(A) 사실, 저는 참석할 계획이 없었어요.
(B) 가능한 한 빨리요.
(C) 고마워요, 하지만 여기서 먹을게요.

해설 **(A) 참석할 계획이 없다며 가져다줄 수 없다는 의미의 거절을 우회적으로 적절히 말했으므로 정답이다.**
(B) 동어 반복 함정(you - you)
(C) 연상 어휘 함정(Would you mind - Thanks)

✚ **정답 더보기**
No problem, what should I bring?
그럼요, 무얼 가져가야 하는데요?

어휘 material 자료 | attend 참석하다 | bring 가져가다

3. 미국 ↔ 미국

May I borrow your laptop for an interview this morning?
(A) No problem, but I need it this afternoon.
(B) Yes, I purchased it last week.
(C) For the new internship position.

오늘 아침 면접을 위해 당신 노트북을 빌려도 될까요?
(A) 물론이죠, 그런데 오늘 오후에는 저도 필요해요.
(B) 네, 지난주에 샀어요.
(C) 새로운 인턴직을 위해서요.

해설 (A) 'No problem'으로 수락하고, 오후에는 자신도 필요하다며 적절히 덧붙여 말했으므로 정답이다.
(B) 연상 어휘 함정(laptop - purchased)
(C) 연상 어휘 함정(interview - internship position)

✚ **정답 더보기**
What happened to yours? 당신 건 어떻게 된 거예요?

어휘 borrow 빌리다 | purchase 사다, 구매하다 | position 직무, 자리

CASE 집중훈련

본서 p.139

1. (A)　　**2.** (A)　　**3.** (B)

1. 영국 ↔ 미국

Would you like to have dinner with the department manager?
(A) Sure thing, how about the café across the street?
(B) On the third floor of the apartment.
(C) I'd like to file a complaint with your manager.

그 부서장과 같이 저녁 식사 하시겠어요?
(A) 그럼요, 길 건너에 있는 카페 어떠세요?
(B) 그 아파트 3층에요.
(C) 전 당신 관리자에게 항의하고 싶어요.

해설 **(A) 'Sure thing'으로 수락하고, 길 건너에 있는 카페는 어떠냐며 되묻는 응답으로 적절히 덧붙여 말했으므로 정답이다.**
(B) 유사 발음 함정(department - apartment)
(C) 연상 어휘 함정(Would you like to - I'd like to), 동어 반복 함정(manager - manager)

✚ **정답 더보기**
Sorry, I already have plans. 죄송하지만, 전 이미 계획이 있어요.

어휘 department 부서 | sure thing (제안·요청에 대한 대답으로) 그럼요 | file a complaint 항의하다, 불만을 제기하다

- -

2. 미국 ↔ 미국

Can you loan me a pen?
(A) This is my only one.
(B) The bank is down the street.
(C) One can of apple juice, please.

펜 좀 빌려주실 수 있나요?
(A) 전 이것밖에 없어요.
(B) 은행은 길 아래쪽에 있어요.
(C) 사과 주스 한 캔이요.

해설 **(A) 자신은 이것밖에 없다며 빌려줄 수 없다는 의미의 거절을 완곡하게 적절히 말했으므로 정답이다.**
(B) 연상 어휘 함정(loan - bank)
(C) 동어 반복 함정(Can - can)

✚ **정답 더보기**
OK, but I need it back right away.
좋아요, 하지만 바로 돌려주세요.

어휘 loan 빌려주다 | only ~밖에 없는, 유일한 | right away 곧바로, 즉시

- -

3. 호주 ↔ 영국

Would you like to go on a tour of the new factory this week?
(A) It's the old product.
(B) I was there last Friday.
(C) The manufacturers.

이번 주에 새 공장을 견학하러 가시겠어요?
(A) 그건 예전 제품이에요.
(B) 전 지난주 금요일에 거기 있었어요.
(C) 제조업체들이에요.

해설 (A) 연상 어휘 함정(factory – product)
(B) 지난주 금요일에 갔었다며 갈 필요가 없다는 의미의 거절을 완곡하게 적절히 말했으므로 정답이다.
(C) 연상 어휘 함정(factory – manufacturers)

➕ 정답 더보기
Sure, how does Wednesday sound?
그럼요, 수요일 어때요?

어휘 go on a tour 견학하다 | manufacturer 제조업체

CASE 집중훈련
본서 p.140
1. (A) **2.** (C) **3.** (B)

1. 미국 ↔ 호주

Would you like to take a look at the blueprints?
(A) No, I saw them already.
(B) It's by a local architecture company.
(C) The printer needs to be cleaned.

설계도 한번 보시겠어요?
(A) 아니요, 전 이미 봤어요.
(B) 현지 건축 사무소에서 했어요.
(C) 프린터 청소 좀 해야겠어요.

해설 **(A) 'No'로 거절하고, 이미 봤다며 적절히 덧붙여 말했으므로 정답이다.**
(B) 연상 어휘 함정(blueprints – architecture)
(C) 유사 발음 함정(blueprints – printer)

➕ 정답 더보기
Thanks, that would be great. 고마워요, 그럼 좋을 것 같아요.

어휘 take a look at ~을 한번 보다 | blueprint 설계도 | already 이미, 벌써 | local 현지의 | architecture 건축, 건축학 | clean 청소하다

---

2. 영국 ↔ 호주

Could you check and see whether the router is plugged in?
(A) I didn't see them yet.
(B) With a longer extension cable.
(C) Should I go through all of them?

라우터가 전원에 연결되어 있는지 확인해 주시겠어요?
(A) 저는 아직 못 봤어요.
(B) 더 긴 연장 케이블로요.
(C) 제가 그걸 전부 살펴봐야 하나요?

해설 (A) 동어 반복 함정(see – see)

(B) 연상 어휘 함정(plugged in – extension cable)
(C) 그걸 전부 살펴봐야 하냐며 추가 정보를 요구하는 되묻는 응답으로 질문에 맞게 적절히 대답했으므로 정답이다.

➕ 정답 더보기
Where is it located? 그게 어디에 있나요?

어휘 whether ~인지 (아닌지) | router 라우터(데이터 전달 촉진 장치) | plug in ~의 전원을 연결하다 | extension cable 연장 케이블 | go through ~을 살펴보다 | be located (~에) 있다, 위치하다

---

3. 미국 ↔ 미국

Could our grocery store use paper bags instead of plastic?
(A) You can find them at aisle 9.
(B) Let's discuss that at our meeting.
(C) Paperbacks are lighter than hardcovers.

우리 식료품점이 비닐봉지 대신 종이봉투를 사용할 수 있나요?
(A) 그건 9번 통로에 있습니다.
(B) 우리 회의에서 그것에 대해 논의해 봅시다.
(C) 문고본은 양장본보다 좀 더 가볍습니다.

해설 (A) 연상 어휘 함정(grocery store – aisle 9)
(B) 회의에서 논의하자며 결정을 보류한 응답으로 질문에 맞게 적절히 대답했으므로 정답이다.
(C) 유사 발음 함정(paper bags – Paperbacks)

➕ 정답 더보기
Yes, that'd be great for the environment.
네, 그게 환경에 좋을 것 같아요.

어휘 grocery store 식료품점 | instead of ~ 대신에 | plastic 비닐로 된 | aisle 통로 | discuss 논의하다 | paperback 문고본(종이 표지로 만든 책) | hardcover 양장본(딱딱한 표지로 만든 책) | environment 환경

CASE 집중훈련
본서 p.141
1. (B) **2.** (A) **3.** (B)

1. 미국 ↔ 미국

The CEO called to let us know that she's running late.
(A) Feel free to contact me anytime.
(B) There's road maintenance going on.
(C) The executive meeting was yesterday.

CEO께서 늦을 거라고 알려 주시기 위해 전화하셨어요.
(A) 언제든 편하게 저에게 연락하세요.
(B) 도로 보수가 진행되고 있어요.
(C) 임원 회의는 어제였어요.

해설 (A) 연상 어휘 함정(called – contact)
(B) 도로 보수가 진행 중이라며 질문에 맞게 적절히 대답했으므로 정답이다.
(C) 연상 어휘 함정(CEO – executive)

➕ 정답 더보기
Let's start the meeting without her.
그분 없이 회의를 시작합시다.

어휘 feel free to do 편하게[마음 놓고] ~하다 | contact 연락하다 | maintenance 보수, 정비 | executive 임원 | go on 진행되다, 일어나다

2. 미국↔영국

I heard during your interview that you majored in media design as an undergraduate.
(A) Yes, I created promotional videos for my university.
(B) The design team updated the poster.
(C) She graduated four years ago.

학부생으로 미디어 디자인을 전공하셨다고 면접에서 들었어요.
(A) 네, 제가 다닌 대학교를 위해 홍보 동영상도 제작했었어요.
(B) 디자인 팀이 포스터를 최신 것으로 변경했어요.
(C) 그녀는 4년 전에 졸업했어요.

해설 (A) 'Yes'로 대답하고, 대학교 홍보 동영상도 제작했었다며 적절히 덧붙여 말했으므로 정답이다.
(B) 동어 반복 함정(design – design), 연상 어휘 함정(design – poster)
(C) 유사 발음 함정(undergraduate – graduated)

+ 정답 더보기
Actually, I studied art history. 사실, 전 미술사를 공부했어요.

어휘 interview 면접 | major in ~을 전공하다 | undergraduate 학부생 | create 만들다 | promotional 홍보의 | update 최신의 것으로 하다, 갱신하다 | graduate 졸업하다

---

3. 영국↔호주

I can't figure out how to make double-sided copies on this photocopier.
(A) I'll double-check the figures.
(B) Conan's good with machines.
(C) At the new employee orientation.

이 복사기로 양면 복사를 어떻게 하는지 알 수가 없어요.
(A) 제가 수치를 다시 확인해 볼게요.
(B) Conan이 기계를 잘 다뤄요.
(C) 신입 사원 오리엔테이션에서요.

해설 (A) 유사 발음 함정(double-sided – double-check), 동어 반복 함정(figure – figures)
(B) Conan이 기계를 잘 다룬다며 대안을 제시한 응답으로 질문에 맞게 적절히 대답했으므로 정답이다.
(C) Where 의문문에 어울리는 응답

+ 정답 더보기
Have you tried adjusting the settings?
설정을 조정해 보셨어요?

어휘 figure out ~을 알아내다 | make a copy 복사하다 | double-sided 양면의 | double-check 다시 확인하다 | figure 수치 | good with ~을 잘 다루는 | adjust 조정하다 | setting 설정

CASE 집중훈련
본서 p.142

1. (B) **2.** (B) **3.** (A)

1. 영국↔미국

Mr. Huber can't attend the weekly meeting today.
(A) Actually, I went last year.
(B) Oh, then who will lead it?
(C) In the large conference room.

Huber 씨는 오늘 주간 회의에 참석하실 수 없습니다.
(A) 실은, 저는 작년에 갔어요.
(B) 아, 그럼 누가 그걸 이끌죠?
(C) 큰 회의실에서요.

해설 (A) 연상 어휘 함정(attend – went / weekly – year)
(B) 그럼 누가 이끌 거냐며 추가 정보를 요구하는 되묻는 응답으로 질문에 맞게 적절히 대답했으므로 정답이다.
(C) 연상 어휘 함정(meeting – conference room)

+ 정답 더보기
Let's reschedule then. 그럼 일정을 재조정합시다.

어휘 attend 참석하다 | lead 이끌다 | reschedule 일정을 재조정하다[변경하다]

---

2. 미국↔영국

Your report will be shared during the executive meeting.
(A) Please turn to the next page.
(B) I didn't have enough time to work on it.
(C) I shared a ride to the meeting.

임원 회의에서 당신의 보고서가 공유될 거예요.
(A) 다음 페이지로 넘기세요.
(B) 그걸 할 시간이 충분치 않았어요.
(C) 회의장까지 같이 타고 갔어요.

해설 (A) 연상 어휘 함정(report – next page)
(B) 그걸(보고서를) 할 시간이 충분치 않았다며 자신의 보고서가 공유되는 데 걱정을 드러내는 응답으로 질문에 맞게 적절히 대답했으므로 정답이다.
(C) 동어 반복 함정(shared – shared / meeting – meeting)

+ 정답 더보기
I hope I get great reviews.
전 제가 좋은 평가를 받기를 바랍니다.

어휘 share 공유하다 | executive 임원, 간부 | turn to ~로 넘기다 | share a ride (차를) 같이 타다 | review 평가

---

3. 호주↔미국

This commercial needs more work before we can present it.
(A) The editing deadline has been extended.
(B) A TV commercial for home furniture.
(C) Yes, I agree. She's been working very hard.

이 광고는 우리가 발표하기 전에 작업이 더 필요합니다.
(A) 편집 기한이 연장되었습니다.
(B) 가정용 가구를 위한 TV 광고입니다.
(C) 네, 동의합니다. 그녀는 매우 열심히 일하고 있어요.

해설 (A) 편집 기한이 연장되었다며 질문에 동의함과 동시에 추가 정보 제공으로 질문에 맞게 적절히 대답했으므로 정답이다.
(B) 동어 반복 함정(commercial – commercial)
(C) 동어 반복 함정(work – working)

+ 정답 더보기
But the director already approved of it.
하지만 감독님이 이미 승인했어요.

어휘 commercial 광고 | editing 편집 | deadline 기한, 마감일 | extend 연장하다 | director 감독 | approve of ~을 승인하다

CASE 실전훈련

1. (C)	2. (C)	3. (B)	4. (A)	5. (A)
6. (C)	7. (B)	8. (A)	9. (B)	10. (B)
11. (B)	12. (A)	13. (C)	14. (C)	15. (B)
16. (C)	17. (A)	18. (A)	19. (C)	20. (A)
21. (A)	22. (A)	23. (B)	24. (A)	25. (C)

1. 미국↔영국

Would you like to make a visit to the museum?
(A) I'd rather meet at an earlier time.
(B) Near the photography exhibit.
(C) Sure, I'd like that very much.

박물관에 방문하시겠어요?
(A) 차라리 더 일찍 만나는 게 낫겠어요.
(B) 사진 전시 근처예요.
(C) 물론이죠, 그러면 정말 좋을 것 같아요.

해설 (A) 연상 어휘 함정(Would you like to - I'd rather)
(B) 연상 어휘 함정(museum - exhibit)
(C) 'Sure'로 대답하고, 그러면 정말 좋을 것 같다며 적절히 덧붙여 말했으므로 정답이다.

➕ 정답 더보기
Maybe another time. 다음에 할게요.

어휘 museum 박물관 | would rather 차라리 ~하는 게 낫다 | photography 사진(술) | exhibit 전시, 전시품

2. 영국↔호주

I'd like Ms. Day to give the keynote speech at the convention.
(A) A peach cobbler sounds good.
(B) Actually, I didn't go to the convention.
(C) You should email her.

총회에서 Day 씨가 기조연설을 하면 좋겠어요.
(A) 복숭아 코블러 좋은 것 같아요.
(B) 실은, 제가 총회에 못 갔어요.
(C) 그분께 이메일을 보내 보세요.

해설 (A) 유사 발음 함정(speech - peach)
(B) 동어 반복 함정(convention - convention)
(C) 그분한테 이메일을 보내 보라며 제안을 제시하는 응답으로 질문에 맞게 적절히 대답했으므로 정답이다.

➕ 정답 더보기
But she spoke last year. 근데 작년에 그분이 연설을 했어요.

어휘 keynote speech 기조연설 | convention 총회, 대회 | peach cobbler 복숭아 코블러 | email 이메일을 보내다

3. 영국↔미국

Do you know where the Cork Hotel is?
(A) The international trade expo.
(B) I had a meeting there last week.
(C) Check-in begins at 3 o'clock.

Cork 호텔이 어디 있는지 아세요?
(A) 국제 무역 박람회요.
(B) 지난주에 거기서 회의했어요.
(C) 체크인은 3시에 시작해요.

해설 (A) 질문과 무관한 응답
(B) 지난주에 거기서 회의했다며 가 본 적이 있어 어디인지 알고 있음을 우회적으로 적절히 말했으므로 정답이다.
(C) 연상 어휘 함정(Hotel - Check-in)

➕ 정답 더보기
I'm familiar with the area. 저는 그 지역을 잘 알아요.

어휘 international 국제적인 | trade 무역 | expo 박람회, 엑스포 | check-in 체크인, 투숙 수속 | familiar with ~을 잘 아는, ~에 익숙한 | area 지역

4. 호주↔미국

I read the newest review for our P500 smartphone.
(A) Wasn't it good?
(B) The phone lines aren't working.
(C) OK, I'll get the newspaper.

우리 P500 스마트폰의 최근 후기를 읽었어요.
(A) 좋지 않았어요?
(B) 전화가 안 돼요.
(C) 알았어요, 신문을 가져올게요.

해설 (A) (후기가) 좋지 않았냐며 되묻는 응답으로 질문에 맞게 적절히 대답했으므로 정답이다.
(B) 유사 발음 함정(smartphone - phone)
(C) 유사 발음 함정(newest - newspaper)

➕ 정답 더보기
I'm happy people like it. 사람들이 좋아해서 기쁘네요.

어휘 review 후기, 비평 | phone line 전화(선) | work 작동하다

5. 미국↔영국

Are you driving down this Saturday or Sunday?
(A) I'll get there on Sunday.
(B) Sure, I can pick you up.
(C) From Lancaster.

이번 주 토요일에 운전해서 갈 건가요, 아니면 일요일에 갈 건가요?
(A) 전 그곳에 일요일에 갈 거예요.
(B) 그럼요, 제가 데리러 갈게요.
(C) Lancaster에서요.

해설 (A) 그곳에 일요일에 갈 거라며 후자를 선택했으므로 정답이다.
(B) 연상 어휘 함정(driving down - pick you up)
(C) 연상 어휘 함정(driving down - From Lancaster)

➕ 정답 더보기
I decided to take the train instead.
전 대신 기차를 타기로 결정했어요.

어휘 drive down 운전해서 가다 | pick up ~를 (차에) 태우러 가다 | decide 결정하다 | instead 대신에

6. 미국↔미국

Could you email me the marketing report?
(A) Her name is Ms. Marchette.
(B) Because radio commercials are too expensive.

(C) I'll send that right away.

저에게 마케팅 보고서를 이메일로 보내 주시겠어요?
(A) 그분의 이름은 Marchette 씨예요.
(B) 라디오 방송 광고가 너무 비싸기 때문에요.
(C) 제가 바로 보내 드릴게요.

해설 (A) 유사 발음 함정(marketing – Marchette)
　　(B) 연상 어휘 함정(marketing – radio commercials)
　　(C) 자신이 바로 보내 주겠다며 요청에 대한 수락의 표현으로 적절히 대답했으므로 정답이다.

✚ **정답 더보기**
Can I do that later today? 오늘 이따가 해도 될까요?

어휘 commercial 광고 (방송) | expensive 비싼 | right away 곧바로, 즉시

---

7. 호주↔미국

Will the train tickets be available on the Web site or only at the terminal?
(A) I really enjoyed the training session.
(B) The online system is down.
(C) Advanced booking is available.

기차표는 웹 사이트에서 살 수 있나요, 아니면 터미널에서만 살 수 있나요?
(A) 정말 즐겁게 교육을 받았습니다.
(B) 온라인 시스템이 고장 났어요.
(C) 사전 예약을 이용하실 수 있어요.

해설 (A) 유사 발음 함정(train – training)
　　(B) 온라인 시스템이 고장 났다며 현재 터미널에서만 살 수 있다는 의미를 담아 후자를 우회적으로 선택하여 말했으므로 정답이다.
　　(C) 연상 어휘 함정(tickets – booking)

✚ **정답 더보기**
Both, but it costs extra at the terminal.
둘 다요, 근데 터미널에서는 추가 요금이 발생해요.

어휘 available 구할 수 있는, 이용할 수 있는 | terminal 터미널 | training session 교육 (과정) | down 고장 난, 작동이 안 되는 | advanced 사전의 | booking 예약 | cost (값·비용이) 들다 | extra 추가되는 것

---

8. 미국↔영국

Do you prefer eating dinner now or watching the movie first?
(A) The restaurant closes at 9.
(B) Either a burger or pasta.
(C) The documentary film on nature.

지금 저녁을 먹는 게 좋으세요, 아니면 영화를 먼저 보는 게 좋으세요?
(A) 식당이 9시에 문을 닫아요.
(B) 버거나 파스타 둘 중 하나요.
(C) 자연에 관한 다큐멘터리 영화예요.

해설 **(A) 식당이 9시에 문을 닫는다며 저녁을 먼저 먹는 게 좋겠다는 의미를 담아 전자를 우회적으로 선택하여 말했으므로 정답이다.**
　　(B) 연상 어휘 함정(dinner – burger, pasta)
　　(C) 연상 어휘 함정(movie – documentary film)

✚ **정답 더보기**
I had a late lunch. 전 점심을 늦게 먹었어요.

어휘 prefer (더) 좋아하다, 선호하다 | first 먼저 | close 문을 닫다 | either A or B

A나 B 둘 중 하나 | documentary 다큐멘터리 | film 영화 | nature 자연

---

9. 영국↔호주

Can I give you a hand with those boxes?
(A) No, she just got here.
(B) That'd be much appreciated.
(C) The packages are in a row.

저 상자 옮기는 거 도와드릴까요?
(A) 아니요, 그녀는 방금 왔어요.
(B) 그렇게 해 주시면 감사하겠습니다.
(C) 상자가 줄지어 있어요.

해설 (A) 연상 어휘 함정(Can I – No)
　　(B) 그렇게 해 주면 고맙겠다며 요청에 대한 수락 표현으로 질문에 적절히 대답했으므로 정답이다.
　　(C) 연상 어휘 함정(boxes – packages)

✚ **정답 더보기**
No, Pete is on his way. 아니에요, Pete가 오고 있어요.

어휘 give a hand 도와주다 | appreciate 고마워하다 | package 상자, 포장물 | in a row 줄지어 | on one's way ~으로 가는[오는] 중에

---

10. 영국↔미국

Should I email the revisions to you or to Abby?
(A) Confirm an e-mail address.
(B) I'd like to look them over.
(C) A few suggestions.

수정 사항을 이메일로 당신에게 보내야 하나요, 아니면 Abby에게 보내야 하나요?
(A) 이메일 주소를 확인해 주세요.
(B) 제가 검토하고 싶어요.
(C) 몇 가지 제안들이요.

해설 (A) 동어 반복 함정(email – e-mail)
　　(B) 자신이 검토하고 싶다며 자신에게 보내 달라는 의미를 담아 전자를 우회적으로 선택하여 말했으므로 정답이다.
　　(C) 연상 어휘 함정(revisions – suggestions)

✚ **정답 더보기**
She is supposed to take a look at them first.
그분이 먼저 한번 살펴보기로 되어 있어요.

어휘 revision 수정 (사항), 수정본 | confirm 확인하다 | look over ~을 검토하다 | suggestion 제안, 의견 | be supposed to do ~하기로 되어 있다 | take a look at ~을 한번 살펴보다

---

11. 호주↔미국

Laura Nelson will be speaking at the workshop tomorrow.
(A) Oh, how was it?
(B) She has some great ideas.
(C) About 35 dollars.

Laura Nelson이 내일 워크숍에서 연설을 할 거예요.
(A) 아, 그건 어땠나요?
(B) 그분은 훌륭한 아이디어를 가지고 계시죠.
(C) 약 35달러요.

해설 (A) 연상 어휘 함정(workshop – how was it)
　　(B) 그녀가 훌륭한 아이디어를 가지고 있다며 질문에 맞게 적절히 대

답했으므로 정답이다.
(C) How much 의문문에 어울리는 응답

✚ 정답 더보기

I didn't know that she is attending.
전 그분이 참석하는지 몰랐어요.

어휘 speak 연설하다 | attend 참석하다

----

12. 호주↔영국

We should replace the copying machine on the 4th floor.
(A) They got it last November.
(B) Three times faster than the old model.
(C) Yes, I take my coffee with milk.

우리는 4층에 있는 복사기를 교체해야 해요.
(A) 그거 작년 11월에 샀어요.
(B) 기존 모델보다 3배는 더 빨라요.
(C) 네, 저는 커피에 우유를 타요.

해설 **(A) 작년 11월에 샀다며 질문에 회의적임을 우회적으로 적절히 말했으므로 정답이다.**
(B) 연상 어휘 함정(replace the copying machine – faster than the old model)
(C) 유사 발음 함정(copying – coffee)

✚ 정답 더보기

Do we have enough budget for that?
저희한테 그럴 만한 예산이 충분한가요?

어휘 replace 교체하다 | copying machine 복사기 | fast 빠른 | enough 충분한 | budget 예산

----

13. 영국↔미국

Would you like to attend the design workshop with me?
(A) Probably around 10 o'clock.
(B) I work in the shop next door.
(C) Sure, that sounds fun.

저와 함께 디자인 워크숍에 참석하실래요?
(A) 아마 10시쯤 될 거예요.
(B) 저는 옆 가게에서 일해요.
(C) 네, 그거 재미있을 거 같네요.

해설 (A) When 의문문에 어울리는 응답
(B) 유사 발음 함정(workshop – work in the shop)
(C) 'Sure'로 대답하고, 그거 재미있을 거 같다며 적절히 덧붙여 말했으므로 정답이다.

✚ 정답 더보기

No, I already went there a few weeks ago.
아니요, 저는 이미 몇 주 전에 갔어요.

어휘 attend 참석하다 | workshop 워크숍 | probably 아마 | next door 옆집에, 이웃에

----

14. 미국↔영국

I can help you design the company Web site if you'd like.
(A) No, the sign has been updated.

(B) Company history page.
(C) It's almost complete.

원하시면 회사 웹 사이트를 설계하는 거 도와 드릴게요.
(A) 아니요, 표지가 최신의 것으로 바뀌었어요.
(B) 회사 연혁 페이지요.
(C) 거의 끝나 가요.

해설 (A) 연상 어휘 함정(Web site – updated)
(B) 동어 반복 함정(company – Company), 연상 어휘 함정(Web site – history page)
(C) 거의 끝나 간다며 도움이 필요하지 않을 것 같다는 의미의 거절을 우회적으로 적절히 말했으므로 정답이다.

✚ 정답 더보기

Thanks, that'd be great. 고마워요, 그럼 좋죠.

어휘 design 설계하다 | sign 표지, 간판 | update 최신의 것으로 만들다, 갱신하다 | almost 거의 | complete 완료된

----

15. 미국↔호주

Are you taking the bus in the morning or the afternoon?
(A) I don't have a driver's license.
(B) There's too much traffic in the morning.
(C) The station is crowded today.

버스를 오전에 탈 건가요, 아니면 오후에 탈 건가요?
(A) 저는 운전면허증이 없어요.
(B) 오전에는 교통이 너무 혼잡해요.
(C) 정거장이 오늘 붐비네요.

해설 (A) 연상 어휘 함정(taking the bus – driver's license)
(B) 오전에는 교통이 너무 혼잡하다며 오후에 탈 거라는 의미를 담아 후자를 우회적으로 선택하여 말했으므로 정답이다.
(C) 연상 어휘 함정(bus – station)

✚ 정답 더보기

The conference is in the morning. 회의가 오전에 있어요.

어휘 driver's license 운전면허증 | traffic 교통량 | station 정거장, 역 | crowded (사람들이) 붐비는 | conference 회의

----

16. 미국↔미국

I heard your interview was just published in a magazine.
(A) She was the best candidate.
(B) Please pass me my reading glasses.
(C) I have an extra copy.

당신 인터뷰가 방금 잡지에 실렸다고 들었어요.
(A) 그녀가 최고 후보자였어요.
(B) 제 독서용 안경 좀 건네주세요.
(C) 저한테 여분으로 한 부 있어요.

해설 (A) 연상 어휘 함정(interview – candidate)
(B) 연상 어휘 함정(magazine – reading glasses)
(C) 자신한테 여분이 한 부 있다며 질문에 긍정하는 동시에 추가 정보 제공으로 적절히 대답했으므로 정답이다.

✚ 정답 더보기

Yes, it was a great honor. 네, 아주 영광이었어요.

어휘 publish 발행하다, 싣다 | magazine 잡지 | candidate 후보자, 지원자 | pass 건네주다 | reading glasses 독서용 안경 | extra 여분의, 추가의 | copy

17. 미국 ↔ 미국

Why don't we use Aldrin's Boutique for the uniforms?
(A) Have you seen their products?
(B) Twenty black shirts would be good.
(C) Leave them on the teak benches.

유니폼을 위해 Aldrin's 부티크를 이용하는 건 어때요?
(A) 그곳 제품 보셨어요?
(B) 검은색 셔츠 20장이면 될 거예요.
(C) 그거는 티크 벤치에 놓아주세요.

해설 **(A) 그곳 제품을 봤냐며 제안에 대해 회의적인 의견을 담아 되묻는 응답으로 질문에 맞게 적절히 대답했으므로 정답이다.**
(B) 연상 어휘 함정(uniforms – black shirts)
(C) 유사 발음 함정(Boutique – teak)

✚ 정답 더보기
We need to find a suitable design first.
먼저 적절한 디자인부터 찾아야 해요.

어휘 uniform 유니폼 | product 제품 | leave 놓다 | teak 티크 | suitable 적절한

18. 호주 ↔ 영국

The brochures are the wrong size.
(A) Jeffrey made the order.
(B) They're three pages long.
(C) I wear a size larger.

안내 책자 크기가 잘못됐어요.
(A) Jeffrey가 주문했어요.
(B) 그건 3페이지짜리예요.
(C) 전 한 치수 크게 입어요.

해설 **(A) Jeffrey가 주문했다며 자신은 그에 대해 잘 모르겠다는 의미를 담아 우회적으로 적절히 대답했으므로 정답이다.**
(B) 연상 어휘 함정(brochures – three pages long)
(C) 동어 반복 함정(size – size)

✚ 정답 더보기
We'll have to get them reprinted. 재판해야겠네요.

어휘 brochure 안내 책자 | wrong 잘못된, 틀린 | make an order 주문하다 | reprint (책 등을) 재판하다

19. 영국 ↔ 미국

Six new staff members will be joining our department next Monday.
(A) Seven orientation packets, please.
(B) The manager was at the interview.
(C) No one will be here to train them.

다음 주 월요일에 신입 사원 6명이 우리 부서에 합류하게 될 거예요.
(A) 오리엔테이션 안내서 7부 부탁드립니다.
(B) 매니저가 면접에 있었어요.
(C) 그들을 교육해 줄 사람이 아무도 없을 거예요.

해설 (A) 연상 어휘 함정(new staff members – orientation)
(B) 연상 어휘 함정(new staff members – interview)
(C) 그들을 교육해 줄 사람이 없을 거라며 질문에 맞게 적절히 대답했으므로 정답이다.

✚ 정답 더보기
That's great news for us. 저희한테 아주 좋은 소식이네요.

어휘 join 합류하다, 함께 하다 | department 부서 | orientation packet 오리엔테이션 안내서 | manager 매니저, 관리자 | train 교육하다

20. 미국 ↔ 영국

Many guests are waiting in line at the front desk.
(A) I haven't been trained on the check-in system yet.
(B) Yes, I'm a customer service representative.
(C) You're early for your reservation.

안내 데스크에 많은 손님들이 줄을 서 기다리고 있어요.
(A) 제가 아직 체크인 시스템 교육을 받지 못했어요.
(B) 네, 저는 고객 서비스 담당 직원이에요.
(C) 예약 시간보다 일찍 오셨네요.

해설 **(A) 아직 체크인 시스템 교육을 받지 못했다며 자신이 할 수 있는 일이 없다는 의미를 담아 적절히 대답했으므로 정답이다.**
(B) 연상 어휘 함정(front desk – customer service representative)
(C) 연상 어휘 함정(front desk – reservation)

✚ 정답 더보기
I'll be right there. 금방 갈게요.

어휘 guest 손님 | wait in line 줄 서서 기다리다 | front desk 안내 데스크 | train 교육하다 | check-in system 체크인 시스템 | representative 담당자 | early (일정·계획보다) 빠른, 이른 | reservation 예약

21. 미국 ↔ 미국

I'm here for my annual checkup with Dr. Chu.
(A) Didn't our receptionist call you?
(B) I already met with her.
(C) The medical records for her patients.

Chu 의사 선생님께 연례 건강 검진을 받으러 왔어요.
(A) 저희 접수계 직원이 부르지 않았나요?
(B) 저는 이미 그녀를 만났어요.
(C) 그녀의 환자 진료 기록이요.

해설 **(A) 접수계 직원이 부르지 않았냐며 차례가 맞는지 되묻는 응답으로 질문에 맞게 적절히 대답했으므로 정답이다.**
(B) 연상 어휘 함정(I'm here for – I already met)
(C) 연상 어휘 함정(annual checkup – medical records, patients)

✚ 정답 더보기
She'll be available shortly. 곧 만나실 수 있을 거예요.

어휘 annual 연례의 | checkup 건강 검진 | receptionist 접수 담당자 | medical record 진료 기록 | patient 환자 | available 이용할 수 있는 | shortly 곧

22. 영국 ↔ 호주

The client has a few questions regarding the ad campaign.
(A) Karl is the marketing expert.
(B) Yes, it will be a successful campaign.
(C) It's a TV commercial.

그 고객이 광고 캠페인에 관하여 몇 가지 궁금한 점이 있다고 하네요.
(A) Karl이 마케팅 전문가예요.
(B) 네, 그건 성공적인 캠페인이 될 거예요.
(C) 그건 TV 광고예요.

해설 (A) Karl이 마케팅 전문가라고 하며 Karl과 얘기해 보는 게 좋겠다는 의미를 담아 적절히 대답했으므로 정답이다.
    (B) 동어 반복 함정(campaign – campaign)
    (C) 연상 어휘 함정(ad – commercial)

✚ **정답 더보기**
You can address those questions to me.
그 질문들을 제게 말하셔도 돼요.

어휘 regarding ~에 관하여 | ad 광고 | expert 전문가 | successful 성공적인 | commercial 광고 (방송) | address 말하다

---

23. 미국↔미국

Should I purchase the musical tickets for Saturday or Sunday?
(A) The concert hall is close by.
(B) I work on weekends.
(C) It was very touching.

제가 뮤지컬 티켓을 토요일 것으로 사야 할까요, 아니면 일요일 것으로 사야 할까요?
(A) 공연장이 가까워요.
(B) 저는 주말에 일을 해요.
(C) 그건 매우 감동적이었어요.

해설 (A) 연상 어휘 함정(musical tickets – concert hall)
    (B) 자신은 주말에 일을 한다며 둘 중 어느 한쪽도 선택하지 않는 응답으로 질문에 맞게 적절히 대답했으므로 정답이다.
    (C) 연상 어휘 함정(musical – touching)

✚ **정답 더보기**
I thought the performance was canceled.
저는 공연이 취소된 줄 알았어요.

어휘 purchase 구매하다 | close by 가까이에, 인근에 | touching 감동적인 | performance 공연 | cancel 취소하다

---

24. 영국↔미국

Can our team draft the contract, or will we need to find a legal consultant?
(A) Our staff can handle it.
(B) We already submitted the form.
(C) No, this is the finalized draft.

우리 팀에서 계약서 초안을 작성할 수 있나요, 아니면 법률 자문을 구해야 할까요?
(A) 우리 직원이 처리할 수 있어요.
(B) 우리는 이미 양식을 제출했어요.
(C) 아니요, 이게 초안 최종 본이에요.

해설 **(A) 우리 직원이 처리할 수 있다며 전자를 선택했으므로 정답이다.**
    (B) 연상 어휘 함정(draft the contract – submitted the form)
    (C) 동어 반복 함정(draft – draft)

✚ **정답 더보기**
You mean for the Marshall account?
Marshall 계정 말씀이세요?

어휘 draft 초안을 작성하다; 초안 | contract 계약서 | legal 법률의 | consultant 자문 | handle 처리하다 | submit 제출하다 | form 양식 | finalize 최종적으로 완성하다, 마무리 짓다 | account 계정, 고객

---

25. 미국↔호주

Should we try to repair the toilet ourselves or call a plumber?
(A) No, that's incorrect.
(B) In a restaurant.
(C) Can they get here quickly?

화장실을 우리가 직접 수리해야 하나요, 아니면 배관공에게 전화해야 하나요?
(A) 아니요, 그건 틀렸어요.
(B) 식당 안에서요.
(C) 그들이 이곳에 빨리 도착할 수 있나요?

해설 (A) 질문과 무관한 응답
    (B) Where 의문문에 어울리는 응답
    (C) 그들이 이곳에 빨리 올 수 있냐며 배관공을 부르자는 의미를 담아 후자를 우회적으로 선택하여 말했으므로 정답이다.

✚ **정답 더보기**
Let me think about it. 생각 좀 해 볼게요.

어휘 repair 수리하다 | toilet 화장실, 변기 | plumber 배관공 | incorrect 틀린, 부정확한 | quickly 빨리

PART 3

CHAPTER 09 문제 풀이 전략

CASE 집중훈련

본서 p.151

1. (C)　**2.** (D)　**3.** (B)

호주↔미국

Questions 1-3 refer to the following conversation.

M Hey, Jules. **❶I heard that the firm will be holding its annual sports festival** on October 10.

W Yeah, I'm really looking forward to it! There are going to be more events this year, so that's exciting. I heard everything will be led by a professional athlete.

M Yes. The event at 4 P.M. should be fun. It's going to be a dance performance by a popular group.

W **❷I wish I could watch. Unfortunately, I have to be on the 4 o'clock flight for the annual engineering convention.**

M Oh, I see. Well, **❸I'll see if it's OK for me to record the performance. If I can, I'll email it to you.**

1-3번은 다음 대화에 관한 문제입니다.

남 안녕하세요, Jules. 10월 10일에 **❶회사가 연례 체육 대회를 개최한다고 들었어요.**

여 네, 정말 기대돼요! 올해는 더 많은 종목이 있을 거라 신나네요. 프로 운동선수가 모든 걸 진행할 거라고 들었어요.

남 네. 오후 4시에 있을 행사가 재미있을 거예요. 유명 그룹이 하는 댄스 공연이 있을 예정이에요.

여 **❷저도 볼 수 있었으면 좋겠어요. 유감스럽게도, 연례 공학 기술 총회에 가기 위해선 4시 항공편에 탑승해야 해요.**

남 오, 그렇군요. 음, **❸제가 공연을 녹화해도 괜찮은지 한번 알아볼게요. 만약 할 수 있다면, 제가 이메일로 보내드리죠.**

어휘

hold 개최하다 | annual 연례의 | sports festival 체육 대회 | look forward to ~을 기대하다 | lead 진행하다, 이끌다 | professional athlete 프로 운동선수 | unfortunately 유감스럽게도 | engineering 공학 기술 | record 녹화하다 | unavailable 시간이 없는, 이용할 수 없는 | inspect 점검하다 | depart 출발하다 | business trip 출장 | extend 연장하다 | deadline 기한 | recruit 모집하다

---

1. What kind of event is mainly being discussed?
(A) A community race
(B) A theater opening
(C) A sports festival
(D) A management conference

어떤 행사가 주로 논의되고 있는가?
(A) 지역 사회 경주
(B) 극장 개장식
(C) 체육 대회
(D) 경영 학회

해설 주제·목적을 묻는 문제 – 남자가 첫 번째 말에서 I heard that the

---

firm will be holding its annual sports festival(회사가 연례 체육 대회를 개최한다고 들었어요)이라고 말하며 대화를 시작하고 있으므로 (C)가 정답이다.

2. Why is the woman unavailable at 4 P.M.?
(A) She will be inspecting a facility.
(B) She will be performing in a concert.
(C) She will be meeting some customers.
(D) She will be departing for a business trip.

여자는 왜 오후 4시에 시간이 되지 않는가?
(A) 시설을 점검할 것이다.
(B) 콘서트에서 공연할 것이다.
(C) 고객들과 만날 것이다.
(D) 출장을 가기 위해 출발할 것이다.

해설 키워드 문제 – 대화 후반부에 여자가 I wish I could watch.(저도 볼 수 있었으면 좋겠어요.)라고 하면서, Unfortunately, I have to be on the 4 o'clock flight for the annual engineering convention. (유감스럽게도, 연례 공학 기술 총회에 가기 위해선 4시 항공편에 탑승해야 해요.)이라고 말했으므로 (D)가 정답이다.

3. What does the man offer to do for the woman?
(A) Extend a deadline
(B) Send a recording
(C) Recruit a worker
(D) Place an order

남자는 여자에게 무엇을 해 주겠다고 제안하는가?
(A) 기한을 연장해 주겠다고
(B) 녹화본을 보내 주겠다고
(C) 직원을 모집하겠다고
(D) 주문해 주겠다고

해설 제안·요청을 묻는 문제 – 남자가 마지막 말에서 I'll see if it's OK for me to record the performance. If I can, I'll email it to you.(제가 공연을 녹화해도 괜찮은지 한번 알아볼게요. 만약 할 수 있다면, 제가 이메일로 보내드리죠.)라고 말했으므로 (B)가 정답이다.

➕ Paraphrasing
email → Send

CASE 집중훈련

본서 p.153

1. (B)　**2.** (D)　**3.** (A)

영국↔호주

Questions 1-3 refer to the following conversation.

W I hear you're going to be working as our entertainment director. I didn't know we had a position like that. **❶I never imagined a supermarket like ours would need an entertainment director.**

M Sure. It's not something you'd have expected, right? But with all the competition between stores these days, we need to attract customers. **❷My job will be to create a place where people can relax and enjoy themselves as they browse our products.**

W That sounds nice. What sorts of things will you offer?

M Well, I'm thinking of setting up a seating area where people can enjoy complimentary snacks and beverages. This document has the details. **❸Could you take a look and let me know what you think?**

1-3번은 다음 대화에 관한 문제입니다.

여 엔터테인먼트 이사로 근무하시게 된다고 들었어요. 저는 그런 직무가 있는 줄 몰랐어요. **❶저희 같은 슈퍼마켓에서 엔터테인먼트 이사가 필요할 줄은 상상도 못 했어요.**

남 맞아요. 예상하지 못하셨죠? 하지만 요즘 점포 간 경쟁하는 환경에서는, 저희가 고객을 유치해야 해요. **❷제 업무는 사람들이 상품을 둘러보면서 편히 쉬고 즐길 수 있는 장소를 만드는 게 될 거예요.**

여 좋은 것 같아요. 어떤 걸 제안하실 거예요?

남 음, 저는 사람들이 무료 간식 및 음료를 즐길 수 있는 좌석 공간을 설치하는 걸 생각하고 있어요. 이 서류에 자세한 내용이 들어 있어요. **❸한번 보시고 어떤지 알려 주시겠어요?**

어휘

entertainment 엔터테인먼트, 오락 | director 이사, 감독, 책임자 | position 일자리, 직위 | imagine 상상하다 | competition 경쟁 | attract 유인하다, 끌어모으다 | relax 편히 쉬다 | browse 둘러보다 | set up ~을 설치하다 | complimentary 무의 | responsible for ~에 대한 책임이 있는 | launch 출시하다 | quality 품질 | recreational 레크리에이션[오락]의 | verify 확인하다 | calculation 계산, 계산 결과 | respond to ~에 회신[답변]하다

1. Where do the speakers work?
(A) At an electronics store
(B) At a supermarket
(C) At a sports stadium
(D) At an Internet café

화자들은 어디에서 근무하는가?
(A) 전자 제품 매장에서
(B) 슈퍼마켓에서
(C) 스포츠 경기장에서
(D) 인터넷 카페에서

해설 화자의 신분을 묻는 문제 – 대화 초반부에 여자가 I never imagined a supermarket like ours would need an entertainment director.(저희 같은 슈퍼마켓에서 엔터테인먼트 이사가 필요할 줄은 상상도 못 했어요.)라고 말했으므로 (B)가 정답이다.

2. What will the man be responsible for?
(A) Creating an advertising campaign
(B) Launching a new product line
(C) Conducting quality control checks
(D) Setting up a recreational area

남자는 무슨 책임을 맡게 될 것인가?
(A) 광고 캠페인을 만드는 것
(B) 신상품 라인을 출시하는 것
(C) 품질 관리 확인을 실시하는 것
(D) 레크리에이션 구역을 만드는 것

해설 키워드 문제 – 남자가 첫 번째 말에서 My job will be to create a place where people can relax and enjoy themselves as they browse our products.(제 업무는 사람들이 상품을 둘러보면서 편히 쉬고 즐길 수 있는 장소를 만드는 게 될 거예요.)라고 말했으므로 (D)가 정답이다.

✦ Paraphrasing
create → set up, place → area

3. What does the man ask the woman to do?
(A) Provide some feedback
(B) Verify some calculations
(C) Tour a facility
(D) Respond to an e-mail

남자는 여자에게 무엇을 해 달라고 요청하는가?
(A) 피드백을 제공해 달라고
(B) 계산 결과를 확인해 달라고
(C) 시설을 견학해 달라고
(D) 이메일에 회신해 달라고

해설 제안·요청을 묻는 문제 – 남자가 마지막 말에서 Could you take a look and let me know what you think? (한번 보시고 어떤지 알려 주시겠어요?)라고 말했으므로 (A)가 정답이다.

CASE 집중훈련

본서 p.155

1. (D) **2.** (A) **3.** (C)

영국 ↔ 미국 ↔ 미국

Questions 1-3 refer to the following conversation with three speakers.

W1 Thank you for calling Escondido Marketing. This is Dana.

W2 **❶Hi, Dana, this is Sachiko Ito, the construction manager for your new offices.**

W1 Ah, yes. I know Mr. Thurman was waiting to hear from you. I'll get him on the line now.

M Gene Thurman speaking.

W2 Hi, Gene. This is Sachiko. **❷I'm just calling to tell you that I sent you a copy of the latest blueprints for the project.**

M Excellent. I'll check those right away. **❸By the way, I want to confirm the completion date for the main building.** We hope to have that ready to use by June 1.

W2 Alright, I can't see why not.

1-3번은 다음 세 화자의 대화에 관한 문제입니다.

여1 Escondido 마케팅에 전화 주셔서 감사합니다. 저는 Dana입니다.

여2 **❶안녕하세요, Dana. 저는 귀사의 신규 사무실 공사 책임자인 Sachiko Ito입니다.**

여1 아, 네. Thurman 씨께서 당신의 전화를 기다리고 계셨어요. 지금 연결해 드릴게요.

남 Gene Thurman입니다.

여2 안녕하세요, Gene. Sachiko예요. **❷제가 방금 프로젝트 설계도 최신 본을 보내 드린 걸 알려 드리려고 전화드렸어요.**

남 잘됐네요. 지금 바로 확인해 볼게요. **❸그런데, 저는 본관 완공일을 확인하고 싶습니다.** 6월 1일까지는 이용할 준비가 됐으면 합니다.

여2 알겠습니다, 문제없습니다.

어휘

blueprint 설계도 | confirm 확인하다, 확정하다 | completion 완료 | main 주요한 | ready 준비가 된 | real estate agent 부동산 중개인 | advertising 광고 | director 감독 | construction 공사, 건설 | sketch 스케치, 개요 | estimate 견적서 | extension (기간의) 연장 | budget 예산 | hiring 채용

1. Who is Sachiko?
(A) A real estate agent
(B) A bank clerk
(C) An advertising director
(D) A construction manager

Sachiko는 누구인가?
(A) 부동산 중개인
(B) 은행 직원
(C) 광고 감독
(D) 공사 책임자

해설 화자의 신분을 묻는 문제 – 대화 초반부에 여자2가 Hi, Dana, this is Sachiko Ito, the construction manager for your new offices. (안녕하세요, Dana. 저는 귀사의 신규 사무실 공사 책임자인 Sachiko Ito입니다.)라고 말했으므로 (D)가 정답이다.

2. What does Sachiko say she did?
(A) She sent some sketches.
(B) She revised a price estimate.
(C) She contacted a colleague.
(D) She requested an extension.

Sachiko는 자신이 무엇을 했다고 말하는가?
(A) 스케치를 보냈다.
(B) 가격 견적서를 수정했다.
(C) 동료에게 연락했다.
(D) 기간 연장을 요청했다.

해설 키워드 문제 – 대화 중반부에 여자2(= Sachiko)가 I'm just calling to tell you that I sent you a copy of the latest blueprints for the project. (제가 방금 프로젝트 설계도 최신 본을 보내 드린 걸 알려 드리려고 전화 드렸어요.)라고 말했으므로 (A)가 정답이다.

+ Paraphrasing
blueprints → sketches

3. What does the man want to confirm?
(A) A budget
(B) A campaign
(C) A completion date
(D) A hiring decision

남자는 무엇을 확인하고 싶어 하는가?
(A) 예산
(B) 캠페인
(C) 완공일
(D) 채용 결정

해설 키워드 문제 – 대화 후반부에 남자가 By the way, I want to confirm the completion date for the main building. (그런데, 저는 본관 완공일을 확인하고 싶습니다.)이라고 말했으므로 (C)가 정답이다.

CASE 집중훈련

본서 p.157

1. (B) **2.** (D) **3.** (C)

미국 ↔ 영국

Questions 1-3 refer to the following conversation.

M Good afternoon, Samantha. **①Since all of the new hires have been confirmed, we now need to start planning the orientation for them.**

W Alright, but this time we have people from all over the world. Not all of them will be able to make it to our head office.

M Well, **②we could set up the sessions so that people residing abroad can participate via the Internet.**

W That might actually work. But to be sure, **③I'll check with the IT Department Manager** to see if we have the necessary technology.

1-3번은 다음 대화에 관한 문제입니다.

남 안녕하세요, Samantha. **①신규 채용자들이 모두 확정되었으니, 이제 그들을 위한 오리엔테이션을 계획하는 걸 시작해야 해요.**

여 그래요, 하지만 이번에는 채용자들이 세계 곳곳에 있어요. 모두가 우리 본사로 올 수는 없을 거예요.

남 음, **②해외 거주자들도 인터넷을 통해 함께 참여할 수 있도록 교육을 준비해 봐도 되겠어요.**

여 그게 정말 가능할 수도 있겠어요. 그래도 확실히 하기 위해, **③제가 IT 부서 매니저에게 우리가 필요한 장비를 보유하고 있는지 확인해 볼게요.**

어휘

new hire 신규 채용자 | confirm 확정하다 | make it to ~에 가다, 참석하다 | head office 본사 | set up ~을 준비하다 | reside 거주하다 | participate 참여하다 | via ~을 통하여 | necessary 필요한 | technology 장비, 기술 | board 이사회 | supplier 공급 업체 | budget 예산 | arrangement 준비, 마련 | supervisor 관리자, 감독관 | organize 정리하다, 조직하다

1. What is the main topic of the conversation?
(A) A university course
(B) A staff orientation
(C) A technology conference
(D) A board meeting

대화의 주된 주제는 무엇인가?
(A) 대학 강의
(B) 직원 오리엔테이션
(C) 기술 학회
(D) 이사회 회의

해설 주제·목적을 묻는 문제 – 남자가 첫 번째 말에서 Since all of the new hires have been confirmed, we now need to start planning the orientation for them. (신규 채용자들이 모두 확정되었으니, 그들을 위한 오리엔테이션을 계획하는 걸 시작해야 해요.)이라고 말하며 대화를 시작하고 있으므로 (B)가 정답이다.

+ Paraphrasing
new hires → staff

2. What does the man recommend doing?
(A) Revising a presentation
(B) Emailing some suppliers
(C) Increasing a budget
(D) Setting up online sessions

남자는 무엇을 하는 것을 권하는가?
(A) 발표를 수정하는 것
(B) 공급 업체에 이메일을 보내는 것
(C) 예산을 증액하는 것
(D) 온라인 교육을 준비하는 것

해설 제안·요청을 묻는 문제 – 대화 중반부에 남자가 we could set up the sessions so that people residing abroad can participate via the Internet(해외 거주자들도 인터넷을 통해 함께 참여할 수 있도록 교육을 준비해 봐도 되겠어요)이라고 말했으므로 (D)가 정답이다.

✚ Paraphrasing
via the Internet → online

3. What does the woman say she will do?
(A) Update a system
(B) Make travel arrangements
(C) Talk to a supervisor
(D) Organize an office area

여자는 무엇을 할 것이라고 말하는가?
(A) 시스템을 업데이트할 것이라고
(B) 여행을 준비할 것이라고
(C) 관리자와 이야기할 것이라고
(D) 사무실 공간을 정리할 것이라고

해설 다음에 할 일을 묻는 문제 – 여자가 마지막 말에서 I'll check with the IT Department Manager(제가 IT 부서 매니저에게 확인해 볼게요)라고 말했으므로 (C)가 정답이다.

✚ Paraphrasing
Manager → supervisor

CASE 집중훈련
본서 p.159
1. (B) **2.** (D) **3.** (C)

미국↔미국

Questions 1-3 refer to the following conversation.

W Hi, Mr. Movan. ❶**Yesterday, you said you wanted us to brainstorm suggestions for motivating employees. Are you free to meet about this now?**

M Of course. What do you have in mind?

W ❷**We could implement a system where we offer rewards to the top three performing staff members at the end of every month.**

M ❷**That would certainly motivate everyone, but our budget is smaller this year.**

W I know, but the rewards wouldn't be expensive—something small like vouchers, or maybe movie tickets.

M Alright, well, ❸**why don't you prepare a proposal** describing this system? Once I've reviewed it, I'll submit it to the CEO.

W OK. ❸**I'll do that after lunch.**

1-3번은 다음 대화에 관한 문제입니다.

여 안녕하세요, Movan 씨. ❶어제, 저희에게 직원들에게 동기를 부여하는 것에 대한 제안들을 브레인스토밍 해 보라고 하셨죠. 혹시 지금 이에 대해 회의 가능하신가요?

남 그럼요. 어떤 것을 생각하고 계시나요?

여 ❷매달 말에 제일 업무 수행을 잘한 3명의 직원에게 보상을 제공하는 시스템을 시행할 수도 있을 거예요.

남 ❷그건 분명히 모두에게 동기를 부여할 수 있겠지만, 올해 우리 예산이 더 적어요.

여 알고 있습니다, 하지만 보상이 굳이 돈이 많이 들지 않아도 돼요—상품권이나 어쩌면 영화표처럼 작은 것이요.

남 그래요, 그럼, 이 시스템을 설명하는 ❸제안서를 준비하시는 건 어때요? 일단 제가 검토한 후, CEO께 제출할게요.

여 알겠습니다. ❸점심 식사 후에 하도록 할게요.

어휘
brainstorm 브레인스토밍을 하다 I suggestion 제안 I motivate 동기를 부여하다 I implement 시행하다 I offer 제공하다 I reward 보상 I perform (일·의무 등을) 수행하다 I budget 예산 I expensive 돈이 많이 드는, 비싼 I voucher 상품권 I proposal 제안서 I review 검토하다 I submit 제출하다 I procedure 절차 I reimbursement 환급, 변제 I method 방법 I upcoming 다가오는 I assignment (할당) 업무, 과제 I venue 장소 I reduce 축소하다, 줄이다 I expense 비용 I concern 우려, 걱정 I candidate 지원자

1. What does the woman want to talk about?
(A) A procedure for receiving reimbursements
(B) A method to motivate workers
(C) An update to a company Web site
(D) A timeline for an upcoming assignment

여자는 무엇에 관해 대화하기를 원하는가?
(A) 환급을 받는 절차
(B) 근로자들에게 동기를 부여하는 방법
(C) 회사 웹 사이트에 대한 최신 정보
(D) 다가오는 업무에 대한 일정

해설 주제·목적을 묻는 문제 – 여자가 첫 번째 말에서 Yesterday, you said you wanted us to brainstorm suggestions for motivating employees. Are you free to meet about this now? (어제, 저희에게 직원들에게 동기를 부여하는 것에 대한 제안들을 브레인스토밍 해 보라고 하셨죠. 혹시 지금 이에 대해 회의 가능하신가요?)라고 말하며 대화를 시작하고 있으므로 (B)가 정답이다.

✚ Paraphrasing
employees → workers

2. Why does the man say, "our budget is smaller this year"?
(A) To request a larger budget
(B) To find cheaper venues
(C) To recommend reducing food expenses
(D) To show concern about a system

남자는 왜 "올해 우리 예산이 더 적어요"라고 말하는가?
(A) 더 많은 예산을 요청하기 위해

(B) 더 저렴한 장소를 구하기 위해

(C) 식비를 줄이는 것을 권유하기 위해

(D) 시스템에 대한 우려를 나타내기 위해

해설 화자 의도 파악 문제 – 대화 중반부에 여자가 We could implement a system where we offer rewards to the top three performing staff members at the end of every month. (매달 말에 제일 업무 수행을 잘한 3명의 직원에게 보상을 제공하는 시스템을 시행할 수도 있을 거예요.)라고 하자, 남자가 That would certainly motivate everyone, but our budget is smaller this year. (그건 분명히 모두에게 동기를 부여할 수 있겠지만, 올해 우리 예산이 더 적어요.)라고 말한 것은 시스템에 투입될 예산이 있을지에 대한 우려를 표한 것이므로 (D)가 정답이다.

3. What will the woman do after lunch?

(A) Order some tickets

(B) Meet with the CEO

(C) Prepare a proposal

(D) Interview a candidate

여자는 점심 식사 후 무엇을 할 것인가?

(A) 입장권을 주문할 것이다

(B) CEO와 만날 것이다

(C) 제안서를 준비할 것이다

(D) 지원자와 면접을 진행할 것이다

해설 다음에 할 일을 묻는 문제 – 대화 후반부에 남자가 why don't you prepare a proposal (제안서를 준비하시는 건 어때요)이라고 하자, 여자가 그에 호응하여 I'll do that after lunch. (점심 식사 후에 하도록 할게요.)라고 말했으므로 (C)가 정답이다.

CASE 집중훈련

본서 p.161

1. (C) **2.** (D) **3.** (C)

미국 ↔ 호주 ↔ 영국

Questions 1-3 refer to the following conversation with three speakers.

W1 I appreciate you two attending today's meeting. **1 2 I want an update on how well our new running shoes are selling.** Stanley?

M We've actually managed to exceed our sales goal by 15 percent this month!

W1 That's great. Diana, **2 how many shoes were we able to sell this month**?

W2 We sold over 40,000 shoes.

W1 Wow! I think we should organize an outing for the entire team to congratulate everyone on their hard work. **3 Stanley, for next week's meeting, I'd like you to draft a list of possible places to hold a gathering.** We'll have everyone vote for their favorite place.

M OK, I'll get on that soon.

1-3번은 다음 세 화자의 대화에 관한 문제입니다.

여1 두 분께 오늘 회의에 참석해 주신 것에 대해 감사드립니다. **1 2 우리의 새로 나온 운동화가 얼마나 잘 팔리는지에 대한 최신 소식을 듣고 싶어요.** Stanley?

남 사실 우리가 용케도 이번 달 매출 목표를 15%나 초과했어요!

여1 대단하네요. Diana, **2 이번 달에 우리가 몇 켤레나 판매할 수 있었죠?**

여2 4만 켤레 이상 판매했어요.

여1 와! 모두의 노고를 치하하기 위해 우리 팀 전체를 위한 야유회를 준비해야 할 것 같아요. **3 Stanley, 다음 주 회의를 위해, 모임을 개최할 만한 장소 목록 초안을 작성해 주시면 좋겠어요.** 모두가 각자 마음에 드는 장소에 투표하게끔 합시다.

남 네, 곧 그 업무를 시작할게요.

어휘

running shoes 운동화 | manage to do 용케도[간신히] ~을 해내다 | exceed 초과하다 | sales goal 매출 목표 | organize 준비하다 | outing 야유회 | congratulate 축하하다 | draft 초안을 작성하다 | possible 가능성 있는, 가능한 | gathering 모임 | vote 투표하다 | job application 입사 지원서 | technique 기법 | feature 특징 | venue 장소

1. What does the company produce?

(A) Jewelry

(B) Bags

(C) Footwear

(D) Clothing

회사는 무엇을 생산하는가?

(A) 보석류

(B) 가방

(C) 신발

(D) 의류

해설 키워드 문제 – 여자1이 첫 번째 말에서 I want an update on how well our new running shoes are selling. (우리의 새로 나온 운동화가 얼마나 잘 팔리는지에 대한 최신 소식을 듣고 싶어요.)라고 말했으므로 (C)가 정답이다.

➕ Paraphrasing

shoes → Footwear

2. What are the speakers mainly talking about?

(A) Job applications

(B) Marketing techniques

(C) Product features

(D) Sales numbers

화자들은 주로 무엇에 관해 이야기하고 있는가?

(A) 입사 지원서

(B) 마케팅 기법

(C) 제품 특징

(D) 매출 수치

해설 주제·목적을 묻는 문제 – 대화 초반부에 여자1이 I want an update on how well our new running shoes are selling. (우리의 새로 나온 운동화가 얼마나 잘 팔리는지에 대한 최신 소식을 듣고 싶어요.)이라고 말했고, how many shoes were we able to sell this month (이번 달에 우리가 몇 켤레나 판매할 수 있었죠)라고 말했으므로 (D)가 정답이다.

3. What is the man instructed to do for next week's meeting?

(A) Clean a space

(B) Purchase an item

(C) Create a venue list
(D) Email a file

남자는 다음 주 회의를 위해 무엇을 하라고 지시받았는가?
(A) 공간을 정리하라고
(B) 물품을 구매하라고
(C) 장소 목록을 작성하라고
(D) 파일을 이메일로 보내라고

해설 제안·요청을 묻는 문제 – 대화 후반부에 여자1이 남자에게 Stanley, for next week's meeting, I'd like you to draft a list of possible places to hold a gathering.(Stanley, 다음 주 회의를 위해, 모임을 개최할 만한 장소 목록 초안을 작성해 주시면 좋겠어요.)라고 말했으므로 (C)가 정답이다.

✚ Paraphrasing
draft → Create, place → venue

CASE 집중훈련

본서 p.163
1. (B) **2.** (D) **3.** (D)

호주 ↔ 영국 ↔ 미국

Questions 1-3 refer to the following conversation with three speakers.

Ⓜ Welcome to Fermont Bank. How can I help you?

Ⓦ1 Hello, ❶**my name is Bianca Lim**. I've been a customer at your bank for a while now, and ❶**I'd like to apply for a small personal loan to buy a car.**

Ⓜ Oh, OK. ❷**Unfortunately, though, I don't know much about that process. Hold on while I get one of our specialists to help you out.** Ms. Tanaka, this is Ms. Lim. She would like to take out a personal loan.

Ⓦ2 Alright. Hello, Ms. Lim. Do you have a high credit score?

Ⓦ1 I believe so.

Ⓦ2 OK. ❸**I only ask because it's one of our requirements for a personal loan. Only those with good credit scores can apply.**

1-3번은 다음 세 화자의 대화에 관한 문제입니다.

남 Fermont 은행에 오신 걸 환영합니다. 무엇을 도와드릴까요?

여1 안녕하세요, ❶저는 Bianca Lim인데요. 저는 한동안 이 은행 고객이었습니다. 그리고 ❶차를 구입하기 위해 소액 개인 대출을 신청하고 싶습니다.

남 오, 알겠습니다. ❷그런데 안타깝게도, 제가 그 절차에 대해 잘 몰라서요. 제가 고객님을 도와드릴 저희 전문가 중 한 명을 연결해 드릴 동안 잠시만 기다려 주세요. Tanaka 씨, 이분은 Lim 씨입니다. 개인 대출을 신청하고 싶으시대요.

여2 알았어요. 안녕하세요, Lim 씨. 신용 점수가 높으신가요?

여1 그럴 거예요.

여2 좋습니다. ❸그저 개인 대출 요건들 중 하나여서 여쭤봤습니다. 신용 점수가 좋으신 분들만 신청할 수 있거든요.

어휘
apply for ~을 신청하다 | personal loan 개인 대출 | unfortunately 안타깝게도 | process 절차 | help out ~를 도와주다 | take out (서비스 등을) 받다 | credit score 신용 점수 | requirement 요건, 필요조건 | assistance 도움 | familiar with ~을 잘 아는, ~에 익숙한 | ownership 소유(권) | savings account 보통 예금 계좌 | income 소득

1. Why does Bianca Lim want a loan?
(A) To start a company
(B) To purchase a vehicle
(C) To find better housing
(D) To travel abroad

Bianca Lim은 왜 대출을 원하는가?
(A) 창업하려고
(B) 차량을 구입하려고
(C) 더 나은 집을 찾으려고
(D) 해외여행을 하려고

해설 키워드 문제 – 대화 초반부에 여자1이 my name is Bianca Lim(저는 Bianca Lim인데요)이라고 말한 후, I'd like to apply for a small personal loan to buy a car(차를 구입하기 위해 소액 개인 대출을 신청하고 싶습니다)라고 말했으므로 (B)가 정답이다.

✚ Paraphrasing
buy a car → purchase a vehicle

2. Why does the man request assistance?
(A) He will leave work soon.
(B) He has to help another client.
(C) He needs to attend a training session.
(D) He is not familiar with a process.

남자는 왜 도움을 요청하는가?
(A) 곧 퇴근할 것이다.
(B) 다른 고객을 도와야 한다.
(C) 교육에 참석해야 한다.
(D) 절차에 대해 잘 모른다.

해설 키워드 문제 – 대화 중반부에 남자가 Unfortunately, though, I don't know much about that process. Hold on while I get one of our specialists to help you out.(그런데 안타깝게도, 제가 그 절차에 대해 잘 몰라서요. 제가 고객님을 도와드릴 저희 전문가 중 한 명을 연결해 드릴 동안 잠시만 기다려 주세요.)라고 말했으므로 (D)가 정답이다.

✚ Paraphrasing
don't know much about → is not familiar with

3. What loan requirement is mentioned?
(A) Home ownership
(B) A savings account
(C) A high income
(D) A good credit score

어떤 대출 요건이 언급되는가?
(A) 주택 소유
(B) 보통 예금 계좌
(C) 고소득
(D) 좋은 신용 점수

해설 키워드 문제 – 대화 후반부에 여자가 I only ask because it's one of

our requirements for a personal loan. Only those with good credit scores can apply. (그저 개인 대출 요건들 중 하나여서 여쭤봤습니다. 신용 점수가 좋으신 분들만 신청할 수 있거든요.)라고 말했으므로 (D)가 정답이다.

CASE 집중훈련
본서 p.165

1. (D)　　**2.** (C)　　**3.** (A)

미국 ↔ 미국

Questions 1-3 refer to the following conversation.

W　Hello, Raymond? This is Juanita returning your call. ❶**You want me to revise the client management software I set up for your travel agency, right?**

M　Correct. We've already booked about 10 times as many trips as this time last year.

W　That's impressive!

M　Thanks. But ❷**it hasn't been easy handling all the additional customers**, and we need to stay on top of things. Could you add some features that will remind our representatives to follow up with clients regularly?

W　OK, it should be easy to modify the software to generate some reminders for you. Let me work on it this weekend, and ❸**I'll show you the enhanced functions on Monday morning**.

1-3번은 다음 대화에 관한 문제입니다.

여　여보세요, Raymond? 회신 전화를 드리는 Juanita입니다. ❶제가 귀하의 여행사에 설치해 드린 고객 관리 소프트웨어를 수정하길 원하시죠, 그렇죠?

남　맞아요. 저희는 이미 작년 이맘때보다 약 10배 많은 여행을 예약했어요.

여　굉장하네요!

남　감사해요. 하지만 ❷추가 고객들 모두를 처리하는 게 쉽지 않고, 항상 모든 것을 꿰뚫고 있어야 해요. 저희 직원들이 정기적으로 고객들을 살펴볼 수 있도록 상기시켜 주는 기능을 추가해 주실 수 있나요?

여　그럼요, 소프트웨어에서 알람을 생성하도록 수정하는 건 쉬울 거예요. 제가 이번 주말에 작업하고, ❸월요일 아침에 향상된 기능들을 보여 드릴게요.

어휘
revise 수정하다 | set up ~을 설치하다 | travel agency 여행사 | handle 처리하다, 다루다 | additional 추가의 | stay on top of things 모든 것을 꿰뚫고 있다 | feature 기능, 특징 | representative 직원, 대리인 | follow up with ~을 더 알아보다, 추적하다 | regularly 정기적으로 | modify 수정하다 | generate 생성하다 | reminder 알람, 상기시키는 것 | enhance 향상시키다 | function 기능 | loss 분실 | power outage 정전 | give a demonstration 시연하다 | present 제출[제시]하다 | findings (조사) 결과

1. Who most likely is the woman?
　(A) A bookstore owner
　(B) A sales representative
　(C) A tour guide
　(D) A computer programmer

여자는 누구이겠는가?
　(A) 서점 주인
　(B) 판매 직원
　(C) 여행 가이드
　(D) **컴퓨터 프로그래머**

해설　화자의 신분을 묻는 문제 – 대화 초반부에 여자가 You want me to revise the client management software I set up for your travel agency, right? (제가 귀하의 여행사에 설치해 드린 고객 관리 소프트웨어를 수정하길 원하시죠, 그렇죠?)라고 말했으므로 (D)가 정답이다.

2. What does the man say has created a problem?
　(A) An error in an advertisement
　(B) A loss of customer data
　(C) An increase in client numbers
　(D) A power outage

남자는 무엇이 문제를 일으켰다고 말하는가?
　(A) 광고에 있는 오류
　(B) 고객 정보 분실
　(C) **고객 수 증가**
　(D) 정전

해설　키워드 문제 – 대화 중반부에 남자가 it hasn't been easy handling all the additional customers(추가 고객들 모두를 처리하는 게 쉽지 않고)라고 말했으므로 (C)가 정답이다.

✚　Paraphrasing
　additional → increase in, customer → client

3. What does the woman say she will do on Monday morning?
　(A) Give a demonstration
　(B) Submit a cost estimate
　(C) Recommend a product
　(D) Present some findings

여자는 월요일 아침에 무엇을 할 것이라고 말하는가?
　(A) **시연할 것이라고**
　(B) 비용 견적을 제출할 것이라고
　(C) 제품을 추천할 것이라고
　(D) 조사 결과를 제출할 것이라고

해설　키워드 문제 – 대화 후반부에 여자가 I'll show you the enhanced functions on Monday morning(월요일 아침에 향상된 기능들을 보여 드릴게요)이라고 말했으므로 (A)가 정답이다.

CASE 집중훈련
본서 p.167

1. (B)　　**2.** (D)　　**3.** (C)

호주 ↔ 미국

Questions 1-3 refer to the following conversation.

M　❶**Ms. Song, were you aware that the color photocopier in the copy room has been out of order?** We haven't been able to print or copy any documents for the past few days.

W Yes, I heard. I did speak with the finance team to give us extra funding to purchase a replacement, but they turned me down. **②Because our team is moving offices at the end of the year**, they don't think it's worth it.

M That's true. I guess we could just get a new one then.

W Yes, and we can always use the photocopier downstairs. **③Could you send everyone in our team an e-mail telling them about this option?**

1-3번은 다음 대화에 관한 문제입니다.

남 **①Song 씨, 복사실의 컬러복사기가 고장 난 것을 알고 계셨나요?** 지난 며칠 동안 우리는 문서를 전혀 인쇄하지도, 복사하지도 못했어요.

여 네, 들었어요. 교체품을 구매하기 위한 추가 자금을 줄 수 있는지 재무팀과 얘기했는데 거절당했어요. **②우리 팀이 연말에 사무실을 옮길 거라서 그런지**, 그들은 그럴 만한 가치가 없다고 생각하네요.

남 그건 그렇죠. 그때 우리가 그냥 새 걸로 사면 되겠네요.

여 네, 그리고 아래층에 있는 복사기는 언제든지 사용할 수 있습니다. **③이 선택권에 대해 알려 줄 이메일을 우리 팀원 모두에게 보내 주시겠어요?**

어휘

photocopier 복사기 | out of order 고장 난 | extra 추가의 | funding 자금 | replacement 교체(품) | turn down ~을 거절하다 | worth ~할 가치가 있는 | unaccounted for 행방불명의, 설명되지 않은 | broken 고장 난 | annual 연례의 | discontinue 중단하다 | expand 확대[확장]하다 | relocate 이전하다 | approve 승인하다 | make a payment 납부하다, 지불하다 | manual 설명서

1. What problem does the man mention?
(A) Some machine is unaccounted for.
(B) Some equipment is broken.
(C) A purchase has not been processed.
(D) A storage room is full.

남자는 어떤 문제점을 언급하는가?
(A) 어떤 기계가 사라졌다.
(B) 어떤 장비가 고장 났다.
(C) 구매가 처리되지 않았다.
(D) 창고가 가득 찼다.

해설 키워드 문제 – 대화 초반부에 남자가 Ms. Song, were you aware that the color photocopier in the copy room has been out of order? (Song 씨, 복사실의 컬러복사기가 고장 난 것을 알고 계셨나요?)라고 말했으므로 (B)가 정답이다.

✚ Paraphrasing
the color photocopier ~ has been out of order → Some equipment is broken

2. According to the woman, what will happen at the end of the year?
(A) An annual sale will begin.
(B) A product will be discontinued.
(C) A company will expand.
(D) A team will relocate.

여자에 따르면, 연말에 무슨 일이 있을 것인가?
(A) 연례 정기 세일이 시작될 것이다.
(B) 어떤 제품이 단종될 것이다.
(C) 어떤 회사가 확장할 것이다.
(D) 어떤 팀이 이전할 것이다.

해설 키워드 문제 – 대화 중반부에 여자가 Because our team is moving offices at the end of the year(우리 팀이 연말에 사무실을 옮길 거라서 그런지)라고 말했으므로 (D)가 정답이다.

✚ Paraphrasing
our team is moving offices → A team will relocate

3. What does the woman ask the man to do?
(A) Approve a request
(B) Make a payment
(C) Write an e-mail
(D) Read a manual

여자는 남자에게 무엇을 하라고 요청하는가?
(A) 요청서를 승인하라고
(B) 납부하라고
(C) 이메일을 작성하라고
(D) 설명서를 보라고

해설 제안·요청을 묻는 문제 – 여자가 마지막 말에서 Could you send everyone in our team an e-mail telling them about this option? (이 선택권에 대해 알려 줄 이메일을 우리 팀원 모두에게 보내 주시겠어요?)이라고 말했으므로 (C)가 정답이다.

CASE 집중훈련

본서 p.169

1. (D) **2.** (B) **3.** (B)

미국 ↔ 영국

Questions 1-3 refer to the following conversation.

M Hi, Hassiba. I'm just finishing up this month's order of cleaning supplies. **①Can you take a look at it before I send it out?**

W I'd be glad to. A quick note, though: I heard they updated their product offerings because of a merger. Some items might not be available anymore.

M Oh, really? Where can I see an updated product list?

W **②I'll send you a link to their Web site now.**

M Great, thanks! I'll look at that now and make adjustments if necessary. **③I want to get it done today because I'm on vacation for a week starting tomorrow.**

1-3번은 다음 대화에 관한 문제입니다.

남 안녕하세요, Hassiba. 이번 달 청소용품 주문을 이제 막 마무리하려던 참이에요. **①발송하기 전에 한번 봐 주시겠어요?**

여 물론이죠. 근데, 잠시만요, 그 업체가 합병해서 자신들의 상품 제공 목록을 업데이트했다고 들었어요. 일부 상품들을 더 이상 구입할 수 없을지도 몰라요.

남 아, 정말요? 업데이트된 상품 목록을 어디서 볼 수 있나요?

여 **②제가 지금 그들의 웹 사이트 링크를 보내 드릴게요.**

남 네, 고마워요! 지금 확인해서 필요하면 수정할게요. **③제가 내일부터 일주일간 휴가라서 오늘 끝내고 싶네요.**

어휘

finish up ~을 마무리하다, 끝내다 | cleaning supplies 청소용품 | take a look at ~을 한번 살펴보다 | offering 제공된 것 | merger 합병 | adjustment 수정, 변경 | necessary 필요한 | inventory 재고 | review 살펴보다, 검토하다 | merchandise 상품 | description 기술(서) | client 고객 | take time off work 휴가를 가다 | participate in ~에 참석하다

1. What does the man ask the woman to do?
(A) Check some inventory
(B) Choose some products
(C) Call a supplier
(D) Review an order

남자는 여자에게 무엇을 하라고 요청하는가?
(A) 재고를 확인하라고
(B) 상품을 고르라고
(C) 공급 업체에 전화하라고
(D) 주문 목록을 살펴보라고

해설 제안·요청을 묻는 문제 – 대화 초반부에 남자가 Can you take a look at it before I send it out? (발송하기 전에 한번 봐 주시겠어요?)이라고 말했으므로 (D)가 정답이다.

✦ Paraphrasing
take a look at → Review

2. What will the woman send to the man?
(A) A picture of some merchandise
(B) A link to a Web site
(C) An updated document
(D) A description of a merger

여자는 남자에게 무엇을 보낼 것인가?
(A) 상품 사진
(B) 웹 사이트 링크
(C) 업데이트된 문서
(D) 합병 기술서

해설 키워드 문제 – 대화 중반부에 여자가 I'll send you a link to their Web site now. (제가 지금 그들의 웹 사이트 링크를 보내 드릴게요.)라고 말했으므로 (B)가 정답이다.

3. What does the man plan to do tomorrow?
(A) Meet a client
(B) Take time off work
(C) Attend a conference
(D) Participate in training

남자는 내일 무엇을 할 계획인가?
(A) 고객을 만날 것이다
(B) 휴가를 갈 것이다
(C) 회의에 참석할 것이다
(D) 교육에 참석할 것이다

해설 키워드 문제 – 대화 후반부에 남자가 I want to get it done today because I'm on vacation for a week starting tomorrow. (제가 내일부터 일주일간 휴가라서 오늘 끝내고 싶네요.)라고 말했으므로 (B)가 정답이다.

✦ Paraphrasing
be on vacation → Take time off work

CASE 집중훈련

본서 p.171

1. (D) **2.** (C) **3.** (A)

미국 ↔ 미국

Questions 1-3 refer to the following conversation.

M Hello, Jane. **❶I'm looking forward to our meeting on Friday to discuss the advertising campaign we're designing for Retro Shoes.**

W Me too. **❷We need to finalize two things during the meeting: the project timeline and the budget.**

M Great. **❷But I'm looking at the schedule right now, and you've indicated that the meeting will only last 30 minutes.**

W Oh, that's not right. I'll go ahead and update that immediately. Thanks for pointing it out. Also, **❸if you have some time in the afternoon, let's review some résumés for the brand specialist job.**

1-3번은 다음 대화에 관한 문제입니다.

남 안녕하세요, Jane. **❶Retro 제화를 위해 디자인하는 광고 캠페인을 논의할 금요일 회의가 기대되네요.**

여 저도요. **❷회의에서 두 가지를 최종으로 확정해야 해요: 프로젝트 일정과 예산이요.**

남 좋아요. **❷그런데 지금 제가 일정을 확인하고 있는데, 회의가 30분 동안만 진행될 거라고 명시하셨네요.**

여 오, 그거 잘못됐어요. 제가 바로 가서 즉시 그 부분을 업데이트할게요. 지적해 주셔서 감사해요. 그리고, **❸오후에 시간 좀 있으시면, 함께 브랜드 전문직에 지원한 이력서를 검토하도록 해요.**

어휘

look forward to ~을 기대하다 | finalize 최종으로 확정하다 | timeline 일정 | indicate 명시하다 | immediately 즉시 | point out ~을 지적하다 | review 검토하다, 살펴보다 | résumé 이력서 | specialist 전문가 | accounting 회계 | manufacturer 제조사 | catering (행사·연회 등의) 음식 공급 | agency 대행사 | brief 간단한 | look over ~을 검토하다 | figure 액수, 수치

1. Where do the speakers probably work?
(A) At an accounting firm
(B) At a shoe manufacturer
(C) At a catering company
(D) At an advertising agency

화자들은 어디에서 일하겠는가?
(A) 회계 법인에서
(B) 신발 제조 회사에서
(C) 음식 공급 회사에서
(D) 광고 대행사에서

해설 화자의 신분을 묻는 문제 – 대화 초반부에 남자가 I'm looking forward to our meeting on Friday to discuss the advertising campaign we're designing for Retro Shoes. (Retro 제화를 위해 디자인하는 광고 캠페인을 논의할 금요일 회의가 기대되네요.)라고 말했으므로 (D)가 정답이다.

2. What does the man mean when he says, "you've indicated that the meeting will only last 30 minutes"?
(A) The woman should come early.

해설서 **73**

(B) The meeting should be brief.
(C) The meeting should run longer.
(D) The woman should give a presentation.

남자가 "회의가 30분 동안만 진행될 거라고 명시하셨네요"라고 말할 때, 그가 의미한 것은?
(A) 여자가 일찍 와야 한다.
(B) 회의가 간단히 진행되어야 한다.
(C) 회의가 더 길게 진행되어야 한다.
(D) 여자가 발표를 해야 한다.

해설 화자 의도 파악 문제 – 대화 중반부에 여자가 We need to finalize two things during the meeting: the project timeline and the budget. (회의에서 두 가지를 최종으로 확정해야 해요: 프로젝트 일정과 예산이요.)이라고 하자, 남자가 But I'm looking at the schedule right now, and you've indicated that the meeting will only last 30 minutes. (그런데 지금 제가 일정을 확인하고 있는데, 회의가 30분 동안만 진행될 거라고 명시하셨네요.)라고 말한 것은 확정해야 할 사항이 두 가지라서 일정에 명시한 30분을 초과할 거라는 의미이므로 (C)가 정답이다.

3. What would the woman like to do in the afternoon?
(A) Look over job documents
(B) Visit a client's office
(C) Attend a training seminar
(D) Revise some budget figures

여자는 오후에 무엇을 하기를 원하는가?
(A) 취업 서류를 검토하기를
(B) 고객 사무실을 방문하기를
(C) 교육 세미나에 참석하기를
(D) 예산액을 수정하기를

해설 키워드 문제 – 대화 후반부에 여자가 if you have some time in the afternoon, let's review some résumés for the brand specialist job(오후에 시간 좀 있으시면, 함께 브랜드 전문직에 지원한 이력서를 검토하도록 해요)이라고 말했으므로 (A)가 정답이다.

✚ Paraphrasing
review → Look over, résumés → job documents

CASE 집중훈련
본서 p.173
1. (B) 2. (D) 3. (D)

미국 ↔ 호주

Questions 1-3 refer to the following conversation and seating chart.

W Hello, Mr. Lynch. Do you want me to go ahead and reserve your train to San Diego?

M Yes, please. **❶We're opening our new plant there, and I need to be around for two weeks to ensure that there are no problems.**

W Alright, when were you planning on leaving?

M **❷On April 8.**

W OK, I'll check the Web site now. **❷Oh, there are no available trains that day, but there's one with seats on April 9.**

M **❷That should be fine.** Also, **❸I'd like a seat next to the aisle if possible.**

W Hmm... There is exactly one aisle seat left. I'll reserve that one now.

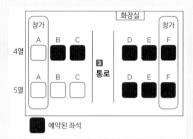

1-3번은 다음 대화와 좌석 배치도에 관한 문제입니다.

여 안녕하세요, Lynch 씨. 제가 San Diego로 가는 기차를 예약해 드릴까요?

남 네, 부탁드려요. **❶우리는 그곳에 새 공장을 열 예정인데, 아무런 문제가 없는지 확인하기 위해 제가 2주 동안 있어야 해요.**

여 좋아요, 언제 떠날 예정이세요?

남 **❷4월 8일이요.**

여 알겠어요, 지금 웹 사이트를 확인해 볼게요. **❷아, 그날은 이용할 수 있는 기차가 없지만, 4월 9일에는 좌석이 있는 기차가 있어요.**

남 **❷괜찮을 것 같네요.** 그리고, **❸가능하다면 통로 옆자리로 해 주세요.**

여 음... 통로 쪽 자리가 딱 하나 남아 있네요. 지금 그걸로 예약할게요.

어휘
seating chart 좌석 배치도 | reserve 예약하다 | plant 공장 | ensure 확실하게 하다, 보장하다 | aisle 통로 | if possible 가능하다면 | row 열 | book 예약하다 | opening 개장 | participate in ~에 참가하다 | investor 투자자 | postpone 미루다 | switch 바꾸다 | depart 출발하다 | ask for ~을 요청하다

1. Why is the man going on a trip?
(A) To visit his family
(B) To help with a factory opening
(C) To participate in a trade show
(D) To meet some investors

남자는 왜 여행을 가는가?
(A) 가족을 방문하기 위해서
(B) 공장 개장을 돕기 위해
(C) 무역 박람회에 참가하기 위해
(D) 투자자들을 만나기 위해

해설 키워드 문제 – 대화 초반부에 남자가 We're opening our new plant there, and I need to be around for two weeks to ensure that there are no problems. (우리는 그곳에 새 공장을 열 예정인데, 아무런 문제가 없는지 확인하기 위해 제가 2주 동안 있어야 해요.)라고 말했으므로 (B)가 정답이다.

✚ Paraphrasing
plant → factory

2. What does the man agree to do?
(A) Postpone a meeting
(B) Switch a presentation time
(C) Book a hotel room
(D) Depart on a different date

74 파고다 토익 종합서 LC

남자는 무엇을 하기로 동의하는가?
(A) 회의를 미루기로
(B) 프레젠테이션 시간을 바꾸기로
(C) 호텔 객실을 예약하기로
(D) 다른 날짜에 출발하기로

해설 키워드 문제 – 대화 중반부에 남자가 On April 8. (4월 8일이요.)라고 하자, 여자가 Oh, there are no available trains that day, but there's one with seats on April 9. (아, 그날은 이용할 수 있는 기차가 없지만, 4월 9일에는 좌석이 있는 기차가 있어요.)라고 말했고, 남자가 That should be fine. (괜찮을 것 같네요.)이라고 말했으므로 (D)가 정답이다.

3. Look at the graphic. Which seat does the man ask for?
(A) 4A
(B) 4C
(C) 5A
(D) 5C

시각 자료를 보시오. 남자는 어느 좌석을 요청하는가?
(A) 4A
(B) 4C
(C) 5A
(D) 5C

해설 시각 자료 연계 문제 – 대화 후반부에 남자가 I'd like a seat next to the aisle if possible. (가능하다면 통로 옆자리로 해 주세요.)이라고 말했고, 시각 자료에서 예약할 수 있는 통로 옆의 자리는 Row 5(5열)의 C임을 확인할 수 있으므로 (D)가 정답이다.

CASE 실전훈련

본서 p.174

1. (D) 2. (A) 3. (C) 4. (B) 5. (D) 6. (A)
7. (D) 8. (B) 9. (B) 10. (B) 11. (D) 12. (D)
13. (B) 14. (B) 15. (C) 16. (D) 17. (D) 18. (C)

미국 ↔ 미국

Questions 1-3 refer to the following conversation.

W ❶**Did you hear that Joan is relocating at the end of the month to work at our Singapore office?**

M Yes, I know. ❶**She'll be sorely missed at our Product Development Department here.** They sure are lucky to have her on the team in Singapore.

W I was thinking, maybe we should throw her a farewell party on her last day.

M That'd be great! ❷**I'll order her favorite cake from that bakery she likes.** Should we buy her a present?

W The director will be getting her one on behalf of our team. ❸**But remember to drop by his office to leave a message on the good-bye card.**

1-3번은 다음 대화에 관한 문제입니다.
여 ❶Joan이 우리 싱가포르 사무소에서 일하려고 이달 말에 옮긴다는 소식 들었어요?

남 네, 알아요. ❶이곳 제품 개발부 사람들은 그녀를 몹시 그리워할 거예요. 싱가포르에 있는 팀에 그녀가 들어가는 건 그들에게 정말 행운입니다.

여 그녀의 마지막 날에 송별회를 여는 게 어떨까 싶은데요.

남 좋겠네요! ❷제가 그녀의 단골 빵집에서 그녀가 좋아하는 케이크를 주문할게요. 그녀에게 선물을 사 줄까요?

여 우리 팀을 대표해서 이사님께서 주실 거예요. ❸하지만 작별 인사 카드에 메시지를 남기려면 그분 사무실에 잊지 말고 들르세요.

어휘
relocate 옮기다, 이전하다 ┃ sorely 몹시, 심하게 ┃ throw a party 파티를 열다 ┃ farewell party 송별회 ┃ on behalf of ~을 대표하여 ┃ drop by (잠시) ~에 들르다 ┃ place an order 주문하다 ┃ book 예약하다 ┃ venue 장소 ┃ confirm 확인하다 ┃ pick up ~을 받다, 획득하다 ┃ obtain 얻다 ┃ approval 승인

1. What department does Joan work in?
(A) Accounting
(B) Purchasing
(C) Human Resources
(D) Product Development

Joan은 어느 부서에서 일하는가?
(A) 회계
(B) 구매
(C) 인사
(D) 제품 개발

해설 키워드 문제 – 대화 초반부에 여자가 Did you hear that Joan is relocating at the end of the month to work at our Singapore office? (Joan이 우리 싱가포르 사무소에서 일하려고 이달 말에 옮긴다는 소식 들었어요?)라고 묻자, 남자가 She'll be sorely missed at our Product Development Department here. (이곳 제품 개발부 사람들은 그녀를 몹시 그리워할 거예요.)라고 말했으므로 (D)가 정답이다.

2. What does the man say he will do?
(A) Place an order
(B) Bake a dessert
(C) Check a Web site
(D) Book a venue

남자는 무엇을 할 것이라고 말하는가?
(A) 주문을 할 것이라고
(B) 디저트를 구울 것이라고
(C) 웹 사이트를 확인할 것이라고
(D) 장소를 예약할 것이라고

해설 다음에 할 일을 묻는 문제 – 대화 후반부에 남자가 I'll order her favorite cake from that bakery she likes. (제가 그녀의 단골 빵집에서 그녀가 좋아하는 케이크를 주문할게요.)라고 말했으므로 (A)가 정답이다.

✚ Paraphrasing
order → Place an order

3. According to the woman, why should the man visit an office?
(A) To confirm some information
(B) To pick up a check
(C) To write on a card
(D) To obtain an approval

여자에 따르면, 남자는 왜 사무실을 방문해야 하는가?
(A) 어떤 정보를 확인하기 위해
(B) 수표를 수령하기 위해
(C) 카드를 작성하기 위해
(D) 승인을 얻기 위해

해설 키워드 문제 – 대화 후반부에 여자가 But remember to drop by his office to leave a message on the good-bye card. (하지만 작별 인사 카드에 메시지를 남기려면 그분 사무실에 잊지 말고 들르세요.)라고 말했으므로 (C)가 정답이다.

✛ Paraphrasing
leave a message on the good-bye card → write on a card

영국↔미국

Questions 4-6 refer to the following conversation.
W **4Alfonso, you know how I've been checking out factories for our latest furniture line?** There's one that looks promising.
M Excellent! Are they able to handle all the custom orders we get from clients?
W Yes. **5But there's one small issue: they're in Stone Creek.**
M Oh. We'll need somebody onsite to keep an eye on manufacturing processes. But I'm not sure if anybody is prepared to move to Stone Creek. And even if they are, that would mean additional costs for the company.
W True. **6Perhaps we could hire a manufacturing specialist who lives there to serve as our onsite representative.** Hiring somebody in Stone Creek should be a lot easier than relocating one of our employees.

4-6번은 다음 대화에 관한 문제입니다.
여 **4Alfonso, 제가 얼마나 우리 회사 최신 가구 라인을 위한 공장들을 조사하고 다녔는지 알죠?** 좋아 보이는 공장이 있어요.
남 잘됐네요! 그들이 우리가 고객들에게 받는 맞춤 주문들을 모두 처리할 수 있을까요?
여 네. **5그런데 한 가지 작은 문제가 있어요: 그들은(공장은) Stone Creek에 있어요.**
남 아. 그곳에서 제조 공정을 감시할 사람이 필요할 거예요. 그런데 Stone Creek으로 이사할 만한 준비가 된 사람이 있는지 모르겠네요. 그리고 설사 그렇다고 하더라도 회사로서는 비용이 더 든다는 뜻이고요.
여 맞아요. **6아마 현지 대리인 역할을 할 그곳에 사는 제조 전문가를 고용할 수도 있어요.** Stone Creek에 있는 사람을 고용하는 게 우리 직원 중 한 명을 전근시키는 것보다는 훨씬 더 쉬울 거예요.

어휘
check out ~을 조사하다 | latest 최신의 | promising (조짐이) 좋은, 유망한 | custom 맞춤의, 주문 제작한 | issue 문제 | onsite 그곳에 있는, 현지에 있는 | keen an eye on ~을 감시하다, 계속 지켜보다 | manufacturing 제조 | additional 추가적인 | hire 고용하다 | specialist 전문가 | serve as ~의 역할을 하다 | representative 대리인, 대표자 | relocate 이동시키다 | food processor 만능 조리 기구 | approve 승인하다 | complicated 복잡한 | facility 시설 | conveniently 편리하게 | local 현지의 | expert 전문가 | instruction manual 사용 설명서 | headquarters 본사 | deadline 기한 | extension 연장

4. What product is being discussed?
(A) Eyeglasses
(B) Furniture
(C) Food processors
(D) Office supplies

어떤 제품이 논의되고 있는가?
(A) 안경
(B) 가구
(C) 만능 조리 기구
(D) 사무용품

해설 주제·목적을 묻는 문제 – 대화 초반부에 여자가 Alfonso, you know how I've been checking out factories for our latest furniture line? (Alfonso, 제가 얼마나 우리 회사 최신 가구 라인을 위한 공장들을 조사하고 다녔는지 알죠?)이라고 말했으므로 (B)가 정답이다.

5. What problem does the woman mention?
(A) A budget request was not approved.
(B) A manager has changed departments.
(C) Customers' orders are too complicated.
(D) A facility is not conveniently located.

여자는 어떤 문제점을 언급하는가?
(A) 예산 요청이 승인되지 않았다.
(B) 매니저가 부서를 변경했다.
(C) 고객의 주문이 너무 복잡하다.
(D) 시설의 위치가 편리하지 않다.

해설 키워드 문제 – 대화 중반부에 여자가 But there's one small issue: they're in Stone Creek. (그런데 한 가지 작은 문제가 있어요: 그들은 (공장은) Stone Creek에 있어요.)라고 말했으므로 (D)가 정답이다.

✛ Paraphrasing
issue → problem

6. What does the woman propose?
(A) Hiring a local expert
(B) Updating an instruction manual
(C) Moving a company's headquarters
(D) Asking for a deadline extension

여자는 무엇을 제안하는가?
(A) 현지 전문가를 채용하는 것
(B) 사용 설명서를 업데이트하는 것
(C) 회사의 본사를 이전하는 것
(D) 기한 연장을 요청하는 것

해설 제안·요청을 묻는 문제 – 대화 후반부에 여자가 Perhaps we could hire a manufacturing specialist who lives there to serve as our onsite representative. (아마 현지 대리인 역할을 할 그곳에 사는 제조 전문가를 고용할 수도 있어요.)라고 말했으므로 (A)가 정답이다.

✛ Paraphrasing
hire a ~ specialist who lives there → Hiring a local expert

Questions 7-9 refer to the following conversation with three speakers.

M I'm Asif Gilani. I booked a room through your Web site.

W1 Yes, Mr. Gilani, welcome. Here is the key to your room. Unfortunately, **7our fitness center is closed for remodeling this week**, but you can still use our swimming pool. **8Tanya, could you show Mr. Gilani to his room?**

W2 **8Sure. May I give you a hand with your baggage, Mr. Gilani?**

M Yes, thanks. I have a few more boxes of brochures in my car. Could you help me with those?

W2 Of course.

M Wonderful. **9I'll be handing the brochures out at the job fair this Friday. I hope to find ideal candidates for my company.**

7-9번은 다음 세 화자의 대화에 관한 문제입니다.

남 저는 Asif Gilani입니다. 이곳의 웹 사이트를 통해 방을 예약했어요.

여1 네, Gilani 씨, 어서 오세요. 여기 고객님 방의 열쇠가 있습니다. 유감스럽게도, **7저희 헬스클럽은 이번 주에 개조 때문에 닫혀 있지만**, 저희 수영장은 여전히 이용하실 수 있습니다. **8Tanya, Gilani 씨께 객실을 보여 드릴 수 있어요?**

여2 **8물론입니다. 짐 좀 들어 드릴까요, Gilani 씨?**

남 네, 고마워요. 제 차에 책자가 몇 상자 더 있어요. 그거 드는 걸 좀 도와주실 수 있어요?

여2 물론입니다.

남 좋아요. **9저는 이번 주 금요일에 취업 박람회에서 책자를 나눠 줄 거예요. 저희 회사를 위한 훌륭한 지원자들을 찾고 싶네요.**

어휘
book 예약하다 | remodel 개조하다 | give a hand 거들다 | baggage 짐, 수하물 | hand out ~을 나눠 주다 | brochure 책자, 팸플릿 | ideal 이상적인 | candidate 지원자, 후보자 | crowded (사람들이) 붐비는 | outdated 구식인 | assist with ~을 돕다 | carry 옮기다 | apply for ~에 지원하다 | historic site 유적지

7. What is the problem with the fitness center?
(A) It is too crowded.
(B) Its machines are outdated.
(C) Its equipment is not working.
(D) It is being remodeled.

헬스클럽의 문제점은 무엇인가?
(A) 너무 붐빈다.
(B) 장비가 구식이다.
(C) 장비가 작동하지 않는다.
(D) 개조 중이다.

해설 키워드 문제 – 대화 초반부에 여자1이 our fitness center is closed for remodeling this week(저희 헬스클럽은 이번 주에 개조 때문에 닫혀 있지만)이라고 말했으므로 (D)가 정답이다.

8. What does Tanya offer to do?
(A) Assist with parking
(B) Carry some baggage

(C) Confirm a room number
(D) Provide a tour

Tanya는 무엇을 하겠다고 제안하는가?
(A) 주차를 돕겠다고
(B) 짐을 옮겨 주겠다고
(C) 객실 번호를 확인하겠다고
(D) 투어를 해 주겠다고

해설 제안·요청을 묻는 문제 – 대화 중반부에 여자1이 Tanya, could you show Mr. Gilani to his room? (Tanya, Gilani 씨께 객실을 보여 드릴 수 있어요?)이라고 하자, 여자2가 Sure. May I give you a hand with your baggage, Mr. Gilani? (물론입니다. 짐 좀 들어 드릴까요, Gilani 씨?)라고 말했으므로 (B)가 정답이다.

9. What does the man hope to do this Friday?
(A) Apply for a position
(B) Find some candidates
(C) Purchase some tickets
(D) Visit some historic sites

남자는 이번 주 금요일에 무엇을 하기를 희망하는가?
(A) 직책에 지원하기를
(B) 지원자를 찾기를
(C) 표를 구매하기를
(D) 유적지를 방문하기를

해설 키워드 문제 – 남자가 I'll be handing the brochures out at the job fair this Friday. I hope to find ideal candidates for my company. (저는 이번 주 금요일에 취업 박람회에서 책자를 나눠 줄 거예요. 저희 회사를 위한 훌륭한 지원자들을 찾고 싶네요.)라고 말했으므로 (B)가 정답이다.

Questions 10-12 refer to the following conversation.

M Hey, Christine. There's something I'd like to talk to you about.

W Sure thing, Mr. Pratt.

M So, during the executive meeting yesterday, **10we discussed the upcoming expansion of our office. And it looks like some teams will have to share workspaces during the renovation. 11Does the editorial team have any room?**

W Hmm... **11Two interns recently joined our department.**

M True... But your team has those large bookshelves that aren't being used. I'm sure you can make some space if you take those out.

W Alright, **12I'll get in touch with the facility manager** and see if that's possible.

10-12번은 다음 대화에 관한 문제입니다.

남 저기요, Christine. 당신에게 하고 싶은 말이 있어요.

여 말씀하세요, Pratt 씨.

남 그게, 어제 임원 회의에서, **10곧 있을 사무실 확장에 대해 논의했어요. 개조를 하는 동안 일부 부서들이 업무 공간을 공유해야 할 거 같아요. 11편집팀에 공간이 있나요?**

여 음... **11인턴 2명이 최근 저희 부서에 들어왔어요.**

남 맞아요... 그런데 당신 팀에 사용하지 않는 대형 책장이 있죠. 그걸 빼내면 공간을 만들 수 있을 거예요.

여 알았어요. **12 제가 시설 관리자에게 연락해서 가능한지 알아볼게요.**

어휘

executive 임원 | discuss 논의하다 | upcoming 곧 있을, 다가오는 | expansion 확장 | share 공유하다 | workspace 업무 공간 | renovation 개조, 보수 | take out ~을 빼다, 제거하다 | get in touch with ~와 연락하다 | facility 시설 | questionnaire 설문(지) | effect 영향, 효과 | venue 장소 | payment 지급, 보수 | designate 지정하다

10. What is the main topic of the conversation?
(A) The responses to a questionnaire
(B) The effects of some renovation work
(C) The venue for an upcoming event
(D) The payment schedule for some interns

대화의 주된 주제는 무엇인가?
(A) 설문 답변
(B) 개조 작업의 영향
(C) 다가올 행사 장소
(D) 인턴에게 지급할 일정

해설 주제·목적을 묻는 문제 – 대화 초반부에 남자가 we discussed the upcoming expansion of our office. And it looks like some teams will have to share workspaces during the renovation. (곧 있을 사무실 확장에 대해 논의했어요. 개조를 하는 동안 일부 부서들이 업무 공간을 공유해야 할 거 같아요.)이라고 말했으므로 (B)가 정답이다.

11. What does the woman mean when she says, "Two interns recently joined our department"?
(A) She needs new employee IDs.
(B) She will hold a training session soon.
(C) She wants to designate some mentors.
(D) She does not think there is enough room.

여자가 "인턴 2명이 최근 저희 부서에 들어왔어요"라고 말할 때, 그녀가 의미한 것은?
(A) 새로운 사원증이 필요하다.
(B) 조만간 교육 시간을 마련할 것이다.
(C) 멘토를 지정하고 싶어 한다.
(D) 충분한 공간이 있다고 생각하지 않는다.

해설 화자 의도 파악 문제 – 대화 중반부에 남자가 Does the editorial team have any room? (편집팀에 공간이 있나요?)이라고 말하자, 여자가 Two interns recently joined our department.(인턴 2명이 최근 저희 부서에 들어왔어요.)라고 말한 것은 부서 인원이 늘어서 여유 공간이 없다는 의미이므로 (D)가 정답이다.

12. What does the woman offer to do?
(A) Check some paperwork
(B) Attend a conference
(C) Fix some equipment
(D) Contact a manager

여자는 무엇을 하겠다고 제안하는가?
(A) 서류 작업을 확인하겠다고
(B) 학회에 참석하겠다고
(C) 장비를 고치겠다고
(D) 관리자에게 연락하겠다고

해설 제안·요청을 묻는 문제 – 대화 후반부에 여자가 I'll get in touch with the facility manager(제가 시설 관리자에게 연락해서)라고 말했으므로 (D)가 정답이다.

✛ Paraphrasing
get in touch with → Contact

[미국 ↔ 호주]

Questions 13-15 refer to the following conversation and file information.

여 Hi, Freddie. **13 How was your first week at our design firm?**

남 So far, so good. I've finished with all the orientation courses for new employees. I've completed my last assignment, creating a brochure. All I have to do is email it to our department head, Mr. Poling, but the system doesn't work. He's on vacation and wanted me to email it after I was done.

여 **14 Oh, your file might be too big. The file size limit is 50 megabytes.**

남 **14 Ah, that's it. This file is 65 megabytes.**

여 That happens to a lot of people. **15 You should probably just wait until he returns and show him your assignment then.**

파일명	크기
Houston.tiff	45MB
Chapman.tiff	**14 65MB**
Morgan.tiff	50MB
Barton.tiff	55MB

13-15번은 다음 대화와 파일 정보에 관한 문제입니다.

여 안녕하세요, Freddie. **13 우리 디자인 회사에서의 첫 주는 어땠어요?**

남 지금까지는 정말 좋아요. 신입 사원 오리엔테이션 과정은 모두 끝냈어요. 소책자를 만드는 마지막 과제를 끝냈어요. Poling 부장님께 이메일로 보내기만 하면 되는데, 시스템이 작동을 안 하네요. 부장님께서 휴가 중이셔서 제가 과제를 다 끝낸 뒤에 이메일로 보내 달라고 하셨거든요.

여 **14 오, 당신 파일이 너무 클 수도 있어요. 파일 크기 제한이 50메가바이트예요.**

남 **14 아, 바로 그거네요. 파일이 65메가바이트이거든요.**

여 많은 사람들이 그래요. **15 그분이 돌아오실 때까지 기다렸다가 그때 과제를 보여 드려도 될 것 같아요.**

어휘

so far 지금까지 | course 과정 | complete 끝내다 | assignment 과제, 임무 | brochure 소책자 | on vacation 휴가 중인 | limit 제한 | done 다 끝낸 | return 돌아오다 | agriculture 농업 | attempt 시도하다 | supervisor 상사, 관리자 | authorization 승인 | reduce 줄이다

13. What industry do the speakers work in?
(A) Entertainment
(B) Design
(C) Medicine
(D) Agriculture

화자들은 어떤 업계에서 일하는가?
(A) 엔터테인먼트

(B) 디자인
(C) 제약
(D) 농업

해설 화자의 신분을 묻는 문제 – 대화 초반부에 여자가 How was your first week at our design firm? (우리 디자인 회사에서의 첫 주는 어땠어요?)이라고 말했으므로 (B)가 정답이다.

14. Look at the graphic. Which file did the man attempt to send?
(A) Houston.tiff
(B) Chapman.tiff
(C) Morgan.tiff
(D) Barton.tiff

시각 자료를 보시오. 남자는 어떤 파일을 보내려고 시도했는가?
(A) Houston.tiff
(B) Chapman.tiff
(C) Morgan.tiff
(D) Barton.tiff

해설 시각 자료 연계 문제 – 대화 중반부에 여자가 Oh, your file might be too big. The file size limit is 50 megabytes. (오, 당신 파일이 너무 클 수도 있어요. 파일 크기 제한이 50메가바이트예요.)라고 하자, 남자가 Ah, that's it. This file is 65 megabytes. (아, 바로 그거네요. 파일이 65메가바이트이거든요.)라고 말했고, 시각 자료에서 65MB 크기의 파일이 Chapman.tiff임을 확인할 수 있으므로 (B)가 정답이다.

15. What does the woman recommend doing?
(A) Calling a supervisor for authorization
(B) Closing a program and restarting it
(C) Waiting until a manager returns
(D) Reducing the size of a file

여자는 무엇을 하는 것을 권하는가?
(A) 승인받기 위해 상사에게 전화하는 것
(B) 프로그램을 닫고 다시 시작하는 것
(C) 매니저가 돌아올 때까지 기다리는 것
(D) 파일 크기를 줄이는 것

해설 제안·요청을 묻는 문제 – 대화 후반부에 여자가 You should probably just wait until he returns and show him your assignment then. (그분이 돌아오실 때까지 기다렸다가 그때 과제를 보여 드려도 될 것 같아요.)이라고 말했으므로 (C)가 정답이다.

미국↔영국

Questions 16-18 refer to the following conversation and user guide.

M Hello, **🔟I've come to install the Internet router**.

W Hi, I actually got started on it, but I've had a little trouble.

M That's OK. With this user guide, **🔟I'll help you with the next step, which would be to set up the wireless connection on your device**. I assume you'll be using your laptop, right?

W Yes, that's right. Thank you. By the way, I heard we had to sign up online this time for the upcoming workshop series. How do I do that?

M Oh, we actually haven't posted anything related to the new process yet. **🔟I'll upload the details on the Web site by the end of the week.**

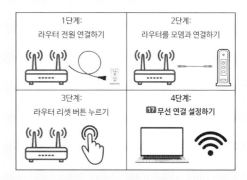

16-18번은 다음 대화와 사용 설명서에 관한 문제입니다.

🔟 안녕하세요, **🔟인터넷 라우터를 설치하러 왔습니다.**

🔟 안녕하세요, 실은 제가 시작은 해봤는데, 작은 문제가 생겼어요.

🔟 괜찮아요. 이 사용 설명서로, **🔟제가 다음 단계인 기기에 무선 연결을 설정하는 걸 도와 드릴게요.** 노트북 컴퓨터를 사용하실 거라고 생각되는데, 맞나요?

🔟 네, 맞아요. 감사해요. 그리고, 다가오는 워크숍 시리즈에 온라인으로 등록해야 한다고 들었어요. 어떻게 하면 되나요?

🔟 오, 사실은 새로운 절차에 관한 사항을 아직 게시하지 않았어요. **🔟제가 이번 주 말까지 상세 내용을 웹 사이트에 업로드할게요.**

어휘

user guide 사용 설명서 | install 설치하다 | wireless connection 무선 연결 | set up ~을 설정하다 | device 기기 | assume 생각하다, 추측하다 | sign up ~을 등록하다 | related to ~와 관련 있는 | process 절차 | plug in ~의 전원을 연결하다 | connect 연결하다 | instructor 강사 | electrician 전기 기사 | technician 기사 | assist with ~을 돕다 | investor 투자자 | deposit 예금[예치]하다

16. What most likely is the man's profession?
(A) Instructor
(B) Electrician
(C) Sales representative
(D) Computer technician

남자의 직업은 무엇이겠는가?
(A) 강사
(B) 전기 기사
(C) 영업 사원
(D) 컴퓨터 기사

해설 화자의 신분을 묻는 문제 – 대화 초반부에 남자가 I've come to install the Internet router (인터넷 라우터를 설치하러 왔습니다)라고 말했으므로 (D)가 정답이다.

17. Look at the graphic. Which step will the man assist with?
(A) Step 1
(B) Step 2
(C) Step 3
(D) Step 4

시각 자료를 보시오. 남자는 어떤 단계에 도움을 줄 것인가?
(A) 1단계

(B) 2단계
(C) 3단계
(D) 4단계

해설 시각 자료 연계 문제 – 대화 중반부에 남자가 I'll help you with the next step, which would be to set up the wireless connection on your device(제가 다음 단계인 기기에 무선 연결을 설정하는 걸 도와드릴게요)라고 말했고, 시각 자료에서 Step 4: Set up Wireless Connection(4단계: 무선 연결 설정하기)을 확인할 수 있으므로 (D)가 정답이다.

18. What will the man do by the end of the week?
(A) Meet some investors
(B) Participate in a workshop
(C) Upload some information
(D) Deposit a check

남자는 이번 주 말까지 무엇을 할 것인가?
(A) 투자자들을 만날 것이다
(B) 워크숍에 참가할 것이다
(C) 정보를 업로드할 것이다
(D) 수표를 예입할 것이다

해설 키워드 문제 – 대화 후반부에 남자가 I'll upload the details on the Web site by the end of the week.(제가 이번 주 말까지 상세 내용을 웹 사이트에 업로드할게요.)라고 말했으므로 (C)가 정답이다.

✦ Paraphrasing
details → information

CHAPTER 10 문제 유형

CASE 집중훈련
본서 p.177
1. (B) **2.** (C) **3.** (A)

미국 ↔ 호주

Questions 1-3 refer to the following conversation.

W Hey, Curtis. **❶You know, our director of marketing has just retired, and we still need to figure out who is going to take over her job.**

M Yes, that's been on my mind. It would be best to find a candidate within the company. **❷Why don't we bring it up during the conference call this Friday?**

W **❷Great, I'll make a note to do so.** So, is there anybody in your department who might be interested?

M I'm not sure, but **❸it needs to be someone who is innovative.**

W True. **❸Actually, Martin Cook has been the head of PR for years.**

M I don't know him too well, but his coworkers do respect him a lot.

1-3번은 다음 대화에 관한 문제입니다.

여 안녕하세요, Curtis. **❶아시다시피, 저희 마케팅 이사가 얼마 전에 은퇴했고, 우리는 누가 그녀의 일을 맡을지를 여전히 생각해 내야 해요.**

남 네, 신경 쓰고 있었어요. 사내에서 후보를 찾는 것이 최선일 것 같네요. **❷이번 주 금요일 전화 회의에서 그 얘기를 꺼내는 게 어떨까요?**

여 **❷좋아요, 그렇게 하도록 메모해 둘게요.** 그럼, 당신 부서에 관심 가질 만한 사람 있어요?

남 모르겠어요, 그런데 **❸혁신적인 사람이어야 해요.**

여 맞아요. **❸사실, Martin Cook이 수년간 홍보부 부장을 맡아 왔어요.**

남 저는 그에 대해 잘 모르지만, 그의 동료들이 그를 매우 존경해요.

어휘
director 이사 | retire 은퇴하다 | figure out ~을 생각해 내다 | take over ~을 떠맡다 | on one's mind 신경이 쓰이는, 마음에 걸리는 | candidate 후보자 | bring up (화제를) 꺼내다 | conference call 전화 회의 | innovative 혁신적인 | coworker 동료 | open position 공석 | performance review 성과 평가, 인사 고과 | make a suggestion 제안하다 | concern 우려 | pay raise 임금 인상

1. What are the speakers mainly talking about?
(A) A retirement party
(B) An open position
(C) A marketing campaign
(D) A new client

화자들은 주로 무엇에 관해 이야기하는가?
(A) 은퇴 기념 파티
(B) 공석
(C) 마케팅 캠페인
(D) 신규 고객

해설 주제·목적을 묻는 문제 – 대화 초반부에 여자가 You know, our director of marketing has just retired, and we still need to figure out who is going to take over her job.(아시다시피, 저희 마케팅 이사가 얼마 전에 은퇴했고, 우리는 누가 그녀의 일을 맡을지를 여전히 생각해 내야 해요.)이라고 말했으므로 (B)가 정답이다.

2. When will the woman mention a topic?
(A) During a sales presentation
(B) During a company celebration
(C) During a conference call
(D) During a performance review

여자는 언제 화제를 언급할 것인가?
(A) 매출 발표에서
(B) 회사 기념행사에서
(C) 전화 회의에서
(D) 성과 평가에서

해설 키워드 문제 – 대화 중반부에 남자가 Why don't we bring it up during the conference call this Friday?(이번 주 금요일 전화 회의에서 그 얘기를 꺼내는 게 어떨까요?)라고 하자, 여자가 Great, I'll make a note to do so.(좋아요, 그렇게 하도록 메모해 둘게요.)라고 말했으므로 (C)가 정답이다.

✦ Paraphrasing
bring up → mention

3. Why does the woman say, "Actually, Martin Cook has been the head of PR for years"?
(A) To make a suggestion

(B) To express concern about a decision
(C) To recommend a pay raise
(D) To explain a coworker's retirement

여자는 왜 "사실, Martin Cook이 수년간 홍보부 부장을 맡아 왔어요"라고 말하는가?
(A) 제안을 하려고
(B) 결정에 관한 우려를 표하려고
(C) 임금 인상을 권장하려고
(D) 동료의 은퇴에 관해 설명하려고

해설 화자 의도 파악 문제 – 대화 후반부에 남자가 it needs to be someone who is innovative(혁신적인 사람이어야 해요)라고 말하자, 여자가 Actually, Martin Cook has been the head of PR for years.(사실, Martin Cook이 수년간 홍보부 부장을 맡아 왔어요.)라고 말하여 홍보부 부장을 오래 역임하여 그 자리에 적격이라고 제안하려는 의도로 말한 것이므로 (A)가 정답이다.

CASE 집중훈련
본서 p.179
1. (C) **2.** (A) **3.** (D)

미국 ↔ 영국

Questions 1-3 refer to the following conversation.

M Hi, Jennie. Good news. **❶The executives are very happy with the design for the new high-definition monitors.** We're ready to get into production.

W Oh, that's such a relief. I feel as though I've revised the same plans for over a week.

M Tell me about it. **❷We also got some great feedback from our focus groups.** I think this monitor is going to be a huge hit.

W Fantastic. **❸Let me contact our supplier and see if they can meet us tomorrow.** I want to move quickly on to the production side.

1-3번은 다음 대화에 관한 문제입니다.

남 안녕하세요, Jennie. 좋은 소식이에요. **❶임원진이 신규 고화질 모니터 디자인에 아주 만족스러워하세요.** 저희는 생산에 들어갈 준비가 됐습니다.

여 오, 정말 다행이네요. 저는 일주일 넘도록 같은 도면을 수정한 것 같아요.

남 잘 알죠. **❷게다가 포커스 그룹에게도 아주 좋은 피드백을 받았어요.** 이번 모니터가 큰 인기를 얻을 것 같아요.

여 잘됐네요. **❸제가 납품 업체에 연락해서 내일 저희와 만날 수 있는지 알아볼게요.** 얼른 생산 단계로 넘어가고 싶네요.

어휘
executive 임원 | high-definition 고화질의 | get into ~을 시작하게 되다 | production 생산 | relief 안도, 안심 | focus group 포커스 그룹(제품 시장 조사를 위해 추출한 소수의 소비자 그룹) | hit 대 인기 (작품) | contact 연락하다 | supplier 납품 업체 | well-received 호평을 받은 | hire 채용하다 | pay out ~을 지급[지불]하다 | attend 참석하다

1. What product are the speakers discussing?
(A) Laptops
(B) Televisions

(C) Monitors
(D) Tablets

화자들은 어떤 제품에 대해 논의하고 있는가?
(A) 노트북
(B) 텔레비전
(C) 모니터
(D) 태블릿

해설 주제·목적을 묻는 문제 – 대화 초반부에 남자가 The executives are very happy with the design for the new high-definition monitors.(임원진이 신규 고화질 모니터 디자인에 아주 만족스러워하세요.)라고 말했으므로 (C)가 정답이다.

2. What does the man say he is happy about?
(A) A product was well-received.
(B) A team will be hiring new employees.
(C) A project came in under budget.
(D) A bonus was paid out early.

남자는 무엇에 대해 기쁘다고 말하는가?
(A) 제품이 호평을 받았다.
(B) 팀에서 새로운 직원을 채용할 것이다.
(C) 프로젝트 비용이 예산보다 적게 들었다.
(D) 상여금이 빨리 지급됐다.

해설 키워드 문제 – 대화 중반부에 남자가 We also got some great feedback from our focus groups.(게다가 포커스 그룹에게도 아주 좋은 피드백을 받았어요.)라고 말했으므로 (A)가 정답이다.

3. What will the speakers do tomorrow?
(A) Revise a plan
(B) Interview an executive
(C) Conduct a survey
(D) Attend a meeting

화자들은 내일 무엇을 할 것인가?
(A) 도면을 수정할 것이다
(B) 임원을 인터뷰할 것이다
(C) 설문 조사를 할 것이다
(D) 회의에 참석할 것이다

해설 키워드 문제 – 대화 후반부에 여자가 Let me contact our supplier and see if they can meet us tomorrow.(제가 납품 업체에 연락해서 내일 저희와 만날 수 있는지 알아볼게요.)라고 말했으므로 (D)가 정답이다.

CASE 집중훈련
본서 p.181
1. (A) **2.** (C) **3.** (D)

미국 ↔ 미국

Questions 1-3 refer to the following conversation.

W Hello. This is Durham Uniforms. How may I be of service?

M Hi, I'm calling on behalf of Chez Nous Restaurant. **❶We ordered 20 uniforms in total: 10 for our kitchen staff and 10 for our waitstaff. We specifically asked to have our logo on all of them, but only some of them do.**

W I apologize for the inconvenience. Which of them are blank?

M All of the waitstaff uniforms. **2We need them as soon as possible, since our restaurant is having our grand opening at the end of the week.**

W Again, I'm sorry. **3We'll mail out the uniforms to your restaurant via express delivery.**

M OK. I'd appreciate that.

1-3번은 다음 대화에 관한 문제입니다.

여 안녕하세요. Durham 유니폼입니다. 어떻게 도와 드릴까요?

남 안녕하세요, Chez Nous 레스토랑을 대표하여 전화했습니다. **1저희가 총 20벌의 유니폼을 주문했는데, 주방 직원용으로 10벌, 웨이터용으로 10벌입니다. 특별히 모든 유니폼에 로고를 붙여 달라고 요청했는데, 일부에만 되어 있네요.**

여 불편을 드려 죄송합니다. 어느 것이 안 되어 있나요?

남 웨이터 유니폼이 다 그렇습니다. **2저희 식당이 이번 주 말에 개업할 예정이라, 가능한 한 빨리 필요합니다.**

여 다시 한번 죄송합니다. **3유니폼은 속달을 통해 식당으로 보내 드리겠습니다.**

남 알겠습니다. 그렇게 해 주시면 감사하겠습니다.

어휘
be of service ~에게 도움이 되다 | on behalf of ~을 대표하여 | order 주문하다 | in total 총, 통틀어 | apologize for ~에 대해 사과하다 | inconvenience 불편, 애로 | blank 빈, 장식이 없는 | mail out ~을 발송하다 | via ~을 통하여 | express delivery 속달 | report 알리다, 보고하다 | defective 불완전한, 결점이 있는 | inquire 문의하다 | refund 환불 | luncheon 오찬 | complimentary 무료의 | issue 발행하다 | voucher 상품권 | colleague 동료

1. Why is the man calling?
(A) To report a defective product
(B) To inquire about a delivery
(C) To request a refund
(D) To select menu items for an event

남자는 왜 전화하고 있는가?
(A) 불량품을 알리려고
(B) 배송에 관해 문의하려고
(C) 환불을 요청하려고
(D) 행사의 메뉴 품목을 선택하려고

해설 주제·목적을 묻는 문제 – 대화 초반부에 남자가 We ordered 20 uniforms in total: 10 for our kitchen staff and 10 for our waitstaff. We specifically asked to have our logo on all of them, but only some of them do.(저희가 총 20벌의 유니폼을 주문했는데, 주방 직원용으로 10벌, 웨이터용으로 10벌입니다. 특별히 모든 유니폼에 로고를 붙여 달라고 요청했는데, 일부에만 되어 있네요.)라고 말했으므로 (A)가 정답이다.

2. What event does the man mention?
(A) An outdoor picnic
(B) A special luncheon
(C) A grand opening
(D) A product launch

남자는 어떤 행사를 언급하는가?
(A) 야유회
(B) 특별 오찬

(C) 개업식
(D) 제품 출시

해설 키워드 문제 – 대화 중반부에 남자가 We need them as soon as possible, since our restaurant is having our grand opening at the end of the week.(저희 식당이 이번 주 말에 개업할 예정이라, 가능한 한 빨리 필요합니다.)라고 말했으므로 (C)가 정답이다.

3. What does the woman say she will do?
(A) Provide complimentary items
(B) Issue a discount voucher
(C) Contact a colleague
(D) Send the order by express delivery

여자는 무엇을 할 것이라고 말하는가?
(A) 무료 품목을 제공할 것이라고
(B) 할인권을 발행할 것이라고
(C) 동료에게 연락할 것이라고
(D) 주문을 속달로 보낼 것이라고

해설 다음에 할 일을 묻는 문제 – 대화 후반부에 여자가 We'll mail out the uniforms to your restaurant via express delivery.(유니폼은 속달을 통해 식당으로 보내 드리겠습니다.)라고 말했으므로 (D)가 정답이다.

✚ Paraphrasing
mail out → Send, the uniforms → the order

CASE 집중훈련
본서 p.183
1. (A) 2. (B) 3. (A)

미국 ↔ 영국

Questions 1-3 refer to the following conversation and chart.

M Good morning, Jamie. We're glad to have you here at Aston Translation Services. **1I'm in charge of training new employees at our company.**

W Thank you for your warm welcome.

M Let's get started. I know you're familiar with the industry, but you will be trained on various aspects of localization. You will be shadowing a manager from each team throughout this week. **2You will work with Alaina today.**

W That sounds great. I'm excited to learn about how the company operates on a day-to-day basis.

M Before we proceed, I'll need to enter your fingerprint into our system. **3Let's go over to the security division first.**

매니저	전문 분야
Todd	전문 용어
2Alaina	**번역 소프트웨어**
Nathan	전자 출판
Chris	품질 보증

1-3번은 다음 대화와 표에 관한 문제입니다.

남 안녕하세요, Jamie. Aston 번역 서비스에서 만나게 되어 반가워요. **①저는 회사 신입 사원 교육을 담당하고 있어요.**

여 따뜻하게 맞아 주셔서 감사합니다.

남 시작해 봅시다. 업계에 익숙하신 걸로 알고 있지만, 현지화의 다양한 측면에 대해 배우게 될 거예요. 이번 주 내내 각 팀의 매니저와 함께 하면서 배우게 될 거예요. **②오늘은 Alaina와 함께 일할 겁니다.**

여 좋습니다. 회사가 매일 어떻게 돌아가는지 배우게 돼서 신나네요.

남 계속 진행하기 전에, 저희 시스템에 지문을 등록해야 해요. **③보안 부서부터 먼저 갑시다.**

어휘

translation 번역 | in charge of ~을 담당하는, 책임을 맡은 | aspect 측면 | localization 현지화 | shadow (누군가로부터 무엇을 배우기 위해) 함께 하다 | operate 경영[관리]되다, 영업하다 | on a day-to-day basis 매일 | proceed 계속 진행하다 | fingerprint 지문 | security division 보안 부서 | specialty 전문 분야 | terminology 전문 용어 | desktop publishing 전자 출판 | quality assurance 품질 보증 | maintenance 유지 보수

1. Who most likely is the man?

(A) A training specialist
(B) A corporate translator
(C) A computer engineer
(D) A maintenance officer

남자는 누구이겠는가?

(A) 교육 전문가
(B) 기업 번역가
(C) 컴퓨터 엔지니어
(D) 유지 보수 직원

해설 화자의 신분을 묻는 문제 – 대화 초반부에 남자가 I'm in charge of training new employees at our company.(저는 회사 신입 사원 교육을 담당하고 있어요.)라고 말했으므로 (A)가 정답이다.

2. Look at the graphic. What will the woman learn today?

(A) Terminology
(B) Translation Software
(C) Desktop Publishing
(D) Quality Assurance

시각 자료를 보시오. 여자는 오늘 무엇을 배울 것인가?

(A) 전문 용어
(B) 번역 소프트웨어
(C) 전자 출판
(D) 품질 보증

해설 시각 자료 연계 문제 – 대화 중반부에 남자가 여자에게 You will work with Alaina today.(오늘은 Alaina와 함께 일할 겁니다.)라고 말했고, 시각 자료에서 Alaina의 Specialty(전문 분야)는 Translation Software(번역 소프트웨어)임을 알 수 있으므로 (B)가 정답이다.

3. Where will the speakers go next?

(A) To the Security Division
(B) To a meeting room
(C) To the Human Resources Department
(D) To an employee cafeteria

화자들은 다음에 어디로 갈 것인가?

(A) 보안 부서로
(B) 회의실로

(C) 인사부로
(D) 직원 카페로

해설 다음에 할 일을 묻는 문제 – 남자가 마지막 말에서 Let's go over to the security division first.(보안 부서부터 먼저 갑시다.)라고 말했으므로 (A)가 정답이다.

CASE 집중훈련

본서 p.185

1. (C) **2.** (A) **3.** (D)

미국 ↔ 호주

Questions 1-3 refer to the following conversation.

W Hi, Greg. I wanted to see how the report for next week's shareholder meeting is coming along. **①I want to show them how well we're doing in the e-book sector.**

M Great timing. I've just finished compiling everything. **①I outlined our strategy for both print and e-books.**

W Excellent. **②I saw some of the pages, but it seems a bit too technical for our shareholders.**

M **②Should I simplify the language then?**

W **②Yes, that'd be very much appreciated.** Once you're done with that, we should work on the company newsletter. **③The CEO will be turning 60 in March, so let's make sure we congratulate him.**

1-3번은 다음 대화에 관한 문제입니다.

여 안녕하세요, Greg. 다음 주 주주 총회를 위한 보고서가 어떻게 되어 가고 있는지 확인하고 싶어요. **①우리가 전자책 분야에서 얼마나 잘하고 있는지 보여주고 싶네요.**

남 타이밍이 좋네요. 제가 방금 편집을 모두 끝냈습니다. **①인쇄물과 전자책 모두에 대한 우리의 전략을 간략히 정리했습니다.**

여 좋습니다. **②페이지를 몇 장 봤는데, 우리 주주들이 이해하기엔 좀 지나치게 전문적인 것 같네요.**

남 **②그럼 말을 단순하게 쓸까요?**

여 **②네, 그럼 정말 고맙겠어요.** 그 일을 끝내시면, 우리는 사보 작업을 해야 돼요. **③CEO께서 3월에 60세가 되시니, 꼭 축하드립시다.**

어휘

shareholder meeting 주주 총회 | come along (원하는 방향으로) 되어 가다 | sector 분야, 부문 | compile 편집하다 | outline 간략히 정리하다, 개요를 서술하다 | strategy 전략 | technical 전문적인, 기술적인 | simplify 단순화하다, 평이하게 하다 | appreciate 고맙게 여기다 | congratulate 축하하다 | logistics 물류 | publishing 출판 | modify 수정하다 | retirement 은퇴

1. Where do the speakers most likely work?

(A) At a logistics company
(B) At an accounting firm
(C) At a publishing company
(D) At a film studio

화자들은 어디에서 일하겠는가?

(A) 물류 회사에서
(B) 회계 법인에서

(C) 출판사에서

(D) 영화 촬영소에서

해설 화자의 신분을 묻는 문제 – 대화 초반부에 여자가 I want to show them how well we're doing in the e-book sector. (우리가 전자책 분야에서 얼마나 잘하고 있는지 보여주고 싶네요.)라고 말했고, 남자가 I outlined our strategy for both print and e-books. (인쇄물과 전자책 모두에 대한 우리의 전략을 간략히 정리했습니다.)라고 말했으므로 (C)가 정답이다.

2. What does the woman mean when she says, "it seems a bit too technical"?

(A) A report is difficult to understand.

(B) Some details are missing.

(C) She will modify the report later.

(D) She has not received a report.

여자가 "좀 지나치게 전문적인 것 같네요"라고 말할 때, 그녀가 의미한 것은?

(A) 보고서가 이해하기 어렵다.

(B) 몇 가지 정보가 누락되었다.

(C) 나중에 보고서를 수정할 것이다.

(D) 보고서를 받지 못했다.

해설 화자 의도 파악 문제 – 대화 중반부에 여자가 I saw some of the pages, but it seems a bit too technical for our shareholders. (페이지를 몇 장 봤는데, 우리 주주들이 이해하기엔 좀 지나치게 전문적인 것 같네요.)라고 말했고, 남자가 Should I simplify the language then? (그럼 말을 단순하게 쓸까요?)이라고 묻자, 여자가 Yes, that'd be very much appreciated. (네, 그럼 정말 고맙겠어요.)라고 말한 것으로 보아 보고서에 쓰인 용어가 너무 전문적이어서 주주들이 이해하기 힘들 것임을 의미하고 있으므로 (A)가 정답이다.

3. What will the company celebrate in March?

(A) An opening

(B) A retirement

(C) A new product

(D) A birthday

회사는 3월에 무엇을 기념할 것인가?

(A) 개점

(B) 은퇴

(C) 신제품

(D) 생일

해설 키워드 문제 – 대화 후반부에 여자가 The CEO will be turning 60 in March, so let's make sure we congratulate him. (CEO께서 3월에 60세가 되시니, 꼭 축하드립시다.)이라고 말했으므로 (D)가 정답이다.

CASE 집중훈련

본서 p.187

1. (A)   2. (B)   3. (D)

미국↔영국

Questions 1-3 refer to the following conversation.

Ⓜ **❶Carol, several customers who will be renting our cars are scheduled to arrive at the ferry terminal around 4 P.M. Could you pick them up with the agency's shuttle bus?**

Ⓦ No problem. Will they be at Terminal 1 or 2?

Ⓜ Both. Two will be at Terminal 1, and three at Terminal 2. **❷I'll give you a list of their contact information before you head out.**

Ⓦ Good. One more thing—**❸I submitted a holiday request for a week off in November. I'd like to take a trip with my family if possible.**

Ⓜ I just reviewed your request. **❸We have plenty of people who want to work extra hours.**

1-3번은 다음 대화에 관한 문제입니다.

남 **❶**Carol, 저희 차를 빌리실 몇몇 손님들이 오후 4시쯤 여객선 터미널에 도착할 예정이에요. 회사 셔틀버스로 그분들을 태우러 갈 수 있나요?

여 그럼요. 그분들은 터미널 1에 계신가요, 아니면 2에 계신가요?

남 둘 다요. 두 분은 터미널 1에, 그리고 세 분은 터미널 2에 계실 거예요. **❷**출발하시기 전에 그분들 연락처 목록을 드릴게요.

여 좋아요. 한 가지 더 있어요—**❸**제가 11월에 일주일간 휴가 신청서를 제출했어요. 가능하면 가족과 여행 가고 싶어서요.

남 신청서를 방금 검토했어요. **❸**저희는 추가 근무를 희망하는 사람이 많아요.

어휘

customer 손님, 고객 | rent 빌리다 | be scheduled to do ~할 예정이다 | ferry 여객선 | pick up ~을 태우러 가다 | head out 출발하다 | submit 제출하다 | request 요청[신청]서 | plenty of 많은 | extra hour 추가 근무 | reject 거절하다 | alternate 대안 | warn of ~을 경고하다 | possible 있을 직한, 가능한 | conflict 갈등 | authorize 승인하다

1. Where most likely is the conversation taking place?

(A) At a car rental company

(B) At a bus terminal

(C) At an apartment complex

(D) At a travel agency

대화는 어디에서 이루어지고 있겠는가?

(A) 렌터카 회사에서

(B) 버스 터미널에서

(C) 아파트 단지에서

(D) 여행사에서

해설 대화 장소를 묻는 문제 – 대화 초반부에 남자가 Carol, several customers who will be renting our cars are scheduled to arrive at the ferry terminal around 4 P.M. Could you pick them up with the agency's shuttle bus? (Carol, 저희 차를 빌리실 몇몇 손님들이 오후 4시쯤 여객선 터미널에 도착할 예정이에요. 회사 셔틀버스로 그분들을 태우러 갈 수 있나요?)라고 말했으므로 (A)가 정답이다.

➕ Paraphrasing

agency → company

2. What does the man say he will give the woman?

(A) A training schedule

(B) A customer list

(C) Some parking information

(D) Some product prices

남자는 여자에게 무엇을 줄 것이라고 말하는가?

(A) 교육 시간표

(B) 고객 목록

(C) 몇몇 주차 정보
(D) 몇몇 제품 가격

해설 키워드 문제 – 대화 중반부에 남자가 I'll give you a list of their contact information before you head out. (출발하시기 전에 그분들 연락처 목록을 드릴게요.)이라고 말했으므로 (B)가 정답이다.

3. Why does the man say, "We have plenty of people who want to work extra hours"?
(A) To reject an invitation
(B) To suggest an alternate option
(C) To warn of a possible conflict
(D) To authorize a request

남자는 왜 "저희는 추가 근무를 희망하는 사람들이 많아요"라고 말하는가?
(A) 초대를 거절하기 위해
(B) 대안을 제안하기 위해
(C) 있음 직한 갈등을 경고하기 위해
(D) 신청서를 승인하기 위해

해설 화자 의도 파악 문제 – 대화 후반부에 여자가 I submitted a holiday request for a week off in November. I'd like to take a trip with my family if possible. (제가 11월에 일주일간 휴가 신청서를 제출했어요. 가능하면 가족들과 여행 가고 싶어서요.)이라고 하자, 남자가 We have plenty of people who want to work extra hours. (저희는 추가 근무를 희망하는 사람들이 많아요.)라고 말한 것으로 보아 휴가 동안 대신 추가 근무를 할 사람이 많아 휴가 신청서가 승인될 것임을 의미하고 있으므로 (D)가 정답이다.

CASE 집중훈련
본서 p.189

1. (C) **2.** (A) **3.** (C)

미국 ↔ 호주

Questions 1-3 refer to the following conversation.

W Joshua! I've been looking all over for you. **❶The director of the movie wanted you to have this updated script.** With these updates, some of our actors will need a completely new wardrobe.

M I see. I'll review it right away.

W Thanks. I have a small problem, though. **❷❸The male lead is supposed to use a laptop in scene 23, but it's nowhere to be found. ❸Have you seen it around?**

M **❸You should probably ask Hyeon-su. He supervises the property for the film.** It's possible one of our staff members mistook it for theirs and left it in his office.

1-3번은 다음 대화에 관한 문제입니다.

여 Joshua! 당신을 찾으려고 사방을 헤매고 다녔어요. **❶영화감독님께서 당신이 이 업데이트된 대본을 받아보길 바라셨어요.** 이 업데이트로 인해, 우리 배우들 중 몇 명은 완전히 새로운 의상이 필요할 거예요.

남 알겠습니다. 지금 바로 검토할게요.

여 감사합니다. 그런데 작은 문제가 하나 있어요. **❷남자 주인공이 23번 장면에서 노트북을 사용하기로 되어 있는데, 어디에서도 찾을 수가 없네요. ❸근처에서 보셨어요?**

남 **❸Hyeon-su에게 물어보세요. 그분이 영화의 소품을 관리하고 있어요.** 우리 직원 중 한 명이 자기 것으로 착각해서 사무실에 두고 왔을 수도 있어요.

어휘
director (영화) 감독 | script 대본 | completely 완전히 | wardrobe 옷, 의상 | male lead 남자 주연 배우 | be supposed to do ~하기로 되어 있다 | scene 장면 | nowhere 아무 데도 ~않다 | supervise 관리하다, 감독하다 | property 소유물, 재산 | mistake 착각하다 | production (영화) 제작 | misplace 제자리에 두지 않다 | unavailable 시간이 없는 | out of order 고장 난 | hire 채용하다 | additional 추가적인 | reschedule 일정을 변경하다

1. Where most likely are the speakers?
(A) At a movie theater
(B) At a broadcasting station
(C) At a production set
(D) At a design studio

화자들은 어디에 있겠는가?
(A) 영화관에
(B) 방송국에
(C) 영화 제작 세트장에
(D) 디자인 스튜디오에

해설 대화 장소를 묻는 문제 – 대화 초반부에 여자가 The director of the movie wanted you to have this updated script. (영화감독님께서 당신이 이 업데이트된 대본을 받아보길 바라셨어요.)라고 말했으므로 (C)가 정답이다.

2. What problem does the woman mention?
(A) An item has been misplaced.
(B) An employee is unavailable.
(C) Some equipment is out of order.
(D) Some furniture needs to be set up.

여자는 어떤 문제점을 언급하는가?
(A) 어떤 물건이 제자리에 있지 않다.
(B) 어떤 직원이 시간이 안 된다.
(C) 어떤 장비가 고장 났다.
(D) 어떤 가구가 설치되어야 한다.

해설 키워드 문제 – 대화 중반부에 여자가 The male lead is supposed to use a laptop in scene 23, but it's nowhere to be found. (남자 주인공이 23번 장면에서 노트북을 사용하기로 되어 있는데, 어디에서도 찾을 수가 없네요.)라고 말했으므로 (A)가 정답이다.

3. What suggestion does the man make?
(A) Reviewing a manual
(B) Hiring additional help
(C) Speaking with a supervisor
(D) Rescheduling a session

남자는 어떤 제안을 하는가?
(A) 설명서를 검토하는 것
(B) 직원을 더 채용하는 것
(C) 관리자와 얘기하는 것
(D) 세션 일정을 변경하는 것

해설 제안·요청을 묻는 문제 – 대화 중후반부에 여자가 The male lead is supposed to use a laptop in scene 23, but it's nowhere to be found. Have you seen it around? (남자 주인공이 23번 장면에서 노트북을 사용하기로 되어 있는데, 어디에서도 찾을 수가 없네요.

근처에서 보셨어요?)라고 하자, 남자가 You should probably ask Hyeon-su. He supervises the property for the film.(Hyeon-su에게 물어보세요. 그분이 영화의 소품을 관리하고 있어요.)이라고 말했으므로 (C)가 정답이다.

CASE 집중훈련

본서 p.191

1. (B)　2. (C)　3. (C)

미국 ↔ 미국

Questions 1-3 refer to the following conversation.

W Good morning, Carlos. I noticed earlier that you brought your bike to the office.

M Yeah. **①The city just finished constructing a new bike lane on Orange Avenue**, so I've been using it to get here.

W That's wonderful! You know, the city council is also going to build more bike lanes in the downtown area.

M I'm so glad. **②It's been really nice for my commute. It used to take me around 50 minutes by bus, but now I get here in less than half an hour.**

W That's great! By the way, **③I'm participating in a local bike race next month. You should sign up.** It'll be fun.

1-3번은 다음 대화에 관한 문제입니다.

여 안녕하세요, Carlos. 아까 사무실에 자전거를 가지고 오시는 걸 봤어요.

남 네. **①시에서 Orange가에 새로운 자전거 전용 도로 건설하는 걸 막 끝냈어요,** 그래서 출근할 때 그곳을 이용하고 있어요.

여 멋지네요! 시 의회가 또한 도심 지역에 더 많은 자전거 전용 도로를 지을 예정이래요.

남 정말 기뻐요. **②출퇴근에 정말 좋아요. 버스로 약 50분 정도 걸리곤 했는데, 지금은 이곳에 30분도 안 돼서 도착해요.**

여 잘됐네요! 그건 그렇고, **③저는 다음 달에 지역 자전거 경주에 참가할 거예요. 당신도 등록해 보세요.** 재미있을 거예요.

어휘

notice 알아차리다 | construct 공사하다, 건설하다 | lane 도로, 길 | downtown 도심의; 시내에 | city council 시 의회 | commute 출퇴근, 통근 | participate in ~에 참가하다 | sign up (~에) 등록하다 | increase 인상하다, 늘이다 | public transit fee 대중교통 요금 | replace 교체하다 | election 선거 | pleased 기쁜 | utility 공익 사업체 | neighborhood 동네, 이웃 | reduce 줄이다 | attend 참석하다 | enroll in ~에 등록하다 | register for ~에 등록하다 | permit 허가(증)

1. According to the man, what did the city recently do?
(A) It increased public transit fees.
(B) It constructed a bicycle lane.
(C) It replaced old buses.
(D) It held a local election.

남자에 따르면, 시는 최근에 무엇을 했는가?
(A) 대중교통 요금을 인상했다.
(B) 자전거 전용 도로를 건설했다.
(C) 오래된 버스들을 교체했다.
(D) 지역 선거를 열었다.

해설 키워드 문제 – 대화 초반부에 남자가 The city just finished constructing a new bike lane on Orange Avenue(시에서 Orange가에 새로운 자전거 전용 도로 건설하는 걸 막 끝냈어요)라고 말했으므로 (B)가 정답이다.

2. Why is the man pleased about a change?
(A) He pays less for utilities.
(B) His neighborhood is quieter.
(C) His traveling time has been reduced.
(D) He has more recycling options.

남자는 왜 변화에 대해 기뻐하는가?
(A) 공과금을 더 적게 낸다.
(B) 동네가 더 조용하다.
(C) 이동 시간이 줄었다.
(D) 더 많은 재활용 선택권을 갖게 되었다.

해설 키워드 문제 – 대화 후반부에 남자가 It's been really nice for my commute. It used to take me around 50 minutes by bus, but now I get here in less than half an hour.(출퇴근에 정말 좋아요. 버스로 약 50분 정도 걸리곤 했는데, 지금은 이곳에 30분도 안 돼서 도착해요.)라고 말했으므로 (C)가 정답이다.

✚ Paraphrasing
commute → traveling

3. What does the woman recommend the man do?
(A) Attend a community meeting
(B) Enroll in a class
(C) Register for a competition
(D) Purchase a permit

여자는 남자에게 무엇을 하라고 권하는가?
(A) 지역 주민 회의에 참석하라고
(B) 수업에 등록하라고
(C) 대회에 등록하라고
(D) 허가증을 구입하라고

해설 제안·요청을 묻는 문제 – 여자가 마지막 말에서 I'm participating in a local bike race next month. You should sign up.(저는 다음 달에 지역 자전거 경주에 참가할 거예요. 당신도 등록해 보세요.)이라고 말했으므로 (C)가 정답이다.

✚ Paraphrasing
race → competition, sign up → Register for

CASE 집중훈련

본서 p.193

1. (C)　2. (A)　3. (D)

미국 ↔ 미국

Questions 1-3 refer to the following conversation and floor plan.

M This is Palmer Department Store's maintenance office.

W Hello, **①it's Felicity Rivers. I work in the customer service center.**

M Yes, Ms. Rivers, how may I help you?

W Well, I'm on my way back from lunch. **2 I just walked up one of the stairways in the store and saw that the ceiling pipes were leaking, making the steps slippery. Can you send someone to take a look at them?**

M Of course. Which stairway?

W Well, uh, this is my first week working here, so I don't know...

M That's OK. Are you by the restaurant corner?

W Um... No. **3 I'm actually standing between Elsa Books and Lion Cinemas.**

M Got it. I'll be there shortly.

1-3번은 다음 대화와 평면도에 관한 문제입니다.

남 Palmer 백화점 관리 사무소입니다.

여 안녕하세요. **1 Felicity Rivers인데요. 저는 고객 서비스 센터에서 근무하고 있어요.**

남 네, Rivers 씨, 어떻게 도와 드릴까요?

여 음, 제가 점심을 먹고 돌아가는 중이에요. **2 백화점 안에 있는 계단 중 한 곳을 올라가고 있었는데 천장 배관에 누수가 있어, 계단이 미끄러워진 걸 봤어요. 이걸 확인해 줄 수 있는 분을 보내 주시겠어요?**

남 그럼요. 어떤 계단인가요?

여 저, 어, 제가 근무 첫 주라서요. 잘 모르겠는데요...

남 괜찮아요. 식당 코너 근방에 계신가요?

여 음... 아니요. **3 실은 제가 Elsa 서점과 Lion 영화관 사이에 서 있어요.**

남 알겠어요. 제가 곧 가도록 할게요.

어휘
floor plan 평면도 | maintenance 관리 | stairway 계단 | ceiling 천장 | leak 새다 | slippery 미끄러운 | shortly 곧 | agent 직원, 대리인 | security 보안 | inspect 점검하다 | unlock 열다 | replace 교체하다 | entrance 입구 | issue 발급하다 | access 출입 | refer to ~을 언급하다

1. Who most likely is the woman?
(A) A maintenance supervisor
(B) A department store customer
(C) A customer service agent
(D) A security officer

여자는 누구이겠는가?
(A) 관리 감독관
(B) 백화점 고객
(C) 고객 서비스 직원
(D) 보안 직원

해설 화자의 신분을 묻는 문제 – 대화 초반부에 여자가 it's Felicity Rivers. I work in the customer service center. (Felicity Rivers 인데요. 저는 고객 서비스 센터에서 근무하고 있어요.)라고 말했으므로 (C)가 정답이다.

2. What does the woman ask the maintenance office to do?
(A) Inspect some pipes
(B) Unlock some doors
(C) Replace an entrance sign
(D) Issue an access card

여자는 관리 사무소에 무엇을 하라고 요청하는가?
(A) 배관을 점검하라고
(B) 문을 열라고
(C) 입구 표지판을 교체하라고
(D) 출입 카드를 발급하라고

해설 제안·요청을 묻는 문제 – 대화 중반부에 여자가 I just walked up one of the stairways in the store and saw that the ceiling pipes were leaking, making the steps slippery. (백화점 안에 있는 계단 중 한 곳을 올라가고 있었는데 천장 배관에 누수가 있어, 계단이 미끄러워진 걸 봤어요.)라고 하면서 Can you send someone to take a look at them? (이걸 확인해 줄 수 있는 분을 보내 주시겠어요?)이라고 말했으므로 (A)가 정답이다.

+ Paraphrasing
take a look at → Inspect

3. Look at the graphic. Which stairway is the woman referring to?
(A) Stairway A
(B) Stairway B
(C) Stairway C
(D) Stairway D

시각 자료를 보시오. 여자는 어떤 계단을 언급하고 있는가?
(A) A 계단
(B) B 계단
(C) C 계단
(D) D 계단

해설 시각 자료 연계 문제 – 대화 후반부에 여자가 I'm actually standing between Elsa Books and Lion Cinemas. (실은 제가 Elsa 서점과 Lion 영화관 사이에 서 있어요.)라고 말했고, 시각 자료에서 Elsa Books(Elsa 서점)와 Lion Cinemas(Lion 영화관) 사이에 있는 계단은 D 계단임을 확인할 수 있으므로 (D)가 정답이다.

CASE 집중훈련   본서 p.195
1. (D)   **2.** (D)   **3.** (A)

영국 ↔ 미국

Questions 1-3 refer to the following conversation.

W Hi, Collin. **1 Do you know if there's a place somewhere in our office where I can leave my bicycle?**

M I'm not sure. Why?

W Well, ❷**the subway station near me is closed for the next two weeks**, so I was going to take my bike to the office until it reopens.

M You might want to check with the facility manager about a place for your bicycle. ❸**If it doesn't work out, talk to Jeremiah.** I believe he lives in your neighborhood, so maybe you can carpool with him.

W Good idea. I'll go see him later.

1-3번은 다음 대화에 관한 문제입니다.

여 안녕하세요, Collin. ❶**사무실에 제가 자전거를 놓을 수 있는 공간이 있는지 아시나요?**

남 잘 모르겠어요. 왜 그러세요?

여 음, ❷**가까운 지하철역이 앞으로 2주간 폐쇄돼서**, 다시 열 때까지 사무실까지 자전거를 타고 오려고요.

남 자전거 놓을 공간에 대해서는 시설 관리자에게 확인해 보는 게 좋을 거예요. ❸**해결되지 않으면, Jeremiah와 이야기해 보세요.** 제가 알기로는, 그가 당신과 같은 동네에 살고 있어서, 어쩌면 같이 카풀을 할 수 있을지도 몰라요.

여 좋은 생각이네요. 이따가 그를 만나러 가 볼게요.

어휘

reopen 다시 문을 열다 | facility manager 시설 관리자 | work out (일이) 잘 풀리다 | neighborhood 근처, 이웃 | carpool 카풀을 하다, 차를 함께 타다 | reserve 예약하다 | traffic 교통량 | deadline 마감일 | inaccessible 접근하기 어려운 | refer to ~을 참고하다 | manual 설명서

1. What does the woman ask about?
(A) Using a machine
(B) Reserving a room
(C) Calling a taxi
(D) Parking a bicycle

여자는 무엇에 관하여 물어보는가?
(A) 기계를 사용하는 것
(B) 방을 예약하는 것
(C) 택시를 부르는 것
(D) **자전거를 주차하는 것**

해설 키워드 문제 – 대화 초반부에 여자가 Do you know if there's a place somewhere in our office where I can leave my bicycle? (사무실에 제가 자전거를 놓을 수 있는 공간이 있으신가요?)이라고 말했으므로 (D)가 정답이다.

2. What problem does the woman mention?
(A) She lost her employee ID card.
(B) A road has too much traffic.
(C) She cannot make a project deadline.
(D) A subway station is inaccessible.

여자는 어떤 문제점을 언급하는가?
(A) 자신의 사원증을 잃어버렸다.
(B) 교통 체증이 너무 심하다.
(C) 프로젝트 마감일을 맞출 수 없다.
(D) **지하철역에 접근하기 어렵다.**

해설 키워드 문제 – 대화 초반부에 여자가 the subway station near me is closed for the next two weeks(가까운 지하철역이 앞으로 2주간 폐쇄돼서)라고 말했으므로 (D)가 정답이다.

+ Paraphrasing
closed → inaccessible

3. What does the man recommend the woman do?
(A) Speak with a coworker
(B) Check a Web site
(C) Refer to a manual
(D) Install a program

남자는 여자에게 무엇을 하라고 권하는가?
(A) **동료와 이야기하라고**
(B) 웹 사이트를 확인하라고
(C) 설명서를 참고하라고
(D) 프로그램을 설치하라고

해설 제안·요청을 묻는 문제 – 대화 후반부에 남자가 If it doesn't work out, talk to Jeremiah.(해결되지 않으면, Jeremiah와 이야기해 보세요.)라고 했으므로 (A)가 정답이다.

+ Paraphrasing
talk to → Speak with

CASE 집중훈련

본서 p.197

1. (D) **2.** (B) **3.** (A)

영국 ↔ 호주 ↔ 영국

Questions 1-3 refer to the following conversation with three speakers.

W1 ❶**I'm glad you could show us around the grounds of the rental property.** You've been very helpful.

M Thank you. It's a pleasure working as your real estate agent. So, how do you like the property? Do you think it meets your needs?

W1 Actually, I'm concerned the space won't be large enough for our business. Tina, what do you think?

W2 You're right. ❷**Our lumber yard is going to be carrying a lot more products this year**, so we need a bigger place.

M Well, ❸**I have one more property by the airport with more space. I can show it to you now, if you have time.**

1-3번은 다음 세 화자의 대화에 관한 문제입니다.

여1 ❶**임대 부동산 부지를 저희에게 보여 주셔서 감사해요.** 큰 도움이 됐어요.

남 감사합니다. 고객님의 부동산 중개인으로 일하게 되어 기쁩니다. 그래서, 이 부동산은 어떠셨어요? 고객님의 요구를 충족시키는 것 같으세요?

여1 사실, 공간이 우리 사업체만큼 크지 않아서 걱정되네요. Tina, 어떻게 생각해요?

여2 맞아요. ❷**올해는 우리 재목 저장소에 더 많은 제품을 취급할 예정이라서**, 우리는 더 큰 장소가 필요해요.

남 음, ❸**공항 옆에 공간이 더 넓은 부동산이 있어요. 시간 있으시면 제가 지금 보여 드릴 수 있어요.**

어휘

rental 임대 I property 부동산 I helpful 도움이 되는 I real estate agent 부동산 중개인 I meet one's needs ~의 요구를 충족시키다 I concerned 걱정되는 I lumber yard 재목 저장소 I carry 취급하다 I payment 지급, 납입 I partnership 제휴, 동업 I inspect 검사하다 I tour 둘러보다 I merchandise 상품 I head office 본사 I relocate 이전하다 I renovate 개조[보수]하다

1. Why are the women meeting with the man?
(A) To request a payment
(B) To discuss a partnership
(C) To inspect some documents
(D) To tour some land for rent

여자들은 왜 남자와 만나고 있는가?
(A) 지급을 요청하기 위해
(B) 제휴를 논의하기 위해
(C) 어떤 문서를 검사하기 위해
(D) 임대 부지를 둘러보기 위해

해설 주제·목적을 묻는 문제 – 대화 초반부에 여자1이 I'm glad you could show us around the grounds of the rental property. (임대 부동산 부지를 저희에게 보여 주셔서 감사해요.)라고 말하며 대화를 시작하고 있으므로 (D)가 정답이다.

2. What does Tina say will happen this year?
(A) More employees will be hired.
(B) More merchandise will be offered.
(C) A head office will be relocated.
(D) A factory will be renovated.

Tina는 올해 무슨 일이 일어날 것이라고 말하는가?
(A) 더 많은 직원이 채용될 것이다.
(B) 더 많은 상품이 제공될 것이다.
(C) 본사가 이전될 것이다.
(D) 공장이 보수될 것이다.

해설 키워드 문제 – 대화 중후반에 여자2가 Our lumber yard is going to be carrying a lot more products this year(올해는 우리 재목 저장소에 더 많은 제품을 취급할 예정이라서)라고 말했으므로 (B)가 정답이다.

+ Paraphrasing

products → merchandise

3. What does the man offer to do?
(A) Show the women another property
(B) Give the women a discount
(C) Book a flight for the women
(D) Send an e-mail to the women

남자는 무엇을 하겠다고 제안하는가?
(A) 여자들에게 다른 부동산을 보여 주겠다고
(B) 여자들에게 할인을 제공해 주겠다고
(C) 여자들에게 항공편을 예약해 주겠다고
(D) 여자들에게 이메일을 보내 주겠다고

해설 제안·요청을 묻는 문제 – 남자가 마지막 말에서 I have one more property by the airport with more space. I can show it to you now, if you have time. (공항 옆에 공간이 더 넓은 부동산이 있어요. 시간 있으시면 제가 지금 보여 드릴 수 있어요.)이라고 말했으므로 (A)가 정답이다.

CASE 집중훈련

본서 p.199

1. (C)　**2.** (D)　**3.** (B)

미국 ↔ 미국

Questions 1-3 refer to the following conversation.

W ❶**Thank you for calling Rejuv Health Center.** How may I assist you?

M Hi, I want to schedule an appointment with Dr. Jean.

W Have you visited our clinic before?

M Yes. My name is Dean Roberts, and I want to get a flu shot.

W Ah, ❷**we actually revised our policy, so you don't have to meet a doctor to get that. As long as it's within normal operating hours, you can come by anytime, and a nurse will administer the shot.**

M That's convenient. If I come in around 6 P.M. today, will there be a lot of people?

W Yes, many people get off work around then, so you'll probably have to wait a bit. But if you're available, we're not too busy around noon.

M Perfect. ❸**That's during my lunch break, so I'll stop by then.**

1-3번은 다음 대화에 관한 문제입니다.

여 ❶Rejuv 의료 센터에 전화 주셔서 감사합니다. 무엇을 도와 드릴까요?

남 안녕하세요, 저는 Jean 의사 선생님께 예약을 하고 싶습니다.

여 저희 병원을 전에 방문한 적이 있으신가요?

남 네. 저는 Dean Roberts이고, 저는 독감 주사를 맞고 싶습니다.

여 아, ❷실은 저희가 정책을 개정해서, 주사를 맞기 위해 의사를 만날 필요는 없습니다. 정상 운영 시간 내라면 아무 때나 오실 수 있고, 간호사가 주사를 놔 줄 거예요.

남 편리하네요. 오늘 저녁 6시쯤 가면, 사람이 많을까요?

여 네, 많은 사람들이 그때쯤 퇴근을 해서, 조금 기다리셔야 할 거예요. 하지만 시간이 괜찮으시면, 정오쯤에는 많이 붐비지 않아요.

남 네. ❸그때는 제 점심시간이니, 그 시간에 들를게요.

어휘

schedule 일정을 잡다 I appointment 약속 I flu 독감 I shot 주사 I revise 개정하다 I policy 정책 I operating hours 영업시간 I administer (약을) 투여하다 I convenient 편리한 I get off work 퇴근하다 I available 시간이[여유가] 있는 I stop by 들르다 I manufacturing plant 제조 공장 I recruitment 채용 I present 제시하다 I valid 유효한 I registration 등록 I insurance provider 보험사 I be required to do ~할 필요가 있다 I testimonial (사용자의) 후기

1. Where does the woman probably work?
(A) At an art center
(B) At a manufacturing plant
(C) At a health facility
(D) At a recruitment company

여자는 어디에서 일하겠는가?
(A) 아트 센터에서
(B) 제조 공장에서
(C) 의료 시설에서
(D) 채용 회사에서

해설 화자의 신분을 묻는 문제 – 여자가 첫 번째 말에서 Thank you for calling Rejuv Health Center.(Rejuv 의료 센터에 전화 주셔서 감사합니다.)라고 말했으므로 (C)가 정답이다.

2. What updated policy does the woman inform the man about?
(A) He has to present a valid photo ID.
(B) He does not have to pay a registration fee.
(C) He should use a certain insurance provider.
(D) He is not required to make an appointment.

여자는 남자에게 어떤 개정된 정책에 관해 알려주는가?
(A) 사진이 있는 유효한 신분증을 제시해야 한다.
(B) 등록비를 낼 필요가 없다.
(C) 특정 보험사를 이용해야 한다.
(D) 예약할 필요가 없다.

해설 키워드 문제 – 대화 중반부에 여자가 we actually revised our policy, so you don't have to meet a doctor to get that. As long as it's within normal operating hours, you can come by anytime, and a nurse will administer the shot.(실은 저희가 정책을 개정해서, 주사를 맞기 위해 의사를 만날 필요는 없습니다. 정상 운영 시간 내라면 아무 때나 오실 수 있고, 간호사가 주사를 놔 줄 거예요.)이라고 말했으므로 (D)가 정답이다.

3. What does the man say he will do?
(A) Review some testimonials
(B) Visit during his lunchtime
(C) Make a recommendation to a friend
(D) Check out another location

남자는 무엇을 할 것이라고 말하는가?
(A) 후기를 살펴볼 것이라고
(B) 점심시간에 방문할 것이라고
(C) 친구에게 추천을 할 것이라고
(D) 다른 지점을 알아볼 것이라고

해설 다음에 할 일을 묻는 문제 – 남자가 마지막 말에서 That's during my lunch break, so I'll stop by then.(그때는 제 점심시간이니, 그 시간에 들를게요.)라고 말했으므로 (B)가 정답이다.

✦ Paraphrasing
lunch break → lunchtime, stop by → Visit

CASE 집중훈련
본서 p.201
1. (D) **2.** (C) **3.** (B)

호주 ↔ 영국

Questions 1-3 refer to the following conversation.
Ⓜ Hi, Yuriko. How's work going?
Ⓦ **❶It's been a tough day. I've been in meetings with clients since early this morning.**
Ⓜ **❶Just an hour to go.**
Ⓦ Right. We're almost done for the day. **❷By the way, Michelle and I are going to check out the new sculpture collection at the art gallery after work.** Would you like to join us?

Ⓜ Oh, I like sculptures, so I'd love to go with you. **❸But today won't work because some people are coming over to install a new air conditioner at my place.**
Ⓦ Well, the collection will be on display for another week, so maybe you can see it another time.

1-3번은 다음 대화에 관한 문제입니다.
남 안녕하세요, Yuriko. 일은 어때세요?
여 **❶**힘든 하루였어요. 오늘 아침 일찍부터 고객들과 회의하고 있었어요.
남 **❶**한 시간만 버티면 되네요.
여 맞아요. 거의 끝나가요. **❷**그나저나, 저랑 Michelle은 일 끝나고 미술관에 새로운 조각품 컬렉션을 보러 갈 거예요. 같이 가실래요?
남 아, 저도 조각품을 좋아해서, 정말 같이 가고 싶어요. **❸**하지만 집에 새 에어컨을 설치하러 사람들이 방문할 거라 오늘은 안 될 거 같아요.
여 음, 컬렉션은 일주일 더 전시될 예정이라, 아마 다른 때에 보실 수 있을 거예요.

어휘
tough 힘든 | check out ~를 보러 가다, 확인하다 | sculpture 조각품 | come over 오다, 방문하다 | install 설치하다 | place 집, 장소 | express 표시[표현]하다 | disappointment 유감, 실망 | admiration 경의, 존경 | encourage 격려하다 | refuse 거절하다 | invitation 초대 | appliance (가정용) 기기

1. Why does the man say, "Just an hour to go"?
(A) To express disappointment
(B) To end a conversation
(C) To show admiration
(D) To encourage the woman

남자는 왜 "한 시간만 버티면 되네요"라고 말하는가?
(A) 유감을 표시하기 위해
(B) 대화를 마치기 위해
(C) 경의를 표현하기 위해
(D) 여자를 격려하기 위해

해설 화자 의도 파악 문제 – 대화 초반부에 여자가 It's been a tough day. I've been in meetings with clients since early this morning.(힘든 하루였어요. 오늘 아침 일찍부터 고객들과 회의하고 있었어요.)이라고 한 말에, 남자가 Just an hour to go.(한 시간만 버티면 되네요.)라고 말한 것은 한 시간만 버티면 끝나니 힘을 내라고 격려하는 의미이므로 (D)가 정답이다.

2. What is the woman going to do after work?
(A) Attend a dinner party
(B) Go to a museum
(C) View a sculpture collection
(D) Participate in a seminar

여자는 일 끝나고 무엇을 할 것인가?
(A) 저녁 만찬에 참석할 것이다
(B) 박물관에 갈 것이다
(C) 조각품 컬렉션을 볼 것이다
(D) 세미나에 참가할 것이다

해설 키워드 문제 – 대화 중반부에 여자가 By the way, Michelle and I are going to check out the new sculpture collection at the art gallery after work.(그나저나, 저랑 Michelle은 일 끝나고 미술관에 새로운 조각품 컬렉션을 보러 갈 거예요.)라고 말했으므로 (C)가 정답이다.

3. Why does the man refuse the woman's invitation?
(A) He has to stay late at the office.
(B) He is having an appliance installed.
(C) He plans to meet some friends.
(D) He has a doctor's appointment.

남자는 왜 여자의 초대를 거절하는가?
(A) 늦게까지 사무실에 남아야 한다.
(B) 기기를 설치할 예정이다.
(C) 친구들을 만날 계획이다.
(D) 진료 예약이 있다.

해설 키워드 문제 – 대화 후반부에 남자가 But today won't work because some people are coming over to install a new air conditioner at my place.(하지만 집에 새 에어컨을 설치하러 사람들이 방문할 거라 오늘은 안 될 거 같아요.)라고 말했으므로 (B)가 정답이다.

CASE 실전훈련
본서 p.202

1. (D)	2. (C)	3. (A)	4. (A)	5. (C)	6. (A)
7. (B)	8. (D)	9. (A)	10. (D)	11. (B)	12. (D)
13. (B)	14. (C)	15. (A)	16. (D)	17. (D)	18. (D)

미국 ↔ 미국

Questions 1-3 refer to the following conversation.

M Thank you for calling Fed Street. How can I assist you today?

W Hi, there. I'm looking to host a small event, and **①I love your food, so I was wondering whether you also provide a catering service.**

M Yes, we do. We have a set course. You can find the details on our Web site.

W I see. **②Well, I have some potential investors coming in this Saturday.** Would it be possible to order food for 8 people?

M Yes, we can accommodate that. Where is your office located?

W It's actually opposite your restaurant!

M That's convenient! **③OK, I'll just need your e-mail address, and I'll send over a form for you to fill out.**

1-3번은 다음 대화에 관한 문제입니다.

남 Fed Street에 전화 주셔서 감사합니다. 무엇을 도와 드릴까요?

여 안녕하세요. 제가 소규모 행사를 주최하려고 하는데, **①귀사의 음식을 정말 좋아해서 귀사가 출장 연회 서비스도 제공하시는지 궁금해서요.**

남 네, 제공합니다. 정식 코스로 있어요. 자세한 내용은 저희 웹 사이트에서 확인하실 수 있으세요.

여 그렇군요. **②음, 이번 주 토요일에 잠재 투자자들이 오거든요.** 음식 8인분 주문 가능한가요?

남 네, 맞춰 드릴 수 있습니다. 사무실이 어디세요?

여 사실 식당 맞은편이에요!

남 편리하네요! **③알겠습니다, 이메일 주소만 알려 주시면, 제가 작성하실 양식을 보내 드릴게요.**

어휘
assist 돕다 | catering service 출장 연회 서비스 | set 세트메뉴로 된, 정식의 | detail 세부 사항 | potential 잠재적인 | investor 투자자 | accommodate (요구 등을) 받아들이다 | opposite ~의 맞은편에 | convenient 편리한 | form 양식 | fill out ~을 작성하다 | board 이사회 | auditor 회계 감사관 | deposit 보증금

1. Where does the man most likely work?
(A) At an airport
(B) At a design company
(C) At an event planner
(D) At a restaurant

남자는 어디에서 일하겠는가?
(A) 공항에서
(B) 디자인 회사에서
(C) 이벤트 기획사에서
(D) 식당에서

해설 화자의 신분을 묻는 문제 – 대화 초반부에 여자가 I love your food, so I was wondering whether you also provide a catering service(귀사의 음식을 정말 좋아해서 귀사가 출장 연회 서비스도 제공하시는지 궁금해서요)라고 말했으므로 (D)가 정답이다.

2. Who will the woman meet on Saturday?
(A) Some colleagues
(B) Some board members
(C) Some investors
(D) Some auditors

여자는 토요일에 누구를 만날 것인가?
(A) 동료
(B) 이사진
(C) 투자자
(D) 감사관

해설 키워드 문제 – 대화 중반부에 여자가 Well, I have some potential investors coming in this Saturday.(음, 이번 주 토요일에 잠재 투자자들이 오거든요.)라고 말했으므로 (C)가 정답이다.

3. What does the man ask the woman to provide?
(A) An e-mail address
(B) A deposit
(C) A city map
(D) A phone number

남자는 여자에게 무엇을 제공해 달라고 요청하는가?
(A) 이메일 주소
(B) 보증금
(C) 시내 지도
(D) 전화번호

해설 제안·요청을 묻는 문제 – 대화 후반부에 남자가 OK, I'll just need your e-mail address, and I'll send over a form for you to fill out.(알겠습니다, 이메일 주소만 알려 주시면, 제가 작성하실 양식을 보내 드릴게요.)이라고 말했으므로 (A)가 정답이다.

Questions 4-6 refer to the following conversation.

W Hey, Martin. **⁴⁵The XE50, the new digital timesheet program, has been installed. I've input all of our staff's information, so we can start tracking their work hours electronically now.**

M **⁵Does that mean you'll just have to scan your card** when you get in to work?

W Right—and the same goes for logging out. **⁵During the weekly meeting this Friday, I'll distribute the new cards.**

M Sounds good. Should we hold a training session to discuss the new program?

W That's not necessary. **⁶The XE50 has been designed for easy use**, so we'll just go over it in the meeting, and they'll be fine.

4-6번은 다음 대화에 관한 문제입니다.

여 안녕하세요, Martin. ⁴⁵새로운 디지털 근무 시간 기록 프로그램 XE50이 설치됐어요. 제가 우리 직원 정보를 모두 입력해 놓아서, 이제 근무 시간을 컴퓨터로 추적할 수 있어요.

남 그러면 출근할 때 ⁵카드만 스캔하면 되는 건가요?

여 맞아요—로그아웃 할 때도 마찬가지예요. ⁵이번 주 금요일 주간 회의 때, 제가 새로운 카드를 나눠 줄게요.

남 좋은데요. 저희가 새로운 프로그램에 대해 이야기할 교육 시간을 마련해야 할까요?

여 그럴 필요 없어요. ⁶XE50은 사용하기 쉽게 만들어져서, 회의 때 설명하면 괜찮을 거예요.

어휘

timesheet 근무 시간 기록표 | input 입력하다 | track 추적하다 | electronically 컴퓨터로, 전자적으로 | distribute 나눠 주다 | design (특정한 용도로) 만들다 [고안하다] | go over ~을 검토하다 | recruitment 채용 | procedure 절차 | performance evaluation 업적 평가 | parking permit 주차증 | directory 전화번호부 | advantage 이점 | user-friendly 사용자 친화적인 | affordable 가격이 저렴한 | lifetime 평생의, 일생의 | warranty 보증

4. What are the speakers mainly talking about?
(A) A time tracking program
(B) A recruitment procedure
(C) A building construction project
(D) A performance evaluation

화자들은 주로 무엇에 대해 이야기하고 있는가?
(A) 시간 추적 프로그램
(B) 채용 절차
(C) 건설 프로젝트
(D) 업적 평가

해설 주제·목적을 묻는 문제 – 대화 초반부에 여자가 The XE50, the new digital timesheet program, has been installed. I've input all of our staff's information, so we can start tracking their work hours electronically now.(새로운 디지털 근무 시간 기록 프로그램 XE50이 설치됐어요. 제가 우리 직원 정보를 모두 입력해 놓아서, 이제 근무 시간을 컴퓨터로 추적할 수 있어요.)라고 말했으므로 (A)가 정답이다.

5. What will staff receive this Friday?
(A) A product brochure
(B) A parking permit
(C) An electronic card
(D) A company directory

직원들은 이번 주 금요일에 무엇을 받을 것인가?
(A) 상품 안내서
(B) 주차증
(C) 전자 카드
(D) 회사 전화번호부

해설 키워드 문제 – 대화 초반부에 여자가 The XE50, the new digital timesheet program, has been installed. I've input all of our staff's information, so we can start tracking their work hours electronically now.(새로운 디지털 근무 시간 기록 프로그램 XE50이 설치됐어요. 제가 우리 직원 정보를 모두 입력해 놓아서, 이제 근무 시간을 컴퓨터로 추적할 수 있어요.)라고 하자, 남자가 Does that mean you'll just have to scan your card(카드만 스캔하면 되는 건가요)라고 질문했고, 여자는 During the weekly meeting this Friday, I'll distribute the new cards.(이번 주 금요일 주간 회의 때, 제가 새로운 카드를 나눠 줄게요.)라고 말했으므로 (C)가 정답이다.

6. What does the woman say is an advantage of the XE50?
(A) It is user-friendly.
(B) It is affordable.
(C) It includes a lifetime warranty.
(D) It includes some upgrades.

여자는 XE50의 이점이 무엇이라고 말하는가?
(A) 사용자 친화적이다.
(B) 가격이 저렴하다.
(C) 평생 보증을 포함한다.
(D) 업그레이드를 포함한다.

해설 키워드 문제 – 대화 후반부에 여자가 The XE50 has been designed for easy use(XE50은 사용하기 쉽게 만들어져서)라고 말했으므로 (A)가 정답이다.

+ Paraphrasing
easy use → user-friendly

Questions 7-9 refer to the following conversation with three speakers.

W1 You've certainly impressed us with the projects you've managed, Mr. Gordon. **⁷You may be the strongest candidate we've interviewed.**

M That's very kind. **⁸I still drive your car. ⁷That's what motivated me to come and interview here.**

W1 Alright, now I'd like to introduce you to Louise. **⁸She's our head of manufacturing. She would like to discuss our new product with you.**

M Sounds great. Nice to meet you, Louise.

W2 Nice to meet you, too. **⁹What I want to do is get your thoughts on this blueprint. That way, I'll get to see the way you think and work.** I'll trust that you'll keep this information confidential.

7-9번은 다음 세 화자의 대화에 관한 문제입니다.

여1 이제껏 맡으신 프로젝트는 정말 인상적이에요, Gordon 씨. 7저희가 면접 본 사람들 중 가장 유력한 지원자이실 거예요.

남 친절하십니다. 8저는 여전히 귀사의 차를 몰고 있어요. 7바로 그 점이 제가 이곳에 면접 보러 오는 데 동기 부여가 되었습니다.

여1 그러시군요, 이제 당신께 Louise를 소개해 드릴게요. 8저희 회사 제조 부문 책임자세요. 저희 신제품에 대해 당신과 이야기 나누고 싶어 하세요.

남 좋아요. 만나 뵙게 되어 반갑습니다, Louise.

여2 저도 반갑습니다. 9저는 이 설계도에 대한 당신의 의견을 들어보고 싶습니다. 그렇게 하면, 당신이 생각하고 일하는 방식에 대해 제가 알게 될 거예요. 이 정보는 기밀로 해 주실 거라 믿겠습니다.

어휘

certainly 정말로, 확실히 | impress 깊은 인상을 주다 | strong 유력한 | candidate 지원자, 후보자 | motivate 동기를 부여하다 | introduce 소개하다 | head 책임자 | manufacturing 제조 | blueprint 설계도 | get to do ~하게 되다 | confidential 기밀의 | collaborate 공동으로 작업하다 | inspection 점검, 조사 | pick up ~을 가져가다 | examine 검토하다, 살펴보다 | sign 서명하다

7. What is the purpose of the man's visit?
(A) To collaborate on a product
(B) To interview for a position
(C) To conduct an inspection
(D) To pick up a sample

남자의 방문 목적은 무엇인가?
(A) 제품을 공동 작업하려고
(B) 직무 면접을 보려고
(C) 점검을 수행하려고
(D) 견본품을 가져가려고

해설 주제·목적을 묻는 문제 – 대화 초반부에 여자1이 남자에게 You may be the strongest candidate we've interviewed.(저희가 면접 본 사람들 중 가장 유력한 지원자이실 거예요.)라고 말했고, 남자가 That's what motivated me to come and interview here.(바로 그 점이 제가 이곳에 면접 보러 오는 데 동기 부여가 되었습니다.)라고 말했으므로 (B)가 정답이다.

8. What industry do the women work in?
(A) Construction
(B) Market research
(C) Accounting
(D) Automobile manufacturing

여자들은 어떤 업계에서 일하는가?
(A) 건설
(B) 시장 조사
(C) 회계
(D) 자동차 제조

해설 화자의 신분을 묻는 문제 – 남자가 I still drive your car.(저는 여전히 귀사의 차를 몰고 있어요.)라고 말했고, 여자1이 She's our head of manufacturing. She would like to discuss our new product with you.(저희 회사 제조 부문 책임자세요. 저희 신제품에 대해 당신과 이야기 나누고 싶어 하세요.)라고 말했으므로 (D)가 정답이다.

9. What will the man most likely do next?
(A) Examine a document
(B) Sign a contract

(C) Observe a meeting
(D) Go to lunch

남자는 다음에 무엇을 하겠는가?
(A) 서류를 검토할 것이다
(B) 계약서에 서명할 것이다
(C) 회의를 참관할 것이다
(D) 점심을 먹으러 갈 것이다

해설 다음에 할 일을 묻는 문제 – 여자2가 남자에게 What I want to do is get your thoughts on this blueprint. That way, I'll get to see the way you think and work.(저는 이 설계도에 대한 당신의 의견을 들어보고 싶습니다. 그렇게 하면, 당신이 생각하고 일하는 방식에 대해 제가 알게 될 거예요.)라고 말했으므로 (A)가 정답이다.

✚ Paraphrasing
blueprint → document

미국 ↔ 호주

Questions 10-12 refer to the following conversation.

W 10**Here with us on today's program is Bamco Food Delivery's President, Gavin Cho.** Mr. Cho will discuss how he turned a small food delivery business into one of the largest companies in the industry.

M 10**Thanks for having me on your TV program.**

W 11**I know you have a very busy schedule, so I appreciate you accepting my invitation. I heard you recently gave a talk at the National Hospitality Conference.**

M That's right. I flew back from the conference two days ago. It was amazing.

W Great to hear it. 12**Now, what do you think has been the leading factor in your company's success?**

M Well, 12**my staff members are very talented and hardworking.**

W Ah yes, that explains a lot!

10-12번은 다음 대화에 관한 문제입니다.

여 10오늘 프로그램에는 Bamco 식품 배달의 회장이신 Gavin Cho가 저희와 함께 하십니다. Cho 씨는 소규모 식품 배달 업체를 어떻게 업계 최대 규모의 회사로 바꿔 놓았는지에 대한 이야기를 들려주실 겁니다.

남 10TV 프로그램에 초대해 주셔서 감사합니다.

여 11매우 바쁘신 걸로 알고 있는데, 초대에 응해 주셔서 감사합니다. 최근 전국 서비스 학회에서 연설을 하셨다고 들었어요.

남 그렇습니다. 이틀 전에 학회에서 돌아왔어요. 정말 좋았습니다.

여 좋으셨다니 기쁘네요. 12그럼, 귀사 성공의 주요 요인은 무엇이었다고 생각하시나요?

남 음, 12저희 직원들은 매우 재능 있고 근면합니다.

여 아 네, 그 말이 많은 걸 설명해 주네요!

어휘

president 회장 | turn A into B A를 B로 바꾸다 | appreciate 고마워하다 | accept 수락하다 | give a talk 연설을 하다 | hospitality 환대, 접대 | leading 주요한, 선두의 | factor 요인 | success 성공 | talented 재능 있는 | hardworking 근면한 | shipping firm 배송 회사 | executive 임원 | participate in ~에 참여하다 | promote 촉진하다 | merger 합병 | raise 올리다 | acknowledge 감사하다, 인정하다

10. Who most likely is the woman?
(A) A software designer
(B) A shipping firm executive
(C) A head chef
(D) A TV program host

여자는 누구이겠는가?
(A) 소프트웨어 디자이너
(B) 배송 회사 임원
(C) 총괄 쉐프
(D) TV 프로그램 진행자

해설 화자의 신분을 묻는 문제 – 대화 초반부에 여자가 Here with us on today's program is Bamco Food Delivery's President, Gavin Cho.(오늘 프로그램에는 Bamco 식품 배달의 회장이신 Gavin Cho 가 저희와 함께 하십니다.)라고 말했고, 남자가 Thanks for having me on your TV program.(TV 프로그램에 초대해 주셔서 감사합니다.)이라고 말했으므로 (D)가 정답이다.

11. According to the woman, why has the man been busy?
(A) He has just finished writing a book.
(B) He has participated in a conference.
(C) He has been seeking more clients.
(D) He has hired additional employees.

여자에 따르면, 남자는 왜 바빴는가?
(A) 책 쓰는 것을 이제 막 끝냈다.
(B) 학회에 참여했다.
(C) 더 많은 고객을 모집해 왔다.
(D) 직원을 더 고용했다.

해설 키워드 문제 – 대화 중반부에 여자가 I know you have a very busy schedule, so I appreciate you accepting my invitation. I heard you recently gave a talk at the National Hospitality Conference.(매우 바쁘신 걸로 알고 있는데, 초대에 응해 주셔서 감사합니다. 최근 전국 서비스 학회에서 연설을 하셨다고 들었어요.)라고 말했으므로 (B)가 정답이다.

12. Why does the man say, "my staff members are very talented and hardworking"?
(A) To promote the merger of two companies
(B) To suggest raising the salaries of some employees
(C) To explain why an error was made
(D) To acknowledge the efforts of others

남자는 왜 "저희 직원들은 매우 재능 있고 근면합니다"라고 말하는가?
(A) 두 회사의 합병을 촉진하려고
(B) 일부 직원들의 월급 인상을 제안하려고
(C) 오류가 발생한 이유를 설명하려고
(D) 다른 사람들의 노력을 치하하려고

해설 화자 의도 파악 문제 – 대화 후반부에 여자가 Now, what do you think has been the leading factor in your company's success?(그럼, 귀사 성공의 주된 요인은 무엇이었다고 생각하시나요?)라고 말하자, 남자가 my staff members are very talented and hardworking(저희 직원들은 매우 재능 있고 근면합니다)이라고 말한 것으로 보아 직원들의 우수함이 성공의 요인임을 말함으로써 그들의 노력을 치하하는 의미이므로 (D)가 정답이다.

Questions 13-15 refer to the following conversation and schedule.

W **13** **Hi, Hiroshi. I'm just working out the plans for the trade show on Friday.** I was wondering if you could help me with one thing.

M Yes, whatever you need.

W Thanks. **14** **We actually need somebody at the front desk in the morning, from 8 to 9.** Colette was going to do it, but she is no longer available. I need someone to take her place.

M Let me check my schedule. Oh, **15** **I do have something planned at 8, but it's not too urgent. I'll move it to some other time so that I can help at the event.**

금요일 오전 일정

15 오전 08:00–09:00	치과 방문
오전 09:00–10:00	공장 감독과의 만남
오전 10:00–11:00	고객 회의 참석
오전 11:00–11:30	직원 평가 수행

13-15번은 다음 대화와 일정에 관한 문제입니다.

여 **13** 안녕하세요, Hiroshi. 금요일에 있을 무역 박람회 계획을 이제 막 짜고 있는데요. 당신이 한 가지 도와줄 수 있을까 해서요.

남 네, 뭐든 말하세요.

여 고마워요. **14** 우리가 사실은 아침 8시부터 9시까지 안내 데스크에 있을 사람이 필요해요. Colette이 하기로 했는데, 더 이상 시간이 안 된다고 해서요. 그녀를 대신해 줄 사람이 필요해요.

남 제 일정 좀 확인해 볼게요. 아, **15** 8시에 계획된 게 있긴 한데, 엄청 급한 건 아니에요. 행사에 도움을 줄 수 있도록 그걸 다른 시간으로 옮길게요.

어휘
work out ~을 계획해 내다 | no longer 더 이상 ~하지 않다 | available 시간이 있는 | urgent 긴급한 | attend 참석하다 | conference 회의 | conduct 수행하다 | employee review 직원 평가 | retirement 은퇴 | award ceremony 시상식 | quality 품질 | inspection 검사, 점검 | engagement 약속 | cancel 취소하다

13. What is the woman planning?
(A) A retirement party
(B) A trade show
(C) An award ceremony
(D) A quality inspection

여자는 무엇을 계획하고 있는가?
(A) 은퇴 기념 파티
(B) 무역 박람회
(C) 시상식
(D) 품질 검사

해설 키워드 문제 – 대화 초반부에 여자가 Hi, Hiroshi. I'm just working out the plans for the trade show on Friday.(안녕하세요, Hiroshi. 금요일에 있을 무역 박람회 계획을 이제 막 짜고 있는데요.)라고 말했으므로 (B)가 정답이다.

14. What does the woman ask the man to do?
(A) Order some food
(B) Take a business trip

(C) Work at a front desk

(D) Contact a client

여자는 남자에게 무엇을 하라고 요청하는가?

(A) 어떤 음식을 주문하라고

(B) 출장을 가라고

(C) 안내 데스크에서 일하라고

(D) 고객에게 연락하라고

해설 제안·요청을 묻는 문제 - 대화 중반부에 여자가 We actually need somebody at the front desk in the morning, from 8 to 9.(우리가 사실은 아침 8시부터 9시까지 안내 데스크에 있을 사람이 필요해요.)이라고 말했으므로 (C)가 정답이다.

---

15. Look at the graphic. Which engagement will the man cancel?

(A) Visiting a dentist

(B) Meeting a factory supervisor

(C) Attending a client conference

(D) Conducting an employee review

시각 자료를 보시오. 남자는 어떤 약속을 취소할 것인가?

(A) 치과 방문

(B) 공장 감독과의 만남

(C) 고객 회의 참석

(D) 직원 평가 수행

해설 시각 자료 연계 문제 - 대화 후반부에 남자가 I do have something planned at 8, but it's not too urgent. I'll move it to some other time so that I can help at the event.(8시에 계획된 게 있긴 한데, 엄청 급한 건 아니에요. 행사에 도움을 줄 수 있도록 그걸 다른 시간으로 옮길게요.)라고 말했고, 시각 자료에서 08:00-09:00 A.M.(오전 08:00-09:00)에 Visit dentist(치과 방문)를 확인할 수 있으므로 (A)가 정답이다.

미국 ↔ 미국

Questions 16-18 refer to the following conversation and sign.

M **16** It's a good thing we boarded the bus early. We won't have to wait long to get into the electronics expo. **17** What stop do we get off at?

W **17** The expo is being held at the Bliss Hotel. We're passing by Rose Street right now, so we'll get off at the next one.

M Alright. I'm excited to view all the new products developed by our competitors. I'm sure this will help us come up with better electronics in the future.

W Yeah. Oh, also, **18** the Sorace Library is near here. They're currently offering special tours for out-of-town visitors. Let's stop by tomorrow before we head back home.

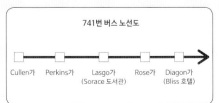

741번 버스 노선도

Cullen가 　 Perkins가 　 Lasgo가 (Sorace 도서관) 　 Rose가 　 Diagon가 (Bliss 호텔)

16-18번은 다음 대화와 표지판에 관한 문제입니다.

남 **16** 버스에 일찍 탑승해서 다행이에요. 전자 제품 박람회에 입장하려고 오랜 시간을 기다리지 않아도 되겠어요. **17** 무슨 정거장에서 하차하죠?

여 **17** 박람회는 Bliss 호텔에서 개최돼요. 우리가 지금 Rose가를 지나고 있으니, 다음에 내릴 거예요.

남 알았어요. 우리 경쟁사들이 개발한 신제품을 모두 보게 되어 신나요. 우리가 앞으로 더 나은 전자 제품을 내놓는 데에 도움이 되리라 믿어요.

여 네. 오, 그리고, **18** Sorace 도서관이 여기 근처에 있어요. 그곳은 현재 외지에서 온 방문객에게 특별 견학을 제공해요. 집으로 돌아가기 전에 내일 한번 들러 봅시다.

어휘

board 탑승하다 | electronics 전자 제품 | expo 박람회 | stop 정거장 | get off (차에서) 내리다 | hold 개최하다 | pass by ~을 지나치다 | view 보다 | develop 개발하다 | competitor 경쟁사 | come up with (해답·아이디어 등을) 내놓다, 생각해 내다 | out-of-town 다른 곳에서 온 | stop by 들르다 | route 노선 | competition 대회 | souvenir 기념품

---

16. What event are the speakers going to?

(A) A museum opening

(B) A training seminar

(C) A cooking competition

(D) An electronics convention

화자들은 어떤 행사에 가고 있는가?

(A) 박물관 개관식

(B) 교육 세미나

(C) 요리 대회

(D) 전자 제품 컨벤션

해설 키워드 문제 - 대화 초반부에 남자가 It's a good thing we boarded the bus early.(버스에 일찍 탑승해서 다행이에요.)라고 하면서, We won't have to wait long to get into the electronics expo.(전자 제품 박람회에 입장하려고 오랜 시간을 기다리지 않아도 되겠어요.)라고 말했으므로 (D)가 정답이다.

✚ Paraphrasing

expo → convention

---

17. Look at the graphic. Which bus stop will the speakers get off at?

(A) Perkins Road

(B) Lasgo Avenue

(C) Rose Street

(D) Diagon Drive

시각 자료를 보시오. 화자들은 어떤 정류장에서 하차할 것인가?

(A) Perkins가

(B) Lasgo가

(C) Rose가

(D) Diagon가

해설 시각 자료 연계 문제 - 대화 초중반부에 남자가 What stop do we get off at? (무슨 정거장에서 하차하죠?)이라고 묻자, 여자가 The expo is being held at the Bliss Hotel. We're passing by Rose Street right now, so we'll get off at the next one.(엑스포는 Bliss 호텔에서 개최돼요. 우리가 지금 Rose가를 지나고 있으니, 다음에 내릴 거예요.)이라고 말했고, 시각 자료에서 Bliss Hotel(Bliss 호텔)의 정류장인 Diagon Drive(Diagon가)를 확인할 수 있으며, 또한

Rose Street(Rose가)의 다음 정거장인 Diagon Drive(Diagon가)
를 확인할 수 있으므로 (D)가 정답이다.

18. What does the woman recommend doing tomorrow?
(A) Visiting a museum
(B) Taking the train
(C) Buying a souvenir
(D) Joining a tour

여자는 내일 무엇을 하는 것을 권하는가?
(A) 박물관을 방문하는 것
(B) 기차를 타는 것
(C) 기념품을 구매하는 것
(D) 견학에 함께 하는 것

해설 제안·요청을 묻는 문제 – 여자가 마지막 말에서 the Sorace Library
is near here(Sorace 도서관이 여기 근처에 있어요)라고 하면서,
They're currently offering special tours for out-of-town
visitors. Let's stop by tomorrow(그곳은 현재 외지에서 온 방문객
에게 특별 견학을 제공해요. 내일 한번 들러 봅시다)라고 말했으므로
(D)가 정답이다.

CHAPTER 11 대화 유형

CASE 집중훈련
본서 p.211
1. (C)   **2.** (D)   **3.** (C)

호주 ↔ 미국

Questions 1-3 refer to the following conversation.

M Hello, Linda. **❶My branch wants to try adding
some rewards to encourage good performance.**
I've heard that you're already doing something
similar in your branch.

W That's right. Do you have any questions?

M Yes, **❷it seems like a good idea to provide some
sort of incentive, but I'm not sure what to offer
specifically.**

W Well, **❷you're the one who sees them every day**.

M That's true. I was thinking we could get them some
baseball tickets or maybe coupons for a nice meal.

W That could be good. **❸You know, you should
really get in touch with Anita Ybarra in HR.** She
has a lot of information about gifts we can offer to
reward our best workers.

1-3번은 다음 대화에 관한 문제입니다.

남 안녕하세요, Linda. **❶저희 지점에서 좋은 성과를 내도록 장려하는
보상을 도입하려고 하는데요.** 당신 지점에서 이미 비슷한 걸 하고 있
다고 들었어요.

여 맞아요. 궁금한 거 있으세요?

남 네, **❷일종의 장려금을 제공하는 게 좋은 아이디어인 것 같은데요, 구
체적으로 뭘 줘야 할지 모르겠어요.**

여 음, **❷그들을 매일 보는 사람은 당신이잖아요.**

남 그렇죠. 저는 야구 경기 티켓이나 근사한 식사권을 제공하는 걸 생각
하고 있었어요.

여 괜찮을 것 같아요. **❸저기, 인사팀의 Anita Ybarra에게 연락해 보세요.**
그녀가 우수 직원 보상용 선물에 관한 정보를 많이 알고 있거든요.

어휘
reward 보상(금), 보상하다 ǀ encourage 장려하다 ǀ performance 성과, 실적 ǀ
similar 비슷한 ǀ incentive 장려금 ǀ specifically 구체적으로, 특별히 ǀ get in
touch with ~와 연락하다 ǀ promotion 홍보, 판촉 ǀ preparation 대비, 준비 ǀ
inspection 점검 ǀ advise 조언하다 ǀ instruction 설명서 ǀ hire 고용하다

1. What are the speakers talking about?
(A) A marketing promotion
(B) A grand opening
(C) Incentives for employees
(D) Preparations for an inspection

화자들은 무엇에 대해 이야기하고 있는가?
(A) 마케팅 홍보
(B) 개장
(C) 직원 장려금
(D) 점검 대비

해설 주제·목적을 묻는 문제 – 대화 초반부에 남자가 My branch wants
to try adding some rewards to encourage good performance.
(저희 지점에서 좋은 성과를 내도록 장려하는 보상을 도입하려고 하는
데요.)라고 말했으므로 (C)가 정답이다.

✚ Paraphrasing
rewards → Incentives

2. What does the woman imply when she says, "you're
the one who sees them every day"?
(A) The man should visit clients more often.
(B) The man has to read some documents.
(C) The man should have received an award.
(D) The man is the best person to decide.

여자가 "그들을 매일 보는 사람은 당신이잖아요"라고 말할 때, 그녀가
내비친 것은?
(A) 남자는 고객을 더 자주 방문해야 한다.
(B) 남자는 문서를 읽어야 한다.
(C) 남자는 상을 받았어야 했다.
(D) 남자는 결정을 내리기에 최적의 사람이다.

해설 화자 의도 파악 문제 – 대화 중반부에 남자가 it seems like a good
idea to provide some sort of incentive, but I'm not sure what
to offer specifically(일종의 장려금을 제공하는 게 좋은 아이디어인
것 같은데요, 구체적으로 뭘 줘야 할지 모르겠어요)라고 한 말에, 여자
가 you're the one who sees them every day(그들을 매일 보는
사람은 당신이잖아요)라고 말한 것은 매일 보는 만큼 그들에 대해 잘
알고 있는 당신이 결정을 내리기에 제일 적합한 사람이라는 의미이므
로 (D)가 정답이다.

3. What does the woman advise the man to do next?
(A) Schedule a meeting
(B) Download some instructions
(C) Contact a coworker
(D) Hire some employees

여자는 남자에게 다음으로 무엇을 하라고 조언하는가?
(A) 회의 일정을 잡으라고

(B) 설명서를 다운로드하라고
(C) 동료에게 연락하라고
(D) 직원을 고용하라고

해설 제안·요청을 묻는 문제 – 대화 후반부에 여자가 You know, you should really get in touch with Anita Ybarra in HR. (저기, 인사팀에 Anita Ybarra에게 연락해 보세요.)이라고 말했으므로 (C)가 정답이다.

✚ Paraphrasing
get in touch with → Contact

CASE 집중훈련
본서 p.213

1. (D) **2.** (B) **3.** (C)

미국 ↔ 미국

Questions 1-3 refer to the following conversation.

W ❶Hi, this is Bernice Chang from Finesse Cleaners, and I'm returning your call regarding our commercial cleaning services.

M Hello, and thanks for calling back. I run an inn with 30 guest rooms and an onsite café. Up to now, our housekeeping staff has handled all of the cleaning.

W I see. What can we do to help?

M Well, ❷we bought the rest of the floors in this building in order to accommodate more visitors. We'll most likely have 40 more rooms and an event hall. And so... ❷This has changed our needs.

W Ah, OK. Well, you've contacted the right place. ❸Why don't I have one of our consultants drop by later this week to discuss our services with you?

1-3번은 다음 대화에 관한 문제입니다.

여 ❶안녕하세요, 저는 Finesse 청소의 Bernice Chang이며, 저희의 상업용 청소 서비스에 관해 전화해 주셔서 다시 전화드립니다.

남 안녕하세요, 다시 전화해 주셔서 감사해요. 저는 객실 30개와 구내 카페를 갖춘 작은 호텔을 운영하고 있어요. 여태까지, 우리 객실 관리 직원들이 모든 청소를 처리했어요.

여 그러시군요. 저희가 어떻게 도와 드리면 될까요?

남 음, ❷더 많은 투숙객을 수용하기 위해 건물에 남아 있는 모든 층을 매입했어요. 아마 행사장과 객실 40개가 더 생길 거예요. 그래서... ❷이로 인해 저희의 필요 사항이 변경되었어요.

여 아, 그렇군요. 음, 정확한 곳에 연락해 주셨네요. ❸이번 주 말쯤에 저희 컨설턴트 중 한 명을 보내, 저희가 하는 서비스를 함께 논의할 수 있도록 할까요?

어휘
regarding ~에 관하여 | commercial 상업용의 | inn 작은 호텔 | onsite 그곳에 있는 | housekeeping staff 객실 관리 직원 | handle 처리하다 | accommodate 수용하다 | modify 수정하다 | require 필요로 하다, 요구하다 | extra 추가의 | assistance 도움 | contract 계약 | term 조건 | postpone 연기하다, 미루다 | lower 줄이다, 낮추다 | arrange 마련하다, 준비하다

1. Where does the woman work?
(A) At a catering firm
(B) At a hotel chain
(C) At a fitness center
(D) At a cleaning business

여자는 어디에서 일하는가?
(A) 음식 공급 업체에서
(B) 호텔 체인에서
(C) 헬스클럽에서
(D) 청소업체에서

해설 화자의 신분을 묻는 문제 – 대화 초반부에 여자가 Hi, this is Bernice Chang from Finesse Cleaners, and I'm returning your call regarding our commercial cleaning services. (안녕하세요, 저는 Finesse 청소의 Bernice Chang이며, 저희의 상업용 청소 서비스에 관해 전화해 주셔서 다시 전화드립니다.)라고 말했으므로 (D)가 정답이다.

2. What does the man mean when he says, "This has changed our needs"?
(A) He plans to modify a current booking.
(B) He will require extra assistance.
(C) He wants to change some contract terms.
(D) He needs to postpone an event.

남자가 "이로 인해 저희의 필요 사항이 변경되었어요"라고 말할 때, 그가 의미한 것은?
(A) 현재 예약을 수정할 계획이다.
(B) 추가 도움이 필요할 것이다.
(C) 계약 조건을 변경하고자 한다.
(D) 행사를 연기해야 한다.

해설 화자 의도 파악 문제 – 대화 중반부에 남자가 we bought the rest of the floors in this building in order to accommodate more visitors. We'll most likely have 40 more rooms and an event hall. (더 많은 투숙객을 수용하기 위해 건물에 남아 있는 모든 층을 매입했어요. 아마 행사장과 객실 40개가 더 생길 거예요.)이라고 말한 후, This has changed our needs. (이로 인해 저희의 필요 사항이 변경되었어요.)라고 말한 것은 추가 시설로 인해 필요한 서비스에 변경이 발생했고 그에 따른 추가 도움이 요구된다는 의미이므로 (B)가 정답이다.

3. What does the woman offer to do?
(A) Lower a price
(B) Find a larger venue
(C) Arrange a visit
(D) Send a map

여자는 무엇을 하겠다고 제안하는가?
(A) 가격을 인하하겠다고
(B) 더 넓은 장소를 찾겠다고
(C) 방문을 준비하겠다고
(D) 지도를 보내겠다고

해설 제안·요청을 묻는 문제 – 대화 후반부에 여자가 Why don't I have one of our consultants drop by later this week to discuss our services with you? (이번 주 말쯤에 저희 컨설턴트 중 한 명을 보내, 저희가 하는 서비스를 함께 논의할 수 있도록 할까요?)라고 말했으므로 (C)가 정답이다.

✚ Paraphrasing
drop by → visit

CASE 집중훈련

본서 p.215

1. (C) **2.** (D) **3.** (B)

미국 ↔ 영국

Questions 1-3 refer to the following conversation and schedule.

M **❶Welcome to your first day at our firm, Audrey. I'm sure you're glad to finally be out of law school. I'll be here to help you transition from school life to work life as smoothly as possible.** Here's a schedule for your first day here.

W Thank you. This is such a big opportunity for me, and I'm really excited to be here. I have a question. **❷For the orientation, what will I be expected to bring?**

M **❷Oh, that will be with someone from Human Resources, who will be going through some of the formalities with you. ❸While we're here, let's walk through the lobby, and I'll show you to your desk.**

첫째 날 일정	
오전 10시	사무실 순회
오전 11시	팀 소개
오후 12시 30분	팀 점심 식사
오후 1시 30분	**❷오리엔테이션**

1-3번은 다음 대화와 일정에 관한 문제입니다.

남 **❶**저희 회사 Audrey에서의 첫날을 환영합니다. 드디어 로스쿨 밖으로 나오게 되어 기쁘시겠어요. 학교 생활에서 직장 생활로 최대한 원활하게 이행되도록 돕고자 제가 이곳에 있을 것입니다. 이곳에서의 첫날 일정이 여기 있습니다.

여 감사합니다. 이것은 제게 매우 큰 기회이고, 이곳에 오게 되어 정말 흥분됩니다. 질문이 있습니다. **❷오리엔테이션에, 제가 무엇을 가지고 가야 할까요?**

남 **❷**아, 그건 인사팀에서 오신 분과 같이 하실 건데요, 그분이 당신과 함께 필요한 절차를 밟을 겁니다. **❸**여기 있는 동안, 로비를 함께 지나가시죠, 책상으로 안내해 드리겠습니다.

어휘

law school 로스쿨, 법과 대학 | transition 이행하다, 옮겨 가다 | smoothly 순조롭게 | opportunity 기회 | Human Resources 인사팀 | go through (절차 등을) 거치다, 겪다 | formality (반드시 거쳐야 할) 형식상의 절차

1. What field do the speakers work in?
(A) Advertising
(B) Logistics
(C) Law
(D) Engineering

화자들은 어떤 분야에서 일하는가?
(A) 광고
(B) 물류
(C) 법률
(D) 공학 기술

해설 화자의 신분을 묻는 문제 – 대화 초반부에 남자가 Welcome to your first day at our firm, Audrey. I'm sure you're glad to finally be out of law school. I'll be here to help you transition from school life to work life as smoothly as possible. (저희 회사 Audrey에서의 첫날을 환영합니다. 드디어 로스쿨 밖으로 나오게 되어 기쁘시겠어요. 학교 생활에서 직장 생활로 최대한 원활하게 이행되도록 돕고자 제가 이곳에 있을 것입니다.)이라고 말했으므로 (C)가 정답이다.

2. Look at the graphic. When will a Human Resources employee join the speakers?
(A) At 10:00 A.M.
(B) At 11:00 A.M.
(C) At 12:30 P.M.
(D) At 1:30 P.M.

시각 자료를 보시오. 인사팀 직원은 언제 화자들과 함께할 것인가?
(A) 오전 10시에
(B) 오전 11시에
(C) 오후 12시 30분에
(D) 오후 1시 30분에

해설 시각 자료 연계 문제 – 대화 중후반에 여자가 For the orientation, what will I be expected to bring? (오리엔테이션에, 제가 무엇을 가지고 가야 할까요?)이라고 묻자, 남자가 Oh, that will be with someone from Human Resources, who will be going through some of the formalities with you. (아, 그건 인사팀에서 오신 분과 같이 하실 건데요, 그분이 당신과 함께 필요한 절차를 밟을 겁니다.)라고 말했고, 시각 자료에서 Orientation(오리엔테이션)이 열리는 시간은 1:30 P.M. (오후 1시 30분)이므로 (D)가 정답이다.

3. Where will the speakers most likely go next?
(A) To the meeting room
(B) To the lobby
(C) To the cafeteria
(D) To the restroom

화자들은 다음에 어디로 가겠는가?
(A) 회의실로
(B) 로비로
(C) 구내식당으로
(D) 화장실로

해설 다음에 할 일을 묻는 문제 – 남자가 마지막 말에서 While we're here, let's walk through the lobby, and I'll show you to your desk. (여기 있는 동안, 로비를 함께 지나가시죠, 책상으로 안내해 드리겠습니다.)라고 말했으므로 (B)가 정답이다.

CASE 집중훈련

본서 p.217

1. (A) **2.** (D) **3.** (A)

미국 ↔ 미국

Questions 1-3 refer to the following conversation.

M Hi, Olivia. **❶I'm surprised to see you here and not in your office. Is everything OK?**

W Oh, yes. **❶❷I just wanted to grab a quick bite while I read over the applicants' résumés.** Besides, it's a really pleasant day outside.

M ❷**Good idea. I'll do the same. I really prioritized candidates who are bilingual this time round. With our focus on a more global audience, I think it's going to be really important.**

W I agree. What time will we need to be back in the office today?

M Two o'clock. But we need to be there a little earlier to set up for the meeting with H2 Strategy.

W What do we need to set up? ❸**Let's make a list of things to do.** Then we can send it to James and have him handle it.

1-3번은 다음 대화에 관한 문제입니다.

남 안녕하세요, Olivia. ❶당신 사무실에서가 아니라 여기서 봬서 놀랐어요. 별일 없죠?

여 아, 네. ❶❷전 지원자들 이력서 읽으면서 간단히 요기 좀 하고 싶었어요. 게다가, 오늘은 밖에 날씨도 정말 좋잖아요.

남 ❷좋은 생각이에요. 저도 그래야겠어요. 이번에는 이중 언어를 사용하는 지원자를 확실히 우선순위에 뒀어요. 보다 세계적인 관객에 초점을 맞추려면, 그게 정말 중요할 것 같아서요.

여 동의해요. 저희가 오늘 몇 시에 사무실로 돌아가야 하죠?

남 2시요. 그런데 H2 전략팀과의 회의를 준비하려면 조금 일찍 가야 해요.

여 우리가 어떤 걸 준비해야 하죠? ❸할 일을 목록으로 만듭시다. 그러면 James한테 보내서 처리하게 할 수 있어요.

어휘
grab a bite 요기하다, 간단히 먹다 | read over ~을 꼼꼼히 읽다 | applicant 지원자 | résumé 이력서 | pleasant 좋은, 쾌적한 | prioritize 우선순위를 매기다 | candidate 지원자 | bilingual 이중 언어를 사용하는 | focus 초점 | audience 관객, 청중 | strategy 전략 | set up ~을 준비하다 | handle 처리하다 | prepare for ~을 준비하다 | announcement 발표 | performance review 업무 평가 | compile (자료를 모아) 엮다, 편집하다 | location 장소, 위치

1. Where most likely are the speakers?
(A) At a café
(B) At an airport
(C) At a park
(D) At an office

화자들은 어디에 있겠는가?
(A) 카페에
(B) 공항에
(C) 공원에
(D) 사무실에

해설 대화 장소를 묻는 문제 – 대화 초반부에 남자가 I'm surprised to see you here and not in your office. Is everything OK? (당신 사무실에서가 아니라 여기서 봬서 놀랐어요. 별일 없죠?)라고 하자, 여자가 I just wanted to grab a quick bite while I read over the applicants' résumés. (전 지원자들 이력서 읽으면서 간단히 요기 좀 하고 싶었어요.)라고 말했으므로 (A)가 정답이다.

2. What are the speakers preparing for?
(A) A client meeting
(B) An announcement
(C) Performance reviews
(D) Job interviews

화자들은 무엇을 준비하고 있는가?
(A) 고객과의 회의
(B) 발표
(C) 업무 평가
(D) 구직 면접

해설 키워드 문제 – 대화 중반부에 여자가 I just wanted to grab a quick bite while I read over the applicants' résumés. (전 지원자들 이력서 읽으면서 간단히 요기 좀 하고 싶었어요.)라고 한 말에, 남자가 Good idea. I'll do the same. I really prioritized candidates who are bilingual this time round. With our focus on a more global audience, I think it's going to be really important. (좋은 생각이에요. 저도 그래야겠어요. 이번에는 이중 언어를 사용하는 지원자를 확실히 우선순위에 뒀어요. 보다 세계적인 관객에 초점을 맞추려면, 그게 정말 중요할 것 같아서요.)라고 말했으므로 (D)가 정답이다.

3. What will the speakers most likely do next?
(A) Compile a list
(B) Pay a bill
(C) Confirm a schedule
(D) Move locations

화자들은 다음에 무엇을 하겠는가?
(A) 목록을 만들 것이다
(B) 계산할 것이다
(C) 일정을 확인할 것이다
(D) 장소를 이동할 것이다

해설 다음에 할 일을 묻는 문제 – 남자가 마지막 말에서 Let's make a list of things to do. (할 일을 목록으로 만듭시다.)라고 말했으므로 (A)가 정답이다.

✚ Paraphrasing
make a list → Compile a list

CASE 집중훈련
본서 p.219
1. (C)   **2.** (C)   **3.** (C)

호주 ↔ 미국

Questions 1-3 refer to the following conversation and directory.

M Hello, ❶**it's Bernie from Bernie's Clothing. We're done altering your suit.**

W Ah, I was actually wondering when it would be finished. The work took a pretty long time.

M ❷**I'm sorry about that. The shop had to close for a few days for unexpected repairs, so we got started on the work late.** I can send someone to drop off the suit at your home today as a way to compensate you.

W That would be great.

M Alright, let me just confirm where you live. ❸**You have a unit over at Spectrum Complex, right?**

W ❸**That's right. I live in room 307.** You can refer to the complex directory if you need to.

Spectrum 단지 안내도	
109	Alexus Kim
202	Mia Garcia
❸307	Kimmy Jones
405	Fei Wong

1-3번은 다음 대화와 안내도에 관한 문제입니다.

🔳 안녕하세요. ❶Bernie's 의류의 Bernie예요. 고객님의 정장 수선을 마쳤어요.

🔳 아, 사실 언제 끝날지 궁금해하던 참이었어요. 작업이 꽤 오래 걸렸네요.

🔳 ❷죄송합니다. 예상치 못했던 수리로 인해 매장을 며칠간 닫아야 해서, 작업을 늦게 시작했어요. 보상의 의미로 사람을 보내서 댁으로 정장을 배달해 드리겠습니다.

🔳 그러면 좋겠네요.

🔳 그래요, 사시는 곳만 좀 확인하도록 할게요. ❸Spectrum 단지에 거주하고 계시죠, 그렇죠?

🔳 ❸맞아요. 307호에 살아요. 필요하시다면 단지 안내도를 참조하셔도 돼요.

어휘

directory 안내도 | clothing 의류 | alter 수선하다 | suit 정장 | wonder 궁금해하다 | unexpected 예기치 않은 | repair 수리 | drop off ~을 갖다 놓다 | compensate 보상하다 | confirm 확인해 주다 | unit 한 가구 | complex 거주 단지 | refer to ~을 참조하다 | fabric 원단 | producer 제작자 | tailor shop 맞춤 양복점 | apologize 사과하다 | invoice 청구서, 송장 | damaged 결함이 있는

1. What type of business does the man most likely work for?
(A) A fashion magazine
(B) A fabric producer
(C) A tailor shop
(D) A shoe store

남자는 어떤 업체에 근무하겠는가?
(A) 패션 잡지
(B) 원단 제작사
(C) 맞춤 양복점
(D) 신발 매장

해설 화자의 신분을 묻는 문제 – 대화 초반부에 남자가 It's Bernie from Bernie's Clothing. We're done altering your suit.(Bernie's 의류의 Bernie예요. 고객님의 정장 수선을 마쳤어요.)라고 말했으므로 (C)가 정답이다.

✚ Paraphrasing
alter → tailor

2. Why does the man apologize?
(A) An invoice was wrong.
(B) A damaged product was delivered.
(C) A task was started late.
(D) A part was missing.

남자는 왜 사과하는가?
(A) 청구서에 오류가 있었다.
(B) 결함이 있는 제품이 배송되었다.
(C) 일이 늦게 시작되었다.
(D) 부품이 없어졌다.

해설 키워드 문제 – 대화 중반부에 남자가 I'm sorry about that. The shop had to close for a few days for unexpected repairs, so we got started on the work late.(죄송합니다. 예상치 못했던 수리로 인해 매장을 며칠간 닫아야 해서, 작업을 늦게 시작했어요.)라고 말했으므로 (C)가 정답이다.

✚ Paraphrasing
work → task

3. Look at the graphic. What is the woman's name?
(A) Alexus Kim
(B) Mia Garcia
(C) Kimmy Jones
(D) Fei Wong

시각 자료를 보시오. 여자의 이름은 무엇인가?
(A) Alexus Kim
(B) Mia Garcia
(C) Kimmy Jones
(D) Fei Wong

해설 시각 자료 연계 문제 – 대화 후반부에 남자가 You have a unit over at Spectrum Complex, right? (Spectrum 단지에 거주하고 계시죠, 그렇죠?)라고 하자, 여자가 That's right. I live in room 307.(맞아요. 307호에 살아요.)이라고 말했고, 시각 자료에서 307호에 거주하는 사람이 Kimmy Jones임을 확인할 수 있으므로 (C)가 정답이다.

CASE 집중훈련 본서 p.221

1. (D) **2.** (B) **3.** (B)

미국↔영국

Questions 1-3 refer to the following conversation and catering menu.

🔳 Good morning, Stacey. ❶Some investors from Japan are coming to our office next Thursday, and we're going to have food delivered for the welcome luncheon. Can you help me decide what dishes to order?

🔳 Sure. When we had investors over here last month, we got the beef bowls, and they were quite delicious.

🔳 Yeah, they were good. But unfortunately, we have a smaller budget this time, so we need to get something else.

🔳 Hmm… ❷How about getting the chicken burgers then?

🔳 ❷That's what I was thinking, too. Oh, ❸I also need to call the taxi company to arrange a pick-up service for the investors. I'll do that right now.

출장 뷔페 메뉴	
항목	1인당 가격
돼지고기 샌드위치	5달러
❷치킨 버거	7달러
소고기 덮밥	9달러
새우 파스타	11달러

1-3번은 다음 대화와 출장 뷔페 메뉴에 관한 문제입니다.

남 안녕하세요, Stacey. **①일본에서 온 몇몇 투자자들이 다음 주 목요일에 우리 사무실로 오는데**, 환영 오찬을 위해 음식을 배달시킬 예정이에요. 어떤 요리를 주문할지 결정하는 데 좀 도와주시겠어요?

여 물론이죠. 지난달 이곳에 투자자들을 초대했을 때, 소고기 덮밥으로 했는데, 꽤 맛있었어요.

남 네, 괜찮았어요. 그런데 유감스럽게도, 이번에 예산이 더 적어서, 다른 거로 해야 해요.

여 흠… **②그럼 치킨 버거는 어떤가요?**

남 **②저도 그렇게 생각하고 있었어요.** 아, **③또한 투자자들을 위한 픽업 서비스를 준비하려면 택시 회사에 전화해야 해요. 지금 바로 할게요.**

어휘
investor 투자자 | deliver 배달하다 | luncheon 오찬 | have A over A를 초대하다 | unfortunately 유감스럽게도 | budget 예산 | arrange 준비하다 | pick-up service 공항에 여행자를 마중 나가는 서비스 | anniversary 기념일 | eatery 식당 | transportation 교통(수단) | proposal 제안서 | revise 수정하다

1. What are the speakers preparing for?
(A) An anniversary luncheon
(B) A training seminar
(C) A career workshop
(D) An investor visit

화자들은 무엇을 준비하고 있는가?
(A) 기념일 오찬
(B) 교육 세미나
(C) 진로 워크숍
(D) 투자자 방문

해설 키워드 문제 – 대화 초반부에 남자가 Some investors from Japan are coming to our office next Thursday(일본에서 온 몇몇 투자자들이 다음 주 목요일에 우리 사무실로 오는데)라고 말했으므로 (D)가 정답이다.

2. Look at the graphic. How much will the speakers probably spend per person?
(A) $5.00
(B) $7.00
(C) $9.00
(D) $11.00

시각 자료를 보시오. 화자들은 1인당 얼마를 쓰겠는가?
(A) 5달러
(B) 7달러
(C) 9달러
(D) 11달러

해설 시각 자료 연계 문제 – 대화 후반부에 여자가 How about getting the chicken burgers then? (그럼 치킨 버거는 어떤가요?)이라고 하자, 남자가 That's what I was thinking, too.(저도 그렇게 생각하고 있었어요.)라고 말했고, 시각 자료에서 Chicken Burgers(치킨 버거)가 $7.00(7달러)임을 확인할 수 있으므로 (B)가 정답이다.

3. What does the man say he will do next?
(A) Visit a local eatery
(B) Arrange a transportation service
(C) Submit a budget proposal
(D) Revise a schedule

남자는 다음에 무엇을 할 것이라고 말하는가?
(A) 현지 식당을 방문할 것이다
(B) 교통수단 서비스를 준비할 것이다
(C) 예산 제안서를 제출할 것이다
(D) 일정을 수정할 것이다

해설 다음에 할 일을 묻는 문제 – 남자가 마지막 말에서 I also need to call the taxi company to arrange a pick-up service for the investors. I'll do that right now.(또한 투자자들을 위한 픽업 서비스를 준비하려면 택시 회사에 전화해야 해요. 지금 바로 할게요.)라고 말했으므로 (B)가 정답이다.

✚ Paraphrasing
pick-up service → transportation service

CASE 집중훈련
본서 p.223
1. (B) **2.** (D) **3.** (C)

미국 ↔ 미국 ↔ 호주

Questions 1-3 refer to the following conversation with three speakers.

W **①Welcome to Bartmont Realty.** What can I help you with?

M1 Hello, my name is Cisco, and this is my colleague, Wally Allen. Wally is going to relocate to our Sertville branch and needs to find an apartment. I was hoping your agency could help him out.

W Of course. Mr. Allen, are there any special details I should know about before providing recommendations?

M2 Well, I don't own a vehicle, so **②it's essential that the place be located close to a subway or bus stop.**

W Alright. Padwin Complex has a couple of vacant units right now. The building is only a five-minute walk to the Hadley Subway Station.

M2 Oh, that's great. Are they spacious?

W **③Let me pull up some photos on my computer to show you right now.**

1-3번은 다음 세 화자의 대화에 관한 문제입니다.

여 **①Bartmont 부동산에 오신 것을 환영합니다.** 무엇을 도와 드릴까요?

남1 안녕하세요, 제 이름은 Cisco이며, 이쪽은 제 동료 Wally Allen이에요. Wally는 Sertville 지점으로 전근을 올 예정이어서 아파트를 구해야 해요. 이 회사에서 도와주실 수 있기를 바라요.

여 그럼요. Allen 씨, 추천해 드리기 전에 제가 알아야 할 특별한 사항이 있나요?

남2 음, 저는 자가용이 없어서, **②꼭 지하철역이나 버스 정거장에서 가까운 곳이어야 해요.**

여 그렇군요. 지금 Padwin 주거 단지에 빈 가구들이 몇 군데 있어요. Hadley 지하철역에서 도보로 단 5분 거리인 건물이에요.

남2 오, 정말 좋네요. 넓은가요?

여 **③지금 바로 제 컴퓨터로 사진을 열어서 보여 드릴게요.**

어휘

realty 부동산 | relocate 전근하다 | detail 세부 사항 | provide 제공하다 | recommendation 추천 | essential 필수적인 | close 가까운 | vacant 비어 있는 | spacious 널찍한 | response 대응 | inquiriy 문의 | proximity 근접성, 가까움 | public transit 대중교통 | present 보여주다

1. Who most likely is the woman?
(A) An architect
(B) A realtor
(C) A tour guide
(D) A car salesperson

여자는 누구이겠는가?
(A) 건축가
(B) 부동산 중개인
(C) 여행 가이드
(D) 자동차 판매원

해설 화자의 신분을 묻는 문제 – 대화 초반부에 여자가 Welcome to Bartmont Realty. (Bartmont 부동산에 오신 것을 환영합니다.)라고 말했으므로 (B)가 정답이다.

2. What does Mr. Allen say is important?
(A) The cost of some items
(B) The length of a task
(C) Quick responses to inquiries
(D) Proximity to public transit

Allen 씨는 무엇이 중요하다고 말하는가?
(A) 물품의 금액
(B) 업무의 기간
(C) 문의에 대한 빠른 대응
(D) 대중교통과의 근접성

해설 키워드 문제 – 대화 중반부에 남자2(= Allen)가 it's essential that the place be located close to a subway or bus stop(꼭 지하철역이나 버스 정거장에서 가까운 곳이어야 해요)이라고 말했으므로 (D)가 정답이다.

✚ Paraphrasing
essential → important, subway or bus → public transit

3. What will the woman do next?
(A) Inspect some machinery
(B) Call a branch
(C) Present some images
(D) Consult a colleague

여자는 다음에 무엇을 할 것인가?
(A) 기계를 검사할 것이다
(B) 지점에 전화할 것이다
(C) 그림을 보여 줄 것이다
(D) 동료와 상의할 것이다

해설 다음에 할 일을 묻는 문제 – 여자가 마지막 말에서 Let me pull up some photos on my computer to show you right now. (지금 바로 제 컴퓨터로 사진을 열어서 보여 드릴게요.)라고 말했으므로 (C)가 정답이다.

✚ Paraphrasing
photos → images

CASE 집중훈련
본서 p.225

1. (B) 2. (D) 3. (A)

미국 ↔ 영국

Questions 1-3 refer to the following conversation.

Ⓜ Hi, I'm redecorating my office. **①One of the walls has a large crack, so I want to repair it.** Do you have something that would work for that purpose?

Ⓦ There are a number of products to fill in cracked walls. But for the best appearance, **②I'd go with products made by LaCatola. When used correctly, they have the most natural finish.**

Ⓜ That's good to know. But how can I be sure it will match the texture of the wall?

Ⓦ The product is offered in several different textures. **③I'd be glad to give you a small sample of each, so you can see which one is most suitable before you place an order.**

1-3번은 다음 대화에 관한 문제입니다.

남 안녕하세요, 제가 사무실을 새로 꾸미고 있는데요. **①한쪽 벽에 크게 금이 가 있어서, 수리를 하고 싶어요.** 그런 용도로 쏠만한 게 있으세요?

여 금 간 벽에 채워 넣을 만한 제품은 많이 있어요. 그런데 외관을 가장 좋게 만들려면, **②저라면 LaCatola에서 만든 제품을 선택할 거예요. 제대로 사용할 경우, 마감이 가장 자연스럽거든요.**

남 좋은 정보네요. 그런데 그게 벽 표면 질감과 어울릴지 어떻게 알 수 있나요?

여 제품이 여러 다른 질감으로 나옵니다. **③제가 각 제품의 샘플을 조금씩 드릴 테니, 어느 게 가장 적합할지 주문하기 전에 살펴보세요.**

어휘

redecorate 실내 장식을 새로 하다 | crack 금; 금이 가다 | repair 수리하다 | purpose 용도, 목적 | fill in ~을 채우다 | appearance 외관, 겉모습 | correctly 정확하게 | natural 자연스러운 | finish 마감 칠 | match 어울리다 | texture 질감, 감촉 | suitable 적합한, 적절한 | place an order 주문하다 | fix 고치다 | replace 교체하다 | carpet 카펫을 깔다 | reasonably priced 가격이 합리적인 | dimension 크기 | share 나누다 | user instruction 사용 설명서

1. What does the man want to do?
(A) Build a house
(B) Fix a wall
(C) Replace some furniture
(D) Carpet a floor

남자는 무엇을 하고 싶어 하는가?
(A) 집을 짓고 싶어 한다
(B) 벽을 고치고 싶어 한다
(C) 가구를 교체하고 싶어 한다
(D) 바닥에 카펫을 깔고 싶어 한다

해설 키워드 문제 – 대화 초반부에 남자가 One of the walls has a large crack, so I want to repair it. (한쪽 벽에 크게 금이 가 있어서, 수리를 하고 싶어요.)라고 말했으므로 (B)가 정답이다.

✚ Paraphrasing
repair → Fix

2. Why does the woman suggest using LaCatola's products?

(A) They are reasonably priced.
(B) They are made from recycled materials.
(C) They come in various dimensions.
(D) They look natural.

여자는 왜 LaCatola 제품을 사용하라고 제안하는가?
(A) 가격이 합리적이다.
(B) 재활용 자재로 만들어진다.
(C) 다양한 크기로 나온다.
(D) 자연스러워 보인다.

해설 키워드 문제 – 대화 중반부에 여자가 I'd go with products made by LaCatola. When used correctly, they have the most natural finish.(저라면 LaCatola에서 만든 제품을 선택할 거예요. 제대로 사용할 경우, 마감이 가장 자연스럽거든요.)라고 말했으므로 (D)가 정답이다.

3. What does the woman offer to do?

(A) Share some product samples
(B) Introduce a service technician
(C) Print some user instructions
(D) Confirm a delivery date

여자는 무엇을 하겠다고 제안하는가?
(A) 제품 샘플을 나눠 주겠다고
(B) 서비스 기사를 소개해 주겠다고
(C) 사용 설명서를 출력해 주겠다고
(D) 배송 날짜를 확인해 주겠다고

해설 제안·요청을 묻는 문제 – 대화 후반부에 여자가 I'd be glad to give you a small sample of each, so you can see which one is most suitable before you place an order.(제가 각 제품의 샘플을 조금씩 드릴 테니, 어느 게 가장 적합할지 주문하기 전에 살펴보세요.)라고 말했으므로 (A)가 정답이다.

CASE 집중훈련
본서 p.227

1. (B) **2.** (C) **3.** (B)

호주 ↔ 미국

Questions 1-3 refer to the following conversation.

M Welcome to Salcedo's Upholstery.

W Hello, I visited your shop a few days ago to discuss several things. **[1]After comparing the prices of various stores, I found that yours is by far the most reasonable.**

M Ah, yes. You're planning to reupholster the couches in your waiting room, right?

W That's right. I want to put a new fabric over them.

M OK. We offer several options. **[2]A cheaper fabric's fine if people don't use the couches too much. We have more durable ones, too, but you'd need to pay a bit more.**

W Well, **[2]the waiting area's usually full of patients.**

M **[3]Alright, I'll bring some fabric samples from the back.** Hold on.

1-3번은 다음 대화에 관한 문제입니다.

남 Salcedo's 실내 장식에 오신 걸 환영합니다.

여 안녕하세요, 제가 며칠 전에 이 매장에 방문해서 몇 가지에 관해 논의했어요. **[1]다른 상점들과 금액을 비교해 보니, 이곳의 금액이 단연코 가장 합리적이라는 걸 알게 되었어요.**

남 아, 네. 대기실의 소파 천을 교체하시려고 하셨죠, 그렇죠?

여 맞아요. 새로운 원단을 씌우고 싶어요.

남 네. 몇 가지 선택 사항을 제공해요. **[2]만약 사람들이 소파를 많이 사용하지 않는다면 저렴한 원단도 괜찮아요. 내구성이 더 나은 제품들도 제공하긴 하지만, 금액을 조금 더 지급하셔야 해요.**

여 음, **[2]대기실은 대개 환자분들로 가득 차 있어요.**

남 **[3]그래요, 뒤에서 원단 샘플을 가져올게요.** 잠시만요.

어휘
upholstery 실내 장식품, 소파 등에 천을 씌우는 일 | compare 비교하다 | by far 단연코, 훨씬 | reasonable 합리적인 | reupholster 다시 천을 씌우다 | couch 소파 | waiting room 대기실 | durable 내구성이 있는 | speedy 빠른 | eco-friendly 친환경적인 | expedite 더 빨리 처리하다 | renovate 개조하다 | material 자재, 재료 | relocate 이전하다 | take measurements 측정하다 | billing statement 대금 청구서

1. What does the woman like about Salcedo's Upholstery?

(A) Its speedy service
(B) Its reasonable prices
(C) Its eco-friendly fabrics
(D) Its polite staff

여자는 Salcedo's 실내 장식의 어떤 점을 좋아하는가?
(A) 빠른 서비스
(B) 합리적인 가격
(C) 친환경적인 천
(D) 예의 바른 직원

해설 키워드 문제 – 대화 초반부에 여자가 After comparing the prices of various stores, I found that yours is by far the most reasonable.(다른 상점들과 금액을 비교해 보니, 이곳의 금액이 단연코 가장 합리적이라는 걸 알게 되었어요.)이라고 말했으므로 (B)가 정답이다.

2. What does the woman imply when she says, "the waiting area's usually full of patients"?

(A) She needs to expedite a delivery.
(B) She wants to renovate a room.
(C) She would like a durable material.
(D) She will relocate her business.

여자가 "대기실은 대개 환자분들로 가득 차 있어요"라고 말할 때, 그녀가 내비친 것은?
(A) 빠른 배송이 필요하다
(B) 방을 개조하고자 한다
(C) 내구성이 좋은 자재를 원한다.
(D) 사업체를 이전할 것이다

해설 화자 의도 파악 문제 – 대화 중후반에 남자가 A cheaper fabric's fine if people don't use the couches too much.(만약 사람들이 소파를 많이 사용하지 않는다면 저렴한 원단도 괜찮아요.)라면서, We have more durable ones, too, but you'd need to pay a bit more.(내구성이 더 나은 제품들도 제공하긴 하지만, 금액을 조금 더 지급하셔야 해요.)라고 하자, 여자가 the waiting area's usually full of patients(대기실은 대개 환자분들로 가득 차 있어요)라고 말한

것은 대기실 소파를 이용하는 환자들이 많아서 저렴한 것보다는 내구성이 더 나은 제품으로 하겠다는 의미이므로 (C)가 정답이다.

3. What will the man do next?
(A) Take some measurements
(B) Get some product samples
(C) Contact another branch
(D) Print a billing statement

남자는 다음에 무엇을 할 것인가?
(A) 측정할 것이다
(B) 제품 샘플을 가져올 것이다
(C) 다른 지점에 연락할 것이다
(D) 대금 청구서를 출력할 것이다

해설 다음에 할 일을 묻는 문제 – 남자가 마지막 말에서 Alright, I'll bring some fabric samples from the back. (그래요, 뒤에서 원단 샘플을 가져올게요.)이라고 말했으므로 (B)가 정답이다.

✦ Paraphrasing
fabric → product

CASE 집중훈련
본서 p.229
1. (C) **2.** (B) **3.** (D)

미국 ↔ 미국

Questions 1-3 refer to the following conversation and hotel reviews.

M Hello, Rachel. **①I went over your marketing presentation** for next week's investor meeting. Everything seemed in order, but I've left a few comments in the e-mail I sent you.

W Thanks. **②I'm pretty anxious about speaking in front of such a large group of investors.**

M You'll be OK. Just relax.

W Thanks—I'll try. Oh, also, I still haven't booked accommodations for next week. Do you know any affordable places in Besmo City?

M Yes, I stayed at a good one last month. **③It got 4 out of 5 on a popular review Web site.** I'll email you the link right now.

숙소 후기 (Besmo 시)	
업체명	점수 (5점 만점)
Calico 호텔	2
Arsenio 호텔	5
Glaze 호텔	3
Berkinshire 호텔	③4

1-3번은 다음 대화와 호텔 후기에 관한 문제입니다.

남 안녕하세요, Rachel. 제가 다음 주 투자자 회의 때 있을 **①당신의 마케팅 프레젠테이션을 검토했는데요.** 모두 잘된 거 같은데, 제가 보낸 이메일에 몇 가지 의견을 남겨 놨어요.

여 고마워요. **②그렇게 많은 투자자들 앞에서 발표하려니 너무 걱정돼요.**

남 잘할 거예요. 마음 편히 가져요.

여 고마워요—노력해 볼게요. 오, 그리고, 저는 아직 다음 주 숙소 예약을 못했어요. Besmo 시에 가격 괜찮은 곳 아니나요?

남 네, 제가 지난달에 괜찮은 곳에서 머물렀어요. **③그곳은 유명 후기 웹 사이트에서 5점 만점에 4점을 받았어요.** 제가 지금 링크를 이메일로 보내 줄게요.

어휘
go over ~을 검토하다 ǀ investor 투자자 ǀ in order 제대로 된 ǀ anxious 걱정스러운 ǀ book 예약하다 ǀ accommodations 숙박 시설 ǀ affordable (가격이) 알맞은 ǀ popular 인기 있는 ǀ review 후기; 검토하다 ǀ rating 순위, 평가 ǀ form 양식 ǀ expense 비용 ǀ investor 투자자

1. What did the man review for the woman?
(A) A company brochure
(B) A request form
(C) A marketing presentation
(D) An expense report

남자는 여자를 위해 무엇을 검토했는가?
(A) 회사 안내 책자
(B) 요청서
(C) 마케팅 프레젠테이션
(D) 비용 보고서

해설 키워드 문제 – 대화 초반부에 남자가 I went over your marketing presentation(당신의 마케팅 프레젠테이션을 검토했는데요)이라고 말했으므로 (C)가 정답이다.

✦ Paraphrasing
go over → review

2. Why is the woman anxious?
(A) She has never traveled abroad before.
(B) She will be speaking to many investors.
(C) She does not know about a topic.
(D) She may go over a budget.

여자는 왜 걱정하는가?
(A) 예전에 해외로 여행 가 본 적이 없다.
(B) 많은 투자자들 앞에서 발표할 것이다.
(C) 주제에 대해서 모른다.
(D) 예산을 검토할지도 모른다.

해설 키워드 문제 – 대화 중반부에 여자가 I'm pretty anxious about speaking in front of such a large group of investors. (그렇게 많은 투자자들 앞에서 발표하려니 너무 걱정돼요.)라고 말했으므로 (B)가 정답이다.

✦ Paraphrasing
speaking in front of such a large group of investors → speaking to many investors

3. Look at the graphic. Which business does the man recommend?
(A) Calico Inn
(B) Arsenio Hotel
(C) Glaze Hotel
(D) Berkinshire Inn

시각 자료를 보시오. 남자는 어떤 업체를 추천하는가?
(A) Calico 호텔
(B) Arsenio 호텔
(C) Glaze 호텔

(D) Berkinshire 호텔

해설 시각 자료 연계 문제 – 대화 후반부에 남자가 It got 4 out of 5 on a popular review Web site.(그곳은 유명 후기 웹 사이트에서 5점 만점에 4점을 받았어요.)라고 말했는데, 시각 자료에서 Rating(점수)을 4점 받은 업체가 Berkinshire Inn(Berkinshire 호텔)임을 확인할 수 있으므로 (D)가 정답이다.

CASE 실전훈련

1. (B)　2. (A)　3. (C)　4. (C)　5. (A)　6. (C)
7. (C)　8. (D)　9. (B)　10. (A)　11. (C)　12. (C)
13. (C)　14. (D)　15. (A)　16. (B)　17. (A)　18. (D)

영국 ↔ 미국

Questions 1-3 refer to the following conversation.

W　**❶Barry, have you reserved the hotel rooms for the Management Conference in Santo Domingo?**

M　No, I still need to do that. **❷All the room rates I've seen have been way too high, so I've been hoping to find something cheaper.**

W　Have you checked the Lina Hotel? Its rooms are about half the price of similar hotels in the area.

M　Oh? How can they keep their rates so low?

W　Well, they charge extra for items that other hotels would offer for free. For example, guests can purchase a small bottle of shampoo for an additional $10. But we can bring our own amenities, so for us, it's a great deal!

M　**❸Perfect. I'll give them a call.** Thanks for letting me know!

1-3번은 다음 대화에 관한 문제입니다.

여　**❶Barry, Santo Domingo에서 열리는 경영 학회를 위한 호텔 객실을 예약했나요?**

남　아니요, 아직 해야 돼요. **❷제가 본 모든 객실 요금들이 너무 비싸서, 좀 더 싼 방을 찾고 싶었어요.**

여　Lina 호텔은 확인해 봤어요? 그곳 객실이 그 지역에 있는 비슷한 호텔의 절반 가격 정도예요.

남　네? 어떻게 그렇게 낮은 요금을 유지할 수 있죠?

여　음, 다른 호텔들이 무료로 제공하는 품목들에 대해 추가 요금을 부과해요. 예를 들어, 투숙객들은 작은 샴푸 한 병을 추가 금액 10달러에 살 수 있어요. 하지만 우리가 직접 소모품들을 가져갈 수 있으니까, 우리한테는 매우 잘된 일이죠!

남　**❸좋아요. 제가 그곳에 전화할게요. 알려 줘서 고마워요!**

어휘
reserve 예약하다 | rate 요금 | cheap (값이) 싼, 저렴한 | similar 비슷한 | charge 부과하다 | extra 추가 요금 | offer 제공하다 | for free 무료로 | additional 추가적인 | amenity 호텔에서 무료로 제공하는 각종 서비스 용품 | school reunion 동창회 | anniversary 기념일 | launch 출시 | complete 완수하다, 끝내다 | approval 승인 | be unable to do ~할 수 없다

1. What are the speakers getting ready for?
(A) A school reunion

(B) An industry conference
(C) An anniversary celebration
(D) A product launch

화자들은 무엇에 대한 준비를 하고 있는가?
(A) 동창회
(B) 산업 학회
(C) 기념일 행사
(D) 상품 출시

해설 주제·목적을 묻는 문제 – 대화 초반부에 여자가 Barry, have you reserved the hotel rooms for the Management Conference in Santo Domingo?(Barry, Santo Domingo에서 열리는 경영 학회를 위한 호텔 객실을 예약했나요?)라고 말했으므로 (B)가 정답이다.

2. Why hasn't the man completed a task?
(A) Room rates are high.
(B) There was a problem with a Web site.
(C) He has not received approval.
(D) He is unable to attend an event.

남자는 왜 임무를 완수하지 못했는가?
(A) 객실 요금이 비싸다.
(B) 웹 사이트에 문제가 있었다.
(C) 승인을 받지 못했다.
(D) 행사에 참석할 수 없다.

해설 키워드 문제 – 대화 초반부에 남자가 All the room rates I've seen have been way too high, so I've been hoping to find something cheaper.(제가 본 모든 객실 요금들이 너무 비싸서, 좀 더 싼 방을 찾고 싶었어요.)라고 말했으므로 (A)가 정답이다.

3. What will the man do next?
(A) Cancel a reservation
(B) Update a Web site
(C) Make a phone call
(D) Write a report

남자는 다음에 무엇을 할 것인가?
(A) 예약을 취소할 것이다
(B) 웹 사이트를 업데이트할 것이다
(C) 전화를 걸 것이다
(D) 보고서를 작성할 것이다

해설 다음에 할 일을 묻는 문제 – 남자가 마지막 말에서 Perfect. I'll give them a call.(좋아요. 제가 그곳에 전화할게요.)이라고 말했으므로 (C)가 정답이다.

✚ Paraphrasing
give a call → Make a phone call

호주 ↔ 미국

Questions 4-6 refer to the following conversation.

M　**❹Management has asked me to go to Seoul in April. I'll be speaking about our new product at the technology convention there.**

W　How exciting! Is it your first time visiting Seoul?

M　Yes, I'm really looking forward to it.

W　I was there just last year. **❺Be sure to check out the various street markets in the city.** It'll be a fantastic experience.

M That sounds fun. ⁶**I'm planning on getting a guidebook. I'll buy one after work today.** Anyway, thank you for the advice.

4-6번은 다음 대화에 관한 문제입니다.

남 ⁴경영진에서 저에게 4월에 Seoul에 가 달라고 요청했어요. 저는 거기서 열리는 기술 학회에서 저희 신제품에 대해 이야기할 거예요.

여 정말 신나겠어요! Seoul에 처음 방문하는 건가요?

남 네, 정말 기대돼요.

여 저는 작년에 그곳에 있었어요. ⁵도시에 있는 다양한 길거리 시장에 꼭 가 보세요. 아주 좋은 경험이 될 거예요.

남 재미있을 거 같아요. ⁶저는 가이드북을 구입하려고 계획 중이에요. 오늘 퇴근하고 사려고요. 어쨌든, 조언 감사해요.

어휘

management 경영(진) | look forward to ~을 기대하다 | be sure to do 꼭 ~해라 | check out ~을 살펴보다 | plan on ~을 할 계획이다 | guidebook 가이드북, (여행) 안내서 | advice 조언 | business trip 출장 | negotiate 성사시키다, 타결하다 | agreement 합의 | commercial 상업의 | inspect 점검하다 | mail (우편으로) 보내다 | package 소포, 상자

4. What is the reason for the man's business trip?
(A) To negotiate an agreement
(B) To tour a commercial space
(C) To speak at a convention
(D) To inspect some equipment

남자의 출장 이유는 무엇인가?
(A) 합의를 성사시키려고
(B) 상업 구역을 둘러보려고
(C) 학회에서 발표하려고
(D) 장비를 점검하려고

해설 키워드 문제 – 대화 초반부에 남자가 Management has asked me to go to Seoul in April. I'll be speaking about our new product at the technology convention there.(경영진에서 저에게 4월에 Seoul에 가 달라고 요청했어요. 저는 거기서 열리는 기술 학회에서 저희 신제품에 대해 이야기할 거예요.)라고 말했으므로 (C)가 정답이다.

5. What does the woman recommend the man visit?
(A) Shopping areas
(B) Historic structures
(C) Theme parks
(D) Hiking trails

여자는 남자에게 무엇을 방문하라고 권하는가?
(A) 쇼핑 구역
(B) 역사 건축물
(C) 테마파크
(D) 하이킹 코스

해설 제안·요청을 묻는 문제 – 대화 중반부에 여자가 Be sure to check out the various street markets in the city.(도시에 있는 다양한 길거리 시장에 꼭 가 보세요.)라고 말했으므로 (A)가 정답이다.

✛ Paraphrasing
check out → visit, markets → Shopping areas

6. What does the man say he will do after work?
(A) Mail a package
(B) Submit a report

(C) Purchase a guidebook
(D) Call an airline

남자는 퇴근 후 무엇을 할 것이라고 말하는가?
(A) 소포를 보낼 것이라고
(B) 보고서를 제출할 것이라고
(C) 가이드북을 구입할 것이라고
(D) 항공사에 전화할 것이라고

해설 키워드 문제 – 남자가 마지막 말에서 I'm planning on getting a guidebook. I'll buy one after work today.(저는 가이드북을 구입하려고 계획 중이에요. 오늘 퇴근하고 사려고요.)라고 말했으므로 (C)가 정답이다.

✛ Paraphrasing
get, buy → Purchase

<hr>

미국 ↔ 미국 ↔ 호주

Questions 7-9 refer to the following conversation with three speakers.

W ⁷**I just spoke with an attendant of Flight A439. It arrived late.** The passengers are just now getting off, and one of them, Ms. Jane Fung, has to board her connecting flight to Tokyo very soon.

M1 Alright, ⁸**please contact Sherman, the airport facilities supervisor, and check if he can get a person to drive Ms. Fung to her new boarding gate.** This will ensure she won't miss her flight.

W Understood. Hold on. Hi, Sherman. Are there any buses right now that can take a passenger who needs to urgently get on a flight?

M2 There should be. ⁹**Which gate does the driver need to go to?**

7-9번은 다음 세 화자의 대화에 관한 문제입니다.

여 ⁷지금 막 A439 항공편 승무원과 이야기했어요. 늦게 도착했대요. 승객들은 이제 막 내리고 있고, 그중 한 분이신 Jane Fung 씨는 Tokyo로 가는 연결 항공편에 곧 탑승하셔야 해요.

남1 그래요, ⁸공항 시설 관리자인 Sherman에게 연락해서, Fung 씨를 새로운 탑승구까지 운전해 줄 사람을 준비해 줄 수 있는지 확인하세요. 이러면 그분이 항공편을 놓치지 않도록 할 수 있을 거예요.

여 알겠어요. 잠시만요. 안녕하세요, Sherman. 지금 급히 항공편을 타셔야 하는 승객을 모셔다 드릴 수 있는 버스가 있나요?

남2 있을 거예요. ⁹운전기사가 어느 탑승구로 가면 되죠?

어휘

flight attendant 승무원 | passenger 승객 | get off (탈 것에서) 내리다 | board 탑승하다 | connecting flight 연결 항공편 | ensure 반드시 ~하게 하다 | urgently 급히 | get on (탈 것에) 타다 | overbook 예약을 정원 이상으로 받다 | land 착륙하다 | inquire 묻다, 문의하다 | process 절차 | resolve 해결하다 | mechanical 기계상의 | issue 발행하다 | transport 수송하다 | in charge of ~을 담당하는

7. What is the problem?
(A) Some attendants are too busy.
(B) A flight has been overbooked.
(C) An airplane landed late.
(D) Some bags are missing.

무엇이 문제인가?
(A) 몇몇 승무원들이 너무 바쁘다.
(B) 항공편이 정원 이상으로 예약을 받았다.
(C) 비행기가 늦게 착륙했다.
(D) 몇몇 가방들이 없어졌다.

해설　키워드 문제 – 대화 초반부에 여자가 I just spoke with an attendant of Flight A439. It arrived late.(지금 막 A439 항공편 승무원과 이야기했어요. 늦게 도착했대요.)라고 말했으므로 (C)가 정답이다.

✚ Paraphrasing
arrived → landed

8. Why does the woman contact Sherman?
(A) To inquire about a boarding process
(B) To resolve a mechanical problem
(C) To issue a new ticket
(D) To transport a passenger

여자는 왜 Sherman에게 연락하는가?
(A) 탑승 절차에 관해 물어보기 위해
(B) 기계적 문제를 해결하기 위해
(C) 새로운 탑승권을 발행하기 위해
(D) 승객을 수송하기 위해

해설　키워드 문제 – 대화 중반부에 남자1이 여자에게 please contact Sherman, the airport facilities supervisor, and check if he can get a person to drive Ms. Fung to her new boarding gate(공항 시설 관리자인 Sherman에게 연락해서, Fung 씨를 새로운 탑승구까지 운전해 줄 사람을 준비해 줄 수 있는지 확인하세요.)라고 말했으므로 (D)가 정답이다.

✚ Paraphrasing
drive → transport

9. What information does Sherman request?
(A) When a task must be finished
(B) Where a worker should go
(C) What supplies are required
(D) Who is in charge of a project

Sherman은 어떤 정보를 요청하는가?
(A) 업무가 언제 완료되어야 하는지
(B) 직원이 어디로 가야 하는지
(C) 어떤 용품이 필요한지
(D) 누가 프로젝트를 담당하는지

해설　제안·요청을 묻는 문제 – 남자2가 마지막 말에서 Which gate does the driver need to go to? (운전기사가 어느 탑승구로 가면 되죠?) 라고 말했으므로 (B)가 정답이다.

✚ Paraphrasing
driver → worker

미국 ↔ 영국

Questions 10-12 refer to the following conversation.
Ⓜ Evelyn, is that you? **🔟I didn't expect to run into someone from the office here at this café.**
Ⓦ Oh, hi, Bryant! I heard good things about this café, so I came here to read the newly released autobiography of Cameron Muntz.

Ⓜ Ah, **⓫I've been meaning to drop by the bookstore this week to pick up a copy.**
Ⓦ Well, **⓫I should be finished in a few days**, if you don't mind waiting until next week.
Ⓜ Hmm... I'm flying to a conference this Thursday and was hoping to read it on the plane. I appreciate the offer, though!
Ⓦ Sure. You know, **⓬Mr. Muntz will be in town on July 21 to host a book signing session. You should come with me.**

10-12번은 다음 대화에 관한 문제입니다.
남 Evelyn이시죠? **🔟이 카페에서 회사 분과 마주치리라 예상하지 못했어요.**
여 오, 안녕하세요, Bryant! 이 카페에 관한 좋은 후기를 들어서, 새로 출간된 Cameron Muntz의 자서전을 읽으러 왔어요.
남 아, **⓫서점에 들러서 한 권을 사려던 참이었어요.**
여 음, **⓫저는 며칠 뒤에 끝낼 거예요**, 만약 다음 주까지 기다리셔도 상관없으시다면요.
남 흠... 제가 이번 주 목요일에 학회에 비행기를 타고 갈 예정이라 비행기 안에서 읽고 싶었어요. 그래도 제안해 주셔서 감사해요!
여 그럼요. 있잖아요, **⓬Muntz 씨가 7월 21일에 우리 도시에 와서 저자 사인회를 열어요. 저랑 같이 가요.**

어휘
run into ~와 (우연히) 마주치다 | newly 새로, 최근에 | release 출간하다 | autobiography 자서전 | mean to do ~하려고 하다 | drop by ~에 들르다 | pick up ~을 사다 | host 열다, 개최하다 | book signing 저자 사인회 | extend (기간을) 늘이다, 연장하다 | deadline 기한 | complete 끝내다 | be willing to do ~할 의향이 있다 | loan 빌려주다 | postpone 미루다, 연기하다 | urge 권고하다, 설득하려 하다 | attend 참석하다

10. Where is the conversation taking place?
(A) At a café
(B) At a publishing firm
(C) At a library
(D) At a conference center

대화는 어디에서 이루어지고 있는가?
(A) 카페에서
(B) 출판사에서
(C) 도서관에서
(D) 콘퍼런스 센터에서

해설　대화 장소를 묻는 문제 – 대화 초반부에 남자가 I didn't expect to run into someone from the office here at this café.(이 카페에서 회사 분과 마주치리라 예상하지 못했어요.)라고 말했으므로 (A)가 정답이다.

11. What does the woman imply when she says, "I should be finished in a few days"?
(A) She wants the man to extend a deadline.
(B) She will complete a project early.
(C) She is willing to loan an item to the man.
(D) She can postpone an appointment.

여자가 "저는 며칠 뒤에 끝낼 거예요"라고 말할 때, 그녀가 내비친 것은?
(A) 남자가 기한을 늘려 주기를 원한다.
(B) 프로젝트를 일찍 끝낼 것이다.

(C) 남자에게 물품을 빌려줄 의향이 있다.

(D) 약속을 미룰 수 있다.

해설 화자 의도 파악 문제 – 대화 중반부에 남자가 I've been meaning to drop by the bookstore this week to pick up a copy(서점에 들러서 한 권을 사려던 참이었어요)라고 하자, 여자가 I should be finished in a few days(저는 며칠 뒤에 끝낼 거예요)라고 말한 것은 책을 사려는 남자에게 며칠 후에 책을 빌려줄 수 있다는 의미이므로 (C)가 정답이다.

12. What does the woman urge the man to do?

(A) Visit a Web site

(B) Call a business

(C) Attend an event

(D) Buy some merchandise

여자는 남자에게 무엇을 하라고 권고하는가?

(A) 웹 사이트에 방문하라고

(B) 사업체에 전화하라고

(C) 행사에 참석하라고

(D) 제품을 구매하라고

해설 제안·요청을 묻는 문제 – 여자가 마지막 말에서 Mr. Muntz will be in town on July 21 to host a book signing session. You should come with me.(Muntz 씨가 7월 21일에 우리 도시에 와서 저자 사인회를 열어요. 저랑 같이 가요.)라고 말했으므로 (C)가 정답이다.

호주 ↔ 미국

Questions 13-15 refer to the following conversation and shipping options.

M Hello, I'm the operations manager from Halway Electronics. **13 Due to the recent rapid growth of our company**, we are interested in hiring a shipping firm to deliver our merchandise to Canada.

W Alright. As long as you're shipping in the boxes we provide, we charge a flat fee for both ground and air delivery. **14 How many packages do you ship out per week?**

M **14 A little over 30 packages.**

W Air is obviously faster than ground. But if you want to save money, you should go with ground shipping.

M **14 We make a high priority of fast delivery, so we'll go with air.**

W Alright. **15 Please provide me with your full name and phone number** so that we can begin the process.

	지상 운송	14 항공 운송
1-15 상자	30달러	50달러
16-25 상자	60달러	300달러
14 26-35 상자	120달러	**500달러**

13-15번은 다음 대화와 배송 선택 사항에 관한 문제입니다.

남 안녕하세요, 저는 Halway 전자의 운영 매니저입니다. **13 최근 저희 회사의 급속한 성장으로 인해**, 저희는 상품을 캐나다로 수송할 운송 업체 고용에 관심이 있습니다.

여 그러시군요. 저희가 제공하는 상자로 수송하는 한, 저희는 지상 및 항공 배송 모두에 대해 고정 요금을 청구합니다. **14 일주일에 얼마나 많은 상자를 보내시나요?**

남 **14 30개 상자가 조금 넘습니다.**

여 항공이 지상보다 확실히 더 빠릅니다. 하지만 돈을 절약하고 싶으시면, 지상 운송을 선택하세요.

남 **14 저희는 빠른 배송을 최우선으로 하고 있어서, 항공을 선택할게요.**

여 알겠습니다. 저희가 절차에 착수할 수 있게 **15 전체 성함과 전화번호를 알려 주세요.**

어휘

shipping 배송, 운송, 수송 | due to ~로 인해, ~ 때문에 | rapid 빠른, 급속한 | growth 성장 | hire 고용하다 | charge 청구하다 | flat fee 균일[고정] 요금 | ground 지상 | air 항공 | delivery 배송 | ship out ~을 보내다, 운송[수송]하다 | per ~당 | package 상자 | obviously 확실히, 분명히 | priority 우선 사항 | go with ~을 선택하다 | process 절차 | appoint 임명하다 | expand 확장하다 | temporary 임시의 | cost (비용이) 들다 | unload (짐을) 내리다 | invoice 송장 | executive 임원

13. What recently happened to Halway Electronics?

(A) It was featured in a magazine.

(B) It appointed a new operations manager.

(C) It expanded its business.

(D) It recruited temporary employees.

Halway 전자에 최근 무슨 일이 있었는가?

(A) 잡지에서 크게 다뤄졌다.

(B) 새로운 운영 관리자를 임명했다.

(C) 사업을 확장했다.

(D) 임시 직원을 고용했다.

해설 키워드 문제 – 대화 초반부에 남자가 Due to the recent rapid growth of our company(최근 저희 회사의 급속한 성장으로 인해) 라고 말했으므로 (C)가 정답이다.

14. Look at the graphic. How much will the service most likely cost?

(A) $50

(B) $60

(C) $120

(D) $500

시각 자료를 보시오. 서비스에 얼마가 들겠는가?

(A) 50달러

(B) 60달러

(C) 120달러

(D) 500달러

해설 시각 자료 연계 문제 – 대화 중반부에 여자가 How many packages do you ship out per week?(일주일에 얼마나 많은 상자를 보내시나요?)이라고 한 말에, 남자가 A little over 30 packages.(30개 상자가 조금 넘습니다.)라고 말했고, 또한 남자가 We make a high priority of fast delivery, so we'll go with air.(저희는 빠른 배송을 최우선으로 하고 있어서, 항공을 선택할게요.)라고 말했는데, 시각 자료에서 30 packages(30 상자)와 Air Shipping(항공 운송)에 해당하는 금액이 $500(500달러)임을 확인할 수 있으므로 (D)가 정답이다.

15. What will the man probably do next?

(A) Give some contact information

(B) Unload some packages

(C) Review an invoice
(D) Contact an executive

남자는 다음에 무엇을 하겠는가?
(A) 연락처를 줄 것이다
(B) 상자를 내릴 것이다
(C) 송장을 살펴볼 것이다
(D) 임원에게 연락할 것이다

해설 다음에 할 일을 묻는 문제 – 여자가 마지막 말에서 남자에게 Please provide me with your full name and phone number(전체 성함과 전화번호를 알려 주세요)라고 말했으므로 (A)가 정답이다.

영국 ↔ 미국

Questions 16-18 refer to the following conversation and graph.

W Mr. Klein, I heard that new sales representatives would be starting work next Monday. **16 Did you need any assistance creating the orientation packets?**

M I appreciate the offer! However, **16 it won't take me that long to get ready for the orientation this time**, unlike when you began work here. **17 You were actually part of the biggest recruitment class last year.**

W **17 Yes, I remember there being over 40 of us.** Well, if you need any kind of help, my schedule's open all day.

M Now that I think about it... **18 I still have to contact the print shop and order business cards for the representatives. Do you mind handling that for me?**

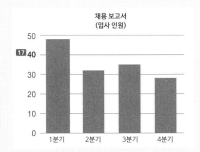

채용 보고서
(입사 인원)

16-18번은 다음 대화와 도표에 관한 문제입니다.

여 Klein 씨, 신규 영업 사원들이 다음 주 월요일에 근무를 시작할 거라 들었어요. **16 오리엔테이션 자료를 준비하는 데 도움이 필요하신가요?**

남 제안 감사드려요! 하지만, **16 이번 오리엔테이션 준비는** 당신이 이곳에서 근무를 시작하셨을 때와는 달리 그리 오래 걸리지 않을 거예요. **17 당신은 사실 작년 신규 입사 그룹 중 가장 큰 그룹의 일원이었죠.**

여 **17 네, 저희는 40명이 넘었던 게 기억나네요.** 음, 만약 어떤 도움이라도 필요하시면, 제 일정은 온종일 비어 있어요.

남 이제 생각해 보니... **18 아직 인쇄소에 연락해서 사원들의 명함을 주문해야 해요. 그걸 처리해 주실 수 있겠어요?**

어휘
sales representative 영업 사원 | assistance 도움 | packet 자료, 묶음 | appreciate 고마워하다 | offer 제안 | recruitment 신규 모집 | business card 명함 | handle 처리하다 | quarter 분기 | hire 고용, 신입 사원 | inspection

---

점검 | mail (우편으로) 보내다 | revise 수정하다 | timetable 일정표, 시간표 | purchase 구매하다

---

16. What is the man getting ready for?
(A) A holiday vacation
(B) An orientation session
(C) A client meeting
(D) A building inspection

남자는 무엇에 대한 준비를 하고 있는가?
(A) 휴가
(B) 오리엔테이션 과정
(C) 고객과의 회의
(D) 건물 점검

해설 주제·목적을 묻는 문제 – 대화 초반부에 여자가 Did you need any assistance creating the orientation packets? (오리엔테이션 자료를 준비하는 데 도움이 필요하신가요?)라고 하자, 남자가 it won't take me that long to get ready for the orientation this time(이번 오리엔테이션 준비는 그리 오래 걸리지 않을 거예요)이라고 말했으므로 (B)가 정답이다.

17. Look at the graphic. In which quarter did the woman start working at the company?
(A) The first quarter
(B) The second quarter
(C) The third quarter
(D) The fourth quarter

시각 자료를 보시오. 여자는 어떤 분기에 회사에서 일을 시작했는가?
(A) 1분기
(B) 2분기
(C) 3분기
(D) 4분기

해설 시각 자료 연계 문제 – 대화 중반부에 남자가 You were actually part of the biggest recruitment class last year.(당신은 작년 신규 입사 그룹 중 가장 큰 그룹의 일원이었죠.)라고 하자, 여자가 Yes, I remember there being over 40 of us.(네, 저희는 40명이 넘었던 게 기억나네요.)라고 말했고, 시각 자료에서 40명 이상인 그룹이 First quarter(1분기)임을 확인할 수 있으므로 (A)가 정답이다.

18. What task does the man need help with?
(A) Mailing a package
(B) Setting up some furniture
(C) Revising a timetable
(D) Purchasing business cards

남자는 어떤 업무에 도움이 필요한가?
(A) 소포 보내기
(B) 가구 설치하기
(C) 일정표 수정하기
(D) 명함 구매하기

해설 키워드 문제 – 대화 후반부에 남자가 I still have to contact the print shop and order business cards for the representatives. Do you mind handling that for me? (아직 인쇄소에 연락해서 사원들의 명함을 주문해야 해요. 그걸 처리해 주실 수 있겠어요?)라고 말했으므로 (D)가 정답이다.

✚ Paraphrasing
order → purchase

PART 4

CHAPTER 12 문제 풀이 전략

CASE 집중훈련　　　　　　　　本서 p.245

1. (D)　**2.** (B)　**3.** (D)

영국

Questions 1-3 refer to the following broadcast.

W I'm Lauren Spatafore, and **❶you've tuned in to** ***Spatafore's Sports World*** **on Channel 8.** Before I bring out today's guest, **❷I want to address something that people ask me frequently: what made me get into this profession? Well, ever since I was little, I have wanted to be on TV. When I was in middle school, I happened to watch an interview with a famous tennis player. That was the moment that I decided I wanted to talk with popular athletes.** And **❸I actually have a recording of that show with me, so let me share a clip of it with you right now.**

1-3번은 다음 방송에 관한 문제입니다.

W 저는 Lauren Spatafore이고, **❶**여러분은 채널 8의 〈Spatafore's Sports World〉를 시청하고 계십니다. 오늘의 게스트를 모시기 전에, **❷**저는 사람들이 저에게 자주 묻는 것에 대해 이야기하고 싶습니다: 어떤 계기로 이 직업을 선택했나요? 음, 저는 어렸을 때부터 TV에 나오고 싶었습니다. 제가 중학생일 때, 우연히 유명 테니스 선수의 인터뷰를 보게 되었는데요. 그때가 제가 유명 운동선수들과 인터뷰를 하고 싶다고 결심한 순간이었습니다. 그리고 **❸**저는 이 자리에 그 프로그램의 녹화본을 가지고 있는데요, 지금 여러분께 일부를 보여드릴게요.

어휘

tune in to (채널을) ~에 맞추다 | bring out ~을 세상에 내놓다 | frequently 자주, 종종 | get into (직종에) 들어가다 | profession 직업 | happen to do 우연히 ~하다 | athlete 운동선수 | recording 녹화(된 것) | clip 클립(필름 중 일부분) | host 진행자 | inspire 영감을 주다 | complete 끝마치다 | traffic 교통(량) | demonstrate 시연하다 | announce 발표하다

1. Who is the speaker?
(A) A professional athlete
(B) A movie director
(C) A school teacher
(D) A television host

화자는 누구인가?
(A) 프로 운동선수
(B) 영화감독
(C) 학교 선생님
(D) 텔레비전 진행자

해설　화자의 신분을 묻는 문제 – 담화 초반부에 화자가 you've tuned in to *Spatafore's Sports World* on Channel 8(여러분은 채널 8의 〈Spatafore's Sports World〉를 시청하고 계십니다)이라고 말했으므로 (D)가 정답이다.

2. What inspired the speaker to choose her profession?
(A) Attending university
(B) Watching an interview
(C) Completing an internship
(D) Consulting friends

화자가 직업을 선택하는 데 무엇이 영감을 주었는가?
(A) 대학교를 다닌 것
(B) 인터뷰를 시청한 것
(C) 인턴십을 마친 것
(D) 친구에게 상의한 것

해설　키워드 문제 – 담화 중반부에 화자가 I want to address something that people ask me frequently: what made me get into this profession? Well, ever since I was little, I wanted be on TV. When I was in middle school, I happened to watch an interview with a famous tennis player. That was the moment that I decided I wanted to talk with popular athletes.(저는 사람들이 저에게 자주 묻는 것에 대해 이야기하고 싶습니다: 어떤 계기로 이 직업을 선택했나요? 음, 저는 어렸을 때부터 TV에 나오고 싶었습니다. 제가 중학생일 때, 우연히 유명 테니스 선수의 인터뷰를 보게 되었는데요. 그때가 제가 유명 운동선수들과 인터뷰를 하고 싶다고 결심한 순간이었습니다.)라고 말했으므로 (B)가 정답이다.

3. What will the speaker do next?
(A) Give a traffic report
(B) Demonstrate a product
(C) Announce a winner
(D) Share a video

화자는 다음에 무엇을 할 것인가?
(A) 교통 정보를 제공할 것이다
(B) 상품을 시연할 것이다
(C) 우승자를 발표할 것이다
(D) 비디오를 공유할 것이다

해설　다음에 할 일을 묻는 문제 – 담화 후반부에 화자가 I actually have a recording of that show with me, so let me share a clip of it with you right now.(저는 이 자리에 그 프로그램의 녹화본을 가지고 있는데요, 지금 여러분께 일부를 보여 드릴게요.)라고 말했으므로 (D)가 정답이다.

✚ Paraphrasing
　　clip → video

CASE 집중훈련　　　　　　　　本서 p.247

1. (A)　**2.** (D)　**3.** (B)

미국

Questions 1-3 refer to the following talk.

W Good morning. I have a few announcements to make before we get to work today. **❶To start, there haven't been any complications in our bottling and storing operation for our sauces. I have you all to thank for that. Everyone has done a great job.** Next, **❷I've been in talks with Bock's Grocery Store, our largest dealer. Our hot sauces have been extremely popular, so**

they want to double their order to 50 cases next month. Unfortunately, that would require some overtime work. ⑤**Therefore, before committing to this request, I want to get your opinion.**

1-3번은 다음 담화에 관한 문제입니다.

🔲 여 안녕하세요. 오늘 일을 시작하기 전에 몇 가지 발표가 있습니다. ①**우선, 우리 소스를 병에 담고 저장하는 작업에 어떠한 문제도 없었습니다.** 그 점에 대해 여러분 모두에게 감사해요. 모두들 잘해 주었어요. 다음으로, ②**저는 우리의 최대 거래처인 Bock's 식료품점과 대화를 나눴는데요. 우리의 핫소스가 매우 인기 있어서 그들은 다음 달에 주문을 50상자로 두 배 늘리고 싶어 해요.** 유감스럽게도, 초과 근무가 필요할 것 같습니다. ⑤**따라서, 이 요구 사항을 맡기 전에, 저는 여러분의 의견을 듣고 싶습니다.**

어휘
get to work 일에 착수하다 | complication 문제, 합병증 | bottling 병에 채워 넣기 | storing 저장 | operation 작업, 활동 | dealer 상인, 판매인 | unfortunately 유감스럽게도 | overtime 초과 근무 | commit to ~의 책임을 맡다, ~에 전념하다 | merge 합병하다 | competitor 경쟁사 | scheduled 예정된 | advice 조언 | finalize 마무리 짓다 | complete 작성하다, 끝마치다 | malfunction 제대로 작동하지 않다

1. What product is being discussed?
(A) Sauce
(B) Juice
(C) Oil
(D) Syrup

어떤 제품이 논의되고 있는가?
(A) 소스
(B) 주스
(C) 오일
(D) 시럽

해설 주제·목적을 묻는 문제 – 담화 초반부에 화자가 To start, there haven't been any complications in our bottling and storing operation for our sauces.(우선, 우리 소스를 병에 담고 저장하는 작업에 어떠한 문제도 없었습니다.)라고 말했으므로 (A)가 정답이다.

2. What did Bock's Grocery Store recently do?
(A) Open a new location
(B) Improve a product
(C) Merge with a competitor
(D) Increase an order

Bock's 식료품점은 최근에 무엇을 했는가?
(A) 새 지점을 열었다
(B) 제품을 개선했다
(C) 경쟁업체와 합병했다
(D) 주문을 늘렸다

해설 키워드 문제 – 담화 중반부에 화자가 I've been in talks with Bock's Grocery Store, our largest dealer. Our hot sauces have been extremely popular, so they want to double their order to 50 cases next month. (저는 우리의 최대 거래처인 Bock's 식료품점과 대화를 나눴는데요. 우리의 핫소스가 매우 인기 있어서 그들은 다음 달에 주문을 50상자로 두 배 늘리고 싶어 해요.)라고 말했으므로 (D)가 정답이다.

✚ Paraphrasing
double → Increase

3. What does the speaker mean when she says, "I want to get your opinion"?
(A) More meetings will be scheduled.
(B) Some advice is needed to finalize a decision.
(C) Workers have not completed a survey.
(D) Machinery has been malfunctioning.

화자가 "저는 여러분의 의견을 듣고 싶습니다"라고 말할 때, 그녀가 의미한 것은?
(A) 회의 일정이 더 잡힐 것이다.
(B) 최종 결정을 하는 데 조언이 필요하다.
(C) 직원들이 설문 조사를 작성하지 않았다.
(D) 기계가 제대로 작동하지 않고 있다.

해설 화자 의도 파악 문제 – 담화 후반부에 화자가 Therefore, before committing to this request, I want to get your opinion.(따라서, 이 요구 사항을 맡기 전에, 저는 여러분의 의견을 듣고 싶습니다.)이라고 말한 것은 요구 사항을 받아들이는 것에 있어 의견(조언)을 듣는 것이 필요하다는 의미이므로 (B)가 정답이다.

✚ Paraphrasing
your opinion → Some advice

CASE 집중훈련
본서 p.249
1. (C) 2. (A) 3. (D)

호주

Questions 1-3 refer to the following excerpt from a meeting.

M Good afternoon, team. We are here today because ①**the CEO has informed me that our advertisement promoting our language-learning app was a failure.** We've been targeting too wide an audience. Research indicates that we should focus on the 20- to 50-year-old age bracket. They are more likely to learn a new language or travel abroad. ②**So our next campaign will concentrate on this particular group.** ③**Let's keep this detail in mind as we brainstorm a new approach, which will begin on Wednesday.**

1-3번은 다음 회의 발췌록에 관한 문제입니다.

🔲 남 안녕하세요, 팀원 여러분. 오늘 저희가 여기 온 이유는 ①**CEO가 당사의 언어 학습 앱을 홍보하는 광고가 실패했다고 저에게 알려 주었기 때문입니다.** 우리는 너무나 광범위한 시청자를 대상으로 했습니다. 조사에 따르면 우리는 20세에서 50세 사이의 연령층에 집중해야 합니다. 그들이 새로운 언어를 배우거나 해외여행을 할 가능성이 더 높아요. ②**그래서 우리의 다음 캠페인은 이 특정 그룹에 집중할 것입니다.** ③**수요일에 시작할 새로운 전략을 브레인스토밍 할 때 이 정보를 명심해 주세요.**

어휘
promote 홍보하다 | failure 실패 | target 대상으로 하다 | audience 시청자, 관중 | indicate 나타내다 | focus on ~에 집중하다 | age bracket 연령층 | concentrate on ~에 집중하다 | particular 특정한 | approach 접근법 | specific 특정한 | demonstrate 시연하다 | assign 배정하다, 선임하다 | downloadable 다운로드할 수 있는

1. What are the listeners most likely experts in?
(A) Electronics
(B) Healthcare
(C) Advertising
(D) Tourism

청자들은 무엇에 관한 전문가이겠는가?
(A) 전자 공학
(B) 의료
(C) 광고
(D) 관광업

해설 청자의 신분을 묻는 문제 – 담화 초반부에 화자가 the CEO has informed me that our advertisements promoting our language-learning app was a failure(CEO가 당사의 언어 학습 앱을 홍보하는 광고가 실패했다고 저에게 알려 주었기 때문입니다)라고 말했으므로 (C)가 정답이다.

✚ Paraphrasing
advertisements → Advertising

2. What does the speaker suggest doing?
(A) Targeting a specific audience
(B) Demonstrating an application
(C) Assigning more employees
(D) Offering discounted prices

화자는 무엇을 하는 것을 제안하는가?
(A) 특정 시청자를 대상으로 하는 것
(B) 응용 프로그램을 시연하는 것
(C) 직원을 더 배정하는 것
(D) 할인가를 제공하는 것

해설 제안·요청을 묻는 문제 – 담화 중반부에 화자가 So our next campaign will concentrate on this particular group.(그래서 우리의 다음 캠페인은 이 특정 그룹에 집중할 것입니다.)이라고 말했으므로 (A)가 정답이다.

✚ Paraphrasing
particular group → specific audience

3. What will happen on Wednesday?
(A) An interview will be held.
(B) A program will be downloadable.
(C) A research group will visit.
(D) A brainstorming session will begin.

수요일에 무슨 일이 있을 것인가?
(A) 면접이 열릴 것이다.
(B) 프로그램을 다운로드할 수 있을 것이다.
(C) 조사단이 방문할 것이다.
(D) 브레인스토밍 세션이 시작될 것이다.

해설 키워드 문제 – 담화 후반부에 화자가 Let's keep this detail in mind as we brainstorm a new approach, which will begin on Wednesday.(수요일에 시작할 새로운 전략을 브레인스토밍 할 때 이 정보를 명심해 주세요.)라고 말했으므로 (D)가 정답이다.

CASE 집중훈련

1. (B) **2.** (B) **3.** (B)

영국

Questions 1-3 refer to the following telephone message.

W Hey, it's Mariah. **①A few days ago, we worked on a proposal together, right? ②I'll be presenting it today, but I can't seem to find the document on my laptop. It's already 11:00.** This proposal is important because we haven't had a new client in months. **③So, I need to make sure that everything goes according to plan to finalize this contract during this meeting.** Call me as soon as you can.

1-3번은 다음 전화 메시지에 관한 문제입니다.

여 안녕하세요, Mariah예요. **①며칠 전, 우리가 제안서를 같이 작성했잖아요, 그렇죠? ②제가 오늘 그걸 발표할 건데, 제 노트북에서 그 문서를 못 찾겠어요. 벌써 11시예요.** 우리가 몇 달 동안 신규 고객이 없었기 때문에 이번 제안서는 중요해요. **③그래서, 이번 회의에서 이 계약을 마무리하려면 모든 게 계획대로 진행되도록 해야 해요.** 가능한 한 빨리 전화 주세요.

어휘
proposal 제안(서) | present 발표하다, 제시하다 | go according to plan 계획대로 진행되다 | finalize 마무리 짓다 | contract 계약 | deadline 마감일 | urgent 긴급한 | reschedule 일정을 다시 잡다 | deal 거래

1. What is the speaker calling about?
(A) A travel plan
(B) A proposal
(C) A company directory
(D) A guidebook

화자는 무엇에 관해 전화하고 있는가?
(A) 여행 계획
(B) 제안서
(C) 회사 명부 책자
(D) 안내서

해설 주제·목적을 묻는 문제 – 담화 초반부에 화자가 A few days ago, we worked on a proposal together, right? (며칠 전, 우리가 제안서를 같이 작성했잖아요, 그렇죠?)라고 말했으므로 (B)가 정답이다.

2. What does the speaker imply when she says, "It's already 11:00"?
(A) A deadline has passed.
(B) A request is urgent.
(C) She has missed her flight.
(D) She wants to reschedule an appointment.

화자가 "벌써 11시예요"라고 말할 때, 그녀가 내비친 것은?
(A) 마감일이 지났다.
(B) 요청이 급하다.
(C) 비행기를 놓쳤다.
(D) 약속 일정을 다시 잡길 원한다.

해설 화자 의도 파악 문제 – 담화 초반부에 화자가 I'll be presenting it

112 파고다 토익 종합서 LC

today, but I can't seem to find the document on my laptop. (제가 오늘 그걸 발표할 건데, 제 노트북에서 그 문서를 못 찾겠어요.)이라고 하면서, It's already 11:00. (벌써 11시예요.)이라고 말한 것은 오늘 발표 예정인 보고서를 찾지 못하고 있는 와중에 시간이 벌써 11시라고 하여 시안이 시급함을 나타내고 있으므로 (B)가 정답이다.

3. According to the speaker, what is the purpose of a meeting?
(A) To select a new board member
(B) To finalize a business deal
(C) To introduce a new product
(D) To outline a work process

화자에 따르면, 회의의 목적은 무엇인가?
(A) 새로운 이사회 위원을 선정하기 위해
(B) **사업 거래를 마무리 짓기 위해**
(C) 신제품을 소개하기 위해
(D) 작업 절차를 간략하게 설명하기 위해

해설 키워드 문제 – 담화 후반부에 화자가 So, I need to make sure that everything goes according to plan to finalize this contract during this meeting. (그래서, 이번 회의에서 이 계약을 마무리하려면 모든 게 계획대로 진행되도록 해야 해요.)이라고 말했으므로 (B)가 정답이다.

✚ Paraphrasing
contract → business deal

CASE 집중훈련

본서 p.253

1. (A)   2. (C)   3. (D)

미국

Questions 1-3 refer to the following broadcast.

Ⓜ You're listening to *Muse Studio* on Radio 12. Continuing with our theme of meeting the people who help keep our city looking sharp, 🚩➋we will be joined by Ms. Flora Brock, our Director of Tourism. You've probably seen her signs posted on buildings around town about the fundraisers. ➋They're part of her mission to curb the graffiti problem. ➌She plans to reinvent our city's image to increase tourism, which will be detailed in her proposal that she'll be presenting at a conference on Thursday. If you're looking for a sneak peek at the proposal, make sure you stay tuned in.

1-3번은 다음 방송에 관한 문제입니다.

Ⓝ 여러분은 라디오 12의 〈Muse Studio〉를 듣고 계십니다. 우리의 도시를 멋지게 가꾸는 데 도움을 주는 분들을 만난다는 주제로 계속 진행하고 있는데요, 🚩➋관광국장이신 Flora Brock 씨와 함께 할 것입니다. 모금 행사에 관하여 여러분은 아마도 마을 주변 건물들에 그녀가 내건 표지판들을 보셨을 겁니다. ➋그것들은 낙서 문제를 억제하기 위한 그녀의 임무의 일환이죠. ➌그녀는 관광 증진을 위해 우리 시에 새로운 이미지를 불어넣을 계획이며, 이는 목요일에 있을 회의에서 그녀가 발표할 제안에서 상세히 설명될 것입니다. 제안서를 살짝 엿보고 싶으시다면, 반드시 채널 고정해 주세요.

어휘

sharp 멋진 | fundraiser 모금 행사 | curb 억제하다, 제한하다 | graffiti 낙서, 그래피티 | reinvent 다른 모습[이미지]을 보여주다 | detail 상세히 알리다 | proposal 제안(서) | sneak peek (아직 공개되지 않은) 정보, 시사회 | stay tuned 채널을 고정하다 | billboard 옥외 광고판 | donate 기부하다 | cause 대의명분, 목적 | fund 후원하다 | initiate 개시하다

1. Where are Ms. Brock's signs displayed?
(A) On urban buildings
(B) In grocery stores
(C) On billboards
(D) At airports

Brock 씨의 표지판은 어디에 걸려 있는가?
(A) **도시 건물들에**
(B) 식료품점에
(C) 옥외 광고판에
(D) 공항에

해설 키워드 문제 – 담화 초반부에 화자가 we will be joined by Ms. Flora Brock, our Director of Tourism. You've probably seen her signs posted on buildings around town about the fundraisers. (관광국장이신 Flora Brock 씨와 함께 할 것입니다. 모금 행사에 관하여 여러분은 아마도 마을 주변 건물들에 그녀가 내건 표지판들을 보셨을 겁니다.)라고 말했으므로 (A)가 정답이다.

✚ Paraphrasing
on buildings around town → On urban buildings

2. Why was money donated to a cause?
(A) To create fine art
(B) To fund a plan
(C) To stop graffiti
(D) To initiate a conference

돈은 왜 어떤 한 대의를 위해 기부되었는가?
(A) 미술품을 만들려고
(B) 계획을 후원하려고
(C) **낙서를 멈추게 하려고**
(D) 회의를 개시하려고

해설 키워드 문제 – 담화 초중반부에 화자가 we will be joined by Ms. Flora Brock, our Director of Tourism. You've probably seen her signs posted on buildings around town about the fundraisers. They're part of her mission to curb the graffiti problem. (관광국장이신 Flora Brock 씨와 함께 할 것입니다. 모금 행사에 관하여 여러분은 아마도 마을 주변 건물들에 그녀가 내건 표지판들을 보셨을 겁니다. 그것들은 낙서 문제를 억제하기 위한 그녀의 임무의 일환이죠.)라고 말했으므로 (C)가 정답이다.

✚ Paraphrasing
curb → stop

3. What will be presented to the public on Thursday?
(A) A redesigned logo
(B) A fundraising event
(C) A city plan
(D) A new proposal

목요일에 무엇이 대중에게 공개될 것인가?
(A) 다시 디자인된 로고
(B) 모금 행사

(C) 도시 계획
(D) 새로운 제안

해설 키워드 문제 – 담화 후반부에 화자가 She plans to reinvent our city's image to increase tourism, which will be detailed in her proposal that she'll be presenting at a conference on Thursday.(그녀는 관광 증진을 위해 우리 시에 새로운 이미지를 불어넣을 계획이며, 이는 목요일에 있을 회의에서 그녀가 발표할 제안에서 상세히 설명될 것입니다.)라고 말했으므로 (D)가 정답이다.

CASE 집중훈련
본서 p.255

1. (B)   **2.** (C)   **3.** (A)

미국

Questions 1-3 refer to the following instructions.

W **❶This interactive tutorial, developed by Corbin Energy Company**, will describe how to dispose of batteries from your old electronic devices. To start, separate the battery from your device. **❷Then, from our Web site, create and print a shipping label.** Stick the label onto an envelope. Before placing the battery inside the envelope, wrap some cushioning material around it. Lastly, drop the package off at the nearest postal service provider. **❸Once we receive your battery, a 25 percent discount coupon will be sent to your e-mail address.**

1-3번은 다음 설명서에 관한 문제입니다.

여 ❶Corbin 에너지 회사에서 개발한 이 양방향 사용 지침서는 여러분의 오래된 전자 기기에서 배터리를 처리하는 방법을 말해 줍니다. 우선, 배터리를 기기에서 분리하세요. ❷그다음, 저희 웹 사이트에서 발송 라벨을 만들어 인쇄해 주세요. 라벨을 봉투에 붙여 주세요. 배터리를 봉투에 넣기 전에, 완충재로 감싸 주세요. 마지막으로, 가장 가까운 우체국에서 물품을 보내 주세요. ❸배터리가 저희에게 도착하면, 25퍼센트 할인 쿠폰이 여러분의 이메일 주소로 발송됩니다.

어휘
instructions 설명서 | interactive 양방향의, 상호적인 | tutorial 사용 지침서 | describe 말하다, 서술하다 | dispose of ~을 처리하다 | separate 분리하다 | shipping 발송 | envelope 봉투 | cushioning material 완충재 | postal service provider 우체국 | freight company 화물 운송 회사 | vocational 직업과 관련된 | manufacturer 제조사 | user's guide 사용 설명서 | guarantee 보증(서) | overnight delivery 익일 배송

1. What type of business created the tutorial?
(A) A freight company
(B) An energy company
(C) A vocational school
(D) A software manufacturer

어떤 사업체에서 사용 지침서를 제작했는가?
(A) 화물 운송 회사
(B) 에너지 회사
(C) 직업 학교
(D) 소프트웨어 제조사

해설 키워드 문제 – 담화 초반부에 화자가 This interactive tutorial,

developed by Corbin Energy Company(Corbin 에너지 회사에서 개발한 이 양방향 사용 지침서)라고 말했으므로 (B)가 정답이다.

✦ Paraphrasing
developed → created

2. According to the speaker, what should the listeners print out?
(A) Repair instructions
(B) A receipt
(C) A shipping label
(D) A user's guide

화자에 따르면, 청자들은 무엇을 출력해야 하는가?
(A) 수리 설명서
(B) 영수증
(C) **발송 라벨**
(D) 사용 설명서

해설 키워드 문제 – 담화 중반부에 화자가 Then, from our Web site, create and print a shipping label.(그다음, 저희 웹 사이트에서 발송 라벨을 만들어 인쇄해 주세요.)이라고 말했으므로 (C)가 정답이다.

✦ Paraphrasing
print → print out

3. What does the speaker offer to the listeners?
(A) A discount coupon
(B) A product guarantee
(C) Overnight delivery
(D) Upgraded parts

화자는 청자들에게 무엇을 제공하는가?
(A) **할인 쿠폰**
(B) 상품 보증서
(C) 익일 배송
(D) 개선된 부품

해설 제안·요청을 묻는 문제 – 담화 후반부에 화자가 Once we receive your battery, a 25 percent discount coupon will be sent to your e-mail address.(배터리가 저희에게 도착하면, 25퍼센트 할인 쿠폰이 여러분의 이메일 주소로 발송됩니다.)라고 말했으므로 (A)가 정답이다.

CASE 집중훈련
본서 p.257

1. (D)   **2.** (B)   **3.** (A)

미국

Questions 1-3 refer to the following speech.

W Before I give my lecture, **❶I'd like to briefly discuss my new book, _Becoming Your Own Boss_.** Many people interested in starting their own companies struggle with how to begin the process. **❷In my book, you can read through detailed steps on how to establish a business. In addition, you'll find helpful tips on how to keep your startup alive for the first year.** As you know, **❸I founded a clothing store that is now a major chain.** Once the lecture ends, you can purchase a copy of the book in the back. Also, when you get the chance, **3check out my Web site to register for regular e-mail updates concerning my seminar schedule**.

1-3번은 다음 연설에 관한 문제입니다.

여 강의를 시작하기 전에, **1제 신간 〈Becoming Your Own Boss〉에 대해** 간략히 말씀드리고 싶습니다. 창업에 관심 있는 많은 사람들이 그 과정을 시작하는 방법으로 고심합니다. **2제 책에서는, 사업체를 설립하는 방법에 대해 단계별로 상세하게 읽어 보실 수 있습니다.** 또한, 첫 해 동안 당신의 신생 기업이 생존하는 법에 대한 유용한 조언들을 얻게 되실 겁니다. 아시다시피, **2저는 현재 주요 체인인 의류 매장을 설립했습니다.** 강의가 끝나면, 뒤편에서 책을 구입하실 수 있습니다. 또한, 기회가 되시면, **3제 웹 사이트를 방문하셔서 저의 세미나 일정에 대한 정기 이메일 업데이트를 신청해 주세요.**

어휘

briefly 간략히, 잠시 | struggle with ~에 고심하다, ~으로 씨름하다 | establish 설립하다 | startup 신생 기업 | alive 생존해 있는, 존속하는 | found 설립하다 | register 등록하다 | concerning ~에 관한 | publish 출간하다 | clarify 명확히 하다 | reliable 믿을 만한 | acquire 인수하다 | competitor 경쟁사 | directions 길 안내 | complimentary 무료의

1. What did the speaker recently do?
(A) She traveled abroad.
(B) She donated some money.
(C) She sold her company.
(D) She published a book.

화자는 최근에 무엇을 했는가?
(A) 해외여행을 했다.
(B) 돈을 기부했다.
(C) 회사를 매각했다.
(D) 책을 출간했다.

해설 키워드 문제 – 담화 초반부에 화자가 I'd like to briefly discuss my new book, *Becoming Your Own Boss*(제 신간 〈Becoming Your Own Boss〉에 대해 간략히 말씀드리고 싶습니다)라고 말했으므로 (D)가 정답이다.

2. What does the speaker imply when she says, "I founded a clothing store that is now a major chain"?
(A) She would like to clarify a step.
(B) Her information is reliable.
(C) She wants to acquire a competitor.
(D) Her business is currently hiring.

화자가 "저는 현재 주요 체인인 의류 매장을 설립했습니다"라고 말할 때, 그녀가 내비친 것은?
(A) 그녀는 단계를 명확하게 하고 싶어 한다.
(B) 그녀의 정보는 믿을 만하다.
(C) 그녀는 경쟁사를 인수하고 싶어 한다.
(D) 그녀의 사업체는 현재 채용 중이다.

해설 화자 의도 파악 문제 – 담화 중반부에 화자가 In my book, you can read through detailed steps on how to establish a business. In addition, you'll find helpful tips on how to keep your startup alive for the first year.(제 책에서는, 사업체를 설립하는 방법에 대해 단계별로 상세하게 읽어 보실 수 있습니다. 또한, 첫 해 동안 당신의 신생 기업이 생존하는 법에 대한 유용한 조언들을 얻게 되실 겁니다.)라고 하면서, I founded a clothing store that is now a

major chain(저는 현재 주요 체인인 의류 매장을 설립했습니다)이라고 말한 것은 자신이 현재 주요 체인인 의류 매장을 설립한 만큼 자신의 책에 담은 내용은 믿을 만하다는 의미이므로 (B)가 정답이다.

3. What can listeners receive by going to a Web site?
(A) Schedule updates
(B) Store directions
(C) Discount coupons
(D) Complimentary gifts

청자들은 웹 사이트를 방문해서 무엇을 받을 수 있는가?
(A) 일정 업데이트
(B) 매장 찾아가는 법
(C) 할인 쿠폰
(D) 무료 선물

해설 키워드 문제 – 담화 후반부에 화자가 check out my Web site to register for regular e-mail updates concerning my seminar schedule(제 웹 사이트를 방문하셔서 저의 세미나 일정에 대한 정기 이메일 업데이트를 신청해 주세요)이라고 말했으므로 (A)가 정답이다.

CASE 집중훈련
본서 p.259

1. (D)   **2.** (B)   **3.** (A)

미국

Questions 1-3 refer to the following excerpt from a meeting.

M I appreciate everyone attending this morning's meeting. As you're all aware, **1the library is marking its 50th anniversary with a dinner party** on the last Friday of the month. There will be various guests in attendance, from city officials to company CEOs, to celebrate this occasion. I'd also like to mention that many residents have signed up to volunteer at this special event. **2Volunteers will be responsible for arranging all the furniture and decorations in the main hall. 3One other thing we need to take care of soon is finding a substitute for Bobby Lusker, who was supposed to sing at the event. Can anybody suggest a good musician to replace him?**

1-3번은 다음 회의 발췌록에 관한 문제입니다.

남 오늘 아침 회의에 참석해 주신 모든 분들께 감사드립니다. 모두 알고 계신 것처럼, 이번 달 마지막 주 금요일에 **1도서관 50주년 기념일을 저녁 파티로 기념하려고 합니다.** 이 행사를 축하하기 위해 시 공무원에서 회사 CEO에 이르기까지 다양한 손님들이 참석할 예정입니다. 또한 많은 주민들이 이 특별한 행사에 자원봉사를 신청했다는 것을 알려 드리고 싶습니다. **2자원봉사자들은 메인 홀의 모든 가구 및 장식품 배치를 담당할 것입니다. 3저희가 조만간 처리해야 할 또 다른 일은 Bobby Lusker를 대체할 사람을 찾는 것인데, 그는 행사에서 노래를 부르기로 되어 있었습니다. 그를 대체할 괜찮은 뮤지션을 제 안해 주실 분 계신가요?**

어휘

mark 기념하다 | anniversary 기념일 | in attendance 참석한 | resident 주민 | volunteer 자원봉사를 하다; 자원봉사자 | responsible for ~을 담당하는

arrange 배치하다 | take care of ~을 처리하다 | substitute 대체자 | replace 대체하다 | be supposed to do ~하기로 되어 있다 | organize 준비하다, 조직하다 | direct 안내하다 | set up ~을 설치하다 | hand out ~을 나눠 주다 | flyer 전단지 | suggestion 제안 | preference 선호(도)

1.
What event is being organized?
(A) An industry convention
(B) A music festival
(C) A city parade
(D) An anniversary party

어떤 행사가 준비되고 있는가?
(A) 산업 컨벤션
(B) 음악 축제
(C) 시 퍼레이드
(D) 기념일 파티

해설 주제·목적을 묻는 문제 – 담화 초반부에 화자가 the library is marking its 50th anniversary with a dinner party(도서관 50주년 기념일을 저녁 파티로 기념하려고 합니다)라고 말했으므로 (D)가 정답이다.

2.
What does the speaker say the volunteers will be doing for an event?
(A) Directing vehicles
(B) Setting up a room
(C) Serving food
(D) Handing out flyers

화자는 자원봉사자들이 행사를 위해 무엇을 할 것이라고 말하는가?
(A) 차량을 안내할 것이다
(B) 공간을 설치할 것이다
(C) 음식을 제공할 것이다
(D) 전단지를 나눠 줄 것이다

해설 키워드 문제 – 담화 중반부에 화자가 Volunteers will be responsible for arranging all the furniture and decorations in the main hall.(자원봉사자들은 메인 홀의 모든 가구 및 장식품 배치를 담당할 것입니다.)이라고 말했으므로 (B)가 정답이다.

3.
What does the speaker ask the listeners for?
(A) Suggestions for a performer
(B) Their meal preferences
(C) Recommendations for a venue
(D) Their work schedules

화자는 청자들에게 무엇을 요청하는가?
(A) 공연자 제안
(B) 식사 선호도
(C) 장소 추천
(D) 근무 일정

해설 제안·요청을 묻는 문제 – 담화 후반부에 화자가 One other thing we need to take care of soon is finding a substitute for Bobby Lusker, who was supposed to sing at the event. Can anybody suggest a good musician to replace him? (저희가 조만간 처리해야 할 또 다른 일은 Bobby Lusker를 대체할 사람을 찾는 것인데, 그는 행사에서 노래를 부르기로 되어 있습니다. 그를 대체할 괜찮은 뮤지션을 제안해 주실 분 계신가요?)이라고 말했으므로 (A)가 정답이다.

✛ Paraphrasing
musician → performer

CASE 집중훈련
본서 p.261

1. (B)   **2.** (B)   **3.** (C)

호주

Questions 1-3 refer to the following talk.

M ❶**Thank you for attending our annual advertising seminar.** I'm glad you are all participating in my session. I have been working in the industry for 20 years now, and I'd like to offer some advice. ❷**Many companies hire outside product testers to gauge how well their items will do. Companies usually give free merchandise or cash to these testers, which ends up being costly.** But you know what? ❷**Your staff members can be reliable product testers.** They normally care about the company more than outsiders. Just remember to utilize workers who aren't involved in the development of that particular item. That'll help you get objective responses. Now, ❸**I'll pass around some sample forms** that show how you can go about getting feedback from your employees.

1-3번은 다음 담화에 관한 문제입니다.

남 ❶저희 연례 광고 세미나에 참석해 주셔서 감사합니다. 여러분 모두가 제 세션에 참여해 주셔서 기쁩니다. 저는 이제 20년째 업계에서 일해 왔으며, 몇 가지 조언을 드리고 싶습니다. ❷많은 회사들이 자사 제품이 얼마나 잘 될지를 알아보는 데 외부의 제품 테스터를 고용합니다. 회사들은 보통 이들 테스터들에게 무료 상품이나 현금을 주게 되어, 결국 비용이 많이 들게 됩니다. 하지만 아시나요? ❷여러분의 직원들이 신뢰할 만한 제품 테스터가 될 수 있습니다. 그들은 일반적으로 외부인보다 회사에 더 관심을 갖고 있습니다. 다만 해당 특정 제품 개발에 관여하지 않은 직원들을 활용해야 한다는 것을 기억하세요. 그러면 객관적인 응답을 얻는 데 도움이 될 것입니다. 이제, 제가 직원들에게 어떻게 피드백을 얻는지를 보여 주는 ❸샘플 양식을 나눠 드리겠습니다.

어휘
annual 연례의 | participate in ~에 참여하다 | industry 업계 | outside 외부의 | gauge 알아내다, 판단하다 | end up 결국 ~이 되다 | costly 비싼 | reliable 신뢰할 수 있는 | care about ~에 관심을 가지다 | utilize 활용하다 | be involved in ~에 관여하다 | particular 특정한 | objective 객관적인 | pass around (여러 사람이 보도록) ~을 돌리다 | recruiting 채용 | emphasize 강조하다 | feature 특징 | distribute 나눠 주다

1.
Where is the talk being held?
(A) At a store opening
(B) At a professional seminar
(C) At a recruiting event
(D) At an anniversary party

담화는 어디서 이루어지고 있는가?
(A) 매장 개점식에서
(B) 전문 세미나에서
(C) 채용 행사에서
(D) 기념일 파티에서

해설 담화 장소를 묻는 문제 – 담화 시작에 화자가 Thank you for attending

our annual advertising seminar. (저희 연례 광고 세미나에 참석해 주셔서 감사합니다.)라고 말했으므로 (B)가 정답이다.

2. Why does the speaker say, "Your staff members can be reliable product testers"?
(A) To emphasize a product feature
(B) To recommend a different method
(C) To congratulate a staff member
(D) To reschedule an event

화자는 왜 "여러분의 직원들이 신뢰할 만한 제품 테스터가 될 수 있습니다"라고 말하는가?
(A) 상품 특징을 강조하려고
(B) 다른 방법을 추천하려고
(C) 직원을 축하해 주려고
(D) 행사 일정을 변경하려고

해설 화자 의도 파악 문제 – 담화 초중반부에 화자가 Many companies hire outside product testers to gauge how well their items will do. Companies usually give free merchandise or cash to these testers, which ends up being costly. (많은 회사들이 자사 제품이 얼마나 잘 될지를 알아보는 데 외부의 제품 테스터를 고용합니다. 회사들은 보통 이들 테스터들에게 무료 상품이나 현금을 주게 되어, 결국 비용이 많이 들게 됩니다.)라고 하면서, Your staff members can be reliable product testers.(여러분의 직원들이 신뢰할 만한 제품 테스터가 될 수 있습니다.)라고 말한 것은 비용이 많이 드는 외부의 제품 테스터 고용을 실례로 들면서, 사실 회사 직원들도 믿을 만한 테스터가 될 수 있다는 다른 방법을 제시하고 있으므로 (B)가 정답이다.

3. What will the speaker distribute?
(A) Some photos
(B) Some hats
(C) Some forms
(D) Some bags

화자는 무엇을 나눠 줄 것인가?
(A) 사진
(B) 모자
(C) 양식
(D) 가방

해설 키워드 문제 – 담화 후반부에 화자가 I'll pass around some sample forms(샘플 양식을 나눠 드리겠습니다)라고 말했으므로 (C)가 정답이다.

+ Paraphrasing
pass around → distribute

CASE 집중훈련
본서 p.263
1. (C) **2.** (A) **3.** (B)

미국

Questions 1-3 refer to the following telephone message.

M Hello, Sheila. I appreciate your willingness to work overtime tomorrow. **¹We have many arrangements to make, but you'll be focusing mainly on one thing: the flower centerpieces.**

²**As you know, we have a large order to fill for KPP Co.'s awards show.** They asked for 20 centerpieces with assorted roses—there will be one per table. This project will take you the whole day, so please get plenty of rest today. I'll be picking up supplies in the morning, so I'll probably come in right after lunch. ³**When you get in, drop by my office, where you'll find the request form.** It has detailed instructions on how to make the centerpieces.

1-3번은 다음 전화 메시지에 관한 문제입니다.

남 안녕하세요, Sheila. 내일 추가 근무에 흔쾌히 지원해 주셔서 감사해요. ¹준비해야 할 꽃꽂이가 많지만, 당신은 주로 한 곳에만 집중해 주실 거예요. 바로 중앙부 장식용 꽃꽂이죠. ²아시겠지만, KPP사의 시상식을 위한 대량 주문을 이행해야 해요. 여러 종류의 장미를 활용한 중앙부 장식 20개를 요청했고, 각 테이블당 한 개가 놓일 거예요. 이 업무는 시간이 하루 종일 걸릴 테니, 오늘 충분한 휴식을 취하도록 하세요. 저는 아침에 재료를 가지러 갈 거라서, 점심 이후에 바로 도착할 거예요. ³도착하시면, 제 사무실에 잠깐 들르세요, 거기서 요청서를 보실 수 있을 거예요. 거기에 중앙부 장식을 어떻게 만드는지에 관한 자세한 설명이 있어요.

어휘
appreciate 고마워하다 | willingness 흔쾌히 하기 | flower arrangement 꽃꽂이 | centerpiece 중앙부 장식 | fill 이행하다 | awards show 시상식 | assorted 여러 가지의 | supply 재료 | drop by ~에 잠깐 들르다 | instruction 설명 | retreat 단합 대회, 야유회 | obtain 얻다 | drop off ~을 가져다 놓다

1. What most likely is the speaker's job?
(A) Architect
(B) Delivery driver
(C) Florist
(D) Factory manager

화자의 직업은 무엇이겠는가?
(A) 건축가
(B) 배달원
(C) 플로리스트
(D) 공장 관리자

해설 화자의 신분을 묻는 문제 – 담화 초반부에 화자가 We have many arrangements to make, but you'll be focusing mainly on one thing: the flower centerpieces. (준비해야 할 꽃꽂이가 많지만, 당신은 주로 한 곳에만 집중해 주실 거예요. 바로 중앙부 장식용 꽃꽂이죠.)라고 말했으므로 (C)가 정답이다.

2. What event is the speaker getting ready for?
(A) An awards ceremony
(B) A graduation party
(C) A corporate retreat
(D) A fashion show

화자는 어떤 행사를 준비하고 있는가?
(A) 시상식
(B) 졸업 파티
(C) 회사 단합 대회
(D) 패션쇼

해설 키워드 문제 – 담화 초중반부에 화자가 As you know, we have a large order to fill for KPP Co.'s awards show. (아시겠지만, KPP

사의 시상식을 위한 대량 주문을 이행해야 해요.)라고 말했으므로 (A)
가 정답이다.

✛ Paraphrasing
show → ceremony

3. Why does the speaker instruct the listener to visit his office?
(A) To organize some files
(B) To obtain a request form
(C) To drop off some supplies
(D) To inspect a machine

화자는 왜 청자에게 자신의 사무실에 방문하라고 말하는가?
(A) 파일을 정리하기 위해
(B) 요청서를 얻기 위해
(C) 재료를 갖다 놓기 위해
(D) 기계를 점검하기 위해

해설 키워드 문제 – 담화 후반부에 화자가 When you get in, drop by
my office, where you'll find the request form. (도착하시면, 제
사무실에 잠깐 들르세요, 거기서 요청서를 보실 수 있을 거예요.)이라
고 말했으므로 (B)가 정답이다.

✛ Paraphrasing
drop by → visit

CASE 실전훈련
본서 p.264

1. (B)	2. (A)	3. (D)	4. (C)	5. (C)	6. (A)
7. (C)	8. (B)	9. (A)	10. (D)	11. (B)	12. (C)
13. (B)	14. (D)	15. (C)	16. (B)	17. (B)	18. (D)

호주

Questions 1-3 refer to the following telephone message.

Ⓜ Hi there, Tammy. This is Josh. I've just been in touch with a candidate, who is interested in the head of marketing position. She has some great experience, and she sounded very excited about the opportunity. **①②I would like to interview her very soon, but she will be working until next Wednesday, which will be her last day. ①Will Mr. Rogers have time next Friday? ③I'll send over her résumé for him to take a look at via e-mail.** Let me know if he's available, and I'll let the candidate know.

1-3번은 다음 전화 메시지에 관한 문제입니다.

Ⓝ 안녕하세요, Tammy. Josh입니다. 마케팅 부서장직에 관심이 있
는 지원자와 방금 연락했습니다. 그녀는 경력이 훌륭하고, 그 기회
에 대해 매우 기뻐하는 것 같았어요. **①②빨리 면접을 보고 싶지만,
그녀가 자신의 마지막 날인 다음 주 수요일까지 근무할 예정입니다.
①Rogers 씨가 다음 주 금요일에 시간이 있을까요? ③그가 그녀의
이력서를 한번 볼 수 있도록 이메일로 보내 드리겠습니다.** 그가 시간
이 되는지 제게 알려 주시면, 지원자에게 알리도록 하겠습니다.

어휘
be in touch with ~와 연락하다 | candidate 지원자, 후보자 | send over
~을 보내다 | résumé 이력서 | take a look at ~을 보다 | via ~으로, ~을 통해

---

available 시간이 있는 | arrange 정하다, 주선하다 | describe 설명하다 |
currently 현재 | employ 고용하다 | upper 고위의, 상급의 | description 기술서

1. Why is the speaker calling?
(A) To request a change in schedule
(B) To arrange a date for an interview
(C) To confirm a phone number
(D) To describe a new trend

화자는 왜 전화하고 있는가?
(A) 일정 변경을 요청하려고
(B) 면접 날짜를 정하려고
(C) 전화번호를 확인하려고
(D) 새로운 유행을 설명하려고

해설 주제·목적을 묻는 문제 – 담화 중반부에 화자가 I would like
to interview her very soon, but she will be working until
next Wednesday, which will be her last day. (빨리 면접을 보
고 싶지만, 그녀가 자신의 마지막 날인 다음 주 수요일까지 근무
할 예정입니다.)라고 말하며, Will Mr. Rogers have time next
Friday? (Rogers 씨가 다음 주 금요일에 시간이 있을까요?)라고 물
었으므로 (B)가 정답이다.

2. What does the speaker say about a job candidate?
(A) She is currently employed.
(B) She works in upper management.
(C) She has traveled overseas for work.
(D) She has already met the speaker.

화자는 입사 지원자에 대해 뭐라고 말하는가?
(A) 그녀는 현재 재직자이다.
(B) 그녀는 고위 경영진으로 일한다.
(C) 그녀는 업무차 해외 출장을 다녀왔다.
(D) 그녀는 이미 화자를 만났다.

해설 키워드 문제 – 담화 중반부에 화자가 I would like to interview her
very soon, but she will be working until next Wednesday,
which will be her last day. (빨리 면접을 보고 싶지만, 그녀가 자신
의 마지막 날인 다음 주 수요일까지 근무할 예정입니다.)라고 말했으므
로 (A)가 정답이다.

3. What will the speaker send in an e-mail?
(A) A job description
(B) A candidate list
(C) A schedule
(D) A résumé

화자는 이메일로 무엇을 보낼 것인가?
(A) 직무 기술서
(B) 지원자 명단
(C) 일정표
(D) 이력서

해설 키워드 문제 – 담화 후반부에 화자가 I'll send over her résumé for
him to take a look at via e-mail. (그가 그녀의 이력서를 한번 볼 수 있
도록 이메일로 보내 드리겠습니다.)라고 말했으므로 (D)가 정답이다.

미국

Questions 4-6 refer to the following introduction.

Ⓜ **④It is my great honor, as Springton's mayor,**

---

to award the first prize for Outstanding Local Business to Mr. Antonio Lee, owner of Outdoor Adventure Travels. **⁵Mr. Lee's company recently celebrated its fifth year in operation**, and it has made a significant contribution to our efforts to draw more visitors to our town. **⁶Mr. Lee is a lifelong resident of Springton, and he has amazing expertise about the area's natural landscape.** This expertise has enabled him to create exciting outdoor tours of the area. So now, let's have a big round of applause for Mr. Lee as he joins me on stage!

4-6번은 다음 소개에 관한 문제입니다.

🔊 ⁴Springton의 시장으로서, 뛰어난 지역 업체 대상을 Outdoor Adventure 여행사 사장이신 Antonio Lee 씨께 **시상하게 되어 큰 영광입니다.** ⁵Lee 씨의 업체는 최근 영업 5주년을 기념했으며, 우리 도시에 더 많은 관광객을 유치하는 노력에 상당한 이바지를 했습니다. ⁶Lee 씨는 평생 Springton에 거주하셨으며, 지역의 자연 경관에 뛰어난 전문 지식이 있으십니다. 이 전문 지식으로, 그분께선 흥미진진한 야외 투어를 만드실 수 있었습니다. 자 이제, Lee 씨가 무대 위로 함께해 주실 때 큰 박수를 보내 주세요!

어휘
mayor 시장 ┃ award 수여하다 ┃ outstanding 뛰어난 ┃ celebrate 기념하다 ┃ operation 영업 ┃ significant 상당한 ┃ contribution 기여 ┃ draw 끌어당기다 ┃ lifelong 평생 동안의 ┃ resident 주민 ┃ expertise 전문 지식 ┃ natural landscape 자연 경관 ┃ enable ~을 할 수 있게 하다 ┃ applause 박수 갈채 ┃ profession 직업 ┃ relocate 이사 가다 ┃ participate in ~에 참가하다 ┃ launch 시작하다 ┃ expert 전문가 ┃ regulation 규정 ┃ fundraising 모금

4. What most likely is the speaker's profession?
(A) Travel agent
(B) Construction manager
(C) Government official
(D) News reporter

화자의 직업은 무엇이겠는가?
(A) 여행사 직원
(B) 공사 책임자
(C) 국가 공무원
(D) 뉴스 기자

해설 화자의 신분을 묻는 문제 – 담화 시작에 화자가 It is my great honor, as Springton's mayor, to award first prize for Outstanding Local Business(Springton의 시장으로서, 뛰어난 지역 업체 대상을 시상하게 되어 큰 영광입니다)라고 말했으므로 (C)가 정답이다.

✚ Paraphrasing
mayor → Government official

5. What did Mr. Lee do five years ago?
(A) He relocated to Springton.
(B) He participated in a contest.
(C) He launched a business.
(D) He earned a graduate degree.

Lee 씨는 5년 전에 무엇을 했는가?
(A) Springton으로 이사 왔다.
(B) 대회에 참가했다.
(C) 사업체를 설립했다.

(D) 석사 학위를 땄다.

해설 키워드 문제 – 담화 중반부에 화자가 Mr. Lee's company recently celebrated its fifth year in operation(Lee 씨의 업체는 최근 영업 5주년을 기념했으며)이라고 말했으므로 (C)가 정답이다.

✚ Paraphrasing
company → business

6. According to the speaker, what is Mr. Lee an expert in?
(A) The regional landscape
(B) Local tax regulations
(C) Interior design
(D) Fundraising techniques

화자에 따르면, Lee 씨는 무엇의 전문가인가?
(A) 지역의 경관
(B) 지역 세법
(C) 실내 디자인
(D) 모금 기술

해설 키워드 문제 – 담화 중반부에 화자가 Mr. Lee is a lifelong resident of Springton, and he has amazing expertise about the area's natural landscape.(Lee 씨는 평생 Springton에 거주하셨으며, 지역의 자연 경관에 뛰어난 전문 지식이 있으십니다.)라고 말했으므로 (A)가 정답이다.

✚ Paraphrasing
area's landscape → regional landscape

영국

Questions 7-9 refer to the following tour information.

🔊 I'd like to thank all of you for visiting the Goshen Museum of Natural History. ⁷**We'll start today in the dinosaur exhibit. It's currently the most popular with visitors, since it features something new every other month.** That's because we have an exchange program with several other museums around the country. ⁸**I'll do my best to answer your questions, but I should let you know that I just started on Monday.** ⁹**Oh, and before we begin, remember that you must not touch any of the exhibits, since many of them are fragile.** Thanks.

7-9번은 다음 견학 정보에 관한 문제입니다.

🔊 Goshen 자연사 박물관에 방문해 주신 모든 분께 감사의 말씀을 전하고자 합니다. ⁷우리는 오늘 공룡 전시로 시작하겠습니다. 두 달에 한 번씩 새로운 부분이 추가되어, 현재 방문객들에게 가장 인기 있습니다. 이는 우리가 전국에 있는 몇몇 박물관과의 교환 프로그램에 참여하기 때문입니다. ⁸여러분의 질문에 최대한 열심히 답하도록 노력하겠지만, 여러분께 말씀드려야겠네요, 저는 이제 막 월요일에 일을 시작했습니다. ⁹오, 그리고 우리가 시작하기 전에, 전시품이 손상되기 쉬우니, 어떤 전시품도 만지면 안 된다는 걸 기억해 주세요. 감사합니다.

어휘
museum of natural history 자연사 박물관 ┃ dinosaur 공룡 ┃ exhibit 전시 ┃ exchange 교환 ┃ fragile 손상되기 쉬운 ┃ allow 허용하다 ┃ unable to do ~할 수 없는 ┃ unfamiliar with ~을 잘 모르는, ~에 익숙하지 않은 ┃ rule 규칙 ┃ admission fee 입장료

7. According to the speaker, why is the dinosaur exhibit popular?

(A) It does not require a fee.
(B) It is the largest exhibit.
(C) It changes regularly.
(D) It is located outdoors.

화자에 따르면, 공룡 전시는 왜 인기 있는가?
(A) 비용이 필요하지 않다.
(B) 가장 큰 전시이다.
(C) 정기적으로 변경된다.
(D) 외부에 위치해 있다.

해설 키워드 문제 – 담화 초반부에 화자가 We'll start today in the dinosaur exhibit. It's currently the most popular with visitors, since it features something new every other month. (우리는 오늘 공룡 전시로 시작하겠습니다. 두 달에 한 번씩 새로운 부분이 추가되어, 현재 방문객들에게 가장 인기 있습니다.)라고 말했으므로 (C)가 정답이다.

✚ Paraphrasing

every other month → regularly

8. What does the speaker imply when she says, "I just started on Monday"?

(A) She is not allowed to access some areas.
(B) She may be unable to answer some questions.
(C) She is unfamiliar with the town.
(D) She will ask another guide to lead the tour.

화자가 "저는 이제 막 월요일에 일을 시작했습니다"라고 말할 때, 그녀가 내비친 것은?
(A) 일부 구역에 접근이 허용되지 않는다.
(B) 일부 질문에 답하지 못할 수도 있다.
(C) 이 도시에 대해 잘 모른다.
(D) 다른 가이드에게 견학 진행을 요청할 것이다.

해설 화자 의도 파악 문제 – 담화 중반부에 화자가 I'll do my best to answer your questions, but I should let you know that I just started on Monday. (여러분의 질문에 최대한 열심히 답하도록 노력하겠지만, 여러분께 말씀드려야겠네요, 저는 이제 막 월요일에 일을 시작했습니다.)라고 말했으므로 (B)가 정답이다.

9. What does the speaker remind the listeners about?

(A) A museum rule
(B) An admission fee
(C) A locker location
(D) A guide's name

화자는 청자들에게 무엇에 관해 상기시키는가?
(A) 박물관 규칙
(B) 입장료
(C) 사물함 위치
(D) 가이드의 이름

해설 키워드 문제 – 담화 후반부에 화자가 Oh, and before we begin, remember that you must not touch any of the exhibits, since many of them are fragile. (오, 그리고 우리가 시작하기 전에, 전시품이 손상되기 쉬우니, 어떤 전시품도 만지면 안 된다는 걸 기억해 주세요.)이라고 말했으므로 (A)가 정답이다.

미국

Questions 10-12 refer to the following talk.

M ⑩ In today's business leadership class, I want to cover one of the more pervasive misconceptions in the workplace. ⑪ Now, how many of you think money is the most important factor for employees? Right, so you see how prevalent this idea is. Studies actually show that money is not an important factor for employees. This sounds completely wrong because we all work to make money. But studies have shown time and time again that giving employees more money does not motivate them. ⑩⑫ Now, let's look at the studies themselves to see what we, as managers, can do to improve worker motivation.

10-12번은 다음 담화에 관한 문제입니다.

남 ⑩ 오늘 비즈니스 리더십 수업에서는 직장에 만연해 있는 잘못된 인식 중 한 가지에 관해 다루려고 합니다. ⑪ 자, 여러분 중 몇 분이나 직원에게 가장 중요한 요소가 돈이라고 생각하시나요? 맞습니다, 이런 생각이 얼마나 일반적인지 아시겠죠. 실제로 연구 결과에 따르면, 돈이 직원에게 중요한 요소가 아니라고 합니다. 우리 모두 돈을 벌기 위해 일하기 때문에 이런 말은 완전히 틀린 것처럼 들립니다. 하지만 연구는 계속해서 직원에게 돈을 더 많이 주는 것이 동기를 부여하지 않음을 보여 줍니다. ⑩⑫ 이제, 연구를 직접 살펴보면서 우리가 관리자로서 직원 의욕을 향상시키기 위해 무엇을 할 수 있는지 알아봅시다.

어휘

pervasive 만연하는 | misconception 오해, 잘못된 생각 | workplace 직장 | factor 요소 | prevalent 일반적인, 널리 퍼져 있는 | completely 완전히 | wrong 틀린, 잘못된 | time and time again 몇 번이고 계속 | motivate 동기를 부여하다 | improve 향상시키다 | place emphasis on ~을 강조하다 | point 요점 | express 표하다 | frustration 좌절 | correct 바로잡다 | firsthand 직접 체험한 | account 이야기 | grievance 고충 사항, 불만

10. Who most likely are the listeners?

(A) University professors
(B) Band musicians
(C) Government workers
(D) Workplace managers

청자들은 누구이겠는가?
(A) 대학 교수
(B) 밴드 연주자
(C) 공무원
(D) 직장 관리자

해설 청자의 신분을 묻는 문제 – 담화 시작에 화자가 In today's business leadership class, I want to cover one of the more pervasive misconceptions in the workplace. (오늘 비즈니스 리더십 수업에서는 직장에 만연해 있는 잘못된 인식 중 한 가지에 관해 다루려고 합니다.)라고 하며, 담화 후반부에서는 Now, let's look at the studies themselves to see what we, as managers, can do to improve worker motivation. (이제, 연구를 직접 살펴보면서 우리가 관리자로서 직원 의욕을 향상시키기 위해 무엇을 할 수 있는지 알아봅시다.)이라고 말했으므로 (D)가 정답이다.

11. Why does the speaker say, "so you see how prevalent this idea is"?

(A) To suggest a new idea
(B) To place emphasis on a point
(C) To express frustration at a group
(D) To correct a mistake

화자는 왜 "이런 생각이 얼마나 일반적인지 아시겠죠"라고 말하는가?
(A) 새로운 아이디어를 제안하려고
(B) 요점을 강조하려고
(C) 집단에 좌절을 표출하려고
(D) 실수를 바로잡으려고

해설 화자 의도 파악 문제 – 담화 초반부에 화자가 직장에 만연해 있는 잘못된 인식 중 한 가지를 다룬다고 한 후, Now, how many of you think money is the most important factor for employees? Right(자, 여러분 중 몇 분이나 직원에게 가장 중요한 요소가 돈이라고 생각하시나요? 맞습니다)라고 하나의 예시를 들어 그것이 일반적인 잘못된 인식이라며 수업에서 다루고자 하는 요점을 강조하는 의미로 말했으므로 (B)가 정답이다.

12. What will be discussed next?
(A) Employment contracts
(B) Firsthand accounts
(C) Employee studies
(D) Workplace grievances

다음으로 무엇이 논의될 것인가?
(A) 고용 계약서
(B) 직접 체험한 이야기
(C) 직원 연구
(D) 직장 고충 사항

해설 다음에 일어날 일을 묻는 문제 – 담화 후반부에 화자가 Now, let's look at the studies themselves to see what we, as managers, can do to improve worker motivation. (이제, 연구를 직접 살펴보면서 우리가 관리자로서 직원 의욕을 향상시키기 위해 무엇을 할 수 있는지 알아봅시다.)이라고 말했으므로 (C)가 정답이다.

미국

Questions 13-15 refer to the following tour information and schedule.

W I hope everyone is enjoying the tour so far. **13Next up, it's time for us to take the ferry ride.** We'll ride along the banks of Istanbul's most famous waterway. You'll get to see some beautiful houses and a number of historic spots. It might be difficult to remember everything I say, but don't worry— **14a booklet with complete information about these sites can be found inside this bag**, which I'll be distributing later on. Now, keep in mind that although there's a cool breeze, we're going to be getting a lot of sunlight. **15So I recommend putting on some sunscreen lotion.**

여행 일정표	
오후 1시	시장 방문
오후 2시	**13유람선 탑승**
오후 3시	박물관 투어
오후 4시	자연 관찰 산책

13-15번은 다음 여행 정보와 일정표에 관한 문제입니다.

여 모두가 현재 여행을 즐기고 계시길 바랍니다. **13다음은, 유람선을 탈 시간입니다.** Istanbul의 가장 유명한 수로의 제방을 따라갈 겁니다. 아름다운 가옥과 많은 유적지를 보게 되실 겁니다. 제가 말하는 모든 것을 기억하기 어려우실 수 있으나, 걱정하지 마세요—**14장소들에 대한 모든 정보가 담긴 책자가 이 가방 안에 들어 있고**, 나중에 나누어 드릴 겁니다. 자, 지금 바람이 시원하긴 하지만, 햇빛을 많이 받을 거라는 점을 기억해 주세요. **15그러니 자외선 차단제를 바르는 걸 추천합니다.**

어휘
ferry 유람선, 여객선 I bank 제방 I waterway 수로 I historic spot 유적지 I booklet 책자 I distribute 나누어 주다 I keep in mind ~을 명심하다 I breeze 미풍 I include 포함하다 I informational 정보를 담은 I protective 보호하는 I garment 의복 I turn off ~을 끄다 I electronic device 전자 기기 I avoid 삼가다, 피하다

13. Look at the graphic. At what time is the information most likely being given?
(A) 1:00 P.M.
(B) 2:00 P.M.
(C) 3:00 P.M.
(D) 4:00 P.M.

시각 자료를 보시오. 이 정보는 몇 시에 제공되고 있겠는가?
(A) 오후 1시
(B) 오후 2시
(C) 오후 3시
(D) 오후 4시

해설 시각 자료 연계 문제 – 담화 초반부에 화자가 Next up, it's time for us to take the ferry ride. (다음은, 유람선을 탈 시간입니다.)라고 말했고, 시각 자료에서 Ferry Ride(유람선 탑승)가 2:00 P.M. (오후 2시)임을 확인할 수 있으므로 (B)가 정답이다.

14. According to the speaker, what is included in a bag?
(A) A visitor's badge
(B) Some clothing items
(C) Some snacks and beverages
(D) An informational booklet

화자에 따르면, 무엇이 가방 안에 포함되어 있는가?
(A) 방문객 명찰
(B) 옷가지
(C) 간식과 음료수
(D) 정보 책자

해설 키워드 문제 – 담화 중반부에 화자가 a booklet with complete information about these sites can be found inside this bag(장소들에 대한 모든 정보가 담긴 책자가 이 가방 안에 들어 있고)이라고 말했으므로 (D)가 정답이다.

15. What does the speaker advise the listeners to do?
(A) Wear some protective garments
(B) Turn off some electronic devices
(C) Use some skin care products
(D) Avoid touching some objects

화자는 청자들에게 무엇을 하라고 조언하는가?
(A) 보호 의류를 착용하라고
(B) 전자 기기의 전원을 끄라고
(C) 피부 관리 제품을 사용하라고

(D) 어떤 사물을 만지는 것을 삼가라고

해설 제안·요청을 묻는 문제 – 담화 후반부에 화자가 So I recommend putting on some sunscreen lotion(그러니 자외선 차단제를 바르는 걸 추천합니다)라고 말했으므로 (C)가 정답이다.

Questions 16-18 refer to the following excerpt from a meeting and map.

M OK, **16let's look at some possible locations for where we can open our second ice cream parlor.** We would need a space that has a kitchen so we can prepare our frozen treats. If you look at this map, the location across the subway station is available. But, in my opinion, **17the building opposite the bank is the smarter option.** There's a lot more foot traffic. **18The pictures I'm handing out now show how the interior is laid out.** Let me know if you have any concerns with it.

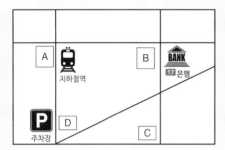

16-18번은 다음 회의 발췌록과 지도에 관한 문제입니다.

남 좋아요, **16우리가 두 번째 아이스크림 가게를 열 수 있는 가능한 장소들을 살펴보죠.** 우리는 냉동 취급물을 준비할 수 있도록 주방이 있는 공간이 필요할 거예요. 이 지도를 보면, 지하철역 건너편 장소가 이용 가능합니다. 하지만, 제 생각에는, **17은행 맞은편 건물이 더 현명한 선택인 것 같아요.** 거기가 유동 인구가 훨씬 더 많아요. **18지금 제가 나눠 드리고 있는 사진들은 실내가 어떻게 배치되어 있는지 보여 줍니다.** 이것에 관해 궁금하신 점이 있다면 저에게 알려 주세요.

어휘
parlor 점, 영업점 | frozen 냉동의 | treat 특별한 것 | available 이용 가능한 | opposite 건너편의 | foot traffic 유동 인구, 인파 | hand out ~을 나눠 주다 | lay out 배치하다 | concern 관심사, 걱정, 우려 | auto dealership 자동차 대리점 | landscaping 조경 | distribute 나눠주다 | contract 계약서 | sample 견본품

16. What type of business is the speaker discussing?
(A) An auto dealership
(B) A frozen dessert shop
(C) An interior design firm
(D) A landscaping company

화자는 어떤 종류의 업체에 관해 논의하고 있는가?
(A) 자동차 대리점
(B) 냉동 디저트 가게
(C) 인테리어 디자인 업체
(D) 조경 회사

해설 주제·목적을 묻는 문제 – 담화 시작에 화자가 let's look at some possible locations for where we can open our second ice

cream parlor(우리가 두 번째 아이스크림 가게를 열 수 있는 가능한 장소들을 살펴보죠)라고 말했으므로 (B)가 정답이다.

✛ Paraphrasing
ice cream parlor → frozen dessert shop

17. Look at the graphic. Which location does the speaker recommend?
(A) Building A
(B) Building B
(C) Building C
(D) Building D

시각 자료를 보시오. 화자는 어떤 장소를 추천하는가?
(A) A 건물
(B) B 건물
(C) C 건물
(D) D 건물

해설 시각 자료 연계 문제 – 담화 중반부에 화자가 the building opposite the bank is the smarter option(은행 맞은편 건물이 더 현명한 선택인 것 같아요)이라고 말했고, 시각 자료에서 Bank(은행)의 맞은편 건물이 Building B(B 건물)임을 확인할 수 있으므로 (B)가 정답이다.

18. What does the speaker say he will distribute?
(A) A catalogue
(B) A contract
(C) Some samples
(D) Some pictures

화자는 무엇을 나눠 줄 것이라고 말하는가?
(A) 카탈로그
(B) 계약서
(C) 견본품
(D) 사진

해설 키워드 문제 – 담화 후반부에 화자가 The pictures I'm handing out now show how the interior is laid out. (지금 제가 나눠 드리고 있는 사진들은 실내가 어떻게 배치되어 있는지 보여 줍니다.)이라고 말했으므로 (D)가 정답이다.

✛ Paraphrasing
hand out → distribute

CHAPTER 13 문제 유형

CASE 집중훈련
본서 p.267

1. (D) **2.** (B) **3.** (C)

Questions 1-3 refer to the following broadcast.

W Welcome to KCKZ Channel 5 News at 5. **1Our top story for you tonight: the final numbers for the election are in, and David Lee is the school district's new superintendent.** **2Mr. Lee comes to us with a wealth of experience, namely his 18 years as the Director of our County Hospital**

Network. In his new role, he plans to use his healthcare background to create a more organized and efficient school system. He'll be joining us tomorrow at noon. **❸He'll welcome questions at that time, so feel free to call in at 555-1212.**

1-3번은 다음 방송에 관한 문제입니다.

◼ KCKZ 채널 5의 5시 뉴스에 오신 것을 환영합니다. ❶오늘 밤의 주요 뉴스입니다. 선거 최종 결과가 도착했습니다. David Lee가 학군의 새로운 교육감입니다. ❷Lee 씨는 풍부한 경력을 가지고 계시며, 자치주 병원 네트워크의 국장으로 18년을 지내셨습니다. 그의 새로운 역할에서, 그는 자신의 의료 경력을 활용하여 더욱 체계적이고 효율적인 학교 시스템을 만들 계획입니다. 내일 정오에 이 자리에 함께해 주실 겁니다. ❸그때 질문을 받아주실 테니, 부담 없이 555-1212로 전화해 주세요.

어휘

election 선거 | district 지역 | superintendent 교육감 | a wealth of 풍부한 | namely 즉 | director 국장 | county 자치주 | role 역할 | healthcare 의료 | organized 체계적인 | efficient 효율적인 | feel free to do 부담 없이[거리낌 없이] ~하다 | retire 은퇴하다 | construction 건축 | voting 선거, 투표 | result 결과 | subscribe 구독하다 | inquiry 문의

1. What is the broadcast mainly about?
(A) A retiring teacher
(B) A construction project
(C) Tourist attractions
(D) Voting results

방송은 주로 무엇에 관한 것인가?
(A) 은퇴하는 교사
(B) 건축 프로젝트
(C) 관광 명소
(D) 선거 결과

해설 주제·목적을 묻는 문제 – 담화 초반부에 화자가 Our top story for you tonight: the final numbers for the election are in, and David Lee is the school district's new superintendent.(오늘 밤의 주요 뉴스입니다. 선거 최종 결과가 도착했습니다. David Lee가 학군의 새로운 교육감입니다.)라고 말했으므로 (D)가 정답이다.

✚ Paraphrasing
final numbers → results

2. According to the speaker, what field does David Lee have experience in?
(A) Business
(B) Healthcare
(C) Law
(D) Technology

화자에 따르면, David Lee는 무슨 분야의 경력이 있는가?
(A) 경영
(B) 의료
(C) 법률
(D) 기술

해설 키워드 문제 – 담화 중반부에 화자가 Mr. Lee comes to us with a wealth of experience, namely his 18 years as the Director of our County Hospital Network. In his new role, he plans to use his healthcare background(Lee 씨는 풍부한 경력을 가지고 계시

며, 자치주 병원 네트워크의 국장으로 18년을 지내셨습니다. 그의 새로운 역할에서, 그는 자신의 의료 경력을 활용하여)라고 말했으므로 (B)가 정답이다.

3. What does the speaker invite the listeners to do?
(A) Subscribe to a newsletter
(B) Join a contest
(C) Call with inquiries
(D) Provide some feedback

화자는 청자들에게 무엇을 하라고 요청하는가?
(A) 소식지를 구독하라고
(B) 대회에 참가하라고
(C) 문의에 관해 전화하라고
(D) 피드백을 제공하라고

해설 제안·요청을 묻는 문제 – 담화 후반부에 화자가 He'll welcome questions at that time, so feel free to call in at 555-1212.(그때 질문을 받아주실 테니, 부담 없이 555-1212로 전화해 주세요.)라고 말했으므로 (C)가 정답이다.

✚ Paraphrasing
questions → inquiries

CASE 집중훈련
본서 p.269
1. (B) **2.** (D) **3.** (C)

미국

Questions 1-3 refer to the following excerpt from a meeting.

M ❶**Today, we're going to discuss the assignments for next week's newspaper.** There's a lot of news to cover, so let's start with our most important story. I trust that you've all heard our city is going to be the new headquarters for Space-Ex. And their CEO, Chloe Lee, has recently relocated here. Already, she's made several large donations to local nonprofit organizations, as well as set up a scholarship foundation. ❷**I think her recent philanthropic donations will make for an interesting article in the paper.** And since she'll be attending tomorrow's city council meeting, ❸**we need someone to volunteer to take photos at the event.**

1-3번은 다음 회의 발췌록에 관한 문제입니다.

남 ❶오늘, 저희는 다음 주 신문용 임무에 대해 논의할 겁니다. 보도할 뉴스가 많으니, 가장 중요한 소식부터 시작합시다. Space-Ex의 새로운 본부가 우리 시로 올 예정이라는 소식은 다들 들으셨을 거예요. 그리고 그곳의 CEO인 Chloe Lee가 최근 이곳으로 이사를 왔습니다. 그분은 벌써 지역 비영리 재단에 기부를 많이 했을 뿐만 아니라, 장학 재단도 설립했어요. ❷제 생각엔 그분의 최근 자선 기부가 신문에 흥미로운 기사를 내는 데 도움이 될 것 같아요. 그리고 내일 있을 시 의회 회의에 그분이 참석할 예정이라, ❸행사에서 사진을 찍어 올 자원자가 필요해요.

어휘

assignment 임무, 과제, 배정 | cover 취재하다, 보도하다 | headquarters 본부 | relocate 이전하다 | donation 기부(금) | nonprofit organization 비영리 기관 | scholarship foundation 장학 재단 | philanthropic 박애의, 자선의 | make for ~에 도움이 되다, 기여하다 | attend 참석하다 | city council 시의회 | volunteer 자원하다; 지원자 | entrepreneur 사업가 | editor 편집자 | researcher 연구원 | aspiration 야망 | promotion 승진 | tour 견학하다, 둘러보다 | organize 준비하다, 마련하다 | charity 자선, 자선 단체

1. Who most likely is the speaker?
(A) A business entrepreneur
(B) A newspaper editor
(C) A medical researcher
(D) A city official

화자는 누구이겠는가?
(A) 기업가
(B) 신문사 편집자
(C) 의료 연구원
(D) 시 공무원

해설 화자의 신분을 묻는 문제 – 담화 시작에 화자가 Today, we're going to discuss the assignments for next week's newspaper. (오늘, 저희는 다음 주 신문용 임무에 대해 논의할 겁니다.)라고 말했으므로 (B)가 정답이다.

2. What does the speaker say is interesting about Chloe Lee?
(A) Her political aspirations
(B) Her recent promotion
(C) Her business portfolio
(D) Her philanthropic donations

화자는 Chloe Lee에 대해 어떤 점이 흥미롭다고 말하는가?
(A) 그녀의 정치적 야망
(B) 그녀의 최근 승진
(C) 그녀의 사업 포트폴리오
(D) 그녀의 자선 기부

해설 키워드 문제 – 담화 중반부에 화자가 I think her recent philanthropic donations will make for an interesting article in the paper. (제 생각엔 그분의 최근 자선 기부가 신문에 흥미로운 기사를 내는 데 도움이 될 것 같아요.)라고 말했으므로 (D)가 정답이다.

3. What does the speaker need a volunteer to do?
(A) Schedule a meeting
(B) Tour a facility
(C) Take photographs
(D) Organize a charity event

화자는 지원자가 무엇을 해 주기를 바라는가?
(A) 회의 일정을 잡아 주기를
(B) 시설을 견학해 주기를
(C) 사진을 찍어 주기를
(D) 자선 행사를 준비해 주기를

해설 제안·요청을 묻는 문제 – 담화 후반부에 화자가 we need someone to volunteer to take photos at the event(행사에서 사진을 찍어 올 지원자가 필요해요)라고 말했으므로 (C)가 정답이다.

✚ Paraphrasing
photos → photographs

CASE 집중훈련

본서 p.271

1. (A) **2.** (D) **3.** (A)

호주

Questions 1-3 refer to the following speech.

M Good morning, everyone. **①Today, we have a new employee who will be joining our design team. Her name is Brooke Long, and she will be an integral part of the Helensville remodeling project. She brings with her a lot of experience in the retail building space.** You may have seen her work if you've been inside the downtown mall. **②Her work really does the speaking for her. That's why I'm absolutely confident she will bring us her expert insight.** Now I want to give her a warm welcome and have her meet everyone here. **③Could everyone come to meet me in the lobby and get to know her over some coffee?**

1-3번은 다음 연설에 관한 문제입니다.

남 안녕하세요, 여러분. ①오늘은 저희 디자인팀에 합류하는 신입 사원이 있습니다. 이름은 Brooke Long이고요, Helensville 리모델링 프로젝트에서 핵심 역할을 맡게 될 겁니다. 그녀는 소매 건축 공간에 경력이 많습니다. 시내에 있는 쇼핑몰 안에 가 보셨으면 그녀 작품을 보셨을지도 모릅니다. ②그녀 작품은 그녀에 대해서 아주 잘 보여줍니다. 그래서 저는 그녀가 이곳에서 자신의 전문 식견을 발휘할 것이라 절대적으로 확신합니다. 이제 그녀를 맞이해 여기 계신 모든 분과 만날 기회를 드리려고 합니다. ③모두 로비로 오셔서, 커피 한잔 하면서 그녀와 인사할 기회를 가져 보실까요?

어휘

employee 직원 | join 합류하다 | integral 필수적인 | experience 경력 | retail 소매의 | building space 건축 공간 | absolutely 절대적으로 | confident 확신하는, 자신 있는 | expert 전문가의 | insight 식견, 통찰력 | warm welcome 환대, 따뜻하게 맞이함 | architecture firm 건축 회사 | talent agency 연예 기획사 | profitability 수익성

1. Where do the listeners most likely work?
(A) At an architecture firm
(B) At an online retail store
(C) At a talent agency
(D) At a shopping mall

청자들은 어디서 일하겠는가?
(A) 건축 회사에서
(B) 온라인 소매상점에서
(C) 연예 기획사에서
(D) 쇼핑몰에서

해설 청자의 신분을 묻는 문제 – 담화 초반부에 화자가 Today, we have a new employee who will be joining our design team. Her name is Brooke Long, and she will be an integral part of the Helensville remodeling project. She brings with her a lot of experience in the retail building space. (오늘은 저희 디자인팀에 합류하는 신입 사원이 있습니다. 이름은 Brooke Long이고요, Helensville 리모델링 프로젝트에서 핵심 역할을 맡게 될 겁니다. 그녀는 소매 건축 공간에 경력이 많습니다.)라고 말했으므로 (A)가 정답이다.

2. What does the speaker say he is confident about?
(A) The success of an advertisement
(B) The relationship with a client
(C) A project's profitability
(D) An employee's work experience

화자는 무엇에 자신 있다고 말하는가?
(A) 광고의 성공
(B) 고객과의 관계
(C) 프로젝트의 수익성
(D) 직원의 업무 경력

해설 키워드 문제 – 담화 중반부에 화자가 Her work really does the speaking for her. That's why I'm absolutely confident she will bring us her expert insight. (그녀 작품은 그녀에 대해서 아주 잘 보여줍니다. 그래서 저는 그녀가 이곳에서 자신의 전문 식견을 발휘할 것이라 절대적으로 확신합니다.)라고 말했으므로 (D)가 정답이다.

3. What does the speaker invite the listeners to do?
(A) Meet a new employee
(B) Prepare a document
(C) Contact a client
(D) Exit the building

화자는 청자들에게 무엇을 하라고 요청하는가?
(A) 신입 사원을 만나 보라고
(B) 문서를 준비하라고
(C) 고객에게 연락하라고
(D) 건물에서 나오라고

해설 제안·요청을 묻는 문제 – 담화 후반부에 화자가 Could everyone come meet me in the lobby and get to know her over some coffee? (모두 로비로 오셔서, 커피 한잔 하면서 그녀와 인사할 기회를 가져 보실까요?)라고 말했으므로 (A)가 정답이다.

CASE 집중훈련
본서 p.273
1. (B) **2.** (D) **3.** (B)

영국

Questions 1-3 refer to the following telephone message.

W Good morning, Mr. Rivers. I wanted to talk to you about the estimate you wanted. **■I have inspected your basement, and it will cost around $15,000 to remodel it. ■I understand that this exceeds your budget. ■But you could reduce costs by purchasing secondhand materials.** We can also refurbish them so they'll be one of a kind. If this sounds like a viable alternative, I can give you a list of places that sell used furnishings. Give me a call when you have time to discuss this matter further.

1-3번은 다음 전화 메시지에 관한 문제입니다.

여 안녕하세요, Rivers 씨. 원하시던 견적서에 관해 말씀드리고 싶었어요. **■지하실 조사를 마쳤고, 리모델링하는 데 대략 15,000달러가 들어갈 거 같아요. ■이게 예산을 초과한다는 걸 알고 있어요. ■하지만 중고 자재들을 구매해서 비용을 줄일 수 있으세요.** 그리고 저희가 재가공해서 하나밖에 없는 특별한 자재로 만들어 드릴 수 있어요. 이게 실행 가능한 대안인 것 같으면, 중고 비품들을 파는 가게 목록을 저희가 드릴 수 있습니다. 이 문제에 관해 더 말씀 나누실 시간 있으실 때 전화 주세요.

어휘
estimate 견적서 | inspect 조사하다 | exceed 초과하다 | budget 예산 | reduce 줄이다 | secondhand 중고의 | refurbish 재가공하다 | viable 실행 가능한 | alternative 대안 | furnishing 비품 | financial 금융의 | property 자산 | completion 완료 | approach 다가오다 | on leave 휴가 중인 | pay in installments 할부로 지불하다 | real estate 부동산 | postpone 연기하다

1. Who mostly likely is the speaker?
(A) A financial planner
(B) An interior designer
(C) A property manager
(D) A business lawyer

화자는 누구이겠는가?
(A) 금융 설계사
(B) 인테리어 디자이너
(C) 자산 관리자
(D) 기업 변호사

해설 화자의 신분을 묻는 문제 – 담화 초반부에 화자가 I have inspected your basement, and it will cost around $15,000 to remodel it. (지하실 조사를 마쳤고, 리모델링하는 데 대략 15,000달러가 들어갈 거 같아요.)라고 말했으므로 (B)가 정답이다.

2. According to the speaker, what is the problem?
(A) A completion date is approaching.
(B) Some employees are on leave.
(C) Some materials are sold out.
(D) An estimate is more than expected.

화자에 따르면, 무엇이 문제인가?
(A) 완료일이 다가온다.
(B) 일부 직원들이 휴가 중이다.
(C) 일부 자재들이 품절이다.
(D) 견적이 예상보다 높다.

해설 키워드 문제 – 담화 중반부에 화자가 I understand that this exceeds your budget. (이게 예산을 초과한다는 걸 알고 있어요.)이라고 말했으므로 (D)가 정답이다.

3. What solution does the speaker suggest?
(A) Paying in installments
(B) Buying secondhand goods
(C) Searching for another real estate
(D) Postponing a project end date

화자는 어떤 해결책을 제안하는가?
(A) 할부로 지불하는 것
(B) 중고품을 구매하는 것
(C) 다른 부동산을 찾아보는 것
(D) 프로젝트 마감일을 연기하는 것

해설 키워드 문제 – 담화 중반부에 화자가 But you could reduce costs by purchasing secondhand materials. (하지만 중고 자재들을 구매해서 비용을 줄일 수 있으세요.)라고 말했으므로 (B)가 정답이다.

✦ Paraphrasing
purchasing → Buying, materials → goods

1. (D)   **2.** (D)   **3.** (B)

호주

Questions 1-3 refer to the following excerpt from a meeting.

Ⓜ **❶I know many of you have been taking advantage of the new massage chair in the employee lounge.** Although the chair has been very popular, staff members have complained that it keeps turning off at random times. Well, we got it serviced yesterday, so there shouldn't be any more problems. However, ❷**please let the maintenance team know if you should encounter any trouble.** Also, ❸**in order to give each worker an equal opportunity to use the chair, you'll now have to make a reservation. Just email me your preferred time.**

1-3번은 다음 회의 발췌록에 관한 문제입니다.

남 ❶많은 분들이 직원 휴게실에 새로 들어온 안마 의자를 잘 이용하고 있는 걸로 알고 있습니다. 의자가 매우 인기 있지만, 직원들은 시도 때도 없이 의자의 전원이 자꾸 꺼진다고 불평해 왔습니다. 음, 저희가 어제 정비를 받아서, 더 이상의 문제는 없을 거예요. 하지만, ❷문제가 발생할 경우, 관리팀으로 알려 주시기 바랍니다. 또한, ❸각 직원에게 공평한 의자 사용 기회를 드리기 위해, 이제는 예약을 하셔야 합니다. 원하는 시간을 저에게 이메일로 보내 주시면 됩니다.

어휘

take advantage of ~을 이용하다 | lounge 휴게실 | complain 불평하다 | turn off 꺼지다 | random 무작위의, 임의로 | service 점검하다, 정비하다 | maintenance 유지 보수 | encounter 맞닥뜨리다, 부딪히다 | equal 동등한 | opportunity 기회 | preferred 원하는, 선호되는 | refer to ~을 참고하다 | manufacturer 제조사 | reset 다시 맞추다 | inform 알리다 | participate in ~에 참여하다 | overtime 초과 근무 | submit 제출하다

1. What is the speaker mainly talking about?
(A) A company vehicle
(B) A temperature sensor
(C) A coffee machine
(D) A massage chair

화자는 주로 무엇에 대해 이야기하고 있는가?
(A) 회사 차량
(B) 온도 감지기
(C) 커피 머신
(D) 안마 의자

해설 주제·목적을 묻는 문제 – 담화 시작에 화자가 I know many of you have been taking advantage of the new massage chair in the employee lounge.(많은 분들이 직원 휴게실에 새로 들어온 안마 의자를 잘 이용하고 있는 걸로 알고 있습니다.)라고 말했으므로 (D)가 정답이다.

2. According to the speaker, what should listeners do if they experience a problem?
(A) Refer to an instruction manual
(B) Contact a manufacturer

(C) Reset a device
(D) Inform the maintenance team

화자에 따르면, 청자들은 문제를 경험할 경우 무엇을 해야 하는가?
(A) 설명서를 참고해야 한다
(B) 제조사에 연락해야 한다
(C) 기기를 다시 맞춰야 한다
(D) 관리팀에 알려야 한다

해설 키워드 문제 – 담화 중반부에 화자가 please let the maintenance team know if you should encounter any trouble(문제가 발생할 경우, 관리팀으로 알려 주시기 바랍니다)이라고 말했으므로 (D)가 정답이다.

✛ Paraphrasing

let the maintenance team know → Inform the maintenance team

3. Why does the speaker ask the listeners to send him an e-mail?
(A) To participate in a gathering
(B) To use some equipment
(C) To report overtime hours
(D) To submit a vacation request

화자는 청자들에게 왜 자신에게 이메일을 보내라고 요청하는가?
(A) 모임에 참여하기 위해
(B) 장비를 사용하기 위해
(C) 초과 근무 시간을 보고하기 위해
(D) 휴가 신청서를 제출하기 위해

해설 키워드 문제 – 담화 후반부에 화자가 in order to give each worker an equal opportunity to use the chair, you'll now have to make a reservation. Just email me your preferred time.(각 직원에게 공평한 의자 사용 기회를 드리기 위해, 이제는 예약을 하셔야 합니다. 원하는 시간을 저에게 이메일로 보내 주시면 됩니다.)이라고 말했으므로 (B)가 정답이다.

1. (A)   **2.** (D)   **3.** (D)

영국

Questions 1-3 refer to the following speech.

Ⓦ I'm here today to share some advice on how to succeed in marketing. ❶**In all my years working at top marketing agencies,** ❷**the most important lesson I learned was to communicate regularly with my clients.** Since not all clients have extensive knowledge of your field, it is your job to make sure they make the right choices to best promote themselves. This is why it is important to speak with your clients as often as you can to keep them updated. This will keep your customers satisfied with your service, and ❸**then they will most likely refer you to other clients.**

1-3번은 다음 연설에 관한 문제입니다.

여 저는 오늘 마케팅 분야에서 성공하는 법에 관한 조언을 나누기 위해 이곳에 왔습니다. **①최고의 마케팅 대행사에서 수년간 일하면서, ②제가 배운 가장 중요한 교훈은 고객들과 정기적으로 대화를 나누는 것이었습니다.** 모든 고객이 여러분의 분야에 대한 폭넓은 지식을 가지고 있는 것은 아니기 때문에, 그들이 자기 자신을 가장 잘 홍보할 올바른 선택을 할 수 있도록 하는 것이 여러분의 일입니다. 그러므로 그들이 새로운 소식을 전달받을 수 있도록 가능한 한 자주 고객과 대화하는 것이 중요합니다. 이것은 고객이 여러분의 서비스에 계속 만족할 수 있도록 할 것이며, **③그러면 필시 그들은 다른 고객에게 여러분을 추천할 것입니다.**

어휘

share 공유하다 | lesson 교훈 | communicate with ~와 대화하다, 연락하다 | extensive 광범위한 | field 분야 | promote 홍보하다 | refer 알아보게 하다, 참조하게 하다 | hospitality 접객 | earn 취득하다, 얻다, 받다 | certification 자격증 | public speaking 공개 연설 | frequent 잦은 | benefit 이익을 얻다 | lower 낮추다 | expense 비용 | retailer 소매업체 | gain 얻다

1. What field does the speaker work in?

(A) Marketing
(B) Education
(C) Hospitality
(D) Journalism

화자는 어느 분야에서 일하는가?

(A) 마케팅
(B) 교육
(C) 접객
(D) 언론

해설 화자의 신분을 묻는 문제 – 담화 초반부에 화자가 In all my years working at top marketing agencies(최고의 마케팅 대행사에서 수년간 일하면서)라고 말했으므로 (A)가 정답이다.

2. What does the speaker say is important?

(A) Networking events
(B) Earning a certification
(C) Public speaking
(D) Frequent communication

화자는 무엇이 중요하다고 말하는가?

(A) 인맥 형성 행사
(B) 자격증 취득
(C) 공개 연설
(D) 잦은 의사소통

해설 키워드 문제 – 담화 초반부에 화자가 the most important lesson I learned was to communicate regularly with my clients(제가 배운 가장 중요한 교훈은 고객들과 정기적으로 대화를 나누는 것이었습니다)라고 말했으므로 (D)가 정답이다.

3. How can the listeners benefit from following the speaker's advice?

(A) They can earn a higher salary.
(B) They can lower their expenses.
(C) They can connect with other retailers.
(D) They can gain more customers.

청자들은 화자의 조언을 따름으로써 어떻게 이익을 얻을 수 있는가?

(A) 높은 급여를 받을 수 있다.
(B) 비용을 낮출 수 있다.
(C) 다른 소매업체와 연계할 수 있다.
(D) 더 많은 고객을 확보할 수 있다.

해설 키워드 문제 – 담화 후반부에 화자가 then they will most likely refer you to other clients(그러면 필시 그들은 다른 고객에게 여러분을 추천할 것입니다)라고 말했으므로 (D)가 정답이다.

CASE 집중훈련
본서 p.279

1. (A) **2.** (B) **3.** (C)

미국

Questions 1-3 refer to the following talk and information page.

W Welcome to Wyaconda Park. **①I'll be guiding you on a tour through our park today. This park has always been very special to me, even when I was a child. That's why I've been working here for the past twenty years. ②OK, so this section here is dedicated to the memory of Sandy Ross. As you know, she donated very charitably to make this park possible.** In Sandy Ross, you can see a lot of different flowers we have planted over the years. I've included a guide to flowers in your booklets. Take a look at this one. **③Note how the flower starts out thin and then gradually becomes wider.** Let's now check our booklets to see which flower this is.

블루벨 종 모양 꽃	수선화 왕관 모양 꽃
페튜니아 깔때기 모양 꽃	튤립 그릇 모양 꽃

1-3번은 다음 담화와 안내 페이지에 관한 문제입니다.

여 Wyaconda 공원에 오신 것을 환영합니다. **①제가 오늘 여러분께 저희 공원을 안내해 드릴 예정입니다. 이 공원은 저에게 언제나 특별한 곳이었습니다, 심지어 제가 어렸을 때도요. 그래서 저는 지난 20년간 여기서 일해 왔습니다. ②자, 여기 이 구역은 Sandy Ross를 추모해 지어졌습니다. 아시다시피, 그분은 이 공원이 만들어질 수 있도록 상당한 금액을 기부하셨습니다.** Sandy Ross에서는, 저희가 수년에 걸쳐 심은 많은 다채로운 꽃을 보실 수 있습니다. 제가 소책자 안에 꽃 안내서를 넣어 드렸습니다. 이걸 보세요. **③꽃이 가늘게 시작해서 어떻게 점차 활짝 피어나는지 주목해 주세요.** 이제 이게 어떤 꽃인지 저희 소책자에서 확인해 봅시다.

어휘
guide 안내하다 | section 구역, 부문 | dedicate 헌정하다, 바치다 | to the memory of ~을 기념[추모]하여 | donate 기부하다 | charitably 자비롭게, 관대하게 | booklet 소책자 | note 주목하다 | thin 얇은, 가는 | gradually 점차 | -shaped ~ 모양의 | bell 종 | crown 왕관 | funnel 깔때기 | park ranger 공원 관리원 | name A after B B의 이름을 따서 A의 이름을 짓다 | contribute 기부하다 | point out ~에 주목하다

1. Who most likely is the speaker?
(A) A park ranger
(B) A news reporter
(C) A teacher
(D) A scientist

화자는 누구이겠는가?
(A) 공원 관리원
(B) 기자
(C) 교사
(D) 과학자

해설 화자의 신분을 묻는 문제 – 담화 초반부에 화자가 I'll be guiding you on a tour through our park today. This park has always been very special to me, even when I was a child. That's why I've been working here for the past twenty years. (제가 오늘 여러분께 저희 공원을 안내해 드릴 예정입니다. 이 공원은 저에게 언제나 특별한 곳이었습니다, 심지어 제가 어렸을 때도요. 그래서 저는 지난 20년간 여기서 일해 왔습니다.)라고 말했으므로 (A)가 정답이다.

2. What does the speaker say about Sandy Ross?
(A) She named the park after herself.
(B) She contributed to the park.
(C) She planted flowers in the park.
(D) She manages the park.

화자는 Sandy Ross에 대하여 뭐라고 말하는가?
(A) 그녀는 자신의 이름을 따서 공원 이름을 지었다.
(B) 그녀는 공원에 기부했다.
(C) 그녀는 공원에 꽃을 심었다.
(D) 그녀는 공원을 관리한다.

해설 키워드 문제 – 담화 중반부에 화자가 OK, so this section here is dedicated to the memory of Sandy Ross. As you know, she donated very charitably to make this park possible. (자, 여기 이 구역은 Sandy Ross를 추모해 지어졌습니다. 아시다시피, 그분은 이 공원이 만들어질 수 있도록 상당한 금액을 기부하셨습니다.)이라고 말했으므로 (B)가 정답이다.

✚ Paraphrasing
donated → contributed

3. Look at the graphic. Which flower does the speaker point out?
(A) Bluebell
(B) Daffodil
(C) Petunia
(D) Tulip

시각 자료를 보시오. 화자는 어떤 꽃에 주목하는가?
(A) 블루벨
(B) 수선화
(C) 페튜니아
(D) 튤립

해설 시각 자료 연계 문제 – 담화 후반부에 화자가 Note how the flower starts out thin and then gradually become wider. (꽃이 가늘게 시작해서 어떻게 점차 활짝 피어나는지 주목해 주세요.)라고 말했는데, 시각 자료에서 해당 모양의 꽃이 Petunia (페튜니아)임을 알 수 있으므로 (C)가 정답이다.

CASE 집중훈련

본서 p.281

1. (C) **2.** (C) **3.** (B)

호주

Questions 1-3 refer to the following telephone message and Web site.

M Hello, Ms. Tran. This is Jerry, and I'm calling about my broken computer monitor. **①As you are my department head**, I require your help with this matter. I got in touch with the IT team, and they referred me to a Web page with a list of new computer monitors. **②Although it's not the cheapest one, I prefer the model by Samsine. It's the most suitable for my current assignments.** I checked with the accounting team about ordering one, but they mentioned that I required your authorization. **③Can you submit an authorization form to them so that they can process the request?** They can get started immediately after you do that. Thank you!

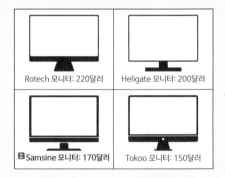

Rotech 모니터: 220달러   Heligate 모니터: 200달러
②Samsine 모니터: 170달러   Tokoo 모니터: 150달러

1-3번은 다음 전화 메시지와 웹 사이트에 관한 문제입니다.

남 안녕하세요, Tran 씨. Jerry인데요, 제 컴퓨터 모니터가 고장 나서 전화 드렸습니다. **①당신은 제 부서장이시라**, 이 사안에 당신의 도움이 필요합니다. IT팀과 연락했는데, 제게 새 컴퓨터 모니터 목록이 있는 웹 페이지를 알려 주었습니다. **②가장 저렴한 제품은 아니지만, 저는 Samsine 모델을 선호합니다. 제가 현재 맡은 업무에 가장 적합합니다.** 주문하는 것에 관해 회계팀과 확인했지만, 부서장님의 승인이 필요하다고 했습니다. **③회계팀이 요청 사항을 처리할 수 있도록 그쪽에 승인 양식을 제출해 주시겠습니까?** 그렇게 해 주신다면, 바로 시작할 수 있다고 합니다. 감사합니다!

어휘
broken 고장 난 | require 필요하다 | matter 사안 | refer 알아보도록 하다 | prefer 선호하다 | suitable 적합한 | authorization 승인 | process 처리하다 | request 요청 | immediately 즉시 | cost (값·비용이) ~이다 | feature 특징 | form 양식 | bank statement 은행 입출금 내역서 | candidate 후보자, 지원자

1. Who is the message intended for?
(A) A salesperson
(B) A customer
(C) A manager
(D) A CEO

메시지는 누구를 대상으로 하는 것인가?
(A) 판매원
(B) 고객
(C) 매니저
(D) CEO

해설 청자의 신분을 묻는 문제 – 담화 초반부에 화자가 As you are my department head(당신은 제 부서장이시라)라고 말했으므로 (C)가 정답이다.

✚ Paraphrasing
department head → manager

2. Look at the graphic. How much will the speaker's monitor cost?
(A) $220
(B) $200
(C) $170
(D) $150

시각 자료를 보시오. 화자의 모니터는 얼마겠는가?
(A) 220달러
(B) 200달러
(C) 170달러
(D) 150달러

해설 시각 자료 연계 문제 – 담화 중반부에 화자가 Although it's not the cheapest one, I prefer the model by Samsine. It's the most suitable for my current assignments.(가장 저렴한 제품은 아니지만, 저는 Samsine 모델을 선호합니다. 제가 현재 맡은 업무에 가장 적합합니다.)라고 말했고, Samsine Monitor(Samsine 모니터)의 금액이 $170(170달러)임을 확인할 수 있으므로 (C)가 정답이다.

3. What does the speaker ask the listener to send?
(A) A chart of product features
(B) An authorization form
(C) A bank statement
(D) A list of candidates

화자는 청자에게 무엇을 보내라고 요청하는가?
(A) 제품 특징 도표
(B) 승인 양식
(C) 은행 입출금 내역서
(D) 후보자 명단

해설 제안·요청을 묻는 문제 – 담화 후반부에 화자가 Can you submit an authorization form to them so that they can process the request? (회계팀이 요청 사항을 처리할 수 있도록 그쪽에 승인 양식을 제출해 주시겠습니까?)라고 말했으므로 (B)가 정답이다.

✚ Paraphrasing
submit → send

CASE 집중훈련

본서 p.283

1. (A) **2.** (D) **3.** (C)

미국

Questions 1-3 refer to the following excerpt from a meeting and schedule.

M **①We've got an exciting few months ahead of us. I suppose the world of accounting has been buzzing recently.** If you refer to the schedule, you can see that we have a few talks coming up. **②The one I want everyone here to attend is the July talk.** It's on some of the new accounting practices. OK, moving on. **③We need to choose where to have company dinner. Write down your preference on these pieces of paper.** We'll vote on it like always.

다가오는 강연	
날짜	강연자
4월 15일	Maya Roby
5월 11일	Mickey Weddle
6월 19일	Chuck Gann
②7월 8일	Tamiko Villasenor

1-3번은 다음 회의 발췌록과 일정표에 관한 문제입니다.

남 **①**앞으로 몇 달간 흥미진진한 일이 있습니다. 최근 회계 업계가 부산스러운 것 같아요. 일정을 참고하시면, 곧 있을 강연이 몇 개 있는 걸 볼 수 있는데요. **②**여기 계신 모든 분들이 참석했으면 하는 것은 7월 강연입니다. 새로운 회계 관행에 대한 것입니다. 네, 다음으로 넘어가죠. **③**우리가 저녁 회식 장소를 정해야 합니다. 이 종이에 여러분이 선호하는 곳을 적어 주세요. 매번 그랬듯이 투표를 하겠습니다.

어휘
ahead of ~ 앞에 | suppose ~인 것 같다 | accounting 회계(학) | buzz 부산스럽다, 활기가 넘치다 | refer to ~을 참조하다 | attend 참석하다 | practice 관행 | move on ~으로 넘어가다 | preference 선호(도) | vote 투표하다 | like always 늘 그렇듯 | accountant 회계사 | athlete 운동선수 | emphasize 강조하다 | pass around (여러 사람이 보도록) ~을 돌리다 | suggestion 제안

1. Who most likely are the listeners?
(A) Accountants
(B) Athletes
(C) Waitstaff
(D) Scientists

청자들은 누구이겠는가?
(A) 회계사
(B) 운동선수
(C) 종업원
(D) 과학자

해설 청자의 신분을 묻는 문제 – 담화 시작에 화자가 We've got an exciting few months ahead of us. I suppose the world of accounting has been buzzing recently.(앞으로 몇 달간 흥미진진한 일이 있습니다. 최근 회계 업계가 부산스러운 것 같아요.)라고 말했으므로 (A)가 정답이다.

2. Look at the graphic. Whose lecture is the speaker emphasizing?
(A) Ms. Roby
(B) Mr. Weddle
(C) Mr. Gann
(D) Ms. Villasenor

시각 자료를 보시오. 화자는 누구의 강의를 강조하고 있는가?
(A) Roby 씨
(B) Weddle 씨
(C) Gann 씨
(D) Villasenor 씨

해설 시각 자료 연계 문제 – 담화 중반부에 화자가 The one I want everyone here to attend is the July talk. (여기 계신 모든 분들이 참석했으면 하는 것은 7월 강연입니다.)라고 말했고, 시각 자료에서 7월 강연의 Lecturer(강연자)는 Tamiko Villasenor임을 확인할 수 있으므로 (D)가 정답이다.

3. What will the listeners most likely do next?
(A) Pass around some paper
(B) Attend a seminar
(C) Write a suggestion
(D) Vote on a decision

청자들은 다음에 무엇을 하겠는가?
(A) 종이를 돌릴 것이다
(B) 세미나에 참석할 것이다
(C) 제안거리를 쓸 것이다
(D) 결정에 대해 투표할 것이다

해설 다음에 할 일을 묻는 문제 – 담화 후반부에 화자가 We need to choose where to have company dinner. Write down your preference on these pieces of paper. (우리가 저녁 회식 장소를 정해야 합니다. 이 종이에 여러분이 선호하는 곳을 적어 주세요.)라고 말했으므로 (C)가 정답이다.

CASE 집중훈련

본서 p.285

1. (C) **2.** (A) **3.** (B)

미국

Questions 1-3 refer to the following talk.

W ❶**This is the software our human resources team uses.** Last time, we went over what to do when a vacation request shows up. So what I'm going to do is pull up our staff data, and you can have a go at processing these requests. ❷**The information shown here is obviously very confidential. I'm sure everyone understands what this means.** ❸**When these are processed, go ahead and take your lunch breaks. After that, we'll go over the requests, and then I'll show you how to write vacation confirmation e-mails.**

1-3번은 다음 담화에 관한 문제입니다.

CI ❶이것은 우리 인사팀에서 사용하는 소프트웨어입니다. 지난번에, 우리는 휴가 신청이 들어오면 어떻게 해야 하는지 검토했습니다. 그래서 제가 하려는 일은 우리 직원 데이터를 모으는 것이고, 여러분은 이 요청들을 처리해 볼 수 있습니다. ❷여기에 나와 있는 정보는 명백히 기밀입니다. 이것이 무엇을 의미하는지는 분명 모두가 이해하셨을 겁니다. ❸이것들이 처리되면, 점심시간을 갖도록 하세요. 그 후에, 우리는 요청 사항들을 검토하고, 그러고 나서 제가 휴가 확인 메일을 작성하는 법을 알려 드리겠습니다.

어휘
human resources team 인사팀 | go over ~을 검토하다 | pull up data 데이터를 모으다 | have a go 시도하다, 해 보다 | obviously 명백히, 분명히 | confidential 기밀의 | process 처리하다 | confirmation 확인 | costume 의상 | share 공유하다 | unsure 확실하지 않은 | function 작동하다, 기능하다 | properly 제대로 | access 접근하다 | trainee 연수생 | review 검토하다

1. What are the listeners training to work as?
(A) Software developers
(B) Costume designers
(C) Human resources officers
(D) Department store workers

청자들은 무엇으로 일하기 위해 훈련받고 있는가?
(A) 소프트웨어 개발자
(B) 의상 디자이너
(C) 인사 담당자
(D) 백화점 직원

해설 청자의 신분을 묻는 문제 – 담화 시작에 화자가 This is the software our human resources team uses. (이것은 우리 인사팀에서 사용하는 소프트웨어입니다.)라고 말했으므로 (C)가 정답이다.

2. What does the speaker imply when she says, "I'm sure everyone understands what this means"?
(A) The listeners should never share the information.
(B) The listeners must ask for help when they are unsure.
(C) The software may not function properly at times.
(D) The data cannot be accessed at this time.

화자가 "이것이 무엇을 의미하는지는 분명 모두가 이해하셨을 겁니다"라고 말할 때, 그녀가 내비친 것은?
(A) 청자들은 절대 정보를 공유해서는 안 된다.
(B) 청자들은 확실하지 않을 때 도움을 요청해야 한다.
(C) 소프트웨어가 제대로 작동하지 않을 수 있다.
(D) 지금은 데이터에 접근할 수 없다.

해설 화자 의도 파악 문제 – 담화 중반부에 화자가 The information shown here is obviously very confidential. (여기에 나와 있는 정보는 명백히 기밀입니다.)이라고 말한 후, I'm sure everyone understands what this means. (이것이 무엇을 의미하는지는 분명 모두가 이해하셨을 겁니다.)라고 말한 것은 정보가 기밀이라서 절대 공유되어선 안 된다는 당부를 전한 것이므로 (A)가 정답이다.

3. What will happen after lunch?
(A) Trainees will move to another building.
(B) Some work will be reviewed.
(C) Salaries will be discussed.
(D) A vacation will be planned.

점심 식사 후에 무슨 일이 있을 것인가?

(A) 연수생들이 다른 건물로 이동할 것이다.

(B) 어떤 업무가 검토될 것이다.

(C) 급여에 대해 논의될 것이다.

(D) 휴가가 계획될 것이다.

해설 키워드 문제 – 담화 후반부에 화자가 When these are processed, go ahead and take your lunch breaks. After that, we'll go over the requests, and then I'll show you how to write vacation confirmation e-mails.(이것들이 처리되면, 점심시간을 갖도록 하세요. 그 후에, 우리는 요청 사항들을 검토하고, 그러고 나서 제가 휴가 확인 메일을 작성하는 법을 알려 드리겠습니다.)라고 말했으므로 (B)가 정답이다.

✚ Paraphrasing

we'll go over the requests → Some work will be reviewed

CASE 집중훈련
본서 p.287

1. (B)   2. (C)   3. (B)

영국

Questions 1-3 refer to the following talk and timeline.

W Good afternoon. **①I wanted to provide an update on the production schedule for the new hairdryer. ②If you recall, we had some reports that some units were heating up far too much.** The good news is that we have identified the issue early, and we can take steps to address this during our refinement process. **③Because of the seriousness of this issue, I have moved up the timeline for the refinement process.** I want to give us as much time as possible while still staying on course for the second prototype.

수정된 제조 일정

2월
첫 번째 시제품 생산

4월
설계 개선

6월
두 번째 시제품 생산

8월
대량 생산 시작

1-3번은 다음 담화와 일정표에 관한 문제입니다.

여 안녕하세요. ①신규 헤어드라이어의 생산 일정에 관한 새로운 소식을 알려 드리고 싶었습니다. ②기억하신다면, 일부 제품에 과열이 너무 심하다는 보고가 있었습니다. 다행인 소식은 저희가 문제를 조기 발견해서, 개선 공정에서 이 문제를 해결 조치를 취할 수 있다는 것입니다. ③이 사안의 심각성으로 인해, 저는 개선 공정 일정을 앞당겼습니다. 두 번째 시제품 일정을 그대로 유지하면서, 저희가 최대한 많은 시간을 확보했으면 합니다.

어휘

provide 제공하다 | update 업데이트 | production 생산 | recall 기억해내다 | report 보고 | unit (상품) 한 개, 단위 | heat up 뜨거워지다 | identify 확인하다 | issue 사안, 문제 | take steps 조치를 취하다 | address (문제를) 해결하다 | refinement 개선, 개량 | seriousness 심각함 | move up 앞당기다 | as ~ as possible 가능한 한 ~한 | on course 진로에 따라서 | prototype 시제품 | revise 수정하다 | manufacturing 생산, 제조 | mass 대량의 | at times 가끔

1. What product is the speaker discussing?

(A) A microwave

(B) A hairdryer

(C) A toaster oven

(D) A handwarmer

화자는 어떤 제품을 논의하고 있는가?

(A) 전자레인지

(B) 헤어드라이어

(C) 토스터기

(D) 손난로

해설 주제·목적을 묻는 문제 – 담화 초반부에 화자가 I wanted to provide an update on the production schedule for the new hairdryer. (신규 헤어드라이어의 생산 일정에 관한 새로운 소식을 알려 드리고 싶었습니다.)라고 말했으므로 (B)가 정답이다.

2. What problem with the product does the speaker mention?

(A) It is expensive to produce.

(B) It is difficult to use.

(C) It is too hot at times.

(D) It is too heavy.

화자는 제품의 어떤 문제점을 언급하는가?

(A) 그것은 생산하기 비싸다.

(B) 그것은 사용하기 어렵다.

(C) 그것은 가끔씩 너무 뜨겁다.

(D) 그것은 너무 무겁다.

해설 키워드 문제 – 담화 초반부에 화자가 If you recall, we had some reports that some units were heating up far too much.(기억하신다면, 일부 제품에 과열이 너무 심하다는 보고가 있었습니다.)라고 말했으므로 (C)가 정답이다.

3. Look at the graphic. According to the speaker, which month on the timeline was changed?

(A) February

(B) April

(C) June

(D) August

시각 자료를 보시오. 화자에 따르면, 일정에서 어느 달이 변경되었는가?

(A) 2월

(B) 4월

(C) 6월

(D) 8월

해설 시각 자료 연계 문제 – 담화 중반부에 화자가 Because of the seriousness of this issue, I have moved up the timeline for the refinement process.(이 사안의 심각성으로 인해, 저는 개선 공정 일정을 앞당겼습니다.)라고 말했는데, 시각 자료에서 Refine Design(설계 개선) 일정이 APRIL(4월)임을 확인할 수 있으므로 (B)가 정답이다.

1. (C)   **2.** (C)   **3.** (A)   **4.** (A)   **5.** (C)   **6.** (C)

7. (D)   **8.** (B)   **9.** (A)   **10.** (A)   **11.** (A)   **12.** (D)

13. (C)   **14.** (D)   **15.** (A)   **16.** (D)   **17.** (D)   **18.** (D)

호주

Questions 1-3 refer to the following telephone message.

M Hello, Rodney. I apologize for the short notice, but I have to ask you for a favor. **❶Ray just messaged me, and apparently, a major restaurant chain in Egypt wants to know more about our commercial kitchen appliances. ❷They're considering purchasing our ovens and dishwashing machines, so their vice president will be here next Thursday.** Just one problem: I was informed that the vice president barely speaks English, and I don't know any Arabic. **❸I think it's best to have a person translate our conversations. Could you see if you can recruit a person who could do that for us for one day?**

1-3번은 다음 전화 메시지에 관한 문제입니다.

남 안녕하세요, Rodney. 갑작스럽게 알려 드려서 죄송합니다만, 부탁이 있습니다. **❶Ray가 막 저에게 메시지를 보냈는데, 보아하니 이집트에 있는 한 대규모 식당 체인이 우리 상업용 주방 기기에 대해 더 알고 싶어 하는 것 같습니다. ❷오븐과 식기 세척기 구매를 고려 중이므로, 다음 주 목요일에 그들의 부사장이 여기로 올 것입니다.** 단 한 가지 문제는 그 부사장이 영어를 거의 할 줄 모른다고 들었는데, 저는 아랍어를 전혀 모릅니다. **❸사람을 시켜 우리 대화를 통역시키는 것이 최선인 것 같습니다. 그날 하루만 그 업무를 해 줄 사람을 채용해 주실 수 있나요?**

어휘

short notice 갑작스러운 통보 | favor 부탁, 청 | apparently 보아하니 | commercial 상업용의 | appliance 가전제품 | consider 고려하다 | barely 거의 ~않다, 간신히 | Arabic 아랍어 | translate 통역하다, 번역하다 | recruit 채용하다 | replace 교체하다 | potential 잠재적인 | vice president 부사장 | hire 고용하다 | translator 통역사, 번역가

1. What does the speaker's company sell?
(A) Language books
(B) Organic produce
(C) Restaurant equipment
(D) Construction supplies

화자의 회사는 무엇을 파는가?
(A) 어학 서적
(B) 유기농 농산물
(C) 레스토랑 장비
(D) 건설 자재

해설 키워드 문제 – 담화 초반부에 화자가 Ray just messaged me, and apparently, a major restaurant chain in Egypt wants to know more about our commercial kitchen appliances. (Ray가 막 저에게 메시지를 보냈는데, 보아하니 이집트에 있는 한 대규모 식당 체인이 우리 상업용 주방 기기에 대해 더 알고 싶어 하는 것 같습니다.)라고

말했으므로 (C)가 정답이다.

✚ Paraphrasing
commercial kitchen appliances → Restaurant equipment

2. According to the speaker, what will happen next Thursday?
(A) A flight will be booked.
(B) A machine will be replaced.
(C) A potential customer will be visiting.
(D) A new vice president will be hired.

화자에 따르면, 다음 주 목요일에 무슨 일이 있을 것인가?
(A) 항공편이 예약될 것이다.
(B) 기계가 교체될 것이다.
(C) 잠재 고객이 방문할 것이다.
(D) 신임 부사장이 고용될 것이다.

해설 키워드 문제 – 담화 중반부에 화자가 They're considering purchasing our ovens and dishwashing machines, so their vice president will be here next Thursday. (오븐과 식기 세척기 구매를 고려 중이므로, 다음 주 목요일에 그들의 부사장이 여기로 올 것입니다.)라고 말했으므로 (C)가 정답이다.

3. What does the speaker request that the listener do?
(A) Recruit a translator
(B) Test a product
(C) Contact a manager
(D) Mail a package

화자는 청자에게 무엇을 하라고 요청하는가?
(A) 통역사를 채용하라고
(B) 제품을 확인하라고
(C) 매니저에게 연락하라고
(D) 소포를 발송하라고

해설 제안·요청을 묻는 문제 – 담화 후반부에 화자가 I think it's best to have a person translate our conversations. Could you see if you can recruit a person who could do that for us for one day? (사람을 시켜 우리 대화를 통역시키는 것이 최선인 것 같습니다. 그날 하루만 그 업무를 해 줄 사람을 채용해 주실 수 있나요?)라고 말했으므로 (A)가 정답이다.

✚ Paraphrasing
a person translate our conversations → a translator

영국

Questions 4-6 refer to the following excerpt from a meeting.

W **❹I'd like to thank all of you for attending today's meeting about a change the bank is planning to implement.** A recent survey showed that many clients are unhappy because our branch closes too early for them. This causes a lot of them to take personal days off just to take care of their transactions. **❺That's why we plan to extend our closing times for Tuesdays and Thursdays.** This will allow us to provide our services until 9 P.M. Now, it's not necessary for everybody to adjust their schedules—we only need a few volunteers.

⁶If you're able to work from noon to 9 P.M. on those days, let me know as soon as possible.

4-6번은 다음 회의 발췌록에 관한 문제입니다.

여 ⁴우리 은행이 곧 시행할 변화에 관한 회의에 참여해 주신 모든 분께 감사합니다. 최근 설문 조사에 따르면, 지점들이 너무 일찍 문을 닫기 때문에 많은 고객이 만족하지 못한다고 합니다. 이로 인해, 고객들이 단지 은행 거래를 하기 위해 연차를 내야 한다고 합니다. ⁵그래서 우리는 화요일과 목요일에 마감 시간을 연장하기로 계획 중에 있습니다. 이는 우리의 서비스를 오후 9시까지 제공할 수 있도록 할 겁니다. 자, 모두가 일정을 바꿔야 하는 건 아닙니다. 지원자 몇 명만 필요합니다. ⁶그날에 정오부터 오후 9시까지 근무하실 수 있으시다면, 최대한 빨리 제게 알려 주세요.

어휘

attend 참석하다 | implement 시행하다 | survey 설문 조사 | day off 휴가 | take care of ~을 처리하다 | transaction 거래 | extend 연장하다 | necessary 필요한 | adjust 조정하다 | volunteer 지원자 | owner 소유주 | business hours 영업시간 | indicate 알리다. 나타내다 | availability 이용 가능성 | revise 수정하다 | form 서식

4. Who most likely are the listeners?
(A) Bank employees
(B) Library workers
(C) Personal trainers
(D) Delivery drivers

청자들은 누구이겠는가?
(A) 은행 직원
(B) 도서관 직원
(C) 개인 트레이너
(D) 배달 운전자

해설 청자의 신분을 묻는 문제 – 담화 시작에 화자가 I'd like to thank all of you for attending today's meeting about a change the bank is planning to implement.(우리 은행이 곧 시행할 변화에 관한 회의에 참여해 주신 모든 분께 감사합니다.)라고 말했으므로 (A)가 정답이다.

5. What will change at the business?
(A) Its owner
(B) Its service fees
(C) Its business hours
(D) Its location

업체의 무엇이 변경될 것인가?
(A) 소유주
(B) 수수료
(C) 영업시간
(D) 위치

해설 키워드 문제 – 담화 중반부에 화자가 That's why we plan to extend our closing times for Tuesdays and Thursdays.(그래서 우리는 화요일과 목요일에 마감 시간을 연장하기로 계획 중에 있습니다.)라고 말했으므로 (C)가 정답이다.

6. What are some listeners asked to do?
(A) Attend training sessions
(B) Update their passwords
(C) Indicate their availability
(D) Revise some forms

청자들은 무엇을 하라고 요청 받는가?
(A) 교육에 참석하라고
(B) 비밀번호를 새로 갱신하라고
(C) 시간이 되는지 알려 주라고
(D) 서식을 수정하라고

해설 제안·요청을 묻는 문제 – 담화 후반부에 화자가 If you're able to work from noon to 9 P.M. on those days, let me know as soon as possible.(그날에 정오부터 오후 9시까지 근무하실 수 있으시다면, 최대한 빨리 제게 알려 주세요.)이라고 말했으므로 (C)가 정답이다.

미국

Questions 7-9 refer to the following excerpt from a workshop.

M Welcome to Shoe Palace's warehouse. ⁷**During today's orientation, I'll be teaching the basics of our store's inventory system.** ⁸**Please have your employee ID cards ready, so you may access our online network. Now, type in your card number into the computer in front of you. Once everyone is logged in,** ⁷**I'll teach you how to search for items.** ⁸**Don't worry if you can't memorize each step. Just remember, my office is right down the hall.**

7-9번은 다음 워크숍 발췌록에 관한 문제입니다.

남 Shoe Palace 창고에 오신 것을 환영합니다. ⁷오늘 오리엔테이션 동안, 저는 우리 점포 재고 시스템의 기초에 대해 가르쳐 드릴 것입니다. ⁸온라인 네트워크에 접속할 수 있게 여러분의 사원증을 준비해 주세요. 이제, 앞에 있는 컴퓨터에 여러분의 카드 번호를 입력해 주세요. 모든 사람이 로그인하고 나면, ⁷상품을 검색하는 법을 알려 드릴 거예요. ⁸각 단계를 기억하지 못해도 걱정하지 마세요. 제 사무실이 복도 끝에 있다는 것만 기억하세요.

어휘

warehouse 창고 | inventory 재고, 물품 목록 | access 이용하다, 접속하다 | type in ~을 입력하다 | search for ~을 찾다 | memorize 기억하다, 암기하다 | record 기록하다 | technique 기술 | handle 처리하다 | offer 제공하다 | correct 바로잡다 | decline 거절하다

7. What is the workshop about?
(A) Recording product inventory
(B) Learning sales techniques
(C) Handling an online complaint
(D) Searching a system

워크숍은 무엇에 관한 것인가?
(A) 제품 재고 기록
(B) 판매 기술 습득
(C) 온라인 불만 사항 처리
(D) 시스템 검색

해설 주제·목적을 묻는 문제 – 담화 초반부에 화자가 During today's orientation, I'll be teaching the basics of our store's inventory system.(오늘 오리엔테이션 동안, 저는 우리 점포 재고 시스템의 기초에 대해 가르쳐 드릴 것입니다.)이라고 말하고, 담화 중반부에 I'll teach you how to search for items.(상품을 검색하는 법을 알려 드릴 거예요.)라고 말한 것이므로 (D)가 정답이다.

8. According to the speaker, what do the listeners need to access a computer?

(A) A credit card
(B) An employee ID
(C) A product barcode
(D) A membership card

화자에 따르면, 청자들은 컴퓨터에 접속하기 위해 무엇이 필요한가?

(A) 신용카드
(B) 사원증
(C) 상품 바코드
(D) 회원 카드

해설 키워드 문제 – 담화 중반부에 화자가 Please have your employee ID cards ready, so you may access our online network. Now, type in your card number into the computer in front of you. (온라인 네트워크에 접속할 수 있게 여러분의 사원증을 준비해 주세요. 이제, 앞에 있는 컴퓨터에 여러분의 카드 번호를 입력해 주세요.)라고 말했으므로 (B)가 정답이다.

9. Why does the speaker say, "my office is right down the hall"?

(A) To offer support
(B) To suggest a change
(C) To correct an error
(D) To decline a request

화자는 왜 "제 사무실이 복도 끝에 있다"라고 말하는가?

(A) 도움을 제공하기 위해
(B) 변경 사항을 제안하기 위해
(C) 오류를 바로잡기 위해
(D) 요청을 거절하기 위해

해설 화자 의도 파악 문제 – 담화 후반부에 화자가 Don't worry if you can't memorize each step. (각 단계를 기억하지 못해도 걱정하지 마세요.)이라고 하면서, Just remember, my office is right down the hall. (제 사무실이 복도 끝에 있다는 것만 기억하세요.)이라고 말한 것은 각 단계를 기억하지 못할 경우에는 자신의 사무실이 복도 끝에 있으니 와서 도움을 청하라는 의미이므로 (A)가 정답이다.

미국

Questions 10-12 refer to the following introduction.

M ⑩**Hello, and thank you all for joining us at the Global Restaurant Association Show.** Throughout this weekend, there will be several panel discussions covering a variety of topics to keep your business ahead of the curve. ⑪**Many of you are aware that this is our first ever event, but over 700 attendees signed up!** Now, it's time to move on to our keynote speaker, ⑫**Garret Niles. He's here to share about his newly published book,** *My Life in the Restaurant Industry*. Everyone, please welcome Mr. Niles to the stage.

10-12번은 다음 소개에 관한 문제입니다.

ᡸ ⑩안녕하세요, 세계 레스토랑 협회 쇼에 와 주신 여러분께 감사드립니다. 여러분의 사업체가 앞서 나갈 수 있도록 이번 주말 내내 다양한 주제를 아우르는 여러 패널 토론이 있을 예정입니다. ⑪많은 분들께서 이번이 저희의 첫 번째 행사라는 걸 알고 계시지만, 700분 넘게 참석 등록을 해 주셨습니다! 이제, 저희 기조연설자 ⑫Garret

Niles를 모실 시간인데요. 그는 자신의 신간 도서 〈요식업에서의 나의 삶〉에 대한 이야기를 들려 주실 겁니다. 여러분, Niles 씨를 무대로 맞이해 주세요.

어휘
cover 다루다 | ahead of the curve 시대[유행]에 앞서 | aware 알고 있는 | attendee 참석자 | sign up (~에) 등록하다 | move on to ~으로 넘어가다 | keynote speaker 기조연설자 | newly 새로 | publish 출판하다 | industry 업계, 산업 | automobile 자동차 | manufacturing 제조 | successful 성공적인 | necessary 필요한, 필수적인 | in advance 미리 | release 출간하다

10. What industry do the listeners work in?

(A) Restaurant management
(B) Computer engineering
(C) Automobile manufacturing
(D) Corporate finance

청자들은 어떤 업계에 종사하는가?

(A) 레스토랑 운영
(B) 컴퓨터 공학
(C) 자동차 제조
(D) 기업 금융

해설 청자의 신분을 묻는 문제 – 담화 시작에 화자가 Hello, and thank you all for joining us at the Global Restaurant Association Show.(안녕하세요, 세계 레스토랑 협회 쇼에 와 주신 여러분께 감사드립니다.)라고 말했으므로 (A)가 정답이다.

11. What does the speaker mean when he says, "over 700 attendees signed up"?

(A) An event was more successful than expected.
(B) A larger space will be necessary.
(C) He will increase his order.
(D) He apologizes in advance for some noise.

화자가 "700분 넘게 참석 등록을 해 주셨습니다"라고 말할 때, 그가 의미한 것은?

(A) 행사가 예상보다 더 성공적이었다.
(B) 더 큰 공간이 필요할 것이다.
(C) 그는 주문을 늘릴 것이다.
(D) 그는 소음에 미리 사과한다.

해설 화자 의도 파악 문제 – 담화 중반부에 화자가 Many of you are aware that this is our first ever event(많은 분들께서 이번이 저희의 첫 번째 행사라는 걸 알고 계시지만)라고 하면서, but over 700 attendees signed up(700분 넘게 참석 등록을 해 주셨습니다)이라고 말한 것은 첫 행사에 700명이 넘는 참석자 등록은 성공적이라는 의미이므로 (A)가 정답이다.

12. According to the speaker, what has Garret Niles recently done?

(A) He started a company.
(B) He moved to a new city.
(C) He led a workshop series.
(D) He released a book.

화자에 따르면, Garret Niles는 최근에 무엇을 했는가?

(A) 회사를 차렸다.
(B) 새로운 도시로 이사했다.
(C) 워크숍 시리즈를 진행했다.
(D) 책을 출간했다.

해설 키워드 문제 – 담화 후반부에 화자가 Garret Niles. He's here to share about his newly published book(Garret Niles는 자신의 신간 도서에 대한 이야기를 들려 주실 겁니다)이라고 말했으므로 (D)가 정답이다.

✚ Paraphrasing
published → released

미국

Questions 13-15 refer to the following excerpt from a meeting and chart.

W [13]**Hello, and welcome to our product development team meeting.** The topic today is the commemorative T-shirt we create for the company's annual sports festival. Please keep in mind that these will actually be worn during the event. [14]**First, I'd like all of you to find a partner, and talk about what sort of box we should offer this special T-shirt in.** [15]**If you're curious about what color the T-shirt will be, this graph shows the results of an employee survey. Naturally, we'll be going with the most popular color for the clothing item.**

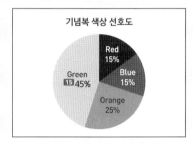

기념복 색상 선호도

Red 15%
Blue 15%
Orange 25%
Green [15]45%

13-15번은 다음 회의 발췌록과 도표에 관한 문제입니다.

C [13]안녕하세요, 저희 상품 개발팀 회의에 오신 것을 환영합니다. 오늘 주제는 사내 연간 체육 대회용으로 제작하는 기념 티셔츠입니다. 이는 실제 행사에서 착용될 것임을 명심해 주세요. [14]우선, 여러분 모두 파트너를 찾아, 이 특별 티셔츠를 어떤 상자에 담아 제공할지에 관해 논의해 주셨으면 합니다. [15]티셔츠 색상이 궁금하시면, 이 그래프는 직원 설문 조사 결과를 보여 줍니다. 당연히, 저희는 가장 인기 있는 의류 색상을 선택할 것입니다.

어휘
product development 상품 개발 | commemorative 기념하는 | annual 연례의 | keep in mind 명심하다 | wear 입고 있다 (wear-wore-worn) | sort 종류, 유형 | curious 궁금한 | naturally 당연히, 물론 | clothing 옷, 의복 | Human Resources 인사 | fabric 원단 | packaging 포장

13. What department do the listeners most likely work in?
(A) Sales Management
(B) Human Resources
(C) Product Development
(D) Financial Planning

청자들은 어느 부서에서 근무하겠는가?
(A) 영업 관리
(B) 인사
(C) 상품 개발
(D) 재무 기획

해설 청자의 신분을 묻는 문제 – 담화 시작에 화자가 Hello, and welcome to our product development team meeting.(안녕하세요, 저희 상품 개발팀 회의에 오신 것을 환영합니다.)이라고 말했으므로 (C)가 정답이다.

14. Which aspect of a new item will the listeners discuss with partners?
(A) Its price
(B) Its fabric
(C) Its logo
(D) Its packaging

청자들은 파트너와 새로운 제품의 어떤 면에 대해 논의할 것인가?
(A) 가격
(B) 원단
(C) 로고
(D) 포장

해설 키워드 문제 – 담화 중반부에 화자가 First, I'd like all of you to find a partner, and talk about what sort of box we should offer this special T-shirt in.(우선, 여러분 모두 파트너를 찾아, 이 특별 티셔츠를 어떤 상자에 담아 제공할지에 관해 논의해 주셨으면 합니다.)이라고 말했으므로 (D)가 정답이다.

15. Look at the graphic. What will be the color of the new item?
(A) Green
(B) Orange
(C) Red
(D) Blue

시각 자료를 보시오. 새로운 제품의 색상은 무엇이겠는가?
(A) 초록색
(B) 주황색
(C) 빨간색
(D) 파란색

해설 시각 자료 연계 문제 – 담화 후반부에 화자가 If you're curious about what color the T-shirt will be, this graph shows the results of an employee survey. Naturally, we'll be going with the most popular color for the clothing item.(티셔츠 색상이 궁금하시면, 이 그래프는 직원 설문 조사 결과를 보여 줍니다. 당연히, 저희는 가장 인기 있는 의류 색상을 선택할 것입니다.)이라고 말했고, 시각 자료에서 기념복 색상 선호도가 가장 높은 45%를 받은 것이 Green(초록색)임을 확인할 수 있으므로 (A)가 정답이다.

호주

Questions 16-18 refer to the following excerpt from a meeting and site map.

M Good morning. Let's begin the board meeting. [16]**We received the results of our employee questionnaire, and the proposed idea of constructing a new facility on company grounds did not go over well. They believe that a new facility is not a good use of resources.** So we've decided to expand one of our current buildings. This map shows our current layout.

17 **The architect suggests expanding the building that's on the west side of the map facing the mountains.** This new addition will include a fitness center for employees who want to work out during the day. **18** **I want to review the budget for this project. We'll be saving a significant amount compared to the original arrangement.**

16-18번은 다음 회의 발췌록과 부지도에 관한 문제입니다.

남 안녕하세요. 이사회를 시작합시다. **16** 직원 설문 결과를 받았고, 회사 부지에 새 시설을 짓자는 제안이 잘 받아들여지지 않았습니다. 직원들은 새로운 시설이 재원을 잘 사용하는 것이 아니라고 생각합니다. 그래서 저희는 현재의 건물 중 하나를 확장하기로 결정했습니다. 이 지도는 현재의 배치를 보여 줍니다. **17** 건축가는 지도상 서쪽에 있으며 산을 마주 보고 있는 건물을 확장하는 걸 제안합니다. 새롭게 추가되는 부분에는 낮 동안 운동을 하고 싶은 직원들을 위한 피트니스 센터가 포함될 것입니다. **18** 저는 이 프로젝트에 대한 예산을 다시 살펴보고 싶습니다. 저희는 원래 계획과 비교해 상당한 금액을 절약하게 될 것입니다.

어휘
questionnaire 설문지 | proposed 제안된 | go over 받아들여지다 | resource 자원, 재원 | expand 확장하다 | layout 배치, 배열 | architect 건축가 | face 마주보다 | addition 추가된 것 | budget 예산 | significant 상당한 | compared to ~와 비교하여 | original 원래의 | arrangement 준비, 배치 | time consuming 시간이 많이 걸리는 | distraction 주의 산만 | decrease 감소시키다 | productivity 생산성 | waste 낭비 | fund 자금 | wing 부속 건물 | financial 재정의

16. Why did the employees dislike a proposal?
(A) It would be time consuming.
(B) It would cause a distraction.
(C) It would decrease productivity.
(D) It would be a waste of company funds.

직원들은 왜 제안을 좋아하지 않았는가?
(A) 그것은 시간이 많이 걸릴 것이다.
(B) 그것은 주의를 산만하게 할 것이다.
(C) 그것은 생산성을 감소시킬 것이다.
(D) 그것은 회사 자금의 낭비일 것이다.

해설 키워드 문제 – 담화 초반부에 화자가 We received the results of our employee questionnaire, and the proposed idea of constructing a new facility on company grounds did not go over well. They believe that a new facility is not a good use of resources.(직원 설문 결과를 받았고, 회사 부지에 새 시설을 짓자는 제안이 잘 받아들여지지 않았습니다. 직원들은 새로운 시설이 재원을 잘 사용하는 것이 아니라고 생각합니다.)라고 말했으므로 (D)가 정답이다.

+ Paraphrasing
not a good use of resources → a waste of company funds

17. Look at the graphic. Which building will have a new wing added?
(A) Building 1
(B) Building 2
(C) Building 3
(D) Building 4

시각 자료를 보시오. 어느 건물에 새로운 부속 건물이 추가될 것인가?
(A) 1번 건물
(B) 2번 건물
(C) 3번 건물
(D) 4번 건물

해설 시각 자료 연계 문제 – 담화 중반부에 화자가 The architect suggests expanding the building that's on the west side of the map facing the mountains.(건축가는 지도상 서쪽에 있으며 산을 마주 보고 있는 건물을 확장하는 걸 제안합니다.)라고 말했고, 시각 자료에서 산을 마주 보고 있는 건물은 Building 4(4번 건물)임을 확인할 수 있으므로 (D)가 정답이다.

18. What will the speaker discuss next?
(A) A production process
(B) A construction schedule
(C) An awards ceremony
(D) A financial plan

화자는 다음으로 무엇에 관해 논의할 것인가?
(A) 생산 공정
(B) 건설 일정
(C) 시상식
(D) 재정 계획

해설 다음에 할 일을 묻는 문제 – 담화 후반부에 화자가 I want to review the budget for this project. We'll be saving a significant amount compared to the original arrangement.(저는 이 프로젝트에 대한 예산을 다시 살펴보고 싶습니다. 저희는 원래 계획과 비교해 상당한 금액을 절약하게 될 것입니다.)라고 말했으므로 (D)가 정답이다.

+ Paraphrasing
budget → financial plan

CHAPTER 14 담화 유형

CASE 집중훈련
본서 p.295
1. (D)   2. (A)   3. (B)

미국

Questions 1-3 refer to the following recorded message.

M Hello, this is Wayans Dental Clinic. We're closed to observe the national holiday. **1** **Please download our mobile app to read tips on habits for healthy teeth.** The program is free, and it's very easy to use. Also, **2we've recently received an award for being in business for 50 years**. To celebrate this occasion, **3we will be offering a free cleaning with any appointment that is scheduled within this month**. So if you're in need of a checkup, schedule one as soon as possible.

1-3번은 다음 녹음 메시지에 관한 문제입니다.

📻 안녕하세요, Wayans 치과입니다. 저희는 국경일을 기념하기 위해 문을 닫았습니다. **1건강한 치아 관리 습관에 관한 정보를 읽으시려면 저희 모바일 앱을 다운로드해 주세요.** 프로그램은 무료이며, 사용하기 매우 쉽습니다. 또한, **2저희는 최근에 50년간 영업한 것에 대해 상을 받았습니다.** 이를 기념하기 위해, **3이번 달에 예정된 모든 예약 환자분들께 무료 스케일링을 제공할 것입니다.** 그러니 검진이 필요하시다면, 최대한 빨리 예약을 잡도록 하세요.

어휘

dental clinic 치과 I observe 기념하다 I national holiday 국경일 I tip 정보 I award 상 I in business 영업하는 I occasion 특별한 일 I appointment 예약 I checkup 검진 I brochure 책자 I recognize 인정하다 I operate 영업하다 I contribute to ~에 기여하다 I retention 보유, 유지 I innovative 혁신적인 I complimentary 무료의 I commemorative 기념하는

1. According to the speaker, where can listeners read some tips?
(A) In a community newsletter
(B) On a whiteboard
(C) In a brochure
(D) On a mobile application

화자에 따르면, 청자들은 어디에서 정보를 읽을 수 있는가?
(A) 지역 소식지에서
(B) 화이트보드에서
(C) 책자에서
(D) 모바일 애플리케이션에서

해설 키워드 문제 – 담화 초반부에 화자가 Please download our mobile app to read tips on habits for healthy teeth.(건강한 치아 관리 습관에 관한 정보를 읽으려면 저희 모바일 앱을 다운로드해 주세요.) 라고 말했으므로 (D)가 정답이다.

✚ Paraphrasing
app → application

2. What was Wayans Dental Clinic recognized for?
(A) Operating for a long time
(B) Contributing to local education programs
(C) Having high employee retention rates
(D) Developing an innovative tool

Wayans 치과는 무엇으로 인정받았는가?
(A) 오랜 시간 영업한 것
(B) 지역 교육 프로그램에 기여한 것
(C) 직원 근속률이 높은 것
(D) 혁신적인 도구를 개발한 것

해설 키워드 문제 – 담화 중반부에 화자가 we've recently received an award for being in business for 50 years(저희는 최근에 50년간 영업한 것에 대해 상을 받았습니다)라고 말했으므로 (A)가 정답이다.

✚ Paraphrasing
be in business → operate

3. What is Wayans Dental Clinic offering this month?
(A) Discounted tooth care products
(B) A complimentary service
(C) Reduced parking rates
(D) A commemorative T-shirt

Wayans 치과는 이번 달에 무엇을 제공하는가?
(A) 할인된 치아 관리 제품
(B) 무료 서비스
(C) 주차료 인하
(D) 기념 티셔츠

해설 키워드 문제 – 담화 후반부에 화자가 we will be offering a free cleaning with any appointment that is scheduled within this month(이번 달에 예정된 모든 예약 환자분들께 무료 스케일링을 제공할 것입니다)라고 말했으므로 (B)가 정답이다.

✚ Paraphrasing
free → complimentary

CASE 집중훈련

1. (C) **2.** (D) **3.** (A)

영국

Questions 1-3 refer to the following excerpt from a meeting and sign-up sheet.

👩 **12Thank you all for volunteering your time this weekend for this year's event. The Brighter Futures Society would like to extend our thanks. The upcoming dinner is our opportunity to show our gratitude to our sponsors for their generous donations.** As we are a small team, we try to minimize the costs of the event by distributing the work amongst ourselves and our volunteers. Here, I've got a sign-up sheet that has all of the different things we'll need help with. **3I'm putting myself down with Brenda as we'll both be getting there early.**

업무	시간	인솔자	지원자
세팅	오후 1-3시	3Brenda	
음식	오후 4-5시	Jeremiah	
선물과 경품	오후 4-6시	Emily	
청소	오후 7-9시	Don	

1-3번은 다음 회의 발췌록과 참가 신청서에 관한 문제입니다.

👩 **12올해의 행사에 이번 주말 자진해서 여러분의 시간을 내어 주신 모든 분들께 감사드립니다. Brighter Futures 협회는 감사 인사를 전하고 싶습니다. 이번 만찬은 후원자분들의 아낌없는 성금에 감사의 마음을 전할 수 있는 기회입니다.** 우리는 작은 팀인 만큼, 우리와 지원자들 간에 업무를 배분함으로써 행사 비용을 최소화하려고 합니다. 여기, 도움이 필요한 여러 가지 일들이 모두 적힌 참가 신청서가 있습니다. **3Brenda 항목에는 제 이름을 올려놓을게요, 우리 둘 다 그곳에 일찍 도착할 거라서요.**

PART 4 CHAPTER 14

어휘

volunteer 자원하다, 자원봉사를 하다; 자원 봉사자 | extend one's thanks ~의 감사를 전하다 | upcoming 이번의, 다가오는 | gratitude 감사 | sponsor 후원자[업체] | generous 아낌없는, 관대한 | donation 성금, 기부금 | minimize 최소화하다 | distribute 분배하다 | sign-up sheet 참가 신청서 | charitable organization 자선 단체 | grand opening 개장식 | promotional 판촉의

1. Where does the speaker work?
(A) At a community theater
(B) At a private business
(C) At a charitable organization
(D) At a community college

화자는 어디에서 일하는가?
(A) 지역 극장에서
(B) 개인 사업체에서
(C) **자선 단체에서**
(D) 지역 대학에서

해설 화자의 신분을 묻는 문제 – 담화 초반부에 화자가 Thank you all for volunteering your time this weekend for this year's event. The Brighter Futures Society would like to extend our thanks. The upcoming dinner is our opportunity to show our gratitude to our sponsors for their generous donations.(올해의 행사에 이번 주말 자진해서 여러분의 시간을 내어 주신 모든 분들께 감사드립니다. Brighter Futures 협회는 감사 인사를 전하고 싶습니다. 이번 만찬은 후원자분들의 아낌없는 성금에 감사의 마음을 전할 수 있는 기회입니다.)라고 말했으므로 (C)가 정답이다.

2. What is being planned?
(A) An award ceremony
(B) A grand opening
(C) A promotional event
(D) A dinner event

무엇이 계획되고 있는가?
(A) 시상식
(B) 개장식
(C) 판촉 행사
(D) **만찬 행사**

해설 키워드 문제 – 담화 초반부에 화자가 The Brighter Futures Society would like to extend our thanks. The upcoming dinner is our opportunity to show our gratitude to our sponsors for their generous donations.(Brighter Futures 협회는 감사 인사를 전하고 싶습니다. 이번 만찬은 후원자분들의 아낌없는 성금에 감사의 마음을 전할 수 있는 기회입니다.)라고 말했으므로 (D)가 정답이다.

3. Look at the graphic. What time will the speaker be volunteering?
(A) 1-3 P.M.
(B) 4-5 P.M.
(C) 4-6 P.M.
(D) 7-9 P.M.

시각 자료를 보시오. 화자는 몇 시에 자원봉사를 하게 될 것인가?
(A) **오후 1-3시**
(B) 오후 4-5시
(C) 오후 4-6시
(D) 오후 7-9시

해설 시각 자료 연계 문제 – 담화 후반부에 화자가 I'm putting myself down with Brenda as we'll both be getting there early. (Brenda 항목에는 제 이름을 올려놓을게요, 우리 둘 다 그곳에 일찍 도착할 거라서요.)라고 했는데, 시각 자료에서 Brenda의 담당 시간은 1-3 P.M.(오후 1-3시)이므로 (A)가 정답이다.

CASE 집중훈련

본서 p.299

1. (B)   2. (D)   3. (D)

미국

Questions 1-3 refer to the following introduction.

M ①**Now, let's move on to the primary focus of today's meeting—boosting job satisfaction.** Studies have shown that staff members who enjoy coming into work are much more productive than those who don't. Therefore, we have asked Jim Beesly, founder of Beesly Solutions, to share some ideas on how to keep employees happy. He's a proponent of fostering an environment in which coworkers can bond and develop friendships. After all, we spend a lot of time with them. ②**He will be introducing activities that help employees connect with one another.** ③**We have prepared a survey for you to take in regard to social interactions at work. Please take one and pass the rest around the room.**

1-3번은 다음 소개에 관한 문제입니다.

남 ①자, 오늘 회의의 주된 초점인 직무 만족도 고취로 넘어갑시다. 연구에 따르면, 출근을 즐기는 직원들이 그렇지 않은 사람들보다 훨씬 더 생산적이라고 합니다. 그래서, 우리는 Beesly Solutions의 설립자인 Jim Beesly에게 직원들을 어떻게 행복하게 할 수 있을지에 관한 아이디어를 공유해 달라고 요청했습니다. 그는 동료들이 결속하고 우정을 발전시킬 수 있는 환경 조성을 지지합니다. 어쨌든, 우리는 그들과 많은 시간을 보내니까요. ②그는 직원들이 서로 친해질 수 있도록 돕는 활동을 알려 줄 것입니다. ③우리는 직장에서의 사회적 상호 작용에 관한 설문 조사를 준비했습니다. 하나를 가지시고 나머지는 방 안에 돌려 주세요.

어휘

move on to ~으로 넘어가다 | primary 주요한 | focus 초점, 중점 | boost 북돋우다 | satisfaction 만족 | come into work 출근하다 | productive 생산적인 | proponent 지지자 | foster 조성하다 | coworker 동료 | bond 결속하다 | connect with ~와 친해지다 | interaction 상호 작용 | revise 개정[수정]하다 | policy 방침, 규칙 | environmentally friendly 환경친화적인 | outline 간략히 설명하다 | procedure 절차 | findings 연구 결과 | describe 설명하다 | register for ~에 등록하다 | distribute 나눠 주다, 배포하다

1. What is the focus of the meeting?
(A) Revising a company's policies
(B) Improving satisfaction in the workplace
(C) Becoming more environmentally friendly
(D) Increasing production levels

회의의 중점은 무엇인가?
(A) 회사 방침을 개정하는 것
(B) **직장 내 만족도를 향상시키는 것**

(C) 보다 환경친화적으로 되는 것

(D) 생산량을 증가하는 것

해설 주제·목적을 묻는 문제 – 담화 시작에 화자가 Now, let's move on to the primary focus of today's meeting—boosting job satisfaction.(자, 오늘 회의의 주된 초점인 직무 만족도 고취로 넘어갑시다.)이라고 말했으므로 (B)가 정답이다.

+ Paraphrasing

boosting → Improving

2. What will Jim Beesly do?
(A) Play a video
(B) Outline a new procedure
(C) Report some findings
(D) Describe some activities

Jim Beesly는 무엇을 할 것인가?
(A) 동영상을 재생할 것이다
(B) 새로운 절차를 간략히 설명할 것이다
(C) 연구 결과를 보고할 것이다
(D) 활동을 설명할 것이다

해설 키워드 문제 – 담화 후반부에 화자가 He will be introducing activities that help employees connect with one another.(그는 직원들이 서로 친해질 수 있도록 돕는 활동을 알려 줄 것입니다.)라고 말했으므로 (D)가 정답이다.

+ Paraphrasing

introduce → Describe

3. What are the employees asked to do?
(A) Take some photographs
(B) Brainstorm some ideas
(C) Register for a class
(D) Distribute a survey

직원들은 무엇을 하라고 요청받는가?
(A) 사진을 찍으라고
(B) 아이디어를 떠올리라고
(C) 강좌에 등록하라고
(D) 설문지를 나눠 주라고

해설 제안·요청을 묻는 문제 – 담화 후반부에 화자가 We have prepared a survey for you to take in regard to social interactions at work. Please take one and pass the rest around the room.(우리는 직장에서의 사회적 상호 작용에 관한 설문 조사를 준비했습니다. 하나를 가지고 나머지는 방 안에 돌려 주세요.)이라고 말했으므로 (D)가 정답이다.

+ Paraphrasing

pass → Distribute

CASE 집중훈련

본서 p.301

1. (C) **2.** (C) **3.** (B)

미국

Questions 1-3 refer to the following announcement and bus schedule.

W Good morning, passengers, and welcome to

Gallinari Terminal. **❶Due to unexpected roadwork on Highway 30, some of our buses have been delayed this morning.** We ask that you check the display screen to view the status of your bus. Please be aware that the bus scheduled to depart for Genoa at 11:40 will not be in service. **❷Those who wish to get to Genoa are asked to take the bus to Turin, which will, today only, make a stop in Genoa. ❸And as a reminder, make sure to download the new Gallinari Terminal mobile app that will be released next week.** It will enable you to purchase tickets and get the latest information on all of our buses.

플랫폼	목적지	상황
A	Bologna	40분 지연
B	Florence	30분 지연
C	❷Turin	정시 출발
D	Genoa	운행 중단

1-3번은 다음 안내 방송과 버스 일정표에 관한 문제입니다.

여 좋은 아침입니다, 승객 여러분, 그리고 Gallinari 터미널에 오신 것을 환영합니다. **❶30번 고속도로에서의 갑작스러운 도로 공사로 인해, 오늘 오전 일부 버스들이 연착되었습니다.** 탑승하실 버스의 현황을 보시려면 전광판을 확인하시기 바랍니다. 11시 40분에 Genoa로 출발할 예정이었던 버스는 운행하지 않음을 유의하시기 바랍니다. **❷Genoa로 가기를 원하시는 분들은 Turin행 버스를 타시오, 그 버스는 오늘만 Genoa에 정차하겠습니다. ❸그리고 다시 한번 알려드리면, 다음 주에 출시될 새 Gallinari 터미널 모바일 앱을 반드시 다운로드하시길 바랍니다.** 이 앱으로 탑승권 구매 및 모든 버스에 대한 최신 정보도 확인하실 수 있습니다.

어휘

roadwork 도로 공사 | delay 지연시키다; 지연 | view 보다 | status 상황 | aware 알고[의식/자각하고] 있는 | in service 운행 중인 | release 공개[발표]하다 | cause 원인 | inclement (날씨가) 궂은, 험악한 | malfunction 오작동 | shortage 부족 | available 구할[이용할] 수 있는 | fare (교통) 요금 | pass 탑승권

1. What does the speaker say is the cause of the delay?
(A) Inclement weather
(B) Equipment malfunctions
(C) Road construction
(D) Staff shortages

화자는 지연의 원인이 무엇이라고 말하는가?
(A) 궂은 날씨
(B) 장비 오작동
(C) 도로 공사
(D) 직원 부족

해설 키워드 문제 – 담화 초반부에 화자가 Due to unexpected roadwork on Highway 30, some of our buses have been delayed this morning.(30번 고속도로에서의 갑작스러운 도로 공사로 인해, 오늘 오전 일부 버스들이 연착되었습니다.)이라고 말했으므로 (C)가 정답이다.

2. Look at the graphic. Which platform should passengers traveling to Genoa use?

(A) A
(B) B
(C) C
(D) D

시각 자료를 보시오. Genoa로 가는 승객들은 어느 플랫폼을 이용해야 하는가?

(A) A
(B) B
(C) C
(D) D

해설 시각 자료 연계 문제 – 담화 중반부에 화자가 Those who wish to get to Genoa are asked to take the bus to Turin, which will, today only, make a stop in Genoa.(Genoa로 가기를 원하시는 분들은 Turin행 버스를 타십시오, 그 버스는 오늘만 Genoa에 정차하겠습니다.)라고 말했고, 시각 자료에서 Turin행 버스의 플랫폼이 C이므로 (C)가 정답이다.

3. What does the speaker say will be available next week?

(A) Express buses
(B) A mobile app
(C) Cheaper fares
(D) A monthly pass

화자는 다음 주에 무엇을 이용할 수 있을 것이라고 말하는가?

(A) 고속버스
(B) 모바일 앱
(C) 더 저렴한 요금
(D) 월간 탑승권

해설 키워드 문제 – 담화 후반부에 화자가 And as a reminder, make sure to download the new Gallinari Terminal mobile app that will be released next week.(그리고 다시 한번 알려드리면, 다음 주에 출시될 새 Gallinari 터미널 모바일 앱을 반드시 다운로드하시길 바랍니다.)이라고 말했으므로 (B)가 정답이다.

✚ Paraphrasing
released → available

CASE 집중훈련

본서 p.303

1. (A)　2. (D)　3. (C)

호주

Questions 1-3 refer to the following tour information.

Ⓜ ❶**Thank you for joining us at the National Library.** I'll be your tour guide today, leading you through our various collections. We will begin in the ancient writings section. Here, you'll see many old scrolls and texts on display. ❷**Many of you have asked if you'd be able to look through some of the first books ever written. As our curators have informed us, those items can be damaged by human contact.** ❸**If you're interested in these items and want to see them close up, you can**

find digital images of these books on our Web site. The address can be found on the pamphlet you all received at the beginning of today's tour.

1-3번은 다음 견학 정보에 관한 문제입니다.

Ⓜ ❶저희 국립 도서관에 함께해 주셔서 감사합니다. 저는 오늘 여러분의 견학 가이드로, 여러분께 저희의 다양한 수집품들에 대해 안내해 드리겠습니다. 저희는 고대 문헌 구역에서 시작하겠습니다. 여기서는, 오래된 족자와 글이 많이 전시되어 있음을 보실 수 있을 것입니다. ❷많은 분들이 최초로 쓰여진 책들의 일부를 볼 수 있는지 여쭤보셨습니다. 저희 큐레이터가 알려준 결과, 그 물품들은 사람과의 접촉으로 인해 손상될 수 있습니다. ❸만약 이 물품들에 관심이 있고 가까이 살펴보고 싶으시면, 저희 웹 사이트에서 이 책들의 디지털 사진을 보실 수 있습니다. 주소는 오늘 투어 시작할 때 받으신 팸플릿에서 확인하실 수 있습니다.

어휘
collection 수집품 | ancient 고대의 | scroll 족자 | curator 큐레이터 | damage 손상 | contact 접촉, 연락 | interested in ~에 관심 있는 | pamphlet 팸플릿 | thoroughly 철저히 | point out ~을 지적하다 | broken 깨진 | advise 조언하다 | handle 다루다 | directory 안내 책자

1. Where is the tour taking place?

(A) At a national library
(B) At an art gallery
(C) At a university campus
(D) At a paper factory

견학은 어디에서 이루어지고 있는가?

(A) 국립 도서관에서
(B) 미술관에서
(C) 대학교 캠퍼스에서
(D) 제지 공장에서

해설 담화 장소를 묻는 문제 – 담화 시작에 화자가 Thank you for joining us at the National Library.(저희 국립 도서관에 함께해 주셔서 감사합니다.)라고 말했으므로 (A)가 정답이다.

2. Why does the speaker say, "those items can be damaged by human contact"?

(A) To ask the listeners to wash their hands thoroughly
(B) To point out some objects that are broken
(C) To advise the listeners not to take pictures
(D) To explain why some items cannot be handled

화자는 왜 "그 물품들은 사람과의 접촉으로 인해 손상될 수 있습니다"라고 말하는가?

(A) 청자들에게 손을 깨끗이 씻으라고 요청하기 위해
(B) 몇몇 깨진 물건들을 지적하기 위해
(C) 청자들에게 사진을 찍지 말라고 조언하기 위해
(D) 왜 몇몇 물품들은 다뤄질 수 없는지 설명하기 위해

해설 화자 의도 파악 문제 – 담화 중반부에 화자가 Many of you have asked if you'd be able to look through some of the first books ever written.(많은 분들이 최초로 쓰여진 책들의 일부를 볼 수 있는지 여쭤보셨습니다.)이라고 하면서, As our curators have informed us, those items can be damaged by human contact.(저희 큐레이터가 알려준 결과, 그 물품들은 사람과의 접촉에 손상될 수 있습니다.)라고 말한 것은 궁금해하던 책들은 사람과의 접촉으로 인해 손상될 수 있어 전시가 어렵다는 것을 설명하기 위함이므로 (D)가 정답이다.

3. How can the listeners find more information?
(A) By going to another building
(B) By looking in a directory
(C) By visiting a Web site
(D) By purchasing a publication

청자들은 어떻게 더 많은 정보를 찾을 수 있는가?
(A) 다른 건물에 가서
(B) 안내 책자를 봐서
(C) 웹 사이트를 방문해서
(D) 출판물을 구매해서

해설 키워드 문제 – 담화 후반부에 화자가 If you're interested in these items and want to see them close up, you can find digital images of these books on our Web site.(만약 이 물품들에 관심이 있고 가까이 살펴보고 싶으시면, 저희 웹 사이트에서 이 책들의 디지털 사진을 보실 수 있습니다.)라고 말했으므로 (C)가 정답이다.

CASE 집중훈련
본서 p.305
1. (C) **2.** (A) **3.** (D)

미국

Questions 1-3 refer to the following broadcast.

Ⓜ Good morning. Thanks for tuning in to *Marty's Morning Madness* on KSTW Radio. In local news, ❶**Olathe Parks and Recreation has just announced the new day for the annual Sports Festival, which was postponed due to last week's storms.** The festival will now be held on September 17 and 18. ❷**City officials say that this year's Sports Festival should be very exciting since many new games will be offered for the first time.** ❸**The updated schedule of events will also include a comedy performance by Sanjiv Singh, a well-known writer and entertainer.**

1-3번은 다음 방송에 관한 문제입니다.

🔘 안녕하십니까? KSTW 라디오의 〈Marty's Morning Madness〉를 청취해 주셔서 감사합니다. 지역 뉴스입니다. ❶Olathe 공원 휴양국은 지난주 폭풍우로 연기되었던 연례 체육 대회의 새로운 날짜를 발표했습니다. 대회는 9월 17일과 18일에 열릴 예정입니다. ❷시 공무원들은 많은 새로운 경기가 처음으로 제공되기에, 올해의 체육 대회가 매우 재미있을 거라고 말합니다. ❸최신 행사 일정에는 유명 작가 겸 연예인인 Sanjiv Singh의 코미디 공연이 포함될 것입니다.

어휘
tune in to ~을 청취하다 | parks and recreation 공원 휴양국 | announce 발표하다 | annual 연례의 | sports festival 체육 대회 | offer 제공하다 | updated 최신의 | include 포함하다 | entertainer 연예인 | cancel 취소하다 | lack 부족 | inclement (날씨가) 궂은, 좋지 못한 | attendance 참석자 (수) | athlete 운동선수 | participate in ~에 참가하다 | competition 대회 | a wide variety of 아주 다양한 | organizer 주최자

1. According to the broadcast, why was a city event previously canceled?
(A) Lack of money
(B) Street repairs

(C) Inclement weather
(D) Low attendance numbers

방송에 따르면, 도시 행사가 왜 이전에 취소되었었는가?
(A) 재정 부족
(B) 도로 수리 작업
(C) 궂은 날씨
(D) 낮은 참석률

해설 키워드 문제 – 담화 초반부에 화자가 Olathe Parks and Recreation has just announced the new day for the annual Sports Festival, which was postponed due to last week's storms. (Olathe 공원 휴양국은 지난주 폭풍우로 연기되었던 연례 체육 대회의 새로운 날짜를 발표했습니다.)라고 말했으므로 (C)가 정답이다.

➕ Paraphrasing
storm → Inclement weather

2. Why do town officials say that the festival will be exciting?
(A) Some new activities will be offered for the first time.
(B) Some famous athletes will participate in a competition.
(C) It will provide an opportunity to win prizes.
(D) It will have a wide variety of food and beverages.

시 공무원들은 왜 대회가 재미있을 거라고 말하는가?
(A) 새로운 활동이 처음으로 제공될 것이다.
(B) 유명 운동선수들이 대회에 참가할 것이다.
(C) 상품을 탈 수 있는 기회를 제공할 것이다.
(D) 아주 다양한 식음료가 있을 것이다.

해설 키워드 문제 – 담화 중반부에 화자가 City officials say that this year's Sports Festival should be very exciting since many new games will be offered for the first time.(시 공무원들은 많은 새로운 경기가 처음으로 제공되기에, 올해의 체육 대회가 매우 재미있을 거라고 말합니다.)이라고 말했으므로 (A)가 정답이다.

➕ Paraphrasing
games → activities

3. Who is Sanjiv Singh?
(A) An event organizer
(B) A government worker
(C) A reporter
(D) A comedian

Sanjiv Singh은 누구인가?
(A) 행사 주최자
(B) 공무원
(C) 기자
(D) 코미디언

해설 키워드 문제 – 담화 후반부에 화자가 The updated schedule of events will also include a comedy performance by Sanjiv Singh, a well-known writer and entertainer.(최신 행사 일정에는 유명 작가 겸 연예인인 Sanjiv Singh의 코미디 공연이 포함될 것입니다.)라고 말했으므로 (D)가 정답이다.

➕ Paraphrasing
entertainer → comedian

본서 p.307

1. (A) **2.** (B) **3.** (C)

미국

Questions 1-3 refer to the following advertisement.

Ⓜ ❶**Are you looking to invest in a security system for your business? Look no further than ICE Solutions.** ❷**If you're like our other customers, you may have delayed improving your security because you're worried that productivity might decrease while we install the equipment.** It's true that disruptions can occur during installation, but we can arrange a schedule that fits best with your business to reduce any issues that may arise. In addition, we have just released our mobile application. ❸**Using the app, you can ensure that your cameras are effectively recording every corner of your business.** For a free consultation, call us at 555-1293.

1-3번은 다음 광고에 관한 문제입니다.

남 ❶귀하의 사업체에 보안 시스템을 투자하고자 하십니까? ICE Solutions만한 것이 없습니다. ❷저희의 다른 고객분들처럼, 장비를 설치하는 동안 생산성이 떨어질까 우려되어 보안 개선을 미뤄 오셨을지도 모릅니다. 설치 중에 중단이 생길 수 있는 건 사실이지만, 발생할 수 있는 문제를 최소화하기 위해 귀하의 사업체에 딱 맞게 일정을 잡아드릴 수 있습니다. 또한, 저희가 최근 모바일 애플리케이션을 출시했습니다. ❸앱을 이용하셔서, 카메라가 귀하의 사업장 구석구석을 실제로 촬영하는지 확인하실 수 있습니다. 무료 상담을 받아보시려면, 555-1293으로 전화 주세요.

어휘

look to do ~을 고려해 보다 I invest in ~에 투자하다 I security 보안 I delay 미루다 I productivity 생산성 I decrease 감소하다 I install 설치하다 I disruption 중단, 혼란 I occur 일어나다, 발생하다 I arrange 배열하다 I fit 맞다 I issue 문제 I arise 일어나다, 발생하다 I effectively 효과적으로, 실제로 I concerned 염려하는 I cost of labor 인건비 I duration 기간 I keep track of ~을 추적하다 I inventory 재고 (조사) I monitor 감시하다 I performance 성능 I analyze 분석하다

1. What kind of business is being advertised?

(A) A security systems company
(B) An Internet service provider
(C) A real estate agency
(D) A software development firm

어떤 사업체가 광고되고 있는가?

(A) 보안 시스템 업체
(B) 인터넷 서비스 제공 업체
(C) 부동산 중개업소
(D) 소프트웨어 개발 업체

해설 주제·목적을 묻는 문제 - 담화 시작에 화자가 Are you looking to invest in a security system for your business? Look no further than ICE Solutions. (귀하의 사업체에 보안 시스템을 투자하고자 하십니까? ICE Solutions만한 것이 없습니다.)라고 말했으므로 (A)가 정답이다.

2. According to the speaker, what have some customers been concerned about?

(A) Product quality
(B) Work productivity
(C) The costs of labor
(D) The duration of installation

화자에 따르면, 일부 고객들은 무엇에 대해 염려했는가?

(A) 상품 품질
(B) 업무 생산성
(C) 인건비
(D) 설치 기간

해설 키워드 문제 - 담화 초반부에 화자가 If you're like our other customers, you may have delayed improving your security because you're worried that productivity might decrease while we install the equipment.(저희의 다른 고객분들처럼, 장비를 설치하는 동안 생산성이 떨어질까 우려되어 보안 개선을 미뤄 오셨을지도 모릅니다.)라고 말했으므로 (B)가 정답이다.

✚ Paraphrasing
worried → concerned

3. What can customers do with a mobile application?

(A) Keep track of employee schedules
(B) Conduct product inventory
(C) Monitor equipment performance
(D) Analyze some sales data

고객들은 모바일 애플리케이션으로 무엇을 할 수 있는가?

(A) 직원 일정을 추적할 수 있다
(B) 상품 재고 조사를 할 수 있다
(C) 장비 성능을 감시할 수 있다
(D) 매출 자료를 분석할 수 있다

해설 키워드 문제 - 담화 후반부에 화자가 Using the app, you can ensure that your cameras are effectively recording every corner of your business.(앱을 이용하셔서, 카메라가 귀하의 사업장 구석구석을 실제로 촬영하는지 확인하실 수 있습니다.)라고 말했으므로 (C)가 정답이다.

CASE 실전훈련

본서 p.308

1. (B) **2.** (B) **3.** (A) **4.** (D) **5.** (A) **6.** (D)
7. (D) **8.** (B) **9.** (C) **10.** (A) **11.** (A) **12.** (C)
13. (A) **14.** (B) **15.** (A) **16.** (A) **17.** (D) **18.** (D)

호주

Questions 1-3 refer to the following telephone message.

Ⓜ Good afternoon, Ms. Yates. ❶**It's Amit from Accounting.** I'm reviewing the reimbursement form you submitted for your department's office supplies. ❷**I noticed, however, that you did not include the original receipt. Our reimbursement procedure was recently revised, and all original receipts must be attached to the form. I see that you only submitted a photocopy of the** receipts. **❸I will not be in the office tomorrow as I have to run a workshop**, but I'll be here the following day.

1-3번은 다음 전화 메시지에 관한 문제입니다.

🔊 안녕하세요, Yates 씨. **❶회계팀의 Amit이에요.** 당신이 제출한 부서 사무용품 상환 신청서를 검토하는 중인데요. **❷그런데 원본 영수증을 안 넣어 주신 걸 발견했어요.** 최근에 상환 절차가 변경돼서, 신청서에 원본 영수증 전체가 반드시 첨부되어야 하거든요. 영수증 복사본만 제출하셨더라고요. **❸저는 내일 워크숍을 운영해야 해서 사무실에 없지만**, 다음날엔 자리에 있을 거예요.

어휘
reimbursement form 상환 신청서 | office supply 사무용품 | include 포함하다 | original 원래의 | receipt 영수증 | procedure 절차 | revise 변경하다 | attach 첨부하다 | submit 제출하다 | photocopy 복사본 | contact information 연락처 | identification 신분증 | place an order 주문하다

1. Which department does the speaker work in?
(A) Human Resources
(B) Accounting
(C) Purchasing
(D) Sales

화자는 어느 부서에서 일하는가?
(A) 인사팀
(B) 회계팀
(C) 구매팀
(D) 영업팀

해설 화자의 신분을 묻는 문제 – 담화 초반부에 화자가 It's Amit from Accounting.(회계팀의 Amit이에요.)이라고 말했으므로 (B)가 정답이다.

2. What does the listener need to submit?
(A) Some contact information
(B) Some original receipts
(C) A photo identification
(D) An employee number

청자는 무엇을 제출해야 하는가?
(A) 연락처
(B) 원본 영수증
(C) 사진이 부착된 신분증
(D) 사원 번호

해설 키워드 문제 – 담화 중반부에 화자가 I noticed, however, that you did not include the original receipt. Our reimbursement procedure was recently revised, and all original receipts must be attached to the form. I see that you only submitted a photocopy of the receipts.(그런데 원본 영수증을 안 넣어 주신 걸 발견했어요. 최근에 상환 절차가 변경돼서, 신청서에 원본 영수증 전체가 반드시 첨부되어야 하거든요. 영수증 복사본만 제출하셨더라고요.)라고 말했으므로 (B)가 정답이다.

3. What will the speaker do tomorrow?
(A) Manage a workshop
(B) Go on a business trip
(C) Place an order
(D) Conduct a survey

화자는 내일 무엇을 할 것인가?
(A) 워크숍을 운영할 것이다
(B) 출장을 갈 것이다
(C) 주문을 할 것이다
(D) 설문 조사를 실시할 것이다

해설 키워드 문제 – 담화 후반부에 화자가 I will not be in the office tomorrow as I have to run a workshop(저는 내일 워크숍을 운영해야 해서 사무실에 없지만)이라고 말했으므로 (A)가 정답이다.

✚ Paraphrasing
run → Manage

미국

Questions 4-6 refer to the following talk.

🎙️ **❹Welcome to Isen Gardens.** We're excited to have you join our team this spring. You will be put into groups, and each group will be in charge of different jobs here in the garden. Similar to last year, you can work in the greenhouse or at the gift shop. **❺We also have a new assignment available—being a tour guide. You'll be leading guests through our beautiful grounds** and answering questions. **❻While these are only temporary positions, we do have openings for those looking for long-term work. If this is something you'd like to do, please talk to Larry, and he'll provide you with a list of available permanent jobs.**

4-6번은 다음 담화에 관한 문제입니다.

🔊 **❹Isen 정원에 오신 걸 환영합니다.** 여러분이 올봄 저희 팀에 합류하게 되어 기쁩니다. 여러분은 그룹으로 배정될 것이고, 각 그룹은 이곳 정원에서 다른 업무를 맡게 될 것입니다. 작년과 비슷하게, 온실 혹은 선물 가게에서 일하실 수 있습니다. **❺그리고 새로운 업무도 있는데, 투어 가이드입니다. 손님들을 아름다운 부지 곳곳으로 안내하고** 질문에 답하게 될 것입니다. **❻이 업무들은 임시직이지만, 장기 근무를 희망하시는 분들을 위한 자리 또한 있습니다. 이걸 원하시는 경우, Larry에게 문의하시면, 지원 가능한 정규직 목록을 드릴 겁니다.**

어휘
in charge of ~을 맡은 | similar to ~와 비슷하게 | greenhouse 온실 | assignment 업무 | available 이용할 수 있는 | lead 이끌다, 안내하다 | ground 부지 | temporary 일시적인 | long-term 장기적인 | permanent 영구적인 | advertisement 광고 | souvenir 기념품 | directory 명부

4. Where does the talk take place?
(A) At a museum
(B) At a café
(C) At a zoo
(D) At a garden

담화는 어디에서 이루어지는가?
(A) 박물관에서
(B) 카페에서
(C) 동물원에서
(D) 정원에서

해설 담화 장소를 묻는 문제 – 담화 시작에 화자가 Welcome to Isen Gardens.(Isen 정원에 오신 걸 환영합니다.)라고 말했으므로 (D)가 정답이다.

5. According to the speaker, what is a new assignment this spring?
(A) Leading a tour
(B) Serving some food
(C) Creating an advertisement
(D) Selling some souvenirs

화자에 따르면, 올봄 새로운 업무는 무엇인가?
(A) 투어를 안내하는 것
(B) 음식을 제공하는 것
(C) 광고를 제작하는 것
(D) 기념품을 판매하는 것

해설 키워드 문제 – 담화 중반부에 화자가 We also have a new assignment available—being a tour guide. You'll be leading guests through our beautiful grounds(그리고 새로운 업무도 있는데, 투어 가이드입니다. 손님들을 아름다운 부지 곳곳으로 안내하고)라고 말했으므로 (A)가 정답이다.

6. What can the listeners receive from Larry?
(A) A name tag
(B) An employee directory
(C) A lunch schedule
(D) A list of available jobs

청자들은 Larry로부터 무엇을 받을 수 있는가?
(A) 이름표
(B) 직원 명부
(C) 점심 일정
(D) 지원 가능한 일자리 목록

해설 키워드 문제 – 담화 후반부에 화자 While these are only temporary positions, we do have openings for those looking for long-term work. If this is something you'd like to do, please talk to Larry, and he'll provide you with a list of available permanent jobs.(이 업무들은 임시직이지만, 장기 근무를 희망하시는 분들을 위한 자리 또한 있습니다. 이걸 원하시는 경우, Larry에게 문의하시면, 지원 가능한 정규직 자리 목록을 드릴 겁니다.)라고 말했으므로 (D)가 정답이다.

미국

Questions 7-9 refer to the following introduction.

W Hello. **7My name is Tracy McClure, and I'm the CEO of Waxsworth Production Studio. I'd like to welcome everyone to Lansington's first independent film festival! 8The organizers weren't certain if this festival would be successful, but... check out all the people here!** Before I bring out our keynote speaker, **9remember to stop by the Herman Auditorium at 4 P.M.** Digmo Tech will be demonstrating how 3D technology is used in movies—it's sure to be entertaining!

7-9번은 다음 소개에 관한 문제입니다.

여 안녕하세요. 7제 이름은 Tracy McClure이며, Waxsworth 제작 스튜디오의 CEO입니다. Lansington의 첫 번째 독립 영화제에 오신 모든 분을 환영하고자 합니다! 8행사 주최자들은 이 행사가 성공할지 확신하지 못했지만... 이곳에 계신 모든 분을 좀 보세요! 제가 기조연설자를 모시기 전에, 9오후 4시에 Herman 강당에 방문하시는

것을 잊지 마세요. Digmo 기술이 영화에서 3D 기술이 어떻게 사용되는지 시연할 것이며, 분명히 재미있을 겁니다!

어휘
production studio 제작 스튜디오 | independent film 독립 영화 | organizer 주최자 | certain 확신하는 | keynote speaker 기조연설자 | auditorium 강당 | entertaining 재미있는 | acquire 얻다 | acknowledge 인정하다 | brochure 책자 | congratulate 축하하다 | submit 제출하다 | clean up ~을 청소하다 | grab 가져오다 | merchandise 물품

7. What industry does the speaker work in?
(A) Sports
(B) Finance
(C) Medical
(D) Film

화자는 어떤 업계에서 일하는가?
(A) 스포츠
(B) 금융
(C) 의료
(D) 영화

해설 화자의 신분을 묻는 문제 – 담화 시작에 화자가 My name is Tracy McClure, and I'm the CEO of Waxsworth Production Studio. I'd like to welcome everyone to Lansington's first independent film festival! (제 이름은 Tracy McClure이며, Waxsworth 제작 스튜디오의 CEO입니다. Lansington의 첫 번째 독립 영화제에 오신 모든 분을 환영하고자 합니다!)이라고 말했으므로 (D)가 정답이다.

8. Why does the speaker say, "check out all the people here"?
(A) To recommend acquiring more seats
(B) To acknowledge that an event is popular
(C) To request more brochures
(D) To congratulate a government official

화자는 왜 "이곳에 계신 모든 분을 좀 보세요"라고 말하는가?
(A) 좌석을 더 얻는 것을 추천하기 위해
(B) 행사가 인기 있다는 것을 인정하기 위해
(C) 책자를 더 요청하기 위해
(D) 국가 공무원에게 축하하기 위해

해설 화자 의도 파악 문제 – 담화 중반부에 화자가 The organizers weren't certain if this festival would be successful, but... (행사 주최자들은 이 행사가 성공할지 확신하지 못했지만...)이라고 하면서, check out all the people here(이곳에 계신 모든 분을 좀 보세요)라고 말한 것은 이렇게 많은 사람이 모인 것이 행사가 인기 있음을 보여 준다는 것을 말하기 위한 것이므로 (B)가 정답이다.

9. What does the speaker remind listeners to do at 4 P.M.?
(A) Submit some paperwork
(B) Clean up an area
(C) Visit an auditorium
(D) Grab some merchandise

화자는 청자들에게 오후 4시에 무엇을 하라고 상기시키는가?
(A) 서류를 제출하라고
(B) 공간을 청소하라고
(C) 강당에 방문하라고
(D) 물품을 가져오라고

해설 제안·요청을 묻는 문제 - 담화 후반부에 화자가 remember to stop by the Herman Auditorium at 4 P.M.(오후 4시에 Herman 강당에 방문하시는 것을 잊지 마세요)이라고 말했으므로 (C)가 정답이다.

미국

Questions 10-12 refer to the following excerpt from a workshop.

M Hello, everyone, and welcome. We appreciate you signing up for our workshop. During this two-day course, **[10] we'll be teaching you the steps you need to start a successful business.** We'll begin by bringing in a special guest speaker, Jeff Inman. **[11] He is going to share some lessons that he has learned while starting over 14 different profitable companies. Jeff was recently named Entrepreneur of the Decade** by *Cedar Lake Times*. I'm sure you'll find his presentation very informative and valuable. Additionally, his book *Lasting Success* was recently released nationwide. **[12] Each of you will be given a free signed copy at the end of today's session.**

10-12번은 다음 워크숍 발췌록에 관한 문제입니다.

남 안녕하세요 여러분, 반갑습니다. 저희 워크숍을 신청해 주셔서 감사합니다. 이 이틀간의 과정 동안, **[10] 저희는 성공적인 사업을 시작하기 위해 필요한 단계들을 여러분께 가르쳐 드릴 것입니다.** 특별 초청 연사 Jeff Inman을 모시면서 시작할게요. **[11] 그는 14개 이상의 다양한 수익성 있는 회사를 창업하면서 배운 내용들을 공유할 것입니다.** Jeff는 최근에 〈Cedar Lake Times〉에 의해 **십 년 동안의 최고의 기업가로 선정되었습니다.** 여러분이 그의 발표가 정말 유익하고 가치 있음을 알게 될 것이라 믿습니다. 게다가, 그의 책 〈Lasting Success〉가 최근에 전국적으로 출간되었습니다. **[12] 오늘 시간이 끝날 때 여러분 각자는 사인된 무료 책을 받을 것입니다.**

어휘
sign up for ~에 등록하다 | bring in ~을 들여오다 | lesson 교훈, 가르침 | profitable 수익성 있는 | name 지명하다 | entrepreneur 기업가 | decade 십 년 | informative 유익한 | valuable 가치 있는 | release 발매하다 | free 무료의 | highlight 강조하다 | qualification 자질 | nominate 지명하다 | potential 가능성이 있는 | candidate 후보자, 지원자 | praise 칭찬하다 | license 허가(증) | autographed 사인[서명]이 있는 | gift certificate 상품권

10. Who most likely are the listeners?
(A) Entrepreneurs
(B) Authors
(C) Marketing consultants
(D) Training managers

청자들은 누구이겠는가?
(A) 사업가
(B) 작가
(C) 마케팅 상담가
(D) 교육 매니저

해설 청자의 신분을 묻는 문제 - 담화 초반부에 화자가 we'll be teaching you the steps you need to start a successful business(저희는 성공적인 사업을 시작하기 위해 필요한 단계들을 여러분께 가르쳐 드릴 것입니다)라고 말했으므로 (A)가 정답이다.

11. Why does the speaker say, "Jeff was recently named Entrepreneur of the Decade"?
(A) To highlight a speaker's qualifications
(B) To nominate a potential candidate
(C) To praise a mentor at an award ceremony
(D) To revise an error in a publication

화자는 왜 "Jeff는 최근에 십 년 동안의 최고의 기업가로 선정되었습니다"라고 말하는가?
(A) 연사의 자질을 강조하기 위해
(B) 예비 후보를 지명하기 위해
(C) 시상식에서 멘토를 칭찬하기 위해
(D) 출간물의 오류를 수정하기 위해

해설 화자 의도 파악 문제 - 담화 중반부에 화자가 He is going to share some lessons that he has learned while starting over 14 different profitable companies.(그가 14개 이상의 다양한 수익성 있는 회사를 창업하면서 배운 내용들을 공유할 것입니다.)라고 하면서, Jeff was recently named Entrepreneur of the Decade(Jeff는 최근에 십 년 동안의 최고의 기업가로 선정되었습니다)라고 말한 것은 Jeff가 최고의 기업가로 선정된 만큼 그가 공유할 내용은 믿을 만하며 충분히 연설을 할 자격을 갖추었다는 것을 강조하기 위한 것이므로 (A)가 정답이다.

12. What will the listeners receive at the end of the day?
(A) A business license
(B) A work schedule
(C) An autographed book
(D) A gift certificate

청자들은 오늘이 끝날 때쯤 무엇을 받을 것인가?
(A) 사업 허가증
(B) 근무 일정
(C) 사인된 책
(D) 상품권

해설 키워드 문제 - 담화 후반부에 화자가 Each of you will be given a free signed copy at the end of today's session.(오늘 시간이 끝날 때 여러분 각자는 사인된 무료 책을 받을 것입니다.)이라고 말했으므로 (C)가 정답이다.

✚ Paraphrasing
be given ~ at the end of today's session → receive at the end of the day,
signed copy → autographed book

미국

Questions 13-15 refer to the following telephone message and parking map.

W Greetings, Ms. Lopez. **[13] I'm just calling to remind you about your appointment with Dr. Bass on Wednesday.** As a reminder, please do not eat any food the night before your blood test. I also wanted to remind you that we have moved offices since you last visited. Parking space is limited, so I'll email you a map showing where you can park. **[14] I'd personally recommend parking by Parker Street and walking over as it is the least busy lot.** **[15] Finally, I'll be out of the office all day on Wednesday as my mother will be in town.** If you need to re-schedule, please call reception instead at 555-1358.

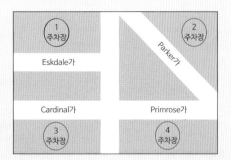

13-15번은 다음 전화 메시지와 주차장 지도에 관한 문제입니다.

M 안녕하세요, Lopez 씨. **13수요일 Bass 의사 선생님과의 예약 건으로 안내 전화를 드립니다.** 다시 한번 알려 드리면, 혈액 검사 전날 밤에는 금식하시기 바랍니다. 그리고 지난번 방문하신 후로 저희가 사무실을 이전했다는 점도 다시 한번 알려 드립니다. 주차 공간이 협소하여, 주차하실 수 있는 곳이 표시된 지도를 이메일로 보내 드릴게요. **14개인적으로는 Parker가가 가장 한산한 주차 공간이라 그곳에 주차하고 걸어오시는 걸 추천드립니다.** **15마지막으로, 저희 어머니가 오셔서 저는 수요일에 하루 종일 자리에 없습니다.** 일정 변경이 필요하신 경우, 안내 데스크 555-1358로 대신 연락해 주세요.

어휘

appointment 약속, 예약 | reminder 상기시켜 주는 것 | blood test 혈액 검사 | limited 한정된 | personally 개인적으로 | recommend 추천하다 | lot 주차장 | re-schedule 일정을 변경하다 | instead 대신 | relative 친척 | run an errand 용건을 보다 | attend 참석하다

13. What is the speaker calling about?
(A) A doctor's appointment
(B) A job interview
(C) A business meeting
(D) A restaurant reservation

화자는 무엇에 관해 전화하고 있는가?
(A) 진료 예약
(B) 취업 면접
(C) 사업 회의
(D) 식당 예약

해설 주제·목적을 묻는 문제 – 담화 초반부에 화자가 I'm just calling to remind you about your appointment with Dr. Bass on Wednesday.(수요일 Bass 의사 선생님과의 예약 건으로 안내 전화를 드립니다.)라고 말했으므로 (A)가 정답이다.

14. Look at the graphic. Which parking lot does the speaker recommend?
(A) Lot 1
(B) Lot 2
(C) Lot 3
(D) Lot 4

시각 자료를 보시오. 화자는 어느 주차장을 추천하는가?
(A) 1 주차장
(B) 2 주차장
(C) 3 주차장
(D) 4 주차장

해설 시각 자료 연계 문제 – 담화 중반부에 화자가 I'd personally recommend parking by Parker Street and walking over as it is the least busy lot.(개인적으로는 Parker가가 가장 한산한 주차 공간이라 그곳에 주차하고 걸어오시는 걸 추천드립니다.)라고 말했는데, 시각 자료에서 Parker Street(Parker가)에 Lot 2(2 주차장)가 있음을 확인할 수 있으므로 (B)가 정답이다.

15. What does the speaker say she will be doing?
(A) Meeting a relative
(B) Running an errand
(C) Attending a conference
(D) Going on vacation

화자는 무엇을 할 것이라고 말하는가?
(A) 친지를 만날 것이다
(B) 용건을 볼 것이다
(C) 콘퍼런스에 참석할 것이다
(D) 휴가를 갈 것이다

해설 다음에 할 일을 묻는 문제 – 담화 후반부에 화자가 Finally, I'll be out of the office all day on Wednesday as my mother will be in town.(마지막으로, 저희 어머니가 오셔서 저는 수요일에 하루 종일 자리에 없습니다.)라고 말했으므로 (A)가 정답이다.

영국

Questions 16-18 refer to the following excerpt from a meeting and product models.

W Hello, all. I've received the final sales numbers for the past year, and I wanted to review them with you. In short, we've had a good year. **16Many consumers were satisfied with our customer service support**, so that's good to hear. We've also noticed a trend of certain models having more success than others. Recently, we released our newest pod coffee machine, which has been selling quite well. **17Customers, however, still like our automatic model better, and it continues to be our best-selling model. 18I've invited Kyung-ran Cho from Marketing to speak to you today. She'll provide information on the upcoming advertising strategies** to improve sales of our newer models next year. Kyung-ran?

| Wallace 155 콜드 드립 커피 메이커 | Epils-575 캡슐 커피 머신 |
| Belta 8 프렌치 프레스 커피 메이커 | Ilongi-820 자동 커피 메이커 |

16-18번은 다음 회의 발췌록과 제품 모델에 관한 문제입니다.

여 안녕하세요, 여러분. 제가 지난해의 총 매출액 수치를 받아서, 여러분과 함께 검토하고자 합니다. 요약하자면, 저희는 좋은 한 해를 보냈습니다. **16**많은 소비자들이 저희 고객 지원 서비스에 만족해서, 그건 다행이죠. 또한, 특정한 제품이 다른 것들보다 더 인기가 많은 추세를 발견했습니다. 최근에, 저희는 최신 포드 커피 머신을 출시했는데, 꽤 잘 팔렸어요. **17**하지만 고객들은 여전히 자동 모델을 더 좋아해서, 이게 계속해서 제일 잘 나가는 모델입니다. **18**오늘 여러분께 이야기를 들려주실 분으로 마케팅부의 **Kyung-ran Cho를 초청했습니다**. 그녀는 내년도 신규 모델 판매를 개선할 수 있는 **앞으로의 광고 전략에 대한 정보를 제공해 줄 것입니다**. Kyung-ran?

어휘

review 검토하다 | consumer 소비자 | satisfy 만족하다 | trend 추세 | release 출시하다 | automatic 자동의 | best-selling 제일 잘 나가는 | upcoming 앞으로의, 다가오는 | strategy 전략 | pleased 만족하는 | affordable 합리적인 | warranty 보증 | feature 특징 | questionnaire 설문

16. According to the speaker, what are customers pleased about?

(A) Customer service
(B) Affordable pricing
(C) A warranty period
(D) A promotional event

화자에 따르면, 고객들은 무엇에 만족해하는가?

(A) 고객 서비스
(B) 합리적인 가격
(C) 보증 기간
(D) 판촉 행사

해설 키워드 문제 - 담화 초반부에 화자가 Many consumers were satisfied with our customer service support(많은 소비자들이 저희 고객 지원 서비스에 만족해서)라고 말했으므로 (A)가 정답이다.

+ Paraphrasing

satisfied with → pleased about

17. Look at the graphic. Which coffee maker is the best-selling model?

(A) Wallace 155
(B) Epils-575
(C) Belta 8
(D) Ilongi-820

시각 자료를 보시오. 어느 커피 메이커가 제일 잘 나가는 모델인가?

(A) Wallace 155
(B) Epils-575
(C) Belta 8
(D) Ilongi-820

해설 시각 자료 연계 문제 - 담화 중반부에 화자가 Customers, however, still like our automatic model better, and it continues to be our best-selling model.(하지만 고객들은 여전히 자동 모델을 더 좋아해서, 이게 계속해서 제일 잘나가는 모델입니다.)이라고 말했고, 시각 자료에서 자동 모델은 Automatic Coffee Maker(자동 커피 메이커)임을 확인할 수 있으므로 (D)가 정답이다.

18. What will the listeners hear about next?

(A) A product feature
(B) A questionnaire result

(C) An upcoming schedule
(D) A marketing strategy

청자들은 다음으로 무엇에 관해 들을 것인가?

(A) 제품 특징
(B) 설문 결과
(C) 앞으로의 일정
(D) 마케팅 전략

해설 다음에 할 일을 묻는 문제 - 담화 후반부에 화자가 I've invited Kyung-ran Cho from Marketing to speak to you today. She'll provide information on the upcoming advertising strategies(오늘 여러분께 이야기를 들려주실 분으로 마케팅부의 Kyung-ran Cho를 초청했습니다. 그녀는 앞으로의 광고 전략에 대한 정보를 제공해 줄 것입니다)라고 말했으므로 (D)가 정답이다.

+ Paraphrasing

advertising → marketing

ACTUAL TEST

ACTUAL TEST 01
본서 p.320

1. (D)	2. (A)	3. (A)	4. (B)	5. (D)
6. (C)	7. (A)	8. (C)	9. (C)	10. (A)
11. (B)	12. (C)	13. (C)	14. (B)	15. (A)
16. (B)	17. (C)	18. (B)	19. (A)	20. (B)
21. (B)	22. (B)	23. (B)	24. (A)	25. (A)
26. (A)	27. (A)	28. (C)	29. (A)	30. (C)
31. (A)	32. (A)	33. (C)	34. (B)	35. (C)
36. (B)	37. (B)	38. (C)	39. (B)	40. (D)
41. (A)	42. (D)	43. (C)	44. (B)	45. (A)
46. (D)	47. (D)	48. (B)	49. (C)	50. (A)
51. (C)	52. (D)	53. (D)	54. (B)	55. (D)
56. (B)	57. (C)	58. (A)	59. (B)	60. (C)
61. (A)	62. (D)	63. (A)	64. (C)	65. (C)
66. (C)	67. (A)	68. (B)	69. (B)	70. (A)
71. (A)	72. (C)	73. (B)	74. (D)	75. (C)
76. (B)	77. (D)	78. (D)	79. (B)	80. (D)
81. (B)	82. (C)	83. (B)	84. (D)	85. (D)
86. (D)	87. (D)	88. (C)	89. (B)	90. (C)
91. (B)	92. (B)	93. (A)	94. (D)	95. (B)
96. (B)	97. (C)	98. (A)	99. (C)	100. (D)

1. 호주

(A) They're arranging some library furniture.
(B) They're carrying a pile of books to a cart.
(C) One of the women is reading a book on a desk.
(D) One of the women is browsing the shelves.

(A) 사람들이 도서관 가구를 배치하고 있다.
(B) 사람들이 책 한 무더기를 카트로 나르고 있다.
(C) 여자들 중 한 명이 책상 위에 있는 책을 읽고 있다.
(D) 여자들 중 한 명이 선반을 훑어보고 있다.

해설 (A) 동작의 대상 오류(some library furniture)
(B) 동작 묘사 오류(are carrying), 사진에 등장하지 않는 사물(cart)
(C) 동작 묘사 오류(is reading)
(D) 여자들 중 한 명이 선반을 훑어보는 모습을 적절히 묘사했으므로 정답이다.

✛ 정답 더보기
One of the women is using a laptop computer.
여자들 중 한 명이 노트북 컴퓨터를 사용하고 있다.

어휘 arrange 배치[배열]하다, 정리하다 | library 도서관 | furniture 가구 | carry 나르다, 들고 가다 | pile 무더기 | browse 훑어보다, 둘러보다 | shelf 선반

2. 미국

(A) A woman is mopping the floor.
(B) A woman is turning on a vacuum cleaner.
(C) A woman is cleaning a kitchen appliance.
(D) A woman is filling a bucket with water.

(A) 한 여자가 바닥을 닦고 있다.
(B) 한 여자가 진공청소기를 켜고 있다.
(C) 한 여자가 주방용품을 닦고 있다.
(D) 한 여자가 양동이에 물을 채우고 있다.

해설 **(A) 여자가 바닥을 닦는 모습을 적절히 묘사했으므로 정답이다.**
(B) 동작 묘사 오류(is turning on)
(C) 동작의 대상 오류(kitchen appliance)
(D) 동작 묘사 오류(is filling)

✛ 정답 더보기
She's wearing some rubber gloves.
여자가 고무장갑을 끼고 있다.

어휘 mop 대걸레로 닦다 | floor 바닥 | turn on (전기·가스·수도 등을) 켜다 | vacuum cleaner 진공청소기 | clean 닦다, 청소하다 | kitchen appliance 주방용품 | fill 채우다 | bucket 양동이 | rubber gloves 고무장갑

3. 미국

(A) Some people are examining some paperwork.
(B) Some beverages are being served.
(C) A man is sipping from a cup.
(D) They're lined up in a checkout area.

(A) 몇몇 사람들이 서류를 검토하고 있다.
(B) 몇몇 음료들이 제공되고 있다.
(C) 한 남자가 컵으로 조금씩 마시고 있다.
(D) 사람들이 계산 구역에 줄 서 있다.

해설 **(A) 여자 두 명이 서류를 보고 있는 모습을 적절히 묘사했으므로 정답이다.**
(B) 사진에 등장하지 않는 사물(beverages)
(C) 동작 묘사 오류(is sipping)
(D) 사진에 등장하지 않는 사물(checkout counter)

✛ 정답 더보기
Some people are seated along a table.
몇몇 사람들이 테이블을 따라 앉아 있다.

어휘 examine 검토하다, 살펴보다 | paperwork 서류 | beverage 음료 | serve (음식을) 제공하다 | sip (음료를) 조금씩 마시다 | be lined up 줄 서 있다 | checkout 계산대 | be seated 앉다 | along ~을 따라

4. 영국

(A) A man is washing cooking utensils in a sink.
(B) Some dishes have been laid out on a kitchen counter.
(C) A man is mounting a shelving unit to the wall.
(D) Some oven gloves have been hung on hooks.

(A) 한 남자가 싱크대에서 조리 기구를 씻고 있다.
(B) 몇몇 요리들이 주방 조리대 위에 놓여 있다.
(C) 한 남자가 선반을 벽에 고정하고 있다.
(D) 몇몇 오븐용 장갑들이 고리에 걸려 있다.

해설 (A) 동작 묘사 오류(is washing)

(B) 요리들이 주방 조리대 위에 놓인 상태를 적절히 묘사했으므로 정답이다.
(C) 동작 묘사 오류(is mounting)
(D) 사진에 등장하지 않는 사물(oven gloves)

✚ 정답 더보기

He's looking at some dishes. 남자가 요리들을 보고 있다.

어휘 cooking utensil 조리 기구 | lay out ~을 놓다, 펼치다 | kitchen counter 주방 조리대 | mount 고정하다 | shelving unit 선반 | hang 걸다 | hook 고리

---

5. 미국

(A) Some bricks are piled next to some fences.
(B) Some trees are being planted in a courtyard.
(C) A townhouse is being constructed.
(D) A building has a row of windows.

(A) 몇몇 벽돌들이 울타리 옆에 쌓여 있다.
(B) 몇몇 나무들이 마당에 심어지고 있다.
(C) 한 연립 주택이 지어지고 있다.
(D) 한 건물에 창문이 일렬로 나 있다.

해설 (A) 사진에 등장하지 않는 사물(bricks)
(B) 동작 묘사 오류(are being planted)
(C) 동작 묘사 오류(is being constructed)
(D) 건물에 창문이 일렬로 나 있는 모습을 적절히 묘사했으므로 정답이다.

✚ 정답 더보기

Some houses have been erected.
몇몇 집들이 세워져 있다.

어휘 brick 벽돌 | pile 쌓다 | fence 울타리 | plant 심다 | courtyard 마당 | townhouse 연립 주택, 타운하우스 | construct 건설하다 | a row of 일렬의 | erect 세우다

---

6. 호주

(A) A pair of computer monitors have been placed side by side.
(B) Some curtains have been drawn open.
(C) A workplace is unoccupied.
(D) A flower vase has been left on the desk.

(A) 컴퓨터 모니터 두 대가 나란히 놓여 있다.
(B) 몇몇 커튼들이 열려 있다.
(C) 한 업무 공간이 비어 있다.
(D) 꽃병 하나가 책상 위에 놓여 있다.

해설 (A) 사진에 등장하지 않는 사물(a pair of computer monitors)
(B) 상태 묘사 오류(have been drawn open)
(C) 서류철이 문서 정리함에 놓여 있는 상태를 적절히 묘사했으므로 정답이다.
(D) 사진에 등장하지 않는 사물(flower vase)

✚ 정답 더보기

Some potted plants have been placed by the window.
화분들이 몇 개 창문 옆에 놓여 있다.

어휘 place 놓다 | side by side 나란히 | draw (커튼 등을) 치다, 닫다 | workplace 업무 공간, 일터 | unoccupied (사람이 이용하지 않고) 비어 있는 | vase 꽃병 | leave (어떤 장소에) 놓다, 두다

---

7. 영국 ↔ 호주

Who's delivering the package to the residents in 2A?
(A) You should ask Kristine to do it.
(B) No, it'll be at 2 P.M.
(C) I see. That's OK with me.

누가 2A의 주민들에게 소포를 배달할 건가요?
(A) Kristine에게 해 달라고 부탁해 보세요.
(B) 아니요, 그건 오후 2시에 있을 거예요.
(C) 알겠습니다. 저는 괜찮아요.

해설 (A) Kristine에게 해 달라고 부탁해 보라며 자신은 하지 않을 것임을 우회적으로 적절히 말했으므로 정답이다.
(B) 의문사 의문문은 Yes/No로 응답 불가, 유사 발음 함정(2A – 2 P.M.)
(C) 질문과 무관한 응답

✚ 정답 더보기

Isn't Frank doing that? Frank가 하기로 하지 않았나요?

어휘 deliver 배달하다 | package 소포, 상자 | resident 주민, 거주자

---

8. 미국 ↔ 영국

Why won't Connie be attending the company picnic?
(A) You can stay at our table.
(B) I'll stand over here.
(C) Because she's on leave.

Connie는 왜 회사 야유회에 참석하지 않나요?
(A) 저희 테이블에 계셔도 돼요.
(B) 제가 여기 서 있을게요.
(C) 그녀는 휴가 중이기 때문이에요.

해설 (A) 연상 어휘 함정(picnic – table)
(B) 유사 발음 함정(attending – stand)
(C) 그녀는 휴가 중이기 때문이라며 이유로 대답했으므로 정답이다.

✚ 정답 더보기

Actually, she changed her mind at the last minute.
사실, 그녀는 막판에 마음을 바꿨어요.

어휘 attend 참석하다 | company picnic 회사 야유회 | be on leave 휴가 중이다 | actually 사실은 | at the last minute 막판에

---

9. 미국 ↔ 미국

Isn't the repair technician scheduled to visit?
(A) On the fourth floor.
(B) About sales techniques.
(C) No, that's tomorrow.

수리 기사가 방문하기로 예정되어 있지 않나요?
(A) 4층이에요.
(B) 판매 기술에 관해서요.
(C) 아니요, 그거 내일이에요.

해설 (A) 질문과 무관한 응답
(B) 유사 발음 함정(technician – techniques)
(C) 'No'로 대답하고, 내일이라며 적절히 덧붙여 말했으므로 정답이다.

✚ 정답 더보기

Irene made the arrangement. Irene이 약속을 잡았어요.

어휘 technician 기술자 | schedule 예정하다, 일정을 잡다 | arrangement 준비, 주선

10. 미국↔호주

Where did we store the moving boxes?
(A) Sorry, we ran out.
(B) I thought it opened at 11:30 A.M.
(C) Thanks for helping me out.

우리가 이사용 상자를 어디에 두었었죠?
(A) 미안해요, 다 떨어졌어요.
(B) 저는 그곳이 오전 11시 30분에 여는 줄 알았어요.
(C) 저를 도와주셔서 감사해요.

해설 (A) 미안하다고 대답하고, 다 떨어졌다며 보관하고 있는 것이 없음을 우회적으로 적절히 말했으므로 정답이다.
(B) 연상 어휘 함정(store - opened)
(C) 질문과 무관한 응답

➕ 정답 더보기
In the closet down the hall. 복도 끝에 있는 벽장 안에요.

어휘 store 두다, 보관하다 | moving box 이사용 상자 | run out 다 떨어지다 | closet 벽장

---

11. 호주↔미국

Could you help me prepare my presentation slides?
(A) A computer repair service.
(B) Sure. What time should we meet?
(C) No, it's for his retirement party.

제 발표 슬라이드 준비를 도와주실 수 있나요?
(A) 컴퓨터 수리 서비스요.
(B) 그럼요. 몇 시에 만날까요?
(C) 아니요, 그의 은퇴 기념 파티를 위한 거예요.

해설 (A) 유사 발음 함정(prepare - repair)
(B) 'Sure'로 대답하고, 몇 시에 만날지 되묻는 응답으로 적절히 덧붙여 말했으므로 정답이다.
(C) 연상 어휘 함정(presentation - retirement party)

➕ 정답 더보기
I have an urgent deadline. 저는 긴급한 마감일이 있어요.

어휘 prepare 준비하다 | repair 수리 | retirement 은퇴 | urgent 긴급한

---

12. 영국↔미국

When can we meet to begin preparations for the company sports day?
(A) No, Ivan prepared it.
(B) Don't forget to stop by the tennis courts.
(C) Let's get together this afternoon.

회사 체육 대회를 위한 준비를 시작하기 위해 우리 언제 만날 수 있을까요?
(A) 아니요, Ivan이 마련했어요.
(B) 테니스장에 들르는 것을 잊지 마세요.
(C) 오늘 오후에 만나요.

해설 (A) 의문사 의문문은 Yes/No로 응답 불가, 유사 발음 함정(preparation - prepared)
(B) 연상 어휘 함정(sports - tennis)
(C) 오후에 만나자며 시점으로 대답했으므로 정답이다.

➕ 정답 더보기
That event got canceled. 그 행사는 취소됐어요.

어휘 preparation 준비 | sports day 체육 대회 | prepare 마련하다, 준비하다 | get together 만나다 | cancel 취소하다

---

13. 미국↔미국

You spoke with Ms. Zhang at the press conference, didn't you?
(A) The Riviera Hotel this Friday afternoon.
(B) I'll write down some questions.
(C) Yes, we exchanged phone numbers.

기자 회견에서 Zhang 씨와 이야기를 나누셨죠, 그렇지 않나요?
(A) 이번 주 금요일 오후에 Riviera 호텔이요.
(B) 제가 질문들을 적어 둘게요.
(C) 네, 저흰 전화번호를 교환했어요.

해설 (A) Where/When 의문문에 어울리는 응답
(B) 연상 어휘 함정(press conference - questions)
(C) 'Yes'로 대답하고, 전화번호를 교환했다며 적절히 덧붙여 말했으므로 정답이다.

➕ 정답 더보기
No, I wasn't introduced. 아니요, 소개받지 못했어요.

어휘 press conference 기자 회견 | write down ~을 적다 | exchange 교환하다 | introduce 소개하다

---

14. 미국↔미국

Should we place an order for more office chairs?
(A) For the conference room downstairs.
(B) Get the supervisor's permission first.
(C) Joe will be taking my place.

사무실용 의자를 더 주문할까요?
(A) 아래층 회의실을 위해서요.
(B) 관리자님의 허락을 먼저 받으세요.
(C) Joe가 저를 대신할 거예요.

해설 (A) 연상 어휘 함정(office chairs - conference room)
(B) 관리자의 허락을 먼저 받으라며 허락을 받아야 주문을 할 수 있다는 의미를 담아 우회적으로 적절히 대답했으므로 정답이다.
(C) 동어 반복 함정(place - place)

➕ 정답 더보기
I took care of that already. 제가 이미 처리했어요.

어휘 place an order 주문하다 | supervisor 관리자 | permission 허락 | take one's place ~를 대신하다 | take care of ~을 처리하다

---

15. 미국↔영국

Where did you have dinner on your birthday?
(A) I ate at a restaurant by the beach.
(B) Last Saturday evening.
(C) Yes, I had a lot of fun with my friends.

생일에 어디에서 저녁 식사를 하셨어요?
(A) 저는 바닷가에 있는 식당에서 식사했어요.
(B) 지난 토요일 저녁이요.
(C) 네, 친구들과 즐거운 시간을 보냈어요.

해설 (A) 바닷가에 있는 식당에서 식사했다며 장소로 대답했으므로 정답이다.
(B) When 의문문에 어울리는 대답

(C) 의문사 의문문은 Yes/No로 응답 불가, 연상 어휘 함정(birthday – fun)

✚ 정답 더보기
Actually, I just stayed at home. 사실은, 그냥 집에 있었어요.

어휘 beach 바닷가 | stay 그대로 있다

---

16. 호주 ↔ 영국

The portion is usually enough for four people.
(A) Let me get you the menu.
(B) Well, we're very hungry.
(C) That's an important step in the recipe.

그 양은 보통 4명에게 충분해요.
(A) 메뉴 가져다 드릴게요.
(B) 음, 저희가 엄청 배가 고파요.
(C) 그게 조리법에서 중요한 단계예요.

해설 (A) 연상 어휘 함정(portion – menu)
(B) **엄청 배가 고프다며 충분하지 않을 수 있다는 의미를 담은 부정적인 응답으로 적절히 말했으므로 정답이다.**
(C) 연상 어휘 함정(portion – recipe)

✚ 정답 더보기
I see. Please give us a minute then.
그렇군요. 그럼 잠시만요.

어휘 portion 일부, 부분, 몫 | usually 보통 | enough 충분한 | step 단계 | recipe 조리법

---

17. 미국 ↔ 미국

Don't we still have to update the magazine design?
(A) A different color scheme.
(B) We have a monthly subscription.
(C) Yes, we'll have to change it.

우리 아직 잡지 디자인을 업데이트해야 하지 않나요?
(A) 다양한 배색으로요.
(B) 저희는 월간 구독을 하고 있어요.
(C) **네, 우리가 그걸 바꿔야 할 거예요.**

해설 (A) 연상 어휘 함정(design – color scheme)
(B) 연상 어휘 함정(magazine – subscription)
(C) **'Yes'로 대답하고, 디자인을 바꿔야 할 거라며 적절히 덧붙여 말했으므로 정답이다.**

✚ 정답 더보기
Let's assign Oliver to that task.
Oliver에게 그 일을 맡깁시다.

어휘 different 다양한, 다른 | color scheme 배색, 색채 조합 | monthly 월간, 매월의 | subscription 구독, 구독료 | assign (일·책임 등을) 맡기다, 배정하다

---

18. 미국 ↔ 호주

Shouldn't we upgrade our computer software?
(A) I prefer casual wear.
(B) That might be too expensive.
(C) I'm afraid you received a low grade.

우리 컴퓨터 소프트웨어를 업그레이드해야 하지 않을까요?
(A) 저는 평상복을 선호해요.
(B) **아마 돈이 많이 들 거예요.**

(C) 유감이지만 당신은 낮은 점수를 받았어요.

해설 (A) 유사 발음 함정(software – wear)
(B) **아마 돈이 많이 들 거라며 업그레이드하는 것에 부정적인 의견을 담아 우회적으로 적절히 대답했으므로 정답이다.**
(C) 유사 발음 함정(upgrade – afraid, grade)

✚ 정답 더보기
Not until we get the IT director's permission.
IT 이사님의 승인을 받은 후에요.

어휘 upgrade 업그레이드하다 | prefer 선호하다 | wear 의복 | expensive 돈이 많이 드는 | I'm afraid 유감이지만 ~이다 | grade 점수 | permission 승인, 허가

---

19. 미국 ↔ 영국

Why don't we go and get some dinner?
(A) This presentation is due tomorrow morning.
(B) An egg salad sandwich.
(C) Please go through the front door.

함께 저녁 먹으러 가는 건 어때요?
(A) **이 프레젠테이션을 내일 오전까지 내야 해요.**
(B) 계란 샐러드 샌드위치요.
(C) 앞문을 통과해서 가세요.

해설 (A) **프레젠테이션을 내일 오전까지 내야 한다며 제안에 대한 거절을 우회적으로 적절히 말했으므로 정답이다.**
(B) 연상 어휘 함정(dinner – egg salad sandwich)
(C) 동어 반복 함정(go – go)

✚ 정답 더보기
Sure. Where would you like to go?
좋아요. 어디로 가고 싶으세요?

어휘 due ~하기로 되어 있는 | through ~을 통과하여

---

20. 호주 ↔ 미국

The online advertisement is being updated today, isn't it?
(A) Approximately three months.
(B) It was updated yesterday.
(C) That's why I always use a cart.

온라인 광고가 오늘 업데이트될 거죠, 그렇지 않나요?
(A) 약 3개월이요.
(B) **그건 어제 업데이트됐어요.**
(C) 그래서 제가 항상 카트를 이용하는 거예요.

해설 (A) How long 의문문에 어울리는 응답
(B) **어제 업데이트되었다며 질문에 맞게 적절히 대답했으므로 정답이다.**
(C) 질문과 무관한 응답

✚ 정답 더보기
Didn't you read the e-mail? 이메일 읽지 않으셨어요?

어휘 advertisement 광고 | approximately 약, 대략 | cart 카트, 손수레

---

21. 미국 ↔ 영국

When will we get the results from the focus groups?
(A) OK, let me focus on the market research.
(B) They'll be meeting on Thursday.
(C) It's going to be a small gathering.

저희가 포커스 그룹 결과를 언제 받게 되나요?
(A) 네, 제가 시장 조사에 집중할게요.
(B) 그들은 목요일에 모일 거예요.
(C) 소규모 모임이 될 거예요.

해설 (A) 동어 반복 함정(focus – focus)
(B) 그들이 목요일에 모일 거라며 목요일이나 그 후에 받을 거라는 의미를 담아 우회적으로 적절히 대답했으므로 정답이다.
(C) 연상 어휘 함정(groups – gathering)

➕ **정답 더보기**
Possibly by the end of the week. 아마 이번 주 말쯤에요.

어휘 result 결과 | focus groups 포커스 그룹 (여론 조사를 위한 소비자 그룹) | focus on ~에 집중하다 | market research 시장 조사 | gathering 모임 | possibly 아마

....

22. 영국↔미국

That printer has been broken for a while.
(A) No, I haven't fixed the document yet.
(B) I hope they call a technician soon.
(C) They won't be available.

그 프린터는 고장 난 지 좀 됐어요.
(A) 아니요, 아직 문서를 수정하지 않았어요.
(B) 곧 기술자를 부르면 좋겠네요.
(C) 그들은 시간이 없을 거예요.

해설 (A) 연상 어휘 함정(broken – fixed / printer – document)
(B) 기술자를 부르면 좋겠다며 질문에 맞게 적절히 대답했으므로 정답이다.
(C) 주어 불일치 함정(printer – They)

➕ **정답 더보기**
It works from my computer. 제 컴퓨터에서는 작동돼요.

어휘 broken 고장 난 | fix 수리하다 | technician 기술자 | available 시간이 있는

....

23. 미국↔미국

How many students are attending the art class?
(A) Yes, $15 dollars per person.
(B) We'll need a large space.
(C) It's not really that far.

얼마나 많은 학생들이 미술 수업에 참석하나요?
(A) 네, 1인당 15달러요.
(B) 우리는 넓은 공간이 필요할 겁니다.
(C) 정말 그렇게 멀지 않습니다.

해설 (A) 의문사 의문문은 Yes/No로 응답 불가
(B) 넓은 공간이 필요할 거라며 참석자가 아주 많음을 우회적으로 적절히 말했으므로 정답이다.
(C) 질문과 무관한 응답

➕ **정답 더보기**
You can check it out on our Web site.
우리 웹 사이트에서 확인하실 수 있어요.

어휘 attend 참석하다 | per person 1인당 | far 먼 | check out ~을 확인하다

....

24. 미국↔호주

Have you arranged for a ride to the train station?
(A) Martin said he could drive us.
(B) A first-class ticket.
(C) I put them into three piles.

기차역까지 타고 갈 것을 마련해 두셨나요?
(A) Martin이 우리를 태워줄 수 있다고 했어요.
(B) 1등석 티켓이요.
(C) 제가 그것들을 세 더미로 쌓았어요.

해설 **(A) Martin이 태워줄 수 있다고 했다며 질문에 긍정함과 동시에 추가 정보를 제공하여 우회적으로 적절히 대답했으므로 정답이다.**
(B) 연상 어휘 함정(train – first-class ticket)
(C) 연상 어휘 함정(arranged – piles)

➕ **정답 더보기**
We can just call a taxi. 저희는 그냥 택시를 부를 수 있어요.

어휘 arrange for ~을 마련하다 | ride 타고 가기 | drive ~을 차로 태워주다 | first-class 1등석의 | put A into piles A를 더미로 쌓다

....

25. 미국↔미국

I don't think we hired enough volunteers for the fund-raiser.
(A) We'll be able to manage.
(B) Yes, all day long.
(C) Funding for a new hospital.

모금 행사에 자원봉사자들을 충분히 고용하지 않은 것 같아요.
(A) 우리는 해낼 수 있을 거예요.
(B) 네, 온종일이요.
(C) 새로운 병원을 위한 기금이요.

해설 **(A) 해낼 수 있을 거라며 격려의 표현으로 적절히 대답했으므로 정답이다.**
(B) 질문과 무관한 응답
(C) 유사 발음 함정(fundraiser – funding)

➕ **정답 더보기**
We hired as many as we could.
우린 최대한 많이 고용했어요.

어휘 hire 고용하다 | volunteer 자원봉사자 | fund-raiser 모금 행사 | manage 해내다 | funding 기금

....

26. 호주↔영국

What did you learn at the conference?
(A) Holly went instead of me.
(B) Thank you, but I already did.
(C) Some extra supplies.

그 학회에서 무엇을 배웠나요?
(A) Holly가 저 대신 갔어요.
(B) 고맙지만, 저는 이미 했어요.
(C) 일부 추가 용품이요.

해설 **(A) Holly가 자신을 대신해서 갔다며 자신은 그에 대해 말해줄 수 없음을 우회적으로 적절히 말했으므로 정답이다.**
(B) 동어 반복 함정(did – did)
(C) 질문과 무관한 응답

+ 정답 더보기

I didn't have time to go there.
저는 그곳에 갈 시간이 없었어요.

어휘 learn 배우다 | instead of ~ 대신 | extra 추가의, 별도의 | supplies 용품, 비품

---

27. 영국 ↔ 미국

Can we afford to replace all these computers now?
(A) There's a huge sale this week.
(B) It's a great place to entertain.
(C) Beginning at 5 o'clock.

우리가 이 모든 컴퓨터를 지금 교체할 여유가 있나요?
(A) 이번 주에 대규모 세일이 있어요.
(B) 놀기에 아주 좋은 곳입니다.
(C) 5시에 시작됩니다.

해설 (A) 대규모 세일이 있다며 교체할 수 있을 것임을 우회적으로 적절히 말했으므로 정답이다.
(B) 질문과 무관한 응답
(C) 연상 어휘 함정(now - 5 o'clock)

+ 정답 더보기

No, I don't think so. 아니요, 그렇게 생각하지 않아요.

어휘 can afford to do ~할 여유가 있다 | replace 교체하다 | huge 엄청난, 막대한

---

28. 영국 ↔ 미국

Are there any more issues, or is everything alright?
(A) Please wear professional attire.
(B) There are a lot of options to choose from.
(C) We're still trying to fix it.

다른 문제들이 더 있나요, 아니면 모든 것이 괜찮은가요?
(A) 전문적인 복장을 착용하십시오.
(B) 고를 수 있는 선택지가 많습니다.
(C) 저희가 여전히 바로잡기 위해 노력 중입니다.

해설 (A) 유사 발음 함정(there - wear)
(B) 질문과 무관한 응답
(C) 여전히 바로잡기 위해 노력 중이라며 문제가 더 있을지 괜찮을지 알 수 없음을 우회적으로 적절히 말했으므로 정답이다.

+ 정답 더보기

It seems to be fine. 괜찮은 것 같습니다.

어휘 issue 문제, 사안 | attire 복장 | choose from ~에서 고르다 | try to do ~하려고 노력하다 | fix 바로잡다, 고치다

---

29. 미국 ↔ 미국

Isn't the workshop scheduled for Friday?
(A) Apparently, there was just some miscommunication.
(B) I'd like to shop at the boutique.
(C) I can finish it by then.

워크숍이 금요일로 예정되어 있지 않나요?
(A) 보아하니, 그냥 의사소통 문제가 좀 있었던 것 같아요.
(B) 저는 그 부티크에서 쇼핑하고 싶습니다.
(C) 그때까지 그걸 끝낼 수 있어요.

해설 (A) 의사소통 문제가 있었다는 말로 워크숍이 금요일에 열리지 않음을 우회적으로 적절히 말했으므로 정답이다.
(B) 유사 발음 함정(workshop - shop)

(C) 연상 어휘 함정(Friday - by then)

+ 정답 더보기

No, it will be held this Thursday.
아니요, 이번 주 목요일에 개최될 겁니다.

어휘 be scheduled for ~로 예정되다 | apparently 보아하니 | miscommunication 의사소통 문제[오류], 오해

---

30. 미국 ↔ 호주

I've registered to attend the marketing convention next Thursday.
(A) April is my favorite month.
(B) We sell both fruits and vegetables at the market.
(C) We have a consultant meeting then.

다음 주 목요일에 마케팅 컨벤션에 참석하려고 등록했어요.
(A) 4월은 제가 가장 좋아하는 달입니다.
(B) 저희는 시장에서 과일과 채소를 둘 다 판매합니다.
(C) 우리는 그때 상담 전문가와 회의가 있습니다.

해설 (A) 질문과 무관한 응답
(B) 유사 발음 함정(marketing - market)
(C) 자신들은 그때 회의가 있다며 다음 주 목요일에 이미 일정이 있음을 알리는 응답으로 적절히 말했으므로 정답이다.

+ 정답 더보기

Where will it take place? 그것은 어디에서 개최되나요?

어휘 register 등록하다 | attend 참석하다 | consultant 상담 전문가 | then 그때

---

31. 호주 ↔ 영국

You'd better submit your sales report.
(A) I sure need a good performance review.
(B) Our sales went up this month.
(C) I didn't get a response to the application I submitted.

매출 보고서를 제출하는 게 좋겠어요.
(A) 저는 정말 인사 고과를 잘 받아야 해요.
(B) 이번 달에 매출이 올랐어요.
(C) 제출한 지원서에 회신을 받지 못했어요.

해설 (A) 인사 고과를 정말 잘 받아야 한다며 권유에 수락하는 동시에 추가 정보를 제공하여 우회적으로 적절히 대답했으므로 정답이다.
(B) 동어 반복 함정(sales - sales)
(C) 동어 반복 함정(submit - submitted)

+ 정답 더보기

I took care of that this morning.
제가 오늘 아침에 처리했어요.

어휘 submit 제출하다 | sales 매출 | sure 정말 | performance review 인사 고과 | response 회신, 대답 | application 지원서 | take care of ~을 처리하다

미국 ↔ 미국

Questions 32-34 refer to the following conversation.

W Hi, Casey. **³²Could I take a look at how much is budgeted for the painting class I'm scheduled to teach next month?**

M Of course. Give me a moment to print it out. Any particular reason why?

W Well, **33I was going to order some canvases tomorrow**, but the total estimated amount was around $1,000. So I wanted to check if the budget had enough funds to cover everything.

M Hmm... I don't think there is enough to cover the entire cost. **34How about if I arrange a meeting with the director** to see if we can negotiate the budget?

W Really? That'd be great. Thanks!

32-34번은 다음 대화에 관한 문제입니다.

여 안녕하세요, Casey. **32다음 달 제가 가르칠 미술 수업에 예산이 얼마나 책정되었는지 볼 수 있을까요?**

남 그럼요. 출력할 동안 잠시만 기다려 주세요. 특별한 이유가 있으신가요?

여 음, **33제가 내일 캔버스를 주문하려고 했는데요**, 총 견적액이 1,000달러 정도였어요. 그래서 예산에 모두 충당할 만큼의 자금이 충분히 있는지 확인하고 싶었어요.

남 음... 전체 비용을 감당할 만큼 충분하지는 않은 것 같아요. 저희가 예산을 협상할 수 있는지 알아보게 **34제가 이사님과 회의를 잡아 드리는 건 어떠세요?**

여 정말요? 그럼 좋을 거 같아요. 감사합니다!

어휘

budget 예산을 책정하다; 예산 | schedule 일정을 잡다 | print out ~을 출력하다 | particular 특별한 | canvas 캔버스 | estimated amount 견적액 | fund 기금, 자금 | cover 충당[감당]하다 | entire 전체의 | cost 비용 | arrange 마련하다, 주선하다 | director 임원, 이사 | negotiate 협상하다, 성사시키다 | profession 직업 | instructor 교사 | organizer 기획자 | attend 참석하다 | exposition 전시회 | candidate 지원자 | post 게시하다 | revise 수정하다 | pick up ~을 찾아오다

32. What most likely is the woman's profession?
(A) Painting instructor
(B) Accounting specialist
(C) Museum curator
(D) Event organizer

여자의 직업은 무엇이겠는가?
(A) 미술 교사
(B) 회계 전문가
(C) 박물관 큐레이터
(D) 행사 기획자

해설 화자의 신분을 묻는 문제 – 여자가 첫 번째 말에서 Could I take a look at how much is budgeted for the painting class I'm scheduled to teach next month? (다음 달 제가 가르칠 미술 수업에 예산이 얼마나 책정되었는지 볼 수 있을까요?)라고 말했으므로 (A)가 정답이다.

33. What was the woman planning to do soon?
(A) Attend an exposition
(B) Visit the bank
(C) Buy some supplies
(D) Interview some candidates

여자는 곧 무엇을 할 계획이었나?
(A) 전시회에 참석할
(B) 은행을 방문할
(C) 물품을 구입할
(D) 지원자들을 면접 볼

해설 키워드 문제 – 대화 중반부에 여자가 I was going to order some canvases tomorrow (제가 내일 캔버스를 주문하려고 했는데요)라고 말했으므로 (C)가 정답이다.

✚ Paraphrasing
order some canvases → buy some supplies

34. What does the man offer to do?
(A) Post an advertisement
(B) Schedule a meeting
(C) Revise a report
(D) Pick up a package

남자는 무엇을 하겠다고 제안하는가?
(A) 광고를 게시하겠다고
(B) 회의 일정을 잡겠다고
(C) 보고서를 수정하겠다고
(D) 소포를 찾아오겠다고

해설 제안·요청을 묻는 문제 – 대화 후반부에 남자가 How about if I arrange a meeting with the director (제가 이사님과 회의를 잡아 드리는 건 어떠세요?)라고 말했으므로 (B)가 정답이다.

✚ Paraphrasing
arrange → Schedule

미국 ↔ 호주

Questions 35-37 refer to the following conversation.

W **35You have reached Riverside Event Planners.** How can I help you today?

M Hi, I'm Melvin Ball. **36Our firm is planning a teambuilding retreat for our staff members for three days.** Will you be able to help organize this event?

W Of course. **37There's a hotel that'd be perfect for the occasion. It's situated right next to Riverside National Park, so you can enjoy outdoor activities such as trekking.**

M That sounds promising.

W We have experience planning many events at the venue. We'll definitely be able to arrange something great for you, too.

35-37번은 다음 대화에 관한 문제입니다.

여 **35Riverside Event Planners입니다.** 오늘 무엇을 도와 드릴까요?

남 안녕하세요, Melvin Ball입니다. **36저희 회사는 3일간의 당사 직원들을 위한 팀워크 수련회를 계획하고 있습니다.** 이 행사를 준비하는 데 도움을 줄 수 있나요?

여 물론이죠. **37그 행사에 딱 맞는 호텔이 있어요. Riverside 국립 공원 바로 옆에 위치해 있어서, 트레킹과 같은 야외 활동을 즐길 수 있습니다.**

남 좋아 보이는군요.

여 저희가 그곳에서 많은 행사를 치른 경험이 있습니다. 분명, 귀사를 위해서도 잘 준비해 드릴 수 있을 것입니다.

어휘

reach (전화로) 연락하다 | firm 회사 | teambuilding retreat 팀워크 수련회 | organize 준비하다, 조직하다 | occasion 행사 | be situated 위치해 있다 | right next to ~ 바로 옆에 | outdoor activity 야외 활동 | promising 유망한,

조짐이 좋은 | venue 장소 | definitely 분명히, 틀림없이 | employment agency 직업소개소 | hospitality provider 접대 제공 업체 | corporate 기업 | industry 산업 | point out ~을 주목하다 | a variety of 다양한 | dining 식사 | accessible 접근할 수 있는 | public transportation 대중교통

35. Where does the woman work?
(A) At an employment agency
(B) At a travel service company
(C) At an event management firm
(D) At a hospitality provider

여자는 어디에서 일하는가?
(A) 직업소개소에서
(B) 여행 서비스 회사에서
(C) **행사 관리 회사에서**
(D) 접대 제공 업체에서

해설 화자의 신분을 묻는 문제 – 여자가 첫 번째 말에서 You have reached Riverside Event Planners. (Riverside Event Planners 입니다.)라고 말했으므로 (C)가 정답이다.

36. What are the speakers discussing?
(A) A corporate retreat
(B) An opening ceremony
(C) An industry conference
(D) A music festival

화자들은 무엇에 대해 논의하고 있는가?
(A) **기업 수련회**
(B) 개회식
(C) 산업 학회
(D) 음악 축제

해설 주제·목적을 묻는 문제 – 대화 초반부에 남자가 Our firm is planning a teambuilding retreat for our staff members for three days. (저희 회사는 3일간의 당사 직원들을 위한 팀워크 수련회를 계획하고 있습니다.)라고 말한 것으로 미루어 회사의 팀워크 수련회에 관한 대화임을 알 수 있으므로 (A)가 정답이다.

37. What feature does the woman point out about a venue?
(A) It has a variety of dining options.
(B) It is located near a park.
(C) It has several meeting rooms.
(D) It is accessible by public transportation.

여자는 장소에 관하여 어떤 특징을 주목하는가?
(A) 다양한 식사 옵션이 있다.
(B) **공원 근처에 있다.**
(C) 회의실이 여러 개 있다.
(D) 대중교통으로 접근할 수 있다.

해설 키워드 문제 – 대화 후반부에 여자가 There's a hotel that'd be perfect for the occasion. It's situated right next to Riverside National Park, so you can enjoy outdoor activities such as trekking. (그 행사에 딱 맞는 호텔이 있어요. Riverside 국립 공원 바로 옆에 위치해 있어서, 트레킹과 같은 야외 활동을 즐길 수 있습니다.) 이라고 말했으므로 (B)가 정답이다.

✚ Paraphrasing
It's situated right next to → It is located near

영국 ↔ 미국 ↔ 미국

Questions 38-40 refer to the following conversation with three speakers.

W1 Oh, hello, Josie. Why did you come down to the reception desk this morning?

W2 ³⁸ I wanted to let you know that our new advisor training program will be starting tomorrow, but some of the training venues have been changed at the last minute.

W1 I see. Well, ³⁹ just send us the updated list of their classes for tomorrow, and we'll make sure to let them know where to go as they arrive in the morning.

W2 Oh, that would be perfect. Thank you so much.

M Excuse me, ⁴⁰ I have a package here for Ms. Josie Breckenridge.

W2 You're in luck. I'm Josie!

M Ah, good. ⁴⁰ I just need to see some identification and get your signature on this receipt.

38-40번은 다음 세 화자의 대화에 관한 문제입니다.

여1 아, 안녕하세요, Josie. 오늘 아침에 접수처에 왜 내려왔어요?

여2 ³⁸저희 새로운 지도 교수 교육 프로그램이 내일 시작한다고 알려 드리려고 했는데, 막판에 교육 장소 일부가 변경됐어요.

여1 그렇군요. 그러면, ³⁹업데이트된 그분들 내일 강의 목록만 보내 주면, 그분들이 아침에 도착하는 대로 어디로 가야 하는지 알려 드릴 게요.

여2 오, 잘됐네요. 정말 감사해요.

남 실례합니다만, ⁴⁰여기 Josie Breckenridge 씨에게 온 택배가 있어요.

여2 운이 좋으시네요. 제가 Josie예요!

남 아, 잘됐네요. ⁴⁰제가 신분증 확인하고 이 영수증에 서명만 받으면 됩니다.

어휘
reception desk 접수처 | advisor 지도 교수, 고문 | venue 장소 | at the last minute 막판에 | in luck 운좋은 | identification 신분증 | signature 서명 | receipt 영수증 | assignment 과제 | process 과정 | seating chart 좌석표 | sample 견본 | personnel 인사 | administrative 행정의 | delivery 배달

38. What will start tomorrow?
(A) A writing assignment
(B) A managers meeting
(C) A training program
(D) An interview process

내일 무엇이 시작될 것인가?
(A) 작문 과제
(B) 매니저 미팅
(C) **교육 프로그램**
(D) 면접 과정

해설 키워드 문제 – 대화 초반부에 여자2가 I wanted to let you know that our new advisor training program will be starting tomorrow(저희 새로운 지도 교수 교육 프로그램이 내일 시작한다고 알려 드리려고 했는데)라고 말했으므로 (C)가 정답이다.

39. What will be sent to the reception desk?

(A) A list of classes
(B) A seating chart
(C) Product samples
(D) Employee schedules

접수처에 무엇이 보내질 것인가?

(A) 수업 목록
(B) 좌석표
(C) 상품 견본
(D) 직원 일정표

해설 키워드 문제 – 대화 중반부에 여자1이 I just send us the updated list of their classes for tomorrow(업데이트된 그분들 내일 강의 목록만 보내 주면)라고 말했으므로 (A)가 정답이다.

40. What most likely is the man's job?

(A) Personnel manager
(B) Government official
(C) Administrative assistant
(D) Delivery driver

남자의 직업은 무엇이겠는가?

(A) 인사 매니저
(B) 공무원
(C) 경영 비서
(D) 배달 기사

해설 화자의 신분을 묻는 문제 – 대화 후반부에 남자가 I have a package here for Ms. Josie Breckenridge(여기 Josie Breckenridge 씨에게 온 택배가 있어요)라고 말했고, I just need to see some identification and get your signature on this receipt.(제가 신분증 확인하고 이 영수증에 서명만 받으면 됩니다.)라고 말했으므로 (D)가 정답이다.

미국 ↔ 호주

Questions 41-43 refer to the following conversation.

W Hello, **41 this is Stepex Gym.** What can I assist you with?

M My name is Jerome Tran, and I'm one of Lester Dunphy's clients. I want to see if it's possible to move tomorrow's personal training session to Wednesday afternoon.

W Hmm… According to Lester's schedule, he's fully booked on Wednesday. **42 But if there's a cancellation and a slot becomes available, I'll give you a call right away.**

M I'd appreciate that.

W By the way, starting tomorrow, the parking lot in front of our place will undergo renovations for five days. So no parking will be allowed there.

M Oh. **43 But there are no other parking lots near there.**

W Well, **43 Trasco Subway Station is right across from our complex.**

41-43번은 다음 대화에 관한 문제입니다.

여 안녕하세요, **41 Stepex 헬스클럽입니다.** 무엇을 도와 드릴까요?

남 제 이름은 Jerome Tran이고, Lester Dunphy의 고객 중 한 명이에요. 내일 개인 트레이닝 시간을 수요일 오후로 옮길 수 있는지 알고 싶어서요.

여 음… Lester의 스케줄에 따르면, 수요일에 예약이 꽉 차 있네요. **42 하지만 취소가 있어서 자리가 생기면 바로 전화 드릴게요.**

남 그렇게 해 주시면 감사하겠어요.

여 그런데 내일부터 저희 가게 앞에 있는 주차장이 5일 동안 보수를 하게 될 거예요. 그래서 주차가 허용되지 않을 겁니다.

남 아. **43 하지만 근처에 다른 주차장은 없어요.**

여 음. **43 Trasco 지하철역이 저희 건물 바로 건너편에 있어요.**

어휘
gym 헬스클럽, 체육관 | assist 돕다 | see 알아보다 | fully booked 모두 예약된 | cancellation 취소 | slot 시간, 자리 | appreciate 감사하다 | undergo 겪다 | renovation 보수, 개조 | allow 허용하다 | parking lot 주차장 | complex 복합 건물, 단지 | manufacturing 제조 | plant 공장 | construction 건설 | enrollment fee 등록비 | available 이용할 수 있는 | point out ~을 지적하다 | noise 소음 | directions 길 안내 | indicate 나타내다

41. What type of business does the woman work for?

(A) A fitness center
(B) A medical facility
(C) A manufacturing plant
(D) A construction company

여자는 어떤 종류의 사업체에 종사하는가?

(A) 피트니스 센터
(B) 의료 시설
(C) 제조 공장
(D) 건설 회사

해설 화자의 신분을 묻는 문제 – 여자가 첫 번째 말에서 this is Stepex Gym(Stepex 헬스클럽입니다)이라고 말했으므로 (A)가 정답이다.

✚ Paraphrasing
gym → fitness center

42. What does the woman offer to call the man about?

(A) An enrollment fee
(B) A promotional event
(C) A new product
(D) An available slot

여자는 무엇에 관해 남자에게 전화하겠다고 제안하는가?

(A) 등록비
(B) 홍보 행사
(C) 신상품
(D) 이용할 수 있는 시간

해설 제안·요청을 묻는 문제 – 대화 중반부에 여자가 But if there's a cancellation and a slot becomes available, I'll give you a call right away.(하지만 취소가 있어서 자리가 생기면 바로 전화 드릴게요.)라고 말했으므로 (D)가 정답이다.

43. Why does the woman say, "Trasco Subway Station is right across from our complex"?

(A) To point out the reason for loud noises
(B) To provide some directions
(C) To suggest that the man use the subway
(D) To indicate that a subway line is busy

여자는 왜 "Trasco 지하철역이 저희 건물 바로 건너편에 있어요"라고 말하는가?
(A) 시끄러운 소음에 대한 이유를 지적하기 위해서
(B) 길 안내를 해 주기 위해서
(C) 남자에게 지하철을 이용할 것을 제안하기 위해서
(D) 지하철 노선이 복잡하다는 것을 나타내기 위해서

해설 화자 의도 파악 문제 – 대화 후반부에 남자가 But there are no other parking lots near there.(하지만 근처에 다른 주차장은 없어요.)라고 하자, 여자가 Trasco Subway Station is right across from our complex(Trasco 지하철역이 저희 건물 바로 건너편에 있어요)라고 말한 것은 주차장을 이용할 수 없으니 가까운 지하철역을 안내하며 지하철 이용을 제안하려는 의도이므로 (C)가 정답이다.

Questions 44-46 refer to the following conversation.
W Hello, **⁴⁴welcome to Merriam History Museum.** How may I be of service?
M Hi, **⁴⁵I was interested in signing up for a membership here.**
W That's great. We have different membership levels you can choose from. I personally recommend the Silver level for new customers. It gives you free admission for six months and access to special events.
M Can I get more information?
W Of course. **⁴⁶We just ran out of flyers, but if you'll give me a second, I'll print another one and bring it to you right now.**

44-46번은 다음 대화에 관한 문제입니다.
여 안녕하세요, **⁴⁴**Merriam 역사 박물관에 오신 것을 환영합니다. 어떻게 도와 드릴까요?
남 안녕하세요. **⁴⁵**여기 회원 가입에 관심이 있어요.
여 잘됐네요. 고객님이 선택할 수 있는 여러 회원 단계가 있어요. 저는 개인적으로 신규 고객님들께 실버 레벨을 추천해요. 6개월 동안 무료로 입장하실 수 있고 특별 행사도 이용하실 수 있어요.
남 더 많은 정보를 얻을 수 있을까요?
여 물론이에요. **⁴⁶**전단이 막 다 떨어졌는데, 잠시만 시간을 주시면 지금 바로 하나를 더 인쇄해서 가져다 드릴게요.

어휘
be of service 도움이 되다 | sign up for ~에 가입하다 | personally 개인적으로 | recommend 추천하다 | admission 입장 | access 이용, 입장, 접근 | run out of ~이다 떨어지다 | flyer 전단 | register for ~에 가입하다, 등록하다 | join 합류하다 | enter 참가하다 | competition 대회 | issue 발부[지급]하다 | reimbursement 배상, 변제 | permit 허가(증)

44. Where is the conversation taking place?
(A) At a theater
(B) At a museum
(C) At a zoo
(D) At a stadium

대화는 어디에서 이루어지고 있는가?
(A) 극장에서
(B) 박물관에서
(C) 동물원에서

(D) 경기장에서

해설 화자의 신분을 묻는 문제 – 여자가 첫 번째 말에서 welcome to Merriam History Museum(Merriam 역사 박물관에 오신 것을 환영합니다)이라고 말했으므로 (B)가 정답이다.

45. What does the man want to do?
(A) Register for a membership
(B) Watch a performance
(C) Join a guided tour
(D) Enter a competition

남자는 무엇을 하길 원하는가?
(A) 회원 가입을 하길
(B) 공연을 보길
(C) 가이드가 있는 투어에 합류하길
(D) 대회에 참가하길

해설 키워드 문제 – 대화 초반부에 남자가 I was interested in signing up for a membership here(여기 회원 가입에 관심이 있어요)라고 말했으므로 (A)가 정답이다.

✚ Paraphrasing
sign up → Register

46. What will the woman do next?
(A) Issue a reimbursement
(B) Take a photo
(C) Provide a parking permit
(D) Bring a document

여자는 다음에 무엇을 할 것인가?
(A) 배상을 할 것이다
(B) 사진을 찍을 것이다
(C) 주차 허가증을 줄 것이다
(D) 서류를 가져올 것이다

해설 다음에 할 일을 묻는 문제 – 여자가 마지막 말에서 We just ran out of flyers, but if you'll give me a second, I'll print another one and bring it to you right now.(전단이 막 다 떨어졌는데, 잠시만 시간을 주시면 지금 바로 하나를 더 인쇄해서 가져다 드릴게요.)라고 말했으므로 (D)가 정답이다.

✚ Paraphrasing
flyer → document

Questions 47-49 refer to the following conversation.
M This afternoon, **⁴⁷we have with us Caitlin Smoak, lead vocalist for the band Wakefield Lights.** Ms. Smoak, I appreciate you joining our program today.
W Thanks for having me. I'm always happy to be a part of these kinds of interviews. **⁴⁸It brings back memories of my old job—I was a radio host in the suburbs. My work involved me talking with local artists aspiring to become famous.**
M And now, you and your group do global tours. Can you give any tips to followers who want to become like you?

W 49 **You should focus on promoting yourself on the Web. Putting up videos of your performances on streaming sites** can help expand your fan base.

47-49번은 다음 대화에 관한 문제입니다.

남 오늘 오후, 47 밴드 Wakefield Lights의 리드 보컬인 Caitlin Smoak께서 이 자리에 함께해 주셨습니다. Smoak 씨, 오늘 우리 프로그램에 함께해 주셔서 감사해요.

여 저를 초대해 주셔서 감사드립니다. 이런 인터뷰에 참여할 때마다 늘 행복해요. 48 제 옛 직장 생각이 나거든요. 저는 교외 지역 라디오 진행자였어요. 제 업무는 유명해지고자 하는 지역 예술인들과 대화를 나누는 것이었죠.

남 그리고 현재, 당신과 당신의 그룹은 전 세계 투어를 다니시죠. 당신처럼 되고 싶어 하는 팬들을 위해 조언을 해 주실 수 있나요?

여 49 인터넷에서 본인을 홍보하는 것에 집중하세요. 스트리밍 사이트에 공연 동영상을 올리면 팬층을 확대하는 데 도움이 될 거예요.

어휘

lead vocalist 리드 보컬 | appreciate 고마워하다 | memory 기억 | host 진행자 | suburbs 교외 지역 | aspiring 장차 ~가 되려는 | follower 팬 | promote 홍보하다 | put up ~을 올리다 | performance 공연 | expand 확장하다 | fan base 팬층 | athlete 운동선수 | director 감독 | former 예전의 | previous 예전의 | charity 자선 | tourist attraction 관광 명소 | participate in ~에 참가하다 | material 자료 | relocate 이사 가다 | urban 도심의

47. Who most likely is the woman?
(A) A professional athlete
(B) A dancer
(C) A movie director
(D) A singer

여자는 누구이겠는가?
(A) 프로 운동선수
(B) 무용수
(C) 영화 감독
(D) 가수

해설 화자의 신분을 묻는 문제 – 남자가 첫 번째 말에서 we have with us Caitlin Smoak, lead vocalist for the band Wakefield Lights (밴드 Wakefield Lights의 리드 보컬인 Caitlin Smoak께서 이 자리에 함께해 주셨습니다)라고 말했으므로 (D)가 정답이다.

48. What does the woman remember during the interview?
(A) Her former mentor
(B) Previous work experience
(C) A charity program
(D) A tourist attraction

여자는 인터뷰 도중 무엇을 기억하는가?
(A) 예전의 멘토
(B) 예전 직장 경력
(C) 자선 프로그램
(D) 관광 명소

해설 키워드 문제 – 대화 중반부에 여자가 It brings back memories of my old job—I was a radio host in the suburbs. My work involved me talking with local artists aspiring to become famous. (제 옛 직장 생각이 나거든요. 저는 교외 지역 라디오 진행자였어요. 제 업무는 유명해지고자 하는 지역 예술인들과 대화를 나누는 것이었죠.)라고 말했으므로 (B)가 정답이다.

49. What does the woman suggest the listeners do?
(A) Meet with some fans
(B) Participate in many local events
(C) Upload some materials online
(D) Relocate to an urban area

여자는 청자들에게 무엇을 하라고 제안하는가?
(A) 팬들과 만나라고
(B) 지역 행사에 참가하라고
(C) 온라인에 자료를 올리라고
(D) 도심지로 이사 가라고

해설 제안·요청을 묻는 문제 – 여자가 마지막 말에서 You should focus on promoting yourself on the Web. Putting up videos of your performances on streaming sites (인터넷에서 본인을 홍보하는 것에 집중하세요. 스트리밍 사이트에 공연 동영상을 올리면)라고 말했으므로 (C)가 정답이다.

✚ Paraphrasing
on the Web → online, put up → Upload

미국 ↔ 미국

Questions 50-52 refer to the following conversation.

W 50 **Hello. I'm Brittany Redland, the HR manager here at Lehigh Manufacturing.** Thank you for your interest in the Quality Assurance Department.

M My pleasure. 50 **I've always heard positive comments about this company, so I was glad to see that you had an opening.**

W Good. Now, how familiar are you with quality assurance work?

M Well, I did very similar work for about a year at a plant in Walnutport. 51 **I liked the work, but working the night shift was too tiring.**

W Sure. It's good you've got some quality assurance experience, but 52 **you'll still need to take a week-long training course before you start work here.**

M That's fine.

50-52번은 다음 대화에 관한 문제입니다.

여 50 안녕하세요. 저는 이곳 Lehigh 제조사의 인사 담당자 Brittany Redland입니다. 품질 관리 부서에 관심을 보여 주셔서 감사합니다.

남 아닙니다. 50 제가 이곳 회사에 대한 좋은 이야기를 항상 들어 와서, 결원이 생겼다는 걸 보고 기뻤습니다.

여 좋습니다. 자, 품질 관리 업무에 얼마나 익숙하신가요?

남 음, 제가 Walnutport에 있는 공장에서 일년 정도 아주 비슷한 업무를 했어요. 51 업무는 좋았는데, 야간 근무를 하는 게 너무 피곤했습니다.

여 네. 품질 관리 업무 경력이 있으셔서 다행이긴 한데, 52 그래도 여기서는 업무 시작 전에 일주일간 교육을 받아야 합니다.

남 괜찮습니다.

어휘

manufacturing 제조업 | quality assurance 품질 관리 | opening 결원, 공석 | familiar 익숙한 | plant 공장 | shift 교대 근무, 교대조 | tiring 피곤한 | week-long 일주일간의 | prior 이전의 | eliminate 없애다, 제거하다 | reference 추천서 | qualify for ~의 자격을 얻다 | license 자격증 | complete 끝마치다

50. Where does the man want to work?
(A) At a factory
(B) At a hospital
(C) At a post office
(D) At a call center

남자는 어디서 일하고 싶어 하는가?
(A) 공장에서
(B) 병원에서
(C) 우체국에서
(D) 콜센터에서

해설 키워드 문제 – 여자가 첫 번째 말에서 Hello. I'm Brittany Redland, the HR manager here at Lehigh Manufacturing. (안녕하세요. 저는 이곳 Lehigh 제조사의 인사 담당자 Brittany Redland입니다.) 이라고 말한 후, 남자가 I've always heard positive comments about this company, so I was glad to see that you had an opening. (제가 이곳 회사에 대한 좋은 이야기를 항상 들어와서, 결원이 생겼다는 걸 보고 기뻤습니다.) 이라고 말한 것이므로 (A)가 정답이다.

51. Why did the man leave a prior position?
(A) He wanted a higher paying job.
(B) The company was too far.
(C) He did not like the hours.
(D) The department was eliminated.

남자는 이전 일을 왜 관뒀는가?
(A) 보수가 더 좋은 직업을 원했다.
(B) 회사가 너무 멀다.
(C) 근무 시간이 맘에 들지 않았다.
(D) 부서가 없어졌다.

해설 키워드 문제 – 대화 중반부에 남자가 I liked the work, but working the night shift was too tiring. (업무는 좋았는데, 야간 근무를 하는 게 너무 피곤했습니다.) 이라고 말했으므로 (C)가 정답이다.

52. What does the woman explain to the man?
(A) He should provide some references.
(B) He must take an exam.
(C) He has to qualify for a license.
(D) He needs to complete a course.

여자는 남자에게 무엇을 설명하는가?
(A) 추천서를 내야 한다.
(B) 시험을 봐야 한다.
(C) 자격증을 받을 자격이 돼야 한다.
(D) 교육을 받아야 한다.

해설 키워드 문제 – 대화 후반부에 여자가 you'll still need to take a week-long training course before you start work here (그래도 여기서는 업무 시작 전에 일주일간 교육을 받아야 합니다) 라고 말했으므로 (D)가 정답이다.

영국 ↔ 미국 ↔ 호주

Questions 53-55 refer to the following conversation with three speakers.

W Hello, **[53]I want to return these wireless earphones**, but I lost my receipt.

M1 Is there something wrong with them?

W Yes, no sound is coming out from the left side.

M1 Oh. This is my first day as a customer service associate, so **[54]I haven't been taught how to issue a refund without a receipt yet**. Ah, there's my supervisor. He should be able to take care of you.

M2 Hey, Josh. Do you need my assistance?

M1 Yes, this customer would like to return her defective item, but she misplaced her receipt.

M2 Alright, I'll take over from here. Ma'am, **[55]please enter the number of the credit card** you used into this touchpad so that I can pull up your information.

W OK.

53-55번은 다음 세 화자의 대화에 관한 문제입니다.

여 안녕하세요. **[53]이 무선 이어폰을 반품하고 싶은데**, 영수증을 잃어 버렸어요.

남1 뭐가 잘못되었나요?

여 네, 왼쪽에서 소리가 나오지 않아요.

남1 아. 오늘은 제가 고객 서비스 직원으로 입사한 첫날이라 **[54]아직 영수증 없이 환급해 드리는 법을 배우지 못했어요**. 아, 저기 제 상사가 계시네요. 그분이 처리해 드릴 수 있을 거예요.

남2 저기요, Josh. 제 도움이 필요한가요?

남1 네, 이 고객님께서 불량품을 반품하고 싶어 하시는데, 영수증을 잃어버리셨어요.

남2 좋아요. 여기서부터 제가 맡을게요. 고객님, 제가 고객님 정보를 찾을 수 있도록 이 터치패드에 사용하신 **[55]신용카드 번호를 입력해 주세요**.

여 알겠어요.

어휘
return 반품하다, 돌려주다 | wireless 무선의 | receipt 영수증 | customer service associate 고객 서비스 담당 직원 | issue 발행하다 | refund 환불 | take care of ~을 처리하다, 돌보다 | defective 결함 있는 | misplace 잘못 두다 | take over ~을 이어받다, 인계받다 | inspect 검사하다 | sign up for ~에 가입하다 | demonstration 시연 | unfamiliar with ~에 익숙하지 않은 | access 접근하다 | urgent 급한 | present 제시하다 | input 입력하다

53. What is the reason for the woman's visit?
(A) To inspect a store
(B) To sign up for a membership
(C) To watch a demonstration
(D) To return an item

여자가 방문한 이유는 무엇인가?
(A) 점포를 검사하기 위해
(B) 회원 가입을 하기 위해
(C) 시연을 보기 위해
(D) 상품을 반품하기 위해

해설 주제·목적을 묻는 문제 – 여자가 첫 번째 말에서 I want to return these wireless earphones (이 무선 이어폰을 반품하고 싶은데) 라고 말했으므로 (D)가 정답이다.

✚ Paraphrasing
wireless earphones → an item

54. What problem does the customer service associate have?

(A) He forgot his employee badge.
(B) He is unfamiliar with a process.
(C) He cannot access a system.
(D) He has to attend an urgent meeting.

고객 서비스 직원에게 어떤 문제가 있는가?
(A) 직원 배지를 잊어버렸다.
(B) 절차에 익숙하지 않다.
(C) 시스템에 접근할 수 없다.
(D) 급한 회의에 참석해야 한다.

해설 키워드 문제 – 대화 중반부에 남자가 I haven't been taught how to issue a refund without a receipt yet(아직 영수증 없이 환급해 드리는 법을 배우지 못했어요)이라고 말했으므로 (B)가 정답이다.

55. What does the supervisor ask the woman to do?

(A) Test a product
(B) Sign a form
(C) Present an ID
(D) Input a number

상사는 여자에게 무엇을 하라고 요청하는가?
(A) 제품을 확인하라고
(B) 양식에 서명하라고
(C) 신분증을 제시하라고
(D) 숫자를 입력하라고

해설 제안·요청을 묻는 문제 – 남자가 마지막 말에서 please enter the number of the credit card(신용카드 번호를 입력해 주세요)라고 말했으므로 (D)가 정답이다.

✚ Paraphrasing
enter → Input

미국 ↔ 호주

Questions 56-58 refer to the following conversation.

W Thank you for calling SecureShred, this is Tanya.

M **56 Hi, I'm the manager at Valley Financial Services.** I'm concerned because we have to dispose of a lot of documents with sensitive information.

W That's what we're here for. We pick up paperwork from businesses and shred it into small pieces so that the contents are impossible to read.

M Perfect. How do we get started?

W **57 It's easy. We'll set up a safe deposit box for the papers. Then once a week, our truck will stop by to shred everything on-site.**

M **57 What if an employee puts the wrong document in there by mistake?**

W Don't worry. **58 We'll give you the key to open the box when we install it, so you can always unlock it.**

M Great!

56-58번은 다음 대화에 관한 문제입니다.

M SecureShred에 전화해 주셔서 감사합니다, 저는 Tanya입니다.

남 **56** 안녕하세요, 저는 Valley 금융 서비스의 매니저예요. 민감한 정보가 담긴 서류들을 많이 처분해야 해서 걱정돼요.

여 그래서 저희가 있는 것입니다. 저희는 기업들에서 서류를 받아 작은 조각으로 파기하여 내용을 읽을 수 없도록 해드려요.

남 완벽하네요. 어떻게 시작하면 되죠?

여 **57** 간단해요. 저희가 서류를 위한 보안 보관함을 준비할 겁니다. 그러면 일주일에 한 번, 저희 트럭이 들러서 전부 현장에서 분쇄할 거예요.

남 **57** 직원이 실수로 그 안에 문서를 잘못 넣으면 어떻게 되죠?

여 걱정하지 마세요. **58** 설치 시 상자를 열 수 있는 열쇠를 드리니, 언제든지 여실 수 있어요.

남 좋아요!

어휘
concerned 걱정되는 | dispose of ~을 처분하다, 없애다 | sensitive 민감한 | paperwork 서류 | shred 파기하다, 찢다 | piece 조각 | content 내용 | safe deposit box 안전 금고 | stop by 들르다 | on-site 현장의[에서] | by mistake 실수로 | install 설치하다 | unlock 열다 | auto repair 자동차 수리 | real estate 부동산 | manufacturing 제조 | attend 참석하다 | lock up ~을 잠그다 | installation 설치 | demonstration 시연 | conduct (활동을) 하다 | inspection 점검 | take place 일어나다

56. What type of company does the man work for?

(A) Auto repair
(B) Financial services
(C) Real estate
(D) Manufacturing

남자는 어떤 종류의 회사에서 일하는가?
(A) 자동차 수리
(B) 금융 서비스
(C) 부동산
(D) 제조

해설 화자의 신분을 묻는 문제 – 남자가 첫 번째 말에서 Hi, I'm the manager at Valley Financial Services.(안녕하세요, 저는 Valley 금융 서비스의 매니저예요.)라고 말했으므로 (B)가 정답이다.

57. According to the woman, what will the man's staff need to do?

(A) Attend a training session
(B) Lock up a building
(C) Put documents in a box
(D) Select a team leader

여자에 따르면, 남자의 직원들은 무엇을 해야 하는가?
(A) 교육 세션에 참석하는 것
(B) 건물 문을 잠그는 것
(C) 상자에 문서 넣는 것
(D) 팀장을 선발하는 것

해설 키워드 문제 – 대화 중반부에 여자가 It's easy. We'll set up a safe deposit box for the papers. Then once a week, our truck will stop by to shred everything on-site.(간단해요. 저희가 서류를 위한 보안 보관함을 준비할 겁니다. 그러면 일주일에 한 번, 저희 트럭이 들러서 전부 현장에서 분쇄할 거예요.)라고 말하자, 남자가 What if an employee puts the wrong document in there by mistake?(직원이 실수로 그 안에 문서를 잘못 넣으면 어떻게 되죠?)라고 말했으므로 (C)가 정답이다.

58. What will happen during the installation?
(A) A key will be provided.
(B) A container will be moved.
(C) A demonstration will be conducted.
(D) An inspection will take place.

설치 중 무슨 일이 있을 것인가?
(A) 열쇠가 제공된다.
(B) 컨테이너가 옮겨진다.
(C) 시연을 한다.
(D) 점검이 실시된다.

해설 키워드 문제 – 대화 후반부에 여자가 We'll give you the key to open the box when we install it, so you can always unlock it.(설치 시 상자를 열 수 있는 열쇠를 드리니, 언제든지 여실 수 있어요.)이라고 말했으므로 (A)가 정답이다.

미국 ↔ 영국

Questions 59-61 refer to the following conversation.

M Hello, Elizabeth. I'm having a hard time with this assignment. Can you spare a few minutes?

W Of course. What's the matter?

M Well, I'm in charge of the Greenstone Apparel account, but **59every time I submit an advertisement that they were initially satisfied with, they ask if it could be changed again!** This has been going on all throughout this week. **60Can you believe that?**

W Actually, **60Greenstone Apparel was my first client, and from what you're saying, they still act the same way**.

M Ah, I'm glad to hear you say that.

W There are always a few clients who are indecisive. **61This is what I recommend: ask your supervisor to contact them. They should be able to assist with the issue.**

59-61번은 다음 대화에 관한 문제입니다.
남 안녕하세요, Elizabeth. 이 업무가 아주 어렵네요. 잠깐 시간 좀 내 주시겠어요?
여 물론이죠. 무슨 문제예요?
남 음, 제가 Greenstone 의류 고객을 담당하고 있는데, **59그들이 처음에는 만족했던 광고를 제출하면, 매번 다시 바꿀 수 있냐고 물어봐요!** 이런 일이 이번 주 내내 계속되고 있어요. **60이게 믿어지세요?**
여 실은, **60Greenstone 의류는 제 첫 번째 고객이었죠, 그리고 말씀을 들어 보니, 그들은 여전히 똑같은 식으로 행동하네요.**
남 아, 그렇게 말씀해 주시니 다행이네요.
여 우유부단한 고객들은 언제나 있어요. **61이건 제가 추천해 드리는 건데요, 상사에게 그쪽으로 연락해 달라고 요청하세요. 그 문제를 도와줄 수 있을 거예요.**

어휘
assignment 업무, 과제 | spare 내어 주다 | matter 문제 | in charge of ~을 담당하는 | account 고객 | submit 제출하다 | advertisement 광고 | initially 처음에 | satisfied with ~에 만족한 | go on 계속되다 | act 행동하다 | indecisive 우유부단한 | supervisor 상사 | assist 돕다 | issue 문제 | legal 법률의 | retailer 소매점 | accounting 회계 | raise 임금 인상 | point out ~을 지적하다 | colleague 동료 | error 실수 | responsible for ~에 책임이 있는 | request 요청하다 | proposal 제안서 | budget 예산 | frequently 자주

---

59. Where do the speakers probably work?
(A) At a legal office
(B) At an advertising firm
(C) At a clothing retailer
(D) At an accounting company

화자들은 어디에서 일하겠는가?
(A) 법률사무소
(B) 광고 회사
(C) 의류 소매점
(D) 회계 법인

해설 화자의 신분을 묻는 문제 – 대화 초반부에 남자가 every time I submit an advertisement that they were initially satisfied with, they ask if it could be changed again(그들이 처음에는 만족했던 광고를 제출하면, 매번 다시 바꿀 수 있냐고 물어봐요)이라고 말했으므로 (B)가 정답이다.

60. Why does the woman say, "Greenstone Apparel was my first client"?
(A) To ask for a raise
(B) To point out a colleague's error
(C) To show that she understands an issue
(D) To explain that she is not responsible for an account

여자는 왜 "Greenstone 의류는 제 첫 번째 고객이었죠"라고 말하는가?
(A) 임금 인상을 요구하기 위해
(B) 동료의 실수를 지적하기 위해
(C) 문제를 이해한다는 것을 보여주기 위해
(D) 고객에 대한 책임이 없음을 설명하기 위해

해설 화자 의도 파악 문제 – 대화 중반부에 남자가 문제에 대한 설명 끝에 Can you believe that? (이게 믿어지세요?)이라고 하자, 여자가 Greenstone Apparel was my first client, and from what you're saying, they still act the same way(Greenstone 의류는 제 첫 번째 고객이었죠, 그리고 말씀을 들어 보니, 그들은 여전히 똑같은 식으로 행동하네요)라고 말한 것은 자신의 고객이었을 때나 지금이나 똑같은 식으로 행동하고 있다는 것을 말하여 남자의 입장을 이해한다는 의미를 나타내므로 (C)가 정답이다.

61. What does the woman suggest doing?
(A) Requesting assistance from a supervisor
(B) Submitting a new proposal
(C) Asking for a larger budget
(D) Holding meetings more frequently

여자는 무엇을 하라고 제안하는가?
(A) 상사로부터 도움을 요청하라고
(B) 새 제안서를 제출하라고
(C) 더 큰 예산을 요청하라고
(D) 회의를 더 자주 열라고

해설 제안·요청을 묻는 문제 – 여자가 마지막 말에서 This is what I recommend: ask your supervisor to contact them. They should be able to assist with the issue.(이건 제가 추천해 드리는 건데요, 상사에게 그쪽으로 연락해 달라고 요청하세요. 그 문제를 도와줄 수 있을 거예요.)라고 말했으므로 (A)가 정답이다.

ACTUAL TEST 01

Questions 62-64 refer to the following conversation and catalog.

M Hello, Ms. Parish. 62**This is Christopher calling from Talmont Home Décor.** I was wondering if you looked over the catalog I emailed you. It should give you a good idea of what wallpaper you could use for your apartment.

W Yes, it was very helpful. Thank you.

M Have you made a decision?

W I have. 63**The one that lasts the longest is surprisingly affordable. Durability is the most important factor for me, so I'll go with that wallpaper.** When do you think I'll be able to receive it?

M 64**I'll get in touch with my supplier later today and find out.**

벽지 종류	수명
비닐	63 15년
솜털 무늬	8년
천	10년
종이	10년

62-64번은 다음 대화와 카탈로그에 관한 문제입니다.

남 안녕하세요, Parish 씨. 62Talmont 실내 장식에서 전화 드리는 Christopher입니다. 제가 이메일로 보내 드린 카탈로그를 검토하셨는지 궁금해서요. 고객님의 아파트에 어떤 벽지를 사용할지에 대해 충분히 알려드렸으리라 믿어요.

여 네, 많이 도움이 되었어요. 감사해요.

남 결정을 내리셨나요?

여 내렸어요. 63제일 오래 지속된다는 제품이 놀랍게도 저렴하네요. 제게는 내구성이 가장 중요한 요소이기에, 저는 그 벽지로 할게요. 언제 받아 볼 수 있을 거로 생각하세요?

남 64오늘 중으로 공급 업체와 연락해서 알아볼게요.

어휘
home décor 실내 장식 | wonder 궁금해하다 | look over ~을 검토하다 | wallpaper 벽지 | decision 결정 | last 지속되다 | surprisingly 놀랍게도 | affordable 저렴한 | durability 내구성 | factor 요소 | supplier 공급 업체 | find out 알아보다 | life span 수명 | flock 솜털 무늬 | profession 직업 | inspector 검사관 | maintenance 유지 보수 | repair 고치다, 수리하다 | contact 연락하다 | modify 수정하다 | invoice 청구서

62. What most likely is the man's profession?
(A) Moving specialist
(B) Building inspector
(C) Maintenance supervisor
(D) Interior designer

남자의 직업은 무엇이겠는가?
(A) 이사 전문가
(B) 건물 검사관
(C) 유지 보수 감독관
(D) 인테리어 디자이너

해설 화자의 신분을 묻는 문제 – 남자가 첫 번째 말에서 This is Christopher calling from Talmont Home Décor. (Talmont 실내 장식에서 전화

드리는 Christopher입니다.)라고 말했으므로 (D)가 정답이다.

63. Look at the graphic. What kind of wallpaper does the woman select?
(A) Vinyl
(B) Flock
(C) Fabric
(D) Paper

시각 자료를 보시오. 여자는 무슨 종류의 벽지를 선택하는가?
(A) 비닐
(B) 솜털 무늬
(C) 천
(D) 종이

해설 시각 자료 연계 문제 – 대화 중반부에 여자가 The one that lasts the longest is surprisingly affordable. Durability is the most important factor for me, so I'll go with that wallpaper. (제일 오래 지속된다는 제품이 놀랍게도 저렴하네요. 제게는 내구성이 가장 중요한 요소이기에, 저는 그 벽지로 할게요.)라고 말했고, 시각 자료에서 Life Span(수명)이 가장 긴 Wallpaper Type(벽지 종류)가 Vinyl(비닐)임을 확인할 수 있으므로 (A)가 정답이다.

64. What does the man say he will do later?
(A) Email some pictures
(B) Repair a machine
(C) Contact a business
(D) Modify an invoice

남자는 이후에 무엇을 할 것이라고 말하는가?
(A) 사진을 이메일로 보낼 것이라고
(B) 기계를 고칠 것이라고
(C) 업체에 연락할 것이라고
(D) 청구서를 수정할 것이라고

해설 다음에 할 일을 묻는 문제 – 남자가 마지막 말에서 I'll get in touch with my supplier later today and find out. (오늘 중으로 공급 업체와 연락해서 알아볼게요.)라고 말했으므로 (C)가 정답이다.

✚ Paraphrasing
get in touch → Contact, supplier → business

Questions 65-67 refer to the following conversation and instructions.

M Lorraine, you were in charge of cleaning the photo equipment yesterday, right? 65**One of our photographers brought up a complaint that I'd like to speak to you about.**

W Sorry to hear that. What was wrong?

M She told me that some camera lenses had smudges on them. 66**Did you wipe them in a circle as indicated in the user guide?** If you don't do that, they won't get completely clean.

W Ah, I'm afraid I didn't do it correctly. I apologize.

M That's alright. You're not the only one who's made this mistake. 67**I'll scan this page in the guide and email it to all of our employees.**

카메라 렌즈 닦는 방법	
1단계: 작은 솔로 먼지를 제거하세요.	2단계: 세척제 몇 방울을 바르세요.
3단계: **66** 렌즈를 원을 그리며 닦으세요.	4단계: 건조를 위해 몇 분 기다리세요.

65-67번은 다음 대화와 설명서에 관한 문제입니다.

남 Lorraine, 어제 촬영 장비 청소 담당이었지요? **65** 사진작가 중 한 명이 불만을 제기했는데, 이에 대해 당신께 말씀드리고 싶어요.

여 그렇게 들으니 유감이네요. 뭐가 잘못됐나요?

남 그녀가 제게 일부 카메라 렌즈들에 얼룩이 있다고 말했어요. **66** 사용 설명서에 명시된 대로 원을 그리며 닦았나요? 그렇게 하지 않으면, 완전히 깨끗해지지 않아요.

여 아, 제가 제대로 하지 않은 것 같아요. 죄송합니다.

남 괜찮아요. 당신만 이런 실수를 했던 게 아니에요. **67** 안내서의 이 페이지를 스캔해서 전 직원에게 이메일로 보낼게요.

어휘
in charge of ~을 담당하는 | photographer 사진작가 | bring up ~을 제기하다 | complaint 불만 (사항), 불평 | smudge 얼룩, 자국 | wipe 닦다 | in a circle 원을 그리며 | indicate 명시하다, 가리키다 | user guide 사용 설명서 | completely 완전히 | correctly 제대로 | remove 없애다 | dust 먼지 | drop 방울 | cleaning solution 세척제 | circular 원형의 | motion 움직임, 동작 | review 검토하다 | go over ~을 살펴보다 | address 처리하다, 제기하다 | assign 배정하다 | repair 수리하다 | instructions 설명서

65. Why does the man want to speak with the woman?
(A) To review some costs
(B) To go over some photos
(C) To address a complaint
(D) To assign a new project

남자는 왜 여자와 이야기하길 원하는가?
(A) 비용을 검토하기 위해
(B) 사진을 살펴보기 위해
(C) 불만 사항을 처리하기 위해
(D) 새로운 프로젝트를 배정하기 위해

해설 주제·목적을 묻는 문제 – 남자가 첫 번째 말에서 One of our photographers brought up a complaint that I'd like to speak to you about.(사진작가 중 한 명이 불만을 제기했는데, 이에 대해 당신께 말씀드리고 싶어요.)이라고 말했으므로 (C)가 정답이다.

66. Look at the graphic. Which step in the process does the man mention?
(A) Step 1
(B) Step 2
(C) Step 3
(D) Step 4

시각 자료를 보시오. 남자는 과정에서 어떤 단계를 언급하는가?
(A) 1단계
(B) 2단계
(C) 3단계
(D) 4단계

해설 시각 자료 연계 문제 – 대화 중반부에 남자가 Did you wipe them in a circle as indicated in the user guide? (사용 설명서에 명시된 대로 원을 그리며 닦았나요?)라고 말했고, 시각 자료에서 Step 3: Wipe the lens in a circular motion.(3단계: 렌즈를 원을 그리며 닦으세요.)을 확인할 수 있으므로 (C)가 정답이다.

67. What does the man say he will do?
(A) Repair a device
(B) Hold a seminar
(C) Email some instructions
(D) Order new equipment

남자는 무엇을 할 것이라고 말하는가?
(A) 장치를 수리할 것이라고
(B) 세미나를 열 것이라고
(C) 설명서를 이메일로 보낼 것이라고
(D) 새로운 장비를 주문할 것이라고

해설 다음에 할 일을 묻는 문제 – 남자가 마지막 말에서 I'll scan this page in the guide and email it to all of our employees.(안내서의 이 페이지를 스캔해서 전 직원에게 이메일로 보낼게요.)라고 말했으므로 (C)가 정답이다.

✚ Paraphrasing
guide → instructions

영국 ↔ 호주

Questions 68-70 refer to the following conversation and meeting agenda.

W **68** I've called this meeting to talk about updating our current line of Japanese language textbooks. Please look at the meeting agenda I passed out earlier. **69** We're going to skip the first item for now and begin the meeting by deciding on who will manage this project.

M I nominate Kevin for that role. **68** He has extensive experience writing Japanese language content for our publishing agency.

W That is true, but he doesn't have any management experience. Writing good content and overseeing a team are two different things.

M Yeah, but I'm confident that if you give him the chance, he'll do a great job.

W Alright then. **70** I'll give him a call after lunch and see if he wants to take on the position.

오전 회의 안건 목록
(1) 프로젝트 마감일
69 (2) 프로젝트 매니저
(3) 예산 제안서
(4) 임시 직원

68-70번은 다음 대화와 회의 안건 목록에 관한 문제입니다.

여 **68** 저는 저희의 현재 일본어 교과서를 업데이트하는 것에 관해 이야기를 나누려고 이 회의를 소집했습니다. 제가 앞서 나눠 드린 회의 안건 목록을 봐주세요. **69** 첫 번째 항목은 일단 건너뛰고, 누가 이 프로젝트를 관리할지 정하는 것으로 회의를 시작할 거예요.

남 저는 그 자리에 Kevin을 추천합니다. **68** 그는 저희 출판사에서 일본어 컨텐츠를 작성한 경험이 풍부합니다.

여 그건 사실이지만, 그는 관리 경험이 없어요. 좋은 컨텐츠를 쓰고 팀을 감독하는 건 두 가지 별개의 일이에요.

남 맞아요, 하지만 그에게 기회를 준다면, 아주 잘 해낼 거라고 확신합니다.

여 좋습니다. **70** 제가 점심 식사 후에 그에게 전화해서 그 업무를 맡고 싶은지 알아볼게요.

어휘

call (회의를) 소집하다 | textbook 교과서 | pass out ~을 나눠 주다 | skip 건너뛰다 | decide on ~에 대해 결정하다 | manage 관리하다, 운영하다 | nominate 지명[추천]하다 | extensive 넓은, 광범위한, 방대한 | content 콘텐츠, 내용 | oversee 감독하다 | confident 확신하는, 자신 있는 | take on (일 등을) 맡다 | position 일자리, 직위 | deadline 마감일 | budget 예산 | temporary 임시의 | coworker 동료 | attend 참석하다

68. Where do the speakers work?
(A) At a university
(B) At a publishing company
(C) At a library
(D) At a travel agency

화자들은 어디서 일하는가?
(A) 대학교에서
(B) 출판사에서
(C) 도서관에서
(D) 여행사에서

해설 화자의 신분을 묻는 문제 – 대화 초반부에 여자가 I've called this meeting to talk about updating our current line of Japanese language textbooks.(저는 저희의 현재 일본어 교과서를 업데이트하는 것에 관해 이야기를 나누려고 이 회의를 소집했습니다.)라고 말했고, 남자가 He has extensive experience writing Japanese language content for our publishing agency.(그는 저희 출판사에서 일본어 컨텐츠를 작성한 경험이 풍부합니다.)라고 말했으므로 (B)가 정답이다.

✚ Paraphrasing
publishing agency → publishing company

69. Look at the graphic. Which agenda item are the speakers talking about?
(A) Item 1
(B) Item 2
(C) Item 3
(D) Item 4

시각 자료를 보시오. 화자들은 어떤 안건에 대해 이야기하고 있는가?
(A) 항목 1
(B) 항목 2
(C) 항목 3
(D) 항목 4

해설 시각 자료 연계 문제 – 대화 초반부에 여자가 We're going to skip the first item for now and begin the meeting by deciding on who will manage this project.(첫 번째 항목은 일단 건너뛰고, 누가 이 프로젝트를 관리할지 정하는 것으로 회의를 시작할 거예요.)라고 말했고, 시각 자료에서 Project Manager(프로젝트 매니저)에 해당하는 것이 2번 항목임을 확인할 수 있으므로 (B)가 정답이다.

70. What will the woman do after lunch?
(A) Speak with a coworker
(B) Upload a file
(C) Hold a job interview
(D) Attend a management meeting

여자는 점심 식사 후 무엇을 할 것인가?
(A) 동료와 얘기할 것이다
(B) 파일을 업로드할 것이다
(C) 면접을 볼 것이다
(D) 경영진 회의에 참석할 것이다

해설 키워드 문제 – 여자가 마지막 말에서 I'll give him a call after lunch(제가 점심 식사 후에 그에게 전화해서)라고 말했으므로 (A)가 정답이다.

✚ Paraphrasing
give a call → Speak with

Questions 71-73 refer to the following instructions.

M **71** We would like to extend our gratitude for volunteering to keep our beach clean. Due to the many tourists we've had this year, the beach is unfortunately in quite bad shape. We're so glad to have a wonderful community who are willing to do their part. We'll start by picking up the trash that's been left on the beach. We've noticed that there are some pieces of glass around. **72** So it's very important that you wear shoes to protect yourself. We'll divide into two teams, and we'll split up the beach accordingly. **73** I'm going to distribute some plastic bags. Just put everything you find in there for now, and we'll sort through the recycling later.

71-73번은 다음 안내에 관한 문제입니다.

남 **71** 해변을 깨끗하게 만드는 일에 자원해 주셔서 감사의 말씀 드립니다. 올해 방문한 많은 관광객으로 인해, 안타깝게도 해변 상태가 아주 좋지 않습니다. 기꺼이 역할을 다 하려는 훌륭한 지역 주민이 있어 아주 기쁩니다. 저희는 해변에 버려진 쓰레기를 줍는 일부터 시작하겠습니다. 주변에 유리 조각이 있는 걸 보았습니다. **72** 그러니 여러분 자신을 보호할 수 있도록 신발을 신고 있는 것이 아주 중요합니다. 저희는 두 팀으로 나누고, 그에 맞춰 해변을 분할하겠습니다. **73** 제가 비닐봉지를 나눠 드릴 겁니다. 일단 보이는 것은 모두 거기에 넣어 주시면, 저희가 나중에 재활용품을 분류하겠습니다.

어휘

extend one's gratitude 감사를 표하다 | volunteer 자원하다 | tourist 관광객 | unfortunately 안타깝게도 | in bad shape 상태가 좋지 않은 | community 지역 주민, 지역 사회 | be willing to do 기꺼이 ~하다 | part 역할 | pick up 집어 들다, 줍다 | trash 쓰레기 | leave (어떤 상태, 장소 등에) 놓아두다 | notice 알아채다 | protect 보호하다 | divide into ~으로 나누다 | split up ~을 분할하다, 나누다 | accordingly 그에 맞춰 | distribute 나눠 주다 | plastic bag 비닐봉지 | sort through ~을 분류하다 | recycling 재활용 | follow 따르다 | order 질서 | in groups 무리 지어 | protective gear 보호 장비

71. What have the listeners volunteered to do?
(A) Clean the beach
(B) Conduct some tours

(C) Interview the community
(D) Take some pictures

청자들은 무엇을 하겠다고 자원했는가?
(A) **해변을 청소하겠다고**
(B) 투어를 하겠다고
(C) 지역 주민을 인터뷰하겠다고
(D) 사진을 찍겠다고

해설 키워드 문제 – 담화 초반부에 화자가 We would like to extend our gratitude for volunteering to keep our beach clean. (해변을 깨끗하게 만드는 일에 자원해 주셔서 감사의 말씀 드립니다.)이라고 말했으므로 (A)가 정답이다.

72. What does the speaker say is important?
(A) Following an order
(B) Working in groups
(C) Wearing some shoes
(D) Looking for glass

화자는 무엇이 중요하다고 말하는가?
(A) 질서를 따르는 것
(B) 무리 지어 작업하는 것
(C) **신발을 신고 있는 것**
(D) 유리를 찾는 것

해설 키워드 문제 – 담화 중반부에 화자가 So it's very important that you wear shoes to protect yourself. (그러니 여러분 자신을 보호할 수 있도록 신발을 신고 있는 것이 아주 중요합니다.)라고 말했으므로 (C)가 정답이다.

73. What will the speaker give the listeners?
(A) Protective gear
(B) Plastic bags
(C) A beach map
(D) A guide to recycling

화자는 청자들에게 무엇을 줄 것인가?
(A) 보호 장비
(B) **비닐봉지**
(C) 해변 지도
(D) 재활용 안내서

해설 제안·요청을 묻는 문제 – 담화 후반부에 화자가 I'm going to distribute some plastic bags. (제가 비닐봉지를 나눠 드릴 겁니다.)라고 말했으므로 (B)가 정답이다.

✛ Paraphrasing
distribute → give

호주

Questions 74-76 refer to the following tour information.

M **74Welcome to our guided tour of the iconic Hulbert Complex designed by our city's architect Verna Hulbert. 75We'll be taking you through the main path, and I'll be explaining some of the work that went into this building.** Afterward, I'll give some time for you to explore on your own, as I'm sure many of you are itching to wander off. **76I would encourage everyone to visit the garden. It's one of the main draws of the complex. Some**

people even visit the complex solely for that purpose.

74-76번은 다음 견학 정보에 관한 문제입니다.

남 **74**저희 시 건축가이신 Verna Hulbert가 설계한 상징적인 Hulbert 건물의 가이드 투어에 오신 것을 환영합니다. **75**저희는 여러분을 주요 길로 안내해 드리고, 이 건물에 들어간 일부 작업에 대해 설명해 드릴 예정입니다. 아마 많은 분들이 여기저기 돌아다니고 싶으실 테니, 여러분께서 혼자 둘러보실 수 있도록 나중에 시간을 드리겠습니다. **76**저는 모든 분들이 정원에 가 보셨으면 합니다. 건물에서 가장 인기가 많은 곳 중 하나입니다. 심지어 어떤 분들은 그 목적만을 위해서 건물에 오시기도 합니다.

어휘
guided tour 가이드 투어 | iconic 상징이 되는 | complex 복합 건물 | design 설계하다 | architect 건축가 | path 길 | afterward 나중에, 후에 | explore 둘러보다 | on one's own 혼자 | itch (몹시 하고 싶어) 몸이 근질거리다 | wander 돌아다니다 | encourage 권장하다, 장려하다 | draw 인기를 끄는 것 | solely 오로지 | purpose 목적 | gardener 정원사 | athlete 운동선수 | interact with ~와 소통하다 | souvenir 기념품 | examine 검토하다 | increase 인상하다, 증가하다 | emphasize 강조하다 | promote 증진하다 | cause 대의명분

74. Who is Verna Hulbert?
(A) A curator
(B) A gardener
(C) An athlete
(D) An architect

Verna Hulbert는 누구인가?
(A) 큐레이터
(B) 정원사
(C) 운동선수
(D) **건축가**

해설 키워드 문제 – 담화 초반부에 화자가 Welcome to our guided tour of the iconic Hulbert Complex designed by our city's architect Verna Hulbert. (저희 시 건축가이신 Verna Hulbert가 설계한 상징적인 Hulbert 건물의 가이드 투어에 오신 것을 환영합니다.)라고 말했으므로 (D)가 정답이다.

75. What will the listeners do on a tour?
(A) Interact with hosts
(B) Purchase some souvenirs
(C) Learn about a building
(D) Examine a document

청자들은 견학에서 무엇을 할 것인가?
(A) 주인과 소통할 것이다
(B) 기념품을 구입할 것이다
(C) **건물에 대해 알게 될 것이다**
(D) 문서를 검토할 것이다

해설 키워드 문제 – 담화 초반부에 화자가 We'll be taking you through the main path, and I'll be explaining some of the work that went into this building. (저희는 여러분을 주요 길로 안내해 드리고, 이 건물에 들어간 일부 작업에 대해 설명해 드릴 예정입니다.)이라고 말했으므로 (C)가 정답이다.

76. Why does the speaker say, "Some people even visit the complex solely for that purpose"?
(A) To suggest that tour prices should be increased

(B) To emphasize the need to visit the garden
(C) To encourage guests to visit often
(D) To promote an environmental cause

화자는 왜 "심지어 어떤 분들은 그 목적만을 위해서 건물에 오시기도 합니다"라고 말하는가?
(A) 견학 요금이 인상되어야 한다고 제안하려고
(B) 정원을 방문해야 할 필요성을 강조하려고
(C) 손님이 자주 방문하도록 장려하려고
(D) 환경적 대의명분을 고취시키려고

해설 화자 의도 파악 문제 – 담화 후반부에 화자가 I would encourage everyone to visit the garden. It's one of the main draws of the complex.(저는 모든 분들이 정원에 가 보셨으면 합니다. 건물에서 가장 인기가 많은 곳 중 하나입니다.)라고 가장 인기 있는 곳이니 꼭 방문하길 권하는 말에 이어서 한 말이므로 (B)가 정답이다.

영국

Questions 77-79 refer to the following excerpt from a meeting.

W Hello, all. The R&D manager told me that the department is nearing completion on Saferay, **77 a skin cream that offers better protection against the sun.** This led to the decision to move up the date of the product launch, so **78 we'll have to begin working on the ad campaign immediately.** Unlike with most of our other products, we're going to promote this one mainly on social media networks. As time is of the essence, **79 throughout this week, I'll hold one-on-one meetings** with every one of you to go over your duties and tasks for this project.

77-79번은 다음 회의 발췌록에 관한 문제입니다.

여 안녕하세요, 여러분. 연구 개발부 매니저는 부서에서 **77 태양으로부터 더 나은 보호를 제공하는 스킨 크림**, Saferay를 거의 완성했다고 알렸습니다. 이는 제품 출시 일자를 앞당기는 결정으로 이어져서, **78 저희는 광고 캠페인 작업을 바로 시작해야 합니다.** 다른 대부분의 상품들과는 달리, 이 상품은 주로 소셜 미디어를 통해 홍보할 예정입니다. 시간이 매우 중요하기 때문에, 이 프로젝트에서의 여러분의 역할과 업무를 살피기 위해 **79 이번 주 내내 저는 여러분 모두와 일대일 회의를 가질 것입니다.**

어휘

completion 완료, 완성 | protection 보호 | move up ~을 앞당기다 | launch 출시 | ad 광고 | immediately 즉시 | promote 홍보하다 | mainly 주로 | of the essence 절대적으로 필요한[중요한] | one-on-one 일대일의 | go over ~을 점검하다, 거듭 살피다 | task 일, 과제 | budget proposal 예산안 | organize 정리하다 | storage 창고 | design 설계하다 | advertising 광고 | branch 지점 | individual 개별의 | install 설치하다 | temporary 임시의

77. What type of product is being discussed?
(A) A safety helmet
(B) A fitness watch
(C) A mobile phone
(D) A sun cream

어떤 종류의 상품이 논의되고 있는가?
(A) 안전모
(B) 피트니스 시계

(C) 핸드폰
(D) 썬크림

해설 주제·목적을 묻는 문제 – 담화 초반부에 화자가 a skin cream that offers better protection against the sun(태양으로부터 더 나은 보호를 제공하는 스킨 크림)이라고 말했으므로 (D)가 정답이다.

78. What will the listeners start working on?
(A) Creating a budget proposal
(B) Organizing a storage facility
(C) Updating a customer database
(D) Designing an advertising campaign

청자들은 어떤 작업을 시작할 것인가?
(A) 예산안을 만드는 것
(B) 창고를 정리하는 것
(C) 고객 데이터베이스를 업데이트하는 것
(D) 광고 캠페인을 설계하는 것

해설 키워드 문제 – 담화 중반부에 화자가 we'll have to begin working on the ad campaign immediately(저희는 광고 캠페인 작업을 바로 시작해야 합니다)라고 말했으므로 (D)가 정답이다.

✚ Paraphrasing
work on the ad campaign → designing an advertising campaign

79. What does the speaker say she will do throughout the week?
(A) Visit different branches
(B) Hold individual meetings
(C) Install some machines
(D) Interview temporary workers

화자는 이번 주 내내 무엇을 할 것이라고 말하는가?
(A) 다른 지점을 방문할 것이라고
(B) 개별 회의를 가질 것이라고
(C) 기계를 설치할 것이라고
(D) 임시 직원들을 면접할 것이라고

해설 키워드 문제 – 담화 후반부에 화자가 throughout this week, I'll hold one-on-one meetings(이번 주 내내 저는 일대일 회의를 가질 것입니다)라고 말했으므로 (B)가 정답이다.

✚ Paraphrasing
one-on-one → individual

미국

Questions 80-82 refer to the following telephone message.

M Hello, Shawn. **80 I wanted to check when you wanted to talk about what was discussed about our resort at yesterday's executive meeting. 81 You mentioned that I should organize more events for our clients, but you know... I'm in charge of day-to-day operations.** Anyway, I found out that some of our competitors use recreation consulting companies. These firms employ specialists who design fun recreational activities for people. I think this might be a good solution. **82 Please return this call** when you get the chance. Thanks.

80-82번은 다음 전화 메시지에 관한 문제입니다.

남 안녕하세요, Shawn. **80 어제 우리 리조트 임원 회의에서 논의했던 내용에 관해 언제 이야기를 더 나눌 수 있을지 확인하고 싶었어요. 81 제가 고객들을 위해 더 많은 행사를 준비해야 한다고 말씀하셨는데, 그런데 말이죠... 저는 매일 행해지는 업무를 담당해요.** 게다가, 우리 경쟁사들은 오락 자문 업체를 이용한다는 걸 알게 되었어요. 이런 업체들은 재미있는 오락 활동을 계획해 준대요. 좋은 해결책일 것 같아요. 시간이 되시면 **82 제게 다시 전화해 주세요.** 감사해요.

어휘

executive 임원의 | mention 언급하다 | organize 준비하다 | event 행사 | in charge of ~을 담당하는 | day-to-day operation 매일 행해지는 업무 | competitor 경쟁사 | recreation 오락 | consulting 자문의 | employ 채용하다 | specialist 전문가 | solution 해결책 | pay raise 급여 인상 | unable to do ~할 수 없는 | take on ~을 맡다 | admit 인정하다 | hire 채용하다 | assistant 보조 직원 | revise 수정하다 | call back ~에게 다시 전화하다 | sign 서명하다

80. At what kind of business does the speaker work?
(A) A café
(B) A hospital
(C) A gym
(D) A resort

화자는 어떤 종류의 업체에서 근무하는가?
(A) 카페
(B) 병원
(C) 체육관
(D) 리조트

해설 화자의 신분을 묻는 문제 – 담화 초반부에 화자가 I wanted to check when you wanted to talk about what was discussed about our resort at yesterday's executive meeting.(어제 우리 리조트 임원 회의에서 논의했던 내용에 관해 언제 이야기를 더 나눌 수 있을지 확인하고 싶었어요.)이라고 말했으므로 (D)가 정답이다.

81. What does the speaker mean when he says, "I'm in charge of day-to-day operations"?
(A) He would like a pay raise.
(B) He is unable to take on a task.
(C) He admits to her mistake.
(D) He needs to hire an assistant.

화자가 "저는 매일 행해지는 업무를 담당해요"라고 말할 때, 그가 의미한 것은?
(A) 급여 인상을 원한다.
(B) 업무를 새로 맡을 수 없다.
(C) 실수를 인정한다.
(D) 보조 직원을 채용해야 한다.

해설 화자 의도 파악 문제 – 담화 중반부에 화자가 You mentioned that I should organize more events for our clients, but you know(제가 고객들을 위해 더 많은 행사를 준비해야 한다고 말씀하셨는데, 그런데 말이죠)라고 하면서, I'm in charge of day-to-day operations.(저는 매일 행해지는 업무를 담당해요.)라고 말한 것은 자신이 담당하는 매일의 업무로 바빠서 추가 업무를 할 수 없다는 의미이므로 (B)가 정답이다.

82. What does the speaker ask the listener to do?
(A) Make a reservation
(B) Revise a bill
(C) Call her back
(D) Sign some paperwork

화자는 청자에게 무엇을 하라고 요청하는가?
(A) 예약하라고
(B) 청구서를 수정하라고
(C) **다시 전화하라고**
(D) 문서에 서명하라고

해설 제안·요청을 묻는 문제 – 담화 후반부에 화자가 Please return this call(제게 다시 전화해 주세요)이라고 말했으므로 (C)가 정답이다.

영국

Questions 83-85 refer to the following talk.

W **83 To wrap up this afternoon's workshop for hopeful food critics,** I'd like to reiterate some key points. **84 Don't forget that you'll have a lot of competition when it comes to food blogging.** As you know, there are already many food blogs on the Internet. In order to stand out, you need to post original content. **85 I suggest that you look through as many popular articles about food as possible.** That way, you'll get a feel for what really interests people. Alright, does anyone have any final questions?

83-85번은 다음 담화에 관한 문제입니다.

여 **83 전도 유망한 음식 비평가가 되기를 원하시는 분들을 위한 오늘 오후의 워크숍을 마무리 지으며,** 요점을 다시 말씀드리고자 합니다. **84 음식 블로그에는 경쟁이 상당하다는 걸 잊지 마세요.** 아시다시피, 이미 인터넷상에는 음식 블로그가 많습니다. 눈에 띄기 위해서는, 독창적인 내용을 게시해야 합니다. **85 음식에 관한 인기 있는 기사를 되도록 많이 읽어 보시는 것을 제안합니다.** 그리면, 무엇이 사람들의 관심을 끄는지에 대한 감이 오실 겁니다. 좋아요, 마지막으로 질문이 있으신가요?

어휘

wrap up ~을 마무리 하다 | hopeful 전도 유망한 | food critic 음식 비평가 | reiterate 반복하다 | key point 요점 | competition 경쟁 | stand out 눈에 띄다 | post 게시하다 | original 독창적인 | content 내용 | suggest 제안하다 | review 비평, 논평 | culinary 요리의 | complaint 불만 사항 | address 처리하다, 제기하다 | immediately 즉시 | budget 예산 | exceed 초과하다 | reliable 신뢰할 수 있는 | competitive 경쟁적인 | register for ~에 가입하다 | instructional 교육용의 | browse 대강 읽다, 훑어보다 | article 기사

83. What is the main topic of the talk?
(A) Preparing dishes with seafood
(B) Writing reviews of food
(C) Opening a restaurant
(D) Attending a culinary school

담화의 주된 주제는 무엇인가?
(A) 해산물 요리 만들기
(B) **음식 비평 작성하기**
(C) 식당 열기
(D) 요리 학교 다니기

해설 주제·목적을 묻는 문제 – 담화 초반부에 화자가 To wrap up this afternoon's workshop for hopeful food critics(전도 유망한 음식 비평가가 되기를 원하시는 분들을 위한 오늘 오후의 워크숍을 마무리 지으며)라고 말하며 담화를 시작하고 있으므로 (B)가 정답이다.

84. What does the speaker remind listeners?
(A) Complaints must be addressed immediately.
(B) A budget should not be exceeded.
(C) Some facts on the Internet are not reliable.
(D) A career field is competitive.

화자는 청자들에게 무엇을 상기시키는가?
(A) 불만 사항은 즉시 처리되어야 한다.
(B) 예산을 초과해서는 안 된다.
(C) 인터넷상의 일부 사실은 신뢰할 수 없다.
(D) 업계의 경쟁이 치열하다.

해설 키워드 문제 – 담화 초반부에 화자가 Don't forget that you'll have a lot of competition when it comes to food blogging. (음식 블로그에는 경쟁이 상당하다는 걸 잊지 마세요.)이라고 말했으므로 (D)가 정답이다.

85. What does the speaker suggest doing?
(A) Updating a program
(B) Registering for a membership
(C) Watching instructional videos
(D) Browsing various articles

화자는 무엇을 하라고 제안하는가?
(A) 프로그램을 업데이트하라고
(B) 멤버십을 가입하라고
(C) 교육용 동영상을 시청하라고
(D) 다양한 기사를 읽어 보라고

해설 제안·요청을 묻는 문제 – 담화 후반부에 화자가 I suggest that you look through as many popular articles about food as possible. (음식에 관한 인기 있는 기사를 되도록 많이 읽어 보시는 것을 제안합니다.)이라고 말했으므로 (D)가 정답이다.

✚ Paraphrasing
look through → browse

미국

Questions 86-88 refer to the following telephone message.

W Hello, Parker! 86 **I wanted to congratulate you on signing another client earlier today.** I can't believe how many advertisement spaces we've been selling lately. 87 **Once the local magazine published that article about us, we've been getting a lot of calls from people who want to advertise their business through us.** 88 **Well... Here's the thing— our expertise is in offline advertisements, but nowadays, everyone wants digital ads that they can share on the Internet.** Do you have time this week to discuss this in detail?

86-88번은 다음 전화 메시지에 관한 문제입니다.

여 안녕하세요, Parker! 86 오늘 일찍이 또 다른 고객과 계약한 것을 축하드려요. 최근 저희가 얼마나 많은 광고 공간을 팔았는지 믿을 수가 없어요. 87 지역 잡지에서 저희에 관한 기사를 싣고 나자마자, 저희를 통해 사업을 광고하고 싶은 사람들에게 전화를 많이 받고 있어요. 88 자... 그런데 말이죠. 저희 전문 분야는 오프라인 광고지만, 요즘에는 모두가 인터넷에서 공유할 수 있는 디지털 광고를 원해요. 이번 주에 이 부분에 대해 자세히 이야기 나눌 시간이 있으세요?

어휘
congratulate 축하하다 | sign 계약하다 | publish 출판하다 | through ~을 통해서 | expertise 전문지식 | offline 오프라인의 | in detail 자세히 | give a speech 연설을 하다 | edit 편집하다 | nominate (후보로) 지명 [추천]하다 | improve 증가시키다, 향상시키다 | traffic 사용량 | hire 채용하다 | alternative 다른, 대신의 | strategy 전략 | examine 검토하다 | profession 직업

86. Why does the speaker congratulate the listener?
(A) He received a promotion.
(B) He purchased a house.
(C) He gave a speech.
(D) He signed a client.

화자는 왜 청자를 축하하는가?
(A) 그가 승진을 했다.
(B) 그가 주택을 구매했다.
(C) 그가 연설을 했다.
(D) 그가 고객과 계약을 했다.

해설 키워드 문제 – 담화 초반부에 화자가 I wanted to congratulate you on signing another client earlier today. (오늘 일찍이 또 다른 고객과 계약한 것을 축하드려요.)라고 말했으므로 (D)가 정답이다.

87. What does the speaker say about a magazine article?
(A) It will be written soon.
(B) It needs to be edited.
(C) It is nominated for an award.
(D) It has improved sales.

화자는 잡지 기사에 관하여 무엇을 말하는가?
(A) 곧 작성될 것이다.
(B) 편집이 필요하다.
(C) 수상 후보에 올랐다.
(D) 매출을 증가시켰다.

해설 키워드 문제 – 담화 중반부에 화자가 Once the local magazine published that article about us, we've been getting a lot of calls from people who want to advertise their business through us. (지역 잡지에서 저희에 관한 기사를 싣고 나자마자, 저희를 통해 사업을 광고하고 싶은 사람들에게 전화를 많이 받고 있어요.)라고 말했으므로 (D)가 정답이다.

88. What does the speaker mean when she says, "everyone wants digital ads that they can share on the Internet"?
(A) Online traffic will most likely increase.
(B) A new employee should be hired.
(C) An alternative sales strategy should be examined.
(D) She will be changing professions in the near future.

화자가 "모두가 인터넷에서 공유할 수 있는 디지털 광고를 원해요"라고 말할 때, 그녀가 의미한 것은?
(A) 온라인 사용량이 증가할 것 같다.
(B) 신입 사원을 채용해야 한다.
(C) 다른 판매 전략을 검토해야 한다.
(D) 그녀는 조만간 직업을 바꿀 것이다.

해설 화자 의도 파악 문제 – 담화 중후반부에 화자가 Well... Here's the thing—our expertise is in offline advertisements, but nowadays, everyone wants digital ads that they can share on the Internet. (자... 그런데 말이죠. 저희 전문 분야는 오프라인 광

고지만, 요즘에는 모두가 인터넷에서 공유할 수 있는 디지털 광고를 원해요.)이라고 말한 것은 모두가 인터넷 광고를 원하므로 자신들의 전문 분야 외에 다른 분야도 살펴봐야 한다는 의미이므로 (C)가 정답이다.

Questions 89-91 refer to the following recorded message.

M Good afternoon. You've reached the office of Don Jamison of TRW Work Solutions. **[89]At TRW, we are devoted to helping you find the perfect staff for all of your firm's needs. [90]I'll be away from desk for our annual managers' conference until this Thursday.** Every year, we meet for three days to discuss ways to better serve our clients. **[91]During this time, if you require immediate assistance with hiring, you can contact Client Relations Manager Daryl Park. He is available 8 A.M. to 6 P.M. at 555-1212, extension 112.**

89-91번은 다음 녹음 메시지에 관한 문제입니다.

남 안녕하십니까. TRW 업무 솔루션 Don Jamison의 사무실에 전화해 주셨습니다. **[89]TRW는 귀하의 회사에서 요구하는 모든 사항에 대해 완벽한 직원을 찾아드리기 위해 전념합니다. [90]저는 이번 주 목요일까지 연례 매니저 콘퍼런스로 인해 자리를 비우게 됩니다.** 매년, 저희는 3일간 함께 만나 고객님들께 더 좋은 서비스를 제공할 수 있는 방법을 논의합니다. **[91]이 시간에, 채용에 관한 즉각적인 도움이 필요하시다면, 고객 관계 매니저인 Daryl Park에게 연락해 주세요. 오전 8시부터 오후 6시 사이에 555-1212, 내선 번호 112로 연락하실 수 있습니다.**

어휘
reach 연락하다 | devote 전념하다 | firm 회사 | annual 매년의 | immediate 즉각적인 | assistance 도움 | hiring 채용 | contact 연락하다 | extension 내선 번호 | staffing 직원 채용 | advice 조언 | oversee 감독하다 | take a vacation 휴가 가다 | colleague 동료 | submit 제출하다 | form 양식 | install 설치하다

89. What service does the company provide?
(A) Office cleaning
(B) Management training
(C) Company staffing
(D) Marketing advice

업체는 무슨 서비스를 제공하는가?
(A) 사무실 청소
(B) 경영 교육
(C) 회사 직원 채용
(D) 마케팅 조언

해설 키워드 문제 – 담화 초반부에 화자가 At TRW, we are devoted to helping you find the perfect staff for all of your firm's needs. (TRW는 귀하의 회사에서 요구하는 모든 사항에 대해 완벽한 직원을 찾아드리기 위해 전념합니다.)라고 말했으므로 (C)가 정답이다.

+ Paraphrasing
firm → Company

90. Why is the speaker unavailable?
(A) He is meeting a client.
(B) He is overseeing a new branch.

(C) He is at a conference.
(D) He is taking a vacation.

화자는 왜 자리에 없는가?
(A) 고객과 만나는 중이다.
(B) 새로운 지사를 감독하고 있다.
(C) 콘퍼런스에 참가하고 있다.
(D) 휴가 중이다.

해설 키워드 문제 – 담화 초반부에 화자가 I'll be away from desk for our annual managers' conference until this Thursday. (저는 이번 주 목요일까지 연례 매니저 콘퍼런스로 인해 자리를 비우게 됩니다.)라고 말했으므로 (C)가 정답이다.

91. What does the speaker ask listeners to do if they need immediate assistance?
(A) Visit his desk
(B) Contact his colleague
(C) Submit a form
(D) Install a program

화자는 청자가 즉각적인 도움이 필요할 때 무엇을 하라고 요청하는가?
(A) 자신의 자리에 들르라고
(B) 자신의 동료에게 연락하라고
(C) 양식을 제출하라고
(D) 프로그램을 설치하라고

해설 제안·요청을 묻는 문제 – 담화 후반부에 화자가 During this time, if you require immediate assistance with hiring, you can contact Client Relations Manager Daryl Park. He is available 8 A.M. to 6 P.M. at 555-1212, extension 112. (이 시간에, 채용에 관한 즉각적인 도움이 필요하시다면, 고객 관계 매니저인 Daryl Park에게 연락해 주세요. 오전 8시부터 오후 6시 사이에 555-1212, 내선 번호 112로 연락하실 수 있습니다.)라고 말했으므로 (B)가 정답이다.

Questions 92-94 refer to the following introduction.

W **[92]Hello, my name is Christine Burtner, and I'm the curator at the Fullerton Museum of History.** I know most of you have visited the museum for a tour sometime in the past. But today, we'll be doing something different. You'll get to view top archaeological sites around the world, right here on our special high-resolution screen. When this idea was first proposed, **[93]many questioned whether people would participate in this virtual event. But from what I see today, nearly all of the seats are taken.** To enhance the experience, the room will be completely dark except for the screen. **[94]We also ask you to make sure that all of your electronic devices are switched off, as external lights or sounds can be a distraction.**

92-94번은 다음 소개에 관한 문제입니다.

여 **[92]안녕하세요, 제 이름은 Christine Burtner이며, Fullerton 역사 박물관의 전시 책임자입니다.** 많은 분께서 예전에 박물관을 방문하여 견학하셨던 적이 있다는 것을 알고 있습니다. 하지만 오늘은 뭔가 특별한 걸 할 것입니다. 여러분은 세계 최고의 고고학 유적지를 바로 여기 있는 특별 고해상도 화면을 통해 보시겠습니다. 이 아이디어가

처음 제안되었을 때, ⁹³많은 이들이 과연 사람들이 이 가상 행사에 참여할지에 대해 의문을 품었습니다. 하지만 오늘 제가 본 바로는, 거의 모든 좌석이 다 찼습니다. 체험을 향상할 수 있도록, 화면을 제외한 영상실을 완전히 어둡게 할 것입니다. ⁹⁴또한 외부 조명이나 소리가 집중을 방해할 수 있으므로, 여러분의 모든 전자 기기가 꺼져 있는지 확인해 주시길 요청드립니다.

어휘

curator 전시 책임자 | archaeological 고고학의 | site 구역, 장소 | high-resolution 고해상도의 | virtual 가상의 | enhance 향상시키다 | completely 완전히 | except for ~을 제외하고 | electronic device 전자 기기 | switch off ~을 끄다 | external 외부의 | distraction 집중을 방해하는 것 | successful 성공적인 | expand 확장하다 | switch 바꾸다 | extra 추가의 | require 필요로 하다 | make a payment 결제하다 | sign 서명하다 | agreement form 동의서 | ensure 확인하다 | turn off (전기·가스·수도 등을) 끄다

92. Where does the speaker work?
(A) At a theater
(B) At a history museum
(C) At an amusement park
(D) At a hotel

화자는 어디에서 일하는가?
(A) 극장에서
(B) 역사 박물관에서
(C) 놀이공원에서
(D) 호텔에서

해설 화자의 신분을 묻는 문제 – 담화 초반부에 화자가 Hello, my name is Christine Burtner, and I'm the curator at the Fullerton Museum of History. (안녕하세요, 제 이름은 Christine Burtner이며, Fullerton 역사 박물관의 전시 책임자입니다.)라고 말했으므로 (B)가 정답이다.

93. What does the speaker mean when she says, "nearly all of the seats are taken"?
(A) An event is successful.
(B) A room needs to be expanded.
(C) Some guests need to switch seats.
(D) Extra chairs will be required.

화자가 "거의 모든 좌석이 다 찼습니다"라고 말할 때, 그녀가 의미하는 것은?
(A) 행사가 성공적이다.
(B) 방을 확장해야 한다.
(C) 일부 손님들은 자리를 바꿔야 한다.
(D) 의자가 더 필요할 것이다.

해설 화자 의도 파악 문제 – 담화 중반부에 화자가 many questioned whether people would participate in this virtual event. But from what I see today(많은 이들이 과연 사람들이 이 가상 행사에 참여할지에 대해 의문을 품었습니다. 하지만 오늘 제가 본 바로는)라고 하면서, nearly all of the seats are taken(거의 모든 좌석이 다 찼습니다)이라고 말한 것은 좌석이 거의 다 찬 것으로 보아 행사가 인기가 있다는 것을 보여 준다는 의미이므로 (A)가 정답이다.

94. What does the speaker instruct the listeners to do?
(A) Stay with the group at all times
(B) Make an online payment
(C) Sign an agreement form

(D) Ensure their electronics are turned off

화자는 청자들에게 무엇을 하라고 지시하는가?
(A) 항상 단체로 있으라고
(B) 온라인 결제를 하라고
(C) 동의서에 서명하라고
(D) 전자 장치가 꺼져 있는지 확인하라고

해설 제안·요청을 묻는 문제 – 담화 후반부에 화자가 We also ask you to make sure that all of your electronic devices are switched off, as external lights or sounds can be a distraction.(또한 외부 조명이나 소리가 집중을 방해할 수 있으므로, 여러분의 모든 전자 기기가 꺼져 있는지 확인해 주시길 요청드립니다.)이라고 말했으므로 (D)가 정답이다.

➕ Paraphrasing
make sure → Ensure, switched off → turned off

미국

Questions 95-97 refer to the following telephone message and catalog.

Ⓦ This message is for Ms. Kimmel. I'm Stacey Gutierrez. I visited your home improvement store a few weeks ago and took your supply catalog to look over at home. So after giving it some thought, ⁹⁵**I'd like to buy some floor tiles from you. I'm particularly interested in product number FT60.** Also, that product was being sold at 30 percent off when I checked two weeks ago. ⁹⁶**I'm curious whether that discount is still available.** Could you return my call at your earliest convenience? I can be reached at 555-7852. I have to work until 5:30, so ⁹⁷**the best time to reach me is in the evening.**

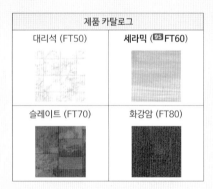

제품 카탈로그	
대리석 (FT50)	세라믹 (⁹⁵FT60)
슬레이트 (FT70)	화강암 (FT80)

95-97번은 다음 전화 메시지와 카탈로그에 관한 문제입니다.

Ⓜ Kimmel 씨께 메시지 남깁니다. 저는 Stacey Gutierrez입니다. 저는 몇 주 전 당신의 주택 개조 용품점을 방문해서, 집에서 살펴보려고 물품 카탈로그를 가져왔습니다. 생각해 본 결과, ⁹⁵**저는 바닥 타일을 구입하고 싶습니다. 특히 상품 번호 FT60에 관심이 있습니다.** 그리고 그 상품은 제가 2주 전에 확인했을 때 30% 할인하여 판매되고 있었습니다. ⁹⁶**그 할인이 여전히 유효한지 궁금합니다.** 최대한 빨리 제 전화에 회신해 주시겠어요? 555-7852번으로 연락 주시면 됩니다. 저는 5시 30분까지 일해야 해서, ⁹⁷**저에게 연락하실 가장 좋은 시간대는 저녁입니다.**

어휘

home improvement 주택 개조 | supply 물품 | catalog (물품) 목록, 카탈로그 | floor tile 바닥 타일 | particularly 특히 | interested in ~에 관심이 있는 | sell 팔다 (sell-sold-sold) | curious 궁금한 | discount 할인 | return 회신하다, 돌려주다 | at one's earliest convenience 가급적 빨리 | reach (전화로) 연락하다 | marble 대리석 | ceramic 세라믹, 도자기 | slate 슬레이트, 점판암 | granite 화강암 | offer 제공하다 | refund 환불

95. Look at the graphic. Which type of floor tile is the speaker interested in?

(A) Marble
(B) Ceramic
(C) Slate
(D) Granite

시각 자료를 보시오. 화자는 어떤 종류의 바닥 타일에 관심이 있는가?

(A) 대리석
(B) 세라믹
(C) 슬레이트
(D) 화강암

해설 시각 자료 연계 문제 – 담화 초중반부에 화자가 I'd like to buy some floor tiles from you. I'm particularly interested in product number FT60.(저는 바닥 타일을 구입하고 싶습니다. 특히 상품 번호 FT60에 관심이 있습니다.)라고 말했고, 시각 자료에서 FT60에 해당하는 제품이 Ceramic(세라믹)임을 확인할 수 있으므로 (B)가 정답이다.

96. What would the speaker like to know?

(A) When an order will be delivered
(B) Whether a discount is being offered
(C) Whether a refund can be provided
(D) What kinds of designs are available

화자는 무엇을 알고 싶어 하는가?

(A) 주문이 언제 배송되는지
(B) 할인이 제공되고 있는지 여부
(C) 환불이 가능한지 여부
(D) 구할 수 있는 디자인 종류

해설 키워드 문제 – 담화 중반부에 화자가 I'm curious whether that discount is still available.(그 할인이 여전히 유효한지 궁금합니다.)이라고 말했으므로 (B)가 정답이다.

+ Paraphrasing
is available → is being offered

97. When does the speaker want to be contacted?

(A) In the morning
(B) During lunch
(C) In the evening
(D) Over the weekend

화자는 언제 연락 받기를 원하는가?

(A) 오전에
(B) 점심시간에
(C) 저녁에
(D) 주말에

해설 키워드 문제 – 담화 후반부에 화자가 the best time to reach me is in the evening(저에게 연락하실 가장 좋은 시간대는 저녁입니다)이라고 말했으므로 (C)가 정답이다.

호주

Questions 98-100 refer to the following announcement and floor plan.

M Good news, everyone. **98 It looks like we've found the perfect spot to open up our next Fresh Footwear branch.** It's in Metcalf North Plaza, which is currently expanding. **99 The place we're looking at is right next to a clothing store and across from a large fitness center.** I think it's a great choice. There should be plenty of people who are interested in getting the latest footwear. But of course, we need to check on the details. **100 Tony, I'd like you to get in touch with the facility supervisor** to see if we can visit the property sometime this week.

98-100번은 다음 안내와 평면도에 관한 문제입니다.

남 좋은 소식입니다, 여러분. **98 우리 Fresh 제화 지점을 낼 완벽한 장소를 찾은 것 같습니다.** 현재 확장 중인 Metcalf North 플라자에 있습니다. **99 우리가 고려 중인 장소는 옷 가게 옆이자 큰 체육관 맞은편에 있습니다.** 좋은 선택지라 생각해요. 최신 신발에 관심이 있는 사람들이 많을 겁니다. 하지만, 물론 세부 사항도 확인해 봐야겠죠. **100 Tony, 시설 관리자에게 연락해서** 이번 주 중에 이곳을 방문할 수 있을지 알아봐 주세요.

어휘

spot 장소 | branch 지점 | expand 확장하다 | fitness center 체육관 | choice 선택 | interested in ~에 관심이 있는 | latest 최신의 | check on ~을 확인하다 | detail 세부 사항 | get in touch with ~와 연락하다 | facility 시설 | supervisor 관리자 | property 부동산 | post 게재하다 | advertisement 광고 | hire 채용하다 | temporary 임시의 | revise 수정하다 | agreement form 합의서 | contact 연락하다

98. What kind of business is the speaker discussing?

(A) A shoe store
(B) A sporting goods retailer
(C) A supermarket
(D) A bookstore

화자는 어떤 업체에 관해 논의하고 있는가?

(A) 신발 매장
(B) 스포츠 용품 매장
(C) 슈퍼마켓
(D) 서점

해설 주제·목적을 묻는 문제 – 담화 초반부에 화자가 It looks like we've found the perfect spot to open up our next Fresh Footwear branch.(우리 Fresh 제화 지점을 낼 완벽한 장소를 찾은 것 같습니다.)라고 말했으므로 (A)가 정답이다.

+ Paraphrasing

Footwear → shoe

99. Look at the graphic. Which location is the speaker interested in?

(A) Location 1
(B) Location 2
(C) Location 3
(D) Location 4

시각 자료를 보시오. 화자는 어떤 장소에 관심이 있는가?

(A) 1번 장소
(B) 2번 장소
(C) 3번 장소
(D) 4번 장소

해설 시각 자료 연계 문제 – 담화 중반부에 화자가 The place we're looking at is right next to a clothing store and across from a large fitness center.(우리가 고려 중인 장소는 옷 가게 옆이자 큰 체육관 맞은편에 있습니다.)라고 말했고, 시각 자료에서 Dan's Clothing(Dan's 의류 매장) 옆이고 Buffguy's Total Fitness(Buffguy's 체육관) 맞은편에 있는 장소는 Location 3(3번 장소)임을 확인할 수 있으므로 (C)가 정답이다.

100. What does the speaker ask Tony to do?

(A) Post an advertisement
(B) Hire a temporary employee
(C) Revise an agreement form
(D) Communicate with a facility manager

화자는 Tony에게 무엇을 하라고 요청하는가?

(A) 광고를 게재하라고
(B) 임시 직원을 채용하라고
(C) 합의서를 수정하라고
(D) 시설 관리자에게 연락하라고

해설 제안·요청을 묻는 문제 – 담화 후반부에 화자가 Tony, I'd like you to get in touch with the facility supervisor(Tony, 시설 관리자에게 연락해서)라고 말했으므로 (D)가 정답이다.

+ Paraphrasing

get in touch with → Communicate with,
supervisor → manager

ACTUAL TEST 02

본서 p.332

1. (C)	2. (D)	3. (B)	4. (D)	5. (B)
6. (B)	7. (B)	8. (B)	9. (A)	10. (C)
11. (C)	12. (A)	13. (C)	14. (C)	15. (A)
16. (B)	17. (C)	18. (A)	19. (C)	20. (C)
21. (A)	22. (A)	23. (C)	24. (B)	25. (C)
26. (A)	27. (B)	28. (C)	29. (B)	30. (B)
31. (B)	32. (D)	33. (C)	34. (D)	35. (C)
36. (C)	37. (A)	38. (C)	39. (C)	40. (C)
41. (D)	42. (A)	43. (B)	44. (B)	45. (C)
46. (A)	47. (C)	48. (B)	49. (D)	50. (C)
51. (B)	52. (A)	53. (C)	54. (A)	55. (D)
56. (B)	57. (A)	58. (C)	59. (D)	60. (D)
61. (B)	62. (B)	63. (C)	64. (C)	65. (C)
66. (D)	67. (C)	68. (D)	69. (C)	70. (C)
71. (B)	72. (D)	73. (C)	74. (C)	75. (B)
76. (C)	77. (B)	78. (A)	79. (A)	80. (B)
81. (C)	82. (A)	83. (C)	84. (B)	85. (D)
86. (B)	87. (B)	88. (D)	89. (A)	90. (D)
91. (D)	92. (A)	93. (C)	94. (D)	95. (C)
96. (D)	97. (B)	98. (A)	99. (C)	100. (C)

1. 미국

(A) A man is writing the menu on an outdoor signboard.
(B) A man is picking up some potted plants.
(C) A man is grasping a broom with both hands.
(D) A man is installing new wooden flooring.

(A) 한 남자가 옥외 알림판에 메뉴를 적고 있다.
(B) 한 남자가 화분을 들어 올리고 있다.
(C) 한 남자가 양손으로 빗자루를 잡고 있다.
(D) 한 남자가 새 나무 바닥재를 설치하고 있다.

해설 (A) 동작 묘사 오류(is writing)
(B) 동작 묘사 오류(is picking up)
(C) 남자가 양손으로 빗자루를 잡고 있는 상태를 적절히 묘사했으므로 정답이다.
(D) 동작 묘사 오류(is installing)

+ 정답 더보기
He's sweeping the floor. 남자가 바닥을 쓸고 있다.

어휘 outdoor 옥외의, 야외의 | signboard 알림판, 간판 | pick up ~을 들어 올리다 | potted plant 화분(에 심은 식물) | grasp 꽉 잡다, 움켜 잡다 | broom 빗자루 | wooden flooring 나무 바닥재 | sweep (빗자루로) 쓸다

2. 미국

(A) One of the men is observing the other.
(B) One of the men is typing on a laptop computer.
(C) One of the men is looking at a menu.
(D) One of the men is sipping from a cup.

(A) 남자들 중 한 명이 상대를 관찰하고 있다.
(B) 남자들 중 한 명이 노트북 컴퓨터로 타자를 치고 있다.
(C) 남자들 중 한 명이 메뉴를 보고 있다.
(D) 남자들 중 한 명이 컵으로 조금씩 마시고 있다.

해설 (A) 동작의 대상 오류(the other)
(B) 동작 묘사 오류(is typing)
(C) 동작의 대상 오류(menu)
(D) 남자들 중 한 명이 컵으로 마시는 동작을 적절히 묘사했으므로 정답이다.

✛ 정답 더보기
One of the men is drinking a beverage.
남자들 중 한 명이 음료를 마시고 있다.

어휘 observe 관찰하다 I type 타자 치다 I sip 음료를 조금씩 마시다, 홀짝이다 I beverage 음료

---

3. 영국
(A) They're standing next to a vehicle.
(B) They're walking through a parking lot.
(C) They're entering a supermarket.
(D) They're loading an automobile with groceries.

(A) 사람들이 차량 옆에 서 있다.
(B) 사람들이 주차장을 걷고 있다.
(C) 사람들이 슈퍼마켓으로 들어가고 있다.
(D) 사람들이 자동차에 식료품을 싣고 있다.

해설 (A) 위치 묘사 오류(next to a vehicle)
(B) 사람들이 주차장을 걷고 있는 모습을 적절히 묘사했으므로 정답이다.
(C) 동작 묘사 오류(are entering)
(D) 동작 묘사 오류(are loading)

✛ 정답 더보기
A man is pushing a shopping cart.
한 남자가 쇼핑 카트를 밀고 있다.

어휘 next to ~의 옆에 I vehicle 차량 I parking lot 주차장 I enter 들어가다 I load 싣다 I automobile 자동차 I groceries 식료품 I push 밀다

---

4. 호주
(A) A sign has been placed over a couch.
(B) Some chairs are occupied.
(C) Some napkins are folded on some plates.
(D) Some artwork is displayed on a wall.

(A) 표지판 하나가 소파 위에 있다.
(B) 몇몇 의자들이 사용 중이다.
(C) 몇몇 냅킨들이 접시 위에 접혀 있다.
(D) 몇몇 예술품이 벽에 전시되어 있다.

해설 (A) 위치 묘사 오류(over a couch)
(B) 상태 묘사 오류(are occupied)
(C) 사진에 등장하지 않는 사물(plates)
(D) 예술품이 벽에 전시되어 있는 모습을 적절히 묘사했으므로 정답이다.

✛ 정답 더보기
Some utensils have been laid out on the table.
몇몇 식기 도구들이 테이블 위에 놓여 있다.

어휘 sign 표지판 I couch 소파, 긴 의자 I occupy 차지하다, 사용하다 I napkin 냅킨 I fold 접다 I artwork 미술품 I display 전시하다 I utensil (가정에서 쓰는) 도구, 기구 I lay out (펴)놓다, 배치하다

---

5. 미국
(A) She's paying for items at a register.
(B) She's weighing a plastic bag on a scale.
(C) She's unloading a shopping cart.
(D) She's laying down groceries in a carton.

(A) 여자가 계산대에서 물건값을 치르고 있다.
(B) 여자가 저울에 비닐봉지의 무게를 재고 있다.
(C) 여자가 쇼핑 카트에서 짐을 내리고 있다.
(D) 여자가 상자 안에 식료품을 내려 놓고 있다.

해설 (A) 동작 묘사 오류(is paying for)
(B) 여자가 저울에 과일이 담긴 비닐봉지의 무게를 재고 있는 동작을 적절히 묘사했으므로 정답이다.
(C) 동작 묘사 오류(is unloading)
(D) 동작 묘사 오류(is laying down)

✛ 정답 더보기
A woman is pressing a button.
한 여자가 버튼을 누르고 있다.

어휘 pay for ~의 값을 지불하다 I register (매장의) 계산대 I weigh 무게를 재다 I plastic bag 비닐봉지 I scale 저울 I unload (짐을) 내리다 I lay down ~을 내려 놓다 I groceries 식료품 I carton 상자 I press 누르다

---

6. 영국
(A) He's lifting some crates of produce.
(B) He's placing an item on display.
(C) Some vegetables are being peeled.
(D) Some groceries are being put in a basket.

(A) 남자가 농산물 상자를 들어 올리고 있다.
(B) 남자가 제품을 진열하고 있다.
(C) 몇몇 야채들이 껍질이 벗겨지고 있다.
(D) 몇몇 식료품들이 바구니에 놓이고 있다.

해설 (A) 동작 묘사 오류(is lifting)
(B) 남자가 제품을 진열하고 있는 모습을 적절히 묘사했으므로 정답이다.
(C) 동작 묘사 오류(are being peeled)
(D) 장소 묘사 오류(in a basket)

✛ 정답 더보기
A man is arranging some vegetables.
한 남자가 야채를 정리하고 있다.

어휘 lift 들어 올리다 I crate (운송용) 상자 I produce 농산물 I place 놓다 I item 물품 I on display 진열된 I peel 껍질을 벗기다, 깎다 I groceries 식료품 I basket 바구니 I arrange 정리하다, 배열하다

---

7. 미국↔영국
When will the construction work be finished?
(A) He's an excellent architect.
(B) Not for another three weeks.
(C) New tiles and doors.

그 공사 작업은 언제 끝나게 될까요?
(A) 그는 훌륭한 건축가입니다.

(B) 3주는 더 있어야 해요.
(C) 새로운 타일과 출입문들이요.

해설 (A) 주어 불일치 함정 (the construction work – He)
(B) **3주는 더 있어야 한다고 시점을 나타내는 표현으로 대답했으므로 정답이다.**
(C) 연상 어휘 함정 (construction – tiles and doors)

✦ 정답 더보기
It will take a few more days. 며칠 더 걸릴 겁니다.

어휘 construction 공사, 건설 | architect 건축가 | not for another ~가 더 있어야, ~ 후에야

---

8. 미국↔미국
Don't you think this advertisement could be more attractive?
(A) The marketing department.
(B) No, I like the simple look.
(C) Yes, we'll add price tags.

이 광고가 더 매력적일 수 있다고 생각하지 않으세요?
(A) 마케팅부요.
(B) **아니요, 저는 단순해 보이는 것이 좋아요.**
(C) 네, 저희가 가격표를 추가할 겁니다.

해설 (A) 연상 어휘 함정 (advertisement – marketing)
(B) **'No'로 대답하고, 단순해 보이는 것이 좋다고 적절히 덧붙여 말했으므로 정답이다.**
(C) 유사 발음 함정 (advertisement – add)

✦ 정답 더보기
Let's ask our team members. 우리 팀원들에게 물어봅시다.

어휘 advertisement 광고 | attractive 매력적인 | look 겉보기, 겉모습, 외관 | add 추가하다 | price tag 가격표

---

9. 영국↔호주
Who will be scheduling the job interviews?
(A) Kendra told me she would.
(B) The interview went well.
(C) Yes, our viewership has increased.

누가 구직 면접 일정을 잡을 건가요?
(A) **Kendra가 자신이 하겠다고 제게 말했어요.**
(B) 면접이 잘 진행되었어요.
(C) 네, 우리 시청률이 늘었어요.

해설 (A) **Kendra가 자신이 하겠다고 말했다며 사람 이름으로 대답했으므로 정답이다.**
(B) 동어 반복 함정 (interviews – interview)
(C) 유사 발음 함정 (interviews – viewership)

✦ 정답 더보기
I thought you were in charge of it.
당신이 담당하는 줄 알았는데요.

어휘 schedule 일정을 잡다 | viewership 시청률 | increase 늘다, 증가하다 | in charge of ~을 담당하는

---

10. 미국↔호주
What's the capacity of the gas tank in that truck?
(A) That model comes in a few different colors.

(B) You should find a parking lot.
(C) It holds about 500 liters.

저 트럭의 가스 탱크 용량이 얼마인가요?
(A) 그 모델은 몇 가지 다른 색상으로 나와요.
(B) 주차장을 찾으셔야 해요.
(C) **약 500리터를 담을 수 있어요.**

해설 (A) 연상 어휘 함정 (truck – model)
(B) 연상 어휘 함정 (truck – parking lot)
(C) **약 500리터를 담을 수 있다고 질문에 맞게 적절히 대답했으므로 정답이다.**

✦ 정답 더보기
It can carry more than 300 liters.
그것은 300리터 넘게 실어 나를 수 있어요.

어휘 capacity 용량, 수용력 | come in (제품 등이) ~으로 나오다 | parking lot 주차장 | hold 담다, 수용하다 | carry 나르다 | more than ~ 넘게, 이상

---

11. 영국↔미국
How many people have registered for the demonstration?
(A) The registers are in the front.
(B) The same location as last year.
(C) It hasn't been released yet.

시연에 몇 명이나 등록했어요?
(A) 등록기는 앞쪽에 있어요.
(B) 작년과 동일한 장소예요.
(C) **아직 발표되지 않았어요.**

해설 (A) 유사 발음 함정 (registered – registers)
(B) 연상 어휘 함정 (demonstration – location)
(C) **아직 발표되지 않았다며 현재로선 알 수 없음을 우회적으로 적절히 말했으므로 정답이다.**

✦ 정답 더보기
We beat last year's record. 작년 기록을 경신했어요.

어휘 register 등록하다; 등록기 | demonstration 시연 | location 장소, 위치 | release 발표[출시]하다 | beat 능가하다, 이기다 | record 기록

---

12. 호주↔미국
Why are your team members leaving work so early?
(A) The CEO approved the change.
(B) I've been reading it lately.
(C) It got here earlier than I thought.

당신의 팀원들은 왜 이렇게 일찍 퇴근하나요?
(A) **CEO께서 바꾸는 것을 승인했어요.**
(B) 전 요즘 그것을 읽고 있어요.
(C) 그것은 생각보다 여기 빨리 왔네요.

해설 (A) **CEO가 변화를 승인했다며 이유로 대답했으므로 정답이다.**
(B) 유사 발음 함정 (leaving – reading)
(C) 유사 발음 함정 (early – earlier)

✦ 정답 더보기
They are going on a business trip.
그들은 출장을 갈 거예요.

어휘 leave work 퇴근하다 | approve 승인하다 | go on a business trip 출장을 가다

---

13. 미국 ↔ 미국

Are you looking for square tables or round ones?
(A) I'd prefer a seat by the table.
(B) Once every year.
(C) I need small squares.

정사각형 테이블을 찾고 계신가요, 아니면 원형으로 된 것을 찾고 계시나요?
(A) 저는 그 테이블 옆 자리를 원합니다.
(B) 일년에 한 번이요.
(C) 작은 정사각형 모양이 필요합니다.

해설 (A) 동어 반복 함정(tables – table)
(B) 유사 발음 함정(ones – Once)
(C) 작은 정사각형 모양으로 된 것이 필요하다며 전자를 선택했으므로 정답이다.

➕ 정답 더보기
We need five each. 저희는 각각 다섯 개씩 필요합니다.

어휘 look for ~을 찾다 | square 정사각형의; 정사각형 | round 원형의, 둥근 | would prefer ~을 원하다 | by ~ 옆에

----

14. 호주 ↔ 영국

Dr. Lin is available to see you this Wednesday.
(A) Chapter 2, page 10.
(B) Sorry. That item is not available.
(C) How about next week?

Lin 의사 선생님께서는 이번 주 수요일에 당신을 만나실 수 있어요.
(A) 2챕터, 10쪽이요.
(B) 죄송해요. 그 상품은 없어요.
(C) 다음 주는 어떤가요?

해설 (A) 질문과 무관한 응답
(B) 동어 반복 함정(available – available)
(C) 다음 주는 어떠냐며 되묻는 응답으로 질문에 맞게 적절히 대답했으므로 정답이다.

➕ 정답 더보기
I'll see you then. 그때 뵐게요.

어휘 available 시간이 있는, 구할 수 있는 | item 상품

----

15. 미국 ↔ 영국

When's the next employee management seminar?
(A) I don't have to go to that.
(B) 11th Street.
(C) Frankie took the handouts.

다음 직원 관리 세미나는 언제인가요?
(A) 저는 거기 안 가도 돼요.
(B) 11번가요.
(C) Frankie가 유인물을 챙겼어요.

해설 **(A) 자신은 거기 안 가도 된다며 자신은 상관없는 일임을 알리는 응답으로 우회적으로 적절히 대답했으므로 정답이다.**
(B) 연상 어휘 함정(When, next – 11th)
(C) 연상 어휘 함정(seminar – handouts)

➕ 정답 더보기
The HR Department is in charge of it.
인사부가 그걸 담당하고 있어요.

어휘 employee 직원 | management 관리, 운영 | handout 유인물 | in charge of ~을 담당하는

----

16. 미국 ↔ 미국

Did you have time to review the designs I emailed you?
(A) That place has a great view.
(B) Not yet, but I'll review it this afternoon.
(C) The mail arrived last night.

제가 이메일로 보낸 디자인 검토할 시간 있으셨어요?
(A) 그곳 전망이 참 좋아요.
(B) 아직이요, 하지만 오늘 오후에 검토할 거예요.
(C) 편지가 어젯밤에 도착했어요.

해설 (A) 유사발음 함정(review – view)
(B) 'Not yet'이라고 답하고, 오늘 오후에 검토하겠다며 적절히 덧붙여 말했으므로 정답이다.
(C) 연상 어휘 함정(time – last night, emailed – mail), 유사 발음 함정(emailed – mail)

➕ 정답 더보기
No. Let's go over them now. 아니요. 지금 함께 살펴보죠.

어휘 review 검토하다 | view 전망 | go over ~을 살펴보다

----

17. 미국 ↔ 호주

Why don't we drive to Chicago instead of taking the bus?
(A) I've been to that shop.
(B) A car rental company.
(C) Andrew's planning the trip.

Chicago에 버스를 타고 가지 말고 운전해서 가는 건 어때요?
(A) 전 그 매장에 가본 적이 있어요.
(B) 자동차 대여 회사요.
(C) Andrew가 여행을 계획하고 있어요.

해설 (A) 연상 어휘 함정(to Chicago – I've been to)
(B) 연상 어휘 함정(drive – car rental company)
(C) Andrew가 여행을 계획하고 있다며 Andrew에게 물어보는 게 낫다는 의미를 담아 우회적으로 적절히 대답했으므로 정답이다.

➕ 정답 더보기
Wouldn't the bus be easier? 버스가 더 용이하지 않을까요?

어휘 drive (차를) 운전하다 | instead of ~을 하지 않고, ~ 대신 | car rental 자동차 대여 | easy 용이한, 쉬운

----

18. 호주 ↔ 미국

How did you hear about the job opening?
(A) My close friend told me about it.
(B) The store isn't open on weekends.
(C) Let me give you my résumé.

채용 공고는 어떻게 들었어요?
(A) 제 친한 친구가 말해 줬어요.
(B) 그 상점은 주말에 문을 안 열어요.
(C) 제 이력서를 드릴게요.

해설 **(A) 자신의 친한 친구가 말해 줬다며 질문에 맞게 적절히 대답했으므로 정답이다.**
(B) 유사 발음 함정(opening – open)

(C) 연상 어휘 함정(job opening – résumé)

✚ 정답 더보기

On an online message board. 온라인 게시판에서요.

어휘 job opening 채용 공고 | close 가까운, 친한 | résumé 이력서 | message board 게시판

----

19. 영국 ↔ 미국

Aren't you supposed to go over the bridge to get to the train station?
(A) I already went over the notes.
(B) At the training session.
(C) This way is faster.

기차역으로 가려면 다리를 건너야 하지 않나요?
(A) 저는 필기 내용을 이미 살펴봤어요.
(B) 교육 시간에서요.
(C) 이 길이 더 빨라요.

해설 (A) 동어 반복 함정(go over – went over)
(B) 유사 발음 함정(train station – training session)
(C) 이 길이 더 빠르다며 다리를 건널 필요가 없음을 우회적으로 적절히 말했으므로 정답이다.

✚ 정답 더보기

It's under renovation. 그곳은 보수 중이에요.

어휘 go over ~을 건너다, 살펴보다 | note 필기 내용 | renovation 보수, 개조

----

20. 영국 ↔ 미국

If there aren't any more seats in the waiting room, where should I go?
(A) Twenty more minutes.
(B) Over 50 applicants.
(C) I'll talk to my manager.

대기실에 자리가 더 없으면, 어디로 가야 할까요?
(A) 20분 더요.
(B) 지원자 50명 이상이요.
(C) 제 매니저한테 얘기할게요.

해설 (A) 동어 반복 함정(more – more)
(B) 연상 어휘 함정(more seats – Over 50)
(C) 매니저한테 얘기한다며 매니저가 처리해 줄 것이라는 의미를 담아 우회적으로 적절히 대답했으므로 정답이다.

✚ 정답 더보기

We're bringing more chairs now.
지금 의자를 더 가져오고 있어요.

어휘 waiting room 대기실 | applicant 지원자 | bring 가져오다

----

21. 미국 ↔ 미국

I couldn't make out what Amer said at the end.
(A) He said we'll get a raise this year.
(B) It was during the press conference.
(C) I misinterpreted the product manual.

Amer께서 마지막에 한 말을 이해하지 못했어요.
(A) 저희가 올해 임금 인상을 받을 거라고 하셨어요.
(B) 기자 회견 중이었어요.
(C) 제가 제품 설명서를 잘못 이해했어요.

해설 (A) 임금 인상을 받을 거라고 했다며 질문에 맞게 적절히 대답했으므로 정답이다.
(B) 연상 어휘 함정(said – the press conference)
(C) 연상 어휘 함정(couldn't make out – misinterpreted)

✚ 정답 더보기

We should ask him afterwards.
나중에 그분께 물어보는 게 좋겠어요.

어휘 make out ~을 이해하다, 알다 | at the end 마지막에 | raise (임금) 인상 | press conference 기자 회견 | misinterpret 잘못 이해하다 | product manual 제품 설명서 | afterwards 나중에

----

22. 호주 ↔ 영국

Can you recommend a good dentist?
(A) I go to the one in Hopewell Center.
(B) There's a dent in my car.
(C) Maybe for the annual teeth cleaning.

괜찮은 치과 추천해 줄래요?
(A) 저는 Hopewell Center 내에 있는 곳으로 가요.
(B) 제 차에 찌그러진 곳이 있어요.
(C) 아마 일년에 한 번씩 하는 스케일링하러요.

해설 (A) 자신은 Hopewell Center 내에 있는 곳으로 간다며 'Yes'가 생략된 응답으로 질문에 맞게 적절히 대답했으므로 정답이다.
(B) 유사 발음 함정(dentist – dent)
(C) 연상 어휘 함정(dentist – teeth cleaning)

✚ 정답 더보기

I'm actually looking for one as well. 실은 저도 찾고 있어요.

어휘 recommend 추천하다 | dentist 치과 (의사) | dent 찌그러진 곳 | annual 연간의 | teeth cleaning 스케일링

----

23. 미국 ↔ 호주

Shouldn't your company have shipped the product I ordered by now?
(A) An increased production rate.
(B) No, delivery is free.
(C) There was a system error.

지금쯤이면 당신 회사에서 제가 주문한 상품을 발송했어야 하지 않나요?
(A) 증가된 생산율이요.
(B) 아니요, 배송은 무료예요.
(C) 시스템 오류가 있었어요.

해설 (A) 유사 발음 함정(product – production)
(B) 연상 어휘 함정(ship – delivery)
(C) 시스템 오류가 있었다며 그렇게 하지 못했음을 이유를 들어 우회적으로 적절히 대답했으므로 정답이다.

✚ 정답 더보기

Sorry, but let me check our database first.
죄송해요, 제가 우선 데이터베이스를 확인해 볼게요.

어휘 ship 발송하다 | order 주문하다 | increase 증가하다 | production rate 생산율 | delivery 배송 | error 오류

----

24. 미국 ↔ 미국

The new manufacturing plant is looking for more workers, isn't it?

(A) They're manufactured locally.
(B) I already sent in an application.
(C) From a gardening shop.

새 제조 공장이 더 많은 직원을 찾고 있어요, 그렇지 않아요?
(A) 그것들은 지역에서 제조돼요.
(B) 저는 이미 지원서를 냈어요.
(C) 원예 매장에서요.

해설 (A) 동어 반복 함정(manufacturing – manufactured)
(B) 이미 지원서를 냈다며 긍정함과 동시에 추가 정보를 제공하여 우회적으로 적절히 말했으므로 정답이다.
(C) 연상 어휘 함정(plant – gardening)

✚ 정답 더보기
You should check their Web site.
그곳의 웹 사이트를 확인해 보세요.

어휘 manufacturing plant 제조 공장 ǀ manufacture 제조하다 ǀ locally 지역에서, 지방에서 ǀ send in ~을 제출하다 ǀ application 지원서 ǀ gardening 원예, 정원 가꾸기

---

25. 호주↔미국

Where can I buy some stationery around this conference center?
(A) I would think so.
(B) Some pens and notepads, thanks.
(C) Well, you have several choices.

회의장 주변에서 문구류를 어디서 살 수 있을까요?
(A) 그렇게 생각해요.
(B) 펜과 메모지요, 고마워요.
(C) 글쎄요, 여러 선택지가 있어요.

해설 (A) 질문과 무관한 응답
(B) 연상 어휘 함정(stationery – pens and notepads)
(C) 여러 선택지가 있다며 구매 장소를 고를 수 있음을 우회적으로 적절히 말했으므로 정답이다.

✚ 정답 더보기
Try the gift shop next to the entrance.
입구 옆에 있는 선물 가게에 가 보세요.

어휘 stationery 문구류 ǀ notepad 메모지 ǀ several 여러 개의 ǀ choice 선택, 선택지 ǀ entrance 입구

---

26. 영국↔미국

Who's going to set up the chairs for our annual event?
(A) That's been delayed until March.
(B) No, attendance is low.
(C) Submit them in writing.

우리 연례 행사에 필요한 의자를 누가 설치하나요?
(A) 그건 3월로 연기되었습니다.
(B) 아니요, 참석률이 낮습니다.
(C) 그것들을 서면으로 제출하세요.

해설 **(A) 행사가 연기되었다며 현재로서는 누가 설치하는지 알 필요가 없음을 우회적으로 적절히 말했으므로 정답이다.**
(B) 의문사 의문문은 Yes/No로 응답 불가, 연상 어휘 함정(event – attendance)
(C) 질문과 무관한 응답

✚ 정답 더보기
It hasn't been decided yet. 아직 결정되지 않았습니다.

어휘 set up ~을 설치하다 ǀ annual 연례의, 매년의 ǀ delay 연기하다, 지연시키다 ǀ attendance 참석(률), 참석자의 수 ǀ submit 제출하다 ǀ in writing 서면으로 ǀ decide 결정하다

---

27. 미국↔미국

There's a team-building workshop at our headquarters.
(A) We'll stay open late for your shopping convenience.
(B) A lot of people have asked about that.
(C) You should send the item back to the manufacturer.

우리 본사에서 팀워크 구축 워크숍이 있어요.
(A) 저희는 여러분의 쇼핑 편의를 위해 늦게까지 개장합니다.
(B) 많은 분들께서 그것에 관해 여쭤보셨어요.
(C) 그 제품을 제조사로 돌려보내셔야 해요.

해설 (A) 유사 발음 함정(workshop – shopping)
(B) 많은 사람이 물어봤다며 질문에 맞게 적절히 대답했으므로 정답이다.
(C) 연상 어휘 함정(headquarters – manufacturer)

✚ 정답 더보기
Do you think it's mandatory?
그게 의무적이라고 생각하세요?

어휘 headquarters 본사 ǀ stay open late 늦게까지 문을 열다 ǀ convenience 편의, 편리 ǀ manufacturer 제조사 ǀ mandatory 의무적인, 필수의

---

28. 미국↔미국

All of the accounting clerks have received orientation packets, haven't they?
(A) No, we still have to.
(B) The corporate headquarters in Busan.
(C) Some new hires don't start until next week.

회계 직원들 모두가 오리엔테이션 안내 책자를 받았죠, 그렇지 않나요?
(A) 아니요, 우리는 여전히 그래야 합니다.
(B) Busan에 있는 회사 본사요.
(C) 일부 신입 사원들은 다음 주나 되어야 근무를 시작합니다.

해설 (A) 주어 불일치 함정(accounting clerks – we)
(B) 연상 어휘 함정(orientation – headquarters)
(C) 일부 신입 사원들은 다음 주나 되어야 일을 시작한다며 모든 직원들이 다 받은 것은 아님을 우회적으로 적절히 말했으므로 정답이다.

✚ 정답 더보기
Not that I know of. 제가 알기로는 아니에요.

어휘 accounting clerk 회계 직원 ǀ receive 받다 ǀ packet 안내 책자 묶음집 ǀ corporate 회사의, 기업의 ǀ headquarters 본사 ǀ new hire 신입 사원 ǀ not A until B B나 되어야 A하다

---

29. 영국↔호주

Have we decided what we're going to do with the budget surplus?
(A) It's within our budget.
(B) We're using it for employee bonuses.
(C) You can really see a difference.

남은 예산으로 우리가 무엇을 할지 정했나요?
(A) 그건 우리 예산 범위 내에 있습니다.

(B) 직원 상여금으로 사용할 겁니다.

(C) 정말로 차이점이 보이실 거예요.

해설 (A) 동어 반복 함정(budget – budget)

(B) **남은 예산을 직원 상여금으로 사용할 것이라며 질문에 긍정함과 동시에 결정 사항을 적절히 말했으므로 정답이다.**

(C) 연상 어휘 함정(surplus – difference)

✛ 정답 더보기

We need to talk about it soon.
곧 그것에 관해 이야기해 봐야 합니다.

어휘 decide 결정하다 | budget 예산 | surplus 나머지, 잔여, 과잉 | bonus 상여금, 보너스 | difference 차이점

---

30. 미국 ↔ 호주

When does the quarterly sales report need to be ready?

(A) Training starts at two o'clock.

(B) The manager is always changing the schedule.

(C) No, since last week.

분기 매출 보고서는 언제 준비되어야 하나요?

(A) 교육이 2시에 시작됩니다.

(B) **매니저님께서 줄곧 일정을 변경하고 계세요.**

(C) 아뇨, 지난주부터요.

해설 (A) 연상 어휘 함정(When – two o'clock)

(B) **매니저가 줄곧 일정을 변경한다며 보고서 준비 시점이 불명확함을 우회적으로 적절히 말했으므로 정답이다.**

(C) 의문사 의문문은 Yes/No로 응답 불가, 연상 어휘 함정(When – last week)

✛ 정답 더보기

Let me check the calendar. 달력 좀 확인해 볼게요.

어휘 quarterly 분기의 | sales 매출, 영업, 판매(량) | training 교육 | schedule 일정 | since ~부터, ~ 이후로 | calendar 달력

---

31. 영국 ↔ 미국

Would you like to sign up for the cooking class at 8 o'clock or at 11 o'clock?

(A) Yes, I'll buy four of those.

(B) I have to work all morning.

(C) The 9th Avenue supermarket

8시에 있는 요리 수업에 등록하고 싶으세요, 아니면 9시에 있는 걸로 하고 싶으세요?

(A) 네, 저는 그것으로 4개를 살게요.

(B) **저는 오전 내내 일해야 해요.**

(C) 9번가의 슈퍼마켓이요.

해설 (A) 유사 발음 함정(for – four)

(B) **자신은 오전 내내 일해야 한다며 두 선택지 모두 불가능함을 우회적으로 적절히 말했으므로 정답이다.**

(C) 연상 어휘 함정(cooking – supermarket)

✛ 정답 더보기

I prefer the one at 11. 저는 11시에 있는 게 더 좋아요.

어휘 sign up for ~에 등록하다, ~을 신청하다 | cooking class 요리 수업 | prefer 더 좋아하다

호주 ↔ 영국

Questions 32-34 refer to the following conversation.

Ⓜ Hello, Ms. Lim. ㉜**I've been trying to log in to the company server, but it keeps telling me that my credentials are invalid.**

Ⓦ Ah, that's because we need to update your account. Since you were moved up to a managerial role, the IT team will have to add more features to your account. By the way, ㉝**congratulations on getting promoted!**

Ⓜ Thank you. But I need to get into the server to download some files.

Ⓦ ㉞**I can go ahead and create a temporary ID for you** until the update is completed.

32-34번은 다음 대화에 관한 문제입니다.

남 안녕하세요, Lim 씨. ㉜**제가 회사 서버에 로그인을 하려고 하는데요, 계속 제 자격이 무효하다고 나와서요.**

여 아, 그건 우리가 당신의 계정을 업데이트해야 해서 그래요. 관리직으로 승진하셨으니, IT팀이 계정에 더 많은 기능을 추가해야 하거든요. 그건 그렇고, ㉝**승진한 것 축하드려요!**

남 감사해요. 하지만 제가 서버에 들어가서 파일들을 다운로드해야 해요.

여 업데이트가 완료될 때까지 ㉞**제가 임시 ID를 만들어 드릴 수 있어요.**

어휘

credential 자격 | invalid 무효의, 효력 없는 | account 계정 | move up ~을 승진시키다 | managerial 관리의, 경영의 | role 역할 | feature 기능; 특집으로 다루다 | by the way 그런데 | promote 승진하다 | create 만들다 | temporary 임시의 | complete 완료하다, 끝마치다 | assignment 업무, 과제 | locate ~의 정확한 위치를 찾아내다 | submit 제출하다 | unable to do ~할 수 없는 | access 접근하다 | launch 출시하다 | install 설치하다 | get in touch with ~에게 연락하다 | reduce 줄이다 | workload 업무량

---

32. What problem does the man mention?

(A) He has too many assignments to complete.

(B) He cannot locate his company badge.

(C) He forgot to submit a payment.

(D) He is unable to access a system.

남자는 어떤 문제점을 언급하는가?

(A) 끝내야 할 업무가 너무 많다.

(B) 회사 배지를 찾을 수 없다.

(C) 금액을 지급하는 것을 잊어버렸다.

(D) **시스템에 접근할 수 없다.**

해설 키워드 문제 – 대화 초반부에 남자가 I've been trying to log in to the company server, but it keeps telling me that my credentials are invalid.(제가 회사 서버에 로그인을 하려고 하는데요, 계속 제 자격이 무효하다고 나와서요.)라고 말했으므로 (D)가 정답이다.

33. Why does the woman congratulate the man?

(A) He launched a new product.

(B) He was featured in a magazine.

(C) He received a promotion.

(D) He opened his own store.

여자는 왜 남자에게 축하를 해 주는가?

(A) 그가 새 제품을 출시했다.

(B) 그가 잡지에 특집으로 실렸다.
(C) 그가 승진했다.
(D) 그가 자신의 매장을 개업했다.

해설 키워드 문제 – 대화 중반부에 여자가 congratulations on getting promoted(승진한 것 축하드려요)라고 말했으므로 (C)가 정답이다.

✚ Paraphrasing
get promoted → receive a promotion

34. What does the woman offer to do?
(A) Install some machinery
(B) Get in touch with a manager
(C) Reduce the man's workload
(D) Make a temporary ID for the man

여자는 무엇을 해 주겠다고 제안하는가?
(A) 기계를 설치해 주겠다고
(B) 매니저에게 연락해 주겠다고
(C) 남자의 업무량을 줄여 주겠다고
(D) 남자를 위해 임시 ID를 만들어 주겠다고

해설 제안·요청을 묻는 문제 – 여자가 마지막 말에서 I can go ahead and create a temporary ID for you(제가 임시 ID를 만들어 드릴 수 있어요)라고 말했으므로 (D)가 정답이다.

✚ Paraphrasing
create → Make

미국 ↔ 미국

Questions 35-37 refer to the following conversation.

Ⓜ I'm glad we got to meet today, Lena. ³⁵**I wanted to check whether our hotel is ready for that big business convention.** How are things coming along?

Ⓦ Pretty well. In recent years, our staff had trouble handling calls from convention participants regarding the event. But this year, we're doing things a bit differently. ³⁶**Participants' calls will be directed to a dedicated hotline to provide all the information they need.**

Ⓜ That sounds good. But who will be taking those calls?

Ⓦ I'm planning to put Bill and Tony in charge since they are the most familiar with the event. ³⁷**I'll call them into the office now.**

35-37번은 다음 대화에 관한 문제입니다.

남 Lena, 오늘 만나게 되어 반가워요. ³⁵**저는 우리 호텔이 그런 대규모의 비즈니스 컨벤션에 준비되어 있는지 확인하고 싶었어요.** 어떻게 되고 있나요?

여 잘되고 있습니다. 최근 몇 년 동안, 저희 직원들은 행사 관련하여 컨벤션 참가자들 전화를 받느라 힘들었는데요. 그런데 올해는, 살짝 다르게 업무를 하고 있어요. ³⁶**참가자들 전화는 필요한 정보를 제공해 주는 전용 상담 창구로 연결될 거예요.**

남 좋네요. 그런데 전화는 누가 받죠?

여 Bill과 Tony가 그 행사에 가장 익숙해서 그들에게 맡길 계획이에요. ³⁷**지금 그들을 사무실로 부를게요.**

어휘
have trouble doing ~하는 데 어려움을 겪다 | handle 다루다, 처리하다 | participant 참가자 | regarding ~에 관하여 | differently 다르게 | direct

~로 향하다 | dedicated 전용의, 헌신적인 | hotline 상담 전화 | put A in charge A에게 책임을 맡기다 | familiar with ~에 익숙한 | charity 자선 | renovation 보수 | advertising 광고 | loyalty 충실, 충성 | specialized 특화된, 전문의 | complimentary 무료의 | dining 식사 | review 살펴보다, 검토하다 | revenue 수익 | revise 수정하다 | supplier 공급 업체

35. What are the speakers preparing for?
(A) A charity event
(B) A building renovation
(C) A business convention
(D) An advertising campaign

화자들은 무엇을 준비하고 있는가?
(A) 자선 행사
(B) 건물 보수
(C) 비즈니스 컨벤션
(D) 광고 캠페인

해설 키워드 문제 – 대화 초반부에 남자가 I wanted to check whether our hotel is ready for that big business convention. (저는 우리 호텔이 그런 대규모의 비즈니스 컨벤션에 준비되어 있는지 확인하고 싶었어요.)라고 말했으므로 (C)가 정답이다.

✚ Paraphrasing
ready for → prepare for

36. What new service will the hotel offer?
(A) A loyalty discount program
(B) An airport shuttle
(C) A specialized phone line
(D) A complimentary dining option

호텔은 어떤 새로운 서비스를 제공할 것인가?
(A) 단골 할인 프로그램
(B) 공항 셔틀 버스
(C) 전용 전화선
(D) 무료 식사 선택

해설 제안·요청을 묻는 문제 – 대화 중반부에 여자가 Participants' calls will be directed to a dedicated hotline to provide all the information they need. (참가자들 전화는 필요한 정보를 제공해 주는 전용 상담 창구로 연결될 거예요.)라고 말했으므로 (C)가 정답이다.

✚ Paraphrasing
a dedicated hotline → A specialized phone line, provide → offer

37. What will the speakers most likely do next?
(A) Meet with some employees
(B) Review some revenue figures
(C) Revise a timetable
(D) Contact a supplier

화자들은 다음에 무엇을 하겠는가?
(A) 몇몇 직원들을 만날 것이다
(B) 수입액을 살펴볼 것이다
(C) 시간표를 수정할 것이다
(D) 공급 업체에 연락할 것이다

해설 다음에 할 일을 묻는 문제 – 여자가 마지막 말에서 I'll call them into the office now. (지금 그들을 사무실로 부를게요.)라고 말했으므로 (A)가 정답이다.

Questions 38-40 refer to the following conversation with three speakers.

W Sorry for arriving late. **38 On my way back from the conference, I ran into a lot of traffic on the road due to some repair work.**

M1 That's alright. We can bring you up to speed. **39 Elijah and I have been talking about the new organic fruits and vegetables aisle.** The goal is to open it by the end of the month.

M2 OK. **39 We'll have to halt business for one day to set up the new aisle.** I suggest that we consider shutting down on a weekday since weekends are very busy for us.

W That's a good idea. Alright, if there's nothing else to discuss, **40 I'll start looking over our inventory.**

38-40번은 다음 세 화자의 대화에 관한 문제입니다.

여 늦게 도착해서 죄송해요. **38 학회에서 돌아오는 길에, 어떤 보수 작업 때문에 도로에서 교통 혼잡을 맞닥뜨렸어요.**

남1 괜찮아요. 저희가 상황을 이해시켜드릴게요. **39 Elijah와 저는 새로운 유기농 과일과 채소 통로에 관해 이야기하고 있었어요.** 이번 달 말에 여는 게 목표예요.

남2 네. **39 새 통로를 준비하려면 하루 동안 영업을 중단해야 해요.** 우린 주말에 매우 바쁘니, 주중에 문을 닫는 것을 고려하는 걸 제안해요.

여 좋은 생각이에요. 자, 더 이상 논의할 것이 없다면, **40 저는 우리 재고 검토를 시작할게요.**

어휘

on one's way 오는 길에 | run into (문제에) 맞닥뜨리다, 겪다 | due to ~때문에 | repair 보수, 수리 | bring A up to speed A에게 상황을 이해시키다 | aisle 통로, 복도 | halt 중단하다 | set up ~을 준비하다 | consider 고려하다 | shut down 문을 닫다 | look over ~을 검토하다 | inventory 재고 | access 출입 | break down 고장 나다 | encounter 마주하다 | heavy traffic 극심한 교통량 | unable to do ~할 수 없는 | locate ~의 정확한 위치를 찾다 | temporarily 일시적으로 | official 공식적인 | inspection 점검 | train 교육하다 | add 추가하다 | produce 농산품 | celebrate 축하하다 | anniversary 기념일 | submit 제출하다 | fix 수리하다, 고치다 | contract 계약서

38. Why was the woman late for a meeting?
(A) Her access card did not work.
(B) Her car broke down.
(C) She encountered heavy traffic.
(D) She was unable to locate an office.

여자는 왜 회의에 늦었는가?
(A) 출입 카드가 작동하지 않았다.
(B) 차가 고장 났다.
(C) 극심한 교통량을 마주했다.
(D) 사무실을 찾지 못했다.

해설 키워드 문제 – 대화 초반부에 여자가 On my way back from the conference, I ran into a lot of traffic on the road due to some repair work.(학회에서 돌아오는 길에, 어떤 보수 작업 때문에 도로에서 교통 혼잡을 맞닥뜨렸어요.)라고 말했으므로 (C)가 정답이다.

✚ Paraphrasing
run into → encounter

39. Why will the store close temporarily?
(A) To prepare for an official inspection
(B) To train some employees
(C) To add a new produce section
(D) To celebrate an anniversary

매장은 왜 일시적으로 문을 닫을 것인가?
(A) 공식 점검을 준비하기 위해
(B) 직원을 교육하기 위해
(C) 새로운 농산품 코너를 추가하기 위해
(D) 기념일을 축하하기 위해

해설 키워드 문제 – 대화 중반부에 남자1이 Elijah and I have been talking about the new organic fruits and vegetables aisle.(Elijah와 저는 새로운 유기농 과일과 채소 통로에 관해 이야기하고 있었어요.)이라고 말하자, 남자2가 We'll have to halt business for one day to set up the new aisle.(새 통로를 준비하려면 하루 동안 영업을 중단해야 해요.)이라고 말했으므로 (C)가 정답이다.

✚ Paraphrasing
halt → close, fruits and vegetables → produce, aisle → section

40. What will the woman most likely do next?
(A) Submit a payment
(B) Fix some equipment
(C) Check some inventory
(D) Sign a contract

여자는 다음에 무엇을 하겠는가?
(A) 지급금을 제출할 것이다
(B) 장비를 수리할 것이다
(C) 재고를 확인할 것이다
(D) 계약서에 서명할 것이다

해설 다음에 할 일을 묻는 문제 – 여자가 마지막 말에서 I'll start looking over our inventory(저는 우리 재고 검토를 시작할게요)라고 말했으므로 (C)가 정답이다.

✚ Paraphrasing
look over → Check

Questions 41-43 refer to the following conversation.

W Mr. Burke, I wanted to give you an update about our team outing on Friday. First, **41 I have some good news. I called the theme park, and they're willing to give us a group discount on the passes.**

M **41 Oh, that's a pleasant surprise!**

W Right? And since we'll have some money left over, **42 I was thinking of buying tickets to *Adventure Quest*—it's that new play that everyone's been talking about. Would that be fine?**

M Of course. Just make sure you don't go over the budget. Also, **43 please send out a confirmation e-mail. We need to ensure that all of our team members are aware of the schedule.**

41-43번은 다음 대화에 관한 문제입니다.

여 Burke 씨, 금요일에 있을 팀 야유회에 관해 새로운 소식을 알려 드리고 싶었어요. 먼저, **41좋은 소식이 있어요. 놀이공원에 전화했는데, 입장권에 단체 할인을 기꺼이 제공해 주겠다고 하네요.**

남 **41오, 뜻밖의 기분 좋은 소식이네요!**

여 그렇죠? 그리고 금액이 남을 테니, **42〈Adventure Quest〉표를 예매할까 생각해요. 모두가 이야기했던 그 새로 하는 연극이에요. 그래도 괜찮을까요?**

남 그럼요. 그저 예산이 초과하지 않도록 하세요. 그리고, **43확인 이메일을 보내도록 하세요. 우리 팀원 전원이 일정에 관해 확실히 알고 있어야 해요.**

어휘

outing 야유회 | theme park 놀이공원 | pass 입장권 | pleasant surprise 뜻밖의 기분 좋은 소식 | leave over ~을 남겨 두다 | play 연극 | go over ~을 넘다 | budget 예산 | confirmation 확인 | ensure 반드시 ~하다 | be aware of ~을 알다 | availability 이용 가능성 | venue 장소 | participant 참가자 | pricing 가격 책정 | permission 허락 | book 예약하다 | rent 대여하다, 빌리다 | recruit 모집하다 | volunteer 자원봉사자 | fund 자금 | colleague 동료 | vendor 판매 회사 | invoice 청구서

41. What is the man surprised about?
(A) The availability of a venue
(B) The number of participants
(C) The meeting time for a company outing
(D) The pricing of some theme park passes

남자는 무엇에 놀랐는가?
(A) 장소의 이용 가능성
(B) 참가 인원 수
(C) 회사 야유회를 위해 만나는 시간
(D) 놀이공원 입장권의 가격 책정

해설 키워드 문제 – 대화 초반부에 여자가 I have some good news. I called the theme park, and they're willing to give us a group discount on the passes.(좋은 소식이 있어요. 놀이공원에 전화했는데, 입장권에 단체 할인을 기꺼이 제공해 주겠다고 하네요.)라고 하자, 남자가 Oh, that's a pleasant surprise!(오, 뜻밖의 기분 좋은 소식이네요!)라고 말했으므로 (D)가 정답이다.

42. What does the woman want permission to do?
(A) Book seats for a performance
(B) Rent a larger vehicle
(C) Use a corporate credit card
(D) Recruit volunteers for an event

여자는 무엇을 하기 위해 허락을 받고자 하는가?
(A) 공연 좌석을 예약하기 위해
(B) 더 큰 차량을 대여하기 위해
(C) 법인 카드를 사용하기 위해
(D) 행사의 자원봉사자를 모집하기 위해

해설 제안·요청을 묻는 문제 – 대화 중반부에 여자가 I was thinking of buying tickets to Adventure Quest—it's that new play that everyone's been talking about. Would that be fine?(〈Adventure Quest〉표를 예매할까 생각했어요. 모두가 이야기했던 그 새로 하는 연극이에요. 그래도 괜찮을까요?)이라고 말했으므로 (A)가 정답이다.

✚ Paraphrasing
play → performance

43. What does the man ask the woman to do next?
(A) Request more funds
(B) Email some colleagues
(C) Call a vendor
(D) Print an invoice

남자는 여자에게 다음에 무엇을 하라고 요청하는가?
(A) 추가 자금을 요청하라고
(B) 동료들에게 이메일을 보내라고
(C) 판매 회사에게 전화하라고
(D) 청구서를 출력하라고

해설 제안·요청을 묻는 문제 – 남자가 마지막 말에서 please send out a confirmation e-mail. We need to ensure that all of our team members are aware of the schedule.(확인 이메일을 보내도록 하세요. 우리 팀원 전원이 일정에 관해 확실히 알고 있어야 해요.)이라고 말했으므로 (B)가 정답이다.

✚ Paraphrasing
our team members → colleagues

미국 ↔ 영국

Questions 44-46 refer to the following conversation.

M Ms. Greenburg, I appreciate you meeting me to introduce your consulting firm. I own a business, and **44I'm worried because my employees don't seem to be that productive at work lately.**

W You've come to the right place. **45My company provides effective classes that can address those kinds of issues.**

M Yes, I've read some good reviews about your firm. The thing is, though, we're really busy during the weekdays. Is it possible to hold sessions on weekends?

W Sure, just let us know the schedule that works best for you. Anyway, **46why don't I show you a recording of our recent classes?**

44-46번은 다음 대화에 관한 문제입니다.

남 Greenburg 씨, 저와 만나서 당신의 컨설팅 회사를 소개해 주셔서 감사합니다. 저는 사업체를 운영하고 있고, **44요즘 우리 직원들이 그다지 생산적이지 않은 것 같아서 걱정이에요.**

여 잘 찾아오셨네요. **45저희 회사는 그런 문제점을 다룰 수 있는 효과적인 강의를 제공해요.**

남 네, 귀사에 관한 좋은 후기 몇 개를 보았어요. 그런데 실은, 저희 회사가 주중에는 매우 바빠요. 주말에 강의를 열어 주실 수 있나요?

여 그럼요, 가장 알맞은 일정을 알려주세요. 그건 그렇고, **46제가 저희 최근 수업 동영상을 보여 드리는 건 어떨까요?**

어휘

appreciate 고맙게 여기다 | introduce 소개하다 | business 사업체 | worry 걱정하다 | productive 생산적인 | effective 효과적인 | address 다루다 | issue 문제 | review 후기, 평가 | recording 녹화된 것 | recent 최근의 | sales figure 판매량 | productivity 생산성 | operating expense 운영비 | effective 효과적인 | negotiate 협상하다

44. What is the man worried about?
(A) Low sales figures
(B) Employee productivity

(C) Unhappy customers

(D) High operating expenses

남자는 무엇에 관해 걱정하는가?

(A) 낮은 판매량

(B) 직원 생산성

(C) 만족하지 않는 고객

(D) 높은 운영 비용

해설 키워드 문제 – 대화 초반부에 남자가 I'm worried because my employees don't seem to be that productive at work lately(요즘 우리 직원들이 그다지 생산적이지 않은 것 같아서 걱정이에요)라고 말했으므로 (B)가 정답이다.

45. What does the woman mention about the courses her company provides?

(A) They are short.

(B) They are being offered at a discount.

(C) They are effective.

(D) They are only available online.

여자는 자신의 회사가 제공하는 강의에 관해 무엇을 언급하는가?

(A) 짧다.

(B) 할인가로 제공되고 있다.

(C) 효과적이다.

(D) 온라인으로만 이용할 수 있다.

해설 키워드 문제 – 대화 초중반부에 여자가 My company provides effective classes that can address those kinds of issues.(저희 회사는 그런 문제점을 다룰 수 있는 효과적인 강의를 제공해요.)라고 말했으므로 (C)가 정답이다.

✦ Paraphrasing

classes → courses

46. What does the woman offer to do?

(A) Show a video

(B) Negotiate a price

(C) Change a date

(D) Visit an office

여자는 무엇을 해 주겠다고 제안하는가?

(A) 동영상을 보여 주겠다고

(B) 가격을 협상해 주겠다고

(C) 일정을 변경해 주겠다고

(D) 사무실에 방문해 주겠다고

해설 제안·요청을 묻는 문제 – 여자가 마지막 말에서 why don't I show you a recording of our recent classes(제가 저희 최근 수업 동영상을 보여 드리는 건 어떨까요)라고 말했으므로 (A)가 정답이다.

✦ Paraphrasing

recording → video

호주 ↔ 미국 ↔ 영국

Questions 47-49 refer to the following conversation with three speakers.

M **47**I have a meeting with the board next week. Could the two of you let me know some of the key performance metrics we should report?

W1 **48**I can happily report that our factory is producing 3,000 industrial fans a month. We have increased our output by 500 units since last year.

W2 And we are also producing at far lower costs. Compared to last month, we are saving 14 percent.

M **49**Wow, that is fantastic news. I'm especially impressed at how much we've managed to save on costs.

W2 I agree. I hope these results give us a favorable performance review.

47-49번은 다음 세 화자의 대화에 관한 문제입니다.

남 **47**다음 주에 이사회 회의가 있어요. 우리가 보고해야 할 주요 성과 지표에 대해서 두 분이 저에게 알려줄 내용이 있나요?

여1 **48**우리 공장에서 한 달에 산업용 송풍기를 3천대 생산하고 있다는 기쁜 소식을 알려 드립니다. 작년부터 생산량을 500개 늘렸습니다.

여2 게다가 훨씬 더 낮은 비용에 생산하고 있어요. 지난달이랑 비교하면, 14퍼센트 절감하고 있습니다.

남 **49**와, 굉장한 소식이네요. 비용을 얼마나 많이 절감해 냈는지가 특히 인상적이에요.

여2 맞아요. 이런 결과가 저희에게 좋은 성과 평가로 이어지면 좋겠어요.

어휘

board 이사회 | key 주요한 | performance metric 성과 지표 | report 보고하다 | happily 행복하게, 만족스럽게 | industrial 산업용, 공업용의 | fan 선풍기, 환풍기 | output 생산량 | unit (상품) 단위, 한 개 | cost 비용 | compared to ~과 비교하면 | save 절약하다 | especially 특히 | be impressed at ~에 깊은 인상을 받다 | manage to do 어떻게든 ~해내다 | favorable 호의적인 | performance review 업무 평가 | press release 보도 자료 | safety 안전 | inspection 점검 | demonstration 시연 | microprocessor 중앙 처리 장치 | overall 전체의 | throughput 처리량 | satisfaction 만족도 | reduction 절약

47. What is the man preparing for?

(A) A press release

(B) A safety inspection

(C) A board meeting

(D) A product demonstration

남자는 무엇을 준비하고 있는가?

(A) 보도 자료

(B) 안전 점검

(C) 이사회 회의

(D) 제품 시연

해설 키워드 문제 – 대화 초반부에 남자가 I have a meeting with the board next week. Could the two of you let me know some of the key performance metrics we should report? (다음 주에 이사회 회의가 있어요. 우리가 보고해야 할 주요 성과 지표에 대해서 두 분이 저에게 알려줄 내용이 있나요?)라고 말했으므로 (C)가 정답이다.

48. What product are the speakers discussing?

(A) Microprocessors

(B) Industrial fans

(C) Water pipes

(D) Televisions

화자들은 어떤 제품에 대해 논의하고 있는가?

(A) 중앙 처리 장치

(B) 산업용 송풍기

(C) 수도관
(D) 텔레비전

해설 주제·목적을 묻는 문제 – 대화 초중반부에 여자1이 I can happily report that our factory is producing 3,000 industrial fans a month. (우리 공장에서 한 달에 산업용 송풍기를 3천대 생산하고 있다는 기쁜 소식을 알려 드립니다.)라고 말했으므로 (B)가 정답이다.

49. What is the man impressed about?
(A) Overall throughput
(B) Employee satisfaction
(C) New policies
(D) Cost reductions

남자는 무엇에 대해 감명을 받았는가?
(A) 전체 처리량
(B) 직원 만족도
(C) 새로운 정책
(D) 비용 절약

해설 키워드 문제 – 대화 후반부에 남자가 Wow, that is fantastic news. I'm especially impressed at how much we've managed to save on costs. (와, 굉장한 소식이에요. 비용을 얼마나 많이 절감해 냈는지가 특히 인상적이에요.)라고 말했으므로 (D)가 정답이다.

영국 ↔ 미국

Questions 50-52 refer to the following conversation.

W Hi, Bill. It's Audrey. **50 I'm calling because I just received an e-mail from the local council. They have a lot of questions regarding our proposal for a new building.** I don't even know where to begin.

M OK, don't worry. This is just part of their standard procedure. I've been through this process many times.

W We really need this to go smoothly. **51 I've been talking to a few clients, and they're very close to signing with us.** Expanding into another office will surely convince them that we are the right choice.

M Here's what you should do. **52 Get in touch with Dean. He opened the Fullerton branch. He'll tell you exactly what to do.**

50-52번은 다음 대화에 관한 문제입니다.

여 안녕하세요, Bill. 저는 Audrey예요. 50 방금 저희 신규 건물 제안서와 관련해 지방 의회에서 보낸 이메일을 받아서 전화 드려요. 전 어디서부터 시작해야 할지조차 모르겠어요.

남 알았어요, 걱정 말아요. 그쪽에서 하는 표준 절차일 뿐이에요. 저는 이 과정을 많이 겪어 봤어요.

여 저희는 이 일을 순조롭게 진행해야 해요. 51 제가 고객 몇 명과 논의 중에 있는데, 저희와 계약을 맺을 단계에 임박했어요. 다른 사무실로 확장하면 분명 저희가 옳은 선택이라는 확신을 심어줄 거예요.

남 이렇게 합시다. 52 Dean에게 연락하세요. 그분이 Fullerton 지점을 열었어요. 그분이 당신에게 무엇을 할지 정확하게 알려 줄 거예요.

어휘
council 의회 | regarding ~에 관해서 | proposal 제안 | standard 표준의, 일반적인 | procedure 절차 | process 과정, 절차 | smoothly 순조롭게 | be close to ~에 가깝다 | sign 서명하다 | expand into ~으로 확대[진출]하다 | surely 확실히, 틀림없이 | convince 확신시키다 | get in touch with ~와 연락하다 | branch 지점 | exactly 정확하게 | assistance 도움 | express

표현하다 | anger 분노 | share 공유하다 | enter into (계약 등을) 체결하다, 맺다 | contract 계약 | agree to ~에 동의하다 | familiar with ~에 익숙한 | overtime 초과 근무

50. Why does the woman say, "I don't even know where to begin"?
(A) To provide an update
(B) To suggest a change
(C) To request assistance
(D) To express anger

여자는 왜 "전 어디서부터 시작해야 할지조차 모르겠어요"라고 말하는가?
(A) 최신 소식을 제공하려고
(B) 변화를 제안하려고
(C) 도움을 요청하려고
(D) 분노를 표현하려고

해설 화자 의도 파악 문제 – 대화 초반부에 여자가 I'm calling because I just received an e-mail from the local council. They have a lot of questions regarding our proposal for a new building. (방금 저희 신규 건물 제안서와 관련해 지방 의회에서 보낸 이메일을 받아서 전화 드려요.)이라고 말한 후 이어서 한 말로, 자신은 일을 어디서부터 할지 몰라 이메일을 받자마자 도움을 요청하기 위해 전화를 했다는 의미이므로 (C)가 정답이다.

51. What does the woman hope that the potential clients will decide to do?
(A) Share customer information
(B) Enter into a contract
(C) Purchase some office space
(D) Agree to a discount

여자는 잠재 고객이 무엇을 하기로 결정하기를 바라는가?
(A) 고객 정보를 공유하기로
(B) 계약을 체결하기로
(C) 사무 공간을 구입하기로
(D) 할인에 동의하기로

해설 키워드 문제 – 대화 중반부에 여자가 I've been talking to a few clients, and they're very close to signing with us. (제가 고객 몇 명과 논의 중에 있는데, 저희와 계약을 맺을 단계에 임박했어요.)라고 말했으므로 (B)가 정답이다.

52. Why does the man suggest contacting Dean?
(A) He is familiar with the process.
(B) He works for the local council.
(C) He is close with the clients.
(D) He often works overtime.

남자는 왜 Dean에게 연락하라고 제안하는가?
(A) 절차에 익숙하다.
(B) 지방 의회에서 일한다.
(C) 고객과 친하다.
(D) 초과 근무를 자주 한다.

해설 키워드 문제 – 대화 후반부에 남자가 Get in touch with Dean. He opened the Fullerton branch. He'll tell you exactly what to do. (Dean에게 연락하세요. 그분이 Fullerton 지점을 열었어요. 그분이 당신에게 무엇을 할지 정확하게 알려 줄 거예요.)라고 말했으므로 (A)가 정답이다.

미국↔호주

Questions 53-55 refer to the following conversation.

W You've reached the Technical Support. How may I help you?

M Hi. This is Eric in Sales. I need help. [53] **My word processing program has stopped working.**

W Oh. You should download and install the program updates.

M I've done that. [54] **But the software keeps shutting down, and I'm worried about losing data.**

W OK. Hmm... [54] **Technical Support is going to be in a training session all morning.**

M Really? I have to leave at noon today. [55] **I need to pick up a client at the airport this afternoon.**

W Don't worry. If you let me know your password, we can work on your machine after you leave.

53-55번은 다음 대화에 관한 문제입니다.

여 기술 지원부입니다. 무엇을 도와 드릴까요?

남 안녕하세요. 영업부의 Eric이에요. 도움이 필요해서요. [53] **제 워드프로세싱 프로그램이 작동을 멈췄어요.**

여 아. 프로그램 업데이트를 다운로드하고 설치해 주세요.

남 그렇게 했어요. [54] **그런데 소프트웨어는 계속 멈추는데, 데이터가 손실될까 봐 걱정되네요.**

여 네. 음... [54] **기술 지원 부서가 아침 내내 교육을 받을 예정이에요.**

남 정말이요? 저는 오늘 오전에 나갈 거예요. [55] **오늘 오후에 공항에 고객을 태우러 가야 해요.**

여 걱정하지 마세요. 제게 패스워드를 알려 주시면, 당신이 떠나고 나서 당신 장비를 손볼게요.

어휘

reach 연락하다 | technical 기술의 | support 지원 | install 설치하다 | shut down 멈추다, 정지하다 | lose 잃다 | pick up ~을 태우러 가다 | leave 떠나다 | deadline 마감일 | incorrect 부정확한 | manual 설명서 | right away 즉시 | available 이용 가능한 | hire 채용하다 | contact 연락하다 | department 부서 | instructions 설명서 | business trip 출장

53. What is the main topic of this conversation?

(A) A lost access code
(B) A writing deadline
(C) A computer problem
(D) An incorrect manual

대화의 주된 주제는 무엇인가?

(A) 접속 코드 분실
(B) 작성 마감일
(C) 컴퓨터 문제
(D) 부정확한 설명서

해설 주제·목적을 묻는 문제 - 대화 초반부에 남자가 My word processing program has stopped working.(제 워드프로세싱 프로그램이 작동을 멈췄어요.)이라고 말했으므로 (C)가 정답이다.

+ Paraphrasing
word processing program → computer

54. What does the woman mean when she says, "Technical Support is going to be in a training session all morning"?

(A) Help cannot be provided right away.
(B) Some new information will be available.
(C) The department has hired new employees.
(D) The man should contact another department.

여자가 "기술 지원 부서가 아침 내내 교육을 받을 예정이에요"라고 말할 때, 그녀가 의미한 것은?

(A) 즉시 도움을 제공할 수 없다.
(B) 몇 가지 새로운 정보를 이용할 수 있을 것이다.
(C) 부서에서 신입 사원을 채용하였다.
(D) 남자는 다른 부서에 연락해야 한다.

해설 화자 의도 파악 문제 - 대화 중반부에 남자가 But the software keeps shutting down, and I'm worried about losing data.(그런데 소프트웨어는 계속 멈추는데, 데이터가 손실될까 봐 걱정되네요.)라고 하자, 여자가 Technical Support is going to be in a training session all morning.(기술 지원 부서가 아침 내내 교육을 받을 예정이에요.)이라고 말한 것은 교육으로 인해 기술 지원 부서가 즉각적인 도움을 줄 수 없을 거라는 의미이므로 (A)가 정답이다.

55. What does the man say he will do this afternoon?

(A) Install some new software
(B) Read some instructions
(C) Take a business trip
(D) Pick up a client

남자는 오늘 오후에 무엇을 할 것이라고 말하는가?

(A) 일부 새 소프트웨어 설치할 것이라고
(B) 설명서를 읽을 것이라고
(C) 출장을 갈 것이라고
(D) 고객을 태우러 갈 것이라고

해설 키워드 문제 - 대화 후반부에 남자가 I need to pick up a client at the airport this afternoon.(오늘 오후에 공항에 고객을 태우러 가야 해요.)이라고 말했으므로 (D)가 정답이다.

미국↔미국

Questions 56-58 refer to the following conversation.

M Hi, Sue. [56] **I want to set up a social gathering** for our team members sometime this month. It'd be a good way to celebrate our recent product launch.

W Sounds like fun. I'm sure everyone would appreciate the chance to meet up outside the office. We usually just get dinner during team outings, but I think this time, [57] **we should consider getting seats to that new play** that's been so popular lately.

M Perfect. That's definitely something new.

W The only thing is the admission prices vary based on where we are seated, so I need to know how much we can spend.

M Alright, [58] **let me review our monthly budget and get back to you later**.

56-58번은 다음 대화에 관한 문제입니다.

남 안녕하세요, Sue. 저는 이번 달 중에 우리 팀원들이 [56] **모이는 자리를 마련하고 싶어요.** 최근 출시된 상품을 기념하는 좋은 방법이 될 거예요.

(B) 고객과 만날 것이다

[여] 재밌을 거 같아요. 모두 사무실 밖에서 만나는 기회에 감사해할 거예요. 우리는 보통 회식 때 저녁만 먹잖아요, 그런데 제 생각엔 이번에는 요즘 엄청 인기 많은 **57**그 새로 나온 연극을 보는 걸 고려해 봐요.

[남] 좋아요. 확실히 새로운 거네요.

[여] 단지 문제는 좌석 위치에 따라 입장료가 달라서요, 우리가 얼마를 쓸 수 있는지 제가 알아야 해요.

[남] 알았어요, **58**제가 이후에 월 예산을 확인해 보고 알려 줄게요.

어휘
set up ~을 마련하다 | social gathering 사교 모임, 친목회 | celebrate 축하하다 | launch 출시 | consider 고려하다 | popular 인기 있는 | definitely 확실히, 분명히 | admission price 입장료 | monthly 매월의 | budget 예산 | get back to ~에게 나중에 다시 연락하다 | hold 열다, 개최하다 | expand 확장하다 | test 시험하다 | obtain 구하다, 얻다 | review 살펴보다, 검토하다 | supplier 공급 업체 | revise 수정하다 | go over ~을 살펴보다

56. What would the man like to do?
(A) Hold a training workshop
(B) Plan a social gathering
(C) Expand an office area
(D) Test a new product

남자는 무엇을 하고 싶어 하는가?
(A) 교육 워크샵을 열고 싶어 한다
(B) 사교 모임을 계획하고 싶어 한다
(C) 사무실 공간을 확장하고 싶어 한다
(D) 신상품을 시험하고 싶어 한다

해설 키워드 문제 – 남자가 첫 번째 말에서 I want to set up a social gathering(모이는 자리를 마련하고 싶어요)이라고 말했으므로 (B) 가 정답이다.

✚ Paraphrasing
set up → Plan

57. What does the woman recommend doing?
(A) Obtaining some tickets
(B) Finding a closer restaurant
(C) Reviewing some articles
(D) Using a cheaper supplier

여자는 무엇을 하라고 권하는가?
(A) 티켓을 구하라고
(B) 더 가까운 식당을 찾으라고
(C) 기사를 살펴보라고
(D) 더 저렴한 공급 업체를 이용하라고

해설 제안·요청을 묻는 문제 – 대화 중반부에 여자가 we should consider getting seats to that new play(그 새로 나온 연극을 보는 걸 고려해 봐요)라고 말했으므로 (A)가 정답이다.

✚ Paraphrasing
getting seats → Obtaining ~ tickets

58. What will the man probably do later?
(A) Revise a presentation
(B) Meet with a client
(C) Go over a budget
(D) Visit a bank

남자는 이후에 무엇을 하겠는가?
(A) 프레젠테이션을 수정할 것이다

(B) 고객과 만날 것이다
(C) 예산을 살펴볼 것이다
(D) 은행에 방문할 것이다

해설 다음에 할 일을 묻는 문제 – 남자가 마지막 말에서 let me review our monthly budget and get back to you later(제가 이후에 월 예산을 확인해 보고 알려 줄게요)라고 말했으므로 (C)가 정답이다.

✚ Paraphrasing
review → Go over

호주 ↔ 영국

Questions 59-61 refer to the following conversation.

[M] Now, **59**we have two choices for the dance studio we're opening. We could buy the space in the city outskirts, or we can rent the one in the city center.

[W] I think it'd be better to rent. The space is much bigger, and since it's empty, we can move in right away. We could decorate the place as we'd like, just the way we want it.

[M] **60**The rent isn't cheap, though. It makes more sense financially to buy a place in the long run.

[W] True, but we need a place that is easy to access. **61**The remote one is hard to get to using public transportation, which probably is why they closed down.

59-61번은 다음 대화에 관한 문제입니다.

[남] 이제, **59**우리가 오픈할 댄스 스튜디오에 있어 선택권은 두 가지예요. 도시 외곽에 있는 공간을 구입할 수도 있고, 도심에 있는 공간을 임대할 수도 있어요.

[여] 임대하는 게 더 나을 것 같아요. 공간이 훨씬 더 크고, 비어 있으니까 바로 입주할 수 있어요. 우리 취향대로 공간을 꾸밀 수도 있어요, 우리가 원하는 대로요.

[남] **60**근데 임대료가 저렴하진 않아요. 장기적으로 보면 장소를 구입하는 게 재정적으로 더 말이 되긴 해요.

[여] 맞아요, 하지만 우리한테는 접근이 용이한 장소가 필요해요. **61**외딴 곳은 대중교통을 이용하기 어려워요, 아마 그래서 문을 닫았을 거예요.

어휘
space 공간 | outskirt 외곽 | rent 임대하다; 임대(료) | city center 도심 | empty 비어 있는 | move in 이사를 들다 | right away 바로 | decorate 꾸미다, 장식하다 | cheap 저렴한 | make sense 타당하다, 이해가 되다 | financially 재정적으로 | in the long run 장기적으로 보면, 결국에는 | access 접근하다, 이용하다; 이용 | remote 먼 | public transportation 대중교통 | probably 아마도 | close down 문을 닫다 | lease 임대하다 | host 주최하다 | venue 장소 | launch 시작하다 | concerned 우려하는 | target 목표 | permit 허가증 | expire 만료되다 | location 장소 | expensive 비싼 | loan 대출 | terms and conditions (계약 등의) 조건 | negotiate 협상하다 | application 신청서 | resubmit 다시 제출하다

59. What are the speakers planning to do?
(A) Lease a rental vehicle
(B) Host a dance performance
(C) Decorate a venue
(D) Launch a business

화자들은 무엇을 할 계획인가?
(A) 렌터카를 임대할

(B) 댄스 공연을 주최할
(C) 행사장을 꾸밀
(D) 사업을 시작할

해설 키워드 문제 – 대화 초반부에 남자가 we have two choices for the dance studio we're opening(우리가 오픈할 댄스 스튜디오에 있어 선택권은 두 가지예요)이라고 말했으므로 (D)가 정답이다.

60. Why is the man concerned?
(A) A request has been rejected.
(B) A target is difficult to meet.
(C) A permit has expired.
(D) A location is expensive.

남자는 왜 우려하는가?
(A) 요청이 거절되었다.
(B) 목표를 달성하기 어렵다.
(C) 허가증이 만료됐다.
(D) 장소가 비싸다.

해설 키워드 문제 – 대화 중반부에 남자가 The rent isn't cheap, though.(근데 임대료가 저렴하진 않아요.)라고 말했으므로 (D)가 정답이다.

✚ Paraphrasing
not cheap → expensive

61. What does the woman emphasize?
(A) More loan options are available.
(B) Public transportation access is important.
(C) Terms and conditions can be negotiated.
(D) Applications can be resubmitted.

여자는 무엇을 강조하는가?
(A) 더 많은 대출 종류를 이용할 수 있다.
(B) 대중교통 이용이 중요하다.
(C) 조건을 협상할 수 있다.
(D) 신청서가 다시 제출될 수 있다.

해설 키워드 문제 – 대화 후반부에 여자가 The remote one is hard to get to using public transportation, which probably is why they closed down.(외딴 곳은 대중교통을 이용하기 어려워요, 아마 그래서 문을 닫았을 거예요.)이라고 말했으므로 (B)가 정답이다.

미국↔미국

Questions 62-64 refer to the following conversation and map.

M [62]**I'm really looking forward to interviewing people at the annual barbecue cooking contest.** It's always such a good time.

W [63]**Yes, I'm glad our TV station asked us to do the story.** Don't forget, we need to take a detour because of the construction downtown, so it's going to take about 10 more minutes.

M That's fine, as long as we have time to pick up our passes and check our equipment.

W We will. Now, according to my directions, we'll be coming up on a roundabout shortly. [64]**We're on Park Road now, and we'll need to take exit 4.**

M OK, thanks!

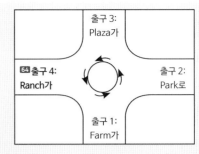

출구 3:
Plaza가

[64]**출구 4:
Ranch가**

출구 2:
Park로

출구 1:
Farm가

62-64번은 다음 대화와 지도에 관한 문제입니다.

남 [62] 연례 바비큐 요리 대회에서 사람들을 인터뷰할 게 너무 기대돼요. 항상 즐거웠거든요.

여 [63] 네, TV 방송국에서 저희한테 기사를 맡겨서 다행이에요. 참, 시내 공사 때문에 우회해야 해서 10분 정도 더 걸릴 거예요.

남 괜찮아요. 통행증을 받고 장비를 확인할 시간만 있으면 돼요.

여 될 거예요. 이제, 제 길 안내에 따르면, 곧 회전 교차로에 진입할 거예요. [64] 저희가 지금 Park로에 있으니까, 4번 출구로 빠져야 해요.

남 알았어요, 고마워요!

어휘
annual 연례의 | cooking contest 요리 경연 대회 | station 방송국 | detour 우회로 | pass 통행증 | equipment 장비 | directions 길 안내 | roundabout 회전 교차로 | shortly 곧 | ranch 목장 | charity race 자선 모금 | theatrical 연극의 | athlete 운동선수 | critic 평론가

62. What event are the speakers going to attend?
(A) A music festival
(B) A cooking contest
(C) A charity race
(D) A theatrical play

화자들은 어떤 행사에 참석할 예정인가?
(A) 음악 축제
(B) 요리 대회
(C) 자선 모금
(D) 연극

해설 키워드 문제 – 대화 초반부에 남자가 I'm really looking forward to interviewing people at the annual barbecue cooking contest. (연례 바비큐 요리 대회에서 사람들을 인터뷰할 게 너무 기대돼요.)라고 말했으므로 (B)가 정답이다.

63. Who most likely are the speakers?
(A) Athletes
(B) Food critics
(C) Reporters
(D) Event planners

화자들은 누구이겠는가?
(A) 운동선수
(B) 음식 평론가
(C) 기자
(D) 행사 기획자

해설 화자의 신분을 묻는 문제 – 대화 초반부에 여자가 Yes, I'm glad our TV station asked us to do the story. (네, TV 방송국에서 저희한테 기사를 맡겨서 다행이에요.)라고 말했으므로 (C)가 정답이다.

64. Look at the graphic. Which road will the speakers take next?
(A) Farm Lane
(B) Park Road
(C) Plaza Street
(D) Ranch Avenue

시각 자료를 보시오. 화자들은 다음으로 어떤 도로를 탈 것인가?
(A) Farm가
(B) Park로
(C) Plaza가
(D) Ranch가

해설 시각 자료 연계 문제 – 대화 후반부에 여자가 We're on Park Road now, and we'll need to take exit 4.(저희가 지금 Park로에 있으니까, 4번 출구로 빠져야 해요.)라고 말했는데, 시각 자료에서 Exit 4(4번 출구)는 Ranch Avenue(Ranch가)임을 확인할 수 있으므로 (D)가 정답이다.

영국 ↔ 호주

Questions 65-67 refer to the following conversation and tile patterns.

W Good morning. 65 **This is Angie Nunez, the contractor for your apartment renovation calling.**

M Hello, Ms. Nunez. Is everything OK?

W Yes, I was just wondering if you've selected the wallpaper pattern for your bedroom yet.

M Well, out of the four samples you've shown me, I haven't been able to make up my mind between the botanical or the geometric.

W Both would look great, but 66 **perhaps the geometric would go better with the carpeting.**

M That's a great point. Hmm... 66 **Let's use those then.**

W Sure. 67 **I'll arrange a delivery to your place. It should get there on Tuesday,** and I'll be there to put it up the day after.

| 무늬 1: 꽃 | 무늬 2: 식물 |
| 무늬 3: 대리석 | 무늬 4: 기하학 |

65-67번은 다음 대화와 타일 무늬에 관한 문제입니다.

여 안녕하세요. 65 **저는 Angie Nunez이며, 고객님의 아파트 수리 도급업자입니다.**

남 안녕하세요, Nunez 씨. 별일 없으시죠?

여 네, 혹시 침실의 벽지 무늬를 선택하셨는지 궁금해서요.

남 음, 보여 주신 네 가지 샘플 중에서, 식물과 기하학 무늬 사이에서 결정을 못 내리고 있네요.

여 둘 다 멋지긴 한데, 66 **아마도 기하학 무늬가 카펫과 더 잘 어울릴 것입니다.**

남 좋은 지적이세요. 음... 66 **그럼 그걸로 하죠.**

여 알겠습니다. 67 **제가 고객님 집으로 배송 신청을 하겠습니다. 화요일에 도착할 예정이고,** 그다음 날 제가 가서 붙여 드리겠습니다.

어휘
contractor 도급업자, 외주업자 | renovation 수리 | wonder 궁금해하다 | select 선택하다 | wallpaper 벽지 | pattern 무늬, 패턴 | make up one's mind 결정하다 | botanical 식물의 | geometric 기하학의 | go well with ~와 잘 어울리다 | put up ~을 설치하다, 게시하다 | the day after 그다음 날 | decorate 꾸미다 | delivery 배달 | remodel 개조하다, 리모델링하다

65. What has the woman been hired to do?
(A) Create a Web site
(B) Design a product
(C) Decorate a store
(D) Remodel an apartment

여자는 무엇을 하려고 고용되었는가?
(A) 웹 사이트를 만들려고
(B) 제품을 설계하려고
(C) 매장을 꾸미려고
(D) 아파트를 개조하려고

해설 키워드 문제 – 대화 초반부에 여자가 This is Angie Nunez, the contractor for your apartment renovation calling.(저는 Angie Nunez이며, 고객님의 아파트 수리 도급업자입니다.)라고 말했으므로 (D)가 정답이다.

66. Look at the graphic. Which pattern does the man decide to use?
(A) Pattern 1
(B) Pattern 2
(C) Pattern 3
(D) Pattern 4

시각 자료를 보시오. 남자는 어떤 무늬를 사용하기로 결정했는가?
(A) 무늬 1
(B) 무늬 2
(C) 무늬 3
(D) 무늬 4

해설 시각 자료 연계 문제 – 대화 중반부에 여자가 perhaps the geometric would go better with the carpeting(아마 기하학 무늬가 카펫과 더 잘 어울릴 것입니다)이라고 제안하자, 남자가 Let's use those then.(그럼 그걸로 하죠.)이라고 대답했고, 시각 자료에서 Geometric(기하학) 무늬는 Pattern 4(무늬 4)임을 확인할 수 있으므로 (D)가 정답이다.

67. According to the woman, what will happen on Tuesday?
(A) A sample will be available.
(B) A shop will be closed.
(C) A delivery will arrive.
(D) A project will begin.

여자에 따르면, 화요일에 무슨 일이 있을 것인가?
(A) 샘플을 이용할 수 있을 것이다.
(B) 가게가 문을 닫을 것이다.

(C) 배달이 도착할 것이다.

(D) 프로젝트가 시작될 것이다.

해설 키워드 문제 – 대화 후반부에 여자가 I'll arrange a delivery to your place. It should get there on Tuesday(제가 고객님 집으로 배송 신청을 하겠습니다. 화요일에 도착할 예정이고)라고 말했으므로 (C)가 정답이다.

미국 ↔ 미국

Questions 68-70 refer to the following conversation and information sheet.

W Hi, Ahmet. **68 I can't wait to visit our Athens office for the conference with the sales team there.**

M Same here. The latest sales campaign they came up with was brilliant. Now, there are several hotels we could stay in near the Athens office. And one of them will even include free meals for our entire stay.

W Hmm... But I'll need a place to exercise. Does it have a swimming pool?

M No, but **69 there's a place nearby that does have a pool, and it's actually cheaper.**

W **69 Nice. Let's make reservations there. 70 And, in fact, we should do it today, since these types of places can fill up quickly.**

> Kalimera 여관: 멋진 전망
>
> Helen's 민박: 무료 식사
>
> **Acropolis 호텔: 69 수영장**
>
> Konstantin 스위트: 애완동물 환영

68-70번은 다음 대화와 정보 도표에 관한 문제입니다.

여 안녕하세요, Ahmet. **68 그곳 판매팀과 회의하러 Athens 사무실에 빨리 방문해서 그곳 영업팀과 함께 회의하고 싶어요.**

남 저도 그래요. 그들이 제안했던 최근의 판매 캠페인은 훌륭했어요. 자, Athens 사무실 근처에 우리가 묵을 만한 호텔이 몇 군데 있어요. 그리고 그중 한 군데는 심지어 숙박 내내 무료 식사까지 포함돼요.

여 흠... 그런데 저는 운동할 수 있는 곳이 필요해요. 거기에 수영장이 있나요?

남 아니요, 그런데 **69 근처에 수영장이 있는 곳이 있는데, 사실 그곳이 더 싸요.**

여 **69 좋아요. 거기로 예약해요. 70 그리고 사실, 이런 곳들은 자리가 빨리 차기 때문에, 오늘 해야 해요.**

어휘
come up with ~을 제안하다, 생각해내다 | brilliant 멋진, 훌륭한 | free 무료의 | entire 전체의 | stay 머무름; 머무르다 | exercise 운동하다 | nearby 근처에 | fill up 차다 | government official 공무원 | instructor 강사 | advisor 고문 | sales representative 판매 직원 | supervisor 상사 | approve 승인하다 | expense 비용 | advance 사전의 | notice 통지

68. Who will the speakers meet in Athens?

(A) Government officials

(B) Language instructors

(C) Financial advisors

(D) Sales representatives

화자들은 Athens에서 누구를 만날 것인가?

(A) 공무원들

(B) 언어 강사들

(C) 재정 고문들

(D) 판매 직원들

해설 키워드 문제 – 대화 초반부에 여자가 I can't wait to visit our Athens office for the conference with the sales team there. (그곳 판매팀과 회의하러 Athens 사무실에 빨리 방문해서 그곳 영업팀과 함께 회의하고 싶어요.)라고 말했으므로 (D)가 정답이다.

69. Look at the graphic. Where will the speakers stay?

(A) Kalimera Inn

(B) Helen's BnB

(C) Acropolis Hotel

(D) Konstantin Suites

시각 자료를 보시오. 화자들은 어디서 머무를 것인가?

(A) Kalimera 여관

(B) Helen's 민박

(C) Acropolis 호텔

(D) Konstantin 스위트

해설 시각 자료 연계 문제 – 대화 중후반부에 남자가 there's a place nearby that does have a pool, and it's actually cheaper(근처에 수영장이 있는 곳이 있는데, 사실 그곳이 더 싸요)라고 하자, 여자가 Nice. Let's make reservations there. (좋아요. 거기로 예약해요.)라고 말했고, 시각 자료에서 Swimming pool(수영장)이 있는 곳이 Acropolis Hotel(Acropolis 호텔)임을 확인할 수 있으므로 (C)가 정답이다.

70. Why does the woman say they should book rooms today?

(A) A supervisor needs to approve the expense.

(B) A special price is being offered.

(C) The rooms might become unavailable.

(D) The hotel requires advance notice.

여자는 왜 오늘 방을 예약해야 한다고 말하는가?

(A) 상사가 비용을 승인해야 한다.

(B) 특별가가 제공된다.

(C) 객실을 구할 수 없을 것이다.

(D) 호텔은 사전 통지가 필요하다.

해설 화자 의도 파악 문제 – 대화 후반부에 여자가 And, in fact, we should do it today, since these types of places can fill up quickly. (그리고 사실, 이런 곳들은 자리가 빨리 차기 때문에, 오늘 해야 해요.)라고 말한 것은 자리가 빨리 차서 오늘 (예약) 하지 않으면 객실을 이용할 수 없다는 의미이므로 (C)가 정답이다.

호주

Questions 71-73 refer to the following excerpt from a meeting.

M **71 Now that we have the work-related stuff out of the way, I want to discuss our marketing team's charity running event.** If you've never participated before, you might have seen some photos from last year's event around the office. **72 It's a short little run we do every year to help raise awareness on mental health. We get sponsors and donors**

every year, and all proceeds will go towards mental health organizations. The event is next Saturday, and I'd love it if everyone could attend. **73Dinner will be on the company if you attend, and you'll also receive a T-shirt.**

71-73번은 다음 회의 발췌록에 관한 문제입니다.

남 71이제 업무 관련 안건은 다 처리했으니, 저희 마케팅 팀의 자선 달리기 행사에 대해 말씀드리고자 합니다. 아직 한번도 참여해보지 않으셨다면, 사무실 여기저기에 있는 작년 행사 사진은 보셨을 겁니다. 72이건 정신 건강에 대한 인식을 높이는 데 도움을 주기 위해 저희가 매년 하는 단거리 달리기입니다. 저희는 매년 후원자와 기부자를 받으며, 모든 수익금은 정신 건강 기관으로 전달됩니다. 이 행사는 다음 주 토요일이며, 모든 분이 참석하신다면 정말 좋겠습니다. 73참석하시면 회사에서 저녁을 제공하며, 티셔츠도 받게 됩니다.

어휘
work-related 업무와 관련된 | stuff 것 | out of the way 끝난, 처리된 | charity 자선 (단체) | run 달리다; 달리기 | participate 참여하다 | raise awareness 인식을 높이다 | mental health 정신 건강 | sponsor 후원사 | donor 기부자 | proceeds 수익금 | go towards ~에 쓰이다 | organization 기관, 단체 | attend 참석하다 | purpose 목적 | compete for ~을 두고 경쟁하다 | advertise 광고[홍보]하다 | volunteer 자원봉사를 하다

71. Where do the listeners work?
(A) At a newspaper
(B) At an office
(C) At a gallery
(D) At a bank

청자들은 어디서 근무하는가?
(A) 신문사에서
(B) 사무실에서
(C) 미술관에서
(D) 은행에서

해설 청자의 신분을 묻는 문제 – 담화 초반부에 화자가 Now that we have the work-related stuff out of the way, I want to discuss our marketing team's charity running event. (이제 업무 관련 안건은 다 처리했으니, 저희 마케팅 팀의 자선 달리기 행사에 대해 말씀드리고자 합니다.)라고 말했으므로 (B)가 정답이다.

72. According to the speaker, what is the purpose of an event?
(A) To compete for a prize
(B) To advertise an organization
(C) To test a product
(D) To raise awareness

화자에 따르면, 행사의 목적은 무엇인가?
(A) 상을 두고 경쟁하는 것
(B) 기관을 홍보하는 것
(C) 제품을 시험하는 것
(D) 인식을 높이는 것

해설 키워드 문제 – 담화 중반부에 화자가 It's a short little run we do every year to help raise awareness on mental health. We get sponsors and donors every year, and all proceeds will go towards mental health organizations. (이건 정신 건강에 대한 인식을 높이는 데 도움을 주기 위해 저희가 매년 하는 단거리 달리기입니다. 저희는 매년 후원자와 기부자를 받으며, 모든 수익금은 정신 건강

기관으로 전달됩니다.)라고 말했으므로 (D)가 정답이다.

73. What will the listeners receive for volunteering?
(A) A movie ticket
(B) A vacation day
(C) A free meal
(D) A photoshoot

청자들은 자원봉사에 대해 무엇을 받게 되는가?
(A) 영화표
(B) 휴가일
(C) 무료 식사
(D) 사진 촬영

해설 키워드 문제 – 담화 후반부에 화자가 Dinner will be on the company if you attend, and you'll also receive a T-shirt. (참석하시면 회사에서 저녁을 제공하며, 티셔츠도 받게 됩니다.)라고 말했으므로 (C)가 정답이다.

✚ Paraphrasing
dinner → meal

미국

Questions 74-76 refer to the following announcement.

M May I have your attention? **74This announcement is for passengers who are set to take the 2 P.M. train to Busan. 75Your train will be leaving from platform 9, instead of platform 3.** We are very sorry for any inconvenience this may have caused. **76Remember to have your boarding pass ready to show when you enter the car.** Attendants will be available for any questions.

74-76번은 다음 안내 방송에 관한 문제입니다.

남 주목해 주시겠습니까? 74이 안내 방송은 오후 2시 Busan행 열차에 탑승 예정인 승객들을 위한 방송입니다. 75여러분의 열차는 3번 승강장 대신에 9번 승강장에서 출발할 예정입니다. 이로 인해 불편을 끼쳐 정말 죄송합니다. 76차량에 탑승하실 때 탑승권을 보여 주실 준비를 해야 한다는 걸 기억해 주세요. 승무원들이 질문들에 응해 드릴 것입니다.

어휘
attention 주의, 집중 | announcement 안내, 공지 | passenger 승객 | be set to do ~하도록 예정되다 | leave 떠나다 | inconvenience 불편 | cause 유발하다 | boarding pass 탑승권 | attendant 승무원, 종업원 | available 이용할 수 있는 | port 항구 | payment 지불 | procedure 절차 | departure 출발 | baggage 수하물 | rule 규칙 | present 보여 주다 | permit 허가증 | original 원래의 | receipt 영수증 | valid 유효한

74. Where is the announcement being made?
(A) At a bus terminal
(B) At an airport
(C) At a railway station
(D) At a cruise ship port

안내 방송은 어디서 이루어지고 있는가?
(A) 버스 터미널에서
(B) 공항에서
(C) 기차역에서
(D) 크루즈 선박 항구에서

해설 담화 장소를 묻는 문제 – 담화 초반부에 화자가 This announcement is for passengers who are set to take the 2 P.M. train to Busan. (이 안내 방송은 오후 2시 Busan행 열차에 탑승 예정인 승객들을 위한 방송입니다.)이라고 말했으므로 (C)가 정답이다.

75. According to the speaker, what has been changed?
(A) A payment procedure
(B) A platform number
(C) A departure time
(D) A baggage rule

화자에 따르면, 무엇이 바뀌었는가?
(A) 지불 절차
(B) 승강장 번호
(C) 출발 시간
(D) 수하물 규칙

해설 키워드 문제 – 담화 중반부에 화자가 Your train will be leaving from platform 9, instead of platform 3. (여러분의 열차는 3번 승강장 대신에 9번 승강장에서 출발할 예정입니다.)라고 말했으므로 (B)가 정답이다.

76. What does the speaker say listeners must be prepared to present?
(A) A parking permit
(B) An original receipt
(C) A boarding pass
(D) A valid ID

화자는 청취자들이 무엇을 보여 줄 준비가 되어 있어야 한다고 말하는가?
(A) 주차 허가증
(B) 영수증 원본
(C) 탑승권
(D) 유효한 신분증

해설 키워드 문제 – 담화 후반부에 화자가 Remember to have your boarding pass ready to show when you enter the car. (차량에 탑승하실 때 탑승권을 보여 주실 준비를 해야 한다는 걸 기억해 주세요.)라고 말했으므로 (C)가 정답이다.

호주

Questions 77-79 refer to the following talk.

M To all our new employees: **77 welcome to your first day of training at Westminster Financial.** Now, before we get started, **78 I should mention that snacks and drinks will be available later. We will be passing them around during the break.** Alright then, **79 first, we'll talk about our code of conduct. You'll need to sign and submit the employee agreement, showing that you agree to these rules. You'll see a box on the table by the door.** If anything is not clear, please make sure to ask.

77-79번은 다음 담화에 관한 문제입니다.

남 신규 입사자 여러분, **77 Westminster 금융 직원 교육 첫날에 오신 걸 환영합니다.** 자, 시작하기 전에, **78 이후에 간식과 음료가 제공될 거란 걸 말씀드려야겠군요. 휴식 시간에 나눠 드릴 겁니다.** 그래요, **79 우선 행동 수칙에 관해 이야기 나누겠습니다.** 이 수칙에 동의한다

는 것을 보여 줄 수 있도록, 직원 동의서에 서명하시고 제출하셔야 합니다. 문 옆 테이블 위에 상자가 보이실 겁니다. 만약 분명하지 않은 부분이 있다면, 꼭 질문하도록 하세요.

어휘
new employee 신규 입사자 | training 교육 | financial 금융의 | mention 말하다 | pass around ~을 나누어 주다 | break 휴식 시간 | code of conduct 행동 수칙 | sign 서명하다 | submit 제출하다 | agreement 동의서 | firm 회사 | manufacturing 제조 | plant 공장 | laboratory 실험실 | distribute 배부하다, 나누어 주다 | refreshments 다과 | permit 허가(증) | questionnaire 설문지 | trash 쓰레기 | prize drawing 상품 추첨 | take place 일어나다

77. Where most likely are the listeners?
(A) At a fitness center
(B) At a financial firm
(C) At a manufacturing plant
(D) At a research laboratory

청자들은 어디에 있겠는가?
(A) 헬스클럽에
(B) 금융 회사에
(C) 제조 공장에
(D) 연구 실험실에

해설 담화 장소를 묻는 문제 – 담화 초반부에 화자가 welcome to your first day of training at Westminster Financial(Westminster 금융 직원 교육 첫날에 오신 걸 환영합니다)이라고 말했으므로 (B)가 정답이다.

78. What will be distributed during the break?
(A) Refreshments
(B) Name tags
(C) Parking permits
(D) Questionnaires

휴식 시간에 무엇이 배부될 것인가?
(A) 다과
(B) 이름표
(C) 주차증
(D) 설문지

해설 키워드 문제 – 담화 초중반부에 화자가 I should mention that snacks and drinks will be available later. We will be passing them around during the break. (이후에 간식과 음료가 제공될 거란 걸 말씀드려야겠군요. 휴식 시간에 나눠 드릴 겁니다.)라고 말했으므로 (A)가 정답이다.

+ Paraphrasing
snacks and drinks → Refreshments

79. Why does the speaker say, "You'll see a box on the table by the door"?
(A) Listeners should place forms in a box.
(B) Listeners should put trash in a certain box.
(C) A prize drawing will take place later.
(D) A door should remain open.

화자는 왜 "문 옆 테이블 위에 상자가 보이실 겁니다"라고 말하는가?
(A) 청자들은 상자에 서류를 넣어야 한다.
(B) 청자들은 쓰레기를 특정 상자에 넣어야 한다.
(C) 상품 추첨이 이후에 일어날 것이다.
(D) 문이 열려 있어야 한다.

해설 화자 의도 파악 문제 – 담화 중후반부에 화자가 first, we'll talk about our code of conduct. You'll need to sign and submit the employee agreement, showing that you agree to these rules.(우선 행동 수칙에 관해 이야기 나누겠습니다. 이 수칙에 동의한다는 것을 보여 줄 수 있도록, 직원 동의서에 서명하시고 제출하셔야 합니다.)라고 하면서, You'll see a box on the table by the door.(문 옆 테이블 위에 상자가 보이실 겁니다.)라고 말한 것은 동의서를 작성 후 제출해야 하는 곳이 문 옆 테이블 위에 있는 상자라는 것을 안내하는 의도로 말한 것이므로 (A)가 정답이다.

Questions 80-82 refer to the following talk.

Ⓜ Thank you everyone for attending today's seminar on how to become a licensed electrician at Parsons Institute of Technology. **⁸⁰The education and training you'll receive in electrician technology at Parsons Tech are second to none.** We offer apprenticeships to provide real-world training and experience, which will look impressive on your résumé. Don't forget, our online admissions system makes it easy for you to apply. Let me pass around our updated course brochure. **⁸¹We've made a few changes from the last term. The new program will conclude after six months, not 12**, meaning you'll finish the course in half the time. **⁸²Moving on, let's talk about some financial aid opportunities that are available to eligible students.**

80-82번은 다음 담화에 관한 문제입니다.

남 Parsons 공과 대학에서 열린 공인 전기 기술자가 되는 법에 관한 오늘 세미나에 참석해 주신 모든 분들께 감사드립니다. **⁸⁰Parsons 공과 대학에서 여러분이 받게 될 전기 기사 공학 분야에 관한 교육과 훈련은 최고입니다.** 저희는 실제 훈련과 경험을 제공하기 위해 수습 기간을 드리는데, 이것은 여러분의 이력서에서 돋보일 것입니다. 잊지 마세요, 저희 온라인 입학 시스템은 여러분의 지원을 쉽게 만들어 줍니다. 제가 최신 강의 안내 책자를 나눠 드리겠습니다. **⁸¹저희는 지난 학기부터 몇 가지를 바꿨습니다. 신규 프로그램은 12개월이 아니라 6개월에 마치는데, 이는 여러분이 절반의 시간 안에 코스를 마치게 됨을 의미합니다.** **⁸²다음으로 넘어가서, 자격을 갖춘 학생들이 이용할 수 있는 몇 가지 학자금 지원 기회에 관해 이야기해 봅시다.**

어휘

licensed 자격증을 소지한 | electrician 전기 기술자 | second to none 최고의, 제일의 | apprenticeship 수습 기간, 수습직 | real-world 실제의, 현실적인 | impressive 인상적인 | admission 입학 | apply 지원하다 | pass around ~을 나눠 주다 | term 기간, 학기 | conclude 끝나다 | mean 의미하다 | financial aid 학자금 지원 | eligible 자격을 갖춘 | technique 기술 | general 일반적인 | maintenance 유지 관리 | manufacturing 제조 | affordable 저렴한 | accept 받아들이다 | review 살펴보다 | financial 재정적인 | assistance 지원 | pass out ~을 나눠 주다 | brochure 안내 책자 | administer 집행하다 | entrance exam 입학 시험

80. What is the main topic of the course?
(A) Career consulting
(B) Electrical technique
(C) General maintenance
(D) Electronics manufacturing

강좌의 주된 주제는 무엇인가?
(A) 직업 상담
(B) 전기 기술
(C) 일반 유지 관리
(D) 전자 제품 제조

해설 주제·목적을 묻는 문제 – 담화 초반부에 화자가 The education and training you'll receive in electrician technology at Parsons Tech are second to none.(Parsons 공과 대학에서 여러분이 받게 될 전기 기사 공학 분야에 관한 교육과 훈련은 최고입니다.)이라고 말했으므로 (B)가 정답이다.

✚ Paraphrasing
electrician technology → Electrical technique

81. According to the speaker, how is this year's course different from last term's?
(A) It will be more affordable.
(B) It will be offered online.
(C) It will be shorter.
(D) It will be accepting fewer students.

화자에 따르면, 올해의 강좌는 지난 학기의 강좌와 어떻게 다른가?
(A) 좀 더 저렴할 것이다.
(B) 온라인으로 제공될 것이다.
(C) 더 짧을 것이다.
(D) 더 적은 학생들을 받을 것이다.

해설 키워드 문제 – 담화 중후반부에 화자가 We've made a few changes from the last term. The new program will conclude after six months, not 12(저희는 지난 학기부터 몇 가지를 바꿨습니다. 신규 프로그램은 12개월이 아니라 6개월에 마치는데)라고 말했으므로 (C)가 정답이다.

82. What will the speaker do next?
(A) Review financial assistance programs
(B) Pass out a school brochure
(C) Administer an entrance exam
(D) Read a list of student names

화자는 다음에 무엇을 할 것인가?
(A) 재정 지원 프로그램을 살펴볼 것이다
(B) 학교 안내 책자를 나눠 줄 것이다
(C) 입학 시험을 집행할 것이다
(D) 학생 이름 명단을 읽을 것이다

해설 다음에 할 일을 묻는 문제 – 담화 후반부에 화자가 Moving on, let's talk about some financial aid opportunities that are available to eligible students.(다음으로 넘어가서, 자격을 갖춘 학생들이 이용할 수 있는 몇 가지 학자금 지원 기회에 관해 이야기해 봅시다.)라고 말했으므로 (A)가 정답이다.

✚ Paraphrasing
aid → assistance

Questions 83-85 refer to the following talk.

Ⓦ **⁸³I'd like to welcome you all to Wolverine's symposium on app design. ⁸⁴We have some special developments to show you how we secure user information in our apps.** Our panelists will be walking you through their latest findings. We'll also be demonstrating how some of these findings can be implemented in your apps today. **⁸⁵And, as always, we are always looking for eager interns who want to get involved in the process. If this piques your interest, please come to Room 317 at the end of this session.**

83-85번은 다음 담화에 관한 문제입니다.

남 ⁸³Wolverine 앱 디자인 심포지엄에 오신 모든 분들을 환영합니다. ⁸⁴앱 내 사용자 정보를 안전하게 보호하는 방법과 관련해 여러분께 보여 드릴 특별한 개발 사항이 있습니다. 저희 패널이 여러분께 최신 발견 사항에 대해 차근차근 알려드릴 것입니다. 또한 이중 일부는 어떻게 앱에서 구현할 수 있는지 오늘 시연해 드릴 예정입니다. ⁸⁵그리고 언제나처럼, 저희는 과정에 참여하는 데 관심 있는 열정 넘치는 인턴을 모집하고 있습니다. 관심 있으시면, 이번 세션이 끝난 후 317호로 와 주시기 바랍니다.

어휘

symposium 심포지엄, 학술 토론회 | development (제품) 개발 | secure 안전하게 지키다 [보호하다] | panelist 토론자, 패널 | walk A through B A에게 B를 자세하게 알려주다 | latest 최근의, 최신의 | findings (조사, 연구 등의) 발견 사항, 결과 | demonstrate (작동법을) 보여 주다, 설명하다 | implement 시행하다 | eager 열렬한 | intern 인턴 | get involved in ~에 참여[관여]하다 | process 과정 | pique one's interest ~의 관심, 흥미를 자극하다 | urban 도시의 | technical 전문적인, 기술의 | minimal 최소한의 | allow 허락하다 | store 보관하다 | track 추적하다 | feature 특집으로 다루다 | academic 학술의 | issue 문제 | fill out ~을 작성하다 | apply for ~에 지원하다

83. Who most likely are the panelists?
  (A) University students
  (B) Urban engineers
  (C) Application developers
  (D) Technical writers

  토론자들은 누구이겠는가?
  (A) 대학생
  (B) 도시 엔지니어
  (C) **애플리케이션 개발자**
  (D) 전문 작가

해설 청자의 신분을 묻는 문제 – 담화 초반부에 화자가 I'd like to welcome you all to Wolverine's symposium on app design. (Wolverine 앱 디자인 심포지엄에 오신 모든 분들을 환영합니다.)이라고 말했으므로 (C)가 정답이다.

84. According to the speaker, what is special about Wolverine's findings?
  (A) They use minimal amounts of Internet data.
  (B) They allow data to be securely stored.
  (C) They can track the location of a phone.
  (D) They were featured in the news.

  화자에 따르면, Wolverine의 발견 사항에 대해 무엇이 특별한가?
  (A) 인터넷 데이터를 최소한으로 사용한다.
  (B) **정보를 안전하게 보관할 수 있다.**
  (C) 전화기의 위치를 추적할 수 있다.
  (D) 뉴스에 소개되었다.

해설 키워드 문제 – 담화 초반부에 화자가 We have some special developments to show you how we secure user information in our apps. (앱 내 사용자 정보를 안전하게 보호하는 방법과 관련

여러분께 보여 드릴 특별한 개발 사항이 있습니다.)라고 말했으므로 (B)가 정답이다.

✛ Paraphrasing
  secure → securely store, user → information data

85. Why are the listeners encouraged to visit Room 317?
  (A) To receive an academic paper
  (B) To discuss a technical issue
  (C) To fill out a survey
  (D) To apply for an internship

  청자들은 왜 317호를 방문하도록 권장받는가?
  (A) 학술 논문을 받으라고
  (B) 기술적 문제에 대해 논의하라고
  (C) 설문지를 작성하라고
  (D) **인턴십에 지원하라고**

해설 키워드 문제 – 담화 후반부에 화자가 And, as always, we are always looking for eager interns who want to get involved in the process. If this piques your interest, please come to Room 317 at the end of this session. (그리고 언제나처럼, 저희는 과정에 참여하는 데 관심 있는 열정 넘치는 인턴을 모집하고 있습니다. 관심 있으시면, 이번 세션이 끝난 후 317호로 와 주시기 바랍니다.)이라고 말했으므로 (D)가 정답이다.

영국

Questions 86-88 refer to the following telephone message.

여 Good morning, William. I want to talk to you about a problem we've recently encountered. **⁸⁶Sales of our eco-friendly take-out containers have experienced great growth this year. ⁸⁷Based on our latest survey results, our clients have been extremely satisfied with the durability of the containers.** Unfortunately, **⁸⁸an overwhelming amount of our customers complained about delayed deliveries because OJ Shipment Services isn't able to complete our orders on schedule.** We should try to solve this problem even if it means paying more. You've heard of Vanguard Express Delivery, haven't you? They come highly recommended.

86-88번은 다음 전화 메시지에 관한 문제입니다.

여 안녕하세요, William. 최근 발생한 문제에 대해 말씀드리려고요. ⁸⁶올해 저희 친환경 포장 용기 판매가 급등했습니다. ⁸⁷최근 설문조사 결과를 바탕으로 보면, 저희 고객들은 용기의 내구성에 대단히 만족했습니다. 안타깝게도, ⁸⁸OJ 배송 서비스에서 일정에 맞춰 주문을 배송하지 못해, 엄청난 수의 고객들이 배송 지연에 대해 불평했습니다. 저희는 돈을 더 지불하더라도 이 문제 해결을 위해 노력해야 합니다. Vanguard 특급 배송에 대해 들어 보신 적 있으시죠, 그렇지 않나요? 그 업체에 대한 추천이 많아요.

어휘

encounter 맞닥뜨리다, 접하다 | eco-friendly 환경친화적인 | take-out container 포장 용기 | growth 성장 | based on ~을 바탕으로 | extremely 대단히, 극도로 | be satisfied with ~에 만족하다 | durability 내구성 | shipment 운송, 수송 | overwhelming 압도적인, 엄청난 | amount 양 | delayed 지연된 | complete 완료하다 | on schedule 일정에 맞춰, 예정대로 | pay 지불하다

hear of ~에 대해 듣다 | express delivery 특급 배송 | recommend 추천하다 | electronics 전자 제품 | supplier 공급 업체 | environmental 환경의 | helpful 도움이 되는 | clever 기발한 | strategy 전략 | affordable 적당한, 저렴한 | acquire 인수하다, 얻다 | competing company 경쟁사 | increase 늘리다, 증가하다 | switch 바꾸다 | provider 제공 업체

86. What type of business does the speaker work in?
(A) Electronics retailer
(B) Container supplier
(C) Meal delivery
(D) Environmental consulting

화자는 어떤 종류의 업체에서 근무하는가?
(A) 전자 제품 매장
(B) 용기 공급 업체
(C) 식사 배달
(D) 환경 컨설팅

해설 화자의 신분을 묻는 문제 – 담화 초반부에 화자가 Sales of our eco-friendly take-out containers have experienced great growth this year. (올해 저희 친환경 포장 용기 판매가 급등했습니다.)라고 말했으므로 (B)가 정답이다.

87. According to the survey results, what do customers like about the speaker's company?
(A) The helpful customer service agents
(B) Its clever marketing strategies
(C) Its affordable prices
(D) The durability of its products

설문 조사 결과에 따르면, 고객들은 화자의 회사에 대해 어떤 점을 좋아하는가?
(A) 도움이 되는 고객 서비스 직원
(B) 기발한 마케팅 전략
(C) 적당한 가격
(D) 상품 내구성

해설 키워드 문제 – 담화 중반부에 화자가 Based on our latest survey results, our clients have been extremely satisfied with the durability of the containers. (최근 설문 조사 결과를 바탕으로 보면, 저희 고객들은 용기의 내구성에 대단히 만족했습니다.)라고 말했으므로 (D)가 정답이다.

➕ Paraphrasing
based on → according to, clients → customers

88. What does the speaker imply when she says, "You've heard of Vanguard Express Delivery, haven't you"?
(A) She wants to acquire a competing company.
(B) She wants the listener to meet with a client.
(C) She wants to increase the listener's responsibilities.
(D) She wants to switch service providers.

화자가 "Vanguard 특급 배송에 대해 들어 보신 적 있으시죠, 그렇지 않나요"라고 말할 때, 그녀가 내비친 것은?
(A) 경쟁사를 인수하고 싶어 한다.
(B) 청자가 고객과 만나기를 원한다.
(C) 청자의 업무를 늘리고 싶어 한다.
(D) 서비스 제공 업체를 바꾸고 싶어 한다.

해설 화자 의도 파악 문제 – 담화 중후반부에 화자가 an overwhelming

amount of our customers complained about delayed deliveries because OJ Shipment Services isn't able to complete our orders on schedule. We should try to solve this problem even if it means paying more. (OJ 배송 서비스에서 일정에 맞춰 주문을 배송하지 못해, 엄청난 수의 고객들이 배송 지연에 대해 불평했습니다. 저희는 돈을 더 지불하더라도 이 문제 해결을 위해 노력해야 합니다.)라고 하면서 You've heard of Vanguard Express Delivery, haven't you? (Vanguard 특급 배송에 대해 들어 보신 적 있으시죠?)라고 했고, 이어서 They come highly recommended. (그 업체에 대한 추천이 많아요.)라고 말한 것은 추천이 많은 업체를 언급하며 그 업체로 바꾸고 싶어 하는 의도를 내비친 것이므로 (D)가 정답이다.

미국

Questions 89-91 refer to the following talk.

W Well, **⁸⁹I'd like to congratulate you all on completing this week's class. I'm confident that, with the skills you've learned, you'll be able to care for your garden better.** Now, **⁹⁰I'm sure that some of you would like more clarification on how I carried out certain procedures. I'll email you all a link to my Web site. There, you can view comprehensive steps for each of the tasks I demonstrated today,** which will prevent you from making expensive mistakes. Also, **⁹¹for those of you who've enrolled in classes for April, I'll be away on vacation all of that month.** So a colleague of mine, Lester Pearlman, will be taking my place that month. I know you'll enjoy his classes.

89-91번은 다음 담화에 관한 문제입니다.

여 음, **⁸⁹이번 주 강좌를 마치신 여러분께 축하드립니다. 여러분께서 배우신 기술로 정원을 더 잘 가꾸실 수 있으리라 자신합니다.** 자, **⁹⁰여러분 중 몇 분은 아마 어떤 절차들을 어떻게 이행했는지 더 설명해 주길 원하실 겁니다. 제 웹 사이트 링크를 이메일로 보내 드리겠습니다. 그곳에서, 오늘 제가 보여 드린 각각의 작업에 관한 포괄적인 단계를 보실 수 있으며,** 이로 인해 값비싼 실수를 하시는 걸 막으실 수 있을 겁니다. 또한, **⁹¹4월 수업에 신청하신 분들께는, 제가 그 달 내내 휴가를 떠날 겁니다.** 그래서 제 동료인 Lester Pearlman이 저를 대신하겠습니다. 그의 수업을 즐기시리라 생각합니다.

어휘
confident 자신감 있는 | skill 기술 | clarification 설명 | carry out ~을 이행하다 | certain 어떤 | procedure 절차 | comprehensive 포괄적인 | demonstrate 보여 주다 | prevent 막다 | enroll 등록하다 | lead 이끌다 | management 경영 | financial 금융의 | investment 투자 | policy 정책 | have access to ~을 이용하다 | detailed 자세한 | instructions 설명 | inspect 점검하다 | facility 시설 | organize 준비하다 | potential 가능성이 있는 | candidate 지원자

89. What kind of activity is the speaker leading?
(A) A garden care course
(B) A management workshop
(C) A financial investment seminar
(D) A factory tour

화자는 어떤 활동을 이끌고 있는가?
(A) 정원 관리 강좌

ACTUAL TEST 02

해설서 **193**

(B) 경영 워크숍
(C) 금융 투자 세미나
(D) 공장 견학

해설 주제·목적을 묻는 문제 – 담화 초반부에 화자가 I'd like to congratulate you all on completing this week's class. I'm confident that, with the skills you've learned, you'll be able to care for your garden better.(이번 주 강좌를 마치신 여러분께 축하드립니다. 여러분께서 배우신 기술로 정원을 더 잘 가꾸실 수 있으리라 자신합니다.) 라고 말했으므로 (A)가 정답이다.

✚ Paraphrasing
class → course

90. What does the speaker imply when she says, "I'll email you all a link to my Web site"?
(A) Listeners should read some Web site policies.
(B) Listeners will be able to change their e-mail passwords.
(C) Listeners should upgrade their software programs.
(D) Listeners will have access to detailed instructions.

화자가 "제 웹 사이트 링크를 이메일로 보내 드리겠습니다"라고 말할 때, 그녀가 내비친 것은?
(A) 청자들은 웹 사이트 정책을 읽어야 한다.
(B) 청자들은 이메일 비밀번호를 바꿀 수 있을 것이다.
(C) 청자들은 소프트웨어 프로그램을 업그레이드해야 한다.
(D) 청자들은 자세한 설명을 이용할 수 있을 것이다.

해설 화자 의도 파악 문제 – 담화 중반부에 화자가 I'm sure that some of you would like more clarification on how I carried out certain procedures(여러분 중 몇 분은 아마 어떤 절차들을 어떻게 이행했는지 더 설명해 주길 원하실 겁니다)라면서, I'll email you all a link to my Web site.(제 웹 사이트 링크를 이메일로 보내 드리겠습니다.)라고 했고, 이어서 There, you can view comprehensive steps for each of the tasks I demonstrated today(그곳에서, 오늘 제가 보여 드린 각각의 작업에 관한 포괄적인 단계를 보실 수 있으며)라고 말했으므로 (D)가 정답이다.

91. What does the speaker say she will do in April?
(A) Inspect some facilities
(B) Organize an event
(C) Interview potential candidates
(D) Go on a vacation

화자는 4월에 무엇을 할 것이라고 말하는가?
(A) 시설을 점검할 것이라고
(B) 행사를 준비할 것이라고
(C) 가능성이 있는 지원자와 면접을 볼 것이라고
(D) 휴가를 갈 것이라고

해설 키워드 문제 – 담화 후반부에 화자가 for those of you who've enrolled in classes for April, I'll be away on vacation all of that month(4월 수업에 신청하신 분들께는, 제가 그 달 내내 휴가를 떠날 겁니다)라고 말했으므로 (D)가 정답이다.

호주

Questions 92-94 refer to the following excerpt from a meeting.

M Hello, everyone. **92 My consulting agency was recently hired by Lewis Retails** because your

owner wanted guidance in choosing which clothing items to sell. It is important to select items that are currently in style. **93 We keep up to date on the latest fashion trends by following movie stars and pop stars on social networking sites**, which is what your customers do. We believe that advertisements for your summer clothing lineup last year were released too late. It's common for celebrities to wear summer outfits as early as May. However, ads for your summer line were shown in mid-June. This year, **94 I suggest you move up the summer collection campaign to May**.

92-94번은 다음 회의 발췌록에 관한 문제입니다.

남 안녕하세요, 여러분. **92 최근 Lewis Retail에서 어떤 옷을 판매할지 선택하는 데 안내를 받으려고 저희 컨설팅 회사를 고용했습니다.** 현재 유행하는 아이템을 선정하는 것이 중요합니다. **93 저희는 영화배우나 팝 스타들의 소셜 네트워킹 사이트를 팔로우해서 최신 패션 경향에 대한 감각을 유지하는데**, 여러분의 고객들도 하는 방법입니다. 저희는 작년에 귀사의 여름 의류 광고가 너무 늦게 출시됐다고 생각합니다. 연예인들은 이르면 5월에는 여름 의상을 입는 게 보통이거든요. 그런데 귀사의 여름 라인 광고가 6월 중순에 나왔습니다. 올해, **94 저는 여름 컬렉션 캠페인을 5월로 당기는 걸 제안드립니다.**

어휘
consulting agency 컨설팅 업체 | owner 소유자, 주인 | guidance 안내, 지도 | choose 선택하다 | select 선정하다 | currently 현재 | in style 유행인 | up to date 최신 유행의 | advertisement 광고 | lineup 구성, 정렬, 라인업 | common 흔한 | celebrity 유명인사 | outfit 옷 | show 보여 주다 | suggest 제안[제의]하다 | move up ~을 앞당기다 | informed (잘) 아는 | industry 업계 | expert 전문가 | examine 살펴보다 | set up ~을 설치하다 | display 전시 | reveal 노출하다 | promote 홍보하다

92. What industry does the speaker work in?
(A) Consulting
(B) Accounting
(C) Travel
(D) Entertainment

화자는 어떤 업계에서 근무하는가?
(A) 컨설팅
(B) 회계
(C) 여행
(D) 엔터테인먼트

해설 화자의 신분을 묻는 문제 – 담화 초반부에 화자가 My consulting agency was recently hired by Lewis Retails(최근 Lewis Retail에서 저희 컨설팅 회사를 고용했습니다)라고 말했으므로 (A)가 정답이다.

93. How does the speaker say he stays informed about current trends?
(A) He meets with celebrities.
(B) He talks with industry experts.
(C) He follows social media sites.
(D) He examines customer feedback.

화자는 어떻게 현 경향에 대해 알고 있다고 말하는가?
(A) 연예인들을 만난다.
(B) 업계 전문가와 이야기를 나눈다.
(C) 소셜 미디어 사이트를 팔로우한다.

(D) 고객 피드백을 살펴본다.

해설 키워드 문제 – 담화 중반부에 화자가 We keep up to date on the latest fashion trends by following movie stars and pop stars on social networking sites(저희는 영화배우나 팝 스타들의 소셜 네트워킹 사이트를 팔로우해서 최신 패션 경향에 대한 감각을 유지하는데)라고 말했으므로 (C)가 정답이다.

✚ Paraphrasing
social networking sites → social media sites

94. What does the speaker recommend changing?
(A) Where to set up a display
(B) What brands to sell
(C) How to reveal a product
(D) When to promote certain items

화자는 무엇을 바꾸라고 권하는가?
(A) 전시하는 장소
(B) 판매하는 브랜드 종류
(C) 상품을 노출하는 방법
(D) 특정 상품을 홍보하는 시기

해설 제안·요청을 묻는 문제 – 화자가 마지막 말에서 I suggest you move up the summer collection campaign to May(저는 여름 컬렉션 캠페인을 5월로 당기는 걸 제안드립니다)라고 말했으므로 (D)가 정답이다.

✚ Paraphrasing
suggest → recommend

미국

Questions 95-97 refer to the following talk and schedule.

M OK, let's get started. [95][96]**Today, we'll start by discussing the different ways to give sales presentations: over the phone, face-to-face, and so forth. After lunch, we'll split up into groups of six so that you can actually practice giving each type of sales presentation.** As you're doing this, I'll be going around and offering my comments to every group. [97]**And don't forget to sign the sheet in the back so that I can confirm that you attended.**

영업 기술 세미나

9월 6일	시장을 규정하기
9월 13일	잠재 고객들에게 연락하여 약속 잡기
9월 20일	[95]**제품 소개 연습**
9월 27일	발표 후 후속 조치

95-97번은 다음 담화와 일정에 관한 문제입니다.

남 좋아요, 시작합시다. [95][96]**오늘은 전화, 대면 등 다양한 제품 소개 방법들에 관해 이야기하면서 시작할 것입니다. 점심 후, 각 유형의 제품 소개를 하는 실제적인 연습을 할 수 있도록 6명의 그룹으로 나눌 것입니다.** 이걸 하실 동안 저는 돌아다니면서 모든 그룹에 제 의견을 드릴 것입니다. [97]**그리고 제가 여러분이 참석했다는 것을 확인할 수 있도록 뒤에 있는 출석부에 서명하는 것을 잊지 마세요.**

어휘
way 방법 | sales presentation 제품 소개 | face-to-face 대면하여 | and so forth 등등 | split up 나누다 | actually 실제로 | practice 연습하다 | comment 의견, 논평 | sheet 한 장 | confirm 확인해 주다 | attend 참석하다 | define 규정하다, 정의하다 | prospect 잠재 고객 | appointment 약속 | post- ~ 후의, 다음의 | follow up ~의 후속 조치를 하다 | fill out ~을 작성하다 | security 보안 | guideline 지침 | attendance 출석

95. Look at the graphic. On which date is the talk taking place?
(A) September 6
(B) September 13
(C) September 20
(D) September 27

시각 자료를 보시오. 어떤 날짜에 담화가 이루어지고 있는가?
(A) 9월 6일
(B) 9월 13일
(C) 9월 20일
(D) 9월 27일

해설 시각 자료 연계 문제 – 담화 초반부에 화자가 Today, we'll start by discussing the different ways to give sales presentations: over the phone, face-to-face, and so forth. After lunch, we'll split up into groups of six so that you can actually practice giving each type of sales presentation.(오늘은 전화, 대면 등 다양한 제품 소개 방법들에 관해 이야기하면서 시작할 것입니다. 점심 후, 각 유형의 제품 소개를 하는 실제적인 연습을 할 수 있도록 6명의 그룹으로 나눌 것입니다.)이라고 말했고, 시각 자료에서 Practice sales presentations(제품 소개 연습)가 September 20(9월 20일)임을 확인할 수 있으므로 (C)가 정답이다.

96. What will the listeners do after having lunch?
(A) Move to another room
(B) Call some clients
(C) Fill out a survey
(D) Work in groups

청자들은 점심 식사 후에 무엇을 할 것인가?
(A) 다른 방으로 이동할 것이다
(B) 고객들에게 전화할 것이다
(C) 설문 조사를 작성할 것이다
(D) 그룹 지어 작업할 것이다

해설 키워드 문제 – 담화 초반부에 화자가 After lunch, we'll split up into groups of six so that you can actually practice giving each type of sales presentation.(점심 후, 각 유형의 제품 소개를 하는 실제적인 연습을 할 수 있도록 6명의 그룹으로 나눌 것입니다.)이라고 말했으므로 (D)가 정답이다.

97. What does the speaker remind the listeners about?
(A) Some security guidelines
(B) An attendance sheet
(C) A new schedule
(D) Some ID badges

화자는 청자들에게 무엇에 관해 상기시키는가?
(A) 보안 지침
(B) 출석부
(C) 새로운 일정
(D) 신분증 배지

해설 키워드 문제 – 화자가 마지막 말에서 And don't forget to sign the sheet in the back so that I can confirm that you attended.(그리고 제가 여러분이 참석했다는 것을 확인할 수 있도록 뒤에 있는 출석표에 서명하는 것을 잊지 마세요.)라고 말했으므로 (B)가 정답이다.

영국

Questions 98-100 refer to the following telephone message and chart.

W Good morning, Rodney. I'm Heather from Human Resources. **⁹⁸I just heard that the company we've been using for employee health insurance will be closing down, so we'll probably need to find a new insurance service.** I examined some companies and found Green Ribbon Insurance. There are various plans, and their prices are hard to beat. **⁹⁹I think the plan that includes annual checkups, as well as regular medical care, would be best.** **¹⁰⁰I left a pamphlet of their services detailing their different plans. When you get back to your desk, could you have a look at it?** Thank you.

	브론즈 요금제	실버 요금제	골드 요금제	다이아몬드 요금제
응급 치료	√	√	√	√
⁹⁹연례 건강 검진		√	√	√
⁹⁹일반 의료 관리			√	√
일반 구강 관리				√
가격	30달러	50달러	80달러	100달러

98-100번은 다음 전화 메시지와 도표에 관한 문제입니다.

여 안녕하세요, Rodney. 저는 인사팀에 근무하는 Heather라고 합니다. **⁹⁸저희가 이용하는 직원 건강 보험사가 문을 닫는다는 소식을 방금 들었는데요, 저희가 새로운 보험사를 찾아야 할 거 같아요.** 제가 여러 업체를 조사해서 Green Ribbon 보험사를 찾았어요. 요금제가 다양하고 가격이 아주 좋아요. **⁹⁹제 생각엔 일반 의료 관리뿐만 아니라 연례 건강 검진을 포함하는 요금제가 가장 좋을 거 같아요.** **¹⁰⁰제가 그곳의 여러 요금제에 대해 자세히 설명하는 팸플릿을 가져다 놓았어요. 자리로 돌아오시면 한번 살펴봐 주시겠어요?** 감사합니다.

어휘
employee 직원 | health insurance 건강 보험 | close down 문을 닫다 | examine 조사하다, 검토하다 | plan 요금제, 계획 | beat 이기다 | include 포함하다 | annual 연례의 | checkup 건강 검진 | regular 일반적인, 정기적인 | medical care 의료 관리 | detail 자세히 설명하다 | emergency care 응급 치료 | dental care 구강 관리 | current 현재의 | go out of business 폐업하다 | make complaints 불만을 제기하다 | competitive 경쟁력 있는 | consult with ~와 상담하다 | submit 제출하다 | participate in ~에 참석하다

98. Why does the speaker want to change insurance companies?
(A) The current company is going out of business.
(B) The current company is increasing its prices.
(C) Some staff members made complaints about the current company.
(D) A different company is offering more competitive rates.

화자는 보험사를 왜 바꾸고 싶어 하는가?
(A) 현재 업체가 폐업할 것이다.
(B) 현재 업체가 가격을 올릴 것이다.
(C) 일부 직원들이 현재 업체에 대해 불만을 제기했다.
(D) 다른 업체에서 더 경쟁력 있는 요금을 제안하고 있다.

해설 키워드 문제 – 담화 초반부에 화자가 I just heard that the company we've been using for employee health insurance will be closing down, so we'll probably need to find a new insurance service.(저희가 이용하는 직원 건강 보험사가 문을 닫는다는 소식을 방금 들었는데요, 저희가 새로운 보험사를 찾아야 할 거 같아요.)라고 말했으므로 (A)가 정답이다.

✚ Paraphrasing
closing down → going out of business

99. Look at the graphic. Which plan does the speaker suggest?
(A) Bronze Plan
(B) Silver Plan
(C) Gold Plan
(D) Diamond Plan

시각 자료를 보시오. 화자는 어떤 요금제를 제안하는가?
(A) 브론즈 요금제
(B) 실버 요금제
(C) 골드 요금제
(D) 다이아몬드 요금제

해설 시각 자료 연계 문제 – 담화 중반부에 화자가 I think the plan that includes annual checkups, as well as regular medical care, would be best.(제 생각엔 일반 의료 관리뿐만 아니라 연간 건강 검진을 포함하는 요금제가 가장 좋을 거 같아요.)라고 말했는데, 시각 자료에서 일반 의료 관리와 연례 건강 검진을 포함하는 요금제가 Gold Plan(골드 요금제)임을 확인할 수 있으므로 (C)가 정답이다.

100. What does the speaker request the listener to do?
(A) Consult with a client
(B) Submit a written report
(C) Read a pamphlet
(D) Participate in a department meeting

화자는 청자에게 무엇을 해 달라고 요청하는가?
(A) 고객과 상담해 달라고
(B) 서면 보고서를 제출해 달라고
(C) 팸플릿을 읽어 달라고
(D) 부서 회의에 참석해 달라고

해설 제안·요청을 묻는 문제 – 화자가 마지막 말에서 I left a pamphlet of their services detailing their different plans. When you get back to your desk, could you have a look at it?(제가 그곳의 여러 요금제에 대해 자세히 설명하는 팸플릿을 가져다 놓았어요. 자리로 돌아오시면 한번 살펴봐 주시겠어요?)라고 말했으므로 (C)가 정답이다.

✚ Paraphrasing
have a look at → Read

ACTUAL TEST 03

1. (C)	2. (C)	3. (D)	4. (A)	5. (D)
6. (B)	7. (C)	8. (B)	9. (A)	10. (B)
11. (C)	12. (A)	13. (A)	14. (B)	15. (C)
16. (C)	17. (A)	18. (A)	19. (B)	20. (B)
21. (C)	22. (A)	23. (A)	24. (C)	25. (C)
26. (C)	27. (B)	28. (C)	29. (B)	30. (B)
31. (A)	32. (D)	33. (B)	34. (C)	35. (C)
36. (D)	37. (A)	38. (D)	39. (D)	40. (B)
41. (B)	42. (D)	43. (D)	44. (D)	45. (B)
46. (A)	47. (D)	48. (B)	49. (A)	50. (A)
51. (C)	52. (D)	53. (D)	54. (A)	55. (B)
56. (D)	57. (C)	58. (D)	59. (D)	60. (C)
61. (B)	62. (C)	63. (A)	64. (D)	65. (D)
66. (B)	67. (D)	68. (C)	69. (C)	70. (D)
71. (D)	72. (D)	73. (D)	74. (D)	75. (A)
76. (C)	77. (D)	78. (C)	79. (B)	80. (B)
81. (A)	82. (D)	83. (D)	84. (C)	85. (A)
86. (A)	87. (B)	88. (D)	89. (D)	90. (B)
91. (D)	92. (A)	93. (B)	94. (D)	95. (C)
96. (A)	97. (A)	98. (D)	99. (B)	100. (C)

1. 호주

(A) A man is reaching for an item.
(B) A man is turning on the lights.
(C) A man is adjusting the curtains.
(D) A man is opening a window.

(A) 한 남자가 물건을 잡으려고 손을 뻗고 있다.
(B) 한 남자가 불을 켜고 있다.
(C) **한 남자가 커튼을 정돈하고 있다.**
(D) 한 남자가 창문을 열고 있다.

해설 (A) 동작 묘사 오류(is reaching for)
(B) 동작 묘사 오류(is turning on)
(C) **남자가 커튼을 정돈하고 있는 모습을 적절히 묘사했으므로 정답이다.**
(D) 동작의 대상 오류(window)

➕ 정답 더보기
He's standing in front of the window.
남자가 창문 앞에 서 있다.

어휘 reach for ~을 잡기 위해 손을 뻗다 | turn on (전기·가스·수도 등을) 켜다 | adjust 정돈하다, 조절하다 | in front of ~ 앞에

2. 미국

(A) He's carrying a potted plant.
(B) She's plugging in a lamp.
(C) They're handling a sofa.
(D) They're loading a van with some furniture.

(A) 남자가 화분을 나르고 있다.
(B) 여자가 램프 전원을 연결하고 있다.
(C) **사람들이 소파를 들고 있다.**
(D) 사람들이 승합차에 가구를 싣고 있다.

해설 (A) 동작의 대상 오류(potted plant)
(B) 동작 묘사 오류(is plugging in)
(C) **두 사람이 소파를 들고 있는 모습을 적절히 묘사했으므로 정답이다.**
(D) 사진에 등장하지 않는 사물(van)

➕ 정답 더보기
Some people are moving a piece of furniture.
몇몇 사람들이 가구 한 점을 옮기고 있다.

어휘 carry 나르다 | potted plant 화분(에 심은 식물) | plug in ~의 전원을 연결하다 | handle (손으로) 들다, 취급하다 | load (짐 등을) 싣다 | van 승합차

3. 영국

(A) Some workers are setting up an outdoor market stall.
(B) Some baked goods are being stacked on top of each other.
(C) Some customers are making a purchase indoors.
(D) Some people are standing under an awning.

(A) 몇몇 작업자들이 노천 시장 가판대를 설치하고 있다.
(B) 몇몇 구운 제품들이 차곡차곡 쌓아 올려지고 있다.
(C) 몇몇 고객들이 실내에서 구매를 하고 있다.
(D) **몇몇 사람들이 차양 아래에 서 있다.**

해설 (A) 동작 묘사 오류(are setting up)
(B) 동작 묘사 오류(are being stacked)
(C) 장소 묘사 오류(indoors)
(D) **사람들이 차양 아래 서 있는 상태를 적절히 묘사했으므로 정답이다.**

➕ 정답 더보기
They're shopping for some baked goods.
사람들이 구운 제품들을 쇼핑하고 있다.

어휘 set up ~을 설치하다 | outdoor 야외의 | stall 가판대 | baked goods 구운 제품 | stack 쌓다 | on top of each other 차곡차곡, 층층이 | make a purchase (물건을) 구입하다 | indoors 실내에서 | awning 차양 | shop for ~을 쇼핑하다, 사다

4. 미국

(A) A woman is conducting a sale.
(B) A customer is lifting some grocery bags.
(C) Some people are checking a sign.
(D) Some vegetables are being weighed on a scale.

(A) **한 여자가 판매를 하고 있다.**
(B) 한 고객이 장바구니를 들어 올리고 있다.
(C) 몇몇 사람들이 안내판을 확인하고 있다.
(D) 몇몇 채소들이 저울 위에서 계량되고 있다.

해설 (A) **여자가 판매를 하는 모습을 적절히 묘사했으므로 정답이다.**
(B) 사진에 등장하지 않는 사물(grocery bags)
(C) 동작 묘사 오류(are checking)
(D) 동작 묘사 오류(are being weighed), 사진에 등장하지 않는 사물(scale)

➕ 정답 더보기
A man is making a purchase. 한 남자가 구매를 하고 있다.

어휘 conduct a sale 판매하다 | lift 들어 올리다 | grocery bag 장바구니 | check 확인하다 | sign 안내판 | weigh 무게를 재다 | scale 저울 | make a purchase 구매하다

5. 미국

(A) The lamp has been put on a table.
(B) The chair is being occupied.
(C) Some cartons are stacked on a cart.
(D) Some boxes have been left open.

(A) 램프가 테이블 위에 놓여 있다.
(B) 의자가 사용 중이다.
(C) 몇몇 상자들이 수레에 쌓여 있다.
(D) **몇몇 상자들이 열려 있다.**

해설 (A) 위치 묘사 오류(on a table)
(B) 상태 묘사 오류(is being occupied)
(C) 사진에 등장하지 않는 사물(cart)
(D) 몇몇 상자들이 열려 있는 상태를 적절히 묘사했으므로 정답이다.

➕ 정답 더보기
Some boxes have been placed on the floor.
몇몇 상자들이 바닥에 놓여 있다.

어휘 occupy 차지하다 | carton 상자 | stack 쌓다 | cart 수레, 카트 | leave ~한 상태로 놓다 | place 놓다

6. 영국

(A) A light fixture is hanging from the ceiling.
(B) An appliance is being mounted on a wall.
(C) A man is moving an air conditioner.
(D) A woman is using some tools.

(A) 한 조명 기구가 천장에 달려 있다.
(B) **한 기기가 벽에 고정되고 있다.**
(C) 한 남자가 에어컨을 옮기고 있다.
(D) 한 여자가 도구를 사용하고 있다.

해설 (A) 사진에 등장하지 않는 사물(light fixture)
(B) 기기가 벽에 고정되고 있는 모습을 적절히 묘사했으므로 정답이다.
(C) 동작 묘사 오류(is moving)
(D) 주어 불일치 오류(A woman)

➕ 정답 더보기
He's installing an air conditioner.
남자가 에어컨을 설치하고 있다.

어휘 light fixture 조명 기구 | hang 매달리다 | ceiling 천장 | appliance (가정용) 기기 | mount 고정시키다 | air conditioner 에어컨 | tool 도구 | install 설치하다

7. 호주 ↔ 영국

Shouldn't you have taken a day off today?
(A) Actually, this seat is taken.
(B) A vacation to Europe.
(C) I had an emergency at work.

당신은 오늘 휴가여야 하지 않나요?
(A) 실은, 이 자리에 주인이 있어요.
(B) 유럽으로의 휴가예요.
(C) **회사에 급한 일이 있었어요.**

해설 (A) 동어 반복 함정(taken - taken)
(B) 연상 어휘 함정(day off - vacation)
(C) 회사에 급한 일이 있었다며 질문에 긍정함과 동시에 그렇게 하지 못한 이유를 제공하여 우회적으로 적절히 대답했으므로 정답이다.

➕ 정답 더보기
I'm just here to pick up my paycheck.
그냥 월급을 찾아가러 왔어요.

어휘 day off 쉬는 날, 휴일 | vacation 휴가, 방학 | emergency 긴급, 비상 | pick up ~을 찾아가다 | paycheck 월급, 급료

8. 미국 ↔ 미국

Why didn't the delivery of car batteries arrive last night?
(A) Standard shipping, please.
(B) Because the train was postponed.
(C) The batteries are fully charged.

차량용 배터리 배송이 왜 어젯밤에 도착하지 않았죠?
(A) 일반 배송으로 해 주세요.
(B) **열차가 지연돼서요.**
(C) 배터리가 완전히 충전됐어요.

해설 (A) 연상 어휘 함정(delivery - shipping)
(B) 열차가 지연돼서라며 이유로 대답했으므로 정답이다.
(C) 동어 반복 함정(batteries - batteries)

➕ 정답 더보기
You should call our supplier. 공급 업체에 전화해 보세요.

어휘 delivery 배송 | shipping 수송 | postpone 연기하다, 미루다 | charge 충전하다 | supplier 공급 업체

9. 미국 ↔ 호주

I can ride the bus to the convention center, can't I?
(A) Yes, it will be here in five minutes.
(B) No, the conference is in June.
(C) The booths have been set up.

제가 컨벤션 센터에 그 버스를 타고 갈 수 있죠, 그렇지 않나요?
(A) **네, 그건 5분 안에 이곳에 도착할 거예요.**
(B) 아니요, 학회는 6월에 있어요.
(C) 부스들은 이미 준비되었어요.

해설 **(A) 'Yes'로 대답하고, 5분 안에 버스가 도착할 거라며 적절히 덧붙여 말했으므로 정답이다.**
(B) 연상 어휘 함정(convention - conference)
(C) 연상 어휘 함정(convention - booths)

➕ 정답 더보기
The route map is right behind you.
노선도가 당신 바로 뒤에 있어요.

어휘 conference 학회, 회의 | booth (칸막이를 한) 부스, 작은 공간 | set up ~을 준비하다 | route map 노선도

10. 미국 ↔ 영국

Did you turn off the copy machine yet?
(A) Some stapled copies.
(B) I'm still using it.
(C) The warranty manual.

벌써 복사기를 끄셨나요?
(A) 스테이플러로 고정한 복사본 몇 부요.
(B) 아직 사용하고 있습니다.
(C) 품질 보증 설명서요.

해설 (A) 동어 반복 함정(copy – copies)
　　(B) 아직 사용하고 있다며 끄지 않았음을 우회적으로 적절히 말했으므로 정답이다.
　　(C) 연상 어휘 함정(copy machine – warranty manual)

✚ 정답 더보기
No, I will use it again. 아니요, 다시 사용할 거예요.

어휘 turn off (전기·가스·수도 등을) 끄다 | staple 스테이플러로 고정하다 | warranty 품질 보증 | manual 설명서

....

11. 미국↔미국

When will the doctor have time to see me?
(A) Yes, she will.
(B) A written prescription.
(C) We're fully booked right now.

의사 선생님께서 언제 저를 진료하실 수 있을까요?
(A) 네, 그녀가 그럴 거예요.
(B) 처방전이요.
(C) 저희는 지금 예약이 꽉 찼어요.

해설 (A) 의문사 의문문은 Yes/No로 응답 불가
　　(B) 연상 어휘 함정(doctor – prescription)
　　(C) 지금 예약이 꽉 찼다며 진료 볼 수 없음을 우회적으로 적절히 말했으므로 정답이다.

✚ 정답 더보기
She's free right now. 그분 지금 예약이 없으세요.

어휘 prescription 처방전 | fully booked 예약이 꽉 찬 | free 다른 약속[예약]이 없는, 한가한

....

12. 호주↔미국

Where are they holding the accounting seminar?
(A) There's a large room downstairs.
(B) Yes, I suppose so.
(C) Today at noon.

그들은 어디에서 회계 세미나를 열 건가요?
(A) 아래층에 큰 방이 있어요.
(B) 네, 그런 것 같아요.
(C) 오늘 정오예요.

해설 **(A) 아래층에 큰 방이 있다며 장소로 대답했으므로 정답이다.**
　　(B) 의문사 의문문은 Yes/No로 응답 불가
　　(C) When 의문문에 어울리는 응답

✚ 정답 더보기
In the main conference room. 본관 대회의실에서요.

어휘 hold 열다, 개최하다 | accounting 회계 | downstairs 아래층에 | suppose 생각하다, 추정하다

....

13. 미국↔호주

I dropped some food on these documents.
(A) It's OK. I can print another set.
(B) There are plates in the break room.

(C) I will meet you there.

제가 이 서류들에 음식을 좀 흘렸어요.
(A) 괜찮아요. 한 부 더 인쇄할 수 있어요.
(B) 휴게실에 접시가 있어요.
(C) 거기서 봐요.

해설 **(A) 괜찮고 한 부 더 인쇄할 수 있다며 질문에 맞게 적절히 대답했으므로 정답이다.**
　　(B) 연상 어휘 함정(food – plates)
　　(C) 질문과 무관한 응답

✚ 정답 더보기
You need to be more careful. 좀 더 조심해 주세요.

어휘 drop 떨어뜨리다 | plate 접시 | break room 휴게실 | careful 조심하는, 주의 깊은

....

14. 미국↔영국

Can you show me how to send this by using the fax machine?
(A) The show is very boring.
(B) I can help you after lunch.
(C) Where do I add the part?

이거 팩스를 이용하여 전송하는 방법 좀 알려 주시겠어요?
(A) 쇼가 매우 지루하네요.
(B) 점심시간 후에 도와 드릴 수 있어요.
(C) 그 부분을 어디에 추가하죠?

해설 (A) 동어 반복 함정(show – show)
　　(B) 점심 시간 후에 도와줄 수 있다며 수락하는 동시에 추가 정보를 제공하여 우회적으로 적절히 대답했으므로 정답이다.
　　(C) 질문과 무관한 응답

✚ 정답 더보기
Sure, give me a moment. 물론이죠, 잠시만 기다려 주세요.

어휘 show 알려 주다 | how to do ~하는 법 | boring 지루한 | add 추가하다

....

15. 미국↔미국

Who used the copy room last?
(A) Yes, three color copies.
(B) When did you brew this coffee?
(C) I thought it was cluttered, too.

누가 복사실을 마지막으로 사용했나요?
(A) 네, 컬러 복사본 세 부요.
(B) 언제 이 커피를 끓였나요?
(C) 저도 그곳이 어수선하다고 생각했어요.

해설 (A) 동어 반복 함정(copy – copies)
　　(B) 유사 발음 함정(copy – coffee)
　　(C) 자신도 그곳(복사실)이 어수선하다고 생각했다며 질문의 의도에 동조하는 응답으로 우회적으로 적절히 대답했으므로 정답이다.

✚ 정답 더보기
I believe it was Jared. Jared라고 생각해요.

어휘 brew (커피·차를) 끓이다 | cluttered 어수선한

....

16. 영국↔미국

Could you take a look at my broken laptop?

(A) I got it during a promotional sale.
(B) Sorry, but they're already sold out.
(C) The service center is located on the third floor.

제 고장 난 노트북 컴퓨터를 한번 봐 주시겠어요?
(A) 전 그거 홍보 세일 때 구매했어요.
(B) 죄송해요, 그것들은 이미 품절됐어요.
(C) 서비스 센터는 3층에 있어요.

해설 (A) 연상 어휘 함정(laptop – sale)
(B) 연상 어휘 함정(laptop – sold out)
(C) 서비스 센터는 3층에 있다며 요청에 대한 거절을 우회적으로 적절히 말했으므로 정답이다.

✚ 정답 더보기
Sure, I'll be with you in a minute.
그럼요, 잠시만 기다려 주세요.

어휘 take a look at ~을 한번 보다 | broken 고장 난 | promotional 홍보의 | sold out 품절의, 다 팔린 | be located (~에) 있다, 위치해 있다

....

17. 미국↔호주

Why is Ben out of the office today?
(A) He can't be here all the time, you know?
(B) Check the employee directory.
(C) No, I haven't deleted him.

Ben은 왜 오늘 사무실에 없는 거죠?
(A) 그분이 늘 여기에 있을 수는 없잖아요, 안 그래요?
(B) 직원 명부를 확인해 보세요.
(C) 아니요, 저는 그분을 삭제하지 않았어요.

해설 **(A) 그가 늘 여기에 있을 순 없지 않냐며 자리를 비울 수도 있다는 의미를 담아 우회적으로 적절히 대답했으므로 정답이다.**
(B) 연상 어휘 함정(Ben, office – employee directory)
(C) 의문사 의문문은 Yes/No로 응답 불가

✚ 정답 더보기
He called in sick this morning.
그분은 오늘 아침에 전화로 병가를 냈어요.

어휘 out of the office 사무실에 없는 | all the time 늘, 항상 | directory (연락처 등이 담긴) 명부 | delete 삭제하다 | call in sick 전화로 병가를 알리다

....

18. 영국↔호주

The closing date for submitting that job application is today.
(A) I don't think I'll send one in.
(B) The business consulting firm.
(C) No, I only have a few of them left.

그 입사 지원서의 제출 마감일은 오늘입니다.
(A) 저는 제출하지 않을 생각이에요.
(B) 경영 컨설팅 회사입니다.
(C) 아니요, 몇 개 안 남았어요.

해설 **(A) 자신은 제출하지 않을 생각이라며 질문에 맞게 적절히 대답했으므로 정답이다.**
(B) 연상 어휘 함정(job application – consulting firm)
(C) 질문과 무관한 응답

✚ 정답 더보기
I emailed them mine last week.

저는 지난주에 이메일로 보냈어요.

어휘 closing date 마감일 | submit 제출하다 | job application 입사 지원서 | send in ~을 제출하다. 발송[송부]하다

....

19. 미국↔미국

What's the dress code for the company's anniversary event?
(A) Sonya changed the password.
(B) Let's ask our supervisor.
(C) I'm leaving soon.

회사 기념일 행사의 복장 규정은 무엇인가요?
(A) Sonya가 비밀번호를 변경했어요.
(B) 우리 부장님께 여쭤봅시다.
(C) 저는 곧 떠날 겁니다.

해설 (A) 연상 어휘 함정(code – password)
(B) 부장님에게 물어보자며 자신도 규정을 모른다는 것을 우회적으로 적절히 말했으므로 정답이다.
(C) 연상 어휘 함정(event – leaving soon)

✚ 정답 더보기
I sent the e-mail about it.
제가 그에 대한 이메일을 보냈어요.

어휘 dress code 복장 규정 | anniversary 기념일 | supervisor 부장. 관리자 | leave 떠나다, 나가다

....

20. 영국↔미국

How many guests attended the event?
(A) We'll use a tent if it rains.
(B) I haven't received the information.
(C) No, I wasn't invited.

얼마나 많은 손님들이 행사에 참석했나요?
(A) 비가 내리면 우리는 텐트를 사용할 겁니다.
(B) 전 아직 그 정보를 받지 못했어요.
(C) 아니요, 저는 초대 받지 못했어요.

해설 (A) 유사 발음 함정(event – tent)
(B) 자신은 아직 그 정보를 받지 못했다며 자신도 그 사항에 대해서는 모른다는 것을 우회적으로 적절히 말했으므로 정답이다.
(C) 의문사 의문문은 Yes/No로 응답 불가, 연상 어휘 함정(event – invited)

✚ 정답 더보기
Matthew should know. Matthew가 알고 있을 겁니다.

어휘 guest 손님 | attend 참석하다 | receive 받다 | invite 초대하다

....

21. 미국↔호주

When are you leaving for your business travel to Nice?
(A) She went to college there.
(B) Nine hours long.
(C) Katherine's going instead.

언제 Nice로 출장을 가시나요?
(A) 그녀는 그곳에서 대학교를 다녔어요.
(B) 9시간 길이예요.
(C) Katherine이 대신 갈 겁니다.

해설 (A) 시제 불일치 함정(When are you leaving – She went)

(B) 연상 어휘 함정(travel – Nine hours long)
(C) Katherine이 대신 갈 거라며 아예 출장 자체를 자신이 가지 않을 우회적으로 적절히 말했으므로 정답이다.

✚ 정답 더보기
In three days. 3일 후에요.

어휘 leave 떠나다 | business travel 출장 | instead 대신(에)

---

22. 호주↔미국

You've ordered the new baseball uniforms, right?
(A) I thought you did.
(B) Tickets are already sold out.
(C) No, take a right at the stop sign.

당신이 새로운 야구 유니폼을 주문하셨죠, 그렇죠?
(A) 전 당신이 한 줄 알았는데요.
(B) 티켓은 이미 다 팔렸어요.
(C) 아니요, 정지 신호에서 우회전하세요.

해설 **(A) 당신이 한 줄 알았다며 자신은 주문하지 않았음을 우회적으로 적절히 말했으므로 정답이다.**
(B) 연상 어휘 함정(baseball – Tickets)
(C) 동어 반복 함정(right – right)

✚ 정답 더보기
Not yet. I'll do it tomorrow. 아직 못했어요. 내일 할 거예요.

어휘 order 주문하다 | sold out 다 팔린, 매진된 | take a right 우회전하다 | sign 신호, 표지(판)

---

23. 미국↔미국

Isn't this backpack on sale?
(A) Did you see a sign somewhere?
(B) She still needs to pack.
(C) At the school.

이 배낭은 할인 판매 중이 아닌가요?
(A) 어디선가 간판을 보셨나요?
(B) 그녀는 아직 짐을 싸야 해요.
(C) 학교에서요.

해설 **(A) (할인 판매에 관한) 간판을 어디서 본 거냐며 사실 정보를 확인하는 의미의 되묻는 응답으로 우회적으로 적절히 대답했으므로 정답이다.**
(B) 연상 어휘 함정(backpack – pack)
(C) 연상 어휘 함정(backpack – school)

✚ 정답 더보기
Yes, you can get a discount for this week only.
네, 이번 주에만 할인을 받으실 수 있어요.

어휘 on sale 할인 판매 중인 | sign 간판, 표지(판) | somewhere 어딘가에서 | pack 짐을 싸다, 꾸리다 | discount 할인

---

24. 미국↔영국

Should we tell the employees about the company merger today?
(A) Until the end of the year.
(B) I was away on business.
(C) Let's wait for the meeting on Tuesday.

오늘 직원들에게 회사 합병에 관해 이야기해야 할까요?

(A) 올해 말까지요.
(B) 저는 업무차 자리를 비웠습니다.
(C) 화요일에 있을 회의 때까지 기다립시다.

해설 (A) 질문과 무관한 응답
(B) 연상 어휘 함정(company merger – business)
(C) 화요일에 있을 회의 때까지 기다리자며 오늘 이야기하지 말자는 의미를 담아 우회적으로 적절히 대답했으므로 정답이다.

✚ 정답 더보기
Yes, the sooner, the better. 네, 빠르면 빠를수록 더 좋습니다.

어휘 merger 합병 | away 자리를 비운, 다른 곳에 가 있는 | on business 업무 때문에 | the sooner, the better 빠르면 빠를수록 더 좋다

---

25. 미국↔미국

Who's catering the holiday party?
(A) To Kwon Grocery Stores.
(B) No. Let's have dinner now.
(C) That's not until next week.

누가 휴일 파티에 음식을 공급하나요?
(A) Kwon 식료품점으로요.
(B) 아니요. 지금 저녁 식사를 합시다.
(C) 그건 다음 주나 되어야 해요.

해설 (A) 연상 어휘 함정(catering – Grocery Stores)
(B) 연상 어휘 함정(party – dinner)
(C) 그건 다음 주나 되어야 한다며 지금은 알 필요가 없음을 우회적으로 적절히 대답했으므로 정답이다.

✚ 정답 더보기
I think Mr. Larson knows. Larson 씨가 알 것 같아요.

어휘 grocery store 식료품점 | cater 음식을 공급하다 | not until ~가 되어서야

---

26. 호주↔영국

How often does this vehicle need to be serviced?
(A) Yes, I need one.
(B) Do you visit there frequently?
(C) We should look in the owner's manual.

이 차량은 얼마나 자주 점검되어야 하나요?
(A) 네, 저는 하나 필요해요.
(B) 그곳에 자주 방문하시나요?
(C) 사용자 안내서를 봐야 해요.

해설 (A) 동어 반복 함정(need – need)
(B) 연상 어휘 함정(often – frequently)
(C) 사용자 안내서를 봐야 한다며 안내서를 확인해 봐야 알 수 있음을 우회적으로 적절히 말했으므로 정답이다.

✚ 정답 더보기
Just call one of its repair centers.
그냥 그 정비소들 중 한 곳에 전화해 보세요.

어휘 vehicle 차량 | service (차량·기계 등을) 점검하다, 정비하다 | frequently 자주 | look in(to) ~을 보다 | owner's manual 사용자 안내서 | repair center 정비소

---

27. 호주↔미국

Why don't we ask how much this jacket costs?
(A) Overall production costs will be reduced.

(B) I hope there's a discount.
(C) Where was that?

이 재킷 가격이 얼마인지 물어보는 게 어때요?
(A) 전반적인 생산 비용이 감소될 것입니다.
(B) 할인이 있으면 좋겠네요.
(C) 그게 어디에 있었죠?

해설 (A) 동어 반복 함정(costs – costs)
　　(B) 할인이 있으면 좋겠다며 제안에 대해 수락함과 동시에 개인적인 바람을 제시하여 우회적으로 적절히 대답했으므로 정답이다.
　　(C) 질문과 무관한 응답

➕ 정답 더보기
Yes, I think that's a good idea. 네, 좋은 생각인 것 같아요.

어휘 cost (값·비용이)이다[들다]; 비용 | overall 전반적인 | production 생산 | reduce 감소하다, 낮추다 | discount 할인

----

28. 미국↔미국
Why isn't the conference being held in the meeting room?
(A) To discuss the tax filings from last year.
(B) No, I think you're wrong.
(C) They found a different location.

학회가 왜 회의실에서 개최되지 않나요?
(A) 작년에 발생된 세금 신고를 논의하기 위해서요.
(B) 아니요, 저는 당신이 틀린 것 같아요.
(C) 그들이 다른 곳을 찾았어요.

해설 (A) 연상 어휘 함정(meeting – discuss)
　　(B) 의문사 의문문은 Yes/No로 응답 불가
　　(C) 그들(회의 참석자들)이 다른 곳을 찾았다며 이유로 대답했으므로 정답이다.

➕ 정답 더보기
It's been already booked. 그곳은 이미 예약되어 있어요.

어휘 hold 개최하다, 열다 | discuss 논의하다 | tax filing 세금 신고 | wrong 틀린, 잘못된 | location 곳, 장소 | book 예약하다

----

29. 영국↔미국
When should we mail out reminders about employee health screenings?
(A) At the main post office.
(B) Most doctors' offices do it a month in advance.
(C) To all of our employees.

우리는 언제 직원 건강 검진에 관해 상기시키는 내용을 우편으로 보내야 하나요?
(A) 중앙 우체국에서요.
(B) 대부분의 병원에서 한 달 전에 미리 그것을 해요.
(C) 우리의 모든 직원들에게요.

해설 (A) 연상 어휘 함정(mail – post office)
　　(B) 대부분의 병원에서 한 달 전에 미리 그것을 한다며 자신들이 할 필요 없다는 것을 말함과 동시에 추가적인 정보를 제공하여 우회적으로 적절히 대답했으므로 정답이다.
　　(C) 동어 반복 함정(employee – employees)

➕ 정답 더보기
This Friday, at the latest. 늦어도, 이번 주 금요일이요.

어휘 mail out ~을 우편으로 보내다 | reminder (편지, 메모 등의) 상기시키는 것 | health screening 건강 검진 | post office 우체국 | doctors' office 병원 | in advance 미리, 사전에 | at the latest 늦어도

----

30. 미국↔영국
When will the new accounting assistant start?
(A) Mostly preparing budget reports.
(B) He turned down the offer.
(C) In the Finance Department.

새로 온 회계 보조원은 언제 일을 시작할까요?
(A) 대부분 예산 보고서를 준비하는 것이에요.
(B) 그가 제의를 거절했어요.
(C) 재무부에서요.

해설 (A) 연상 어휘 함정(accounting – budget)
　　(B) 그가 제의를 거절했다며 근무 자체를 하지 않음을 우회적으로 적절히 말했으므로 정답이다.
　　(C) 연상 어휘 함정(accounting – finance)

➕ 정답 더보기
I heard it's next Monday. 다음 주 월요일이라고 들었어요.

어휘 accounting 회계 | assistant 보조, 조수 | mostly 대부분 | prepare 준비하다 | budget 예산 | turn down ~을 거절하다 | offer 제의, 제공 | finance 재무, 금융

----

31. 미국↔미국
Would you like some help with the career fair tomorrow morning?
(A) It's under control, thanks.
(B) They had a wonderful time.
(C) Not the first one.

내일 오전에 있을 취업 박람회 준비 좀 도와 드릴까요?
(A) 잘돼 가고 있습니다, 감사합니다.
(B) 그분들은 아주 즐거운 시간을 보냈어요.
(C) 첫 번째 것이 아닙니다.

해설 **(A) 잘돼 가고 있다며 제안에 대한 거절을 우회적으로 적절히 말했으므로 정답이다.**
　　(B) 주어 불일치 함정(you – They)
　　(C) 질문과 무관한 응답

➕ 정답 더보기
Yes, that'll be really helpful.
네, 그렇게 해 주시면 정말 도움이 될 거예요.

어휘 help with ~에 대한 도움 | career fair 취업 박람회 | under control 잘 관리[제어]되는 | helpful 도움이 되는

영국↔미국

Questions 32-34 refer to the following conversation.
Ｗ Good morning, Don. **32 33 The camera sales at our store have been great this quarter, but that wasn't the case for our lenses.**
Ｍ I know. We should come up with an idea before we end up with excessive products in our storage.
Ｗ **34 Maybe we should have a promotion. Whenever a customer buys a camera, we should offer them a discount on the lenses.**

M That's a great idea. I'll bring this up to Ms. Han at the staff meeting this afternoon.

32-34번은 다음 대화에 관한 문제입니다.

여 안녕하세요, Don. ③②③③ 우리 가게의 카메라 매출이 이번 분기에는 좋았지만, 렌즈 매출은 그렇지 않았어요.

남 알아요. 창고에 제품이 쌓이기 전에 아이디어를 내야 합니다.

여 ③④ 아마도 판촉 행사를 해야 할 것 같아요. 고객이 카메라를 구입할 때마다 렌즈를 할인해 주면 좋겠어요.

남 좋은 생각이에요. 제가 오늘 오후 직원 회의에서 Han 씨에게 이 얘기를 꺼낼게요.

어휘

sales 매출액, 판매량 | quarter 분기 | come up with (아이디어, 의견 등을) 꺼내다, 제안하다 | end up with 결국 ~하게 되다 | excessive 과도한, 지나친 | storage 창고, 보관소 | promotion 판촉 행사, 홍보 (활동) | bring up (화제 등을) 꺼내다 | carrier 회사 | automobile 자동차 | repair shop 수리점 | invoice 송장 | incorrect 부정확한, 맞지 않는 | missing 빠진, 없어진 | purchase 구매하다 | inventory 재고 목록

32. Where do the speakers most likely work?
(A) At a photography studio
(B) At a mobile telephone carrier
(C) At an automobile repair shop
(D) At an electronics store

화자들은 어디서 일하겠는가?
(A) 사진관에서
(B) 이동 통신사에서
(C) 자동차 수리점에서
(D) 전자 제품 매장에서

해설 화자의 신분을 묻는 문제 – 여자가 첫 번째 말에서 The camera sales at our store have been great this quarter, but that wasn't the case for our lenses. (우리 가게의 카메라 매출이 이번 분기에는 좋았지만, 렌즈 매출은 그렇지 않았어요.)라고 말했으므로 (D)가 정답이다.

33. What problem does the woman discuss?
(A) An invoice is incorrect.
(B) An item is not selling well.
(C) Some equipment is not working.
(D) Some files are missing.

여자는 어떤 문제점에 대해 논의하는가?
(A) 송장이 부정확하다.
(B) 어떤 물건이 잘 팔리지 않는다.
(C) 일부 장비가 작동하지 않는다.
(D) 일부 파일들이 누락되어 있다.

해설 키워드 문제 – 여자가 첫 번째 말에서 The camera sales at our store have been great this quarter, but that wasn't the case for our lenses. (우리 가게의 카메라 매출이 이번 분기에는 좋았지만, 렌즈 매출은 그렇지 않았어요.)라고 말했으므로 (B)가 정답이다.

34. What do the speakers decide to do?
(A) Call a manager
(B) Purchase some merchandise
(C) Start a promotion
(D) Update an inventory

화자들은 무엇을 하기로 결정하는가?
(A) 매니저에게 전화하기로
(B) 어떤 상품을 구매하기로
(C) 홍보를 시작하기로
(D) 재고 목록을 업데이트하기로

해설 키워드 문제 – 대화 후반부에 여자가 Maybe we should have a promotion. Whenever a customer buys a camera, we should offer them a discount on the lenses. (아마도 판촉 행사를 해야 할 것 같아요. 고객이 카메라를 구입할 때마다 렌즈를 할인해 주면 좋겠어요.)라고 말했으므로 (C)가 정답이다.

미국 ↔ 호주

Questions 35-37 refer to the following conversation.

W Hello. I've got a table for two reserved for Toni Shepherd. ③⑤ **I'm dining with a coworker, but she is still on her way.**

M Alright, I'll show you to a table now. ③⑥ **Is there a location you'd prefer?** We've got seating available in the main dining room or on the roof.

W Hmm... Somewhere with plenty of space would be good. We plan to order a lot of dishes.

M Alright, let me seat you on the roof then. The tables there are much bigger.

W Great. ③⑦ **I'll actually be right back. I just realized I left my wallet in the car, so I need to run out and get it!**

35-37번은 다음 대화에 관한 문제입니다.

여 안녕하세요. Toni Shepherd 이름으로 2인 테이블을 예약했는데요. ③⑤ 동료와 함께 식사하기로 했는데, 그녀는 오고 있는 중이에요.

남 알겠습니다, 지금 테이블로 안내해 드릴게요. ③⑥ 선호하는 장소가 있으신가요? 메인 홀이나 옥상에 자리가 있습니다.

여 흠... 공간이 넓은 곳이 좋을 것 같아요. 요리를 많이 주문할 거라서요.

남 네, 그럼 옥상에 있는 자리로 안내해 드릴게요. 그쪽에 있는 테이블이 훨씬 더 크거든요.

여 좋습니다. ③⑦ 저 잠시만 다녀올게요. 제가 방금 지갑을 차에 두고 온 게 생각나서, 얼른 뛰어 가서 가져 와야 해요!

어휘

reserve 예약하다 | dine 식사하다 | coworker 동료 | on one's way 오는 중인 | location 장소 | prefer 선호하다 | seating 좌석 | plenty of 많은 | wallet 지갑 | run out 뛰어 나가다 | former 예전의

35. Who is the woman having dinner with?
(A) A family member
(B) A client
(C) A coworker
(D) A former classmate

여자는 누구와 저녁 식사를 할 예정인가?
(A) 가족
(B) 고객
(C) 동료
(D) 동창생

해설 키워드 문제 – 대화 초반부에 여자가 I'm dining with a coworker, but she is still on her way. (동료와 함께 식사하기로 했는데, 그녀

는 오고 있는 중이에요.)라고 말했으므로 (C)가 정답이다.

36. What does the man ask the woman?
(A) When her friend will arrive
(B) What she plans to order
(C) How she will pay the bill
(D) Where she prefers to sit

남자는 여자에게 무엇을 묻는가?
(A) 친구가 언제 도착할지
(B) 무엇을 주문할지
(C) 어떻게 지불할지
(D) 어디에 앉기를 원하는지

해설 제안·요청을 묻는 문제 – 대화 초반부에 남자가 Is there a location you'd prefer? (선호하는 장소가 있으신가요?)라고 말했으므로 (D)가 정답이다.

37. What will the woman most likely do next?
(A) Get her wallet
(B) Move her car
(C) Choose a meal
(D) Contact a friend

여자는 다음에 무엇을 하겠는가?
(A) 지갑을 가져올 것이다
(B) 차를 옮길 것이다
(C) 식사를 고를 것이다
(D) 친구에게 연락할 것이다

해설 다음에 할 일을 묻는 문제 – 여자가 마지막 말에서 I'll actually be right back. I just realized I left my wallet in the car, so I need to run out and get it! (저 잠시만 다녀올게요. 제가 방금 지갑을 차에 두고 온 게 생각나서, 얼른 뛰어 가서 가져 와야 해요!)라고 말했으므로 (A)가 정답이다.

영국 ↔ 호주

Questions 38-40 refer to the following conversation.

W ③⑧**This is Amy calling from Canberry Stadium.** Is this Mr. Wang?

M Yes, it is.

W I know you purchased seats for tomorrow's baseball game. But ③⑨**unfortunately, due to the upcoming storm, we decided to postpone the game.**

M Oh, I see. Do you know when the rescheduled date is then?

W Next Monday. If you can't make it, though, I can reimburse you.

M Monday should be fine.

W Great. Also, ④⓪**I'll be mailing you a voucher for a free hotdog or burger** to make up for the inconvenience.

38-40번은 다음 대화에 관한 문제입니다.
여 ③⑧Canberry 경기장에서 전화하는 Amy입니다. Wang 씨시죠?
남 네, 맞아요.
여 내일 야구 경기 좌석을 사신 거로 아는데요. 하지만 ③⑨안타깝게도, 다가오는 폭풍 때문에, 경기를 연기하기로 했어요.

남 아, 그렇군요. 날짜가 언제로 변경됐는지 아시나요?
여 다음 주 월요일이에요. 그런데 오실 수 없다면 배상해 드릴게요.
남 월요일은 괜찮을 거예요.
여 좋아요. 또한 불편을 끼친 것을 보상해 드리기 위해 ④⓪무료 핫도그 또는 햄버거 상품권을 우편으로 보내 드릴게요.

어휘
stadium 경기장 | unfortunately 안타깝게도 | upcoming 다가오는, 곧 있을 | postpone 연기하다 | reschedule 일정을 변경하다 | make it 가다, 참석하다, 성공하다 | reimburse 배상하다, 변상하다 | voucher 바우처, 쿠폰, 상품권 | free 무료의 | make up for ~을 보상하다 | inconvenience 불편 | sold out 매진된, 다 팔린 | promotional 판촉의 | incorrect 잘못된, 부정확한 | reimbursement 변제

38. Where does the woman work?
(A) At a restaurant
(B) At a library
(C) At a museum
(D) At a stadium

여자는 어디에서 일하는가?
(A) 식당에서
(B) 도서관에서
(C) 박물관에서
(D) 경기장에서

해설 화자의 신분을 묻는 문제 – 여자가 첫 번째 말에서 This is Amy calling from Canberry Stadium.(Canberry 경기장에서 전화하는 Amy입니다.)이라고 말했으므로 (D)가 정답이다.

39. Why is the woman calling?
(A) Some tickets are sold out.
(B) A promotional deal is ending.
(C) Some payment information is incorrect.
(D) An event was postponed.

여자는 왜 전화하고 있는가?
(A) 일부 표들이 매진되었다.
(B) 판촉 할인 행사가 끝나가고 있다.
(C) 결제 정보가 잘못되었다.
(D) 행사가 연기되었다.

해설 주제·목적을 묻는 문제 – 대화 중반부에 여자가 unfortunately, due to the upcoming storm, we decided to postpone the game(안타깝게도, 다가오는 폭풍 때문에, 경기를 연기하기로 했어요)이라고 말했으므로 (D)가 정답이다.

➕ Paraphrasing
postpone the game → An event was postponed

40. What does the woman say she will send to the man?
(A) A calendar
(B) A meal voucher
(C) A reimbursement check
(D) A map

여자는 남자에게 무엇을 보낼 것이라고 말하는가?
(A) 일정표
(B) 식사 상품권
(C) 변제 수표
(D) 지도

해설 키워드 문제 – 여자가 마지막 말에서 I'll be mailing you a voucher for a free hotdog or burger(무료 핫도그 또는 햄버거 상품권을 우편으로 보내 드릴게요)라고 했으므로 (B)가 정답이다.

+ Paraphrasing

hotdog or burger → meal, mail → send

Questions 41-43 refer to the following conversation.

W Hello, **⁴¹it's Lydia from Lanex Clothing Co.** I sent the design of your server uniform to your e-mail earlier. Have you looked it over yet?

M Hello, Lydia. Yes, **⁴²I just reviewed it, and I was actually going to contact you about it. We recently came up with a new restaurant logo.**

W Ah, OK. Could you email a copy to me as soon as possible? We need to begin production of the uniforms tomorrow morning.

M Of course. Also, **⁴³please send me your company's bank account number so that I can wire the payment.**

41-43번은 다음 대화에 관한 문제입니다.

여 안녕하세요, **⁴¹저는 Lanex 의류 회사의 Lydia예요.** 전에 귀사의 서빙 직원 유니폼 디자인을 이메일로 보냈어요. 아직 검토해 보지 않으셨나요?

남 안녕하세요, Lydia. 네, **⁴²방금 검토했는데, 실은 당신한테 연락하려고 했어요. 우리가 최근에 새로운 레스토랑 로고를 고안했어요.**

여 아, 알겠어요. 가능한 한 빨리 이메일로 사본을 보내주시겠어요? 우리가 내일 아침에 유니폼 생산을 시작해야 해요.

남 물론이죠. 그리고 **⁴³비용을 송금할 수 있도록 귀사의 은행 계좌 번호를 저에게 보내 주세요.**

어휘

clothing 옷 | server 서빙하는 사람 | uniform 유니폼, 제복 | look over ~을 검토하다 | review 검토하다 | come up with ~을 고안하다, 생각해 내다 | as soon as possible 가능한 한 빨리 | production 생산 | account number 계좌 번호 | wire 송금하다 | manufacturer 제조업체 | financial 금융의 | reassure 안심시키다 | deadline 마감일 | extend 연장하다 | congratulate 축하하다 | coworker 동료 | order 주문 | revise 수정하다 | agreement 계약

41. What kind of business does the woman work for?
(A) A Web design company
(B) A clothing manufacturer
(C) A production studio
(D) A financial consulting firm

여자는 어떤 종류의 사업에 종사하는가?
(A) 웹 디자인 회사
(B) 의류 제조업체
(C) 제작 스튜디오
(D) 금융 컨설팅 회사

해설 화자의 신분을 묻는 문제 – 여자가 첫 번째 말에서 it's Lydia from Lanex Clothing Co.(저는 Lanex 의류 회사의 Lydia예요)라고 말했으므로 (B)가 정답이다.

+ Paraphrasing

Clothing Co. → clothing manufacturer

42. Why does the man say, "We recently came up with a new restaurant logo"?
(A) To reassure a customer
(B) To request that a deadline be extended
(C) To congratulate a coworker
(D) To ask that an order be revised

남자는 왜 "우리가 최근에 새로운 레스토랑 로고를 고안했어요"라고 말하는가?
(A) 고객을 안심시키기 위해서
(B) 마감일을 연장해 달라고 요청하기 위해서
(C) 동료를 축하하기 위해서
(D) 주문이 수정되어야 한다고 요청하기 위해서

해설 화자 의도 파악 문제 – 대화 초중반부에 남자가 I just reviewed it, and I was actually going to contact you about it(방금 검토했는데, 실은 당신한테 연락하려고 했어요)라고 하면서, We recently came up with a new restaurant logo.(우리가 최근에 새로운 레스토랑 로고를 고안했어요.)라고 말한 것은 여자가 보낸 디자인에 수정이 필요해서 연락하려고 했고 그 이유가 새 로고를 고안했기 때문이라는 의미이므로 (D)가 정답이다.

43. What does the man ask the woman to do?
(A) Revise an agreement
(B) Provide payment information
(C) Speak with her manager
(D) Upgrade an account

남자는 여자에게 무엇을 하라고 요청하는가?
(A) 계약을 수정하라고
(B) 결제 정보를 제공하라고
(C) 그녀의 매니저와 이야기하라고
(D) 계정을 업그레이드하라고

해설 제안·요청을 묻는 문제 – 남자가 마지막 말에서 please send me your company's bank account number so that I can wire the payment(비용을 송금할 수 있도록 귀사의 은행 계좌 번호를 저에게 보내 주세요)라고 말했으므로 (B)가 정답이다.

+ Paraphrasing

bank account number → payment information

Questions 44-46 refer to the following conversation with three speakers.

W1 Hello, Tanya and Lawrence. **⁴⁴We're glad you've chosen to work here at North Harbor Manufacturing.** Experienced workers like you are hard to find, and we are very lucky. Now, this morning, we will review factory safety rules. But first, do you have any questions?

W2 Actually, yes. Will we be fitted for protective gear today?

W1 **⁴⁵Yes, we'll stop by the equipment room this afternoon for that.**

M **⁴⁶Oh, also, is there a specific place for meals or snacks?**

W1 You should do that in the break room on the third floor only.

M Alright!

여1 안녕하세요, Tanya, Lawrence. **44** 이곳 North Harbor 제조사에서 근무하기로 하셔서 기쁩니다. 여러분처럼 경력 있는 분들을 찾기가 힘든데, 저희가 아주 운이 좋네요. 자, 오늘 아침에는 공장 안전 수칙에 대해 살펴볼 거예요. 그런데, 그 전에 궁금한 점 있으신가요?

여2 저 실은, 있습니다. 저희가 오늘 안전 장비를 맞추나요?

여1 **45** 네, 그걸 하러 오늘 오후에 장비실에 들를 거예요.

남 **46** 아, 그리고 식사나 간식을 먹는 특정한 장소가 있나요?

여1 3층에 있는 휴게실에서만 가능합니다.

남 알겠습니다!

어휘

choose 선택하다 (choose-chose-chosen) | manufacturing 제조 | experienced 경력 있는 | review 검토하다 | factory 공장 | safety rule 안전 수칙 | protective gear 안전 장비 | stop by ~에 들르다 | equipment 장비 | specific 특정한 | meal 식사 | break room 휴게실 | research laboratory 연구소 | conference 학회 | shipping 발송 | storage space 창고 | clock in(to) 출근 시간을 기록하다 | take a break 휴식을 취하다

44. Where are the speakers?
(A) At a medical clinic
(B) At a research laboratory
(C) At a conference
(D) At a factory

화자들은 어디에 있는가?
(A) 병원에
(B) 연구소에
(C) 학회에
(D) 공장

해설 대화 장소를 묻는 문제 – 여자1이 첫 번째 말에서 We're glad you've chosen to work here at North Harbor Manufacturing. (이곳 North Harbor 제조사에서 근무하기로 하셔서 기쁩니다.)이라고 말했으므로 (D)가 정답이다.

✛ Paraphrasing
Manufacturing → factory

45. Where will the speakers go in the afternoon?
(A) To a shipping area
(B) To an equipment room
(C) To a storage space
(D) To a marketing office

화자들은 오후에 어디로 갈 것인가?
(A) 발송 구역으로
(B) 장비실로
(C) 창고로
(D) 마케팅 사무실로

해설 키워드 문제 – 대화 중반부에 여자1이 Yes, we'll stop by the equipment room this afternoon for that.(네, 그걸 하러 오늘 오후에 장비실에 들를 거예요.)이라고 말했으므로 (B)가 정답이다.

46. What does the man ask about?
(A) Where to eat food
(B) What type of safety gear to wear
(C) How to clock into work
(D) When to take a break

남자는 무엇에 대해 물어보는가?
(A) 어디서 음식을 먹는지
(B) 어떤 종류의 안전 장비를 착용하는지
(C) 어떻게 출근 시간을 기록하는지
(D) 언제 쉬는지

해설 키워드 문제 – 대화 후반부에 남자가 Oh, also, is there a specific place for meals or snacks? (아, 그리고 식사나 간식을 먹는 특정한 장소가 있나요?)라고 말했으므로 (A)가 정답이다.

✛ Paraphrasing
meals or snacks → food

미국 ↔ 호주

Questions 47-49 refer to the following conversation.

W Hi there. Mr. Ferguson, I presume? Welcome to Woolwine Materials.

M Yes, that's right. **47** As we discussed over the phone, I'm setting up my own construction company. I'm looking for a glass supplier, but I'd like to work with a local, reliable firm. Price is not something I'm particularly sensitive to so long as reliability is guaranteed.

W Well, you've come to the right place. **48** If I'm to be honest, although we aren't the biggest company out there, we pride ourselves on our ability to fulfill orders. We have a flawless record, and it has become a selling point for us.

M Ah, excellent. I'm so relieved to hear that. Now, I recall you said you would show me some samples of the glass you have?

W Yes. **49** But before that, let me refer you to our glass expert. Here he is now.

47-49번은 다음 대화에 관한 문제입니다.

여 안녕하세요. Ferguson 씨 맞으시죠? Woolwine 자재에 오신 걸 환영합니다.

남 네, 맞아요. **47** 전화로 논의 드린 대로, 제가 건설 회사를 설립하려고 합니다. 유리 공급 업체를 찾고 있는데, 믿을 만한 현지 업체와 함께 작업하고 싶습니다. 신뢰도만 보장된다면, 가격에는 특별히 민감하지 않습니다.

여 그럼, 제대로 찾아오셨습니다. **48** 솔직히 말씀 드리면, 저희가 가장 규모가 큰 업체는 아닙니다만, 저희는 주문 이행 능력에 자부심을 가지고 있습니다. 저희 기록은 흠잡을 데 없고, 그것이 저희의 강점이 되었습니다.

남 아, 잘됐네요. 그 말을 들으니 맘이 놓입니다. 가지고 계신 유리 샘플을 보여준다고 하셨죠?

여 맞아요. **49** 그런데 그 전에 저희 유리 전문가부터 소개시켜 드릴게요. 지금 여기 계세요.

어휘

presume 짐작하다, 추정하다 | construction 건설 | glass 유리 | supplier 공급자 | local 현지의 | reliable 믿을 만한, 신뢰할 수 있는 | firm 회사 | particularly 특히 | sensitive to ~에 민감한 | so long as ~하기만 하면, ~하는 한 | reliability 신뢰도, 신뢰성 | guarantee 보장하다 | pride oneself on ~에 자부심을 갖다 | ability 능력 | fulfill 이행하다 | order 주문 | flawless 흠 하나 없는, 나무랄 데 없는 | record 기록 | selling point 상품이 지닌 장점 | relieved 마음이 놓이는 | refer A to B A에게 B를 참조하게 하다 | expert 전문가 | manufacturing plant 제조 공장 | fail to do ~하지 못하다 | turnover rate 이직률 | take a tour 둘러보다, 견학하다 | contract 계약

47. What type of business is the man opening?

(A) A furniture store
(B) A manufacturing plant
(C) An interior design firm
(D) A construction company

남자는 어떤 유형의 사업체를 열 것인가?
(A) 가구점
(B) 제조 공장
(C) 인테리어 디자인 회사
(D) 건설사

해설 키워드 문제 – 대화 초반부에 남자가 As we discussed over the phone, I'm setting up my own construction company.(전화로 논의 드린 대로, 제가 건설 회사를 설립하려고 합니다.)라고 말했으므로 (D)가 정답이다.

48. Why does the woman say she is proud of Woolwine Materials?

(A) It is the only glass supplier in the area.
(B) It has never failed to deliver materials.
(C) It offers the lowest prices for materials.
(D) It has a very low employee turnover rate.

여자는 Woolwine Materials가 왜 자랑스럽다고 말하는가?
(A) 지역 내 하나뿐인 유리 공급 업체다.
(B) 자재 납품을 어긴 적이 없다.
(C) 최저가로 자재를 제공한다.
(D) 직원 이직률이 아주 낮다.

해설 화자 의도 파악 문제 – 대화 중반부에 여자가 If I'm to be honest, although we aren't the biggest company out there, we pride ourselves on our ability to fulfill orders. We have a flawless record, and it has become a selling point for us.(솔직히 말씀 드리면, 저희가 가장 규모가 큰 업체는 아닙니다만, 저희는 주문 이행 능력에 자부심을 가지고 있습니다. 저희 기록은 흠잡을 데 없고, 그것이 저희의 강점이 되었습니다.)라고 말했으므로 (B)가 정답이다.

49. What are the speakers going to do next?

(A) Meet with an employee
(B) Take a tour
(C) Discuss contract details
(D) View some samples

화자들은 다음에 무엇을 할 것인가?
(A) 직원을 만날 것이다
(B) 둘러볼 것이다
(C) 계약 내용을 협의할 것이다
(D) 샘플을 볼 것이다

해설 다음에 할 일을 묻는 문제 – 남자가 마지막 말에서 But before that, let me refer you to our glass expert. Here he is now.(그런데 그 전에 저희 유리 전문가부터 소개시켜 드릴게요. 지금 여기 계세요.)라고 말했으므로 (A)가 정답이다.

영국 ↔ 미국 ↔ 미국

Questions 50-52 refer to the following conversation with three speakers.

W1 Hello, Mr. Gilbert. I appreciate you meeting with us this afternoon.

M Of course. **50** **I'm looking forward to discussing the new layout of your head office.**

W1 I'd like to introduce you to our Vice President, Ms. Miriam Park. She will be joining **50** **our meeting today about the remodeling work.**

M Hello, Ms. Park. **51** **Did you look over the plan I submitted?**

W2 **51** **Both of us reviewed it yesterday night.** Most of it looks good, but **52** **there's something wrong with the design for the staff recreation center.**

M What would that be?

W2 Well, **52** **there should be space to fit 30 people. However, the design shows that the room can only accommodate 20 guests.** We promised our staff that the room would be more spacious after the remodeling.

50-52번은 다음 세 화자의 대화에 관한 문제입니다.

여1 안녕하세요, Gilbert 씨. 오늘 오후에 우리와 함께 만나 주셔서 감사드려요.

남 물론이죠. **50** 저는 여러분 본사의 새로운 배치에 관한 논의를 기대하고 있어요.

여1 우리 부사장님이신 Miriam Park 씨를 소개해 드려요. **50** 오늘 리모델링 작업에 관한 우리 회의에 함께해 주실 거예요.

남 안녕하세요, Park 씨. **51** 제가 제출했던 배치도를 훑어보셨나요?

여2 **51** 어제 저녁에 우리 둘 다 검토했어요. 대부분 좋아 보이지만, **52** 직원 레크리에이션 센터 디자인에 문제가 있어요.

남 무엇이 문제인가요?

여2 음, **52** 30명이 들어갈 수 있는 공간이어야 해요. 하지만, 디자인을 보니 손님 20명만 수용할 수 있더군요. 리모델링 후에 그 공간이 더 넓어질 거라 우리 직원들에게 약속했거든요.

어휘

appreciate 고마워하다 | look forward to ~을 기대하다 | layout 배치(도) | head office 본사 | introduce 소개하다 | vice president 부사장 | look over ~을 훑어보다 | plan 배치도 | submit 제출하다 | review 검토하다 | wrong 잘못된 | space 공간 | accommodate 수용하다 | spacious 널찍한 | renovation 보수 | anniversary 기념일 | board 이사회 | vacant 비어 있는 | check out ~을 확인하다 | potential 잠재적인 | investor 투자자 | interview 면접을 보다 | job candidate 구직자

50. What are the speakers mainly talking about?

(A) A building renovation
(B) An anniversary celebration
(C) A board meeting
(D) A vacant position

화자들은 주로 무엇에 관해 논의하는가?
(A) 건물 보수
(B) 기념일 행사
(C) 이사회 회의
(D) 공석

해설 주제·목적을 묻는 문제 – 대화 초반부에 남자가 I'm looking forward to discussing the new layout of your head office.(저는 여러분 본사의 새로운 배치에 관한 논의를 기대하고 있어요.)라고 말하자, 여자1이 our meeting today about the remodeling work(오늘 리모델링 작업에 관한 우리 회의)라고 말하며 대화를 시작하고 있으므로 (A)가 정답이다.

51. What did the women do yesterday?
(A) They checked out some office spaces.
(B) They met with potential investors.
(C) They looked over a project's plan.
(D) They interviewed job candidates.

여자들은 어제 무엇을 했는가?
(A) 사무실 공간을 확인했다.
(B) 잠재적인 투자자들과 만났다.
(C) 프로젝트 배치도를 훑어보았다.
(D) 구직자들과 면접을 진행했다.

해설 키워드 문제 – 대화 중반부에 남자가 Did you look over the plan I submitted? (제가 제출했던 배치도를 훑어보셨나요?)라고 말하자, 여자2가 Both of us reviewed it yesterday night.(어제 저녁에 우리 둘 다 검토했어요.)라고 말했으므로 (C)가 정답이다.

+ Paraphrasing
review → look over

52. According to Ms. Park, what information is incorrect?
(A) An event location
(B) The price of some equipment
(C) The size of a room
(D) A delivery address

Park 씨에 의하면, 어떤 정보가 잘못되었는가?
(A) 행사 장소
(B) 일부 장비의 가격
(C) 방의 크기
(D) 배송 주소

해설 키워드 문제 – 대화 후반부에 여자2가 there's something wrong with the design for the staff recreation center(직원 레크리에이션 센터 디자인에 문제가 있어요)라고 하면서, there should be space to fit 30 people. However, the design shows that the room can only accommodate 20 guests. (30명이 들어갈 수 있는 공간이어야 해요. 하지만, 디자인을 보니 손님 20명만 수용할 수 있더군요.)라고 말했으므로 (C)가 정답이다.

미국↔미국

Questions 53-55 refer to the following conversation.

W ⁵³Hi, I'd like to find out about the accounting services your company provides. ⁵⁴I'm going to open a restaurant later this month, and I want to make sure that my bookkeeping is properly done.

M We can certainly help you with that. Our branch has several certified public accountants who work exclusively with business owners. The first step will be for you to come in for an appointment so we can learn more about your situation.

W OK, but would it be possible to have the meeting online? ⁵⁵I need to stay on-site to oversee some construction.

53-55번은 다음 대화에 관한 문제입니다.

여 ⁵³안녕하세요, 저는 귀하의 회사에서 제공하는 회계 서비스에 대해

알고 싶습니다. ⁵⁴제가 이번 달 말에 식당을 개업할 예정인데, 부기가 제대로 되어 있는지 확인하고 싶습니다.

남 그 부분은 확실히 저희가 도와 드릴 수 있습니다. 저희 지점에는 사업주들과만 일하는 공인 회계사들이 여럿 있습니다. 첫 단계는 저희가 귀하의 상황에 대해 더 자세히 알 수 있게 약속을 잡으러 방문하시는 거예요.

여 알겠습니다, 그런데 온라인으로 회의를 할 수 있을까요? ⁵⁵제가 공사를 감독하려면 현장에 있어야 해서요.

어휘
bookkeeping 부기 | properly 제대로, 적절히 | branch 지점 | certified public accountant 공인 회계사 | exclusively 독점적으로, 오로지 | business owner 사업주 | come in for ~을 하러 오다 | appointment (업무 관련) 약속 | situation 상황 | on-site 현장의 | oversee 감독하다 | construction 공사 | apply for ~에 지원하다 | permit 허가증 | introduce 소개하다 | investment 투자 | opportunity 기회 | seek 구하다 | assistance 도움 | mechanical 기계적인 | worksite 작업장 | monitor 감시하다 | suffer (부상 등을) 겪다[당하다] | injury 부상

53. Why is the woman calling?
(A) To apply for a job
(B) To request a business permit
(C) To introduce an investment opportunity
(D) To seek accounting assistance

여자는 왜 전화하고 있는가?
(A) 일자리에 지원하려고
(B) 사업 허가증을 신청하려고
(C) 투자 기회를 소개하려고
(D) 회계 도움을 구하려고

해설 주제·목적을 묻는 문제 – 여자가 첫 번째 말에서 Hi, I'd like to find out about the accounting services your company provides. (안녕하세요, 저는 귀하의 회사에서 제공하는 회계 서비스에 대해 알고 싶습니다.)라고 말했으므로 (D)가 정답이다.

54. What sort of business is the woman planning to open?
(A) A restaurant
(B) A construction company
(C) An consulting firm
(D) A bookstore

여자는 어떤 종류의 사업체를 개업할 계획인가?
(A) 식당
(B) 건설 회사
(C) 컨설팅 업체
(D) 서점

해설 키워드 문제 – 여자가 첫 번째 말에서 I'm going to open a restaurant later this month(제가 이번 달 말에 식당을 개업할 예정인데)라고 말했으므로 (A)가 정답이다.

55. Why does the woman ask for an online meeting?
(A) Her car has a mechanical problem.
(B) A worksite must be monitored.
(C) She will be traveling abroad.
(D) She has suffered an injury.

여자는 왜 온라인 회의를 요청하는가?
(A) 그녀의 차에 기계 결함이 있다.
(B) 작업장을 감시해야 한다.
(C) 해외여행을 갈 예정이다.

(D) 부상을 당했다.

해설 키워드 문제 – 여자가 마지막 말에서 I need to stay on-site to oversee some construction. (제가 공사를 감독하려면 현장에 있어야 해서요.)이라고 말했으므로 (B)가 정답이다.

✚ Paraphrasing
oversee → monitor

호주 ↔ 미국

Questions 56-58 refer to the following conversation.

M 🔢56 **Welcome to Jump Start Gym.** Are you interested in becoming a member?

W Oh, I'm the technician you called. 🔢57 **You needed me to replace your indoor pool's filter, right?**

M Ah, right. You're here earlier than expected. Thank you for visiting on such short notice. Let me take you to our pool area. Oh, by the way, 🔢58 **be careful of the walls. We just had them painted in the morning, so they are still in the process of drying.**

56-58번은 다음 대화에 관한 문제입니다.

남 🔢56 **Jump Start 체육관에 오신 걸 환영합니다.** 회원 가입을 하고 싶으신가요?

여 오, 저는 전화 주셨던 기술자입니다. 🔢57 **실내 수영장 필터를 교체해 달라고 하셨죠, 맞으시죠?**

남 아, 맞아요. 예상보다 일찍 오셨네요. 급하게 요청했는데 와 주셔서 감사합니다. 저희 수영장 구역으로 안내해 드릴게요. 오, 그런데, 🔢58 **벽을 주의해 주세요. 오전에 페인트칠을 해서, 아직 마르는 중이에요.**

어휘
technician 기술자 | replace 대체하다 | indoor 실내의 | pool 수영장 | filter 필터 | notice 알림, 통지 | in the process of ~하는 과정에 있는 | dry 마르다 | sporting goods 운동용품 | manufacturing 제조 | plant 공장 | home appliance 가전제품 | fix 고치다 | heating unit 난방기, 난방 장치 | install 설치하다 | take place 일어나다 | city official 시 공무원

56. Where is the conversation being held?
(A) At a sporting goods store
(B) At a manufacturing plant
(C) At a home appliance retailer
(D) At a fitness center

대화는 어디서 이루어지고 있는가?
(A) 운동용품점에서
(B) 제조 공장에서
(C) 가전제품 소매점에서
(D) 헬스클럽에서

해설 대화 장소를 묻는 문제 – 남자가 첫 번째 말에서 Welcome to Jump Start Gym. (Jump Start 체육관에 오신 걸 환영합니다.)이라고 말했으므로 (D)가 정답이다.

✚ Paraphrasing
Gym → fitness center

57. What has the woman come to do?
(A) Clean a room
(B) Fix a heating unit
(C) Install a new filter

(D) Upgrade a computer system

여자는 무엇을 하러 오는가?
(A) 방을 청소하러
(B) 난방기를 고치러
(C) 새로운 필터를 설치하러
(D) 컴퓨터 시스템을 업그레이드하러

해설 키워드 문제 – 대화 초중반부에 여자가 You needed me to replace your indoor pool's filter, right? (실내 수영장 필터를 교체해 달라고 하셨죠, 맞으시죠?)라고 말했으므로 (C)가 정답이다.

58. What does the man say happened in the morning?
(A) Some classes took place.
(B) Some equipment was moved.
(C) Some city officials visited.
(D) Some walls were painted.

남자는 아침에 무슨 일이 있었다고 말하는가?
(A) 일부 수업이 진행됐다.
(B) 일부 장비가 옮겨졌다.
(C) 몇몇 시 공무원이 방문했다.
(D) 일부 벽이 페인트칠되었다.

해설 키워드 문제 – 대화 후반부에 남자가 be careful of the walls. We just had them painted in the morning, so they are still in the process of drying. (벽을 주의해 주세요. 오전에 페인트칠을 해서, 아직 마르는 중이에요.)이라고 말했으므로 (D)가 정답이다.

호주 ↔ 영국

Questions 59-61 refer to the following conversation.

M You've reached the Go Healthy Association. What can I help you with?

W Hello, 🔢59 **I'm Marline Cruz with the *Wovmont Gazette*, and I'd like to write a piece** about your institution. Do you mind briefly talking about the new measure you began recently?

M Not at all. 🔢60 **Our goal is to get residents to purchase organic products. We place approval stickers on merchandise that contains only natural ingredients.**

W Interesting. 🔢61 **Do you think that including these stickers has an effect on what products residents buy?**

M Well, 🔢61 **the initiative began last week.** So we'll have to see.

59-61번은 다음 대화에 관한 문제입니다.

남 Go Healthy 협회에 전화해 주셨습니다. 무엇을 도와 드릴까요?

여 안녕하세요, 🔢59 **저는 〈Wovmont 신문〉의 Marline Cruz이며, 이 협회에 관한 기사를 작성하고 싶어요.** 최근에 시행하신 새로운 정책에 관해 잠시 말씀해주실 수 있을까요?

남 네, 그럼요. 🔢60 **우리의 목표는 주민들이 유기농 제품을 구매하도록 하는 거예요. 천연 재료만으로 만들어진 제품에 승인 스티커를 부착해요.**

여 흥미롭군요. 🔢61 **이 스티커들이 주민들이 구매하는 제품에 영향을 끼치리라 생각하시나요?**

남 음, 🔢61 **이 계획은 지난주에 시행되었어요.** 그러니 두고 봐야겠죠.

어휘

association 협회 | gazette 신문 | piece 기사 | institution 협회 | briefly 잠시 | measure 정책 | recently 최근에 | resident 주민 | purchase 구매하다 | organic 유기농의 | approval 승인 | merchandise 물품 | natural 천연의 | ingredient 재료 | initiative 계획 | coordinator 책임자, 조정하는 사람 | reporter 기자, 리포터 | meet 충족시키다 | safety regulation 안전 규정 | locally 지역적으로 | produce 생산하다 | discount 할인하다 | hire 채용하다 | unable to do ~할 수 없는 | clarify 명확히 하다 | error 오류

59. What most likely is the woman's profession?

(A) Program coordinator

(B) Teacher

(C) Government official

(D) Reporter

여자의 직업은 무엇이겠는가?

(A) 프로그램 책임자

(B) 교사

(C) 공무원

(D) 기자

해설 화자의 신분을 묻는 문제 – 대화 초반부에 여자가 I'm Marline Cruz with the *Wovmont Gazette*, and I'd like to write a piece(저는 〈Wovmont 신문〉의 Marline Cruz이며, 기사를 작성하고 싶어요)라고 말했으므로 (D)가 정답이다.

60. According to the man, which kind of items will have a sticker?

(A) Those that meet all safety regulations

(B) Those that are locally produced

(C) Those that are organic

(D) Those that have been discounted

남자에 따르면, 어떤 제품에 스티커가 있을 것인가?

(A) 모든 안전 규정을 충족시키는 것

(B) 지역에서 생산된 것

(C) **유기농인 것**

(D) 할인된 것

해설 키워드 문제 – 대화 중반부에 남자가 Our goal is to get residents to purchase organic products. (우리의 목표는 주민들이 유기농 제품을 구매하도록 하는 거예요.)라고 하면서, We place approval stickers on merchandise that contains only natural ingredients.(천연 재료만으로 만들어진 제품에 승인 스티커를 부착해요.)라고 말했으므로 (C)가 정답이다.

✦ Paraphrasing

merchandise → item

61. What does the man mean when he says, "the initiative began last week"?

(A) He will hire more employees.

(B) He is unable to give an answer.

(C) He thinks a project was successful.

(D) He wants to clarify an error.

남자가 "이 계획은 지난주에 시행되었어요"라고 말할 때, 그가 의미한 것은?

(A) 직원을 더 채용할 것이다.

(B) **답을 할 수 없다.**

(C) 프로젝트가 성공적이었다고 생각한다.

(D) 오류를 명확하게 하고자 한다.

해설 화자 의도 파악 문제 – 대화 후반부에 여자가 Do you think that including these stickers has an effect on what products residents buy? (이 스티커들이 주민들이 구매하는 제품에 영향을 끼치리라 생각하시나요?)라고 하자, 남자가 the initiative began last week(이 계획은 지난주에 시행되었어요)이라고 말한 것은 계획이 지난주에 시행되어 여자의 질문에 정확한 답을 하기엔 이르다는 의미이므로 (B)가 정답이다.

미국 ↔ 영국

Questions 62-64 refer to the following conversation and sign.

M Hey, Tanya. We finally got approval to purchase new gardening equipment at this summer's landscaping expo.

W That's great. Also, **62 did you know that this will be the first time the expo will be at the FG Grand Center**?

M Yeah, I'm looking forward to that. We should probably decide which models to buy soon.

W **63 It's a good thing that our company chose to purchase Halcone's products. They have the best reviews.**

M I agree. I'll order our expo passes this week.

W Alright. **64 Remember to apply that special corporate code** when you're at the checkout page.

조경 엑스포 (참여하는 장비 소매업체)	
A구역	63 Halcone
B구역	Marraway
C구역	Greenex
D구역	Tespont

62-64번은 다음 대화와 안내판에 관한 문제입니다.

남 안녕하세요, Tanya. 드디어 이번 여름 조경 박람회에서 새로운 원예 장비를 구매하도록 승인을 받았어요.

여 좋은 소식이네요. 그리고, 62 박람회가 처음으로 FG Grand 센터에서 열린다는 걸 아셨나요?

남 네, 기대되네요. 아마 어떤 모델을 구매해야 할지 곧 결정해야 할 거예요.

여 63 우리 회사가 Halcone 제품을 구매하기로 해서 다행이네요. 사용 후기가 제일 좋아요.

남 저도 그렇게 생각해요. 이번 주에 박람회 입장권을 주문할게요.

여 좋아요. 결제 페이지에서 64 특별 기업 코드를 적용하시는 걸 잊지 마세요.

어휘

approval 승인 | gardening 원예 | landscaping 조경 | expo 박람회 | look forward to ~을 기대하다 | probably 아마 | purchase 구매하다 | review 후기, 비평 | order 주문하다 | apply 적용하다 | corporate 기업의 | checkout 결제, 계산, 계산대 | feature 출연시키다 | retailer 소매업체 | entrance fee 입장료 | venue 장소 | submit 제출하다 | receipt 영수증

62. What is different about this summer's landscape convention?

(A) The entrance fee

(B) The number of guests

(C) The venue

(D) The date

이번 여름 조경 컨벤션의 무엇이 다른가?

(A) 입장료

(B) 참가자 수

(C) 장소

(D) 날짜

해설 **키워드 문제** – 대화 초반부에 여자가 did you know that this will be the first time the expo will be at the FG Grand Center(박람회가 처음으로 FG Grand 센터에서 열린다는 걸 아셨나요)라고 말했으므로 (C)가 정답이다.

63. Look at the graphic. Which zone will the speakers most likely visit?

(A) Zone A

(B) Zone B

(C) Zone C

(D) Zone D

시각 자료를 보시오. 화자들은 어떤 구역에 방문하겠는가?

(A) A구역

(B) B구역

(C) C구역

(D) D구역

해설 **시각 자료 연계 문제** – 대화 중반부에 여자가 It's a good thing that our company chose to purchase Halcone's products. They have the best reviews.(우리 회사가 Halcone 제품을 구매하기로 해서 다행이네요. 사용 후기가 제일 좋아요.)라고 말했고, 시각 자료에서 Halcone이 Zone A(A구역)에 위치함을 확인할 수 있으므로 (A)가 정답이다.

64. What does the woman remind the man about?

(A) Submitting a receipt

(B) Using a corporate credit card

(C) Updating a Web site

(D) Applying a special code

여자는 남자에게 무엇에 관해 상기시키는가?

(A) 영수증을 제출하기

(B) 법인 카드를 사용하기

(C) 웹 사이트를 업데이트하기

(D) 특별 코드를 적용하기

해설 **키워드 문제** – 여자가 마지막 말에서 Remember to apply that special corporate code(특별 기업 코드를 적용하시는 걸 잊지 마세요)라고 말했으므로 (D)가 정답이다.

미국↔미국

Questions 65-67 refer to the following conversation and membership options.

M Hi there. Do you have your membership card?

W I'm not a member yet. 65**I work at Alpha Couriers, and I was told employees receive a discount here.** 66**I'd really like to practice basketball here.**

M We do offer a discount for employees. We have four membership options depending on what you need. What would you like to do here?

W 66**Well, I was going to give Pilates a go. But I don't think I have time. I think I'll use the gym from time to time, too.**

M Great. 67**Also, since you're new here, you'll also receive a subscription to SimpleEat. It's a Web site that helps you plan your meals according to your workouts.**

W Wow, I would love that.

회원권 종류

	기초	중급	엘리트	VIP
66**체육관 상시 이용**	√	√	√	√
필라테스 수업			√	√
사우나 이용				√
66**코트 이용**		√	√	

65-67번은 다음 대화와 회원권 종류에 관한 문제입니다.

남 안녕하세요. 회원 카드 있으세요?

여 저는 아직 회원이 아니에요. 65제가 Alpha 택배 회사에서 근무하는데, 직원은 여기서 할인을 받는다고 들었어요. 66여기서 꼭 농구 연습을 하고 싶어요.

남 직원 할인을 제공해 드리는 게 맞습니다. 필요하신 사항에 따라 회원권 종류가 4가지 있어요. 여기서 무엇을 하고 싶으신가요?

여 66음, 필라테스를 한번 해 보려고 했어요. 그런데 시간이 안 날 것 같네요. 가끔씩 체육관도 이용할 것 같아요.

남 좋습니다. 67그리고 이곳에는 처음이시니, SimpleEat 구독권도 받으실 거예요. 운동하시는 것에 따라 식단 계획 세우는 데 도움을 주는 웹 사이트예요.

여 와, 정말 좋네요.

어휘

courier 배달원 | practice 연습하다 | basketball 농구 | depending on ~에 따라 | give A a go 한번 A를 해 보다 | pilates 필라테스 | gym 체육관 | from time to time 때때로 | subscription 구독(권) | meal 식사 | according to ~에 따라서 | workout 운동 | 24/7 상시, 하루 24시간 일주일 내내 | access 입장, 접근(권) | court (테니스 등) 코트 | basic 기본적인 | intermediate 중급의; 중급자 | employer 고용주

65. How did the woman learn about the fitness center?

(A) From an e-mail

(B) From a Web site

(C) From a family member

(D) From an employer

여자는 피트니스 센터에 대해 어떻게 알게 되었는가?

(A) 이메일에서

(B) 웹 사이트에서

(C) 가족 구성원에게서

(D) 고용주에게서

해설 **키워드 문제** – 대화 초반부에 여자가 I work at Alpha Couriers, and I was told employees receive a discount here.(제가 Alpha 택배 회사에서 근무하는데, 직원은 여기서 할인을 받는다고 들었어요.)라고 말했으므로 (D)가 정답이다.

66. Look at the graphic. Which membership will the woman purchase?

(A) Basic

(B) Intermediate

(C) Elite
(D) VIP

시각 자료를 보시오. 여자는 어떤 회원권을 구입할 것인가?
(A) 기초
(B) 중급
(C) 엘리트
(D) VIP

해설 시각 자료 연계 문제 – 대화 초반부에 여자가 I'd really like to practice basketball here.(여기서 꼭 농구 연습을 하고 싶어요.)라고 했고, 이어 Well, I was going to give Pilates a go. But I don't think I have time. I think I'll use the gym from time to time, too.(음, 필라테스를 한번 해 보려고 했어요. 그런데 시간이 안 날 것 같네요. 가끔씩 체육관도 이용할 것 같아요.)라고 했는데, 시각 자료에서 체육관과 농구 연습을 할 수 있는 코트 이용권이 포함된 회원권이 Intermediate(중급)임을 알 수 있으므로 (B)가 정답이다.

67. What does the fitness center give all members?
(A) A meal plan
(B) A discount
(C) A workout schedule
(D) A subscription

피트니스 센터에서는 모든 회원에게 무엇을 주는가?
(A) 식단 계획표
(B) 할인
(C) 운동 일정표
(D) 구독권

해설 키워드 문제 – 대화 후반부에 남자가 Also, since you're new here, you'll also receive a subscription to SimpleEat. It's a Web site that helps you plan your meals according to your workouts. (그리고 이곳에는 처음이시니, SimpleEat 구독권도 받으실 거예요. 운동하시는 것에 따라 식단 계획 세우는 데 도움을 주는 웹 사이트예요.)라고 말했으므로 (D)가 정답이다.

호주 ↔ 미국

Questions 68-70 refer to the following conversation and credit card statement.

M You've reached Rally Credit Card Company. How may I be of service?

W Hi, I'm looking at my billing statement right now, and 69**I notice that the charge from April 8 is incorrect.**

M 68**May I have your full name** so that I can pull up your record?

W Sure, it's Sarah Humphrey.

M Let's see... According to your account, 69**there is one charge on April 8 from Galleon Books.**

W That's the one. The amount on the store's receipt and the one listed on my statement are different.

M Ah, OK. 70**Then, we'll need you to complete a dispute form**, which I'll send to your e-mail now.

신용 카드 청구 내역서

판매자	금액	구입일
Herco 슈퍼마켓	89.40달러	4월 1일
STB 사무용품	30.00달러	4월 5일

69 Galleon 서점	43.75달러	4월 8일
Bexto 전자 제품점	67.00달러	4월 10일

68-70번은 다음 대화와 신용 카드 명세서에 관한 문제입니다.

남 Rally 신용 카드사로 전화 주셨습니다. 어떻게 도와 드릴까요?

여 안녕하세요, 제가 지금 청구 내역서를 보고 있는데요, 69**4월 8일 청구액이 잘못된 걸 발견했어요.**

남 제가 고객님 기록을 찾을 수 있게 68**전체 성함을 알려 주시겠어요?**

여 네, Sarah Humphrey예요.

남 음... 고객님 계정에 따르면, 69**4월 8일 Galleon 서점에서 청구 내역이 하나 있어요.**

여 바로 그거예요. 매장 영수증 금액과 제 명세서에 있는 금액이 다릅니다.

남 아, 알겠습니다. 70**그러면, 고객님께서 이의 제기 양식을 작성해 주셔야 하는데요**, 제가 고객님 이메일로 지금 보내 드릴게요.

어휘
reach 연락하다 | billing statement 청구 내역서 | notice 알아차리다 | charge 요금 | incorrect 부정확한 | record 기록 | account 계정 | amount 금액 | receipt 영수증 | complete (서식을) 작성하다 | dispute 분쟁 | form 양식 | stop by ~에 들르다 | vendor 판매자 | fill out ~을 작성하다

68. What information is the woman asked to provide?
(A) Her account ID
(B) Her phone number
(C) Her full name
(D) Her home address

여자는 어떤 정보를 제공하라고 요청받는가?
(A) 계정 아이디
(B) 전화번호
(C) 전체 이름
(D) 집 주소

해설 제안·요청을 묻는 문제 – 대화 초반부에 남자가 여자에게 May I have your full name(전체 성함을 알려 주시겠어요)이라고 말했으므로 (C)가 정답이다.

69. Look at the graphic. Which amount does the woman say is incorrect?
(A) $89.40
(B) $30.00
(C) $43.75
(D) $67.00

시각 자료를 보시오. 여자는 어떤 금액이 부정확하다고 말하는가?
(A) 89.40달러
(B) 30.00달러
(C) 43.75달러
(D) 67.00달러

해설 시각 자료 연계 문제 – 대화 초반부에 여자가 I notice that the charge from April 8 is incorrect(4월 8일 청구액이 잘못된 걸 발견했어요)라고 말했고, 대화 중반부에 남자가 there is one charge on April 8 from Galleon Books(4월 8일 Galleon 서점에서 청구 내역이 하나 있어요)라고 했는데, 시각 자료에서 April 8(4월 8일)에 Galleon Books(Galleon 서점)에서 이용한 금액이 $43.75(43.75달러)임을 확인할 수 있으므로 (C)가 정답이다.

70. What does the man ask the woman to do?
(A) Stop by an office

(B) Contact a vendor
(C) Scan some receipts
(D) Fill out a form

남자는 여자에게 무엇을 하라고 요청하는가?
(A) 사무실에 들르라고
(B) 판매자에게 연락하라고
(C) 영수증을 스캔하라고
(D) 양식을 작성하라고

해설 제안·요청을 묻는 문제 – 남자가 마지막 말에서 Then, we'll need you to complete a dispute form(그러면, 고객님께서 이의 제기 양식을 작성해 주셔야 하는데요)이라고 말했으므로 (D)가 정답이다.

✚ Paraphrasing
complete → Fill out

미국

Questions 71-73 refer to the following broadcast.

W **71** **You're tuning into our popular program,** *Culinary Chat,* **where we talk about various topics related to food.** We have with us this evening veteran chef Karen Waller. **72** **Ms. Waller travels around the globe giving advice** to both aspiring and experienced chefs—her latest seminar attracted over a thousand people! She is an inspiration for many well-known chefs today. **73** **A documentary film was made about her life, and it will premiere in the fall.**

71-73번은 다음 방송에 관한 문제입니다.

여 **71** 음식에 관한 다양한 주제를 다루는 인기 프로그램인 〈Culinary Chat〉을 시청하고 계십니다. 오늘 저녁, 오랜 경력을 가지고 계신 요리사 Karen Waller께서 우리와 함께해 주고 계십니다. **72** Waller 씨는 전 세계를 여행하시며 요리사 지망생들과 경력 있는 요리사에게 조언을 해 주시는데요, 그녀의 최근 세미나에는 천 명 이상의 인파가 모였습니다! 그녀는 현재 다수의 유명한 요리사들에게 영감을 주고 계십니다! **73** 그녀의 삶을 다룬 다큐멘터리 영화가 제작되었고, 가을에 개봉합니다.

어휘
tune into ~으로 채널을 맞추다 | various 여러 가지의 | related to ~와 관련 있는 | veteran 오랜 경험을 쌓은 | advice 조언 | aspiring 장차 ~가 되려는 | experienced 경력이 있는 | attract 끌어모으다 | inspiration 영감을 주는 사람, 영감 | premiere 개봉하다 | donate 기부하다 | offer 제공하다 | tip 조언 | available 이용할 수 있는 | route 노선 | journal 학술지

71. What is the program mainly about?
(A) Sports
(B) Electronics
(C) Education
(D) Food

프로그램은 주로 무엇에 대한 것인가?
(A) 스포츠
(B) 전자기기
(C) 교육
(D) 음식

해설 주제·목적을 묻는 문제 – 담화 시작에 화자가 You're tuning into our popular program, *Culinary Chat*, where we talk about

---

various topics related to food.(음식에 관한 다양한 주제를 다루는 인기 프로그램인 〈Culinary Chat〉을 시청하고 계십니다.)라고 말했으므로 (D)가 정답이다.

72. According to the speaker, why does Ms. Waller travel?
(A) To open businesses
(B) To join nature tours
(C) To donate money
(D) To offer tips

화자에 따르면, Waller 씨는 왜 여행하는가?
(A) 사업체를 개업하기 위해
(B) 자연 관광을 하기 위해
(C) 금전적 기부를 하기 위해
(D) 조언을 제공하기 위해

해설 키워드 문제 – 담화 중반부에 화자가 Ms. Waller travels around the globe giving advice(Waller 씨는 전 세계를 여행하시며 조언을 해 주시는데요)라고 말했으므로 (D)가 정답이다.

✚ Paraphrasing
give advice → offer tips

73. What will be available in the fall?
(A) A flight route
(B) A tablet PC
(C) A journal
(D) A movie

가을에 무엇을 이용할 수 있는가?
(A) 항공편 노선
(B) 태블릿 PC
(C) 학술지
(D) 영화

해설 키워드 문제 – 담화 후반부에 화자가 A documentary film was made about her life, and it will premiere in the fall.(그녀의 삶을 다룬 다큐멘터리 영화가 제작되었고, 가을에 개봉합니다.)이라고 말했으므로 (D)가 정답이다.

✚ Paraphrasing
film → movie

영국

Questions 74-76 refer to the following announcement.

W Welcome to today's press conference. **74** **I am excited to announce Pemdas Electronics' latest and most advanced smartphone, the LX900.** Unlike other smartphones on the market, **75** **the LX900 is equipped with a state-of-the-art optical lens. This allows the camera to zoom five times further than any other models out there.** The LX900 will be released next month, but **76** **we will be accepting preorders starting today. So stop by one of our local retail stores to sign up** and have all of your questions answered.

74-76번은 다음 공지에 관한 문제입니다.

여 오늘 기자 회견에 오신 것을 환영합니다. **74** Pemdas 전자의 최고 사양이자 최신 스마트폰 LX900을 발표하게 되어 기쁩니다. 시중에 나와 있는 다른 스마트폰과 달리, **75** LX900에는 최첨단 광학 렌즈

가 탑재되어 있습니다. 그래서 시중의 다른 모델들보다 다섯 배 더 멀리까지 확대할 수 있습니다. LX900은 다음 달 출시될 예정이지만, **76 저희는 오늘부터 선주문을 받습니다. 지역 내 저희 소매 매장 중 한 곳을 방문해 신청하시고, 궁금한 내용을 문의하세요.**

어휘
press conference 기자 회견 | announce 발표하다 | latest 최신의 | advanced 선진의 | unlike ~과 달리 | equipped with ~을 갖춘 | state-of-the-art 최첨단의 | optical lens 광학 렌즈 | zoom 줌 렌즈로 피사체를 확대[축소]하다 | further 더 멀리 | release 출시하다 | accept 받아들이다, 수용하다 | preorder 선주문 | stop by ~에 들르다 | retail store 소매 매장 | unique 특별한, 유일무이한 | last 지속되다 | consume 소비하다 | come in ~으로 나오다 | attend 참석하다 | demonstration 시연 | join 참여하다 | review 후기, 비평 | register for ~에 신청하다 | contest 대회

74. What product is the speaker discussing?
(A) A tablet computer
(B) A camera drone
(C) A camcorder
(D) A smartphone

화자는 어떤 제품에 대해 이야기하고 있는가?
(A) 태블릿 컴퓨터
(B) 드론 카메라
(C) 캠코더
(D) 스마트폰

해설 주제·목적을 묻는 문제 – 담화 초반부에 화자가 I am excited to announce Pemdas Electronics' latest and most advanced smartphone, the LX900.(Pemdas 전자의 최고 사양이자 최신 스마트폰 LX900을 발표하게 되어 기쁩니다.)라고 말했으므로 (D)가 정답이다.

75. Why does the speaker say a product is unique?
(A) Its camera zooms further.
(B) Its battery lasts longer.
(C) It consumes less energy.
(D) It comes in different sizes.

화자는 상품이 왜 특별하다고 말하는가?
(A) 카메라가 더 멀리 확대한다.
(B) 배터리가 더 오래 지속된다.
(C) 에너지를 덜 소비한다.
(D) 여러 다른 크기로 나온다.

해설 키워드 문제 – 담화 중반부에 화자가 the LX900 is equipped with a state-of-the-art optical lens. This allows the camera to zoom five times further than any other models out there. (LX900에는 최첨단 광학 렌즈가 탑재되어 있습니다. 그래서 시중의 다른 모델들보다 다섯 배 더 멀리까지 확대할 수 있습니다.)라고 말했으므로 (A)가 정답이다.

76. What does the speaker say the listeners can do?
(A) Attend a product demonstration
(B) Join a review program
(C) Register for a preorder
(D) Enter a contest

화자는 청자들이 무엇을 할 수 있다고 말하는가?
(A) 상품 시연에 참석할 수 있다
(B) 후기 프로그램에 참여할 수 있다
(C) 선주문을 신청할 수 있다

(D) 대회에 응모할 수 있다

해설 키워드 문제 – 담화 후반부에 화자가 we will be accepting preorders starting today. So stop by one of our local retail stores to sign up(저희는 오늘부터 선주문을 받습니다. 지역 내 저희 소매 매장 중 한 곳을 방문해 신청하시고)이라고 말했으므로 (C)가 정답이다.

✚ Paraphrasing
sign up → Register for

호주

Questions 77-79 refer to the following tour information.

M **77 I hope you all enjoyed your visit to the Kyle Durham Music Museum, and I'm sure you learned a lot about Mr. Durham's life and albums.** By the way, just last month, **78 Mr. Durham was hired at the Kellen Music Academy, where he will be teaching afternoon classes. They provide discounts to those who enroll for the first time.** Now, before I let you go, **79 I want you to know about a major upcoming event in June. We are hosting a city parade,** in which various groups and bands will be participating. Make sure to mark it on your calendars.

77-79번은 다음 관광 정보에 관한 문제입니다.

남 **77 여러분 모두 Kyle Durham 음악 박물관 방문이 즐거우셨기를 바라며, Durham 씨의 인생과 앨범에 관해 많은 것을 배우셨으리라 생각합니다.** 그런데, 지난달에, **78 Durham 씨께서 Kellen 음악 학원에 채용되셨으며, 그곳에서 오후 강좌를 가르치시게 될 겁니다. 처음 등록하는 분들께 할인을 제공합니다.** 자, 보내 드리기 전에, **79 6월에 다가오는 주요 행사에 대해 알려 드리고자 합니다. 우리는 도시 행진을 주최할 것이며,** 다양한 그룹과 밴드들이 참여할 것입니다. 꼭 달력에 표시를 해 두세요.

어휘
hire 채용하다 | academy 학원 | provide 제공하다 | enroll 등록하다 | major 주요의 | upcoming 다가오는 | host 주최하다 | various 다양한 | participate 참여하다 | make sure to do 꼭 ~하다 | mark 표시하다 | apologize for ~에 대해 사과하다 | mistake 실수 | inform 알리다 | policy 정책 | encourage 권장하다, 격려하다 | attend a school 학교에 다니다 | announce 알리다, 발표하다 | registration 등록 | process 절차 | launch 개시하다 | construction 건설 | release 발간하다, 발표하다 | take place 일어나다

77. Who is Kyle Durham?
(A) A news reporter
(B) A city official
(C) A dancer
(D) A musician

Kyle Durham은 누구인가?
(A) 뉴스 기자
(B) 도시 공무원
(C) 무용수
(D) 음악가

해설 키워드 문제 – 담화 초반부에 화자가 I hope you all enjoyed your visit to the Kyle Durham Music Museum, and I'm sure you learned a lot about Mr. Durham's life and albums. (여러분 모두

Kyle Durham 음악 박물관 방문이 즐거우셨기를 바라며, Durham 씨의 인생과 앨범에 관해 많은 것을 배우셨으리라 생각합니다.)라고 말했으므로 (D)가 정답이다.

78. Why does the speaker say, "They provide discounts to those who enroll for the first time"?
(A) To apologize for a mistake
(B) To inform listeners to read some policies
(C) To encourage listeners to attend a school
(D) To announce a new registration process

화자는 왜 "처음 등록하는 분들께 할인을 제공합니다"라고 말하는가?
(A) 실수에 관해 사과하기 위해
(B) 청자들에게 정책을 읽으라고 알려 주기 위해
(C) 청자들에게 학교에 다니기를 권장하기 위해
(D) 새로운 등록 절차를 알리기 위해

해설 화자 의도 파악 문제 – 담화 중반부에 화자가 Mr. Durham was hired at the Kellen Music Academy, where he will be teaching afternoon classes(Durham 씨께서 Kellen 음악 학원에 채용되셨으며, 그곳에서 오후 강좌를 가르치게 될 겁니다)라고 하면서, They provide discounts to those who enroll for the first time.(처음 등록하는 분들께 할인을 제공합니다.)이라고 말한 것은 Durham 씨가 채용된 음악 학원에 등록하면 할인을 제공하니 그곳에 등록하는 것을 권장한다는 의미이므로 (C)가 정답이다.

79. What will happen in June?
(A) A business will be launched.
(B) A construction project will begin.
(C) A book will be released.
(D) A community parade will take place.

6월에 무슨 일이 일어날 것인가?
(A) 사업체가 개장할 것이다.
(B) 건설 작업이 시작할 것이다.
(C) 도서가 발간될 것이다.
(D) 지역 행진이 열릴 것이다.

해설 키워드 문제 – 담화 후반부에 화자가 I want you to know about a major upcoming event in June. We are hosting a city parade(6월에 다가오는 주요 행사에 대해 알려 드리고자 합니다. 우리는 도시 행진을 주최할 것이며)라고 말했으므로 (D)가 정답이다.

미국

Questions 80-82 refer to the following speech.

M I would like to thank everyone for coming tonight. **⁸⁰I didn't think the day would ever come when I could finally announce the launching of Specter 2.** As many of you know, we faced numerous problems and delays during development. Thankfully, we persevered to our product ready for market. **⁸¹Even better, we're about to sign a partnership after the New Year with Lotus, who will handle international distribution.** We're also considering establishing an office overseas as we expand. **⁸²Now, you should have a sheet in front of you. Just indicate whether you would be open to moving overseas if the opportunity arises.** Don't worry, we're not pressuring anyone.

80-82번은 다음 연설에 관한 문제입니다.

남 오늘 밤 와 주신 모든 분께 감사드립니다. **⁸⁰제가 이렇게 Specter 2 출시를 발표할 날이 오리라고는 생각지도 못했습니다.** 많은 분들도 아시다시피, 우리는 개발 과정에서 수많은 문제와 지연에 직면했습니다. 감사하게도, 우리는 끈기 있게 노력한 끝에 제품을 시장에 내놓을 준비를 마쳤습니다. **⁸¹게다가, 새해가 지나면 Lotus와 제휴를 앞두고 있으며, 그곳에서 해외 유통을 담당할 것입니다.** 우리는 규모를 확장하면서 해외 지사 설립도 고려하고 있습니다. **⁸²자, 여러분 앞에 종이가 한 장 있을 겁니다. 기회가 생긴다면 해외로 이주할 의향이 있는지 여부를 표시해 주세요.** 걱정 마세요, 누구에게도 강요하지는 않을 겁니다.

어휘

announce 발표하다 | launch 출시하다; 출시 | face 직면하다 | numerous 수많은 | delay 지연 | development 개발 | thankfully 감사하게도 | persevere 끈기 있게 노력하다, 끝까지 해내다 | ready 준비가 된 | be about to do 막 ~하려고 하다 | sign 서명하다 | partnership 제휴 | handle 처리하다 | international 국제적인 | distribution 유통, 배포 | consider 고려하다 | establish 설립하다 | overseas 해외로 | expand 진출하다 | sheet 종이 한 장 | in front of ~ 앞에 | indicate 표시하다, 나타내다 | opportunity 기회 | arise 생기다 | pressure 압력을 가하다, 강요하다 | celebrate 기념하다 | retirement 은퇴 | leadership 지도부 | quarter 분기 | enter into ~에 들어가다 | hiatus 휴지기 | merge 합병하다 | select 선택하다 | preference 선호 사항

80. What event is being celebrated?
(A) An employee's retirement
(B) A product launch
(C) A change in leadership
(D) A successful quarter

어떤 행사를 기념하고 있는가?
(A) 직원 은퇴
(B) 상품 출시
(C) 지도부의 변화
(D) 성공적인 분기

해설 주제·목적을 묻는 문제 – 담화 초반부에 화자가 I didn't think the day would ever come when I could finally announce the launching of Specter 2.(제가 이렇게 Specter 2 출시를 발표할 날이 오리라고는 생각지도 못했습니다.)라고 말했으므로 (B)가 정답이다.

81. According to the speaker, what will the company do after the New Year?
(A) Enter into a partnership
(B) Take a hiatus
(C) Merge some teams
(D) Establish a new office

화자에 따르면, 회사는 새해가 지난 후 무엇을 할 것인가?
(A) 제휴를 체결할 것이다
(B) 휴지기를 가질 것이다
(C) 일부 팀들을 합칠 것이다
(D) 새로운 사무실을 설립할 것이다

해설 키워드 문제 – 담화 중반부에 화자가 Even better, we're about to sign a partnership after the New Year with Lotus, who will handle international distribution.(게다가, 새해가 지나면 Lotus와 제휴를 앞두고 있으며, 그곳에서 해외 유통을 담당할 것입니다.)이라고 말했으므로 (A)가 정답이다.

82. What will happen next?

(A) Meals will be provided.
(B) A presentation will begin.
(C) The room will be cleared.
(D) Guests will select a preference.

다음에 무슨 일이 있을 것인가?
(A) 식사가 제공될 것이다.
(B) 프레젠테이션이 시작될 것이다.
(C) 방이 비워질 것이다.
(D) 손님들이 선호 사항을 선택할 것이다.

해설　다음에 일어날 일을 묻는 문제 – 담화 후반부에 화자가 Now, you should have a sheet in front of you. Just indicate whether you would be open to moving overseas if the opportunity arises. (자, 여러분 앞에 종이가 한 장 있을 겁니다. 기회가 생긴다면 해외로 이주할 의향이 있는지 여부를 표시해 주세요.)라고 말했으므로 (D)가 정답이다.

미국

Questions 83-85 refer to the following advertisement.

Ⓦ Are you a professional in the food and beverage industry? Looking for ways to keep informed on the latest trends in your field? You should be reading our online newsletter, *Yes Chef*. **83 This week, *Yes Chef* will focus on immigrants who have started their own restaurants. 84 We'll feature an interview with Sanjiv Singh, owner of the successful India Palace Cuisine chain.** Mr. Singh will share his experiences of coming to this country with very little and building his own empire. **85 And for first-time subscribers, *Yes Chef* is offering an eco-friendly bag to use when you shop for groceries. Just be aware that the offer ends at the end of this month.**

83-85번은 다음 광고에 관한 문제입니다.

Ⓦ 식음료업계 전문가십니까? 업계 최신 경향에 대한 정보를 계속 얻을 방법을 찾고 계십니까? 저희 온라인 소식지 〈Yes Chef〉를 필독하세요. 83 이번 주, 〈Yes Chef〉는 본인의 식당을 연 이민자들에게 초점을 맞출 것입니다. 84 성공적인 India Palace Cuisine 체인점의 사장 Sanjiv Singh과의 인터뷰를 특집 기사로 다룰 것입니다. Singh 씨는 매우 적은 자본을 가지고 이 나라에 와서 본인만의 제국을 건설한 경험을 나눌 것입니다. 85 그리고 첫 구독자들에게, 〈Yes Chef〉는 여러분이 식료품 구매 시 사용할 수 있는 환경친화적인 가방을 제공하고 있습니다. 이번 달 말에 이 경품 제공이 끝난다는 것을 알아 두세요.

어휘
professional 전문가 | beverage 음료 | industry 산업, 업계 | look for ~을 찾다 | keep A informed A에게 계속해서 알려 주다 | field 분야 | focus on ~에 초점을 맞추다, 집중하다 | immigrant 이민자 | feature (신문 등이) 특집 기사로 다루다 | owner 사장, 소유주 | cuisine 요리법 | share 나누다 | empire 제국, 왕국 | subscriber 구독자 | eco-friendly 환경친화적인 | grocery 식료품 | aware 알고 있는 | various 다양한 | complimentary 무료의 | culinary 요리의 | entrepreneur 사업가 | critic 비평가 | subscriber 구독자 | voucher 상품권

---

83. What does the speaker say is special about this week's issue of *Yes Chef*?

(A) It is available in various languages.
(B) It is complimentary for culinary students.
(C) It is the first online issue.
(D) It is about immigrant entrepreneurs.

화자는 〈Yes Chef〉의 이번 주 호에 관하여 무엇이 특별하다고 말하는가?
(A) 다양한 언어로 이용할 수 있다.
(B) 요리학교 학생들에게 무료이다.
(C) 첫 온라인 호이다.
(D) 이민자 사업가에 관한 것이다.

해설　키워드 문제 – 담화 초반부에 화자가 This week, *Yes Chef* will focus on immigrants who have started their own restaurants. (이번 주, 〈Yes Chef〉는 본인의 식당을 연 이민자들에게 초점을 맞출 것입니다.)라고 말했으므로 (D)가 정답이다.

84. Who most likely is Sanjiv Singh?

(A) A chef
(B) A farmer
(C) A restaurant owner
(D) A food critic

Sanjiv Singh는 누구이겠는가?
(A) 주방장
(B) 농부
(C) 식당 사장
(D) 음식 비평가

해설　키워드 문제 – 담화 중반부에 화자가 We'll feature an interview with Sanjiv Singh, owner of the successful India Palace Cuisine chain. (성공적인 India Palace Cuisine 체인점의 사장 Sanjiv Singh과의 인터뷰를 특집 기사로 다룰 것입니다.)라고 말했으므로 (C)가 정답이다.

85. What will the newsletter provide this month to new subscribers?

(A) A shopping bag
(B) A meal voucher
(C) A concert ticket
(D) A clothing item

소식지는 이번 달에 신규 구독자들에게 무엇을 제공할 것인가?
(A) 쇼핑백
(B) 식사 상품권
(C) 콘서트 티켓
(D) 의류 상품

해설　키워드 문제 – 담화 후반부에 화자가 And for first-time subscribers, *Yes Chef* is offering an eco-friendly bag to use when you shop for groceries. Just be aware that the offer ends at the end of this month. (그리고 첫 구독자들에게, 〈Yes Chef〉는 여러분이 식료품 구매 시 사용할 수 있는 환경친화적인 가방을 제공하고 있습니다. 이번 달 말에 이 경품 제공이 끝난다는 것을 알아 두세요.)라고 말했으므로 (A)가 정답이다.

✚ Paraphrasing
bag to use when you shop → shopping bag

영국

Questions 86-88 refer to the following telephone message.

🇼 Hello, Lewis. It's Adriana from Home Innovations. **86 I was hoping to talk to you about the furniture you are going to purchase for your children's new bedroom.** I know that you had wanted to allow more space by installing bunk beds. Good news— **87 I discovered a furniture maker that is selling these types of beds at a reduced price for the next two weeks. They're taking off up to 50 percent.** I'll email you the complete details for your review. Should you find any desirable models, please inform me, and I'll make the purchase. **88 These are specially designed beds, and they have a limited supply. So I recommend that you choose the ones you want quickly.**

86-88번은 다음 전화 메시지에 관한 문제입니다.

🇨 안녕하십니까, Lewis. Home Innovations의 Adriana입니다. **86 저는 고객님께서 자녀분들의 침실을 위해 구매하시려는 가구에 관해 이야기를 나누고자 했습니다.** 2층 침대를 설치해서 더 많은 공간을 확보하고자 하셨죠. 좋은 소식이 있습니다— **87 이런 종류의 침대를 앞으로 2주간 할인가에 판매하는 가구 생산 업체를 찾았습니다. 그곳은 최대 50% 할인을 제공합니다.** 검토해 보실 수 있도록 전체 자세한 내용을 이메일로 보내드리겠습니다. 만약 원하시는 모델을 발견하신다면, 제게 알려 주시고, 제가 구매하도록 하겠습니다. **88 이 제품들은 특별히 제작된 침대들이라, 수량이 한정되어 있습니다. 그러니 원하는 것을 빨리 선택하실 것을 추천해 드립니다.**

어휘
hope 바라다 | furniture 가구 | purchase 구매하다 | allow 가능하게 하다 | install 설치하다 | bunk bed 2층 침대 | reduced price 할인가 | complete 전부의, 완전한 | desirable 원하는, 호감 가는 | inform 알리다 | limited supply 한정 수량 | rent 대여하다 | timeline 일정 | promotional 홍보의 | increase 증가 | supply cost 공급 비용 | revision 수정 | regulation 규정 | acquire 획득하다 | fund 자금 | compare 비교하다 | make a choice 선택하다

86. What is the speaker's message about?
(A) Buying home furniture
(B) Holding a private party
(C) Updating customer information
(D) Renting a moving truck

화자의 메시지는 무엇에 관한 것인가?
(A) 가구 구매
(B) 개인 파티 개최
(C) 고객 정보 업데이트
(D) 이사용 트럭 대여

해설 주제·목적을 묻는 문제 – 담화 초반부에 화자가 I was hoping to talk to you about the furniture you are going to purchase for your children's new bedroom. (저는 고객님께서 자녀분들의 침실을 위해 구매하시려는 가구에 관해 이야기를 나누고자 했습니다.)이라고 말했으므로 (A)가 정답이다.

✚ Paraphrasing
purchase → buy

87. What did the speaker recently learn about?
(A) Changes to a project timeline

(B) Details about a promotional event
(C) Increases in some supply costs
(D) Revisions to some city regulations

화자는 최근에 무엇을 알게 되었는가?
(A) 프로젝트 일정 변경
(B) 홍보 행사 세부 내용
(C) 공급 비용 증가
(D) 도시 규정 수정

해설 키워드 문제 – 담화 중반부에 화자가 I discovered a furniture maker that is selling these types of beds at a reduced price for the next two weeks. They're taking off up to 50 percent. (이런 종류의 침대를 앞으로 2주간 할인가에 판매하는 가구 생산 업체를 찾았습니다. 그곳은 최대 50% 할인을 제공합니다.)라고 말했으므로 (B)가 정답이다.

88. What does the speaker suggest?
(A) Acquiring more funds
(B) Comparing some products
(C) Visiting a business
(D) Make a fast choice

화자는 무엇을 제안하는가?
(A) 자금을 더 모을 것
(B) 제품을 비교할 것
(C) 업체를 방문할 것
(D) 빠른 선택을 할 것

해설 제안·요청을 묻는 문제 – 화자가 마지막 말에서 These are specially designed beds, and they have a limited supply. So I recommend that you decide quickly. (이 제품들은 특별히 제작된 침대들이라, 수량이 한정되어 있습니다. 그러니 빨리 결정하시는 걸 추천해 드립니다.)라고 말했으므로 (D)가 정답이다.

✚ Paraphrasing
quickly → fast

호주

Questions 89-91 refer to the following talk.

🇲 **89 Thank you for coming to this open house. You could not have come at a better time because this beautiful home has finished a round of renovations.** The house features four bedrooms and two bathrooms and is located in an excellent area. **90 If you look at the map you received at the door, you'll see that everything you need is close by.** It even has great access to buses as well as the subway station. **91 If you are seriously considering this house, you may want to act now. Houses like these are rarely for sale.**

89-91번은 다음 담화에 관한 문제입니다.

🇳 **89 이곳 오픈 하우스에 와 주셔서 감사합니다. 이 아름다운 집은 한 차례 보수 공사를 마쳤기 때문에, 방문하시기에 이보다 더 좋은 때는 없었을 것입니다.** 이 집에는 침실이 4개, 화장실이 2개 있으며, 아주 좋은 지역에 위치하고 있습니다. **90 입구에서 받으신 지도를 살펴보시면, 필요하신 모든 게 근처에 있다는 걸 아실 거예요.** 심지어 지하철역뿐만 아니라 버스를 이용하기에도 대단히 편리합니다. **91 이 집을 진지하게 고려 중이시라면, 지금 움직이시는 게 좋습니다. 이런 집이 매물로 나오는 일은 흔치 않아요.**

어휘

open house (구매에 관심이 있는 사람들이 주택을 둘러볼 수 있게 하는) 주택 공개 | finish 마치다, 끝내다 | a round of 한 차례의 | renovation 수리 | feature ~을 특징으로 하다 | locate ~에 위치시키다 | excellent 훌륭한, 탁월한 | area 지역 | close by 인근에 | have access to ~에 접근할 수 있다 | seriously 진지하게, 심각하게 | consider 고려하다 | act 행동을 취하다 | rarely 드물게 | for sale 팔려고 내놓은 | civil engineer 토목 기사 | real estate agent 부동산 중개인 | survey 설문 조사 | rule 규칙 | estimate 예측하다 | neighborhood 인근, 근처, 이웃

89. Who most likely is the speaker?

(A) A civil engineer

(B) A research assistant

(C) A bank clerk

(D) A real estate agent

화자는 누구이겠는가?

(A) 토목 기사

(B) 연구 조교

(C) 은행원

(D) 부동산 중개인

해설 화자의 신분을 묻는 문제 – 담화 시작에 화자가 Thank you for coming to this open house. You could not have come at a better time because this beautiful home has finished a round of renovations. (이곳 오픈 하우스에 와 주셔서 감사합니다. 이 아름다운 집은 한 차례 보수 공사를 마쳤기 때문에, 방문하시기에 이보다 더 좋은 때는 없었을 것입니다.)라고 말했으므로 (D)가 정답이다.

90. What did the listeners receive at the door?

(A) A survey of the location

(B) A bus timetable

(C) A map of the area

(D) A list of rules

청자들은 입구에서 무엇을 받았는가?

(A) 위치에 대한 설문 조사

(B) 버스 시간표

(C) 지역 지도

(D) 규칙 목록

해설 제안·요청을 묻는 문제 – 담화 중반부에 화자가 If you look at the map you received at the door, you'll see that everything you need is close by. (입구에서 받으신 지도를 살펴보시면, 필요하신 모든 게 근처에 있다는 걸 아실 거예요.)라고 말했으므로 (C)가 정답이다.

91. What does the speaker mean when he says, "Houses like these are rarely for sale"?

(A) Costs may be difficult to estimate.

(B) There will be more construction.

(C) The neighborhood changes often.

(D) A decision should be made quickly.

화자가 "이런 집이 매물로 나오는 일은 흔치 않아요"라고 말할 때, 그가 의미한 것은?

(A) 비용을 예측하기 어려울 수 있다.

(B) 공사가 더 있을 것이다.

(C) 인근이 자주 바뀐다.

(D) 신속하게 결정해야 한다.

해설 화자 의도 파악 문제 – 담화 후반부에 화자가 If you are seriously considering this house, you may want to act now. (이 집을

진지하게 고려 중이시라면, 지금 움직이시는 게 좋습니다.)라면서 Houses like these are rarely for sale. (이런 집이 매물로 나오는 일은 흔치 않아요.)이라고 말한 것은 흔치 않은 좋은 매물이라 지금 움직이지 않으면 기회가 없을 수도 있기에 빨리 결정을 내리라는 의미이므로 (D)가 정답이다.

영국

Questions 92-94 refer to the following excerpt from a seminar.

W Each of you is responsible for achieving a sales target here at Colton Instruments, so you're aware of the difficulty of meeting your goal consistently in a competitive market. **92 This morning, I'm going to teach you some sales management strategies that should make your job much easier.** For the first hour, we'll break into several teams, and **93 each team will be given information about one Colton product. Together, you'll select the most important features of the product and prepare a brief presentation on them.** Now, **94 I want everyone to have enough space to work on this assignment. But we have too many people in here.** Hmm... Oh! **94 The media center is right down the hallway.**

92-94번은 다음 세미나 발췌록에 관한 문제입니다.

여 여러분은 이곳 Colton 기구에서 각자 판매 목표를 달성할 책임이 있으시니, 경쟁이 심한 시장에서 매번 일관되게 목표를 달성하기란 어렵다는 걸 잘 알고 계실 겁니다. **92 오늘 아침에, 저는 여러분의 업무를 훨씬 수월하게 해 줄 판매 관리 전략을 가르쳐 드릴 겁니다.** 첫 한 시간 동안은, 여러 팀으로 나누고, **93 각 팀이 Colton 제품 하나에 대한 정보를 받을 겁니다.** 함께, 제품의 가장 중요한 특징을 선택하여 간단한 발표를 준비하시겠습니다. 자, **94 모두가 이 과제를 할 공간이 충분했으면 좋겠네요. 하지만 이곳엔 사람들이 너무 많군요.** 음... 오! **94 미디어 센터가 복도 끝에 있어요.**

어휘

sales target 판매 목표 | aware of ~을 아는 | consistently 일관되게 | competitive 경쟁을 하는 | management 관리 | strategy 전략 | feature 특징 | brief 간단한 | assignment 과제 | hallway 복도 | trend 동향 | international 해외의, 국제의 | create 만들다 | questionnaire 설문지 | presentation 발표 | evaluation 평가 | manufacturing 생산, 제조 | emphasize 강조하다 | deadline 기한, 마감일 | express 표현하다 | concern 우려 | volunteer 자원자 | make a suggestion 제안하다

92. What is the topic of the seminar?

(A) Sales management

(B) Marketing trends

(C) Instrument design

(D) International customers

세미나의 주제는 무엇인가?

(A) 판매 관리

(B) 마케팅 동향

(C) 기구 디자인

(D) 해외 고객

해설 주제·목적을 묻는 문제 – 담화 초반부에 화자가 This morning, I'm going to teach you some sales management strategies that should make your job much easier. (오늘 아침에, 저는 여러분의

업무를 훨씬 수월하게 해 줄 판매 관리 전략을 가르쳐 드릴 겁니다.)라고 말했으므로 (A)가 정답이다.

93. What type of document are the listeners asked to create?

(A) A client questionnaire
(B) A group presentation
(C) An evaluation form
(D) A manufacturing schedule

청자들은 어떤 문서를 만들라고 요청받는가?
(A) 고객 설문지
(B) 그룹 발표
(C) 평가지
(D) 생산 일정표

해설 제안·요청을 묻는 문제 – 담화 중반부에 화자가 each team will be given information about one Colton product. Together, you'll select the most important features of the product and prepare a brief presentation on them. (각 팀이 Colton 제품 하나에 대한 정보를 받을 겁니다. 함께, 제품의 가장 중요한 특징을 선택하여 간단한 발표를 준비하시겠습니다.)이라고 말했으므로 (B)가 정답이다.

✚ Paraphrasing
team → group

94. Why does the speaker say, "The media center is right down the hallway"?

(A) To emphasize a deadline
(B) To express a concern
(C) To ask for a volunteer
(D) To make a suggestion

화자는 왜 "미디어 센터가 복도 끝에 있어요"라고 말하는가?
(A) 기한을 강조하기 위해
(B) 우려를 표하기 위해
(C) 자원자를 요청하기 위해
(D) 제안을 제시하기 위해

해설 화자 의도 파악 문제 – 담화 후반부에 화자가 I want everyone to have enough space to work on this assignment. But we have too many people in here. (모두가 이 과제를 할 공간이 충분했으면 좋겠네요. 하지만 이곳엔 사람들이 너무 많군요.)라고 하면서, The media center is right down the hallway. (미디어 센터가 복도 끝에 있어요.)라고 말한 것은 사람들이 많아 충분한 공간 확보가 힘든 상황에서 대안으로 떠오른 미디어 센터를 제안하고자 하는 의도이므로 (D)가 정답이다.

미국

Questions 95-97 refer to the following telephone message and map.

W Hi, Barney. This is Gloria. Yesterday, I was in the downtown area and passed by some vacant commercial lots. **⁹⁵I think I found the perfect spot for our new convenience store.** **⁹⁶It's situated on the corner of two major roads and directly across from a fitness center.** I'm pretty sure people will want snacks after they work out. But before we arrange a visit to check out the place, **⁹⁷we need to decide on how many aisles we're going to have. By doing so, we can figure out if the building will have enough space.** Give me a call when you can.

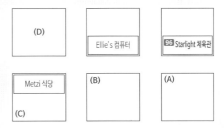

95-97번은 다음 전화 메시지와 지도에 관한 문제입니다.

여 안녕하세요, Barney. Gloria예요. 어제, 제가 도심 지역에 있었는데, 비어 있는 상업용 부지를 지나갔어요. **⁹⁵우리 편의점을 위한 최고의 자리를 찾은 것 같아요.** **⁹⁶두 주요 도로의 코너에 있고 체육관 바로 건너편에 있어요.** 사람들이 운동하고 나서 군것질거리를 원할 거라 확신해요. 하지만 그곳을 확인하러 방문을 예약하기 전에, **⁹⁷진열 통로를 몇 개나 설치할지 결정해야 해요.** 이렇게 함으로써, 건물에 충분한 공간이 있는지 확인해 볼 수 있을 거예요. 괜찮으실 때 전화해 주세요.

어휘
vacant 비어 있는 | commercial 상업용 | lot 부지 | spot 자리 | convenience store 편의점 | situate 위치시키다 | directly 바로 | fitness center 체육관 | arrange 마련하다 | check out ~을 확인하다 | decide 결정하다 | aisle 통로 | bistro 식당 | refer to ~을 언급하다 | confirm 확정하다 | requirement 필요 조건

95. What type of business is the speaker planning to open?

(A) A delivery company
(B) A printing shop
(C) A convenience store
(D) A garden center

화자는 어떤 업체를 열 계획인가?
(A) 배송 회사
(B) 인쇄소
(C) 편의점
(D) 원예용품점

해설 키워드 문제 – 담화 초반부에 화자가 I think I found the perfect spot for our new convenience store. (우리 편의점을 위한 최고의 자리를 찾은 것 같아요.)라고 말했으므로 (C)가 정답이다.

96. Look at the graphic. Which location is the speaker referring to?

(A) Location A
(B) Location B
(C) Location C
(D) Location D

시각 자료를 보시오. 화자는 어떤 장소를 언급하는가?
(A) 장소 A
(B) 장소 B
(C) 장소 C
(D) 장소 D

해설 시각 자료 연계 문제 - 담화 중반부에 화자가 It's situated on the corner of two major roads and directly across from a fitness center.(두 주요 도로의 코너에 있고 체육관 바로 건너편에 있어요.)라고 말했고, 시각 자료에서 Starlight Gym(Starlight 체육관) 건너편에 있는 곳은 A라는 것을 확인할 수 있으므로 (A)가 정답이다.

97. What does the speaker want to confirm?
(A) Some space requirements
(B) Some financing options
(C) A training schedule
(D) An office address

화자는 무엇을 확정하길 원하는가?
(A) 공간 필요 조건
(B) 금융 옵션
(C) 교육 일정
(D) 회사 주소

해설 키워드 문제 - 담화 후반부에 화자가 we need to decide on how many aisles we're going to have. By doing so, we can figure out if the building will have enough space.(진열 통로를 몇 개나 설치할지 결정해야 해요. 이렇게 함으로써, 건물에 충분한 공간이 있는지 확인해 볼 수 있을 거예요.)라고 말했으므로 (A)가 정답이다.

미국

Questions 98-100 refer to the following excerpt from a meeting and recipe.

Ⓜ Alright, let's get started. 98**I need to tell you about some comments we've received about last month's issue. As usual, we published our "Recipe of the Month,"** 99**but there were a lot of negative opinions this time around**. Almost everybody seems to think the dish is too salty. So 100**let's get in touch with the creator of this recipe and ask if it's OK to lower the amount of required salt**. We can put it in this month's issue with an explanation.

┌─────────────────────────────┐
│   **빠르고 맛있는 칠리**   │
│   │
│ 조리 시간: 30분   │
│ 재료: │
│ 소고기 500그램   │
│ 100 소금 3티스푼   │
│ 콩 1캔   │
│   │
│ 설명: │
│   1. 모든 재료를 큰 냄비에 넣고 끓인다. │
│   2. 불을 낮추고 20분 더 조리한다.   │
└─────────────────────────────┘

98-100번은 다음 회의 발췌록과 조리법에 관한 문제입니다.

Ⓜ 자, 이제 시작하도록 합시다. 98**지난달 발행물에 관한 의견을 알려 드려야겠네요. 늘 그렇듯, 우리는 "이달의 조리법"을 출간했는데,** 99**이번에는 부정적인 의견이 많았습니다.** 거의 모든 사람이 요리가 너무 짜다고 생각했습니다. 그러니 이 100**조리법 창작자와 연락하여 소금양을 줄여도 될지 물어봅시다.** 이번 달 발행물에 설명과 함께 넣으면 되겠습니다.

어휘
recipe 조리법 | comment 의견 | issue 발행물 | publish 출간하다 | negative 부정적인 | opinion 의견 | salty 짠 | get in touch with ~와 연락하다 | explanation 설명 | ingredient 재료 | pan 냄비 | boil 끓이다 | publisher 출판사 | call in sick 전화로 병가를 내다 | target 목표 | miss 놓치다

98. What type of business does the speaker probably work for?
(A) A café
(B) A factory
(C) A supermarket
(D) A publisher

화자는 어떤 업체에 근무하겠는가?
(A) 카페
(B) 공장
(C) 슈퍼마켓
(D) 출판사

해설 화자의 신분을 묻는 문제 - 담화 초반부에 화자가 I need to tell you about some comments we've received about last month's issue. As usual, we published our "Recipe of the Month,"(지난달 발행물에 관한 의견을 알려 드려야겠네요. 늘 그렇듯, 우리는 "이달의 조리법"을 출간했는데)라고 말했으므로 (D)가 정답이다.

99. What problem is mentioned?
(A) An employee called in sick.
(B) Some bad feedback was provided.
(C) Some ingredients were not purchased.
(D) A sales target was missed.

어떤 문제점이 언급되는가?
(A) 직원이 전화로 병가를 냈다.
(B) 나쁜 반응을 받았다.
(C) 일부 재료들이 구매되지 않았다.
(D) 매출 목표를 달성하지 못했다.

해설 키워드 문제 - 담화 중반부에 화자가 but there were a lot of negative opinions this time around(이번에는 부정적인 의견이 많았습니다)라고 말했으므로 (B)가 정답이다.

✚ Paraphrasing
negative opinions → bad feedback

100. Look at the graphic. Which detail will most likely be changed?
(A) 30 minutes
(B) 500 grams
(C) 3 teaspoons
(D) 1 can

시각 자료를 보시오. 어떤 사항이 변경될 것 같은가?
(A) 30분
(B) 500그램
(C) 3티스푼
(D) 1캔

해설 시각 자료 연계 문제 - 담화 후반부에 화자가 let's get in touch with the creator of this recipe and ask if it's OK to lower the amount of required salt(조리법 창작자와 연락하여 소금양을 줄여도 될지 물어봅시다)라고 말했고, 시각 자료에서 salt(소금)의 양은 3 teaspoons(3티스푼)임을 확인할 수 있으므로 (C)가 정답이다.